企业会计准则
原文、应用指南案例详解

准则原文 + 应用指南 + 典型案例

（2021年版）

企业会计准则编审委员会　编著

人民邮电出版社
北京

图书在版编目（CIP）数据

企业会计准则原文、应用指南案例详解：准则原文+应用指南+典型案例：2021年版 / 企业会计准则编审委员会编著. -- 北京：人民邮电出版社，2021.3
 ISBN 978-7-115-55958-6

Ⅰ．①企… Ⅱ．①企… Ⅲ．①企业－会计准则－中国 Ⅳ．①F279.23

中国版本图书馆CIP数据核字(2021)第025153号

内 容 提 要

企业会计准则是会计从业人员进行会计确认、会计计量、会计报告的基本依据，学好企业会计准则，是做好会计工作的根本。同时，企业会计准则作为一个动态体系，也在不断完善与优化，这就需要会计从业人员不断学习新规定、掌握新方法。本书全面收录了现行的企业会计准则和应用指南，并在此基础上进行了实操案例的展示与分析。本书实用性强，案例丰富，内容全面，通俗易懂，与时俱进，旨在帮助会计从业人员学好、用好企业会计准则。 本书也适合会计新手、企业经营管理者、企业培训及咨询人员、高校会计相关专业的师生阅读和使用。

◆ 编　　著　企业会计准则编审委员会
　　责任编辑　李士振
　　责任印制　彭志环

◆ 人民邮电出版社出版发行　北京市丰台区成寿寺路11号
　　邮编　100164　　电子邮件　315@ptpress.com.cn
　　网址　https://www.ptpress.com.cn
　　三河市中晟雅豪印务有限公司印刷

◆ 开本：787×1092　1/16
　　印张：69.5　　　　　　　　　2021年3月第1版
　　字数：1646千字　　　　　　　2021年3月河北第1次印刷

定价：298.00元

读者服务热线：(010)81055296　印装质量热线：(010)81055316
反盗版热线：(010)81055315
广告经营许可证：京东市监广登字 20170147 号

PREFACE 前言

本书写作目的

企业会计准则（包括1项基本准则和41项具体准则）是进行会计工作的基本依据。每一项具体企业会计准则，均是针对企业某一方面的经济业务如何进行会计处理的具体规定和指导。要准确把握企业会计准则的精髓，正确应用企业会计准则的相关知识，实现从理论到实践的飞跃，重中之重是要连贯、系统地学习会计要素的内容与含义、企业经济业务的处理过程、会计报表的编制方法。

为了更好地介绍企业会计准则的基础知识、基本要求和实务操作要点，我们精心编写了本书。本书可以作为会计专业人士、高校会计专业师生学习企业会计准则的工具用书，也可以作为会计人员依据企业会计准则解决实务问题的指导用书。

本书内容

为了帮助读者更好地阅读、查询、学习企业会计准则，本书完整收录了现行的41则企业会计准则，36则相配套的企业会计准则应用指南。为了帮助读者更好地理解企业会计准则，本书加入实务案例精讲700多例。本书体系完整、内容全面、时效性强，将现行的企业会计准则和应用指南合为一书，帮助读者及时有效地全面学习、理解和应用新企业会计准则。本书在内容细节的安排上，以实际案例引出问题、依据配套法规回答问题、结合案例解析解决实际操作问题。

本书适合作为一本工具书，供相关人士查阅企业会计准则的相关规定；也适合作为一本案例讲解的教材，供相关培训机构使用；还适合作为一本资料书，供需要学习企业会计准则的专业人士日常查阅、学习相关的规定。

本书特色

企业会计准则可以说是会计工作者必须掌握的内容，它决定了财务人员工作的质量和效率，也决定了企业财务管理的水平，在一定程度上影响着企业的运转。本书主要有以下特色。

第一，**内容权威，新颖翔实**。本书依据新修订的41则企业会计准则和36则企业会计准则应用指南编写，结合企业会计准则和实际案例，对新准则的变化和重要内容进行了及时有效的正确解读。

第二，**案例精彩，实务详解**。由于固有的限制，企业会计准则具有"笼统、条文化"等不足，将企业会计准则的要求应用于日常会计工作很是不易。而通过案例的形式，可以把企业会计准则的要求具体地运用到日常的经济业务处理之中，案例是把准则与实务连接在一起的桥梁与纽带。

第三，**深入分析，快速掌握**。在很多情况下，只是被动地了解企业会计准则的规定，是很难理解其实质要求的，也很难做到灵活应用，也就是"知其然，不知其所以然"。本书以"全流程业务"为主线，进行了深度分析，案例中不仅回答了怎么办，而且强调说明了为什么这么做，帮助读者读透准则，准确应用准则。

本书使用方法

本书以现行的企业会计准则为基础，结合丰富的典型案例和企业会计准则应用指南对企业会计准则进行了详细说明。本书体系完整，内容全面，并与新的企业会计准则和制度保持了同步。通过阅读、查询本书，具有不同需求的读者将会有不同的收获。

企业会计工作人员：熟悉企业会计准则的具体要求和重难点，把握会计实务工作的关键要点，在具体实践中更好地运用企业会计准则。

企业经营管理者：了解新企业会计准则，熟悉企业会计操作具体流程。

企业培训及咨询人员：查询新的会计法规和实际操作方法。

大中专院校的会计、财务管理专业学生：了解新企业会计准则、企业会计处理的基本知识。

在本书的编写过程中，我们得到了多位企业会计工作人员的热情支持，在此一并表示感谢。由于水平有限，书中疏漏在所难免，恳请广大读者不吝指正。

编　者

CONTENTS 目录

第1章 存货

1.1 企业会计准则第1号——存货 ········ 1
1.1.1 总则 ········ 1
1.1.2 确认 ········ 1
1.1.3 计量 ········ 1
【例1-1】原材料的入账价值 ········ 1
【例1-2】委托外单位加工存货的会计处理 ········ 2
【例1-3】计入存货成本的内容 ········ 3
【例1-4】投资者以存货出资的会计处理 ········ 3
【例1-5】用个别计价法核算存货成本 ········ 4
【例1-6】用先进先出法核算存货成本 ········ 5
【例1-7】用月末一次加权平均法核算存货成本 ········ 6
【例1-8】用移动加权平均法核算存货成本 ········ 7
【例1-9】存货跌价准备的计提 ········ 9
【例1-10】为生产而持有的材料的产成品可变现净值高于成本 ········ 10
【例1-11】材料价格下降使产成品的可变现净值低于成本 ········ 10
【例1-12】库存数量小于销售合同订购的数量 ········ 10
【例1-13】库存数量大于销售合同订购的数量 ········ 11
【例1-14】影响存货价值的因素消失时的会计处理 ········ 11
【例1-15】一次转销法的会计处理 ········ 12
【例1-16】五五摊销法的会计处理 ········ 12
【例1-17】存货盘亏的会计处理 ········ 13
1.1.4 披露 ········ 13

1.2 《企业会计准则第1号——存货》应用指南 ········ 13
1.2.1 商品存货的成本 ········ 13
1.2.2 周转材料的处理 ········ 14
1.2.3 存货的可变现净值 ········ 14

第2章 长期股权投资

2.1 企业会计准则第2号——长期股权投资 ········ 15
2.1.1 总则 ········ 15
2.1.2 初始计量 ········ 16
2.1.3 后续计量 ········ 16
2.1.4 衔接规定 ········ 18
2.1.5 附则 ········ 18

2.2 《企业会计准则第2号——长期股权投资》应用指南 ········ 19
2.2.1 总体要求 ········ 19
2.2.2 关于适用范围 ········ 19
2.2.3 关于重大影响的判断 ········ 20
2.2.4 关于应设置的相关会计科目和主要账务处理 ········ 20
2.2.5 关于初始计量 ········ 24
【例2-1】支付现金取得长期股权投资的会计处理 ········ 24

【例2-2】发行股票取得长期股权投资的会计处理 …… 24

【例2-3】接受权益性证券投资而取得长期股权投资的会计处理 …… 25

【例2-4】同一控制下企业合并形成的长期股权投资初始成本的计量 …… 26

【例2-5】同一控制下企业合并形成的长期股权投资的相关会计处理 …… 27

【例2-6】非同一控制下企业合并形成的长期股权投资初始成本的计量 …… 28

【例2-7】非同一控制下多次分步交易实现企业合并的相关会计处理 …… 29

【例2-8】非同一控制下企业合并形成的长期股权投资会计处理 …… 30

【例2-9】初始投资成本中包含的已宣告但尚未发放的现金股利的处理 …… 30

2.2.6 关于后续计量 …… 31

【例2-10】成本法下长期股权投资账面价值的调整及投资损益的确认 …… 31

【例2-11】权益法下长期股权投资初始投资成本的调整 …… 33

【例2-12】权益法下投资损益的确认 …… 34

【例2-13】权益法下进一步增加投资的会计处理 …… 35

【例2-14】顺流交易下投资损益的确认 …… 36

【例2-15】转让资产发生减值损失时投资损益的确认 …… 36

【例2-16】被投资单位其他综合收益变动的处理 …… 37

【例2-17】超额亏损的确认 …… 38

【例2-18】除净损益、其他综合收益以及利润分配以外的所有者权益的其他变动 …… 38

【例2-19】投资方增加持股比例但仍采用权益法核算的会计处理 …… 39

2.2.7 长期股权投资核算方法的转换 …… 40

【例2-20】公允价值计量转化为权益法核算的会计处理 …… 40

【例2-21】权益法核算转化为按公允价值计量的会计处理 …… 41

【例2-22】成本法转权益法核算的会计处理 …… 42

【例2-23】成本法核算转化为按公允价值计量的会计处理 …… 43

2.2.8 关于股票股利的处理 …… 44

2.2.9 关于投资性主体转变时的会计处理 …… 44

2.2.10 关于处置和相关所得税影响 …… 44

【例2-24】处置长期股权投资的会计处理 …… 44

第3章 投资性房地产

3.1 企业会计准则第3号——投资性房地产 …… 47

3.1.1 总则 …… 47

【例3-1】投资性房地产的范围 …… 47

3.1.2 确认和初始计量 …… 47

【例3-2】自行建造投资性房地产的成本计量 …… 48

【例3-3】自行建造的投资性房地产的确认时点 …… 48

【例3-4】投资性房地产后续资本化的支出 …… 48

3.1.3 后续计量 …… 49

【例3-5】成本模式后续计量的会计处理 …… 49

【例3-6】公允价值模式后续计量的会计处理 …… 50

【例3-7】变更投资性房地产计量模式的会计处理 …… 50

3.1.4 转换 …… 51

【例3-8】成本模式计量的投资性房地产转换为自用房地产 …… 51

【例3-9】成本模式计量的自用房地产转换为投资性房地产 …… 51

【例3-10】成本模式计量的作为存货的
　　　　房地产转换为投资性房地产 …………… 52
【例3-11】公允价值模式计量的投资性
　　　　房地产转换为自用房地产 …………… 52
【例3-12】公允价值模式计量的自用房
　　　　地产转换为投资性房地产 …………… 52
【例3-13】公允价值模式计量的作为存货
　　　　的房地产转换为投资性房地产 ……… 53
【例3-14】投资性房地产公允价值变动
　　　　损益的确定 …………………………… 53
【例3-15】自用房地产转为公允价值模式
　　　　计量的投资性房地产会计处理 ……… 53
3.1.5　处置 …………………………………………… 53
【例3-16】成本模式计量的投资性房地产
　　　　的处置 ………………………………… 54
【例3-17】公允价值模式计量的投资性
　　　　房地产的处置 ………………………… 54
3.1.6　披露 …………………………………………… 55
3.2　《企业会计准则第3号——投资性
　　房地产》应用指南 ……………………………… 55
3.2.1　投资性房地产的范围 ………………………… 55
3.2.2　投资性房地产的后续计量 …………………… 55
3.2.3　投资性房地产的转换 ………………………… 56

第4章　固定资产

4.1　企业会计准则第4号——固定资产
　　　………………………………………………… 57
4.1.1　总则 …………………………………………… 57
4.1.2　确认 …………………………………………… 57
【例4-1】固定资产核算的范围 …………………… 57
【例4-2】固定资产的内容 ………………………… 57
4.1.3　初始计量 ……………………………………… 58
【例4-3】外购需要安装的固定资产的会计
　　　　处理1 ………………………………… 58
【例4-4】外购需要安装的固定资产的会计
　　　　处理2 ………………………………… 59
【例4-5】一笔款项购入多项没有单独标价
　　　　的固定资产 …………………………… 59

【例4-6】在建工程试生产产品取得收入的
　　　　会计处理 ……………………………… 60
【例4-7】自行建造固定资产的会计处理
　　　　……………………………………………… 60
【例4-8】出包方式建造固定资产的会计
　　　　处理 …………………………………… 61
【例4-9】存在弃置费用的固定资产的会计
　　　　处理 …………………………………… 64
4.1.4　后续计量 ……………………………………… 64
【例4-10】年限平均法计提折旧 …………………… 64
【例4-11】工作量法计提折旧 ……………………… 65
【例4-12】双倍余额递减法计提折旧 ……………… 65
【例4-13】年数总和法计提折旧 …………………… 65
【例4-14】固定资产计提折旧的会计处理
　　　　……………………………………………… 65
4.1.5　处置 …………………………………………… 66
【例4-15】因自然灾害产生的净损失的
　　　　账务处理 ……………………………… 66
【例4-16】固定资产处置损益的计算 ……………… 66
【例4-17】出售固定资产的账务处理 ……… 66
【例4-18】固定资产报废的账务处理 ……… 67
【例4-19】因意外事故损毁固定资产的
　　　　账务处理 ……………………………… 68
【例4-20】固定资产资本化的后续支出的
　　　　会计处理 ……………………………… 68
【例4-21】固定资产费用化的后续支出的
　　　　会计处理 ……………………………… 70
4.1.6　披露 …………………………………………… 70
【例4-22】盘盈固定资产的会计处理 ……… 70
【例4-23】盘亏固定资产的会计处理 ……… 71
4.2　《企业会计准则第4号——固定资产》
　　应用指南 ………………………………………… 71
4.2.1　固定资产的折旧 ……………………………… 71
4.2.2　固定资产的后续支出 ………………………… 72
4.2.3　固定资产的弃置费用 ………………………… 72
4.2.4　备品备件和维修设备 ………………………… 72
4.2.5　经营租入固定资产改良 ……………………… 72

第5章 生物资产

5.1 企业会计准则第5号——生物资产 … 73
5.1.1 总则 … 73
5.1.2 确认和初始计量 … 73
【例5-1】外购生物资产间接费用的分摊 … 73
【例5-2】自行栽培的消耗性生物资产的会计处理 … 74
【例5-3】自行营造的林木类生产性生物资产的会计处理 … 75
【例5-4】补植生物资产的会计处理 … 76
【例5-5】生物资产郁闭或达到预定生产经营目的后的管护费用的会计处理 … 76
5.1.3 后续计量 … 76
【例5-6】生物资产减值的会计处理 … 77
5.1.4 收获与处置 … 78
【例5-7】消耗性生物资产收获农产品的会计处理 … 78
【例5-8】生产性生物资产收获农产品的会计处理 … 78
【例5-9】生产性生物资产间接费用的分配方法 … 78
【例5-10】移动加权平均法结转成本 … 79
【例5-11】消耗性生物资产收获为农产品的会计处理 … 79
【例5-12】产畜或役畜淘汰转为育肥畜的会计处理 … 80
【例5-13】消耗性生物资产、生产性生物资产转为公益性生物资产会计处理 … 80
【例5-14】公益性生物资产转为消耗性生物资产或生产性生物资产会计处理 … 81
【例5-15】盘亏生物资产的会计处理 … 81
【例5-16】生物资产死亡的会计处理 … 81
【例5-17】处置生物资产的会计处理 … 82
5.1.5 披露 … 82

5.2 《企业会计准则第5号——生物资产》应用指南 … 82
5.2.1 生物资产与农产品 … 82
5.2.2 林木类消耗性生物资产 … 83
5.2.3 消耗性和生产性生物资产的减值迹象 … 83
5.2.4 天然起源的生物资产 … 83
5.2.5 生物资产的后续计量 … 84

第6章 无形资产

6.1 企业会计准则第6号——无形资产 … 85
6.1.1 总则 … 85
6.1.2 确认 … 85
6.1.3 初始计量 … 86
【例6-1】外购无形资产的初始计量1 … 86
【例6-2】外购无形资产的初始计量2 … 87
【例6-3】自行开发无形资产的初始计量 … 88
【例6-4】投资者投入无形资产的初始计量 … 89
6.1.4 后续计量 … 89
【例6-5】使用寿命有限的无形资产的后续计量 … 89
【例6-6】使用寿命不确定的无形资产的后续计量 … 90
6.1.5 处置和报废 … 91
【例6-7】出售无形资产的会计处理 … 91
【例6-8】出租无形资产的会计处理 … 92
【例6-9】无形资产转销的会计处理1 … 92
【例6-10】无形资产转销的会计处理2 … 92
6.1.6 披露 … 93

6.2 《企业会计准则第6号——无形资产》应用指南 … 93
6.2.1 本准则不规范商誉的处理 … 93
6.2.2 研究阶段与开发阶段 … 93
6.2.3 开发支出的资本化 … 93
6.2.4 估计无形资产使用寿命应当考虑的相关因素 … 94

6.2.5 无形资产的摊销 …………………… 95
6.2.6 土地使用权的处理 …………………… 95

第7章 非货币性资产交换

7.1 企业会计准则第7号——非货币性资产交换 …………………… 96
7.1.1 总则 …………………… 96
7.1.2 确认 …………………… 96
7.1.3 以公允价值为基础计量 …………………… 97
7.1.4 以账面价值为基础计量 …………………… 98
7.1.5 披露 …………………… 98
7.1.6 衔接规定 …………………… 99
7.1.7 附则 …………………… 99

7.2 《企业会计准则第7号——非货币性资产交换》应用指南 …………………… 99
7.2.1 总体要求 …………………… 99
7.2.2 关于非货币性资产交换的定义 …………………… 99
7.2.3 关于适用范围 …………………… 100
7.2.4 关于非货币性资产交换的确认 …………………… 101
7.2.5 关于非货币性资产交换的计量 …………………… 102
7.2.6 关于以公允价值为基础计量 …………………… 104
【例7-1】换出资产为固定资产的非货币性资产交换的会计处理 …………………… 105
【例7-2】换出资产为长期股权投资的非货币性资产交换的会计处理 …………………… 106
【例7-3】支付补价的非货币性资产交换的会计处理 …………………… 108
【例7-4】收到补价的非货币性资产交换的会计处理 …………………… 108
【例7-5】以换出资产的公允价值为基础计量的非货币性资产交换的会计处理 …………………… 110
【例7-6】以换入资产的公允价值为基础计量的非货币性资产交换的会计处理 …………………… 113
7.2.7 关于以账面价值为基础计量 …………………… 115
【例7-7】以账面价值为基础计量的非货币性资产交换的会计处理 …………………… 115
【例7-8】涉及换入多项资产或换出多项资产的非货币性资产交换的会计处理 …………………… 116

7.2.8 关于非货币性资产交换的披露 …… 118
7.2.9 关于新旧准则的衔接规定 …………… 118

第8章 资产减值

8.1 企业会计准则第8号——资产减值 …………………… 119
8.1.1 总则 …………………… 119
8.1.2 可能发生减值资产的认定 …………………… 119
8.1.3 资产可收回金额的计量 …………………… 120
【例8-1】预计资产未来现金流量的方法1 …………………… 121
【例8-2】预计资产未来现金流量的方法2 …………………… 121
【例8-3】预计资产未来现金流量的方法3 …………………… 122
8.1.4 资产减值损失的确定 …………………… 124
【例8-4】资产减值损失的确定 …………………… 124
8.1.5 资产组的认定及减值处理 …………………… 124
【例8-5】资产组的认定1 …………………… 124
【例8-6】资产组的认定2 …………………… 125
【例8-7】资产组的认定3 …………………… 125
【例8-8】资产组的认定4 …………………… 125
【例8-9】资产组的认定5 …………………… 126
【例8-10】资产组账面价值的确定 …………………… 126
【例8-11】资产组减值损失的确认方法1 …………………… 126
【例8-12】资产组减值损失的确认方法2 …………………… 128
8.1.6 商誉减值的处理 …………………… 130
【例8-13】商誉减值的会计处理 …………………… 131
8.1.7 披露 …………………… 132

8.2 《企业会计准则第8号——资产减值》应用指南 …………………… 134
8.2.1 估计资产可收回金额应当遵循重要性要求 …………………… 134
8.2.2 预计资产未来现金流量应当考虑的因素和采用的方法 …………………… 134
8.2.3 折现率的确定方法 …………………… 134

  8.2.4 资产组的认定 …………… 135
  8.2.5 存在少数股东权益情况下的商誉
     减值测试 ………………………… 135

第9章　职工薪酬

9.1　企业会计准则第9号——职工薪酬
………………………………………… 136
  9.1.1 总则 ……………………… 136
  9.1.2 短期薪酬 ………………… 137
  9.1.3 离职后福利 ……………… 138
  9.1.4 辞退福利 ………………… 139
  9.1.5 其他长期职工福利 ……… 140
  9.1.6 披露 ……………………… 140
  9.1.7 衔接规定 ………………… 141
  9.1.8 附则 ……………………… 141

9.2　《企业会计准则第9号——职工薪酬》应用指南 ………………… 141
  9.2.1 总体要求 ………………… 141
  9.2.2 关于适用范围 …………… 142
  9.2.3 关于职工和职工薪酬的定义 …… 142
  9.2.4 关于短期薪酬的确认和计量 …… 144
  【例9-1】一般短期职工薪酬的计算 …… 144
  【例9-2】企业以自产产品作为非货币性
     福利提供给职工 ……………… 145
  【例9-3】累积带薪缺勤的会计处理 …… 146
  【例9-4】短期利润分享计划的会计处理
     …………………………………… 147
  9.2.5 关于离职后福利的确认和计量 … 148
  【例9-5】设定提存计划的会计处理 …… 148
  【例9-6】设定受益计划的会计处理 …… 150
  【例9-7】设定受益计划精算利得或损失的
     会计处理 ……………………… 153
  9.2.6 关于辞退福利的确认和计量 … 153
  【例9-8】辞退福利的会计处理 ……… 154
  9.2.7 关于其他长期职工福利的确认和
     计量 ……………………………… 156
  9.2.8 关于职工薪酬的披露 …… 156
  【例9-9】辞退福利的披露 …………… 160
  9.2.9 关于衔接规定 …………… 160

第10章　企业年金基金

10.1　企业会计准则第10号——企业年金基金 ……………………………… 161
  10.1.1 总则 …………………… 161
  10.1.2 确认和计量 …………… 161
  【例10-1】企业年金基金的会计科目及编号
     …………………………………… 161
  【例10-2】企业年金基金的缴费流程 … 163
  【例10-3】企业年金基金初始取得投资时
     的会计处理1 ………………… 163
  【例10-4】企业年金基金初始取得投资时
     的会计处理2 ………………… 164
  【例10-5】年金基金投资持有期间及估值
     日的会计处理1 ……………… 164
  【例10-6】年金基金投资持有期间及估值
     日的会计处理2 ……………… 164
  【例10-7】年金基金投资持有期间及估值
     日的会计处理3 ……………… 164
  【例10-8】年金基金投资持有期间及估值
     日的会计处理4 ……………… 165
  【例10-9】企业年金基金存款利息的会计
     处理 …………………………… 165
  【例10-10】企业年金基金其他收入的会计
     处理 …………………………… 166
  【例10-11】企业年金基金投资管理人费用
     的会计处理 …………………… 166
  【例10-12】企业年金基金受托人、托管人
     管理费用的会计处理 ………… 166
  【例10-13】企业年金基金其他费用的会计
     处理 …………………………… 167
  【例10-14】企业年金基金收到缴费的会计
     处理 …………………………… 167
  10.1.3 列报 …………………… 168

10.2　《企业会计准则第10号——企业年金基金》应用指南 ………… 169

10.2.1 企业年金基金是独立的会计主体 ……………………………… 169
10.2.2 企业年金基金管理各方当事人 … 169
10.2.3 企业年金基金的投资 ………… 170
10.2.4 企业年金基金投资管理风险准备金补亏 …………………………… 170
10.2.5 企业年金基金的账务处理和财务报表的编报 ……………………… 170

第11章 股份支付

11.1 企业会计准则第11号——股份支付 …………………………………… 171
11.1.1 总则 ……………………………… 171
11.1.2 以权益结算的股份支付 ……… 171
【例11-1】以权益结算的股份支付的会计处理 ……………………… 171
【例11-2】附服务年限条件的权益结算股份支付的会计处理 ……… 172
【例11-3】附非市场性业绩条件的权益结算股份支付的会计处理 … 174
11.1.3 以现金结算的股份支付 ……… 175
【例11-4】现金结算股份支付的会计处理 ……………………… 175
11.1.4 披露 …………………………… 176

11.2 《企业会计准则第11号——股份支付》应用指南 ………………… 177
11.2.1 股份支付的含义 ……………… 177
11.2.2 股份支付的处理 ……………… 177
11.2.3 回购股份进行职工期权激励 … 178

第12章 债务重组

12.1 企业会计准则第12号——债务重组 …………………………………… 179
12.1.1 总则 …………………………… 179
12.1.2 债权人的会计处理 …………… 179
12.1.3 债务人的会计处理 …………… 180
12.1.4 披露 …………………………… 180
12.1.5 衔接规定 ……………………… 181
12.1.6 附则 …………………………… 181

12.2 《企业会计准则第12号——债务重组》应用指南 ………………… 181
12.2.1 总体要求 ……………………… 181
12.2.2 关于债务重组的定义和方式 … 182
12.2.3 关于适用范围 ………………… 183
12.2.4 关于债权和债务的终止确认 … 184
12.2.5 关于债权人的会计处理 ……… 185
12.2.6 关于债务人的会计处理 ……… 187
12.2.7 相关示例 ……………………… 188
【例12-1】以非金融资产清偿债务的会计处理 ……………………… 188
【例12-2】债务人将债务转为权益工具的会计处理 ………………… 189
【例12-3】以资产清偿债务、将债务转为权益工具等方式的组合进行债务重组的会计处理 ……………………… 190
【例12-4】以资产清偿债务、将债务转为权益工具、修改其他条款等方式的组合进行债务重组的会计处理 ……… 192
12.2.8 关于债务重组的相关披露 …… 194
12.2.9 关于新旧准则的衔接规定 …… 194

第13章 或有事项

13.1 企业会计准则第13号——或有事项 …………………………………… 195
13.1.1 总则 …………………………… 195
13.1.2 确认和计量 …………………… 195
【例13-1】或有事项涉及单个项目的,按照最可能发生金额确定 …… 195
【例13-2】或有事项涉及多个项目的,按照各种可能结果及相关概率计算确定 …………………………… 195
【例13-3】企业清偿预计负债所需支出全部或部分预期由第三方补偿的 … 196
【例13-4】亏损合同的会计处理 … 196
【例13-5】哪些支出属于与重组有关的直接支出 ………………… 197
13.1.3 披露 …………………………… 197

【例13-6】未决诉讼的会计处理 ········ 198
13.2 《企业会计准则第13号——或有事项》应用指南 ········ 199
13.2.1 或有事项的特征 ········ 199
13.2.2 或有事项相关义务确认为预计负债的条件 ········ 199
13.2.3 亏损合同的相关义务确认为预计负债 ········ 200
13.2.4 重组事项 ········ 200

第14章 收入

14.1 企业会计准则第14号——收入 ········ 201
14.1.1 总则 ········ 201
14.1.2 确认 ········ 202
14.1.3 计量 ········ 204
14.1.4 合同成本 ········ 206
14.1.5 特定交易的会计处理 ········ 207
14.1.6 列报 ········ 209
14.1.7 衔接规定 ········ 210
14.1.8 附则 ········ 210

14.2 《企业会计准则第14号——收入》应用指南 ········ 210
14.2.1 总体要求 ········ 210
14.2.2 关于适用范围 ········ 211
14.2.3 关于应设置的相关会计科目和主要账务处理 ········ 212
14.2.4 关于收入的确认 ········ 215

【例14-1】识别与客户订立的合同1 ··· 216
【例14-2】识别与客户订立的合同2 ··· 217
【例14-3】合同的持续评估 ········ 218
【例14-4】合同存续期间的确定 ······ 219
【例14-5】合同变更导致交易价格变动的会计处理 ········ 220
【例14-6】合同变更部分作为单独合同的会计处理 ········ 220
【例14-7】合同变更作为原合同终止及新合同订立的会计处理1 ·········· 221
【例14-8】合同变更作为原合同终止及新合同订立的会计处理2 ·········· 221
【例14-9】合同变更部分作为原合同的组成部分的会计处理 ········ 222
【例14-10】识别合同中的单项履约义务 ········ 223
【例14-11】以某项商品作为投入，生产或向客户交付其所要求的组合产出 ····· 225
【例14-12】某项商品对合同中承诺的其他商品予以重大修改或定制 ········· 225
【例14-13】判断某项商品与合同中承诺的其他商品是否具有高度关联性1 ····· 226
【例14-14】判断某项商品与合同中承诺的其他商品是否具有高度关联性2 ····· 226
【例14-15】一系列商品作为单项履约义务的会计处理 ········ 227
【例14-16】在履约义务履行的期间内确认收入 ········ 228
【例14-17】在提供服务期间内按照适当的履约进度确认收入 ········ 230
【例14-18】不属于在某一时段内履行的履约义务 ········ 231
【例14-19】按已完成的工作量确定履约进度及确认收入 ········ 232
【例14-20】按照直线法确定履约进度及确认收入 ········ 232
【例14-21】仅以已发生的成本为限确认收入 ········ 233
【例14-22】委托代销安排下收入确认的会计处理 ········ 235
【例14-23】满足售后代管商品安排下确认收入的条件 ········ 237
【例14-24】不满足售后代管商品安排下确认收入的条件 ········ 237

14.2.5 关于收入的计量 ········ 239
【例14-25】合同包含可变对价的情形 ··· 239
【例14-26】按照期望值估计可变对价金额 ········ 240

【例14-27】按照最可能发生金额估计可变对价金额 ……………… 240

【例14-28】估计可变对价时应考虑的信息 ……………………… 240

【例14-29】考虑将可变对价计入交易价格的限制要求1 …………… 241

【例14-30】考虑将可变对价计入交易价格的限制要求2 …………… 242

【例14-31】考虑将可变对价计入交易价格的限制要求3 …………… 242

【例14-32】考虑将可变对价计入交易价格的限制要求4 …………… 243

【例14-33】合同中不包含重大融资成分 ……………………… 244

【例14-34】合同中包含重大融资成分 ……………………… 244

【例14-35】企业因转让商品而有权向客户收取的对价是非现金形式 ……… 245

【例14-36】按相对比例将交易价格分摊至各单项履约义务 …………… 247

【例14-37】分摊合同折扣的会计处理 ……………………… 248

【例14-38】分摊合同折扣后采用余值法估计单独售价 ………………… 249

【例14-39】分摊可变对价的会计处理 ……………………… 249

【例14-40】交易价格的后续变动的会计处理 …………………… 250

14.2.6 关于合同成本 ……………………………………… 251

【例14-41】合同履约成本 …………………………… 252

【例14-42】合同取得成本 …………………………… 252

【例14-43】为取得合同发生的增量成本 ……………………… 253

14.2.7 关于特定交易的会计处理 ……… 255

【例14-44】附有销售退回条款进行销售的会计处理1 …………………… 255

【例14-45】附有销售退回条款进行销售的会计处理2 …………………… 256

【例14-46】附有销售退回条款进行销售的会计处理3 …………………… 256

【例14-47】附有质量保证条款的进行销售的会计处理 ………………… 258

【例14-48】企业作为主要责任人的情况1 ……………………………… 259

【例14-49】企业作为代理人的情况1 … 260

【例14-50】企业作为代理人的情况2 … 260

【例14-51】企业作为主要责任人的情况2 ……………………………… 260

【例14-52】企业作为主要责任人的情况3 ……………………………… 261

【例14-53】附有折扣券进行销售的会计处理 ……………………… 263

【例14-54】附有奖励积分计划进行销售的会计处理 ………………… 263

【例14-55】签订服务合同进行销售的会计处理 …………………… 265

【例14-56】授予知识产权许可是否构成单项履约义务 ………………… 266

【例14-57】授予知识产权许可属于在某一时段履行的履约义务 …………… 267

【例14-58】授予知识产权许可属于在某一时点履行的履约义务 …………… 268

【例14-59】基于销售或使用情况的特许权使用费1 ……………………… 269

【例14-60】基于销售或使用情况的特许权使用费2 ……………………… 269

【例14-61】企业因存在与客户的远期安排而负有回购义务或企业享有回购权利的情形1 ……………………… 270

【例14-62】企业因存在与客户的远期安排而负有回购义务或企业享有回购权利的情形2 ……………………… 270

【例14-63】企业应客户要求回购商品的情形 ……………………… 271

【例14-64】客户未行使权利的会计处理 ………………………………… 271

【例 14-65】无需退回的初始费的会计处理 …………………………………… 272

14.2.8 关于列报和披露 ………… 273

【例 14-66】合同资产的列报 …… 273

【例 14-67】合同负债的列报 …… 274

【例 14-68】按履约进度结转收入金额 … 274

【例 14-69】与本期确认收入相关的信息披露 …………………………………… 277

【例 14-70】分摊至剩余履约义务的交易价格的信息披露 ……………………… 279

【例 14-71】采用简化处理方法的信息披露 …………………………………… 279

【例 14-72】未计入交易价格的可变对价的信息披露 ………………………………… 279

【例 14-73】由于未来确认收入的时间存在不确定性的信息披露 …………… 280

第 15 章 政府补助

15.1 企业会计准则第 16 号——政府补助 ……………………………………… 281

15.1.1 总则 …………………… 281

15.1.2 确认和计量 ……………… 281

15.1.3 列报 …………………… 282

15.1.4 衔接规定 ………………… 283

15.1.5 附则 …………………… 283

15.2 《企业会计准则第 16 号——政府补助》应用指南 ………………… 283

15.2.1 总体要求 ………………… 283

15.2.2 关于政府补助的定义和特征 … 283

【例 15-1】政府补助不具有无偿性的情形 …………………………………… 284

【例 15-2】政府补助具有无偿性的情形 …………………………………… 284

15.2.3 关于适用范围 …………… 285

【例 15-3】政府补助的适用范围 … 285

15.2.4 关于政府补助的分类 ……… 285

15.2.5 关于政府补助的确认与计量 … 286

【例 15-4】与资产相关的政府补助的确认和计量 ………………………………… 287

【例 15-5】与收益相关的政府补助用于补偿企业以后期间的相关成本费用或损失 …………………………………… 289

【例 15-6】与企业的日常活动相关的政府补助 …………………………………… 290

【例 15-7】与收益相关的政府补助用于弥补遭受自然灾害的损失 …………… 290

【例 15-8】与收益相关的政府补助用于补偿企业已发生的相关成本费用或损失 …………………………………… 290

【例 15-9】政府补助退回的会计处理 1 …………………………………… 291

【例 15-10】政府补助退回的会计处理 2 …………………………………… 291

15.2.6 关于特定业务的会计处理 … 292

【例 15-11】综合性项目政府补助的会计处理 …………………………………… 292

【例 15-12】财政将贴息资金拨付给贷款银行的会计处理 …………………… 293

【例 15-13】财政将贴息资金直接拨付给企业的会计处理 …………………… 295

15.2.7 关于政府补助的列报 ……… 296

15.2.8 关于新旧准则的衔接规定 … 296

【例 15-14】新旧准则关于政府补助的调整 …………………………………… 296

第 16 章 借款费用

16.1 企业会计准则第 17 号——借款费用 ……………………………………… 298

16.1.1 总则 …………………… 298

【例 16-1】借款费用的确认 ……… 298

16.1.2 确认和计量 ……………… 298

【例 16-2】资本化借款费用的条件 … 298

【例 16-3】费用化借款费用的计算 1 …………………………………… 299

【例 16-4】费用化借款费用的计算 2 …………………………………… 299

【例16-5】借款费用开始资本化时点的判断1 ………………………… 299
【例16-6】借款费用开始资本化时点的判断2 ………………………… 299
【例16-7】借款费用开始资本化时点的判断3 ………………………… 300
【例16-8】借款费用开始资本化时点的判断4 ………………………… 300
【例16-9】借款费用资本化期间的确定 ………………………………… 300
【例16-10】资本化利息费用的确定1 … 301
【例16-11】资本化利息费用的确定2 … 301
【例16-12】借入专门借款的会计处理1 ………………………………… 301
【例16-13】借入专门借款的会计处理2 ………………………………… 302
【例16-14】借入专门借款的会计处理3 ………………………………… 302
【例16-15】借入一般借款的会计处理1 ………………………………… 303
【例16-16】借入一般借款的会计处理2 ………………………………… 304
【例16-17】同时借入一般借款和专门借款的会计处理1 …………… 305
【例16-18】同时借入一般借款和专门借款的会计处理2 …………… 306
【例16-19】外币专门借款的会计处理 ………………………………… 308
【例16-20】外币专门借款汇兑差额资本化金额的确定 ………………… 310
【例16-21】借款费用暂停资本化的判断1 ………………………………… 311
【例16-22】借款费用暂停资本化的判断2 ………………………………… 312
【例16-23】借款费用停止资本化的判断3 ………………………………… 312
【例16-24】借款费用停止资本化的判断4 ………………………………… 312

16.1.3 披露 …………………………… 313
16.2 《企业会计准则第17号——借款费用》应用指南 …………… 313
16.2.1 符合借款费用资本化条件的存货 …………………………… 313
16.2.2 借款利息费用资本化金额的确定 …………………………… 313
16.2.3 借款辅助费用的处理 ……… 314
16.2.4 借款费用资本化的暂停 …… 314

第17章 所得税
17.1 企业会计准则第18号——所得税 …………………………… 316
17.1.1 总则 …………………………… 316
17.1.2 计税基础 ……………………… 316
【例17-1】固定资产的计税基础1 …… 316
【例17-2】固定资产的计税基础2 …… 317
【例17-3】固定资产的计税基础3 …… 317
【例17-4】固定资产的计税基础4 …… 317
【例17-5】无形资产的计税基础1 …… 318
【例17-6】无形资产的计税基础2 …… 318
【例17-7】无形资产的计税基础3 …… 319
【例17-8】无形资产的计税基础4 …… 319
【例17-9】以公允价值计量且其变动计入当期损益的金融资产的计税基础1 ……………………… 320
【例17-10】以公允价值计量且其变动计入当期损益的金融资产的计税基础2 ……………………… 320
【例17-11】以公允价值计量且其变动计入当期损益的金融资产的计税基础3 ……………………… 320
【例17-12】投资性房地产的计税基础1 ………………………………… 321
【例17-13】投资性房地产的计税基础2 ………………………………… 321
【例17-14】计提了资产减值准备的存货的计税基础 ………………… 322

【例17-15】计提了资产减值准备的应收账款的计税基础 …………… 322
【例17-16】预计负债的计税基础1 …… 322
【例17-17】预计负债的计税基础2 …… 323
【例17-18】预计负债的计税基础3 …… 323
【例17-19】预计负债的计税基础4 …… 323
【例17-20】应付职工薪酬的计税基础 …………………………………… 324
【例17-21】其他负债项目的计税基础1 …………………………………… 324
【例17-22】其他负债项目的计税基础2 …………………………………… 325
17.1.3 暂时性差异 …………………… 325
【例17-23】可抵扣暂时性差异的确认 …………………………………… 325
【例17-24】未作为资产、负债确认的项目产生的暂时性差异 ……………… 326
【例17-25】可抵扣亏损及税款抵减产生的暂时性差异 ……………………… 326
17.1.4 确认 …………………………… 327
【例17-26】递延所得税负债的确认1 … 327
【例17-27】递延所得税负债的确认2 … 327
【例17-28】递延所得税负债的确认3 … 328
【例17-29】不予确认递延所得税负债的情形1 …………………………… 330
【例17-30】不予确认递延所得税资产的情形2 …………………………… 331
【例17-31】不予确认递延所得税资产的情形3 …………………………… 331
17.1.5 计量 …………………………… 332
【例17-32】递延所得税的计算 ……… 332
【例17-33】所得税费用的计算1 …… 332
【例17-34】所得税费用的计算2 …… 334
【例17-35】与企业合并相关的递延所得税的会计处理 ……………………… 336
【例17-36】直接计入所有者权益的递延所得税的会计处理 ………………… 336

17.1.6 列报 …………………………… 337
17.2 《企业会计准则第18号——所得税》应用指南 ……………………… 338
17.2.1 资产、负债的计税基础 ……… 338
17.2.2 递延所得税资产和递延所得税负债 …………………………… 338
17.2.3 所得税费用的确认和计量 …… 339
17.2.4 递延所得税的特殊处理 ……… 339

第18章 外币折算

18.1 企业会计准则第19号——外币折算 …………………………………… 341
18.1.1 总则 …………………………… 341
18.1.2 记账本位币的确定 …………… 341
【例18-1】企业记账本位币的确定1 … 341
【例18-2】企业记账本位币的确定2 … 342
18.1.3 外币交易的会计处理 ………… 343
【例18-3】外币交易发生日的初始确认1 …………………………………… 343
【例18-4】外币交易发生日的初始确认2 …………………………………… 343
【例18-5】外币交易发生日的初始确认3 …………………………………… 343
【例18-6】外币交易发生日的初始确认4 …………………………………… 343
【例18-7】外币交易发生日的初始确认5 …………………………………… 344
【例18-8】外币交易发生日的初始确认6 …………………………………… 344
【例18-9】外币交易发生日的初始确认7 …………………………………… 344
【例18-10】外币交易发生日的初始确认8 …………………………………… 345
【例18-11】资产负债表日外币货币性项目的会计处理1 ……………………… 345
【例18-12】资产负债表日外币货币性项目的会计处理2 ……………………… 346
【例18-13】资产负债表日外币货币性项目

【例18-14】资产负债表日外币货币性项目的会计处理4 …… 346

【例18-15】资产负债表日外币非货币性项目的会计处理1 …… 347

【例18-16】资产负债表日外币非货币性项目的会计处理2 …… 347

【例18-17】资产负债表日外币非货币性项目的会计处理3 …… 348

【例18-18】资产负债表日外币非货币性项目的会计处理4 …… 349

【例18-19】资产负债表日外币非货币性项目的会计处理5 …… 349

【例18-20】资产负债表日以公允价值计量的交易性金融资产的会计处理 …… 350

【例18-21】资产负债表日以公允价值计量的其他权益工具投资的会计处理 …… 351

18.1.4 外币财务报表的折算 …… 352

【例18-22】境外经营财务报表的折算1 …… 352

【例18-23】境外经营财务报表的折算2 …… 354

18.1.5 披露 …… 357

10.2 《企业会计准则第19号——外币折算》应用指南 …… 357

18.2.1 即期汇率和即期汇率的近似汇率 …… 357

18.2.2 汇兑差额的处理 …… 358

18.2.3 分账制记账方法 …… 358

18.2.4 境外经营处于恶性通货膨胀经济的判断 …… 359

第19章 企业合并

19.1 企业会计准则第20号——企业合并 …… 360

19.1.1 总则 …… 360

19.1.2 同一控制下的企业合并 …… 360

【例19-1】同一控制下企业合并资本公积的计算 …… 360

【例19-2】同一控制下企业合并的会计处理 …… 361

【例19-3】中介费用的会计处理 …… 361

【例19-4】同一控制下企业合并涉及或有对价的会计处理 …… 362

19.1.3 非同一控制下的企业合并 …… 363

【例19-5】非同一控制下企业合并购买日的判断 …… 363

【例19-6】非同一控制下企业合并的判断 …… 363

【例19-7】非同一控制下企业合并类型的判断 …… 364

【例19-8】企业合并成本的计算1 …… 365

【例19-9】企业合并成本的计算2 …… 366

【例19-10】非同一控制下多次交易形成企业合并的会计处理1 …… 366

【例19-11】非同一控制下多次交易形成企业合并的会计处理2 …… 366

【例19-12】非同一控制下企业合并涉及或有对价的会计处理1 …… 367

【例19-13】非同一控制下企业合并涉及或有对价的会计处理2 …… 367

【例19-14】非同一控制下企业合并涉及或有对价的会计处理3 …… 368

【例19-15】非同一控制下企业合并涉及或有对价的会计处理4 …… 369

【例19-16】非同一控制下企业合并涉及或有对价的会计处理5 …… 370

【例19-17】反向购买的相关内容 …… 372

【例19-18】反向购买的会计处理 …… 372

【例19-19】同一控制下企业合并商誉的确认 …… 376

【例19-20】非同一控制下企业合并商誉的确认 …… 377

19.1.4 披露 …… 379

19.2 《企业会计准则第20号——企业合并》应用指南 …… 380

19.2.1 企业合并的方式 …………… 380
19.2.2 合并日或购买日的确定 …… 381
19.2.3 同一控制下的企业合并 …… 381
19.2.4 非同一控制下的企业合并 … 381
19.2.5 业务合并 …………………… 383

第20章 租赁

20.1 企业会计准则第21号——租赁
……………………………………… 384
20.1.1 总则 ………………………… 384
20.1.2 租赁的识别、分拆和合并 … 384
20.1.3 承租人的会计处理 ………… 385
20.1.4 出租人的会计处理 ………… 389
20.1.5 售后租回交易 ……………… 391
20.1.6 列报 ………………………… 392
20.1.7 衔接规定 …………………… 393
20.1.8 附则 ………………………… 395

20.2 《企业会计准则第21号——租赁》应用指南 ………………… 395
20.2.1 总体要求 …………………… 395
20.2.2 适用范围 …………………… 395
20.2.3 应设置的相关会计科目和主要账务处理 ……………… 396
20.2.4 租赁的识别 ………………… 399
【例20-1】对资产的隐形指定 …… 400
【例20-2】如何判定资产是否物理可区分 ……………………… 400
【例20-3】对实质性替换权判定情形1 ……………………… 401
【例20-4】对实质性替换权判定情形2 ……………………… 402
【例20-5】对实质性替换权判定情形3 ……………………… 402
【例20-6】客户是否有权主导资产的使用的判定情形1 ………… 404
【例20-7】客户是否有权主导资产的使用的判定情形2 ………… 404
【例20-8】客户是否有权主导资产的使用的判定情形3 ………… 404
【例20-9】客户是否有权主导资产的使用的判定情形4 ………… 404
【例20-10】客户是否有权主导资产的使用的判定情形5 ……… 405
【例20-11】客户是否有权主导资产的使用的判定情形6 ……… 405
【例20-12】如何评估是否为租赁或是否包括租赁的情形1 …… 406
【例20-13】如何评估是否为租赁或是否包括租赁的情形2 …… 407
【例20-14】如何评估是否为租赁或是否包括租赁的情形3 …… 408
【例20-15】如何评估是否为租赁或是否包括租赁的情形4 …… 408
20.2.5 租赁的分拆与合并 ………… 408
【例20-16】租赁分拆时的会计处理 … 409
20.2.6 租赁期 ……………………… 410
【例20-17】租赁期开始日的确定 …… 411
【例20-18】不可撤销租赁期间的确定 … 411
【例20-19】租赁期的确定1 ……… 412
【例20-20】租赁期的确定2 ……… 412
20.2.7 承租人会计处理 …………… 413
【例20-21】可变租赁付款情形下租赁付款额的确定 …………… 413
【例20-22】存在多套付款额方案时租赁付款额的确定 ………… 414
【例20-23】存在租赁激励情形下租赁付款额的确定 …………… 414
【例20-24】取决于指数或比率的可变租赁付款额的确定 ……… 415
【例20-25】存在购买选择权时租赁付款额的确定 ……………… 415
【例20-26】行使终止租赁选择权时租赁期的确定 ……………… 415
【例20-27】根据承租人提供的担保余值预计应支付的款项 …… 416
【例20-28】租赁内含利率的计算 …… 416

【例20-29】采用增量借款利率作为折现率计算租赁付款额的现值 …………… 417
【例20-30】使用权资产的初始计量 …… 419
【例20-31】对租赁负债进行后续计量 …………… 420
【例20-32】对可变租赁付款额进行后续计量 …………… 421
【例20-33】实质固定付款额发生变动的会计处理 …………… 421
【例20-34】担保余值预计的应付金额发生变动的会计处理 …………… 422
【例20-35】用于确定租赁付款额的指数或比率发生变动的会计处理 …………… 422
【例20-36】购买选择权、续租选择权或终止租赁选择权的评估1 …………… 423
【例20-37】购买选择权、续租选择权或终止租赁选择权的评估2 …………… 424
【例20-38】购买选择权、续租选择权或终止租赁选择权的评估3 …………… 425
【例20-39】购买选择权、续租选择权或终止租赁选择权的评估4 …………… 425
【例20-40】使用权资产减值的计提 …… 427
【例20-41】租赁变更作为一项单独租赁的会计处理 …………… 428
【例20-42】租赁变更未作为一项新租赁的会计处理1 …………… 428
【例20-43】租赁变更未作为一项单独租赁的会计处理2 …………… 429
【例20-44】短期租赁的判断 …………… 430
【例20-45】低价值资产租赁 …………… 431
20.2.8 出租人会计处理 …………… 431
【例20-46】出租人对融资租赁的会计处理 …………… 433
【例20-47】融资租赁出租人利息收入的后续计量 …………… 435
【例20-48】融资租赁可变租赁收入的后续计量 …………… 436
【例20-49】融资租赁承租人行使购买权的后续计量 …………… 437
【例20-50】融资租赁变更形成一项新的租赁的会计处理 …………… 437
【例20-51】融资租赁变更的会计处理1 …………… 437
【例20-52】融资租赁变更的会计处理2 …………… 438
20.2.9 特殊租赁业务的会计处理 …… 439
【例20-53】合同期间转租赁的会计处理 …………… 439
【例20-54】合同开始日转租赁的会计处理 …………… 440
【例20-55】出租人的融资租赁会计处理1 …………… 440
【例20-56】出租人的融资租赁会计处理2 …………… 442
【例20-57】售后租回交易中的资产转让不属于销售的会计处理 …………… 445
【例20-58】售后租回交易中的资产转让属于销售时的会计处理 …………… 445
20.2.10 列报和披露 …………… 447
【例20-59】租赁负债的披露 …………… 447
【例20-60】可变租赁付款额的披露1 …………… 449
【例20-61】可变租赁付款额的披露2 …………… 449
【例20-62】续租选择权与终止租赁选择权的披露1 …………… 450
【例20-63】续租选择权与终止租赁选择权的披露2 …………… 451
20.2.11 衔接规定 …………… 453
【例20-64】新旧准则衔接的会计处理 … 455

第21章 金融工具确认和计量

21.1 企业会计准则第22号——金融工具确认和计量 …………… 460
21.1.1 总则 …………… 460
21.1.2 金融工具的确认和终止确认 …… 463

21.1.3 金融资产的分类 ………… 463
21.1.4 金融负债的分类 ………… 465
21.1.5 嵌入衍生工具 ……………… 465
21.1.6 金融工具的重分类 ………… 466
21.1.7 金融工具的计量 …………… 467
21.1.8 金融工具的减值 …………… 470
21.1.9 利得和损失 ………………… 473
21.1.10 衔接规定 ………………… 475
21.1.11 附则 ……………………… 477

21.2 《企业会计准则第22号——金融工具确认和计量》应用指南 ……… 477
21.2.1 总体要求 …………………… 477
21.2.2 关于金融工具的相关定义 …… 477
【例21-1】衍生金融资产的确认1 …… 478
【例21-2】金融资产的确认 …………… 478
【例21-3】衍生金融资产的确认2 …… 478
21.2.3 关于适用范围 ……………… 480
【例21-4】买卖非金融项目的合同 …… 482
21.2.4 关于应设置的会计科目 …… 483
21.2.5 关于金融资产和金融负债的确认和终止确认 ………………… 485
【例21-5】金融负债的终止确认 ……… 486
21.2.6 关于金融资产的分类 ……… 487
【例21-6】以收取合同现金流量为目标的业务模式1 ……………… 489
【例21-7】以收取合同现金流量为目标的业务模式2 ……………… 489
【例21-8】以收取合同现金流量和出售金融资产为目标的业务模式1 …… 489
【例21-9】以收取合同现金流量和出售金融资产为目标的业务模式2 …… 490
【例21-10】金融资产的合同现金流量特征 ……………………… 491
【例21-11】符合本金加利息的合同现金流量特征 ……………… 493
【例21-12】不符合本金加利息的合同现金流量特征 …………… 493

【例21-13】不同优先档资产支持证券的处理 ……………………… 494
【例21-14】以公允价值计量且其变动计入其他综合收益的金融资产 …… 496
21.2.7 关于金融负债的分类 ……… 499
21.2.8 关于嵌入衍生工具 ………… 500
【例21-15】嵌入衍生工具的分拆 …… 503
21.2.9 关于金融工具的重分类 …… 504
【例21-16】持有金融资产的业务模式变更 ……………………… 505
【例21-17】以摊余成本计量的金融资产重分类为以公允价值计量且其变动计入当期损益的金融资产 ……… 506
【例21-18】以公允价值计量且其变动计入其他综合收益的金融资产重分类为以摊余成本计量的金融资产 …… 506
21.2.10 关于金融工具的计量 …… 507
【例21-19】以摊余成本计量的金融资产的会计处理 …………… 510
【例21-20】以公允价值计量且其变动计入其他综合收益的金融资产的会计处理 …………………… 514
【例21-21】以公允价值计量且其变动计入当期损益的金融资产的会计处理 …… 516
【例21-22】以公允价值计量且其变动计入其他综合收益的非交易性权益工具投资的会计处理 ……………… 518
【例21-23】以公允价值计量且其变动计入当期损益的金融负债后续计量 …… 520
【例21-24】以摊余成本计量且不属于任何套期关系一部分的金融负债所产生的利得或损失 ………………… 521
【例21-25】指定为公允价值计量的金融负债自身信用风险变动的会计处理 … 523
21.2.11 关于金融工具的减值 …… 524
【例21-26】企业评估金融工具信用风险自初始确认后是否显著增加的具体方法1 ……………………… 530

【例21-27】企业评估金融工具信用风险自初始确认后是否显著增加的具体方法2 ………………………………… 531

【例21-28】企业评估金融工具信用风险自初始确认后是否显著增加的具体方法3 ………………………………… 532

【例21-29】企业评估金融工具信用风险自初始确认后是否显著增加的具体方法4 ………………………………… 533

【例21-30】企业评估金融工具信用风险自初始确认后是否显著增加的具体方法5 ………………………………… 534

【例21-31】企业评估金融工具信用风险自初始确认后是否显著增加的具体方法6 ………………………………… 535

【例21-32】企业评估金融工具信用风险自初始确认后是否显著增加的具体方法7 ………………………………… 536

【例21-33】未来12个月的违约概率无变化时预期信用损失的会计计量 ………… 539

【例21-34】预期信用损失的会计计量 … 540

【例21-35】信用风险显著增加时预期信用损失的会计计量 ………………… 541

【例21-36】不同风险特征金融资产预期信用损失的会计计量 ……………… 542

【例21-37】其他债权投资减值的账务处理 ………………………………… 545

【例21-38】以摊余成本计量金融资产减值的账务处理 ……………………… 546

21.2.12 关于衔接规定 ……………… 549

第22章 金融资产转移

22.1 企业会计准则第23号——金融资产转移 ………………………… 552

22.1.1 总则 ………………………… 552
22.1.2 金融资产终止确认的一般原则 … 552
22.1.3 金融资产转移的情形及其终止确认 ………………………… 553
22.1.4 满足终止确认条件的金融资产转移的会计处理 ……………… 555
22.1.5 继续确认被转移金融资产的会计处理 ………………………… 556
22.1.6 继续涉入被转移金融资产的会计处理 ………………………… 557
22.1.7 向转入方提供非现金担保物的会计处理 ……………………… 558
22.1.8 衔接规定 …………………… 559
22.1.9 附则 ………………………… 559

22.2 《企业会计准则第23号——金融资产转移》应用指南 ………… 559

22.2.1 总体要求 …………………… 559
22.2.2 关于应设置的会计科目 …… 560
22.2.3 关于金融资产终止确认的定义 ……………………………… 560
22.2.4 关于金融资产终止确认的判断流程 ………………………… 561

【例22-1】企业出售金融资产,同时约定按回购日该金融资产的公允价值回购 ………………………………… 565

【例22-2】企业出售金融资产,同时与转入方签订看跌或看涨期权合约 …… 565

【例22-3】金融资产的风险和报酬的转移1 ………………………………… 567

【例22-4】金融资产的风险和报酬的转移2 ………………………………… 568

22.2.5 关于满足终止确认条件的金融资产转移的会计处理 ……… 573

【例22-5】转让贷款的会计处理 ……… 573
【例22-6】出售债券的会计处理 ……… 574
【例22-7】出售债券,同时签订看涨期权合约的会计处理 ………………… 575

22.2.6 关于继续确认被转移金融资产的会计处理 ………………… 576

【例22-8】继续确认被转移金融资产的会计处理 ………………………… 576

22.2.7 关于继续涉入被转移金融资产的会计处理 ………………… 576

【例22-9】通过对被转移金融资产提供担保方式继续涉入金融资产的会计处理1 …………………… 577

【例22-10】通过对被转移金融资产提供担保方式继续涉入金融资产的会计处理2 …………………… 577

【例22-11】因持有看涨期权而继续涉入以摊余成本计量的金融资产 …… 579

【例22-12】因持有看涨期权而继续涉入以公允价值计量的金融资产 …………… 580

【例22-13】因签出看跌期权而继续涉入以公允价值计量的金融资产 …………… 581

【例22-14】因同时持有看涨期权和签出看跌期权而继续涉入以公允价值计量的金融资产 ……………………………… 582

【例22-15】对金融资产的继续涉入仅限于金融资产一部分的会计处理 ………… 582

22.2.8 关于金融资产转移中向转入方提供非现金担保物的会计处理 …… 584

第23章 套期会计

23.1 企业会计准则第24号——套期会计 …………………………………… 585
23.1.1 总则 …………………………… 585
23.1.2 套期工具和被套期项目 ……… 586
23.1.3 套期关系评估 ………………… 588
23.1.4 确认和计量 …………………… 590
23.1.5 信用风险敞口的公允价值选择权 ……………………………… 593
23.1.6 衔接规定 ……………………… 593
23.1.7 附则 …………………………… 594

23.2 《企业会计准则第24号——套期会计》应用指南 …………………… 594
23.2.1 总体要求 ……………………… 594
23.2.2 关于应设置的会计科目和主要账务处理 ……………………… 594
23.2.3 关于套期会计概述 …………… 597
23.2.4 关于套期工具和被套期项目 … 598

【例23-1】以公允价值计量且其变动计入当期损益的非衍生金融资产作为套期工具 …………………………… 599

【例23-2】以摊余成本计量的美元负债的外汇风险成分作为套期工具 ………… 599

【例23-3】对套期工具的指定 ………… 600

【例23-4】将两个互换合同的组合指定为套期工具 ……………………………… 600

【例23-5】对债券利率风险进行套期 … 601

【例23-6】使用单一套期工具对多种风险进行套期 ……………………………… 601

【例23-7】对确定承诺产生的外汇风险进行套期 ……………………………… 602

【例23-8】预期交易与确定承诺的区分 …………………………………………… 602

【例23-9】对境外经营净投资进行套期 …………………………………………… 603

【例23-10】考虑风险成分为合同明确的风险成分作为被套期项目 ……… 604

【例23-11】考虑风险成分为非合同明确的风险成分作为被套期项目 …… 605

【例23-12】固定利率债务工具中的风险成分作为被套期项目 …………… 605

【例23-13】考虑公允价值变动是否包含提前还款选择权的影响 ………… 607

【例23-14】汇总外汇风险敞口作为被套期项目 ………………………… 607

【例23-15】汇总利率风险敞口作为被套期项目 ………………………… 607

【例23-16】项目组成部分与项目总现金流量之间的关系1 ……………… 608

【例23-17】项目组成部分与项目总现金流量之间的关系2 ……………… 608

【例23-18】项目组成部分与项目总现金流量之间的关系3 ……………… 608

【例23-19】项目组成部分与项目总现金流量之间的关系4 ……………… 609

【例23-20】被套期项目的组合 ……… 610

23.2.5 关于套期关系评估 …………… 610
【例23-21】风险管理策略和风险管理
目标 …………………………… 611
【例23-22】套期关系再平衡 ………… 614
【例23-23】因风险管理目标发生变化，
导致套期关系不再满足风险管理目标
………………………………… 615
23.2.6 关于确认和计量 …………… 616
【例23-24】对存货公允价值套期的会计
处理 …………………………… 617
【例23-25】对合同外汇风险进行公允价值
套期的会计处理 ……………… 618
【例23-26】对以公允价值计量且其变动计
入其他综合收益的非交易性权益工具
投资的公允价值套期的会计处理 …… 619
【例23-27】对以摊余成本计量的债权投资
公允价值套期的会计处理 …… 620
【例23-28】对存货现金流量套期的会计
处理 …………………………… 625
【例23-29】对存货外汇风险的现金流量
套期的会计处理 ……………… 625
【例23-30】集团内可以持有套期工具的
企业 …………………………… 628
【例23-31】套期关系再平衡的会计处理1
………………………………… 629
【例23-32】套期关系再平衡的会计处理2
………………………………… 630
【例23-33】风险净敞口套期的会计处理
………………………………… 631
【例23-34】期权时间价值的会计处理
………………………………… 634
23.2.7 关于信用风险敞口的公允价值
选择权 ………………………… 636
【例23-35】信用风险敞口公允价值选择权
的指定条件 …………………… 637
【例23-36】信用风险敞口公允价值选择权
的会计处理 …………………… 638
23.2.8 关于衔接规定 …………… 638

【例23-37】套期会计处理的衔接规定
………………………………… 638

第24章 原保险合同

企业会计准则第25号——原保险合同 … 640
24.1 总则 ………………………… 640
24.2 原保险合同的确定 ………… 640
【例24-1】保险合同的确定 ………… 641
24.3 原保险合同收入 …………… 641
【例24-2】一次性收取保费的原保险合同
收入的会计处理1 …………… 641
【例24-3】一次性收取保费的原保险合同
收入的会计处理2 …………… 642
【例24-4】分期收取保费的原保险合同
收入的会计处理1 …………… 642
【例24-5】分期收取保费的原保险合同
收入的会计处理2 …………… 642
【例24-6】提前解除投保的原保险合同
收入的会计处理 ……………… 642
24.4 原保险合同准备金 ………… 643
【例24-7】未到期责任准备金的会计处理
………………………………… 643
【例24-8】提取未决赔款准备金的会计处理
………………………………… 644
【例24-9】提取寿险责任准备金的会计处理
………………………………… 644
【例24-10】补提未决赔款准备金的会计
处理 …………………………… 644
【例24-11】原保险合同提前解除的会计
处理 …………………………… 644
24.5 原保险合同成本 …………… 645
24.6 列报 ………………………… 645

第25章 再保险合同

企业会计准则第26号——再保险合同 … 647
25.1 总则 ………………………… 647
25.2 分出业务的会计处理 ……… 647
【例25-1】再保险分出人分出业务的应收
分保未决赔款准备金的会计处理 …… 647

【例25-2】再保险分出人分出业务的分出
　　　　　保费的会计处理 …………… 648
25.3　分入业务的会计处理 ………… 649
【例25-3】再保险接受人分入业务收入
　　　　　确认的会计处理 …………… 650
【例25-4】分入业务分保赔付支出的会计
　　　　　处理 ………………………… 651
25.4　列报 ……………………………… 651

第26章　石油天然气开采

26.1　企业会计准则第27号——石油天然
　　　气开采 ……………………………… 653
26.1.1　总则 …………………………… 653
26.1.2　矿区权益的会计处理 ………… 653
【例26-1】转让全部探明矿区权益的会计
　　　　　处理 ………………………… 654
【例26-2】转让部分探明矿区权益的会计
　　　　　处理 ………………………… 655
【例26-3】转让全部未探明矿区权益，且
　　　　　该矿区权益单独计提减值准备的会
　　　　　计处理 ……………………… 655
【例26-4】转让全部未探明矿区权益，且
　　　　　该矿区权益以矿区组为基础计提减值
　　　　　准备的会计处理 …………… 656
【例26-5】转让部分未探明矿区权益，且
　　　　　该矿区权益单独计提减值准备的会
　　　　　计处理 ……………………… 656
【例26-6】转让部分未探明矿区权益，且
　　　　　该矿区权益以矿区组为基础计提减值
　　　　　准备的会计处理 …………… 657
26.1.3　油气勘探的会计处理 ………… 657
26.1.4　油气开发的会计处理 ………… 658
26.1.5　油气生产的会计处理 ………… 659
【例26-7】油气生产相关折耗的会计处理
　　　　　……………………………… 659
26.1.6　披露 …………………………… 659
26.2　《企业会计准则第27号——石油天然
　　　气开采》应用指南 ……………… 660

26.2.1　矿区的划分 …………………… 660
26.2.2　钻井勘探支出的处理采用成果法
　　　　　……………………………… 660
26.2.3　油气资产及其折耗 …………… 660
26.2.4　弃置义务 ……………………… 661
26.2.5　未探明矿区权益的减值 ……… 661

第27章　会计政策、会计估计变更和差错更正

27.1　企业会计准则第28号——会计政策、
　　　会计估计变更和差错更正 ……… 662
27.1.1　总则 …………………………… 662
27.1.2　会计政策 ……………………… 662
【例27-1】改变交易性金融资产计量方法
　　　　　的会计处理 ………………… 663
【例27-2】改变存货计量方法的会计处理
　　　　　……………………………… 664
27.1.3　会计估计变更 ………………… 665
【例27-3】会计估计变更的会计处理 … 665
【例27-4】会计政策变更与会计估计变更
　　　　　的区分 ……………………… 666
27.1.4　前期差错更正 ………………… 666
【例27-5】前期漏提折旧费用的会计处理1
　　　　　……………………………… 667
【例27-6】前期漏提折旧费用的会计处理2
　　　　　……………………………… 667
【例27-7】调整和重述财务报表 ……… 668
27.1.5　披露 …………………………… 668
【例27-8】会计政策变更的披露 ……… 668
【例27-9】会计估计变更的披露 ……… 669
【例27-10】前期差错更正的披露 …… 669
27.2　《企业会计准则第28号——会计政
　　　策、会计估计变更和差错更正》应用
　　　指南 ……………………………… 670
27.2.1　会计政策和会计估计的确定 … 670
27.2.2　会计政策及其变更 …………… 670
27.2.3　前期差错及其更正 …………… 670

第 28 章 资产负债表日后事项

企业会计准则第 29 号——资产负债表日后事项 …………………… 671

28.1 总则 …………………… 671

【例 28-1】资产负债表日后事项期间的确定 …………………… 671

【例 28-2】资产负债表日后调整事项和非调整事项的区别 …………………… 671

28.2 资产负债表日后调整事项 …………………… 672

【例 28-3】未决诉讼导致的资产负债表日后调整事项的会计处理 …………………… 672

【例 28-4】销售退回导致的资产负债表日后调整事项的会计处理 …………………… 672

【例 28-5】应收账款无法收回导致的资产负债表日后调整事项的会计处理 …………………… 673

【例 28-6】销售退回导致的资产负债表日后调整事项的会计处理 1 …………………… 674

【例 28-7】销售退回导致的资产负债表日后调整事项的会计处理 2 …………………… 675

28.3 资产负债表日后非调整事项 …………………… 676

【例 28-8】资产负债表日后向银行贷款的会计处理 …………………… 676

【例 28-9】资产负债表日后交易对手方破产的会计处理 …………………… 676

【例 28-10】资产负债表日后发行债券的会计处理 …………………… 677

【例 28-11】资产负债表日后利润分配的会计处理 …………………… 677

28.4 披露 …………………… 677

第 29 章 财务报表列报

29.1 企业会计准则第 30 号——财务报表列报 …………………… 678

29.1.1 总则 …………………… 678

29.1.2 基本要求 …………………… 678

【例 29-1】持续经营的内涵 …………………… 679

【例 29-2】财务报表列报的内涵 …………………… 680

29.1.3 资产负债表 …………………… 681

【例 29-3】资产负债表排列的依据 …………………… 681

【例 29-4】流动负债的内容 …………………… 682

【例 29-5】货币资金填列的会计处理 …………………… 683

【例 29-6】应收票据填列的会计处理 …………………… 683

【例 29-7】存货填列的会计处理 …………………… 683

【例 29-8】持有待售资产填列的会计处理 …………………… 683

【例 29-9】固定资产填列的会计处理 …………………… 683

【例 29-10】无形资产填列的会计处理 …………………… 683

【例 29-11】短期借款填列的会计处理 …………………… 684

【例 29-12】应付票据填列的会计处理 …………………… 684

【例 29-13】应付职工薪酬填列的会计处理 …………………… 684

【例 29-14】长期借款填列的会计处理 …………………… 684

【例 29-15】实收资本填列的会计处理 …………………… 685

【例 29-16】未分配利润填列的会计处理 …………………… 685

【例 29-17】资产负债表填列的会计处理 …………………… 685

29.1.4 利润表 …………………… 687

【例 29-18】营业收入填列的会计处理 …………………… 687

【例 29-19】营业成本填列的会计处理 …………………… 687

【例 29-20】税金及附加填列的会计处理 …………………… 687

【例 29-21】管理费用填列的会计处理 …………………… 688

【例 29-22】财务费用填列的会计处理 …………………… 688

【例 29-23】投资收益填列的会计处理 …………………… 688

【例 29-24】资产减值损失填列的会计处理 …………………… 688

【例 29-25】营业外收入填列的会计处理 …………………… 688

【例29-26】营业外支出填列的会计处理 ·········· 688

【例29-27】所得税费用填列的会计处理 ·········· 688

【例29-28】利润表填列的会计处理 ······ 689

29.1.5 所有者权益变动表 ······ 691

【例29-29】所有者权益变动表的填列 ··· 691

29.1.6 附注 ························· 691

【例29-30】财务报表附注的内容 ··· 696

29.1.7 衔接规定 ··················· 697

29.1.8 附则 ························· 697

29.2 《企业会计准则第30号——财务报表列报》应用指南 ············ 697

29.2.1 总体要求 ··················· 697

29.2.2 关于适用范围 ············· 698

29.2.3 关于财务报表列报的基本要求 ···················· 698

29.2.4 关于资产负债表 ·········· 702

【例29-31】 ····················· 704

【例29-32】 ····················· 709

29.2.5 关于利润表 ··············· 713

【例29-33】 ····················· 717

29.2.6 关于所有者权益变动表 ··· 719

【例29-34】 ····················· 722

29.2.7 关于附注 ··················· 725

【例29-35】 ····················· 728

29.2.8 关于衔接规定 ············· 731

第30章 现金流量表

30.1 企业会计准则第31号——现金流量表 ··························· 732

30.1.1 总则 ························· 732

30.1.2 基本要求 ··················· 732

30.1.3 经营活动现金流量 ······ 732

【例30-1】坏账准备调整的会计处理 ··· 733

【例30-2】收到其他与经营活动有关的现金的会计处理 ········ 733

30.1.4 投资活动现金流量 ······ 734

【例30-3】收回投资收到的现金的会计处理 ···················· 734

【例30-4】取得投资收益收到的现金的会计处理 ················ 734

【例30-5】处置固定资产、无形资产和其他长期资产收回的现金净额的会计处理 ······ 735

【例30-6】购建固定资产、无形资产和其他长期资产支付的现金的会计处理 ········ 735

【例30-7】支付其他与投资活动有关的现金的会计处理 ············ 735

30.1.5 筹资活动现金流量 ······ 735

【例30-8】现金流量表的编制 ······ 736

30.1.6 披露 ························· 742

30.2 《企业会计准则第31号——现金流量表》应用指南 ·············· 742

30.2.1 现金及现金等价物 ······ 742

30.2.2 现金流量表格式 ·········· 743

30.2.3 现金流量表附注 ·········· 748

第31章 中期财务报告

企业会计准则第32号——中期财务报告 ··································· 751

31.1 总则 ································· 751

31.2 中期财务报告的内容 ········· 751

【例31-1】合并财务报表的编制条件 ··· 751

【例31-2】提供比较财务报表的类型 ··· 752

【例31-3】附注披露对外重大投资 ··· 752

【例31-4】附注披露对财务状况影响重大的内容 ················ 752

31.3 确认和计量 ····················· 754

【例31-5】季节性、周期性收入的会计处理 ···················· 754

【例31-6】偶然性费用的会计处理 ····· 754

第32章 合并财务报表

32.1 企业会计准则第33号——合并财务报表 ··························· 756

32.1.1 总则 ························· 756

32.1.2 合并范围 …… 756
32.1.3 合并程序 …… 759
32.1.4 特殊交易的会计处理 …… 763
32.1.5 衔接规定 …… 764
32.1.6 附则 …… 764
32.2 《企业会计准则第33号——合并财务报表》应用指南 …… 765
32.2.1 总则 …… 765
32.2.2 合并范围 …… 765
【例32-1】根据被投资方的设立目的和设计判断合并范围 …… 766
【例32-2】根据被投资方的相关活动判断合并范围 …… 767
【例32-3】根据被投资方的相关活动的决策机制判断合并范围 …… 767
【例32-4】根据实质性权利判断合并范围 …… 769
【例32-5】根据投资方相对于其他投资方持有的表决权份额的大小以及表决权的分散程度判断合并范围 …… 770
【例32-6】根据投资方和其他投资方持有的潜在表决权判断合并范围1 …… 771
【例32-7】根据投资方和其他投资方持有的潜在表决权判断合并范围2 …… 771
【例32-8】根据其他合同安排产生的权利判断合并范围 …… 771
【例32-9】根据其他相关事实或情况判断合并范围 …… 772
【例32-10】权力来自表决权之外的其他权利 …… 773
【例32-11】因参与被投资方的相关活动而享有可变回报 …… 775
【例32-12】根据是否为投资方的代理人判断合并范围1 …… 777
【例32-13】根据是否为投资方的代理人判断合并范围2 …… 778
【例32-14】根据是否为投资方的代理人判断合并范围3 …… 778
【例32-15】根据是否为投资方的代理人判断合并范围4 …… 778
【例32-16】根据对被投资方可分割部分的控制判断合并范围1 …… 779
【例32-17】根据对被投资方可分割部分的控制判断合并范围2 …… 780
【例32-18】根据投资性主体的特征判断合并范围1 …… 783
【例32-19】根据投资性主体的特征判断合并范围2 …… 784
32.2.3 合并程序 …… 784
【例32-20】合并财务报表综合案例 …… 788
32.2.4 特殊交易的会计处理 …… 818
【例32-21】母公司购买子公司少数股东拥有的子公司股权 …… 818
【例32-22】从可供出售金融资产转为长期股权投资的会计处理 …… 819
【例32-23】从权益法核算的长期股权投资转为成本法核算的长期股权投资的会计处理 …… 819
【例32-24】通过多次交易分步实现的同一控制下企业合并 …… 820
【例32-25】一次交易的处置 …… 822
【例32-26】多次交易分步处置子公司 …… 823
【例32-27】因子公司的少数股东增资而稀释母公司拥有的股权比例1 …… 824
【例32-28】因子公司的少数股东增资而稀释母公司拥有的股权比例2 …… 825

第33章 每股收益

33.1 企业会计准则第34号——每股收益 …… 826
33.1.1 总则 …… 826
33.1.2 基本每股收益 …… 826
【例33-1】发行在外普通股加权平均数的计算 …… 826
33.1.3 基本每股收益 …… 827

【例33-2】稀释每股收益的计算 …… 827
【例33-3】认股权证和股份期权等稀释性每股收益的计算 …… 828
【例33-4】企业承诺将回购其股份的合同稀释性每股收益的计算 …… 828
【例33-5】稀释程度不同的潜在普通股稀释性每股收益的计算 …… 828
33.1.4 列报 …… 829
【例33-6】派发股票股利、公积金转增资本、拆股和并股每股收益的计算 …… 830
33.2 《企业会计准则第34号——每股收益》应用指南 …… 830
33.2.1 发行在外普通股加权平均数的计算 …… 830
33.2.2 稀释每股收益的计算 …… 830
33.2.3 计算每股收益时应考虑的其他调整因素 …… 831
33.2.4 以合并财务报表为基础计算和列报每股收益 …… 831

第34章 分部报告
34.1 企业会计准则第35号——分部报告 …… 832
34.1.1 总则 …… 832
【例34-1】合并财务报表的分部信息的披露 …… 832
34.1.2 报告分部的确定 …… 832
【例34-2】划分地区分部的依据 …… 833
【例34-3】分部合并条件的判定 …… 833
【例34-4】报告分部确认条件的判定 …… 834
34.1.3 分部信息的披露 …… 835
【例34-5】分部信息披露的判定 …… 835
34.2 《企业会计准则第35号——分部报告》应用指南 …… 836
34.2.1 主要报告形式和次要报告形式 …… 836
34.2.2 分部收入 …… 837
34.2.3 分部费用 …… 837

第35章 关联方披露
企业会计准则第36号——关联方披露 …… 838
35.1 总则 …… 838
35.2 关联方 …… 838
【例35-1】关联方的判定1 …… 839
【例35-2】关联方的判定2 …… 839
【例35-3】关联方的判定3 …… 839
35.3 关联方交易 …… 839
【例35-4】关联方交易的判定 …… 840
35.4 披露 …… 840
【例35-5】关联方披露的内容1 …… 840
【例35-6】关联方披露的内容2 …… 841
【例35-7】关联方披露的内容3 …… 841
【例35-8】关联披露的综合会计处理 …… 842

第36章 金融工具列报
36.1 企业会计准则第37号——金融工具列报 …… 843
36.1.1 总则 …… 843
36.1.2 金融负债和权益工具的区分 …… 844
36.1.3 特殊金融工具的区分 …… 846
36.1.4 收益和库存股 …… 847
36.1.5 金融资产和金融负债的抵销 …… 848
36.1.6 金融工具对财务状况和经营成果影响的列报 …… 850
36.1.7 与金融工具相关的风险披露 …… 858
36.1.8 金融资产转移的披露 …… 863
36.1.9 衔接规定 …… 865
36.1.10 附则 …… 865
36.2 《企业会计准则第37号——金融工具列报》应用指南 …… 865
36.2.1 总体要求 …… 865
36.2.2 适用范围 …… 866
36.2.3 应设置的会计科目和主要账务处理 …… 868
36.2.4 金融负债和权益工具的区分 …… 869
【例36-1】分类为权益工具 …… 871
【例36-2】分类为金融负债 …… 872

【例36－3】基于自身权益工具的非衍生工具1 ················ 874

【例36－4】基于自身权益工具的非衍生工具2 ················ 874

【例36－5】基于自身权益工具的非衍生工具3 ················ 874

【例36－6】基于自身权益工具的衍生工具 ······················ 875

【例36－7】以外币计价的配股权、期权或认股权证 ·················· 877

【例36－8】或有结算条款 ········ 878

【例36－9】复合金融工具 ········ 879

【例36－10】合并财务报表中金融负债和权益工具的区分 ········· 881

36.2.5 特殊金融工具的区分 ······ 882

【例36－11】符合金融负债定义，但同时具有一定特征的可回售工具 ········· 882

【例36－12】认定可回售工具是否应分类为权益工具 ················ 882

36.2.6 金融负债和权益工具之间的重分类 ········· 884

36.2.7 收益和库存股 ·············· 884

36.2.8 金融资产和金融负债的抵销 ··· 886

36.2.9 金融工具对财务状况和经营成果影响的列报 ·············· 887

【例36－13】一般性规定 ········ 887

【例36－14】部分金融资产的信用风险披露 ···················· 888

【例36－15】以公允价值计量的金融负债的披露 ················ 889

【例36－16】金融资产和金融负债互抵协议的影响 ················ 891

【例36－17】利润表中的列示及相关披露 ···················· 892

【例36－18】针对商品价格风险管理策略的披露 ·············· 893

【例36－19】套期会计相关披露 ···· 893

36.2.10 与金融工具相关的风险披露 ··· 897

【例36－20】定性信息 ············ 897

【例36－21】定量信息 ············ 899

【例36－22】金融工具风险集中度定量披露 ···················· 900

【例36－23】信用风险披露 ······ 902

【例36－24】预期信用损失 ······ 906

【例36－25】银行的预期信用损失披露 ···················· 907

【例36－26】对影响预期信用损失准备的重要假设及其敏感性分析的披露 ······ 911

【例36－27】金融工具账面余额变动情况 ···················· 913

【例36－28】信用风险和最大信用风险敞口的披露 ················ 915

【例36－29】应收款项最大信用风险敞口的披露 ················ 916

【例36－30】信用风险敞口和重大信用风险集中度的披露 ·············· 917

【例36－31】重大信贷风险集中度披露的简化方法 ················ 918

【例36－32】到期期限分析 ······ 920

36.2.11 金融资产转移披露 ·········· 923

36.2.12 衔接规定 ···················· 927

【例36－33】金融资产和金融负债披露 ··· 927

【例36－34】首次执行日前后对照信息 ···················· 929

【例36－35】首次执行日披露进行调节的信息 ···················· 933

第37章 首次执行企业会计准则

37.1 企业会计准则第38号——首次执行企业会计准则 ·············· 935

37.1.1 总则 ···················· 935

37.1.2 确认和计量 ·············· 935

【例37－1】首次执行日的长期股权投资的会计处理 ················ 935

【例37－2】首次执行日账面价值与公允价值的差额调整 ············ 936

【例37-3】首次执行日对预计负债的确认 ·················· 936

【例37-4】首次执行日对商誉的确认 ··· 937

　37.1.3　列报 ··· 938

37.2　《企业会计准则第38号——首次执行企业会计准则》应用指南 ······· 939

　37.2.1　首次执行日采用追溯调整法有关项目的处理 ·················· 939

　37.2.2　首次执行日采用未来适用法有关项目的处理 ·················· 940

　37.2.3　首份中期财务报告和首份年度财务报表的列报 ·················· 941

第38章　公允价值计量

38.1　企业会计准则第39号——公允价值计量 ···································· 943

　38.1.1　总则 ··· 943
　38.1.2　相关资产或负债 ······························· 943
　38.1.3　有序交易和市场 ······························· 944
　38.1.4　市场参与者 ···································· 945
　38.1.5　公允价值初始计量 ··························· 945
　38.1.6　估值技术 ·· 945
　38.1.7　公允价值层次 ································· 947
　38.1.8　非金融资产的公允价值计量 ············ 948
　38.1.9　负债和企业自身权益工具的公允价值计量 ···································· 949
　38.1.10　市场风险或信用风险可抵销的金融资产和金融负债的公允价值计量 ···································· 950
　38.1.11　公允价值披露 ································· 950
　38.1.12　衔接规定 ·· 952
　38.1.13　附则 ··· 952

38.2　《企业会计准则第39号——公允价值计量》应用指南 ······················· 952

　38.2.1　总体要求 ·· 952
　38.2.2　关于适用范围 ································· 953
　38.2.3　关于公允价值计量的基本要求 ··· 953

【例38-1】确定资产的公允价值 ·········· 954

【例38-2】对上市公司限售股定价时考虑的因素 ··· 954

【例38-3】考虑土地使用用途受限的影响 ··· 955

【例38-4】不考虑土地使用权受限的影响 ··· 955

【例38-5】判定主要交易市场 ··········· 958

【例38-6】将经济利益最大化的市场确定为最有利市场 ··························· 959

【例38-7】从市场参与者角度确定相关资产或负债的公允价值 ··········· 960

【例38-8】市场法估计相关资产或负债的公允价值 ······························· 962

【例38-9】市场乘数法估计相关资产或负债的公允价值 ······················· 962

【例38-10】市场回报率折现法估计公允价值 ··· 964

【例38-11】现金流量折现法估计公允价值 ··· 964

【例38-12】调整期望现金流量的风险溢价方法 ······································· 966

【例38-13】期权定价模型确定公允价值 ··· 967

【例38-14】垂直成本法估计公允价值 ··· 968

【例38-15】估值技术的选择 ··········· 968

【例38-16】估值技术的调整 ··········· 974

【例38-17】估值技术的输入值 ········ 975

　38.2.4　关于非金融资产的公允价值计量 ··· 976

【例38-18】非金融资产的最佳用途 ····· 977

【例38-19】非金融资产最佳用途的确定 ··· 978

【例38-20】非金融资产的公允价值计量 ··· 978

【例38-21】非金融资产的估值（收益法） ··· 980

【例38-22】非金融资产的估值（市场法和成本法） ······························· 980

38.2.5 关于负债和企业自身权益工具的公允价值计量 …………………………… 981

【例38-23】被其他方作为资产持有的负债或企业自身权益工具的公允价值计量 …………………………… 982

【例38-24】未被其他方作为资产持有的负债或企业自身权益工具的公允价值计量 …………………………… 983

【例38-25】使用期望现金流量法计量弃置义务的公允价值 …………… 984

【例38-26】不履约风险的考虑 …… 986

【例38-27】不履约风险及信用风险的考虑 …………………………… 986

38.2.6 关于市场风险或信用风险可抵销的金融资产和金融负债的公允价值计量 …………………………… 987

38.2.7 关于公允价值披露 ………… 989

38.2.8 关于衔接规定 …………… 995

第39章 合营安排

39.1 企业会计准则第40号——合营安排 …………………………… 996

39.1.1 总则 ……………………… 996

39.1.2 合营安排的认定和分类 …… 996

39.1.3 共同经营参与方的会计处理 …… 997

39.1.4 合营企业参与方的会计处理 …… 998

39.1.5 衔接规定 ………………… 998

39.1.6 附则 ……………………… 998

39.2 《企业会计准则第40号——合营安排》应用指南 …………… 999

39.2.1 总体要求 ………………… 999

39.2.2 关于适用范围 …………… 999

39.2.3 关于本准则与其他相关准则的关系 …………………………… 1000

39.2.4 关于合营安排的认定 …… 1000

【例39-1】各参与方受到该安排的约束 …………………………… 1000

【例39-2】两个或两个以上的参与方对该安排实施共同控制 ………………… 1000

【例39-3】一个参与方能够单独控制某安排 …………………………… 1001

【例39-4】使得参与方数量最少的一个或几个参与方组合集体控制该安排 … 1002

【例39-5】所有参与方集体控制 …… 1002

【例39-6】根据约定判断是否集体控制 …………………………… 1002

【例39-7】一票否决权下的共同控制 …………………………… 1003

【例39-8】一致行动协议下的共同控制 …………………………… 1003

【例39-9】其他投资方持有表决权的分散程度大下的共同控制 ………… 1003

【例39-10】未签订一致行动协议下的共同控制 …………………………… 1004

【例39-11】跟随表决下的共同控制 … 1004

【例39-12】共同控制 ……………… 1004

【例39-13】存在两个或两个以上的参与方组合能够集体控制某项安排 …… 1004

【例39-14】某一参与方可能被任命来管理该安排的日常运行1 …………… 1006

【例39-15】某一参与方可能被任命来管理该安排的日常运行2 …………… 1006

【例39-16】一票通过权下的争议解决机制 …………………………… 1006

【例39-17】期权等潜在表决权下的争议解决机制 ……………………… 1007

【例39-18】存在最终决策者时的争议解决机制 …………………………… 1007

【例39-19】仅享有保护性权利的参与方不享有共同控制 …………………… 1008

【例39-20】综合评估多项相关协议 … 1008

39.2.5 关于合营安排的分类 ……… 1009

【例39-21】合营安排未通过单独主体达成1 …………………………… 1009

【例39-22】合营安排未通过单独主体达成2 …………………………… 1010

【例39-23】合营安排通过单独主体达成 …………………………………… 1010
【例39-24】合营企业 …………… 1012
【例39-25】国外合营企业 ……… 1012
【例39-26】共同经营 …………… 1013
【例39-27】参与方在合营安排中的产出分配比例与表决权的影响1 … 1014
【例39-28】参与方在合营安排中的产出分配比例与表决权的影响2 … 1014
【例39-29】获得的产出是用于生产还是对外出售的影响1 …………… 1014
【例39-30】获得的产出是用于生产还是对外出售的影响2 …………… 1015
【例39-31】分析其他事实和情况 … 1015
39.2.6 关于重新评估 …………… 1016
【例39-32】重新评估 …………… 1016
39.2.7 关于共同经营参与方的会计处理 …………………………… 1016
【例39-33】共同经营中合营方的一般会计处理1 …………………… 1017
【例39-34】共同经营中合营方的一般会计处理2 …………………… 1018
【例39-35】合营方自共同经营购买不构成业务的资产的会计处理 … 1019
【例39-36】合营方取得构成业务的共同经营的利益份额的会计处理 … 1019
【例39-37】对共同经营不享有共同控制的参与方的会计处理原则 …… 1020
39.2.8 关于合营企业参与方的会计处理 …………………………… 1020
39.2.9 关于衔接规定 …………… 1021
【例39-38】衔接规定 …………… 1022

第40章 在其他主体中权益的披露

40.1 企业会计准则第41号——在其他主体中权益的披露 …………… 1024

40.1.1 总则 ……………………… 1024
40.1.2 重大判断和假设的披露 …… 1025
40.1.3 在子公司中权益的披露 …… 1025
40.1.4 在合营安排或联营企业中权益的披露 ………………………… 1027
40.1.5 在未纳入合并财务报表范围的结构化主体中权益的披露 …… 1027
40.1.6 衔接规定 ………………… 1028
40.1.7 附则 ……………………… 1028

40.2 《企业会计准则第41号——在其他主体中权益的披露》应用指南 …… 1028

40.2.1 总体要求 ………………… 1028
40.2.2 关于适用范围 …………… 1029
40.2.3 关于在其他主体中权益的定义 …………………………… 1029
【例40-1】关于在其他主体中权益的定义 …………………………… 1031
40.2.4 关于重大判断和假设的披露 … 1032
【例40-2】关于重大判断和假设的披露1 …………………………… 1032
【例40-3】关于重大判断和假设的披露2 …………………………… 1032
40.2.5 关于在子公司中权益的披露 … 1033
【例40-4】对使用企业集团资产和清偿企业集团债务的重大限制 …… 1035
【例40-5】有合同约定的情况 …… 1036
【例40-6】没有合同约定的情况 … 1036
【例40-7】不丧失控制权的情况 … 1037
【例40-8】丧失控制权的情况 …… 1037
40.2.6 关于在合营安排或联营企业中权益的披露 ………………… 1038
【例40-9】超额亏损 ……………… 1043
【例40-10】与对合营企业投资相关的未确认承诺 …………………… 1043
【例40-11】或有负债 …………… 1044
40.2.7 关于在未纳入合并财务报表范围的结构化主体中权益的披露 …… 1044
【例40-12】未纳入合并财务报表范围的结构化主体的基础信息 …… 1044
【例40-13】与权益相关资产负债的账面

价值和最大损失敞口 ………… 1045
【例40-14】企业作为该结构化主体发起人
　　的认定依据 ……………………… 1045
【例40-15】当期转移至该结构化主体的
　　所有资产在转移时的账面价值 …… 1046
40.2.8　关于衔接规定 ………………… 1047

第41章　持有待售的非流动资产、处置组和终止经营

41.1　企业会计准则第42号——持有待售
　　的非流动资产、处置组和终止经营
　　………………………………… 1048
　41.1.1　总则 ……………………… 1048
　41.1.2　持有待售的非流动资产或处置组的
　　　　分类 ……………………… 1049
　41.1.3　持有待售的非流动资产或处置组的
　　　　计量 ……………………… 1049
　41.1.4　列报 ……………………… 1050
　41.1.5　附则 ……………………… 1052
41.2　《企业会计准则第42号——持有待售
　　的非流动资产、处置组和终
　　止经营》应用指南 ……………… 1052
　41.2.1　总体要求 ………………… 1052
　41.2.2　关于适用范围 …………… 1053
【例41-1】终止经营应当具有一定的规模
　　………………………………… 1055
【例41-2】终止经营独立主要业务应当
　　满足一定的时点要求 ………… 1055
【例41-3】终止经营子公司应当满足一定
　　的时点要求 …………………… 1056
【例41-4】终止经营应当满足一定的时点
　　要求 …………………………… 1056
【例41-5】该组成部分在资产负债表日之
　　前已经划分为持有待售类别 … 1056

　41.2.3　关于持有待售类别的分类 …… 1057
【例41-6】可立即出售1 ……………… 1057
【例41-7】可立即出售2 ……………… 1057
【例41-8】意外设定条件 …………… 1058
【例41-9】发生罕见情况 …………… 1059
【例41-10】不再继续满足划分条件的处理
　　………………………………… 1060
【例41-11】持有待售的长期股权投资
　　………………………………… 1061
【例41-12】拟结束使用而非出售的非流动
　　资产或处置组 ………………… 1062
　41.2.4　关于持有待售类别的计量 …… 1062
【例41-13】固定资产转入持有待售类别的
　　初始计量 ……………………… 1062
【例41-14】长期股权投资转入持有待售
　　类别的初始计量1 ……………… 1063
【例41-15】长期股权投资转入持有待售
　　类别的初始计量2 ……………… 1063
【例41-16】持有待售资产减值准备的计量
　　………………………………… 1064
【例41-17】持有待售的处置组的后续计量
　　………………………………… 1065
【例41-18】存在弃置费用的持有待售的
　　处置组的后续计量 …………… 1070
【例41-19】持有待售资产的终止确认
　　………………………………… 1071
【例41-20】持有待售处置组的终止确认
　　………………………………… 1071
　41.2.5　关于持有待售类别和终止经营的
　　　　列报 ……………………… 1073
【例41-21】终止经营的列示 ………… 1075
【例41-22】特殊事项的列报 ………… 1076
　41.2.6　衔接规定 ………………… 1077

第1章 存　货

1.1 企业会计准则第1号——存货

《企业会计准则第1号——存货》（以下简称"本准则"）于2006年2月15日由财会〔2006〕3号公布，自2007年1月1日起施行。

1.1.1 总则

第一条 为了规范存货的确认、计量和相关信息的披露，根据《企业会计准则——基本准则》，制定本准则。

第二条 下列各项适用其他相关会计准则：

（一）消耗性生物资产，适用《企业会计准则第5号——生物资产》；

（二）通过建造合同归集的存货成本，适用《企业会计准则第15号——建造合同》。

1.1.2 确认

第三条 存货，是指企业在日常活动中持有以备出售的产成品或商品、处在生产过程中的在产品、在生产过程或提供劳务过程中耗用的材料和物料等。

第四条 存货同时满足下列条件的，才能予以确认：

（一）与该存货有关的经济利益很可能流入企业；

（二）该存货的成本能够可靠地计量。

1.1.3 计量

第五条 存货应当按照成本进行初始计量。存货成本包括采购成本、加工成本和其他成本。

第六条 存货的采购成本，包括购买价款、相关税费、运输费、装卸费、保险费以及其他可归属于存货采购成本的费用。

【例1-1】原材料的入账价值

甲公司系增值税一般纳税人，购入原材料750千克，收到的增值税专用发票注明价款为4 500万元、增值税税额为585万元；发生运输费用9万元并取得增值税专用发票，增值税税率为9%；包装费为3万元、途中保险费用为2.7万元。原材料运达后，验收入库数量为748千克，差额部分为运输途中发生的合理损耗。则该批原材料入账价值为（　　）万元。

　　A. 4 511.70　　　　B. 4 513.35　　　　C. 4 514.07　　　　D. 4 514.70

正确答案： D。

答案解析： 该批原材料的入账价值 =4 500 +9 +3 +2.7 =4 514.7（万元）。

第七条 存货的加工成本，包括直接人工以及按照一定方法分配的制造费用。

制造费用，是指企业为生产产品和提供劳务而发生的各项间接费用。企业应当根据制造费用的性质，合理地选择制造费用分配方法。

在同一生产过程中，同时生产两种或两种以上的产品，并且每种产品的加工成本不能直接区分的，其加工成本应当按照合理的方法在各种产品之间进行分配。

【例1-2】委托外单位加工存货的会计处理

甲企业委托乙企业加工材料一批（属于应税消费品的非黄金饰品）。原材料成本为20 000元，支付的加工费为7 000元（不含增值税），消费税税率为10%，材料加工完成并已验收入库，加工费用等已用银行存款支付。双方适用的增值税税率为13%。

甲企业按实际成本核算原材料，有关账务处理如下：

(1) 发出委托加工材料。

借：委托加工物资——乙企业　　　　　　　　　　　　　　20 000
　　贷：原材料　　　　　　　　　　　　　　　　　　　　　　20 000

(2) 支付加工费和税金。

消费税组成计税价格 = (20 000 + 7 000) ÷ (1 - 10%) = 30 000（元）

受托方代收代缴的消费税税额 = 30 000 × 10% = 3 000（元）

应交增值税税额 = 7 000 × 13% = 910（元）

①甲企业收回加工后的材料用于连续生产应税消费品的。

借：委托加工物资——乙企业　　　　　　　　　　　　　　7 000
　　应交税费——应交增值税（进项税额）　　　　　　　　　910
　　　　　　——应交消费税　　　　　　　　　　　　　　　3 000
　　贷：银行存款　　　　　　　　　　　　　　　　　　　　10 910

②甲企业收回加工后的材料直接用于销售的。

借：委托加工物资——乙企业（7 000 + 3 000）　　　　　　10 000
　　应交税费——应交增值税（进项税额）　　　　　　　　　910
　　贷：银行存款　　　　　　　　　　　　　　　　　　　　10 910

(3) 加工完成，收回委托加工材料。

①甲企业收回加工后的材料用于连续生产应税消费品的。

借：原材料（20 000 + 7 000）　　　　　　　　　　　　　27 000
　　贷：委托加工物资——乙企业　　　　　　　　　　　　　27 000

②甲企业收回加工后的材料直接用于销售的。

借：库存商品（20 000 + 10 000）　　　　　　　　　　　　30 000
　　贷：委托加工物资——乙企业　　　　　　　　　　　　　30 000

第八条 存货的其他成本，是指除采购成本、加工成本以外的，使存货达到目前场所和状态所发生的其他支出。

第九条 下列费用应当在发生时确认为当期损益，不计入存货成本。

（一）非正常消耗的直接材料、直接人工和制造费用。

（二）仓储费用（不包括在生产过程中为达到下一个生产阶段所必需的费用）。

（三）不能归属于使存货达到目前场所和状态的其他支出。

【例1-3】计入存货成本的内容

下列各项中，企业应计入存货成本的有（　　）。

A. 为特定客户设计产品发生的可直接确定的设计费用

B. 发出委托加工材料负担的运输费用

C. 自制存货发生的直接材料、直接人工和制造费用

D. 购进原材料运输途中发生的合理损耗

正确答案：ABCD。

答案解析：运输途中的合理损耗要计入存货成本，不从采购成本中扣除。

第十条 应计入存货成本的借款费用，按照《企业会计准则第17号——借款费用》处理。

第十一条 投资者投入存货的成本，应当按照投资合同或协议约定的价值确定，但合同或协议约定价值不公允的除外。

【例1-4】投资者以存货出资的会计处理

2×16年1月1日，A、B、C三方共同投资设立了甲有限责任公司（以下简称"甲公司"）。A以其生产的产品作为投资（甲公司将其作为原材料管理和核算），投资合同约定的该批产品的价值为5 000 000元（与公允价值相同）。甲公司取得的增值税专用发票上注明的不含税价款为5 000 000元，增值税税额为650 000元。假定甲公司的实收资本总额为10 000 000元，A在甲公司享有的份额为35%。甲公司为一般纳税人，适用的增值税税率为13%；甲公司采用实际成本法核算存货。

本例中，由于甲公司为一般纳税人，投资合同约定的该项原材料的价值为5 000 000元，因此，甲公司接受的这批原材料的入账价值为5 000 000元，增值税税额650 000元单独作为可抵扣的进项税额进行核算。

A在甲公司享有的实收资本金额=10 000 000×35%=3 500 000（元）

A在甲公司投资的资本溢价=5 000 000+650 000-3 500 000=2 150 000（元）

甲公司的账务处理如下：

借：原材料	5 000 000
应交税费——应交增值税（进项税额）	650 000
贷：实收资本——A	3 500 000
资本公积——资本溢价	2 150 000

第十二条 收获时农产品的成本、非货币性资产交换、债务重组和企业合并取得的存货的成本，应当分别按照《企业会计准则第5号——生物资产》、《企业会计准则第7号——非货币性资产交换》、《企业会计准则第12号——债务重组》和《企业会计准则第20号——企业合并》确定。

第十三条 企业提供劳务的，所发生的从事劳务提供人员的直接人工和其他直接费用以及可归属的间接费用，计入存货成本。

第十四条 企业应当采用先进先出法、加权平均法或者个别计价法确定发出存货的实际成本。

对于性质和用途相似的存货，应当采用相同的成本计算方法确定发出存货的成本。

对于不能替代使用的存货、为特定项目专门购入或制造的存货以及提供的劳务，通常采用个别计价法确定发出存货的成本。

对于已售存货，应当将其成本结转为当期损益，相应的存货跌价准备也应当予以结转。

【例1-5】用个别计价法核算存货成本

个别计价法是假设存货具体项目的实物流转与成本流转相一致，按照各种存货逐一辨认各批发出存货和期末存货所属的购进批别或生产批别，分别按其购入或生产时所确定的单位成本计算各批发出存货和期末存货成本的方法。在这种方法下，把每一种存货的实际成本作为计算发出存货成本和期末存货成本的基础。

个别计价法下的成本计算准确，符合实际情况，但在存货收发频繁的情况下，其发出成本分辨的工作量较大。因此，这种方法通常适用于一般不能替代使用的存货、为特定项目专门购入或制造的存货以及提供的劳务，如珠宝、名画等贵重物品。

2×19年5月，甲公司D商品的收入、发出及购进情况如表1-1所示。

表1-1　D商品购销明细账　　　　　　　金额单位：元

日期		摘要	收入			发出			结存		
月	日		数量	单价	金额	数量	单价	金额	数量	单价	金额
5	1	期初余额							150	10	1 500
	5	购入	100	12	1 200				250		
	11	销售				200			50		
	16	购入	200	14	2 800				250		
	20	销售				100			150		
	23	购入	100	15	1 500				250		
	27	销售				100			150		
	31	本期合计	400		5 500	400			150		

假设经过具体辨认，本期发出存货的单位成本如下：5月11日发出的200件存货中，100件系期初结存存货，单位成本为10元，另外100件为5月5日购入存货，单位成本为12元；5月20日发出的100件存货系5月16日购入，单位成本为14元；5月27日发出的100件存货中，50件为期初结存，单位成本为10元，50件为5月23日购入，单位成本为15元。则按照个别计价法，5月，甲公司D商品收入、发出与结存情况如表1-2所示。

表1-2　D商品购销明细账（个别计价法）　　　　　　　　　金额单位：元

日期		摘要	收入			发出			结存		
月	日		数量	单价	金额	数量	单价	金额	数量	单价	金额
5	1	期初余额							150	10	1 500
	5	购入	100	12	1 200				150 100	10 12	1 500 1 100
	11	销售				100 100	10 12	1 000 1 200	50	10	500
	16	购入	200	14	2 800				50 200	10 14	500 2 800
	20	销售				100	14	1 400	50 100	10 14	500 1 400
	23	购入	100	15	1 500				50 100 100	10 14 15	500 1 400 1 500
	27	销售				50 50	10 15	500 750	100 50	14 15	1 400 750
	31	本期合计	400		5 500	400		4 850	100 50	14 15	1 400 750

从表1-2中可知，甲公司本期发出存货成本及期末结存存货成本如下：

本期发出存货成本 =（100×10 + 100×12）+（100×14）+（50×10 + 50×15）= 4 850（元）

期末结存存货成本 = 100×14 + 50×15 = 2 150（元）

或：

期末结存存货成本 = 期初结存存货成本 + 本期收入存货成本 - 本期发出存货成本 = 150×10 +（100×12 + 200×14 + 100×15）- 4 850 = 1 500 + 5 500 - 4 850 = 2 150（元）

【例1-6】用先进先出法核算存货成本

先进先出法是指以先购入的存货应先发出（用于销售或耗用）这样一种存货实物流动假设为前提，对发出存货进行计价的一种方法。采用这种方法，先购入的存货成本在后购入的存货成本之前转出，据此确定发出存货和期末存货的成本。具体方法是：收入存货时，逐笔登记收入存货的数量、单价和金额；发出存货时，按照先进先出的原则逐笔登记存货的发出成本和结存金额。

先进先出法下可以随时结转存货发出成本，但较烦琐。如果存货收发业务较多，且存货单价不稳定时，其工作量较大。在物价持续上升时，期末存货成本接近市价，而发出成本偏低，会高估企业当期利润和库存存货价值；反之，会低估企业存货价值和当期利润。

承【例1-5】，假设甲公司D商品本期收入、发出和结存情况如表1-3所示。从该表可以看出存货成本的计价顺序，如5月11日发出的200件存货，按先进先出法的结转顺序，应先结转期初库存存货成本1 500（150×10）元，然后结转5月5日购入的50件存货的成本，即600（50×12）元，其他依此类推。从表1-3中可以看出，使用先进先出法得出的发出存货成本和期末存货成本分别为4 800元和2 200元。

表1-3　D商品购销明细账（先进先出法）　　　　　　　　金额单位：元

日期		摘要	收入			发出			结存		
月	日		数量	单价	金额	数量	单价	金额	数量	单价	金额
5	1	期初余额							150	10	1 500
	5	购入	100	12	1 200				150 100	10 12	1 500 1 200
	11	销售				150 50	10 12	1 500 600	50	12	600
	16	购入	200	14	2 800				50 200	12 14	600 2 800
	20	销售				50 50	12 14	600 700	150	14	2 100
	23	购入	100	15	1 500				150 100	14 15	2 100 1 500
	27	销售				100	14	1 400	50 100	14 15	700 1 500
	31	本期合计	400		5 500	400		4 800	50 100	14 15	700 1 500

甲公司日常账面记录显示，D商品期初结存存货成本为1 500（150×10）元，本期购入存货三批，按先后顺序分别为：1 200（100×12）元、2 800（200×14）元、1 500（100×15）元。假设经过盘点，发现期末库存150件，则本期发出存货为400件。

本期发出存货成本为：

本期发出存货成本 = (150×10 + 50×12) + (50×12 + 50×14) + (100×14) = 4 800（元）

期末结存存货成本为：

期末结存存货成本 = 50×14 + 100×15 = 2 200（元）

或：

期末结存存货成本 = 期初结存存货成本 + 本期收入存货成本 − 本期发出存货成本 = 150×10 + (100×12 + 200×14 + 100×15) − 4 800 = 1 500 + 5 500 − 4 800 = 2 200（元）

【例1-7】用月末一次加权平均法核算存货成本

月末一次加权平均法是指以本月全部进货数量加上月初存货数量作为权数，去除本月全部进货成本加上月初存货成本，计算出存货的加权平均单位成本，以此为基础计算本月发出存货的成本和期末结存存货的成本的一种方法。计算公式如下：

$$存货单位成本 = \left[月初结存存货成本 + \sum\left(\begin{array}{c}本月各批进货的\\实际单位成本\end{array} \times \begin{array}{c}本月各批\\进货的数量\end{array}\right)\right] \div \left(\begin{array}{c}月初结存\\存货的数量\end{array} + \begin{array}{c}本月各批进\\货数量之和\end{array}\right)$$

$$本月发出存货的成本 = 本月发出存货的数量 \times 存货单位成本$$

$$本月月末结存存货成本 = 月末结存存货的数量 \times 存货单位成本$$

采用月末一次加权平均法只在月末一次计算加权平均单价,有利于简化成本计算工作。但由于平时无法从账上提供发出和结存存货的单价及金额,不利于存货成本的日常管理与控制。

续【例1-5】,假设甲公司采用月末一次加权平均法核算存货,根据表1-1,5月D商品的平均单位成本计算如下:

5月D商品的平均单位成本 =(月初结存存货成本 + 本月收入存货成本之和)÷(月初结存存货数量 + 本月收入存货数量之和)=[150×10 + 100×12 + 200×14 + 100×15]÷[150 + 100 + 200 + 100]≈12.728(元)

则5月D商品的发出成本与期末结存成本分别为:

5月D商品的发出成本 = 400×12.727 = 5 090.80(元)

5月D商品的期末结存成本 = 月初结存存货成本 + 本月收入存货成本 - 本月发出存货成本 =[150×10 + (100×12 + 200×14 + 100×15)] - 5 090.8 = 7 000 - 5 090.80 = 1 909.20(元)

则5月D商品本期收入、发出和结存情况如表1-4所示。

从表1-4中可以看出,采用月末一次加权平均法,D商品的平均单位成本从期初的10元变为期末的12.727元;采用月末一次加权平均法得出的本期发出存货成本和期末结存存货成本分别为5 090.80元和1 909.20元。

表1-4 D商品购销明细账(月末一次加权平均法)　　　　金额单位:元

日期		摘要	收入			发出			结存		
月	日		数量	单价	金额	数量	单价	金额	数量	单价	金额
5	1	期初余额							150	10	1 500
	5	购入	100	12	1 200				250		2 700
	11	销售				200			50		
	16	购入	200	14	2 800				250		5 500
	20	销售				100			150		
	23	购入	100	15	1 500				250		7 000
	27	销售				100			150		
	31	本期合计	400		5 500	400	12.727	5 090.80	150	12.728	1 909.20

【例1-8】用移动加权平均法核算存货成本

移动加权平均法是指以每次进货的成本与原有结存存货的成本的合计额,除以每次进货数量与原有结存存货的数量的合计数,据以计算加权平均单位成本,作为在下次进货前计算各次发出存货成本依据的一种方法。计算公式如下：

$$存货单位成本 = \left(原有结存存货成本 + 本次进货的成本\right) \div \left(原有结存存货数量 + 本次进货数量\right)$$

本次发出存货成本 = 本次发出存货数量 × 本次发货前存货的单位成本

本月月末结存存货成本 = 月末结存存货的数量 × 本月月末存货单位成本

或：

本月月末结存存货成本 = 月初结存存货成本 + 本月收入存货成本 − 本月发出存货成本

采用移动加权平均法能够使企业管理层及时了解存货的结存情况，计算的平均单位成本以及发出和结存的存货成本比较客观。但由于每次收货都要计算一次平均单位成本，计算工作量较大，对收发货较频繁的企业不太适用。

承【例1−5】，假设甲公司采用移动加权平均法核算存货，根据表1−1，5月D商品各平均单位成本计算如下：

5月5日购入存货后的平均单位成本 = (150 × 10 + 100 × 12) ÷ (150 + 100) = 10.80（元）

5月16日购入存货后的平均单位成本 = (50 × 10.80 + 200 × 14) ÷ (50 + 200) = 13.36（元）

5月23日购入存货后的平均单位成本 = (150 × 13.36 + 100 × 15) ÷ (150 + 100) = 14.016（元）

本次发出存货成本 = 本次发出存货数量 × 本次发货前存货的单位成本

5月11日销售存货的成本 = 200 × 10.80 = 2 160（元）

5月20日销售存货的成本 = 100 × 13.36 = 1 336（元）

5月27日销售存货的成本 = 100 × 14.016 = 1 401.60（元）

本月月末结存存货成本 = 月末结存存货的数量 × 本月月末存货单位成本 = 150 × 14.016 = 2 102.40（元）

或：

本月月末结存存货成本 = 月初结存存货成本 + 本月收入存货成本 − 本月发出存货成本 = 150 × 10 + [(100 × 12) + (200 × 14) + (100 × 15)] − [(200 × 10.80) + (100 × 13.36) + (100 × 14.016)] = 1 500 + (1 200 + 2 800 + 1 500) − (2 160 + 1 336 + 1 401.6) = 1 500 + 5 500 − 4 897.60 = 2 102.40（元）

则5月D商品本期收入、发出和结存情况如表1−5所示。

表1−5 D商品购销明细账（移动加权平均法） 金额单位：元

日期		摘要	收入			发出			结存		
月	日		数量	单价	金额	数量	单价	金额	数量	单价	金额
5	1	期初余额							150	10	1 500
	5	购入	100	12	1 200				250	10.80	2 700
	11	销售				200	10.80	2 160	50	10.80	540

续表

日期		摘要	收入			发出			结存		
月	日		数量	单价	金额	数量	单价	金额	数量	单价	金额
	16	购入	200	14	2 800				250	13.36	3 340
	20	销售				100	13.36	1 336	150	13.36	2 004
	23	购入	100	15	1 500				250	14.016	3 504
	27	销售				100	14.016	1 401.60	150	14.016	2 102.40
	31	本期合计	400	—	5 500	400	—	4 897.60	150	14.016	2 102.40

从表1-5中可以看出，采用移动加权平均法，D商品的平均单位成本从期初的10元变为期中的10.80元、13.36元，再变成期末的14.016元；采用移动加权平均法得出的本期发出存货成本和期末结存存货成本分别为4 897.60元和2 102.40元。

第十五条 资产负债表日，存货应当按照成本与可变现净值孰低计量。

存货成本高于其可变现净值的，应当计提存货跌价准备，计入当期损益。

可变现净值，是指在日常活动中，存货的估计售价减去至完工时估计将要发生的成本、估计的销售费用以及相关税费后的金额。

【例1-9】存货跌价准备的计提

2×18年12月31日，甲公司A商品的账面余额（成本）为100 000元。由于市场价格下跌，预计可变现净值为80 000元，由此应计提的存货跌价准备为20 000（100 000－80 000）元。假定A商品以前未计提存货跌价准备，甲公司应编制如下会计分录：

借：资产减值损失——计提的存货跌价准备　　　　　　　　　　　20 000
　　贷：存货跌价准备　　　　　　　　　　　　　　　　　　　　　20 000

2×19年6月30日，A商品的账面余额（成本）为100 000元，已计提存货跌价准备20 000元。由于市场价格有所上升，使得A商品的预计可变现净值为95 000元，应转回的存货跌价准备为15 000［(100 000－95 000)－20 000］元。甲公司应编制如下会计分录：

借：存货跌价准备　　　　　　　　　　　　　　　　　　　　　　15 000
　　贷：资产减值损失——计提的存货跌价准备　　　　　　　　　　15 000

在本例中，2×19年6月30日，A商品的账面余额（成本）为100 000元，A商品的预计可变现净值为95 000元。则计提存货跌价准备5 000（100 000－95 000）元，即"存货跌价准备"科目的贷方余额应为5 000元，而此时A商品之前已计提存货跌价准备20 000元，因此应转回15 000（5 000－20 000）元，从而使"存货跌价准备"科目的贷记余额保持为5 000元。

第十六条 企业确定存货的可变现净值，应当以取得的确凿证据为基础，并且考虑持有存货的目的、资产负债表日后事项的影响等因素。

为生产而持有的材料等，用其生产的产成品的可变现净值高于成本的，该材料仍然应当按照成本计量；材料价格的下降表明产成品的可变现净值低于成本的，该材料应当按照可变现净值计量。

【例1-10】 为生产而持有的材料的产成品可变现净值高于成本

2×16年12月31日,甲公司库存原材料——A材料的账面价值(成本)为1 500 000元,市场销售价格总额(不含增值税)为1 400 000元,假设不发生其他购买费用;用A材料生产的产成品——B型机器的可变现净值高于成本。

本例中,虽然A材料在2×16年12月31日的账面价值(成本)高于其市场价格。但是由于用其生产的产成品——B型机器的可变现净值高于其成本,即用该原材料生产的最终产品此时并没有发生价值减损。因而,在这种情况下,即使A材料的账面价值(成本)已高于市场价格,也不应计提存货跌价准备,仍应按其原账面价值(成本)1 500 000元列示在甲公司2×16年12月31日资产负债表的存货项目之中。

【例1-11】 材料价格下降使产成品的可变现净值低于成本

2×16年12月31日,甲公司库存原材料——钢材的账面价值(成本)为600 000元,可用于生产1台C型机器,相对应的市场销售价格为550 000元,假设不发生其他购买费用。由于钢材的市场销售价格下降,用钢材作为原材料的C型机器的市场销售价格由1 500 000元下降为1 350 000元,但其生产成本仍为1 400 000元,即将该批钢材加工成C型机器尚需投入800 000元,估计销售费用及税金为50 000元。

根据上述资料,可按以下步骤确定该批钢材的账面价值。

第一步,计算用该原材料所生产的产成品的可变现净值。

C型机器的可变现净值=C型机器估计售价-估计销售费用及税金=1 350 000-50 000=1 300 000(元)

第二步,将用该原材料所生产的产成品的可变现净值与其成本进行比较。

C型机器的可变现净值1 300 000元小于其成本1 400 000元,即钢材销售价格的下降和C型机器销售价格的下降表明C型机器的可变现净值低于其成本。因此,该批钢材应当按可变现净值计量。

第三步,计算该批钢材的可变现净值,并确定其期末价值。

该批钢材的可变现净值=C型机器的估计售价-将该批钢材加工成C型机器尚需投入的成本-估计销售费用及税金=1 350 000-800 000-50 000=500 000(元)

该批钢材的可变现净值500 000元小于其成本600 000元,因此,该批钢材的期末价值应为其可变现净值500 000元,即该批钢材应按500 000元列示在2×16年12月31日资产负债表的存货项目之中。

第十七条 为执行销售合同或者劳务合同而持有的存货,其可变现净值应当以合同价格为基础计算。

企业持有存货的数量多于销售合同订购数量的,超出部分的存货的可变现净值应当以一般销售价格为基础计算。

【例1-12】 库存数量小于销售合同订购的数量

2×15年8月10日,甲公司与乙公司签订了一份不可撤销的销售合同,双方约定,2×16年2月15日,甲公司应按200 000元/台的价格向乙公司提供A型机器10台。2×15

年12月31日，甲公司A型机器的账面价值（成本）为1 360 000元，数量为8台，单位成本为170 000元/台。2×15年12月31日，A型机器的市场销售价格为190 000元/台。

本例中，根据甲公司与乙公司签订的销售合同，甲公司该批A型机器的销售价格已由销售合同约定，并且其库存数量小于销售合同订购的数量。在这种情况下，计算库存A型机器的可变现净值时，应以销售合同约定的价格1 600 000（200 000×8）元作为计量基础，即估计售价为1 600 000元。

【例1-13】库存数量大于销售合同订购的数量

2×15年9月10日，甲公司与丁公司签订了一份不可撤销的销售合同，双方约定，2×16年2月15日，甲公司应按180 000元/台的价格向丁公司提供C型机器10台。2×15年12月31日，甲公司C型机器的账面价值为1 920 000元，数量为12台，单位成本为160 000元/台。2×15年12月31日，C型机器的市场销售价格为200 000元/台。

本例中，甲公司该批C型机器的销售价格已在双方签订的销售合同中约定，但是其库存数量大于销售合同约定的数量。这种情况下，对于销售合同约定数量（10台）内的C型机器的可变现净值应以销售合同约定的价格总额1 800 000（180 000×10）元作为计量基础；而对于超出部分（2台）的C型机器的可变现净值应以一般销售价格总额400 000（200 000×2）元作为计量基础。

第十八条 企业通常应当按照单个存货项目计提存货跌价准备。对于数量繁多、单价较低的存货，可以按照存货类别计提存货跌价准备。

与在同一地区生产和销售的产品系列相关、具有相同或类似最终用途或目的，且难以与其他项目分开计量的存货，可以合并计提存货跌价准备。

第十九条 资产负债表日，企业应当确定存货的可变现净值。以前减记存货价值的影响因素已经消失的，减记的金额应当予以恢复，并在原已计提的存货跌价准备金额内转回，转回的金额计入当期损益。

【例1-14】影响存货价值的因素消失时的会计处理

丙公司2×15年年末，A存货的账面成本为100 000元，由于本年以来A存货的市场价格持续下跌，根据资产负债表日状况确定的A存货的可变现净值为95 000元，"存货跌价准备"科目期初余额为零，应计提的存货跌价准备为5 000（100 000－95 000）元。相关账务处理如下：

借：资产减值损失——A存货　　　　　　　　　　　　　　　5 000
　　贷：存货跌价准备——A存货　　　　　　　　　　　　　　5 000

假设2×16年年末，丙公司存货的种类和数量、账面成本和已计提的存货跌价准备均未发生变化，但是2×16年以来A存货市场价格持续上升，市场前景明显好转，至2×16年年末根据当时状态确定的A存货的可变现净值为110 000元。

本例中，由于A存货市场价格上涨，2×16年年末A存货的可变现净值（110 000元）高于其账面成本（100 000元），可以判断以前造成减记存货价值的影响因素（价格下跌）已经消失。A存货减记的金额应当在原已计提的存货跌价准备金额5 000元内予以恢复。相关账务处理如下：

借：存货跌价准备——A 存货　　　　　　　　　　　　5 000
　　贷：资产减值损失——A 存货　　　　　　　　　　　　　　5 000

需要注意的是，导致存货跌价准备转回的是以前减记存货价值的影响因素的消失，而不是在当期造成存货可变现净值高于其成本的其他影响因素。如果本期导致存货可变现净值高于其成本的影响因素不是以前减记该存货价值的影响因素，则不允许将该存货跌价准备转回。

第二十条　企业应当采用一次转销法或者五五摊销法对低值易耗品和包装物进行摊销，计入相关资产的成本或者当期损益。

【例1-15】一次转销法的会计处理

一次转销法，是指低值易耗品或包装物在领用时就将其全部账面价值计入相关资产成本或当期损益的方法。一次转销法通常适用于价值较低或极易损坏的管理用具和小型工具、卡具、在单件小批生产方式下为制造某批订货所用的专用工具等低值易耗品，以及生产领用的包装物和随同商品出售的包装物；数量不多、金额较小，且业务不频繁的出租或出借包装物，也可以采用一次转销法结转包装物的成本，但以后收回使用过的出租和出借包装物时，应加强实物管理，并在备查簿上进行登记。

低值易耗品报废时回收的残料、出租或出借的包装物不能作为报废处理所取得的残料，应作为当月低值易耗品或包装物摊销额的减少，冲减有关资产成本或当期损益。

某企业基本生产车间5月领用一批低值易耗品，计划成本为6 000元，材料成本差异率为-2%，采用一次转销法摊销。

应做会计分录如下：

借：制造费用　　　　　　　　　　　　　　　　　　6 000
　　贷：低值易耗品　　　　　　　　　　　　　　　　　　　6 000

同时

借：制造费用　　　　　　　　　　　　　　　　　　120（红字）
　　贷：材料成本差异　　　　　　　　　　　　　　　　　120（红字）

上述低值易耗品在7月报废，残料按计划成本作价220元入库，则：

借：原材料　　　　　　　　　　　　　　　　　　　220
　　贷：制造费用　　　　　　　　　　　　　　　　　　　　220

【例1-16】五五摊销法的会计处理

五五摊销法，是指低值易耗品在领用时或出租、出借包装物时先摊销其成本的一半，在报废时再摊销其成本的另一半。即低值易耗品或包装物分两次各按50%进行摊销。

D企业基本生产车间领用低值易耗品一批，实际成本为8 000元，采用五五摊销法核算。

应做会计分录如下：

（1）领用时：

借：低值易耗品——在用低值易耗品　　　　　　　　8 000
　　贷：低值易耗品——在库低值易耗品　　　　　　　　　　8 000

同时摊销低值易耗品50%的成本：
借：制造费用　　　　　　　　　　　　　　　　　　　　　　　4 000
　　贷：低值易耗品——低值易耗品摊销　　　　　　　　　　　　4 000

（2）若上述低值易耗品报废，残料估价200元且已入库：
借：制造费用　　　　　　　　　　　　　　　　　　　　　　　4 000
　　贷：低值易耗品——低值易耗品摊销　　　　　　　　　　　　4 000
同时
借：低值易耗品——低值易耗品摊销　　　　　　　　　　　　　8 000
　　贷：低值易耗品——在用低值易耗品　　　　　　　　　　　　8 000
借：原材料　　　　　　　　　　　　　　　　　　　　　　　　200
　　贷：制造费用　　　　　　　　　　　　　　　　　　　　　　200

第二十一条 企业发生的存货毁损，应当将处置收入扣除账面价值和相关税费后的金额计入当期损益。存货的账面价值是存货成本扣减累计跌价准备后的金额。

存货盘亏造成的损失，应当计入当期损益。

【例1-17】存货盘亏的会计处理

B公司在财产清查时，发现亏损乙材料10千克，每千克的成本约为5 000元。经过核查后，发现属于定额内的损失。在不考虑税费情况下，试编写相关分录。

批准处理前：
借：待处理财产损溢　　　　　　　　　　　　　　　　　　　　50 000
　　贷：原材料　　　　　　　　　　　　　　　　　　　　　　　50 000
批准处理后：
借：管理费用　　　　　　　　　　　　　　　　　　　　　　　50 000
　　贷：待处理财产损溢　　　　　　　　　　　　　　　　　　　50 000

1.1.4　披露

第二十二条 企业应当在附注中披露与存货有关的下列信息。

（一）各类存货的期初和期末账面价值。

（二）确定发出存货成本所采用的方法。

（三）存货可变现净值的确定依据，存货跌价准备的计提方法，当期计提的存货跌价准备的金额，当期转回的存货跌价准备的金额，以及计提和转回的有关情况。

（四）用于担保的存货账面价值。

1.2　《企业会计准则第1号——存货》应用指南

1.2.1　商品存货的成本

本准则第六条规定，存货的采购成本，包括购买价款、相关税费、运输费、装卸费、保险费以及其他可归属于存货采购成本的费用。

企业（商品流通）在采购商品过程中发生的运输费、装卸费、保险费以及其他可归属于存货采购成本的费用等进货费用，应当计入存货采购成本，也可以先进行归集，期末根据所购商品的存销情况进行分摊。对已售商品的进货费用，计入当期损益；对未售商品的进货费用，计入期末存货成本。企业采购商品的进货费用金额较小的，可以在发生时直接计入当期损益。

1.2.2 周转材料的处理

周转材料，是指企业能够多次使用、逐渐转移其价值但仍保持原有形态、不确认为固定资产的材料，如包装物和低值易耗品，应当采用一次转销法或者五五摊销法进行摊销；企业（建造承包商）的钢模板、木模板、脚手架和其他周转材料等，可以采用一次转销法、五五摊销法或者分次摊销法进行摊销。

1.2.3 存货的可变现净值

（一）可变现净值的特征。

可变现净值的特征表现为存货的预计未来净现金流量，而不是存货的售价或合同价。

企业预计的销售存货现金流量，并不完全等于存货的可变现净值。存货在销售过程中可能发生的销售费用和相关税费，以及为达到预定可销售状态还可能发生的加工成本等相关支出，构成现金流入的抵减项目。企业预计的销售存货现金流量，扣除这些抵减项目后，才能确定存货的可变现净值。

（二）以确凿证据为基础计算确定存货的可变现净值。

存货可变现净值的确凿证据，是指对确定存货的可变现净值有直接影响的客观证明，如产成品或商品的市场销售价格、与产成品或商品相同或类似商品的市场销售价格、销货方提供的有关资料和生产成本资料等。

（三）不同存货可变现净值的确定。

1. 产成品、商品和用于出售的材料等直接用于出售的商品存货，在正常生产经营过程中，应当以该存货的估计售价减去估计的销售费用和相关税费后的金额，确定其可变现净值。

2. 需要经过加工的材料存货，在正常生产经营过程中，应当以所生产的产成品的估计售价减去至完工时估计将要发生的成本、估计的销售费用和相关税费后的金额，确定其可变现净值。

3. 资产负债表日，同一项存货中一部分有合同价格约定、其他部分不存在合同价格的，应当分别确定其可变现净值，并与其相对应的成本进行比较，分别确定存货跌价准备的计提或转回的金额。

第 2 章　长期股权投资

2.1　企业会计准则第 2 号——长期股权投资

为了适应社会主义市场经济发展需要，提高企业财务报表质量和会计信息透明度，根据《企业会计准则——基本准则》，中华人民共和国财政部（以下简称"财政部"）对《企业会计准则第 2 号——长期股权投资》进行了修订，现予印发，自 2014 年 7 月 1 日起在所有执行企业会计准则的企业范围内施行，鼓励在境外上市的企业提前执行。财政部于 2006 年 2 月 15 日发布的《〈企业会计准则第 1 号——存货〉等 38 项具体准则》（财会〔2006〕3 号）中的《企业会计准则第 2 号——长期股权投资》同时废止。

2.1.1　总则

第一条　为了规范长期股权投资的确认、计量，根据《企业会计准则——基本准则》，制定本准则。

第二条　本准则所称长期股权投资，是指投资方对被投资单位实施控制、重大影响的权益性投资，以及对其合营企业的权益性投资。

在确定能否对被投资单位实施控制时，投资方应当按照《企业会计准则第 33 号——合并财务报表》的有关规定进行判断。投资方能够对被投资单位实施控制的，被投资单位为其子公司。投资方属于《企业会计准则第 33 号——合并财务报表》规定的投资性主体且子公司不纳入合并财务报表的情况除外。

重大影响，是指投资方对被投资单位的财务和经营政策有参与决策的权力，但并不能够控制或者与其他方一起共同控制这些政策的制定。在确定能否对被投资单位施加重大影响时，应当考虑投资方和其他方持有的被投资单位当期可转换公司债券、当期可执行认股权证等潜在表决权因素。投资方能够对被投资单位施加重大影响的，被投资单位为其联营企业。

在确定被投资单位是否为合营企业时，应当按照《企业会计准则第 40 号——合营安排》的有关规定进行判断。

第三条　下列各项适用其他相关会计准则。

（一）外币长期股权投资的折算，适用《企业会计准则第 19 号——外币折算》。

（二）风险投资机构、共同基金以及类似主体持有的、在初始确认时按照《企业会计准则第 22 号——金融工具确认和计量》的规定以公允价值计量且其变动计入当期损益的金融资产，投资性主体对不纳入合并财务报表的子公司的权益性投资，以及本准则未予规范的其他权益性投资，适用《企业会计准则第 22 号——金融工具确认和计量》。

第四条　长期股权投资的披露，适用《企业会计准则第 41 号——在其他主体中权益的披露》。

2.1.2 初始计量

第五条 企业合并形成的长期股权投资，应当按照下列规定确定其初始投资成本。

（一）同一控制下的企业合并，合并方以支付现金、转让非现金资产或承担债务方式作为合并对价的，应当在合并日按被合并方所有者权益在最终控制方合并财务报表中的账面价值的份额作为长期股权投资的初始投资成本。长期股权投资初始投资成本与支付的现金、转让的非现金资产以及所承担债务账面价值之间的差额，应当调整资本公积；资本公积不足冲减的，调整留存收益。

合并方以发行权益性证券作为合并对价的，应当在合并日按照被合并方所有者权益在最终控制方合并财务报表中的账面价值的份额作为长期股权投资的初始投资成本。按照发行股份的面值总额作为股本，长期股权投资初始投资成本与所发行股份面值总额之间的差额，应当调整资本公积；资本公积不足冲减的，调整留存收益。

（二）非同一控制下的企业合并，购买方在购买日应当按照《企业会计准则第 20 号——企业合并》的有关规定确定的合并成本作为长期股权投资的初始投资成本。

合并方或购买方为企业合并发生的审计、法律服务、评估咨询等中介费用以及其他相关管理费用，应当于发生时计入当期损益。

第六条 除企业合并形成的长期股权投资以外，其他方式取得的长期股权投资，应当按照下列规定确定其初始投资成本。

（一）以支付现金取得的长期股权投资，应当按照实际支付的购买价款作为初始投资成本。初始投资成本包括与取得长期股权投资直接相关的费用、税金及其他必要支出。

（二）以发行权益性证券取得的长期股权投资，应当按照发行权益性证券的公允价值作为初始投资成本。与发行权益性证券直接相关的费用，应当按照《企业会计准则第 37 号——金融工具列报》的有关规定确定。

（三）通过非货币性资产交换取得的长期股权投资，其初始投资成本应当按照《企业会计准则第 7 号——非货币性资产交换》的有关规定确定。

（四）通过债务重组取得的长期股权投资，其初始投资成本应当按照《企业会计准则第 12 号——债务重组》的有关规定确定。

2.1.3 后续计量

第七条 投资方能够对被投资单位实施控制的长期股权投资应当采用成本法核算。

第八条 采用成本法核算的长期股权投资应当按照初始投资成本计价。追加或收回投资应当调整长期股权投资的成本。被投资单位宣告分派的现金股利或利润，应当确认为当期投资收益。

第九条 投资方对联营企业和合营企业的长期股权投资，应当按照本准则第十条至第十三条规定，采用权益法核算。

投资方对联营企业的权益性投资，其中一部分通过风险投资机构、共同基金、信托公司或包括投连险基金在内的类似主体间接持有的，无论以上主体是否对这部分投资具有重大影响，投资方都可以按照《企业会计准则第 22 号——金融工具确认和计量》的有关规定，对间接持有的该部分投资选择以公允价值计量且其变动计入损益,并对其余部分采用权益法核算。

第十条 长期股权投资的初始投资成本大于投资时应享有被投资单位可辨认净资产公允价值份额的,不调整长期股权投资的初始投资成本;长期股权投资的初始投资成本小于投资时应享有被投资单位可辨认净资产公允价值份额的,其差额应当计入当期损益,同时调整长期股权投资的成本。

被投资单位可辨认净资产的公允价值,应当比照《企业会计准则第20号——企业合并》的有关规定确定。

第十一条 投资方取得长期股权投资后,应当按照应享有或应分担的被投资单位实现的净损益和其他综合收益的份额,分别确认投资收益和其他综合收益,同时调整长期股权投资的账面价值;投资方按照被投资单位宣告分派的利润或现金股利计算应享有的部分,相应减少长期股权投资的账面价值;投资方对于被投资单位除净损益、其他综合收益和利润分配以外所有者权益的其他变动,应当调整长期股权投资的账面价值并计入所有者权益。

投资方在确认应享有被投资单位净损益的份额时,应当以取得投资时被投资单位可辨认净资产的公允价值为基础,对被投资单位的净利润进行调整后确认。

被投资单位采用的会计政策及会计期间与投资方不一致的,应当按照投资方的会计政策及会计期间对被投资单位的财务报表进行调整,并据以确认投资收益和其他综合收益等。

第十二条 投资方确认被投资单位发生的净亏损,应当以长期股权投资的账面价值以及其他实质上构成对被投资单位净投资的长期权益减记至零为限,投资方负有承担额外损失义务的除外。

被投资单位以后实现净利润的,投资方在其收益分享额弥补未确认的亏损分担额后,恢复确认收益分享额。

第十三条 投资方计算确认应享有或应分担被投资单位的净损益时,与联营企业、合营企业之间发生的未实现内部交易损益按照应享有的比例计算归属于投资方的部分,应当予以抵销,在此基础上确认投资收益。(参见【例2-7】和【例2-8】)

投资方与被投资单位发生的未实现内部交易损失,按照《企业会计准则第8号——资产减值》等的有关规定属于资产减值损失的,应当全额确认。

第十四条 投资方因追加投资等原因能够对被投资单位施加重大影响或实施共同控制但不构成控制的,应当按照《企业会计准则第22号——金融工具确认和计量》确定的原持有的股权投资的公允价值加上新增投资成本之和,作为改按权益法核算的初始投资成本。原持有的股权投资分类为可供出售金融资产的,其公允价值与账面价值之间的差额,以及原计入其他综合收益的累计公允价值变动应当转入改按权益法核算的当期损益。

投资方因追加投资等原因能够对非同一控制下的被投资单位实施控制的,在编制个别财务报表时,应当按照原持有的股权投资账面价值加上新增投资成本之和,作为改按成本法核算的初始投资成本。购买日之前持有的股权投资因采用权益法核算而确认的其他综合收益,应当在处置该项投资时采用与被投资单位直接处置相关资产或负债相同的基础进行会计处理。购买日之前持有的股权投资按照《企业会计准则第22号——金融工具确认和计量》的有关规定进行会计处理的,原计入其他综合收益的累计公允价值变动应当在改按成本法核算时转入当期损益。在编制合并财务报表时，应当按照《企业会计准则第 33 号——合并财务报表》的有关规定进行会计处理。

第十五条 投资方因处置部分股权投资等原因丧失了对被投资单位的共同控制或重大影响的，处置后的剩余股权应当改按《企业会计准则第 22 号——金融工具确认和计量》核算，其在丧失共同控制或重大影响之日的公允价值与账面价值之间的差额计入当期损益。原股权投资因采用权益法核算而确认的其他综合收益，应当在终止采用权益法核算时采用与被投资单位直接处置相关资产或负债相同的基础进行会计处理。

投资方因处置部分权益性投资等原因丧失了对被投资单位的控制的，在编制个别财务报表时，处置后的剩余股权能够对被投资单位实施共同控制或施加重大影响的，应当改按权益法核算，并对该剩余股权视同自取得时即采用权益法核算进行调整；处置后的剩余股权不能对被投资单位实施共同控制或施加重大影响的，应当改按《企业会计准则第 22 号——金融工具确认和计量》的有关规定进行会计处理，其在丧失控制之日的公允价值与账面价值间的差额计入当期损益。在编制合并财务报表时，应当按照《企业会计准则第 33 号——合并财务报表》的有关规定进行会计处理。

第十六条 对联营企业或合营企业的权益性投资全部或部分分类为持有待售资产的，投资方应当按照《企业会计准则第 4 号——固定资产》的有关规定处理，对于未划分为持有待售资产的剩余权益性投资，应当采用权益法进行会计处理。

已划分为持有待售的对联营企业或合营企业的权益性投资，不再符合持有待售资产分类条件的，应当从被分类为持有待售资产之日起采用权益法进行追溯调整。分类为持有待售期间的财务报表应当作相应调整。

第十七条 处置长期股权投资，其账面价值与实际取得价款之间的差额，应当计入当期损益。采用权益法核算的长期股权投资，在处置该项投资时，采用与被投资单位直接处置相关资产或负债相同的基础，按相应比例对原计入其他综合收益的部分进行会计处理。（参见【例 2－12】）

第十八条 投资方应当关注长期股权投资的账面价值是否大于享有被投资单位所有者权益账面价值的份额等类似情况。出现类似情况时，投资方应当按照《企业会计准则第 8 号——资产减值》对长期股权投资进行减值测试，可收回金额低于长期股权投资账面价值的，应当计提减值准备。

2.1.4 衔接规定

第十九条 在本准则施行日之前已经执行企业会计准则的企业，应当按照本准则进行追溯调整，追溯调整不切实可行的除外。

2.1.5 附则

第二十条 本准则自 2014 年 7 月 1 日起施行。

2.2 《企业会计准则第2号——长期股权投资》应用指南

2.2.1 总体要求

投资是企业为了获得收益或实现资本增值向被投资单位投放资金的经济行为。企业对外进行的投资，可以有不同的分类。从性质上划分，可以分为债权性投资与权益性投资等。权益性投资按对被投资单位的影响程度划分，可以分为对子公司投资、对合营企业投资和对联营企业投资等。《企业会计准则第2号——长期股权投资》（以下简称"本准则"）规范了符合条件的权益性投资的确认和计量。其他投资适用《企业会计准则第22号——金融工具确认和计量》（以下简称"金融工具确认和计量准则"）等相关准则。

本准则规范的权益性投资不包括风险投资机构、共同基金以及类似主体（如投资连结保险产品）持有的、在初始确认时按照金融工具确认和计量准则的规定以公允价值计量且其变动计入当期损益的金融资产，这类金融资产即使符合持有待售条件也应继续按金融工具确认和计量准则进行会计处理。投资性主体对不纳入合并财务报表的子公司的权益性投资，应按照公允价值计量且其变动计入当期损益。长期股权投资的披露，适用《企业会计准则第41号——在其他主体中权益的披露》。

一般而言，企业对外投资的法律形式要件都体现了其实质的投资意图和性质。然而，在当前市场经济条件下，企业投资模式日趋多元化，除传统的纯粹债权或者纯粹权益投资外，不少企业的投资模式同时具备债权性投资和权益性投资的特点，增大了识别和判断的难度。例如，A公司于2011年1月出资1.2亿元对B合伙企业进行增资，增资后A公司持有B合伙企业30%的权益，同时约定B合伙企业在2011年12月31日、2012年12月31日两个时点分别以固定价格6 000万元和1.2亿元向A公司赎回10%、20%的权益。上述交易从表面形式看为权益性投资，A公司办理了正常的出资手续，符合法律上出资的形式要件。然而，从投资的性质而言，该投资并不具备权益性投资的普遍特征。上述A公司的投资在其出资之日，就约定了在固定的时间以固定的金额退出，退出时间也比较短（全部退出日距初始投资日也仅有2年）。从风险角度分析，A公司实际上仅承担了B合伙企业的信用风险而不是B合伙企业的经营风险，其交易实质更接近于A公司接受B合伙企业的权益作为质押物，向其提供资金并收取资金占用费，该投资的实质为债权性投资，应按照金融工具确认和计量准则等相关准则进行会计处理。

2.2.2 关于适用范围

明确界定长期股权投资的范围，是对长期股权投资进行正确确认、计量和报告的前提。根据本准则规定，长期股权投资包括以下几个方面。

（一）投资方能够对被投资单位实施控制的权益性投资，即对子公司投资。控制，是指投资方拥有对被投资单位的权力，通过参与被投资单位的相关活动而享有可变回报，并且有能力运用对被投资单位的权力影响其回报金额。关于控制和相关活动的理解及具体判断，见《企业会计准则第33号——合并财务报表》（以下简称"合并财务报表准则"）及其应用指南

(2014）的相关内容。

（二）投资方与其他合营方一同对被投资单位实施共同控制且被投资单位净资产享有权利的权益性投资，即对合营企业投资。共同控制，是指按照相关约定对某项安排所共有的控制，并且该安排的相关活动必须经过分享控制权的参与方一致同意后才能决策。关于共同控制和合营企业的理解及具体判断，见《企业会计准则第40号——合营安排》（以下简称"合营安排准则"）及其应用指南（2014）的相关内容。

（三）投资方对被投资单位具有重大影响的权益性投资，即对联营企业投资。重大影响，是指对一个企业的财务和经营政策有参与决策的权力，但并不能够控制或者与其他方一起共同控制这些政策的制定。实务中，较为常见的重大影响体现为在被投资单位董事会或类似权力机构中派有代表，通过在被投资单位财务和经营决策制定过程中的发言权实施重大影响。投资方直接或者通过子公司间接持有被投资单位20%以上但低于50%的表决权时，一般认为对被投资单位具有重大影响，除非有明确的证据表明该种情况下不能参与被投资单位的生产经营决策，不形成重大影响。在确定能否对被投资单位施加重大影响时，一方面应考虑投资方直接或间接持有被投资单位的表决权股份，同时要考虑投资方及其他方持有的当期可执行潜在表决权在假定转换为对被投资单位的股权后产生的影响，如被投资单位发行的当期可转换的认股权证、股份期权及可转换公司债券等的影响。

2.2.3 关于重大影响的判断

企业通常可以通过以下一种或几种情形来判断是否对被投资单位具有重大影响。

（一）在被投资单位的董事会或类似权力机构中派有代表。在这种情况下，由于在被投资单位的董事会或类似权力机构中派有代表，并相应享有实质性的参与决策权，投资方可以通过该代表参与被投资单位财务和经营政策的制定，达到对被投资单位施加重大影响。

（二）参与被投资单位财务和经营政策制定过程。这种情况下，在制定政策过程中可以为其自身利益提出建议和意见，从而可以对被投资单位施加重大影响。

（三）与被投资单位之间发生重要交易。有关的交易因对被投资单位的日常经营具有重要性，进而在一定程度上可以影响到被投资单位的生产经营决策。

（四）向被投资单位派出管理人员。在这种情况下，管理人员有权力主导被投资单位的相关活动，从而能够对被投资单位施加重大影响。

（五）向被投资单位提供关键技术资料。因被投资单位的生产经营需要依赖投资方的技术或技术资料，表明投资方对被投资单位具有重大影响。

存在上述一种或多种情形并不意味着投资方一定对被投资单位具有重大影响。企业需要综合考虑所有事实和情况来做出恰当的判断。

2.2.4 关于应设置的相关会计科目和主要账务处理

企业应正确记录和反映各项投资所发生的成本和损益。长期股权投资的会计处理，一般需要设置以下科目。

（一）"长期股权投资"科目。

1. 本科目核算企业持有的长期股权投资。

2. 本科目应该按照被投资单位进行明细核算。长期股权投资核算采用权益法的，应当分别"投资成本""损益调整""其他综合收益""其他权益变动"进行明细核算。

3. 长期股权投资的主要账务处理。

第一，企业合并形成的长期股权投资。同一控制下企业合并形成的长期股权投资，合并方以支付现金、转让非现金资产或承担债务方式作为合并对价的，应在合并日按取得被合并方所有者权益在最终控制方合并财务报表中的账面价值的份额，借记本科目（投资成本），按支付合并对价的账面价值，贷记或借记有关资产、负债科目，按其差额，贷记"资本公积——资本溢价或股本溢价"科目；如为借方差额，借记"资本公积——资本溢价或股本溢价"科目，资本公积（资本溢价或股本溢价）不足冲减的，应依次借记"盈余公积""利润分配——未分配利润"科目。合并方以发行权益性证券作为合并对价的，应当在合并日按照被合并方所有者权益在最终控制方合并财务报表中的账面价值的份额，借记本科目（投资成本），按照发行股份的面值总额，贷记"股本"科目，按其差额，贷记"资本公积——资本溢价或股本溢价"科目；如为借方差额，借记"资本公积——资本溢价或股本溢价"科目，资本公积（资本溢价或股本溢价）不足冲减的，应依次借记"盈余公积""利润分配——未分配利润"科目。

非同一控制下企业合并形成的长期股权投资，购买方以支付现金、转让非现金资产或承担债务方式等作为合并对价的，应在购买日按照《企业会计准则第20号——企业合并》确定的合并成本，借记本科目（投资成本），按付出的合并对价的账面价值，贷记或借记有关资产、负债科目，按发生的直接相关费用（如资产处置费用），贷记"银行存款"等科目，按其差额，贷记"主营业务收入""营业外收入""投资收益"等科目或借记"管理费用""营业外支出""主营业务成本"等科目。购买方以发行权益性证券作为合并对价的，应在购买日按照发行的权益性证券的公允价值，借记本科目（投资成本），按照发行的权益性证券的面值总额，贷记"股本"科目，按其差额，贷记"资本公积——资本溢价或股本溢价"科目。企业为企业合并发生的审计、法律服务、评估咨询等中介费用以及其他相关管理费用，应当于发生时借记"管理费用"科目，贷记"银行存款"等科目。

第二，以非企业合并方式形成的长期股权投资。以支付现金、非现金资产等其他方式取得的长期股权投资，应按现金、非现金货币性资产的公允价值或按照《企业会计准则第7号——非货币资产交换》《企业会计准则第12号——债务重组》的有关规定确定的初始投资成本，借记本科目，贷记"银行存款"等科目，贷记"营业外收入"或借记"营业外支出"等处置非现金资产相关的科目。

第三，采用成本法核算的长期股权投资的处理。长期股权投资采用成本法核算的，应按被投资单位宣告发放的现金股利或利润中属于本企业的部分，借记"应收股利"科目，贷记"投资收益"科目。

第四，采用权益法核算的长期股权投资的处理。企业的长期股权投资采用权益法核算的，应当分别下列情况进行处理。

（1）长期股权投资的初始投资成本大于投资时应享有被投资单位可辨认净资产公允价值份额的，不调整已确认的初始投资成本；长期股权投资的初始投资成本小于投资时应享有被投资单位可辨认净资产公允价值份额的，应按其差额，借记本科目（投资成本），贷记"营业外收入"科目。

（2）资产负债表日，企业应按被投资单位实现的净利润（以取得投资时被投资单位可辨认净资产的公允价值为基础计算）中企业享有的份额，借记本科目（损益调整），贷记"投资收益"科目。被投资单位发生净亏损做相反的会计分录，但以本科目的账面价值减记至零为限；还需承担的投资损失，应将其他实质上构成对被投资单位净投资的"长期应收款"等的账面价值减记至零为限；除按照以上步骤已确认的损失外，按照投资合同或协议约定将承担的损失，确认为预计负债。除上述情况仍未确认的应分担被投资单位的损失，应在账外备查登记。发生亏损的被投资单位以后实现净利润的，应按与上述相反的顺序进行处理。取得长期股权投资后，被投资单位宣告发放现金股利或利润时，企业计算应分得的部分，借记"应收股利"科目，贷记本科目（损益调整）。

收到被投资单位发放的股票股利，不进行账务处理，但应在备查簿中登记。

（3）发生亏损的被投资单位以后实现净利润的，企业计算应享有的份额，如有未确认投资损失的，应先弥补未确认的投资损失，弥补损失后仍有余额的，依次借记"长期应收款"科目和本科目（损益调整），贷记"投资收益"科目。

（4）被投资单位除净损益、利润分配以外的其他综合收益变动和所有者权益的其他变动，企业按持股比例计算应享有的份额，借记本科目（其他综合收益和其他权益变动），贷记"其他综合收益"科目和"资本公积——其他资本公积"科目。

第五，处置长期股权投资的处理。处置长期股权投资时，应按实际收到的金额，借记"银行存款"等科目，原已计提减值准备的，借记"长期股权投资减值准备"科目，按其账面余额，贷记本科目，按尚未领取的现金股利或利润，贷记"应收股利"科目，按其差额，贷记或借记"投资收益"科目。处置采用权益法核算的长期股权投资时，应当采用与被投资单位直接处置相关资产或负债相同的基础，对相关的其他综合收益进行会计处理。按照上述原则可以转入当期损益的其他综合收益，应按结转的长期股权投资的投资成本比例结转原记入"其他综合收益"科目的金额，借记或贷记"其他综合收益"科目，贷记或借记"投资收益"科目。

处置采用权益法核算的长期股权投资时，还应按结转的长期股权投资的投资成本比例结转原记入"资本公积——其他资本公积"科目的金额，借记或贷记"资本公积——其他资本公积"科目，贷记或借记"投资收益"科目。

4. 本科目期末借方余额，反映企业长期股权投资的价值。

（二）"长期股权投资价值准备"科目。

1. 本科目核算企业长期股权投资发生减值时计提的减值准备。

2. 本科目应当按照被投资单位进行明细核算。

3. 资产负债表日，企业根据《企业会计准则第8号——资产减值》（以下简称"资产减值准则"）确定长期股权投资发生减值的，按应减记的金额，借记"资产减值损失"科目，贷记本科目。

处置长期股权投资时，应同时结转已计提的长期股权投资减值准备。

4. 本科目期末贷方余额，反映企业已计提但尚未转销的长期股权投资减值准备。

（三）"应收股利"科目。

1. 本科目核算企业应收取的现金股利和应收取的其他单位分配的利润。

2. 本科目应按照被投资单位进行明细核算。

3. 应收股利的主要账务处理。

第一，被投资单位宣告发放现金股利或利润，按应归本企业享有的金额，借记本科目，贷记"投资收益"科目或"长期股权投资——损益调整"科目。

第二，收到现金股利或利润，借记"银行存款"等科目，贷记本科目。

4. 本科目期末借方余额，反映企业尚未收回的现金股利或利润。

（四）"投资收益"科目。

1. 本科目核算企业根据本准则确认的投资收益或投资损失。

2. 本科目应当按照投资项目进行明细核算。

3. 投资收益的主要账务处理。

第一，长期股权投资采用成本法核算的，企业应按被投资单位宣告发放的现金股利或利润中属于本企业的部分，借记"应收股利"科目，贷记本科目。

第二，长期股权投资采用权益法核算的，资产负债表日，应按被投资单位实现的净利润（以取得投资时被投资单位可辨认净资产的公允价值为基础计算）中企业享有的份额，借记"长期股权投资——损益调整"科目，贷记本科目。

被投资单位发生亏损、分担亏损份额未超过长期股权投资账面价值或分担亏损份额超过长期股权投资账面价值而冲减实质上构成对被投资单位长期净投资的，借记本科目，贷记"长期股权投资——损益调整""长期应收款"科目。除按照上述步骤已确认的损失外，按照投资合同或协议约定企业将承担的损失，借记本科目，贷记"预计负债"科目。发生亏损的被投资单位以后实现净利润的，企业计算的应享有的份额，如有未确认投资损失的，应先弥补未确认的投资损失，弥补损失后仍有余额的，借记"预计负债""长期应收款""长期股权投资——损益调整"等科目，贷记本科目。

第三，处置长期股权投资时，应按实际收到的金额，借记"银行存款"等科目，原已计提减值准备的，借记"长期股权投资减值准备"科目，按其账面余额，贷记"长期股权投资"科目，按尚未领取的现金股利或利润，贷记"应收股利"科目，按其差额，贷记或借记本科目。

处置采用权益法核算的长期股权投资时，应当采用与被投资单位直接处置相关资产或负债相同的基础，对相关的其他综合收益进行会计处理。按照上述原则可以转入当期损益的其他综合收益，应按结转长期股权投资的投资成本比例结转原记入"其他综合收益"科目的金额，借记或贷记"其他综合收益"科目，贷记或借记本科目。

处置采用权益法核算的长期股权投资时，还应按结转长期股权投资的投资成本比例结转原记入"资本公积——其他资本公积"科目的金额，借记或贷记"资本公积——其他资本公积"科目，贷记或借记本科目。

第四，期末，应将本科目余额转入"本年利润"科目，本科目结转后应无余额。

2.2.5 关于初始计量

（一）企业合并以外的其他方式取得的长期股权投资。

长期股权投资可以通过不同的方式取得，除企业合并形成的长期股权投资外，通过其他方式取得的长期股权投资，应当按照以下要求确定初始投资成本。

1. 以支付现金取得长期股权投资。

以支付现金取得的长期股权投资的，应当按照实际应支付的购买价款作为初始投资成本，包括购买过程中支付的手续费等必要支出，但所支付价款中包含的被投资单位已宣告但尚未发放的现金股利或利润作为应收项目核算，不构成取得长期股权投资的成本。

【例 2-1】支付现金取得长期股权投资的会计处理

2×10 年 2 月 10 日，甲公司自公开市场中买入乙公司 20% 的股份，实际支付价款 16 000 万元，支付手续费等相关费用 400 万元，并于同日完成了相关手续。甲公司取得该部分股权后能够对乙公司施加重大影响。不考虑相关税费等其他因素影响，款项以银行存款支付。

甲公司应当按照实际支付的购买价款及相关交易费用作为取得长期股权投资的成本，有关会计处理如下：

借：长期股权投资——投资成本　　　　　　　　　　　　164 000 000
　　贷：银行存款　　　　　　　　　　　　　　　　　　　　　164 000 000

2. 以发行权益性证券取得长期股权投资。

以发行权益性证券取得长期股权投资的，应当按照所发行证券的公允价值作为初始投资成本，但不包括应自被投资单位收取的已宣告但尚未发放的现金股利或利润。

投资方通过发行权益性证券（权益性工具）取得长期股权投资的，所发行工具的公允价值，应按《企业会计准则第 39 号——公允价值计量》（以下简称"公允价值计量准则"）等相关准则确定。为发行权益性工具支付给有关证券承销机构等的手续费、佣金等与工具发行直接相关的费用，不构成取得长期股权投资的成本。该部分费用应自所发行证券的溢价发行收入中扣除，溢价收入不足冲减的，应依次冲减盈余公积和未分配利润。

一般而言，投资者投入的长期股权投资应根据法律法规的要求进行评估作价，在公平交易当中，投资者投入的长期股权投资的公允价值，与所发行证券（工具）的公允价值不应存在重大差异。如有确凿证明表明，取得长期股权投资的公允价值比所发行证券（工具）的公允价值更加可靠的，以投资者投入的长期股权投资的公允价值为基础确定其初始投资成本。投资方通过发行债务性证券（债务性工具）取得长期股权投资的，比照通过发行权益性证券（权益性工具）处理。

【例 2-2】发行股票取得长期股权投资的会计处理

2×10 年 3 月，A 公司通过增发 6 000 万股普通股（面值为 1 元/股），从非关联方处取得 B 公司 20% 的股权，所增发股份的公允价值为 10 400 万元。为增发该部分股份，A 公司向证券承销机构等支付了 400 万元的佣金和手续费。相关手续于增发当日完成。假定 A 公司取得该部分股权后能够对 B 公司施加重大影响。B 公司 20% 的股权公允价值与 A 公司增发股份的公允价值不存在重大差异。不考虑相关税费等其他因素影响。

本例中,由于B公司20%股权的公允价值与A公司增发股份的公允价值不存在重大差异,A公司应当以所发行股份的公允价值作为取得长期股权投资的初始投资成本,相关会计处理如下:

借:长期股权投资——投资成本　　　　　　　　　　　　　　　104 000 000
　　贷:股本　　　　　　　　　　　　　　　　　　　　　　　　　60 000 000
　　　　资本公积——股本溢价　　　　　　　　　　　　　　　　　44 000 000

发行权益性证券过程中支付的佣金和手续费,应冲减权益性证券的溢价发行收入,会计处理如下:

借:资本公积——股本溢价　　　　　　　　　　　　　　　　　　4 000 000
　　贷:银行存款　　　　　　　　　　　　　　　　　　　　　　　4 000 000

【例2-3】接受权益性证券投资而取得长期股权投资的会计处理

非上市公司A公司成立时,H公司以其持有的对B公司的长期股权投资作为出资投入A公司。B公司为上市公司,其权益性证券有活跃市场报价。投资合同约定,H公司作为出资的长期股权投资作价4 000万元(该作价与其公允价值相当)。交易完成后,A公司注册资本增加至16 000万元,其中H公司的持股比例为20%。A公司取得该长期股权投资后能够对B公司施加重大影响。不考虑相关税费等其他因素影响。

本例中,H公司向A公司所发行的权益性工具的公允价值不具有活跃市场报价,因此,A公司应采用B公司股权的公允价值来确认长期股权投资的初始成本。A公司应进行的会计处理为:

借:长期股权投资——投资成本　　　　　　　　　　　　　　　　40 000 000
　　贷:实收资本　　　　　　　　　　　　　　　　　　　　　　　32 000 000
　　　　资本公积——资本溢价　　　　　　　　　　　　　　　　　 8 000 000

3. 以债务重组、非货币性资产交换等方式取得长期股权投资。其初始投资成本应按照《企业会计准则第12号——债务重组》和《企业会计准则第7号——非货币性资产交换》的原则确定。

4. 企业进行公司制改建。此时,对资产、负债的账面价值按照评估价值调整的,长期股权投资应以评估价值作为改制时的认定成本,评估值与原账面价值的差异应计入资本公积(资本溢价或股本溢价)。

(二)企业合并形成的长期股权投资。

企业合并形成的长期股权投资,应分别同一控制下控股合并与非同一控制下控股合并确定其初始投资成本。

通过多次交易分步实现的企业合并,各项交易是否属于"一揽子交易",应按合并财务报表准则的有关规定进行判断。

1. 同一控制下企业合并形成的长期股权投资。

合并方以支付现金、转让非现金资产或承担债务方式作为合并对价的,应当在合并日按照所取得的被合并方在最终控制方合并财务报表中的净资产的账面价值的份额作为长期股权投资的初始投资成本。被合并方在合并日的净资产账面价值为负数的,长期股权投资成本按零确定,同时在备查簿中登记。如果被合并方在被合并以前,是最终控制方通过非同一控制下的企业合并所控制的,则合并方长期股权投资的初始投资成本还应包含相关的商誉金额。长期股权投资的初始投资成本与支付的现金、转让的非现金资产及所承担债务账面价值之间的差额,应当调整资本公积(资本溢价或股本溢价);资本公积(资本溢价或股本溢价)的余额不足冲减的,依次冲减盈余公积和未分配利润。合并方以发行权益性工具作为合并对价的,应按发行股份的面值总额作为股本,长期股权投资的初始投资成本与所发行股份面值总额之间的差额,应当调整资本公积(资本溢价或股本溢价);资本公积(资本溢价或股本溢价)不足冲减的,依次冲减盈余公积和未分配利润。

合并方发生的审计、法律服务、评估咨询等中介费用以及其他相关管理费用,于发生时计入当期损益。与发行权益性工具作为合并对价直接相关的交易费用,应当冲减资本公积(资本溢价或股本溢价),资本公积(资本溢价或股本溢价)不足冲减的,依次冲减盈余公积和未分配利润。与发行债务性工具作为合并对价直接相关的交易费用,应当计入债务性工具的初始确认金额。

在按照合并日应享有被合并方净资产的账面价值的份额确定长期股权投资的初始投资成本时,前提是合并前合并方与被合并方采用的会计政策应当一致。企业合并前合并方与被合并方采用的会计政策不同的,应基于重要性原则,统一合并方与被合并方的会计政策。在按照合并方的会计政策对被合并方净资产的账面价值进行调整的基础上,计算确定长期股权投资的初始投资成本。如果被合并方编制合并财务报表,则应当以合并日被合并方的合并财务报表为基础确认长期股权投资的初始投资成本。

【例2-4】同一控制下企业合并形成的长期股权投资初始成本的计量

2×10年6月30日,P公司向同一集团内S公司的原股东A公司定向增发1 000万股普通股(每股面值为1元,市价为8.68元),取得S公司100%的股权,相关手续于当日完成,并能够对S公司实施控制。合并后S公司仍维持其独立法人资格继续经营。S公司之前为A公司于2×08年以非同一控制下企业合并的方式收购的全资子公司。合并日,S公司财务报表中的净资产的账面价值为2 200万元,A公司合并财务报表中的S公司净资产的账面价值为4 000万元(含商誉500万元)。假定P公司和S公司都受A公司同一控制。不考虑相关税费等其他因素影响。

本例中,P公司在合并日应确认对S公司的长期股权投资,初始投资成本为应享有S公司在A公司合并财务报表中的净资产账面价值的份额及相关商誉,会计处理如下:

借:长期股权投资	40 000 000
贷:股本	10 000 000
资本公积——股本溢价	30 000 000

企业通过多次交易分步取得同一控制下被投资单位的股权,最终形成企业合并的,应当判断多次交易是否属于"一揽子交易"。属于"一揽子交易"的,合并方应当将各项交易作

为一项取得控制权的交易进行会计处理。不属于"一揽子交易"的,取得控制权日,应按照以下步骤进行会计处理。

(1) 确定同一控制下企业合并形成的长期股权投资的初始投资成本。在合并日,根据合并后应享有被合并方净资产在最终控制方合并财务报表中的账面价值的份额,确认长期股权投资的初始投资成本。

(2) 长期股权投资初始投资成本与合并对价账面价值之间的差额的处理。合并日长期股权投资的初始投资成本,与达到合并前的长期股权投资账面价值加上合并日进一步取得股份新支付对价的账面价值之和的差额,调整资本公积(资本溢价或股本溢价),资本公积不足冲减的,冲减留存收益。

(3) 合并日之前持有的股权投资,因采用权益法核算或金融工具确认和计量准则核算而确认的其他综合收益,暂不进行会计处理,直至处置该项投资时采用与被投资单位直接处置相关资产或负债相同的基础进行会计处理;因采用权益法核算而确认的被投资单位净资产中除净损益、其他综合收益和利润分配以外的所有者权益其他变动,暂不进行会计处理,直至处置该项投资时转入当期损益。其中,处置后的剩余股权根据本准则采用成本法或权益法核算的,其他综合收益和其他所有者权益应按比例结转,处置后的剩余股权改按金融工具确认和计量准则进行会计处理的,其他综合收益和其他所有者权益应全部结转。

(4) 编制合并财务报表。合并方应当按照《企业会计准则第20号——企业合并》(以下简称"企业合并准则")和合并财务报表准则的规定编制合并财务报表。合并方在达到合并之前持有的长期股权投资,在取得日与合并方与被合并方同处于同一最终控制之日孰晚日与合并日之间已确认有关损益、其他综合收益和其他所有者权益变动,应分别冲减比较报表期间的期初留存收益或当期损益。

【例2-5】同一控制下企业合并形成的长期股权投资的相关会计处理

2×12年1月1日,H公司取得同一控制下的A公司25%的股份,实际支付款项6 000万元,能够对A公司施加重大影响。相关手续于当日办理完毕。当日,A公司可辨认净资产账面价值为22 000万元(假定与公允价值相等)。2×12年及2×13年,A公司共实现净利润1 000万元,无其他所有者权益变动。2×14年1月1日,H公司以定向增发2 000万股普通股(每股面值为1元,每股公允价值为4.5元)的方式购买同一控制下另一企业所持有的A公司40%股权,相关手续于当日完成。进一步取得投资后,H公司能够对A公司实施控制。当日,A公司在最终控制方合并财务报表中的净资产的账面价值为23 000万元。假定H公司和A公司采用的会计政策和会计期间相同,均按照10%的比例提取盈余公积。H公司和A公司一直受同一最终控制方控制。上述交易不属于一揽子交易。不考虑相关税费等其他因素的影响。

H公司有关会计处理如下(会计分录单位为"万元"):

(1) 确定合并日长期股权投资的初始投资成本。

合并日追加投资后H公司持有A公司股权比例为65%(25%+40%)。

合并日H公司享有A公司在最终控制方合并财务报表中净资产的账面价值份额为14 950

(23 000×65%) 万元。

（2）长期股权投资的初始投资成本与合并对价账面价值之间的差额的处理。

原25%的股权投资采用权益法核算，在合并日的原账面价值为6250（6 000+1 000×25%）万元。

追加投资（40%）所支付的对价的账面价值为2 000万元。

合并对价的账面价值为8 250（6 250+2 000）万元。

长期股权投资的初始投资成本与合并对价账面价值之间的差额为6 700（14 950－8 250）万元。

借：长期股权投资	149 500 000
贷：长期股权投资——投资成本	60 000 000
长期股权投资——损益调整	2 500 000
股本	20 000 000
资本公积——股本溢价	67 000 000

2. 非同一控制下企业合并形成的长期股权投资。

非同一控制下的控股合并中，购买方应当以《企业会计准则第20号——企业合并》确定的企业合并成本作为长期股权投资的初始投资成本。企业合并成本包括购买方付出的资产、发生或承担的负债、发行的权益性工具或债务性工具的公允价值之和。购买方为企业合并发生的审计、法律服务、评估咨询等中介费用以及其他相关管理费用，应于发生时计入当期损益；购买方作为合并对价发行的权益性工具或债务性工具的交易费用，应当计入权益性工具或债务性工具的初始确认金额。

【例2-6】非同一控制下企业合并形成的长期股权投资初始成本的计量

2×12年3月31日，A公司取得B公司70%的股权，取得该部分股权后能够对B公司实施控制。为核实B公司的资产价值，A公司聘请资产评估机构对B公司的资产进行评估，支付评估费用50万元。合并中，A公司支付的有关资产在购买日的账面价值与公允价值如表2-1所示。假定合并前A公司与B公司不存在任何关联方关系。不考虑相关税费等其他因素影响。

表2-1 2×12年3月31日B公司各项目的价值　　　　　　　　　　单位：元

项目	账面价值	公允价值
土地使用权（自用）	40 000 000	64 000 000
专利技术	16 000 000	20 000 000
银行存款	16 000 000	16 000 000
合计	72 000 000	100 000 000

注：A公司用作合并对价的土地使用权和专利技术原价为6 400万元，至企业合并发生时已累计摊销800万元。

本例中，因A公司与B公司在合并前不存在任何关联方关系，应作为非同一控制下的企业合并处理。A公司对于合并形成的对B公司的长期股权投资，会计处理如下：

借:长期股权投资	100 000 000
管理费用	500 000
累计摊销	8 000 000
贷:无形资产	64 000 000
银行存款	16 500 000
资产处置损益	28 000 000

企业通过多次交易分步实现非同一控制下企业合并的,在编制个别财务报表时,应当按照原持有的股权投资的账面价值加上新增投资成本之和,作为改按成本法核算的初始投资成本。

购买日之前持有的股权采用权益法核算的,相关其他综合收益应当在处置该项投资时采用与被投资单位直接处置相关资产或负债相同的基础进行会计处理,因被投资方除净损益、其他综合收益和利润分配以外的其他所有者权益变动而确认的所有者权益,应当在处置该项投资时相应转入处置期间的当期损益。其中,处置后的剩余股权根据本准则采用成本法或权益法核算的,其他综合收益和其他所有者权益应按比例结转,处置后的剩余股权改按金融工具确认和计量准则进行会计处理的,其他综合收益和其他所有者权益应全部结转。

购买日之前持有的股权投资,采用金融工具确认和计量准则进行会计处理的,应当将按照该准则确定的股权投资的公允价值加上新增投资成本之和,作为改按成本法核算的初始投资成本,原持有股权的公允价值与账面价值之间的差额以及原计入其他综合收益的累计公允价值变动应当全部转入改按成本法核算的当期投资收益。

【例2-7】非同一控制下多次分步交易实现企业合并的相关会计处理

2×10年1月1日,A公司以每股5元的价格购入某上市公司B公司的股票100万股,并由此持有B公司2%的股权。A公司与B公司不存在关联方关系。A公司将对B公司的投资作为其他综合收益的金融资产进行会计处理。2×13年1月1日,A公司以现金1.75亿元为对价,向B公司大股东收购B公司50%的股权,相关手续于当日完成。假设A公司购买B公司2%的股权和后续购买50%的股权不构成"一揽子交易",A公司取得B公司控制权之日为2×13年1月1日,B公司当日股价为每股7元,B公司可辨认净资产的公允价值为2亿元,不考虑相关税费等其他因素影响。

购买日前,A公司持有对B公司的股权投资作为其他综合收益的金融资产进行会计处理,购买日前A公司原持有其他综合收益的账面价值为700(7×100)万元。

本次追加投资应支付对价的公允价值为17 500万元。

购买日对子公司按成本法核算的初始投资成本为18 200(17 500+700)万元。

购买日前A公司原持有其他综合收益相关的其他综合收益为200[(7-5)×100]万元,购买日该其他综合收益转入购买日所属当期投资收益。

借:长期股权投资	182 000 000
贷:其他权益工具投资	7 000 000
银行存款	175 000 000

借:其他综合收益 2 000 000
　　贷:投资收益 2 000 000

A公司合并财务报表的会计处理参见《〈企业会计准则第33号——合并财务报表〉应用指南》(2014)(以下简称"合并财务报表准则应用指南")。

【例2-8】非同一控制下企业合并形成的长期股权投资会计处理

2×10年1月1日,A公司以现金3 000万元自非关联方处取得了B公司20%股权,并能够对其施加重大影响。当日,B公司可辨认净资产公允价值为1.4亿元。2×12年7月1日,A公司另支付现金8 000万元,自另一非关联方处取得B公司40%股权,并取得对B公司的控制权。购买日,A公司原持有的对B公司的20%股权的公允价值为4 000万元,账面价值为3 500万元,A公司确认与B公司按权益法核算相关的累计其他综合收益为400万元,其他所有者权益变动为100万元;B公司可辨认净资产公允价值为1.8亿元。假设A公司购买B公司20%股权和后续购买40%的股权的交易不构成"一揽子交易"。以上交易的相关手续均于当日完成。不考虑相关税费等其他因素影响。

购买日前,A公司持有B公司的投资作为联营企业进行会计核算,购买日前A公司原持有股权的账面价值为3 500 (3 000+400+100) 万元。

本次投资应支付对价的公允价值为8 000万元。

购买日对子公司按成本法核算的初始投资成本为11 500 (8 000+3 500) 万元。

购买日前A公司原持有股权相关的其他综合收益400万元以及其他所有者权益变动100万元在购买日均不进行会计处理。

A公司合并财务报表的会计处理,见合并财务报表准则应用指南的相关内容。

3. 初始投资成本中包含的已宣告尚未发放现金股利或利润处理。

企业无论是以何种方式取得长期股权投资,取得投资时,对于支付的对价中包含的应享有被投资单位已经宣告但尚未发放的现金股利或利润应确认为应收项目,不构成取得长期股权投资的初始投资成本。

【例2-9】初始投资成本中包含的已宣告但尚未发放的现金股利的处理

接【例2-1】,假定甲公司取得该项投资时,乙公司已经宣告但尚未发放现金股利,甲公司按其持股比例计算确定可分得60万元。不考虑所得税影响。

甲公司在确认该长期股权投资时,应将包含的现金股利部分单独进行以下会计处理:

借:长期股权投资——投资成本 163 400 000
　　应收股利 600 000
　　贷:银行存款 164 000 000

4. 或有对价。

(1) 同一控制下企业合并形成的长期股权投资的或有对价。同一控制下企业合并方式形成的长期股权投资,初始投资时,应按照《企业会计准则第13号——或有事项》(以下简称"或有事项准则")的规定,判断是否应就或有对价确认预计负债或者确认资产,以及应确认的金额;确认预计负债或资产的,该预计负债或资产金额与后续或有对价结算金额的差额不影响当期损益，而应当调整资本公积（资本溢价或股本溢价），资本公积（资本溢价或股本溢价）不足冲减的，调整留存收益。

（2）非同一控制下企业合并形成的长期股权投资的或有对价，参照企业合并准则的有关规定进行会计处理。

2.2.6 关于后续计量

长期股权投资在持有期间，根据投资方对被投资单位的影响程度分别采用成本法及权益法进行核算。

在个别财务报表中，投资性主体对子公司的会计处理应与合并财务报表原则一致。关于投资性主体的理解及具体判断，见合并财务报表准则及其应用指南的相关内容。

风险投资机构、共同基金以及类似主体（如投资连接保险产品）持有的、在初始确认时按照金融工具确认和计量准则的规定以公允价值计量且其变动计入当期损益的金融资产的，应当按照金融工具确认和计量准则进行后续计量。

除上述以外，对子公司的长期股权投资应当按成本法核算，对合营企业、联营企业的长期股权投资应当按权益法核算，不允许选择按照金融工具确认和计量准则进行会计处理。

（一）成本法。

1. 成本法的适用范围。

根据本准则，投资方持有的对子公司投资应当采用成本法核算，投资方为投资性主体且子公司不纳入其合并财务报表的除外。投资方在判断对被投资单位是否具有控制时，应综合考虑直接持有的股权和通过子公司间接持有的股权。在个别财务报表中，投资方进行成本法核算时，应仅考虑直接持有的股份数额。

本准则要求投资方对子公司的长期股权投资采用成本法核算，主要是为了避免在子公司实际宣告发放现金股利或利润之前，母公司垫付资金发放现金股利或利润等情况，解决了原来权益法核算下投资收益不能足额收回导致超分配的问题。

2. 成本法下长期股权投资账面价值的调整及投资损益的确认。

采用成本法核算的长期股权投资，在追加投资时，按照追加投资支付的成本的公允价值及发生的相关交易费用增加长期股权投资的账面价值。被投资单位宣告分派现金股利或利润的，投资方根据应享有的部分确认当期投资收益。

【例2-10】成本法下长期股权投资账面价值的调整及投资损益的确认

2×12年1月，甲公司自非关联方处以银行存款800万元取得对乙公司60%的股权，相关手续于当日完成，并能够对乙公司实施控制。2×13年3月，乙公司宣告分派现金股利，甲公司按其持股比例可取得10万元。不考虑相关税费等其他影响因素。

甲公司有关会计处理如下：

2×12年1月。

借：长期股权投资　　　　　　　　　　　　　　　　　　　　8 000 000
　　贷：银行存款　　　　　　　　　　　　　　　　　　　　　　　8 000 000

2×13年3月。

借：应收股利　　　　　　　　　　　　　　　　　　　100 000
　　贷：投资收益　　　　　　　　　　　　　　　　　　　　　　100 000

企业按照上述规定确认自被投资单位应分得的现金股利或利润后，应当考虑长期股权投资是否发生减值。在判断该类长期股权投资是否存在减值迹象时，应当关注长期股权投资的账面价值是否大于应享有被投资单位净资产（包括相关商誉）账面价值的份额等类似情况。

出现类似情况时，企业应当按照资产减值准则对长期股权投资进行减值测试，可收回金额低于长期股权投资账面价值的，应当计提减值准备。

值得注意的是，子公司将未分配利润或盈余公积直接转增股本（实收资本），且未向投资方提供等值现金股利或利润的选择权时，母公司并没有获得收取现金股利或利润的权力，上述交易通常属于子公司自身权益结构的重分类，母公司不应确认相关的投资收益。

（二）权益法。

本准则规定，对合营企业和联营企业投资应当采用权益法核算。投资方在判断对被投资单位是否具有共同控制、重大影响时，应综合考虑直接持有的股权和通过子公司间接持有的股权。在综合考虑直接持有的股权和通过子公司间接持有的股权后，如果认定投资方在被投资单位拥有共同控制或重大影响，在个别财务报表中，投资方进行权益法核算时，应仅考虑直接持有的股权份额；在合并财务报表中，投资方进行权益法核算时，应同时考虑直接持有和间接持有的份额。

按照权益法核算的长期股权投资，一般会计处理如下。

（1）初始投资或追加投资时，按照初始投资成本或追加投资的投资成本，增加长期股权投资的账面价值。

（2）比较初始投资成本与投资时应享有被投资单位可辨认净资产公允价值的份额，前者大于后者的，不调整长期股权投资的账面价值；前者小于后者的，应当按照二者之间的差额增加长期股权投资的账面价值，同时计入取得投资当期损益。

（3）持有投资期间，随着被投资单位所有者权益的变动相应调整增加或减少长期股权投资的账面价值，并分别以下情况处理：

①对于因被投资单位实现净损益和其他综合收益而产生的所有者权益的变动，投资方应当按照应享有的份额，增加或减少长期股权投资的账面价值，同时确认投资损益和其他综合收益；

②对于被投资单位宣告分派的利润或现金股利计算应分得的部分，相应减少长期股权投资的账面价值；

③对于被投资单位除净损益、其他综合收益以及利润分配以外的因素导致的其他所有者权益的变动，相应调整长期股权投资的账面价值，同时确认资本公积（其他资本公积）。

在持有投资期间，被投资单位编制合并财务报表的，应当以合并财务报表中净利润、其他综合收益和其他所有者权益变动中归属于被投资单位的金额为基础进行会计处理。

1. 初始投资成本的调整。

投资方取得对联营企业或合营企业的投资以后，对于取得投资时初始投资成本与应享有被投资单位可辨认净资产公允价值份额之间的差额，应区别情况处理。

（1）初始投资成本大于取得投资时应享有被投资单位可辨认净资产公允价值份额的，该部分差额是投资方在取得投资过程中通过作价体现出的与所取得股权份额相对应的商誉价值，这种情况下不要求对长期股权投资的成本进行调整。被投资单位可辨认净资产的公允价值，应当比照企业合并准则的有关规定确定。

（2）初始投资成本小于取得投资时应享有被投资单位可辨认净资产公允价值份额的，两者之间的差额体现为双方在交易作价过程中转让方的让步，该部分经济利益流入应计入取得投资当期的营业外收入，同时调整增加长期股权投资的账面价值。

【例2-11】权益法下长期股权投资初始投资成本的调整

2×11年1月，A公司取得B公司30%的股权，以银行存款支付价款6 000万元。取得投资时，被投资单位净资产账面价值为15 000万元（假定被投资单位各项可辨认净资产的公允价值与其账面价值相同）。A公司在取得B公司的股权后，能够对B公司施加重大影响。不考虑相关税费等其他因素的影响。

本例中，应对该投资采用权益法核算。取得投资时，A公司有关会计处理如下：

借：长期股权投资——投资成本　　　　　　　　　　　　60 000 000
　　贷：银行存款　　　　　　　　　　　　　　　　　　60 000 000

长期股权投资的初始投资成本6 000万元大于取得投资时应享有被投资单位可辨认净资产公允价值的份额4 500（15 000×30%）万元，该差额1 500万元不调整长期股权投资的账面价值。

假定本例中取得投资时被投资单位可辨认净资产的公允价值为24 000万元，A企业按持股比例30%计算确定应享有7 200万元，则初始投资成本与应享有被投资单位可辨认净资产公允价值份额之间的差额1 200万元应计入取得投资当期的营业外收入。有关会计处理如下：

借：长期股权投资——投资成本　　　　　　　　　　　　72 000 000
　　贷：银行存款　　　　　　　　　　　　　　　　　　60 000 000
　　　　营业外收入　　　　　　　　　　　　　　　　　12 000 000

2. 投资损益的确认。

采用权益法核算的长期股权投资，在确认应享有（或分担）被投资单位的净利润（或净亏损）时，在被投资单位账面净利润的基础上，应考虑以下因素的影响进行适当调整。

（1）被投资单位采用的会计政策和会计期间与投资方不一致的，应按投资方的会计政策和会计期间对被投资单位的财务报表进行调整，在此基础上确定被投资单位的损益。

权益法下，是将投资方与被投资单位作为一个整体对待，作为一个整体其所产生的损益，应当在一致的会计政策基础上确定，被投资单位采用的会计政策与投资方不同的，投资方应当基于重要性原则，按照本企业的会计政策对被投资单位的损益进行调整。

（2）以取得投资时被投资单位固定资产、无形资产等的公允价值为基础计提的折旧额或摊销额，以及有关资产减值准备金额等对被投资单位净利润的影响。

被投资单位利润表中的净利润是以其持有的资产、负债账面价值为基础持续计算的，而投资方在取得投资时，是以被投资单位有关资产、负债的公允价值为基础确定投资成本，取得投资后应确认的投资收益代表的是被投资单位资产、负债在公允价值计量的情况下在未来期间通过经营产生的损益中归属于投资方的部分。投资方取得投资时,被投资单位有关资产、负债的公允价值与其账面价值不同的,未来期间,在计算归属于投资方应享有的净利润或应承担的净亏损时,应考虑被投资单位计提的折旧额、摊销额以及资产减值准备金额等进行调整。

值得注意的是,尽管在评估投资方对被投资单位是否具有重大影响时,应当考虑潜在表决权的影响,但在确定应享有的被投资单位实现的净损益、其他综合收益和其他所有者权益变动的份额时,潜在表决权所对应的权益份额不应予考虑。

此外,如果被投资单位发行了分类为权益的可累积优先股等类似的权益工具,无论被投资单位是否宣告分派优先股股利,投资方计算应享有被投资单位的净利润时,均应将归属于其他投资方的累积优先股股利予以扣除。

【例2-12】权益法下投资损益的确认

2×13年1月10日,甲公司购入乙公司30%的股份,购买价款为2 200万元,自取得投资之日起能够对乙公司施加重大影响。取得投资当日,乙公司可辨认净资产公允价值为6 000万元,除表2-2所列项目外,乙公司其他资产、负债的公允价值与账面价值相同。

表2-2 2×13年1月10日乙公司各项目的价值 单位:万元

项目	账面原价	已提折旧或摊销	公允价值	乙公司预计使用年限	甲公司取得投资后剩余使用年限
存货	500	—	700	—	—
固定资产	1 200	240	1 600	20	16
无形资产	700	140	800	10	8
小计	2 400	380	3 100	—	—

假定乙公司于2×13年实现净利润600万元,其中在甲公司取得投资时的账面存货有80%对外出售。甲公司与乙公司的会计年度及采用的会计政策相同。固定资产、无形资产等均按直线法提取折旧或摊销,预计净残值均为0元。假定甲、乙公司间未发生其他任何内部交易。

2×13年12月31日,甲公司在确定其应享有的投资收益时,应在乙公司实现净利润的基础上,根据取得投资时乙公司有关资产的账面价值与其公允价值差额的影响进行调整(假定不考虑所得税及其他税费等因素的影响):

存货账面价值与公允价值差额应调减的利润为160〔(700-500)×80%〕万元。

固定资产公允价值与账面价值差额应调整增加的折旧额为40(1 600÷16-1 200÷20)万元。

无形资产公允价值与账面价值的差额应调整增加的摊销额为30(800÷8-700÷10)万元。

调整后的净利润为370(600-160-40-30)万元。

按照甲公司应享有份额为111（370×30%）万元。

确认投资收益的相关会计处理如下：

借：长期股权投资——损益调整　　　　　　　　　　　1 110 000
　　贷：投资收益　　　　　　　　　　　　　　　　　　　　　1 110 000

（3）对于投资方或纳入投资方合并财务报表范围的子公司与其联营企业及合营企业之间发生的未实现内部交易损益应予抵销。即投资方与联营企业及合营企业之间发生的未实现内部交易损益，按照应享有的比例计算归属于投资方的部分，应当予以抵销，在此基础上确认投资损益。投资方与被投资单位发生的内部交易损失，按照资产减值准则等规定属于资产减值损失的，应当全额确认。

投资方与其联营企业和合营企业之间的未实现内部交易损益抵销与投资方与子公司之间的未实现内部交易损益抵销有所不同，母子公司之间的未实现内部交易损益在合并财务报表中是全额抵销的（无论是全资子公司还是非全资子公司），而投资方与其联营企业和合营企业之间的未实现内部交易损益抵销仅仅是投资方（或是纳入投资方合并财务报表范围的子公司）享有联营企业或合营企业的权益份额。

应当注意的是，投资方与联营、合营企业之间发生投出或出售资产的交易，该资产构成业务的，应当按照《企业会计准则第20号——企业合并》《企业会计准则第33号——合并财务报表》的有关规定进行会计处理。有关会计处理如下：

①联营、合营企业向投资方出售业务的，投资方应按《企业会计准则第20号——企业合并》的规定进行会计处理。投资方应全额确认与交易相关的利得或损失。

②投资方向联营、合营企业投出业务，投资方因此取得长期股权投资但未取得控制权的，应以投出业务的公允价值作为新增长期股权投资的初始投资成本，初始投资成本与投出业务的账面价值之差，全额计入当期损益。投资方向联营、合营企业出售业务取得的对价与业务的账面价值之间的差额，全额计入当期损益。

【例2-13】权益法下进一步增加投资的会计处理

甲公司为某企业生产厂商。2×13年1月，甲公司以其所属的从事汽车配件装饰生产的一个分公司（构成业务），向其持股30%的联营企业乙公司增资。同时，乙公司的其他投资方（持有乙公司70%股权）也以现金4 200万元向乙公司增资。增资后甲公司对乙公司的持股比例不变，并仍能施加重大影响。上述分公司（构成业务）的净资产（资产与负债的差额，下同）账面价值为1 000万元。该业务的公允价值为1 800万元。不考虑相关税费等其他因素的影响。

本例中，甲公司是将一项业务投给联营企业作为增资。甲公司应当按照所投出的分公司（业务）的公允价值1 800万元作为新取得长期股权投资的初始投资成本，初始投资成本与所投出的业务的净资产账面价值1 000万元之间的差额800万元应全额计入当期损益。

投出或出售的资产不构成业务的，应当分别顺流交易与逆流交易进行会计处理。顺流交易是指投资方向其联营企业或合营企业投出或出售资产。逆流交易是指联营企业或合营企业向投资方出售资产。未实现内部交易损益体现在投资方或其联营企业、合营企业持有的资产账面价值中的,在计算确认投资损益时应予抵销。

③对于投资方向联营企业或合营企业投出或出售资产的顺流交易,在该交易存在未实现内部交易损益的情况下(即有关资产未对外部独立第三方出售或未被消耗),投资方在采用权益法计算确认应享有联营企业或合营企业的投资损益时,应抵销该未实现内部交易损益的影响,同时调整对联营企业或合营企业长期股权投资的账面价值;投资方因投出或出售资产给其联营企业或合营企业而产生的损益中,应仅限于确认归属于联营企业或合营企业其他投资方的部分,即在顺流交易中,投资方投出或出售资产给其联营企业或合营企业产生的损益中,按照应享有比例计算确定归属于本企业的部分不予确认。

【例2-14】顺流交易下投资损益的确认

2×10年1月,甲公司取得乙公司20%有表决权的股份,能够对乙公司施加重大影响。2×13年11月,甲公司将其账面价值为600万元的商品以900万元的价格出售给乙公司,乙公司将取得的商品作为管理用固定资产,预计使用寿命为10年,净残值为0。假定甲公司取得该项投资时,乙公司各项可辨认资产、负债的公允价值与其账面价值相同,两者在以前期间未发生过内部交易。乙公司2×13年实现的净利润为1 000万元。不考虑所得税及其他相关税费等其他因素影响。

本例中,甲公司在该项交易中实现利润300万元,其中的60(300×20%)万元是针对本公司持有的对联营企业的权益份额,在采用权益法计算确认投资损益时应予抵销,同时应考虑相关固定资产折旧对损益的影响,即甲公司应当进行以下会计处理:

借:长期股权投资——损益调整〔(10 000 000 - 3 000 000 + 25 000)×20%〕
　　　　　　　　　　　　　　　　　　　　　　　　　　　　1 405 000
　　贷:投资收益　　　　　　　　　　　　　　　　　　　　　1 405 000

④对于联营企业或合营企业向投资方投出或出售资产的逆流交易,比照上述顺流交易处理。

应当说明的是,投资方与其联营企业及合营企业之间发生的无论是顺流交易还是逆流交易产生的未实现内部交易损失,其中属于所转让资产发生减值损失的,有关未实现内部交易损失不应予以抵销。

【例2-15】转让资产发生减值损失时投资损益的确认

2×10年1月,甲公司取得乙公司20%有表决权的股份,能够对乙公司施加重大影响。2×13年,甲公司将其账面价值为400万元的商品以320万元的价格出售给乙公司。2×13年资产负债表日,该批商品尚未对外部第三方出售。假定甲公司取得该项投资时,乙公司各项可辨认资产、负债的公允价值与其账面价值相同,两者在以前期间未发生过内部交易。乙公司2×13年净利润为1 000万元。不考虑相关税费等其他因素的影响。

甲公司在确认应享有乙公司2×13年净损益时,如果有证据表明该商品交易价格320万元其账面价值400万元之间的差额为减值损失的,不应予抵销。甲公司应当进行以下会计处理:

借:长期股权投资——损益调整(10 000 000×20%)　　　　2 000 000

　　　　贷：投资收益　　　　　　　　　　　　　　　　　　　　　　　2 000 000

3. 被投资单位其他综合收益变动的处理。

被投资单位其他综合收益发生变动的，投资方应当按照归属于本企业的部分，相应调整长期股权投资的账面价值，同时增加或减少其他综合收益。

【例 2-16】被投资单位其他综合收益变动的处理

A 企业持有 B 企业 30% 的股份，能够对 B 企业施加重大影响。当期 B 企业因持有的可供出售金融资产公允价值的变动计入其他综合收益的金额为 1 200 万元，除该事项外，B 企业当期实现的净损益为 6 400 万元。假设 A 企业与 B 企业适用的会计政策、会计期间相同，投资时 B 企业各项可辨认资产、负债的公允价值与其账面价值亦相同。双方在当期及以前期间未发生任何内部交易。不考虑所得税影响因素。

A 企业在确认应享有被投资单位所有者权益的变动时：

借：长期股权投资——损益调整　　　　　　　　　　　　　　19 200 000
　　长期股权投资——其他综合收益　　　　　　　　　　　　　3 600 000
　　贷：投资收益　　　　　　　　　　　　　　　　　　　　　19 200 000
　　　　其他综合收益　　　　　　　　　　　　　　　　　　　　3 600 000

4. 取得现金股利或利润的处理。

按照权益法核算的长期股权投资，投资方自被投资单位取得的现金股利或利润，应抵减长期股权投资的账面价值。在被投资单位宣告分派现金股利或利润时，借记"应收股利"科目，贷记"长期股权投资——损益调整"科目。

5. 超额亏损的确认。

本准则规定，投资方确认应分担被投资单位发生的损失，原则上应以长期股权投资及其他实质上构成对被投资单位净投资的长期权益减记至零为限，投资方负有承担额外损失义务的除外。

这里所讲"其他实质上构成对被投资单位净投资的长期权益"通常是指长期应收项目。例如，投资方对被投资单位的长期债权，该债权没有明确的清收计划且在可预见的未来期间不准备收回，实质上构成对被投资单位的净投资。应予说明的是，该类长期权益不包括投资方与被投资单位之间因销售商品、提供劳务等日常活动所产生的长期债权。

按照本准则的规定，投资方在确认应分担被投资单位发生的亏损时，应将长期股权投资及其他实质上构成对被投资单位净投资的长期权益项目的账面价值综合起来考虑，在长期股权投资账面价值减记至零的情况下，如果仍有未确认的投资损失，应以其他长期权益的账面价值为基础继续确认。另外，投资方在确认应分担被投资单位的净损失时，除应考虑长期股权投资及其他长期权益的账面价值以外，如果在投资合同或协议中约定将履行其他额外的损失补偿义务，还应按《企业会计准则第 13 号——或有事项》的规定确认预计将承担的损失金额。

值得注意的是，在合并财务报表中，子公司发生超额亏损的，子公司少数股东应当按照持股比例分担超额亏损，即在合并财务报表中，子公司少数股东分担的当期亏损超过了少数股东在该子公司期初所有者权益中所享有的份额的,其余额应当冲减少数股东权益。

在确认了有关的投资损失以后,被投资单位以后期间实现盈利的,应按以上相反顺序分别减记已确认的预计负债、恢复其他长期权益和长期股权投资的账面价值,同时确认投资收益。即应当按顺序分别借记"预计负债""长期应收款""长期股权投资"等科目,贷记"投资收益"科目。

【例2-17】超额亏损的确认

甲企业持有乙企业40%的股权,能够对乙企业施加重大影响。2×12年12月31日,该项长期股权投资的账面价值为4 000万元。2×13年,乙企业由于一项主要经营业务市场条件发生变化,当年亏损6 000万元。假定甲企业在取得该项投资时,乙企业各项可辨认资产、负债的公允价值与其账面价值相等,双方所采用的会计政策及会计期间也相同。因此,甲企业当年度应确认的投资损失为2 400万元。确认上述投资损失后,长期股权投资的账面价值变为1 600万元。不考虑相关税费等其他因素影响。

如果乙企业2×13年的亏损额为12 000万元,甲企业按其持股比例确认应分担的损失为4 800万元,但长期股权投资的账面价值仅为4 000万元,如果没有其他实质上构成对被投资单位净投资的长期权益项目,则甲企业应确认的投资损失仅为4 000万元,超额损失在账外进行备查登记;在确认了4 000万元的投资损失,长期股权投资的账面价值减记至0以后,如果甲企业账上仍有应收乙企业的长期应收款1 600万元,该款项从目前情况看,没有明确的清偿计划,且在可预见的未来期间不准备收回(并非产生于商品购销等日常活动),则甲企业应进行以下会计处理:

借:投资收益　　　　　　　　　　　　　　　　　40 000 000
　　贷:长期股权投资——损益调整　　　　　　　　　40 000 000
借:投资收益　　　　　　　　　　　　　　　　　 8 000 000
　　贷:长期应收款　　　　　　　　　　　　　　　　8 000 000

6. 被投资单位除净损益、其他综合收益以及利润分配以外的所有者权益的其他变动。

被投资单位除净损益、其他综合收益以及利润分配以外的所有者权益的其他变动的因素,主要包括被投资单位接受其他股东的资本性投入、被投资单位发行可分离交易的可转债中包含的权益成分、以权益结算的股份支付、其他股东对被投资单位增资导致投资方持股比例变动等。投资方应按所持股权比例计算应享有的份额,调整长期股权投资的账面价值,同时计入资本公积(其他资本公积),并在备查簿中予以登记,投资方在后续处置股权投资但对剩余股权仍采用权益法核算时,应按处置比例将这部分资本公积转入当期投资收益;对剩余股权终止权益法核算时,将这部分资本公积全部转入当期投资收益。

【例2-18】除净损益、其他综合收益以及利润分配以外的所有者权益的其他变动

2×10年3月20日,A、B、C公司分别以现金200万元、400万元和400万元出资设立D公司,分别持有D公司20%、40%、40%的股权。A公司对D公司具有重大影响,采用权益法对有关长期股权投资进行核算。D公司自设立日起至2×12年1月1日实现净损益1 000万元,除此以外,无其他影响净资产的事项。2×12年1月1日,经A、B、C公司协商,B

公司对 D 公司增资 800 万元，增资后 D 公司净资产为 2 800 万元，A、B、C 公司分别持有 D 公司 15%、50%、35% 的股权。相关手续于当日完成。假定 A 公司与 D 公司适用的会计政策、会计期间相同，双方在当期及以前期间未发生其他内部交易。不考虑相关税费等其他因素影响。

本例中，2×12 年 1 月 1 日，B 公司增资前，D 公司的净资产账面价值为 2 000 万元，A 公司应享有 D 公司权益的份额为 400（2 000×20%）万元。B 公司单方面增资后，D 公司的净资产增加 800 万元，A 公司应享有 D 公司权益的份额为 420（2 800×15%）万元。A 公司享有的权益变动 20（420－400）万元，属于 D 公司除净损益、其他综合收益和利润分配以外所有者权益的其他变动。A 公司对 D 公司的长期股权投资的账面价值应调增 20 万元，并相应调整"资本公积——其他资本公积"科目。

7. 投资方持股比例增加但仍采用权益法核算的处理。

投资方因增加投资等原因对被投资单位的持股比例增加，但被投资单位仍然是投资方的联营企业或合营企业时，投资方应当按照新的持股比例对股权投资继续采用权益法进行核算。在新增投资日，如果新增投资成本大于按新增持股比例计算的被投资单位可辨认净资产于新增投资日的公允价值份额，不调整长期股权投资成本；如果新增投资成本小于按新增持股比例计算的被投资单位可辨认净资产于新增投资日的公允价值份额，应按该差额，调整长期股权投资成本和营业外收入。进行上述调整时，应当综合考虑与原持有投资和追加投资相关的商誉或计入损益的金额。

【例 2－19】投资方增加持股比例但仍采用权益法核算的会计处理

2×10 年 1 月 1 日，A 公司以银行存款 2 500 万元向非关联方购买 B 公司 20% 的股权，并对 B 公司具有重大影响。当日，B 公司可辨认净资产公允价值与账面价值相等，均为 10 000 万元。2×10 年 1 月 1 日至 2×13 年 1 月 1 日，B 公司实现净损益 2 000 万元，除此之外，无其他引起净资产发生变动的事项。2×13 年 1 月 1 日，A 公司以现金 1 200 万元向另一非关联方购买 B 公司 10% 的股权，仍对 B 公司具有重大影响，相关手续于当日完成。当日，B 公司可辨认净资产公允价值为 15 000 万元。不考虑相关税费等其他因素影响。

本例中，A 公司于 2×10 年 1 月 1 日第一次购买 B 公司股权时，应享有 B 公司可辨认净资产公允价值份额为 2 000（10 000×20%）万元，A 公司支付对价的公允价值为 2 500 万元，因此 A 公司 2×10 年 1 月 1 日确认对 B 公司的长期股权投资的初始投资成本为 2 500 万元，其中含 500 万元的内含商誉。

借：长期股权投资——投资成本　　　　　　　　　　　　　25 000 000
　　贷：银行存款　　　　　　　　　　　　　　　　　　　　25 000 000

A 公司 2×13 年 1 月 1 日第二次购买 B 公司股权时，应享有 B 公司可辨认净资产公允价值份额为 1 500（15 000×10%）万元，A 公司支付对价的公允价值为 1 200 万元，A 公司本应调整第二次投资的长期股权投资成本为 1 500 万元，并将 300 万元的负商誉确认为 300 万元的营业外收入，然而，由于 A 公司第一次权益法投资时确认了 500 万元的内含正商誉，两次商誉综合考虑后的金额为正商誉 200 万元，因此，A 公司 2×13 年 1 月 1 日确认的对第二次投资的长期股权投资的初始投资成本仍为1 200万元，并在备查簿中记录两次投资各自产生的商誉和第二次投资时综合考虑两次投资产生的商誉后的调整情况。

借：长期股权投资——投资成本　　　　　　　　　　　　　12 000 000
　　贷：银行存款　　　　　　　　　　　　　　　　　　　　　12 000 000

2.2.7　长期股权投资核算方法的转换

（一）公允价值计量转按权益法核算。

原持有的对被投资单位的股权投资（不具有控制、共同控制或重大影响的），按照金融工具确认和计量准则进行会计处理的，因追加投资等原因导致持股比例上升，能够对被投资单位施加共同控制或重大影响的，在转按权益法核算时，投资方应当按照金融工具确认和计量准则确定的原股权投资的公允价值加上为取得新增投资而应支付对价的公允价值，作为改按权益法核算的初始投资成本。原持有的股权投资分类为公允价值计量且其变动计入其他综合收益的非交易性权益工具投资的，其公允价值与账面价值之间的差额，以及原计入其他综合收益的累计公允价值变动应当转入改按权益法核算的当期损益。

然后，比较上述计算所得的初始投资成本，与按照追加投资后全新的持股比例计算确定的应享有被投资单位在追加投资日可辨认资产公允价值份额之间的差额，前者大于后者的，不调整长期股权投资的账面价值；前者小于后者的，差额应调整长期股权投资的账面价值，并计入当期营业外收入。

【例2-20】公允价值计量转化为权益法核算的会计处理

2×12年2月，A公司以600万元银行存款自非关联方处取得B公司10%的股权。A公司根据金融工具确认和计量准则将其作为其他综合收益。2×13年1月2日，A公司又以1 200万元的银行存款自另一非关联方处取得B公司12%的股权，相关手续于当日完成。当日，B公司可辨认净资产公允价值总额为8 000万元，A公司对B公司的其他综合收益的账面价值为1 000万元，计入其他综合收益的累计公允价值变动为400万元。取得该部分股权后，按照B公司章程规定，A公司能够对B公司施加重大影响，对该项股权投资转为采用权益法核算。不考虑相关税费等其他因素影响。

本例中，2×13年1月2日，A公司原持有10%股权的公允价值为1 000万元，为取得新增投资而支付对价的公允价值为1 200万元，因此A公司对B公司22%股权的初始投资成本为2 200万元。

A公司对B公司新持股比例为22%，应享有B公司可辨认净资产公允价值的份额为1 760（8 000×22%）万元。由于初始投资成本（2 200万元）大于应享有B公司可辨认净资产公允价值的份额（1 760万元），因此，A公司无须调整长期股权投资的成本。

2×13年1月2日，A公司确认对B公司的长期股权投资，进行会计处理如下：

借：长期股权投资——投资成本　　　　　　　　　　　　　22 000 000
　　其他权益工具投资　　　　　　　　　　　　　　　　　　4 000 000
　　贷：其他综合收益　　　　　　　　　　　　　　　　　　10 000 000
　　　　银行存款　　　　　　　　　　　　　　　　　　　　12 000 000

留存收益	4 000 000

（二）公允价值计量或权益法核算转成本法核算。

投资方原持有的对被投资单位不具有控制、共同控制或重大影响的按照金融工具确认和计量准则进行会计处理的权益性投资，或者原持有对联营企业、合营企业的长期股权投资，因追加投资等原因，能够对被投资单位实施控制的，应按本指南有关企业合并形成的长期股权投资的指引进行会计处理。

（三）权益法核算转公允价值计量。

原持有的对被投资单位具有共同控制或重大影响的长期股权投资，因部分处置等原因导致持股比例下降，不能再对被投资单位实施共同控制或重大影响的，应改按金融工具确认和计量准则对剩余股权投资进行会计处理，其在丧失共同控制或重大影响之日的公允价值与账面价值之间的差额计入当期损益。原采用权益法核算的相关其他综合收益应当在终止采用权益法核算时，采用与被投资单位直接处置相关资产或负债相同的基础进行会计处理，因被投资方除净损益、其他综合收益和利润分配以外的其他所有者权益变动而确认的所有者权益，应当在终止采用权益法核算时全部转入当期损益。

【例2-21】权益法核算转化为按公允价值计量的会计处理

甲公司持有乙公司30%的有表决权股份，能够对乙公司施加重大影响，对该股权投资采用权益法核算。2×12年10月，甲公司将该项投资中的50%出售给非关联方，取得价款1 800万元。相关手续于当日完成。甲公司无法再对乙公司施加重大影响，将剩余股权投资转以公允价值计量且其变动计入其他综合收益的非交易性权益工具投资的金融资产。出售时，该项长期股权投资的账面价值为3 200万元，其中投资成本2 600万元，损益调整为300万元，其他综合收益为200万元（性质为被投资单位的非交易性权益工具投资以公允价值计量且其变动计入其他综合收益的金融资产的累计公允价值变动），除净损益、其他综合收益和利润分配外的其他所有者权益变动为100万元。剩余股权的公允价值为1 800万元。不考虑相关税费等其他因素影响。

甲公司有关会计处理如下：

(1) 确认有关股权投资的处置损益。

借：银行存款	18 000 000
贷：长期股权投资	16 000 000
投资收益	2 000 000

(2) 由于终止采用权益法核算，将原确认的相关其他综合收益全部转入当期损益。

借：其他综合收益	2 000 000
贷：投资收益	2 000 000

(3) 由于终止采用权益法核算，将原计入资本公积的其他所有者权益变动全部转入当期损益。

借：资本公积——其他资本公积	1 000 000
贷：投资收益	1 000 000

(4) 剩余股权投资转以公允价值计量且其变动计入其他综合收益的非交易性权益工具投资的金融资产，当天公允价值为1 800万元，账面价值为1 600万元，两者差异应计入当期投资收益。

借：其他权益工具投资　　　　　　　　　　　　　　　　　18 000 000
　　贷：长期股权投资　　　　　　　　　　　　　　　　　16 000 000
　　　　投资收益　　　　　　　　　　　　　　　　　　　 2 000 000

（四）成本法转权益法。

因处置投资等原因导致对被投资单位由能够实施控制转为具有重大影响或者与其他投资方一起实施共同控制的，首先应按处置投资的比例结转应终止确认的长期股权投资成本。

然后，比较剩余长期股权投资的成本与按照剩余持股比例计算原投资时应享有被投资单位可辨认净资产公允价值的份额，前者大于后者的，属于投资作价中体现的商誉部分，不调整长期股权投资的账面价值；前者小于后者的，在调整长期股权投资成本的同时，调整留存收益。

对于原取得投资时至处置时（转为权益法核算）之间被投资单位实现净损益中投资方应享有的份额，一方面应当调整长期股权投资的账面价值，同时，对于原取得投资时至处置投资当期期初被投资单位实现的净损益（扣除已宣告发放的现金股利和利润）中应享有的份额，调整留存收益，对于处置投资当期期初至处置投资之日被投资单位实现的净损益中享有的份额，调整当期损益；在被投资单位其他综合收益变动中应享有的份额，在调整长期股权投资账面价值的同时，应当计入其他综合收益；除净损益、其他综合收益和利润分配外的其他原因导致被投资单位其他所有者权益变动中应享有的份额，在调整长期股权投资账面价值的同时，应当计入资本公积（其他资本公积）。长期股权投资自成本法转为权益法后，未来期间应当按照本准则规定计算确认应享有被投资单位实现的净损益、其他综合收益和所有者权益其他变动的份额。

【例2-22】成本法转权益法核算的会计处理

A公司原持有B公司60%的股权，能够对B公司实施控制。2×12年11月6日，A公司对B公司的长期股权投资的账面价值为6 000万元，未计提减值准备，A公司将其持有的对B公司长期股权投资中的1/3出售给非关联方，取得价款3 600万元，当日被投资单位可辨认的净资产公允价值总额为16 000万元。相关手续于当日完成，A公司不再对B公司实施控制，但具有重大影响。A公司原取得B公司60%股权时，B公司可辨认净资产公允价值总额为9 000万元（假定公允价值与账面价值相同）。自A公司取得对B公司长期股权投资后至部分处置投资前，B公司实现利润5 000万元。其中，自A公司取得投资日至2×12年年初实现净利润4 000万元。假定B公司一直未进行利润分配。除所实现净损益外，B公司未发生其他计入资本公积的交易或事项。A公司按净利润的10%提取盈余公积。不考虑相关税费等其他因素的影响。

本例中，在出售20%的股权后，A公司对B公司的持股比例为40%，对B公司施加重大影响。对B公司长期股权投资应由成本法改为按照权益法核算。有关会计处理如下：

（1）确认长期股权投资处置损益。

借：银行存款		36 000 000
贷：长期股权投资		20 000 000
投资收益		16 000 000

（2）调整长期股权投资账面价值。

剩余长期股权投资的账面价值为4 000万元，与原投资时应享有被投资单位可辨认净资产公允价值份额之间的差额400（4 000 -9 000 ×40%）万元为商誉，该部分商誉的价值不需要对长期股权投资的成本进行调整。

处置投资以后按照持股比例计算享有被投资单位自购买日至处置投资日期初之间实现的净损益为1 600（4 000 ×40%）万元，应调整增加长期股权投资的账面价值，同时调整留存收益；处置期初至处置日之间实现的净损益为400万元，应调整增加长期股权投资的账面价值，同时计入当期收益。企业应进行以下会计处理：

借：长期股权投资		20 000 000
贷：盈余公积		1 600 000
利润分配——未分配利润		14 400 000
投资收益		4 000 000

（五）成本法核算转公允价值计量。

原持有的对被投资的单位具有控制的长期股权投资，因部分处置等原因导致持股比例下降，不能再对被投资单位实施控制、共同控制或重大影响的，应改按金融工具确认和计量准则进行会计处理，在丧失控制之日的公允价值与账面价值之间的差额计入当期投资收益。

【例2-23】成本法核算转化为按公允价值计量的会计处理

甲公司持有乙公司60%的有表决权股份，能够对乙公司实施控制，对该股权投资采用成本法核算。2×12年10月，甲公司将该项投资中的80%出售给非关联方，取得价款8 000万元。相关手续于当日完成。甲公司无法再对乙公司实施控制，也不能施加共同控制或重大影响，将剩余股权投资转为以公允价值计量且其变动计入当期损益的金融资产。出售时，该项长期股权投资的账面价值为8 000万元，剩余股权的公允价值为2 000万元。不考虑相关税费等其他因素影响。

甲公司有关会计处理如下：

（1）确认有关股权投资的处置损益。

借：银行存款		80 000 000
贷：长期股权投资		64 000 000
投资收益		16 000 000

（2）剩余股权投资转以公允价值计量且其变动计入当期损益的金融资产，当天公允价值为2 000万元，账面价值为1 600万元，两者差异应计入当期投资收益。

借：可交易性金融资产		20 000 000
贷：长期股权投资		16 000 000

投资收益	4 000 000

2.2.8 关于股票股利的处理

被投资单位分派股票股利的,投资方不作会计处理,但应于除权日注明所增加的股数,以反映股份的变化情况。

2.2.9 关于投资性主体转变时的会计处理

当企业由非投资性主体转变为投资性主体时,其对自转变日起不再纳入合并财务报表范围的子公司采用公允价值计量且其变动计入当期损益,转变日公允价值和原账面价值的差额计入所有者权益。

当企业由投资性主体转变为非投资性主体时,其对自转变日起开始纳入合并财务报表范围的子公司采用成本法进行后续计量。转变日的公允价值为成本法核算的初始成本。

2.2.10 关于处置和相关所得税影响

(一)处置。

企业持有长期股权投资的过程中,由于各方面的考虑,决定将所持有的对被投资单位的股权全部或部分对外出售时,应相应结转与所售股权相对应的长期股权投资的账面价值,一般情况下,出售所得价款与处置长期股权投资账面价值之间的差额,应确认为处置损益。

投资方全部处置权益法核算的长期股权投资时,原权益法核算的相关其他综合收益应当在终止采用权益法核算时采用与被投资单位直接处置相关资产或负债相同的基础进行会计处理,因被投资方除净损益、其他综合收益和利润分配以外的其他所有者权益变动而确认的所有者权益,应当在终止采用权益法核算时全部转入当期投资收益。投资方部分处置权益法核算的长期股权投资,剩余股权仍采用权益法核算的,原权益法核算的相关其他综合收益应当采用与被投资单位直接处置相关资产或负债相同的基础处理并按比例结转;因被投资方除净损益、其他综合收益和利润分配以外的其他所有者权益变动而确认的所有者权益,应当按比例结转入当期投资收益。

【例2-24】处置长期股权投资的会计处理

A公司持有B公司40%的股权并采用权益法核算。2×13年7月1日,A公司将B公司20%的股权出售给第三方C公司,对剩余20%的股权仍采用权益法核算。A公司取得B公司股权日至2×13年7月1日,确认的相关其他综合收益为400万元(其中:350万元为按比例享有的B公司可供出售金融资产公允价值变动,50万元为按比例享有的B公司重新计量设定受益计划净负债或净资产所产生的变动),享有B公司除净损益、其他综合收益和利润分配以外的其他所有者权益变动为100万元。不考虑相关税费等其他变动因素影响。

A公司原持有股权相关的其他综合收益和其他所有者权益变动应按以下方法进行会计处理:

(1)其他综合收益。

①转入当期损益。

350万元的其他综合收益属于被投资单位可供出售金融资产的公允价值变动,由于剩余股权仍继续根据本准则采用权益法进行核算，因此，应按处置比例（20%：40%）相应结转计入当期投资收益350÷2＝175（万元）。

②转入其他的权益科目。

50万元的其他综合收益属于被投资单位重新计量设定受益计划净负债或净资产所产生的变动，由于剩余股权仍继续根据本准则采用权益法进行核算，因此，应按处置比例（20%：40%）并按照被投资单位处置相关资产或负债的基础进行会计处理。

（2）其他所有者权益变动。

由于剩余股权仍继续根据本准则采用权益法进行核算，因此应按处置比例（20%：40%）相应结转计入当期投资收益100÷2＝50（万元）。

再假设，2×13年12月，A公司再向第三方公司处置B公司15%的股权，剩余5%股权作为可供出售金融资产，按金融资产确认和计量准则进行会计处理。A公司原持有股权相关的其他综合收益和其他所有者权益变动应按以下方法进行会计处理：

（1）其他综合收益。

①转入当期损益。

处置后的剩余股权改按金融资产确认和计量准则进行会计处理，其他综合收益175万元属于被投资的单位可供出售金融资产的公允价值变动，应在转换日全部结转，同时计入当期投资收益。

②转入其他的权益科目。

处置后的剩余股权改按金融资产确认和计量准则进行会计处理，其他综合收益25万元属于被投资单位重新计量设定受益计划净负债或净资产所产生的变动，按照被投资单位处置相关资产或负债相同的基础进行会计处理。

（2）其他所有者权益变动。

由于剩余股权改按金融资产确认和计量准则进行会计处理，因此，应在转换日全部结转，计入当期投资收益50万元。

企业部分处置的长期股权投资仍持有剩余股权时，在转换日的会计处理应参看本指南关于长期股权投资核算方法的转换的内容。

企业通过多次交易分步处置对子公司股权投资直至丧失控制权，如果上述交易属于"一揽子交易"的，应当将各项交易作为一项处置子公司股权投资并丧失控制权的交易进行会计处理；但是，在丧失控制权之前每一次处置价款与所处置的股权对应的长期股权投资账面价值之间的差额，在个别财务报表中，应当先确认为其他综合收益，到丧失控制权时再一并转入丧失控制权的当期损益。

（二）相关所得税影响。

根据我国《中华人民共和国企业所得税法》的相关规定，符合条件的居民企业之间的股息、红利等权益性投资收益为免税收入。因此，通常情况下，当居民企业持有另一居民企业的股权意图长期持有，通过股息、红利或者其他协同效应获取回报时，其实质所得税率为零，不存在相关所得税费用。只有当居民企业通过转让股权获取资本利得收益时，该笔资产转让利得才产生相应的所得税费用。

从资产负债表角度考虑，资产的账面价值代表的是企业在持续持有及最终处置某项资产的一定期间内，该项资产能够为企业带来的未来经济利益，而其计税基础代表的是在这一期间内，就该项资产按照税法规定可以税前扣除的金额。当资产的账面价值大于其计税基础的，两者之间的差额将会于未来期间产生应税金额，增加未来期间的应纳税所得额及应交所得税，对企业形成经济利益流出的义务。根据《企业会计准则第18号——所得税》的相关规定，企业对与子公司、联营企业、合营企业投资等相关的应纳税暂时性差异，应当确认递延所得税负债，只有在同时满足以下两个条件时除外：一是投资企业能够控制暂时性差异转回的时间；二是该暂时性差异在可预见的未来很可能不会转回。当投资方改变其持有投资意图拟对外出售时，不再符合上述条件，应确认其递延所得税影响。

第3章 投资性房地产

3.1 企业会计准则第3号——投资性房地产

《企业会计准则第3号——投资性房地产》（以下简称"本准则"）于2006年2月15日由财会〔2006〕3号公布，自2007年1月1日起施行。

3.1.1 总则

第一条 为了规范投资性房地产的确认、计量和相关信息的披露，根据《企业会计准则——基本准则》，制定本准则。

第二条 投资性房地产，是指为赚取租金或资本增值，或两者兼有而持有的房地产。

投资性房地产应当能够单独计量和出售。

第三条 本准则规范下列投资性房地产。

（一）已出租的土地使用权。

（二）持有并准备增值后转让的土地使用权。

（三）已出租的建筑物。

第四条 下列各项不属于投资性房地产。

（一）自用房地产，即为生产商品、提供劳务或者经营管理而持有的房地产。

（二）作为存货的房地产。

【例3-1】投资性房地产的范围

企业将其拥有的办公大楼由自用转为收取租金时，应将其转为投资性房地产。（　　）

正确答案：√。

答案解析：投资性房地产主要包括：已出租的土地使用权、持有并准备增值后转让的土地使用权、已出租的建筑物。所以本题的表述正确。

第五条 下列各项适用其他相关会计准则。

（一）企业代建的房地产，适用《企业会计准则第15号——建造合同》。

（二）投资性房地产的租金收入和售后租回，适用《企业会计准则第21号——租赁》。

3.1.2 确认和初始计量

第六条 投资性房地产同时满足下列条件的，才能予以确认。

（一）与该投资性房地产有关的经济利益很可能流入企业。

（二）该投资性房地产的成本能够可靠地计量。

第七条 投资性房地产应当按照成本进行初始计量。

（一）外购投资性房地产的成本，包括购买价款、相关税费和可直接归属于该资产的其他支出。

（二）自行建造投资性房地产的成本，由建造该项资产达到预定可使用状态前所发生的必要支出构成。

（三）以其他方式取得的投资性房地产的成本，按照相关会计准则的规定确定。

【例3-2】自行建造投资性房地产的成本计量

2×18年2月，甲公司从其他单位购入一块使用期限为50年的土地，并在这块土地上开始自行建造两栋厂房。2×18年11月，甲公司预计厂房即将完工，与乙公司签订了经营租赁合同，将其中的一栋厂房租赁给乙公司使用。租赁合同约定，该厂房于完工时开始起租。2×18年12月5日，两栋厂房同时完工。该块土地使用权的成本为9 000 000元，至2×18年12月5日，土地使用权已摊销165 000元；两栋厂房的实际造价均为12 000 000元，能够单独出售。为简化处理，假设两栋厂房分别占用这块土地的一半面积，并且以占用的土地面积作为土地使用权划分依据。假设甲公司采用成本模式进行后续计量。

甲公司的账务处理如下：

由于甲公司在购入的土地上建造的两栋厂房中，其中的一栋厂房用于出租，因此应当将土地使用权中的对应部分同时转换为投资性房地产。

投资性房地产包括的土地使用权成本＝9 000 000×1÷2＝4 500 000（元）

借：固定资产——厂房　　　　　　　　　　　　　　12 000 000
　　投资性房地产——厂房　　　　　　　　　　　　12 000 000
　　贷：在建工程——厂房　　　　　　　　　　　　　　24 000 000
借：投资性房地产——已出租土地使用权　　　　　　4 500 000
　　累计摊销　　　　　　　　　　　　　　　　　　　　82 500
　　贷：无形资产——土地使用权　　　　　　　　　　　4 500 000
　　　　投资性房地产累计摊销（165 000÷2）　　　　　82 500

【例3-3】自行建造的投资性房地产的确认时点

企业将自行建造的房地产达到预定可使用状态时开始自用，之后改为对外出租，应当在该房地产达到预定可使用状态时确认为投资性房地产。（　　）

正确答案：×。

答案解析：企业自行建造房地产达到预定可使用状态后一段时间才对外出租或用于资本增值的，应先将自行建造的房地产确认为固定资产等，对外出租时，再转为投资性房地产。

第八条　与投资性房地产有关的后续支出，满足本准则第六条规定的确认条件的，应当计入投资性房地产成本；不满足本准则第六条规定的确认条件的，应当在发生时计入当期损益。

【例3-4】投资性房地产后续资本化的支出

2×18年5月，甲公司与乙公司的一项厂房经营租赁合同即将到期。该厂房原价为50 000 000元，已计提折旧10 000 000元。为了提高厂房的租金收入，甲公司决定在租赁期满后对该厂房进行改扩建，并与丙公司签订了经营租赁合同，约定自改扩建完工时将该厂房出租给丙公司。2×18年5月31日，与乙公司的租赁合同到期，该厂房随即进入改扩建工程。2×18年12月31日，该厂房改扩建工程完工，共发生支出5 000 000元，均已用银行存款支付，即日按照租赁合同出租给丙公司。假定甲公司采用成本模式计量。

本例中，改扩建支出属于后续支出，假定符合《企业会计准则第3号——投资性房地产》第六条的规定，应当计入投资性房地产的成本。

甲公司的账务处理如下：

(1) 2×18年5月31日，投资性房地产转入改扩建工程。

借：投资性房地产——厂房——在建　　　　　　　　40 000 000
　　投资性房地产累计折旧　　　　　　　　　　　　10 000 000
　　贷：投资性房地产——厂房　　　　　　　　　　　　50 000 000

(2) 2×18年5月31日至2×18年12月31日，发生改扩建支出。

借：投资性房地产——厂房——在建　　　　　　　　 5 000 000
　　贷：银行存款　　　　　　　　　　　　　　　　　 5 000 000

(3) 2×18年12月31日，改扩建工程完工。

借：投资性房地产——厂房　　　　　　　　　　　　45 000 000
　　贷：投资性房地产——厂房——在建　　　　　　　45 000 000

3.1.3　后续计量

第九条　企业应当在资产负债表日采用成本模式对投资性房地产进行后续计量，但本准则第十条规定的除外。

采用成本模式计量的建筑物的后续计量，适用《企业会计准则第4号——固定资产》。

采用成本模式计量的土地使用权的后续计量，适用《企业会计准则第6号——无形资产》。

【例3-5】成本模式后续计量的会计处理

甲公司将一栋写字楼出租给乙公司使用，确认为投资性房地产，采用成本模式进行后续计量。假设这栋写字楼的成本为72 000 000元，按照年限平均法计提折旧，使用寿命为20年，预计净残值为0元。经营租赁合同约定，乙公司每月等额支付甲公司租金400 000元。

甲公司的账务处理如下：

(1) 每月计提折旧。

每月计提的折旧 = (72 000 000÷20)÷12 = 300 000（元）

借：其他业务成本——出租写字楼折旧　　　　　　　　300 000
　　贷：投资性房地产累计折旧　　　　　　　　　　　　300 000

(2) 每月确认租金收入。

借：银行存款（或其他应收款）　　　　　　　　　　　400 000
　　贷：其他业务收入——出租写字楼租金收入　　　　　400 000

第十条　有确凿证据表明投资性房地产的公允价值能够持续可靠取得的，可以对投资性房地产采用公允价值模式进行后续计量。采用公允价值模式计量的，应当同时满足下列条件：

(一) 投资性房地产所在地有活跃的房地产交易市场；

（二）企业能够从房地产交易市场上取得同类或类似房地产的市场价格及其他相关信息，从而对投资性房地产的公允价值作出合理的估计。

第十一条 采用公允价值模式计量的，不对投资性房地产计提折旧或进行摊销，应当以资产负债表日投资性房地产的公允价值为基础调整其账面价值，公允价值与原账面价值之间的差额计入当期损益。

【例3-6】公允价值模式后续计量的会计处理

2×18年9月，甲公司与乙公司签订租赁协议，约定将甲公司新建造的一栋写字楼租赁给乙公司使用，租赁期为10年。

2×18年12月1日，该写字楼开始起租，写字楼的工程造价为80 000 000元，公允价值也为相同金额。该写字楼所在区域有活跃的房地产交易市场，而且能够从房地产交易市场上取得同类房地产的市场报价，甲公司决定采用公允价值模式对该项出租的房地产进行后续计量。

在确定该投资性房地产的公允价值时，甲公司选取了与该处房产所处地区相近、结构及用途相同的房地产，参照公司所在地房地产交易市场上平均销售价格，结合周边市场信息和自有房产的特点。2×18年12月31日，该写字楼的公允价值为84 000 000元。

甲公司的账务处理如下：

（1）2×18年12月1日，甲公司出租写字楼。

借：投资性房地产——写字楼——成本　　　　　　　　80 000 000
　　贷：固定资产——写字楼　　　　　　　　　　　　　80 000 000

（2）2×18年12月31日，按照公允价值调整其账面价值，公允价值与原账面价值之间的差额计入当期损益。

借：投资性房地产——写字楼——公允价值变动　　　　4 000 000
　　贷：公允价值变动损益——投资性房地产　　　　　　4 000 000

第十二条 企业对投资性房地产的计量模式一经确定，不得随意变更。成本模式转为公允价值模式的，应当作为会计政策变更，按照《企业会计准则第28号——会计政策、会计估计变更和差错更正》处理。

已采用公允价值模式计量的投资性房地产，不得从公允价值模式转为成本模式。

【例3-7】变更投资性房地产计量模式的会计处理

已采用公允价值模式计量的投资性房地产，不得从公允价值模式计量转为成本模式计量。（　　）

正确答案： √。

答案解析：《企业会计准则第3号——投资性房地产》规定在房地产市场比较成熟、能够满足采用公允价值模式条件的情况下，才允许企业将投资性房地产计量模式从成本模式计量变更为公允价值模式计量，而已采用公允价值模式计量的投资性房地产，不得从公允价值模式转为成本模式。

3.1.4 转换

第十三条 企业有确凿证据表明房地产用途发生改变,满足下列条件之一的,应当将投资性房地产转换为其他资产或者将其他资产转换为投资性房地产。

(一) 投资性房地产开始自用。

(二) 作为存货的房地产,改为出租。

(三) 自用土地使用权停止自用,用于赚取租金或资本增值。

(四) 自用建筑物停止自用,改为出租。

第十四条 在成本模式下,应当将房地产转换前的账面价值作为转换后的入账价值。

【例 3-8】成本模式计量的投资性房地产转换为自用房地产

2×18 年 8 月 10 日,为扩大生产经营,甲公司董事会做出书面决议,计划于 2×18 年 8 月 31 日某出租在外的厂房租赁期满时将其收回,用于本公司生产产品。随后,甲公司做好了厂房重新用于生产的各项准备工作。2×18 年 8 月 31 日,甲公司将该出租的厂房收回,2×18 年 9 月 1 日开始用于本公司生产产品。该项房地产在转换前采用成本模式计量,截至 2×18 年 8 月 31 日,其账面余额为 80 000 000 元,累计折旧金额为 20 000 000 元。假定不考虑其他因素。

本例属于成本模式下投资性房地产转换为自用房地产,甲公司应当将投资性房地产在转换日的账面余额 80 000 000 元转入"固定资产——厂房"科目;将投资性房地产在转换日的累计折旧 20 000 000 元转入"累计折旧——厂房"科目。

甲公司的账务处理如下:

2×18 年 9 月 1 日。

借:固定资产——厂房	80 000 000
投资性房地产累计折旧	20 000 000
贷:投资性房地产——厂房	80 000 000
累计折旧——厂房	20 000 000

【例 3-9】成本模式计量的自用房地产转换为投资性房地产

甲公司拥有一栋本公司总部办公使用的办公楼,公司董事会就将该栋办公楼用于出租形成了书面决议。2×18 年 4 月 10 日,甲公司与乙公司签订了经营租赁协议,将这栋办公楼整体出租给乙公司使用,租赁期开始日为 2×18 年 5 月 1 日,租期为 5 年。2×18 年 5 月 1 日,这栋办公楼的账面余额为 500 000 000 元,已计提折旧 5 000 000 元。假设甲公司所在城市不存在活跃的房地产交易市场。

甲公司的账务处理如下:

2×18 年 5 月 1 日。

借:投资性房地产——办公楼	500 000 000
累计折旧	5 000 000
贷:固定资产——办公楼	500 000 000
投资性房地产累计折旧	5 000 000

【例3-10】成本模式计量的作为存货的房地产转换为投资性房地产

甲公司是从事房地产开发的公司，2×18年4月10日，甲公司董事会就将其开发的一栋写字楼不再出售改为出租形成了书面决议。甲公司遂与乙公司签订了租赁协议，将此写字楼整体出租给乙公司使用，租赁期开始日为2×18年5月1日，租赁期为5年。2×18年5月1日，该写字楼的账面余额为500 000 000元，未计提存货跌价准备，转换后采用成本模式进行后续计量。

甲公司的账务处理如下：

2×18年5月1日。

借：投资性房地产——写字楼　　　　　　　　　　500 000 000
　　贷：开发产品　　　　　　　　　　　　　　　　　500 000 000

第十五条　采用公允价值模式计量的投资性房地产转换为自用房地产时，应当以其转换当日的公允价值作为自用房地产的账面价值，公允价值与原账面价值的差额计入当期损益。

【例3-11】公允价值模式计量的投资性房地产转换为自用房地产

2×18年11月1日，租赁期满，甲公司将出租的写字楼收回，公司董事会就将该写字楼作为办公楼用于本公司的行政管理形成了书面决议。2×18年11月1日，该写字楼正式开始自用，相应由投资性房地产转换为自用房地产，当日的公允价值为72 000 000元。该项房地产在转换前采用公允价值模式计量，原账面价值为70 000 000元，其中，成本为67 000 000元，公允价值变动为增值3 000 000元。

甲公司的账务处理如下：

借：固定资产——写字楼　　　　　　　　　　　　72 000 000
　　贷：投资性房地产——写字楼——成本　　　　　　67 000 000
　　　　　　　　　　　　　　　——公允价值变动　　 3 000 000
　　　　公允价值变动损益——投资性房地产　　　　　 2 000 000

【例3-12】公允价值模式计量的自用房地产转换为投资性房地产

2×18年8月，甲公司打算搬迁至新建办公楼，由于原办公楼处于商业繁华地段，甲公司准备将其出租，以赚取租金收入，已经公司董事会批准形成书面决议。2×18年12月底，甲公司完成了搬迁工作，原办公楼停止自用。2×19年1月1日，甲公司与乙公司签订了租赁协议，将其原办公楼租赁给乙公司使用，约定租赁期开始日为2×19年1月1日，租赁期为3年。

在该例中，甲公司应当于租赁期开始日（2×19年1月1日），将自用房地产转换为投资性房地产。该办公楼所在地房地产交易活跃，公司能够从市场上取得同类或类似房地产的市场价格及其他相关信息，假设甲公司对出租的该办公楼采用公允价值模式计量。假设2×19年1月1日，该办公楼的公允价值为380 000 000元，其原价为550 000 000元，已提折旧150 000 000元。

甲公司的账务处理如下：

2×19年1月1日。

借:投资性房地产——办公楼——成本　　　　　　　　　　　　380 000 000
　　公允价值变动损益——投资性房地产　　　　　　　　　　20 000 000
　　累计折旧　　　　　　　　　　　　　　　　　　　　　　150 000 000
　贷:固定资产——办公楼　　　　　　　　　　　　　　　　550 000 000

【例3-13】公允价值模式计量的作为存货的房地产转换为投资性房地产

2×18年4月15日,甲房地产开发公司(以下简称"甲公司")董事会形成书面决议,将其开发的一栋写字楼用于出租。甲公司遂与乙公司签订了租赁协议,租赁期开始日为2×18年5月1日,租赁期为5年。2×18年5月1日,该写字楼的账面余额为400 000 000元,公允价值为430 000 000元。

甲公司的账务处理如下:

2×18年5月1日。

借:投资性房地产——写字楼——成本　　　　　　　　　　430 000 000
　贷:开发产品　　　　　　　　　　　　　　　　　　　　400 000 000
　　其他综合收益——投资性房地产——公允价值变动　　　30 000 000

【例3-14】投资性房地产公允价值变动损益的确定

长江公司为房地产开发企业,于2×14年1月1日将一幢商品房对外出租并采用公允价值模式计量,租期为3年,每年12月31日收取租金100万元,出租时,该幢商品房的成本为2 000万元,公允价值为2 200万元,2×14年12月31日,该幢商品房的公允价值为2 150万元。长江公司2×14年应确认的公允价值变动损益为(　　)万元。

A. 损失50　　　B. 收益150　　　C. 损失150　　　D. 损失100

正确答案: A。

答案解析: 出租时公允价值大于成本的差额应计入其他综合收益,则长江公司2×14年应确认的公允价值变动损失=转换日公允价值-年末公允价值=2 200-2 150=50(万元)。

第十六条 自用房地产或存货转换为采用公允价值模式计量的投资性房地产时,投资性房地产按照转换当日的公允价值计价,转换当日的公允价值小于原账面价值的,其差额计入当期损益;转换当日的公允价值大于原账面价值的,其差额计入所有者权益。

【例3-15】自用房地产转为公允价值模式计量的投资性房地产会计处理

企业将自用房地产转为以公允价值模式计量的投资性房地产。下列关于转换日该房地产公允价值大于账面价值的差额的会计处理表述中,正确的是(　　)。

A. 计入递延收益　　　　　　　　　B. 计入当期损益
C. 计入其他综合收益　　　　　　　D. 计入资本公积

正确答案: C。

答案解析: 企业将自用房地产转为公允价值模式计量的投资性房地产,当日公允价值大于账面价值的差额,应该计入其他综合收益。

3.1.5 处置

第十七条 当投资性房地产被处置,或者永久退出使用且预计不能从其处置中取得经济利益时,应当终止确认该项投资性房地产。

第十八条 企业出售、转让、报废投资性房地产或者发生投资性房地产毁损,应当将处置收入扣除其账面价值和相关税费后的金额计入当期损益。

【例 3-16】成本模式计量的投资性房地产的处置

甲公司将其出租的一栋写字楼确认为投资性房地产。租赁期届满后,甲公司将该栋写字楼出售给乙公司,合同价款为 200 000 000 元,乙公司已用银行存款付清。假设这栋写字楼原采用成本模式计量。出售时,该栋写字楼的成本为 180 000 000 元,已计提折旧 20 000 000 元,不考虑相关税费。

甲公司的账务处理如下:

借:银行存款　　　　　　　　　　　　　　　　　　　　　200 000 000
　　贷:其他业务收入　　　　　　　　　　　　　　　　　　200 000 000
借:其他业务成本　　　　　　　　　　　　　　　　　　　　160 000 000
　　投资性房地产累计折旧　　　　　　　　　　　　　　　　 20 000 000
　　贷:投资性房地产——写字楼　　　　　　　　　　　　　180 000 000

【例 3-17】公允价值模式计量的投资性房地产的处置

甲企业为一家房地产开发企业,20×7 年 3 月 10 日,甲企业与乙企业签订了租赁协议,将其开发的一栋写字楼出租给乙企业使用,租赁期开始日为 20×7 年 4 月 15 日。20×7 年 4 月 15 日,该写字楼的账面余额为 45 000 万元,公允价值为 47 000 万元。20×7 年 12 月 31 日,该项投资性房地产的公允价值为 48 000 万元。20×8 年 6 月租赁期届满,甲企业收回该项投资性房地产,并以 55 000 万元出售,出售款项已存入银行。甲企业采用公允价值模式计量,不考虑相关税费。

甲企业的账务处理如下:

(1) 20×7 年 4 月 15 日,存货转换为投资性房地产。

借:投资性房地产——成本　　　　　　　　　　　　　　　　470 000 000
　　贷:开发产品　　　　　　　　　　　　　　　　　　　　450 000 000
　　　　其他综合收益　　　　　　　　　　　　　　　　　　 20 000 000

(2) 20×7 年 12 月 31 日,公允价值变动。

借:投资性房地产——公允价值变动　　　　　　　　　　　　 10 000 000
　　贷:公允价值变动损益　　　　　　　　　　　　　　　　 10 000 000

(3) 20×8 年 6 月,出售投资性房地产。

借:银行存款　　　　　　　　　　　　　　　　　　　　　　550 000 000
　　公允价值变动损益　　　　　　　　　　　　　　　　　　 10 000 000
　　其他综合收益　　　　　　　　　　　　　　　　　　　　 20 000 000
　　其他业务成本　　　　　　　　　　　　　　　　　　　　450 000 000
　　贷:投资性房地产——成本　　　　　　　　　　　　　　470 000 000
　　　　　　　　　　——公允价值变动　　　　　　　　　　 10 000 000

  其他业务收入   550 000 000

3.1.6 披露

第十九条 企业应当在附注中披露与投资性房地产有关的下列信息。

（一）投资性房地产的种类、金额和计量模式。

（二）采用成本模式的，投资性房地产的折旧或摊销，以及减值准备的计提情况。

（三）采用公允价值模式的，公允价值的确定依据和方法，以及公允价值变动对损益的影响。

（四）房地产转换情况、理由，以及对损益或所有者权益的影响。

（五）当期处置的投资性房地产及其对损益的影响。

3.2 《企业会计准则第3号——投资性房地产》应用指南

3.2.1 投资性房地产的范围

  本准则第二条和第三条规定，投资性房地产是指为赚取租金或资本增值，或两者兼有而持有的房地产，包括已出租的土地使用权、持有并准备增值后转让的土地使用权、已出租的建筑物。

（一）已出租的土地使用权和已出租的建筑物是指以经营租赁方式出租的土地使用权和建筑物。其中，用于出租的土地使用权是指企业通过出让或转让方式取得的土地使用权；用于出租的建筑物是指企业拥有产权的建筑物。

（二）持有并准备增值后转让的土地使用权是指企业取得的、准备增值后转让的土地使用权。

  按照国家有关规定认定的闲置土地，不属于持有并准备增值后转让的土地使用权。

（三）某项房地产，部分用于赚取租金或资本增值，部分用于生产商品、提供劳务或经营管理，能够单独计量和出售的、用于赚取租金或资本增值的部分，应当确认为投资性房地产；不能够单独计量和出售的、用于赚取租金或资本增值的部分，不确认为投资性房地产。

（四）企业将建筑物出租，按租赁协议向承租人提供的相关辅助服务在整个协议中不重大的，如企业将办公楼出租并向承租人提供保安、维修等辅助服务，应当将该建筑物确认为投资性房地产。

  企业拥有并自行经营的旅馆饭店，其经营目的主要是通过提供客房服务赚取服务收入，该旅馆饭店不确认为投资性房地产。

3.2.2 投资性房地产的后续计量

  企业通常应当采用成本模式对投资性房地产进行后续计量，也可采用公允价值模式对投资性房地产进行后续计量。但同一企业只能采用一种模式对所有投资性房地产进行后续计量，不得同时采用两种计量模式。

（一）采用成本模式对投资性房地产进行后续计量。

  在成本模式下，应当按照《企业会计准则第4号——固定资产》和《企业会计准则第6

号——无形资产》的规定，对投资性房地产进行计量，计提折旧或摊销；存在减值迹象的，应当按照《企业会计准则第 8 号——资产减值》的规定进行处理。

（二）采用公允价值模式对投资性房地产进行后续计量。

根据本准则第十条规定，只有存在确凿证据表明投资性房地产的公允价值能够持续可靠取得的，才可以采用公允价值模式计量。

采用公允价值模式计量的投资性房地产，应当同时满足下列条件。

1. 投资性房地产所在地有活跃的房地产交易市场。

所在地，通常是指投资性房地产所在的城市。对于大中型城市，应当为投资性房地产所在的城区。

2. 企业能够从活跃的房地产交易市场上取得同类或类似房地产的市场价格及其他相关信息，从而对投资性房地产的公允价值作出合理的估计。

同类或类似的房地产，对建筑物而言，是指所处地理位置和地理环境相同、性质相同、结构类型相同或相近、新旧程度相同或相近、可使用状况相同或相近的建筑物；对土地使用权而言，是指同一城区、同一位置区域、所处地理环境相同或相近、可使用状况相同或相近的土地。

3.2.3 投资性房地产的转换

（一）转换日的确定。

1. 投资性房地产开始自用是指投资性房地产转为自用房地产。其转换日为房地产达到自用状态，企业开始将房地产用于生产商品、提供劳务或者经营管理的日期。

2. 作为存货的房地产改为出租，或者自用建筑物、自用土地使用权停止自用改为出租，其转换日为租赁期开始日。

（二）自用房地产或存货转换为采用公允价值模式计量的投资性房地产。

自用房地产或存货转换为采用公允价值模式计量的投资性房地产，该项投资性房地产应当按照转换日的公允价值计量。

转换日的公允价值小于原账面价值的，其差额计入当期损益。

转换日的公允价值大于原账面价值的，其差额作为资本公积（其他资本公积），计入所有者权益。处置该项投资性房地产时，原计入所有者权益的部分应当转入处置当期损益。

第4章 固定资产

4.1 企业会计准则第4号——固定资产

《企业会计准则第4号——固定资产》(以下简称"本准则")于2006年2月15日由财会〔2006〕3号公布,自2007年1月1日起施行。

4.1.1 总则

第一条 为了规范固定资产的确认、计量和相关信息的披露,根据《企业会计准则——基本准则》,制定本准则。

第二条 下列各项适用其他相关会计准则:

(一)作为投资性房地产的建筑物,适用《企业会计准则第3号——投资性房地产》;

(二)生产性生物资产,适用《企业会计准则第5号——生物资产》。

4.1.2 确认

第三条 固定资产,是指同时具有下列特征的有形资产:

(一)为生产商品、提供劳务、出租或经营管理而持有的;

(二)使用寿命超过一个会计年度。

使用寿命,是指企业使用固定资产的预计期间,或者该固定资产所能生产产品或提供劳务的数量。

【例4-1】固定资产核算的范围

下列资产中,应作为企业固定资产核算的有( )。

A. 已经营租出的建筑物　　　　　　B. 已经营租出的机器设备
C. 已投入使用但未办理竣工手续的房产　D. 融资租入的生产设备

正确答案:BCD。

答案解析:选项A,一般属于企业的投资性房地产。

第四条 固定资产同时满足下列条件的,才能予以确认:

(一)与该固定资产有关的经济利益很可能流入企业;

(二)该固定资产的成本能够可靠地计量。

【例4-2】固定资产的内容

工业企业购买的备品备件和维修设备等通常应作为固定资产核算。( )

正确答案:×。

答案解析:企业拥有的备品备件和维修设备通常确认为存货,只是某些备品备件和维修设备需要与相关固定资产组合发挥效用时,应确认为固定资产。

第五条 固定资产的各组成部分具有不同使用寿命或者以不同方式为企业提供经济利益,

适用不同折旧率或折旧方法的,应当分别将各组成部分确认为单项固定资产。

第六条 与固定资产有关的后续支出,符合本准则第四条规定的确认条件的,应当计入固定资产成本;不符合本准则第四条规定的确认条件的,应当在发生时计入当期损益。

4.1.3 初始计量

第七条 固定资产应当按照成本进行初始计量。

第八条 外购固定资产的成本,包括购买价款、相关税费、使固定资产达到预定可使用状态前所发生的可归属于该项资产的运输费、装卸费、安装费和专业人员服务费等。

以一笔款项购入多项没有单独标价的固定资产,应当按照各项固定资产公允价值比例对总成本进行分配,分别确定各项固定资产的成本。

购买固定资产的价款超过正常信用条件延期支付,实质上具有融资性质的,固定资产的成本以购买价款的现值为基础确定。实际支付的价款与购买价款的现值之间的差额,除按照《企业会计准则第17号——借款费用》应予资本化的以外,应当在信用期间内计入当期损益。

【例4-3】外购需要安装的固定资产的会计处理1

2×20年3月10日,甲公司[①]购入需安装的生产设备一台,取得的增值税专用发票上注明的设备价款为300 000元,增值税税额为39 000元。当日,设备运抵甲公司并开始安装。为安装设备,领用本公司原材料一批,价值为50 000元,该批材料购进时支付的增值税进项税额为6 500元;以银行存款支付安装费,取得的增值税专用发票上注明的安装费为40 000元,增值税税额为3 600元。2×20年3月28日,该设备经调试达到预定可使用状态。甲公司的账务处理如下:

如无特殊说明,本章例题中的公司均为增值税一般纳税人,其发生在购建生产用固定资产上的增值税进项税额均符合规定,已经税务机关认证,除非特别指明,均可以从当期抵扣。

(1)3月10日,购入设备。

借:在建工程——××设备　　　　　　　　　　　　　　300 000
　　应交税费——应交增值税(进项税额)　　　　　　　 39 000
　　贷:银行存款等　　　　　　　　　　　　　　　　　339 000

(2)领用本公司原材料,支付安装费等。

借:在建工程——××设备　　　　　　　　　　　　　　 90 000
　　应交税费——应交增值税(进项税额)　　　　　　　　3 600
　　贷:原材料　　　　　　　　　　　　　　　　　　　 50 000
　　　　银行存款　　　　　　　　　　　　　　　　　　 43 600

(3)3月28日,该设备经调试达到预定可使用状态。

借:固定资产——××设备　　　　　　　　　　　　　　390 000
　　贷:在建工程——××设备　　　　　　　　　　　　390 000

【例 4-4】外购需要安装的固定资产的会计处理 2

2×20 年 7 月 8 日，甲公司购入一台需要安装的生产设备，取得的增值税专用发票上注明的设备价款为 800 000 元，增值税税额为 104 000 元，发生装卸费 8 000 元，款项已通过银行转账支付。安装设备时，领用原材料一批，其账面成本为 30 000 元，未计提存货跌价准备，购进该批材料时支付的增值税进项税额为 3 900 元，应支付本公司安装工人薪酬 6 000 元。假定不考虑其他税费。

要求：编制甲公司相关的账务处理。

甲公司的账务处理如下：

(1) 支付设备价款、增值税、装卸费。

借：在建工程——××设备　　　　　　　　　　　　　808 000
　　应交税费——应交增值税（进项税额）　　　　　　104 000
　　　贷：银行存款　　　　　　　　　　　　　　　　　　　912 000

(2) 领用本公司原材料、支付安装工人薪酬。

借：在建工程——××设备　　　　　　　　　　　　　 36 000
　　　贷：原材料　　　　　　　　　　　　　　　　　　　　 30 000
　　　　　应付职工薪酬　　　　　　　　　　　　　　　　　　6 000

注意：所领用原材料的进项税仍可以抵扣，不需要转出。

(3) 设备安装完毕达到预定可使用状态时，从在建工程结转为固定资产。

借：固定资产——××设备　　　　　　　　　　　　　844 000
　　　贷：在建工程——××设备　　　　　　　　　　　　　844 000

【例 4-5】一笔款项购入多项没有单独标价的固定资产

2×19 年 4 月 21 日，甲公司向乙公司一次购入 3 套不同型号且具有不同生产能力的设备 A、B 和 C，取得的增值税专用发票上注明的设备总价款为 5 000 000 元，增值税税额为 650 000 元；支付装卸费取得的增值税专用发票上注明的装卸费为 20 000 元，增值税税额为 1 200 元，全部以银行转账支付。假定 A、B 和 C 设备分别满足固定资产确认条件，其公允价值分别为 1 560 000 元、2 340 000 元和 1 300 000 元。不考虑其他相关税费，甲公司的账务处理如下：

(1) 确定应计入固定资产成本的金额，包括购买价款和装卸费。

固定资产成本为：

5 000 000 + 20 000 = 5 020 000（元）

(2) 确定 A 设备、B 设备和 C 设备的价值分配比例。

A 设备应分配的固定资产价值比例为：

1 560 000 ÷ (1 560 000 + 2 340 000 + 1 300 000) × 100% = 30%

B 设备应分配的固定资产价值比例为：

2 340 000 ÷ (1 560 000 + 2 340 000 + 1 300 000) × 100% = 45%

C 设备应分配的固定资产价值比例为：

1 300 000÷(1 560 000+2 340 000+1 300 000)×100%=25%

(3) 确定A设备、B设备和C设备各自的成本。

A设备的成本=5 020 000×30%=1 506 000（元）

B设备的成本=5 020 000×45%=2 259 000（元）

C设备的成本=5 020 000×25%=1 255 000（元）

(4) 会计分录。

借：固定资产——A设备　　　　　　　　　　　　　　1 506 000
　　　　　　——B设备　　　　　　　　　　　　　　2 259 000
　　　　　　——C设备　　　　　　　　　　　　　　1 255 000
　　应交税费——应交增值税（进项税额）　　　　　　　651 200
　　贷：银行存款　　　　　　　　　　　　　　　　　　5 671 200

第九条　自行建造固定资产的成本，由建造该项资产达到预定可使用状态前所发生的必要支出构成。

【例4-6】在建工程试生产产品取得收入的会计处理

在建工程项目达到预定可使用状态前，对试生产产品对外出售取得的收入正确的处理是（　　）。

A. 冲减工程成本　　　　　　　　B. 计入营业外收入

C. 冲减营业外支出　　　　　　　D. 计入其他业务收入

正确答案：A。

答案解析：固定资产达到预定可使用状态前试生产所发生的费用计入工程成本；试生产产品对外出售取得的收入，应借记"银行存款"科目，贷记"在建工程"科目。

【例4-7】自行建造固定资产的会计处理

甲公司在生产经营期间以自营方式建造一条生产线。2×20年1月至6月发生的有关经济业务如下。

(1) 1月10日，为建造生产线购入工程物资A一批，收到的增值税专用发票上注明的价款为2 000 000元，增值税税额为260 000元，款项已通过银行转账支付。

(2) 1月20日，建造生产线领用工程物资A，共计1 800 000元。

(3) 6月30日，建造生产线的工程人员职工薪酬合计为1 150 000元。

(4) 6月30日，工程建设期间辅助生产车间为建造生产线提供的劳务支出合计为350 000元。

(5) 6月30日，工程完工后对工程物资进行清查，发现工程物资A减少20 000元，经调查属保管员过失造成被盗，根据企业管理规定，保管员应赔偿5 000元，尚未收到。剩余工程物资A转用于甲公司正在建造的一栋职工宿舍。

(6) 6月30日，生产线工程达到预定可使用状态并交付使用。

要求：编制甲公司相关的账务处理。

甲公司的账务处理如下：

(1) 购入工程物资。

借：工程物资——A　　　　　　　　　　　　　　　　　2 000 000
　　应交税费——应交增值税（进项税额）　　　　　　　260 000
　　贷：银行存款　　　　　　　　　　　　　　　　　　2 260 000

(2) 工程领用物资。

借：在建工程——××生产线　　　　　　　　　　　　1 800 000
　　贷：工程物资——A　　　　　　　　　　　　　　　1 800 000

(3) 计提工程人员职工薪酬。

借：在建工程——××生产线　　　　　　　　　　　　1 150 000
　　贷：应付职工薪酬　　　　　　　　　　　　　　　　1 150 000

(4) 辅助生产车间为工程提供劳务支出。

借：在建工程——××生产线　　　　　　　　　　　　350 000
　　贷：生产成本——辅助生产成本　　　　　　　　　　350 000

(5) ①工程物资盘亏。

借：营业外支出——盘亏损失　　　　　　　　　　　　17 600
　　其他应收款——保管员　　　　　　　　　　　　　　5 000
　　贷：工程物资——A　　　　　　　　　　　　　　　20 000
　　　　应交税费——应交增值税（进项税额转出）　　　2 600

②剩余工程物资转用于职工宿舍的建造。

借：在建工程——职工宿舍　　　　　　　　　　　　　203 400
　　贷：工程物资——A　　　　　　　　　　　　　　　180 000
　　　　应交税费——应交增值税（进项税额转出）　　　23 400

注意：因为不动产涉及的增值税不允许抵扣，所以这里要将进项税额转出。

(6) 生产线交付使用。

借：固定资产——××生产线　　　　　　　　　　　　3 300 000
　　贷：在建工程——××生产线　　　　　　　　　　　3 300 000

【例4-8】出包方式建造固定资产的会计处理

甲公司是一家化工企业，2×19年5月经批准启动硅酸钠项目建设工程，整个工程包括建造新厂房、冷却循环系统以及安装生产设备3个单项工程。2×19年6月1日，甲公司与乙公司签订合同，将该项目出包给乙公司承建。根据双方签订的合同，建造新厂房的价款为6 000 000元，建造冷却循环系统的价款为4 000 000元，安装生产设备需支付安装费用500 000元，上述价款中均不含增值税。建造期间发生的有关经济业务如下。

(1) 2×19年6月10日，甲公司按合同约定以银行存款向乙公司预付10%备料款1 000 000元，其中厂房为600 000元，冷却循环系统为400 000元。

(2) 2×19年11月2日，建造厂房和冷却循环系统的工程进度达到50%，甲公司与乙公司办理工程价款结算5 000 000元，其中厂房为3 000 000元，冷却循环系统为2 000 000

元。乙公司开具的增值税专用发票上注明的价款为 5 000 000 元，增值税税额为 450 000 元。甲公司抵扣了预付备料款后，将余款通过银行转账付讫。

（3）2×19 年 12 月 8 日，甲公司购入需安装的设备，取得的增值税专用发票上注明的价款为 4 500 000 元，增值税税额为 585 000 元，已通过银行转账支付。

（4）2×20 年 3 月 10 日，建筑工程主体已完工，甲公司与乙公司办理工程价款结算 5 000 000 元，其中，厂房为 3 000 000 元，冷却循环系统为 2 000 000 元。乙公司开具的增值税专用发票上注明的价款为 5 000 000 元，增值税税额为 450 000 元。甲公司通过银行转账支付了上述款项。

（5）2×20 年 4 月 1 日，甲公司将生产设备运抵现场，交乙公司安装。

（6）2×20 年 5 月 10 日，生产设备安装到位，甲公司与乙公司办理设备安装价款结算。乙公司开具的增值税专用发票上注明的价款为 500 000 元，增值税税额为 45 000 元。甲公司通过银行转账支付上述款项。

（7）整个工程项目发生管理费、可行性研究费、监理费共计 300 000 元，未取得增值税专用发票，款项已通过银行转账支付。

（8）2×20 年 6 月 1 日，完成验收，各项指标达到设计要求。

假定不考虑其他相关税费和其他因素，甲公司的账务处理如下：

（1）2×19 年 6 月 10 日，预付备料款。

借：预付账款——乙公司　　　　　　　　　　　　1 000 000
　　贷：银行存款　　　　　　　　　　　　　　　　　　1 000 000

（2）2×19 年 11 月 2 日，办理工程价款结算。

借：在建工程——乙公司——建筑工程——厂房　　3 000 000
　　　　　　　　　　　　　　　　——冷却循环系统　2 000 000
　　应交税费——应交增值税（进项税额）　　　　　450 000
　　贷：银行存款　　　　　　　　　　　　　　　　　　4 450 000
　　　　预付账款——乙公司　　　　　　　　　　　　1 000 000

（3）2×19 年 12 月 8 日，购入设备。

借：工程物资——××设备　　　　　　　　　　　4 500 000
　　应交税费——应交增值税（进项税额）　　　　　585 000
　　贷：银行存款　　　　　　　　　　　　　　　　　　5 085 000

（4）2×20 年 3 月 10 日，办理建筑工程价款结算。

借：在建工程——乙公司——建筑工程——厂房　　3 000 000
　　　　　　　　　　　　　　　　——冷却循环系统　2 000 000
　　应交税费——应交增值税（进项税额）　　　　　450 000
　　贷：银行存款　　　　　　　　　　　　　　　　　　5 450 000

（5）2×20 年 4 月 1 日，将设备交乙公司安装。

借：在建工程——乙公司——安装工程——××设备　4 500 000
　　贷：工程物资——××设备　　　　　　　　　　　　4 500 000

(6) 2×20 年 5 月 10 日,办理安装工程价款结算。

借:在建工程——乙公司——安装工程——××设备　　　500 000
　　应交税费——应交增值税(进项税额)　　　　　　　 45 000
　　　贷:银行存款　　　　　　　　　　　　　　　　　545 000

(7) 支付工程发生的管理费、可行性研究费、监理费。

借:在建工程——乙公司——待摊支出　　　　　　　　300 000
　　　贷:银行存款　　　　　　　　　　　　　　　　　300 000

(8) 结转固定资产。

①计算分摊待摊支出。

待摊支出分摊率 =300 000÷(6 000 000 +4 000 000 +4 500 000 +500 000)×100% =2%

厂房应分摊的待摊支出 =6 000 000×2% =120 000(元)

冷却循环系统应分摊的待摊支出 =4 000 000×2% =80 000(元)

安装工程应分摊的待摊支出 =(4 500 000 +500 000)×2% =100 000(元)

借:在建工程——乙公司——建筑工程——厂房　　　　120 000
　　　　　　　　　　　　　　　　——冷却循环系统　 80 000
　　　　　　　　　　　　——安装工程——××设备　 100 000
　　　贷:在建工程——乙公司——待摊支出　　　　　　300 000

②计算完工固定资产的成本。

厂房的成本 =6 000 000 +120 000 =6 120 000(元)

冷却循环系统的成本 =4 000 000 +80 000 =4 080 000(元)

生产设备的成本 =(4 500 000 +500 000)+100 000 =5 100 000(元)

借:固定资产——厂房　　　　　　　　　　　　　　　6 120 000
　　　　　　——冷却循环系统　　　　　　　　　　　4 080 000
　　　　　　——××设备　　　　　　　　　　　　　5 100 000
　　　贷:在建工程——乙公司——建筑工程——厂房　　6 120 000
　　　　　　　　　　　　　　　　　　——冷却循环系统　4 080 000
　　　　　　　　　　　　　　——安装工程——××设备　5 100 000

第十条　应计入固定资产成本的借款费用,按照《企业会计准则第 17 号——借款费用》处理。

第十一条　投资者投入固定资产的成本,应当按照投资合同或协议约定的价值确定,但合同或协议约定价值不公允的除外。

第十二条　非货币性资产交换、债务重组、企业合并和融资租赁取得的固定资产的成本,应当分别按照《企业会计准则第 7 号——非货币性资产交换》、《企业会计准则第 12 号——债务重组》、《企业会计准则第 20 号——企业合并》和《企业会计准则第 21 号——租赁》确定。

第十三条　确定固定资产成本时,应当考虑预计弃置费用因素。

【例4-9】存在弃置费用的固定资产的会计处理

某核电站以10 000万元购建一项核设施,现已达到预定可使用状态,预计在使用寿命届满时,为恢复环境将发生弃置费用1 000万元,该弃置费用按实际利率折现后的金额为620万元。该核设施的入账价值为（　　）万元。

A. 9 000　　　　B. 10 000　　　　C. 10 620　　　　D. 11 000

正确答案：C。

答案解析：该核设施的入账价值=10 000+620=10 620（万元）。

4.1.4　后续计量

第十四条　企业应当对所有固定资产计提折旧。但是,已提足折旧仍继续使用的固定资产和单独计价入账的土地除外。

折旧,是指在固定资产使用寿命内,按照确定的方法对应计折旧额进行系统分摊。

应计折旧额,是指应当计提折旧的固定资产的原价扣除其预计净残值后的金额。已计提减值准备的固定资产,还应当扣除已计提的固定资产减值准备累计金额。

预计净残值,是指假定固定资产预计使用寿命已满并处于使用寿命终了时的预期状态,企业目前从该项资产处置中获得的扣除预计处置费用后的金额。

第十五条　企业应当根据固定资产的性质和使用情况,合理确定固定资产的使用寿命和预计净残值。

固定资产的使用寿命、预计净残值一经确定,不得随意变更。但是,符合本准则第十九条规定的除外。

第十六条　企业确定固定资产使用寿命,应当考虑下列因素：

（一）预计生产能力或实物产量；

（二）预计有形损耗和无形损耗；

（三）法律或者类似规定对资产使用的限制。

第十七条　企业应当根据与固定资产有关的经济利益的预期实现方式,合理选择固定资产折旧方法。

可选用的折旧方法包括年限平均法、工作量法、双倍余额递减法和年数总和法等。

固定资产的折旧方法一经确定,不得随意变更。但是,符合本准则第十九条规定的除外。

【例4-10】年限平均法计提折旧

A公司以融资租赁方式租入设备一台,租赁合同规定租赁期满该设备的所有权归A公司。租赁开始日该设备的原账面价值为522万元,最低租赁付款额的现值与其公允价值均为478.5万元,另发生运杂费12.75万元,安装调试费21.45万元,租赁合同签订过程中发生的业务人员差旅费7.3万元。该设备租赁期为6年,同类设备的使用寿命为8年,预计净残值为6万元。

若A公司对该设备采用年限平均法计提折旧,则每年应计提的折旧额计算如下：

A公司融资租入固定资产的入账价值=478.5+12.75+21.45+7.3=520（万元）

每年应计提的折旧额=(520-6)/8=64.25（万元）。

【例 4-11】 工作量法计提折旧

甲公司有货车 1 辆，采用工作量法计提折旧。原值为 200 000 元，预计使用 10 年，每年行驶里程 60 000 公里，净残值率为 5%。

当月行使里程 4 000 公里，则当月应计提的折旧额计算如下：

该运输车当月的折旧额为 200 000 × (1 - 5%) ÷ 10 × 4 000 ÷ 60 000 = 1 266.67（元）

【例 4-12】 双倍余额递减法计提折旧

甲公司某项设备原价为 120 万元，预计使用寿命为 5 年，预计净残值率为 4%；假设甲公司没有对该机器设备计提减值准备。

甲公司按双倍余额递减法计提折旧，每年折旧额计算如下：

年折旧率 = 2/5 × 100% = 40%

第一年应提的折旧额 = 120 × 40% = 48（万元）

第二年应提的折旧额 = (120 - 48) × 40% = 28.8（万元）

第三年应提的折旧额 = (120 - 48 - 28.8) × 40% = 17.28（万元）

从第四年起改按年限平均法（直线法）计提折旧：

第四年、第五年应提的折旧额 = (120 - 48 - 28.8 - 17.28 - 120 × 4%) ÷ 2
= 10.56（万元）

【例 4-13】 年数总和法计提折旧

沿用【例 4-10】的资料，采用年数总和法计算的各年折旧额如表 4-1 所示。

表 4-1　折旧计算情况　　　　　　　　　　单位：元

年限	尚可使用寿命	原价 - 预计净残值	年折旧率	每年折旧额	累计折旧
第 1 年	5	1 152 000	5/15	384 000	384 000
第 2 年	4	1 152 000	4/15	307 200	691 200
第 3 年	3	1 152 000	3/15	230 400	921 600
第 4 年	2	1 152 000	2/15	153 600	1 075 200
第 5 年	1	1 152 000	1/15	76 800	1 152 000

第十八条　固定资产应当按月计提折旧，并根据用途计入相关资产的成本或者当期损益。

【例 4-14】 固定资产计提折旧的会计处理

甲公司 20×7 年 1 月固定资产计提折旧情况如下：

第一生产车间厂房计提折旧 7.6 万元，机器设备计提折旧 9 万元。

管理部门房屋建筑物计提折旧 13 万元，运输工具计提折旧 4.8 万元。

销售部门房屋建筑物计提折旧 6.4 万元，运输工具计提折旧 5.26 万元。

此外，本月第一生产车间新购置一台设备，原价为 122 万元，预计使用寿命为 10 年，预计净残值为 1 万元，按年限平均法计提折旧。

本例中，新购置的设备本月不提折旧，应从 20×7 年 2 月开始计提折旧。甲公司 20×7

年 1 月计提折旧的账务处理如下：

借：制造费用——第一生产车间　　　　　　　　　　　166 000
　　管理费用　　　　　　　　　　　　　　　　　　　178 000
　　销售费用　　　　　　　　　　　　　　　　　　　116 600
　贷：累计折旧　　　　　　　　　　　　　　　　　　　　460 600

第十九条　企业至少应当于每年年度终了，对固定资产的使用寿命、预计净残值和折旧方法进行复核。

使用寿命预计数与原先估计数有差异的，应当调整固定资产使用寿命。

预计净残值预计数与原先估计数有差异的，应当调整预计净残值。

与固定资产有关的经济利益预期实现方式有重大改变的，应当改变固定资产折旧方法。

固定资产使用寿命、预计净残值和折旧方法的改变应当作为会计估计变更。

第二十条　固定资产的减值，应当按照《企业会计准则第 8 号——资产减值》处理。

4.1.5　处置

第二十一条　固定资产满足下列条件之一的，应当予以终止确认。

（一）该固定资产处于处置状态。

（二）该固定资产预期通过使用或处置不能产生经济利益。

第二十二条　企业持有待售的固定资产，应当对其预计净残值进行调整。

第二十三条　企业出售、转让、报废固定资产或发生固定资产毁损，应当将处置收入扣除账面价值和相关税费后的金额计入当期损益。固定资产的账面价值是固定资产成本扣减累计折旧和累计减值准备后的金额。

固定资产盘亏造成的损失，应当计入当期损益。

【例 4 - 15】因自然灾害产生的净损失的账务处理

企业的固定资产因自然灾害产生的净损失应计入资产处置损益。

正确答案：×。

答案解析：企业的固定资产因自然灾害等产生的净损失应计入营业外支出。

【例 4 - 16】固定资产处置损益的计算

甲公司系增值税一般纳税人。2×16 年 12 月 31 日，甲公司出售一台原价为 452 万元、已计提折旧 364 万元的生产设备，开具的增值税专用发票上注明的价款为 150 万元，增值税税额为 19.5 万元，出售该生产设备时发生不含增值税的清理费用 8 万元。不考虑其他因素，甲公司出售该生产设备的利得为（　　）万元。

　A. 54　　　　　B. 62　　　　　C. 87.5　　　　　D. 79.5

正确答案：A。

答案解析：处置生产设备确认的利得 = 150 - (452 - 364) - 8 = 54（万元）。

【例 4 - 17】出售固定资产的账务处理

甲公司为增值税一般纳税人，2×20 年 12 月 30 日，出售一栋建筑物（系 2×16 年 6 月 1 日自建完工），原价（成本）为 2 000 000 元，已计提折旧 1 500 000 元，未计提减值准备。

实际出售价格为 1 200 000 元,增值税税率为 9%,增值税税额为 108 000 元,款项已存入银行。甲公司应编制如下会计分录:

(1) 将出售固定资产转入清理时。

借:固定资产清理	500 000
累计折旧	1 500 000
贷:固定资产	2 000 000

(2) 收到出售固定资产的价款和税款时。

借:银行存款	1 308 000
贷:固定资产清理	1 200 000
应交税费——应交增值税(销项税额)	108 000

(3) 结转出售固定资产实现的利得时。

借:固定资产清理	700 000
贷:资产处置损益	700 000

在本例中,固定资产清理完毕时,"固定资产清理"科目为贷方余额 700 000 (1 200 000 - 500 000) 元,属于处置净收益,应结转至"资产处置损益"科目的贷方,结转后"固定资产清理"科目无余额。

【例 4-18】固定资产报废的账务处理

乙公司为增值税一般纳税人,现有一台设备由于性能等原因决定提前报废,原价为 500 000 元,相关增值税税额为 65 000 元,已计提折旧 450 000 元,未计提减值准备。报废时的残值变价收入为 20 000 元,增值税税额为 2 600 元。报废清理过程中发生自行清理费用 3 500 元。有关收入、支出均通过银行办理结算。乙公司应编制如下会计分录:

(1) 将报废固定资产转入清理时。

借:固定资产清理	50 000
累计折旧	450 000
贷:固定资产	500 000

(2) 收回残料变价收入时。

借:银行存款	22 600
贷:固定资产清理	20 000
应交税费——应交增值税(销项税额)	2 600

(3) 支付清理费用时。

借:固定资产清理	3 500
贷:银行存款	3 500

(4) 结转报废固定资产发生的净损失时。

借:营业外支出——非流动资产处置损失	33 500
贷:固定资产清理	33 500

在本例中,固定资产清理完毕时,"固定资产清理"科目为借方余额 33 500 (50 000 -

20 000＋3 500）元，由于属于生产经营期间正常的处置净损失，应结转至"营业外支出——非流动资产处置损失"科目的借方，结转后"固定资产清理"科目无余额。

【例4－19】因意外事故损毁固定资产的账务处理

丙公司为增值税一般纳税人，因遭受台风袭击毁损一座仓库，该仓库原价为4 000 000元，已计提折旧1 000 000元，未计提减值准备。其残料估计价值为50 000元，残料已办理入库。发生清理费用并取得增值税专用发票，注明的装卸费为20 000元，增值税税额为1 800元，全部款项以银行存款支付。收到保险公司理赔款1 500 000元，存入银行。假定不考虑其他相关税费。丙公司应编制如下会计分录：

（1）将毁损的仓库转入清理时。

借：固定资产清理	3 000 000
累计折旧	1 000 000
贷：固定资产	4 000 000

（2）残料入库时。

借：原材料	50 000
贷：固定资产清理	50 000

（3）支付清理费用时。

借：固定资产清理	20 000
应交税费——应交增值税（进项税额）	1 800
贷：银行存款	21 800

（4）确认并收到保险公司理赔款项时。

借：其他应收款——保险公司	1 500 000
贷：固定资产清理	1 500 000
借：银行存款	1 500 000
贷：其他应收款——保险公司	1 500 000

（5）结转毁损固定资产损失时。

借：营业外支出——非常损失	1 470 000
贷：固定资产清理	1 470 000

在本例中，固定资产清理完毕时，"固定资产清理"科目为借方余额1 470 000（3 000 000－50 000＋20 000－1 500 000）元，属于自然灾害等非正常原因造成的清理净损失，应结转至"营业外支出——非常损失"科目的借方，结转后"固定资产清理"科目无余额。

第二十四条 企业根据本准则第六条的规定，将发生的固定资产后续支出计入固定资产成本的，应当终止确认被替换部分的账面价值。

【例4－20】固定资产资本化的后续支出的会计处理

甲公司是一家饮料生产企业，有关业务资料如下。

（1）2×19年12月，该公司自行建成了一条饮料生产线并投入使用，建造成本为

600 000 元；采用年限平均法计提折旧；预计净残值率为固定资产原价的3%，预计使用年限为6年。

（2）2×21年12月31日，由于生产的产品适销对路，现有这条饮料生产线的生产能力已难以满足公司生产发展的需要，但若新建生产线成本过高，周期过长，于是公司决定对现有生产线进行改扩建，以提高其生产能力。假定该生产线未发生过减值。

（3）至2×22年4月30日，完成了对这条生产线的改扩建工程，达到预定可使用状态。改扩建过程中发生以下支出：用银行存款购买工程物资一批，增值税专用发票上注明的价款为210 000元，增值税税额为27 300元，已全部用于改扩建工程；发生有关人员薪酬84 000元。

（4）该生产线改扩建工程达到预定可使用状态后，大幅度提高了生产能力，预计尚可使用年限为7年。假定改扩建后的生产线的预计净残值率为改扩建后其账面价值的4%；折旧方法仍为年限平均法。

假定甲公司按年度计提固定资产折旧，为简化计算过程，整个过程不考虑其他相关税费，甲公司的账务处理如下。

（1）本例中，饮料生产线改扩建后生产能力大幅度提高，能够为公司带来更多的经济利益，改扩建的支出金额也能可靠计量，因此该后续支出符合固定资产的确认条件，应计入固定资产的成本。固定资产后续支出发生前，该条饮料生产线的应计折旧额 = 600 000 × (1 − 3%) = 582 000（元）

年折旧额 = 582 000 ÷ 6 = 97 000（元）

2×20年1月1日至2×21年12月31日，各年计提固定资产折旧。

借：制造费用　　　　　　　　　　　　　　　　　　　　97 000
　　贷：累计折旧　　　　　　　　　　　　　　　　　　　97 000

（2）2×21年12月31日，将该生产线的账面价值406 000〔600 000 − (97 000 × 2)〕元转入在建工程。

借：在建工程——饮料生产线　　　　　　　　　　　　　406 000
　　累计折旧　　　　　　　　　　　　　　　　　　　　194 000
　　贷：固定资产——饮料生产线　　　　　　　　　　　600 000

（3）发生改扩建工程支出。

借：工程物资　　　　　　　　　　　　　　　　　　　　210 000
　　应交税费——应交增值税（进项税额）　　　　　　　　27 300
　　贷：银行存款　　　　　　　　　　　　　　　　　　237 300

借：在建工程——饮料生产线　　　　　　　　　　　　　294 000
　　贷：工程物资　　　　　　　　　　　　　　　　　　210 000
　　　　应付职工薪酬　　　　　　　　　　　　　　　　84 000

（4）2×22年4月30日，生产线改扩建工程达到预定可使用状态，转为固定资产。

借：固定资产——饮料生产线　　　　　　　　　　　　　700 000
　　贷：在建工程——饮料生产线　　　　　　　　　　　700 000

（5）2×22年4月30日，转为固定资产后，按重新确定的使用寿命、预计净残值和折旧方法计提折旧。

应计折旧额 =700 000×(1-4%) =672 000（元）

月折旧额 =672 000÷(7×12) =8 000（元）

2×22年应计提的折旧额为64 000（8 000×8）元。

借：制造费用 64 000
　　贷：累计折旧 64 000

2×23年至2×28年每年应计提的折旧额为96 000（8 000×12）元。

借：制造费用 96 000
　　贷：累计折旧 96 000

2×29年应计提的折旧额为32 000（8 000×4）元。

借：制造费用 32 000
　　贷：累计折旧 32 000

【例4-21】固定资产费用化的后续支出的会计处理

2×10年1月23日，甲公司对某生产设备进行修理，修理过程中领用原材料一批，价值为120 000元，为购买该批原材料支付的增值税进项税额为15 600元；应支付维修人员薪酬为43 320元。

甲公司的账务处理如下：

借：管理费用 163 320
　　贷：原材料 120 000
　　　　应付职工薪酬 43 320

4.1.6 披露

第二十五条 企业应当在附注中披露与固定资产有关的下列信息。

（一）固定资产的确认条件、分类、计量基础和折旧方法。

（二）各类固定资产的使用寿命、预计净残值和折旧率。

（三）各类固定资产的期初和期末原价、累计折旧额及固定资产减值准备累计金额。

（四）当期确认的折旧费用。

（五）对固定资产所有权的限制及其金额和用于担保的固定资产账面价值。

（六）准备处置的固定资产名称、账面价值、公允价值、预计处置费用和预计处置时间等。

【例4-22】盘盈固定资产的会计处理

丁公司为增值税一般纳税人，2×19年1月5日在财产清查过程中发现，2×17年12月购入的一台设备尚未入账，重置成本为30 000元。假定丁公司按净利润的10%提取法定盈余公积，不考虑相关税费及其他因素的影响。丁公司应编制如下会计分录：

（1）盘盈固定资产时。

借：固定资产 30 000
　　贷：以前年度损益调整 30 000

(2) 结转为留存收益时。

借：以前年度损益调整　　　　　　　　　　　　　　　　　　30 000
　　贷：盈余公积——法定盈余公积　　　　　　　　　　　　　　 3 000
　　　　利润分配——未分配利润　　　　　　　　　　　　　　　27 000

本例中，盘盈固定资产应作为重要的前期差错进行会计处理，应通过"以前年度损益调整"科目进行核算。

【例4-23】盘亏固定资产的会计处理

乙公司为增值税一般纳税人，2×20年12月31日进行财产清查时，发现短缺一台笔记本电脑，原价为10 000元，已计提折旧7 000元，购入时增值税税额为1 300元。乙公司应编制如下会计分录：

(1) 盘亏固定资产时。

借：待处理财产损溢　　　　　　　　　　　　　　　　　　　 3 000
　　累计折旧　　　　　　　　　　　　　　　　　　　　　　　 7 000
　　贷：固定资产　　　　　　　　　　　　　　　　　　　　　10 000

(2) 转出不可抵扣的进项税额时。

借：待处理财产损溢　　　　　　　　　　　　　　　　　　　　 390
　　贷：应交税费——应交增值税（进项税额转出）　　　　　　　 390

(3) 报经批准转销时。

借：营业外支出——盘亏损失　　　　　　　　　　　　　　　 3 390
　　贷：待处理财产损溢　　　　　　　　　　　　　　　　　　 3 390

根据现行增值税制度规定，购进货物及不动产发生非正常损失，其负担的进项税额不得抵扣，其中购进货物包括被确认为固定资产的货物。但是，如果盘亏的是固定资产，应按其账面净值（即固定资产原价－已计提折旧）乘以适用税率计算不可以抵扣的进项税额。据此，在本例中，该笔记本电脑因盘亏，其购入时的增值税进项税额中不可从销项税额中抵扣的金额为：（10 000 - 7 000）×13% = 390（元），应借记"待处理财产损溢"科目，贷记"应交税费——应交增值税（进项税额转出）"科目。

4.2 《企业会计准则第4号——固定资产》应用指南

4.2.1 固定资产的折旧

（一）固定资产应当按月计提折旧，当月增加的固定资产，当月不计提折旧，从下月起计提折旧；当月减少的固定资产，当月仍计提折旧，从下月起不计提折旧。

固定资产提足折旧后，不论能否继续使用，均不再计提折旧；提前报废的固定资产，也不再补提折旧。提足折旧是指已经提足该项固定资产的应计折旧额。应计折旧额是指应当计提折旧的固定资产的原价扣除其预计净残值后的金额。已计提减值准备的固定资产，还应当扣除已计提的固定资产减值准备累计金额。

（二）已达到预定可使用状态但尚未办理竣工决算的固定资产，应当按照估计价值确定其成本，并计提折旧；待办理竣工决算后，再按实际成本调整原来的暂估价值，但不需要调整原已计提的折旧额。

4.2.2 固定资产的后续支出

固定资产的后续支出是指固定资产在使用过程中发生的更新改造支出、修理费用等。

固定资产的更新改造等后续支出，满足本准则第四条规定确认条件的，应当计入固定资产成本，如有被替换的部分，应扣除其账面价值；不满足本准则第四条规定确认条件的固定资产修理费用等，应当在发生时计入当期损益。

4.2.3 固定资产的弃置费用

弃置费用通常是指根据国家法律和行政法规、国际公约等规定，企业承担的环境保护和生态恢复等义务所确定的支出，如核电站核设施等的弃置和恢复环境义务等。企业应当根据《企业会计准则第13号——或有事项》的规定，按照现值计算确定应计入固定资产成本的金额和相应的预计负债。油气资产的弃置费用，应当按照《企业会计准则第27号——石油天然气开采》及其应用指南的规定处理。

不属于弃置义务的固定资产报废清理费，应当在发生时作为固定资产处置费用处理。

4.2.4 备品备件和维修设备

备品备件和维修设备通常确认为存货，但符合固定资产定义和确认条件的，如企业（民用航空运输）的高价周转件等，应当确认为固定资产。

4.2.5 经营租入固定资产改良

企业以经营租赁方式租入的固定资产发生的改良支出，应予资本化，作为长期待摊费用，合理进行摊销。

第 5 章 生物资产

5.1 企业会计准则第 5 号——生物资产

《企业会计准则第 5 号——生物资产》(以下简称"本准则")于 2006 年 2 月 15 日由财会〔2006〕3 号公布,自 2007 年 1 月 1 日起施行。

5.1.1 总则

第一条 为了规范与农业生产相关的生物资产的确认、计量和相关信息的披露,根据《企业会计准则——基本准则》,制定本准则。

第二条 生物资产,是指有生命的动物和植物。

第三条 生物资产分为消耗性生物资产、生产性生物资产和公益性生物资产。

消耗性生物资产,是指为出售而持有的、或在将来收获为农产品的生物资产,包括生长中的大田作物、蔬菜、用材林以及存栏待售的牲畜等。生产性生物资产,是指为产出农产品、提供劳务或出租等目的而持有的生物资产,包括经济林、薪炭林、产畜和役畜等。

公益性生物资产,是指以防护、环境保护为主要目的的生物资产,包括防风固沙林、水土保持林和水源涵养林等。

第四条 下列各项适用其他相关会计准则:

(一)收获后的农产品,适用《企业会计准则第 1 号——存货》;

(二)与生物资产相关的政府补助,适用《企业会计准则第 16 号——政府补助》。

5.1.2 确认和初始计量

第五条 生物资产同时满足下列条件的,才能予以确认:

(一)企业因过去的交易或者事项而拥有或者控制该生物资产;

(二)与该生物资产有关的经济利益或服务潜能很可能流入企业;

(三)该生物资产的成本能够可靠地计量。

第六条 生物资产应当按照成本进行初始计量。

第七条 外购生物资产的成本,包括购买价款、相关税费、运输费、保险费以及可直接归属于购买该资产的其他支出。

【例 5-1】外购生物资产间接费用的分摊

20×7 年 2 月,甲农业企业从市场上一次性购买了 6 头种牛、15 头种猪和 600 头猪苗,单价分别为 4 000 元、1 400 元和 250 元,支付的价款共计 195 000 元,此外,发生的运输费为 4 500 元,保险费为 3 000 元,装卸费为 2 250 元,款项全部以银行存款支付。有关计算如下:

(1)确定应分摊的运输费、保险费和装卸费。

分摊比例=(4 500+3 000+2 250)÷195 000=5%

因此,6头种牛应分摊:6×4 000×5%=1 200(元)

15头种猪应分摊:15×1 400×5%=1 050(元)

600头猪苗应分摊:600×250×5%=7 500(元)

(2)确定种牛、种猪和猪苗的入账价值。

6头种牛的入账价值:6×4 000+1 200=25 200(元)

15头种猪的入账价值:15×1 400+1 050=22 050(元)

600头猪苗的入账价值:600×250+7 500=157 500(元)

甲农业企业的账务处理如下:

借:生产性生物资产——种牛　　　　　　　　　　　　　　　　　　　25 200
　　　　　　　　——种猪　　　　　　　　　　　　　　　　　　　22 050
　　消耗性生物资产——猪苗　　　　　　　　　　　　　　　　　　　157 500
　贷:银行存款　　　　　　　　　　　　　　　　　　　　　　　　　204 750

第八条　自行栽培、营造、繁殖或养殖的消耗性生物资产的成本,应当按照下列规定确定。

(一)自行栽培的大田作物和蔬菜的成本,包括在收获前耗用的种子、肥料、农药等材料费、人工费和应分摊的间接费用等必要支出。

(二)自行营造的林木类消耗性生物资产的成本,包括郁闭前发生的造林费、抚育费、营林设施费、良种试验费、调查设计费和应分摊的间接费用等必要支出。

(三)自行繁殖的育肥畜的成本,包括出售前发生的饲料费、人工费和应分摊的间接费用等必要支出。

(四)水产养殖的动物和植物的成本,包括在出售或入库前耗用的苗种、饲料、肥料等材料费、人工费和应分摊的间接费用等必要支出。

【例5-2】自行栽培的消耗性生物资产的会计处理

甲企业2×10年3月使用一台拖拉机翻耕土地100公顷用于小麦和玉米的种植,其中60公顷种植玉米、40公顷种植小麦。该拖拉机原值为60 300元,预计净残值为300元,按照工作量法计提折旧,预计可以翻耕土地6 000公顷。甲企业采用小企业会计准则核算,甲企业应编制如下会计分录:

应当计提的拖拉机折旧=(60 300-300)÷6 000×100=1 000(元)

玉米应当分配的机械作业费=1 000÷(60+40)×60=600(元)

小麦应当分配的机械作业费=1 000÷(60+40)×40=400(元)

甲企业的账务处理如下:

借:消耗性生物资产——玉米　　　　　　　　　　　　　　　　　　　600
　　　　　　　　——小麦　　　　　　　　　　　　　　　　　　　400
　贷:累计折旧　　　　　　　　　　　　　　　　　　　　　　　　　1 000

第九条　自行营造或繁殖的生产性生物资产的成本,应当按照下列规定确定。

（一）自行营造的林木类生产性生物资产的成本，包括达到预定生产经营目的前发生的造林费、抚育费、营林设施费、良种试验费、调查设计费和应分摊的间接费用等必要支出。

（二）自行繁殖的产畜和役畜的成本，包括达到预定生产经营目的（成龄）前发生的饲料费、人工费和应分摊的间接费用等必要支出。

达到预定生产经营目的，是指生产性生物资产进入正常生产期，可以多年连续稳定产出农产品、提供劳务或出租。

【例5-3】 自行营造的林木类生产性生物资产的会计处理

甲企业自20×0年开始自行营造100公顷橡胶树，当年发生种苗费189 000元，平整土地和定植所需的机械作业费55 500元，定植当年抚育发生肥料及农药费250 500元、人员工资等450 000元。该橡胶树达到正常生产期的时间为6年，从定植后至20×6年共发生管护费用2 415 000元，以银行存款支付。

甲企业的账务处理如下：

借：生产性生物资产——未成熟生产性生物资产——橡胶树	945 000
贷：原材料——种苗	189 000
——肥料及农药	250 500
应付职工薪酬	450 000
累计折旧	55 500
借：生产性生物资产——未成熟生产性生物资产——橡胶树	2 415 000
贷：银行存款	2 415 000

因此，该100公顷橡胶树的成本为：

189 000+55 500+250 500+450 000+2 415 000=3 360 000（元）

借：生产性生物资产——成熟生产性生物资产——橡胶树	3 360 000
贷：生产性生物资产——未成熟生产性生物资产——橡胶树	3 360 000

第十条 自行营造的公益性生物资产的成本，应当按照郁闭前发生的造林费、抚育费、森林保护费、营林设施费、良种试验费、调查设计费和应分摊的间接费用等必要支出确定。

第十一条 应计入生物资产成本的借款费用，按照《企业会计准则第17号——借款费用》处理。消耗性林木类生物资产发生的借款费用，应当在郁闭时停止资本化。

第十二条 投资者投入生物资产的成本，应当按照投资合同或协议约定的价值确定，但合同或协议约定价值不公允的除外。

第十三条 天然起源的生物资产的成本，应当按照名义金额确定。

第十四条 非货币性资产交换、债务重组和企业合并取得的生物资产的成本，应当分别按照《企业会计准则第7号——非货币性资产交换》、《企业会计准则第12号——债务重组》和《企业会计准则第20号——企业合并》确定。

第十五条 因择伐、间伐或抚育更新性质采伐而补植林木类生物资产发生的后续支出，应当计入林木类生物资产的成本。

生物资产在郁闭或达到预定生产经营目的后发生的管护、饲养费用等后续支出，应当计入当期损益。

【例5-4】补植生物资产的会计处理

20×0年5月,甲林业有限责任公司对乙林班用材林择伐迹地进行更新造林,应支付临时人员工资15 000元,领用材料20 000元。

甲公司的账务处理如下:

借:消耗性生物资产——用材林　　　　　　　　　　　　　　35 000
　　贷:应付职工薪酬　　　　　　　　　　　　　　　　　　　15 000
　　　　原材料　　　　　　　　　　　　　　　　　　　　　　20 000

【例5-5】生物资产郁闭或达到预定生产经营目的后的管护费用的会计处理

甲林业有限责任公司下属的乙林班统一组织培植管护一片森林,20×0年3月,发生森林管护费用共计40 000元,其中人员工资为20 000元,尚未支付;使用库存肥料16 000元;管护设备折旧为4 000元。管护总面积为5 000公顷,其中作为用材林的杨树林共计4 000公顷,已郁闭的占75%,其余的尚未郁闭;作为水土保持林的马尾松共计1 000公顷,全部已郁闭。假定管护费用按照森林面积比例进行分配。

有关计算如下:

未郁闭杨树林应分配共同费用的比例 = 4 000 × (1 - 75%) ÷ 5 000 = 0.2

已郁闭杨树林成应分配共同费用的比例 = 4 000 × 75% ÷ 5 000 = 0.6

已郁闭马尾松应分配共同费用的比例 = 1 000 ÷ 5 000 = 0.2

未郁闭杨树林应分配的共同费用 = 40 000 × 0.2 = 8 000(元)

已郁闭杨树林成应分配的共同费用 = 40 000 × 0.6 = 24 000(元)

已郁闭马尾松应分配的共同费用 = 40 000 × 0.2 = 8 000(元)

甲公司的账务处理如下:

借:消耗性生物资产——用材林——杨树　　　　　　　　　　8 000
　　管理费用　　　　　　　　　　　　　　　　　　　　　　32 000
　　贷:应付职工薪酬　　　　　　　　　　　　　　　　　　　20 000
　　　　原材料　　　　　　　　　　　　　　　　　　　　　　16 000
　　　　累计折旧　　　　　　　　　　　　　　　　　　　　　4 000

5.1.3 后续计量

第十六条 企业应当按照本准则第十七条至第二十一条的规定对生物资产进行后续计量,但本准则第二十二条规定的除外。

第十七条 企业对达到预定生产经营目的的生产性生物资产,应当按期计提折旧,并根据用途分别计入相关资产的成本或当期损益。

第十八条 企业应当根据生产性生物资产的性质、使用情况和有关经济利益的预期实现方式,合理确定其使用寿命、预计净残值和折旧方法。可选用的折旧方法包括年限平均法、工作量法、产量法等。

生产性生物资产的使用寿命、预计净残值和折旧方法一经确定,不得随意变更。但是,符合本准则第二十条规定的除外。

第十九条 企业确定生产性生物资产的使用寿命,应当考虑下列因素:

(一)该资产的预计产出能力或实物产量;

(二)该资产的预计有形损耗,如产畜和役畜衰老、经济林老化等;

(三)该资产的预计无形损耗,如因新品种的出现而使现有的生产性生物资产的产出能力和产出农产品的质量等方面相对下降、市场需求的变化使生产性生物资产产出的农产品相对过时等。

第二十条 企业至少应当于每年年度终了对生产性生物资产的使用寿命、预计净残值和折旧方法进行复核。

使用寿命或预计净残值的预期数与原先估计数有差异的,或者有关经济利益预期实现方式有重大改变的,应当作为会计估计变更,按照《企业会计准则第28号——会计政策、会计估计变更和差错更正》处理,调整生产性生物资产的使用寿命或预计净残值或者改变折旧方法。

第二十一条 企业至少应当于每年年度终了对消耗性生物资产和生产性生物资产进行检查,有确凿证据表明由于遭受自然灾害、病虫害、动物疫病侵袭或市场需求变化等原因,使消耗性生物资产的可变现净值或生产性生物资产的可收回金额低于其账面价值的,应当按照可变现净值或可收回金额低于账面价值的差额,计提生物资产跌价准备或减值准备,并计入当期损益。上述可变现净值和可收回金额,应当分别按照《企业会计准则第1号——存货》和《企业会计准则第8号——资产减值》确定。

消耗性生物资产减值的影响因素已经消失的,减记金额应当予以恢复,并在原已计提的跌价准备金额内转回,转回的金额计入当期损益。

生产性生物资产减值准备一经计提,不得转回。

公益性生物资产不计提减值准备。

【例5-6】生物资产减值的会计处理

某农业上市公司的已郁闭成林的造纸原料林实际成本为400万元,20×7年,由于遭受病虫害侵袭,该公司预计其可变现净值为360万元,假定该用材林以前年度未计提减值准备,20×8年病虫害得到根本控制,该用材林预计其可变现净值为380万元。

该公司会计处理如下:

(1) 20×7年预计其可变现净值为360万元,小于实际成本400万元,故计提跌价准备40万元。

借:资产减值损失　　　　　　　　　　　　　　　　　　　400 000
　　贷:消耗性生物资产跌价准备　　　　　　　　　　　　　　　400 000

(2) 20×8年影响消耗性生物资产的减值因素已消失,预计其可变现净值380万元大于其账面价值360万元,故恢复增加的价值20万元。

借:消耗性生物资产跌价准备　　　　　　　　　　　　　　　200 000
　　贷:资产减值损失　　　　　　　　　　　　　　　　　　　　200 000

第二十二条 有确凿证据表明生物资产的公允价值能够持续可靠取得的,应当对生物资产采用公允价值计量。

采用公允价值计量的,应当同时满足下列条件:

(一) 生物资产有活跃的交易市场;

(二) 能够从交易市场上取得同类或类似生物资产的市场价格及其他相关信息,从而对生物资产的公允价值作出合理估计。

5.1.4 收获与处置

第二十三条 对于消耗性生物资产,应当在收获或出售时,按照其账面价值结转成本。结转成本的方法包括加权平均法、个别计价法、蓄积量比例法、轮伐期年限法等。

【例5-7】消耗性生物资产收获农产品的会计处理

甲种植企业2×18年6月入库小麦20吨,成本为12 000元。甲企业的账务处理如下:

借:农产品——小麦　　　　　　　　　　　　　　　　12 000
　　贷:消耗性生物资产——小麦　　　　　　　　　　　　　12 000

第二十四条 生产性生物资产收获的农产品成本,按照产出或采收过程中发生的材料费、人工费和应分摊的间接费用等必要支出计算确定,并采用加权平均法、个别计价法、蓄积量比例法、轮伐期年限法等方法,将其账面价值结转为农产品成本。

收获之后的农产品,应当按照《企业会计准则第1号——存货》处理。

【例5-8】生产性生物资产收获农产品的会计处理

甲奶牛养殖企业2×18年1月发生奶牛(已进入产奶期)的饲养费用如下:领用饲料5 000千克,共计1 200元,应付饲养人员工资3 000元,以现金支付防疫费500元。甲企业的账务处理如下:

借:生产成本——农业生产成本——牛奶　　　　　　　4 700
　　贷:原材料　　　　　　　　　　　　　　　　　　　　1 200
　　　　应付职工薪酬　　　　　　　　　　　　　　　　　3 000
　　　　库存现金　　　　　　　　　　　　　　　　　　　　500

【例5-9】生产性生物资产间接费用的分配方法

甲农场利用温床培育丝瓜、西红柿两种秧苗,温床费用为3 200元,其中丝瓜占用温床40格,生长期为30天;西红柿占用温床10格,生长期为40天。秧苗育成移至温室栽培后,发生温室费用15 200元,其中丝瓜占用温室1 000平方米,生长期为70天;西红柿占用温室1 500平方米,生长期为80天。两种蔬菜发生的直接生产费用为3 000元,其中丝瓜1 360元,西红柿1 640元。应负担的间接费用共计4 500元,采用直接费用比例法分配。丝瓜和西红柿两种蔬菜的产量分别为38 000千克和29 000千克。

有关计算如下:

丝瓜应分配的温床费用 = 3 200 ÷ (40 × 30 + 10 × 40) × 40 × 30 = 2 400(元)

丝瓜应分配的温室费用 = 15 200 ÷ (1 000 × 70 + 1 500 × 80) × 1 000 × 70 = 5 600(元)

丝瓜应分配的间接费用 = 4 500 ÷ (1 360 + 1 640) × 1 360 = 2 040(元)

西红柿应分配的温床费用 = 3 200 ÷ (40 ×30 + 10 ×40) ×10 ×40 = 800（元）

西红柿应分配的温室费用 = 15 200 ÷ (1 000 ×70 + 1 500 ×80) ×1 500 ×80 = 9 600（元）

西红柿应分配的间接费用 = 4 500 ÷ (1 360 + 1 640) ×1 640 = 2 460（元）

【例 5 - 10】移动加权平均法结转成本

甲畜牧养殖企业 20×7 年 5 月月末养殖的肉猪账面余额为 24 000 元，共计 40 头；6 月 6 日花费银行存款 7 000 元新购入一批肉猪养殖，共计 10 头；6 月 30 日屠宰并出售肉猪 20 头，支付临时工屠宰费用 100 元，出售取得价款 16 000 元，款项以库存现金收付；6 月共发生饲养费用 500 元（其中，应付专职饲养员工资 300 元，饲料 200 元）。甲企业采用移动加权平均法结转成本。

甲企业的账务处理如下：

平均单位成本 = (24 000 + 7 000 + 500) ÷ (40 + 10) = 630（元）

出售猪肉的成本 = 630 ×20 = 12 600（元）

借：消耗性生物资产——肉猪　　　　　　　　　　　　　7 000
　　贷：银行存款　　　　　　　　　　　　　　　　　　　　7 000
借：消耗性生物资产——肉猪　　　　　　　　　　　　　　500
　　贷：应付职工薪酬　　　　　　　　　　　　　　　　　　300
　　　　原材料　　　　　　　　　　　　　　　　　　　　　200
借：农产品——猪肉　　　　　　　　　　　　　　　　12 700
　　贷：消耗性生物资产　　　　　　　　　　　　　　　12 600
　　　　库存现金　　　　　　　　　　　　　　　　　　　　100
借：库存现金　　　　　　　　　　　　　　　　　　　16 000
　　贷：主营业务收入　　　　　　　　　　　　　　　　16 000
借：主营业务成本　　　　　　　　　　　　　　　　　12 700
　　贷：农产品——猪肉　　　　　　　　　　　　　　　12 700

【例 5 - 11】消耗性生物资产收获为农产品的会计处理

某公司 20×9 年 8 月月末有存栏的育肥牛 50 头，账面成本为 450 000 元，9 月新购进 30 头育肥牛，购进成本为 270 000 元；9 月共发生饲养费 120 000 元，其中饲料成本为 100 000 元，人工成本为 20 000 元，9 月屠宰并出售育肥牛 40 头，以库存现金支付临时工屠宰费 4 000 元，材料费 2 000 元，已屠宰育肥牛屠宰前总重量为 40 000 千克。9 月月末存栏育肥牛的总重量为 30 000 千克。该养殖场按宰、存重量比例分摊育肥牛的成本。已屠宰育肥牛的牛肉及副产品有 80% 已于当月出售，20% 进入冷库储备。9 月肉产品出售总收入为 480 000 元。

会计处理：

(1) 新购入存栏育肥牛时。

借：消耗性生物资产——育肥牛　　　　　　　　　　270 000
　　贷：银行存款等　　　　　　　　　　　　　　　　270 000

(2) 发生饲养成本时。

借：消耗性生物资产——育肥牛　　　　　　　　　　　120 000
　　贷：原材料　　　　　　　　　　　　　　　　　　　100 000
　　　　应付职工薪酬　　　　　　　　　　　　　　　　 20 000

(3) 计算并分摊宰、存育肥牛成本。

9月育肥牛80头总成本 =450 000 +270 000 +120 000 =840 000（元）

育肥牛成本分配率 =840 000÷(40 000 +30 000) =12

存栏育肥牛应分摊成本 =30 000 ×12 =360 000（元）

应转化为肉产品的成本 =40 000 ×12 =480 000（元）

(4) 计算已屠宰育肥牛成本。

已屠宰育肥牛总成本 =480 000 +4 000 +2 000 =486 000（元）

其中：期末库存肉产品成本 =486 000 ×20% =97 200（元）
　　　已销售产品成本 =486 000 ×80% =388 800（元）

借：主营业务成本　　　　　　　　　　　　　　　　　388 800
　　农产品——肉产品　　　　　　　　　　　　　　　　97 200
　　贷：原材料　　　　　　　　　　　　　　　　　　　　2 000
　　　　库存现金　　　　　　　　　　　　　　　　　　　4 000
　　　　消耗性生物资产——育肥牛　　　　　　　　　　480 000

(5) 取得肉产品销售收入时。

借：银行存款等　　　　　　　　　　　　　　　　　　480 000
　　贷：主营业务收入　　　　　　　　　　　　　　　　480 000

(6) 若将库存肉产品对外销售，结转销售成本时。

借：主营业务成本　　　　　　　　　　　　　　　　　 97 200
　　贷：农产品——肉产品　　　　　　　　　　　　　　 97 200

第二十五条　生物资产改变用途后的成本，应当按照改变用途时的账面价值确定。

【例5-12】产畜或役畜淘汰转为育肥畜的会计处理

20×7年4月，甲企业自行繁殖的50头种猪转为育肥猪，该批种猪的账面原价为500 000元，已经计提的累计折旧为200 000元，已经计提的资产减值准备为30 000元。

甲企业的账务处理如下：

借：消耗性生物资产——育肥猪　　　　　　　　　　　270 000
　　生产性生物资产累计折旧　　　　　　　　　　　　 200 000
　　生产性生物资产减值准备　　　　　　　　　　　　　30 000
　　贷：生产性生物资产——成熟生产性生物资产——种猪　500 000

【例5-13】消耗性生物资产、生产性生物资产转为公益性生物资产会计处理

20×7年7月，由于区域生态环境的需要，甲林业有限责任公司的12公顷造纸原料林（杨树）被划为防风固沙林，仍由公司负责管理，该林的账面余额80 000元，已经计提的跌价准备为 5 000 元。甲公司的账务处理如下：

借：公益性生物资产——防风固沙林——杨树	75 000	
消耗性生物资产跌价准备	5 000	
贷：消耗性生物资产——造纸原料林——杨树		80 000

【例 5-14】公益性生物资产转为消耗性生物资产或生产性生物资产会计处理

20×7 年 9 月，甲林业有限责任公司根据所属区域的林业发展规划相关政策调整，将以马尾松为主的 800 公顷防风固沙林，全部转为以采脂为目的的商林，该马尾松的账面价值为 2 000 000 元。其中，已经具备采脂条件的为 600 公顷，账面价值为 160 000 元，其余的尚不具备采脂条件。20×7 年 11 月，甲公司根据国家政规定，将乙林班 100 公顷作为防风固沙林的杨树转为作为造纸原料的商品林，该杨树账面余额为 180 000 元。

甲企业的账务处理如下：

20×7 年 9 月。

借：生产性生物资产——成熟生产性生物资产——马尾松	1 600 000	
生产性生物资产——未成熟生产性生物资产——马尾松	400 000	
贷：公益性生物资产——防风固沙林——马尾松		2 000 000

20×7 年 11 月。

借：消耗性生物资产——造纸原料林——杨树	180 000	
贷：公益性生物资产——防风固沙林——杨树		180 000

第二十六条 生物资产出售、盘亏或死亡、毁损时，应当将处置收入扣除其账面价值和相关税费后的余额计入当期损益。

【例 5-15】盘亏生物资产的会计处理

甲企业于 20×7 年 8 月 4 日丢失三头种牛，账面原值为 11 600 元，已经计提折旧 600 元；8 月 29 日经查实，饲养员赵五应赔偿 3 000 元。甲企业的账务处理如下：

借：待处理财产损溢	11 000	
生产性生物资产累计折旧	600	
贷：生产性生物资产——种牛		11 600
借：其他应收款——赵五	3 000	
管理费用	8 000	
贷：待处理财产损溢		11 000

【例 5-16】生物资产死亡的会计处理

20×9 年 10 月，阿克苏地区某奶牛场死亡奶牛 6 头，其账面价值为 24 000 元，已计提折旧 8 000 元。已查明因疫病造成。经保险公司核实，70% 的损失由保险公司赔偿，其余部分于 10 月 20 日批准作为企业的损失转账。

会计处理：

（1）奶牛死亡时。

借：待处理财产损溢	16 000	

生产性生物资产累计折旧——奶牛		8 000
贷：生产性生物资产——成熟生产性生物资产——奶牛		24 000

（2）保险公司核实后批准转账。

借：其他应收款——保险公司		11 200
营业外支出——奶牛疫病损失		4 800
贷：待处理财产损溢		16 000

【例5-17】处置生物资产的会计处理

　　甲畜牧养殖企业于2×18年10月将育成的40头仔猪出售给乙食品加工厂，价款总额为20 000元，货款尚未收到。出售时仔猪的账面余额为12 000元，未计提跌价准备。

　　甲企业的账务处理如下：

借：应收账款——乙食品加工厂		20 000
贷：主营业务收入		20 000
借：主营业务成本		12 000
贷：消耗性生物资产——仔猪		12 000

5.1.5　披露

第二十七条　企业应当在附注中披露与生物资产有关的下列信息。

（一）生物资产的类别以及各类生物资产的实物数量和账面价值。

（二）各类消耗性生物资产的跌价准备累计金额，以及各类生产性生物资产的使用寿命、预计净残值、折旧方法、累计折旧和减值准备累计金额。

（三）天然起源生物资产的类别、取得方式和实物数量。

（四）用于担保的生物资产的账面价值。

（五）与生物资产相关的风险情况与管理措施。

第二十八条　企业应当在附注中披露与生物资产增减变动有关的下列信息：

（一）因购买而增加的生物资产；

（二）因自行培育而增加的生物资产；

（三）因出售而减少的生物资产；

（四）因盘亏或死亡、毁损而减少的生物资产；

（五）计提的折旧及计提的跌价准备或减值准备；

（六）其他变动。

5.2　《企业会计准则第5号——生物资产》应用指南

5.2.1　生物资产与农产品

　　本准则规范的农业，包括种植业、畜牧养殖业、林业和水产业等。

　　有生命的动物和植物具有生物转化的能力，这种能力导致生物资产质量或数量发生变化，通常表现为生长、蜕化、生产和繁殖等。生物资产的形态、价值以及产生经济利益的方式，随其出生、成长、衰老、死亡等自然规律和生产经营活动的变化而变化。企业从事农业生产的目的，主要是增强生物资产的生物转化能力，最终获得更多的符合市场需要的农产品。

农产品与生物资产密不可分，当其附在生物资产上时，构成生物资产的一部分。收获的农产品从生物资产这一母体分离开始，不再具有生命和生物转化能力或者其生命和生物转化能力受到限制，应当作为存货处理，比如，从用材林中采伐的木材、奶牛产出的牛奶、绵羊产出的羊毛、肉猪宰杀后的猪肉、收获后的蔬菜、从果树上采摘的水果等。

5.2.2 林木类消耗性生物资产

（一）郁闭通常指林木类消耗性生物资产的郁闭度达 0.20 以上（含 0.20）。郁闭度，是指森林中乔木树冠遮蔽地面的程度，是反映林分密度的指标，以林地树冠垂直投影面积与林地面积之比表示，完全覆盖地面为 1。

不同林种、不同林分等对郁闭度指标的要求有所不同，比如，生产纤维原料的工业原材料林一般要求郁闭度相对较高；以培育珍贵大径材为主要目标的林木一般要求郁闭度相对较低。企业应当结合历史经验数据和自身实际情况，确定林木类消耗性生物资产的郁闭度及是否达到郁闭。各类林木类消耗性生物资产的郁闭度一经确定，不得随意变更。

（二）郁闭之前的林木类消耗性生物资产处在培植阶段，需要发生较多的造林费、抚育费、营林设施费、良种试验费、调查设计费等相关支出，这些支出应当予以资本化计入林木成本；郁闭之后的林木类消耗性生物资产基本上可以比较稳定地成活，一般只需要发生较少的管护费用，应当计入当期费用。

因择伐、间伐或抚育更新等生产性采伐而进行补植所发生的支出，应当予以资本化。

5.2.3 消耗性和生产性生物资产的减值迹象

根据本准则第二十一条规定，企业至少应当于每年年度终了对消耗性和生产性生物资产进行检查，有确凿证据表明生物资产发生减值的，应当计提消耗性生物资产跌价准备或生产性生物资产减值准备。

生物资产存在下列情形之一的，通常表明该生物资产发生了减值。

（一）因遭受火灾、旱灾、水灾、冻灾、台风、冰雹等自然灾害，造成消耗性或生产性生物资产发生实体损坏，影响该资产的进一步生长或生产，从而降低其产生经济利益的能力。

（二）因遭受病虫害或动物疫病侵袭，造成消耗性或生产性生物资产的市场价格大幅度持续下跌，并且在可预见的未来无回升的希望。

（三）因消费者偏好改变而使企业消耗性或生产性生物资产收获的农产品的市场需求发生变化，导致市场价格逐渐下跌。

（四）因企业所处经营环境，如动植物检验检疫标准等发生重大变化，从而对企业产生不利影响，导致消耗性或生产性生物资产的市场价格逐渐下跌。

（五）其他足以证明消耗性或生产性生物资产实质上已经发生减值的情形。

5.2.4 天然起源的生物资产

天然林等天然起源的生物资产，有确凿证据表明企业能够拥有或者控制时，才能予以确认。

企业拥有或控制的天然起源的生物资产，通常并未进行相关的农业生产，如企业从土地、河流湖泊中取得的天然生长的天然林、水生动植物等。

根据本准则第十三条规定，企业应当按照名义金额确定天然起源的生物资产的成本，同时计入当期损益，名义金额为1元。

5.2.5 生物资产的后续计量

本准则规定，生物资产通常按照成本计量，但有确凿证据表明其公允价值能够持续可靠取得的除外。采用公允价值计量的生物资产，应当同时满足下列两个条件。

一是生物资产有活跃的交易市场。活跃的交易市场，是指同时具有下列特征的市场：市场内交易的对象具有同质性；可以随时找到自愿交易的买方和卖方；市场价格的信息是公开的。

二是能够从交易市场上取得同类或类似生物资产的市场价格及其他相关信息，从而对生物资产的公允价值作出合理估计。同类或类似，是指生物资产的品种相同或类似、质量等级相同或类似、生长时间相同或类似、所处气候和地理环境相同或类似。

第6章 无形资产

6.1 企业会计准则第6号——无形资产

《企业会计准则第6号——无形资产》（以下简称"本准则"）于2006年2月15日由财会〔2006〕3号公布，自2007年1月1日起施行。

6.1.1 总则

第一条 为了规范无形资产的确认、计量和相关信息的披露，根据《企业会计准则——基本准则》，制定本准则。

第二条 下列各项适用其他相关会计准则：

（一）作为投资性房地产的土地使用权，适用《企业会计准则第3号——投资性房地产》；

（二）企业合并中形成的商誉，适用《企业会计准则第8号——资产减值》和《企业会计准则第20号——企业合并》；

（三）石油天然气矿区权益，适用《企业会计准则第27号——石油天然气开采》。

6.1.2 确认

第三条 无形资产，是指企业拥有或者控制的没有实物形态的可辨认非货币性资产。

资产满足下列条件之一的，符合无形资产定义中的可辨认性标准：

（一）能够从企业中分离或者划分出来，并能单独或者与相关合同、资产或负债一起，用于出售、转移、授予许可、租赁或者交换；

（二）源自合同性权利或其他法定权利，无论这些权利是否可以从企业或其他权利和义务中转移或者分离。

第四条 无形资产同时满足下列条件的，才能予以确认：

（一）与该无形资产有关的经济利益很可能流入企业；

（二）该无形资产的成本能够可靠地计量。

第五条 企业在判断无形资产产生的经济利益是否很可能流入时，应当对无形资产在预计使用寿命内可能存在的各种经济因素作出合理估计，并且应当有明确证据支持。

第六条 企业无形项目的支出，除下列情形外，均应于发生时计入当期损益：

（一）符合本准则规定的确认条件、构成无形资产成本的部分；

（二）非同一控制下企业合并中取得的、不能单独确认为无形资产、构成购买日确认的商誉的部分。

第七条 企业内部研究开发项目的支出，应当区分研究阶段支出与开发阶段支出。

研究是指为获取并理解新的科学或技术知识而进行的独创性的有计划调查。

开发是指在进行商业性生产或使用前，将研究成果或其他知识应用于某项计划或设计，以生产出新的或具有实质性改进的材料、装置、产品等。

第八条 企业内部研究开发项目研究阶段的支出，应当于发生时计入当期损益。

第九条 企业内部研究开发项目开发阶段的支出，同时满足下列条件的，才能确认为无形资产：

（一）完成该无形资产以使其能够使用或出售在技术上具有可行性；

（二）具有完成该无形资产并使用或出售的意图；

（三）无形资产产生经济利益的方式，包括能够证明运用该无形资产生产的产品存在市场或无形资产自身存在市场，无形资产将在内部使用的，应当证明其有用性；

（四）有足够的技术、财务资源和其他资源支持，以完成该无形资产的开发，并有能力使用或出售该无形资产；

（五）归属于该无形资产开发阶段的支出能够可靠地计量。

第十条 企业取得的已作为无形资产确认的正在进行中的研究开发项目，在取得后发生的支出应当按照本准则第七条至第九条的规定处理。

第十一条 企业自创商誉以及内部产生的品牌、报刊名等，不应确认为无形资产。

6.1.3 初始计量

第十二条 无形资产应当按照成本进行初始计量。

外购无形资产的成本，包括购买价款、相关税费以及直接归属于使该项资产达到预定用途所发生的其他支出。

购买无形资产的价款超过正常信用条件延期支付，实质上具有融资性质的，无形资产的成本以购买价款的现值为基础确定。实际支付的价款与购买价款的现值之间的差额，除按照《企业会计准则第17号——借款费用》应予资本化的以外，应当在信用期间内计入当期损益。

【例6-1】外购无形资产的初始计量1

甲公司某项生产活动需要乙公司已获得的专利技术，如果使用了该项专利技术，甲公司预计其生产能力比原先提高20%，销售利润率增长15%。为此，甲公司从乙公司购入该项专利权，按照协议约定以现金支付，实际支付的价款为300万元，并支付相关税费1万元和相关专业服务费用5万元，款项已通过银行转账支付。

分析：（1）甲公司购入的专利权符合无形资产的定义，即甲公司能够拥有或者控制该项专利技术，符合可辨认的条件，同时是不具有实物形态的非货币性资产。（2）甲公司购入的专利权符合无形资产的确认条件。首先，甲公司的某项生产活动需要乙公司已获得的专利技术，甲公司使用了该项专利技术，预计甲公司的生产能力比原先提高20%，销售利润率增长15%，即经济利益很可能流入；其次，甲公司购买该项专利权的成本为300万元，另外支付相关税费和专业服务费用共6万元，即成本能够可靠计量。由此，符合无形资产的确认条件。

无形资产初始计量的成本＝300＋1＋5＝306（万元）

甲公司的账务处理如下：

| | 借：无形资产——专利权 | 3 060 000 | |
| | 贷：银行存款 | | 3 060 000 |

【例6-2】外购无形资产的初始计量2

2×16年1月8日，甲公司从乙公司购买一项商标权，由于甲公司资金周转比较紧张，经与乙公司协商采用分期付款方式支付款项。合同规定，该项商标权总计1 000万元，每年年末付款200万元，5年付清。假定银行同期贷款利率为5%。为了简化核算，假定不考虑其他有关税费（已知5年期5%利率，其年金现值系数为4.329 5）。

甲公司的账务处理如下（见表6-1）：

表6-1 未确认的融资费用　　　　　　　　　　　金额单位：万元

年限	融资余额	利率	本年利息 融资余额×利率	付款	还本 付款−本年利息	未确认融资费用 上年余额−本年利息
0	865.9					134.1
1	709.2	5%	43.3	200	156.7	90.8
2	544.66	5%	35.46	200	164.54	55.34
3	371.89	5%	27.23	200	172.77	28.11
4	190.48	5%	18.59	200	181.41	9.52
5	0	5%	9.52	200	190.48	0
合计			134.1	1 000	865.9	

(1) 无形资产现值 = 1 000 × 20% × 4.329 5 = 865.9（万元）

未确认的融资费用 = 1 000 − 865.9 = 134.1（万元）

	借：无形资产——商标权	8 659 000	
	未确认融资费用	1 341 000	
	贷：长期应付款		10 000 000

(2) 2×16年年底付款时。

	借：长期应付款	2 000 000	
	贷：银行存款		2 000 000
	借：财务费用	433 000	
	贷：未确认融资费用		433 000

(3) 2×17年年底付款时。

	借：长期应付款	2 000 000	
	贷：银行存款		2 000 000
	借：财务费用	354 600	
	贷：未确认融资费用		354 600

(4) 2×18年年底付款时。

| | 借：长期应付款 | 2 000 000 | |

贷：银行存款		2 000 000
借：财务费用		272 300
贷：未确认融资费用		272 300

（5）2×19年年底付款时。

借：长期应付款		2 000 000
贷：银行存款		2 000 000
借：财务费用		185 900
贷：未确认融资费用		185 900

（6）2×20年年底付款时。

借：长期应付款		2 000 000
贷：银行存款		2 000 000
借：财务费用		95 200
贷：未确认融资费用		95 200

第十三条 自行开发的无形资产，其成本包括自满足本准则第四条和第九条规定后至达到预定用途前所发生的支出总额，但是对于以前期间已经费用化的支出不再调整。

【例6-3】自行开发无形资产的初始计量

2×20年1月1日，甲公司经董事会批准研发某项新产品专利技术，该公司董事会认为，研发该项目具有可靠的技术和财务等资源的支持，并且一旦研发成功将降低该公司生产产品的生产成本。该公司在研究开发过程中发生材料费5 000万元、人工工资1 000万元，以及其他费用4 000万元，总计10 000万元，其中，符合资本化条件的支出为6 000万元。2×20年12月31日，该专利技术已经达到预定用途。

分析：首先，甲公司经董事会批准研发某项新产品专利技术，并认为完成该项新型技术无论是从技术上，还是从财务等方面都能够得到可靠的资源支持，并且一旦研发成功将降低公司的生产成本，因此，符合条件的研发费用可以资本化。其次，甲公司在研发该项新型技术时，累计发生10 000万元的研究与开发支出，其中符合资本化条件的研发支出为6 000万元，其符合"归属于该无形资产开发阶段的支出能够可靠地计量"的条件。

甲公司的账务处理如下：

（1）发生研发支出。

借：研发支出——费用化支出		40 000 000
——资本化支出		60 000 000
贷：原材料		50 000 000
应付职工薪酬		10 000 000
银行存款		40 000 000

（2）2×20年12月31日，该专利技术已经达到预定用途。

借：管理费用		40 000 000
无形资产		60 000 000

贷：研发支出——费用化支出	40 000 000
——资本化支出	60 000 000

第十四条 投资者投入无形资产的成本，应当按照投资合同或协议约定的价值确定，但合同或协议约定价值不公允的除外。

【例6-4】投资者投入无形资产的初始计量

因乙公司创立的商标已有较好的声誉，甲公司预计使用乙公司商标后可使其未来利润增长30%。为此，甲公司与乙公司协商，乙公司以其商标权投资于甲公司，双方协议价格（等于公允价值）为500万元，甲公司另支付印花税等相关税费2万元，款项已通过银行转账支付。

该商标权的初始计量，应当以取得时的成本为基础。取得时的成本为投资协议约定的价格500万元，加上支付的相关税费2万元。

甲公司接受乙公司作为投资的商标权的成本 =500 +2 =502（万元）

甲公司的账务处理如下：

借：无形资产——商标权	5 020 000
贷：实收资本（或股本）	5 000 000
银行存款	20 000

第十五条 非货币性资产交换、债务重组、政府补助和企业合并取得的无形资产的成本，应当分别按照《企业会计准则第7号——非货币性资产交换》、《企业会计准则第12号——债务重组》、《企业会计准则第16号——政府补助》和《企业会计准则第20号——企业合并》确定。

6.1.4　后续计量

第十六条 企业应当于取得无形资产时分析判断其使用寿命。

无形资产的使用寿命为有限的，应当估计该使用寿命的年限或者构成使用寿命的产量等类似计量单位数量；无法预见无形资产为企业带来经济利益期限的，应当视为使用寿命不确定的无形资产。

第十七条 使用寿命有限的无形资产，其应摊销金额应当在使用寿命内系统合理摊销。

企业摊销无形资产，应当自无形资产可供使用时起，至不再作为无形资产确认时止。

企业选择的无形资产摊销方法，应当反映与该项无形资产有关的经济利益的预期实现方式。无法可靠确定预期实现方式的，应当采用直线法摊销。

无形资产的摊销金额一般应当计入当期损益，其他会计准则另有规定的除外。

【例6-5】使用寿命有限的无形资产的后续计量

2×17年1月1日，A公司从外单位购得一项非专利技术，支付价款5 000万元，款项已用银行存款支付，估计该项非专利技术的使用寿命为10年，该项非专利技术用于产品生产；同时，购入一项商标权，支付价款3 000万元，款项已用银行存款支付，估计该商标权的使用寿命为15年。假定这两项无形资产的净残值均为零，并按直线法摊销。

本例中，A公司外购的非专利技术的估计使用寿命为10年，表明该项无形资产是使用寿命有限的无形资产,且该项无形资产用于产品生产,因此,应当将其摊销金额计入相关产品的制造成本。A 公司外购的商标权的估计使用寿命为 15 年,表明该项无形资产同样也是使用寿命有限的无形资产,而商标权的摊销金额通常直接计入当期管理费用。

A 公司的账务处理如下:

(1) 取得无形资产时。

借:无形资产——非专利技术　　　　　　　　　　　　　　50 000 000
　　　　　　——商标权　　　　　　　　　　　　　　　　30 000 000
　　贷:银行存款　　　　　　　　　　　　　　　　　　　80 000 000

(2) 按年摊销时。

借:制造费用——非专利技术　　　　　　　　　　　　　　5 000 000
　　管理费用——商标权　　　　　　　　　　　　　　　　2 000 000
　　贷:累计摊销　　　　　　　　　　　　　　　　　　　7 000 000

如果 A 公司 2×18 年 12 月 31 日根据科学技术发展的趋势判断,2×17 年购入的该项非专利技术在 4 年后将被淘汰,不能再为公司带来经济利益,决定对其再使用 4 年后不再使用。为此,A 公司应当在 2×18 年 12 月 31 日据此变更该项非专利技术的估计使用寿命,并按会计估计变更进行处理。

2×18 年 12 月 31 日该项无形资产累计摊销金额为 1 000(500×2)万元,2×19 年该项无形资产的摊销金额为 1 000 [(5 000−1 000)÷4] 万元。A 公司 2×19 年对该项非专利技术按年摊销的账务处理如下:

借:制造费用——非专利技术　　　　　　　　　　　　　　10 000 000
　　贷:累计摊销　　　　　　　　　　　　　　　　　　　10 000 000

【例 6−6】使用寿命不确定的无形资产的后续计量

2×19 年 1 月 1 日,A 公司以银行存款购入一项市场领先的畅销产品的商标的成本为 6 000 万元,该商标按照法律规定还有 5 年的使用寿命,但是在保护期届满时,A 公司可每 10 年以较低的手续费申请延期,同时,A 公司有充分的证据表明其有能力申请延期。此外,有关的调查表明,根据产品生命周期、市场竞争等方面情况综合判断,该商标将在不确定的期间内为公司带来现金流量。

根据上述情况,该商标可视为使用寿命不确定的无形资产,在持有期间内不需要进行摊销。

2×20 年年底,A 公司对该商标按照资产减值的原则进行减值测试,经测试表明该商标已发生减值。2×20 年年底,该商标的公允价值为 4 000 万元。

则 A 公司的账务处理如下:

(1) 2×19 年购入商标时。

借:无形资产——商标权　　　　　　　　　　　　　　　　60 000 000
　　贷:银行存款　　　　　　　　　　　　　　　　　　　60 000 000

(2) 2×20 年发生减值时。

借：资产减值损失（60 000 000 − 40 000 000） 20 000 000
　　贷：无形资产减值准备——商标权 20 000 000

第十八条　无形资产的应摊销金额为其成本扣除预计残值后的金额。已计提减值准备的无形资产，还应扣除已计提的无形资产减值准备累计金额。使用寿命有限的无形资产，其残值应当视为零，但下列情况除外。

（一）有第三方承诺在无形资产使用寿命结束时购买该无形资产。

（二）可以根据活跃市场得到预计残值信息，并且该市场在无形资产使用寿命结束时很可能存在。

第十九条　使用寿命不确定的无形资产不应摊销。

第二十条　无形资产的减值，应当按照《企业会计准则第 8 号——资产减值》处理。

第二十一条　企业至少应当于每年年度终了，对使用寿命有限的无形资产的使用寿命及摊销方法进行复核。无形资产的使用寿命及摊销方法与以前估计不同的，应当改变摊销期限和摊销方法。

企业应当在每个会计期间对使用寿命不确定的无形资产的使用寿命进行复核。如果有证据表明无形资产的使用寿命是有限的，应当估计其使用寿命，并按本准则规定处理。

6.1.5　处置和报废

第二十二条　企业出售无形资产，应当将取得的价款与该无形资产账面价值的差额计入当期损益。

第二十三条　无形资产预期不能为企业带来经济利益的，应当将该无形资产的账面价值予以转销。

【例 6-7】出售无形资产的会计处理

2×20 年 1 月 1 日，B 公司拥有的某项专利技术的成本为 1 000 万元。已摊销金额为 500 万元，已计提的减值准备为 20 万元。该公司于 2×20 年将该项专利技术出售给 C 公司，取得出售收入 600 万元，应缴纳的增值税税额为 36 万元。

B 公司的账务处理为：

借：银行存款 6 000 000
　　累计摊销 5 000 000
　　无形资产减值准备 200 000
　　贷：无形资产 10 000 000
　　　　应交税费——应交增值税（销项税额） 360 000
　　　　营业外收入——处置非流动资产利得 840 000

如果该公司转让该项专利技术取得的收入为 4 000 000 元，应缴纳的增值税税额为 240 000 元。则 B 公司的账务处理为：

借：银行存款 4 000 000
　　累计摊销 5 000 000

  无形资产减值准备 200 000
  资产处置损益 1 040 000
   贷：无形资产 10 000 000
    应交税费——应交增值税（销项税额） 240 000

【例6-8】出租无形资产的会计处理

2×20年1月1日，A企业将一项专利技术出租给B企业使用，该专利技术账面余额为500万元，摊销期限为10年，出租合同规定，承租方每销售一件用该专利生产的产品，必须付给出租方10元专利技术使用费。假定承租方当年销售该产品10万件，不考虑相关税费情况。

A企业的账务处理如下：

（1）取得该项专利技术使用费时。

  借：银行存款 1 000 000
   贷：其他业务收入 1 000 000

（2）按年对该项专利技术进行摊销。

  借：其他业务成本 500 000
   贷：累计摊销 500 000

【例6-9】无形资产转销的会计处理1

D企业拥有某项专利技术，根据市场调查，用其生产的产品已没有市场，决定应予转销。转销时，该项专利技术的账面余额为600万元，摊销期限为10年，采用直线法进行摊销，已累计摊销300万元，假定该项专利权的残值为零，已累计计提的减值准备为160万元，假定不考虑其他相关因素。

则D企业的账务处理如下：

  借：累计摊销 3 000 000
   无形资产减值准备 1 600 000
   营业外支出——处置非流动资产损失 1 400 000
    贷：无形资产——专利权 6 000 000

【例6-10】无形资产转销的会计处理2

甲企业原拥有一项非专利技术，采用直线法进行摊销，预计使用期限为10年，现该项非专利技术已被内部研发成功的新技术替代，并且根据市场调查，用该非专利技术生产的产品已没有市场，预期不能再为企业带来任何经济利益，故应当予以转销。转销时，该项非专利技术的成本为900万元，已摊销6年，累计计提减值准备为240万元，该项非专利技术的残值为0元。假定不考虑其他相关因素。

甲企业的账务处理为：

  借：累计摊销 5 400 000
   无形资产减值准备——非专利技术 2 400 000
   营业外支出——处置非流动资产损失 1 200 000

　　　　贷：无形资产——非专利技术　　　　　　　　　　　　　　　　　9 000 000

6.1.6　披露

第二十四条　企业应当按照无形资产的类别在附注中披露与无形资产有关的下列信息。

（一）无形资产的期初和期末账面余额、累计摊销额及减值准备累计金额。

（二）使用寿命有限的无形资产，其使用寿命的估计情况；使用寿命不确定的无形资产，其使用寿命不确定的判断依据。

（三）无形资产的摊销方法。

（四）用于担保的无形资产账面价值、当期摊销额等情况。

（五）计入当期损益和确认为无形资产的研究开发支出金额。

第二十五条　企业应当披露当期确认为费用的研究开发支出总额。

6.2　《企业会计准则第6号——无形资产》应用指南

6.2.1　本准则不规范商誉的处理

本准则第三条规定，无形资产是指企业拥有或控制的没有实物形态的可辨认非货币性资产。无形资产主要包括专利权、非专利技术、商标权、著作权、土地使用权、特许权等。商誉的存在无法与企业自身分离，不具有可辨认性，不在本准则规范。

6.2.2　研究阶段与开发阶段

本准则将研究开发项目区分为研究阶段与开发阶段。企业应当根据研究与开发的实际情况加以判断。

（一）研究阶段。

研究阶段是探索性的，为进一步开发活动进行资料及相关方面的准备，已进行的研究活动将来是否会转入开发、开发后是否会形成无形资产等均具有较大的不确定性。

比如，意在获取知识而进行的活动，研究成果或其他知识的应用研究、评价和最终选择，材料、设备、产品、工序、系统或服务替代品的研究，新的或经改进的材料、设备、产品、工序、系统或服务的可能替代品的配制、设计、评价和最终选择等，均属于研究活动。

（二）开发阶段。

相对于研究阶段而言，开发阶段应当是已完成研究阶段的工作，在很大程度上具备了形成一项新产品或新技术的基本条件。

比如，生产前或使用前的原型和模型的设计、建造和测试，不具有商业性生产经济规模的试生产设施的设计、建造和运营等，均属于开发活动。

6.2.3　开发支出的资本化

根据本准则第八条和第九条规定，企业内部研究开发项目研究阶段的支出，应当于发生时计入当期损益；开发阶段的支出，同时满足下列条件的，才能确认为无形资产。

（一）完成该无形资产以使其能够使用或出售在技术上具有可行性。

判断无形资产的开发在技术上是否具有可行性，应当以目前阶段的成果为基础，并提供相关证据和材料，证明企业进行开发所需的技术条件等已经具备，不存在技术上的障碍或其他不确定性。比如，企业已经完成了全部计划、设计和测试活动，这些活动是使资产能够达到设计规划书中的功能、特征和技术所必需的活动，或经过专家鉴定等。

（二）具有完成该无形资产并使用或出售的意图。

企业能够说明其开发无形资产的目的。

（三）无形资产产生经济利益的方式。

无形资产是否能够为企业带来经济利益，应当对运用该无形资产生产产品的市场情况进行可靠预计，以证明所生产的产品存在市场并能够带来经济利益，或能够证明市场上存在对该无形资产的需求。

（四）有足够的技术、财务资源和其他资源支持，以完成该无形资产的开发，并有能力使用或出售该无形资产。

企业能够证明可以取得无形资产开发所需的技术、财务和其他资源，以及获得这些资源的相关计划。企业自有资金不足以提供支持的，应能够证明存在外部其他方面的资金支持，如银行等金融机构声明愿意为该无形资产的开发提供所需资金等。

（五）归属于该无形资产开发阶段的支出能够可靠地计量。

企业对研究开发的支出应当单独核算，比如，直接发生的研发人员工资、材料费，以及相关设备折旧费等。同时从事多项研究开发活动的，所发生的支出应当按照合理的标准在各项研究开发活动之间进行分配；无法合理分配的，应当计入当期损益。

6.2.4 估计无形资产使用寿命应当考虑的相关因素

根据本准则第十七条和第十九条规定，使用寿命有限的无形资产应当摊销，使用寿命不确定的无形资产不予摊销。

（一）企业持有的无形资产，通常来源于合同性权利或其他法定权利，且合同规定或法律规定有明确的使用年限。

来源于合同性权利或其他法定权利的无形资产，其使用寿命不应超过合同性权利或其他法定权利的期限；合同性权利或其他法定权利在到期时因续约等延续，且有证据表明企业续约不需要付出大额成本的，续约期应当计入使用寿命。合同或法律没有规定使用寿命的，企业应当综合各方面因素判断，以确定无形资产能为企业带来经济利益的期限。比如，与同行业的情况进行比较、参考历史经验，或聘请相关专家进行论证等。按照上述方法仍无法合理确定无形资产为企业带来经济利益期限的，该项无形资产应作为使用寿命不确定的无形资产。

（二）企业确定无形资产使用寿命通常应当考虑的因素。

1. 运用该资产生产的产品通常的寿命周期、可获得的类似资产使用寿命的信息。
2. 技术、工艺等方面的现阶段情况及对未来发展趋势的估计。
3. 以该资产生产的产品或提供服务的市场需求情况。
4. 现在或潜在的竞争者预期采取的行动。
5. 为维持该资产带来经济利益能力的预期维护支出，以及企业预计支付有关支出的能力。

6. 对该资产控制期限的相关法律规定或类似限制，如特许使用期、租赁期等。

7. 与企业持有其他资产使用寿命的关联性等。

6.2.5 无形资产的摊销

根据本准则第十七条规定，无形资产的摊销金额一般应当计入当期损益。某项无形资产包含的经济利益通过所生产的产品或其他资产实现的，其摊销金额应当计入相关资产的成本。

6.2.6 土地使用权的处理

企业取得的土地使用权通常应确认为无形资产，但改变土地使用权用途，用于赚取租金或资本增值的，应当将其转为投资性房地产。

自行开发建造厂房等建筑物，相关的土地使用权与建筑物应当分别进行处理。外购土地及建筑物支付的价款应当在建筑物与土地使用权之间进行分配；难以合理分配的，应当全部作为固定资产。

企业（房地产开发）取得土地用于建造对外出售的房屋建筑物，相关的土地使用权账面价值应当计入所建造的房屋建筑物成本。

第 7 章　非货币性资产交换

7.1　企业会计准则第 7 号——非货币性资产交换

7.1.1　总则

第一条　为了规范非货币性资产交换的确认、计量和相关信息的披露，根据《企业会计准则——基本准则》，制定《企业会计准则第 7 号——非货性资产交换》（以下简称"本准则"）。

第二条　非货币性资产交换，是指企业主要以固定资产、无形资产、投资性房地产和长期股权投资等非货币性资产进行的交换。该交换不涉及或只涉及少量的货币性资产（即补价）。

货币性资产，是指企业持有的货币资金和收取固定或可确定金额的货币资金的权利。

非货币性资产，是指货币性资产以外的资产。

第三条　本准则适用于所有非货币性资产交换，但下列各项适用其他相关会计准则。

（一）企业以存货换取客户的非货币性资产的，适用《企业会计准则第 14 号——收入》。

（二）非货币性资产交换中涉及企业合并的，适用《企业会计准则第 20 号——企业合并》、《企业会计准则第 2 号——长期股权投资》和《企业会计准则第 33 号——合并财务报表》。

（三）非货币性资产交换中涉及由《企业会计准则第 22 号——金融工具确认和计量》规范的金融资产的，金融资产的确认、终止确认和计量适用《企业会计准则第 22 号——金融工具确认和计量》和《企业会计准则第 23 号——金融资产转移》。

（四）非货币性资产交换中涉及由《企业会计准则第 21 号——租赁》规范的使用权资产或应收融资租赁款等的，相关资产的确认、终止确认和计量适用《企业会计准则第 21 号——租赁》。

（五）非货币性资产交换的一方直接或间接对另一方持股且以股东身份进行交易的，或者非货币性资产交换的双方均受同一方或相同的多方最终控制，且该非货币性资产交换的交易实质是交换的一方向另一方进行了权益性分配或交换的一方接受了另一方权益性投入的，适用权益性交易的有关会计处理规定。

7.1.2　确认

第四条　企业应当分别按照下列原则对非货币性资产交换中的换入资产进行确认，对换出资产终止确认：

（一）对于换入资产，企业应当在换入资产符合资产定义并满足资产确认条件时予以确认；

（二）对于换出资产，企业应当在换出资产满足资产终止确认条件时终止确认。

第五条 换入资产的确认时点与换出资产的终止确认时点存在不一致的，企业在资产负债表日应当按照下列原则进行处理：

（一）换入资产满足资产确认条件，换出资产尚未满足终止确认条件的，在确认换入资产的同时将交付换出资产的义务确认为一项负债；

（二）换入资产尚未满足资产确认条件，换出资产满足终止确认条件的，在终止确认换出资产的同时将取得换入资产的权利确认为一项资产。

7.1.3 以公允价值为基础计量

第六条 非货币性资产交换同时满足下列条件的，应当以公允价值为基础计量：

（一）该项交换具有商业实质；

（二）换入资产或换出资产的公允价值能够可靠地计量。

换入资产和换出资产的公允价值均能够可靠计量的，应当以换出资产的公允价值为基础计量，但有确凿证据表明换入资产的公允价值更加可靠的除外。

第七条 满足下列条件之一的非货币性资产交换具有商业实质：

（一）换入资产的未来现金流量在风险、时间分布或金额方面与换出资产显著不同；

（二）使用换入资产所产生的预计未来现金流量现值与继续使用换出资产不同，且其差额与换入资产和换出资产的公允价值相比是重大的。

第八条 以公允价值为基础计量的非货币性资产交换，对于换入资产，应当以换出资产的公允价值和应支付的相关税费作为换入资产的成本进行初始计量；对于换出资产，应当在终止确认时，将换出资产的公允价值与其账面价值之间的差额计入当期损益。

有确凿证据表明换入资产的公允价值更加可靠的，对于换入资产，应当以换入资产的公允价值和应支付的相关税费作为换入资产的初始计量金额；对于换出资产，应当在终止确认时，将换入资产的公允价值与换出资产账面价值之间的差额计入当期损益。

第九条 以公允价值为基础计量的非货币性资产交换，涉及补价的，应当按照下列规定进行处理。

（一）支付补价的，以换出资产的公允价值，加上支付补价的公允价值和应支付的相关税费，作为换入资产的成本，换出资产的公允价值与其账面价值之间的差额计入当期损益。

有确凿证据表明换入资产的公允价值更加可靠的，以换入资产的公允价值和应支付的相关税费作为换入资产的初始计量金额，换入资产的公允价值减去支付补价的公允价值，与换出资产账面价值之间的差额计入当期损益。

（二）收到补价的，以换出资产的公允价值，减去收到补价的公允价值，加上应支付的相关税费，作为换入资产的成本，换出资产的公允价值与其账面价值之间的差额计入当期损益。

有确凿证据表明换入资产的公允价值更加可靠的，以换入资产的公允价值和应支付的相关税费作为换入资产的初始计量金额，换入资产的公允价值加上收到补价的公允价值，与换出资产账面价值之间的差额计入当期损益。

第十条 以公允价值为基础计量的非货币性资产交换，同时换入或换出多项资产的，应当按照下列规定进行处理。

（一）对于同时换入的多项资产，按照换入的金融资产以外的各项换入资产公允价值相对比例，将换出资产公允价值总额（涉及补价的，加上支付补价的公允价值或减去收到补价的公允价值）扣除换入金融资产公允价值后的净额进行分摊，以分摊至各项换入资产的金额，加上应支付的相关税费，作为各项换入资产的成本进行初始计量。

有确凿证据表明换入资产的公允价值更加可靠的，以各项换入资产的公允价值和应支付的相关税费作为各项换入资产的初始计量金额。

（二）对于同时换出的多项资产，将各项换出资产的公允价值与其账面价值之间的差额，在各项换出资产终止确认时计入当期损益。

有确凿证据表明换入资产的公允价值更加可靠的，按照各项换出资产的公允价值的相对比例，将换入资产的公允价值总额（涉及补价的，减去支付补价的公允价值或加上收到补价的公允价值）分摊至各项换出资产，分摊至各项换出资产的金额与各项换出资产账面价值之间的差额，在各项换出资产终止确认时计入当期损益。

7.1.4 以账面价值为基础计量

第十一条 不满足本准则第六条规定条件的非货币性资产交换，应当以账面价值为基础计量。对于换入资产，企业应当以换出资产的账面价值和应支付的相关税费作为换入资产的初始计量金额；对于换出资产，终止确认时不确认损益。

第十二条 以账面价值为基础计量的非货币性资产交换，涉及补价的，应当按照下列规定进行处理。

（一）支付补价的，以换出资产的账面价值，加上支付补价的账面价值和应支付的相关税费，作为换入资产的初始计量金额，不确认损益。

（二）收到补价的，以换出资产的账面价值，减去收到补价的公允价值，加上应支付的相关税费，作为换入资产的初始计量金额，不确认损益。

第十三条 以账面价值为基础计量的非货币性资产交换，同时换入或换出多项资产的，应当按照下列规定进行处理。

（一）对于同时换入的多项资产，按照各项换入资产的公允价值的相对比例，将换出资产的账面价值总额（涉及补价的，加上支付补价的账面价值或减去收到补价的公允价值）分摊至各项换入资产，加上应支付的相关税费，作为各项换入资产的初始计量金额。换入资产的公允价值不能够可靠计量的，可以按照各项换入资产的原账面价值的相对比例或其他合理的比例对换出资产的账面价值进行分摊。

（二）对于同时换出的多项资产，各项换出资产终止确认时均不确认损益。

7.1.5 披露

第十四条 企业应当在附注中披露与非货币性资产交换有关的下列信息。

（一）非货币性资产交换是否具有商业实质及其原因。

（二）换入资产、换出资产的类别。

（三）换入资产初始计量金额的确定方式。

（四）换入资产、换出资产的公允价值以及换出资产的账面价值。

（五）非货币性资产交换确认的损益。

7.1.6 衔接规定

第十五条 企业对 2019 年 1 月 1 日至本准则施行日之间发生的非货币性资产交换，应根据本准则进行调整。企业对 2019 年 1 月 1 日之前发生的非货币性资产交换，不需要按照本准则的规定进行追溯调整。

7.1.7 附则

第十六条 本准则自 2019 年 6 月 10 日起施行。

第十七条 2006 年 2 月 15 日财政部印发的《财政部关于印发〈企业会计准则第 1 号——存货〉等 38 项具体准则的通知》（财会〔2006〕3 号）中的《企业会计准则第 7 号——非货币性资产交换》同时废止。

财政部此前发布的有关非货币性资产交换会计处理规定与本准则不一致的，以本准则为准。

7.2 《企业会计准则第 7 号——非货币性资产交换》应用指南

7.2.1 总体要求

《企业会计准则第 7 号——非货币性资产交换》规范了非货币性资产交换的确认、计量和相关信息的披露。企业应当按照本准则的要求对本准则适用范围内的非货币性资产交换进行会计处理。

本准则明确了非货币性资产交换的定义。非货币性资产交换，是指企业主要以固定资产、无形资产、投资性房地产和长期股权投资等非货币性资产进行的交换。该交换不涉及或只涉及少量的货币性资产（即补价）。

本准则明确了非货币性资产交换中换入资产的确认时点和换出资产的终止确认时点，即换入资产应当在换入资产符合资产定义并满足资产确认条件时予以确认，换出资产应当在换出资产满足资产终止确认条件时终止确认。

本准则规定，非货币性资产交换同时满足具有商业实质，且换入资产或换出资产的公允价值能够可靠地计量这两个条件的，应当以公允价值为基础计量，否则应当以账面价值为基础计量。其中，以公允价值为基础计量时，换入资产和换出资产的公允价值均能够可靠计量的，应当以换出资产的公允价值为基础计量，但有确凿证据表明换入资产的公允价值更加可靠的除外。同时，本准则明确了非货币性资产交换具有商业实质需要满足的条件。

本准则对非货币性资产交换中换入资产和换出资产的会计处理原则作出了规定，还对涉及补价、同时换入或换出多项资产等情形的会计处理作出规定。

7.2.2 关于非货币性资产交换的定义

非货币性资产交换，是指企业主要以固定资产、无形资产、投资性房地产和长期股权投资等非货币性资产进行的交换。该交换不涉及或只涉及少量的货币性资产（即补价）。

非货币性资产是相对于货币性资产而言的。货币性资产，是指企业持有的货币资金和收取固定或可确定金额的货币资金的权利，包括库存现金、银行存款、应收账款和应收票据等。非货币性资产，是指货币性资产以外的资产，如存货（原材料、包装物、低值易耗品、库存商品等）、固定资产、在建工程、生产性生物资产、无形资产、投资性房地产、长期股权投资等。

通常情况下，交易双方对于某项交易是否为非货币性资产交换的判断是一致的。需要注意的是，企业应从自身的角度，根据交易的实质判断相关交易是否属于本准则定义的非货币性资产交换。例如，投资方以一项固定资产出资取得对被投资方的权益性投资，对投资方来说，换出资产为固定资产，换入资产为长期股权投资，属于非货币性资产交换；对被投资方来说，则属于接受权益性投资，不属于非货币性资产交换。

非货币性资产交换一般不涉及货币性资产，或只涉及少量货币性资产，即补价。判断涉及少量货币性资产的交换是否为非货币性资产交换时，通常以补价占整个资产交换金额的比例是否低于25%作为参考比例。支付的货币性资产占换出资产公允价值与支付的货币性资产之和（或占换入资产公允价值）的比例，或者收到的货币性资产占换出资产公允价值（或占换入资产公允价值和收到的货币性资产之和）的比例低于25%的，视为非货币性资产交换；高于25%（含25%）的，不视为非货币性资产交换。

7.2.3 关于适用范围

企业对于符合本准则非货币性资产交换定义和适用范围的交易，应当按照本准则的要求进行会计处理。

（一）适用其他会计准则的非货币性资产交换。

本准则适用于所有非货币性资产交换，但下列各项适用其他相关会计准则。

1. 企业以存货换取客户的非货币性资产的，相关收入的会计处理适用《企业会计准则第14号——收入》。《企业会计准则第14号——收入》对企业因转让存货取得非现金对价情形的会计处理作出了规范。

2. 非货币性资产交换中涉及企业合并的，适用《企业会计准则第20号——企业合并》、《企业会计准则第2号——长期股权投资》和《企业会计准则第33号——合并财务报表》。

3. 非货币性资产交换中涉及由《企业会计准则第22号——金融工具确认和计量》规范的金融资产的，金融资产的确认、终止确认和计量适用《企业会计准则第22号——金融工具确认和计量》和《企业会计准则第23号——金融资产转移》。

4. 非货币性资产交换中涉及由《企业会计准则第21号——租赁》规范的使用权资产或应收融资租赁款等的，相关资产的确认、终止确认和计量适用《企业会计准则第21号——租赁》。

5. 非货币性资产交换构成权益性交易的，应当适用权益性交易的有关会计处理规定。企业应当遵循实质重于形式的原则判断非货币性资产交换是否构成权益性交易。主要包括以下情形：

（1）非货币性资产交换的一方直接或间接对另一方持股且以股东身份进行交易；

（2）非货币性资产交换的双方均受同一方或相同的多方最终控制，且该非货币性资产交换的交易实质是交换的一方向另一方进行了权益性分配或交换的一方接受了另一方权益性投入。

例如，集团重组中发生的非货币性资产划拨、划转行为，在股东或最终控制方的安排下，企业无代价或以明显不公平的代价将非货币性资产转让给其他企业或接受其他企业的非货币性资产，该类转让的实质是企业进行了权益性分配或接受了权益性投入，不适用本准则，应当适用权益性交易会计处理的有关规定。

（二）涉及非货币性资产但不属于本准则规范范围的情形。

实务中，某些交易和事项虽涉及非货币性资产，但不属于本准则规范的非货币性资产交换，适用其他相关会计准则的规定，包括但不限于以下情形。

1. 企业从政府无偿取得非货币性资产（比如，企业从政府无偿取得土地使用权等）的，适用《企业会计准则第16号——政府补助》。

2. 企业将非流动资产或处置组分配给所有者的，适用《企业会计准则第42号——持有待售的非流动资产、处置组和终止经营》。

3. 企业以非货币性资产向职工发放非货币性福利的，适用《企业会计准则第9号——职工薪酬》。

4. 企业以发行股票方式取得非货币性资产的，相当于以权益工具结算买入非货币性资产，适用其他相关会计准则。

5. 企业用于交换的资产目前尚不存在或尚不属于本企业的，适用其他相关会计准则。根据本准则的规定，企业用于非货币性资产交换的非货币性资产应当符合资产的定义并满足资产的确认条件，且作为资产列报于企业的资产负债表上。企业用于交换的资产目前尚不存在或尚不属于本企业的情形，不属于本准则规范的非货币性资产交换。例如，甲企业从乙企业取得一项土地使用权，承诺未来3年内在该地块上建造写字楼，并待写字楼建造完成后向乙企业交付一幢写字楼，在这种情形下，由于甲企业用于交换的建筑物尚不存在，因此无论是对甲企业还是对乙企业而言，该交易不属于本准则规范的非货币性资产交换。

7.2.4 关于非货币性资产交换的确认

（一）非货币性资产交换的确认原则。

本准则规定了非货币性资产交换中换入资产的确认原则和换出资产的终止确认原则：换入资产应当在其符合资产定义并满足资产确认条件时予以确认；换出资产应当在其满足资产终止确认条件时终止确认。

根据上述原则，对于非货币性资产交换，企业将换入的资产视为购买取得资产，并按照相关会计准则的规定进行初始确认；将换出的资产视为销售或处置资产，并按照相关会计准则的规定进行终止确认。例如，某企业在非货币性资产交换中的换入资产和换出资产均为固定资产，按照《企业会计准则第4号——固定资产》和《企业会计准则第14号——收入》的规定，换入的固定资产应当在与该固定资产有关的经济利益很可能流入企业，且成本能够可靠地计量时确认；换出的固定资产应当以交换对方（即换入企业）取得该固定资产控制权时点作为处置时点终止确认。又如，在非货币性资产交换交易中，如果换入资产为对联营企业的长期股权投资，按照《企业会计准则第 2 号——长期股权投资》的规定，企业应当在能够对被投资单位实施重大影响时确认该换入的长期股权投资；如果换出资产为对联营企业的长期股权投资，企业应当在处置长期股权投资时点区分处置是否使企业丧失对被投资单位的重大影响，分别按照《企业会计准则第 22 号——金融工具确认和计量》或《企业会计准则第 2 号——长期股权投资》的规定进行会计处理。

（二）换入资产的确认时点与换出资产的终止确认时点存在不一致的情形。

7.2.5 关于非货币性资产交换的计量

（一）非货币性资产交换的计量原则。

本准则规定，非货币性资产交换同时满足下列条件的，应当以公允价值为基础计量：（1）该项交换具有商业实质；（2）换入资产或换出资产的公允价值能够可靠地计量。不满足上述条件的非货币性资产交换，应当以账面价值为基础计量。

根据这一规定，本准则对非货币性资产交换的计量规定了两种计量原则：一是以公允价值为基础计量的非货币性资产交换，企业应当以换出资产的公允价值为基础确定换入资产的成本，换出资产的公允价值与其账面价值之间的差额计入当期损益，但换出资产的公允价值不能可靠地计量或有确凿证据表明换入资产的公允价值更加可靠的，企业应当以换入资产的公允价值为基础确定换入资产的初始计量金额，换入资产的公允价值与换出资产账面价值之间的差额计入当期损益；二是以账面价值为基础计量的非货币性资产交换，企业应当以换出资产的账面价值为基础确定换入资产的初始计量金额，换出资产终止确认时不确认损益。

（二）商业实质的判断。

根据本准则的规定，满足下列条件之一的非货币性资产交换具有商业实质：（1）换入资产的未来现金流量在风险、时间分布或金额方面与换出资产显著不同；（2）使用换入资产所产生的预计未来现金流量现值与继续使用换出资产所产生的预计未来现金流量现值不同，且其差额与换入资产和换出资产的公允价值相比是重大的。

在判断资产交换是否具有商业实质时，企业应当重点考虑由于发生了该项资产交换预计使企业未来现金流量发生变动的程度。只有当换入资产的未来现金流量和换出资产的未来现金流量相比发生较大变化，或使用换入资产进行经营和继续使用换出资产进行经营所产生的预计未来现金流量现值之间的差额较大时，才表明该交易的发生使企业经济状况发生了明显改变，交换才因而具有商业实质。企业应当根据本准则的规定，遵循实质重于形式的原则，判断非货币性资产交换是否具有商业实质。

1. 判断条件。

（1）换入资产的未来现金流量在风险、时间分布或金额方面与换出资产显著不同。

企业应当对比考虑换入资产与换出资产的未来现金流量在风险、时间或金额的三个方面，对非货币性资产交换是否具有商业实质进行综合判断。通常情况下，只要换入资产和换出资产的未来现金流量在风险、时间或金额中的某个方面存在显著不同，即表明满足商业实质的判断条件。

例如，企业以一项生产用的设备换入一批存货，设备作为固定资产要在较长的时间内为企业带来现金流量，而存货流动性强，能够在较短的时间内产生现金流量。两者产生现金流量的时间相差较大，即使假定两者产生未来现金流量的风险和总额均相同，可以认为上述固定资产与存货的未来现金流量显著不同，因而交换具有商业实质。

又如，甲企业以其用于经营出租的一幢公寓楼，与乙企业同样用于经营出租的一幢公寓楼进行交换，两幢公寓楼的租期、每期租金总额均相同，但是甲企业的公寓楼是租给一家财务及信用状况良好的知名上市公司作为职工宿舍，乙企业的公寓楼则是租给多个个人租户。相比较而言，甲企业无法取得租金的风险较小，乙企业取得租金依赖于各个个人租户的财务和信用状况，两者现金流量流入的风险或不确定性程度存在明显差异，可以认为两幢公寓楼的未来现金流量显著不同，因而交换具有商业实质。

（2）使用换入资产所产生的预计未来现金流量现值与继续使用换出资产所产生的预计未来现金流量现值不同，且其差额与换入资产和换出资产的公允价值相比是重大的。

企业如果按照上述第（1）项判断条件难以判断非货币性资产交换是否具有商业实质，可以按照第（2）项条件，分别计算使用换入资产进行相关经营的预计未来现金流量现值和继续使用换出资产进行相关经营的预计未来现金流量现值，通过二者比较进行判断。企业在计算预计未来现金流量现值时，应当按照资产在企业自身持续使用过程和最终处置时预计产生的税后未来现金流量（使用企业自身的所得税税率），根据企业自身而不是市场参与者对资产特定风险的评价，选择恰当的折现率对预计未来现金流量折现后的金额加以确定，以体现资产对企业自身的特定价值。

从市场参与者的角度分析，换入资产和换出资产的未来现金流量在风险、时间或金额方面可能相同或相似。但是对于企业自身而言，鉴于换入资产的性质和换入企业经营活动的特征等因素，换入资产与换入企业其他现有资产相结合，能够比换出资产发挥更大的作用，使换入企业受该换入资产影响的经营活动部分产生的现金流量与换出资产明显不同，进而使用换入资产进行相关经营的预计未来现金流量现值与继续使用换出资产进行相关经营的预计未来现金流量现值存在重大差异，当其差额与换入资产和换出资产的公允价值相比是重大的，则表明交换具有商业实质。例如，甲企业以持有的某非上市公司A企业的10%股权换入乙企业拥有的一项专利权。假定从市场参与者的角度来看，该股权与该项专利权的公允价值相同，两项资产未来现金流量的风险、时间和金额亦相似。通过第（1）项判断条件难以得出交易是否具有商业实质的结论。根据第（2）项判断条件，对换入专利权的甲企业来说，该项专利权能够解决其生产中的技术难题，使其未来的生产产量成倍增长，从而产生的预计未来现金流量现值与换出的股权投资有较大差异，且其差额与换入资产和换出资产的公允价值相比是重大的，因而认为该交换具有商业实质。对换入股权的乙企业来说，其取得甲企业换出的A企业10%股权后，对A企业的投资关系由重大影响变为控制，从而产生的预计未来现金流量现值与换出的专利权有较大差异，且其差额与换入资产和换出资产的公允价值相比也是重大的，因而可认为该交换具有商业实质。

2. 判断商业实质时对资产类别的考虑。

企业在判断非货币性资产交换是否具有商业实质时，通常还可以考虑资产是否属于同一类别来进行分析。同类别的资产是指在资产负债表中列示为同一报表项目的资产；不同类别的资产是指在资产负债表中列示为不同报表项目的资产，存货、固定资产、无形资产、投资性房地产、长期股权投资等都是不同类别的非货币性资产。一般来说，不同类别的非货币性资产产生经济利益的方式不同，其产生的未来现金流量在风险、时间或金额方面也很可能不相同。不同类别非货币性资产之间的交换（如存货和固定资产之间的交换、固定资产和长期股权投资之间的交换等）是否具有商业实质，通常较易判断；而同类别非货币性资产之间的交换（如存货之间、固定资产之间、长期股权投资之间的交换等）是否具有商业实质，则通常较难判断，需要根据上述两项判断条件综合判断。

例如，企业将一项用于出租的投资性房地产，与另一企业的厂房进行交换，换入的厂房作为自用固定资产，属于不同类别的非货币性资产之间的交换。在该交换交易下，换出的投资性房地产的未来现金流量为每期的租金，换入的固定资产的未来现金流量为该厂房独立产生，或包括该厂房的资产组协同产生的现金流量。通常情况下，由定期租金带来的现金流量与用于生产经营的固定资产产生的现金流量在风险、时间或金额方面显著不同，因而两项资产的交换具有商业实质。

再如，企业将其拥有的一幢建筑物，与另一企业拥有的在同一地点的另一幢建筑物进行交换，两幢建筑物的建造时间、建造成本等均相同，属于同类别的非货币性资产之间的交换。在该交换交易下，两幢建筑物未来现金流量的风险、时间和金额可能相同，也可能不同。如果其中一幢建筑物可以立即出售，企业管理层也打算将其立即出售，而另一幢建筑物难以出售或只能在一段较长的时间内出售，则可以表明两项资产未来现金流量的风险、时间或金额显著不同，因而这两项资产的交换具有商业实质。

此外，需要说明的是，从事相同经营业务的企业之间相互交换具有类似性质和相等价值的商品，以便在不同地区销售，这种同类别的非货币性资产之间的交换不具有商业实质。实务中，这种交换通常发生在某些特定商品上，常见的例子如石油或牛奶等。

7.2.6 关于以公允价值为基础计量

根据本准则的规定，非货币性资产交换具有商业实质，且换入资产或换出资产的公允价值能够可靠地计量的，企业应当以公允价值为基础计量。实务中，企业在进行非货币性资产交换时，相关换入资产或换出资产的公允价值通常会在合同中约定；对于合同中没有约定的，应当按照合同开始日（合同生效日）的公允价值确定。

本准则规定，换入资产和换出资产的公允价值均能够可靠计量的，应当以换出资产的公允价值为基础计量，但有确凿证据表明换入资产的公允价值更加可靠的除外，即换出资产的公允价值不能够可靠计量，或换入资产和换出资产的公允价值均能够可靠计量但有确凿证据表明换入资产的公允价值更加可靠的，应当以换入资产的公允价值为基础计量。

对于非货币资产交换中换入资产和换出资产的公允价值均能够可靠计量的情形，企业在判断是否有确凿证据表明换入资产的公允价值更加可靠时，应当考虑确定公允价值所使用的输入值层次,企业可以参考以下情况:第一层次输入值为公允价值提供了最可靠的证据,第二层次直接或间接可观察的输入值比第三层次不可观察输入值为公允价值提供更确凿的证据。对于换入资产和换出资产的公允价值所使用的输入值层次相同的,企业应当以换出资产的公允价值为基础计量。实务中,在考虑了补价因素的调整后,正常交易中换入资产的公允价值和换出资产的公允价值通常是一致的。

(一)会计处理原则。

根据本准则的规定,以公允价值为基础计量的非货币性资产交换中,换入资产和换出资产的计量分别按下列原则进行会计处理。

1. 对于换入资产,应当以换出资产的公允价值和应支付的相关税费作为换入资产的成本进行初始计量。换出资产的公允价值不能够可靠计量,或换入资产和换出资产的公允价值均能够可靠计量但有确凿证据表明换入资产的公允价值更加可靠的,应当以换入资产的公允价值和应支付的相关税费作为换入资产的初始计量金额。

其中,计入换入资产的应支付的相关税费应当符合相关会计准则对资产初始计量成本的规定。例如,换入资产为存货的,包括相关税费,使该资产达到目前场所和状态所发生的运输费、装卸费、保险费以及可归属于该资产的其他成本;换入资产为长期股权投资的,包括与取得该资产直接相关的费用、税金和其他必要支出;换入资产为投资性房地产的,包括相关税费和可直接归属于该资产的其他支出;换入资产为固定资产的,包括相关税费,使该资产达到预定可使用状态前所发生的可归属于该资产的运输费、装卸费、安装费和专业人员服务费等;换入资产为生产性生物资产的,包括相关税费、运输费、保险费以及可直接归属于该资产的其他支出;换入资产为无形资产的,包括相关税费以及直接归属于使该资产达到预定用途所发生的其他支出。上述税费均不包括准予从增值税销项税额中抵扣的进项税额。

2. 对于换出资产,应当在终止确认时,将换出资产的公允价值与其账面价值之间的差额计入当期损益。换出资产的公允价值不能够可靠计量,或换入资产和换出资产的公允价值均能够可靠计量但有确凿证据表明换入资产的公允价值更加可靠的,应当在终止确认时,将换入资产的公允价值与换出资产账面价值之间的差额计入当期损益。

其中,计入当期损益的会计处理视换出资产类别的不同而有所区别:(1)换出资产为固定资产、在建工程、生产性生物资产和无形资产的,计入当期损益的部分通过"资产处置损益"科目核算,在利润表"资产处置收益"项目中列示;(2)换出资产为投资性房地产的,按换出资产公允价值或换入资产公允价值确认其他业务收入,按换出资产账面价值结转其他业务成本,二者之间的差额计入当期损益,二者分别在利润表"营业收入"和"营业成本"项目中列示;(3)换出资产为长期股权投资的,计入当期损益的部分通过"投资收益"科目核算,在利润表"投资收益"项目中列示。

【例7-1】换出资产为固定资产的非货币性资产交换的会计处理

甲公司和乙家具制造公司均为增值税一般纳税人,适用的增值税税率均为13%。经协商,甲公司与乙公司于2×20年1月30日签订资产交换合同,当日生效。合同约定,甲公司以生产经营过程中使用的一台设备与乙公司生产的一批办公家具进行交换,用于交换的设备和办公家具当日的公允价值均为7.5万元。合同签订日即交换日，甲公司设备的账面价值为7.4万元（其中账面原价为10万元，已计提折旧2.6万元）；乙公司办公家具的账面价值为7万元。甲公司将换入的办公家具作为固定资产使用和管理；乙公司将换入的设备作为固定资产使用和管理。甲公司和乙公司开具的增值税专用发票注明的计税价格均为7.5万元，增值税税额为9 750元。交易过程中，甲公司以银行存款支付设备清理费用1 500元。

假设甲公司和乙公司此前均未对上述资产计提减值准备。整个交易过程中未发生除增值税以外的其他税费。

分析：本例中，对甲公司来说，整个资产交换过程没有涉及收付货币性资产，交换的资产为办公家具和设备，属于非货币性资产交换。

对甲公司来说，换入的办公家具虽然也作为固定资产使用和管理，但其未来现金流量是通过员工的使用来实现的，而换出的设备的未来现金流量是通过生产产品并对外销售而产生的，二者产生的现金流量在风险、时间和金额方面存在明显差异，因而交换具有商业实质。同时，两项资产的公允价值都能够可靠地计量，符合以公允价值为基础计量的条件。假设没有确凿证据表明换入资产的公允价值更加可靠，按照本准则的规定，甲公司以换出资产的公允价值为基础确定换入资产的成本，并确认换出资产产生的损益。

甲公司的账务处理如下：

借：固定资产清理	85 250
累计折旧	26 000
贷：固定资产——设备	100 000
银行存款	1 500
应交税费——应交增值税（销项税额）	9 750
借：固定资产——办公家具	75 000
应交税费——应交增值税（进项税额）	9 750
资产处置损益	500
贷：固定资产清理	85 250

对乙公司来说，相关收入应当按照《企业会计准则第14号——收入》的相关规定进行会计处理。假定换出存货的交易符合该准则规定的收入确认条件。

乙公司的账务处理如下：

借：固定资产——设备	75 000
应交税费——应交增值税（进项税额）	9 750
贷：主营业务收入	75 000
应交税费——应交增值税（销项税额）	9 750

同时，乙公司还应将换出存货的成本结转为当期营业成本。

【例7-2】换出资产为长期股权投资的非货币性资产交换的会计处理

2×20年6月15日，甲冰箱制造公司为了提高产品质量，需要乙公司的一项专利权。经协商，甲公司与乙公司签订合同，甲公司以其持有的对其联营企业丙公司的20%股权作为对价购买乙公司的专利权。合同开始日，甲公司长期股权投资和乙公司专利权的公允价值均为650万元。专利权的过户手续于2×20年6月28日完成，正式转移至甲公司。乙公司取得对丙公司的20%股权后，向丙公司派遣1名董事替代原甲公司派遣的董事，能够对丙公司实施重大影响，丙公司成为乙公司的联营企业。丙公司的股权过户、董事更换、相关董事会决议和章程修订于2×20年6月30日完成并生效。2×20年6月30日，甲公司的长期股权投资的账面价值为630万元（其中投资成本为670万元，损益调整为−40万元）；乙公司专利权的账面价值为680万元（其中账面原价为800万元，累计摊销额为120万元）。

假设甲公司和乙公司此前均未对上述资产计提减值准备。丙公司自成立以来未发生其他综合收益变动。整个交易过程中未发生相关税费。

分析：本例中，整个资产交换过程没有涉及收付货币性资产，交换的资产为长期股权投资和无形资产，属于非货币性资产交换。

对甲公司来说，换入的专利权能够大幅度改善产品质量，通过生产高质量的产品并对外销售而产生现金流量，与换出的对丙公司的长期股权投资通过获得股利产生现金流量相比，其预计未来现金流量的风险、时间和金额均不相同，因而交换具有商业实质；对乙公司来说，换入的对丙公司的长期股权投资，使丙公司成为其联营企业，可通过参与丙公司的财务和经营政策等方式，对其实施重大影响，由此从丙公司活动中获取现金流量，与换出的专利权预计产生的未来现金流量的风险、时间和金额均不相同，因而交换具有商业实质。同时，两项资产的公允价值都能够可靠地计量，符合以公允价值为基础计量的条件。假设均没有确凿证据表明换入资产的公允价值更加可靠，按照本准则的规定，甲公司和乙公司均以换出资产的公允价值为基础确定换入资产的成本，并确认换出资产产生的损益。

由于因专利权和股权过户等导致换入资产和换出资产满足确认条件和终止确认条件的时点存在短暂不一致，甲公司和乙公司按照重要性原则在2×20年6月30日进行会计处理。

甲公司的账务处理如下：

借：无形资产——专利权　　　　　　　　　　　　　　　6 500 000
　　长期股权投资——损益调整　　　　　　　　　　　　400 000
　　贷：长期股权投资——投资成本　　　　　　　　　　6 700 000
　　　　投资收益　　　　　　　　　　　　　　　　　　200 000

乙公司的账务处理如下：

借：长期股权投资——投资成本　　　　　　　　　　　　6 500 000
　　累计摊销　　　　　　　　　　　　　　　　　　　　1 200 000
　　资产处置损益　　　　　　　　　　　　　　　　　　300 000
　　贷：无形资产——专利权　　　　　　　　　　　　　8 000 000

（二）涉及补价的情形。

根据本准则的规定，对于以公允价值为基础计量的非货币性资产交换，涉及补价的，应当分别按下列情况进行处理。

1. 支付补价方：（1）以换出资产的公允价值为基础计量的，应当以换出资产的公允价值,加上支付补价的公允价值和应支付的相关税费,作为换入资产的成本,换出资产的公允价值与其账面价值之间的差额计入当期损益;(2)有确凿证据表明换入资产的公允价值更加可靠的,即以换入资产的公允价值为基础计量的,应当以换入资产的公允价值和应支付的相关税费作为换入资产的初始计量金额,换入资产的公允价值减去支付补价的公允价值,与换出资产账面价值之间的差额计入当期损益。

2. 收到补价方:(1)以换出资产的公允价值为基础计量的,应当以换出资产的公允价值,减去收到补价的公允价值,加上应支付的相关税费,作为换入资产的成本,换出资产的公允价值与其账面价值之间的差额计入当期损益;(2)有确凿证据表明换入资产的公允价值更加可靠的,即以换入资产的公允价值为基础计量的,应当以换入资产的公允价值和应支付的相关税费作为换入资产的初始计量金额,换入资产的公允价值加上收到补价的公允价值,与换出资产账面价值之间的差额计入当期损益。

【例7-3】支付补价的非货币性资产交换的会计处理

沿用【例7-1】,假设其他条件不变,合同约定甲公司用于交换的设备的公允价值为7.5万元,乙公司用于交换的办公家具的公允价值为9万元,甲公司以银行存款向乙公司支付补价1.5万元。甲公司开具的增值税专用发票注明的计税价格为7.5万元,增值税税额为9 750元;乙公司开具的增值税专用发票注明的计税价格为9万元,增值税税额为1.17万元;甲公司以银行存款向乙公司支付增值税差额1 950元。

分析:本例中,涉及收付货币性资产,应当计算货币性资产占整个资产交换的比例。对于甲公司,支付的货币性资产1.5万元占换入资产公允价值9万元(或换出资产公允价值7.5万元和支付的货币性资产1.5万元之和)的比例为16.67%,小于25%,属于非货币性资产交换。

甲公司的账务处理如下:

借:固定资产清理	85 250
累计折旧	26 000
贷:固定资产——设备	100 000
银行存款	1 500
应交税费——应交增值税(销项税额)	9 750
借:固定资产——办公家具	90 000
应交税费——应交增值税(进项税额)	11 700
资产处置损益	500
贷:固定资产清理	85 250
银行存款	16 950

对乙公司来说,相关收入应当按照《企业会计准则第14号——收入》的相关规定进行会计处理。具体账务处理参照【例7-1】中乙公司的账务处理。

【例7-4】收到补价的非货币性资产交换的会计处理

沿用【例7-2】,假设其他条件不变,丙公司是上市公司,按照合同开始日的股票价格计算，丙公司的20%股权的公允价值为700万元。乙公司专利权的公允价值为650万元，系第三方报价机构使用乙公司自身数据通过估值技术确定的。由于甲公司迫切需要该专利权来提高产品质量，同意乙公司以银行存款支付补价40万元。2×20年6月30日，丙公司可辨认净资产公允价值为3 200万元。

分析：本例中，涉及收付货币性资产，应当计算货币性资产占整个资产交换的比例。补价40万元占整个资产交换金额的比例小于25%，属于非货币性资产交换。

由于用于交换的两项资产的公允价值均能够可靠地计量，企业应当考虑是否有确凿证据表明换入资产的公允价值更加可靠。由于丙公司是上市公司，其20%的股权的公允价值是基于股票价格计算的，其公允价值输入值的层次为第一层次，即活跃市场上未经调整的报价。乙公司专利权的公允价值是基于估值技术的评估值，其公允价值输入值的层次为第三层次。因此，对甲公司来说，应当以换出资产丙公司的20%股权的公允价值（700万元）减去收到的补价（40万元）作为换入资产专利权的成本（7 000 000－400 000＝6 600 000），换出资产的公允价值与其账面价值之间的差额计入当期损益（7 000 000－6 300 000＝700 000）；对乙公司来说，有确凿证据表明换入资产丙公司的20%股权的公允价值更加可靠，应当以换入资产丙公司的20%股权的公允价值（700万元）作为其初始计量金额，换入资产的公允价值减去支付的补价，与换出资产专利权账面价值之间的差额计入当期损益（7 000 000－400 000－6 800 000＝－200 000）。

甲公司的账务处理如下：

借：无形资产——专利权	6 600 000
长期股权投资——损益调整	400 000
银行存款	400 000
贷：长期股权投资——投资成本	6 700 000
投资收益	700 000

乙公司的账务处理如下：

借：长期股权投资——投资成本	7 000 000
累计摊销	1 200 000
资产处置损益	200 000
贷：无形资产——专利权	8 000 000
银行存款	400 000

（三）涉及换入多项资产或换出多项资产的情形。

非货币性资产交换中，企业可以以一项非货币性资产同时换入另一企业的多项非货币性资产，或同时以多项非货币性资产换入另一企业的一项非货币性资产，或以多项非货币性资产同时换入另一企业的多项非货币性资产，这些交换也可能涉及补价。对于涉及换入或换出多项资产的非货币性资产交换的计量，企业同样应当首先判断是否符合本准则以公允价值为基础计量的两个条件，再按本准则的规定分情况确定各项换入资产的初始计量金额，以及各项换出资产终止确认的相关损益。

涉及换入多项资产或换出多项资产的非货币性资产交换符合以公允价值为基础计量的，

通常可以分为以下情形。

1. 以换出资产的公允价值为基础计量的。

（1）对于同时换入的多项资产，由于通常无法将换入资产与换出的某项特定资产相对应，应当按照各项换入资产的公允价值的相对比例（换入资产的公允价值不能够可靠计量的，可以按照各项换入资产的原账面价值的相对比例或其他合理的比例），将换出资产公允价值总额（涉及补价的，加上支付补价的公允价值或减去收到补价的公允价值）分摊至各项换入资产，以分摊额和应支付的相关税费作为各项换入资产的成本进行初始计量。需要说明的是，根据本准则规定，如果同时换入的多项非货币性资产中包含由《企业会计准则第22号——金融工具确认和计量》规范的金融资产，应当按照《企业会计准则第22号——金融工具确认和计量》的规定进行会计处理，在确定换入的其他多项资产的初始计量金额时，应当将金融资产公允价值从换出资产公允价值总额中扣除。

（2）对于同时换出的多项资产，应当将各项换出资产的公允价值与其账面价值之间的差额，在各项换出资产终止确认时计入当期损益。

2. 以换入资产的公允价值为基础计量的。

（1）对于同时换入的多项资产，应当以各项换入资产的公允价值和应支付的相关税费作为各项换入资产的初始计量金额。

（2）对于同时换出的多项资产，由于通常无法将换入资产与换出的某项特定资产相对应，应当按照各项换出资产的公允价值的相对比例（换出资产的公允价值不能够可靠计量的，可以按照各项换出资产的账面价值的相对比例），将换入资产的公允价值总额（涉及补价的，减去支付补价的公允价值或加上收到补价的公允价值）分摊至各项换出资产，分摊额与各项换出资产账面价值之间的差额，在各项换出资产终止确认时计入当期损益。需要说明的是，根据本准则规定，如果同时换出的多项非货币性资产中包含由《企业会计准则第22号——金融工具确认和计量》规范的金融资产，该金融资产应当按照《企业会计准则第22号——金融工具确认和计量》和《企业会计准则第23号——金融资产转移》的规定判断换出的该金融资产是否满足终止确认条件并进行终止确认的会计处理，在确定其他各项换出资产终止确认的相关损益时，应当将终止确认的金融资产公允价值从换入资产公允价值总额中扣除。

【例7-5】以换出资产的公允价值为基础计量的非货币性资产交换的会计处理

甲公司和乙公司均为增值税一般纳税人。经协商，甲公司和乙公司于2×20年1月25日签订资产交换合同，当日生效。合同约定，甲公司用于交换的资产包括：一间生产用厂房，公允价值为110万元；一幢自购入时就全部用于经营出租的公寓楼，公允价值为390万元。乙公司用于交换的资产包括：一块土地的使用权，公允价值为240万元；经营过程中使用的10辆货车，公允价值为300万元。甲公司以银行存款向乙公司支付补价40万元。双方于2×20年2月1日完成了资产交换手续。

交换当日，甲公司的厂房的账面价值为120万元（其中账面原价为150万元，已计提折旧30万元），作为采用成本模式计量的投资性房地产的公寓楼的账面价值为360万元（其中账面原价为 420 万元,已计提折旧 60 万元),乙公司的土地使用权的账面价值为 210 万元(其中成本为 220 万元,累计摊销额为 10 万元),10 辆货车的账面价值为 320 万元(其中账面原价为 400 万元,已计提折旧 80 万元)。甲公司开具两张增值税专用发票,分别注明厂房的计税价格 110 万元、增值税税额为 9.9 万元;公寓楼的计税价格为 390 万元、增值税税额为 35.1 万元。乙公司开具两张增值税专用发票,分别注明土地使用权的计税价格为 240 万元、增值税税额为 21.6 万元;10 辆货车的计税价格为 300 万元、增值税税额为 39 万元。甲公司以银行存款向乙公司支付增值税差额 15.6 万元。交易过程中,甲公司用银行存款支付了土地使用权的契税及过户费用 5 万元,乙公司用银行存款分别支付了厂房和公寓楼的契税及过户费用 3 万元和 10 万元。

假设甲公司和乙公司此前均未对上述资产计提减值准备,上述资产交换后的用途不发生改变。不考虑其他税费。

分析:本例中,涉及收付货币性资产,应当计算货币性资产占整个资产交换的比例。补价 40 万元占整个资产交换金额 540 万元的比例为 7.41%,小于 25%,属于非货币性资产交换。

本例中用于交换的厂房通过在厂房使用寿命内与其他资产协同生产产品并对外销售而产生现金流量,公寓楼通过经营出租并定期收取租金而产生稳定均衡的现金流量,土地使用权通过在其上建造房屋后与房屋共同产生现金流量,货车通过使用或提供服务而产生独立的现金流量,各项资产的未来现金流量在风险、时间和金额方面均明显不同,因而交换具有商业实质。同时,各项资产的公允价值都能够可靠地计量,符合以公允价值为基础计量的条件。假设均没有确凿证据表明换入资产的公允价值更加可靠,甲公司和乙公司均以换出资产的公允价值为基础确定各项换入资产的成本,并确认各项换出资产产生的损益。

甲公司的会计处理如下:

(1) 确定各项换入资产的初始计量金额,见表 7-1。

表 7-1　甲公司各项换入资产的初始计量金额　　　　　　　　　　单位:元

换入资产	公允价值	换出资产公允价值总额+补价	分摊额	相关税费	初始计量金额
无形资产——土地使用权	2 400 000	不适用	2 400 000	50 000	2 450 000
固定资产——货车	3 000 000	不适用	3 000 000	0	3 000 000
合计	5 400 000	5 400 000	5 400 000	50 000	5 450 000

(2) 确定各项换出资产终止确认的相关损益,见表 7-2。

表 7-2　甲公司各项换出资产终止确认的相关损益　　　　　　　　单位:元

换出资产	账面价值	公允价值	处置损益
固定资产——厂房	1 200 000	1 100 000	-100 000
投资性房地产	3 600 000	3 900 000	300 000
合计	4 800 000	5 000 000	200 000

(3) 甲公司的账务处理如下:

①终止确认换出的厂房,转入固定资产清理。

借:固定资产清理	1 299 000
累计折旧——厂房	300 000
贷:固定资产——厂房	1 500 000
应交税费——应交增值税(销项税额)	99 000

②确认换入的土地使用权和货车,同时确认换出资产相关损益。

借:无形资产——土地使用权	2 400 000
固定资产——货车	3 000 000
应交税费——应交增值税(进项税额)	606 000
资产处置损益	100 000
贷:固定资产清理	1 299 000
其他业务收入	3 900 000
应交税费——应交增值税(销项税额)	351 000
银行存款	556 000

③确认换入的土地使用权的相关税费。

借:无形资产——土地使用权	50 000
贷:银行存款	50 000

④终止确认换出的投资性房地产,结转其他业务成本。

借:其他业务成本	3 600 000
投资性房地产累计折旧	600 000
贷:投资性房地产	4 200 000

乙公司的会计处理如下:

(1) 确定各项换入资产的初始计量金额,见表7-3。

表7-3　乙公司各项换入资产的初始计量金额　　　　　　　　　　　单位:元

换入资产	公允价值	换出资产公允价值总额－补价	分摊额	相关税费	初始计量金额
固定资产——厂房	1 100 000	不适用	1 100 000	30 000	1 130 000
投资性房地产	3 900 000	不适用	3 900 000	100 000	4 000 000
合计	5 000 000	5 000 000	5 000 000	130 000	5 130 000

(2) 确定各项换出资产终止确认的相关损益,见表7-4。

表7-4　乙公司各项换出资产终止确认的相关损益　　　　　　　　　单位:元

换出资产	账面价值	公允价值	处置损益
无形资产——土地使用权	2 100 000	2 400 000	300 000
固定资产——货车	3 200 000	3 000 000	-200 000
合计	5 300 000	5 400 000	100 000

（3）乙公司的账务处理如下：

①终止确认换出的10辆货车，转入固定资产清理。

借：固定资产清理	3 590 000
累计折旧——货车	800 000
贷：固定资产——货车	4 000 000
应交税费——应交增值税（销项税额）	390 000

②确认换入的厂房和公寓楼，同时确认换出资产相关损益。

借：固定资产——厂房	1 100 000
投资性房地产	3 900 000
应交税费——应交增值税（进项税额）	450 000
银行存款	556 000
累计摊销	100 000
贷：无形资产——土地使用权	2 200 000
应交税费——应交增值税（销项税额）	216 000
资产处置损益	100 000
固定资产清理	3 590 000

③确认换入的厂房和公寓楼的相关税费。

借：固定资产——厂房	30 000
投资性房地产	100 000
贷：银行存款	130 000

【例7-6】以换入资产的公允价值为基础计量的非货币性资产交换的会计处理

沿用【例7-5】，假设其他条件不变，合同约定甲公司用于交换的资产还包括一项对P公司的股票投资，甲公司将该投资作为交易性金融资产核算。该股票投资在2×20年1月25日的公允价值为30万元，账面价值为25万元。由于该股票有较好的前景，按合同约定甲公司向乙公司支付补价8万元。

分析：本例中，沿用【例7-5】的分析，甲公司和乙公司均以换出资产的公允价值为基础确定各项换入资产的成本，并确认各项换出资产产生的损益。另外，甲公司和乙公司用于交换的非货币性资产中包含交易性金融资产，属于由《企业会计准则第22号——金融工具确认和计量》规范的金融资产。甲公司和乙公司应按照《企业会计准则第22号——金融工具确认和计量》和《企业会计准则第23号——金融资产转移》的规定分别对换出和换入的交易性金融资产进行会计处理。

甲公司的会计处理如下：

(1) 确定各项换入资产的初始计量金额，见表7-5。

表 7-5 甲公司各项换入资产的初始计量金额　　　　　　　　　单位：元

换入资产	公允价值	换出资产公允价值总额＋补价	分摊金额	相关税费	初始计量金额
无形资产——土地使用权	2 400 000	不适用	2 391 100	50 000	2 441 100
固定资产——货车	3 000 000	不适用	2 988 900	0	2 988 900
合计	5 400 000	5 380 000	5 380 000	50 000	5 430 000

（2）确定各项换出资产终止确认的相关损益，见表 7-6。

表 7-6 甲公司各项换出资产终止确认的相关损益　　　　　　　　　单位：元

换出资产	账面价值	公允价值	处置损益
交易性金融资产——P公司股票*	250 000	300 000	50 000
固定资产——厂房	1 200 000	1 100 000	-100 000
投资性房地产	3 600 000	3 900 000	300 000
合计	5 050 000	5 300 000	250 000

注：*假定根据《企业会计准则第22号——金融工具确认和计量》和《企业会计准则第23号——金融资产转移》的相关规定，换出的"交易性金融资产——P公司股票"满足整体终止确认的条件，甲公司应当按照上述准则的规定对终止确认进行会计处理。

（3）甲公司的账务处理：略。

乙公司的会计处理如下：

（1）确定各项换入资产的初始计量金额。

乙公司换入的多项资产中包含由《企业会计准则第22号——金融工具确认和计量》规范的交易性金融资产，应当按照《企业会计准则第22号——金融工具确认和计量》的规定进行会计处理。乙公司在确定换入的其他多项资产的初始计量金额时，应当将该金融资产公允价值从换出资产公允价值总额（涉及补价的，加上支付补价的公允价值或减去收到补价的公允价值）中扣除。

用于分摊的金额计算如下：

换出资产的公允价值	无形资产——土地使用权	2 400 000
	固定资产——货车	3 000 000
换出资产的总价值		5 400 000
减：收到的补价		-800 000
		5 320 000
减：换入的金融资产的公允价值		-300 000
用于分摊的金额		5 020 000

分摊的计算过程如表 7-7 所示。

表7-7 乙公司各项换入资产的初始计量金额　　　　　　　　单位：元

换入资产	公允价值	用于分摊的金额	分摊金额	相关税费	初始计量金额
固定资产——厂房	1 100 000	不适用	1 104 400	30 000	1 134 400
投资性房地产	3 900 000	不适用	3 915 600	100 000	4 015 600
合计	5 000 000	5 020 000	5 020 000	130 000	5 150 000
交易性金融资产——P公司股票	300 000	不适用	不适用	0	300 000

(2) 确定各项换出资产终止确认的相关损益。

同【例7-5】，此处略。

(3) 乙公司的账务处理：略。

7.2.7 关于以账面价值为基础计量

根据本准则的规定，当非货币性资产交换不满足本准则规定的以公允价值为基础计量的条件时，即非货币性资产交换不具有商业实质，或者虽然具有商业实质但换入资产和换出资产的公允价值均不能可靠计量的，企业应当以账面价值为基础计量。

(一) 会计处理原则。

1. 对于换入资产，应当以换出资产的账面价值和应支付的相关税费作为换入资产的初始计量金额。

2. 对于换出资产，终止确认时不确认损益。

【例7-7】以账面价值为基础计量的非货币性资产交换的会计处理

甲公司是一家制药公司，因经营战略发生重大转变，将专注于疫苗的生产和销售，其拥有的一项生产抗生素的专利权难以满足新的经营战略。乙公司也是一家制药公司，正在开展一系列抗生素方面的新业务。

2×20年3月30日，甲公司和乙公司协商后决定，甲公司将其抗生素的专利权转让给乙公司，作为交换，乙公司将其刚申请专利的一项传染病疫苗配方转让给甲公司，由其进行生产推广。

当日，甲公司换出的抗生素专利权的账面价值为45万元（其中账面原价为60万元，累计摊销额为15万元）；乙公司刚申请专利的传染病疫苗已转为无形资产核算，账面价值为50万元，尚未进行摊销。假设两项专利权的公允价值不能可靠计量。

假设整个交易过程中没有发生相关税费。双方取得专利权后仍分别作为无形资产核算。

分析：本例中，整个资产交换过程没有涉及收付货币性资产，交换的资产为无形资产，属于非货币性资产交换。由于用于交换的两项药物专利权的公允价值不能可靠地计量，因此甲公司和乙公司均应当以换出资产的账面价值为基础确定换入资产的初始计量金额，换出资产不确认损益。

甲公司的账务处理如下：

借：无形资产——传染病疫苗专利权　　　　　　　　　　　　　　450 000

累计摊销——抗生素专利权	150 000
贷：无形资产——抗生素专利权	600 000

乙公司的账务处理如下：

借：无形资产——抗生素专利权	500 000
贷：无形资产——传染病疫苗专利权	500 000

（二）涉及补价的情形。

根据本准则的规定，对于以账面价值为基础计量的非货币性资产交换，涉及补价的，应当将补价作为确定换入资产初始计量金额的调整因素，分别按下列情况进行处理。

1. 支付补价方：应当以换出资产的账面价值，加上支付补价的账面价值和应支付的相关税费，作为换入资产的初始计量金额，不确认损益。

2. 收到补价方：应当以换出资产的账面价值，减去收到补价的公允价值，加上应支付的相关税费，作为换入资产的初始计量金额，不确认损益。

（三）涉及换入多项资产或换出多项资产的情形。

对于以账面价值为基础计量的非货币性资产交换，如涉及换入多项资产或换出多项资产，或者同时换入和换出多项资产的，应当分别对换入的多项资产、换出的多项资产进行会计处理。

1. 对于换入的多项资产，由于通常无法将换出资产与换入的某项特定资产相对应，应当按照各项换入资产的公允价值的相对比例（换入资产的公允价值不能够可靠计量的，也可以按照各项换入资产的原账面价值的相对比例或其他合理的比例），将换出资产的账面价值总额（涉及补价的，加上支付补价的账面价值或减去收到补价的公允价值）分摊至各项换入资产，加上应支付的相关税费，作为各项换入资产的初始计量金额。

2. 对于同时换出的多项资产，各项换出资产终止确认时均不确认损益。

【例7－8】涉及换入多项资产或换出多项资产的非货币性资产交换的会计处理

沿用【例7－7】，假设其他条件不变，甲公司和乙公司进行专利权交换的同时，甲公司还将一套抗生素生产专用设备转移给乙公司，乙公司将一套专门用于传染病疫苗存储的设备转移给甲公司。2×20年3月30日，甲公司换出的专用设备的账面价值为420万元（其中账面原价为500万元，已计提折旧80万元），乙公司换出的疫苗存储设备账面价值为400万元（其中账面原价为700万元，已计提折旧300万元）。假设两项设备均为自行研究制造的专用设备，其公允价值不能可靠计量。

分析：本例中，由于用于交换的两项药物专利和两套设备的公允价值均不能可靠地计量，因此甲公司和乙公司均应当以换出资产的账面价值为基础确定换入资产的初始计量金额，换出资产不确认损益。对于同时换入的多项资产，由于换入资产的公允价值不能可靠地计量，甲公司和乙公司均按照各项换入资产的原账面价值的相对比例，将换出资产的账面价值总额分摊至各项换入资产，作为各项换入资产的初始计量金额。对于同时换出的多项资产，终止确认时按照账面价值转销，不确认损益。

甲公司的会计处理如下：

(1) 确定各项换入资产的初始计量金额，见表7-8。

表7-8 甲公司各项换入资产的初始计量金额　　　　　　　　　　单位：元

换入资产	在换出方的原账面价值	换出资产账面价值	初始计量金额
无形资产——传染病疫苗专利权	500 000	不适用	516 667
固定资产——疫苗存储设备	4 000 000	不适用	4 133 333
合计	4 500 000	4 650 000	4 650 000

(2) 对于同时换出的多项资产，终止确认时按照账面价值转销，不确认损益。

(3) 甲公司的账务处理如下：

借：固定资产清理　　　　　　　　　　　　　　　　4 200 000
　　累计折旧——抗生素专用设备　　　　　　　　　　800 000
　　贷：固定资产——抗生素专用设备　　　　　　　5 000 000
借：无形资产——传染病疫苗专利权　　　　　　　　516 667
　　固定资产——疫苗存储设备　　　　　　　　　　4 133 333
　　累计摊销——抗生素专利权　　　　　　　　　　150 000
　　贷：无形资产——抗生素专利权　　　　　　　　600 000
　　　　固定资产清理　　　　　　　　　　　　　　4 200 000

乙公司的会计处理如下：

(1) 确定各项换入资产的初始计量金额，见表7-9。

表7-9 乙公司各项换入资产的初始计量金额　　　　　　　　　　单位：元

换入资产	在换出方的原账面价值	换出资产账面价值	初始计量金额
无形资产——抗生素专利权	450 000	不适用	435 484
固定资产——抗生素专用设备	4 200 000	不适用	4 064 516
合计	4 650 000	4 500 000	4 500 000

(2) 对于同时换出的多项资产，终止确认时按照账面价值转销，不确认损益。

(3) 乙公司的账务处理如下：

借：固定资产清理　　　　　　　　　　　　　　　　4 000 000
　　累计折旧——疫苗存储设备　　　　　　　　　　3 000 000
　　贷：固定资产——疫苗存储设备　　　　　　　　7 000 000
借：无形资产——抗生素专利权　　　　　　　　　　435 484
　　固定资产——抗生素专用设备　　　　　　　　　4 064 516
　　贷：无形资产——传染病疫苗专利权　　　　　　500 000

| 固定资产清理 | 4 000 000 |

7.2.8 关于非货币性资产交换的披露

本准则规定，企业应当在附注中披露有关非货币性资产交换的下列信息：（1）非货币性资产交换是否具有商业实质及其原因；（2）换入资产、换出资产的类别；（3）换入资产初始计量金额的确定方式；（4）换入资产、换出资产的公允价值以及换出资产的账面价值；（5）非货币性资产交换确认的损益。

需要说明的是，在披露非货币性资产交换是否具有商业实质的原因时，如果能够通过定性分析即可得出结论认定换入资产的未来现金流量在风险、时间或金额方面与换出资产显著不同，交换因而具有商业实质，则应当披露定性分析中所考虑的相关因素和相关结论。在这种情况下，不需要进一步披露使用换入资产和继续使用换出资产所产生的预计未来现金流量现值，以及通过计算进行的定量分析。如果难以通过定性分析直接得出结论认定非货币性资产交换具有商业实质，则应当披露使用换入资产进行相关经营的预计未来现金流量现值和继续使用换出资产进行相关经营的预计未来现金流量现值，以及相关的定量分析和结论。

7.2.9 关于新旧准则的衔接规定

本准则自 2019 年 6 月 10 日起施行。本准则规定，2006 年 2 月 15 日财政部印发的《财政部关于印发《企业会计准则第 1 号——存货》等 38 项具体准则的通知》（财会〔2006〕3 号）中的《企业会计准则第 7 号——非货币性资产交换》同时废止。财政部此前发布的有关非货币性资产交换会计处理规定与本准则不一致的，以本准则为准。

根据本准则的规定，企业对 2019 年 1 月 1 日至本准则施行日之间发生的非货币性资产交换，应根据本准则进行调整，视同从 2019 年 1 月 1 日起按照本准则进行会计处理，以确保在 2019 年度对非货币性资产交换业务采用的会计处理方法保持一致。企业对 2019 年 1 月 1 日之前发生的非货币性资产交换，不需要按照本准则的规定进行追溯调整。

第8章 资产减值

8.1 企业会计准则第8号——资产减值

《企业会计准则第8号——资产减值》(以下简称"本准则")于2006年2月15日由财会〔2006〕3号公布,自2007年1月1日起施行。

8.1.1 总则

第一条 为了规范资产减值的确认、计量和相关信息的披露,根据《企业会计准则——基本准则》,制定本准则。

第二条 资产减值,是指资产的可收回金额低于其账面价值。

本准则中的资产,除了特别规定外,包括单项资产和资产组。

资产组,是指企业可以认定的最小资产组合,其产生的现金流入应当基本上独立于其他资产或者资产组产生的现金流入。

第三条 下列各项适用其他相关会计准则。

(一) 存货的减值,适用《企业会计准则第1号——存货》。

(二) 采用公允价值模式计量的投资性房地产的减值,适用《企业会计准则第3号——投资性房地产》。

(三) 消耗性生物资产的减值,适用《企业会计准则第5号——生物资产》。

(四) 建造合同形成的资产的减值,适用《企业会计准则第15号——建造合同》。

(五) 递延所得税资产的减值,适用《企业会计准则第18号——所得税》。

(六) 融资租赁中出租人未担保余值的减值,适用《企业会计准则第21号——租赁》。

(七)《企业会计准则第22号——金融工具确认和计量》规范的金融资产的减值,适用《企业会计准则第22号——金融工具确认和计量》。

(八) 未探明石油天然气矿区权益的减值,适用《企业会计准则第27号——石油天然气开采》。

8.1.2 可能发生减值资产的认定

第四条 企业应当在资产负债表日判断资产是否存在可能发生减值的迹象。

因企业合并所形成的商誉和使用寿命不确定的无形资产,无论是否存在减值迹象,每年都应当进行减值测试。

第五条 存在下列迹象的,表明资产可能发生了减值。

(一) 资产的市价当期大幅度下跌,其跌幅明显高于因时间的推移或者正常使用而预计的下跌。

(二) 企业经营所处的经济、技术或者法律等环境以及资产所处的市场在当期或者将在近期发生重大变化，从而对企业产生不利影响。

（三）市场利率或者其他市场投资报酬率在当期已经提高，从而影响企业计算资产预计未来现金流量现值的折现率，导致资产可收回金额大幅度降低。

（四）有证据表明资产已经陈旧过时或者其实体已经损坏。

（五）资产已经或者将被闲置、终止使用或者计划提前处置。

（六）企业内部报告的证据表明资产的经济绩效已经低于或者将低于预期，如资产所创造的净现金流量或者实现的营业利润（或者亏损）远远低于（或者高于）预计金额等。

（七）其他表明资产可能已经发生减值的迹象。

8.1.3 资产可收回金额的计量

第六条 资产存在减值迹象的，应当估计其可收回金额。

可收回金额应当根据资产的公允价值减去处置费用后的净额与资产预计未来现金流量的现值两者之间较高者确定。

处置费用包括与资产处置有关的法律费用、相关税费、搬运费以及为使资产达到可销售状态所发生的直接费用等。

第七条 资产的公允价值减去处置费用后的净额与资产预计未来现金流量的现值，只要有一项超过了资产的账面价值，就表明资产没有发生减值，不需再估计另一项金额。

第八条 资产的公允价值减去处置费用后的净额，应当根据公平交易中销售协议价格减去可直接归属于该资产处置费用的金额确定。

不存在销售协议但存在资产活跃市场的，应当按照该资产的市场价格减去处置费用后的金额确定。资产的市场价格通常应当根据资产的买方出价确定。

在不存在销售协议和资产活跃市场的情况下，应当以可获取的最佳信息为基础，估计资产的公允价值减去处置费用后的净额，该净额可以参考同行业类似资产的最近交易价格或者结果进行估计。

企业按照上述规定仍然无法可靠估计资产的公允价值减去处置费用后的净额的，应当以该资产预计未来现金流量的现值作为其可收回金额。

第九条 资产预计未来现金流量的现值，应当按照资产在持续使用过程中和最终处置时所产生的预计未来现金流量，选择恰当的折现率对其进行折现后的金额加以确定。

预计资产未来现金流量的现值，应当综合考虑资产的预计未来现金流量、使用寿命和折现率等因素。

第十条 预计的资产未来现金流量应当包括下列各项。

（一）资产持续使用过程中预计产生的现金流入。

（二）为实现资产持续使用过程中产生的现金流入所必需的预计现金流出（包括为使资产达到预定可使用状态所发生的现金流出）。该现金流出应当是可直接归属于或者可通过合理和一致的基础分配到资产中的现金流出。

（三）资产使用寿命结束时，处置资产所收到或者支付的净现金流量。该现金流量应当是在公平交易中，熟悉情况的交易双方自愿进行交易时，企业预期可从资产的处置中获取或者支付的、减去预计处置费用后的金额。

第十一条 预计资产未来现金流量时，企业管理层应当在合理和有依据的基础上对资产剩余使用寿命内整个经济状况进行最佳估计。

预计资产的未来现金流量，应当以经企业管理层批准的最近财务预算或者预测数据，以及该预算或者预测期之后年份稳定的或者递减的增长率为基础。企业管理层如能证明递增的增长率是合理的，可以以递增的增长率为基础。

建立在预算或者预测基础上的预计现金流量最多涵盖5年，企业管理层如能证明更长的期间是合理的，可以涵盖更长的期间。

在对预算或者预测期之后年份的现金流量进行预计时，所使用的增长率除了企业能够证明更高的增长率是合理的之外，不应当超过企业经营的产品、市场、所处的行业或者所在国家或者地区的长期平均增长率，或者该资产所处市场的长期平均增长率。

第十二条 预计资产的未来现金流量，应当以资产的当前状况为基础，不应当包括与将来可能会发生的、尚未作出承诺的重组事项或者与资产改良有关的预计未来现金流量。

预计资产的未来现金流量也不应当包括筹资活动产生的现金流入或者流出以及与所得税收付有关的现金流量。

企业已经承诺重组的，在确定资产的未来现金流量的现值时，预计的未来现金流入和流出数，应当反映重组所能节约的费用和由重组所带来的其他利益，以及因重组所导致的估计未来现金流出数。其中重组所能节约的费用和由重组所带来的其他利益，通常应当根据企业管理层批准的最近财务预算或者预测数据进行估计；因重组所导致的估计未来现金流出数应当根据《企业会计准则第13号——或有事项》所确认的因重组所发生的预计负债金额进行估计。

【例8-1】预计资产未来现金流量的方法1

企业某固定资产剩余使用年限为3年，企业预计未来3年里在正常的情况下，该资产每年可为企业产生的净现金流量分别为100万元、50万元、10万元。该现金流量通常即为最有可能产生的现金流量，企业应以该现金流量的预计数为基础计算资产的现值。

但在实务中，有时影响资产未来现金流量的因素较多，情况较为复杂，带有很大的不确定性，为此，使用单一的现金流量可能并不会如实反映资产创造现金流量的实际情况。这样，企业应当采用期望现金流量法预计资产未来现金流量。

【例8-2】预计资产未来现金流量的方法2

沿用【例8-1】，假定利用该固定资产生产的产品受市场行情波动影响大，企业预计未来3年每年的现金流量情况如表8-1所示。

表8-1　各年现金流量概率分布及发生情况　　　　　　　　　单位：万元

年限	产品行情好 （30%的可能性）	产品行情一般 （60%的可能性）	产品行情差 （10%的可能性）
第1年	150	100	50
第2年	80	50	20
第3年	20	10	0

在这种情况下,采用期望现金流量法比传统法更为合理。在期望现金流量法下,资产未来现金流量应当根据每期现金流量期望值进行预计,每期现金流量期望值按照各种可能情况下的现金流量与其发生概率加权计算。按照表8-1提供的情况,企业应当计算资产每年的预计未来现金流量。

第1年的预计现金流量(期望现金流量):
150×30% +100×60% +50×10% =110(万元)
第2年的预计现金流量(期望现金流量):
80×30% +50×60% +20×10% =56(万元)
第3年的预计现金流量(期望现金流量):
20×30% +10×60% +0×10% =12(万元)

应当注意的是,如果资产未来现金流量的发生时间是不确定的,企业应当根据资产在每一种可能情况下的现值及其发生概率直接加权计算资产未来现金流量的现值。

第十三条 折现率是反映当前市场货币时间价值和资产特定风险的税前利率。该折现率是企业在购置或者投资资产时所要求的必要报酬率。

在预计资产的未来现金流量时已经对资产特定风险的影响作了调整的,估计折现率不需要考虑这些特定风险。如果用于估计折现率的基础是税后的,应当将其调整为税前的折现率。

【例8-3】预计资产未来现金流量的方法3

XYZ航运公司于20×0年年末对一艘远洋运输船舶进行减值测试。该船舶账面价值为1.6亿元,预计尚可使用年限为8年。

该船舶的公允价值减去处置费用后的净额难以确定,因此,企业需要通过计算其未来现金流量的现值确定其可收回金额。假定公司当初购置该船舶用的资金是银行长期借款,借款年利率为15%,公司认为15%是该资产的最低必要报酬率,已考虑了与该资产有关的货币时间价值和特定风险。因此,在计算其未来现金流量现值时,使用15%作为其折现率(税前)。

公司管理层批准的财务预算显示:公司将于20×5年更新船舶的发动机系统,预计为此发生资本性支出1 500万元,这一支出将降低船舶运输油耗、提高使用效率等,因此,将提高资产的运营绩效。

为了计算船舶在20×0年年末未来现金流量的现值,公司首先必须预计其未来现金流量。假定公司管理层批准的20×0年年末的该船舶预计未来现金流量如表8-2所示。

表8-2 未来现金流量预计情况 单位:万元

年份	预计未来现金流量 (不包括改良的影响金额)	预计未来现金流量 (包括改良的影响金额)
20×1	2 500	
20×2	2 460	
20×3	2 380	

续表

年份	预计未来现金流量 （不包括改良的影响金额）	预计未来现金流量 （包括改良的影响金额）
20×4	2 360	
20×5	2 390	
20×6	2 470	3 290
20×7	2 500	3 280
20×8	2 510	3 300

根据本准则的规定，在预计20×0年年末资产未来现金流量时，应当以资产当时的状况为基础，不应考虑与该资产改良有关的预计未来现金流量，因此，尽管20×5年船舶的发动机系统将进行更新以改良资产绩效，提高资产未来现金流量，但是在20×0年年末对其进行减值测试时，则不应将其包括在内。即在20×0年年末计算该资产未来现金流量的现值时，应当以不包括资产改良影响金额的未来现金流量为基础加以计算，如表8-3所示。

由于在20×0年年末，船舶的账面价值（尚未确认减值损失）为16 000万元，而其可收回金额为10 965万元，账面价值高于其可收回金额，因此，应当确认减值损失，并计提相应的资产减值准备。应确认的减值损失为：16 000 - 10 965 = 5 035（万元）。

假定在20×1—20×4年间该船舶没有发生进一步减值的迹象，因此，不必再进行减值测试，无须计算其可收回金额。20×5年发生了1 500万元的资本性支出，改良了资产绩效，导致其未来现金流量增加，但由于我国本准则不允许将以前期间已经确认的资产减值损失予以转回，因此，在这种情况下，也不必计算其可收回金额。

表8-3 现值的计算　　　　　　　　　　　　　　　单位：万元

年份	预计未来现金流量 （不包括改良的影响金额）	以折现率为 15%的折现系数	预计未来现金 流量的现值
20×1	2 500	0.869 6	2 174
20×2	2 460	0.756 1	1 860
20×3	2 380	0.657 5	1 565
20×4	2 360	0.571 8	1 349
20×5	2 390	0.497 2	1 188
20×6	2 470	0.432 3	1 068
20×7	2 500	0.375 9	940
20×8	2 510	0.326 9	821
合计			10 965

第十四条 预计资产的未来现金流量涉及外币的，应当以该资产所产生的未来现金流量的结算货币为基础，按照该货币适用的折现率计算资产的现值；然后将该外币现值按照计算资产未来现金流量现值当日的即期汇率进行折算。

8.1.4 资产减值损失的确定

第十五条 可收回金额的计量结果表明，资产的可收回金额低于其账面价值的，应当将资产的账面价值减记至可收回金额，减记的金额确认为资产减值损失，计入当期损益，同时计提相应的资产减值准备。

第十六条 资产减值损失确认后，减值资产的折旧或者摊销费用应当在未来期间作相应调整，以使该资产在剩余使用寿命内，系统地分摊调整后的资产账面价值（扣除预计净残值）。

第十七条 资产减值损失一经确认，在以后会计期间不得转回。

【例8-4】资产减值损失的确定

沿用【例8-3】的资料，根据测试和计算结果，XYZ公司应确认的船舶减值损失为5 035万元，账务处理如下：

借：资产减值损失——固定资产减值损失　　　　　　　　50 350 000
　　贷：固定资产减值准备　　　　　　　　　　　　　　　50 350 000

计提资产减值准备后，船舶的账面价值变为10 965万元，在该船舶剩余使用寿命内，公司应当以此为基础计提折旧。如果发生进一步减值的，再做进一步的减值测试。

需要说明的是，由于资产组、总部资产和商誉减值的确认、计量和账务处理有一定的特殊性，因此，有关特殊处理将在本章后面具体说明。

8.1.5 资产组的认定及减值处理

第十八条 有迹象表明一项资产可能发生减值的，企业应当以单项资产为基础估计其可收回金额。企业难以对单项资产的可收回金额进行估计的，应当以该资产所属的资产组为基础确定资产组的可收回金额。

资产组的认定，应当以资产组产生的主要现金流入是否独立于其他资产或者资产组的现金流入为依据。同时，在认定资产组时，应当考虑企业管理层管理生产经营活动的方式（如是按照生产线、业务种类还是按照地区或者区域等）和对资产的持续使用或者处置的决策方式等。

几项资产的组合生产的产品（或者其他产出）存在活跃市场的，即使部分或者所有这些产品（或者其他产出）均供内部使用，也应当在符合前款规定的情况下，将这几项资产的组合认定为一个资产组。如果该资产组的现金流入受内部转移价格的影响，应当按照企业管理层在公平交易中对未来价格的最佳估计数来确定资产组的未来现金流量。

资产组一经确定，各个会计期间应当保持一致，不得随意变更。如需变更，企业管理层应当证明该变更是合理的，并根据本准则第二十七条的规定在附注中作相应说明。

【例8-5】资产组的认定1

某矿业公司拥有一个煤矿，与煤矿的生产和运输相配套，建有一条专用铁路。该铁路除非报废出售，其在持续使用中，难以脱离煤矿相关的其他资产而产生单独的现金流入，因此，企业难以对专用铁路的可收回金额进行单独估计，专用铁路和煤矿其他相关资产必须结合在一起，成为一个资产组，以估计该资产组的可收回金额。

在资产组的认定中，企业几项资产的组合生产的产品（或者其他产出）存在活跃市场的，无论这些产品或者其他产出是用于对外出售还是仅供企业内部使用，均表明这几项资产的组合能够独立创造现金流入，在符合其他相关条件的情况下，应当将这些资产的组合认定为资产组。

【例8-6】资产组的认定2

甲企业生产某单一产品，并且只拥有A、B、C三家工厂。三家工厂分别位于三个不同的国家，而三个国家又位于三个不同的洲。工厂A生产一种组件，由工厂B或者C进行组装，最终产品由B或者C销往世界各地，如工厂B的产品可以在本地销售，也可以在C所在洲销售（如果将产品从B运到C所在洲更加方便的话）。

B和C的生产能力合在一起尚有剩余，并没有被完全利用。B和C生产能力的利用程度依赖于甲企业对于销售产品在两地之间的分配。以下分别认定与A、B、C有关的资产组。

假定A生产的产品（即组件）存在活跃市场，则A很可能可以认定为一个单独的资产组，原因是它生产的产品尽管主要用于B或者C，但是，由于该产品存在活跃市场，可以带来独立的现金流量，因此，通常应当认定为一个单独的资产组。在确定其未来现金流量的现值时，企业应当调整其财务预算或预测，将未来现金流量的预计建立在公平交易的前提下A所生产产品的未来价格最佳估计数，而不是其内部转移价格。

对于B和C而言，即使B和C组装的产品存在活跃市场，由于B和C的现金流入依赖于产品在两地之间的分配，B和C的未来现金流入不可能单独地确定。因此，B和C组合在一起是可以认定的、可产生基本上独立于其他资产或者资产组的现金流入的资产组合。B和C应当认定为一个资产组。在确定该资产组未来现金流量的现值时，企业也应当调整其财务预算或预测，将未来现金流量的预计建立在公平交易的前提下从A所购入产品的未来价格的最佳估计数，而不是其内部转移价格。

【例8-7】资产组的认定3

沿用【例8-6】，假定A生产的产品不存在活跃市场。在这种情况下，由于A生产的产品不存在活跃市场，它的现金流入依赖于B或者C生产的最终产品的销售，因此，A很可能难以单独产生现金流入，其可收回金额很可能难以单独估计。

而对于B和C而言，其生产的产品虽然存在活跃市场，但是，B和C的现金流入依赖于产品在两个工厂之间的分配，B和C在产能和销售上的管理是统一的，因此，B和C也难以单独产生现金流量，因而也难以单独估计其可收回金额。

因此，只有A、B、C三个工厂组合在一起（即将甲企业作为一个整体）才很可能是一个可以认定的、能够基本上独立产生现金流入的最小的资产组合，从而将A、B、C的组合认定为一个资产组。

【例8-8】资产组的认定4

ABC服装企业有童装、西装、衬衫三个工厂，每个工厂在生产、销售、核算、考核和管理等方面都相对独立，在这种情况下，每个工厂通常应当认定为一个资产组。

【例8-9】资产组的认定5

MM家具制造有限公司有A和B两个生产车间，A车间专门生产家具部件，生产完后由B车间负责组装并对外销售，该企业对A车间和B车间资产的使用和处置等决策是一体的，在这种情况下，A车间和B车间通常应当认定为一个资产组。

第十九条 资产组账面价值的确定基础应当与其可收回金额的确定方式相一致。

资产组的账面价值包括可直接归属于资产组与可以合理和一致地分摊至资产组的资产账面价值，通常不应当包括已确认负债的账面价值，但如不考虑该负债金额就无法确定资产组可收回金额的除外。

资产组的可收回金额应当按照该资产组的公允价值减去处置费用后的净额与其预计未来现金流量的现值两者之间较高者确定。

资产组在处置时如要求购买者承担一项负债（如环境恢复负债等）、该负债金额已经确认并计入相关资产账面价值，而且企业只能取得包括上述资产和负债在内的单一公允价值减去处置费用后的净额的，为了比较资产组的账面价值和可收回金额，在确定资产组的账面价值及其预计未来现金流量的现值时，应当将已确认的负债金额从中扣除。

【例8-10】资产组账面价值的确定

MN公司在某山区经营一座有色金属矿山，根据规定，公司在矿山完成开采后应当将该地区恢复原貌。恢复费用主要为山体表层复原费用（如恢复植被等），因为山体表层必须在矿山开发前挖走。因此，企业在挖走山体表层后，就应当确认一项预计负债，并计入矿山成本，假定其金额为500万元。

20×7年12月31日，随着开采进行，公司发现矿山中的有色金属储量远低于预期，因此，公司对该矿山进行了减值测试。考虑到矿山的现金流量状况，整座矿山被认定为一个资产组。该资产组在20×7年年末的账面价值为1 000万元（包括确认的恢复山体原貌的预计负债）。

矿山（资产组）如于20×7年12月31日对外出售，买方愿意出价820万元（包括恢复山体原貌成本，即已经扣减这一成本因素），预计处置费用为20万元，因此，该矿山的公允价值减去处置费用后的净额为800万元。

矿山的预计未来现金流量的现值为1 200万元，不包括恢复费用。

根据上述资料，为了比较资产组的账面价值和可收回金额，在确定资产组的账面价值及其预计未来现金流量的现值时，应当将已确认的负债金额从中扣除。

在本例中，资产组的公允价值减去处置费用后的净额为800万元，该金额已经考虑了恢复费用。该资产组预计未来现金流量的现值在考虑了恢复费用后为700（1 200－500）万元。因此，该资产组的可收回金额为800万元。资产组的账面价值在扣除了已确认的恢复原貌预计负债后的金额为500（1 000－500）万元。这样，资产组的可收回金额大于其账面价值，所以，资产组没有发生减值，不必确认减值损失。

【例8-11】资产组减值损失的确认方法1

XYZ公司有一条甲生产线，该生产线生产光学器材，由A、B、C三部机器构成，成本分别为 400 000 元、600 000 元、1 000 000 元。使用年限为 10 年，净残值为零，以年限平均法计提折旧。各机器均无法单独产生现金流量，但整条生产线构成完整的产销单位，属于一个资产组。20×5 年甲生产线所生产的光学产品有替代产品上市，到年底，导致公司光学产品的销路锐减 40%，因此，对甲生产线进行减值测试。

20×5 年 12 月 31 日，A、B、C 三部机器的账面价值分别为 200 000 元、300 000 元、500 000 元。估计 A 机器的公允价值减去处置费用后的净额为 150 000 元，B、C 机器都无法合理估计其公允价值减去处置费用后的净额以及未来现金流量的现值。

整条生产线预计尚可使用 5 年。经估计其未来 5 年的现金流量及其恰当的折现率后，得到该生产线预计未来现金流量的现值为 600 000 元。由于公司无法合理估计生产线的公允价值减去处置费用后的净额，公司以该生产线预计未来现金流量的现值为其可收回金额。

鉴于在 20×5 年 12 月 31 日该生产线的账面价值为 1 000 000 元，而其可收回金额为 600 000 元，生产线的账面价值高于其可收回金额，因此，该生产线已经发生了减值，因此，公司应当确认减值损失 400 000 元，并将该减值损失分摊到构成生产线的三部机器中。由于 A 机器的公允价值减去处置费用后的净额为 150 000 元，因此，A 机器分摊了减值损失后的账面价值不应低于 150 000 元。具体分摊过程如表 8-4 所示。

表 8-4 资产组减值损失分摊过程　　　　　　　　　　　　　　单位：元

项目	机器 A	机器 B	机器 C	整个生产线（资产组）
账面价值	200 000	300 000	500 000	1 000 000
可收回金额				600 000
减值损失				400 000
减值损失分摊比例	20%	30%	50%	
分摊减值损失	50 000*	120 000	200 000	370 000
分摊后账面价值	150 000	180 000	300 000	
尚未分摊的减值损失				30 000
二次分摊比例		37.50%	62.50%	
二次分摊减值损失		11 250	18 750	30 000
二次分摊后应确认减值损失总额		131 250	218 750	400 000
二次分摊后账面价值	150 000	168 750	281 250	600 000

注：*按照分摊比例，机器 A 应当分摊减值损失 80 000（400 000×20%）元，但由于机器 A 的公允价值减去处置费用后的净额为 150 000 元，因此，机器 A 最多只能确认减值损失 50 000（200 000 - 150 000）元，未能分摊的减值损失 30 000（80 000 - 50 000）元，应当在机器 B 和机器 C 之间进行再分摊。

根据上述计算和分摊结果，构成甲生产线的机器 A、机器 B 和机器 C 应当分别确认减值损失 50 000 元、131 250 元和 218 750 元，账务处理如下：

借：资产减值损失——机器 A　　　　　　　　　　　　　　　　　50 000
　　　　　　　　——机器 B　　　　　　　　　　　　　　　　　131 250

	——机器 C	218 750
贷：固定资产减值准备——机器 A		50 000
	——机器 B	131 250
	——机器 C	218 750

第二十条 企业总部资产包括企业集团或其事业部的办公楼、电子数据处理设备等资产。总部资产的显著特征是难以脱离其他资产或者资产组产生独立的现金流入，而且其账面价值难以完全归属于某一资产组。

有迹象表明某项总部资产可能发生减值的，企业应当计算确定该总部资产所归属的资产组或者资产组组合的可收回金额，然后将其与相应的账面价值相比较，据以判断是否需要确认减值损失。

资产组组合，是指由若干个资产组组成的最小资产组组合，包括资产组或者资产组组合，以及按合理方法分摊的总部资产部分。

【例 8-12】资产组减值损失的确认方法 2

ABC 高科技公司拥有 A、B 和 C 三个资产组，在 20×0 年年末，这三个资产组的账面价值分别为 200 万元、300 万元和 400 万元，没有商誉。这三个资产组为三条生产线，预计剩余使用寿命分别为 10 年、20 年和 20 年，采用直线法计提折旧。由于 ABC 公司的竞争对手通过技术创新推出了更高技术含量的产品，并且受到市场欢迎，从而对 ABC 公司产品产生了重大不利影响，为此，ABC 公司于 20×0 年年末对各资产组进行了减值测试。

在对资产组进行减值测试时，首先应当认定与其相关的总部资产。ABC 公司的经营管理活动由总部负责，总部资产包括一栋办公大楼和一个研发中心，其中办公大楼的账面价值为 300 万元，研发中心的账面价值为 100 万元。办公大楼的账面价值可以在合理和一致的基础上分摊至各资产组，但是，研发中心的账面价值难以在合理和一致的基础上分摊至各相关资产组。对于办公大楼的账面价值，企业根据各资产组的账面价值和剩余使用寿命加权平均计算的账面价值分摊比例进行分摊，如表 8-5 所示。

表 8-5　各资产组账面价值　　　　　　　　　　　单位：万元

项目	资产组 A	资产组 B	资产组 C	合计
各资产组账面价值	200	300	400	900
各资产组剩余使用寿命	10	20	20	
按使用寿命计算的权重	1	2	2	
加权计算后的账面价值	200	600	800	1 600
办公大楼分摊比例（各资产组加权计算后的账面价值÷各资产组加权平均计算后的账面价值合计）	12.5%	37.5%	50%	100%
办公大楼账面价值分摊到各资产组的金额	37.5	112.5	150	300
包括分摊的办公大楼账面价值部分的各资产组账面价值	237.5	412.5	550	1 200

企业随后应当确定各资产组的可收回金额,并将其与账面价值(包括已分摊的办公大楼的账面价值部分)相比较,以确定相应的减值损失。考虑到研发中心的账面价值难以按照合理和一致的基础分摊至资产组,因此,确定由 A、B、C 三个资产组组成最小资产组组合(即为 ABC 整个公司),通过计算该资产组组合的可收回金额,并将其与账面价值(包括已分摊的办公大楼账面价值和研发中心的账面价值)相比较,以确定相应的减值损失。假定各资产组和资产组组合的公允价值减去处置费用后的净额难以确定,公司根据它们的预计未来现金流量的现值来计算其可收回金额,计算现值所用的折现率为 15%,计算过程如表 8-6 所示。

表 8-6 各资产组现值计算　　　　　　　　　　单位:万元

年限	资产组 A		资产组 B		资产组 C		包括研发中心在内的最小资产组组合（ABC 公司）	
	未来现金流量	现值	未来现金流量	现值	未来现金流量	现值	未来现金流量	现值
1	36	32	18	16	20	18	78	68
2	62	46	32	24	40	30	144	108
3	74	48	48	32	68	44	210	138
4	84	48	58	34	88	50	256	146
5	94	48	64	32	102	50	286	142
6	104	44	66	28	112	48	310	134
7	110	42	68	26	120	44	324	122
8	110	36	70	22	126	42	332	108
9	106	30	70	20	130	36	334	96
10	96	24	70	18	132	32	338	84
11			72	16	132	28	264	56
12			70	14	132	24	262	50
13			70	12	132	22	262	42
14			66	10	130	18	256	36
15			60	8	124	16	244	30
16			52	6	120	12	230	24
17			44	4	114	10	216	20
18			36	2	102	8	194	16
19			28	2	86	6	170	12
20			20	2	70	4	142	8
现值合计		398		328		542		1 440

根据上述资料,资产组 A、B、C 的可收回金额分别为 398 万元、328 万元和 542 万元,相应的账面价值(包括分摊的办公大楼账面价值)分别为 237.5 万元、412.5 万元和 550 万

元,资产组 B 和 C 的可收回金额均低于其账面价值,应当分别确认 84.5 万元和 8 万元减值损失,并将该减值损失在办公大楼和资产组之间进行分摊。根据分摊结果,因资产组 B 发生减值损失 84.5 万元而导致办公大楼减值 23.05（84.5×112.5÷412.5）万元,导致资产组 B 中所包括资产发生减值 61.45（84.5×300÷412.5）万元；因资产组 C 发生减值损失 8 万元而导致办公大楼减值 2（8×150÷550）万元,导致资产组 C 中所包括资产发生减值 6（8×400÷550）万元。

经过上述减值测试后,资产组 A、B、C 和办公大楼的账面价值分别为 200 万元、238.55 万元、394 万元和 274.95 万元,研发中心的账面价值仍为 100 万元,由此包括研发中心在内的最小资产组组合（即 ABC 公司）的账面价值总额为 1 207.50（200+238.55+394+274.95+100）万元,但其可收回金额为 1 440 万元,高于其账面价值,因此,企业不必再进一步确认减值损失（包括研发中心的减值损失）。

第二十一条 企业对某一资产组进行减值测试,应当先认定所有与该资产组相关的总部资产,再根据相关总部资产能否按照合理和一致的基础分摊至该资产组分别下列情况处理。

（一）对于相关总部资产能够按照合理和一致的基础分摊至该资产组的部分,应当将该部分总部资产的账面价值分摊至该资产组,再据以比较该资产组的账面价值（包括已分摊的总部资产的账面价值部分）和可收回金额,并按照本准则第二十二条的规定处理。

（二）对于相关总部资产中有部分资产难以按照合理和一致的基础分摊至该资产组的,应当按照下列步骤处理。

首先,在不考虑相关总部资产的情况下,估计和比较资产组的账面价值和可收回金额,并按照本准则第二十二条的规定处理。

其次,认定由若干个资产组组成的最小的资产组组合,该资产组组合应当包括所测试的资产组与可以按照合理和一致的基础将该部分总部资产的账面价值分摊其上的部分。

最后,比较所认定的资产组组合的账面价值（包括已分摊的总部资产的账面价值部分）和可收回金额,并按照本准则第二十二条的规定处理。

第二十二条 资产组或者资产组组合的可收回金额低于其账面价值的（总部资产和商誉分摊至某资产组或者资产组组合的,该资产组或者资产组组合的账面价值应当包括相关总部资产和商誉的分摊额）,应当确认相应的减值损失。减值损失金额应当先抵减分摊至资产组或者资产组组合中商誉的账面价值,再根据资产组或者资产组组合中除商誉之外的其他各项资产的账面价值所占比重,按比例抵减其他各项资产的账面价值。

以上资产账面价值的抵减,应当作为各单项资产（包括商誉）的减值损失处理,计入当期损益。抵减后的各资产的账面价值不得低于以下三者之中最高者：该资产的公允价值减去处置费用后的净额（如可确定的）、该资产预计未来现金流量的现值（如可确定的）和零。

因此而导致的未能分摊的减值损失金额,应当按照相关资产组或者资产组组合中其他各项资产的账面价值所占比重进行分摊。

8.1.6 商誉减值的处理

第二十三条 企业合并所形成的商誉,至少应当在每年年度终了进行减值测试。商誉应当结合与其相关的资产组或者资产组组合进行减值测试。

相关的资产组或者资产组组合应当是能够从企业合并的协同效应中受益的资产组或者资产组组合，不应当大于按照《企业会计准则第35号——分部报告》所确定的报告分部。

第二十四条 企业进行资产减值测试，对于因企业合并形成的商誉的账面价值，应当自购买日起按照合理的方法分摊至相关的资产组；难以分摊至相关的资产组的，应当将其分摊至相关的资产组组合。

在将商誉的账面价值分摊至相关的资产组或者资产组组合时，应当按照各资产组或者资产组组合的公允价值占相关资产组或者资产组组合公允价值总额的比例进行分摊。公允价值难以可靠计量的，按照各资产组或者资产组组合的账面价值占相关资产组或者资产组组合账面价值总额的比例进行分摊。

企业因重组等原因改变了其报告结构，从而影响到已分摊商誉的一个或者若干个资产组或者资产组组合构成的，应当按照与本条前款规定相似的分摊方法，将商誉重新分摊至受影响的资产组或者资产组组合。

第二十五条 在对包含商誉的相关资产组或者资产组组合进行减值测试时，如与商誉相关的资产组或者资产组组合存在减值迹象的，应当先对不包含商誉的资产组或者资产组组合进行减值测试，计算可收回金额，并与相关账面价值相比较，确认相应的减值损失。再对包含商誉的资产组或者资产组组合进行减值测试，比较这些相关资产组或者资产组组合的账面价值（包括所分摊的商誉的账面价值部分）与其可收回金额，如相关资产组或者资产组组合的可收回金额低于其账面价值的，应当确认商誉的减值损失，按照本准则第二十二条的规定处理。

【例8-13】商誉减值的会计处理

甲企业在20×7年1月1日以1 600万元的价格收购了乙企业80%股权。在收购日，乙企业可辨认资产的公允价值为1 500万元，没有负债和或有负债。因此，甲企业在其合并财务报表中确认商誉400（1 600 - 1 500×80%）万元、乙企业可辨认净资产1 500万元和少数股东权益300（1 500×20%）万元。

假定乙企业的所有资产被认定为一个资产组。由于该资产组包括商誉，因此，它至少应当于每年年度终了进行减值测试。在20×7年年末，甲企业确定该资产组的可收回金额为1 000万元，可辨认净资产的账面价值为1 350万元。由于乙企业作为一个单独的资产组的可收回金额1 000万元中，包括归属于少数股东权益在商誉价值中享有的部分，因此，出于减值测试的目的，在与资产组的可收回金额进行比较之前，必须对资产组的账面价值进行调整，使其包括归属于少数股东权益的商誉价值100 [（1 600÷80% - 1 500）×20%] 万元。然后，再据以比较该资产组的账面价值和可收回金额，确定是否发生了减值损失。其测试过程如表8-7所示。

表 8-7 商誉减值测试过程　　　　　　　　　　　　　　　单位：万元

20×7年年末	商誉	可辨认资产	合计
账面价值	400	1 350	1 750
未确认归属于少数股东权益的商誉价值	100	—	100
调整后账面价值	500	1 350	1 850
可收回金额			1 000
减值损失			850

以上计算出的减值损失 850 万元应当首先冲减商誉的账面价值，然后，再将剩余部分分摊至资产组中的其他资产。在本例中，850 万元减值损失中有 500 万元应当属于商誉减值损失，其中，由于确认的商誉仅限于甲企业持有乙企业 80% 股权部分，因此，甲企业只需要在合并财务报表中确认归属于甲企业的商誉减值损失，即 500 万元商誉减值损失的 80%，即 400 万元。剩余的 350（850－500）万元减值损失应当冲减乙企业可辨认资产的账面价值，作为乙企业可辨认资产的减值损失。减值损失的分摊过程如表 8-8 所示。

表 8-8 减值损失分摊过程　　　　　　　　　　　　　　　单位：万元

20×7年年末	商誉	可辨认资产	合计
账面价值	400	1 350	1 750
确认的减值损失	(400)	(350)	(750)
确认减值损失后的账面价值	—	1 000	1 000

8.1.7 披露

第二十六条 企业应当在附注中披露与资产减值有关的下列信息。

（一）当期确认的各项资产减值损失金额。

（二）计提的各项资产减值准备累计金额。

（三）提供分部报告信息的，应当披露每个报告分部当期确认的减值损失金额。

第二十七条 发生重大资产减值损失的，应当在附注中披露导致每项重大资产减值损失的原因和当期确认的重大资产减值损失的金额。

（一）发生重大减值损失的资产是单项资产的，应当披露该单项资产的性质。提供分部报告信息的，还应披露该项资产所属的主要报告分部。

（二）发生重大减值损失的资产是资产组（或者资产组组合，下同）的，应当披露下列信息。

1. 资产组的基本情况。

2. 资产组中所包括的各项资产于当期确认的减值损失金额。

3. 资产组的组成与前期相比发生变化的，应当披露变化的原因以及前期和当期资产组组成情况。

第二十八条 对于重大资产减值，应当在附注中披露资产（或者资产组，下同）可收回金额的确定方法。

（一）可收回金额按资产的公允价值减去处置费用后的净额确定的，还应当披露公允价值减去处置费用后的净额的估计基础。

（二）可收回金额按资产预计未来现金流量的现值确定的，还应当披露估计其现值时所采用的折现率，以及该资产前期可收回金额也按照其预计未来现金流量的现值确定的情况下，前期所采用的折现率。

第二十九条　第二十六条（一）、（二）和第二十七条（二）第2项信息应当按照资产类别予以披露。资产类别应当以资产在企业生产经营活动中的性质或者功能是否相同或者相似为基础确定。

第三十条　分摊到某资产组的商誉（或者使用寿命不确定的无形资产，下同）的账面价值占商誉账面价值总额的比例重大的，应当在附注中披露下列信息。

（一）分摊到该资产组的商誉的账面价值。

（二）该资产组可收回金额的确定方法。

1. 可收回金额按照资产组公允价值减去处置费用后的净额确定的，还应当披露确定公允价值减去处置费用后的净额的方法。资产组的公允价值减去处置费用后的净额不是按照市场价格确定的，应当披露下列信息。

（1）企业管理层在确定公允价值减去处置费用后的净额时所采用的各关键假设及其依据。

（2）企业管理层在确定各关键假设相关的价值时，是否与企业历史经验或者外部信息来源相一致；如不一致，应当说明理由。

2. 可收回金额按照资产组预计未来现金流量的现值确定的，应当披露下列信息。

（1）企业管理层预计未来现金流量的各关键假设及其依据。

（2）企业管理层在确定各关键假设相关的价值时，是否与企业历史经验或者外部信息来源相一致；如不一致，应当说明理由。

（3）估计现值时所采用的折现率。

第三十一条　商誉的全部或者部分账面价值分摊到多个资产组，且分摊到每个资产组的商誉的账面价值占商誉账面价值总额的比例不重大的，企业应当在附注中说明这一情况以及分摊到上述资产组的商誉合计金额。

商誉账面价值按照相同的关键假设分摊到上述多个资产组，且分摊的商誉合计金额占商誉账面价值总额的比例重大的，企业应当在附注中说明这一情况，并披露下列信息。

（一）分摊到上述资产组的商誉的账面价值合计。

（二）采用的关键假设及其依据。

（三）企业管理层在确定各关键假设相关的价值时，是否与企业历史经验或者外部信息来源相一致；如不一致，应当说明理由。

8.2 《企业会计准则第 8 号——资产减值》应用指南

8.2.1 估计资产可收回金额应当遵循重要性要求

企业应当在资产负债表日判断资产是否存在可能发生减值的迹象。资产存在减值迹象的，应当进行减值测试，估计资产的可收回金额。在估计资产可收回金额时，应当遵循重要性要求。

（一）以前报告期间的计算结果表明，资产可收回金额显著高于其账面价值，之后又没有发生消除这一差异的交易或者事项的，资产负债表日可以不重新估计该资产的可收回金额。

（二）以前报告期间的计算与分析表明，资产可收回金额相对于某种减值迹象反应不敏感，在本报告期间又发生了该减值迹象的，可以不因该减值迹象的出现而重新估计该资产的可收回金额。比如，当期市场利率或市场投资报酬率上升，对计算资产未来现金流量现值采用的折现率影响不大的，可以不重新估计资产的可收回金额。

8.2.2 预计资产未来现金流量应当考虑的因素和采用的方法

（一）预计资产未来现金流量应当考虑的主要因素。

1. 预计资产未来现金流量和折现率，应当在一致的基础上考虑因一般通货膨胀而导致物价上涨等因素的影响。如果折现率考虑了这一影响因素，资产预计未来现金流量也应当考虑；折现率没有考虑这一影响因素的，预计未来现金流量则不予考虑。

2. 预计资产未来现金流量，应当分析以前期间现金流量预计数与实际数的差异情况，以评判预计当期现金流量所依据的假设的合理性。通常应当确保当期预计现金流量所依据假设与前期实际结果相一致。

3. 预计资产未来现金流量应当以资产的当前状况为基础，不应包括与将来可能会发生的、尚未作出承诺的重组事项有关或者与资产改良有关的预计未来现金流量。未来发生的现金流出是为了维持资产正常运转或者原定正常产出水平所必需的，预计资产未来现金流量时应当将其考虑在内。

4. 预计在建工程、开发过程中的无形资产等的未来现金流量，应当包括预期为使该资产达到预定可使用或可销售状态而发生的全部现金流出。

5. 资产的未来现金流量受内部转移价格影响的，应当采用在公平交易前提下企业管理层能够达成的最佳价格估计数进行预计。

（二）预计资产未来现金流量的方法。

预计资产未来现金流量，通常应当根据资产未来期间最有可能产生的现金流量进行预测。采用期望现金流量法更为合理的，应当采用期望现金流量法预计资产未来现金流量。

采用期望现金流量法，资产未来现金流量应当根据每期现金流量期望值进行预计，每期现金流量期望值按照各种可能情况下的现金流量乘以相应的发生概率加总计算。

8.2.3 折现率的确定方法

折现率的确定通常应当以该资产的市场利率为依据。无法从市场获得的，可以使用替代利率估计折现率。

替代利率可以根据加权平均资金成本、增量借款利率或者其他相关市场借款利率作适当调整后确定。调整时，应当考虑与资产预计未来现金流量有关的特定风险以及其他有关货币风险和价格风险等。

估计资产未来现金流量现值时，通常应当使用单一的折现率；资产未来现金流量的现值对未来不同期间的风险差异或者利率的期限结构反应敏感的，应当使用不同的折现率。

8.2.4 资产组的认定

资产组是企业可以认定的最小资产组合，其产生的现金流入应当基本上独立于其他资产或者资产组。资产组应当由创造现金流入相关的资产组成。

（一）认定资产组最关键的因素是该资产组能否独立产生现金流入。企业的某一生产线、营业网点、业务部门等，如果能够独立于其他部门或者单位等形成收入、产生现金流入，或者其形成的收入和现金流入绝大部分独立于其他部门或者单位且属于可认定的最小资产组合的，通常应将该生产线、营业网点、业务部门等认定为一个资产组。

几项资产的组合生产的产品（或者其他产出）存在活跃市场的，无论这些产品（或者其他产出）是用于对外出售还是仅供企业内部使用，均表明这几项资产的组合能够独立产生现金流入，应当将这些资产的组合认定为资产组。

（二）企业对生产经营活动的管理或者监控方式，以及对资产使用或者处置的决策方式等，也是认定资产组应考虑的重要因素。

比如，某服装企业有童装、西装、衬衫三个工厂，每个工厂在核算、考核和管理等方面都相对独立，在这种情况下，每个工厂通常为一个资产组。

再如，某家具制造商有 A 车间和 B 车间，A 车间专门生产家具部件（该家具部件不存在活跃市场），生产完后由 B 车间负责组装，该企业对 A 车间和 B 车间资产的使用和处置等决策是一体的，在这种情况下，A 车间和 B 车间通常应当认定为一个资产组。

8.2.5 存在少数股东权益情况下的商誉减值测试

根据《企业会计准则第 20 号——企业合并》的规定，在合并财务报表中反映的商誉，不包括子公司归属于少数股东权益的商誉。但对相关的资产组（或者资产组组合，下同）进行减值测试时，应当将归属于少数股东权益的商誉包括在内，调整资产组的账面价值，然后根据调整后的资产组账面价值与其可收回金额进行比较，以确定资产组（包括商誉）是否发生了减值。

上述资产组发生减值的，应当按照本准则第二十二条规定进行处理，但由于根据上述步骤计算的商誉减值损失包括了应由少数股东权益承担的部分，应当将该损失在可归属于母公司和少数股东权益之间按比例进行分摊，以确认归属于母公司的商誉减值损失。

第 9 章 职工薪酬

9.1 企业会计准则第 9 号——职工薪酬

为了进一步规范我国企业会计准则中关于职工薪酬的相关会计处理规定，并保持我国企业会计准则与国际财务报告准则的持续趋同，根据《企业会计准则——基本准则》，财政部对《企业会计准则第 9 号——职工薪酬》（以下简称"本准则"）进行了修订，现予印发，自 2014 年 7 月 1 日起在所有执行企业会计准则的企业范围内施行，鼓励在境外上市的企业提前执行。财政部于 2006 年 2 月 15 日发布的《财政部关于印发〈企业会计准则第 1 号——存货〉等 38 项具体准则的通知》（财会〔2006〕3 号）中的《企业会计准则第 9 号——职工薪酬》同时废止。

9.1.1 总则

第一条 为了规范职工薪酬的确认、计量和相关信息的披露，根据《企业会计准则——基本准则》，制定本准则。

第二条 职工薪酬，是指企业为获得职工提供的服务或解除劳动关系而给予的各种形式的报酬或补偿。职工薪酬包括短期薪酬、离职后福利、辞退福利和其他长期职工福利。企业提供给职工配偶、子女、受赡养人、已故员工遗属及其他受益人等的福利，也属于职工薪酬。

短期薪酬，是指企业在职工提供相关服务的年度报告期间结束后十二个月内需要全部予以支付的职工薪酬，因解除与职工的劳动关系给予的补偿除外。短期薪酬具体包括：职工工资、奖金、津贴和补贴，职工福利费，医疗保险费、工伤保险费和生育保险费等社会保险费，住房公积金，工会经费和职工教育经费，短期带薪缺勤，短期利润分享计划，非货币性福利以及其他短期薪酬。

带薪缺勤，是指企业支付工资或提供补偿的职工缺勤，包括年休假、病假、短期伤残、婚假、产假、丧假、探亲假等。利润分享计划，是指因职工提供服务而与职工达成的基于利润或其他经营成果提供薪酬的协议。

离职后福利，是指企业为获得职工提供的服务而在职工退休或与企业解除劳动关系后，提供的各种形式的报酬和福利，短期薪酬和辞退福利除外。

辞退福利，是指企业在职工劳动合同到期之前解除与职工的劳动关系，或者为鼓励职工自愿接受裁减而给予职工的补偿。

其他长期职工福利，是指除短期薪酬、离职后福利、辞退福利之外所有的职工薪酬，包括长期带薪缺勤、长期残疾福利、长期利润分享计划等。

第三条 本准则所称职工，是指与企业订立劳动合同的所有人员，含全职、兼职和临时职工，也包括虽未与企业订立劳动合同但由企业正式任命的人员。

未与企业订立劳动合同或未由其正式任命，但向企业所提供服务与职工所提供服务类似的人员，也属于职工的范畴，包括通过企业与劳务中介公司签订用工合同而向企业提供服务的人员。

第四条 下列各项适用其他相关会计准则。

（一）企业年金基金，适用《企业会计准则第 10 号——企业年金基金》。

（二）以股份为基础的薪酬，适用《企业会计准则第 11 号——股份支付》。

9.1.2 短期薪酬

第五条 企业应当在职工为其提供服务的会计期间，将实际发生的短期薪酬确认为负债，并计入当期损益，其他会计准则要求或允许计入资产成本的除外。

第六条 企业发生的职工福利费，应当在实际发生时根据实际发生额计入当期损益或相关资产成本。职工福利费为非货币性福利的，应当按照公允价值计量。（参见【例 9-1】和【例 9-2】）

第七条 企业为职工缴纳的医疗保险费、工伤保险费、生育保险费等社会保险费和住房公积金，以及按规定提取的工会经费和职工教育经费，应当在职工为其提供服务的会计期间，根据规定的计提基础和计提比例计算确定相应的职工薪酬金额，并确认相应负债，计入当期损益或相关资产成本。

第八条 带薪缺勤分为累积带薪缺勤和非累积带薪缺勤。企业应当在职工提供服务从而增加了其未来享有的带薪缺勤权利时，确认与累积带薪缺勤相关的职工薪酬，并以累积未行使权利而增加的预期支付金额计量。企业应当在职工实际发生缺勤的会计期间确认与非累积带薪缺勤相关的职工薪酬。（参见【例 9-3】）

累积带薪缺勤，是指带薪缺勤权利可以结转下期的带薪缺勤，本期尚未用完的带薪缺勤权利可以在未来期间使用。

非累积带薪缺勤，是指带薪缺勤权利不能结转下期的带薪缺勤，本期尚未用完的带薪缺勤权利将予以取消，并且职工离开企业时也无权获得现金支付。

第九条 利润分享计划同时满足下列条件的，企业应当确认相关的应付职工薪酬：（参见【例 9-4】）

（一）企业因过去事项导致现在具有支付职工薪酬的法定义务或推定义务；

（二）因利润分享计划所产生的应付职工薪酬义务金额能够可靠估计。属于下列三种情形之一的，视为义务金额能够可靠估计。

1. 在财务报告批准报出之前企业已确定应支付的薪酬金额。
2. 该短期利润分享计划的正式条款中包括确定薪酬金额的方式。
3. 过去的惯例为企业确定推定义务金额提供了明显证据。

第十条 职工只有在企业工作一段特定期间才能分享利润的，企业在计量利润分享计划产生的应付职工薪酬时，应当反映职工因离职而无法享受利润分享计划福利的可能性。

如果企业在职工为其提供相关服务的年度报告期间结束后十二个月内，不需要全部支付利润分享计划产生的应付职工薪酬，该利润分享计划应当适用本准则其他长期职工福利的有

9.1.3 离职后福利

第十一条 企业应当将离职后福利计划分类为设定提存计划和设定受益计划。

离职后福利计划，是指企业与职工就离职后福利达成的协议，或者企业为向职工提供离职后福利制定的规章或办法等。其中，设定提存计划，是指向独立的基金缴存固定费用后，企业不再承担进一步支付义务的离职后福利计划；设定受益计划，是指除设定提存计划以外的离职后福利计划。

第十二条 企业应当在职工为其提供服务的会计期间，将根据设定提存计划计算的应缴存金额确认为负债，并计入当期损益或相关资产成本。

根据设定提存计划，预期不会在职工提供相关服务的年度报告期结束后十二个月内支付全部应缴存金额的，企业应当参照本准则第十五条规定的折现率，将全部应缴存金额以折现后的金额计量应付职工薪酬。（参见【例9-5】）

第十三条 企业对设定受益计划的会计处理通常包括下列四个步骤。

（一）根据预期累计福利单位法，采用无偏且相互一致的精算假设对有关人口统计变量和财务变量等做出估计，计量设定受益计划所产生的义务，并确定相关义务的归属期间。企业应当按照本准则第十五条规定的折现率将设定受益计划所产生的义务予以折现，以确定设定受益计划义务的现值和当期服务成本。

（二）设定受益计划存在资产的，企业应当将设定受益计划义务现值减去设定受益计划资产公允价值所形成的赤字或盈余确认为一项设定受益计划净负债或净资产。

设定受益计划存在盈余的，企业应当以设定受益计划的盈余和资产上限两项的孰低者计量设定受益计划净资产。其中，资产上限，是指企业可从设定受益计划退款或减少未来对设定受益计划缴存资金而获得的经济利益的现值。（参见【例9-6】）

（三）根据本准则第十六条的有关规定，确定应当计入当期损益的金额。

（四）根据本准则第十六条和第十七条的有关规定，确定应当计入其他综合收益的金额。

在预期累计福利单位法下，每一服务期间会增加一个单位的福利权利，并且需对每一个单位单独计量，以形成最终义务。企业应当将福利归属于提供设定受益计划的义务发生的期间。这一期间是指从职工提供服务以获取企业在未来报告期间预计支付的设定受益计划福利开始，至职工的继续服务不会导致这一福利金额显著增加之日为止。

第十四条 企业应当根据预期累计福利单位法确定的公式将设定受益计划产生的福利义务归属于职工提供服务的期间，并计入当期损益或相关资产成本。

当职工后续年度的服务将导致其享有的设定受益计划福利水平显著高于以前年度时，企业应当按照直线法将累计设定受益计划义务分摊确认于职工提供服务而导致企业第一次产生设定受益计划福利义务至职工提供服务不再导致该福利义务显著增加的期间。在确定该归属期间时，不应考虑仅因未来工资水平提高而导致设定受益计划义务显著增加的情况。

第十五条 企业应当对所有设定受益计划义务予以折现，包括预期在职工提供服务的年度报告期间结束后的十二个月内支付的义务。折现时所采用的折现率应当根据资产负债表日与设定受益计划义务期限和币种相匹配的国债或活跃市场上的高质量公司债券的市场收益率确定。

第十六条 报告期末，企业应当将设定受益计划产生的职工薪酬成本确认为下列组成部分。

（一）服务成本，包括当期服务成本、过去服务成本和结算利得或损失。其中，当期服务成本，是指职工当期提供服务所导致的设定受益计划义务现值的增加额；过去服务成本，是指设定受益计划修改所导致的与以前期间职工服务相关的设定受益计划义务现值的增加或减少。

（二）设定受益计划净负债或净资产的利息净额，包括计划资产的利息收益、设定受益计划义务的利息费用以及资产上限影响的利息。

（三）重新计量设定受益计划净负债或净资产所产生的变动。

除非其他会计准则要求或允许职工福利成本计入资产成本，上述第（一）项和第（二）项应计入当期损益；第（三）项应计入其他综合收益，并且在后续会计期间不允许转回至损益，但企业可以在权益范围内转移这些在其他综合收益中确认的金额。

第十七条 重新计量设定受益计划净负债或净资产所产生的变动包括下列部分。

（一）精算利得或损失，即由于精算假设和经验调整导致之前所计量的设定受益计划义务现值的增加或减少。

（二）计划资产回报，扣除包括在设定受益计划净负债或净资产的利息净额中的金额。

（三）资产上限影响的变动，扣除包括在设定受益计划净负债或净资产的利息净额中的金额。

第十八条 在设定受益计划下，企业应当在下列日期孰早日将过去服务成本确认为当期费用。

（一）修改设定受益计划时。

（二）企业确认相关重组费用或辞退福利时。

第十九条 企业应当在设定受益计划结算时，确认一项结算利得或损失。

设定受益计划结算，是指企业为了消除设定受益计划所产生的部分或所有未来义务进行的交易，而不是根据计划条款和所包含的精算假设向职工支付福利。设定受益计划结算利得或损失是下列两项的差额。

（一）在结算日确定的设定受益计划义务现值。

（二）结算价格，包括转移的计划资产的公允价值和企业直接发生的与结算相关的支付。

9.1.4　辞退福利

第二十条 企业向职工提供辞退福利的，应当在下列两者孰早日确认辞退福利产生的职工薪酬负债，并计入当期损益。

（一）企业不能单方面撤回因解除劳动关系计划或裁减建议所提供的辞退福利时。

（二）企业确认与涉及支付辞退福利的重组相关的成本或费用时。

第二十一条 企业应当按照辞退计划条款的规定，合理预计并确认辞退福利产生的应付职工薪酬。辞退福利预期在其确认的年度报告期结束后十二个月内完全支付的,应当适用短期薪酬的相关规定;辞退福利预期在年度报告期结束后十二个月内不能完全支付的,应当适用本准则关于其他长期职工福利的有关规定。(参见【例9-8】)

9.1.5 其他长期职工福利

第二十二条 企业向职工提供的其他长期职工福利,符合设定提存计划条件的,应当适用本准则第十二条关于设定提存计划的有关规定进行处理。

第二十三条 除上述第二十二条规定的情形外,企业应当适用本准则关于设定受益计划的有关规定,确认和计量其他长期职工福利净负债或净资产。在报告期末,企业应当将其他长期职工福利产生的职工薪酬成本确认为下列组成部分。

(一)服务成本。

(二)其他长期职工福利净负债或净资产的利息净额。

(三)重新计量其他长期职工福利净负债或净资产所产生的变动。

为简化相关会计处理,上述项目的总净额应计入当期损益或相关资产成本。

第二十四条 长期残疾福利水平取决于职工提供服务期间长短的,企业应当在职工提供服务的期间确认应付长期残疾福利义务,计量时应当考虑长期残疾福利支付的可能性和预期支付的期限;长期残疾福利与职工提供服务期间长短无关的,企业应当在导致职工长期残疾的事件发生的当期确认应付长期残疾福利义务。

9.1.6 披露

第二十五条 企业应当在附注中披露与短期职工薪酬有关的下列信息。

(一)应当支付给职工的工资、奖金、津贴和补贴及其期末应付未付金额。

(二)应当为职工缴纳的医疗保险费、工伤保险费和生育保险费等社会保险费及其期末应付未付金额。

(三)应当为职工缴存的住房公积金及其期末应付未付金额。

(四)为职工提供的非货币性福利及其计算依据。

(五)依据短期利润分享计划提供的职工薪酬金额及其计算依据。

(六)其他短期薪酬。

第二十六条 企业应当披露所设立或参与的设定提存计划的性质、计算缴费金额的公式或依据,当期缴费金额以及期末应付未付金额。

第二十七条 企业应当披露与设定受益计划有关的下列信息。

(一)设定受益计划的特征及与之相关的风险。

(二)设定受益计划在财务报表中确认的金额及其变动。

(三)设定受益计划对企业未来现金流量金额、时间和不确定性的影响。

(四)设定受益计划义务现值所依赖的重大精算假设及有关敏感性分析的结果。

第二十八条 企业应当披露支付的因解除劳动关系所提供辞退福利及其期末应付未付金额。

第二十九条 企业应当披露提供的其他长期职工福利的性质、金额及其计算依据。

9.1.7 衔接规定

第三十条 对于本准则施行日存在的离职后福利计划、辞退福利、其他长期职工福利，除本准则三十一条规定外，应当按照《企业会计准则第 28 号——会计政策、会计估计变更和差错更正》的规定采用追溯调整法处理。

第三十一条 企业比较财务报表中披露的本准则施行之前的信息与本准则要求不一致的，不需要按照本准则的规定进行调整。

9.1.8 附则

第三十二条 本准则自 2014 年 7 月 1 日起施行。

9.2 《企业会计准则第 9 号——职工薪酬》应用指南

9.2.1 总体要求

《企业会计准则第 9 号——职工薪酬》明确界定了职工和职工薪酬的含义，规范了职工薪酬的确认、计量和相关信息的披露要求，以真实、完整地反映企业发生的人工成本。

本准则规定，职工薪酬应当分类为短期薪酬、离职后福利、辞退福利和其他长期职工福利。企业应当严格按照本准则的规定，根据职工薪酬的性质，对职工薪酬进行合理分类，作为职工薪酬会计处理的基础。

对于短期薪酬，本准则规定，企业应当在职工为其提供服务的会计期间，将实际发生的短期薪酬确认为负债，并计入当期损益或者相关资产成本。企业存在带薪缺勤的，应当将带薪缺勤分类为累积带薪缺勤和非累积带薪缺勤。对于累积带薪缺勤，企业应当在职工提供服务从而增加了其未来享有的带薪缺勤权利时，确认与累积带薪缺勤相关的职工薪酬，并以累积未行使权利而增加的预期支付金额计量。对于非累积带薪缺勤，企业应当在职工实际发生缺勤的会计期间确认与非累积带薪缺勤相关的职工薪酬。长期带薪缺勤则应当作为其他长期职工福利进行会计处理。

对于离职后福利，本准则规定，企业应当将离职后福利计划分类为设定提存计划和设定受益计划。对于设定提存计划，企业应当在职工为其提供服务的会计期间，将根据设定提存计划计算的应缴存金额确认为负债，并计入当期损益或者相关资产成本。对于设定受益计划，企业应当根据预期累计福利单位法确定设定受益计划福利义务，并归属于职工提供服务的期间；因设定受益计划所产生的服务成本、设定受益计划净负债或净资产的利息净额，应当计入当期损益或者相关资产成本；因重新计量设定受益计划净负债或净资产所产生的变动，应当计入其他综合收益，并且在后续会计期间不允许转回至损益。

对于辞退福利，本准则规定，企业应当按照辞退计划条款的规定，合理预计和确认辞退福利产生的职工薪酬负债，并计入当期损益。

对于其他长期职工福利，本准则规定，其他长期职工福利包括除短期薪酬、离职后福利和辞退福利以外的所有职工薪酬，具体包括长期带薪缺勤、长期残疾福利、长期利润分享计划（或长期奖金计划）等。企业对于符合设定提存计划条件的其他长期职工福利，应当适用离职后福利中设定提存计划的相关规定进行会计处理，对于其他情形，应当适用设定受益计划的相关规定进行会计处理，但是重新计量其他长期职工福利净负债或者净资产所产生的变动，应当计入当期损益或者相关资产成本。

本准则规定，企业应当在财务报表附注中分别短期薪酬、离职后福利、辞退福利和其他长期职工福利披露相关信息，并在有关财务报表内予以恰当列示。

9.2.2 关于适用范围

企业应当遵循本准则的要求对短期薪酬、离职后福利、辞退福利和其他长期职工福利等职工薪酬进行确认、计量和披露。对于企业年金基金，企业应当按照《企业会计准则第10号——企业年金基金》的相关规定进行会计处理。

对于企业向其职工发放的以股份为基础的支付，属于职工薪酬范畴，但其会计处理应当遵循《企业会计准则第11号——股份支付》的相关规定。

9.2.3 关于职工和职工薪酬的定义

（一）职工的定义。

本准则所称的职工，是指与企业订立劳动合同的所有人员，含全职、兼职和临时职工，也包括虽未与企业订立劳动合同但由企业正式任命的人员。具体而言，本准则所称的职工至少应当包括下列各项。

1. 与企业订立劳动合同的所有人员，含全职、兼职和临时职工。按照《中华人民共和国劳动法》和《中华人民共和国劳动合同法》的规定，企业作为用人单位应当与劳动者订立劳动合同。本准则中的职工首先应当包括这部分人员，即与企业订立了固定期限、无固定期限或者以完成一定工作作为期限的劳动合同的所有人员。

2. 未与企业订立劳动合同但由企业正式任命的人员，如部分董事会成员、监事会成员等。企业按照有关规定设立董事、监事，或者董事会、监事会的，如所聘请的独立董事、外部监事等，虽然没有与企业订立劳动合同，但属于由企业正式任命的人员，属于本准则所称的职工。

3. 在企业的计划和控制下，虽未与企业订立劳动合同或未由其正式任命，但向企业所提供服务与职工所提供服务类似的人员，也属于职工的范畴，包括通过企业与劳务中介公司签订用工合同而向企业提供服务的人员，这些劳务用工人员属于本准则所称的职工。

（二）职工薪酬的定义。

职工薪酬，是指企业为获得职工提供的服务或解除劳动关系而给予的各种形式的报酬或补偿。企业提供给职工配偶、子女、受赡养人、已故员工遗属及其他受益人等的福利，也属于职工薪酬。

职工薪酬主要包括短期薪酬、离职后福利、辞退福利和其他长期职工福利。

1. 短期薪酬。

短期薪酬，是指企业预期在职工提供相关服务的年度报告期间结束后12个月内将全部予以支付的职工薪酬，因解除与职工的劳动关系给予的补偿除外。因解除与职工的劳动关系给予的补偿属于辞退福利的范畴。

短期薪酬主要包括下列各项。

（1）职工工资、奖金、津贴和补贴，是指企业按照构成工资总额的计时工资、计件工资、支付给职工的超额劳动报酬等的劳动报酬，为了补偿职工特殊或额外的劳动消耗和因其他特殊原因支付给职工的津贴，以及为了保证职工工资水平不受物价影响支付给职工的物价补贴等。其中，企业按照短期奖金计划向职工发放的奖金属于短期薪酬，按照长期奖金计划向职工发放的奖金属于其他长期职工福利。

（2）职工福利费，是指企业向职工提供的生活困难补助、丧葬补助费、抚恤费、职工异地安家费、防暑降温费等职工福利支出。

（3）医疗保险费、工伤保险费和生育保险费等社会保险费，是指企业按照国家规定的基准和比例计算，向社会保险经办机构缴存的医疗保险费、工伤保险费和生育保险费。

（4）住房公积金，是指企业按照国家规定的基准和比例计算，向住房公积金管理机构缴存的住房公积金。

（5）工会经费和职工教育经费，是指企业为了改善职工文化生活、为职工学习先进技术和提高文化水平和业务素质，用于开展工会活动和职工教育及职业技能培训等相关支出。

（6）短期带薪缺勤，是指职工虽然缺勤但企业仍向其支付报酬的安排，包括年休假、病假、婚假、产假、丧假、探亲假等。长期带薪缺勤属于其他长期职工福利。

（7）短期利润分享计划，是指因职工提供服务而与职工达成的基于利润或其他经营成果提供薪酬的协议。长期利润分享计划属于其他长期职工福利。

（8）其他短期薪酬，是指除上述薪酬以外的其他为获得职工提供的服务而给予的短期薪酬。

2. 离职后福利。

离职后福利，是指企业为获得职工提供的服务而在职工退休或与企业解除劳动关系后，提供的各种形式的报酬和福利，属于短期薪酬和辞退福利的除外。

离职后福利计划，是指企业与职工就离职后福利达成的协议，或者企业为向职工提供离职后福利制定的规章或办法等。离职后福利计划按照企业承担的风险和义务情况，可以分为设定提存计划和设定受益计划。其中，设定提存计划，是指企业向独立的基金缴存固定费用后，不再承担进一步支付义务的离职后福利计划。设定受益计划，是指除设定提存计划以外的离职后福利计划。

3. 辞退福利。

辞退福利，是指企业在职工劳动合同到期之前解除与职工的劳动关系，或者为鼓励职工自愿接受裁减而给予职工的补偿。

辞退福利主要包括以下几项。

（1）在职工劳动合同尚未到期前，不论职工本人是否愿意，企业决定解除与职工的劳动关系而给予的补偿。

（2）在职工劳动合同尚未到期前，为鼓励职工自愿接受裁减而给予的补偿，职工有权利选择继续在职或接受补偿离职。

辞退福利通常采取解除劳动关系时一次性支付补偿的方式，也采取在职工不再为企业带来经济利益后,将职工工资支付到辞退后未来某一期间的方式。

企业应当根据辞退福利的定义和包括的内容,区分辞退福利与正常退休的养老金。辞退福利是在职工与企业签订的劳动合同到期前,企业根据法律与职工本人或职工代表(如工会)签订的协议,或者基于商业惯例,承诺当其提前终止对职工的雇佣关系时支付的补偿,引发补偿的事项是辞退,因此,企业应当在辞退职工时进行辞退福利的确认和计量。职工在正常退休时获得的养老金,是其与企业签订的劳动合同到期时,或者职工达到了国家规定的退休年龄时获得的退休后生活补偿金额,引发补偿的事项是职工在职时提供的服务,而不是退休本身,因此,企业应当在职工提供服务的会计期间进行养老金的确认和计量。

另外,职工虽然没有与企业解除劳动合同,但未来不再为企业提供服务,不能为企业带来经济利益,企业承诺提供实质上具有辞退福利性质的经济补偿的,如发生"内退"的情况,在其正式退休日期之前应当比照辞退福利处理,在其正式退休日期之后,应当按照离职后福利处理。

4. 其他长期职工福利。

其他长期职工福利,是指除短期薪酬、离职后福利、辞退福利之外所有的职工薪酬,包括长期带薪缺勤、长期残疾福利、长期利润分享计划等。

9.2.4 关于短期薪酬的确认和计量

企业应当在职工为其提供服务的会计期间,将实际发生的短期薪酬确认为负债,并计入当期损益,其他相关会计准则要求或允许计入资产成本的除外。

(一)一般短期薪酬的确认和计量。

企业发生的职工工资、津贴和补贴等短期薪酬,应当根据职工提供服务情况和工资标准等计算应计入职工薪酬的工资总额,并按照受益对象计入当期损益或相关资产成本,借记"生产成本""制造费用""管理费用"等科目,贷记"应付职工薪酬"科目。发放时,借记"应付职工薪酬"科目,贷记"银行存款"等科目。

企业为职工缴纳的医疗保险费、工伤保险费、生育保险费等社会保险费和住房公积金,以及按规定提取的工会经费和职工教育经费,应当在职工为其提供服务的会计期间,根据规定的计提基础和计提比例计算确定相应的职工薪酬金额,并确认相关负债,按照受益对象计入当期损益或相关资产成本,借记"生产成本""制造费用""管理费用"等科目,贷记"应付职工薪酬"科目。

企业发生的职工福利费,应当在实际发生时根据实际发生额计入当期损益或相关资产成本。企业向职工提供非货币性福利的,应当按照公允价值计量。如企业以自产的产品作为非货币性福利提供给职工的,应当按照该产品的公允价值和相关税费确定职工薪酬金额,并计入当期损益或相关资产成本。相关收入的确认、销售成本的结转以及相关税费的处理,与企业正常商品销售的会计处理相同。企业以外购的商品作为非货币性福利提供给职工的,应当按照该商品的公允价值和相关税费确定职工薪酬的金额,并计入当期损益或相关资产成本。

【例9-1】一般短期职工薪酬的计算

2×14年7月,甲公司当月应发工资1 560万元,其中:生产部门直接生产人员工资为

1 000万元；生产部门管理人员工资为200万元；公司管理部门管理人员工资为360万元。

根据甲公司所在地政府规定，甲公司应当按照职工工资总额的10%和8%计提医疗保险费和住房公积金，缴纳给当地社会保险经办机构和住房公积金管理机构。甲公司分别按照职工工资总额的2%和1.5%计提工会经费和职工教育经费。

假定不考虑其他因素以及所得税影响。

根据上述资料，甲公司计算其2×14年7月的职工薪酬金额如下：

应当计入生产成本的职工薪酬金额=1 000+1 000×(10%+8%+2%+1.5%)=1 215（万元）

应当计入制造费用的职工薪酬金额=200+200×(10%+8%+2%+1.5%)=243（万元）

应当计入管理费用的职工薪酬金额=360+360×(10%+8%+2%+1.5%)=437.40（万元）

甲公司有关账务处理如下：

借：生产成本　　　　　　　　　　　　　　　　　　　　12 150 000
　　制造费用　　　　　　　　　　　　　　　　　　　　 2 430 000
　　管理费用　　　　　　　　　　　　　　　　　　　　 4 374 000
　　贷：应付职工薪酬——工资　　　　　　　　　　　　15 600 000
　　　　　　　　　　——住房公积金　　　　　　　　　 1 248 000
　　　　　　　　　　——工会经费　　　　　　　　　　　 312 000
　　　　　　　　　　——职工教育经费　　　　　　　　　 234 000

【例9-2】企业以自产产品作为非货币性福利提供给职工

甲公司是一家生产笔记本电脑的公司，共有职工2 000名。2×14年1月15日，甲公司决定以其生产的笔记本电脑作为节日福利发放给公司每名职工。每台笔记本电脑的售价为1.40万元，成本为1万元。甲公司适用的增值税税率为13%，已开具了增值税专用发票。假定2 000名职工中1 700名为直接参加生产的职工，300名为总部管理人员。假定甲公司于当日将笔记本电脑发放给各职工。

根据上述资料，甲公司计算笔记本电脑的售价总额及其增值税销项税额如下：

笔记本电脑的售价总额=1.40×1 700+1.40×300=2 380+420=2 800（万元）

笔记本电脑的增值税销项税额=1 700×1.40×13%+300×1.40×13%=309.40+54.60=364（万元）

应当计入生产成本的职工薪酬金额=2 380+309.40=2 689.40（万元）

应当计入管理费用的职工薪酬金额=420+54.60=474.60（万元）

甲公司有关账务处理如下：

借：生产成本　　　　　　　　　　　　　　　　　　　　26 894 000
　　管理费用　　　　　　　　　　　　　　　　　　　　 4 746 000
　　贷：应付职工薪酬——非货币性福利　　　　　　　　31 640 000

借：应付职工薪酬——非货币性福利	31 640 000	
贷：主营业务收入		28 000 000
应交税费——应交增值税（销项税额）		3 640 000
借：主营业务成本	20 000 000	
贷：库存商品		20 000 000

（二）短期带薪缺勤的确认和计量。

带薪缺勤应当根据其性质及其职工享有的权利，分为累积带薪缺勤和非累积带薪缺勤两类。企业应当对累积带薪缺勤和非累积带薪缺勤分别进行会计处理。如果带薪缺勤属于长期带薪缺勤的，企业应当作为其他长期职工福利处理。

1. 累积带薪缺勤及其会计处理。

累积带薪缺勤，是指带薪权利可以结转下期的带薪缺勤，本期尚未用完的带薪缺勤权利可以在未来期间使用。企业应当在职工提供了服务从而增加了其未来享有的带薪缺勤权利时，确认与累积带薪缺勤相关的职工薪酬，并以累积未行使权利而增加的预期支付金额计量。

有些累积带薪缺勤在职工离开企业时，对于未行使的权利，职工有权获得现金支付。职工在离开企业时能够获得现金支付的，企业应当确认企业必须支付的、职工全部累积未使用权利的金额。企业应当根据资产负债表日因累积未使用权利而导致的预期支付的追加金额，作为累积带薪缺勤费用进行预计。

【例9-3】累积带薪缺勤的会计处理

乙公司共有1 000名职工，从2×14年1月1日起，该公司实行累积带薪缺勤制度。该制度规定，每个职工每年可享受5个工作日带薪年休假，未使用的年休假只能向后结转一个日历年度，超过1年未使用的权利作废；职工休年休假时，首先使用当年可享受的权利，不足部分再从上年结转的带薪年休假中扣除；职工离开公司时，对未使用的累积带薪年休假无权获得现金支付。

2×14年12月31日，每个职工当年平均未使用带薪年休假为2天。乙公司预计2×15年有950名职工将享受不超过5天的带薪年休假，剩余50名职工每人将平均享受6天年休假，假定这50名职工全部为总部管理人员，该公司平均每名职工每个工作日工资为500元。

根据上述资料，乙公司职工2×14年已休带薪年休假的，由于在休假期间照发工资，因此相应的薪酬已经计入公司每月确认的薪酬金额。与此同时，公司还需要预计职工2×14年享有但尚未使用的、预期将在下一年度使用的累积带薪缺勤，并计入当期损益或者相关资产成本。在本例中，乙公司在2×14年12月31日预计由于职工累积未使用的带薪年休假权利而导致预期将支付的工资负债即为75（50×1.5）天的年休假工资金额37 500（75×500）元，并做如下账务处理：

借：管理费用	37 500	
贷：应付职工薪酬——累积带薪缺勤		37 500

2. 非累积带薪缺勤及其会计处理。

非累积带薪缺勤，是指带薪权利不能结转下期的带薪缺勤，本期尚未用完的带薪缺勤权利将予以取消，并且职工离开企业时也无权获得现金支付。我国企业职工休婚假、产假、丧假、探亲假、病假期间的工资通常属于非累积带薪缺勤。由于职工提供服务本身不能增加其能够享受的福利金额，企业在职工未缺勤时不应当计提相关费用和负债。为此，本准则规定，企业应当在职工实际发生缺勤的会计期间确认与非累积带薪缺勤相关的职工薪酬。企业确认职工享有的与非累积带薪缺勤权利相关的薪酬，视同职工出勤确认的当期损益或相关资产成本。通常情况下，与非累积带薪缺勤相关的职工薪酬已经包括在企业每期向职工发放的工资等薪酬中，因此，不必额外作相应的账务处理。

（三）短期利润分享计划（或奖金计划）的确认和计量。

企业制订有短期利润分享计划的，如当职工完成规定业绩指标，或者在企业工作了特定期限后，能够享有按照企业净利润的一定比例计算的薪酬，企业应当按照本准则的规定，进行有关会计处理。

本准则规定，短期利润分享计划同时满足下列条件的，企业应当确认相关的应付职工薪酬，并计入当期损益或相关资产成本。

1. 企业因过去事项导致现在具有支付职工薪酬的法定义务或推定义务。
2. 因利润分享计划所产生的应付职工薪酬义务能够可靠估计。

属于下列三种情形之一的，视为义务金额能够可靠估计。

1. 在财务报告批准报出之前企业已确定应支付的薪酬金额。
2. 该利润分享计划的正式条款中包括确定薪酬金额的方式。
3. 过去的惯例为企业确定推定义务金额提供了明显证据。

企业在计量利润分享计划产生的应付职工薪酬时，应当反映职工因离职而没有得到利润分享计划支付的可能性。

如果企业预期在职工为其提供相关服务的年度报告期间结束后12个月内，不需要全部支付利润分享计划产生的应付职工薪酬，该利润分享计划应当适用本准则其他长期职工福利的有关规定。

企业根据经营业绩或职工贡献等情况提取的奖金，属于奖金计划，应当比照短期利润分享计划进行处理。

【例9-4】短期利润分享计划的会计处理

丙公司于2×14年年初制订和实施了一项短期利润分享计划，以对公司管理层进行激励。该计划规定，公司全年的净利润指标为1 000万元，如果在公司管理层的努力下完成的净利润超过1 000万元，公司管理层将可以分享超过1 000万元净利润部分的10%作为额外报酬。假定至2×14年12月31日，丙公司全年实际完成净利润1 500万元。假定不考虑离职等其他因素，则丙公司管理层按照利润分享计划可以分享利润50［(1 500－1 000)×10%］万元作为其额外的薪酬。

丙公司2×14年12月31日的相关账务处理如下：

借：管理费用　　　　　　　　　　　　　　　　　　　　　　　500 000

　　贷：应付职工薪酬——利润分享计划　　　　　　　　　　　500 000

9.2.5 关于离职后福利的确认和计量

离职后福利,是指企业为获得职工提供的服务而在职工退休或与企业解除劳动关系后,提供的各种形式的报酬和福利,属于短期薪酬和辞退福利的除外。离职后福利包括退休福利(如养老金和一次性的退休支付)及其他离职后福利(如离职后人寿保险和离职后医疗保障)。企业向职工提供了离职后福利的,无论是否设立了单独主体接受提存金并支付福利,均应当适用本准则的相关要求对离职后福利进行会计处理。

职工正常退休时获得的养老金等离职后福利,是职工与企业签订的劳动合同到期或者职工达到了国家规定的退休年龄时,获得的离职后生活补偿金额。企业给予补偿的事项是职工在职时提供的服务而不是退休本身,因此,企业应当在职工提供服务的会计期间对离职后福利进行确认和计量。

离职后福利计划,是指企业与职工就离职后福利达成的协议,或者企业为向职工提供离职后福利制定的规章或办法等。企业应当按照企业承担的风险和义务情况,将离职后福利计划分类为设定提存计划和设定受益计划两种类型。

(一)设定提存计划的确认和计量。

设定提存计划,是指企业向单独主体(如基金等)缴存固定费用后,不再承担进一步支付义务的离职后福利计划。

对于设定提存计划,企业应当根据在资产负债表日为换取职工在会计期间提供的服务而应向单独主体缴存的提存金,确认为职工薪酬负债,并计入当期损益或相关资产成本。

【例9-5】设定提存计划的会计处理

承【例9-1】,甲公司根据所在地政府规定,按照职工工资总额的12%计提基本养老保险费,缴存当地社会保险经办机构。2×14年7月,甲公司缴存的基本养老保险费,应计入生产成本的金额为120万元,应计入制造费用的金额为24万元,应计入管理费用的金额为43.2万元。甲公司2×14年7月的账务处理如下:

借:生产成本　　　　　　　　　　　　　　　　1 200 000
　　制造费用　　　　　　　　　　　　　　　　　 240 000
　　管理费用　　　　　　　　　　　　　　　　　 432 000
　　贷:应付职工薪酬——设定提存计划　　　　 1 872 000

(二)设定受益计划的确认和计量。

设定受益计划,是指除设定提存计划以外的离职后福利计划。设定提存计划和设定受益计划的区分,取决于离职后福利计划的主要条款和条件所包含的经济实质。在设定提存计划下,企业的义务以企业应向独立主体缴存的提存金金额为限,职工未来所能取得的离职后福利金额取决于向独立主体支付的提存金金额,以及提存金所产生的投资回报,从而精算风险和投资风险实质上要由职工来承担。在设定受益计划下,企业的义务是为现在及以前的职工提供约定的福利,并且精算风险和投资风险实质上由企业来承担。

当企业负有下列义务时,该计划就是一项设定受益计划。

(1)计划福利公式不仅仅与提存金金额相关,且要求企业在资产不足以满足该公式的福利时提供进一步的提存金。

(2) 通过计划间接地或直接地对提存金的特定回报作出担保。

设定受益计划可能是不注入资金的,或者可能全部或部分地由企业(有时由其职工)向独立主体以缴纳提存金形式注入资金,并由该独立主体向职工支付福利。到期时已注资福利的支付不仅取决于独立主体的财务状况和投资业绩,而且取决于企业补偿独立主体资产不足的意愿和能力。企业实质上承担着与计划相关的精算风险和投资风险。因此,设定受益计划所确认的费用并不一定是本期应付的提存金金额。企业存在一项或多项设定受益计划的,对于每一项计划应当分别进行会计处理。

1. 确定设定受益计划义务的现值和当期服务成本。

企业应当根据预期累计福利单位法,采用无偏且相互一致的精算假设对有关人口统计变量和财务变量等作出估计,计量设定受益计划所产生的义务,并确定相关义务的归属期间。企业应当根据资产负债表日与设定受益计划义务期限和币种相匹配的国债或活跃市场上的高质量公司债券的市场收益率确定折现率,将设定受益计划所产生的义务予以折现,以确定设定受益计划义务的现值和当期服务成本。

设定受益计划义务的现值,是指企业在不扣除任何计划资产的情况下,为履行获得当期和以前期间职工服务产生的最终义务,所需支付的预期未来金额的现值。设定受益计划的最终义务受到许多变量的影响,如职工离职率、死亡率、职工缴付的提存金等。企业在折现时,即使预期有部分义务在报告期间结束后的十二个月内结算,企业仍应对整项义务进行折现。企业应当就至报告期末的任何重大交易及环境的其他重大变化(包括市场价格和利率的变化)进行调整,在每年年末进行复核。

企业应当通过预期累计福利单位法确定其设定受益计划义务的现值、当期服务成本和过去服务成本。根据预期累计福利单位法,职工每提供一个期间的服务,就会增加一个单位的福利权利,企业应当对每一单位的福利权利进行单独计量,并将所有单位的福利权利累计形成最终义务。企业应当将福利归属于提供设定受益计划的义务发生的期间。这一期间是指从职工提供服务以获取企业在未来报告期间预计支付的设定受益计划福利开始,至职工的继续服务不会导致这一福利金额显著增加之日为止。

企业在确定设定受益计划义务的现值、当期服务成本以及过去服务成本时,应当根据计划的福利公式将设定受益计划产生的福利义务归属于职工提供服务的期间,并计入当期损益或相关资产成本。

当职工后续年度的服务将导致其享有的设定受益计划福利水平显著高于以前年度时,企业应当按照直线法将累计设定受益计划义务分摊确认于职工提供服务而导致企业第一次产生设定受益计划福利义务至职工提供服务不再导致该福利义务显著增加的期间。在确定后续年度服务是否将导致职工享有的设定受益福利水平显著高于以前年度时,不应考虑仅因未来工资水平提高而导致设定受益计划义务显著增加的情况。

精算假设,是指企业对影响离职后福利最终义务的各种变量的最佳估计。精算假设应当是客观公正和相互可比的,无偏且相互一致的。精算假设包括人口统计假设和财务假设。人口统计假设包括死亡率、职工的离职率、伤残率、提前退休率等。财务假设包括折现率、福利水平和未来薪酬等。其中，折现率应当根据资产负债表日与设定受益计划义务期限和币种相匹配的国债或活跃市场上的高质量公司债券的市场收益率确定。

经验调整是设定受益计划义务的实际数与估计数之间的差异。在某些情况下，设定受益计划对于未来福利水平调整未作出明确规定的，企业将有关福利水平的增加确认为精算假设与实际经验的差异（产生精算得或损失），还是计划的修改（产生过去服务成本），需要运用职业判断。通常情况下，如果设定受益计划未明确规定未来福利水平的调整，过去的调整也并不频繁，同时如果精算假设中并无福利水平增长的假设，企业应将福利水平变化的影响归属于过去服务成本。

【例9-6】设定受益计划的会计处理

甲公司在2×14年1月1日设立了一项设定受益计划，并于当日开始实施。该设定受益计划规定如下。

（1）甲公司向所有在职员工提供统筹外补充退休金，这些职工在退休后每年可以额外获得12万元退休金，直至去世。

（2）职工获得该额外退休金基于自该计划开始日起为公司提供的服务，而且应当自该设定受益计划开始日起一直为公司服务至退休。

为简化起见，假定符合计划的职工为100人，当前平均年龄为40岁，退休年龄为60岁，还可以为公司服务20年。假定在退休前无人离职，退休后平均剩余寿命为15年。假定适用的折现率为10%。并且假定不考虑未来通货膨胀影响等其他因素。

计算设定受益计划义务及其现值见表9-1。

表9-1 计算设定受益计划义务及其现值　　　　　单位：万元

	退休后第1年	退休后第2年	退休后第3年	退休后第4年	……	退休后第14年	退休后第15年
（1）当年支付	1 200	1 200	1 200	1 200	……	1 200	1 200
（2）折现率	10%	10%	10%	10%	……	10%	10%
（3）复利现值系数	0.909 1	0.826 4	0.751 3	0.683 0	……	0.263 3	0.239 4
（4）退休时点现值=(1)×(3)	1 091	992	902	820	……	316	287
（5）退休时点现值合计	9 127						

计算职工服务期间每期服务成本见表9-2。

表9-2 计算职工服务期间每期服务成本　　　　　单位：万元

服务年限	服务第1年	服务第2年	……	服务第19年	服务第20年
福利归属			……		
——以前年度	0	456.35	……	8 214.3	8 670.65

续表

服务年限	服务第1年	服务第2年	……	服务第19年	服务第20年
——当年	456.35	456.35	……	456.35	456.35
——以前年度+当年	456.35	912.7	……	8 670.65	9 127
期初义务	0	74.62	……	6788.68	7 882.41
利息	0	7.46	……	678.87	788.24
当期服务成本	74.62*	82.08**	……	414.86***	456.35
期末义务	74.62	164.16	……	7 882.41	9 127****

注：* =456.35÷(1+10%)^{19}；
** =456.35÷(1+10%)^{18}；
*** =456.35÷(1+10%)；
****尾数调整。

服务第1年至第20年的账务处理如下：

服务第1年年末，甲公司的账务处理。

借：管理费用（或相关资产成本） 746 200
　　贷：应付职工薪酬——设定受益计划义务 746 200

服务第2年年末，甲公司的账务处理。

借：管理费用（或相关资产成本） 820 800
　　贷：应付职工薪酬——设定受益计划义务 820 800
借：财务费用（或相关资产成本） 74 600
　　贷：应付职工薪酬——设定受益计划义务 74 600

服务第3年至第20年，以此类推处理。

2. 确定设定受益计划净负债或净资产。

设定受益计划存在资产的，企业应当将设定受益计划义务的现值减去设定受益计划资产公允价值所形成的赤字或盈余确认为一项设定受益计划净负债或净资产。

设定受益计划存在盈余的，企业应当以设定受益计划的盈余和资产上限两项的孰低者计量设定受益计划净资产。其中，资产上限，是指企业可从设定受益计划退款或减少未来向独立主体缴存提存金而获得的经济利益的现值。

计划资产包括长期职工福利基金持有的资产、符合条件的保险单等，但不包括企业应付但未付给独立主体的提存金、由企业发行并由独立主体持有的任何不可转换的金融工具。

3. 确定应当计入当期损益的金额。

报告期末，企业应当在损益中确认的设定受益计划产生的职工薪酬成本包括服务成本、设定受益净负债或净资产的利息净额。其中，服务成本包括当期服务成本、过去服务成本和结算利得或损失。设定受益净负债或净资产的利息净额包括计划资产的利息收益、设定受益计划义务的利息费用以及资产上限影响的利息。除非其他相关会计准则要求或允许职工福利成本计入资产成本，企业应当将服务成本和设定受益净负债或净资产的利息净额计入当期损益。

（1）当期服务成本。当期服务成本，是指因职工当期提供服务所导致的设定受益计划义务现值的增加额。

（2）过去服务成本。过去服务成本，是指设定受益计划修改所导致的与以前期间职工服务相关的设定受益计划义务现值的增加或减少。当企业设立或取消一项设定受益计划或是改变现有设定受益计划下的应付福利时，设定受益计划就发生了修改。

过去服务成本可以是正的，如设立或改变设定受益计划从而导致设定受益计划义务的现值增加，也可以是负的，如取消或改变设定受益计划从而导致设定受益计划义务的现值减少。如果企业减少了设定受益计划的应付福利，但同时增加了在该计划下针对相同职工其他应付福利，企业应当将变动的净额作为单项变动处理。

过去服务成本不包括下列各项。

①以前假定的薪酬增长金额与实际发生金额之间的差额，对支付以前年度服务产生的福利义务的影响。

②企业对支付养老金增长金额具有推定义务的，对于可自行决定养老金增加金额的高估和低估。

③财务报表中已确认的精算利得或计划资产回报导致的福利变化的估计。

④在没有新的福利或福利未发生变化的情况下，职工达到既定要求之后导致既定福利（即并不取决于未来雇佣的福利）的增加。

（3）结算利得和损失。企业应当在设定受益计划结算时，确认一项结算利得或损失。设定受益计划结算，是指企业为了消除设定受益计划所产生的部分或所有未来义务进行的交易，而不是根据计划条款和所包含的精算假设向职工支付福利。设定受益计划结算利得或损失是下列两项的差额：

①在结算日确定的设定受益计划义务的现值。

②结算价格，包括转移的计划资产的公允价值和企业直接发生的与结算相关的支付。

（4）设定受益计划净负债或净资产的利息净额。设定受益计划净负债或净资产的利息净额，是指设定受益净负债或净资产在职工提供服务期间由于时间变化而产生的变动，包括计划资产的利息收益、设定受益计划义务的利息费用以及资产上限影响的利息。

企业应当通过将设定受益计划净负债或净资产乘以适当的折现率来确定设定受益计划净负债或净资产的利息净额。企业应当在会计期间开始时确定设定受益计划净负债或净资产和折现率，并考虑该期间由于福利提存和福利支付所导致的设定受益计划净负债或净资产的变动，但不应当考虑设定受益计划净负债或净资产在本会计期间的任何其他变动（例如精算利得和损失）。

企业应当通过将计划资产公允价值乘以折现率来确定计划资产的利息收益，作为计划资产回报的组成部分。企业应当将计划资产的利息收益和计划资产回报之间的差额包括在设定受益计划净负债或净资产的重新计量中。

企业计算设定受益计划净负债或净资产的利息净额时，应当考虑资产上限的影响。企业应当通过将资产上限的影响乘以折现率来确定资产上限影响的利息，作为资产上限影响总变动的一部分。企业应当在会计期间开始时确定资产上限的影响和折现率。企业应当将资产上限影响的利息金额与资产上限影响总变动之间的差额包括在设定受益计划净负债或净资产的重新计量中。

4. 确定应当计入其他综合收益的金额。

企业应当将重新计量设定受益计划净负债或净资产所产生的变动计入其他综合收益,并且在后续会计期间不允许转回至损益,但企业可以在权益范围内转移这些在其他综合收益中确认的金额。

重新计量设定受益计划净负债或净资产所产生的变动包括下列部分。

(1) 精算利得或损失,即由于精算假设和经验调整导致之前所计量的设定受益计划义务现值的增加或减少。企业未能预计的过高或过低的职工离职率、提前退休率、死亡率、过高或过低的薪酬、福利的增长以及折现率变化等因素,将导致设定受益计划产生精算利得和损失。精算利得或损失不包括因设立、修改或结算设定受益计划所导致的设定受益计划义务的现值变动,或者设定受益计划下应付福利的变动。这些变动产生了过去服务成本或结算利得或损失。

【例9-7】设定受益计划精算利得或损失的会计处理

承【例9-6】,假定甲公司在该计划开始后职工提供服务的第3年年末重新计量该设定受益计划的净负债。甲公司发现,由于预期寿命等精算假设和经验调整导致该设定受益计划义务的现值增加,形成精算损失15万元。财务处理如下:

借:其他综合收益——设定受益计划净负债或净资产重新计量——精算损失

                        150 000

 贷:应付职工薪酬——设定受益计划义务   150 000

(2) 计划资产回报,扣除包括在设定受益净负债或净资产的利息净额中的金额。计划资产的回报,是指计划资产产生的利息、股利和其他收入,以及计划资产已实现和未实现的利得或损失。企业在确定计划资产回报时,应当扣除管理该计划资产的成本以及计划本身的应付税款,但计量设定受益义务时所采用的精算假设所包括的税款除外。管理该计划资产以外的其他管理费用不需从计划资产回报中扣减。

(3) 资产上限影响的变动,扣除包括在设定受益计划净负债或净资产的利息净额中的金额。

9.2.6 关于辞退福利的确认和计量

辞退福利,是指企业在职工劳动合同到期之前解除与职工的劳动关系,或者为鼓励职工自愿接受裁减而给予职工的补偿。由于导致义务产生的事项是终止雇佣而不是为获得职工的服务,企业应当将辞退福利作为单独一类职工薪酬进行会计处理。

企业在确定提供的经济补偿是否为辞退福利时,应当区分辞退福利和正常退休养老金。辞退福利是在职工与企业签订的劳动合同到期前,企业根据法律与职工本人或职工代表(如工会)签订的协议,或者基于商业惯例,承诺当其提前终止对职工的雇佣关系时支付的补偿,引发补偿的事项是辞退。

对于职工虽然没有与企业解除劳动合同，但未来不再为企业提供服务，不能为企业带来经济利益，企业承诺提供实质上具有辞退福利性质的经济补偿的，如发生"内退"的情况，在其正式退休日期之前应当比照辞退福利处理，在其正式退休日期之后，应当按照离职后福利处理。

企业向职工提供辞退福利的，应当在企业不能单方面撤回因解除劳动关系计划或裁减建议所提供的辞退福利时、企业确认涉及支付辞退福利的重组相关的成本或费用时两者孰早日，确认辞退福利产生的职工薪酬负债，并计入当期损益。

企业有详细、正式的重组计划并且该重组计划已对外公告时，表明已经承担了重组义务。重组计划包括重组涉及的业务、主要地点、需要补偿的职工人数及其岗位性质、预计重组支出、计划实施时间等。

实施职工内部退休计划的，企业应当比照辞退福利处理。在内退计划符合本准则规定的确认条件时，企业应当按照内退计划规定，将自职工停止提供服务日至正常退休日期间、企业拟支付的内退职工工资和缴纳的社会保险费等，确认为应付职工薪酬，一次性计入当期损益，不能在职工内退后各期分期确认因支付内退职工工资和为其缴纳社会保险费等产生的义务。

企业应当按照辞退计划条款的规定，合理预计并确认辞退福利产生的职工薪酬负债，并具体考虑下列情况：

（一）对于职工没有选择权的辞退计划，企业应当根据计划条款规定拟解除劳动关系的职工数量、每一职位的辞退补偿等确认职工薪酬负债。

（二）对于自愿接受裁减建议的辞退计划，由于接受裁减的职工数量不确定，企业应当根据《企业会计准则第13号——或有事项》规定，预计将会接受裁减建议的职工数量，根据预计的职工数量和每一职位的辞退补偿等确认职工薪酬负债。

（三）对于辞退福利预期在其确认的年度报告期间期末后12个月内完全支付的辞退福利，企业应当适用短期薪酬的相关规定。

（四）对于辞退福利预期在年度报告期间期末后12个月内不能完全支付的辞退福利，企业应当适用本准则关于其他长期职工福利的相关规定，即实质性辞退工作在1年内实施完毕但补偿款项超过1年支付的辞退计划，企业应当选择恰当的折现率，以折现后的金额计量应计入当期损益的辞退福利金额。

【例9-8】辞退福利的会计处理

甲公司是一家空调制造企业。2×14年9月，为了能够在下一年度顺利实施转产，甲公司管理层制订了一项辞退计划，计划规定，从2×15年1月1日起，企业将以职工自愿方式，辞退其柜式空调生产车间的职工。

辞退计划的详细内容，包括拟辞退的职工所在部门、数量、各级别职工能够获得的补偿以及计划大体实施的时间等均已与职工沟通，并达成一致意见，辞退计划已于2×14年12月10日经董事会正式批准，辞退计划将于下一个年度内实施完毕。该项辞退计划的详细内容如表9-3所示。

表9-3 甲公司辞退计划　　　　　　　　　　　　　　　　单位：万元

所属部门	职位	辞退数量（人）	工龄（年）	每人补偿
空调车间	车间主任 副主任	10	1~10	10
			10~20	20
			20~30	30
空调车间	高级技工	50	1~10	8
			10~20	18
			20~30	28
	一般技工	100	1~10	5
			10~20	15
			20~30	25
合计		160		

2×14年12月31日，企业预计各级别职工拟接受辞退职工数量的最佳估计数（最可能发生数）及其应支付的补偿如表9-4所示。

表9-4 企业拟接受辞退职工数量最佳估计数　　　　　　　　单位：万元

所属部门	职位	辞退数量（人）	工龄（年）	接受数量	每人补偿额	补偿金额
空调车间	车间主任 副主任	10	1~10	5	10	50
			10~20	2	20	40
			20~30	1	30	30
空调车间	高级技工	50	1~10	20	8	160
			10~20	10	18	180
			20~30	5	28	140
	一般技工	100	1~10	50	5	250
			10~20	20	15	300
			20~30	10	25	250
合计		160		123		1 400

按照《企业会计准则第13号——或有事项》有关计算最佳估计数的方法，预计接受辞退的职工数量可以根据最可能发生的数量确定。根据表9-4，愿意接受辞退职工的最可能数量为123名，预计补偿总额为1 400万元，则企业在2×14年（辞退计划于2×14年12月10日由董事会批准）应做如下账务处理：

借：管理费用　　　　　　　　　　　　　　　　　　　　　　　14 000 000
　　贷：应付职工薪酬——辞退福利　　　　　　　　　　　　　　　　14 000 000

9.2.7 关于其他长期职工福利的确认和计量

其他长期职工福利,是指除短期薪酬、离职后福利和辞退福利以外的其他所有职工福利。其他长期职工福利包括长期带薪缺勤、其他长期服务福利、长期残疾福利、长期利润分享计划和长期奖金计划等。

企业向职工提供的其他长期职工福利,符合设定提存计划条件的,应当按照设定提存计划的有关规定进行会计处理。企业向职工提供的其他长期职工福利,符合设定受益计划条件的,企业应当按照设定受益计划的有关规定,确认和计量其他长期职工福利净负债或净资产。在报告期末,企业应当将其他长期职工福利产生的职工薪酬成本确认为下列组成部分。

(一) 服务成本。

(二) 其他长期职工福利净负债或净资产的利息净额。

(三) 重新计量其他长期职工福利净负债或净资产所产生的变动。

为了简化相关会计处理,上述项目的总净额应计入当期损益或相关资产成本。

长期残疾福利水平取决于职工提供服务期间长短的,企业应在职工提供服务的期间确认应付长期残疾福利义务,计量时应当考虑长期残疾福利支付的可能性和预期支付的期限;与职工提供服务期间长短无关的,企业应当在导致职工长期残疾的事件发生的当期确认应付长期残疾福利义务。

9.2.8 关于职工薪酬的披露

在资产负债表中,企业应当根据应支付的职工薪酬负债流动性,对职工薪酬负债按照流动和非流动进行分类列报。短期薪酬、离职后福利中的设定提存计划负债、其他长期职工福利中的符合设定提存计划条件的负债、辞退福利中将于资产负债表日后12个月内支付的部分应当在资产负债表的流动负债项下"应付职工薪酬"项目中列示。辞退福利中将于资产负债表日起12个月之后支付的部分、离职后福利中设定受益计划净负债、其他长期职工福利中符合设定受益计划条件的净负债应当在资产负债表的非流动负债项下单独列示。

对于重新计量设定受益计划净负债或净资产所产生的变动,企业如在权益范围内转移这些在其他综合收益中确认的金额,应当在所有者权益变动表"(四)所有者权益内部结转"项下"3.盈余公积弥补亏损"和"4.其他"项目之间增设"4.结转重新计量设定受益计划净负债或净资产所产生的变动"项目("其他"项目序号顺延)加以列示。

(一) 短期薪酬的披露。

企业应当在附注中披露与短期薪酬有关的下列信息。

1. 应当支付给职工的工资、奖金、津贴和补贴及其期末应付未付金额。

2. 应当为职工缴纳的医疗保险费、工伤保险费和生育保险费等社会保险费及其期末应付未付金额。

3. 应当为职工缴存的住房公积金及其期末应付未付金额。

4. 为职工提供的非货币性福利及其计算依据。

5. 依据短期利润分享计划提供的职工薪酬金额及其计算依据。

6. 其他短期薪酬。

具体披露格式如表 9-5 所示。涉及上述第 4、第 5 项计算依据的，还需要额外披露。

表 9-5　短期薪酬披露格式

短期薪酬项目	本期应付金额	期末应付未付金额
一、工资、奖金、津贴和补贴		
二、职工福利费		
三、社会保险费		
其中：1. 医疗保险费		
2. 工伤保险费		
3. 生育保险费		
四、住房公积金		
五、工会经费和职工教育经费		
六、短期带薪缺勤		
七、短期利润分享计划		
八、其他短期薪酬		
合计		

（二）离职后福利的披露。

1. 设定提存计划的披露要求。

企业应当在附注中披露所设立或参与的设定提存计划的性质、计算缴费金额的公式或依据、当期缴费金额以及期末应付未付金额。其中，设定提存计划的当期缴费金额和期末应付未付金额的具体披露格式见表 9-6。

表 9-6　设定提存计划的披露格式

设定提存计划项目	当期缴费金额	期末应付未付金额
一、基本养老保险费		
二、失业保险费		
三、企业年金缴费		
合计		

2. 设定受益计划的披露要求。

企业应当在附注中披露与设定受益计划有关的下列信息。

（1）设定受益计划的特征及与之相关的风险。企业应当披露设定受益计划的特征，通常包括设定受益计划所提供的福利的性质、企业在该计划管理中的职责、国家对该类计划的监管要求等。

企业应当披露设定受益计划相关的风险，即设定受益计划使企业面临的风险，并重点关注企业特有或计划特有的异常风险，以及重要风险的集中程度。例如，如果某企业的设定受益计划资产主要投资于房地产,则该计划可能导致企业面临集中的房地产市场风险。

企业如有对计划的修改或结算的,还应当披露修改或结算计划的有关情况。

(2)设定受益计划在财务报表中确认的金额及其变动。企业应当披露设定受益净负债(或净资产)及其组成部分,以及设定受益计划产生的职工薪酬成本及其组成部分的期初余额和期末余额的调节情况。具体披露格式如表9-7所示。

表9-7 设定受益计划的披露格式

	设定受益计划义务现值		计划资产公允价值		设定受益计划净负债(净资产)	
	本期金额	上期金额	本期金额	上期金额	本期金额	上期金额
一、期初余额						
二、计入当期损益的设定收益成本						
1. 当期服务成本						
2. 过去服务成本						
3. 结算利得(损失以"-"号表示)						
4. 利息净额						
三、计入其他综合收益的设定受益成本						
设定受益计划净负债(净资产)的重新计算						
1. 精算利得(损失以"-"号表示)						
2. 计划资产回报(计入利息净额的除外)						
3. 资产上限影响的变动(计入利息净额的除外)						
四、其他变动						
1. 结算时消除的负责						
2. 已支付的福利						
……						
五、期末余额						

企业不存在计划资产的,无须披露表9-7中的"设定受益计划义务现值"栏和"计划资产公允价值"栏。

企业存在计划资产的,应当按照计划资产的性质和风险按类别披露计划资产的公允价值,具体披露格式如表9-8所示。企业还应当说明各类计划资产是否存在活跃市场公开报价。

表 9-8 企业计划资产的披露格式

计划资产的构成	计划资产的公允价值	
	期末余额	期初余额
1. 现金和现金等价物		
2. 权益工具投资①		
（1）……		
（2）……		
……		
3. 债务工具投资②		
（1）……		
（2）……		
……		
……		
合计		

注：①按行业类型或公司规模或地域等分类；
②按债务工具发行人类型或信用评级或地域等分类。

(3) 设定受益计划对企业未来现金流量金额、时间和不确定性的影响。企业应当披露影响设定受益计划未来缴存金额的有关筹资政策和计划、下一会计年度预期将缴存的金额，并披露设定受益义务有关到期情况的信息，如设定受益义务的加权平均期间、对有关福利支付的到期日分析等。

(4) 设定受益义务现值所依赖的重大精算假设及有关敏感性分析的结果。

企业应当披露精算估计所采用的重大假设，具体披露格式如表 9-9 所示。

表 9-9 精算估计所采用的重大假设的披露格式

精算估计的重大假设	本期期末	上期期末
折现率		
死亡率		
预计平均寿命		
薪酬的预期增长率		
……		

企业应当按照表 9-9 所列的重大精算假设，披露各项重大精算假设对设定受益义务的敏感性分析，并披露用于编制敏感性分析的方法和假设，以及有关方法的局限性。企业用于编制敏感性分析的方法和假设如发生了变动，企业还应当披露这一事实，并说明变动的理由。

（三）辞退福利的披露。

企业应当在附注中披露本年度因解除劳动关系所提供辞退福利及其期末应付未付金额。

【例 9-9】辞退福利的披露

承【例 9-8】,甲公司应当在 2×14 年财务报表附注中披露有关辞退福利的信息如下:本公司本年度因解除劳动关系所提供辞退福利为 1 400 万元,期末应付未付金额为 1 400 万元。

(四)其他长期职工福利的披露。

企业应当在附注中披露提供的其他长期职工福利的性质、金额,及其计算依据。

9.2.9 关于衔接规定

对于本准则施行日存在的离职后福利计划、辞退福利、其他长期职工福利,企业应当按照《企业会计准则第 28 号——会计政策、会计估计变更和差错更正》的规定采用追溯调整法进行处理;但是,企业比较财务报表中披露的本准则施行之前的信息与本准则要求不一致的,不需要按照本准则的规定进行调整。

第10章 企业年金基金

10.1 企业会计准则第10号——企业年金基金

《企业会计准则第10号——企业年金基金》(以下简称"本准则")于2006年2月15日由财会〔2006〕3号公布,自2007年1月1日起施行。

10.1.1 总则

第一条 为了规范企业年金基金的确认、计量和财务报表列报,根据《企业会计准则——基本准则》,制定本准则。

第二条 企业年金基金,是指根据依法制定的企业年金计划筹集的资金及其投资运营收益形成的企业补充养老保险基金。

第三条 企业年金基金应当作为独立的会计主体进行确认、计量和列报。

委托人、受托人、托管人、账户管理人、投资管理人和其他为企业年金基金管理提供服务的主体,应当将企业年金基金与其固有资产和其他资产严格区分,确保企业年金基金的安全。

10.1.2 确认和计量

第四条 企业年金基金应当分别资产、负债、收入、费用和净资产进行确认和计量。

【例10-1】 企业年金基金的会计科目及编号

企业年金基金会计科目名称和编号如表10-1所示。

表10-1 企业年金基金会计科目名称和编号

顺序号	编号	会计科目名称
一、资产类		
1	101	银行存款
2	102	结算备付金
3	104	交易保证金
4	113	应收利息
5	114	应收股利
6	115	应收红利
7	118	买入返售证券
8	125	其他应收款
9	128	交易性金融资产
10	131	其他资产

续表

顺序号	编号	会计科目名称
二、负债类		
11	201	应付受益人待遇
12	204	应付受托人管理费
13	205	应付托管人管理费
14	216	应付投资管理人管理费
15	215	应交税费
16	218	卖出回购证券款
17	221	应付利息
18	223	应付佣金
19	229	其他应付款
三、共同类		
20	301	证券清算款
四、基金净值类		
21	401	企业年金基金 个人账户结余 企业账户结余 净收益 个人账户转入 个人账户转出 支付受益人待遇
22	410	本期收益
五、损益类		
23	501	存款利息收入
24	503	买入返售证券收入
25	505	公允价值变动收益
26	531	投资收益
27	533	其他收入
28	534	交易费用
29	539	受托人管理费
30	540	托管人管理费
31	541	投资管理人管理费
32	552	卖出回购证券支出
33	566	其他费用
34	570	以前年度损益调整

第五条 企业年金基金缴费及其运营形成的各项资产包括：货币资金、应收证券清算款、

应收利息、买入返售证券、其他应收款、债券投资、基金投资、股票投资、其他投资等。

【例 10-2】企业年金基金的缴费流程

企业年金基金缴费流程如图 10-1 所示。

图 10-1 企业年金基金缴费的流程

第六条 企业年金基金在运营中根据国家规定的投资范围取得的国债、信用等级在投资级以上的金融债和企业债、可转换债、投资性保险产品、证券投资基金、股票等具有良好流动性的金融产品,其初始取得和后续估值应当以公允价值计量。

(一)初始取得投资时,应当以交易日支付的成交价款作为其公允价值。发生的交易费用直接计入当期损益。

(二)估值日对投资进行估值时,应当以其公允价值调整原账面价值,公允价值与原账面价值的差额计入当期损益。投资公允价值的确定,适用《企业会计准则第 22 号——金融工具确认和计量》。

【例 10-3】企业年金基金初始取得投资时的会计处理 1

20×7 年 9 月 1 日,某企业年金基金通过证券交易所购入分期付息、一次还本国债 500 手,每手债券面值为 1 000 元,成交金额为 600 000 元(含已到付息期但尚未领取的利息 40 000 元),另发生手续费、佣金等相关税费 2 000 元。票面年利率为 3.56%。

该企业年金基金账务处理如下:

(1)交易日(T 日,即 9 月 1 日)与证券登记结算机构清算应付证券款时。

借:交易性金融资产——成本——债券　　　　　　　　　560 000
　　应收利息　　　　　　　　　　　　　　　　　　　　 40 000
　　交易费用　　　　　　　　　　　　　　　　　　　　 2 000
　　　贷:证券清算款　　　　　　　　　　　　　　　　　　　　602 000

(2)资金交收日(T+1 日,即 9 月 2 日)与证券登记结算机构交收资金时。

借:证券清算款　　　　　　　　　　　　　　　　　　　602 000

贷：结算备付金等　　　　　　　　　　　　　　　　　　　　　　602 000

【例 10-4】企业年金基金初始取得投资时的会计处理 2

20×7 年 4 月 1 日，某企业年金基金通过证券交易所以 10.3 元/股的价格购入 A 公司 10 万股（其中每股含已经宣告但尚未发放的现金股利 0.3 元）股票，成交金额为 103 万元，另发生券商佣金、印花税等 2 万元。

该企业年金基金账务处理如下：

（1）交易日（T 日，即 4 月 1 日）与证券登记结算机构清算应付证券款时。

　　借：交易性金融资产——成本——A 股票　　　　　　　　　　1 000 000
　　　　应收股利——A 股票　　　　　　　　　　　　　　　　　　　30 000
　　　　交易费用　　　　　　　　　　　　　　　　　　　　　　　　20 000
　　　贷：证券清算款　　　　　　　　　　　　　　　　　　　　1 050 000

（2）资金交收（T+1 日，即 4 月 2 日）与证券登记结算机构交收资金时。

　　借：证券清算款　　　　　　　　　　　　　　　　　　　　　1 050 000
　　　贷：结算备付金等　　　　　　　　　　　　　　　　　　　1 050 000

【例 10-5】年金基金投资持有期间及估值日的会计处理 1

沿用【例 10-3】，该企业年金基金持有国债期间，按债券票面价值和票面利率计提债券利息。假设一年按 365 天计算，每日计提利息，票面年利率为 3.56%。

该企业年金基金账务处理如下：

每日应计利息 = 500 000×3.56%÷365 = 48.77（元）

每日计提利息时。

　　借：应收利息　　　　　　　　　　　　　　　　　　　　　　　　48.77
　　　贷：投资收益　　　　　　　　　　　　　　　　　　　　　　　48.77

债券除息日（T 日），借记"证券清算款"科目，贷记"应收利息"科目。

资金交收日（T+1 日），借记"结算备付金"科目，贷记"证券清算款"科目。

【例 10-6】年金基金投资持有期间及估值日的会计处理 2

沿用【例 10-4】，20×7 年 4 月 5 日，企业年金基金收到购买 A 股票时已宣告的现金股利，该上市公司发放 A 股票的现金股利为每股 0.3 元，合计 3 万元。

该企业年金基金账务处理如下：

　　借：结算备付金　　　　　　　　　　　　　　　　　　　　　　30 000
　　　贷：应收股利　　　　　　　　　　　　　　　　　　　　　　30 000

【例 10-7】年金基金投资持有期间及估值日的会计处理 3

沿用【例 10-6】，20×7 年 4 月 12 日，企业年金基金持有的 A 股票证券交易所收盘价为每股 11 元。

在估值日和资产负债表日，企业年金基金持有的上市流通的债券、基金、股票等交易性金融资产，以其估值日在证券交易所挂牌的市价（平均价或收盘价）估值；估值日无交易的以最近交易日的市价估值。

估值日公允价值与上一估值日公允价值的差额 =(11 – 10)×100 000 = 100 000（元）

该企业年金基金账务处理如下：

借：交易性金融资产——公允价值变动——A 股票　　　　　100 000
　　贷：公允价值变动损益　　　　　　　　　　　　　　　　　100 000

【例 10 – 8】年金基金投资持有期间及估值日的会计处理 4

沿用【例 10 – 7】，20×7 年 5 月 30 日，该企业年金基金出售 A 股票 5 万股，每股市价为 13 元，成交总额为 65 万元，另发生券商佣金、印花税等 1 800 元。

本例中，成交总额扣减佣金、印花税等为应收证券清算款，共计金额为 648 200 (650 000 – 1 800) 元。

该企业年金基金账务处理如下：

(1) 交易日（T 日，即 5 月 30 日）与证券登记结算机构清算应收证券款时。

借：证券清算款　　　　　　　　　　　　　　　　　　　　648 200
　　交易费用　　　　　　　　　　　　　　　　　　　　　　　1 800
　　贷：交易性金融资产——成本——A 股票　　　　　　　　500 000
　　　　　　　　　　　　——公允价值变动——A 股票　　　　50 000
　　　　投资收益　　　　　　　　　　　　　　　　　　　　100 000
借：公允价值变动损益　　　　　　　　　　　　　　　　　　50 000
　　贷：投资收益　　　　　　　　　　　　　　　　　　　　50 000

(2) 资金交收日（T+1 日，即 5 月 31 日）与证券登记结算机构交收资金时。

借：结算备付金　　　　　　　　　　　　　　　　　　　　648 200
　　贷：证券清算款　　　　　　　　　　　　　　　　　　　648 200

第七条　企业年金基金运营形成的各项负债包括：应付证券清算款、应付受益人待遇、应付受托人管理费、应付托管人管理费、应付投资管理人管理费、应交税金、卖出回购证券款、应付利息、应付佣金和其他应付款等。

第八条　企业年金基金运营形成的各项收入包括：存款利息收入、买入返售证券收入、公允价值变动收益、投资处置收益和其他收入。

第九条　收入应当按照下列规定确认和计量。

（一）存款利息收入，按照本金和适用的利率确定。

（二）买入返售证券收入，在融券期限内按照买入返售证券价款和协议约定的利率确定。

（三）公允价值变动收益，在估值日按照当日投资公允价值与原账面价值（即上一估值日投资公允价值）的差额确定。

（四）投资处置收益，在交易日按照卖出投资所取得的价款与其账面价值的差额确定。

（五）风险准备金补亏等其他收入，按照实际发生的金额确定。

【例 10 – 9】企业年金基金存款利息的会计处理

20×7 年 9 月 1 日，某企业年金基金在商业银行的存款本金为 1 500 000 元，假设一年按 365 天计算，银行存款年利率为 1.98%，每季季末结息，该企业年金基金逐日估值。

每日银行存款应计利息=存款本金×年利率÷365＝1 500 000×1.98%÷365＝81.37（元）

该企业年金基金账务处理如下：

(1) 每日计提存款利息时。

借：应收利息　　　　　　　　　　　　　　　　　　　　　　　　81.37
　　贷：存款利息收入　　　　　　　　　　　　　　　　　　　　81.37

(2) 每季季末收到存款利息时（假设每季收息7 425元）。

借：银行存款　　　　　　　　　　　　　　　　　　　　　　　7 425
　　贷：应收利息　　　　　　　　　　　　　　　　　　　　　　7 425

【例10-10】企业年金基金其他收入的会计处理

20×7年1月10日，某企业年金基金估值时确认当日亏损25万元。按规定，将企业年金基金投资管理风险准备金25.73万元用于补亏。已知：该企业年金基金按日估值；投资管理人提取的风险准备金结余60万元。

该企业年金基金账务处理如下（分录单位：万元）：

借：银行存款　　　　　　　　　　　　　　　　　　　　　　　　　25
　　贷：其他收入——风险准备金补亏　　　　　　　　　　　　　　25

第十条　企业年金基金运营发生的各项费用包括：交易费用、受托人管理费、托管人管理费、投资管理人管理费、卖出回购证券支出和其他费用。

第十一条　费用应当按照下列规定确认和计量。

(一) 交易费用，包括支付给代理机构、咨询机构、券商的手续费和佣金及其他必要支出，按照实际发生的金额确定。

(二) 受托人管理费、托管人管理费和投资管理人管理费，根据相关规定按实际计提的金额确定。

(三) 卖出回购证券支出，在融资期限内按照卖出回购证券价款和协议约定的利率确定。

(四) 其他费用，按照实际发生的金额确定。

【例10-11】企业年金基金投资管理人费用的会计处理

20×7年4月1日，某企业年金基金市值为10 000 000元。投资管理合同中约定：投资管理费年费率为基金净值（市值）的1.2%；假设一年按365天计算，按日估值。

当日应计提的投资管理费=基金净值×年费率÷当年天数

=10 000 000×1.2%÷365

=328.77（元）

该企业年金基金账务处理如下：

借：投资管理人管理费——××投资管理人　　　　　　　　　　328.77
　　贷：应付投资管理人管理费　　　　　　　　　　　　　　　328.77

【例10-12】企业年金基金受托人、托管人管理费用的会计处理

20×7年4月1日，某企业年金基金市值为10 000 000元。受托管理合同和托管合同中均约定：受托人管理费和托管人管理费年费率均为基金净值（市值）的 0.2%；假设一年按 365 天计算，按日估值。

当日应计提的受托人管理费 = 基金净值 × 年费率 ÷ 当年天数
= 10 000 000 × 0.2% ÷ 365
= 54.79（元）

当日应计提的托管人管理费 = 基金净值 × 年费率 ÷ 当年天数
= 10 000 000 × 0.2% ÷ 365
= 54.79（元）

该企业年金基金账务处理如下：

借：受托人管理费——××受托人　　　　　　　　　　　　　　　54.79
　　贷：应付受托人管理费　　　　　　　　　　　　　　　　　　54.79
借：托管人管理费——××托管人　　　　　　　　　　　　　　　54.79
　　贷：应付托管人管理费　　　　　　　　　　　　　　　　　　54.79

【例 10-13】企业年金基金其他费用的会计处理

20×7 年 1 月 1 日，某企业年金基金市值为 3.5 亿元，该日发生信息披露费 3 000 元。假设按日估值。

该企业年金基金账务处理如下：

借：其他费用　　　　　　　　　　　　　　　　　　　　　　3 000
　　贷：银行存款等　　　　　　　　　　　　　　　　　　　　3 000

第十二条 企业年金基金的净资产，是指企业年金基金的资产减去负债后的余额。资产负债表日，应当将当期各项收入和费用结转至净资产。

净资产应当分别企业和职工个人设置账户，根据企业年金计划按期将运营收益分配计入各账户。

第十三条 净资产应当按照下列规定确认和计量。

（一）向企业和职工个人收取的缴费，按照收到的金额增加净资产。

（二）向受益人支付的待遇，按照应付的金额减少净资产。

（三）因职工调入企业而发生的个人账户转入金额，增加净资产。

（四）因职工调离企业而发生的个人账户转出金额，减少净资产。

【例 10-14】企业年金基金收到缴费的会计处理

20×7 年 1 月 5 日，某企业年金基金收到缴费 350 万元，其中企业缴费为 200 万元、职工个人缴费为 150 万元，存入企业年金账户，实收金额与提供的缴费总额账单核对无误。按该企业年金计划约定，企业缴费 200 万元中，归属个人账户的金额为 110 万元，另 90 万元的权益归属条件尚未实现。

该企业年金基金账务处理如下：

借：银行存款　　　　　　　　　　　　　　　　　　　　　3 500 000
　　贷：企业年金基金——个人账户结余——个人缴费　　　　1 500 000

——个人账户结余——企业缴费	1 100 000
——企业账户结余——企业缴费	900 000

10.1.3 列报

第十四条 企业年金基金的财务报表包括资产负债表、净资产变动表和附注。

第十五条 资产负债表反映企业年金基金在某一特定日期的财务状况，应当按照资产、负债和净资产分类列示。

第十六条 资产类项目至少应当列示下列信息：

（一）货币资金；

（二）应收证券清算款；

（三）应收利息；

（四）买入返售证券；

（五）其他应收款；

（六）债券投资；

（七）基金投资；

（八）股票投资；

（九）其他投资；

（十）其他资产。

第十七条 负债类项目至少应当列示下列信息：

（一）应付证券清算款；

（二）应付受益人待遇；

（三）应付受托人管理费；

（四）应付托管人管理费；

（五）应付投资管理人管理费；

（六）应交税金；

（七）卖出回购证券款；

（八）应付利息；

（九）应付佣金；

（十）其他应付款。

第十八条 净资产类项目列示企业年金基金净值。

第十九条 净资产变动表反映企业年金基金在一定会计期间的净资产增减变动情况，应当列示下列信息：

（一）期初净资产；

（二）本期净资产增加数，包括本期收入、收取企业缴费、收取职工个人缴费、个人账户转入；

（三）本期净资产减少数，包括本期费用、支付受益人待遇、个人账户转出；

（四）期末净资产。

第二十条 附注应当披露下列信息：

（一）企业年金计划的主要内容及重大变化；

（二）投资种类、金额及公允价值的确定方法；

（三）各类投资占投资总额的比例；

（四）可能使投资价值受到重大影响的其他事项。

10.2 《企业会计准则第 10 号——企业年金基金》应用指南

10.2.1 企业年金基金是独立的会计主体

本准则第二条规定，企业年金基金是指根据依法制定的企业年金计划筹集的资金及其投资运营收益形成的企业补充养老保险基金。

企业年金是指企业及其职工在依法参加基本养老保险的基础上，自愿建立的补充养老保险制度。企业年金基金由企业缴费、职工个人缴费和企业年金基金投资运营收益组成，实行完全积累，采用个人账户方式进行管理。企业缴费属于职工薪酬的范围，适用《企业会计准则第 9 号——职工薪酬》。

企业年金基金作为一种信托财产，独立于委托人、受托人、账户管理人、托管人、投资管理人等的固有资产及其他资产，应当存入企业年金基金专户，作为独立的会计主体进行确认、计量和列报。

10.2.2 企业年金基金管理各方当事人

企业年金基金管理各方当事人包括：委托人、受托人、账户管理人、托管人、投资管理人和中介服务机构等。

（一）委托人，是指设立企业年金基金的企业及其职工。委托人应当与受托人签订书面合同。

（二）受托人，是指受托管理企业年金基金的企业年金理事会或符合国家规定的养老金管理公司等法人受托机构。受托人根据信托合同，负责编报企业年金基金财务报表等。受托人是编报企业年金基金财务报表的法定责任人。

（三）账户管理人，是指受托管理企业年金基金账户的专业机构。账户管理人根据账户管理合同负责建立企业年金基金的企业账户和个人账户，记录企业缴费、职工个人缴费以及企业年金基金投资运营收益情况，计算企业年金待遇，提供账户查询和报告活动等。

（四）托管人，是指受托保管企业年金基金财产的商业银行或专业机构。托管人根据托管合同负责企业年金基金会计处理和估值，复核、审查投资管理人计算的基金财产净值，定期向受托人提交企业年金基金财务报表等。

（五）投资管理人，是指受托管理企业年金基金投资的专业机构。投资管理人根据投资管理合同负责对企业年金基金财产进行投资，及时与托管人核对企业年金基金会计处理和估值结果等。

（六）中介服务机构，是指为企业年金基金管理提供服务的投资顾问公司、信用评估公司、精算咨询公司、会计师事务所、律师事务所等。

10.2.3　企业年金基金的投资

企业年金基金投资运营应当遵循谨慎、分散风险的原则，充分考虑企业年金基金财产的安全性和流动性。企业年金基金应当严格按照国家相关规定进行投资。

根据本准则第六条规定，企业年金基金投资公允价值的确定，适用《企业会计准则第22号——金融工具确认和计量》。

初始取得投资时，应当以交易日支付的价款（不含支付的价款中所包含的、已到付息期但尚未领取的利息或已宣告但尚未发放的现金股利）计入投资的成本。发生的交易费用及相关税费直接计入当期损益。支付的价款中所包含的、已到付息期但尚未领取的利息或已宣告但尚未发放的现金股利，分别计入应收利息或应收股利。

投资持有期间被投资单位宣告发放的现金股利，或资产负债表日按债券票面利率计算的利息收入，应确认为投资收益。

企业年金基金的投资应当按日估值，或至少按周进行估值。估值日对投资进行估值时，应当以估值日的公允价值计量，公允价值与上一估值日公允价值的差额，计入当期损益（公允价值变动损益）。

投资处置时，应在交易日按照卖出投资所取得的价款与其账面价值（买入价）的差额，确定为投资损益。

10.2.4　企业年金基金投资管理风险准备金补亏

企业年金基金按规定向投资管理人支付的管理费，应当按照应付的金额计入当期损益（投资管理人管理费），同时确认为负债（应付投资管理人管理费）。

企业年金基金取得投资管理人风险准备金补亏时，应当按照收到或应收的金额计入其他收入。

10.2.5　企业年金基金的账务处理和财务报表的编报

（一）受托人、托管人、投资管理人应当参照《企业会计准则——应用指南》（会计科目和主要账务处理）设置相应会计科目和账簿，对企业年金基金发生的交易或者事项进行会计处理。

（二）企业年金基金财务报表包括资产负债表、净资产变动表和附注。

受托人应当按照本准则的规定，定期向委托人、受益人等提交企业年金基金财务报表。

托管人应当按照本准则的规定，定期向受托人提交企业年金基金财务报表。

（三）企业年金基金财务报表附注，除按本准则第二十条的规定进行披露外，还应当披露以下内容。

（1）财务报表的编制基础。

（2）重要会计政策和会计估计变更及差错更正的说明。

（3）报表重要项目的说明，包括：货币资金、买入返售证券、债券投资、基金投资、股票投资、其他投资、卖出回购证券款、收取企业缴费、收取职工个人缴费、个人账户转入、支付受益人待遇、个人账户转出等。

（4）企业年金基金净收入，包括本期收入、本期费用的构成。

（5）资产负债表日后事项、关联方关系及其交易的说明等。

（6）企业年金基金投资组合情况、风险管理政策等。

第11章 股份支付

11.1 企业会计准则第11号——股份支付

《企业会计准则第11号——股份支付》(以下简称"本准则")于2006年2月15日由财会〔2006〕3号公布,自2007年1月1日起施行。

11.1.1 总则

第一条 为了规范股份支付的确认、计量和相关信息的披露,根据《企业会计准则——基本准则》,制定本准则。

第二条 股份支付,是指企业为获取职工和其他方提供服务而授予权益工具或者承担以权益工具为基础确定的负债的交易。

股份支付分为以权益结算的股份支付和以现金结算的股份支付。

以权益结算的股份支付,是指企业为获取服务以股份或其他权益工具作为对价进行结算的交易。

以现金结算的股份支付,是指企业为获取服务承担以股份或其他权益工具为基础计算确定的交付现金或其他资产义务的交易。

本准则所指的权益工具是企业自身权益工具。

第三条 下列各项适用其他相关会计准则。

(一)企业合并中发行权益工具取得其他企业净资产的交易,适用《企业会计准则第20号——企业合并》。

(二)以权益工具作为对价取得其他金融工具等交易,适用《企业会计准则第22号——金融工具确认和计量》。

11.1.2 以权益结算的股份支付

第四条 以权益结算的股份支付换取职工提供服务的,应当以授予职工权益工具的公允价值计量。

权益工具的公允价值,应当按照《企业会计准则第22号——金融工具确认和计量》确定。

【例11-1】以权益结算的股份支付的会计处理

20×7年1月,为奖励并激励高管,上市公司A公司与其管理层成员签署股份支付协议,规定如果管理层成员在其后3年中都在公司中任职服务,并且公司股价每年均提高10%以上,管理层成员即可以低于市价的价格购买一定数量的本公司股票。

同时作为协议的补充,公司把全体管理层成员的年薪提高了50 000元,但公司将这部分年薪按月存入公司专门建立的内部基金,3年后,管理层成员可用属于其个人的部分抵减未来行权时支付的购买股票款项。如果管理层成员决定退出这项基金,可随时全额提取。A 公司以期权定价模型估计授予的此项期权在授予日的公允价值为 6 000 000 元。

在授予日,A 公司估计 3 年内管理层离职的比例为每年 10%;第二年年末,A 公司调整其估计离职率为 5%;到第三年年末,公司实际离职率为 6%。

在第一年中,公司股价提高了 10.5%,第二年提高了 11%,第三年提高了 6%。公司在第一年、第二年年末均预计下年能实现当年股价增长 10% 以上的目标。

A 公司应如何处理?

分析:如果不同时满足服务 3 年和公司股价年增长 10% 以上的要求,管理层成员就无权行使其股票期权,因此两者都属于可行权条件,其中服务满 3 年是一项服务期限条件,10% 的股价增长要求是一项市场条件。虽然公司要求管理层成员将部分薪金存入统一账户保管,但不影响其可行权,因此统一账户条款是非可行权条件。

按照本准则的规定,第一年年末确认的服务费用为:

6 000 000 × 1/3 × 90% = 1 800 000(元)

第二年年末累计确认的服务费用为:

6 000 000 × 2/3 × 95% = 3 800 000(元)

第三年年末累计应确认的服务费用为:

6 000 000 × 94% = 5 640 000(元)

由此,第二年应确认的费用为:

3 800 000 − 1 800 000 = 2 000 000(元)

第三年应确认的费用为:

5 640 000 − 3 800 000 = 1 840 000(元)

最后,94% 的管理层成员满足了市场条件之外的全部可行权条件。尽管股价年增长 10% 以上的市场条件未得到满足,A 公司在 3 年的年末也均确认了收到的管理层提供的服务,并相应确认了费用。

【例 11-2】附服务年限条件的权益结算股份支付的会计处理

A 公司为一上市公司。20×2 年 1 月 1 日,公司向其 200 名管理人员每人授予 100 股股票期权,这些职员从 20×2 年 1 月 1 日起在该公司连续服务 3 年,即可以 5 元每股购买 100 股 A 公司股票,从而获益。公司估计每份期权在授予日的公允价值为 18 元。

第一年有 20 名职员离开 A 公司,A 公司估计 3 年中离开的职员的比例将达到 20%;第二年又有 10 名职员离开公司,公司将估计的职员离开比例修正为 15%;第三年又有 15 名职员离开。

(1) 费用和资本公积计算过程如表 11-1 所示。

表 11-1 费用和资本公积计算过程 单位：元

年份	计算	当期费用	累计费用
20×2	200×100×(1−20%)×18×1/3	96 000	96 000
20×3	200×100×(1−15%)×18×2/3−96 000	108 000	204 000
20×4	155×100×18−204 000	75 000	279 000

（2）账务处理如下：

① 20×2 年 1 月 1 日。

授予日不做账务处理。

② 20×2 年 12 月 31 日。

借：管理费用 96 000
  贷：资本公积——其他资本公积 96 000

③ 20×3 年 12 月 31 日。

借：管理费用 108 000
  贷：资本公积——其他资本公积 108 000

④ 20×4 年 12 月 31 日。

借：管理费用 75 000
  贷：资本公积——其他资本公积 75 000

⑤ 假设全部 155 名职员都在 20×5 年 12 月 31 日行权，A 公司股份面值为 1 元。

借：银行存款 77 500
  资本公积——其他资本公积 279 000
  贷：股本 15 500
    资本公积——资本溢价 341 000

第五条 授予后立即可行权的换取职工服务的以权益结算的股份支付，应当在授予日按照权益工具的公允价值计入相关成本或费用，相应增加资本公积。

授予日，是指股份支付协议获得批准的日期。

第六条 完成等待期内的服务或达到规定业绩条件才可行权的换取职工服务的以权益结算的股份支付，在等待期内的每个资产负债表日，应当以对可行权权益工具数量的最佳估计为基础，按照权益工具授予日的公允价值，将当期取得的服务计入相关成本或费用和资本公积。

在资产负债表日，后续信息表明可行权权益工具的数量与以前估计不同的，应当进行调整，并在可行权日调整至实际可行权的权益工具数量。

等待期，是指可行权条件得到满足的期间。

对于可行权条件为规定服务期间的股份支付，等待期为授予日至可行权日的期间；对于可行权条件为规定业绩的股份支付，应当在授予日根据最可能的业绩结果预计等待期的长度。

可行权日，是指可行权条件得到满足、职工和其他方具有从企业取得权益工具或现金的权利的日期。

【例 11-3】附非市场性业绩条件的权益结算股份支付的会计处理

20×2 年 1 月 1 日，A 企业为其 100 名管理人员每人授予 100 份股票期权：第一年年末的可行权条件为企业净利润增长率达到 20%；第二年年末的可行权条件为企业净利润两年平均增长 15%；第三年年末的可行权条件为企业净利润三年平均增长 10%。每份期权在 20×2 年 1 月 1 日的公允价值为 24 元。

20×2 年 12 月 31 日，权益净利润增长了 18%，同时有 8 名管理人员离开，企业预计 20×3 年将以同样速度增长，因此预计于 20×3 年 12 月 31 日可行权。另外，企业预计 20×3 年 12 月 31 日又将有 8 名管理人员离开企业。

20×3 年 12 月 31 日，企业净利润仅增长了 10%，因此无法达到可行权状态。另外，实际有 10 名管理人员离开，预计第三年将有 12 名管理人员离开企业。

20×4 年 12 月 31 日，企业净利润增长了 8%，三年平均增长率为 12%，因此达到可行权状态。当年有 8 名管理人员离开。

分析：按照本准则，本例中的可行权条件是一项非市场业绩条件。

第一年年末，虽然没能实现净利润增长 20% 的要求，但企业预计下年将以同样速度增长，因此能实现净利润两年平均增长 15% 的要求。所以企业将其预计等待期调整为两年。由于有 8 名管理人员离开，企业同时调整了期满（两年）后预计可行权期权的数量（100-8-8）。

第二年年末，虽然两年实现 15% 增长的目标再次落空，但企业仍然估计能够在第三年取得较理想的业绩，从而实现三年平均增长 10% 的目标。所以企业将其预计等待期调整为三年。由于第二年有 10 名管理人员离开，高于预计数字，因此企业相应调增了第三年预计离开的人数（100-8-10-12）。

第三年年末，目标实现，实际离开人数为 8 人。企业根据实际情况确定累计费用，并据此确认了第三年费用和调整。

费用和资本公积计算过程如表 11-2 所示。

表 11-2 费用和资本公积计算过程 单位：元

年份	计算	当期费用	累计费用
20×2	（100-8-8）×100×24×1/2	100 800	100 800
20×3	（100-8-10-12）×100×24×2/3-100 800	11 200	112 000
20×4	（100-8-10-8）×100×24-112 000	65 600	177 600

会计处理同【例 11-2】，略。

第七条 企业在可行权日之后不再对已确认的相关成本或费用和所有者权益总额进行调整。

第八条 以权益结算的股份支付换取其他方服务的，应当分别下列情况处理。

（一）其他方服务的公允价值能够可靠计量的，应当按照其他方服务在取得日的公允价值，计入相关成本或费用，相应增加所有者权益。

（二）其他方服务的公允价值不能可靠计量但权益工具公允价值能够可靠计量的，应当按照权益工具在服务取得日的公允价值，计入相关成本或费用，相应增加所有者权益。

第九条 在行权日，企业根据实际行权的权益工具数量，计算确定应转入实收资本或股本的金额，将其转入实收资本或股本。

行权日，是指职工和其他方行使权利、获取现金或权益工具的日期。

11.1.3 以现金结算的股份支付

第十条 以现金结算的股份支付，应当按照企业承担的以股份或其他权益工具为基础计算确定的负债的公允价值计量。

第十一条 授予后立即可行权的以现金结算的股份支付，应当在授予日以企业承担负债的公允价值计入相关成本或费用，相应增加负债。

第十二条 完成等待期内的服务或达到规定业绩条件以后才可行权的以现金结算的股份支付，在等待期内的每个资产负债表日，应当以对可行权情况的最佳估计为基础，按照企业承担负债的公允价值金额，将当期取得的服务计入成本或费用和相应的负债。

在资产负债表日，后续信息表明企业当期承担债务的公允价值与以前估计不同的，应当进行调整，并在可行权日调整至实际可行权水平。

第十三条 企业应当在相关负债结算前的每个资产负债表日以及结算日，对负债的公允价值重新计量，其变动计入当期损益。

【例11-4】现金结算股份支付的会计处理

20×2年11月，B公司董事会批准了一项股份支付协议。协议规定，20×2年1月1日，公司为其200名中层以上管理人员每人授予100份现金股票增值权，这些管理人员在该公司连续服务三年，即可自20×4年12月31日起根据股价的增长幅度可以行权获得现金。该股票增值权应在20×6年12月31日之前行使完毕。B公司估计，该股票增值权在负债结算之前每一个资产负债表日以及结算日的公允价值和可行权后的每份股票增值权现金支出额如表11-3所示。

表11-3 B公司股份增值权的公允价值和现金支出额   单位：元

年份	公允价值	支付现金
20×2	14	
20×3	15	
20×4	18	16
20×5	21	20
20×6		25

第一年有20名管理人员离开B公司，B公司估计三年中还将有15名管理人员离开；第二年又有10名管理人员离开公司，公司估计还将有10名管理人员离开；第三年又有15名管理人员离开。第三年年末，假定有70人通过行使股份增值权取得了现金。第四年年末，有50人行使了股份增值权。第五年年末，剩余35人也行使了股份增值权。

（1）费用和应付职工薪酬计算过程见表11-4。

表 11-4　B 公司股份支付相应费用和应付职工薪酬　　　　　　　　　单位：元

年份	负债计算（1）	支付现金（2）	当期费用（3）
20×2	（200-35）×100×14×1/3 = 77 000		77 000
20×3	（200-40）×100×15×2/3 = 160 000		83 000
20×4	（200-45-70）×100×18 = 153 000	70×100×16 = 112 000	105 000
20×5	（200-45-70-50）×100×21 = 73 500	50×100×20 = 100 000	20 500
20×6	73 500-73 500 = 0	35×100×25 = 87 500	14 000
总额		299 500	299 500

其中：(3) = (1) - 上期 (1) + (2)。

（2）会计处理：

① 20×2 年 1 月 1 日授予日不做处理。

② 20×2 年 12 月 31 日。

借：管理费用　　　　　　　　　　　　　　　　　　　　　　77 000
　　贷：应付职工薪酬——股份支付　　　　　　　　　　　　　　77 000

③ 20×3 年 12 月 31 日。

借：管理费用　　　　　　　　　　　　　　　　　　　　　　83 000
　　贷：应付职工薪酬——股份支付　　　　　　　　　　　　　　83 000

④ 20×4 年 12 月 31 日。

借：管理费用　　　　　　　　　　　　　　　　　　　　　　105 000
　　贷：应付职工薪酬——股份支付　　　　　　　　　　　　　　105 000

借：应付职工薪酬——股份支付　　　　　　　　　　　　　　112 000
　　贷：银行存款　　　　　　　　　　　　　　　　　　　　　　112 000

⑤ 20×5 年 12 月 31 日。

借：公允价值变动损益　　　　　　　　　　　　　　　　　　20 500
　　贷：应付职工薪酬——股份支付　　　　　　　　　　　　　　20 500

借：应付职工薪酬——股份支付　　　　　　　　　　　　　　100 000
　　贷：银行存款　　　　　　　　　　　　　　　　　　　　　　100 000

⑥ 20×6 年 12 月 31 日。

借：公允价值变动损益　　　　　　　　　　　　　　　　　　14 000
　　贷：应付职工薪酬——股份支付　　　　　　　　　　　　　　14 000

借：应付职工薪酬——股份支付　　　　　　　　　　　　　　87 500
　　贷：银行存款　　　　　　　　　　　　　　　　　　　　　　87 500

11.1.4　披露

第十四条　企业应当在附注中披露与股份支付有关的下列信息。

（一）当期授予、行权和失效的各项权益工具总额。

（二）期末发行在外的股份期权或其他权益工具行权价格的范围和合同剩余期限。

（三）当期行权的股份期权或其他权益工具以其行权日价格计算的加权平均价格。

（四）权益工具公允价值的确定方法。

企业对性质相似的股份支付信息可以合并披露。

第十五条 企业应当在附注中披露股份支付交易对当期财务状况和经营成果的影响，至少包括下列信息。

（一）当期因以权益结算的股份支付而确认的费用总额。

（二）当期因以现金结算的股份支付而确认的费用总额。

（三）当期以股份支付换取的职工服务总额及其他方服务总额。

11.2 《企业会计准则第 11 号——股份支付》应用指南

11.2.1 股份支付的含义

本准则第二条规定，股份支付是指企业为获取职工和其他方提供服务而授予权益工具或者承担以权益工具为基础确定的负债的交易。

企业授予职工期权、认股权证等衍生工具或其他权益工具，对职工进行激励或补偿，以换取职工提供的服务，实质上属于职工薪酬的组成部分，但由于股份支付是以权益工具的公允价值为计量基础，因此由本准则进行规范。

11.2.2 股份支付的处理

股份支付的确认和计量，应当以真实、完整、有效的股份支付协议为基础。

（一）授予日。

除了立即可行权的股份支付外，无论是权益结算的股份支付还是现金结算的股份支付，企业在授予日都不进行会计处理。

授予日是指股份支付协议获得批准的日期。其中"获得批准"，是指企业与职工或其他方就股份支付的协议条款和条件已达成一致，该协议获得股东大会或类似机构的批准。

（二）等待期内的每个资产负债表日。

股份支付在授予后通常不可立即行权，一般需要在职工或其他方履行一定期限的服务或在企业达到一定业绩条件之后才可行权。

业绩条件分为市场条件和非市场条件。市场条件是指行权价格、可行权条件以及行权可能性与权益工具的市场价格相关的业绩条件，如股份支付协议中关于股价至少上升至何种水平才可行权的规定。非市场条件是指除市场条件之外的其他业绩条件，如股份支付协议中关于达到最低盈利目标或销售目标才可行权的规定。

等待期长度确定后，业绩条件为非市场条件的，如果后续信息表明需要调整等待期长度，应对前期确定的等待期长度进行修改；业绩条件为市场条件的，不应因此改变等待期长度。对于可行权条件为业绩条件的股份支付，在确定权益工具的公允价值时，应考虑市场条件的影响，只要职工满足了其他所有非市场条件，企业就应当确认已取得的服务。

1. 等待期内每个资产负债表日，企业应将取得的职工提供的服务计入成本费用，计入成本费用的金额应当按照权益工具的公允价值计量。

对于权益结算的涉及职工的股份支付，应当按照授予日权益工具的公允价值计入成本费用和资本公积（其他资本公积），不确认其后续公允价值变动；对于现金结算的涉及职工的股份支付，应当按照每个资产负债表日权益工具的公允价值重新计量，确定成本费用和应付职工薪酬。

对于授予的存在活跃市场的期权等权益工具，应当按照活跃市场中的报价确定其公允价值。对于授予的不存在活跃市场的期权等权益工具，应当采用期权定价模型等确定其公允价值，选用的期权定价模型至少应当考虑以下因素：

（1）期权的行权价格；

（2）期权的有效期；

（3）标的股份的现行价格；

（4）股价预计波动率；

（5）股份的预计股利；

（6）期权有效期内的无风险利率。

2. 等待期内每个资产负债表日，企业应当根据最新取得的可行权职工人数变动等后续信息作出最佳估计，修正预计可行权的权益工具数量。在可行权日，最终预计可行权权益工具的数量应当与实际可行权数量一致。

根据上述权益工具的公允价值和预计可行权的权益工具数量，计算截至当期累计应确认的成本费用金额，再减去前期累计已确认金额，作为当期应确认的成本费用金额。

（三）可行权日之后。

1. 对于权益结算的股份支付，在可行权日之后不再对已确认的成本费用和所有者权益总额进行调整。企业应在行权日根据行权情况，确认股本和股本溢价，同时结转等待期内确认的资本公积（其他资本公积）。

2. 对于现金结算的股份支付，企业在可行权日之后不再确认成本费用，负债（应付职工薪酬）公允价值的变动应当计入当期损益（公允价值变动损益）。

11.2.3 回购股份进行职工期权激励

企业以回购股份形式奖励本企业职工的，属于权益结算的股份支付，应当进行以下处理。

（一）回购股份。

企业回购股份时，应当按照回购股份的全部支出作为库存股处理，同时进行备查登记。

（二）确认成本费用。

按照本准则对职工权益结算股份支付的规定，企业应当在等待期内每个资产负债表日按照权益工具在授予日的公允价值，将取得的职工服务计入成本费用，同时增加资本公积（其他资本公积）。

（三）职工行权。

企业应于职工行权购买本企业股份收到价款时，转销交付职工的库存股成本和等待期内资本公积（其他资本公积）累计金额，同时，按照其差额调整资本公积（股本溢价）。

第12章 债务重组

12.1 企业会计准则第12号——债务重组

12.1.1 总则

第一条 为了规范债务重组的确认、计量和相关信息的披露，根据《企业会计准则——基本准则》，制定本准则。

第二条 债务重组，是指在不改变交易对手方的情况下，经债权人和债务人协定或法院裁定，就清偿债务的时间、金额或方式等重新达成协议的交易。

本准则中的债务重组涉及的债权和债务是指《企业会计准则第22号——金融工具确认和计量》规范的金融工具。

第三条 债务重组一般包括下列方式，或下列一种以上方式的组合：

（一）债务人以资产清偿债务；

（二）债务人将债务转为权益工具；

（三）除本条第一项和第二项以外，采用调整债务本金、改变债务利息、变更还款期限等方式修改债权和债务的其他条款，形成重组债权和重组债务。

第四条 本准则适用于所有债务重组，但下列各项适用其他相关会计准则。

（一）债务重组中涉及的债权、重组债权、债务、重组债务和其他金融工具的确认、计量和列报，分别适用《企业会计准则第22号——金融工具确认和计量》和《企业会计准则第37号——金融工具列报》。

（二）通过债务重组形成企业合并的，适用《企业会计准则第20号——企业合并》。

（三）债权人或债务人中的一方直接或间接对另一方持股且以股东身份进行债务重组的，或者债权人与债务人在债务重组前后均受同一方或相同的多方最终控制，且该债务重组的交易实质是债权人或债务人进行了权益性分配或接受了权益性投入的，适用权益性交易的有关会计处理规定。

12.1.2 债权人的会计处理

第五条 以资产清偿债务或者将债务转为权益工具方式进行债务重组的，债权人应当在相关资产符合其定义和确认条件时予以确认。

第六条 以资产清偿债务方式进行债务重组的，债权人初始确认受让的金融资产以外的资产时，应当按照下列原则以成本计量。

存货的成本，包括放弃债权的公允价值和使该资产达到当前位置和状态所发生的可直接归属于该资产的税金、运输费、装卸费、保险费等其他成本。

对联营企业或合营企业投资的成本，包括放弃债权的公允价值和可直接归属于该资产的税金等其他成本。

投资性房地产的成本，包括放弃债权的公允价值和可直接归属于该资产的税金等其他成本。

固定资产的成本，包括放弃债权的公允价值和使该资产达到预定可使用状态前所发生的可直接归属于该资产的税金、运输费、装卸费、安装费、专业人员服务费等其他成本。

生物资产的成本，包括放弃债权的公允价值和可直接归属于该资产的税金、运输费、保险费等其他成本。

无形资产的成本，包括放弃债权的公允价值和可直接归属于使该资产达到预定用途所发生的税金等其他成本。

放弃债权的公允价值与账面价值之间的差额，应当计入当期损益。

第七条 将债务转为权益工具方式进行债务重组导致债权人将债权转为对联营企业或合营企业的权益性投资的，债权人应当按照本准则第六条的规定计量其初始投资成本。放弃债权的公允价值与账面价值之间的差额，应当计入当期损益。

第八条 采用修改其他条款方式进行债务重组的，债权人应当按照《企业会计准则第22号——金融工具确认和计量》的规定，确认和计量重组债权。

第九条 以多项资产清偿债务或者组合方式进行债务重组的，债权人应当首先按照《企业会计准则第22号——金融工具确认和计量》的规定确认和计量受让的金融资产和重组债权，然后按照受让的金融资产以外的各项资产的公允价值比例，对放弃债权的公允价直扣除受让金融资产和重组债权确认金额后的净额进行分配，并以此为基础按照本准则第六条的规定分别确定各项资产的成本。放弃债权的公允价值与账面价值之间的差额，应当计入当期损益。

12.1.3 债务人的会计处理

第十条 以资产清偿债务方式进行债务重组的，债务人应当在相关资产和所清偿债务符合终止确认条件时予以终止确认，所清偿债务账面价值与转让资产账面价值之间的差额计入当期损益。

第十一条 将债务转为权益工具方式进行债务重组的，债务人应当在所清偿债务符合终止确认条件时予以终止确认。债务人初始确认权益工具时应当按照权益工具的公允价值计量，权益工具的公允价值不能可靠计量的，应当按照所清偿债务的公允价值计量。所清偿债务账面价值与权益工具确认金额之间的差额，应当计入当期损益。

第十二条 采用修改其他条款方式进行债务重组的，债务人应当按照《企业会计准则第22号——金融工具确认和计量》和《企业会计准则第37号——金融工具列报》的规定，确认和计量重组债务。

第十三条 以多项资产清偿债务或者组合方式进行债务重组的，债务人应当按照本准则第十一条和第十二条的规定确认和计量权益工具和重组债务，所清偿债务的账面价值与转让资产的账面价值以及权益工具和重组债务的确认金额之和的差额，应当计入当期损益。

12.1.4 披露

第十四条 债权人应当在附注中披露与债务重组有关的下列信息。

（一）根据债务重组方式，分组披露债权账面价值和债务重组相关损益。

（二）债务重组导致的对联营企业或合营企业的权益性投资增加额，以及该投资占联营企业或合营企业股份总额的比例。

第十五条　债务人应当在附注中披露与债务重组有关的下列信息。

（一）根据债务重组方式，分组披露债务账面价值和债务重组相关损益。

（二）债务重组导致的股本等所有者权益的增加额。

12.1.5　衔接规定

第十六条　企业对 2019 年 1 月 1 日至本准则施行日之间发生的债务重组，应根据本准则进行调整。企业对 2019 年 1 月 1 日之前发生的债务重组，不需要按照本准则的规定进行追溯调整。

12.1.6　附则

第十七条　本准则自 2019 年 6 月 17 日起施行。

第十八条　2006 年 2 月 15 日财政部印发的《财政部关于印发〈企业会计准则第 1 号——存货〉等 38 项具体准则的通知》（财会〔2006〕3 号）中的《企业会计准则第 12 号——债务重组》同时废止。

财政部此前发布的有关债务重组会计处理规定与本准则不一致的，以本准则为准。

12.2　《企业会计准则第 12 号——债务重组》应用指南

12.2.1　总体要求

《企业会计准则第 12 号——债务重组》规范了债务重组的确认、计量和相关信息的披露。

本准则明确了债务重组的定义，债务重组是指在不改变交易对手方的情况下，经债权人和债务人协定或法院裁定，就清偿债务的时间、金额或方式等重新达成协议的交易。债务重组涉及的债权和债务是指《企业会计准则第 22 号——金融工具确认和计量》规范的金融工具。债务重组方式主要包括采用债务人以资产清偿债务、债务人将债务转为权益工具、修改其他条款方式，以及上述一种以上方式的组合。

本准则规定，债务重组采用以资产清偿债务方式，或者采用将债务转为权益工具方式且导致债权人将债权转为对联营企业或合营企业的权益性投资的，债权人初始确认受让的非金融资产应当以成本计量。债务重组采用债务人以多项资产清偿债务或者组合方式的，债权人应当首先按照《企业会计准则第 22 号——金融工具确认和计量》的规定，确认和计量受让的金融资产和重组债权，然后按照受让各项非金融资产的公允价值比例，对放弃债权的公允价值扣除受让金融资产和重组债权确认金额后的净额进行分配，并以此为基础分别确定各项资产的成本。放弃债权的公允价值与账面价值之间的差额，应当计入当期损益。

本准则规定，债务重组采用将债务转为权益工具方式的，债务人初始确认权益工具时应当按照权益工具的公允价值计量；权益工具的公允价值不能可靠计量的，应当按照所清偿债务的公允价值计量。债务人所清偿债务账面价值与权益工具确认金额之间的差额,应当计入当期损益。债务重组采用债务人以多项资产清偿债务或者组合方式的,所清偿债务的账面价值与转让资产的账面价值以及权益工具和重组债务的确认金额之和的差额,应当计入当期损益。

债权人应当在附注中根据债务重组方式分组披露债权账面价值和债务重组相关损益,以及债务重组导致的对联营企业或合营企业的权益性投资增加额、该投资占联营企业或合营企业股份总额的比例。债务人应当在附注中根据债务重组方式分组披露债务账面价值和债务重组相关损益,以及债务重组导致的股本等所有者权益的增加额。

12.2.2 关于债务重组的定义和方式

(一)债务重组的定义。

债务重组涉及债权人和债务人,对债权人而言为"债权重组",对债务人而言为"债务重组",为便于表述统称为"债务重组"。根据本准则的规定,债务重组,是指在不改变交易对手方的情况下,经债权人和债务人协定或法院裁定,就清偿债务的时间、金额或方式等重新达成协议的交易。

1. 关于交易对手方。

本准则中的债务重组是在不改变交易对手方的情况下进行的交易。实务中经常出现第三方参与相关交易的情形,例如,某公司以不同于原合同条款的方式代债务人向债权人偿债;又如,新组建的公司承接原债务人的债务,与债权人进行债务重组;再如,资产管理公司从债权人处购得债权,再与债务人进行债务重组。在上述情形下,企业应当首先考虑债权和债务是否发生终止确认,适用《企业会计准则第 22 号——金融工具确认和计量》和《企业会计准则第 23 号——金融资产转移》等准则,再就债务重组交易适用本准则。

本准则规范的债务重组不强调在债务人发生财务困难的背景下进行,也不论债权人是否作出让步。也就是说,无论何种原因导致债务人未按原定条件偿还债务,也无论双方是否同意债务人以低于债务的金额偿还债务,只要债权人和债务人就债务条款重新达成了协议,就符合债务重组的定义,属于本准则规范的范围。例如,债权人在减免债务人部分债务本金的同时提高剩余债务的利息,或者债权人同意债务人用等值库存商品抵偿到期债务等,均属于本准则规范的债务重组。

2. 关于债权和债务的范围。

本准则中的债务重组涉及的债权和债务,是指《企业会计准则第 22 号——金融工具确认和计量》规范的债权和债务,针对合同资产、合同负债、预计负债等进行的交易安排,不属于本准则规范的范围,针对租赁应收款和租赁应付款的债务重组,属于本准则规范的范围。

(二)债务重组的方式。

债务重组的方式主要包括:债务人以资产清偿债务、将债务转为权益工具、修改其他条款,以及前述一种以上方式的组合。这些债务重组方式都是通过债权人和债务人重新协定或者法院裁定达成的,与原来约定的偿债方式不同。

1. 债务人以资产清偿债务。

债务人以资产清偿债务，是债务人转让其资产给债权人以清偿债务的债务重组方式。债务人用于偿债的资产通常是已经在资产负债表中确认的资产，如现金、应收账款、长期股权投资、投资性房地产、固定资产、在建工程、生物资产、无形资产等。债务人以日常活动产出的商品或服务清偿债务的，用于偿债的资产可能体现为存货等资产。

在受让上述资产后，按照相关会计准则要求及本企业会计核算要求，债权人核算相关受让资产的类别可能与债务人不同。例如，债务人以作为固定资产核算的房产清偿债务，债权人可能将受让的房产作为投资性房地产核算；债务人以部分长期股权投资清偿债务，债权人可能将受让的投资作为金融资产核算；债务人以存货清偿债务，债权人可能将受让的资产作为固定资产核算等。

除上述已经在资产负债表中确认的资产外，债务人也可能以不符合确认条件而未予确认的资产清偿债务。例如，债务人以未确认的内部产生品牌清偿债务，债权人在获得的商标权符合无形资产确认条件的前提下作为无形资产核算。在少数情况下，债务人还可能以处置组（即一组资产和与这些资产直接相关的负债）清偿债务。

2. 债务人将债务转为权益工具。

债务人将债务转为权益工具，这里的权益工具，是指根据《企业会计准则第37号——金融工具列报》分类为"权益工具"的金融工具，会计处理上体现为股本、实收资本、资本公积等科目。

实务中，有些债务重组名义上采用"债转股"的方式，但同时附加相关条款，如约定债务人在未来某个时点有义务以某一金额回购股权，或债权人持有的股份享有强制分红权等。对于债务人，这些"股权"可能并不是根据《企业会计准则第37号——金融工具列报》分类为权益工具的金融工具，从而不属于债务人将债务转为权益工具的债务重组方式。债权人和债务人还可能协议以一项同时包含金融负债成分和权益工具成分的复合金融工具替换原债权债务，这类交易也不属于债务人将债务转为权益工具的债务重组方式。

3. 修改其他条款。

修改债权和债务的其他条款，是债务人不以资产清偿债务，也不将债务转为权益工具，而是改变债权和债务的其他条款的债务重组方式，如调整债务本金、改变债务利息、变更还款期限等。经修改其他条款的债权和债务分别形成重组债权和重组债务。

4. 组合方式。

组合方式，是采用债务人以资产清偿债务、债务人将债务转为权益工具、修改其他条款三种方式中一种以上方式的组合清偿债务的债务重组方式。例如，债权人和债务人约定，由债务人以机器设备清偿部分债务，将另一部分债务转为权益工具，调减剩余债务的本金，但利率和还款期限不变；再如，债务人以现金清偿部分债务，同时将剩余债务展期等。

12.2.3 关于适用范围

本准则规范了债务重组的确认、计量和相关信息的披露。经法院裁定进行债务重整并按持续经营进行会计核算的，适用于本准则。债务人在破产清算期间进行的债务重组不属于本准则规范的范围，应当按照企业破产清算有关会计处理规定处理。

对于符合本准则定义的债务重组，应当按照本准则进行会计处理，但下列各项不属于本准则规范范围。

一是债务重组中涉及的债权、重组债权、债务、重组债务和其他金融工具的确认、计量和列报，适用《企业会计准则第 22 号——金融工具确认和计量》和《企业会计准则第 37 号——金融工具列报》等金融工具相关准则。

二是通过债务重组形成企业合并的，适用《企业会计准则第 20 号——企业合并》。债务人以股权投资清偿债务或者将债务转为权益工具，可能对应导致债权人取得被投资单位或债务人控制权，在债权人的个别财务报表层面和合并财务报表层面，债权人取得长期股权投资或者资产和负债的确认和计量适用《企业会计准则第 20 号——企业合并》的有关规定。

三是债务重组构成权益性交易的，应当适用权益性交易的有关会计处理规定，债权人和债务人不确认构成权益性交易的债务重组相关损益。债务重组构成权益性交易的情形包括：(1) 债权人直接或间接对债务人持股，或者债务人直接或间接对债权人持股，且持股方以股东身份进行债务重组；(2) 债权人与债务人在债务重组前后均受同一方或相同的多方最终控制，且该债务重组的交易实质是债权人或债务人进行了权益性分配或接受了权益性投入。

例如，甲公司是乙公司股东，为了弥补乙公司临时性经营现金流短缺，甲公司向乙公司提供 1 000 万元无息借款，并约定于 6 个月后收回。借款期满时，尽管乙公司具有充足的现金流，甲公司仍然决定免除乙公司部分本金还款义务，仅收回 200 万元借款。在此项交易中，如果甲公司不以股东身份而是以市场交易者身份参与交易，在乙公司具有足够偿债能力的情况下不会免除其部分本金。因此，甲公司和乙公司应当将该交易作为权益性交易，不确认债务重组相关损益。

债务重组中不属于权益性交易的部分仍然适用本准则。例如，假设前例中债务人乙公司确实出现财务困难，其他债权人对其债务普遍进行了减半的豁免，那么甲公司作为股东比其他债权人多豁免 300 万元债务的交易应当作为权益性交易，正常豁免 500 万元债务的交易适用本准则。

企业在判断债务重组是否构成权益性交易时，应当遵循实质重于形式原则。例如，假设债权人对债务人的权益性投资通过其他人代持，债权人不具有股东身份，但实质上以股东身份进行债务重组，债权人和债务人应当认为该债务重组构成权益性交易。

12.2.4 关于债权和债务的终止确认

债务重组中涉及的债权和债务的终止确认，应当遵循《企业会计准则第 22 号——金融工具确认和计量》和《企业会计准则第 23 号——金融资产转移》有关金融资产和金融负债终止确认的规定。债权人在收取债权现金流量的合同权利终止时终止确认债权，债务人在债务的现时义务解除时终止确认债务。

由于债权人与债务人之间进行的债务重组涉及债权和债务的认定，以及清偿方式和期限等的协商，通常需要经历较长时间，例如破产重整中进行的债务重组。只有在符合上述终止确认条件时才能终止确认相关债权和债务，并确认债务重组相关损益。对于在报告期间已经开始协商但在报告期资产负债表日后的债务重组，不属于资产负债表日后调整事项。

对于终止确认的债权，债权人应当结转已计提的减值准备中对应该债权终止确认部分的金额。对于终止确认的分类为以公允价值计量且其变动计入其他综合收益的债权，之前计入其他综合收益的累计利得或损失应当从其他综合收益中转出，记入"投资收益"科目。

（一）以资产清偿债务或将债务转为权益工具。

对于以资产清偿债务或者将债务转为权益工具方式进行的债务重组，由于债权人在拥有或控制相关资产时，通常其收取债权现金流量的合同权利也同时终止，债权人一般可以终止确认该债权。同样地，由于债务人通过交付资产或权益工具解除了其清偿债务的现时义务，债务人一般可以终止确认该债务。

（二）修改其他条款。

对于债权人，债务重组通过调整债务本金、改变债务利息、变更还款期限等修改合同条款方式进行的，合同修改前后的交易对手方没有发生改变，合同涉及的本金、利息等现金流量很难在本息之间及债务重组前后作出明确分割，即很难单独识别合同的特定可辨认现金流量。因此通常情况下，应当整体考虑是否对全部债权的合同条款作出了实质性修改。如果作出实质性修改，或者债权人与债务人之间签订协议，以获取实质上不同的新金融资产方式替换债权，应当终止确认原债权，并按照修改后的条款或新协议确认新金融资产。

对于债务人，如果对债务或部分债务的合同条款作出实质性修改形成重组债务，或者债权人与债务人之间签订协议，以承担实质上不同的重组债务方式替换债务，债务人应当终止确认原债务，同时按照修改后的条款确认一项新金融负债。其中，如果重组债务未来现金流量（包括支付和收取的某些费用）现值与原债务的剩余期间现金流量现值之间的差异超过10%，则意味着新的合同条款进行了实质性修改或者重组债务是实质上不同的，有关现值的计算均采用原债务的实际利率。

（三）组合方式。

对于债权人，与上述"修改其他条款"部分的分析类似，通常情况下应当整体考虑是否终止确认全部债权。由于组合方式涉及多种债务重组方式，一般可以认为对全部债权的合同条款作出了实质性修改，从而终止确认全部债权，并按照修改后的条款确认新金融资产。

对于债务人，组合中以资产清偿债务或者将债务转为权益工具方式进行的债务重组，如果债务人清偿该部分债务的现时义务已经解除，应当终止确认该部分债务。组合中以修改其他条款方式进行的债务重组，需要根据具体情况，判断对应的部分债务是否满足终止确认条件。

12.2.5 关于债权人的会计处理

（一）以资产清偿债务或将债务转为权益工具。

债务重组采用以资产清偿债务或者将债务转为权益工具方式进行的，债权人应当在受让的相关资产符合其定义和确认条件时予以确认。

1. 债权人受让金融资产。

债权人受让包括现金在内的单项或多项金融资产的，应当按照《企业会计准则第22号——金融工具确认和计量》的规定进行确认和计量。金融资产初始确认时应当以其公允价值计量。金融资产确认金额与债权终止确认日账面价值之间的差额，记入"投资收益"科目，但收取的金融资产的公允价值与交易价格（即放弃债权的公允价值）存在差异的，应当按照《企业会计准则第22号——金融工具确认和计量》第三十四条的规定处理。

2. 债权人受让非金融资产。

债权人初始确认受让的金融资产以外的资产时，应当按照下列原则以成本计量：（1）存货的成本，包括放弃债权的公允价值，以及使该资产达到当前位置和状态所发生的可直接归属于该资产的税金、运输费、装卸费、保险费等其他成本。（2）对联营企业或合营企业投资的成本，包括放弃债权的公允价值，以及可直接归属于该资产的税金等其他成本。（3）投资性房地产的成本，包括放弃债权的公允价值，以及可直接归属于该资产的税金等其他成本。（4）固定资产的成本，包括放弃债权的公允价值，以及使该资产达到预定可使用状态前所发生的可直接归属于该资产的税金、运输费、装卸费、安装费、专业人员服务费等其他成本。确定固定资产成本时，应当考虑预计弃置费用因素。（5）生物资产的成本，包括放弃债权的公允价值，以及可直接归属于该资产的税金、运输费、保险费等其他成本。（6）无形资产的成本，包括放弃债权的公允价值，以及可直接归属于使该资产达到预定用途所发生的税金等其他成本。放弃债权的公允价值与账面价值之间的差额，记入"投资收益"科目。

3. 债权人受让多项资产。

债权人受让多项非金融资产，或者包括金融资产、非金融资产在内的多项资产的，应当按照《企业会计准则第22号——金融工具确认和计量》的规定确认和计量受让的金融资产；按照受让的金融资产以外的各项资产在债务重组合同生效日的公允价值比例，对放弃债权在合同生效日的公允价值扣除受让金融资产当日公允价值后的净额进行分配，并以此为基础分别确定各项资产的成本。放弃债权的公允价值与账面价值之间的差额，记入"投资收益"科目。

4. 债权人受让处置组。

债务人以处置组清偿债务的，债权人应当分别按照《企业会计准则第22号——金融工具确认和计量》和其他相关准则的规定，对处置组中的金融资产和负债进行初始计量，然后按照金融资产以外的各项资产在债务重组合同生效日的公允价值比例，对放弃债权在合同生效日的公允价值以及承担的处置组中负债的确认金额之和，扣除受让金融资产当日公允价值后的净额进行分配，并以此为基础分别确定各项资产的成本。放弃债权的公允价值与账面价值之间的差额，记入"投资收益"科目。

5. 债权人将受让的资产或处置组划分为持有待售类别。

债务人以资产或处置组清偿债务，且债权人在取得日未将受让的相关资产或处置组作为非流动资产和非流动负债核算，而是将其划分为持有待售类别的，债权人应当在初始计量时，比较假定其不划分为持有待售类别情况下的初始计量金额和公允价值减去出售费用后的净额，以两者孰低计量。

（二）修改其他条款。

债务重组采用以修改其他条款方式进行的，如果修改其他条款导致全部债权终止确认，债权人应当按照修改后的条款以公允价值初始计量重组债权，重组债权的确认金额与债权终止确认日账面价值之间的差额,记入"投资收益"科目。

如果修改其他条款未导致债权终止确认,债权人应当根据其分类,继续以摊余成本、以公允价值计量且其变动计入其他综合收益,或者以公允价值计量且其变动计入当期损益进行后续计量。对于以摊余成本计量的债权,债权人应当根据重新议定合同的现金流量变化情况,重新计算该重组债权的账面余额,并将相关利得或损失记入"投资收益"科目。重新计算的该重组债权的账面余额,应当根据将重新议定或修改的合同现金流量按债权原实际利率折现的现值确定,购买或源生的已发生信用减值的重组债权,应按经信用调整的实际利率折现。对于修改或重新议定合同所产生的成本或费用,债权人应当调整修改后的重组债权的账面价值,并在修改后重组债权的剩余期限内摊销。

(三)组合方式。

债务重组采用组合方式进行的,一般可以认为对全部债权的合同条款作出了实质性修改,债权人应当按照修改后的条款,以公允价值初始计量重组债权和受让的新金融资产,按照受让的金融资产以外的各项资产在债务重组合同生效日的公允价值比例,对放弃债权在合同生效日的公允价值扣除重组债权和受让金融资产当日公允价值后的净额进行分配,并以此为基础分别确定各项资产的成本。放弃债权的公允价值与账面价值之间的差额,记入"投资收益"科目。

12.2.6 关于债务人的会计处理

(一)债务人以资产清偿债务。

债务重组采用以资产清偿债务方式进行的,债务人应当将所清偿债务账面价值与转让资产账面价值之间的差额计入当期损益。

1. 债务人以金融资产清偿债务。

债务人以单项或多项金融资产清偿债务的,债务的账面价值与偿债金融资产账面价值的差额,记入"投资收益"科目。偿债金融资产已计提减值准备的,应结转已计提的减值准备。对于以分类为以公允价值计量且其变动计入其他综合收益的债务工具投资清偿债务的,之前计入其他综合收益的累计利得或损失应当从其他综合收益中转出,记入"投资收益"科目。对于以指定为以公允价值计量且其变动计入其他综合收益的非交易性权益工具投资清偿债务的,之前计入其他综合收益的累计利得或损失应当从其他综合收益中转出,记入"盈余公积""利润分配——未分配利润"等科目。

2. 债务人以非金融资产清偿债务。

债务人以单项或多项非金融资产(如固定资产、日常活动产出的商品或服务等)清偿债务,或者以包括金融资产和非金融资产在内的多项资产清偿债务的,不需要区分资产处置损益和债务重组损益,也不需要区分不同资产的处置损益,而应将所清偿债务账面价值与转让资产账面价值之间的差额,记入"其他收益——债务重组收益"科目。偿债资产已计提减值准备的,应结转已计提的减值准备。

债务人以包含非金融资产的处置组清偿债务的,应当将所清偿债务和处置组中负债的账面价值之和,与处置组中资产的账面价值之间的差额,记入"其他收益——债务重组收益"

科目。处置组所属的资产组或资产组组合按照《企业会计准则第 8 号——资产减值》分摊了企业合并中取得的商誉的，该处置组应当包含分摊至处置组的商誉。处置组中的资产已计提减值准备的，应结转已计提的减值准备。

（二）债务人将债务转为权益工具。

债务重组采用将债务转为权益工具方式进行的，债务人初始确认权益工具时，应当按照权益工具的公允价值计量，权益工具的公允价值不能可靠计量的，应当按照所清偿债务的公允价值计量。所清偿债务账面价值与权益工具确认金额之间的差额，记入"投资收益"科目。债务人因发行权益工具而支出的相关税费等，应当依次冲减资本溢价、盈余公积、未分配利润等。

（三）修改其他条款。

债务重组采用修改其他条款方式进行的，如果修改其他条款导致债务终止确认，债务人应当按照公允价值计量重组债务，终止确认的债务账面价值与重组债务确认金额之间的差额，记入"投资收益"科目。

如果修改其他条款未导致债务终止确认，或者仅导致部分债务终止确认，对于未终止确认的部分债务，债务人应当根据其分类，继续以摊余成本、以公允价值计量且其变动计入当期损益或其他适当方法进行后续计量。对于以摊余成本计量的债务，债务人应当根据重新议定合同的现金流量变化情况，重新计算该重组债务的账面价值，并将相关利得或损失记入"投资收益"科目。重新计算的该重组债务的账面价值，应当根据将重新议定或修改的合同现金流量按债务的原实际利率或按《企业会计准则第 24 号——套期会计》第二十三条规定的重新计算的实际利率（如适用）折现的现值确定。对于修改或重新议定合同所产生的成本或费用，债务人应当调整修改后的重组债务的账面价值，并在修改后重组债务的剩余期限内摊销。

（四）组合方式。

债务重组采用以资产清偿债务、将债务转为权益工具、修改其他条款等方式的组合进行的，对于权益工具，债务人应当在初始确认时按照权益工具的公允价值计量，权益工具的公允价值不能可靠计量的，应当按照所清偿债务的公允价值计量。对于修改其他条款形成的重组债务，债务人应当参照前文"（三）修改其他条款"部分的指南，确认和计量重组债务。所清偿债务的账面价值与转让资产的账面价值以及权益工具和重组债务的确认金额之和的差额，记入"其他收益——债务重组收益"或"投资收益"（仅涉及金融工具时）科目。

12.2.7 相关示例

【例 12-1】以非金融资产清偿债务的会计处理

2×20 年 6 月 18 日，甲公司向乙公司销售商品一批，应收乙公司款项的入账金额为 95 万元。甲公司将该应收项分类为以摊余成本计量的金融资产。乙公司将该应付账款分类为以摊余成本计量的金融负债。

2×20 年 10 月 18 日，双方签订债务重组合同，乙公司以一项作为无形资产核算的非专利技术偿还该欠款。该无形资产的账面余额为 100 万元，累计摊销额为 10 万元，已计提减值准备2万元。10月22日，双方办理完成该无形资产转让手续，甲公司以银行存款支付评估费用4万元。当日，甲公司应收款项的公允价值为87万元，已计提坏账准备7万元，乙公司应付款项的账面价值仍为95万元。假设不考虑相关税费。

(1) 债权人的会计处理。

2×20年10月22日，债权人甲公司取得该无形资产的成本为债权公允价值（87万元）与评估费用（4万元）的合计金额（91万元）。甲公司的账务处理如下：

借：无形资产	910 000
坏账准备	70 000
投资收益	10 000
贷：应收账款	950 000
银行存款	40 000

(2) 债务人的会计处理。

乙公司2×20年10月22日的账务处理如下：

借：应付账款	950 000
累计摊销	100 000
无形资产减值准备	20 000
贷：无形资产	1 000 000
其他收益——债务重组收益	70 000

本例中，假设甲公司管理层决议，受让该非专利技术后将在半年内将其出售，当日无形资产的公允价值为87万元，预计未来出售该非专利技术时将发生1万元的出售费用，该非专利技术满足持有待售资产确认条件。

分析：10月22日，甲公司对该非专利技术进行初始确认时，按照无形资产成本（91万元）与公允价值减出售费用［86（87－1）万元］后的金额孰低计量。债权人甲公司的账务处理如下：

借：持有待售资产——无形资产	860 000
坏账准备	70 000
资产减值损失	60 000
贷：应收账款	950 000
银行存款	40 000

【例12-2】债务人将债务转为权益工具的会计处理

2×19年2月10日，甲公司从乙公司购买一批材料，约定6个月后甲公司应结清款项100万元（假定无重大融资成分）。乙公司将该应收款项分类为以公允价值计量且其变动计入当期损益的金融资产；甲公司将该应付款项分类为以摊余成本计量的金融负债。

2×19年8月12日，甲公司因无法支付货款与乙公司协商进行债务重组，双方商定乙公司将该债权转为对甲公司的股权投资。10月20日，乙公司办结了对甲公司的增资手续，甲公司和乙公司分别以银行存款支付手续费等相关费用1.5万元和1.2万元。债转股后甲公司总股本为100万元,乙公司持有的抵债股权占甲公司总股本的25%,对甲公司具有重大影响,甲公司股权公允价值不能可靠计量。甲公司应付款项的账面价值仍为100万元。

2×19年6月30日,应收款项和应付款项的公允价值均为85万元。

2×19年8月12日,应收款项和应付款项的公允价值均为76万元。

2×19年10月20日,应收款项和应付款项的公允价值仍为76万元。

假定不考虑其他相关税费。

(1)债权人的会计处理。

乙公司的账务处理如下:

①6月30日。

借:公允价值变动损益　　　　　　　　　　　　　　　　150 000
　　贷:交易性金融资产——公允价值变动　　　　　　　　　　150 000

②8月12日。

借:公允价值变动损益　　　　　　　　　　　　　　　　 90 000
　　贷:交易性金融资产——公允价值变动　　　　　　　　　　 90 000

③10月20日,乙公司对甲公司长期股权投资的成本为应收款项公允价值(76万元)与相关税费(1.2万元)的合计金额为77.2万元。

借:长期股权投资——甲公司　　　　　　　　　　　　　772 000
　　交易性金融资产——公允价值变动　　　　　　　　　　240 000
　　贷:交易性金融资产——成本　　　　　　　　　　　1 000 000
　　　　银行存款　　　　　　　　　　　　　　　　　　　12 000

(2)债务人的会计处理。

10月20日,由于甲公司股权的公允价值不能可靠计量,初始确认权益工具公允价值时应当按照所清偿债务的公允价值76万元计量,并扣除因发行权益工具支出的相关税费1.5万元。甲公司的账务处理如下:

借:应付账款　　　　　　　　　　　　　　　　　　　1 000 000
　　贷:实收资本　　　　　　　　　　　　　　　　　　　250 000
　　　　资本公积——资本溢价　　　　　　　　　　　　　495 000
　　　　银行存款　　　　　　　　　　　　　　　　　　　15 000
　　　　投资收益　　　　　　　　　　　　　　　　　　 240 000

【例12-3】以资产清偿债务、将债务转为权益工具等方式的组合进行债务重组的会计处理

2×19年11月5日,甲公司向乙公司赊购一批材料,含税价为234万元。2×20年9月10日,甲公司因发生财务困难,无法按合同约定偿还债务,双方协商进行债务重组。乙公司同意甲公司用其生产的商品、作为固定资产管理的机器设备和一项债券投资抵偿欠款。当日,该债权的公允价值为210万元,甲公司用于抵债的商品市价(不含增值税)为90万元,抵债设备的公允价值为75万元,用于抵债的债券投资市价为23.55万元。

抵债资产于2×20年9月20日转让完毕,甲公司发生设备运输费用0.65万元,乙公司

发生设备安装费用1.5万元。

乙公司以摊余成本计量该项债权。2×20年9月20日，乙公司对该债权已计提坏账准备19万元，债券投资市价为21万元。乙公司将受让的商品、设备和债券投资分别作为低值易耗品、固定资产和以公允价值计量且其变动计入当期损益的金融资产核算。

甲公司以摊余成本计量该项债务。2×20年9月20日，甲公司用于抵债的商品成本为70万元；抵债设备的账面原价为150万元，累计折旧为40万元，已计提减值准备18万元；甲公司以摊余成本计量用于抵债的债券投资，债券票面价值总额为15万元，票面利率与实际利率一致，按年付息，假定甲公司尚未对债券确认利息收入。当日，该项债务的账面价值仍为234万元。

甲、乙公司均为增值税一般纳税人，适用增值税税率为13%，经税务机关核定，该项交易中商品和设备的计税价格分别为90万元和75万元。不考虑其他相关税费。

(1) 债权人的会计处理。

低值易耗品可抵扣增值税 = 90 × 13% = 11.7（万元）

设备可抵扣增值税 = 75 × 13% = 9.75（万元）

低值易耗品和固定资产的成本应当以其公允价值比例（90∶75）对放弃债权公允价值扣除受让金融资产公允价值后的净额进行分配后的金额为基础确定。

低值易耗品的成本 = 90 ÷ (90 + 75) × (210 − 23.55 − 11.7 − 9.75) = 90（万元）

固定资产的成本 = 75 ÷ (90 + 75) × (210 − 23.55 − 11.7 − 9.75) = 75（万元）

2×20年9月20日，乙公司的账务处理如下：

①结转债务重组相关损益。

借：低值易耗品	900 000
在建工程——在安装设备	750 000
应交税费——应交增值税	21 450
交易性金融资产	210 000
坏账准备	190 000
投资收益	75 500
贷：应收账款——甲公司	2 340 000

②支付安装费用。

借：在建工程——在安装设备	15 000
贷：银行存款	15 000

③安装完毕达到可使用状态。

借：固定资产——××设备	765 000
贷：在建工程——在安装设备	765 000

(2) 债务人的会计处理。

甲公司9月20日的账务处理如下：

借：固定资产清理	920 000
累计折旧	400 000

固定资产减值准备		180 000
贷：固定资产		1 500 000
借：固定资产清理		6 500
贷：银行存款		6 500
借：应付账款		2 340 000
贷：固定资产清理		926 500
库存商品		700 000
应交税费——应交增值税		214 500
债权投资——面值		150 000
其他收益——债务重组收益		349 000

【例12-4】以资产清偿债务、将债务转为权益工具、修改其他条款等方式的组合进行债务重组的会计处理

A公司为上市公司，2×16年1月1日，A公司取得B银行贷款5 000万元，约定贷款期限为4年（即2×19年12月31日到期），年利率为6%，按年付息，A公司已按时支付所有利息。2×19年12月31日，A公司出现严重资金周转问题，多项债务违约，信用风险增加，无法偿还贷款本金。

2×20年1月10日，B银行同意与A公司就该项贷款重新达成协议，新协议约定：

（1）A公司将一项作为固定资产核算的房产转让给B银行，用于抵偿债务本金1 000万元，该房产账面原值为1 200万元，累计折旧为400万元，未计提减值准备；

（2）A公司向B银行增发股票500万股，面值为1元/股，占A公司股份总额的1%，用于抵偿债务本金2 000万元，A公司股票2×20年1月10日的收盘价为4元/股；

（3）在A公司履行上述偿债义务后，B银行免除A公司500万元债务本金，并将尚未偿还的债务本金1 500万元展期至2×20年12月31日，年利率为8%；如果A公司未能履行（1）、（2）所述偿债义务，B银行有权终止债务重组协议，尚未履行的债权调整承诺随之失效。

B银行以摊余成本计量该贷款，已计提贷款损失准备300万元。该贷款于2×20年1月10日的公允价值为4 600万元，予以展期的贷款的公允价值为1 500万元。2×20年3月2日，双方办理完成房产转让手续，B银行将该房产作为投资性房地产核算。2×20年3月31日，B银行为该笔贷款补提了100万元的损失准备。2×20年5月9日，双方办理完成股权转让手续，B银行将该股权投资分类为以公允价值计量且其变动计入当期损益的金融资产，A公司股票当日收盘价为4.02元/股。

A公司以摊余成本计量该贷款，截至2×20年1月10日，该贷款的账面价值为5 000万元。不考虑相关税费。

（1）债权人的会计处理。

A公司与B银行以组合方式进行债务重组，同时涉及以资产清偿债务、将债务转为权益工具、包括债务豁免的修改其他条款等方式，可以认为对全部债权的合同条款作出了实质性

修改，债权人在收取债权现金流量的合同权利终止时应当终止确认全部债权，即在2×20年5月9日该债务重组协议的执行过程和结果不确定性消除时，可以确认债务重组相关损益，并按照修改后的条款确认新金融资产。

债权人B银行的账务处理如下：

①3月2日。

投资性房地产成本＝放弃债权公允价值－受让股权公允价值－重组债权公允价值＝4 600－2 000－1 500＝1 100（万元）

借：投资性房地产　　　　　　　　　　　　　　　　　11 000 000
　　贷：贷款——本金　　　　　　　　　　　　　　　　11 000 000

②3月31日。

借：信用减值损失　　　　　　　　　　　　　　　　　1 000 000
　　贷：贷款损失准备　　　　　　　　　　　　　　　　1 000 000

③5月9日。

受让股权的公允价值＝4.02×500＝2 010（万元）

借：交易性金融资产　　　　　　　　　　　　　　　　20 100 000
　　贷款——本金　　　　　　　　　　　　　　　　　15 000 000
　　贷款损失准备　　　　　　　　　　　　　　　　　 4 000 000
　　贷：贷款——本金　　　　　　　　　　　　　　　　39 000 000
　　　　投资收益　　　　　　　　　　　　　　　　　　 100 000

（2）债务人的会计处理。

该债务重组协议的执行过程和结果不确定性于2×20年5月9日消除时，债务人清偿该部分债务的现时义务已经解除，可以确认债务重组相关损益，并按照修改后的条款确认新金融负债。

债务人A公司的账务处理如下：

①3月2日。

借：固定资产清理　　　　　　　　　　　　　　　　　8 000 000
　　累计折旧　　　　　　　　　　　　　　　　　　　 4 000 000
　　贷：固定资产　　　　　　　　　　　　　　　　　 12 000 000

借：长期借款——本金　　　　　　　　　　　　　　　 8 000 000
　　贷：固定资产清理　　　　　　　　　　　　　　　 8 000 000

②5月9日。

借款的新现金流量现值＝1 500×（1＋8%）÷（1＋6%）＝1 528.5（万元）

现金流变化＝（1 528.5－1 500）÷1 500＝1.9%＜10%

因此，针对1 500万元本金部分的合同条款的修改不构成实质性修改，不终止确认该部分负债。

借：长期借款——本金　　　　　　　　　　　　　　　 42 000 000
　　贷：股本　　　　　　　　　　　　　　　　　　　 5 000 000

资本公积	15 100 000
长期借款——本金	15 285 000
其他收益——债务重组收益	6 615 000

本例中，即使没有"A公司未能履行（1）、(2)所述偿债义务，B银行有权终止债务重组协议，尚未履行的债权调整承诺随之失效"的条款，债务人仍然应当谨慎处理，考虑在债务的现时义务解除时终止确认原债务。

12.2.8 关于债务重组的相关披露

本准则规定，债务重组中涉及的债权、重组债权、债务、重组债务和其他金融工具的披露，应当按照《企业会计准则第37号——金融工具列报》的规定处理。此外，债权人和债务人还应当在附注中披露与债务重组有关的额外信息。

债权人应当在附注中披露与债务重组有关的下列信息：（1）根据债务重组方式，分组披露债权账面价值和债务重组相关损益。分组时，债权人可以按照以资产清偿债务方式、将债务转为权益工具方式、修改其他条款方式、组合方式为标准分组，也可以根据重要性原则以更细化的标准分组。（2）债务重组导致的对联营企业或合营企业的权益性投资增加额，以及该投资占联营企业或合营企业股份总额的比例。

债务人应当在附注中披露与债务重组有关的下列信息：（1）根据债务重组方式，分组披露债务账面价值和债务重组相关损益。分组的标准与对债权人的要求类似。（2）债务重组导致的股本等所有者权益的增加额。

报表使用者可能关心与债务重组相关的其他信息，例如，债权人和债务人是否具有关联方关系；又如，如何确定债务转为权益工具方式中的权益工具以及修改其他条款方式中的重组债权或重组债务等的公允价值；再如，是否存在与债务重组相关的或有事项等，企业应当根据《企业会计准则第13号——或有事项》《企业会计准则第22号——金融工具确认和计量》《企业会计准则第36号——关联方披露》《企业会计准则第37号——金融工具列报》《企业会计准则第39号——公允价值计量》等准则规定，披露相关信息。

12.2.9 关于新旧准则的衔接规定

企业对施行日及之后发生的债务重组采用未来适用法处理。对于2019年1月1日至本准则施行日之间发生的债务重组，企业应当根据本准则进行调整。对于2019年1月1日前发生的债务重组，企业无须进行调整。

第13章 或有事项

13.1 企业会计准则第13号——或有事项

《企业会计准则第13号——或有事项》(以下简称"本准则")于2006年2月15日由财会〔2006〕3号公布,自2007年1月1日起施行。

13.1.1 总则

第一条 为了规范或有事项的确认、计量和相关信息的披露,根据《企业会计准则——基本准则》,制定本准则。

第二条 或有事项,是指过去的交易或者事项形成的,其结果须由某些未来事项的发生或不发生才能决定的不确定事项。

第三条 职工薪酬、建造合同、所得税、企业合并、租赁、原保险合同和再保险合同等形成的或有事项,适用其他相关会计准则。

13.1.2 确认和计量

第四条 与或有事项相关的义务同时满足下列条件的,应当确认为预计负债:

(一) 该义务是企业承担的现时义务;

(二) 履行该义务很可能导致经济利益流出企业;

(三) 该义务的金额能够可靠地计量。

第五条 预计负债应当按照履行相关现时义务所需支出的最佳估计数进行初始计量。

所需支出存在一个连续范围,且该范围内各种结果发生的可能性相同的,最佳估计数应当按照该范围内的中间值确定。

在其他情况下,最佳估计数应当分别下列情况处理:

(一) 或有事项涉及单个项目的,按照最可能发生金额确定;

(二) 或有事项涉及多个项目的,按照各种可能结果及相关概率计算确定。

【例13-1】或有事项涉及单个项目的,按照最可能发生金额确定

20×8年10月2日,乙股份有限公司涉及一起诉讼案。20×8年12月31日,乙股份有限公司尚未接到法院的判决。在咨询了公司的法律顾问后,公司认为:胜诉的可能性为40%,败诉的可能性为60%。如果败诉,需要赔偿2 000 000元。此时,乙股份有限公司在资产负债表中确认的负债金额应为最可能发生的金额,即2 000 000元。

【例13-2】或有事项涉及多个项目的,按照各种可能结果及相关概率计算确定

甲股份有限公司是生产并销售A产品的公司,20×8年第一季度,共销售A产品60 000件,销售收入为360 000 000元。根据公司的产品质量保证条款,该产品售出后一年内,如发生正常质量问题,公司将负责免费维修。根据以前年度的维修记录,如果发生较小的质量问题,发生的维修费用为销售收入的1%;如果发生较大的质量问题,发生的维修费用为销售收入的2%。根据公司技术部门的预测,本季度销售的产品中,80%不会发生质量问题;15%可能发生较小质量问题;5%可能发生较大质量问题。据此,20×8年第一季度末,甲股份有限公司应在资产负债表中确认的负债金额为:

360 000 000×(0×80%+1%×15%+2%×5%)=900 000(元)

第六条 企业在确定最佳估计数时,应当综合考虑与或有事项有关的风险、不确定性和货币时间价值等因素。

货币时间价值影响重大的,应当通过对相关未来现金流出进行折现后确定最佳估计数。

第七条 企业清偿预计负债所需支出全部或部分预期由第三方补偿的,补偿金额只有在基本确定能够收到时才能作为资产单独确认。确认的补偿金额不应当超过预计负债的账面价值。

【例13-3】企业清偿预计负债所需支出全部或部分预期由第三方补偿的

20×8年12月31日,乙股份有限公司因或有事项而确认了一笔金额为1 000 000元的负债;同时,公司因该或有事项,基本确定可从甲股份有限公司获得400 000元的赔偿。

本例中,乙股份有限公司应分别确认一项金额为1 000 000元的负债和一项金额为400 000元的资产,而不能只确认一项金额为600 000(1 000 000-400 000)元的负债。同时,公司所确认的补偿金额400 000元不能超过所确认的负债的账面价值1 000 000元。

第八条 待执行合同变成亏损合同的,该亏损合同产生的义务满足本准则第四条规定的,应当确认为预计负债。

待执行合同,是指合同各方尚未履行任何合同义务,或部分地履行了同等义务的合同。

亏损合同,是指履行合同义务不可避免会发生的成本超过预期经济利益的合同。

【例13-4】亏损合同的会计处理

20×8年1月1日,甲公司采用经营租赁方式租入一条生产线生产A产品,租赁期为4年。甲公司利用该生产线生产的A产品每年可获利20万元。20×9年12月31日,甲公司决定停产A产品,原经营租赁合同不可撤销,还要持续2年,且生产线无法转租给其他单位。

本例中,甲公司与其他公司签订了不可撤销的经营租赁合同,负有法定义务,必须继续履行租赁合同(缴纳租金)。同时,甲公司决定停产A产品。因此,甲公司执行原经营租赁合同不可避免要发生的费用很可能超过预期获得的经济利益,属于亏损合同,应当在20×9年12月31日,根据未来应支付的租金的最佳估计数确认预计负债。

第九条 企业不应当就未来经营亏损确认预计负债。

第十条 企业承担的重组义务满足本准则第四条规定的,应当确认预计负债。同时存在下列情况时,表明企业承担了重组义务:

(一)有详细、正式的重组计划,包括重组涉及的业务、主要地点、需要补偿的职工人数及其岗位性质、预计重组支出、计划实施时间等;

(二)该重组计划已对外公告。

重组,是指企业制定和控制的,将显著改变企业组织形式、经营范围或经营方式的计划实施行为。

第十一条 企业应当按照与重组有关的直接支出确定预计负债金额。

直接支出不包括留用职工岗前培训、市场推广、新系统和营销网络投入等支出。

【例 13-5】哪些支出属于与重组有关的直接支出

与重组有关支出的判断见表 13-1。

表 13-1 与重组有关支出的判断

支出项目	包括	不包括	不包括的原因
自愿遣散	√		
强制遣散（如果自愿遣散目标未满足）	√		
不再使用的厂房的租赁撤销费	√		
将职工和设备从拟关闭的工厂转移到继续使用的工厂		√	支出与继续进行的活动相关
剩余职工的再培训		√	支出与继续进行的活动相关
新经理的招募成本		√	支出与继续进行的活动相关
推广公司新形象的营销成本		√	支出与继续进行的活动相关
对新分销网络的投资		√	支出与继续进行的活动相关
重组的未来可辨认经营损失（最新预计值）		√	支出与继续进行的活动相关
特定不动产、厂场和设备的减值损失		√	减值准备应当按照《企业会计准则第 8 号——资产减值》进行评估，并作为资产的抵减项

第十二条 企业应当在资产负债表日对预计负债的账面价值进行复核。有确凿证据表明该账面价值不能真实反映当前最佳估计数的，应当按照当前最佳估计数对该账面价值进行调整。

第十三条 企业不应当确认或有负债和或有资产。

或有负债，是指过去的交易或者事项形成的潜在义务，其存在须通过未来不确定事项的发生或不发生予以证实；或过去的交易或者事项形成的现时义务，履行该义务不是很可能导致经济利益流出企业或该义务的金额不能可靠计量。

或有资产，是指过去的交易或者事项形成的潜在资产，其存在须通过未来不确定事项的发生或不发生予以证实。

13.1.3 披露

第十四条 企业应当在附注中披露与或有事项有关的下列信息。

（一）预计负债。

1. 预计负债的种类、形成原因以及经济利益流出不确定性的说明。
2. 各类预计负债的期初、期末余额和本期变动情况。
3. 与预计负债有关的预期补偿金额和本期已确认的预期补偿金额。

（二）或有负债（不包括极小可能导致经济利益流出企业的或有负债）。

1. 或有负债的种类及其形成原因，包括已贴现商业承兑汇票、未决诉讼、未决仲裁、对外提供担保等形成的或有负债。

2. 经济利益流出不确定性的说明。

3. 或有负债预计产生的财务影响，以及获得补偿的可能性；无法预计的，应当说明原因。

（三）企业通常不应当披露或有资产。但或有资产很可能会给企业带来经济利益的，应当披露其形成的原因、预计产生的财务影响等。

第十五条 在涉及未决诉讼、未决仲裁的情况下，按照本准则第十四条披露全部或部分信息预期对企业造成重大不利影响的，企业无须披露这些信息，但应当披露该未决诉讼、未决仲裁的性质，以及没有披露这些信息的事实和原因。

【例13-6】未决诉讼的会计处理

20×8年11月1日，乙股份有限公司因合同违约而被丁公司起诉。20×8年12月31日，公司尚未接到法院的判决。丁公司预计，如无特殊情况很可能在诉讼中获胜，假定丁公司估计将来很可能获得赔偿金额1 900 000元。在咨询了公司的法律顾问后，乙公司认为最终的法律判决很可能对公司不利。假定乙公司预计将要支付的赔偿金额、诉讼费等费用的金额为1 600 000元至2 000 000元的某一金额，而且这个区间内每个金额的可能性都大致相同，其中诉讼费为30 000元。

此例中，丁公司不应当确认或有资产，而应当在20×8年12月31日的报表附注中披露或有资产1 900 000元。

乙股份有限公司应在资产负债表中确认一项预计负债，金额为：

(1 600 000 + 2 000 000) ÷ 2 = 1 800 000（元）

同时在20×8年12月31日的报表附注中进行披露。

乙公司的有关账务处理如下：

借：管理费用——诉讼费　　　　　　　　　　　　　　　30 000
　　营业外支出　　　　　　　　　　　　　　　　　　1 770 000
　　贷：预计负债——未决诉讼　　　　　　　　　　　1 800 000

应当注意的是，对于未决诉讼，企业当期实际发生的诉讼损失金额与已计提的相关预计负债之间的差额，应分别情况处理。

第一，企业在前期资产负债表日，依据当时实际情况和所掌握的证据合理预计了预计负债，应当将当期实际发生的诉讼损失金额与已计提的相关预计负债之间的差额，直接计入或冲减当期营业外支出。

第二，企业在前期资产负债表日，依据当时实际情况和所掌握的证据，原本应当能够合理估计诉讼损失，但企业所做的估计却与当时的事实严重不符（如未合理预计损失或不恰当地多计或少计损失），应当按照重大会计差错更正的方法进行处理。

第三，企业在前期资产负债表日，依据当时实际情况和所掌握的证据，确实无法合理预计诉讼损失，因而未确认预计负债，则在该项损失实际发生的当期，直接计入当期营业外支出。

第四,资产负债表日后至财务报告批准报出日之间发生的需要调整或说明的未决诉讼,按照资产负债表日后事项的有关规定进行会计处理。

13.2 《企业会计准则第13号——或有事项》应用指南

13.2.1 或有事项的特征

本准则第二条规定,或有事项是指过去的交易或者事项形成的,其结果须由某些未来事项的发生或不发生才能决定的不确定事项。

(一) 由过去交易或事项形成,是指或有事项的现存状况是过去交易或事项引起的客观存在。

比如,未决诉讼虽然是正在进行中的诉讼,但该诉讼是企业因过去的经济行为导致起诉其他单位或被其他单位起诉。这是现存的一种状况而不是未来将要发生的事项。未来可能发生的自然灾害、交通事故、经营亏损等,不属于或有事项。

(二) 结果具有不确定性,是指或有事项的结果是否发生具有不确定性,或者或有事项的结果预计将会发生,但发生的具体时间或金额具有不确定性。

比如,债务担保事项的担保方到期是否承担和履行连带责任,需要根据债务到期时被担保方能否按时还款加以确定。这一事项的结果在担保协议达成时具有不确定性。

(三) 由未来事项决定,是指或有事项的结果只能由未来不确定事项的发生或不发生才能决定。

比如,债务担保事项只有在被担保方到期无力还款时企业(担保方)才履行连带责任。

常见的或有事项主要包括:未决诉讼或仲裁、债务担保、产品质量保证(含产品安全保证)、承诺、亏损合同、重组义务、环境污染整治等。

13.2.2 或有事项相关义务确认为预计负债的条件

本准则第四条规定了或有事项相关义务确认为预计负债应当同时满足的条件。

(一) 该义务是企业承担的现时义务。企业没有其他现实的选择,只能履行该义务,如法律要求企业必须履行、有关各方合理预期企业应当履行等。

(二) 履行该义务很可能导致经济利益流出企业,通常是指履行与或有事项相关的现时义务时,导致经济利益流出企业的可能性超过50%。履行或有事项相关义务导致经济利益流出的可能性,通常按照下列情况加以判断,如表13-2所示。

表13-2 履行或有事项相关义务导致经济利益流出的可能性及概率

结果的可能性	对应的概率区间
基本确定	大于95%但小于100%
很可能	大于50%但小于或等于95%
可能	大于5%但小于或等于50%
极小可能	大于0但小于或等于5%

（三）该义务的金额能够可靠地计量。企业计量预计负债金额时，通常应当考虑下列情况。

1. 充分考虑与或有事项有关的风险和不确定性，在此基础上按照最佳估计数确定预计负债的金额。

2. 预计负债的金额通常等于未来应支付的金额，但未来应支付金额与其现值相差较大的，如油气井及相关设施或核电站的弃置费用等，应当按照未来应支付金额的现值确定。

3. 有确凿证据表明相关未来事项将会发生的，如未来技术进步、相关法规出台等，确定预计负债金额时应考虑相关未来事项的影响。

4. 确定预计负债的金额不应考虑预期处置相关资产形成的利得。

13.2.3 亏损合同的相关义务确认为预计负债

根据本准则第八条规定，待执行合同变成亏损合同的，该亏损合同产生的义务满足预计负债确认条件的，应当确认为预计负债。在履行合同义务过程中，发生的成本预期将超过与合同相关的未来流入经济利益的，待执行合同即变成了亏损合同。

企业与其他方签订的尚未履行或部分履行了同等义务的合同，如商品买卖合同、劳务合同、租赁合同等，均属于待执行合同。待执行合同不属于本准则规范的内容，但待执行合同变成亏损合同的，应当作为本准则规范的或有事项。

待执行合同变成亏损合同时，有合同标的资产的，应当先对标的资产进行减值测试并按规定确认减值损失，如预计亏损超过该减值损失，应将超过部分确认为预计负债；无合同标的资产的，亏损合同相关义务满足预计负债确认条件时，应当确认为预计负债。

13.2.4 重组事项

本准则第十条规定，重组是指企业制定和控制的，将显著改变企业组织形式、经营范围或经营方式的计划实施行为。属于重组的事项主要有以下几点。

（一）出售或终止企业的部分经营业务。

（二）对企业的组织结构进行较大调整。

（三）关闭企业的部分营业场所，或将营业活动由一个国家或地区迁移到其他国家或地区。

第14章 收 入

14.1 企业会计准则第14号——收入

为了适应社会主义市场经济发展需要,规范收入的会计处理,提高会计信息质量,根据《企业会计准则——基本准则》,财政部对《企业会计准则第14号——收入》(以下简称"本准则")进行了修订。在境内外同时上市的企业以及在境外上市并采用国际财务报告准则或企业会计准则编制财务报表的企业,自2018年1月1日起施行;其他境内上市企业,自2020年1月1日起施行;执行企业会计准则的非上市企业,自2021年1月1日起施行。同时,允许企业提前执行。执行本准则的企业,不再执行财政部于2006年2月15日印发的《财政部关于印发〈企业会计准则第1号——存货〉等38项具体准则的通知》(财会〔2006〕3号)中的《企业会计准则第14号——收入》和《企业会计准则第15号——建造合同》,以及财政部于2006年10月30日印发的《财政部关于印发〈企业会计准则——应用指南〉的通知》(财会〔2006〕18号)中的《〈企业会计准则第14号——收入〉应用指南》。

14.1.1 总则

第一条 为了规范收入的确认、计量和相关信息的披露,根据《企业会计准则——基本准则》,制定本准则。

第二条 收入,是指企业在日常活动中形成的、会导致所有者权益增加的、与所有者投入资本无关的经济利益的总流入。

第三条 本准则适用于所有与客户之间的合同,但下列各项除外。

(一)由《企业会计准则第2号——长期股权投资》、《企业会计准则第22号——金融工具确认和计量》、《企业会计准则第23号——金融资产转移》、《企业会计准则第24号——套期会计》、《企业会计准则第33号——合并财务报表》以及《企业会计准则第40号——合营安排》规范的金融工具及其他合同权利和义务,分别适用《企业会计准则第2号——长期股权投资》、《企业会计准则第22号——金融工具确认和计量》、《企业会计准则第23号——金融资产转移》、《企业会计准则第24号——套期会计》、《企业会计准则第33号——合并财务报表》以及《企业会计准则第40号——合营安排》。

(二)由《企业会计准则第21号——租赁》规范的租赁合同,适用《企业会计准则第21号——租赁》。

(三)由保险合同相关会计准则规范的保险合同,适用保险合同相关会计准则。

本准则所称客户,是指与企业订立合同以向该企业购买其日常活动产出的商品或服务(以下简称"商品")并支付对价的一方。

本准则所称合同,是指双方或多方之间订立有法律约束力的权利义务的协议。合同有书面形式、口头形式以及其他形式。

14.1.2 确认

第四条 企业应当在履行了合同中的履约义务，即在客户取得相关商品控制权时确认收入。

取得相关商品控制权，是指能够主导该商品的使用并从中获得几乎全部的经济利益。

第五条 当企业与客户之间的合同同时满足下列条件时，企业应当在客户取得相关商品控制权时确认收入：

（一）合同各方已批准该合同并承诺将履行各自义务；

（二）该合同明确了合同各方与所转让商品或提供劳务（以下简称"转让商品"）相关的权利和义务；

（三）该合同有明确的与所转让商品相关的支付条款；

（四）该合同具有商业实质，即履行该合同将改变企业未来现金流量的风险、时间分布或金额；

（五）企业因向客户转让商品而有权取得的对价很可能收回。

在合同开始日即满足前款条件的合同，企业在后续期间无需对其进行重新评估，除非有迹象表明相关事实和情况发生重大变化。合同开始日通常是指合同生效日。

第六条 在合同开始日不符合本准则第五条规定的合同，企业应当对其进行持续评估，并在其满足本准则第五条规定时按照该条的规定进行会计处理。

对于不符合本准则第五条规定的合同，企业只有在不再负有向客户转让商品的剩余义务，且已向客户收取的对价无需退回时，才能将已收取的对价确认为收入；否则，应当将已收取的对价作为负债进行会计处理。没有商业实质的非货币性资产交换，不确认收入。

第七条 企业与同一客户（或该客户的关联方）同时订立或在相近时间内先后订立的两份或多份合同，在满足下列条件之一时，应当合并为一份合同进行会计处理。

（一）该两份或多份合同基于同一商业目的而订立并构成一揽子交易。

（二）该两份或多份合同中的一份合同的对价金额取决于其他合同的定价或履行情况。

（三）该两份或多份合同中所承诺的商品（或每份合同中所承诺的部分商品）构成本准则第九条规定的单项履约义务。

第八条 企业应当区分下列三种情形对合同变更分别进行会计处理。

（一）合同变更增加了可明确区分的商品及合同价款，且新增合同价款反映了新增商品单独售价的，应当将该合同变更部分作为一份单独的合同进行会计处理。

（二）合同变更不属于本条（一）规定的情形，且在合同变更日已转让的商品或已提供的服务（以下简称"已转让的商品"）与未转让的商品或未提供的服务（以下简称"未转让的商品"）之间可明确区分的，应当视为原合同终止，同时，将原合同未履约部分与合同变更部分合并为新合同进行会计处理。

（三）合同变更不属于本条（一）规定的情形，且在合同变更日已转让的商品与未转让的商品之间不可明确区分的，应当将该合同变更部分作为原合同的组成部分进行会计处理，由此产生的对已确认收入的影响,应当在合同变更日调整当期收入。

本准则所称合同变更,是指经合同各方批准对原合同范围或价格作出的变更。

第九条 合同开始日,企业应当对合同进行评估,识别该合同所包含的各单项履约义务,并确定各单项履约义务是在某一时段内履行,还是在某一时点履行,然后,在履行了各单项履约义务时分别确认收入。

履约义务,是指合同中企业向客户转让可明确区分商品的承诺。履约义务既包括合同中明确的承诺,也包括由于企业已公开宣布的政策、特定声明或以往的习惯做法等导致合同订立时客户合理预期企业将履行的承诺。企业为履行合同而应开展的初始活动,通常不构成履约义务,除非该活动向客户转让了承诺的商品。

企业向客户转让一系列实质相同且转让模式相同的、可明确区分商品的承诺,也应当作为单项履约义务。

转让模式相同,是指每一项可明确区分商品均满足本准则第十一条规定的、在某一时段内履行履约义务的条件,且采用相同方法确定其履约进度。

第十条 企业向客户承诺的商品同时满足下列条件的,应当作为可明确区分商品:

(一) 客户能够从该商品本身或从该商品与其他易于获得资源一起使用中受益;

(二) 企业向客户转让该商品的承诺与合同中其他承诺可单独区分。

下列情形通常表明企业向客户转让该商品的承诺与合同中其他承诺不可单独区分。

1. 企业需提供重大的服务以将该商品与合同中承诺的其他商品整合成合同约定的组合产出转让给客户。

2. 该商品将对合同中承诺的其他商品予以重大修改或定制。

3. 该商品与合同中承诺的其他商品具有高度关联性。

第十一条 满足下列条件之一的,属于在某一时段内履行履约义务;否则,属于在某一时点履行履约义务。

(一) 客户在企业履约的同时即取得并消耗企业履约所带来的经济利益。

(二) 客户能够控制企业履约过程中在建的商品。

(三) 企业履约过程中所产出的商品具有不可替代用途,且该企业在整个合同期间内有权就累计至今已完成的履约部分收取款项。

具有不可替代用途,是指因合同限制或实际可行性限制,企业不能轻易地将商品用于其他用途。

有权就累计至今已完成的履约部分收取款项,是指在由于客户或其他方原因终止合同的情况下,企业有权就累计至今已完成的履约部分收取能够补偿其已发生成本和合理利润的款项,并且该权利具有法律约束力。

第十二条 对于在某一时段内履行的履约义务,企业应当在该段时间内按照履约进度确认收入,但是,履约进度不能合理确定的除外。企业应当考虑商品的性质,采用产出法或投入法确定恰当的履约进度。其中,产出法是根据已转移给客户的商品对于客户的价值确定履约进度;投入法是根据企业为履行履约义务的投入确定履约进度。

对于类似情况下的类似履约义务,企业应当采用相同的方法确定履约进度。当履约进度不能合理确定时，企业已经发生的成本预计能够得到补偿的，应当按照已经发生的成本金额确认收入，直到履约进度能够合理确定为止。

第十三条 对于在某一时点履行的履约义务，企业应当在客户取得相关商品控制权时点确认收入。在判断客户是否已取得商品控制权时，企业应当考虑下列迹象。

（一）企业就该商品享有现时收款权利，即客户就该商品负有现时付款义务。

（二）企业已将该商品的法定所有权转移给客户，即客户已拥有该商品的法定所有权。

（三）企业已将该商品实物转移给客户，即客户已实物占有该商品。

（四）企业已将该商品所有权上的主要风险和报酬转移给客户，即客户已取得该商品所有权上的主要风险和报酬。

（五）客户已接受该商品。

（六）其他表明客户已取得商品控制权的迹象。

14.1.3 计量

第十四条 企业应当按照分摊至各单项履约义务的交易价格计量收入。

交易价格，是指企业因向客户转让商品而预期有权收取的对价金额。企业代第三方收取的款项以及企业预期将退还给客户的款项，应当作为负债进行会计处理，不计入交易价格。

第十五条 企业应当根据合同条款，并结合其以往的习惯做法确定交易价格。在确定交易价格时，企业应当考虑可变对价、合同中存在的重大融资成分、非现金对价、应付客户对价等因素的影响。

第十六条 合同中存在可变对价的，企业应当按照期望值或最可能发生金额确定可变对价的最佳估计数，但包含可变对价的交易价格，应当不超过在相关不确定性消除时累计已确认收入极可能不会发生重大转回的金额。企业在评估累计已确认收入是否极可能不会发生重大转回时，应当同时考虑收入转回的可能性及其比重。

每一资产负债表日，企业应当重新估计应计入交易价格的可变对价金额。可变对价金额发生变动的，按照本准则第二十四条和第二十五条规定进行会计处理。

第十七条 合同中存在重大融资成分的，企业应当按照假定客户在取得商品控制权时即以现金支付的应付金额确定交易价格。该交易价格与合同对价之间的差额，应当在合同期间内采用实际利率法摊销。

合同开始日，企业预计客户取得商品控制权与客户支付价款间隔不超过一年的，可以不考虑合同中存在的重大融资成分。

第十八条 客户支付非现金对价的，企业应当按照非现金对价的公允价值确定交易价格。非现金对价的公允价值不能合理估计的，企业应当参照其承诺向客户转让商品的单独售价间接确定交易价格。非现金对价的公允价值因对价形式以外的原因而发生变动的，应当作为可变对价，按照本准则第十六条规定进行会计处理。

单独售价，是指企业向客户单独销售商品的价格。

第十九条 企业应付客户（或向客户购买本企业商品的第三方，本条下同）对价的，应当将该应付对价冲减交易价格，并在确认相关收入与支付（或承诺支付）客户对价二者孰晚的时点冲减当期收入，但应付客户对价是为了向客户取得其他可明确区分商品的除外。

企业应付客户对价是为了向客户取得其他可明确区分商品的，应当采用与本企业其他采购相一致的方式确认所购买的商品。企业应付客户对价超过向客户取得可明确区分商品公允价值的，超过金额应当冲减交易价格。向客户取得的可明确区分商品公允价值不能合理估计的，企业应当将应付客户对价全额冲减交易价格。

第二十条 合同中包含两项或多项履约义务的，企业应当在合同开始日，按照各单项履约义务所承诺商品的单独售价的相对比例，将交易价格分摊至各单项履约义务。企业不得因合同开始日之后单独售价的变动而重新分摊交易价格。

第二十一条 企业在类似环境下向类似客户单独销售商品的价格，应作为确定该商品单独售价的最佳证据。单独售价无法直接观察的，企业应当综合考虑其能够合理取得的全部相关信息，采用市场调整法、成本加成法、余值法等方法合理估计单独售价。在估计单独售价时，企业应当最大限度地采用可观察的输入值，并对类似的情况采用一致的估计方法。

市场调整法，是指企业根据某商品或类似商品的市场售价考虑本企业的成本和毛利等进行适当调整后，确定其单独售价的方法。

成本加成法，是指企业根据某商品的预计成本加上其合理毛利后的价格，确定其单独售价的方法。

余值法，是指企业根据合同交易价格减去合同中其他商品可观察的单独售价后的余值，确定某商品单独售价的方法。

第二十二条 企业在商品近期售价波动幅度巨大，或者因未定价且未曾单独销售而使售价无法可靠确定时，可采用余值法估计其单独售价。

第二十三条 对于合同折扣，企业应当在各单项履约义务之间按比例分摊。

有确凿证据表明合同折扣仅与合同中一项或多项（而非全部）履约义务相关的，企业应当将该合同折扣分摊至相关一项或多项履约义务。

合同折扣仅与合同中一项或多项（而非全部）履约义务相关，且企业采用余值法估计单独售价的，应当首先按照前款规定在该一项或多项（而非全部）履约义务之间分摊合同折扣，然后采用余值法估计单独售价。

合同折扣，是指合同中各单项履约义务所承诺商品的单独售价之和高于合同交易价格的金额。

第二十四条 对于可变对价及可变对价的后续变动额，企业应当按照本准则第二十条至第二十三条规定，将其分摊至与之相关的一项或多项履约义务，或者分摊至构成单项履约义务的一系列可明确区分商品中的一项或多项商品。

对于已履行的履约义务，其分摊的可变对价后续变动额应当调整变动当期的收入。

第二十五条 合同变更之后发生可变对价后续变动的，企业应当区分下列三种情形分别进行会计处理。

（一）合同变更属于本准则第八条（一）规定情形的，企业应当判断可变对价后续变动与哪一项合同相关，并按照本准则第二十四条规定进行会计处理。

（二）合同变更属于本准则第八条（二）规定情形，且可变对价后续变动与合同变更前已承诺可变对价相关的，企业应当首先将该可变对价后续变动额以原合同开始日确定的基础进行分摊，然后再将分摊至合同变更日尚未履行履约义务的该可变对价后续变动额以新合同开始日确定的基础进行二次分摊。

（三）合同变更之后发生除本条（一）、（二）规定情形以外的可变对价后续变动的，企业应当将该可变对价后续变动额分摊至合同变更日尚未履行的履约义务。

14.1.4 合同成本

第二十六条 企业为履行合同发生的成本，不属于其他企业会计准则规范范围且同时满足下列条件的，应当作为合同履约成本确认为一项资产：

（一）该成本与一份当前或预期取得的合同直接相关，包括直接人工、直接材料、制造费用（或类似费用）、明确由客户承担的成本以及仅因该合同而发生的其他成本；

（二）该成本增加了企业未来用于履行履约义务的资源；

（三）该成本预期能够收回。

第二十七条 企业应当在下列支出发生时，将其计入当期损益。

（一）管理费用。

（二）非正常消耗的直接材料、直接人工和制造费用（或类似费用），这些支出为履行合同发生，但未反映在合同价格中。

（三）与履约义务中已履行部分相关的支出。

（四）无法在尚未履行的与已履行的履约义务之间区分的相关支出。

第二十八条 企业为取得合同发生的增量成本预期能够收回的，应当作为合同取得成本确认为一项资产；但是，该资产摊销期限不超过一年的，可以在发生时计入当期损益。

增量成本，是指企业不取得合同就不会发生的成本（如销售佣金等）。

企业为取得合同发生的、除预期能够收回的增量成本之外的其他支出（如无论是否取得合同均会发生的差旅费等），应当在发生时计入当期损益，但是，明确由客户承担的除外。

第二十九条 按照本准则第二十六条和第二十八条规定确认的资产（以下简称"与合同成本有关的资产"），应当采用与该资产相关的商品收入确认相同的基础进行摊销，计入当期损益。

第三十条 与合同成本有关的资产，其账面价值高于下列两项的差额的，超出部分应当计提减值准备，并确认为资产减值损失：

（一）企业因转让与该资产相关的商品预期能够取得的剩余对价；

（二）为转让该相关商品估计将要发生的成本。

以前期间减值的因素之后发生变化，使得前款（一）减（二）的差额高于该资产账面价值的，应当转回原已计提的资产减值准备，并计入当期损益，但转回后的资产账面价值不应超过假定不计提减值准备情况下该资产在转回日的账面价值。

第三十一条 在确定与合同成本有关的资产的减值损失时，企业应当首先对按照其他相关企业会计准则确认的、与合同有关的其他资产确定减值损失；然后，按照本准则第三十条规定确定与合同成本有关的资产的减值损失。

企业按照《企业会计准则第 8 号——资产减值》测试相关资产组的减值情况时，应当将按照前款规定确定与合同成本有关的资产减值后的新账面价值计入相关资产组的账面价值。

14.1.5 特定交易的会计处理

第三十二条 对于附有销售退回条款的销售，企业应当在客户取得相关商品控制权时，按照因向客户转让商品而预期有权收取的对价金额（即不包含预期因销售退回将退还的金额）确认收入，按照预期因销售退回将退还的金额确认负债；同时，按照预期将退回商品转让时的账面价值，扣除收回该商品预计发生的成本（包括退回商品的价值减损）后的余额，确认为一项资产，按照所转让商品转让时的账面价值，扣除上述资产成本的净额结转成本。

每一资产负债表日，企业应当重新估计未来销售退回情况，如有变化，应当作为会计估计变更进行会计处理。

第三十三条 对于附有质量保证条款的销售，企业应当评估该质量保证是否在向客户保证所销售商品符合既定标准之外提供了一项单独的服务。企业提供额外服务的，应当作为单项履约义务，按照本准则规定进行会计处理；否则，质量保证责任应当按照《企业会计准则第 13 号——或有事项》规定进行会计处理。在评估质量保证是否在向客户保证所销售商品符合既定标准之外提供了一项单独的服务时，企业应当考虑该质量保证是否为法定要求、质量保证期限以及企业承诺履行任务的性质等因素。客户能够选择单独购买质量保证的，该质量保证构成单项履约义务。

第三十四条 企业应当根据其在向客户转让商品前是否拥有对该商品的控制权，来判断其从事交易时的身份是主要责任人还是代理人。企业在向客户转让商品前能够控制该商品的，该企业为主要责任人，应当按照已收或应收对价总额确认收入；否则，该企业为代理人，应当按照预期有权收取的佣金或手续费的金额确认收入，该金额应当按照已收或应收对价总额扣除应支付给其他相关方的价款后的净额，或者按照既定的佣金金额或比例等确定。

企业向客户转让商品前能够控制该商品的情形包括：

（一）企业自第三方取得商品或其他资产控制权后，再转让给客户。

（二）企业能够主导第三方代表本企业向客户提供服务。

（三）企业自第三方取得商品控制权后，通过提供重大的服务将该商品与其他商品整合成某组合产出转让给客户。

在具体判断向客户转让商品前是否拥有对该商品的控制权时，企业不应仅局限于合同的法律形式，而应当综合考虑所有相关事实和情况，这些事实和情况包括：

（一）企业承担向客户转让商品的主要责任。

（二）企业在转让商品之前或之后承担了该商品的存货风险。

（三）企业有权自主决定所交易商品的价格。

（四）其他相关事实和情况。

第三十五条 对于附有客户额外购买选择权的销售，企业应当评估该选择权是否向客户提供了一项重大权利。企业提供重大权利的，应当作为单项履约义务，按照本准则第二十条至第二十四条规定将交易价格分摊至该履约义务，在客户未来行使购买选择权取得相关商品控制权时，或者该选择权失效时，确认相应的收入。客户额外购买选择权的单独售价无法直接观察的，企业应当综合考虑客户行使和不行使该选择权所能获得的折扣的差异、客户行使该选择权的可能性等全部相关信息后，予以合理估计。

客户虽然有额外购买商品选择权，但客户行使该选择权购买商品时的价格反映了这些商品单独售价的，不应被视为企业向该客户提供了一项重大权利。

第三十六条 企业向客户授予知识产权许可的，应当按照本准则第九条和第十条规定评估该知识产权许可是否构成单项履约义务，构成单项履约义务的，应当进一步确定其是在某一时段内履行还是在某一时点履行。

企业向客户授予知识产权许可，同时满足下列条件时，应当作为在某一时段内履行的履约义务确认相关收入；否则，应当作为在某一时点履行的履约义务确认相关收入：

（一）合同要求或客户能够合理预期企业将从事对该项知识产权有重大影响的活动；

（二）该活动对客户将产生有利或不利影响；

（三）该活动不会导致向客户转让某项商品。

第三十七条 企业向客户授予知识产权许可，并约定按客户实际销售或使用情况收取特许权使用费的，应当在下列两项孰晚的时点确认收入：

（一）客户后续销售或使用行为实际发生；

（二）企业履行相关履约义务。

第三十八条 对于售后回购交易，企业应当区分下列两种情形分别进行会计处理。

（一）企业因存在与客户的远期安排而负有回购义务或企业享有回购权利的，表明客户在销售时点并未取得相关商品控制权，企业应当作为租赁交易或融资交易进行相应的会计处理。其中，回购价格低于原售价的，应当视为租赁交易，按照《企业会计准则第21号——租赁》的相关规定进行会计处理；回购价格不低于原售价的，应当视为融资交易，在收到客户款项时确认金融负债，并将该款项和回购价格的差额在回购期间内确认为利息费用等。企业到期未行使回购权利的，应当在该回购权利到期时终止确认金融负债，同时确认收入。

（二）企业负有应客户要求回购商品义务的，应当在合同开始日评估客户是否具有行使该要求权的重大经济动因。客户具有行使该要求权重大经济动因的，企业应当将售后回购作为租赁交易或融资交易，按照本条（一）规定进行会计处理；否则，企业应当将其作为附有销售退回条款的销售交易，按照本准则第三十二条规定进行会计处理。

售后回购，是指企业销售商品的同时承诺或有权选择日后再将该商品（包括相同或几乎相同的商品，或以该商品作为组成部分的商品）购回的销售方式。

第三十九条 企业向客户预收销售商品款项的，应当首先将该款项确认为负债，待履行了相关履约义务时再转为收入。当企业预收款项无需退回，且客户可能会放弃其全部或部分合同权利时，企业预期将有权获得与客户所放弃的合同权利相关的金额的，应当按照客户行使合同权利的模式按比例将上述金额确认为收入；否则，企业只有在客户要求其履行剩余履约义务的可能性极低时，才能将上述负债的相关余额转为收入。

第四十条 企业在合同开始（或接近合同开始）日向客户收取的无需退回的初始费（如俱乐部的入会费等）应当计入交易价格。企业应当评估该初始费是否与向客户转让已承诺的商品相关。该初始费与向客户转让已承诺的商品相关，并且该商品构成单项履约义务的，企业应当在转让该商品时，按照分摊至该商品的交易价格确认收入；该初始费与向客户转让已承诺的商品相关，但该商品不构成单项履约义务的，企业应当在包含该商品的单项履约义务履行时，按照分摊至该单项履约义务的交易价格确认收入；该初始费与向客户转让已承诺的商品不相关的，该初始费应当作为未来将转让商品的预收款，在未来转让该商品时确认为收入。

企业收取了无需退回的初始费且为履行合同应开展初始活动，但这些活动本身并没有向客户转让已承诺的商品的，该初始费与未来将转让的已承诺商品相关，应当在未来转让该商品时确认为收入，企业在确定履约进度时不应考虑这些初始活动；企业为该初始活动发生的支出应当按照本准则第二十六条和第二十七条规定确认为一项资产或计入当期损益。

14.1.6　列报

第四十一条　企业应当根据本企业履行履约义务与客户付款之间的关系在资产负债表中列示合同资产或合同负债。企业拥有的、无条件（即仅取决于时间流逝）向客户收取对价的权利应当作为应收款项单独列示。

合同资产，是指企业已向客户转让商品而有权收取对价的权利，且该权利取决于时间流逝之外的其他因素。如企业向客户销售两项可明确区分的商品，企业因已交付其中一项商品而有权收取款项，但收取该款项还取决于企业交付另一项商品的，企业应当将该收款权利作为合同资产。

合同负债，是指企业已收或应收客户对价而应向客户转让商品的义务。如企业在转让承诺的商品之前已收取的款项。

按照本准则确认的合同资产的减值的计量和列报应当按照《企业会计准则第22号——金融工具确认和计量》和《企业会计准则第37号——金融工具列报》的规定进行会计处理。

第四十二条　企业应当在附注中披露与收入有关的下列信息。

（一）收入确认和计量所采用的会计政策、对于确定收入确认的时点和金额具有重大影响的判断以及这些判断的变更，包括确定履约进度的方法及采用该方法的原因、评估客户取得所转让商品控制权时点的相关判断，在确定交易价格、估计计入交易价格的可变对价、分摊交易价格以及计量预期将退还给客户的款项等类似义务时所采用的方法、输入值和假设等。

（二）与合同相关的下列信息。

1. 与本期确认收入相关的信息，包括与客户之间的合同产生的收入、该收入按主要类别（如商品类型、经营地区、市场或客户类型、合同类型、商品转让的时间、合同期限、销售渠道等）分解的信息以及该分解信息与每一报告分部的收入之间的关系等。

2. 与应收款项、合同资产和合同负债的账面价值相关的信息，包括与客户之间的合同产生的应收款项、合同资产和合同负债的期初和期末账面价值、对上述应收款项和合同资产确认的减值损失、在本期确认的包括在合同负债期初账面价值中的收入、前期已经履行（或部分履行）的履约义务在本期调整的收入、履行履约义务的时间与通常的付款时间之间的关系以及此类因素对合同资产和合同负债账面价值的影响的定量或定性信息、合同资产和合同负债的账面价值在本期内发生的重大变动情况等。

3. 与履约义务相关的信息，包括履约义务通常的履行时间、重要的支付条款、企业承诺转让的商品的性质（包括说明企业是否作为代理人）、企业承担的预期将退还给客户的款项等类似义务、质量保证的类型及相关义务等。

4. 与分摊至剩余履约义务的交易价格相关的信息，包括分摊至本期末尚未履行（或部分未履行）履约义务的交易价格总额、上述金额确认为收入的预计时间的定量或定性信息、未包括在交易价格的对价金额（如可变对价）等。

（三）与合同成本有关的资产相关的信息，包括确定该资产金额所做的判断、该资产的摊销方法、按该资产主要类别（如为取得合同发生的成本、为履行合同开展的初始活动发生的成本等）披露的期末账面价值以及本期确认的摊销及减值损失金额等。

（四）企业根据本准则第十七条规定因预计客户取得商品控制权与客户支付价款间隔未超过一年而未考虑合同中存在的重大融资成分，或者根据本准则第二十八条规定因合同取得成本的摊销期限未超过一年而将其在发生时计入当期损益的，应当披露该事实。

14.1.7 衔接规定

第四十三条 首次执行本准则的企业，应当根据首次执行本准则的累积影响数，调整首次执行本准则当年年初留存收益及财务报表其他相关项目金额，对可比期间信息不予调整。企业可以仅对在首次执行日尚未完成的合同的累积影响数进行调整。同时，企业应当在附注中披露，与收入相关会计准则制度的原规定相比，执行本准则对当期财务报表相关项目的影响金额，如有重大影响的，还需披露其原因。

已完成的合同，是指企业按照与收入相关会计准则制度的原规定已完成合同中全部商品的转让的合同。尚未完成的合同，是指除已完成的合同之外的其他合同。

第四十四条 对于最早可比期间期初之前或首次执行本准则当年年初之前发生的合同变更，企业可予以简化处理，即无需按照本准则第八条规定进行追溯调整，而是根据合同变更的最终安排，识别已履行的和尚未履行的履约义务、确定交易价格以及在已履行的和尚未履行的履约义务之间分摊交易价格。

企业采用该简化处理方法的，应当对所有合同一致采用，并且在附注中披露该事实以及在合理范围内对采用该简化处理方法的影响所作的定性分析。

14.1.8 附则

第四十五条 本准则自 2018 年 1 月 1 日起施行。

14.2 《企业会计准则第14号——收入》应用指南

14.2.1 总体要求

收入，是指企业在日常活动中形成的、会导致所有者权益增加的、与所有者投入资本无关的经济利益的总流入。其中，日常活动，是指企业为完成其经营目标所从事的经常性活动以及与之相关的活动。例如，工业企业制造并销售产品、商品流通企业销售商品、咨询公司提供咨询服务、软件公司为客户开发软件、安装公司提供安装服务、建筑企业提供建造服务等，均属于企业的日常活动。日常活动所形成的经济利益的流入应当确认为收入。《企业会计准则第 14 号——收入》主要规范了收入的确认、计量和相关信息的披露要求。根据本准则，企业确认收入的方式应当反映其向客户转让商品或提供服务（以下简称"转让商品"）的模式，收入的金额应当反映企业因转让这些商品或提供这些服务而预期有权收取的对价金额，以如实反映企业的生产经营成果，核算企业实现的损益。企业应用本准则，应当向财务报表使用者提供与客户之间的合同产生的收入及现金流量的性质、金额、时间分布和不确定性等相关的有用信息。除非特别说明，本应用指南中所称商品，既包括商品，也包括服务。

本准则规范的是企业与客户之间的单个合同的会计处理。但是，为便于实务操作，当企业能够合理预计，将本准则规定应用于具有类似特征的合同（或履约义务）组合或应用于该组合中的每一个合同（或履约义务），将不会对企业的财务报表产生显著不同的影响时，企业可以在合同组合层面应用本准则，此时，企业应当采用能够反映该合同组合规模和构成的估计和假设。根据本准则，收入确认和计量大致分为五步：第一步，识别与客户订立的合同；第二步，识别合同中的单项履约义务；第三步，确定交易价格；第四步，将交易价格分摊至各单项履约义务；第五步，履行各单项履约义务时确认收入。其中，第一步、第二步和第五步主要与收入的确认有关，第三步和第四步主要与收入的计量有关。

14.2.2 关于适用范围

本准则适用于所有与客户之间的合同，但下列各项除外：一是由《企业会计准则第 2 号——长期股权投资》《企业会计准则第 22 号——金融工具确认和计量》《企业会计准则第 23 号——金融资产转移》《企业会计准则第 24 号——套期会计》《企业会计准则第 33 号——合并财务报表》《企业会计准则第 40 号——合营安排》规范的金融工具及其他合同权利和义务，分别适用上述相应准则；二是由《企业会计准则第 21 号——租赁》规范的租赁合同，适用《企业会计准则第 21 号——租赁》；三是由保险合同相关会计准则规范的保险合同，适用保险合同相关会计准则。根据上述规定，企业对外出租资产收取的租金、进行债权投资收取的利息、进行股权投资取得的现金股利等，不适用本准则。企业以存货换取客户的存货、固定资产、无形资产等，按照本准则的规定进行会计处理；其他非货币性资产交换，按照《企业会计准则第 7 号——非货币性资产交换》的规定进行会计处理。企业处置固定资产、无形资产等，在确定处置时点以及计量处置损益时，按照本准则的有关规定进行处理。

本准则所称客户，是指与企业订立合同以向该企业购买其日常活动产出的商品并支付对价的一方。如果合同对方与企业订立合同的目的是共同参与一项活动（如合作开发一项资产），合同对方和企业一起分担（或分享）该活动产生的风险（或收益），而不是获取企业日常活动产出的商品，则该合同对方不是企业的客户，企业与其签订的该份合同也不属于本准则规范范围。

此外，当企业与客户之间的合同部分属于本准则规范范围，而其他部分属于上述其他企业会计准则规范范围时，如果上述其他企业会计准则明确规定了如何对合同中的一个或多个组成部分进行区分或初始计量,企业应当首先按照这些规定进行处理,并将按照上述其他准则进行初始计量的合同组成部分的金额排除在本准则规定的交易价格之外;否则,企业应当按照本准则对合同中的一个或多个组成部分进行区分和初始计量。

14.2.3 关于应设置的相关会计科目和主要账务处理

企业应当正确记录和反映与客户之间的合同产生的收入及相关成本费用。本部分仅涉及适用于本准则进行会计处理时需要设置的主要会计科目、相关会计科目的主要核算内容以及通常情况下的账务处理,企业在核算适用于其他企业会计准则的交易和事项时也需要使用本部分涉及的会计科目的,应遵循其他相关企业会计准则的规定。收入的会计处理,一般需要设置下列会计科目。

(一)"主营业务收入"科目。

1. 本科目核算企业确认的销售商品、提供服务等主营业务的收入。

2. 本科目可按主营业务的种类进行明细核算。

3. 主营业务收入的主要账务处理。

(1)企业在履行了合同中的单项履约义务时,应按照已收或应收的合同价款,加上应收取的增值税税额,借记"银行存款""应收账款""应收票据""合同资产"等科目,按应确认的收入金额,贷记本科目,按应收取的增值税税额,贷记"应交税费——应交增值税(销项税额)""应交税费——待转销项税额"等科目。

(2)合同中存在企业为客户提供重大融资利益的,企业应按照应收合同价款,借记"长期应收款"等科目,按照假定客户在取得商品控制权时即以现金支付而需支付的金额(即现销价格)确定的交易价格,贷记本科目,按其差额,贷记"未实现融资收益"科目;合同中存在客户为企业提供重大融资利益的,企业应按照已收合同价款,借记"银行存款"等科目,按照假定客户在取得商品控制权时即以现金支付的应付金额(即现销价格)确定的交易价格,贷记"合同负债"等科目,按其差额,借记"未确认融资费用"科目。涉及增值税的,还应进行相应的处理。

(3)企业收到的对价为非现金资产时,应按该非现金资产在合同开始日的公允价值,借记"存货""固定资产""无形资产"等有关科目,贷记本科目。涉及增值税的,还应进行相应的处理。

4. 期末,应将本科目的余额转入"本年利润"科目,结转后本科目应无余额。

(二)"其他业务收入"科目。

1. 本科目核算企业确认的除主营业务活动以外的其他经营活动实现的收入,包括出租固定资产、出租无形资产、出租包装物和商品、销售材料、用材料进行非货币性交换(非货币性资产交换具有商业实质且公允价值能够可靠计量)或债务重组等实现的收入。企业(保险)经营受托管理业务收取的管理费收入,也通过本科目核算。

2. 本科目可按其他业务的种类进行明细核算。

3. 其他业务收入的主要账务处理。企业确认其他业务收入的主要账务处理参见"主营业务收入"科目。

4. 期末，应将本科目的余额转入"本年利润"科目，结转后本科目应无余额。

（三）"主营业务成本"科目。

1. 本科目核算企业确认销售商品、提供服务等主营业务收入时应结转的成本。

2. 本科目可按主营业务的种类进行明细核算。

3. 主营业务成本的主要账务处理。

期末，企业应根据本期销售各种商品、提供各种服务等实际成本，计算应结转的主营业务成本，借记本科目，贷记"库存商品""合同履约成本"等科目。

采用计划成本或售价核算库存商品的，平时的营业成本按计划成本或售价结转，月末，还应结转本月销售商品应分摊的产品成本差异或商品进销差价。

4. 期末，应将本科目的余额转入"本年利润"科目，结转后本科目无余额。

（四）"其他业务成本"科目。

1. 本科目核算企业确认的除主营业务活动以外的其他经营活动所发生的支出，包括销售材料的成本、出租固定资产的折旧额、出租无形资产的摊销额、出租包装物的成本或摊销额等。除主营业务活动以外的其他经营活动发生的相关税费，在"税金及附加"科目核算。采用成本模式计量投资性房地产的，其投资性房地产计提的折旧额或摊销额，也通过本科目核算。

2. 本科目可按其他业务成本的种类进行明细核算。

3. 其他业务成本的主要账务处理。

企业发生的其他业务成本，借记本科目，贷记"原材料""周转材料"等科目。

4. 期末，应将本科目的余额转入"本年利润"科目，结转后本科目无余额。

（五）"合同履约成本"科目。

1. 本科目核算企业为履行当前或预期取得的合同所发生的、不属于其他企业会计准则规范范围且按照本准则应当确认为一项资产的成本。企业因履行合同而产生的毛利不在本科目核算。

2. 本科目可按合同，分别"服务成本""工程施工"等进行明细核算。

3. 合同履约成本的主要账务处理。

企业发生上述合同履约成本时，借记本科目，贷记"银行存款""应付职工薪酬""原材料"等科目；对合同履约成本进行摊销时，借记"主营业务成本""其他业务成本"等科目，贷记本科目。涉及增值税的，还应进行相应的处理。

4. 本科目期末借方余额，反映企业尚未结转的合同履约成本。

（六）"合同履约成本减值准备"科目。

1. 本科目核算与合同履约成本有关的资产的减值准备。

2. 本科目可按合同进行明细核算。

3. 合同履约成本减值准备的主要账务处理。

与合同履约成本有关的资产发生减值的，按应减记的金额，借记"资产减值损失"科目，贷记本科目；转回已计提的资产减值准备时，做相反的会计分录。

4. 本科目期末贷方余额，反映企业已计提但尚未转销的合同履约成本减值准备。

（七）"合同取得成本"科目。

1. 本科目核算企业取得合同发生的、预计能够收回的增量成本。

2. 本科目可按合同进行明细核算。

3. 合同取得成本的主要账务处理。

企业发生上述合同取得成本时，借记本科目，贷记"银行存款""其他应付款"等科目；对合同取得成本进行摊销时，按照其相关性借记"销售费用"等科目，贷记本科目。涉及增值税的，还应进行相应的处理。

4. 本科目期末借方余额，反映企业尚未结转的合同取得成本。

（八）"合同取得成本减值准备"科目。

1. 本科目核算与合同取得成本有关的资产的减值准备。

2. 本科目可按合同进行明细核算。

3. 合同取得成本减值准备的主要账务处理。

与合同取得成本有关的资产发生减值的，按应减记的金额，借记"资产减值损失"科目，贷记本科目；转回已计提的资产减值准备时，做相反的会计分录。

4. 本科目期末贷方余额，反映企业已计提但尚未转销的合同取得成本减值准备。

（九）"应收退货成本"科目。

1. 本科目核算销售商品时预期将退回商品的账面价值，扣除收回该商品预计发生的成本（包括退回商品的价值减损）后的余额。

2. 本科目可按合同进行明细核算。

3. 应收退货成本的主要账务处理。

企业发生附有销售退回条款的销售的，应在客户取得相关商品控制权时，按照已收或应收合同价款，借记"银行存款""应收账款""应收票据""合同资产"等科目，按照因向客户转让商品而预期有权收取的对价金额（即不包含预期因销售退回将退还的金额），贷记"主营业务收入""其他业务收入"等科目，按照预期因销售退回将退还的金额，贷记"预计负债——应付退货款"等科目；结转相关成本时，按照预期将退回商品转让时的账面价值，扣除收回该商品预计发生的成本（包括退回商品的价值减损）后的余额，借记本科目，按照已转让商品转让时的账面价值，贷记"库存商品"等科目，按其差额，借记"主营业务成本""其他业务成本"等科目。涉及增值税的，还应进行相应处理。

4. 本科目期末借方余额，反映企业预期将退回商品转让时的账面价值，扣除收回该商品预计发生的成本（包括退回商品的价值减损）后的余额，在资产负债表中按其流动性计入"其他流动资产"或"其他非流动资产"项目。

（十）"合同资产"科目。

1. 本科目核算企业已向客户转让商品而有权收取对价的权利。仅取决于时间流逝因素的权利不在本科目核算。

2. 本科目应按合同进行明细核算。

3. 合同资产的主要账务处理。

企业在客户实际支付合同对价或在该对价到期应付之前，已经向客户转让了商品的，应当按因已转让商品而有权收取的对价金额,借记本科目或"应收账款"科目,贷记"主营业务收入""其他业务收入"等科目;企业取得无条件收款权时,借记"应收账款"等科目,贷记本科目。涉及增值税的,还应进行相应的处理。

(十一)"合同资产减值准备"科目。

1. 本科目核算合同资产的减值准备。

2. 本科目应按合同进行明细核算。

3. 合同资产减值准备的主要账务处理。

合同资产发生减值的,按应减记的金额,借记"资产减值损失"科目,贷记本科目;转回已计提的资产减值准备时,做相反的会计分录。

4. 本科目期末贷方余额,反映企业已计提但尚未转销的合同资产减值准备。

(十二)"合同负债"科目。

1. 本科目核算企业已收或应收客户对价而应向客户转让商品的义务。

2. 本科目应按合同进行明细核算。

3. 合同负债的主要账务处理。

企业在向客户转让商品之前,客户已经支付了合同对价或企业已经取得了无条件收取合同对价权利的,企业应当在客户实际支付款项与到期应支付款项孰早时点,按照该已收或应收的金额,借记"银行存款""应收账款""应收票据"等科目,贷记本科目;企业向客户转让相关商品时,借记本科目,贷记"主营业务收入""其他业务收入"等科目。涉及增值税的,还应进行相应的处理。

企业因转让商品收到的预收款适用本准则进行会计处理时,不再使用"预收账款"科目及"递延收益"科目。

4. 本科目期末贷方余额,反映企业在向客户转让商品之前,已经收到的合同对价或已经取得的无条件收取合同对价权利的金额。

14.2.4 关于收入的确认

企业应当在履行了合同中的履约义务,即在客户取得相关商品控制权时确认收入。取得相关商品控制权,是指能够主导该商品的使用并从中获得几乎全部的经济利益,也包括有能力阻止其他方主导该商品的使用并从中获得经济利益。企业在判断商品的控制权是否发生转移时,应当从客户的角度进行分析,即客户是否取得了相关商品的控制权以及何时取得该控制权。取得商品控制权同时包括下列三项要素。

一是,能力。企业只有在客户拥有现时权利,能够主导该商品的使用并从中获得几乎全部经济利益时,才能确认收入。如果客户只能在未来的某一期间主导该商品的使用并从中获益,则表明其尚未取得该商品的控制权。例如,企业与客户签订合同为其生产产品,虽然合同约定该客户最终将能够主导该产品的使用,并获得几乎全部的经济利益,但是,只有在客户真正获得这些权利时(根据合同约定,可能是在生产过程中或更晚的时点),企业才能确认收入,在此之前,企业不应当确认收入。

二是,主导该商品的使用。客户有能力主导该商品的使用,是指客户在其活动中有权使用该商品,或者能够允许或阻止其他方使用该商品。

三是,能够获得几乎全部的经济利益。客户必须拥有获得商品几乎全部经济利益的能力,才能被视为获得了对该商品的控制。商品的经济利益,是指该商品的潜在现金流量,既包括现金流入的增加,也包括现金流出的减少。客户可以通过使用、消耗、出售、处置、交换、抵押或持有等多种方式直接或间接地获得商品的经济利益。

(一)识别与客户订立的合同。

1. 合同的识别。

(1)合同的含义。本准则所称合同,是指双方或多方之间订立有法律约束力的权利义务的协议。合同包括书面形式、口头形式以及其他形式(如隐含于商业惯例或企业以往的习惯做法中等)。企业与客户之间的合同同时满足下列五项条件的,企业应当在履行了合同中的履约义务,即在客户取得相关商品控制权时确认收入:一是合同各方已批准该合同并承诺将履行各自义务;二是该合同明确了合同各方与所转让商品相关的权利和义务;三是该合同有明确的与所转让商品相关的支付条款;四是该合同具有商业实质,即履行该合同将改变企业未来现金流量的风险、时间分布或金额;五是企业因向客户转让商品而有权取得的对价很可能收回。企业在进行上述判断时,需要注意下列三点。

①合同约定的权利和义务是否具有法律约束力,需要根据企业所处的法律环境和实务操作进行判断。不同的企业可能采取不同的方式和流程与客户订立合同,同一企业在与客户订立合同时,对于不同类别的客户以及不同性质的商品也可能采取不同的方式和流程。企业在判断其与客户之间的合同是否具有法律约束力,以及这些具有法律约束力的权利和义务在何时设立时,应当考虑上述因素的影响。合同各方均有权单方面终止完全未执行的合同,且无需对合同其他方作出补偿的,在应用本准则时,该合同应当被视为不存在。其中,完全未执行的合同,是指企业尚未向客户转让任何合同中承诺的商品,也尚未收取且尚未有权收取已承诺商品的任何对价的合同。

②合同具有商业实质,是指履行该合同将改变企业未来现金流量的风险、时间分布或金额。关于商业实质,应按照《企业会计准则第7号——非货币性资产交换》的有关规定进行判断。

③企业在评估其因向客户转让商品而有权取得的对价是否很可能收回时,仅应考虑客户到期时支付对价的能力和意图(即客户的信用风险)。当对价是可变对价时,由于企业可能会向客户提供价格折让,企业有权收取的对价金额可能会低于合同标价。企业向客户提供价格折让的,应当在估计交易价格时进行考虑。

【例14-1】识别与客户订立的合同1

甲房地产开发公司与乙公司签订合同,向其销售一栋建筑物,合同价款为100万元。该建筑物的成本为60万元,乙公司在合同开始日即取得了该建筑物的控制权。根据合同约定,乙公司在合同开始日支付了5%的保证金5万元,并就剩余95%的价款与甲公司签订了不附追索权的长期融资协议,如果乙公司违约,甲公司可重新拥有该建筑物,即使收回的建筑物不能涵盖所欠款项的总额,甲公司也不能向乙公司索取进一步的赔偿。

乙公司计划在该建筑物内开设一家餐馆，并以该餐馆的收益偿还甲公司的欠款。但是，在该建筑物所在的地区，餐饮行业面临激烈的竞争，且乙公司缺乏餐饮行业的经营经验。

本例中，乙公司计划以该餐馆产生的收益偿还甲公司的欠款，除此之外并无其他的经济来源，乙公司也未对该笔欠款设定任何担保。如果乙公司违约，则甲公司可重新拥有该建筑物，但是，根据合同约定，即使收回的建筑物不能涵盖所欠款项的总额，甲公司也不能向乙公司索取进一步的赔偿。因此，甲公司对乙公司还款的能力和意图存在疑虑，认为该合同不满足合同价款很可能收回的条件。甲公司应当将收到的 5 万元确认为一项负债。

【例 14-2】识别与客户订立的合同 2

A 公司向国外 B 公司销售一批商品，合同标价为 100 万元。在此之前，A 公司从未向 B 公司所在国家的其他客户进行销售，B 公司所在国家正在经历严重的经济困难。A 公司预计不能从 B 公司收回全部的对价金额，而是仅能收回 60 万元。尽管如此，A 公司预计 B 公司所在国家的经济情况将在未来 2~3 年内好转，且 A 公司与 B 公司之间建立的良好关系将有助于其在该国家拓展其他潜在用户。

本例中，根据 B 公司所在国家的经济情况以及 A 公司的销售战略，A 公司认为其将向 B 公司提供价格折让，A 公司能够接受 B 公司支付低于合同对价的金额，即 60 万元，且估计很可能收回该对价。A 公司认为，该合同满足"有权取得的对价很可能收回"的条件；该公司按照本准则的规定确定交易价格时，应当考虑其向 B 公司提供的价格折让的影响。因此，A 公司确定的交易价格不是合同标价 100 万元，而是 60 万元。

实务中，企业在对合同组合中的每一份合同进行评估时，均认为其合同对价很可能收回，但是，根据历史经验，企业预计可能无法收回该合同组合中的全部对价。此时，企业应当认为这些合同满足"因向客户转让商品而有权取得的对价很可能收回"这一条件，并以此为基础估计交易价格。同时，企业应当考虑这些合同下确认的合同资产或应收款项是否存在减值。

对于不符合本准则第五条规定的五项条件的合同，企业只有在不再负有向客户转让商品的剩余义务（例如，合同已完成或取消），且已向客户收取的对价（包括全部或部分对价）无需退回时，才能将已收取的对价确认为收入；否则，应当将已收取的对价作为负债进行会计处理，该负债代表了企业在未来向客户转让商品或者支付退款的义务。其中，企业向客户收取无需退回的对价的，应当在已经将该部分对价所对应的商品的控制权转移给客户，并且已经停止向客户转让额外的商品，也不再负有此类义务时；或者，相关合同已经终止时，将该部分对价确认为收入。

需要说明的是，没有商业实质的非货币性资产交换，无论何时，均不应确认收入。从事相同业务经营的企业之间，为便于向客户或潜在客户销售而进行的非货币性资产交换（例如，两家石油公司之间相互交换石油，以便及时满足各自不同地点客户的需求），不应当确认收入。

（2）合同的持续评估。企业与客户之间的合同，在合同开始日即满足本准则第五条规定的五项条件的，企业在后续期间无需对其进行重新评估，除非有迹象表明相关事实和情况发生重大变化。合同开始日，是指合同开始赋予合同各方具有法律约束力的权利和义务的日期，通常是指合同生效日。例如，企业与客户签订一份合同，在合同开始日，企业认为该合同满足本准则第五条规定的五项条件，但是，在后续期间，客户的信用风险显著升高，企业需要评估其在未来向客户转让剩余商品而有权取得的对价是否很可能收回，如果不能满足很可能收回的条件，则该合同自此开始不再满足本准则第五条规定的相关条件，应当停止确认收入，并且只有当后续合同条件再度满足时或者当企业不再负有向客户转让商品的剩余义务，且已向客户收取的对价无需退回时，才能将已收取的对价确认为收入，但是，不应当调整在此之前已经确认的收入。

【例14-3】合同的持续评估

甲公司与乙公司签订合同，将一项专利技术授权给乙公司使用，并按其使用情况收取特许权使用费。甲公司评估认为，该合同在合同开始日满足本准则第五条规定的五项条件。该专利技术在合同开始日即授权给乙公司使用。在合同开始日后的第一年内，乙公司每季度向甲公司提供该专利技术的使用情况报告，并在约定的期间内支付特许权使用费。在合同开始日后的第二年内，乙公司继续使用该专利技术，但是，乙公司的财务状况下滑，融资能力下降，可用资金不足，因此，乙公司仅按合同支付了当年第一季度的特许权使用费，而后三个季度仅以象征性金额付款。在合同开始日后的第三年内，乙公司继续使用甲公司的专利技术。但是，甲公司得知，乙公司已经完全丧失了融资能力，且流失了大部分客户，因此，乙公司的付款能力进一步恶化，信用风险显著升高。

本例中，该合同在合同开始日满足本准则第五条规定的五项条件，因此，甲公司在乙公司使用该专利技术的行为发生时，按照约定的特许权使用费确认收入。合同开始后的第二年，由于乙公司的信用风险升高，甲公司在确认收入的同时，按照《企业会计准则第22号——金融工具确认和计量》的要求对乙公司的应收款项进行减值测试。合同开始日后的第三年，由于乙公司的财务状况恶化，信用风险显著升高，甲公司对该合同进行了重新评估，认为不再满足"企业因向客户转让商品而有权取得的对价很可能收回"这一条件，因此，甲公司不再确认特许权使用费收入，同时，按照《企业会计准则第22号——金融工具确认和计量》对现有应收款项是否发生减值继续进行评估。

企业与客户之间的合同，不符合本准则第五条规定的五项条件的，企业应当在后续期间对其进行持续评估，判断其能否满足本准则规定的五项条件。如果企业在此之前已经向客户转移了部分商品，当该合同在后续期间满足五项条件时，企业应当将在此之前已经转移的商品所分摊的交易价格确认为收入。

（3）合同存续期间的确定。合同存续期间是合同各方拥有现时可执行的具有法律约束力的权利和义务的期间。实务中，有些合同可能有固定的期间，有些合同则可能没有（如无固定期间且合同各方可随时要求终止或变更的合同、定期自动续约的合同等）。企业应当确定合同存续期间，并在该期间内按照本准则规定对合同进行会计处理。

在确定合同存续期间时，无论该合同是否有明确约定的合同期间，该合同的存续期间都不会超过已经提供的商品所涵盖的期间；当合同约定任何一方在某一特定期间之后才可以随时无代价地终止合同时，该合同的存续期间不会超过该特定期间；当合同约定任何一方均可以提前终止合同，但要求终止合同的一方需要向另一方支付重大的违约金时，合同存续期间很可能与合同约定的期间一致，这是因为该重大的违约金实质上使得合同双方在合同约定的整个期间内均具有有法律约束力的权利和义务；当只有客户拥有无条件终止合同的权利时，客户的该项权利才会被视为客户拥有的一项续约选择权，重大的续约选择权应当作为单项履约义务进行会计处理。

【例 14-4】合同存续期间的确定

A 公司与客户签订合同，每月为客户提供一次保洁服务，合同期限为 3 年。

情形一：3 年内，合同各方均有权在每月月末无理由要求终止合同，只需提前 5 个工作日通知对方，无需向对方支付任何违约金。

情形二：3 年内，客户有权在每月月末要求提前终止合同，且无需向 A 公司支付任何违约金。

情形三：3 年内，客户有权在每月月末要求提前终止合同，但是客户如果在合同开始日之后的 12 个月内要求终止合同，必须向 A 公司支付一定金额的违约金。

本例中，对于情形一，尽管合同约定的服务期为 3 年，但是在已提供服务的期间之外，该合同对于合同双方均未产生具有法律约束力的权利和义务，因此该合同应被视为逐月订立的合同。对于情形二，该合同应视为逐月订立的合同，同时，客户拥有续约选择权，A 公司应当判断提供给客户的该续约选择权是否构成重大权利，从而应作为单项履约义务进行会计处理。对于情形三，A 公司需要判断合同约定的违约金是否足够重大，以至于使该合同在合同开始日之后的 12 个月内对于合同双方都产生了具有法律约束力的权利和义务，如果是，则该合同的存续期间为 12 个月；否则，与情形二相同，该合同应视为逐月订立的合同。

2. 合同合并。

企业与同一客户（或该客户的关联方）同时订立或在相近时间内先后订立的两份或多份合同，在满足下列条件之一时，应当合并为一份合同进行会计处理：①该两份或多份合同基于同一商业目的而订立并构成一揽子交易，如一份合同在不考虑另一份合同的对价的情况下将会发生亏损；②该两份或多份合同中的一份合同的对价金额取决于其他合同的定价或履行情况，如一份合同如果发生违约，将会影响另一份合同的对价金额；③该两份或多份合同中所承诺的商品（或每份合同中所承诺的部分商品）构成本准则第九条规定的单项履约义务。两份或多份合同合并为一份合同进行会计处理的，仍然需要区分该一份合同中包含的各单项履约义务。

3. 合同变更。

本准则所称合同变更，是指经合同各方批准对原合同范围或价格作出的变更。合同变更既可能形成新的具有法律约束力的权利和义务，也可能是变更了合同各方现有的具有法律约束力的权利和义务。与合同初始订立时相同，合同各方可能以书面形式、口头形式或其他形式（如隐含于企业以往的习惯做法中）批准合同变更。

某些情况下，合同各方对于合同范围或价格的变更还存在争议，或者合同各方已批准合同范围的变更，但尚未确定相应的价格变动，企业应当考虑包括合同条款及其他证据在内的所有相关事实和情况,以确定该变更是否形成了新的有法律约束力的权利和义务,或者变更了现有的有法律约束力的权利和义务。合同各方已批准合同范围变更,但尚未确定相应价格变动的,企业应当按照本准则有关可变对价的规定对合同变更所导致的交易价格变动进行估计。

【例 14-5】合同变更导致交易价格变动的会计处理

　　甲公司与乙公司签订合同,在乙公司厂区内为其修建一座大型综合性仓库。根据合同约定,乙公司应当在合同开始日起 30 天内允许甲公司进场施工,导致甲公司未能及时开始施工的任何事件(包括不可抗力的影响),甲公司均能够获得补偿,补偿金额相当于甲公司因工程延误而直接发生的实际成本。由于当地连降暴雨对施工场地造成了破坏,甲公司直到合同开始日后的 60 天才开始进场施工,甲公司根据合同约定向乙公司提出了索赔申请,但是,直到会计期末,乙公司尚未同意对甲公司进行补偿。

　　本例中,甲公司对于提出索赔申请的法律依据进行了评估,虽然乙公司直到会计期末尚未同意该索赔申请,但是,由于该申请是依据合同约定而提出的,是一项有法律约束力的权利。因此,甲公司将该索赔作为合同变更进行会计处理,由于该项变更没有导致向客户提供额外的商品,因此,该合同变更没有变更合同范围,只是变更了合同价格,甲公司在估计交易价格时应当考虑这一合同变更的影响,并遵循将可变对价计入交易价格的限制要求。

　　企业应当区分下列三种情形对合同变更分别进行会计处理。

　　(1) 合同变更部分作为单独合同。合同变更增加了可明确区分的商品及合同价款,且新增合同价款反映了新增商品单独售价的,应当将该合同变更部分作为一份单独的合同进行会计处理。此类合同变更不影响原合同的会计处理。

　　判断新增合同价款是否反映了新增商品的单独售价时,应当考虑为反映该特定合同的具体情况而对新增商品价格所做的适当调整。例如,在合同变更时,企业由于无需发生为发展新客户等所须发生的相关销售费用,可能会向客户提供一定的折扣,从而适当调整新增商品的单独售价,该调整不影响新增商品单独售价的判断。

【例 14-6】合同变更部分作为单独合同的会计处理

　　甲公司承诺向某客户销售 120 件产品,每件产品售价为 100 元。该批产品彼此之间可明确区分,且将于未来 6 个月内陆续转让给该客户。甲公司将其中的 60 件产品转让给该客户后,双方对合同进行了变更,甲公司承诺向该客户额外销售 30 件相同的产品,这 30 件产品与原合同中的产品可明确区分,其售价为每件 95 元(假定该价格反映了合同变更时该产品的单独售价)。上述价格均不包含增值税。

　　本例中,由于新增的 30 件产品是可明确区分的,且新增的合同价款反映了新增产品的单独售价,因此,该合同变更实际上构成了一份单独的、在未来销售 30 件产品的新合同,该新合同并不影响对原合同的会计处理。甲公司应当对原合同中的 120 件产品按每件产品 100 元确认收入,对新合同中的 30 件产品按每件产品 95 元确认收入。

　　(2) 合同变更作为原合同终止及新合同订立。合同变更不属于上述第(1)种情形,且在合同变更日已转让的商品或已提供的服务(以下简称"已转让的商品")与未转让的商品或未提供的服务（以下简称"未转让的商品"）之间可明确区分的，应当视为原合同终止，同时，将原合同未履约部分与合同变更部分合并为新合同进行会计处理。

未转让的商品既包括原合同中尚未转让的商品，也包括合同变更新增的商品。新合同的交易价格应当为下列两项金额之和：一是原合同交易价格中尚未确认为收入的部分（包括已从客户收取的金额）；二是合同变更中客户已承诺的对价金额。

【例14-7】合同变更作为原合同终止及新合同订立的会计处理1

沿用【例14-6】，甲公司新增销售的30件产品售价为每件80元（假定该价格不能反映合同变更时该产品的单独售价）。同时，由于客户发现甲公司已转让的60件产品存在瑕疵，要求甲公司对已转让的产品提供每件15元的销售折让以弥补损失。经协商，双方同意将价格折让在销售新增的30件产品的合同价款中进行抵减，金额为900元。上述价格均不包含增值税。

本例中，由于900元的折让金额与已经转让的60件产品有关，因此应当将其作为已销售的60件产品的销售价格的抵减，在该折让发生时冲减当期销售收入。对于合同变更新增的30件产品，由于其售价不能反映该产品在合同变更时的单独售价，因此，该合同变更不能作为单独合同进行会计处理。由于尚未转让给客户的产品（包括原合同中尚未交付的60件产品以及新增的30件产品）与已转让的产品是可明确区分的，因此，甲公司应当将该合同变更作为原合同终止，同时，将原合同的未履约部分与合同变更合并为新合同进行会计处理。该新合同中，剩余产品为90件，其对价为8 400元，即原合同下尚未确认收入的客户已承诺对价为6 000（100×60）元与合同变更部分的对价2 400（80×30）元之和，新合同中的90件产品每件产品应确认的收入为93.33（8 400÷90）元。

【例14-8】合同变更作为原合同终止及新合同订立的会计处理2

A公司与客户签订合同，每周为客户的办公楼提供保洁服务，合同期限为3年，客户每年向A公司支付服务费10万元（假定该价格反映了合同开始日该项服务的单独售价）。在第2年年末，合同双方对合同进行了变更，将第3年的服务费调整为8万元（假定该价格反映了合同变更日该项服务的单独售价），同时以20万元的价格将合同期限延长3年（假定该价格不反映合同变更日该3年服务的单独售价），即每年的服务费为6.67万元，于每年年初支付。上述价格均不包含增值税。

本例中，在合同开始日，A公司认为其每周为客户提供的保洁服务是可明确区分的，但由于A公司向客户转让的是一系列实质相同且转让模式相同的、可明确区分的服务，因此，根据本准则第九条，应当将其作为单项履约义务。在合同开始的前2年，即合同变更之前，A公司每年确认收入10万元。在合同变更日，由于新增的3年保洁服务的价格不能反映该项服务在合同变更时的单独售价，因此，该合同变更不能作为单独的合同进行会计处理；由于在剩余合同期间需提供的服务与已提供的服务是可明确区分的，A公司应当将该合同变更作为原合同终止，同时，将原合同中未履约的部分与合同变更合并为一份新合同进行会计处理。该新合同的合同期限为4年，对价为28万元，即原合同下尚未确认收入的对价8万元与新增的3年服务相应的对价20万元之和，新合同中A公司每年确认的收入为7（28÷4）万元。

（3）合同变更部分作为原合同的组成部分。合同变更不属于上述第（1）种情形，且在合同变更日已转让的商品与未转让的商品之间不可明确区分的，应当将该合同变更部分作为原合同的组成部分，在合同变更日重新计算履约进度，并调整当期收入和相应成本等。

【例14-9】合同变更部分作为原合同的组成部分的会计处理

2×18年1月15日，乙建筑公司和客户签订了一项总金额为1 000万元的固定造价合同，在客户自有土地上建造一幢办公楼，预计合同总成本为700万元。假定该建造服务属于在某一时段内履行的履约义务，并根据累计发生的合同成本占合同预计总成本的比例确定履约进度。

截至2×18年年末，乙公司累计已发生成本420万元，履约进度为60%（420÷700）。因此，乙公司在2×18年确认收入600（1 000×60%）万元。

2×19年年初，合同双方同意更改该办公楼屋顶的设计，合同价格和预计总成本因此而分别增加200万元和120万元。

在本例中，由于合同变更后拟提供的剩余服务与在合同变更日或之前已提供的服务不可明确区分（即该合同仍为单项履约义务），因此，乙公司应当将合同变更作为原合同的组成部分进行会计处理。合同变更后的交易价格为1 200（1 000+200）万元，乙公司重新估计的履约进度为51.2%［420÷（700+120）］，乙公司在合同变更日应额外确认收入14.4（51.2%×1 200－600）万元。

综上所述，判断合同变更的会计处理的步骤如图14-1所示。

图14-1 判断合同变更的会计处理步骤

如果在合同变更日未转让的商品为上述第（2）和第（3）种情形的组合，企业应当分别相应按照上述第（2）或第（3）种情形的方式对合同变更后尚未转让（或部分未转让）的商品进行会计处理。

（二）识别合同中的单项履约义务。

合同开始日，企业首先应当对合同进行评估，识别该合同所包含的各单项履约义务，并确定各单项履约义务是在某一时段内履行，还是在某一时点履行，然后，在履行了各单项履约义务时分别确认收入。履约义务,是指合同中企业向客户转让可明确区分商品的承诺。下列情况下,企业应当将向客户转让商品的承诺作为单项履约义务:一是企业向客户转让可明确区分商品(或者商品的组合)的承诺;二是企业向客户转让一系列实质相同且转让模式相同的、可明确区分商品的承诺。

企业承诺向客户转让的商品通常会在合同中明确约定,然而,在某些情况下,虽然合同中没有明确约定,但是企业已公开宣布的政策、特定声明或以往的习惯做法等可能隐含了企业将向客户转让额外商品的承诺。这些隐含的承诺不一定具有法律约束力,但是,如果在合同订立时,客户根据这些隐含的承诺能够对企业将向其转让某项商品形成合理的预期,则企业在识别合同中所包含的单项履约义务时,应当考虑此类隐含的承诺。例如,企业向客户销售商品,虽然合同没有约定,但是,企业在其宣传广告中宣称,对于购买该商品的客户,企业将为其提供为期5年的免费保养服务,如果该广告使客户对于企业提供的保养服务形成合理预期,企业应当考虑该项服务是否构成单项履约义务;又如,企业向客户销售软件,根据企业以往的习惯做法,企业会向客户提供免费的升级服务,如果该习惯做法使得客户对于企业提供的软件升级服务形成合理预期,则企业应当考虑该项服务是否构成单项履约义务。这里的客户既包括直接购买本企业商品的客户,也包括向客户购买本企业商品的第三方,即"客户的客户",也就是说,企业需要评估其对于客户的客户所做的承诺是否构成单项履约义务,并进行相应的会计处理。

【例14-10】识别合同中的单项履约义务

甲公司与其经销商乙公司签订合同,将其生产的产品销售给乙公司,乙公司再将该产品销售给最终用户。乙公司是甲公司的客户。

情形一:合同约定,从乙公司购买甲公司产品的最终用户可以享受甲公司提供的该产品正常质量保证范围之外的免费维修服务。甲公司委托乙公司代为提供该维修服务,并且按照约定的价格向乙公司支付相关费用;如果最终用户没有使用该维修服务,则甲公司无需向乙公司付款。

情形二:合同开始日,双方并未约定甲公司将提供任何该产品正常质量保证范围之外的维修服务,甲公司通常也不提供此类服务。甲公司向乙公司交付产品时,产品控制权转移给乙公司,该合同完成。在乙公司将产品销售给最终用户之前,甲公司主动提出免费为向乙公司购买该产品的最终用户提供该产品正常质量保证范围之外的维修服务。

本例中,对于情形一,甲公司在该合同下的承诺包括销售产品以及提供维修服务两项履约义务;对于情形二,甲公司和乙公司签订的合同在合同开始日并未包含提供维修服务的承诺,甲公司也未通过其他明确或隐含的方式承诺向乙公司或最终用户提供该项服务,因此,甲公司在该合同下的承诺只有销售产品这一项履约义务,甲公司因承诺提供维修服务产生的相关义务应当按照《企业会计准则第13号——或有事项》进行会计处理。

企业为履行合同而应开展的初始活动,通常不构成履约义务,除非该活动向客户转让了承诺的商品。实务中,企业可能会为订立合同而开展一些行政管理性质的准备工作,这些准备工作并未向客户转让任何承诺的商品,因此,不构成单项履约义务。例如,某俱乐部为注册会员建立档案,该活动并未向会员转让承诺的商品,因此不构成单项履约义务。

在识别合同中的单项履约义务时,如果合同承诺的某项商品不可明确区分,企业应当将该商品与合同中承诺的其他商品进行组合,直到该组合满足可明确区分的条件。某些情况下,合同中承诺的所有商品组合在一起构成单项履约义务。

1. 可明确区分的商品。

实务中,企业向客户承诺的商品可能包括企业为销售而生产的产品、为转售而购进的商品或使用某商品的权利(如机票等)、向客户提供的各种服务、随时准备向客户提供商品或提供随时可供客户使用的服务(如随时准备为客户提供软件更新服务等)、安排他人向客户提供商品、授权使用许可、可购买额外商品的选择权等。其中,企业随时准备向客户提供商品,是指企业保证客户在其需要时能够随时取得相关商品,而不一定是所提供的每一件具体商品或每一次具体服务本身。例如,健身俱乐部随时可供会员健身,其提供的是随时准备在会员需要时向其提供健身服务的承诺,而并非每一次具体的健身服务。企业向客户承诺的商品同时满足下列两项条件的,应当作为可明确区分的商品。

(1) 客户能够从该商品本身或从该商品与其他易于获得资源一起使用中受益,即该商品本身能够明确区分。当客户能够使用、消耗或以高于残值的价格出售商品,或者以能够产生经济利益的其他方式持有商品时,表明客户能够从该商品本身获益。对于某些商品而言,客户可以从该商品本身获益,而对于另一些商品而言,客户可能需要将其与其他易于获得的资源一起使用才能从中获益。其他易于获得的资源,是指企业(或其他企业)单独销售的商品,或者客户已经从企业获得的资源(包括企业按照合同将会转让给客户的商品)或从其他交易或事项中获得的资源。表明客户能够从某项商品本身或者将其与其他易于获得的资源一起使用获益的因素有很多,例如,企业通常会单独销售该商品等。

需要特别指出的是,在评估某项商品是否能够明确区分时,应当基于该商品自身的特征,而与客户可能使用该商品的方式无关。因此,企业无需考虑合同中可能存在的阻止客户从其他来源取得相关资源的限制性条款。

(2) 企业向客户转让该商品的承诺与合同中其他承诺可单独区分,即转让该商品的承诺在合同中是可明确区分的。企业确定了商品本身能够明确区分后,还应当在合同层面继续评估转让该商品的承诺是否与合同中其他承诺彼此之间可明确区分。这一评估的目的在于确定承诺的性质,即根据合同约定,企业承诺转让的究竟是每一单项商品,还是由这些商品组成的一个或多个组合产出。很多情况下,组合产出的价值应当高于或者显著不同于各单项商品的价值总和。

在确定企业转让商品的承诺是否可单独区分时,需要运用判断并综合考虑所有事实和情况。下列情形通常表明企业向客户转让商品的承诺与合同中的其他承诺不可单独区分。

一是,企业需提供重大的服务以将该商品与合同中承诺的其他商品进行整合,形成合同约定的某个或某些组合产出转让给客户。换言之,企业以该商品作为投入,生产或向客户交付其所要求的组合产出。因此,企业应当评估其在合同中承诺的每一单项商品本身就是合同约定的各项产出,还是仅为一个或多个组合产出的投入。

【例 14-11】以某项商品作为投入，生产或向客户交付其所要求的组合产出

沿用【例 14-9】，不涉及合同变更。本例中，乙公司向客户提供的单项商品可能包括砖头、水泥、人工等，虽然这些单项商品本身都能够使客户获益（如客户可将这些建筑材料以高于残值的价格出售，也可以将其与其他建筑商提供的材料或人工等资源一起使用），但是，在该合同下，乙公司向客户承诺的是为其建造一栋办公楼，而并非提供这些砖头、水泥和人工等，乙公司需提供重大的服务将这些单项商品进行整合，以形成合同约定的一项组合产出（即写字楼）转让给客户。因此，在该合同中，砖头、水泥和人工等商品彼此之间不能单独区分。

二是，该商品将对合同中承诺的其他商品予以重大修改或定制。如果某项商品将对合同中的其他商品作出重大修改或定制，实质上每一项商品将被整合在一起（即作为投入）以生产合同约定的组合产出。例如，企业承诺向客户提供其开发的一款现有软件，并提供安装服务，虽然该软件无需更新或技术支持也可直接使用，但是企业在安装过程中需要在该软件现有基础上对其进行定制化的重大修改，为该软件增加重要的新功能，以使其能够与客户现有的信息系统相兼容。在这种情况下，转让软件的承诺与提供定制化重大修改的承诺在合同层面是不可明确区分的。

【例 14-12】某项商品对合同中承诺的其他商品予以重大修改或定制

乙公司与客户签订合同，向客户出售一台其生产的设备并提供安装服务。该设备可以不经任何定制或改装而直接使用，不需要复杂安装，除乙公司外，市场上还有其他供应商也能提供此项安装服务。

本例中，客户可以使用该设备或将其以高于残值的价格转售，能够从该设备与市场上其他供应商提供的此项安装服务一起使用中获益，也可从安装服务与客户已经获得的其他资源（如设备）一起使用中获益，表明该设备和安装服务能够明确区分。此外，在该合同中，乙公司对客户的承诺是交付设备之后再提供安装服务，而非两者的组合产出，该设备仅需简单安装即可使用，乙公司并未对设备和安装提供重大整合服务，安装服务没有对该设备作出重大修改或定制，虽然客户只有获得设备的控制权之后才能从安装服务中获益，但是企业履行其向客户转让设备的承诺能够独立于其提供安装服务的承诺，因此安装服务并不会对设备产生重大影响。该设备与安装服务彼此之间不会产生重大的影响，也不具有高度关联性，表明两者在合同中彼此之间可明确区分。因此，该项合同包含两项履约义务，即销售设备和提供安装服务。

假定其他条件不变，但是按照合同规定只能由乙公司向客户提供安装服务。在这种情况下，合同限制并没有改变相关商品本身的特征，也没有改变企业对客户的承诺。虽然根据合同约定，客户只能选择由乙公司提供安装服务，但是设备和安装服务本身仍然符合可明确区分的条件，仍然是两项履约义务。

此外，如果乙公司提供的安装服务很复杂，该安装服务可能对其销售的设备进行定制化的重大修改，即使市场上有其他的供应商也可以提供此项安装服务，乙公司也不能将该安装服务作为单项履约义务，而是应当将设备和安装服务合并作为单项履约义务。

三是，该商品与合同中承诺的其他商品具有高度关联性。也就是说，合同中承诺的每一单项商品均受到合同中其他商品的重大影响。合同中包含多项商品时，如果企业无法通过单独交付其中的某一单项商品而履行其合同承诺，可能表明合同中的这些商品会受到彼此的重大影响。例如，企业承诺为客户设计一种实验性的新产品并负责生产 10 个样品，企业在生产和测试样品的过程中需要对产品的设计进行不断的修正，导致已生产的样品均可能需要进行不同程度的返工。当企业预计由于设计的不断修正，大部分或全部拟生产的样品均可能需要进行一些返工时，在不对生产造成重大影响的情况下，由于提供设计服务与提供样品生产服务产生的风险不可分割，客户没有办法选择仅购买设计服务或者仅购买样品生产服务，因此，企业提供的设计服务和生产样品的服务是不断交替反复进行的，两者高度关联，在合同层面是不可明确区分的。

【例 14-13】判断某项商品与合同中承诺的其他商品是否具有高度关联性 1

甲公司与客户签订合同，向客户销售一款软件，提供软件安装服务，并且在两年内向客户提供不定期的软件升级和技术支持服务。甲公司通常也会单独销售该款软件，提供安装服务、软件升级服务和技术支持服务。甲公司提供的安装服务通常也可由其他方执行，且不会对软件作出重大修改。甲公司销售的该软件无需升级和技术支持服务也能正常使用。

本例中，甲公司的承诺包括销售软件，提供安装服务、软件升级服务和技术支持服务。甲公司通常会单独销售软件，提供安装服务、软件升级服务和技术支持服务，该软件先于其他服务交付，且无需经过升级和技术支持服务也能正常使用，安装服务是常规性的且可以由其他服务供应商提供，客户能够从该软件与市场上其他供应商提供的此项安装服务一起使用中获益，也能够从安装服务以及软件升级服务与已经取得的软件一起使用中获益，因此，客户能够从单独使用该合同中承诺的各项商品和服务中获益，或从将其与易于获得的其他商品一起使用中获益，表明这些商品和服务能够明确区分；此外，甲公司虽然需要将软件安装到客户的系统中，但是该安装服务是常规性的，并未对软件作出重大修改，不会重大影响客户使用该软件并从中获益的能力，软件升级服务也一样，合同中承诺的各项商品和服务没有对彼此作出重大修改或定制；甲公司也没有提供重大服务将这些商品和服务整合成一组组合产出；由于甲公司在不提供后续服务的情况下也能够单独履行其销售软件的承诺，因此，软件和各项服务之间不存在高度关联性，表明这些商品在合同中彼此之间可明确区分。因此，该合同中包含四项履约义务，即软件销售、安装服务、软件升级服务以及技术支持服务。

【例 14-14】判断某项商品与合同中承诺的其他商品是否具有高度关联性 2

丙公司与客户签订合同，向客户销售一台其生产的可直接使用的医疗设备，并且在未来 3 年内向该客户提供用于该设备的专用耗材。该耗材只有丙公司能够生产，因此客户只能从丙公司购买该耗材。该耗材既可与设备一起销售，也可单独对外销售。

本例中，丙公司在合同中对客户的承诺包括销售设备和专用耗材，虽然客户同时购买了设备和专用耗材，但是由于耗材可以单独出售，客户可以从将设备与单独购买的耗材一起使用中获益，表明设备和专用耗材能够明确区分；此外，丙公司未对设备和耗材提供重大的整合服务以将两者形成组合产出，设备和耗材并未对彼此作出重大修改或定制，也不具有高度关联性（这是因为，尽管没有耗材，设备无法使用，耗材也只有用于设备才有用，但是丙公司能够单独履行其在合同中的每一项承诺，也就是说，即使客户没有购买任何耗材，丙公司也可以履行其转让设备的承诺；即使客户单独购买设备，丙公司也可以履行其提供耗材的承诺），表明设备和耗材在合同中彼此之间可明确区分。因此，该项合同包含两项履约义务，即销售设备和提供专用耗材。

需要说明的是，在企业向客户销售商品的同时，约定企业需要将商品运送至客户指定的地点的情况下，企业需要根据相关商品的控制权转移时点判断该运输活动是否构成单项履约义务。通常情况下，控制权转移给客户之前发生的运输活动不构成单项履约义务，而只是企业为了履行合同而从事的活动，相关成本应当作为合同履约成本；相反，控制权转移给客户之后发生的运输活动则可能表明企业向客户提供了一项运输服务，企业应当考虑该项服务是否构成单项履约义务。

2. 一系列实质相同且转让模式相同的、可明确区分的商品。

当企业向客户连续转让某项承诺的商品时，如每天提供类似劳务的长期劳务合同等，如果这些商品属于实质相同且转让模式相同的一系列商品，企业应当将这一系列商品作为单项履约义务。其中，转让模式相同，是指每一项可明确区分的商品均满足本准则第十一条规定的在某一时段内履行履约义务的条件，且采用相同方法确定其履约进度。

【例14－15】一系列商品作为单项履约义务的会计处理

企业与客户签订为期一年的保洁服务合同，承诺每天为客户提供保洁服务。

本例中，企业每天提供的服务都是可明确区分且实质相同的，并且，根据控制权转移的判断标准，每天的服务都属于在某一时段内履行的履约义务。因此，企业应当将每天提供的保洁服务合并在一起作为单项履约义务进行会计处理。

企业在判断所转让的一系列商品是否实质相同时，应当考虑合同中承诺的性质，当企业承诺的是提供确定数量的商品时，需要考虑这些商品本身是否实质相同。例如，企业与客户签订两年的合同，每月向客户提供工资核算服务，共计24次，由于企业提供服务的次数是确定的，在判断每月的服务是否实质相同时，应当考虑每次提供的具体服务是否相同，由于同一家企业的员工结构、工资构成以及核算流程等相对稳定，企业每月提供的该项服务很可能符合"实质相同"的条件；当企业承诺的是在某一期间内随时向客户提供某项服务时，需要考虑企业在该期间内的各个时间段（如每天或每小时）的承诺是否相同，而并非具体的服务行为本身。例如，企业向客户提供两年的酒店管理服务，具体包括保洁、维修、安保等，但没有具体的服务次数或时间的要求，尽管企业每天提供的具体服务不一定相同，但是企业每天对于客户的承诺都是相同的，即按照约定的酒店管理标准，随时准备根据需要为其提供相关服务，因此，企业每天提供的该酒店管理服务符合"实质相同"的条件。

（三）履行每一单项履约义务时确认收入。

企业应当在履行了合同中的履约义务，即客户取得相关商品控制权时确认收入。企业将商品的控制权转移给客户，该转移可能在某一时段内（即履行履约义务的过程中）发生，也可能在某一时点（即履约义务完成时）发生。企业应当根据实际情况，首先应当按照本准则

第十一条 判断履约义务是否满足在某一时段内履行的条件，如不满足，则该履约义务属于在某一时点履行的履约义务。对于在某一时段内履行的履约义务，企业应当选取恰当的方法来确定履约进度；对于在某一时点履行的履约义务，企业应当综合分析控制权转移的迹象，判断其转移时点。

1. 在某一时段内履行的履约义务。

（1）在某一时段内履行履约义务的条件。满足下列条件之一的，属于在某一时段内履行履约义务，相关收入应当在该履约义务履行的期间内确认。

①客户在企业履约的同时即取得并消耗企业履约所带来的经济利益。企业在履约过程中是持续地向客户转移企业履约所带来的经济利益的，该履约义务属于在某一时段内履行的履约义务，企业应当在履行履约义务的期间确认收入。对于如保洁服务的一些服务类的合同而言，可以通过直观的判断获知，企业在履行履约义务（即提供保洁服务）的同时，客户即取得并消耗了企业履约所带来的经济利益。对于难以通过直观判断获知结论的情形，企业在进行判断时，可以假定在企业履约的过程中更换为其他企业继续履行剩余履约义务，当该继续履行合同的企业实质上无需重新执行企业累计至今已经完成的工作时，表明客户在企业履约的同时即取得并消耗了企业履约所带来的经济利益。例如，甲企业承诺将客户的一批货物从A市运送到B市，假定该批货物在途经C市时，由乙运输公司接替甲企业继续提供该运输服务，由于A市到C市之间的运输服务是无需重新执行的，表明客户在甲企业履约的同时即取得并消耗了甲企业履约所带来的经济利益，因此，甲企业提供的运输服务属于在某一时段内履行的履约义务。

企业在判断其他企业是否实质上无需重新执行企业累计至今已经完成的工作时，应当基于下列两个前提：一是不考虑可能会使企业无法将剩余履约义务转移给其他企业的潜在限制，包括合同限制或实际可行性限制，在上述甲企业提供运输服务的例子中，甲企业为客户提供运输服务时，双方可能会在合同中约定，合同双方均不得解除合同，在进行上述判断时不需要考虑这一约定；二是假设继续履行剩余履约义务的其他企业将不会享有企业目前已控制的且在剩余履约义务转移给其他企业后仍然控制的任何资产的利益。

②客户能够控制企业履约过程中在建的商品。企业在履约过程中在建的商品包括在产品、在建工程、尚未完成的研发项目、正在进行的服务等，由于客户控制了在建的商品，客户在企业提供商品的过程中获得其利益，因此，该履约义务属于在某一时段内履行的履约义务，应当在该履约义务履行的期间内确认收入。

【例14-16】在履约义务履行的期间内确认收入

甲企业与客户签订合同，在客户拥有的土地上按照客户的设计要求为其建造厂房。在建造过程中客户有权修改厂房设计，并与甲企业重新协商设计变更后的合同价款。客户每月月末按当月工程进度向甲企业支付工程款。如果客户终止合同，已完成建造部分的厂房归客户所有。

本例中，甲企业为客户建造厂房，该厂房位于客户的土地上，客户终止合同时，已建造的厂房归客户所有。这些均表明客户在该厂房建造的过程中就能够控制该在建的厂房。因此，甲企业提供的该建造服务属于在某一时段内履行的履约义务，企业应当在提供该服务的期间内确认收入。

③企业履约过程中所产出的商品具有不可替代用途，且该企业在整个合同期间内有权就累计至今已完成的履约部分收取款项。

一是，商品具有不可替代用途。具有不可替代用途，是指因合同限制或实际可行性限制，企业不能轻易地将商品用于其他用途。当企业产出的商品只能提供给某特定客户，而不能被轻易地用于其他用途（如销售给其他客户）时，该商品就具有不可替代用途。在判断商品是否具有不可替代用途时，企业既应当考虑合同限制，也应当考虑实际可行性限制，但无需考虑合同被终止的可能性。企业在判断商品是否具有不可替代用途时，需要注意下列四点。

第一，判断时点是合同开始日。企业应当在合同开始日判断所承诺的商品是否具有不可替代用途，此后，除非发生合同变更，且该变更显著改变了原合同约定的履约义务，否则，企业无需重新进行判断。

第二，考虑合同限制。当合同中存在实质性的限制条款，导致企业不能将合同约定的商品用于其他用途时，该商品满足具有不可替代用途的条件。在判断限制条款是否具有实质性时，应当考虑企业试图把合同中约定的商品用于其他用途时，客户是否可以根据这些限制条款，主张其对该特定商品的权利，如果是，那么这些限制条款就是实质性的；相反，如果合同中约定的商品和企业的其他商品在很大程度上能够互相替换（如企业生产的标准化产品），而不会导致企业违约，也无需发生重大的成本，则表明该限制条款不具有实质性。此外，如果合同中的限制条款仅为保护性条款，也不应考虑。例如，企业与客户约定，当企业清算时，不能向第三方转让代客户销售的某商品，该限制条款的目的是在企业清算时为客户提供保护，因此，该条款应作为保护性条款，在判断该商品是否具有可替代用途时不应考虑。

第三，考虑实际可行性限制。虽然合同中没有限制条款，但是，当企业将合同中约定的商品用作其他用途，将导致企业遭受重大的经济损失时，企业将该商品用作其他用途的能力实际上受到了限制。企业遭受重大经济损失的原因可能是需要发生重大的返工成本，也可能是只能在承担重大损失的情况下才能将这些商品销售给其他客户。例如，企业根据某客户的要求，为其专门设计并生产了一套专用设备，由于该设备是定制化产品，企业如果将其销售给其他客户，需要发生重大的改造成本，表明企业将该产品用于其他用途的能力受到实际可行性的限制，因此，该产品满足"具有不可替代用途"的条件。

第四，基于最终转移给客户的商品的特征判断。当商品在生产的前若干个生产步骤是标准化的，只是从某一时点（或者某一流程）才进入定制化的生产时，企业应当根据最终转移给客户时该商品的特征来判断其是否满足"具有不可替代用途"的条件。例如，某汽车零部件生产企业，为客户提供定制零部件的生产，该生产通常需要经过四道工序，前两道工序是标准工序，后两道工序是特殊工序，处于前两道工序的在产品，可以用于任一客户的需要，但是，进入第三道工序后的产品只能销售给某特定客户。在企业与该特定客户之间的有关最终产品的合同下，最终产品符合"具有不可替代用途"的条件。

二是，企业在整个合同期间内有权就累计至今已完成的履约部分收取款项。有权就累计至今已完成的履约部分收取款项，是指在由于客户或其他方原因终止合同的情况下，企业有权就累计至今已完成的履约部分收取能够补偿其已发生成本和合理利润的款项,并且该权利具有法律约束力。需要强调的是,合同终止必须是由于客户或其他方而非企业自身的原因所致,在整个合同期间内的任一时点,企业均应当拥有此项权利。企业在进行判断时,需要注意下列五点。

第一,企业有权收取的该款项应当大致相当于累计至今已经转移给客户的商品的售价,即该金额应当能够补偿企业已经发生的成本和合理利润。企业有权收取的款项为保证金或仅是补偿企业已经发生的成本或可能损失的利润的,不满足这一条件。补偿企业的合理利润并不意味着补偿金额一定要等于该合同的整体毛利水平。下列两种情形都属于补偿企业的合理利润:一是根据合同终止前的履约进度对该合同的毛利水平进行调整后确定的金额作为补偿金额;二是如果该合同的毛利水平高于企业同类合同的毛利水平,以企业从同类合同中能够获取的合理资本回报或者经营毛利作为利润补偿。此外,当客户先行支付的合同价款金额足够重大(通常指全额预付合同价款),以致能够在整个合同期间内任一时点补偿企业已经发生的成本和合理利润时,如果客户要求提前终止合同,企业有权保留该款项并无需返还,且有相关法律法规支持的,则表明企业能够满足在整个合同期间内有权就累计至今已完成的履约部分收取款项的条件。

第二,该规定并不意味着企业拥有现时可行使的无条件收款权。企业通常会在与客户的合同中约定,只有在达到某一重要时点、某重要事项完成后或者整个合同完成之后,企业才拥有无条件的收取相应款项的权利。在这种情况下,企业在判断其是否有权就累计至今已完成的履约部分收取款项时,应当考虑,假设在发生由于客户或其他方原因导致合同在该重要时点、重要事项完成前或合同完成前终止时,企业是否有权主张该收款权利,即是否有权要求客户补偿其累计至今已完成的履约部分应收取的款项。

第三,当客户只有在某些特定时点才有权终止合同,或者根本无权终止合同时,客户终止了合同(包括客户没有按照合同约定履行其义务),但是,合同条款或法律法规要求,企业应继续向客户转移合同中承诺的商品并因此有权要求客户支付对价,此种情况也符合"企业有权就累计至今已完成的履约部分收取款项"的要求。

第四,企业在进行判断时,既要考虑合同条款的约定,还应当充分考虑适用的法律法规、补充或者凌驾于合同条款之上的以往司法实践以及类似案例的结果等。例如,即使在合同没有明确约定的情况下,相关的法律法规等是否支持企业主张相关的收款权利;以往的司法实践是否表明合同中的某些条款没有法律约束力;在以往的类似合同中,企业虽然拥有此类权利,却在考虑了各种因素之后没有行使该权利,这是否会导致企业主张该权利的要求在当前的法律环境下不被支持等。

第五,企业和客户之间在合同中约定的付款时间进度表,不一定就表明企业有权就累计至今已完成的履约部分收取款项,这是因为合同约定的付款进度和企业的履约进度可能并不匹配。此种情况下,企业仍需要证据对其是否有该收款权进行判断。

【例14-17】在提供服务期间内按照适当的履约进度确认收入

甲公司与乙公司签订合同,针对乙公司的实际情况和面临的具体问题,为改善其业务流程提供咨询服务,并出具专业的咨询意见。双方约定,甲公司仅需要向乙公司提交最终的咨询意见,而无需提交任何其在工作过程中编制的工作底稿和其他相关资料;在整个合同期间内,如果乙公司单方面终止合同,乙公司需要向甲公司支付违约金,违约金的金额等于甲公司已发生的成本加上15%的毛利率,该毛利率与甲公司在类似合同中能够赚取的毛利率大致相同。

本例中,在合同执行过程中,由于乙公司无法获得甲公司已经完成工作的工作底稿和其他任何资料,假设在执行合同的过程中,因甲公司无法履约而需要由其他公司来继续提供后续咨询服务并出具咨询意见时,其需要重新执行甲公司已经完成的工作,表明乙公司并未在甲公司履约的同时即取得并消耗了甲公司履约所带来的经济利益。然而,由于该咨询服务是针对乙公司的具体情况而提供的,甲公司无法将最终的咨询意见用作其他用途,表明其具有不可替代用途;此外,在整个合同期间内,如果乙公司单方面终止合同,甲公司根据合同条款可以主张其已发生的成本及合理利润,表明甲公司在整个合同期间内有权就累计至今已完成的履约部分收取款项。因此,甲公司向乙公司提供的咨询服务属于在某一时段内履行的履约义务,甲公司应当在其提供服务的期间内按照适当的履约进度确认收入。

【例14-18】不属于在某一时段内履行的履约义务

甲公司是一家造船企业,与乙公司签订了一份船舶建造合同,按照乙公司的具体要求设计和建造船舶。甲公司在自己的厂区内完成该船舶的建造,乙公司无法控制在建过程中的船舶。甲公司如果想把该船舶出售给其他客户,需要发生重大的改造成本。双方约定,如果乙公司单方面解约,乙公司需向甲公司支付相当于合同总价30%的违约金,且建造中的船舶归甲公司所有。假定该合同仅包含一项履约义务,即设计和建造船舶。

本例中,船舶是按照乙公司的具体要求进行设计和建造的,甲公司需要发生重大的改造成本将该船舶改造之后才能将其出售给其他客户,因此,该船舶具有不可替代用途。然而,如果乙公司单方面解约,仅需向甲公司支付相当于合同总价30%的违约金,表明甲公司无法在整个合同期间内都有权就累计至今已完成的履约部分收取能够补偿其已发生成本和合理利润的款项。因此,甲公司为乙公司设计和建造船舶不属于在某一时段内履行的履约义务。

综上所述,商品具有不可替代用途和企业在整个合同期间内有权就累计至今已完成的履约部分收取款项这两个要素,在判断是否满足在某一时段履行的履约义务的第③种情况时缺一不可,且均与控制权的判断有关联。这是因为,当企业无法轻易地将产出的商品用于其他用途时,企业实际上是按照客户的要求生产商品,在这种情况下,如果合同约定,由于客户或其他方的原因导致合同被终止时,客户必须就企业累计至今已完成的履约部分支付款项,且该款项能够补偿企业已经发生的成本和合理利润,那么企业将因此而防止终止合同时企业未保留该商品或只保留几乎无价值的商品的风险。这与商品购销交易中,客户通常只有在取得对商品的控制权时才有义务支付相应的合同价款是一致的。因此,客户有义务(或无法避免)就企业已经完成的履约部分支付相应款项的情况表明,客户已获得企业履约所带来的经济利益。

(2)在某一时段内履行的履约义务的收入确认。对于在某一时段内履行的履约义务,企业应当在该段时间内按照履约进度确认收入,但是,履约进度不能合理确定的除外。企业应当考虑商品的性质,采用产出法或投入法确定恰当的履约进度,并且在确定履约进度时,应当扣除那些控制权尚未转移给客户的商品和服务。企业按照履约进度确认收入时,通常应当在资产负债表日按照合同的交易价格总额乘以履约进度扣除以前会计期间累计已确认的收入后的金额,确认为当期收入。

①产出法。产出法是根据已转移给客户的商品对于客户的价值确定履约进度的方法,通常可采用实际测量的完工进度、评估已实现的结果、已达到的里程碑、时间进度、已完工或交付的产品等产出指标确定履约进度。企业在评估是否采用产出法确定履约进度时,应当考虑具体的事实和情况,并选择能够如实反映企业履约进度和向客户转移商品控制权的产出指标。当选择的产出指标无法计量控制权已转移给客户的商品时,不应采用产出法。例如,当处于生产过程中的在产品在其完工或交付前已属于客户时,如果该在产品对本合同或财务报表具有重要性,则在确定履约进度时不应使用已完工或已交付的产品作为产出指标,这是因为处于生产过程中的在产品的控制权也已经转移给了客户,而这些在产品并没有包括在产出指标的计量中,因此该指标并未如实反映已向客户转移商品的进度。又如,如果企业在合同约定的各个里程碑之间向客户转移了重大的商品的控制权,则很可能表明基于已达到的里程碑确定履约进度的方法是不恰当的。实务中,为便于操作,当企业向客户开具发票的对价金额与向客户转让增量商品价值直接相一致时,如企业按照固定的费率以及发生的工时向客户开具账单,企业直接按照发票对价金额确认收入也是一种恰当的产出法。

【例 14-19】按已完成的工作量确定履约进度及确认收入

甲公司与客户签订合同,为该客户拥有的一条铁路更换 100 根铁轨,合同价格为 10 万元(不含税价)。截至 2×18 年 12 月 31 日,甲公司共更换铁轨 60 根,剩余部分预计在 2×19 年 3 月 31 日之前完成。该合同仅包含一项履约义务,且该履约义务满足在某一时段内履行的条件。假定不考虑其他情况。

本例中,甲公司提供的更换铁轨的服务属于在某一时段内履行的履约义务,甲公司按照已完成的工作量确定履约进度。因此,截至 2×18 年 12 月 31 日,该合同的履约进度为 60%(60÷100),甲公司应确认的收入为 6(10×60%)万元。

产出法是根据能够代表向客户转移商品控制权的产出指标直接计算履约进度的一种方法,因此通常能够客观地反映履约进度。但是,产出法下有关产出指标的信息有时可能无法直接观察获得,企业为获得这些信息需要花费很高的成本,这就可能需要采用投入法来确定履约进度。

②投入法。投入法是根据企业履行履约义务的投入确定履约进度的方法,通常可采用投入的材料数量、花费的人工工时或机器工时、发生的成本和时间进度等投入指标确定履约进度。当企业从事的工作或发生的投入是在整个履约期间内平均发生时,企业也可以按照直线法确认收入。

【例 14-20】按照直线法确定履约进度及确认收入

乙公司经营一家健身俱乐部。2×18 年 2 月 1 日,某客户与乙公司签订合同,成为乙公司的会员，并向乙公司支付会员费 3 600 元（不含税价），可在未来的 12 个月内在该俱乐部健身，且没有次数的限制。

本例中，客户在会籍期间可随时来俱乐部健身，且没有次数限制，客户已使用俱乐部健身的次数不会影响其未来继续使用的次数，乙公司在该合同下的履约义务是承诺随时准备在客户需要时为其提供健身服务，因此，该履约义务属于在某一时段内履行的履约义务，并且该履约义务在会员的会籍期间内随时间的流逝而被履行。因此，乙公司按照直线法确认收入，即每月应当确认的收入为 300（3 600÷12）元，截至 2×18 年 12 月 31 日，乙公司应确认的收入为 3 300（300×11）元。

需要说明的是，如果客户购买的是确定数量的服务，如在未来 12 个月内，客户可随时来健身俱乐部健身 100 次，则乙公司的履约义务是为客户提供这 100 次健身服务，而不是随时准备为其提供健身服务的承诺。因此，乙公司应当按照客户已使用健身服务的次数确认收入。

投入法所需要的投入指标虽然易于获得，但是，投入指标与企业向客户转移商品的控制权之间未必存在直接的对应关系。因此，企业在采用投入法确定履约进度时，应当扣除那些虽然已经发生但是未导致向客户转移商品的投入。例如，企业为履行合同应开展一些初始活动，如果这些活动并没有向客户转移企业承诺的服务，则企业在使用投入法确定履约进度时，不应将为开展这些活动发生的相关投入包括在内。

在实务中，通常按照累计实际发生的成本占预计总成本的比例（即成本法）确定履约进度，累计实际发生的成本包括企业向客户转移商品过程中所发生的直接成本和间接成本，如直接人工、直接材料、分包成本以及其他与合同相关的成本。在下列情形下，企业在采用成本法确定履约进度时，可能需要对已发生的成本进行适当的调整。

一是，已发生的成本并未反映企业履行履约义务的进度。例如，因企业生产效率低下等原因而导致的非正常消耗，包括非正常消耗的直接材料、直接人工及制造费用等，不应包括在累计实际发生的成本中，这是因为这些非正常消耗并没有为合同进度做出贡献，但是，企业和客户在订立合同时已经预见会发生这些成本并将其包括在合同价款中的除外。

二是，已发生的成本与企业履行履约义务的进度不成比例。当企业已发生的成本与履约进度不成比例，企业在采用成本法确定履约进度时需要进行适当调整，通常仅以其已发生的成本为限确认收入。对于施工中尚未安装、使用或耗用的商品（本段的商品不包括服务）或材料成本等，当企业在合同开始日就预期将能够满足下列所有条件时，应在采用成本法确定履约进度时不包括这些成本：第一，该商品或材料不可明确区分，即不构成单项履约义务；第二，客户先取得该商品或材料的控制权，之后才接受与之相关的服务；第三，该商品或材料的成本相对于预计总成本而言是重大的；第四，企业自第三方采购该商品或材料，且未深入参与其设计和制造，对于包含该商品的履约义务而言，企业是主要责任人。

【例 14-21】仅以已发生的成本为限确认收入

2×18 年 10 月，甲公司与客户签订合同，为客户装修一栋办公楼，包括安装一部电梯，合同总金额为 100 万元。甲公司预计的合同总成本为 80 万元，其中包括电梯的采购成本 30 万元。

2×18年12月，甲公司将电梯运达施工现场并经过客户验收，客户已取得对电梯的控制权，但是，根据装修进度，预计到2×19年2月才会安装该电梯。截至2×18年12月，甲公司累计发生成本40万元，其中包括支付给电梯供应商的采购成本30万元以及因采购电梯发生的运输和人工等相关成本5万元。

假定：该装修服务（包括安装电梯）构成单项履约义务，并属于在某一时段内履行的履约义务，甲公司是主要责任人，但不参与电梯的设计和制造；甲公司采用成本法确定履约进度；上述金额均不含增值税。

本例中，截至2×18年12月，甲公司发生成本40万元（包括电梯采购成本30万元以及因采购电梯发生的运输和人工等相关成本5万元），甲公司认为其已发生的成本和履约进度不成比例，因此需要对履约进度的计算作出调整，将电梯的采购成本排除在已发生成本和预计总成本之外。在该合同中，该电梯不构成单项履约义务，其成本相对于预计总成本而言是重大的，甲公司是主要责任人，但是未参与该电梯的设计和制造，客户先取得了电梯的控制权，随后才接受与之相关的安装服务，因此，甲公司在客户取得该电梯控制权时，按照该电梯采购成本的金额确认转让电梯产生的收入。

2×18年12月，该合同的履约进度为20%〔（40－30）÷（80－30）〕，应确认的收入和成本金额分别为44〔（100－30）×20%＋30〕万元和40〔（80－30）×20%＋30〕万元。

企业为履行属于在某一时段内履行的单项履约义务而发生的支出并非均衡发生的，在采用某种方法（如成本法）确定履约进度时，可能会导致企业对于较早生产的产品确认更多的收入和成本。例如，企业承诺向客户交付一定数量的商品，且该承诺构成单项履约义务，在履约的前期，由于经验不足、技术不成熟、操作不熟练等原因，企业可能会发生较高的成本，而随着经验的不断累积，企业的生产效率逐步提高，导致企业的履约成本逐步下降。这一结果是合理的，因为这表明企业在合同早期的履约情况具有更高的价值，正如企业只销售一件产品的售价可能会高于销售多件产品时的平均价格一样。如果该单项履约义务属于在某一时点履行的履约义务，企业则需要按照其他相关会计准则对相关支出进行会计处理（例如，按照《企业会计准则第1号——存货》，生产商品的成本将作为存货进行累计，企业应选择适当方法计量存货）；不属于其他相关企业会计准则规范范围的，应当按照本准则第二十六条和第二十七条的规定判断将其确认为一项资产还是计入当期损益。

每一资产负债表日，企业应当对履约进度进行重新估计。当客观环境发生变化时，企业也需要重新评估履约进度是否发生变化，以确保履约进度能够反映履约情况的变化，该变化应当作为会计估计变更进行会计处理。对于每一项履约义务，企业只能采用一种方法来确定其履约进度，并加以一贯运用。对于类似情况下的类似履约义务，企业应当采用相同的方法（例如，成本法）确定履约进度。

对于在某一时段内履行的履约义务，只有当其履约进度能够合理确定时，才应当按照履约进度确认收入。企业如果无法获得确定履约进度所需的可靠信息，则无法合理地确定其履行履约义务的进度。当履约进度不能合理确定时，企业已经发生的成本预计能够得到补偿的，应当按照已经发生的成本金额确认收入，直到履约进度能够合理确定为止。

2. 在某一时点履行的履约义务。

对于不属于在某一时段内履行的履约义务，应当属于在某一时点履行的履约义务，企业应当在客户取得相关商品控制权时点确认收入。在判断客户是否已取得商品控制权（即客户是否能够主导该商品的使用并从中获得几乎全部的经济利益）时，企业应当考虑下列五个迹象。

（1）企业就该商品享有现时收款权利，即客户就该商品负有现时付款义务。当企业就该商品享有现时收款权利时，可能表明客户已经有能力主导该商品的使用并从中获得几乎全部的经济利益。

（2）企业已将该商品的法定所有权转移给客户，即客户已拥有该商品的法定所有权。当客户取得了商品的法定所有权时，可能表明其已经有能力主导该商品的使用并从中获得几乎全部的经济利益，或者能够阻止其他企业获得这些经济利益，即客户已取得对该商品的控制权。如果企业仅仅是为了确保到期收回货款而保留商品的法定所有权，那么该权利通常不会对客户取得对该商品的控制权构成障碍。

（3）企业已将该商品实物转移给客户，即客户已占有该商品实物。客户如果已经占有商品实物，则可能表明其有能力主导该商品的使用并从中获得其几乎全部的经济利益，或者使其他企业无法获得这些利益。需要说明的是，客户占有了某项商品实物并不意味着其就一定取得了该商品的控制权，反之亦然。

①委托代销安排。这一安排是指委托方和受托方签订代销合同或协议，委托受托方向终端客户销售商品。在这种安排下，企业应当评估受托方在企业向其转让商品时是否已获得对该商品的控制权，如果没有，企业不应在此时确认收入，通常应当在受托方售出商品时确认销售商品收入；受托方应当在商品销售后，按合同或协议约定的方法计算确定的手续费确认收入。表明一项安排是委托代销安排的迹象包括但不限于：一是在特定事件发生之前（例如，向最终客户出售商品或指定期间到期之前），企业拥有对商品的控制权；二是企业能够要求将委托代销的商品退回或者将其销售给其他方（如其他经销商）；三是尽管受托方可能被要求向企业支付一定金额的押金，但是，其并没有承担对这些商品无条件付款的义务。

【例14-22】 委托代销安排下收入确认的会计处理

甲公司委托乙公司销售W商品1 000件，W商品已经发出，每件成本为70元。合同约定乙公司应按每件100元对外销售，甲公司按不含增值税的销售价格的10%向乙公司支付手续费。除非这些商品在乙公司存放期间内由于乙公司的责任发生毁损或丢失，否则在W商品对外销售之前，乙公司没有义务向甲公司支付货款。乙公司不承担包销责任，没有售出的W商品须退回给甲公司，同时，甲公司也有权要求收回W商品或将其销售给其他的客户。乙公司对外实际销售1 000件，开出的增值税专用发票上注明的销售价格为100 000元，增值税税额为13 000元，款项已经收到，乙公司立即向甲公司开具代销清单并支付货款。甲公司收到乙公司开具的代销清单时，向乙公司开具一张相同金额的增值税专用发票。假定甲公司发出W商品时纳税义务尚未发生，手续费增值税税率为6%，不考虑其他因素。

本例中，甲公司将W商品发送至乙公司后，乙公司虽然已经实物占有W商品，但是仅是接受甲公司的委托销售W商品，并根据实际销售的数量赚取一定比例的手续费。甲公司有权要求收回 W 商品或将其销售给其他的客户，乙公司并不能主导这些商品的销售，这些商品对外销售与否、是否获利以及获利多少等不由乙公司控制，乙公司没有取得这些商品的控制权。因此，甲公司将 W 商品发送至乙公司时，不应确认收入，而应当在乙公司将 W 商品销售给最终客户时确认收入。

根据上述资料，甲公司的账务处理如下：

（1）发出商品。

借：发出商品——乙公司 　　　　　　　　　　　　　　　　70 000
　　贷：库存商品——W 商品 　　　　　　　　　　　　　　　70 000

（2）收到代销清单，同时发生增值税纳税义务。

借：应收账款——乙公司 　　　　　　　　　　　　　　　　113 000
　　贷：主营业务收入——销售 W 商品 　　　　　　　　　　100 000
　　　　应交税费——应交增值税（销项税额）　　　　　　　13 000

借：主营业务成本——销售 W 商品 　　　　　　　　　　　　70 000
　　贷：发出商品——乙公司 　　　　　　　　　　　　　　　70 000

借：销售费用——代销手续费 　　　　　　　　　　　　　　　10 000
　　应交税费——应交增值税（进项税额）　　　　　　　　　　600
　　　　贷：应收账款——乙公司 　　　　　　　　　　　　　10 600

（3）收到乙公司支付的货款。

借：银行存款 　　　　　　　　　　　　　　　　　　　　　102 400
　　贷：应收账款——乙公司 　　　　　　　　　　　　　　102 400

乙公司的账务处理如下：

（1）收到商品。

借：受托代销商品——甲公司 　　　　　　　　　　　　　　100 000
　　贷：受托代销商品款——甲公司 　　　　　　　　　　　100 000

（2）对外销售。

借：银行存款 　　　　　　　　　　　　　　　　　　　　　113 000
　　贷：受托代销商品——甲公司 　　　　　　　　　　　　100 000
　　　　应交税费——应交增值税（销项税额）　　　　　　　13 000

（3）收到增值税专用发票。

借：受托代销商品款——甲公司 　　　　　　　　　　　　　100 000
　　应交税费——应交增值税（进项税额）　　　　　　　　　13 000
　　　　贷：应付账款——甲公司 　　　　　　　　　　　　113 000

（4）支付货款并计算代销手续费。

借：应付账款——甲公司 　　　　　　　　　　　　　　　　113 000
　　贷：银行存款 　　　　　　　　　　　　　　　　　　　105 400
　　　　其他业务收入——代销手续费 　　　　　　　　　　10 000
　　　　应交税费——应交增值税（销项税额）　　　　　　　600

②售后代管商品安排。售后代管商品是指根据企业与客户签订的合同,已经就销售的商品向客户收款或取得了收款权利,但是直到在未来某一时点将该商品交付给客户之前,仍然继续持有该商品实物的安排。实务中,客户可能会因为缺乏足够的仓储空间或生产进度延迟而要求与销售方订立此类合同。在这种情况下,尽管企业仍然持有商品的实物,但是,当客户已经取得了对该商品的控制权时,即使客户决定暂不行使实物占有的权利,其依然有能力主导该商品的使用并从中获得几乎全部的经济利益。因此,企业不再控制该商品,而只是向客户提供了代管服务。

在售后代管商品安排下,除了应当考虑客户是否取得商品控制权的迹象之外,还应当同时满足下列四项条件,才表明客户取得了该商品的控制权:一是该安排必须具有商业实质,例如,该安排是应客户的要求而订立的;二是属于客户的商品必须能够单独识别,例如,将属于客户的商品单独存放在指定地点;三是该商品可以随时交付给客户;四是企业不能自行使用该商品或将该商品提供给其他客户。实务中,越是通用的、可以和其他商品互相替换的商品,越有可能难以满足上述条件。

需要注意的是,如果在满足上述条件的情况下,企业对尚未发货的商品确认了收入,则企业应当考虑是否还承担了其他的履约义务,例如,向客户提供保管服务等,从而应当将部分交易价格分摊至该履约义务。

【例 14-23】满足售后代管商品安排下确认收入的条件

2×18 年 1 月 1 日,甲公司与乙公司签订合同,向其销售一台设备和专用零部件。设备和零部件的制造期为 2 年。甲公司在完成设备和零部件的生产之后,能够证明其符合合同约定的规格。假定在该合同下,向客户转让设备和零部件是可明确区分的,因此,企业应将其作为两项履约义务,且都属于在某一时点履行的履约义务。

2×19 年 12 月 31 日,乙公司支付了该设备和零部件的合同价款,并对其进行了验收。乙公司运走了设备,但是,考虑到其自身的仓储能力有限,且其工厂紧邻甲公司的仓库,因此,要求将零部件存放于甲公司的仓库中,并且要求甲公司按照其指令随时安排发货。乙公司已拥有零部件的法定所有权,且这些零部件可明确识别为属于乙公司的物品。甲公司在其仓库内的单独区域内存放这些零部件,并应乙公司的要求可随时发货,甲公司不能使用这些零部件,也不能将其提供给其他客户使用。

本例中,2×19 年 12 月 31 日,设备的控制权已转移给乙公司;对于零部件而言,甲公司已经收取合同价款,但是应乙公司的要求尚未发货,乙公司已拥有零部件的法定所有权并且对其进行了验收。虽然这些零部件实物尚由甲公司持有,但是其满足在售后代管商品的安排下客户取得商品控制权的条件,这些零部件的控制权也已经转移给了乙公司。因此,甲公司应当确认销售设备和零部件的相关收入。除此之外,甲公司还为乙公司提供了仓储保管服务,该服务与设备和零部件可明确区分,构成单项履约义务。

【例 14-24】不满足售后代管商品安排下确认收入的条件

A 公司生产并销售笔记本电脑。2×18 年,A 公司与零售商 B 公司签订销售合同,向其销售 1 万台电脑。由于 B 公司的仓储能力有限,无法在 2×18 年年底之前接收该批电脑,双方约定 A 公司在 2×19 年按照 B 公司的指令按时发货，并将电脑运送至 B 公司指定的地点。2×18 年 12 月 31 日，A 公司共有上述电脑库存 1.2 万台，其中包括 1 万台将要销售给 B 公司的电脑。然而，这 1 万台电脑和其余 2 000 台电脑一起存放并统一管理，并且彼此之间可以互相替换。

本例中，尽管是由于 B 公司没有足够的仓储空间才要求 A 公司暂不发货，并按照其指定的时间发货，但是由于这 1 万台电脑与 A 公司的其他产品可以互相替换，且未单独存放保管，A 公司在向 B 公司交付这些电脑之前，能够将其提供给其他客户或者自行使用。因此，这 1 万台电脑在 2×18 年 12 月 31 日不满足售后代管商品安排下确认收入的条件。

（4）企业已将该商品所有权上的主要风险和报酬转移给客户，即客户已取得该商品所有权上的主要风险和报酬。企业向客户转移了商品所有权上的主要风险和报酬，可能表明客户已经取得了主导该商品的使用并从中获得其几乎全部经济利益的能力。但是，在评估商品所有权上的主要风险和报酬是否转移时，不应考虑导致企业在除所转让商品之外产生其他单项履约义务的风险。例如，企业将产品销售给客户，并承诺提供后续维护服务的安排中，销售产品和提供维护服务均构成单项履约义务，企业将产品销售给客户之后，虽然仍然保留了与后续维护服务相关的风险，但是，由于维护服务构成单项履约义务，所以该保留的风险并不影响企业已将产品所有权上的主要风险和报酬转移给客户的判断。

（5）客户已接受该商品。如果客户已经接受了企业提供的商品，例如，企业销售给客户的商品通过了客户的验收，可能表明客户已经取得了该商品的控制权。合同中有关客户验收的条款，可能允许客户在商品不符合约定规格的情况下解除合同或要求企业采取补救措施。因此，企业在评估是否已经将商品的控制权转移给客户时，应当考虑此类条款。当企业能够客观地确定其已经按照合同约定的标准和条件将商品的控制权转移给客户时，客户验收只是一项例行程序，并不影响企业判断客户取得该商品控制权的时点。例如，企业向客户销售一批必须满足规定尺寸和重量的产品，合同约定，客户收到该产品时，将对此进行验收。由于该验收条件是一个客观标准，企业在客户验收前就能够确定其是否满足约定的标准，客户验收可能只是一项例行程序。实务中，企业应当根据过去执行类似合同积累的经验以及客户验收的结果取得相应证据。当在客户验收之前确认收入时，企业还应当考虑是否还存在剩余的履约义务，如设备安装等，并且评估是否应当对其单独进行会计处理。相反，当企业无法客观地确定其向客户转让的商品是否符合合同规定的条件时，在客户验收之前，企业不能认为已经将该商品的控制权转移给了客户。这是因为，在这种情况下，企业无法确定客户是否能够主导该商品的使用并从中获得其几乎全部的经济利益。例如，客户主要基于主观判断进行验收时，该验收往往不能被视为仅仅是一项例行程序，在验收完成之前，企业无法确定其商品是否能够满足客户的主观标准，因此，企业应当在客户完成验收并接受该商品时才能确认收入。实务中，定制化程度越高的商品，越难以证明客户验收仅仅是一项例行程序。

此外，如果企业将商品发送给客户供其试用或者测评，且客户并未承诺在试用期结束前支付任何对价，则在客户接受该商品或者在试用期结束之前，该商品的控制权并未转移给客户。需要强调的是，在上述五个迹象中，并没有哪一个或哪几个迹象是决定性的，企业应当根据合同条款和交易实质进行分析，综合判断其是否将商品的控制权转移给客户以及何时转移的,从而确定收入确认的时点。此外,企业应当从客户的角度进行评估,而不应当仅考虑企业自身的看法。

14.2.5 关于收入的计量

企业应当首先确定合同的交易价格,再按照分摊至各单项履约义务的交易价格计量收入。

(一)确定交易价格。

交易价格,是指企业因向客户转让商品而预期有权收取的对价金额。企业代第三方收取的款项(如增值税)以及企业预期将退还给客户的款项,应当作为负债进行会计处理,不计入交易价格。合同标价并不一定代表交易价格,企业应当根据合同条款,并结合以往的习惯做法确定交易价格。在确定交易价格时,企业应当考虑可变对价、合同中存在的重大融资成分、非现金对价以及应付客户对价等因素的影响,并应当假定将按照现有合同的约定向客户转移商品,且该合同不会被取消、续约或变更。

1. 可变对价。

企业与客户的合同中约定的对价金额可能是固定的,也可能会因折扣、价格折让、返利、退款、奖励积分、激励措施、业绩奖金、索赔等因素而变化。此外,企业有权收取的对价金额,将根据一项或多项或有事项的发生有所不同的情况,也属于可变对价的情形,例如,企业售出商品但允许客户退货时,由于企业有权收取的对价金额将取决于客户是否退货,因此该合同的交易价格是可变的。企业在判断交易价格是否为可变对价时,应当考虑各种相关因素(如企业已公开宣布的政策、特定声明、以往的习惯做法、销售战略以及客户所处的环境等),以确定其是否会接受一个低于合同标价的金额,即企业向客户提供一定的价格折让。

【例14-25】合同包含可变对价的情形

甲公司为其客户建造一栋厂房,合同约定的价款为100万元,但是,如果甲公司不能在合同签订之日起的120天内竣工,则须支付10万元罚款,该罚款从合同价款中扣除。上述金额均不含增值税。

本例中,该合同的对价金额实际由两部分组成,即90万元的固定价格以及10万元的可变对价。

企业在判断合同中是否存在可变对价时,不仅应当考虑合同条款的约定,在下列情况下,即使合同中没有明确约定,合同的对价金额也是可变的:一是根据企业已公开宣布的政策、特定声明或者以往的习惯做法等,客户能够合理预期企业将会接受低于合同约定的对价金额,即企业会以折扣、返利等形式提供价格折让;二是其他相关事实和情况表明,企业在与客户签订合同时即打算向客户提供价格折让。例如,企业与一新客户签订合同,虽然企业没有对该客户销售给予折扣的历史经验,但是,根据企业拓展客户关系的战略安排,企业愿意接受低于合同约定的价格。合同中存在可变对价的,企业应当对计入交易价格的可变对价进行估计。

(1)可变对价最佳估计数的确定。在对可变对价进行估计时,企业应当按照期望值或最可能发生金额确定可变对价的最佳估计数。这并不意味着企业可以在两种方法之间随意进行选择,而是应当选择能够更好地预测其有权收取的对价金额的方法,并且对于类似的合同,应当采用相同的方法进行估计。期望值是按照各种可能发生的对价金额及相关概率计算确定的金额。如果企业拥有大量具有类似特征的合同,企业据此估计合同可能产生多个结果时,按照期望值估计可变对价金额通常是恰当的。

【例14-26】按照期望值估计可变对价金额

甲公司生产和销售电视机。2×18年3月,甲公司向零售商乙公司销售1 000台电视机,每台价格为3 000元,合同价款合计300万元。甲公司向乙公司提供价格保护,同意在未来6个月内,如果同款电视机售价下降,则按照合同价格与最低售价之间的差额向乙公司支付差价。甲公司根据以往执行类似合同的经验,预计各种结果发生的概率如表14-1所示。

表14-1 降价的概率与金额表

未来6个月内的降价金额(元/台)	概率
0	40%
200	30%
500	20%
1 000	10%

上述价格均不包含增值税。

本例中,甲公司认为期望值能够更好地预测其有权获取的对价金额。假定不考虑本准则有关将可变对价计入交易价格的限制要求,在该方法下,甲公司估计交易价格为每台2 740 (3 000×40%+2 800×30%+2 500×20%+2 000×10%)元。

最可能发生金额是一系列可能发生的对价金额中最可能发生的单一金额,即合同最可能产生的单一结果。当合同仅有两个可能结果(例如,企业能够达到或不能达到某业绩奖金目标)时,按照最可能发生金额估计可变对价金额可能是恰当的。

【例14-27】按照最可能发生金额估计可变对价金额

沿用【例14-25】,甲公司对合同结果的估计如下:工程按时完工的概率为90%,工程延期的概率为10%。

本例中,由于该合同涉及两种可能结果,甲公司认为按照最可能发生金额能够更好地预测其有权获取的对价金额。因此,甲公司估计的交易价格为100万元,即为最可能发生的单一金额。

需要说明的是,对于某一事项的不确定性对可变对价金额的影响,企业应当在整个合同期间一致地采用同一种方法进行估计。但是,当存在多个不确定性事项均会影响可变对价金额时,企业可以采用不同的方法对其进行估计。企业在对可变对价进行估计时,应当考虑能够合理获得的所有信息(包括历史信息、当前信息以及预测信息),并且在合理的数量范围内估计各种可能发生的对价金额以及概率。通常情况下,企业在估计可变对价金额时使用的信息,应当与其在对相关商品进行投标或定价时所使用的信息一致。

【例14-28】估计可变对价时应考虑的信息

甲公司与乙公司签订固定造价合同,在乙公司的厂区内为其建造一栋办公楼,合同价款为500万元。根据合同约定,该项工程的完工日期为2×18年3月31日,如果甲公司能够在该日期之前完工,则每提前一天,合同价款将增加2万元;相反,如果甲公司未能按期完工,则每推迟一天,合同价款将会减少2万元。此外,合同约定,该项工程完工之后将参与省级优质工程奖的评选,如果能够获奖,乙公司将额外奖励甲公司20万元。

本例中,产生可变对价的事项有两项:一是是否按期完工,二是能否获得省级优质工程奖。甲公司可以采用不同的方法对其进行估计:对于前者,甲公司按照期望值进行估计;对于后者,甲公司按照最有可能的金额进行估计。

(2) 计入交易价格的可变对价金额的限制。企业按照期望值或最可能发生金额确定可变对价金额之后,计入交易价格的可变对价金额还应该满足限制条件,即包含可变对价的交易价格,应当不超过在相关不确定性消除时,累计已确认的收入极可能不会发生重大转回的金额。企业在评估与可变对价相关的不确定性消除时,累计已确认的收入金额是否极可能不会发生重大转回时,应当同时考虑收入转回的可能性及转回金额的比重。其中,"极可能"是一个比较高的门槛,其发生的概率应远高于"很可能(即可能性超过50%)",但不要求达到"基本确定(即可能性超过95%)",其目的是避免因为一些不确定性因素的发生导致之前已经确认的收入发生转回;在评估收入转回金额的比重时,应同时考虑合同中包含的固定对价和可变对价,也就是说,企业应当评估可能发生的收入转回金额相对于合同总对价(包括固定对价和可变对价)而言的比重。企业应当将满足上述限制条件的可变对价的金额,计入交易价格。

导致收入转回的可能性增强或转回金额比重增加的因素包括但不限于:一是对价金额极易受到企业影响范围之外的因素影响,例如市场波动性、第三方的判断或行动、天气状况、已承诺商品存在较高的陈旧过时风险等;二是对价金额的不确定性预计在较长时期内无法消除;三是企业对类似合同的经验(或其他证据)有限,或者相关经验(或其他证据)的预测价值有限;四是企业在以往实务中对于类似情况下的类似合同,或曾提供了多种不同程度的价格折扣,或曾给予不同的付款条件;五是合同有多种可能的对价金额,且这些对价金额分布非常广泛。需要说明的是,将可变对价计入交易价格的限制条件不适用于企业向客户授予知识产权许可并约定按客户实际销售或使用情况收取特许权使用费的情况。

每一资产负债表日,企业应当重新估计可变对价金额(包括重新评估对可变对价的估计是否受到限制),以如实反映报告期末存在的情况以及报告期内发生的情况变化。

【例14-29】考虑将可变对价计入交易价格的限制要求1

2×18年12月1日,甲公司与其分销商乙公司签订合同,向乙公司销售1 000件产品,每件产品的售价为100元,合同总价为10万元,乙公司当日取得这些产品的控制权。乙公司通常在取得产品后的90天内将其对外售出,且乙公司在这些产品售出后才向甲公司支付货款。上述价格均不包含增值税。该合同中虽然约定了销售价格,但是基于甲公司过往的实务经验,为了维护与乙公司的客户关系,甲公司预计会向乙公司提供价格折扣,以便于乙公司能够以更加优惠的价格向最终客户销售这些产品,从而增加该产品的整体销量。因此,甲公司认为该合同的对价是可变的。

甲公司已销售该产品及类似产品多年，积累了丰富的经验，可观察的历史数据表明，甲公司以往销售此类产品时会给予客户大约20%的折扣。同时，根据当前市场信息分析，20%的降价幅度足以促进该产品的销量，从而提高其周转率。甲公司多年来向客户提供的折扣从未超过20%。

本例中，甲公司按照期望值估计可变对价的金额，因为该方法能够更好地预测其有权获得的对价金额。甲公司估计的交易价格为80 000［100×（1－20%）×1 000］元。同时，甲公司还需考虑有关将可变对价计入交易价格的限制要求，以确定能否将估计的可变对价金额80 000元计入交易价格。根据其销售此类产品的历史经验、所取得的当前市场信息以及对当前市场的估计，甲公司预计，尽管存在某些不确定性，但是该产品的价格可在短期内确定。因此，甲公司认为，在不确定性消除（即折扣的总金额最终确定）时，已确认的累计收入金额80 000元极可能不会发生重大转回。因此，甲公司应当于2×18年12月1日将产品控制权转移给乙公司时，确认收入80 000元。

【例14-30】考虑将可变对价计入交易价格的限制要求2

沿用【例14-29】，甲公司虽然有销售类似产品的经验。但是，甲公司的产品易过时，且产品定价波动性很大。根据以往经验，甲公司针对同类产品给予客户的折扣范围较广（约为销售价格的20%~60%）。根据当前市场情况，降价幅度需要达到15%~50%，才能有效地提高该产品周转率。

本例中，甲公司按照期望值估计可变对价的金额，因为该方法能够更好地预测其有权获得的对价金额。甲公司采用期望值法估计将提供40%的折扣，因此估计的交易价格为60 000［100×（1－40%）×1 000］元。同时，甲公司还需考虑有关将可变对价计入交易价格的限制要求，以确定能否将估计的可变对价金额60 000元计入交易价格。由于甲公司的产品价格极易受到超出甲公司影响范围之外的因素（即产品陈旧过时）的影响，并且为了提高该产品的周转率，甲公司可能需要提供的折扣范围也较广，因此，甲公司不能将该60 000元（即提供40%折扣之后的价格）计入交易价格，这是因为，将该金额计入交易价格不满足已确认的累计收入金额极可能不会发生重大转回的条件。

但是，根据当前市场情况，降价幅度达到15%~50%，能够有效地提高该产品周转率，在以往的类似交易中，甲公司实际的降价幅度与当时市场信息基本一致。在这种情况下，尽管甲公司以往提供的折扣范围为20%~60%，但是，甲公司认为，如果将50 000元（即提供50%折扣之后的价格）计入交易价格，已确认的累计收入金额极可能不会发生重大转回。因此，甲公司应当于2×18年12月1日将产品控制权转移给乙公司时，确认50 000元的收入，并在不确定性消除之前的每一资产负债表日重新评估该交易价格的金额。

【例14-31】考虑将可变对价计入交易价格的限制要求3

2×18年1月1日，甲公司与乙公司签订合同，向其销售A产品。合同约定，当乙公司在2×18年的采购量不超过2 000件时，每件产品的价格为80元，当乙公司在2×18年的采购量超过2 000件时，每件产品的价格为70元。乙公司在第一季度的采购量为150件，甲公司预计乙公司全年的采购量不会超过2 000件。2×18年4月，乙公司因完成产能升级而增加了原材料的采购量,第二季度共向甲公司采购 A 产品 1 000 件,甲公司预计乙公司全年的采购量将超过 2 000 件,因此,全年采购量适用的产品单价均将调整为 70 元。

本例中,2×18 年第一季度,甲公司根据以往经验估计乙公司全年的采购量将不会超过 2 000 件,甲公司按照 80 元的单价确认收入,满足在不确定性消除之后(即乙公司全年的采购量确定之后),累计已确认的收入将极可能不会发生重大转回的要求,因此,甲公司在第一季度确认的收入金额为 12 000(80×150)元。2×18 年第二季度,甲公司对交易价格进行重新估计,由于预计乙公司全年的采购量将超过 2 000 件,按照 70 元的单价确认收入,才满足极可能不会导致累计已确认的收入发生重大转回的要求。因此,甲公司在第二季度确认收入 68 500〔70×(1 000+150)-12 000〕元。

【例 14-32】考虑将可变对价计入交易价格的限制要求 4

2×18 年 10 月 1 日,甲公司签订合同,为一只股票型基金提供资产管理服务,合同期限为 3 年。甲公司所能获得的报酬包括两部分:一是每季度按照本季度末该基金净值的 1% 收取管理费,该管理费不会因基金净值的后续变化而调整或被要求退回;二是该基金在 3 年内的累计回报如果超过 10%,则乙公司可以获得超额回报部分的 20% 作为业绩奖励。2×18 年 12 月 31 日,该基金的净值为 5 亿元。假定不考虑相关税费影响。

本例中,甲公司在该项合同中收取的管理费和业绩奖励均为可变对价,其金额极易受到股票价格波动的影响,这是在甲公司影响范围之外的,虽然甲公司以往有类似合同的经验,但是,该经验在确定未来市场表现方面并不具有预测价值。因此,在合同开始日,甲公司无法对其能够收取的管理费和业绩奖励进行估计,也就是说,如果将估计的某一金额的管理费或业绩奖励计入交易价格,将不满足累计已确认的收入金额极可能不会发生重大转回的要求。

2×18 年 12 月 31 日,甲公司重新估计该合同的交易价格,影响本季度管理费收入金额的不确定性已经消除,甲公司确认管理费收入 500(500 000 000×1%)万元。甲公司未确认业绩奖励收入,这是因为,该业绩奖励仍然会受到基金未来累计回报的影响,难以满足将可变对价计入交易价格的限制条件。在后续的每一资产负债表日,甲公司应当重新估计交易价格是否满足将可变对价计入交易价格的限制条件,以确定其收入金额。

2. 合同中存在重大融资成分。

当企业将商品的控制权转移给客户的时间与客户实际付款的时间不一致时,如企业以赊销的方式销售商品,或者要求客户支付预付款等,如果各方以在合同中明确(或者以隐含的方式)约定的付款时间为客户或企业就转让商品的交易提供了重大融资利益,则合同中即包含了重大融资成分,企业在确定交易价格时,应当对已承诺的对价金额作出调整,以剔除货币时间价值的影响。

合同中存在重大融资成分的,企业应当按照假定客户在取得商品控制权时即以现金支付的应付金额(即现销价格)确定交易价格。在评估合同中是否存在融资成分以及该融资成分对于该合同而言是否重大时,企业应当考虑所有相关的事实和情况,包括:一是已承诺的对价金额与已承诺商品的现销价格之间的差额,如果企业(或其他企业)在销售相同商品时,不同的付款时间会导致销售价格有所差别,则通常表明各方知晓合同中包含了融资成分;二是企业将承诺的商品转让给客户与客户支付相关款项之间的预计时间间隔和相应的市场现行利率的共同影响。尽管向客户转让商品与客户支付相关款项之间的时间间隔并非决定性因素，但是，该时间间隔与现行利率两者的共同影响可能提供了是否存在重大融资利益的明显迹象。

企业向客户转让商品与客户支付相关款项之间存在时间间隔并不足以表明合同包含重大融资成分。企业向客户转让商品与客户支付相关款项之间虽然存在时间间隔，但两者之间的合同没有包含重大融资成分的情形有：一是客户就商品支付了预付款，且可以自行决定这些商品的转让时间。例如，企业向客户出售其发行的储值卡，客户可随时到该企业持卡购物；再如，企业向客户授予奖励积分，客户可随时到该企业兑换这些积分等。二是客户承诺支付的对价中有相当大的部分是可变的，该对价金额或付款时间取决于某一未来事项是否发生，且该事项实质上不受客户或企业控制。例如，按照实际销售量收取的特许权使用费。三是合同承诺的对价金额与现销价格之间的差额是由于向客户或企业提供融资利益以外的其他原因所导致的，且这一差额与产生该差额的原因是相称的。例如，合同约定的支付条款是为了向企业或客户提供保护，以防止另一方未能依照合同充分履行其部分或全部义务。

【例14-33】合同中不包含重大融资成分

2×18年1月，甲公司与乙公司签订了一项施工总承包合同。合同约定的工期为30个月，工程造价为8亿元（不含税价）。甲乙双方每季度进行一次工程结算，并于完工时进行竣工结算，每次工程结算额（除质保金及相应的增值税外）由客户于工程结算后5个工作日内支付；除质保金外的工程尾款于竣工结算后10个工作日内支付；合同金额的3%作为质保金，用以保证项目在竣工后2年内正常运行，在质保期满后5个工作日内支付。

本例中，乙公司保留了3%的质保金直到项目竣工2年后支付，虽然服务完成时间与乙公司付款的时间间隔较长，但是，该质保金旨在为乙公司提供工程质量保证，以防甲公司未能完成其合同义务，而并非乙公司提供融资。因此，甲公司认为该合同中不包含重大融资成分，无需就延期支付质保金的影响调整交易价格。

需要说明的是，企业应当在单个合同层面考虑融资成分是否重大，而不应在合同组合层面考虑这些合同中的融资成分的汇总影响对企业整体而言是否重大。

合同中存在重大融资成分的，企业在确定该重大融资成分的金额时，应使用将合同对价的名义金额折现为商品现销价格的折现率。该折现率一经确定，不得因后续市场利率或客户信用风险等情况的变化而变更。企业确定的交易价格与合同承诺的对价金额之间的差额，应当在合同期间内采用实际利率法摊销。

【例14-34】合同中包含重大融资成分

2×18年1月1日，甲公司与乙公司签订合同，向其销售一批产品。合同约定，该批产品将于2年之后交货。合同中包含两种可供选择的付款方式，即乙公司可以在2年后交付产品时支付449.44万元，或者在合同签订时支付400万元。乙公司选择在合同签订时支付货款。该批产品的控制权在交货时转移。甲公司于2×18年1月1日收到乙公司支付的货款。上述价格均不包含增值税，且假定不考虑相关税费影响。

本例中，按照上述两种付款方式计算的内含利率为6%。考虑到乙公司付款时间和产品交付时间之间的间隔以及现行市场利率水平,甲公司认为该合同包含重大融资成分,在确定交易价格时,应当对合同承诺的对价金额进行调整,以反映该重大融资成分的影响。假定该融资费用不符合借款费用资本化的要求。甲公司的账务处理为:

(1) 2×18年1月1日收到货款。

借:银行存款 4 000 000
　　未确认融资费用 494 400
　贷:合同负债 4 494 400

(2) 2×18年12月31日确认融资成分的影响。

借:财务费用(4 000 000×6%) 240 000
　贷:未确认融资费用 240 000

(3) 2×19年12月31日交付产品。

借:财务费用(4 240 000×6%) 254 400
　贷:未确认融资费用 254 400
借:合同负债 4 494 400
　贷:主营业务收入 4 494 400

为简化实务操作,如果在合同开始日,企业预计客户取得商品控制权与客户支付价款间隔不超过一年的,可以不考虑合同中存在的重大融资成分。企业应当对类似情形下的类似合同一致地应用这一简化处理方法。

企业在编制利润表时,应当将合同中存在的重大融资成分的影响(即利息收入和利息支出)与按照本准则确认的收入区分开来,分别列示。企业在按照本准则对与客户的合同进行会计处理时,只有在确认了合同资产(或应收款项)和合同负债时,才应当分别确认相应的利息收入和利息支出。

3. 非现金对价。

当企业因转让商品而有权向客户收取的对价是非现金形式时,如实物资产、无形资产、股权、客户提供的广告服务等。企业通常应当按照非现金对价在合同开始日的公允价值确定交易价格。非现金对价公允价值不能合理估计的,企业应当参照其承诺向客户转让商品的单独售价间接确定交易价格。非现金对价的公允价值可能会因对价的形式而发生变动(例如,企业有权向客户收取的对价是股票,股票本身的价格会发生变动),也可能会因为其形式以外的原因而发生变动(例如,企业有权收取非现金对价的公允价值因企业的履约情况而发生变动)。合同开始日后,非现金对价的公允价值因对价形式以外的原因而发生变动的,应当作为可变对价,按照与计入交易价格的可变对价金额的限制条件相关的规定进行处理;合同开始日后,非现金对价的公允价值因对价形式而发生变动的,该变动金额不应计入交易价格。

【例14-35】企业因转让商品而有权向客户收取的对价是非现金形式

甲企业为客户生产一台专用设备。双方约定,如果甲企业能够在30天内交货,则可以额外获得100股客户的股票作为奖励。合同开始日,该股票的价格为每股5元;由于缺乏执行类似合同的经验,当日,甲企业估计,该100股股票的公允价值计入交易价格将不满足累计已确认的收入极可能不会发生重大转回的限制条件。合同开始日之后的第 25 天，企业将该设备交付给客户，从而获得了 100 股股票，该股票在此时的价格为每股 6 元。假定企业将该股票作为以公允价值计量且其变动计入当期损益的金融资产。

本例中，合同开始日，该股票的价格为每股 5 元，由于缺乏执行类似合同的经验，当日，甲企业估计，该 100 股股票的公允价值计入交易价格将不满足累计已确认的收入极可能不会发生重大转回的限制条件，因此，甲企业不应将该 100 股股票的公允价值 500 元计入交易价格。合同开始日之后的第 25 天，甲企业获得了 100 股股票，该股票在此时的价格为每股 6 元。甲企业应当将股票（非现金对价）的公允价值因对价形式以外的原因而发生的变动，即 500（5×100）元确认为收入，因对价形式原因而发生的变动，即 100（600－500）元计入公允价值变动损益。

企业在向客户转让商品的同时，如果客户向企业投入材料、设备或人工等商品，以协助企业履行合同，企业应当评估其是否取得了对这些商品的控制权，取得这些商品控制权的，企业应当将这些商品作为从客户收取的非现金对价进行会计处理。

4. 应付客户对价。

企业在向客户转让商品的同时，需要向客户或第三方支付对价的，应当将该应付对价冲减交易价格，但应付客户对价是为了自客户取得其他可明确区分商品的除外。这里的应付客户对价还包括可以抵减应付企业金额的相关项目金额，如优惠券、兑换券等。这里的第三方通常指向企业的客户购买本企业商品的一方，即处于企业分销链上的"客户的客户"，例如，企业将其生产的产品销售给经销商，经销商再将这些产品销售给最终用户，最终用户即是第三方。有时，企业需要向其支付款项的第三方是本企业客户的客户，但处于企业分销链之外，如果企业认为该第三方也是本企业的客户，或者根据企业与其客户的合同约定，企业有义务向该第三方支付款项，则企业向该第三方支付的款项也应被视为应付客户对价进行会计处理。应付客户对价中包含可变金额的，企业应当根据本准则有关可变对价的相关规定对其进行估计。

企业应付客户对价是为了自客户取得其他可明确区分商品的，应当采用与企业其他采购相一致的方式确认所购买的商品。企业应付客户对价超过自客户取得的可明确区分商品公允价值的，超过金额应当作为应付客户对价冲减交易价格。自客户取得的可明确区分商品公允价值不能合理估计的，企业应当将应付客户对价全额冲减交易价格。

在对应付客户对价冲减交易价格进行会计处理时，企业应当在确认相关收入与支付（或承诺支付）客户对价二者孰晚的时点冲减当期收入。

（二）将交易价格分摊至各单项履约义务。

当合同中包含两项或多项履约义务时，需要将交易价格分摊至各单项履约义务，以使企业分摊至各单项履约义务（或可明确区分的商品）的交易价格能够反映其因向客户转让已承诺的相关商品而预期有权收取的对价金额。

1. 分摊的一般原则。

合同中包含两项或多项履约义务的，企业应当在合同开始日，按照各单项履约义务所承诺商品的单独售价的相对比例，将交易价格分摊至各单项履约义务。

【例14-36】按相对比例将交易价格分摊至各单项履约义务

甲公司与客户签订合同，向其销售A、B、C三件产品，合同价款为10 000元。A、B、C产品的单独售价分别为5 000元、2 500元和7 500元，合计为15 000元。上述价格均不包含增值税。

本例中，根据上述交易价格分摊原则，A产品应当分摊的交易价格为3 333（5 000÷15 000×10 000）元，B产品应当分摊的交易价格为1 667（2 500÷15 000×10 000）元，C产品应当分摊的交易价格为5 000（7 500÷15 000×10 000）元。

单独售价，是指企业向客户单独销售商品的价格。企业在类似环境下向类似客户单独销售某商品的价格，应作为确定该商品单独售价的最佳证据。合同或价目表上的标价可能是商品的单独售价，但不能默认其一定是该商品的单独售价。例如，企业为其销售的产品制定了标准价格，但是，在实务中经常以低于该标准价格的折扣价格对外销售，此时，企业在估计该产品的单独售价时，应当考虑这一因素。

单独售价无法直接观察的，企业应当综合考虑其能够合理取得的全部相关信息，采用市场调整法、成本加成法、余值法等方法合理估计单独售价，应考虑的信息包括市场情况（如商品的市场供求状况、竞争、限制和趋势等）、企业特定因素（如企业的定价策略和实务操作安排等）以及与客户有关的信息（如客户类型、所在地区和分销渠道等）等；企业应当最大限度地采用可观察的输入值，并对类似的情况采用一致的估计方法。

市场调整法，是指企业根据某商品或类似商品的市场售价，考虑本企业的成本和毛利等进行适当调整后的金额，确定其单独售价的方法。企业可以对其销售商品的市场进行评估，进而估计客户在该市场上购买本企业的商品所愿意支付的价格，也可以参考其竞争对手销售类似商品的价格，并在此基础上进行必要调整以反映本企业的成本及毛利。

成本加成法，是指企业根据某商品的预计成本加上其合理毛利后的金额，确定其单独售价的方法。其中，预计成本应当与企业在定价时通常会考虑的成本因素一致，既包括直接成本，也包括间接成本；企业在确定合理毛利时，应当考虑的因素包括类似商品单独售价的毛利水平、行业内的历史毛利水平、行业平均售价、市场情况以及企业的利润目标等。

余值法，是指企业根据合同交易价格减去合同中其他商品可观察单独售价后的余额，确定某商品单独售价的方法。企业在商品近期售价波动幅度巨大，或者因未定价且未曾单独销售而使售价无法可靠确定时，可采用余值法估计其单独售价。其中，售价波动幅度巨大，是指企业在相同或相近的时间向不同客户出售同一种商品时的价格差异很大，因而导致企业无法从以往的交易或其他可观察的证据中识别出具有代表性的单独售价；未定价且未曾单独销售，是指企业尚未对该商品进行定价，且该商品过往未曾单独出售过，即销售价格尚未确定。例如，企业以10万元的价格向客户销售A、B、C三件可明确区分的商品，其中，A商品和B商品经常单独对外销售，销售价格分别为2.5万元和4.5万元，C商品为新产品，企业尚未对其定价且未曾单独销售，市场上也无类似商品出售，在这种情况下，企业采用余值法估计C商品的单独售价为3万元，即合同价格10万元减去A商品和B商品的单独售价之和7（2.5＋4.5）万元后的余额。

如果合同中存在两项或两项以上的商品，其销售价格变动幅度较大或尚未确定，企业可能需要采用多种方法相结合的方式，对合同所承诺的商品的单独售价进行估计。例如，企业可能采用余值法估计销售价格变动幅度较大或尚未确定的多项可明确区分商品的单独售价总和，然后再采用其他方法估计其中包含的每一项可明确区分商品的单独售价。企业采用多种方法相结合的方式估计合同所承诺的每一项商品的单独售价时，应当评估该方式是否满足交易价格分摊的目标，即企业分摊至各单项履约义务（或可明确区分的商品）的交易价格能够反映其因向客户转让已承诺的相关商品而预期有权收取的对价金额。例如，当企业采用余值法估计确定的某单项履约义务的单独售价为零或仅为很小的金额时，企业应当评估该结果是否恰当，这是因为合同中包含的可明确区分商品对于客户而言都应该是有一定价值的。

2. 分摊合同折扣。

当客户购买的一组商品中所包含的各单项商品的单独售价之和高于合同交易价格时，表明客户因购买该组商品而取得了合同折扣。合同折扣，是指合同中各单项履约义务所承诺商品的单独售价之和高于合同交易价格的金额。企业应当在各单项履约义务之间按比例分摊合同折扣。有确凿证据表明合同折扣仅与合同中一项或多项（而非全部）履约义务相关的，企业应当将该合同折扣分摊至相关的一项或多项履约义务。

同时满足下列三项条件时，企业应当将合同折扣全部分摊至合同中的一项或多项（而非全部）履约义务：一是企业经常将该合同中的各项可明确区分商品单独销售或者以组合的方式单独销售；二是企业也经常将其中部分可明确区分的商品以组合的方式按折扣价格单独销售；三是归属于上述第二项中每一组合的商品的折扣与该合同中的折扣基本相同，且针对每一组合中的商品的分析为将该合同的整体折扣归属于某一项或多项履约义务提供了可观察的证据。

【例 14-37】分摊合同折扣的会计处理

甲公司与客户签订合同，向其销售 A、B、C 三种产品，合同总价款为 120 万元，这三种产品构成三项履约义务。企业经常以 50 万元单独出售 A 产品，其单独售价可直接观察；B 产品和 C 产品的单独售价不可直接观察，企业采用市场调整法估计的 B 产品单独售价为 25 万元，采用成本加成法估计的 C 产品单独售价为 75 万元。甲公司通常以 50 万元的价格单独销售 A 产品，并将 B 产品和 C 产品组合在一起以 70 万元的价格销售。上述价格均不包含增值税。

本例中，三种产品的单独售价合计为 150 万元，而该合同的价格为 120 万元，该合同的整体折扣为 30 万元。由于甲公司经常将 B 产品和 C 产品组合在一起以 70 万元的价格销售，该价格与其单独售价之和（100 万元）的差额为 30 万元，与该合同的整体折扣一致，而 A 产品单独销售的价格与其单独售价一致，证明该合同的整体折扣仅应归属于 B 产品和 C 产品。因此，在该合同下，分摊至 A 产品的交易价格为 50 万元，分摊至 B 产品和 C 产品的交易价格合计为 70 万元，甲公司应当进一步按照 B 产品和 C 产品的单独售价的相对比例将该价格在二者之间进行分摊：B 产品应分摊的交易价格为 17.5（25÷100×70）万元，C 产品应分摊的交易价格为 52.5（75÷100×70）万元。

有确凿证据表明,合同折扣仅与合同中的一项或多项(而非全部)履约义务相关,且企业采用余值法估计单独售价的,应当首先在该一项或多项(而非全部)履约义务之间分摊合同折扣,然后再采用余值法估计单独售价。

【例14-38】分摊合同折扣后采用余值法估计单独售价

沿用【例14-37】,A、B、C产品的单独售价均不变,合计为150万元,B、C产品组合销售的折扣仍为30万元。但是,合同总价款为160万元,甲公司与该客户签订的合同中还包括销售D产品。D产品的价格波动巨大,甲公司向不同的客户单独销售D产品的价格在20万元至60万元之间。

本例中,由于D产品价格波动巨大,甲公司计划用余值法估计其单独售价。由于合同折扣30万元仅与B、C产品有关,因此,甲公司首先应当在B、C产品之间分摊合同折扣。A、B和C产品在分摊了合同折扣之后的单独售价分别为50万元、17.5万元和52.5万元,合计为120万元。然后,甲公司采用余值法估计D产品的单独售价为40(160-120)万元,该金额在甲公司以往单独销售D产品的价格区间之内,表明该分摊结果符合分摊交易价格的目标,即该金额能够反映甲公司因转让D产品而预期有权收取的对价金额。

假定合同总价款不是160万元,而是125万元时,甲公司采用余值法估计的D产品的单独售价仅为5(125-120)万元,该金额在甲公司过往单独销售D产品的价格区间之外,表明该分摊结果可能不符合分摊交易价格的目标,即该金额不能反映甲公司因转让D产品而预期有权收取的对价金额。在这种情况下,用余值法估计D产品的单独售价可能是不恰当的,甲公司应当考虑采用其他的方法估计D产品的单独售价。

3. 分摊可变对价。

合同中包含可变对价的,该可变对价可能与整个合同相关,也可能仅与合同中的某一特定组成部分有关,后者包括两种情形:一是可变对价可能与合同中的一项或多项(而非全部)履约义务有关,例如,是否获得奖金取决于企业能否在指定时期内转让某项已承诺的商品。二是可变对价可能与企业向客户转让的构成单项履约义务的一系列可明确区分商品中的一项或多项(而非全部)商品有关,例如,为期两年的保洁服务合同中,第二年的服务价格将根据指定的通货膨胀率确定。

同时满足下列两项条件的,企业应当将可变对价及可变对价的后续变动额全部分摊至与之相关的某项履约义务,或者构成单项履约义务的一系列可明确区分商品中的某项商品:一是可变对价的条款专门针对企业为履行该项履约义务或转让该项可明确区分商品所作的努力(或者是履行该项履约义务或转让该项可明确区分商品所导致的特定结果);二是企业在考虑了合同中的全部履约义务及支付条款后,将合同对价中的可变金额全部分摊至该项履约义务或该项可明确区分商品符合分摊交易价格的目标。对于不满足上述条件的可变对价及可变对价的后续变动额,以及可变对价及其后续变动额中未满足上述条件的剩余部分,企业应当按照分摊交易价格的一般原则,将其分摊至合同中的各单项履约义务。对于已履行的履约义务,其分摊的可变对价后续变动额应当调整变动当期的收入。

【例14-39】分摊可变对价的会计处理

甲公司与乙公司签订合同,将其拥有的两项专利技术X和Y授权给乙公司使用。假定两项授权均分别构成单项履约义务,且都属于在某一时点履行的履约义务。合同约定,授权使用专利技术 X 的价格为 80 万元,授权使用专利技术 Y 的价格为乙公司使用该专利技术所生产的产品销售额的 3%。专利技术 X 和 Y 的单独售价分别为 80 万元和 100 万元。甲公司估计其就授权使用专利技术 Y 而有权收取的特许权使用费为 100 万元。上述价格均不包含增值税。

本例中,该合同中包含固定对价和可变对价,其中,授权使用专利技术 X 的价格为固定对价,且与其单独售价一致,授权使用专利技术 Y 的价格为乙公司使用该专利技术所生产的产品销售额的 3%,属于可变对价,该可变对价全部与授权使用专利技术 Y 能够收取的对价有关,且甲公司基于实际销售情况估计收取的特许权使用费的金额接近 Y 的单独售价。因此,甲公司将可变对价部分的特许权使用费金额全部由 Y 承担符合交易价格的分摊目标。

4. 交易价格的后续变动。

合同开始日之后,由于相关不确定性的消除或环境的其他变化等原因,交易价格可能会发生变化,从而导致企业因向客户转让商品而预期有权收取的对价金额发生变化。交易价格发生后续变动的,企业应当按照在合同开始日所采用的基础将该后续变动金额分摊至合同中的履约义务。企业不得因合同开始日之后单独售价的变动而重新分摊交易价格。

对于合同变更导致的交易价格后续变动,应当按照本准则有关合同变更的规定进行会计处理。合同变更之后发生可变对价后续变动的,企业应当区分下列三种情形分别进行会计处理:一是合同变更属于本准则第八条(一)规定情形的,企业应当判断可变对价后续变动与哪一项合同相关,并按照分摊可变对价的相关规定进行会计处理;二是合同变更属于本准则第八条(二)规定情形,且可变对价后续变动与合同变更前已承诺可变对价相关的,企业应当首先将该可变对价后续变动额以原合同开始日确定的单独售价为基础进行分摊,然后再将分摊至合同变更日尚未履行履约义务的该可变对价后续变动额以新合同开始日确定的基础进行二次分摊;三是合同变更之后发生除上述第(一)和(二)种情形以外的可变对价后续变动的,企业应当将该可变对价后续变动额分摊至合同变更日尚未履行(或部分未履行)的履约义务。

【例 14-40】交易价格的后续变动的会计处理

2×18 年 9 月 1 日,甲公司与乙公司签订合同,向其销售 A 产品和 B 产品。A 产品和 B 产品均为可明确区分商品且两种产品单独售价相同,也均属于在某一时点履行的履约义务。合同约定,A 产品和 B 产品分别于 2×18 年 11 月 1 日和 2×19 年 3 月 31 日交付给乙公司。合同约定的对价包括 1 000 元的固定对价和估计金额为 200 元的可变对价。假定甲公司将 200 元的可变对价计入交易价格,满足本准则有关将可变对价金额计入交易价格的限制条件。因此,该合同的交易价格为 1 200 元。上述价格均不包含增值税。

2×18 年 12 月 1 日,双方对合同范围进行了变更,乙公司向甲公司额外采购 C 产品,合同价格增加 300 元,C 产品与 A、B 两种产品可明确区分,但该增加的价格不反映 C 产品的单独售价。C 产品的单独售价与 A 产品和 B 产品相同。C 产品将于 2×19 年 6 月 30 日交付给乙公司。

2×18年12月31日，企业预计有权收取的可变对价的估计金额由200元变更为240元，该金额符合将可变对价金额计入交易价格的限制条件。因此，合同的交易价格增加了40元，且甲公司认为该增加额与合同变更前已承诺的可变对价相关。

假定上述三种产品的控制权均随产品交付而转移给乙公司。

本例中，在合同开始日，该合同包含两项履约义务，甲公司应当将估计的交易价格分摊至这两项履约义务。由于两种产品的单独售价相同，且可变对价不符合分摊至其中一项履约义务的条件，因此，甲公司将交易价格1 200元平均分摊至A产品和B产品，即A产品和B产品各自分摊的交易价格均为600元。

2×18年11月1日，当A产品交付给客户时，甲公司相应确认收入600元。

2×18年12月1日，双方进行了合同变更。该合同变更属于本准则第八条规定的第（二）种情形，因此该合同变更应当作为原合同终止，并将原合同的未履约部分与合同变更部分合并为新合同进行会计处理。在该新合同下，合同的交易价格为900（600+300）元，由于B产品和C产品的单独售价相同，分摊至B产品和C产品的交易价格的金额均为450元。

2×18年12月31日，甲公司重新估计可变对价，增加了交易价格40元。由于该增加额与合同变更前已承诺的可变对价相关，因此应首先将该增加额分摊给A产品和B产品，之后再将分摊给B产品的部分在B产品和C产品形成的新合同中进行二次分摊。在本例中，由于A、B和C产品的单独售价相同，在将40元的可变对价后续变动分摊至A产品和B产品时，各自分摊的金额为20元。由于甲公司已经转让了A产品，在交易价格发生变动的当期即应将分摊至A产品的20元确认为收入。之后，甲公司将分摊至B产品的20元平均分摊至B产品和C产品，即各自分摊的金额为10元，经过上述分摊后，B产品和C产品的交易价格金额均为460（450+10）元。因此，甲公司分别在B产品和C产品控制权转移时确认收入460元。

14.2.6 关于合同成本

（一）合同履约成本。

企业为履行合同可能会发生各种成本，企业应当对这些成本进行分析，属于其他企业会计准则（例如，《企业会计准则第1号——存货》《企业会计准则第4号——固定资产》以及《企业会计准则第6号——无形资产》等）规范范围的，应当按照相关企业会计准则进行会计处理；不属于其他企业会计准则规范范围且同时满足下列条件的，应当作为合同履约成本确认为一项资产。

1. 该成本与一份当前或预期取得的合同直接相关。

预期取得的合同应当是企业能够明确识别的合同，例如，现有合同续约后的合同、尚未获得批准的特定合同等。与合同直接相关的成本包括直接人工（例如，支付给直接为客户提供所承诺服务的人员的工资、奖金等）、直接材料（例如，为履行合同耗用的原材料、辅助材料、构配件、零件、半成品的成本和周转材料的摊销及租赁费用等）、制造费用（或类似费用，例如，组织和管理相关生产、施工、服务等活动发生的费用，包括管理人员的职工薪酬、劳动保护费、固定资产折旧费及修理费、物料消耗、取暖费、水电费、办公费、差旅费、财产保险费、工程保修费、排污费、临时设施摊销费等)、明确由客户承担的成本以及仅因该合同而发生的其他成本(例如,支付给分包商的成本、机械使用费、设计和技术援助费用、施工现场二次搬运费、生产工具和用具使用费、检验试验费、工程定位复测费、工程点交费用、场地清理费等)。

2. 该成本增加了企业未来用于履行(包括持续履行)履约义务的资源。

3. 该成本预期能够收回。

企业应当在下列支出发生时,将其计入当期损益:一是管理费用,除非这些费用明确由客户承担;二是非正常消耗的直接材料、直接人工和制造费用(或类似费用),这些支出为履行合同发生,但未反映在合同价格中;三是与履约义务中已履行(包括已全部履行或部分履行)部分相关的支出,即该支出与企业过去的履约活动相关。四是无法在尚未履行的与已履行(或已部分履行)的履约义务之间区分的相关支出。

【例14-41】合同履约成本

甲公司与乙公司签订合同,为乙公司信息中心提供管理服务,合同期限为5年。在向乙公司提供服务之前,甲公司设计并搭建了一个信息技术平台供其内部使用,该信息技术平台由相关的硬件和软件组成。甲公司需要提供设计方案,将该信息技术平台与乙公司现有的信息系统对接,并进行相关测试。该平台并不会转让给乙公司,但是,将用于向乙公司提供服务。甲公司为该平台的设计、购买硬件和软件以及信息中心的测试发生了成本。除此之外,甲公司专门指派两名员工,负责向乙公司提供服务。

本例中,甲公司为履行合同发生的上述成本中,购买硬件和软件的成本应当分别按照固定资产准则和无形资产准则进行会计处理;设计服务成本和信息中心的测试成本不属于其他企业会计准则的规范范围,但是这些成本与履行该合同直接相关,并且增加了甲公司未来用于履行履约义务(即提供管理服务)的资源,如果甲公司预期该成本可通过未来提供服务收取的对价收回,则甲公司应当将这些成本确认为一项资产。甲公司向两名负责该项目的员工支付的工资费用,虽然与向乙公司提供服务有关,但是由于其并未增加企业未来用于履行履约义务的资源,因此,应当于发生时计入当期损益。

(二)合同取得成本。

企业为取得合同发生的增量成本预期能够收回的,应当作为合同取得成本确认为一项资产。增量成本,是指企业不取得合同就不会发生的成本,如销售佣金等。为简化实务操作,该资产摊销期限不超过一年的,可以在发生时计入当期损益。企业采用该简化处理方法的,应当对所有类似合同一致采用。

企业为取得合同发生的、除预期能够收回的增量成本之外的其他支出,例如,无论是否取得合同均会发生的差旅费、投标费、为准备投标资料发生的相关费用等,应当在发生时计入当期损益,除非这些支出明确由客户承担。

【例14-42】合同取得成本

甲公司是一家咨询公司,其通过竞标赢得一个新客户,为取得与该客户的合同,甲公司聘请外部律师进行尽职调查,支付相关费用为15 000元,为投标而发生的差旅费为10 000

元,支付销售人员佣金5 000元。甲公司预期这些支出未来均能够收回。此外,甲公司根据其年度销售目标、整体盈利情况及个人业绩等,向销售部门经理支付年度奖金10 000元。

本例中,甲公司因签订该客户合同而向销售人员支付的佣金属于为取得合同发生的增量成本,应当将其作为合同取得成本确认为一项资产。甲公司聘请外部律师进行尽职调查发生的支出、为投标发生的差旅费,无论是否取得合同都会发生,不属于增量成本,因此,应当于发生时直接计入当期损益。甲公司向销售部门经理支付的年度奖金也不是为取得合同发生的增量成本,这是因为该奖金发放与否以及发放金额还取决于其他因素(包括公司的盈利情况和个人业绩),并不能直接归属于可识别的合同。

企业因现有合同续约或发生合同变更需要支付的额外佣金,也属于为取得合同发生的增量成本。实务中,当涉及合同取得成本的安排比较复杂时,企业需要运用判断,对发生的合同取得成本进行恰当的会计处理,例如,合同续约或合同变更时需要支付额外的佣金、企业支付的佣金金额取决于客户未来的履约情况或者取决于累计取得的合同数量或金额等。

【例14-43】为取得合同发生的增量成本

根据甲公司的相关政策,销售部门的员工每取得一份新的合同,可以获得提成100元,现有合同每续约一次,员工可以获得提成60元。甲公司预期上述提成均能够收回。

本例中,甲公司为取得新合同支付给员工的提成100元,属于为取得合同发生的增量成本,且预期能够收回,因此,应当确认为一项资产。同样地,甲公司为现有合同续约支付给员工的提成60元,也属于为取得合同发生的增量成本,这是因为如果不发生合同续约,就不会支付相应的提成,由于该提成预期能够收回,甲公司应当在每次续约时将应支付的相关提成确认为一项资产。

假定:除上述规定外,甲公司相关政策规定,当合同变更时,如果客户在原合同的基础上,向甲公司支付额外的对价以购买额外的商品,则甲公司需根据该新增的合同金额向销售人员支付一定的提成。在这种情况下,无论相关合同变更属于本准则第八条规定的哪一种情形,甲公司均应当将应支付的提成视同为取得合同(变更后的合同)发生的增量成本进行会计处理。

为取得合同需要支付的佣金在履行合同的过程中分期支付且客户违约时企业无需支付剩余佣金的,如果该合同在合同开始日即满足本准则第五条规定的五项条件,该佣金预期能够从客户支付的对价中获得补偿,且取得合同后,收取佣金的一方不再为企业提供任何相关服务,则企业应当将应支付的佣金全额作为合同取得成本确认为一项资产。后续期间,如果客户的履约情况发生变化,企业应当评估该合同是否仍然满足本准则第五条规定的五项条件以及确认为资产的合同取得成本是否发生减值,并进行相应的会计处理。这一处理也同样适用于客户违约可能导致企业收回已经支付的佣金的情况。当企业发生的合同取得成本与多份合同相关(例如,企业支付的佣金取决于累计取得的合同数量或金额)时,情况可能更为复杂,企业应当根据实际情况进行判断,并进行相应的会计处理。

(三)摊销和减值。

1. 摊销。

根据上述(一)和(二)确认的与合同履约成本和合同取得成本有关的企业资产(以下

简称"与合同成本有关的资产"),应当采用与该资产相关的商品收入确认相同的基础(即,在履约义务履行的时点或按照履约义务的履约进度)进行摊销,计入当期损益。

在确定与合同成本有关的资产的摊销期限和方式时,如果该资产与一份预期将要取得的合同(如续约后的合同)相关,则在确定相关摊销期限和方式时,应当考虑该将要取得的合同的影响。但是,对于合同取得成本而言,如果合同续约时,企业仍需要支付与取得原合同相当的佣金,这表明取得原合同时支付的佣金与未来预期取得的合同无关,该佣金只能在原合同的期限内进行摊销。企业为合同续约仍需支付的佣金是否与原合同相当,需要根据具体情况进行判断。例如,如果两份合同的佣金按照各自合同金额的相同比例计算,通常表明这两份合同的佣金水平是相当的,但是,实务中,与取得原合同相比,现有合同续约的难度可能较低,因此,即使合同续约时应支付的佣金低于取得原合同的佣金,也可能表明这两份合同的佣金水平是相当的。

某些情况下,企业将为取得某份合同发生的增量成本确认为一项资产,但是该合同中包含多项履约义务,且这些履约义务在不同的时点或时段内履行。在确定该项资产的摊销方式时,企业可以基于各项履约义务分摊的交易价格的相对比例,将该项资产分摊至各项履约义务,再以与该履约义务(可明确区分的商品)的收入确认相同的基础进行摊销;或者,企业可以考虑合同中包含的所有履约义务,采用恰当的方法确定合同的完成情况,即,应当最能反映该资产随相关商品的转移而被"耗用"的情况,并以此为基础对该资产进行摊销。通常情况下,上述两种方法的结果可能是近似的,但是,后者无需将合同取得成本特别分摊至合同中的各项履约义务。

企业应当根据向客户转让与上述资产相关的商品的预期时间变化,对资产的摊销情况进行复核并更新,以反映该预期时间的重大变化。此类变化应当作为会计估计变更,按照《企业会计准则第 28 号——会计政策、会计估计变更和差错更正》进行会计处理。

2. 减值。

与合同成本有关的资产,其账面价值高于下列第一项减去第二项的差额的,超出部分应当计提减值准备,并确认为资产减值损失:一是企业因转让与该资产相关的商品预期能够取得的剩余对价;二是为转让该相关商品估计将要发生的成本。这里,企业应当按照确定交易价格的原则(关于可变对价估计的限制要求除外)预计其能够取得的剩余对价。估计将要发生的成本主要包括直接人工、直接材料、制造费用(或类似费用)、明确由客户承担的成本以及仅因该合同而发生的其他成本等。以前期间减值的因素之后发生变化,使得企业上述第一项减去第二项后的差额高于该资产账面价值的,应当转回原已计提的资产减值准备,并计入当期损益,但转回后的资产账面价值不应超过假定不计提减值准备情况下该资产在转回日的账面价值。

在确定与合同成本有关的资产的减值损失时,企业应当首先对按照其他相关企业会计准则确认的、与合同有关的其他资产确定减值损失;然后,按照上一段的要求确定与合同成本有关的资产的减值损失。企业按照《企业会计准则第 8 号——资产减值》测试相关资产组的减值情况时,应当将按照上述要求确定上述资产减值后的新账面价值计入相关资产组的账面价值。

14.2.7 关于特定交易的会计处理

（一）附有销售退回条款的销售。

企业将商品转让给客户之后，可能会因为各种原因允许客户选择退货（例如，客户对所购商品的款式不满意等）。附有销售退回条款的销售，是指客户依照有关合同有权退货的销售方式。合同中有关退货权的条款可能会在合同中明确约定，也有可能是隐含的。隐含的退货权可能来自企业在销售过程中向客户作出的声明或承诺，也有可能来自法律法规的要求或企业以往的习惯做法等。客户选择退货时，可能有权要求返还其已经支付的全部或部分对价、抵减其对企业已经产生或将会产生的欠款或者要求换取其他商品。

客户取得商品控制权之前退回该商品不属于销售退回。需要说明的是，企业在允许客户退货的期间内随时准备接受退货的承诺，并不构成单项履约义务，但可能会影响收入确认的金额。企业应当遵循可变对价（包括将可变对价计入交易价格的限制要求）的处理原则来确定其预期有权收取的对价金额，即交易价格不应包含预期将会被退回的商品的对价金额。

企业应当在客户取得相关商品控制权时，按照因向客户转让商品而预期有权收取的对价金额（即，不包含预期因销售退回将退还的金额）确认收入，按照预期因销售退回将退还的金额确认负债；同时，按照预期将退回商品转让时的账面价值，扣除收回该商品预计发生的成本（包括退回商品的价值减损）后的余额，确认一项资产，按照所转让商品转让时的账面价值，扣除上述资产成本的净额结转成本。每一资产负债表日，企业应当重新估计未来销售退回情况，并对上述资产和负债进行重新计量。如有变化，应当作为会计估计变更进行会计处理。

【例14-44】附有销售退回条款进行销售的会计处理1

甲公司是一家健身器材销售公司。2×18年10月1日，甲公司向乙公司销售5 000件健身器材，单位销售价格为500元，单位成本为400元，开出的增值税专用发票上注明的销售价格为250万元，增值税税额为32.5万元。健身器材已经发出，但款项尚未收到。根据协议约定，乙公司应于2×18年12月1日之前支付货款，在2×19年3月31日之前有权退还健身器材。发出健身器材时，甲公司根据过去的经验，估计该批健身器材的退货率约为20%；在2×18年12月31日，甲公司对退货率进行了重新评估，认为只有10%的健身器材会被退回。甲公司为增值税一般纳税人，健身器材发出时纳税义务已经发生，实际发生退回时取得税务机关开具的红字增值税专用发票。假定健身器材发出时控制权转移给乙公司。甲公司的账务处理如下：

(1) 2×18年10月1日发出健身器材。

借：应收账款 2 825 000
　　贷：主营业务收入 2 000 000
　　　　预计负债——应付退货款 500 000
　　　　应交税费——应交增值税（销项税额） 325 000
借：主营业务成本 1 600 000
　　应收退货成本 400 000

贷：库存商品	2 000 000

（2）2×18年12月1日前收到货款。

借：银行存款	2 825 000
贷：应收账款	2 825 000

（3）2×18年12月31日，甲公司对退货率进行重新评估。

借：预计负债——应付退货款	250 000
贷：主营业务收入	250 000
借：主营业务成本	200 000
贷：应收退货成本	200 000

（4）2×19年3月31日发生销售退回，实际退货量为400件，退货款项已经支付。

借：库存商品	160 000
应交税费——应交增值税（销项税额）	26 000
预计负债——应付退货款	250 000
贷：应收退货成本	160 000
主营业务收入	50 000
银行存款	226 000
借：主营业务成本	40 000
贷：应收退货成本	40 000

附有销售退回条款的销售，在客户要求退货时，如果企业有权向客户收取一定金额的退货费，则企业在估计预期有权收取的对价金额时，应当将该退货费包括在内。

【例14-45】附有销售退回条款进行销售的会计处理2

甲公司向家具店销售10张餐桌，每张餐桌的价格为1 000元，成本为750元。根据合同约定，家具店有权在收到餐桌的30天内退货，但是需要向甲公司支付10%的退货费（即每张餐桌的退货费为100元）。根据历史经验，甲公司预计的退货率为10%，且退货过程中，甲公司预计为每张退货的餐桌发生的成本为50元。上述价格均不包含增值税，假定不考虑相关税费影响，甲公司在将餐桌的控制权转移给家具店时的账务处理为：

借：应收账款	10 000
贷：主营业务收入	9 100
预计负债——应付退货款	900
借：主营业务成本	6 800
应收退货成本	700
贷：库存商品	7 500

【例14-46】附有销售退回条款进行销售的会计处理3

乙公司与客户签订合同，向其销售A产品。客户在合同开始日即取得了A产品的控制权，并在90天内有权退货。由于A产品是最新推出的产品，乙公司尚无有关该产品退货率的历史数据，也没有其他可以参考的市场信息。该合同对价为12 100元，根据合同约定，客户应于合同开始日后的第二年年末付款。A产品在合同开始日的现销价格为10 000元。A产品的成本为8 000元。退货期满后，未发生退货。上述价格均不包含增值税，假定不考虑相关税费影响。

本例中，客户有退货权，因此，该合同的对价是可变的。由于乙公司缺乏有关退货情况的历史数据，考虑将可变对价计入交易价格的限制要求，在合同开始日不能将可变对价计入交易价格，因此，乙公司在A产品控制权转移时确认的收入为0元，其应当在退货期满后，根据实际退货情况，按照预期有权收取的对价金额确定交易价格。此外，考虑到A产品控制权转移与客户付款之间的时间间隔以及该合同对价与A产品现销价格之间的差异等因素，乙公司认为该合同存在重大融资成分。乙公司的账务处理如下：

(1) 在合同开始日，乙公司将A产品的控制权转移给客户。

借：应收退货成本　　　　　　　　　　　　　　　　　　　　　　　8 000
　　贷：库存商品　　　　　　　　　　　　　　　　　　　　　　　　8 000

(2) 在90天的退货期内，乙公司尚未确认合同资产和应收款项，因此，无需确认重大融资成分的影响。

(3) 退货期满日（假定应收款项在合同开始日和退货期满日的公允价值无重大差异）。

借：长期应收款　　　　　　　　　　　　　　　　　　　　　　　　12 100
　　贷：主营业务收入　　　　　　　　　　　　　　　　　　　　　　10 000
　　　　未实现融资收益　　　　　　　　　　　　　　　　　　　　　 2 100
借：主营业务成本　　　　　　　　　　　　　　　　　　　　　　　　8 000
　　贷：应收退货成本　　　　　　　　　　　　　　　　　　　　　　 8 000

在后续期间，乙公司应当考虑在剩余合同期限确定实际利率，将上述应收款项的金额与合同对价之间的差额（2 100元）按照实际利率法进行摊销，确认相关的利息收入。此外，乙公司还应当按照金融工具相关会计准则评估上述应收款项是否发生减值，并进行相应的会计处理。

需要说明的是，客户以一项商品换取类型、质量、状况及价格均相同的另一项商品，不应被视为退货。此外，如果合同约定客户可以将质量有瑕疵的商品退回以换取正常的商品，企业应当按照附有质量保证条款的销售进行会计处理。对于具有类似特征的合同组合，企业也可以在确定退货率、坏账率、合同存续期间等方面运用组合法进行估计。

(二) 附有质量保证条款的销售。

企业在向客户销售商品时，根据合同约定、法律规定或本企业以往的习惯做法等，可能会为所销售的商品提供质量保证，这些质量保证的性质可能因行业或者客户而不同。其中，有一些质量保证是为了向客户保证所销售的商品符合既定标准，即保证类质量保证；而另一些质量保证则是在向客户保证所销售的商品符合既定标准之外提供了一项单独的服务，即服务类质量保证。

企业应当对其所提供的质量保证的性质进行分析，对于客户能够选择单独购买质量保证的，表明该质量保证构成单项履约义务；对于客户虽然不能选择单独购买质量保证，但是，如果该质量保证在向客户保证所销售的商品符合既定标准之外提供了一项单独服务的，也应当作为单项履约义务。作为单项履约义务的质量保证应当按本准则规定进行会计处理，并将部分交易价格分摊至该项履约义务。对于不能作为单项履约义务的质量保证，企业应当按照《企业会计准则第13号——或有事项》的规定进行会计处理。

企业在评估一项质量保证是否在向客户保证所销售的商品符合既定标准之外提供了一项单独的服务时，应当考虑的因素如下。

1. 该质量保证是否为法定要求。当法律要求企业提供质量保证时，该法律规定通常表明企业承诺提供的质量保证不是单项履约义务，这是因为，这些法律规定通常是为了保护客户，以免其购买瑕疵或缺陷商品，而并非为客户提供一项单独的服务。

2. 质量保证期限。企业提供质量保证的期限越长，越有可能表明企业向客户提供了保证商品符合既定标准之外的服务。因此，企业承诺提供的质量保证越有可能构成单项履约义务。

3. 企业承诺履行任务的性质。如果企业必须履行某些特定的任务以保证所销售的商品符合既定标准（例如，企业负责运输被客户退回的瑕疵商品），则这些特定的任务可能不构成单项履约义务。

【例14-47】附有质量保证条款的进行销售的会计处理

甲公司与客户签订合同，销售一部手机。该手机自售出起一年内如果发生质量问题，甲公司负责提供质量保证服务。此外，在此期间内，由于客户使用不当（如手机进水）等造成的产品故障，甲公司也免费提供维修服务。该维修服务不能单独购买。

本例中，甲公司的承诺包括：销售手机、提供质量保证服务以及维修服务。甲公司针对产品的质量问题提供的质量保证服务是为了向客户保证所销售商品符合既定标准，因此不构成单项履约义务；甲公司对由于客户使用不当而导致的产品故障提供的免费维修服务，属于在向客户保证所销售商品符合既定标准之外提供的单独服务，尽管其没有单独销售，该服务与手机可明确区分，应该作为单项履约义务。因此，在该合同下，甲公司的履约义务有两项：销售手机和提供维修服务，甲公司应当按照其各自单独售价的相对比例，将交易价格分摊至这两项履约义务，并在各项履约义务履行时分别确认收入。甲公司提供的质量保证服务，应当按照《企业会计准则第13号——或有事项》的规定进行会计处理。

企业提供的质量保证同时包含保证类质量保证和服务类质量保证的，应当分别对其进行会计处理；无法合理区分的，应当将这两类质量保证一起作为单项履约义务按照本准则进行会计处理。

当企业销售的商品对客户造成损害或损失时，如果相关法律法规要求企业需要对此进行赔偿，该法定要求不会产生单项履约义务。如果企业承诺，当企业向客户销售的商品由于专利权、版权、商标或其他侵权等原因被索赔而对客户造成损失时，向客户赔偿该损失，该承诺也不会产生单项履约义务。企业应当按照《企业会计准则第13号——或有事项》的规定对上述义务进行会计处理。

（三）主要责任人和代理人。

当企业向客户销售商品涉及其他方参与其中时，企业应当确定其自身在该交易中的身份是主要责任人还是代理人。主要责任人应当按照已收或应收对价总额确认收入；代理人应当按照预期有权收取的佣金或手续费的金额确认收入。

1. 主要责任人或代理人的判断原则。

企业在判断其是主要责任人还是代理人时，应当根据其承诺的性质，也就是履约义务的性质，确定企业在某项交易中的身份是主要责任人还是代理人。企业承诺自行向客户提供特定商品的，其身份是主要责任人；企业承诺安排他人提供特定商品的，即为他人提供协助的，其身份是代理人。自行向客户提供特定商品可能也包含委托另一方（包括分包商）代为提供特定商品。

在确定企业承诺的性质时，企业应当首先识别向客户提供的特定商品。这里的特定商品，是指向客户提供的可明确区分的商品或可明确区分的一揽子商品，根据前述可明确区分的商品的内容，该特定的商品也包括享有由其他方提供的商品的权利。例如，旅行社销售的机票向客户提供了乘坐航班的权利，团购网站销售的餐券向客户提供了在指定餐厅用餐的权利等。当企业与客户订立的合同中包含多项特定商品时，对于某些商品而言，企业可能是主要责任人，而对于其他商品而言，企业可能是代理人。例如，企业与客户订立合同，向客户销售其生产的产品并且负责将该产品运送至客户指定的地点，假定销售产品和提供运输服务是两项履约义务，企业需要分别判断其在这两项履约义务中的身份是主要责任人还是代理人。

然后，企业应当评估特定商品在转让给客户之前，企业是否控制该商品。企业在将特定商品转让给客户之前控制该商品的，表明企业的承诺是自行向客户提供该商品，或委托另一方（包括分包商）代其提供该商品，因此，企业为主要责任人；相反，企业在特定商品转让给客户之前不控制该商品的，表明企业的承诺是安排他人向客户提供该商品，是为他人提供协助，因此，企业为代理人。当企业仅仅是在特定商品的法定所有权转移给客户之前，暂时性地获得该商品的法定所有权时，并不意味着企业一定控制了该商品。

2. 企业作为主要责任人的情况。

当存在第三方参与企业向客户提供商品时，企业向客户转让特定商品之前能够控制该商品的，应当作为主要责任人。企业作为主要责任人的情形包括下列情况。

（1）企业自该第三方取得商品或其他资产控制权后，再转让给客户。这里的商品或其他资产也包括企业向客户转让的未来享有由其他方提供服务的权利。企业应当评估该权利在转让给客户前，企业是否控制该权利。在进行上述评估时，企业应当考虑该权利是仅在转让给客户时才产生，还是在转让给客户之前就已经存在，且企业一直能够主导其使用，如果该权利在转让给客户之前不存在，则企业实质上并不能在该权利转让给客户之前控制该权利。

【例14-48】企业作为主要责任人的情况1

甲公司是一家旅行社，从航空公司购买了一定数量的折扣机票，并对外销售。甲公司向旅客销售机票时，可自行决定机票的价格，未售出的机票不能退还给航空公司。

本例中，甲公司向客户提供的特定商品为机票，该机票代表了客户可以乘坐某特定航班（即享受航空公司提供的飞行服务）的权利。甲公司在确定特定客户之前已经预先从航空公司购买了机票，因此，该权利在转让给客户之前已经存在。甲公司从航空公司购入机票之后，可以自行决定该机票的用途，即是否用于对外销售，以何等价格以及向哪些客户销售等，甲公司有能力主导该机票的使用并且能够获得其几乎全部的经济利益。因此，甲公司在将机票销售给客户之前，能够控制该机票，甲公司在向旅客销售机票的交易中的身份是主要责任人。

【例14-49】企业作为代理人的情况1

甲公司经营某购物网站，在该网站购物的消费者可以明确获知在该网站上销售的商品均为其他零售商直接销售的商品，这些零售商负责发货以及售后服务等。甲公司与零售商签订的合同约定，该网站所售商品的采购、定价、发货以及售后服务等均由零售商自行负责，甲公司仅负责协助零售商和消费者结算货款，并按照每笔交易的实际销售额收取5%的佣金。

本例中，甲公司经营的购物网站是一个购物平台，零售商可以在该平台发布所销售商品信息，消费者可以从该平台购买零售商销售的商品。消费者在该网站购物时，向其提供的特定商品为零售商在网站上销售的商品，除此之外，甲公司并未提供任何其他的商品。这些特定商品在转移给消费者之前，甲公司没有能力主导这些商品的使用，例如，甲公司不能将这些商品提供给购买该商品的消费者之外的其他方，也不能阻止零售商向该消费者转移这些商品。因此，消费者在该网站购物时，在相关商品转移给消费者之前，甲公司并未控制这些商品，甲公司的履约义务是安排零售商向消费者提供相关商品，而非自行提供这些商品，甲公司在该交易中的身份是代理人。

【例14-50】企业作为代理人的情况2

甲公司向客户销售某餐厅的代金券，购买了该代金券的客户可以使用该代金券在指定的餐厅用餐。该代金券一旦售出，不可退还。客户无需提前购买该代金券，只需要在消费时购买即可。根据甲公司和该餐厅的协议约定，代金券在销售给客户之前，甲公司不必要、也没有承诺预先自行购买该代金券。代金券的销售价格由甲公司和该餐厅共同制定，甲公司在代金券出售时有权收取代金券价格的10%作为佣金。甲公司会协助购买该代金券在餐厅用餐的客户解决与用餐有关的投诉，并对客户进行满意度调查；餐厅负责履行与该代金券有关的义务，包括对不满餐厅服务的客户进行补偿等。

本例中，向客户提供的特定商品为代金券，该代金券代表了客户可以在指定餐厅用餐（即享受该餐厅提供的餐饮服务）的权利。甲公司不必要，也没有承诺预先自行购买该代金券，只有当客户向其购买代金券时，其才会同时向指定餐厅购买该代金券，对于甲公司而言，该权利仅在转让给客户时才产生，而在转让给客户之前并不存在，甲公司并不能随时主导该权利的使用并从中获益。因此，甲公司在将代金券销售给客户之前，并未控制该代金券，甲公司在该交易中的身份为代理人。

（2）企业能够主导第三方代表本企业向客户提供服务。当企业承诺向客户提供服务，并委托第三方（如分包商、其他服务提供商等）代表企业向客户提供服务时，如果企业能够主导该第三方代表本企业向客户提供服务，则表明企业在相关服务提供给客户之前能够控制该相关服务。

【例14-51】企业作为主要责任人的情况2

甲公司与乙公司签订合同，为其写字楼提供保洁服务，并商定了服务范围及其价格。甲公司每月按照约定的价格向乙公司开具发票，乙公司按照约定的日期向甲公司付款。双方签订合同后，甲公司委托服务供应商丙公司代表其为乙公司提供该保洁服务，并与其签订了合同。甲公司和丙公司商定了服务价格，双方签订的合同付款条款大致上与甲公司和乙公司约定的付款条款一致。当丙公司按照与甲公司的合同约定提供了服务时，无论乙公司是否向甲公司付款，甲公司都必须向丙公司付款。乙公司无权主导丙公司提供未经甲公司同意的服务。

本例中，甲公司向乙公司提供的特定服务是写字楼的保洁服务，除此之外，甲公司并没有向乙公司承诺任何其他的商品。根据甲公司与丙公司签订的合同，甲公司能够主导丙公司所提供的服务，包括要求丙公司代表甲公司向乙公司提供保洁服务，相当于甲公司利用其自身资源履行了该合同。乙公司无权主导丙公司提供未经甲公司同意的服务。因此，甲公司在丙公司向乙公司提供保洁服务之前控制了该服务，甲公司在该交易中的身份为主要责任人。

（3）企业自第三方取得商品控制权后，通过提供重大的服务将该商品与其他商品整合成合同约定的某组合产出转让给客户。此时，企业承诺提供的特定商品就是合同约定的组合产出。企业只有获得为生产该特定商品所需要的投入（包括从第三方取得的商品）的控制权，才能够将这些投入加工整合为合同约定的组合产出。

【例14-52】企业作为主要责任人的情况3

甲公司与乙公司签订合同，向其销售一台特种设备，并商定了该设备的具体规格和销售价格，甲公司负责按照约定的规格设计该设备，并按双方商定的销售价格向乙公司开具发票。该特种设备的设计和制造高度相关。为履行该合同，甲公司与其供应商丙公司签订合同，委托丙公司按照其设计方案制造该设备，并安排丙公司直接向乙公司交付设备。丙公司将设备交付给乙公司后，甲公司按与丙公司约定的价格向丙公司支付制造设备的对价；丙公司负责设备质量问题，甲公司负责设备由于设计引起的问题。

本例中，甲公司向乙公司提供的特定商品是其设计的专用设备。虽然甲公司将设备的制造工作分包给丙公司进行，但是，甲公司认为该设备的设计和制造高度相关，不能明确区分，应当作为单项履约义务。由于甲公司负责该合同的整体管理，如果在设备制造过程中发现需要对设备规格作出任何调整，甲公司需要负责制定相关的修订方案，通知丙公司进行相关调整，并确保任何调整均符合修订后的规格要求。甲公司主导了丙公司的制造服务，并通过必需的重大整合服务，将其整合作为向乙公司转让的组合产出（专用设备）的一部分，在该专用设备转让给客户前控制了该专用设备。因此，甲公司在该交易中的身份为主要责任人。

企业无论是主要责任人还是代理人，均应当在履约义务履行时确认收入。企业为主要责任人的，应当按照其自行向客户提供商品而有权收取的对价总额确认收入；企业为代理人的，应当按照其因安排他人向客户提供特定商品而有权收取的佣金或手续费的金额确认收入，该金额可能是按照既定的佣金金额或比例确定，也可能是按照已收或应收对价总额扣除应支付给提供该特定商品的其他方的价款后的净额确定。

3. 需要考虑的相关事实和情况。

实务中，企业在判断其在向客户转让特定商品之前是否已经拥有对该商品的控制权时，不应仅局限于合同的法律形式，而应当综合考虑所有相关事实和情况进行判断，这些事实和情况包括但不仅限于以下几点。

（1）企业承担向客户转让商品的主要责任。该主要责任包括就特定商品的可接受性（例如，确保商品的规格满足客户的要求）承担责任等。当存在第三方参与向客户提供特定商品时，如果企业就该特定商品对客户承担主要责任，则可能表明该第三方是在代表企业提供该特定商品。企业在评估是否承担向客户转让商品的主要责任时，应当从客户的角度进行评估，即客户认为哪一方承担了主要责任。例如，客户认为谁对商品的质量或性能负责、谁负责提供售后服务、谁负责解决客户投诉等。

（2）企业在转让商品之前或之后承担了该商品的存货风险。当企业在与客户订立合同之前已经购买或者承诺将自行购买特定商品时，这可能表明企业在将该特定商品转让给客户之前，承担了该特定商品的存货风险，企业有能力主导特定商品的使用并从中取得几乎全部的经济利益。在附有销售退回条款的销售中，企业将商品销售给客户之后，客户有权要求向该企业退货，这可能表明企业在转让商品之后仍然承担了该商品的存货风险。

（3）企业有权自主决定所交易商品的价格。企业有权决定与客户交易的特定商品的价格，可能表明企业有能力主导该商品的使用并从中获得几乎全部的经济利益。然而，在某些情况下，代理人可能在一定程度上也拥有定价权（例如，在主要责任人规定的某一价格范围内决定价格），以便其在代表主要责任人向客户提供商品时，能够吸引更多的客户，从而赚取更多的收入。例如，当代理人向主要责任人的客户提供一定折扣优惠，以激励该客户购买主要责任人的商品时，即使代理人有一定的定价能力，也并不表明其身份是主要责任人，代理人只是放弃了一部分自己应当赚取的佣金或手续费而已。

需要强调的是，企业在判断其是主要责任人还是代理人时，应当以该企业在特定商品转让给客户之前是否能够控制该商品为原则。上述相关事实和情况仅为支持对控制权的评估，不能取代控制权的评估，也不能凌驾于控制权评估之上，更不是单独或额外的评估；并且这些事实和情况并无权重之分，其中某一项或几项也不能被孤立地用于支持某一结论。企业应当根据相关商品的性质、合同条款的约定以及其他具体情况，综合进行判断。不同的合同可能需要采用上述不同的事实和情况提供支持证据。

当第三方承担了企业的履约义务并享有了合同中的权利，从而使企业不再负有自行向客户转让特定商品的义务时，企业不再是主要责任人，不应再按照主要责任人确认收入，而应当评估其履约义务是否是为该第三方取得合同，即企业是否为代理人，并确认相应的收入。

（四）附有客户额外购买选择权的销售。

某些情况下，企业在销售商品的同时，会向客户授予选择权，允许客户可以据此免费或者以折扣价格购买额外的商品。企业向客户授予的额外购买选择权的形式包括销售激励、客户奖励积分、未来购买商品的折扣券以及合同续约选择权等。

对于附有客户额外购买选择权的销售，企业应当评估该选择权是否向客户提供了一项重大权利。如果客户只有在订立了一项合同的前提下才取得了额外购买选择权，并且客户行使该选择权购买额外商品时，能够享受到超过该地区或该市场中其他同类客户所能够享有的折扣，则通常认为该选择权向客户提供了一项重大权利。该选择权向客户提供了重大权利的，应当作为单项履约义务。在这种情况下，客户在该合同下支付的价款实际上购买了两项单独的商品：一是客户在该合同下原本购买的商品；二是客户可以免费或者以折扣价格购买额外商品的权利。企业应当将交易价格在这两项商品之间进行分摊,其中,分摊至后者的交易价格与未来的商品相关,因此,企业应当在客户未来行使该选择权取得相关商品的控制权时,或者在该选择权失效时确认为收入。在考虑授予客户的该项权利是否重大时,应根据其金额和性质综合判断。例如,企业实施一项奖励积分计划,客户每消费10元便可获得1个积分,每个积分的单独售价为0.1元,该积分可累积使用,可用于换取企业销售的产品,虽然客户每笔消费所获取的积分的价值相对于消费金额而言并不重大,但是由于该积分可以累积使用,基于企业的历史数据,客户通常能够累积足够的积分来免费换取产品,这可能表明该积分向客户提供了重大权利。

当企业向客户提供了额外购买选择权,但客户在行使该选择权购买商品的价格反映了该商品的单独售价时,即使客户只能通过与企业订立特定合同才能获得该选择权,该选择权也不应被视为企业向该客户提供了一项重大权利。例如,电信公司与客户签订合同,以套餐的方式向客户销售一部手机和两年的通信服务,包括每月200分钟的语音服务和4G的数据流量,并按月收取固定费用;同时,客户可以根据需要,在任何月份按照约定的价格购买额外的语音服务和数据流量。如果该约定的价格与其他客户单独购买语音服务和数据流量时的价格相同,则表明电信公司向客户提供的该额外购买选择权并不构成一项重大权利,企业无需分摊交易价格,只有在客户行使选择权购买额外的商品时才需要进行相应的会计处理。

企业提供的额外购买选择权构成单项履约义务的,企业应当按照交易价格分摊的相关原则,将交易价格分摊至该履约义务。客户额外购买选择权的单独售价无法直接观察的,企业应当综合考虑客户行使和不行使该选择权所能获得的折扣的差异以及客户行使该选择权的可能性等全部相关信息后,予以合理估计。

【例14-53】附有折扣券进行销售的会计处理

甲公司以100元的价格向客户销售A商品,购买该商品的客户可得到一张40%的折扣券,客户可以在未来的30天内使用该折扣券购买甲公司原价不超过100元的任一商品。同时,甲公司计划推出季节性促销活动,在未来30天内针对所有产品均提供10%的折扣。上述两项优惠不能叠加使用。根据历史经验,甲公司预计有80%的客户会使用该折扣券,额外购买的商品的金额平均为50元。上述金额均不包含增值税,且假定不考虑相关税费影响。

本例中,购买A商品的客户能够取得40%的折扣券,其远高于所有客户均能享有的10%的折扣,因此,甲公司认为该折扣券向客户提供了重大权利,应当作为单项履约义务。考虑到客户使用该折扣券的可能性以及额外购买的金额,甲公司估计该折扣券的单独售价为12〔50×80%×(40%-10%)〕元。甲公司按照A产品和折扣券单独售价的相对比例对交易价格进行分摊,A商品分摊的交易价格为89〔100÷(100+12)×100〕元,折扣券选择权分摊的交易价格为11〔12÷(100+12)×100〕元。甲公司在销售A商品时的账务处理如下:

借:银行存款 100
　　贷:主营业务收入 89
　　　　合同负债 11

【例14-54】附有奖励积分计划进行销售的会计处理

2×18年1月1日,甲公司开始推行一项奖励积分计划。根据该计划,客户在甲公司每消费 10 元可获得 1 个积分，从次月开始在购物时每个积分可以抵减 1 元。截至 2×18 年 1 月 31 日，客户共消费 100 000 元，可获得 10 000 个积分，根据历史经验，甲公司估计该积分的兑换率为 95%。上述金额均不包含增值税，且假定不考虑相关税费影响。

本例中，甲公司认为其授予客户的积分为客户提供了一项重大权利，应当作为单项履约义务。客户购买商品的单独售价合计为 100 000 元，考虑积分的兑换率，甲公司估计积分的单独售价为 9 500（1×10 000×95%）元。甲公司按照商品和积分单独售价的相对比例对交易价格进行分摊：

商品分摊的交易价格 =[100 000÷(100 000+9 500)]×100 000 =91 324（元）

积分分摊的交易价格 =[9 500÷(100 000+9 500)]×100 000 =8 676（元）

因此，甲公司应当在商品的控制权转移时确认收入 91 324 元，同时，确认合同负债 8 676 元。

截至 2×18 年 12 月 31 日，客户共兑换了 4 500 个积分，甲公司对该积分的兑换率进行了重新估计，仍然预计客户将会兑换的积分总数为 9 500 个。因此，甲公司以客户兑换的积分数占预期将兑换的积分总数的比例为基础确认收入。积分当年应当确认的收入为 4110（4 500÷9 500×8 676）元；剩余未兑换的积分为 4 566（8 676－4 110）元，仍然作为合同负债。

截至 2×19 年 12 月 31 日，客户累计兑换了 8 500 个积分。甲公司对该积分的兑换率进行了重新估计，预计客户将会兑换的积分总数为 9 700 个。积分当年应当确认的收入为 3 493（8 500÷9 700×8 676－4 110）元；剩余未兑换的积分为 1 073（8 676－4 110－3 493）元，仍然作为合同负债。

需要说明的是，企业向客户授予奖励积分，该积分可能有多种使用方式，例如该积分只能用于兑换本企业提供的商品、只能用于兑换第三方的商品，或者客户可以在二者中进行选择。企业授予客户的奖励积分为客户提供了重大权利从而构成单项履约义务时，企业应当根据具体情况确定收入确认的时点和金额。具体而言，该积分只能用于兑换本企业提供的商品的，企业通常只能在将相关商品转让给客户或该积分失效时，确认与积分相关的收入；该积分只能用于兑换第三方提供的商品的，企业应当分析，对于该项履约义务而言，其身份是主要责任人还是代理人，企业是代理人的，通常应在完成代理服务时（如协助客户自第三方兑换完积分时）按照其有权收取的佣金等确认收入；客户可以选择兑换由本企业或第三方提供的商品的，在客户选择如何兑换积分或该积分失效之前，企业需要随时准备为客户兑换积分提供商品，当客户选择兑换本企业的商品时，企业通常只能在将相关商品转让给客户或该积分失效时确认相关收入，当客户选择兑换第三方提供的商品时，企业需要分析其是主要责任人还是代理人，并进行相应的会计处理。

当客户享有的额外购买选择权是一项重大权利时，如果客户行使该权利购买的额外商品与原合同下购买的商品类似，且企业将按照原合同条款提供该额外商品的，则企业可以无需估计该选择权的单独售价，而是直接把其预计将提供的额外商品的数量以及预计将收取的相应对价金额纳入原合同，并进行相应的会计处理。这是一种便于实务操作的简化处理方式，常见于企业向客户提供续约选择权的情况。例如，企业与客户签订为期一年的合同，以每件

2 000元的价格向客户销售A产品,数量不限,客户可以选择在合同到期时以与原合同相同的条款续约一年,这款产品通常每年提价20%,由于行使续约选择权的客户可以按原合同价格(低于当年的市场价格)购买A产品,企业认为该续约选择权向客户提供了重大权利,且符合简化处理的条件,因此,企业可以无需将原合同的交易价格分摊至该续约选择权,而是直接按照每件2 000元的价格确认原合同和续约后的合同下销售的A产品收入。

【例14-55】签订服务合同进行销售的会计处理

2×18年1月1日,甲公司与100位客户签订为期一年的服务合同,每份合同的价格均为10 000元,并在当日全额支付了款项。该项服务是甲公司推出的一项新业务。为推广该业务,该合同约定,客户有权在2×18年年末选择以同样的价格续约一年并立即支付10 000元;选择在2×18年年末续约的客户还有权在2×19年年末选择以同样的价格再续约一年并立即支付10 000元。甲公司在2×19年和2×20年将对该项服务的价格分别提高至每年30 000元和50 000元。2×18年年末及其后,没有续约但之后又向甲公司购买该项服务的客户以及新客户都将适用当年涨价后的价格。假定甲公司提供该服务属于在一段时间内履行的履约义务,并按照成本法确定履约进度。上述金额均不包含增值税。合同开始日即2×18年1月1日,甲公司估计有90%的客户(即90位客户)会在2×18年年末选择续约,其中又有90%的客户(即81位客户)会在2×19年年末再次选择续约。2×18年至2×20年的合同预计成本分别为6 000元、7 500元和10 000元。

本例中,只有签订了该合同的客户才有权选择续约,且客户行使该权利续约时所能够享受的价格远低于该项服务当时的市场价格,因此,甲公司认为该续约选择权向客户提供了重大权利,且符合简化处理的条件,即甲公司无需估计该续约选择权的单独售价,而是直接把其预计将提供的额外服务以及预计将收取的相应对价金额纳入原合同,进行会计处理。

在合同开始日,甲公司根据其对客户续约选择权的估计,估计每份合同的交易价格为27 100(10 000+10 000×90%+10 000×81%)元,预计每份合同各年应分摊的交易价格如表14-2所示。

表14-2 续约的可能性及成本计算表　　　　　　　　金额单位:元

年度	预计成本	考虑续约可能性调整后的成本	分摊的交易价格
2×18	6 000	6 000(6 000×100%)	7 799 [(6 000÷20 850)×27 100]
2×19	7 500	6 750(7 500×90%)	8 773 [(6 750÷20 850)×27 100]
2×20	10 000	8 100(10 000×81%)	10 528 [(8 100÷20 850)×27 100]
合计	23 500	20 850	27 100

假定客户实际选择续约的情况与甲公司的估计一致。甲公司各年收款、确认收入以及年末合同负债的情况如表14-3所示。

表14-3 各年份确认收入及合同成本计算表　　　　金额单位：元

年度	收款	确认收入	合同负债
2×18	1 900 000	779 900	1 120 100
2×19	810 000	877 300	1 052 800
2×20	—	1 052 800	—
合计	2 710 000	2 710 000	—

如果客户实际选择续约的情况与甲公司的估计不一致，则甲公司需要根据实际情况对于交易价格、履约进度以及各年确认的收入进行相应调整。

（五）授予知识产权许可。

授予知识产权许可，是指企业授予客户对企业拥有的知识产权享有相应权利。常见的知识产权包括软件和技术、影视和音乐等的版权、特许经营权以及专利权、商标权和其他版权等。

1. 授予知识产权许可是否构成单项履约义务。

企业向客户授予知识产权许可时，可能也会同时销售商品，这些承诺可能在合同中明确约定，也可能隐含于企业已公开宣布的政策、特定声明或者企业以往的习惯做法中。在这种情况下，企业应当评估授予客户的知识产权许可是否可与所售商品明确区分，即该知识产权许可是否构成单项履约义务，并进行相应的会计处理。

授予客户的知识产权许可不构成单项履约义务的，企业应当将该知识产权许可和所售商品一起作为单项履约义务进行会计处理。知识产权许可与所售商品不可明确区分的情形包括：一是该知识产权许可构成有形商品的组成部分并且对于该商品的正常使用不可或缺，例如，企业向客户销售设备和相关软件，该软件内嵌于设备之中，该设备必须安装了该软件之后才能正常使用；二是客户只有将该知识产权许可和相关服务一起使用才能够从中获益，例如，客户取得授权许可，但是只有通过企业提供的在线服务才能访问相关内容。

【例14-56】授予知识产权许可是否构成单项履约义务

甲生物制药公司将其拥有的某合成药的专利权许可证授予乙公司，授权期限为10年。同时，甲公司承诺为乙公司生产该种药品。除此之外，甲公司不会从事任何与支持该药品相关的活动。该药品的生产流程特殊性极高，没有其他公司能够生产该药品。

本例中，甲公司向乙公司授予专利权许可，并为其提供生产服务。由于市场上没有其他公司能够生产该药品，客户将无法从该专利权许可中单独获益，因此，该专利权许可和生产服务不可明确区分，应当将其一起作为单项履约义务进行会计处理。

相反，如果该药品的生产流程特殊性不高，其他公司也能够生产该药品，则该专利权许可和生产服务可明确区分，应当各自分别作为单项履约义务进行会计处理。

2. 授予知识产权许可属于在某一时段履行的履约义务。

授予客户的知识产权许可构成单项履约义务的，企业应当根据该履约义务的性质，进一步确定其是在某一时段内履行还是在某一时点履行。企业向客户授予的知识产权许可，同时满足下列三项条件的,应当作为在某一时段内履行的履约义务确认相关收入;否则,应当作为在某一时点履行的履约义务确认相关收入。

(1) 合同要求或客户能够合理预期企业将从事对该项知识产权有重大影响的活动。企业向客户授予知识产权许可之后,还可能会从事一些后续活动,例如市场推广、知识产权的继续开发或者能够影响知识产权价值的日常活动等,这些活动可能会在企业与客户的合同中明确约定,也可能是客户基于企业公开宣布的政策、特定声明或者企业以往的习惯做法而合理预期企业将会从事这些活动。如果企业和客户之间约定共享该知识产权的经济利益(例如,企业收取的特许权使用费基于客户的销售情况确定),虽然并非决定性因素,但是这可能表明客户能够合理预期企业将从事对该项知识产权有重大影响的活动。

企业从事的活动存在下列情况之一的,将会对该项知识产权有重大影响:一是这些活动预期将显著改变该项知识产权的形式(如知识产权的设计、内容)或者功能(如执行某任务的能力);二是客户从该项知识产权中获益的能力在很大程度上来源于或者取决于这些活动,即这些活动会改变该项知识产权的价值,例如企业授权客户使用其品牌,客户从该品牌获得的利益价值取决于企业为维护或提升其品牌价值而持续从事的活动。当该项知识产权具有重大的独立功能,且该项知识产权绝大部分的经济利益来源于该项功能时,客户从该项知识产权中获得的利益可能不受企业从事的相关活动的重大影响,除非这些活动显著改变了该项知识产权的形式或者功能。具有重大独立功能的知识产权主要包括软件、生物合成物或药物配方以及已完成的媒体内容(例如电影、电视节目以及音乐录音)版权等。

(2) 该活动对客户将产生有利或不利影响。企业从事的这些后续活动将直接导致相关知识产权许可对客户产生影响,且这种影响既包括有利影响,也包括不利影响。如果企业从事的后续活动并不影响授予客户的知识产权许可,那么企业的后续活动只是在改变其自己拥有的资产。虽然这些活动可能影响企业提供未来知识产权许可的能力,但将不会影响客户已控制或使用的内容。

(3) 该活动不会导致向客户转让某项商品。企业向客户授予知识产权许可,并承诺从事与该许可相关的某些后续活动时,如果这些活动本身构成了单项履约义务,那么企业在评估授予知识产权许可是否属于在某一时段履行的履约义务时应当不予考虑。

【例14-57】授予知识产权许可属于在某一时段履行的履约义务

甲公司是一家设计制作连环漫画的公司,乙公司是一家大型游轮的运营商。甲公司授权乙公司可在4年内使用其3部连环漫画中的角色形象和名称,乙公司可以以不同的方式(例如,展览或演出)使用这些漫画中的角色。甲公司的每部连环漫画都有相应的主要角色,并会定期创造新的角色,角色的形象也会随时演变。合同要求乙公司必须使用最新的角色形象。在授权期内,甲公司每年向乙公司收取1 000万元。

本例中,甲公司除了授予知识产权许可外不存在其他履约义务。也就是说,与知识产权许可相关的额外活动并未向客户提供其他商品,因为这些活动是企业授予知识产权许可承诺的一部分,且实际上改变了客户享有知识产权许可的内容。甲公司基于下列因素的考虑,认为该许可的相关收入应当在某一时段内确认:一是乙公司合理预期(根据甲公司以往的习惯做法),甲公司将实施对该知识产权许可产生重大影响的活动,包括创作角色及出版包含这些角色的连环漫画等;二是合同要求乙公司必须使用甲公司创作的最新角色,这些角色塑造得成功与否,会直接对乙公司产生有利或不利影响;三是尽管乙公司可以通过该知识产权许可从这些活动中获益,但在这些活动发生时并没有导致向乙公司转让任何商品。

由于合同规定乙公司在一段固定期间内可无限制地使用其取得授权许可的角色,因此,甲公司按照时间进度确定履约进度。

3. 授予知识产权许可属于在某一时点履行的履约义务。

授予知识产权许可不属于在某一时段内履行的履约义务的,应当作为在某一时点履行的履约义务,在履行该履约义务时确认收入。在客户能够使用某项知识产权许可并开始从中获利之前,企业不能对此类知识产权许可确认收入。例如,企业授权客户在一定期间内使用软件,但是,在企业向客户提供该软件的密钥之前,客户都无法使用该软件,因此,企业在向客户提供该密钥之前虽然已经得到授权,但也不应确认收入。

【例14-58】授予知识产权许可属于在某一时点履行的履约义务

甲音乐唱片公司将其拥有的一首经典民歌的版权授予乙公司,并约定乙公司在两年内有权在国内所有商业渠道(包括电视、广播和网络广告等)使用该经典民歌。因提供该版权许可,甲公司每月收取1 000元的固定对价。除该版权之外,甲公司无需提供任何其他的商品。该合同不可撤销。

本例中,甲公司除了授予该版权许可外不存在其他履约义务。甲公司并无任何义务从事改变该版权的后续活动,该版权也具有重大的独立功能(即民歌的录音可直接用于播放),乙公司主要通过该重大独立功能获利,而非甲公司的后续活动。因此,合同未要求甲公司从事对该版权许可有重大影响的活动,乙公司对此也没有形成合理预期,甲公司授予该版权许可属于在某一时点履行的履约义务,应在乙公司能够主导该版权的使用并从中获得几乎全部经济利益时,全额确认收入。

此外,由于甲公司履约的时间与客户付款时间(两年内每月支付)之间间隔较长,甲公司需要判断该项合同中是否存在重大的融资成分,并进行相应的会计处理。

值得注意的是,在判断某项知识产权许可是属于在某一时段内履行的履约义务还是在某一时点履行的履约义务时,企业不应考虑下列因素:一是该许可在时间、地域、排他性以及相关知识产权消耗和使用方面的限制,这是因为这些限制界定了已承诺的许可的属性,并不能界定企业是在某一时点还是在某一时段内履行其履约义务;二是企业就其拥有的知识产权的有效性以及防止未经授权使用该知识产权许可所提供的保证,这是因为保护知识产权的承诺并不构成履约义务,该保护行为是为了保护企业知识产权资产的价值,并且就所转让的知识产权许可符合合同约定的具体要求而向客户提供保证。

4. 基于销售或使用情况的特许权使用费。

企业向客户授予知识产权许可,并约定按客户实际销售或使用情况(如按照客户的销售额)收取特许权使用费的,应当在客户后续销售或使用行为实际发生与企业履行相关履约义务二者孰晚的时点确认收入。这是估计可变对价的一个例外规定,该例外规定只有在下列两种情形下才能使用：一是特许权使用费仅与知识产权许可相关；二是特许权使用费可能与合同中的知识产权许可和其他商品都相关，但是，与知识产权许可相关的部分占有主导地位。当企业能够合理预期，客户认为知识产权许可的价值远高于合同中与之相关的其他商品时，该知识产权许可可能是占有主导地位的。对于不适用该例外规定的特许权使用费，应当按照估计可变对价的一般原则进行处理。

【例 14-59】 基于销售或使用情况的特许权使用费 1

甲电影发行公司与乙公司签订合同，将其拥有的一部电影的版权授权给乙公司，乙公司可在其旗下的影院放映该电影，放映期间为 6 周。除了将该电影版权授权给乙公司之外，甲公司还同意在该电影放映之前，向乙公司提供该电影的片花，在乙公司的影院播放，并且在该电影放映期间在当地知名的广播电台播放广告。甲公司将获得乙公司播放该电影的票房分成。

本例中，甲公司的承诺包括授予电影版权许可、提供电影片花以及提供广告服务。甲公司在该合同下获得的对价为按照乙公司实际销售情况收取的特许权使用费，与之相关的授予电影版权许可是占有主导地位的，这是因为，甲公司能够合理预期，客户认为该电影版权许可的价值远高于合同中提供的电影片花和广告服务。因此，甲公司应当在乙公司放映该电影的期间按照约定的分成比例确认收入。如果授予电影版权许可、提供电影片花以及广告服务分别构成单项履约义务，甲公司应当将该取得的分成收入在这些履约义务之间进行分摊。

此外，企业使用上述例外规定时，应当对特许权使用费整体采用该规定，而不应当将特许权使用费进行分拆，即部分采用该例外规定进行处理，而其他部分按照估计可变对价的一般原则进行处理。

【例 14-60】 基于销售或使用情况的特许权使用费 2

甲公司是一家著名的足球俱乐部，授权乙公司在其设计生产的服装、帽子、水杯以及毛巾等产品上使用甲公司球队的名称和图标，授权期间为 2 年。合同约定，甲公司收取的合同对价由两部分组成：一是 200 万元固定金额的使用费；二是按照乙公司销售上述商品所取得销售额的 5% 计算的提成。乙公司预期甲公司会继续参加当地顶级联赛，并取得优异的成绩。

本例中，该合同仅包括一项履约义务，即授予使用权许可，甲公司继续参加比赛并取得优异成绩等活动是该许可的组成部分。由于乙公司能够合理预期甲公司将继续参加比赛，甲公司的成绩将会对其品牌（包括名称和图标等）的价值产生重大影响，而该品牌价值可能会进一步影响乙公司产品的销量，甲公司从事的上述活动并未向乙公司转让任何可明确区分的商品，因此，甲公司授予的该使用权许可，属于在 2 年内履行的履约义务。甲公司收取的 200 万元固定金额的使用费应当在 2 年内平均确认收入，按照乙公司销售相关商品所取得销售额的 5% 计算的提成应当在乙公司的销售发生时确认收入。

（六）售后回购。

售后回购，是指企业销售商品的同时承诺或有权选择日后再将该商品购回的销售方式。被购回的商品包括原销售给客户的商品、与该商品几乎相同的商品，或者以该商品作为组成部分的其他商品。一般来说，售后回购通常有三种形式：一是企业和客户约定企业有义务回购该商品，即存在远期安排；二是企业有权利回购该商品，即企业拥有回购选择权；三是当客户要求时，企业有义务回购该商品，即客户拥有回售选择权。对于不同类型的售后回购交易，企业应当区分下列两种情形分别进行会计处理。

1. 企业因存在与客户的远期安排而负有回购义务或企业享有回购权利的。

企业因存在与客户的远期安排而负有回购义务或企业享有回购权利的，尽管客户可能已经持有了该商品的实物，但是，由于企业承诺回购或者有权回购该商品，导致客户主导该商品的使用并从中获取几乎全部经济利益的能力受到限制，因此，在销售时点，客户并没有取得该商品的控制权。在这种情况下，企业应根据下列情况分别进行相应的会计处理：一是回购价格低于原售价的，应当视为租赁交易，按照《企业会计准则第21号——租赁》的相关规定进行会计处理；二是回购价格不低于原售价的，应当视为融资交易，在收到客户款项时确认金融负债，而不是终止确认该资产，并将该款项和回购价格的差额在回购期间内确认为利息费用等。

【例14-61】企业因存在与客户的远期安排而负有回购义务或企业享有回购权利的情形1

2×18年4月1日，甲公司向乙公司销售一台设备，销售价格为200万元，同时双方约定两年之后，即2×20年4月1日，甲公司将以120万元的价格回购该设备。

本例中，根据合同约定，甲公司负有在两年后回购该设备的义务，因此，乙公司并未取得该设备的控制权。假定不考虑货币时间价值，该交易的实质是乙公司支付了80（200-120）万元的对价取得了该设备两年的使用权。甲公司应当将该交易作为租赁交易进行会计处理。

【例14-62】企业因存在与客户的远期安排而负有回购义务或企业享有回购权利的情形2

沿用【例14-61】，假定甲公司将在2×20年4月1日不是以120万元，而是以250万元的价格回购该设备。

本例中，假定不考虑货币时间价值，该交易的实质是甲公司以该设备作为质押取得了200万元的借款，两年后归还本息合计250万元。甲公司应当将该交易视为融资交易，不应当终止确认该设备，而应当在收到客户款项时确认金融负债，并将该款项和回购价格的差额在回购期间内确认为利息费用等。

2. 企业应客户要求回购商品的。

企业负有应客户要求回购商品义务的，应当在合同开始日评估客户是否具有行使该要求权的重大经济动因。客户具有行使该要求权的重大经济动因的，企业应当将回购价格与原售价进行比较，并按照上述第1种情形下的原则将该售后回购作为租赁交易或融资交易进行相应的会计处理。客户不具有行使该要求权的重大经济动因的，企业应当将该售后回购作为附有销售退回条款的销售交易进行相应的会计处理。

在判断客户是否具有行权的重大经济动因时，企业应当综合考虑各种相关因素，包括回购价格与预计回购时市场价格之间的比较以及权利的到期日等。当回购价格明显高于该资产回购时的市场价值时，通常表明客户有行权的重大经济动因。

【例 14-63】企业应客户要求回购商品的情形

甲公司向乙公司销售其生产的一台设备，销售价格为 2 000 万元，双方约定，乙公司在 5 年后有权要求甲公司以 1 500 万元的价格回购该设备。甲公司预计该设备在回购时的市场价值将远低于 1 500 万元。

本例中，假定不考虑时间价值的影响，甲公司的回购价格 1 500 万元低于原售价 2 000 万元，但远高于该设备在回购时的市场价值，甲公司判断乙公司有重大的经济动因行使其权利要求甲公司回购该设备。因此，甲公司应当将该交易作为租赁交易进行会计处理。

对于上述两种情形，企业在比较回购价格和原销售价格时，应当考虑货币的时间价值。在企业有权要求回购或者客户有权要求企业回购的情况下，企业或者客户到期未行使权利的，应在该权利到期时终止确认相关负债，同时确认收入。

(七) 客户未行使的权利。

企业因销售商品向客户收取的预收款，赋予了客户一项在未来从企业取得该商品的权利，并使企业承担了向客户转让该商品的义务，因此，企业应当将预收的款项确认为合同负债，待未来履行了相关履约义务，即向客户转让相关商品时，再将该负债转为收入。

某些情况下，企业收取的预收款无需退回，但是客户可能会放弃其全部或部分合同权利，例如，放弃储值卡的使用等。企业预期将有权获得与客户所放弃的合同权利相关的金额的，应当按照客户行使合同权利的模式按比例将上述金额确认为收入；否则，企业只有在客户要求其履行剩余履约义务的可能性极低时，才能将相关负债余额转为收入。企业在确定其是否预期将有权获得与客户所放弃的合同权利相关的金额时，应当考虑将估计的可变对价计入交易价格的限制要求。

如果有相关法律规定，企业所收取的、与客户未行使权利相关的款项须转交给其他方的（例如，法律规定无人认领的财产需上交政府），企业不应将其确认为收入。

【例 14-64】客户未行使权利的会计处理

甲公司经营连锁面包店。2×18 年，甲公司向客户销售了 5 000 张储值卡，每张卡的面值为 200 元，总额为 1 000 000 元。客户可在甲公司经营的任何一家门店使用该储值卡进行消费。根据历史经验，甲公司预期客户购买的储值卡中将有大约相当于储值卡面值总额 5%（即 50 000 元）的部分不会被消费。截至 2×18 年 12 月 31 日，客户使用该储值卡消费的金额为 400 000 元。甲公司为增值税一般纳税人，在客户使用该储值卡消费时发生增值税纳税义务。

本例中，甲公司预期将有权获得与客户未行使的合同权利相关的金额为 50 000 元，该金额应当按照客户行使合同权利的模式按比例确认为收入。

因此，甲公司在 2×18 年销售的储值卡应当确认的收入金额为 362 976 [（400 000 + 50 000 × 400 000 ÷ 950 000）÷（1 + 16%）] 元。甲公司的账务处理为：

(1) 销售储值卡：

借：库存现金　　　　　　　　　　　　　　　　　　　　　1 000 000
　　贷：合同负债　　　　　　　　　　　　　　　　　　　　　　862 069

应交税费——待转销项税额	137 931

（2）根据储值卡的消费金额确认收入，同时将对应的待转销项税额确认为销项税额：

借：合同负债	362 976
应交税费——待转销项税额	55 172
贷：主营业务收入	362 976
应交税费——应交增值税（销项税额）	55 172

（八）无需退回的初始费。

企业在合同开始日（或邻近合同开始日）向客户收取的无需退回的初始费通常包括入会费、接驳费、初装费等。企业收取该初始费时，应当评估该初始费是否与向客户转让已承诺的商品相关。该初始费与向客户转让已承诺的商品相关，且该商品构成单项履约义务的，企业应当在转让该商品时，按照分摊至该商品的交易价格确认收入；该初始费与向客户转让已承诺的商品相关，但该商品不构成单项履约义务的，企业应当在包含该商品的单项履约义务履行时，按照分摊至该单项履约义务的交易价格确认收入；该初始费与向客户转让已承诺的商品不相关的，该初始费应当作为未来将转让商品的预收款，在未来转让该商品时确认为收入。当企业向客户授予了续约选择权，且该选择权向客户提供了重大权利时，这部分收入确认的期间将可能长于初始合同期限。

在合同开始日（或邻近合同开始日），企业通常必须开展一些初始活动，为履行合同进行准备，如一些行政管理性质的准备工作，这些活动虽然与履行合同有关，但并没有向客户转让已承诺的商品，因此，不构成单项履约义务。在这种情况下，即使企业向客户收取的无需退还的初始费与这些初始活动有关（例如，企业为了补偿开展这些活动所发生的成本而向客户收取初始费），也不应在这些活动完成时将该初始费确认为收入，而应当将该初始费作为未来将转让商品的预收款，在未来转让该商品时确认为收入。

企业为履行合同开展初始活动，但这些活动本身并没有向客户转让已承诺的商品的，企业为开展这些活动所发生的支出，应当按照本准则的有关合同履约成本的相关规定确认为一项资产或计入当期损益，并且企业在确定履约进度时，也不应当考虑这些成本，因为这些成本并不反映企业向客户转让商品的进度。

【例14-65】无需退回的初始费的会计处理

甲公司经营一家会员制健身俱乐部。甲公司与客户签订了为期两年的合同，客户入会之后可以随时在该俱乐部健身。除俱乐部的年费2 000元之外，甲公司还向客户收取了50元的入会费，用于补偿俱乐部为客户进行注册登记、准备会籍资料以及制作会员卡等初始活动所花费的成本。甲公司收取的入会费和年费均无需返还。

本例中，甲公司承诺的服务是向客户提供健身服务（即可随时使用的健身场地），而甲公司为会员入会所进行的初始活动并未向客户提供其所承诺的服务，而只是一些内部行政管理性质的工作。因此，甲公司虽然为补偿这些初始活动向客户收取了入会费，但是该入会费实质上是客户为健身服务所支付的对价的一部分，故应当作为健身服务的预收款，与收取的年费一起在两年内分摊确认为收入。

14.2.8 关于列报和披露

（一）列报。

1. 合同资产和合同负债。

合同一方已经履约的，即企业依据合同履行履约义务或客户依据合同支付合同对价，企业应当根据其履行履约义务与客户付款之间的关系，在资产负债表中列示合同资产或合同负债。企业拥有的、无条件（即仅取决于时间流逝）向客户收取对价的权利应当作为应收款项单独列示。

企业在向客户转让商品之前，如果客户已经支付了合同对价或企业已经取得了无条件收取合同对价的权利，则企业应当在客户实际支付款项与到期应支付款项孰早时点，将该已收或应收的款项列示为合同负债。合同负债，是指企业已收或应收客户对价而应向客户转让商品的义务。例如，企业与客户签订不可撤销的合同，向客户销售其生产的产品，合同开始日，企业收到客户支付的合同价款1 000元，相关产品将在2个月之后交付给客户，这种情况下，企业应当将该1 000元作为合同负债进行处理。

相反，在客户实际支付合同对价或在该对价到期应付之前，企业如果已经向客户转让了商品，则应当将因已转让商品而有权收取对价的权利列示为合同资产，但不包括应收款项。合同资产，是指企业已向客户转让商品而有权收取对价的权利，且该权利取决于时间流逝之外的其他因素。企业应当按照《企业会计准则第22号——金融工具确认和计量》评估合同资产的减值，该减值的计量、列报和披露应当按照《企业会计准则第22号——金融工具确认和计量》和《企业会计准则第37号——金融工具列报》的规定进行会计处理。

应收款项是企业无条件收取合同对价的权利。只有在合同对价到期支付之前仅仅随着时间的流逝即可收款的权利，才是无条件的收款权。有时，企业有可能需要在未来返还全部或部分的合同对价（例如，企业在附有销售退回条款的合同下收取的合同对价），但是，企业仍然拥有无条件收取合同对价的权利，未来返还合同对价的潜在义务并不会影响企业收取对价总额的现时权利，因此，企业仍应当确认一项应收款项，同时将预计未来需要返还的部分确认为一项负债。需要说明的是，合同资产和应收款项都是企业拥有的有权收取对价的合同权利，二者的区别在于，应收款项代表的是无条件收取合同对价的权利，即企业仅仅随着时间的流逝即可收款，而合同资产并不是一项无条件收款权，该权利除了时间流逝之外，还取决于其他条件（例如，履行合同中的其他履约义务）才能收取相应的合同对价。因此，与合同资产和应收款项相关的风险是不同的，应收款项仅承担信用风险，而合同资产除信用风险之外，还可能承担其他风险，如履约风险等。

【例14-66】合同资产的列报

2×18年3月1日，甲公司与客户签订合同，向其销售A、B两项商品，合同价款为2 000元。合同约定，A商品于合同开始日交付，B商品在一个月之后交付，只有当A、B两项商品全部交付之后，甲公司才有权收取2 000元的合同对价。假定A商品和B商品构成两项履约义务，其控制权在交付时转移给客户，分摊至A商品和B商品的交易价格分别为400元和1 600元。上述价格均不包含增值税，且假定不考虑相关税费影响。

本例中，甲公司将 A 商品交付给客户之后，与该商品相关的履约义务已经履行，但是需要等到后续交付 B 商品时，企业才具有无条件收取合同对价的权利，因此，甲公司应当将因交付 A 商品而有权收取的对价 400 元确认为合同资产，而不是应收账款，相应的账务处理如下：

（1）交付 A 商品时。

借：合同资产 400
　　贷：主营业务收入 400

（2）交付 B 商品时。

借：应收账款 2 000
　　贷：合同资产 400
　　　　主营业务收入 1 600

【例 14-67】合同负债的列报

2×18 年 1 月 1 日，乙公司与客户签订合同，以每件产品 150 元的价格向其销售产品；如果客户在 2×18 年全年的采购量超过 100 万件，该产品的销售价格将追溯下调至每件 125 元。该产品的控制权在交付时转移给客户。在合同开始日，乙公司估计该客户全年的采购量能够超过 100 万件。2×18 年 1 月 31 日，乙公司交付了第一批产品，共 10 万件。上述价格均不包含增值税，且假定不考虑相关税费影响。

本例中，乙公司将产品交付给客户时取得了无条件的收款权，即乙公司有权按照每件产品 150 元的价格向客户收取款项，直到客户的采购量超过 100 万件为止。由于乙公司估计客户的采购量能够超过 100 万件，因此，根据将可变对价计入交易价格的限制要求，乙公司确定每件产品的交易价格为 125 元。2×18 年 1 月 31 日，乙公司交付产品时的账务处理为：

借：应收账款 15 000 000
　　贷：主营业务收入 12 500 000
　　　　预计负债——应付退货款 2 500 000

合同资产和合同负债应当在资产负债表中单独列示。同一合同下的合同资产和合同负债应当以净额列示，不同合同下的合同资产和合同负债不能互相抵销。

通常情况下，企业对其已向客户转让商品而有权收取的对价金额应当确认为合同资产或应收账款；对于其已收或应收客户对价而应向客户转让商品的义务，应当按照已收或应收的金额确认合同负债。由于同一合同下的合同资产和合同负债应当以净额列示，企业也可以设置"合同结算"科目（或其他类似科目），以核算同一合同下属于在某一时段内履行履约义务涉及与客户结算对价的合同资产或合同负债，并在此科目下设置"合同结算——价款结算"科目反映定期与客户进行结算的金额，设置"合同结算——收入结转"科目反映按履约进度结转的收入金额。资产负债表日，"合同结算"科目的期末余额在借方的，根据其流动性，在资产负债表中分别列示为"合同资产"或"其他非流动资产"项目；期末余额在贷方的，根据其流动性，在资产负债表中分别列示为"合同负债"或"其他非流动负债"项目。

【例 14-68】按履约进度结转收入金额

2×18 年 1 月 1 日，甲建筑公司与乙公司签订一项大型设备建造工程合同，根据双方合同，该工程的造价为 6 300 万元，工程期限为 1 年半，甲公司负责工程的施工及全面管理，乙公司按照第三方工程监理公司确认的工程完工量，每半年与甲公司结算一次。该工程预计 2×19 年 6 月 30 日竣工；预计可能发生的总成本为 4 000 万元。假定该建造工程整体构成单项履约义务，并属于在某一时段履行的履约义务，甲公司采用成本法确定履约进度，增值税税率为 9%，不考虑其他相关因素。

2×18 年 6 月 30 日，工程累计实际发生成本 1 500 万元，甲公司与乙公司结算合同价款 2 500 万元，甲公司实际收到价款 2 000 万元；2×18 年 12 月 31 日，工程累计实际发生成本 3 000 万元，甲公司与乙公司结算合同价款 1 100 万元，甲公司实际收到价款 1 000 万元；2×19 年 6 月 30 日，工程累计实际发生成本 4 100 万元，乙公司与甲公司结算了合同竣工价款 2 700 万元，并支付剩余工程款 3 300 万元。上述价款均不含增值税。假定甲公司与乙公司结算时即发生增值税纳税义务，乙公司在实际支付工程价款的同时支付其对应的增值税款。甲公司的账务处理为：

(1) 2×18 年 1 月 1 日至 6 月 30 日实际发生工程成本时。

借：合同履约成本　　　　　　　　　　　　　　　　15 000 000
　　贷：原材料、应付职工薪酬等　　　　　　　　　15 000 000

(2) 2×18 年 6 月 30 日。

履约进度 = 15 000 000 ÷ 40 000 000 = 37.5%

合同收入 = 63 000 000 × 37.5% = 23 625 000（元）

借：合同结算——收入结转　　　　　　　　　　　　23 625 000
　　贷：主营业务收入　　　　　　　　　　　　　　23 625 000

借：主营业务成本　　　　　　　　　　　　　　　　15 000 000
　　贷：合同履约成本　　　　　　　　　　　　　　15 000 000

借：应收账款　　　　　　　　　　　　　　　　　　27 250 000
　　贷：合同结算——价款结算　　　　　　　　　　25 000 000
　　　　应交税费——应交增值税（销项税额）　　　 2 250 000

借：银行存款　　　　　　　　　　　　　　　　　　20 000 000
　　贷：应收账款　　　　　　　　　　　　　　　　20 000 000

当日，"合同结算"科目的余额为贷方 137.5（2 500 - 2 362.5）万元，表明甲公司已经与客户结算但尚未履行履约义务的金额为 137.5 万元，由于甲公司预计该部分履约义务将在 2×18 年内完成，因此，应在资产负债表中作为合同负债列示。

(3) 2×18 年 7 月 1 日至 12 月 31 日实际发生工程成本时。

借：合同履约成本　　　　　　　　　　　　　　　　15 000 000
　　贷：原材料、应付职工薪酬等　　　　　　　　　15 000 000

(4) 2×18 年 12 月 31 日。

履约进度 = 30 000 000 ÷ 40 000 000 = 75%

合同收入 = 63 000 000 × 75% - 23 625 000 = 23 625 000（元）

借：合同结算——收入结转　　　　　　　　　　　　23 625 000

贷：主营业务收入		23 625 000
借：主营业务成本	15 000 000	
贷：合同履约成本		15 000 000
借：应收账款	11 990 000	
贷：合同结算——价款结算		11 000 000
应交税费——应交增值税（销项税额）		990 000
借：银行存款	11 000 000	
贷：应收账款		11 000 000

当日，"合同结算"科目的余额为借方1 125（2 362.5 - 1 100 - 137.5）万元，表明甲公司已经履行履约义务但尚未与客户结算的金额为1 125万元，由于该部分金额将在2×19年内结算，因此，应在资产负债表中作为合同资产列示。

(5) 2×19年1月1日至6月30日实际发生工程成本时。

借：合同履约成本	11 000 000	
贷：原材料、应付职工薪酬等		11 000 000

(6) 2×19年6月30日。

由于当日该工程已竣工决算，其履约进度为100%。

合同收入 = 63 000 000 - 23 625 000 - 23 625 000 = 15 750 000（元）

借：合同结算——收入结转	15 750 000	
贷：主营业务收入		15 750 000
借：主营业务成本	11 000 000	
贷：合同履约成本		11 000 000
借：应收账款	29 430 000	
贷：合同结算——价款结算		27 000 000
应交税费——应交增值税（销项税额）		2 430 000
借：银行存款	29 430 000	
贷：应收账款		29 430 000

当日，"合同结算"科目的余额为0（1 125 + 1 575 - 2 700）万元。

2. 合同履约成本和合同取得成本。

根据本准则规定确认为资产的合同履约成本，初始确认时摊销期限不超过一年或一个正常营业周期的，在资产负债表中记入"存货"项目；初始确认时摊销期限在一年或一个正常营业周期以上的，在资产负债表中记入"其他非流动资产"项目。根据本准则规定确认为资产的合同取得成本，初始确认时摊销期限不超过一年或一个正常营业周期的，在资产负债表中记入"其他流动资产"项目；初始确认时摊销期限在一年或一个正常营业周期以上的，在资产负债表中记入"其他非流动资产"项目。

（二）披露。

企业应当在财务报表附注中充分披露与收入有关的下列定性和定量信息，以使财务报表使用者能够了解与客户之间的合同产生的收入及现金流量的性质、金额、时间分布和不确定性等相关信息。

1. 收入确认和计量所采用的会计政策,对于确定收入确认的时点和金额具有重大影响的判断以及这些判断的变更。

在披露这些判断及其变更时,企业应当披露下列信息。

(1) 履约义务履行的时点。对于在某一时段内履行的履约义务,企业应当披露确认收入所采用的方法(例如,企业是按照产出法还是投入法确认收入,企业如何运用该方法确认收入等),以及该方法为何能够如实地反映商品的转让的说明性信息。对于在某一时点履行的履约义务,企业应当披露在评估客户取得所承诺商品控制权时点时所作出的重大判断。

(2) 交易价格以及分摊至各单项履约义务的金额。企业应当披露在确定交易价格(包括但不限于估计可变对价、调整货币时间价值的影响以及计量非现金对价等)、估计计入交易价格的可变对价、分摊交易价格(包括估计所承诺商品的单独售价、将合同折扣以及可变对价分摊至合同中的某一特定部分等)以及计量预期将退还给客户的款项等类似义务时所采用的方法、输入值以及各项假设等信息。

2. 与合同相关的信息。

企业应当单独披露与客户的合同相关的下列信息,除非这些信息已经在利润表中单独列报:一是按照本准则确认的收入,且该收入应当区别于企业其他的收入来源而单独披露;二是企业已经就与客户之间的合同相关的任何应收款项或合同资产确认的减值损失,且该减值损失也应当区别于针对其他合同确认的减值损失而单独披露。

(1) 本期确认的收入。企业应当将本期确认的收入按照不同的类别进行分解,这些类别应当反映经济因素如何影响收入及现金流量的性质、金额、时间分布和不确定性。此外,企业应当充分披露上述信息,以便财务报表使用者能够理解上述将收入按不同类别进行分解的信息与企业在分部信息中披露的每一报告分部的收入之间的关系。

在确定对收入进行分解的类别时,企业应当考虑其在下列情况下是如何列报和披露与收入有关的信息:①在财务报表之外披露的信息,例如,在企业的业绩公告、年报或向投资者报送的相关资料中披露的收入信息;②管理层为评价经营分部的财务业绩所定期复核的信息;③企业或企业的财务报表使用者在评价企业的财务业绩或作出资源分配决策时,所使用的类似于上述①和②的信息类型的其他信息。

企业在对收入信息进行分解时,可以采用的类别包括但不限于:商品类型、经营地区、市场或客户类型、合同类型(例如,固定造价合同、成本加成合同等)、商品转让的时间(例如,在某一时点转让或在某一时段内转让)、合同期限(例如,长期合同、短期合同等)、销售渠道(例如,直接销售或通过经销商销售)等。

【例14-69】与本期确认收入相关的信息披露

甲公司有三个报告分部,分别为消费品、汽车和能源。甲公司在其年报中将收入按照主要经营地区、主要产品类型以及收入确认时间进行分类并披露相关信息。甲公司认为该分类能够反映相关经济因素对于企业的收入和现金流量的性质、金额、时间分布以及不确定性的影响。因此,甲公司在其财务报表附注中对于收入按照同样的分类方法进行披露(见表14-4)。

表 14-4　甲公司本期所确认收入　　　　　　　　　　　　　金额单位：万元

报告分部	消费品	汽车	能源	合计
主要经营地区				
东北	990	2 250	5 250	8 490
华北	300	750	1 000	2 050
西北	700	260	—	960
合计	1 990	3 260	6 250	11 500
主要产品类型				
办公用品	600	—	—	600
家用电器	900	—	—	900
服装	400	—	—	400
汽车	—	3 260	—	3 260
太阳能电池板	—	—	1 000	1 000
发电	—	—	5 250	6 250
合计	1 990	3 260	6 250	11 500
收入确认时间				
商品（在某一时点转让）	1 990	3 260	1 000	5 250
服务（在某一时段内提供）	—	—	5 250	6 250
合计	1 990	3 260	6 250	11 500

（2）应收款项、合同资产和合同负债的账面价值。企业应当披露与应收款项、合同资产和合同负债的账面价值有关的下列信息：①应收款项、合同资产和合同负债的期初和期末账面价值；②对上述应收款项和合同资产确认的减值损失；③在本期确认的包括在合同负债期初账面价值中的收入；④前期已经履行（或部分履行）的履约义务在本期确认的收入（例如，交易价格的变动）。

企业应当说明其履行履约义务的时间与通常的付款时间之间的关系，以及此类因素对合同资产和合同负债账面价值的影响的定量或定性信息。企业还应当以定性和定量信息的形式说明合同资产和合同负债的账面价值在本期内发生的重大变动。合同资产和合同负债的账面价值发生变动的情形包括：①企业合并导致的变动；②对收入进行累积追加调整导致的相关合同资产和合同负债的变动，此类调整可能源于估计履约进度的变化、估计交易价格的变化（包括对于可变对价是否受到限制的评估发生变化）或者合同变更；③合同资产发生减值；④对合同对价的权利成为无条件权利（即，合同资产重分类为应收款项）的时间安排发生变化；⑤履行履约义务（即从合同负债转为收入）的时间安排发生变化。

（3）履约义务。企业应当披露与履约义务相关的信息包括：①企业通常在何时履行履约义务，包括在售后代管商品的安排中履行履约义务的时间，例如，发货时、交付时、服务提供时或服务完成时等；②重要的支付条款，例如，合同价款通常何时到期、合同是否存在重大融资成分、合同对价是否为可变金额以及对可变对价的估计是否通常受到限制等；③企业承诺转让的商品的性质，如有企业为代理人的情形，需要着重说明；④企业承担的预期将退还给客户的款项等类似义务；⑤质量保证的类型及相关义务。

(4) 分摊至剩余履约义务的交易价格。企业应当披露与剩余履约义务有关的下列信息：①分摊至本期末尚未履行（或部分未履行）履约义务的交易价格总额；②上述金额确认为收入的预计时间，企业可以按照对于剩余履约义务的期间而言最恰当的时间段为基础提供有关预计时间的定量信息，或者使用定性信息进行说明。

【例 14-70】分摊至剩余履约义务的交易价格的信息披露

2×18 年 7 月 1 日，甲公司与客户签订不可撤销的合同，为其提供草坪修剪服务，合同期限为 2 年。根据合同约定，在合同期限内，甲公司在客户需要时为其提供服务，但是每月提供服务的次数最多不超过 4 次，客户每月向甲公司支付 4 000 元。甲公司按照时间进度确定其履约进度。上述金额不含增值税。

本例中，截至 2×18 年年末，该合同下分摊至尚未履行的履约义务的交易价格为 72 000 元，甲公司在编制其 2×18 年财务报表时，对于上述金额确认为收入的预计时间披露如表 14-5 所示。

表 14-5　预计确认收入计算表　　　　　　　　金额单位：元

年度	2×19 年	2×20 年	合计
该合同预计将确认的收入	48 000	24 000	72 000

为简化实务操作，当满足下列条件之一时，企业无需针对某项履约义务披露上述信息：一是该项履约义务是原预计合同期限不超过一年的合同中的一部分；二是企业有权对该履约义务下已转让的商品向客户发出账单，且账单金额能够代表企业累计至今已履约部分转移给客户的价值。

【例 14-71】采用简化处理方法的信息披露

2×18 年 7 月 1 日，乙公司与客户签订不可撤销的合同，为其提供保洁服务，合同期限为 2 年。根据合同约定，乙公司每月至少为客户提供一次服务，收费标准为每小时 25 元，客户按照乙公司的实际工作时间向其支付服务费。

本例中，乙公司按照固定的费率以及实际发生的工时向客户收费，乙公司有权对已提供的服务向客户发出账单，且账单金额能够代表乙公司累计至今已履约部分转移给客户的价值。因此，乙公司可以采用上述简化处理方法。

企业应当提供定性信息以说明其是否采用了上述简化操作方法，以及是否存在任何对价金额未纳入交易价格，从而未纳入对分摊至剩余履约义务的交易价格所需披露的信息之中，例如，由于将可变对价计入交易价格的限制要求而未计入交易价格的可变对价。

【例 14-72】未计入交易价格的可变对价的信息披露

2×18 年 7 月 1 日，丙公司与客户签订不可撤销的合同，2 年内在客户需要时为其提供保洁服务。合同价款包括两部分：一是每月 10 000 元的固定对价；二是最高金额为 100 000 元的奖金。丙公司预计可以计入交易价格的可变对价金额为 75 000 元。丙公司按照时间进度确定履约进度。上述金额均不包含增值税。

本例中，丙公司认为该合同下为客户提供 2 年的保洁服务构成单项履约义务，估计的交易价格为 315 000（10 000×24+75 000）元，丙公司将该金额按照合同期 24 个月平均确认为收入，即每月确认的收入为 13 125 元，2×18 年确认的收入金额为 78 750（13 125×6）元，尚未确认的收入为 236 250 元，其中 2×19 年将确认的收入金额为 157 500（13 125×12）元，其余的 78 750 元将于 2×20 年确认。

该合同的下列信息将会包含在 2×18 年财务报表附注的相关披露之中。

(1) 定量披露（见表 14-6）。

表 14-6 预计确认收入计算表   金额单位：元

年度	2×19 年	2×20 年	合计
该合同预计将确认的收入	157 500	78 750	236 250

(2) 定性披露。

奖金 25 000 元因对可变对价有关的限制要求而未被计入交易价格，因此没有包括在上述披露之中。

【例 14-73】由于未来确认收入的时间存在不确定性的信息披露

2×18 年 2 月 1 日，丁公司与客户签订合同，为客户建造一栋办公楼，合同对价为 500 万元。丁公司在该合同下为客户提供的建造服务构成单项履约义务，且该履约义务在某一时段内履行。丁公司在 2×18 年对该合同确认的收入金额为 240 万元。丁公司估计该项工程将于 2×19 年年底完工，但是也很可能会延期至 2×20 年 3 月完工。

本例中，丁公司应当在 2×18 年的财务报表中披露尚未确认为收入的金额以及预计将该金额确认为收入的时间。由于未来确认收入的时间存在不确定性，丁公司对该信息进行定性披露，例如，"2×18 年 12 月 31 日，分摊至剩余履约义务的交易价格为 260 万元，本公司预计该金额将随着工程的完工进度，在未来 12~15 个月内确认为收入"。

3. 与合同成本有关的资产相关的信息。

企业应当披露与合同成本有关的资产相关的下列信息：①在确定该资产的金额时所运用的判断；②该资产的摊销方法；③按该资产的主要类别（如为取得合同发生的成本、为履行合同开展的初始活动发生的成本等）披露合同取得成本或合同履约成本的期末账面价值；④本期确认的摊销以及减值损失的金额等。

4. 有关简化处理方法的披露。

如果企业选择对于合同中存在的重大融资成分或为取得合同发生的增量成本采取简化的处理方法，即企业根据本准则第十七条规定因预计客户取得商品控制权与客户支付价款间隔未超过一年而未考虑合同中存在的重大融资成分，或者根据本准则第二十八条规定因与合同取得成本有关的资产的摊销期限未超过一年而将其在发生时计入当期损益的，企业应当对这一事实进行披露。

第15章 政府补助

15.1 企业会计准则第16号——政府补助

为了适应社会主义市场经济发展需要,规范政府补助的会计处理,提高会计信息质量,根据《企业会计准则——基本准则》,财政部对《企业会计准则第16号——政府补助》(以下简称"本准则")进行了修订,现予印发,在所有执行企业会计准则的企业范围内施行。本准则自2017年6月12日起施行。2006年2月15日财政部印发的《财政部关于印发〈企业会计准则第1号——存货〉等38项具体准则的通知》(财会〔2006〕3号)中的《企业会计准则第16号——政府补助》废止。

15.1.1 总则

第一条 为了规范政府补助的确认、计量和列报,根据《企业会计准则——基本准则》,制定本准则。

第二条 本准则中的政府补助,是指企业从政府无偿取得货币性资产或非货币性资产。

第三条 政府补助具有下列特征。

(一)来源于政府的经济资源。对于企业收到的来源于其他方的补助,有确凿证据表明政府是补助的实际拨付者,其他方只起到代收代付作用的,该项补助也属于来源于政府的经济资源。

(二)无偿性。即企业取得来源于政府的经济资源,不需要向政府交付商品或服务等对价。

第四条 政府补助分为与资产相关的政府补助和与收益相关的政府补助。

与资产相关的政府补助,是指企业取得的、用于购建或以其他方式形成长期资产的政府补助。

与收益相关的政府补助,是指除与资产相关的政府补助之外的政府补助。

第五条 下列各项适用其他相关会计准则。

(一)企业从政府取得的经济资源,如果与企业销售商品或提供服务等活动密切相关,且是企业商品或服务的对价或者是对价的组成部分,适用《企业会计准则14号——收入》等相关会计准则。

(二)所得税减免,适用《企业会计准则18号——所得税》。

政府以投资者身份向企业投入资本,享有相应的所有者权益,不适用本准则。

15.1.2 确认和计量

第六条 政府补助同时满足下列条件的,才能予以确认:(一)企业能够满足政府补助所附条件;(二)企业能够收到政府补助。

第七条 政府补助为货币性资产的,应当按照收到或应收的金额计量。政府补助为非货币性资产的,应当按照公允价值计量;公允价值不能可靠取得的,按照名义金额计量。

第八条 与资产相关的政府补助,应当冲减相关资产的账面价值或确认为递延收益。与资产相关的政府补助确认为递延收益的,应当在相关资产使用寿命内按照合理、系统的方法分期计入损益。按照名义金额计量的政府补助,直接计入当期损益。

相关资产在使用寿命结束前被出售、转让、报废或发生毁损的,应当将尚未分配的相关递延收益余额转入资产处置当期的损益。

第九条 与收益相关的政府补助,应当分情况按照以下规定进行会计处理:

(一)用于补偿企业以后期间的相关成本费用或损失的,确认为递延收益,并在确认相关成本费用或损失的期间,计入当期损益或冲减相关成本;

(二)用于补偿企业已发生的相关成本费用或损失的,直接计入当期损益或冲减相关成本。

第十条 对于同时包含与资产相关部分和与收益相关部分的政府补助,应当区分不同部分分别进行会计处理;难以区分的,应当整体归类为与收益相关的政府补助。

第十一条 与企业日常活动相关的政府补助,应当按照经济业务实质,计入其他收益或冲减相关成本费用。与企业日常活动无关的政府补助,应当计入营业外收支。

第十二条 企业取得政策性优惠贷款贴息的,应当区分财政将贴息资金拨付给贷款银行和财政将贴息资金直接拨付给企业两种情况,分别按照本准则第十三条和第十四条进行会计处理。

第十三条 财政将贴息资金拨付给贷款银行,由贷款银行以政策性优惠利率向企业提供贷款的,企业可以选择下列方法之一进行会计处理。

(一)以实际收到的借款金额作为借款的入账价值,按照借款本金和该政策性优惠利率计算相关借款费用。

(二)以借款的公允价值作为借款的入账价值并按照实际利率法计算借款费用,实际收到的金额与借款公允价值之间的差额确认为递延收益。递延收益在借款存续期内采用实际利率法摊销,冲减相关借款费用。

企业选择了上述两种方法之一后,应当一致地运用,不得随意变更。

第十四条 财政将贴息资金直接拨付给企业,企业应当将对应的贴息冲减相关借款费用。

第十五条 已确认的政府补助需要退回的,应当在需要退回的当期分情况按照以下规定进行会计处理:

(一)初始确认时冲减相关资产账面价值的,调整资产账面价值;

(二)存在相关递延收益的,冲减相关递延收益账面余额,超出部分计入当期损益;

(三)属于其他情况的,直接计入当期损益。

15.1.3 列报

第十六条 企业应当在利润表中的"营业利润"项目之上单独列报"其他收益"项目,计入其他收益的政府补助在该项目中反映。

第十七条 企业应当在附注中单独披露与政府补助有关的下列信息：
（一）政府补助的种类、金额和列报项目；
（二）计入当期损益的政府补助金额；
（三）本期退回的政府补助金额及原因。

15.1.4 衔接规定

第十八条 企业对 2017 年 1 月 1 日存在的政府补助采用未来适用法处理，对 2017 年 1 月 1 日至本准则施行日之间新增的政府补助根据本准则进行调整。

15.1.5 附则

第十九条 本准则自 2017 年 6 月 12 日起施行。

第二十条 2006 年 2 月 15 日财政部印发的《财政部关于印发〈企业会计准则第 1 号——存货〉等 38 项具体准则的通知》（财会〔2006〕3 号）中的《企业会计准则第 16 号——政府补助》同时废止。

财政部此前发布的有关政府补助会计处理规定与本准则不一致的，以本准则为准。

15.2 《企业会计准则第 16 号——政府补助》应用指南

15.2.1 总体要求

《企业会计准则第 16 号——政府补助》规范了政府补助的确认、计量、列示和相关信息的披露。企业应当根据政府补助的定义和特征对来源于政府的经济资源进行判断，并按照本准则的要求对政府补助进行相应的会计处理和列报。

政府向企业提供经济支持，以鼓励或扶持特定行业、地区或领域的发展，是政府进行宏观调控的重要手段，也是国际上通行的做法。对企业而言，并不是所有来源于政府的经济资源都属于本准则规范的政府补助，除政府补助外，还可能是政府对企业的资本性投入或者政府购买服务所支付的对价。本准则要求企业首先根据交易或者事项的实质对来源于政府的经济资源所归属的类型作出判断，对于符合政府补助的定义和特征的，再按照本准则的要求进行确认、计量、列示与披露。

企业选择总额法对与日常活动相关的政府补助进行会计处理的，应增设"6117 其他收益"科目进行核算。"其他收益"科目核算总额法下与日常活动相关的政府补助以及其他与日常活动相关且应直接计入本科目的项目，计入本科目的政府补助可以按照类型进行明细核算。对于总额法下与日常活动相关的政府补助，企业在实际收到或应收时，或者将先确认为"递延收益"的政府补助分摊计入收益时，借记"银行存款""其他应收款""递延收益"等科目，贷记"其他收益"科目。期末，应将本科目余额转入"本年利润"科目，本科目结转后应无余额。

15.2.2 关于政府补助的定义和特征

（一）政府补助的定义。

本准则规定，政府补助是指企业从政府无偿取得货币性资产或非货币性资产。政府补助主要形式包括政府对企业的无偿拨款、税收返还、财政贴息，以及无偿给予非货币性资产等。通常情况下，直接减征、免征、增加计税抵扣额、抵免部分税额等不涉及资产直接转移的经济资源，不适用政府补助准则。

需要说明的是，增值税出口退税不属于政府补助。根据税法规定，在对出口货物取得的收入免征增值税的同时，退付出口货物前道环节发生的进项税额，增值税出口退税实际上是政府退回企业事先垫付的进项税，不属于政府补助。

（二）政府补助的特征。

根据本准则的规定，政府补助具有下列特征。

1. 政府补助是来源于政府的经济资源。这里的政府主要是指行政事业单位及类似机构。对于企业收到的来源于其他方的补助，有确凿证据表明政府是补助的实际拨付者，其他方只起到代收代付作用的，该项补助也属于来源于政府的经济资源。例如，某集团公司母公司收到一笔政府补助款，有确凿证据表明该补助款实际的补助对象为该母公司下属子公司，母公司只是起到代收代付作用，在这种情况下，该补助款属于对子公司的政府补助。

2. 政府补助是无偿的。即企业取得来源于政府的经济资源，不需要向政府交付商品或服务等对价。无偿性是政府补助的基本特征，这一特征将政府补助与政府以投资者身份向企业投入资本、政府购买服务等政府与企业之间的互惠性交易区别开来。需要说明的是，政府补助通常附有一定条件，这与政府补助的无偿性并不矛盾，只是政府为了推行其宏观经济政策，对企业使用政府补助的时间、使用范围和方向进行了限制。

【例15-1】政府补助不具有无偿性的情形

2×17年2月，甲企业与所在城市的开发区人民政府签订了项目合作投资协议，实施"退城进园"技改搬迁。根据协议，甲企业在开发区内投资约4亿元建设电子信息设备生产基地。生产基地占地面积为400亩，该宗项目用地按开发区工业用地基准地价挂牌出让，甲企业摘牌并按挂牌出让价格缴纳土地出让金4800万元。甲企业自开工之日起须在18个月内完成搬迁工作，从原址搬迁至开发区，同时将甲企业位于城区繁华地段的原址用地（200亩，按照所在地段工业用地基准地价评估为1亿元）移交给开发区政府收储，开发区政府将向甲企业支付补偿资金1亿元。

本例中，为实施"退城进园"技改搬迁，甲企业将其位于城区繁华地段的原址用地移交给开发区政府收储，开发区政府为此向甲企业支付补偿资金1亿元。由于开发区政府对甲企业的搬迁补偿是基于甲企业原址用地的公允价值确定的，实质是政府按照相应资产的市场价格向企业购买资产，企业从政府取得的经济资源是企业让渡其资产的对价，双方的交易是互惠性交易，不符合政府补助无偿性的特点。因此，甲企业收到的1亿元搬迁补偿资金不作为政府补助处理，而应作为处置非流动资产的收入。

【例15-2】政府补助具有无偿性的情形

乙企业是一家生产和销售重型机械的企业。为推动科技创新，乙企业所在地政府于2×17年8月向乙企业拨付了3000万元资金，要求乙企业将这笔资金用于技术改造项目研究，研究成果归乙企业享有。

本例中，乙企业的日常经营活动是生产和销售重型机械，其从政府取得了 3 000 万元资金用于研发支出，且研究成果归乙企业享有。因此，这项财政拨款具有无偿性的特征，乙企业收到的 3 000 万元资金应当按照本准则的规定进行会计处理。

15.2.3 关于适用范围

企业对于符合本准则政府补助定义和特征的政府补助，应当按照本准则的要求进行会计处理。以下各项不纳入本准则的范围，适用其他相关会计准则。

1. 企业从政府取得的经济资源，如果与企业销售商品或提供服务等活动密切相关，且是企业商品或服务的对价或者是对价的组成部分，应当适用《企业会计准则第 14 号——收入》等相关会计准则。

2. 所得税减免，适用《企业会计准则第 18 号——所得税》。

政府以投资者身份向企业投入资本，享有相应的所有者权益，政府与企业之间是投资者与被投资者的关系，属于互惠性交易，不适用本准则。

【例 15-3】政府补助的适用范围

丙企业是一家生产和销售高效照明产品的企业。国家为了支持高效照明产品的推广使用，通过统一招标的形式确定中标企业、高效照明产品及中标协议供货价格。丙企业作为中标企业，需以中标协议供货价格减去财政补贴资金后的价格将高效照明产品销售给终端用户，并按照高效照明产品实际安装数量、中标供货协议价格、补贴标准，申请财政补贴资金。2×17 年，丙企业因销售高效照明产品获得财政资金 5 000 万元。

本例中，丙企业虽然取得财政补贴资金，但最终受益人是从丙企业购买高效照明产品的大宗用户和城乡居民，相当于政府以中标协议供货价格从丙企业购买了高效照明产品，再以中标协议供货价格减去财政补贴资金后的价格将产品销售给终端用户。实际操作时，政府并没有直接从事高效照明产品的购销，但以补贴资金的形式通过丙企业的销售行为实现了政府推广使用高效照明产品的目标。对丙企业而言，销售高效照明产品是其日常经营活动，丙企业仍按照中标协议供货价格销售了产品，其销售收入由两部分构成，一是终端用户支付的购买价款，二是财政补贴资金，财政补贴资金是丙企业产品销售对价的组成部分。因此，丙企业收到的补贴资金 5 000 万元应当按照《企业会计准则第 14 号——收入》的规定进行会计处理。

15.2.4 关于政府补助的分类

确定了来源于政府的经济资源属于政府补助后，企业还应当对其进行恰当的分类。根据本准则规定，政府补助应当划分为与资产相关的政府补助和与收益相关的政府补助。这两类政府补助给企业带来经济利益或者弥补相关成本或费用的形式不同，从而在具体会计处理上存在差别。

与资产相关的政府补助，是指企业取得的、用于购建或以其他方式形成长期资产的政府补助。通常情况下，相关补助文件会要求企业将补助资金用于取得长期资产。长期资产将在较长的期间内给企业带来经济利益，因此相应的政府补助的受益期也较长。

与收益相关的政府补助，是指除与资产相关的政府补助之外的政府补助。此类补助主要是用于补偿企业已发生或即将发生的相关成本费用或损失，受益期相对较短，通常在满足补助所附条件时计入当期损益或冲减相关成本。

15.2.5 关于政府补助的确认与计量

关于政府补助的确认条件，本准则规定，政府补助同时满足下列条件的，才能予以确认：一是企业能够满足政府补助所附条件；二是企业能够收到政府补助。

关于政府补助的计量属性，本准则规定，政府补助为货币性资产的，应当按照收到或应收的金额计量。如果企业已经实际收到补助资金，应当按照实际收到的金额计量；如果资产负债表日企业尚未收到补助资金，但企业在符合了相关政策规定后就相应获得了收款权，且与之相关的经济利益很可能流入企业，企业应当在这项补助成为应收款时按照应收的金额计量。政府补助为非货币性资产的，应当按照公允价值计量；公允价值不能可靠取得的，按照名义金额计量。

政府补助有两种会计处理方法：总额法和净额法。总额法是在确认政府补助时，将其全额一次或分次确认为收益，而不是作为相关资产账面价值或者成本费用等的扣减。净额法是将政府补助确认为对相关资产账面价值或者所补偿成本费用等的扣减。需要说明的是，根据《企业会计准则——基本准则》的要求，同一企业不同时期发生的相同或者相似的交易或者事项，应当采用一致的会计政策，不得随意变更；确需变更的，应当在附注中说明。企业应当根据经济业务的实质，判断某一类政府补助业务应当采用总额法还是净额法进行会计处理，通常情况下，对同类或类似政府补助业务只能选用一种方法，同时，企业对该业务应当一贯地运用该方法，不得随意变更。企业对某些补助只能采用一种方法，例如，对一般纳税人增值税即征即退只能采用总额法进行会计处理。

本准则规定，与企业日常活动相关的政府补助，应当按照经济业务实质，计入其他收益或冲减相关成本费用。与企业日常活动无关的政府补助，计入营业外收入或冲减相关损失。通常情况下，若政府补助补偿的成本费用是营业利润之中的项目，或该补助与日常销售等经营行为密切相关（如增值税即征即退等），则认为该政府补助与日常活动相关。

（一）与资产相关的政府补助。

实务中，企业通常先收到补助资金，再按照政府要求将补助资金用于购建固定资产或无形资产等长期资产。企业在取得与资产相关的政府补助时，应当选择采用总额法或净额法进行会计处理。

总额法下，企业在取得与资产相关的政府补助时应当按照补助资金的金额借记"银行存款"等科目，贷记"递延收益"科目；然后在相关资产使用寿命内按合理、系统的方法分期计入损益。如果企业先取得与资产相关的政府补助，再确认所购建的长期资产，总额法下应当在开始对相关资产计提折旧或进行摊销时按照合理、系统的方法将递延收益分期计入当期收益；如果相关长期资产投入使用后企业再取得与资产相关的政府补助，总额法下应当在相关资产的剩余使用寿命内按照合理、系统的方法将递延收益分期计入当期收益。需要说明的是，采用总额法的，如果对应的长期资产在持有期间发生减值损失，递延收益的摊销仍保持不变，不受减值因素的影响。企业对与资产相关的政府补助选择总额法的，应当将递延收益分期转入其他收益或营业外收入,借记"递延收益"科目,贷记"其他收益"或"营业外收入"科目。相关资产在使用寿命结束时或结束前被处置(出售、报废、转让、发生毁损等),尚未分配的相关递延收益余额应当转入资产处置当期的损益,不再予以递延。对相关资产划分为持有待售类别的,先将尚未分配的递延收益余额冲减相关资产的账面价值,再按照《企业会计准则第42号——持有待售的非流动资产、处置组和终止经营》的要求进行会计处理。

净额法下,企业在取得政府补助时应当按照补助资金的金额冲减相关资产的账面价值。如果企业先取得与资产相关的政府补助,再确认所购建的长期资产,净额法下应当将取得的政府补助先确认为递延收益,在相关资产达到预定可使用状态或预定用途时将递延收益冲减资产账面价值;如果相关长期资产投入使用后企业再取得与资产相关的政府补助,净额法下应当在取得补助时冲减相关资产的账面价值,并按照冲减后的账面价值和相关资产的剩余使用寿命计提折旧或进行摊销。

实务中存在政府无偿给予企业长期非货币性资产的情况,如无偿给予土地使用权、天然起源的天然林等。企业取得的政府补助为非货币性资产的,应当按照公允价值计量;公允价值不能可靠取得的,按照名义金额(1元)计量。企业在收到非货币性资产的政府补助时,应当借记有关资产科目,贷记"递延收益"科目;然后在相关资产使用寿命内按合理、系统的方法分期计入损益,借记"递延收益"科目,贷记"其他收益"或"营业外收入"科目。但是,对以名义金额计量的政府补助,在取得时计入当期损益。

【例15-4】与资产相关的政府补助的确认和计量

按照国家有关政策,企业购置环保设备可以申请补贴以补偿其环保支出。丁企业于2×18年1月向政府有关部门提交了210万元的补助申请,作为对其购置环保设备的补贴。2×18年3月15日,丁企业收到了政府补贴款210万元。2×18年4月20日,丁企业购入不需安装的环保设备一台,实际成本为480万元,使用寿命为10年,采用直线法计提折旧(不考虑净残值)。2×26年4月,丁企业的这台设备发生毁损而报废。本例中不考虑相关税费等其他因素。

丁企业的账务处理如下:

方法一:丁企业选择总额法对此类补助进行会计处理。

(1) 2×18年3月15日实际收到财政拨款,确认递延收益。

借:银行存款	2 100 000
贷:递延收益	2 100 000

(2) 2×18年4月20日购入设备。

借:固定资产	4 800 000
贷:银行存款	4 800 000

(3) 自2×18年5月起每个资产负债表日(月末)计提折旧,同时分摊递延收益。

①计提折旧(假设该设备用于污染物排放测试,折旧费用计入制造费用)。

借:制造费用	40 000
贷:累计折旧	40 000

②分摊递延收益。

借：递延收益　　　　　　　　　　　　　　　　　　　　17 500
　　贷：其他收益　　　　　　　　　　　　　　　　　　　　　　17 500

（4）2×26年4月设备毁损，同时转销递延收益余额。

借：固定资产清理　　　　　　　　　　　　　　　　　　960 000
　　累计折旧　　　　　　　　　　　　　　　　　　　　3 840 000
　　贷：固定资产　　　　　　　　　　　　　　　　　　　　4 800 000

借：递延收益　　　　　　　　　　　　　　　　　　　　420 000
　　贷：固定资产清理　　　　　　　　　　　　　　　　　　420 000

借：营业外支出　　　　　　　　　　　　　　　　　　　540 000
　　贷：固定资产清理　　　　　　　　　　　　　　　　　　540 000

方法二：丁企业选择净额法对此类补助进行会计处理。

（1）2×18年3月15日实际收到财政拨款，确认递延收益。

借：银行存款　　　　　　　　　　　　　　　　　　　2 100 000
　　贷：递延收益　　　　　　　　　　　　　　　　　　　　2 100 000

（2）2×18年4月20日购入设备。

借：固定资产　　　　　　　　　　　　　　　　　　　4 800 000
　　贷：银行存款　　　　　　　　　　　　　　　　　　　　4 800 000

借：递延收益　　　　　　　　　　　　　　　　　　　2 100 000
　　贷：固定资产　　　　　　　　　　　　　　　　　　　　2 100 000

（3）自2×18年5月起每个资产负债表日（月末）计提折旧。

借：制造费用　　　　　　　　　　　　　　　　　　　　22 500
　　贷：累计折旧　　　　　　　　　　　　　　　　　　　　　22 500

（4）2×26年4月设备毁损。

借：固定资产清理　　　　　　　　　　　　　　　　　　540 000
　　累计折旧　　　　　　　　　　　　　　　　　　　　2 160 000
　　贷：固定资产　　　　　　　　　　　　　　　　　　　　2 700 000

借：营业外支出　　　　　　　　　　　　　　　　　　　540 000
　　贷：固定资产清理　　　　　　　　　　　　　　　　　　540 000

（二）与收益相关的政府补助。

本准则规定，与收益相关的政府补助，应当分情况按照以下规定进行会计处理：用于补偿企业以后期间的相关成本费用或损失的，确认为递延收益，并在确认相关成本费用或损失的期间，计入当期损益或冲减相关成本；用于补偿企业已发生的相关成本费用或损失的，直接计入当期损益或冲减相关成本。对与收益相关的政府补助，企业同样可以选择采用总额法或净额法进行会计处理：选择总额法的，应当计入其他收益或营业外收入；选择净额法的，应当冲减相关成本费用或营业外支出。

1. 与收益相关的政府补助如果用于补偿企业以后期间的相关成本费用或损失，企业在取得时应当先判断企业能否满足政府补助所附条件。根据本准则规定，只有满足政府补助确认条件的才能予以确认，而客观情况通常表明企业能够满足政府补助所附条件，企业应当将其确认为递延收益，并在确认相关成本费用或损失的期间，计入当期损益或冲减相关成本。

【例15-5】与收益相关的政府补助用于补偿企业以后期间的相关成本费用或损失

甲企业于2×17年3月15日与其所在地地方政府签订合作协议，根据协议约定，当地政府将向甲企业提供1 000万元奖励资金，用于企业的人才激励和人才引进奖励，甲企业必须按年向当地政府报送详细的资金使用计划并按规定用途使用资金。协议同时约定，甲企业自获得奖励起10年内注册地址不得迁离本地区，否则政府有权追回奖励资金。甲企业于2×17年4月10日收到1 000万元补助资金，分别在2×17年12月、2×18年12月、2×19年12月使用了400万元、300万元和300万元，用于发放给总裁级高管年度奖金。本例中不考虑相关税费等其他因素。

本例中，甲企业应当在取得政府补助时先判断是否满足政府补助的确认条件。如果客观情况表明甲企业在未来10年内离开该地区的可能性很小，如通过成本效益分析认为甲企业迁离该地区的成本远高于收益，则甲企业在收到补助资金时应当记入"递延收益"科目，实际按规定用途使用补助资金时，再计入当期损益。

假设甲企业选择净额法对此类补助进行会计处理，其账务处理如下：

（1）2×17年4月10日甲企业实际收到补助资金。

借：银行存款　　　　　　　　　　　　　　　　　　　　　　10 000 000
　　贷：递延收益　　　　　　　　　　　　　　　　　　　　　　10 000 000

（2）2×17年12月、2×18年12月、2×19年12月，甲企业将补助资金用于发放高管奖金时相应结转递延收益。

①2×17年12月。

借：递延收益　　　　　　　　　　　　　　　　　　　　　　4 000 000
　　贷：管理费用　　　　　　　　　　　　　　　　　　　　　　4 000 000

②2×18年12月。

借：递延收益　　　　　　　　　　　　　　　　　　　　　　3 000 000
　　贷：管理费用　　　　　　　　　　　　　　　　　　　　　　3 000 000

③2×19年12月。

借：递延收益　　　　　　　　　　　　　　　　　　　　　　3 000 000
　　贷：管理费用　　　　　　　　　　　　　　　　　　　　　　3 000 000

如果本例中甲企业选择按总额法对此类政府补助进行会计处理，则应当在确认相关管理费用的期间，借记"递延收益"科目，贷记"其他收益"科目。

如果甲企业在取得补助资金时暂时无法确定能否满足政府补助所附条件（即在未来10年内注册地址不得迁离本地区），则应当将收到的补助资金先记入"其他应付款"科目，待客观情况表明其能够满足政府补助所附条件后再转入"递延收益"科目。

2. 用于补偿企业已发生的相关成本费用或损失的，直接计入当期损益或冲减相关成本。

这类补助通常与企业已经发生的行为有关,是对企业已发生的成本费用或损失的补偿,或是对企业过去行为的奖励。

【例 15-6】与企业的日常活动相关的政府补助

乙企业销售其自主开发的软件。按照国家有关规定,该企业的这种产品适用增值税即征即退政策,按 16% 的税率征收增值税后,对其增值税实际税负超过 3% 的部分,实行即征即退。乙企业 2×18 年 8 月在进行纳税申报时,对归属于 7 月的增值税即征即退提交退税申请,经主管税务机关审核后的退税额为 10 万元。

本例中,软件企业即征即退增值税与企业日常销售密切相关,属于与企业的日常活动相关的政府补助。乙企业 2×18 年 8 月申请退税并确定了增值税退税额,账务处理如下:

借:其他应收款　　　　　　　　　　　　　　　　　　　100 000
　　贷:其他收益　　　　　　　　　　　　　　　　　　　　　100 000

【例 15-7】与收益相关的政府补助用于弥补遭受自然灾害的损失

丙企业 2×17 年 11 月遭受重大自然灾害,并于 2×17 年 12 月 20 日收到了政府补助资金 200 万元。丙企业将其用于弥补其遭受自然灾害的损失。

2×17 年 12 月 20 日,丙企业实际收到补助资金并对此类补助选择按总额法进行会计处理,其账务处理如下:

借:银行存款　　　　　　　　　　　　　　　　　　　2 000 000
　　贷:营业外收入　　　　　　　　　　　　　　　　　　　2 000 000

【例 15-8】与收益相关的政府补助用于补偿企业已发生的相关成本费用或损失

丁企业是集芳烃技术研发、生产于一体的高新技术企业。芳烃的原料是石脑油。石脑油按成品油项目在生产环节征消费税。根据国家有关规定,对使用燃料油、石脑油生产乙烯芳烃的企业购进并用于生产乙烯、芳烃类化工产品的石脑油、燃料油,按实际耗用数量退还所含消费税。假设丁企业石脑油单价为 5 333 元/吨(其中,消费税为 2 105 元/吨)。2×17 年 7 月,丁企业将 115 吨石脑油投入生产,石脑油转换率为 1.15∶1(即 1.15 吨石脑油可生产 1 吨乙烯芳烃),共生产乙烯芳烃 100 吨。丁企业根据当期产量及所购原料供应商的消费税证明,向税务机关申请退还相应的消费税。

本例中,丁企业当期应退消费税 = 100 × 1.15 × 2 105 = 242 075(元)。丁企业在期末结转存货成本和主营业务成本之前,对该政府补助的账务处理如下:

借:其他应收款　　　　　　　　　　　　　　　　　　　242 075
　　贷:生产成本　　　　　　　　　　　　　　　　　　　　242 075

(三)政府补助退回的会计处理。

本准则规定,已确认的政府补助需要退回的,应当在需要退回的当期分情况按照以下规定进行会计处理:(1)初始确认时冲减相关资产账面价值的,调整资产账面价值;(2)存在相关递延收益的,冲减相关递延收益账面余额,超出部分计入当期损益;(3)属于其他情况的,直接计入当期损益。

此外,对于属于前期差错的政府补助退回,应当按照《企业会计准则第 28 号——会计政策、会计估计变更和差错更正》作为前期差错更正进行追溯调整。

【例15-9】政府补助退回的会计处理1

承【例15-4】，假设2×19年5月，因客观环境改变，丁企业不再符合申请补助的条件，有关部门要求丁企业全额退回补助款。丁企业于当月退回了补助款210万元。丁企业的账务处理如下：

方法一：丁企业选择总额法对此类补助进行会计处理。

丁企业应当结转尚未分配的递延收益，并将超出部分计入当期损益。因为本例中该项补助与日常活动相关，所以这部分退回的补助冲减应退回当期的其他收益。

2×19年5月丁企业退回补助款时。

借：递延收益　　　　　　　　　　　　　　　1 890 000
　　其他收益　　　　　　　　　　　　　　　　 210 000
　　贷：银行存款　　　　　　　　　　　　　　　　2 100 000

方法二：丁企业选择净额法对此类补助进行会计处理。

丁企业计算应补提的折旧，将这部分费用计入当期损益，相应调整固定资产的账面价值。

2×19年5月丁企业退回补助款时。

借：固定资产　　　　　　　　　　　　　　　2 100 000
　　其他收益　　　　　　　　　　　　　　　　 210 000
　　贷：银行存款　　　　　　　　　　　　　　　　2 100 000
　　　　累计折旧　　　　　　　　　　　　　　　　　210 000

【例15-10】政府补助退回的会计处理2

甲企业于2×17年11月与某开发区政府签订合作协议，在开发区内投资设立生产基地。协议约定，开发区政府自协议签订之日起6个月内向甲企业提供300万元产业补贴资金，用于奖励该企业在开发区内投资并开展经营活动，甲企业自获得补贴起5年内注册地址不得迁离本区。如果甲企业在此期限内提前迁离开发区，开发区政府允许甲企业按照实际留在本区的时间保留部分补贴，并按剩余时间追回补贴资金。甲企业于2×18年1月3日收到补贴资金。

假设甲企业在实际收到补助资金时，客观情况表明甲企业在未来5年内迁离开发区的可能性很小，甲企业在收到补助资金时应当记入"递延收益"科目。由于协议约定如果甲企业提前迁离开发区，开发区政府有权按扣除实际留在本区时间后的剩余时间追回部分补助，说明企业每留在开发区内一年，就有权取得与这一年相关的补助，与这一年补助有关的不确定性基本消除，补贴收益得以实现，所以甲企业应当将该补助在5年内平均摊销结转计入损益。本例中，开发区政府对甲企业的补助是对该企业在开发区内投资并开展经营活动的奖励，并不指定用于补偿特定的成本费用。甲企业的账务处理如下：

(1) 2×18年1月3日，甲企业实际收到补助资金。

借：银行存款　　　　　　　　　　　　　　　3 000 000
　　贷：递延收益　　　　　　　　　　　　　　　　3 000 000

(2) 2×18年~2×22年。每年12月31日，甲企业分期将递延收益结转入当期损益。

借：递延收益	600 000	
贷：其他收益		600 000

假设 2×20 年 1 月，甲企业因重大战略调整迁离开发区，开发区政府根据协议要求甲企业退回补助 180 万元。

借：递延收益	1 800 000	
贷：其他应付款		1 800 000

15.2.6　关于特定业务的会计处理

（一）综合性项目政府补助的会计处理。

对于同时包含与资产相关部分和与收益相关部分的政府补助，企业应当将其进行分解，区分不同部分分别进行会计处理；难以区分的，企业应当将其整体归类为与收益相关的政府补助进行会计处理。

【例 15-11】综合性项目政府补助的会计处理

2×17 年 6 月 15 日，某市科技创新委员会与乙企业签订了科技计划项目合同书，拟对乙企业的新药临床研究项目提供研究补助资金。该项目总预算为 600 万元，其中，市科技创新委员会资助 200 万元，乙企业自筹 400 万元。市科技创新委员会资助的 200 万元分别用于补助设备费 60 万元、材料费 15 万元、测试化验加工费 95 万元、差旅费 10 万元、会议费 5 万元、专家咨询费 8 万元、管理费用 7 万元，假设除设备费外的其他各项费用都属于研究支出。市科技创新委员会应当在合同签订之日起 30 日内将资金拨付给乙企业。根据双方约定，乙企业应当按合同规定的开支范围，对市科技创新委员会资助的经费实行专款专用。项目实施期限为自合同签订之日起 30 个月，期满后乙企业如未通过验收，在该项目实施期满后 3 年内不得再向市政府申请科技补贴资金。乙企业于 2×17 年 7 月 10 日收到补助资金，在项目期内按照合同约定的用途使用了补助资金。乙企业于 2×17 年 7 月 25 日按项目合同书的约定购置了相关设备，设备成本为 150 万元，其中使用补助资金 60 万元，该设备使用年限为 10 年，采用直线法计提折旧（不考虑净残值）。假设本例中不考虑相关税费等其他因素。

本例中，乙企业收到的政府补助是综合性项目政府补助，需要区分与资产相关的政府补助和与收益相关的政府补助并分别进行处理。假设乙企业对收到的与资产相关的政府补助选择净额法进行会计处理。乙企业的账务处理如下：

（1）2×17 年 7 月 10 日乙企业实际收到补贴资金。

借：银行存款	2 000 000	
贷：递延收益		2 000 000

（2）2×17 年 7 月 25 日购入设备。

借：固定资产	1 500 000	
贷：银行存款		1 500 000
借：递延收益	600 000	
贷：固定资产		600 000

（3）自 2×17 年 8 月起每个资产负债表日（月末）计提折旧，折旧费用计入研发支出。

借:研发支出 7 500
　　贷:累计折旧 7 500

(4) 对其他与收益相关的政府补助,乙企业应当按照相关经济业务的实质确定是计入其他收益还是冲减相关成本费用,在企业按规定用途实际使用补助资金时计入损益,或者在实际使用的当期期末根据当期累计使用的金额计入损益,借记"递延收益"科目,贷记有关损益科目。

(二) 政策性优惠贷款贴息的会计处理。

政策性优惠贷款贴息是政府为支持特定领域或区域发展,根据国家宏观经济形势和政策目标,对承贷企业的银行借款利息给予的补贴。企业取得政策性优惠贷款贴息的,应当区分财政将贴息资金拨付给贷款银行和财政将贴息资金直接拨付给企业两种情况,分别进行会计处理。

1. 财政将贴息资金拨付给贷款银行。

在财政将贴息资金拨付给贷款银行的情况下,由贷款银行以政策性优惠利率向企业提供贷款。这种方式下,受益企业按照优惠利率向贷款银行支付利息,并没有直接从政府取得利息补助,企业可以选择下列方法之一进行会计处理。一是以实际收到的借款金额作为借款的入账价值,按照借款本金和该政策性优惠利率计算相关借款费用。通常情况下,实际收到的金额即为借款本金。二是以借款的公允价值作为借款的入账价值并按照实际利率法计算借款费用,实际收到的金额与借款公允价值之间的差额确认为递延收益。递延收益在借款存续期内采用实际利率法摊销,冲减相关借款费用。企业选择了上述两种方法之一后,应当一致地运用,不得随意变更。

在这种情况下,向企业发放贷款的银行并不是受益主体,其仍然按照市场利率收取利息,只是一部分利息来自企业,另一部分利息来自财政贴息。所以贷款银行发挥的是中介作用,并不需要确认与贷款相关的递延收益。

【例15-12】财政将贴息资金拨付给贷款银行的会计处理

2×17年1月1日,丙企业向银行贷款100万元,期限为2年,按月计息,按季度付息,到期一次还本。这笔贷款资金将被用于国家扶持产业,符合财政贴息的条件,所以贷款利率显著低于丙企业取得同类贷款的市场利率。假设丙企业取得同类贷款的年市场利率为9%,丙企业与银行签订的贷款合同约定的年利率为3%,丙企业按季度向银行支付贷款利息,财政按年向银行拨付贴息资金。贴息后丙企业实际支付的年利率为3%,贷款期间的利息费用满足资本化条件,计入相关在建工程的成本。相关借款费用的计算和递延收益的摊销过程如表15-1所示。

表15-1 相关借款费用的计算和递延收益的摊销　　　　　　　　　　　单位:元

月度	按市场利率应支付银行的利息①	财政贴息②	实际现金流③	实际现金流折现④	长期借款各期实际利息⑤	递延收益摊销金额⑥	长期借款的期末账面价值⑦
0							890 554
1	7 500	5 000	2 500	2 481	6 679	4 179	894 733

续表

月度	按市场利率应支付银行的利息①	财政贴息②	实际现金流③	实际现金流折现④	长期借款各期实际利息⑤	递延收益摊销金额⑥	长期借款的期末账面价值⑦
2	7 500	5 000	2 500	2 463	6 711	4 211	898 944
3	7 500	5 000	2 500	2 445	6 742	4 242	903 186
4	7 500	5 000	2 500	2 426	6 774	4 274	907 460
5	7 500	5 000	2 500	2 408	6 806	4 306	911 766
6	7 500	5 000	2 500	2 390	6 838	4 338	916 104
7	7 500	5 000	2 500	2 373	6 871	4 371	920 475
8	7 500	5 000	2 500	2 355	6 904	4 404	924 878
9	7 500	5 000	2 500	2 337	6 937	4 437	929 315
10	7 500	5 000	2 500	2 320	6 970	4 470	933 785
11	7 500	5 000	2 500	2 303	7 003	4 503	938 288
12	7 500	5 000	2 500	2 286	7 037	4 537	942 825
13	7 500	5 000	2 500	2 269	7 071	4 571	947 397
14	7 500	5 000	2 500	2 252	7 105	4 605	952 002
15	7 500	5 000	2 500	2 235	7 140	4 640	956 642
16	7 500	5 000	2 500	2 218	7 175	4 675	961 317
17	7 500	5 000	2 500	2 202	7 210	4 710	966 027
18	7 500	5 000	2 500	2 185	7 245	4 745	970 772
19	7 500	5 000	2 500	2 169	7 281	4 781	975 553
20	7 500	5 000	2 500	2 153	7 317	4 817	980 369
21	7 500	5 000	2 500	2 137	7 353	4 853	985 222
22	7 500	5 000	2 500	2 121	7 389	4 889	990 111
23	7 500	5 000	2 500	2 105	7 426	4 926	995 037
24	7 500	5 000	1 002 500	897 921	7 463	4 963	1 000 000
合计	180 000	120 000	1 060 000	950 554	169 447	109 447	

注：(1) 实际现金流折现④为各月实际现金流③2 500 元按照月市场利率 0.75%（9% ÷12）折现的金额。例如，第一个月实际现金流折现 =2 500÷(1 +0.75%) =2 481（元），第二个月实际现金流折现 =2 500÷(1 +0.75%)^2 =2 463（元）。

(2) 长期借款各期实际利息⑤为各月长期借款账面价值⑦与月市场利率 0.75% 的乘积。例如，第一个月长期借款实际利息 =本月初长期借款账面价值×市场利率 =890 554 ×0.75% =6 679（元），第二个月长期借款实际利息 =本月初长期借款账面价值×市场利率 =894 733 ×0.75% =6 711（元）。

(3) 摊销金额⑥是长期借款各期实际利息⑤扣减每月实际支付的利息③2 500 元后的金额。例如，第一个月摊销金额 =当月长期借款实际利息 -当月实际支付的利息 =6 679 -2 500 =4 179（元），第二个月摊销金额 =当月长期借款实际利息 -当月实际支付的利息 =6 711 -2 500 =4 211（元）。

丙企业按方法一的账务处理如下：

(1) 2×17年1月1日，丙企业取得银行贷款100万元。

借：银行存款　　　　　　　　　　　　　　　　　　1 000 000
　　贷：长期借款——本金　　　　　　　　　　　　　　　　　1 000 000

(2) 2×17年1月31日起每月月末，丙企业按月计提利息，企业实际承担的利息支出＝1 000 000×3%÷12＝2 500（元）。

借：在建工程　　　　　　　　　　　　　　　　　　　　2 500
　　贷：应付利息　　　　　　　　　　　　　　　　　　　　　　2 500

丙企业按方法二的账务处理如下。

(1) 2×17年1月1日，丙企业取得银行贷款100万元。

借：银行存款　　　　　　　　　　　　　　　　　　1 000 000
　　长期借款——利息调整　　　　　　　　　　　　　　109 446
　　贷：长期借款——本金　　　　　　　　　　　　　　　　　1 000 000
　　　　递延收益　　　　　　　　　　　　　　　　　　　　　　109 446

(2) 2×17年1月31日，丙企业按月计提利息。

借：在建工程　　　　　　　　　　　　　　　　　　　　6 679
　　贷：应付利息　　　　　　　　　　　　　　　　　　　　　　2 500
　　　　长期借款——利息调整　　　　　　　　　　　　　　　　4 179

同时，摊销递延收益。

借：递延收益　　　　　　　　　　　　　　　　　　　　4 179
　　贷：在建工程　　　　　　　　　　　　　　　　　　　　　　4 179

在上述两种方法下，丙企业每月计入在建工程的利息支出是一致的，均为2 500元。不同的是，在方法一下，丙企业该笔银行贷款2×17年1月1日长期借款的账面价值为1 000 000元；在方法二下，丙企业该笔银行贷款2×17年1月1日长期借款的账面价值为890 554元，此外还有递延收益109 446元，各月需要按照实际利率法对递延收益进行摊销。

2. 财政将贴息资金直接拨付给企业。

财政将贴息资金直接拨付给受益企业，企业先按照同类贷款市场利率向银行支付利息，财政部门定期与企业结算贴息。在这种方式下，由于企业先按照同类贷款市场利率向银行支付利息，所以实际收到的借款金额通常就是借款的公允价值，企业应当将对应的贴息冲减相关借款费用。

【例15-13】财政将贴息资金直接拨付给企业的会计处理

2×17年1月1日，丙企业向银行贷款100万元，期限为2年，按月计息，按季度付息，到期一次还本。这笔贷款资金将被用于国家扶持产业，符合财政贴息的条件，财政将贴息资金直接拨付给丙企业。丙企业与银行签订的贷款合同约定的年利率为9%，丙企业按月计提利息，按季度向银行支付贷款利息，以付息凭证向财政申请贴息资金，财政按年与丙企业结算贴息资金，贴息后丙企业实际负担的年利率为3%。丙企业的账务处理如下：

(1) 2×17年1月1日，丙企业取得银行贷款100万元。

借：银行存款　　　　　　　　　　　　　　　　　　　　　1 000 000
　　　　贷：长期借款——本金　　　　　　　　　　　　　　　　　　1 000 000
（2）2×17年1月31日起每月月末，丙企业按月计提利息，应向银行支付的利息金额＝1 000 000×9%÷12＝7 500（元），企业实际承担的利息支出＝1 000 000×3%÷12＝2 500（元），应收政府贴息为5 000元。

　　借：在建工程　　　　　　　　　　　　　　　　　　　　　　7 500
　　　　贷：应付利息　　　　　　　　　　　　　　　　　　　　　　7 500
　　借：其他应收款　　　　　　　　　　　　　　　　　　　　　5 000
　　　　贷：在建工程　　　　　　　　　　　　　　　　　　　　　　5 000

15.2.7　关于政府补助的列报

（一）政府补助在利润表上的列示。

企业应当在利润表中的"营业利润"项目之上单独列报"其他收益"项目，计入其他收益的政府补助在该项目中反映。冲减相关成本费用的政府补助，在相关成本费用项目中反映。与企业日常经营活动无关的政府补助，在利润表的营业外收支相关项目中反映。

（二）政府补助在财务报表附注中的披露。

因政府补助涉及递延收益、其他收益、营业外收入以及相关成本费用等多个报表项目，为了全面反映政府补助情况，企业应当在附注中单独披露政府补助的相关信息。本准则规定，企业应当在附注中单独披露与政府补助有关的下列信息：政府补助的种类、金额和列报项目；计入当期损益的政府补助金额；本期退回的政府补助金额及原因。其中，列报项目不仅包括总额法下计入其他收益、营业外收入、递延收益等项目，还包括净额法下冲减的资产和成本费用等项目。

15.2.8　关于新旧准则的衔接规定

本准则规定，2006年2月15日财政部印发的《财政部关于印发〈企业会计准则第1号——存货〉等38项具体准则的通知》（财会〔2006〕3号）中的《企业会计准则第16号——政府补助》同时废止。企业对2017年1月1日存在的政府补助采用未来适用法处理，对2017年1月1日至本准则施行日之间新增的政府补助根据本准则进行调整。财政部此前发布的有关政府补助会计处理规定与本准则不一致的，以本准则为准。

2017年1月1日存在的政府补助主要指当日仍存在尚未分摊计入损益的与政府补助有关的递延收益。因采用未来适用法，企业不需调整2016年12月31日有关科目的期末余额，在编制2017年年报时也不需调整可比期间的比较数据。2017年1月1日至本准则施行日之间新增的政府补助，主要指在这一期间内新取得的政府补助。企业对2017年1月1日存在的和2017年1月1日至本准则施行日之间新增的政府补助应当视同从2017年1月1日起按照本准则进行会计处理，以确保在2017年度对政府补助业务采用的会计处理方法保持一致。

【例15－14】新旧准则关于政府补助的调整

丁企业于2017年1月1日存在尚未摊销的递延收益（与资产相关的政府补助）50万元，该项递延收益对应的固定资产原值是400万元。根据本准则的衔接规定，丁企业在本准则施行后有两种处理方法。一是继续采用总额法,在这种方法下无需调整固定资产原值和递延收益,但需要根据本准则对递延收益应当记入"其他收益"科目还是"营业外收入"科目进行判断,如果判断应当记入"其他收益"科目,则将2017年1月1日以来摊销的递延收益从"营业外收入"科目中转出记入"其他收益"科目。二是选择采用净额法,将递延收益在2017年1月1日的余额冲减相关固定资产原值(原值调整为350万元),并以调整后的固定资产账面价值为基础计提折旧,同时调整自2017年1月1日起因摊销该项递延收益而记入"营业外收入"科目的金额以及相关资产计提的折旧费用。需要强调的是,因采用未来适用法,企业不需调整2016年12月31日有关资产负债的期末余额,在编制2017年年报时也不需调整可比期间的比较数据。

第16章 借款费用

16.1 企业会计准则第17号——借款费用

《企业会计准则第17号——借款费用》(以下简称"本准则")于2006年2月15日由财会〔2006〕3号公布,自2007年1月1日起施行。

16.1.1 总则

第一条 为了规范借款费用的确认、计量和相关信息的披露,根据《企业会计准则——基本准则》,制定本准则。

第二条 借款费用,是指企业因借款而发生的利息及其他相关成本。

借款费用包括借款利息、折价或者溢价的摊销、辅助费用以及因外币借款而发生的汇兑差额等。

第三条 与融资租赁有关的融资费用,适用《企业会计准则第21号——租赁》。

【例16-1】借款费用的确认

某企业发生了借款手续费100 000元,发行公司债券佣金10 000 000元,发行公司股票佣金20 000 000元,借款利息2 000 000元。其中,借款手续费100 000元、发行公司债券佣金10 000 000元和借款利息2 000 000元均属于借款费用;发行公司股票属于公司权益性融资,所发生的佣金应当冲减溢价,不属于借款费用范畴,不应按照本章节规定进行会计处理。

16.1.2 确认和计量

第四条 企业发生的借款费用,可直接归属于符合资本化条件的资产的购建或者生产的,应当予以资本化,计入相关资产成本;其他借款费用,应当在发生时根据其发生额确认为费用,计入当期损益。符合资本化条件的资产,是指需要经过相当长时间的购建或者生产活动才能达到预定可使用或者可销售状态的固定资产、投资性房地产和存货等资产。

【例16-2】资本化借款费用的条件

甲企业向银行借入资金分别用于生产A产品和B产品,其中,A产品的生产时间较短,为1个月;B产品属于大型发电设备,生产周期较长,为1年零3个月。

为存货生产而借入的借款费用在符合资本化条件的情况下应当予以资本化。本例中,由于A产品的生产时间较短,A产品不属于需要经过相当长时间的生产才能达到预定可销售状态的资产,因此,为A产品的生产而借入资金所发生的借款费用不应计入A产品的生产成本,而应当计入当期财务费用。而B产品的生产时间比较长,B产品属于需要经过相当长时间的生产才能达到预定可销售状态的资产,因此,为B产品的生产而借入资金所发生的借款费用符合资本化的条件,应计入B产品的成本。

【例16-3】费用化借款费用的计算1

2×18年7月1日,乙公司为兴建厂房从银行借入专门借款20 000万元,借款期限为2年,年利率为5%,借款利息按季支付。乙公司于2×18年10月1日正式开工兴建厂房,预计工期为1年零3个月,工程采用出包方式建造。乙公司于开工当日和2×18年12月31日分别支付工程进度款4 800万元和4 000万元。乙公司自借入款项起,将闲置的借款资金投资于固定收益债券,月收益率为0.4%。不考虑其他因素,乙公司2×18年计入财务费用的金额为(　　)万元。

A. 125　　　　B. 250　　　　C. 10　　　　D. 500

正确答案:C。

答案解析:2×18年费用化期间是7月1日至9月30日,计入财务费用的金额=20 000×5%×3/12-20 000×0.4%×3=10(万元)。

【例16-4】费用化借款费用的计算2

甲公司于2×18年7月1日正式动工兴建一栋办公楼,工期预计为2年,工程采用出包方式,甲公司分别于2×18年7月1日和10月1日支付工程进度款1 000万元和2 000万元。甲公司为建造办公楼占用了两笔一般借款:(1)2×17年8月1日向某商业银行借入长期借款1 000万元,期限为3年,年利率为6%,按年支付利息,到期还本;(2)2×17年1月1日按面值发行公司债券10 000万元,期限为3年,票面年利率为8%,每年年末支付利息,到期还本。甲公司上述一般借款于2×18年计入财务费用的金额为(　　)万元。

A. 1 000　　　B. 78.2　　　C. 781.8　　　D. 860

正确答案:C。

答案解析:所占用一般借款的资本化率=(1 000×6%+10 000×8%)÷(1 000+10 000)×100%=7.82%,所占用一般借款累计资产支出加权平均数=1 000×6/12+2 000×3/12=1 000(万元),一般借款应予资本化的金额=1 000×7.82%=78.2(万元),2×18年计入财务费用的金额=(1 000×6%+10 000×8%)-78.2=781.8(万元)。

第五条　借款费用同时满足下列条件的,才能开始资本化:

(一)资产支出已经发生,资产支出包括为购建或者生产符合资本化条件的资产而以支付现金、转移非现金资产或者承担带息债务形式发生的支出;

(二)借款费用已经发生;

(三)为使资产达到预定可使用或者可销售状态所必要的购建或者生产活动已经开始。

【例16-5】借款费用开始资本化时点的判断1

某企业将自己生产的产品,包括水泥、钢材等,用于符合资本化条件的资产的建造,该企业同时还用自己生产的产品换取其他企业的工程物资,用于符合资本化条件的资产的建造,这些产品的成本均属于资产支出。

【例16-6】借款费用开始资本化时点的判断2

某企业专门借入款项建造某项符合资本化条件的固定资产,相关借款费用已经发生,同时固定资产的实体建造工作也已开始,但为固定资产建造所需物资等都是赊购或者客户垫付的（且所形成的负债均为不带息负债），发生的相关薪酬等费用也尚未形成现金流出。

在这种情况下，固定资产建造本身并没有占用借款资金，没有发生资产支出，该事项只满足借款费用开始资本化的第二个和第三个条件，但是没有满足第一个条件，所以，所发生的借款费用不应予以资本化。

【例16-7】借款费用开始资本化时点的判断3

某企业为了建造一项符合资本化条件的固定资产，使用自有资金购置了工程物资，该固定资产已经开始动工兴建，但专门借款资金尚未到位，也没有占用一般借款资金。

在这种情况下，企业尽管满足了借款费用开始资本化的第一个和第三个条件，但是不符合借款费用开始资本化的第二个条件，因此，不允许开始借款费用的资本化。

【例16-8】借款费用开始资本化时点的判断4

某企业为了建造某一项符合资本化条件的厂房，已经使用银行存款购置了水泥、钢材等，发生了资产支出，相关借款也已开始计息，但是厂房出于各种原因迟迟未能开工兴建。

在这种情况下，企业尽管符合了借款费用开始资本化的第一个和第二个条件，但不符合借款费用开始资本化的第三个条件，因此，所发生的借款费用不允许资本化。

第六条 在资本化期间内，每一会计期间的利息（包括折价或溢价的摊销）资本化金额，应当按照下列规定确定。

（一）为购建或者生产符合资本化条件的资产而借入专门借款的，应当以专门借款当期实际发生的利息费用，减去将尚未动用的借款资金存入银行取得的利息收入或进行暂时性投资取得的投资收益后的金额确定。

专门借款，是指为购建或者生产符合资本化条件的资产而专门借入的款项。

（二）为购建或者生产符合资本化条件的资产而占用了一般借款的，企业应当根据累计资产支出超过专门借款部分的资产支出加权平均数乘以所占用一般借款的资本化率，计算确定一般借款应予资本化的利息金额。资本化率应当根据一般借款加权平均利率计算确定。资本化期间，是指从借款费用开始资本化时点到停止资本化时点的期间，借款费用暂停资本化的期间不包括在内。

【例16-9】借款费用资本化期间的确定

2×17年2月1日，甲公司为建造一栋厂房向银行取得一笔专门借款。2×17年3月5日，以该借款支付前期订购的工程物资款。因征地拆迁发生纠纷，该厂房延迟至2×17年7月1日才开工兴建，甲公司才开始支付其他工程款。2×18年8月31日，该厂房建造完成，达到预定可使用状态。2×18年9月30日，甲公司办理工程竣工决算。不考虑其他因素，甲公司该笔借款费用的资本化期间为（　　）。

A. 2×17年2月1日至2×18年9月30日
B. 2×17年3月5日至2×18年8月31日
C. 2×17年7月1日至2×18年8月31日
D. 2×17年7月1日至2×18年9月30日

正确答案：C。

答案解析：2×17年7月1日借款费用满足开始资本化的条件，2×18年8月31日所建造厂房达到预定可使用状态，应停止借款费用资本化，故借款费用资本化期间为2×17年7月1日至2×18年8月31日。

【例16-10】资本化利息费用的确定1

甲公司为建造一项固定资产于2×18年1月1日发行5年期公司债券。该债券面值总额为10 000万元，票面年利率为6%，发行价格为10 400万元，每年年末支付当年利息，到期还本。建造工程于2×18年1月1日开工，年末尚未完工。该建造工程在2×18年发生的资产支出包括：1月1日支出2 400万元，6月1日支出3 000万元，12月1日支出3 000万元。甲公司按照实际利率法确认利息费用，实际年利率为5%。闲置资金均用于固定收益短期债券投资，月收益率为0.3%。假定不考虑其他因素，2×18年专门借款利息费用资本化金额为（　　）万元。

A. 520　　　　B. 400　　　　C. 600　　　　D. 304

正确答案：D。

答案解析：该专门借款闲置资金分别为1月1日8 000（10 400－2 400）万元，6月1日5 000（8 000－3 000）万元，12月1日2 000（5 000－3 000）万元。2×18年专门借款利息费用资本化金额＝10 400×5%－(8 000×0.3%×5＋5 000×0.3%×6＋2 000×0.3%×1)＝304（万元）。

【例16-11】资本化利息费用的确定2

某企业于2×17年1月1日从银行取得一笔专门借款600万元用于固定资产的建造，年利率为8%，期限为2年。至2×18年1月1日该固定资产建造已发生资产支出600万元，该企业于2×18年1月1日从银行另取得一笔1年期一般借款300万元，年利率为6%，借入款项存入银行。工程预计于2×18年年底达到预定可使用状态。2×18年2月1日开始占用一般借款，以银行存款支付工程价款150万元，2×18年10月1日用银行存款支付工程价款150万元。工程项目于2×18年4月1日至2×18年7月31日发生非正常中断，2×18年8月1日工程恢复施工，2×18年年末工程完工，建造固定资产达到预定可使用状态。假定工程建造期间企业只有上述一笔一般借款，则该企业2×18年借款费用资本化金额为（　　）万元。

A. 7.5　　　　B. 32　　　　C. 95　　　　D. 39.5

正确答案：D。

答案解析：2×18年专门借款资本化期间为8个月，专门借款利息资本化金额＝600×8%×8/12＝32（万元）；一般借款资本化期间为7个月（2月1日至3月31日，8月1日至12月31日），一般借款资本化金额＝150×7/12×6%＋150×3/12×6%＝7.5（万元）。2×18年借款费用的资本化金额＝32＋7.5＝39.5（万元）。

【例16-12】借入专门借款的会计处理1

甲公司2×18年1月1日发行面值总额为10 000万元的债券，取得的款项专门用于建造厂房。该债券系分期付息、到期还本债券，期限为4年，票面年利率为10%，实际年利率为

8%，每年12月31日支付当年利息。债券发行价格总额为10 662.10万元，款项已存入银行。厂房于2×18年1月1日开工建造并发生相关支出，2×18年累计发生建造工程支出4 600万元。经批准，当年甲公司将尚未使用的债券资金投资于国债，取得投资收益760万元。2×18年12月31日工程尚未完工，2×18年年末该在建工程的账面余额为（　　）万元。

　　A. 5 452.97　　　　B. 4 906.21　　　　C. 4 692.97　　　　D. 5 600

正确答案：C。

答案解析：在资本化期间，专门借款发生的利息费用，扣除尚未动用的专门借款对外投资取得的收益后的金额应当资本化。2×18年年末该在建工程的账面余额 = 累计发生的工程支出 + 专门借款资本化利息费用 = 4 600 + (10 662.10 × 8% − 760) = 4 692.97（万元）。

【例16-13】借入专门借款的会计处理2

2×16年7月1日，乙公司为兴建厂房从银行借入专门借款5 000万元，借款期限为2年，年利率为5%，借款利息按季支付。乙公司于2×16年10月1日正式开工兴建厂房，预计工期为1年零3个月，工程采用出包方式建造。乙公司于开工当日、2×16年12月31日、2×17年5月1日分别支付工程进度款1 200万元、1 000万元、1 500万元。因可预见的气候原因，工程于2×17年1月15日至3月15日暂停施工。厂房于2×17年12月31日达到预定可使用状态，乙公司于当日支付剩余款项800万元。乙公司自借入款项起，将闲置的借款资金投资于固定收益债券，月收益率为0.4%。乙公司按期支付前述专门借款利息，并于2×18年7月1日偿还该项借款。乙公司累计计入损益的专门借款利息费用为（　　）万元。

　　A. 187.5　　　　B. 115.5　　　　C. 157.17　　　　D. 53

正确答案：B。

答案解析：此题专门借款的费用化期间是2×16年7月1日至2×16年9月30日以及2×18年1月1日至2×18年6月30日，共9个月。至2×16年9月30日，未动用专门借款 = 5 000 − 1 200 − 1 000 − 1 500 − 800 = 500（万元），乙公司累计计入损益的专门借款利息费用 = (5 000 × 5% × 9/12) − (5 000 × 0.4% × 3 + 500 × 0.4% × 6) = 115.5（万元）。

【例16-14】借入专门借款的会计处理3

甲公司于2×18年1月1日正式动工兴建一幢厂房，工期预计为1年零6个月。工程采用出包方式，分别于2×18年1月1日、2×18年7月1日和2×19年1月1日支付工程进度款。

甲公司为建造厂房于2×18年1月1日借入专门借款30 000 000元，借款期限为3年，年利率为5%。另外，在2×18年7月1日又借入专门借款60 000 000元，借款期限为5年，年利率为6%。借款利息按年支付（如无特别说明，本章例题中名义利率与实际利率相同）。

甲公司将闲置借款资金用于固定收益债券短期投资，该短期投资月收益率为0.5%。

厂房于2×19年6月30日完工，达到预定可使用状态。

甲公司为建造该厂房的支出如表16-1所示。

表 16-1　各期支出金额表　　　　　　　　　　　　　　单位：元

日期	每期资产支出金额	累计资产支出金额	闲置借款资金用于短期投资金额
2×18年1月1日	15 000 000	15 000 000	15 000 000
2×18年7月1日	35 000 000	50 000 000	40 000 000
2×19年1月1日	35 000 000	85 000 000	5 000 000
总计	85 000 000	—	60 000 000

由于甲公司使用了专门借款建造厂房，而且厂房建造支出没有超过专门借款金额，因此，甲公司2×18年、2×19年建造厂房应予资本化的利息金额计算如下。

(1) 确定借款费用资本化期间为2×18年1月1日至2×19年6月30日。

(2) 计算在资本化期间内专门借款实际发生的利息金额：

2×18年专门借款发生的利息金额 = 30 000 000 × 5% + 60 000 000 × 6% × 6 ÷ 12 = 3 300 000（元）

2×19年1月1日至6月30日专门借款发生的利息金额 = 30 000 000 × 5% × 6 ÷ 12 + 60 000 000 × 6% × 6 ÷ 12 = 2 550 000（元）

(3) 计算在资本化期间内利用闲置的专门借款资金进行短期投资的收益：

2×18年短期投资收益 = 15 000 000 × 0.5% × 6 + 40 000 000 × 0.5% × 6 = 1 650 000（元）

2×19年1月1日至6月30日短期投资收益 = 5 000 000 × 0.5% × 6 = 150 000（元）

(4) 由于在资本化期间内，专门借款利息费用的资本化金额应当以其实际发生的利息费用减去将闲置的借款资金进行短期投资取得的投资收益后的金额确定，因此：

2×18年的利息资本化金额 = 3 300 000 - 1 650 000 = 1 650 000（元）

2×19年的利息资本化金额 = 2 550 000 - 150 000 = 2 400 000（元）

(5) 有关账务处理如下：

①2×18年12月31日。

借：在建工程——××厂房　　　　　　　　　　　　　　1 650 000
　　应收利息（或银行存款）　　　　　　　　　　　　　1 650 000
　　贷：应付利息——××银行　　　　　　　　　　　　3 300 000

②2×19年6月30日。

借：在建工程——××厂房　　　　　　　　　　　　　　2 400 000
　　应收利息（或银行存款）　　　　　　　　　　　　　150 000
　　贷：应付利息——××银行　　　　　　　　　　　　2 550 000

【例16-15】借入一般借款的会计处理1

2×17年1月1日，甲公司取得专门借款4 000万元直接用于当日开工建造的厂房，2×17年累计发生建造支出3 600万元。2×18年1月1日，该公司又取得一般借款1 000万元，年利率为6%，当天发生建造支出800万元，以借入款项支付（甲公司无其他一般借款)。甲公司2×18年第一季度没发生其他关于厂房建设的支出,至2×18年第一季度末,该厂房建造尚未完工。不考虑其他因素,甲公司按季计算利息资本化金额。2×18年第一季度应予资本化的一般借款利息为(　　)万元。

A. 15　　　　　B. 9　　　　　C. 6　　　　　D. 3

正确答案：C。

答案解析：2×18年1月1日发生的资产支出800万元只占用一般借款400（3 600 + 800 − 4 000）万元,2×18年第一季度应予资本化的一般借款利息费用 = 400 × 6% × 3/12 = 6（万元）。

【例16−16】借入一般借款的会计处理2

沿用【例16−14】,假定甲公司建造厂房没有专门借款,占用的都是一般借款。

甲公司为建造厂房占用的一般借款有两笔,具体如下：

（1）向A银行长期贷款20 000 000元,期限为2×17年12月1日至2×20年12月1日,年利率为6%,按年支付利息。

（2）发行公司债券100 000 000元,于2×17年1月1日发行,期限为5年,年利率为8%,按年支付利息。

假定这两笔一般借款除了用于厂房建设外,没有用于其他符合资本化条件的资产的购建或者生产活动。

假定全年按360天计算,其他资料沿用【例16−14】。

鉴于甲公司建造厂房没有占用专门借款,而是占用了一般借款,因此,公司应当首先计算所占用一般借款的加权平均利率作为资本化率,然后计算建造厂房的累计资产支出加权平均数,将其与资本化率相乘,计算求得当期应予资本化的借款利息金额。具体如下：

（1）计算所占用一般借款资本化率。

一般借款资本化率（年）=（20 000 000 × 6% + 100 000 000 × 8%）÷（20 000 000 + 100 000 000）× 100% = 7.67%

（2）计算累计资产支出加权平均数。

2×18年累计资产支出加权平均数 = 15 000 000 × 360 ÷ 360 + 35 000 000 × 180 ÷ 360 = 32 500 000（元）

2×19年累计资产支出加权平均数 = 85 000 000 × 180 ÷ 360 = 42 500 000（元）

（3）计算每期利息资本化金额。

2×18年为建造厂房的利息资本化金额 = 32 500 000 × 7.67% = 2 492 750（元）

2×18年实际发生的一般借款利息费用 = 20 000 000 × 6% + 100 000 000 × 8% = 9 200 000（元）

2×19年为建造厂房的利息资本化金额 = 42 500 000 × 7.67% = 3 259 750（元）

2×19年1月1日至6月30日实际发生的一般借款利息费用 = 20 000 000 × 6% × 180 ÷ 360 + 100 000 000 × 8% × 180 ÷ 360 = 4 600 000（元）

上述计算的利息资本化金额没有超过两笔一般借款实际发生的利息费用,可以资本化。

(4) 根据上述计算结果，账务处理如下。

① 2×18年12月31日。

借：在建工程——厂房　　　　　　　　　　　　2 492 750
　　　财务费用　　　　　　　　　　　　　　　　6 707 250
　　　贷：应付利息——××银行　　　　　　　　　　　　9 200 000

② 2×19年6月30日。

借：在建工程——厂房　　　　　　　　　　　　3 259 750
　　　财务费用　　　　　　　　　　　　　　　　1 340 250
　　　贷：应付利息——××银行　　　　　　　　　　　　4 600 000

【例 16-17】同时借入一般借款和专门借款的会计处理 1

沿用【例 16-14】和【例 16-16】，假定甲公司为建造厂房于 2×18 年 1 月 1 日借入专门借款 30 000 000 元，借款期限为 3 年，年利率为 5%。除此之外，没有其他专门借款。在厂房建造过程中所占用的一般借款仍为两笔，一般借款有关资料沿用【例 16-16】。其他相关资料均同【例 16-14】和【例 16-16】。

公司在购建或者生产符合资本化条件的资产时，如果专门借款资金不足，占用了一般借款资金的，或者公司为购建或者生产符合资本化条件的资产并没有借入专门借款，而占用的都是一般借款资金，则公司应当根据为购建或者生产符合资本化条件的资产而发生的累计资产支出超过专门借款部分的资产支出加权平均数乘以所占用一般借款的资本化率，计算确定一般借款应予资本化的利息金额。资本化率应当根据一般借款加权平均利率计算确定。如果符合资本化条件的资产的购建或者生产没有借入专门借款，则应以累计资产支出加权平均数为基础计算所占用的一般借款利息资本化金额。即公司占用一般借款资金购建或者生产符合资本化条件的资产时，一般借款的借款费用的资本化金额的确定应当与资产支出相挂钩。

在这种情况下，公司应当首先计算专门借款利息的资本化金额，然后计算所占用一般借款利息的资本化金额。具体如下：

(1) 计算专门借款利息资本化金额。

2×18 年专门借款利息资本化金额 = 30 000 000 × 5% − 15 000 000 × 0.5% × 6 = 1 050 000（元）

2×19 年专门借款利息资本化金额 = 30 000 000 × 5% × 180 ÷ 360 = 750 000（元）

(2) 计算一般借款资本化金额。

在建造厂房过程中，自 2×18 年 7 月 1 日起已经有 20 000 000 元占用了一般借款。另外，2×19 年 1 月 1 日支出的 35 000 000 元也占用了一般借款。计算这两笔资产支出的加权平均数。

2×18 年占用了一般借款的资产支出加权平均数 = 20 000 000 × 180 ÷ 360 = 10 000 000（元）

由于一般借款利息资本化率与【例 16-16】相同，即为 7.67%，所以：

2×18 年应予资本化的一般借款利息金额 = 10 000 000 × 7.67% = 767 000（元）

2×19年占用了一般借款的资产支出加权平均数 =（20 000 000 + 35 000 000）×180÷360 = 27 500 000（元）

则2×19年应予资本化的一般借款利息金额 = 27 500 000 × 7.67% = 2 109 250（元）

（3）根据上述计算结果，公司建造厂房应予资本化的利息金额如下。

2×18年利息资本化金额 = 1 050 000 + 767 000 = 1 817 000（元）

2×19年利息资本化金额 = 750 000 + 2 109 250 = 2 859 250（元）

（4）有关账务处理如下。

①2×18年12月31日。

借：在建工程——××厂房	1 817 000
财务费用	8 433 000
应收利息（或银行存款）	450 000
贷：应付利息——××银行	10 700 000

注：2×18年实际发生的借款利息 = 30 000 000 × 5% + 20 000 000 × 6% + 100 000 000 × 8% = 10 700 000（元）

②2×19年6月30日。

借：在建工程——××厂房	2 859 250
财务费用	2 490 750
贷：应付利息——××银行	5 350 000

注：2×19年1月1日至6月30日实际发生的借款利息 = 10 700 000 ÷ 2 = 5 350 000（元）

【例16-18】同时借入一般借款和专门借款的会计处理2

甲公司拟在厂区内建造一幢新厂房，有关资料如下。

（1）2×18年1月1日向银行借入专门借款60 000 000元，期限为3年，年利率为6%，每年1月1日付息。

（2）除专门借款外，公司只有一笔其他借款，为公司于2×17年12月1日借入的长期借款72 000 000元，期限为5年，年利率为8%，每年12月1日付息，假设甲公司在2×18年和2×19年年底均未支付当年利息。

（3）由于审批、办手续等，厂房于2×18年4月1日才开始动工兴建，当日支付工程款24 000 000元。工程建设期间的支出情况如表16-2所示。

表16-2　各期支出金额表　　　　　　　　　　　　　　　　单位：元

日期	每期资产支出金额	累计资产支出金额	闲置借款资金用于短期投资金额
2×18年4月1日	24 000 000	24 000 000	36 000 000
2×18年6月1日	12 000 000	36 000 000	24 000 000

续表

日期	每期资产支出金额	累计资产支出金额	闲置借款资金用于短期投资金额
2×18年7月1日	36 000 000	72 000 000	占用一般借款
2×19年1月1日	12 000 000	84 000 000	
2×19年4月1日	6 000 000	90 000 000	
2×19年7月1日	6 000 000	96 000 000	
总计	96 000 000	—	—

工程于2×19年9月30日完工,达到预定可使用状态。其中,由于施工质量问题,工程于2×18年9月1日至12月31日停工4个月。

(4) 专门借款中未支出部分全部存入银行,假定月利率为0.25%。假定全年按照360天计算,每月按照30天计算。

根据上述资料,有关利息资本化金额的计算和账务处理如下:

(1) 计算2×18年、2×19年全年发生的专门借款和一般借款利息费用。

2×18年专门借款发生的利息金额=60 000 000×6%=3 600 000(元)

2×18年一般借款发生的利息金额=72 000 000×8%=5 760 000(元)

2×19年专门借款发生的利息金额=60 000 000×6%=3 600 000(元)

2×19年一般借款发生的利息金额=72 000 000×8%=5 760 000(元)

(2) 在本例中,尽管专门借款于2×18年1月1日借入,但是厂房建设于4月1日才开工。因此,借款利息费用只有在4月1日起才符合开始资本化的条件,计入在建工程成本。同时,由于厂房建设在2×18年9月1日至12月31日期间发生非正常中断4个月,该期间发生的利息费用应当暂停资本化,计入当期损益。

(3) 计算2×18年借款利息资本化金额和应计入当期损益金额及其账务处理。

①计算2×18年专门借款应予资本化的利息金额。

2×18年1~3月和9~12月专门借款发生的利息费用=60 000 000×6%×210÷360=2 100 000(元)

2×18年专门借款转存入银行取得的利息收入=60 000 000×0.25%×3+36 000 000×0.25%×2+24 000 000×0.25%×1=690 000(元)

其中,专门借款在资本化期间内取得的利息收入=36 000 000×0.25%×2+24 000 000×0.25%×1=240 000(元)

公司在2×18年应予资本化的专门借款利息金额=3 600 000-2 100 000-240 000=1 260 000(元)

公司在2×18年应当计入当期损益(财务费用)的专门借款利息金额(减利息收入)=3 600 000-1 260 000-690 000=1 650 000(元)

②计算2×18年一般借款应予资本化的利息金额。

公司在2×18年占用了一般借款资金的资产支出加权平均数=(24 000 000+12 000 000+36 000 000-60 000 000)×60÷360=2 000 000(元)

公司在 2×18 年一般借款应予资本化的利息金额 = 2 000 000 × 8% = 160 000（元）

公司在 2×18 年应当计入当期损益的一般借款利息金额 = 5 760 000 - 160 000 = 5 600 000（元）

③计算 2×18 年应予资本化和应当计入当期损益的借款利息金额。

公司在 2×18 年应予资本化的借款利息金额 = 1 260 000 + 160 000 = 1 420 000（元）

公司在 2×18 年应当计入当期损益的借款利息金额 = 1 650 000 + 5 600 000 = 7 250 000（元）

④2×18 年有关会计分录。

借：在建工程——××厂房　　　　　　　　　　　　　　1 420 000
　　财务费用　　　　　　　　　　　　　　　　　　　　7 250 000
　　应收利息（或银行存款）　　　　　　　　　　　　　　690 000
　　贷：应付利息——××银行　　　　　　　　　　　　　　9 360 000

（4）计算 2×19 年借款利息资本化金额和应计入当期损益金额及其账务处理。

①计算 2×19 年专门借款应予资本化的利息金额。

公司在 2×19 年应予资本化的专门借款利息金额 = 60 000 000 × 6% × 270 ÷ 360 = 2 700 000（元）

公司在 2×19 年应当计入当期损益的专门借款利息金额 = 3 600 000 - 2 700 000 = 900 000（元）

②计算 2×19 年一般借款应予资本化的利息金额。

公司在 2×19 年占用了一般借款资金的资产支出加权平均数 = 24 000 000 × 270 ÷ 360 + 6 000 000 × 180 ÷ 360 + 6 000 000 × 90 ÷ 360 = 22 500 000（元）

公司在 2×19 年一般借款应予资本化的利息金额 = 22 500 000 × 8% = 1 800 000（元）

公司在 2×19 年应当计入当期损益的一般借款利息金额 = 5 760 000 - 1 800 000 = 3 960 000（元）

③计算 2×19 年应予资本化和应当计入当期损益的借款利息金额。

公司在 2×19 年应予资本化的借款利息金额 = 2 700 000 + 1 800 000 = 4 500 000（元）

公司在 2×19 年应当计入当期损益的借款利息金额 = 900 000 + 3 960 000 = 4 860 000（元）

④2×19 年有关会计分录。

借：在建工程——××厂房　　　　　　　　　　　　　　4 500 000
　　财务费用　　　　　　　　　　　　　　　　　　　　4 860 000
　　贷：应付利息——××银行　　　　　　　　　　　　　　9 360 000

【例 16 - 19】外币专门借款的会计处理

甲公司于 2×18 年 1 月 1 日，为建造某工程项目专门以面值发行美元公司债券 1 000 万元，年利率为 8%，期限为 3 年，假定不考虑与发行债券有关的辅助费用、未支出专门借款的利息收入或投资收益。合同约定，每年 1 月 1 日支付上年利息，到期还本。

工程于2×18年1月1日开始实体建造，2×19年6月30日完工，并达到预定可使用状态，期间发生的资产支出如下：

2×18年1月1日，支出200万美元；

2×18年7月1日，支出500万美元；

2×19年1月1日，支出300万美元。

公司的记账本位币为人民币，外币业务采用外币业务发生时当日的市场汇率折算。相关汇率如下：

2×18年1月1日，市场汇率为1美元=7.70人民币元；

2×18年12月31日，市场汇率为1美元=7.75人民币元；

2×19年1月1日，市场汇率为1美元=7.77人民币元；

2×19年6月30日，市场汇率为1美元=7.80人民币元。

本例中，公司计算外币借款汇兑差额资本化金额如下。

(1) 计算2×18年汇兑差额资本化金额。

①债券应付利息=1 000×8%×7.75=80×7.75=620（万元）

账务处理为：

借：在建工程		6 200 000
贷：应付利息		6 200 000

②外币债券本金及利息汇兑差额=1 000×(7.75-7.70)+80×(7.75-7.75)=50（万元）

③账务处理为：

借：在建工程		500 000
贷：应付债券		500 000

(2) 2×19年1月1日实际支付利息时，应当支付80万美元，折算成人民币为621.60万元。该金额与原账面金额之间的差额1.60万元应当继续予以资本化，计入在建工程成本。

账务处理为：

借：应付利息		6 200 000
在建工程		16 000
贷：银行存款		6 216 000

(3) 计算2×19年6月30日时的汇兑差额资本化金额。

①债券应付利息=1 000×8%×1/2×7.80=40×7.80=312（万元）

账务处理为：

借：在建工程		3 120 000
贷：应付利息		3 120 000

②外币债券本金及利息汇兑差额=1 000×(7.80-7.75)+40×(7.80-7.80)=50（万元）

③账务处理为：

借：在建工程		500 000

贷：应付债券　　　　　　　　　　　　　　　　　　　　　　　　　　　500 000

第七条　借款存在折价或者溢价的，应当按照实际利率法确定每一会计期间应摊销的折价或者溢价金额，调整每期利息金额。

第八条　在资本化期间内，每一会计期间的利息资本化金额不应当超过当期相关借款实际发生的利息金额。

第九条　在资本化期间内，外币专门借款本金及利息的汇兑差额，应当予以资本化，计入符合资本化条件的资产的成本。

【例16-20】外币专门借款汇兑差额资本化金额的确定

甲公司产品已经进入美国市场，为节约生产成本，甲公司决定在当地建造生产工厂并设立分公司，2×17年1月1日，为该工程项目专门向当地银行借入10 000 000美元，年利率为8%，期限为3年，假定不考虑与借款有关的辅助费用。合同约定，甲公司于每年1月1日支付借款利息，到期偿还借款本金。

工程于2×17年1月1日开始实体建造，2×18年6月30日完工，并达到预定可使用状态。期间发生的资产支出如下：

2×17年1月1日，支出2 000 000美元；

2×17年7月1日，支出5 000 000美元；

2×18年1月1日，支出3 000 000美元。

公司的记账本位币为人民币，外币业务采用外币业务发生时当日即期汇率即市场汇率折算。相关汇率如下：

2×17年1月1日，市场汇率为1美元=6.70人民币元；

2×17年12月31日，市场汇率为1美元=6.75人民币元；

2×18年1月1日，市场汇率为1美元=6.77人民币元；

2×18年6月30日，市场汇率为1美元=6.80人民币元。

本例中，甲公司计算该外币借款汇兑差额资本化金额如下。

（1）计算2×17年汇兑差额资本化金额。

①应付利息=10 000 000×8%×6.75=5 400 000（元）

账务处理为：

借：在建工程——××工程　　　　　　　　　　　　　　　　　　　5 400 000
　　贷：应付利息——××银行　　　　　　　　　　　　　　　　　　5 400 000

②外币借款本金及利息汇兑差额=10 000 000×(6.75-6.70)+800 000×(6.75-6.75)=500 000（元）

账务处理为：

借：在建工程——××工程　　　　　　　　　　　　　　　　　　　500 000
　　贷：长期借款——××银行——汇兑差额　　　　　　　　　　　　500 000

（2）2×18年1月1日实际支付利息时，应当支付800 000美元，折算成人民币为5 416 000元。该金额与原账面金额之间的差额16 000元应当继续予以资本化，计入在建工程成本。账务处理为：

借：应付利息——××银行　　　　　　　　　　　　　5 400 000
　　在建工程——××工程　　　　　　　　　　　　　　 16 000
　　贷：银行存款　　　　　　　　　　　　　　　　　　5 416 000

（3）计算2×18年6月30日的汇兑差额资本化金额。

①应付利息 = 10 000 000 × 8% × 1/2 × 6.80 = 2 720 000（元）

账务处理为：

借：在建工程——××工程　　　　　　　　　　　　　2 720 000
　　贷：应付利息——××银行　　　　　　　　　　　　2 720 000

②外币借款本金及利息汇兑差额 = 10 000 000 × （6.80 - 6.75）+ 400 000 × （6.80 - 6.80）= 500 000（元）

账务处理为：

借：在建工程——××工程　　　　　　　　　　　　　　500 000
　　贷：长期借款——××银行——汇兑差额　　　　　　　500 000

第十条　专门借款发生的辅助费用，在所购建或者生产的符合资本化条件的资产达到预定可使用或者可销售状态之前发生的，应当在发生时根据其发生额予以资本化，计入符合资本化条件的资产的成本；在所购建或者生产的符合资本化条件的资产达到预定可使用或者可销售状态之后发生的，应当在发生时根据其发生额确认为费用，计入当期损益。

一般借款发生的辅助费用，应当在发生时根据其发生额确认为费用，计入当期损益。

第十一条　符合资本化条件的资产在购建或者生产过程中发生非正常中断且中断时间连续超过3个月的，应当暂停借款费用的资本化。在中断期间发生的借款费用应当确认为费用，计入当期损益，直至资产的购建或者生产活动重新开始。如果中断是所购建或者生产的符合资本化条件的资产达到预定可使用或者可销售状态必要的程序，借款费用的资本化应当继续进行。

【例16-21】借款费用暂停资本化的判断1

某企业于2×18年1月1日利用专门借款开工兴建一幢厂房，支出已经发生，因此借款费用从当日起开始资本化。工程预计于2×19年3月完工。

2×18年5月15日，由于工程施工发生了安全事故，导致工程中断，直到9月10日才复工。

该中断属于非正常中断，因此，上述专门借款在5月15日至9月10日期间所发生的借款费用不应资本化，而应作为财务费用计入当期损益。

正常中断与非正常中断显著不同。正常中断通常仅限于购建或者生产符合资本化条件的资产达到预定可使用或者可销售状态所必要的程序，或者事先可预见的不可抗力因素导致的中断。如某些工程建造到一定阶段必须暂停下来进行质量或者安全检查，检查通过后才可继续下一阶段的建造工作，这类中断是在施工前可以预见的，而且是工程建造必须经过的程序，属于正常中断。某些地区的工程在建造过程中，由于可预见的不可抗力因素（如雨季或冰冻季节等）导致施工出现停顿，也属于正常中断。

【例16-22】借款费用暂停资本化的判断2

某企业在北方某地建造某工程期间，碰上冰冻季节（通常为6个月），工程施工因此中断，待冰冻季节过后方能继续施工。

由于该地区在施工期间出现较长时间的冰冻为正常情况，由此导致的施工中断是可预见的不可抗力因素导致的中断，属于正常中断。在正常中断期间所发生的借款费用可以继续资本化，计入相关资产的成本。

第十二条 购建或者生产符合资本化条件的资产达到预定可使用或者可销售状态时，借款费用应当停止资本化。在符合资本化条件的资产达到预定可使用或者可销售状态之后所发生的借款费用，应当在发生时根据其发生额确认为费用，计入当期损益。

【例16-23】借款费用停止资本化的判断3

某企业借入一笔款项，于2×17年2月1日采用出包方式开工兴建一幢厂房。2×18年10月10日工程全部完工，达到合同要求。10月30日工程验收合格，11月15日办理工程竣工结算，11月20日完成全部资产移交手续，12月1日厂房正式投入使用。

在本例中，企业应当将2×18年10月10日确定为工程达到预定可使用状态的时点，作为借款费用停止资本化的时点。后续的工程验收日、竣工结算日、资产移交日和投入使用日均不应作为借款费用停止资本化的时点，否则会导致资产价值和利润的高估。

在符合资本化条件的资产的实际购建或者生产过程中，如果所购建或者生产的符合资本化条件的资产分别建造、分别完工，企业也应当按照实质重于形式原则，区别不同情况，界定借款费用停止资本化的时点。

如果所购建或者生产的符合资本化条件的资产的各部分分别完工，且每部分在其他部分继续建造或者生产过程中可供使用或者可对外销售，且为使该部分资产达到预定可使用或可销售状态所必要的购建或者生产活动实质上已经完成的，应当停止与该部分资产相关的借款费用的资本化。

如果企业购建或者生产的资产的各部分分别完工，但必须等到整体完工后才可使用或者对外销售的，应当在该资产整体完工时停止借款费用的资本化。在这种情况下，即使各部分资产已经完工，也不能认为该部分资产已经达到了预定可使用或者可销售状态，企业只能在所购建固定资产整体完工时，才能认为资产已经达到了预定可使用或者可销售状态，借款费用方可停止资本化。

【例16-24】借款费用停止资本化的判断4

某企业在建设某一涉及数项工程的钢铁冶炼项目时，每个单项工程都是根据各道冶炼工序设计建造的。因此，只有在每项工程都建造完毕后，整个冶炼项目才能正式运转，达到生产和设计要求，故每一个单项工程完工后不应认为资产已经达到了预定可使用状态。企业只有等到整个冶炼项目全部完工，达到预定可使用状态时，才能停止借款费用的资本化。

第十三条 购建或者生产符合资本化条件的资产达到预定可使用或者可销售状态，可从下列几个方面进行判断。

（一）符合资本化条件的资产的实体建造（包括安装）或者生产工作已经全部完成或者实质上已经完成。

（二）所购建或者生产的符合资本化条件的资产与设计要求、合同规定或者生产要求相符或者基本相符，即使有极个别与设计、合同或者生产要求不相符的地方，也不影响其正常使用或者销售。

（三）继续发生在所购建或生产的符合资本化条件的资产上的支出金额很少或者几乎不再发生。

购建或者生产符合资本化条件的资产需要试生产或者试运行的，在试生产结果表明资产能够正常生产出合格产品，或者试运行结果表明资产能够正常运转或者营业时，应当认为该资产已经达到预定可使用或者可销售状态。

第十四条 购建或者生产的符合资本化条件的资产的各部分分别完工，且每部分在其他部分继续建造过程中可供使用或者可对外销售，且为使该部分资产达到预定可使用或可销售状态所必要的购建或者生产活动实质上已经完成的，应当停止与该部分资产相关的借款费用的资本化。

购建或者生产的资产的各部分分别完工，但必须等到整体完工后才可使用或者可对外销售的，应当在该资产整体完工时停止借款费用的资本化。

16.1.3 披露

第十五条 企业应当在附注中披露与借款费用有关的下列信息。

（一）当期资本化的借款费用金额。

（二）当期用于计算确定借款费用资本化金额的资本化率。

16.2 《企业会计准则第 17 号——借款费用》应用指南

16.2.1 符合借款费用资本化条件的存货

根据本准则规定，企业借款购建或者生产的存货中，符合借款费用资本化条件的，应当将符合资本化条件的借款费用予以资本化。

符合借款费用资本化条件的存货，主要包括企业（房地产开发）开发的用于对外出售的房地产开发产品、企业制造的用于对外出售的大型机械设备等。这类存货通常需要经过相当长时间的建造或者生产过程，才能达到预定可销售状态。其中"相当长时间"，是指为资产的购建或者生产所必需的时间，通常为 1 年以上（含 1 年）。

16.2.2 借款利息费用资本化金额的确定

（一）专门借款利息费用的资本化金额。

本准则第六条（一）规定，为购建或者生产符合资本化条件的资产而借入专门借款的，应当以专门借款当期实际发生的利息费用，减去将尚未动用的借款资金存入银行取得的利息收入或者进行暂时性投资取得的投资收益后的金额，确定为专门借款利息费用的资本化金额，并应当在资本化期间内,将其计入符合资本化条件的资产成本。

专门借款应当有明确的专门用途,即为购建或者生产某项符合资本化条件的资产而专门借入的款项,通常应有标明专门用途的借款合同。

(二)一般借款利息费用的资本化金额。

一般借款是指除专门借款以外的其他借款。

根据本准则第六条(二)规定,在借款费用资本化期间内,为购建或者生产符合资本化条件的资产占用了一般借款的,一般借款应予资本化的利息金额应当按照下列公式计算:

一般借款利息费用资本化金额 = 累计资产支出超过专门借款部分的资产支出加权平均数 × 所占用一般借款的资本化率

所占用一般借款的资本化率 = 所占用一般借款加权平均利率

= 所占用一般借款当期实际发生的利息之和 ÷ 所占用一般借款本金加权平均数

所占用一般借款本金加权平均数 = Σ(所占用每笔一般借款本金 × 每笔一般借款在当期所占用的天数 ÷ 当期天数)

16.2.3 借款辅助费用的处理

本准则第十条规定,专门借款发生的辅助费用,在所购建或者生产的符合资本化条件的资产达到预定可使用或者可销售状态之前,应当在发生时根据其发生额予以资本化,计入符合资本化条件的资产的成本;在所购建或者生产的符合资本化条件的资产达到预定可使用或者可销售状态之后,应当在发生时根据其发生额确认为费用,计入当期损益。

上述资本化或计入当期损益的辅助费用的发生额,是指根据《企业会计准则第22号——金融工具确认和计量》,按照实际利率法所确定的金融负债交易费用对每期利息费用的调整额。借款实际利率与合同利率差异较小的,也可以采用合同利率计算确定利息费用。

一般借款发生的辅助费用,也应当按照上述原则确定其发生额并进行处理。

16.2.4 借款费用资本化的暂停

根据本准则第十一条规定,符合资本化条件的资产在购建或者生产过程中发生非正常中断且中断时间连续超过3个月的,应当暂停借款费用的资本化。正常中断期间的借款费用应当继续资本化。

非正常中断,通常是由于企业管理决策上的原因或者其他不可预见的原因等所导致的中断。比如,企业因与施工方发生了质量纠纷,或者工程、生产用料没有及时供应,或者资金周转发生了困难,或者施工、生产发生了安全事故,或者发生了与资产购建、生产有关的劳动纠纷等原因,导致资产购建或者生产活动发生中断,均属于非正常中断。

非正常中断与正常中断显著不同。正常中断通常仅限于因购建或者生产符合资本化条件的资产达到预定可使用或者可销售状态所必要的程序,或者事先可预见的不可抗力因素导致的中断。比如,某些工程建造到一定阶段必须暂停下来进行质量或者安全检查,检查通过后才可继续下一阶段的建造工作,这类中断是在施工前可以预见的,而且是工程建造必须经过的程序,属于正常中断。

某些地区的工程在建造过程中，由于可预见的不可抗力因素（如雨季或冰冻季节等原因）导致施工出现停顿，也属于正常中断。比如，某企业在北方某地建造某工程期间，正遇冰冻季节，工程施工因此中断，待冰冻季节过后方能继续施工。由于该地区在施工期间出现较长时间的冰冻为正常情况，由此导致的施工中断是可预见的不可抗力因素导致的中断，属于正常中断。

第 17 章 所得税

17.1 企业会计准则第 18 号——所得税

《企业会计准则第 18 号——所得税》(以下简称"本准则")于 2006 年 2 月 15 日由财会〔2006〕3 号公布,自 2007 年 1 月 1 日起施行。

17.1.1 总则

第一条 为了规范企业所得税的确认、计量和相关信息的列报,根据《企业会计准则——基本准则》,制定本准则。

第二条 本准则所称所得税包括企业以应纳税所得额为基础的各种境内和境外税额。

第三条 本准则不涉及政府补助的确认和计量,但因政府补助产生暂时性差异的所得税影响,应当按照本准则进行确认和计量。

17.1.2 计税基础

第四条 企业在取得资产、负债时,应当确定其计税基础。资产、负债的账面价值与其计税基础存在差异的,应当按照本准则规定确认所产生的递延所得税资产或递延所得税负债。

第五条 资产的计税基础,是指企业收回资产账面价值过程中,计算应纳税所得额时按照税法规定可以自应税经济利益中抵扣的金额。

【例 17-1】固定资产的计税基础 1

甲公司于 2×16 年 1 月 1 日开始计提某项固定资产的折旧,其原价为 3 000 000 元,使用年限为 10 年,采用年限平均法计提折旧,预计净残值为 0 元。税法规定类似固定资产采用加速折旧法计提的折旧可予税前扣除,该企业在计税时采用双倍余额递减法计提折旧,预计净残值为零。2×17 年 12 月 31 日,企业估计该项固定资产的可收回金额为 2 200 000 元。

分析:折旧方法、折旧年限产生的差异。会计准则规定,企业可以根据固定资产经济利益的预期实现方式合理选择折旧方法,如可以按年限平均法计提折旧,也可以按照双倍余额递减法、年数总和法等计提折旧,前提是有关的方法能够反映固定资产为企业带来经济利益的实现情况。税法一般会规定固定资产的折旧方法,除某些按照规定可以加速折旧的情况外,基本上可以税前扣除的是按照直线法计提的折旧。

另外,税法一般规定每一类固定资产的折旧年限,而会计处理时按照会计准则规定是由企业按照固定资产能够为企业带来经济利益的期限估计确定的。因为折旧年限的不同,也会产生固定资产账面价值与计税基础之间的差异。

2×17 年 12 月 31 日,该项固定资产的账面价值 = 3 000 000 - 300 000 × 2 = 2 400 000 (元),可收回金额为 2 200 000 元,应当计提 200 000 元固定资产减值准备。计提该减值准备后,固定资产的账面价值为 2 200 000 元。

计税基础 = 3 000 000 - 3 000 000 × 20% - 2 400 000 × 20% = 1 920 000（元）

该项固定资产账面价值 2 200 000 元与其计税基础 1 920 000 元之间的 280 000 元差额，代表着将于未来期间计入企业应纳税所得额的金额，产生未来期间应交所得税的增加，应确认为递延所得税负债。

【例 17-2】固定资产的计税基础 2

甲公司于 2×14 年 12 月 20 日取得某设备，成本为 16 000 000 元，预计使用 10 年，预计净残值为零，采用年限平均法计提折旧。2×17 年 12 月 31 日，根据该设备生产产品的市场占有情况，甲公司估计其可收回金额为 9 200 000 元。假定税法规定的折旧方法、折旧年限与会计准则相同，企业的资产在发生实质性损失时可予税前扣除。

分析：因计提固定资产减值准备产生的差异。持有固定资产的期间内，在对固定资产计提了减值准备以后，因所计提的减值准备在计提当期不允许税前扣除，也会造成固定资产的账面价值与计税基础的差异。

2×17 年 12 月 31 日，甲公司该设备的账面价值 = 16 000 000 - 1 600 000 × 3 = 11 200 000（元），可收回金额为 9 200 000 元，应当计提 2 000 000 元固定资产减值准备。计提该减值准备后，固定资产的账面价值为 9 200 000 元。

该设备的计税基础 = 16 000 000 - 1 600 000 × 3 = 11 200 000（元）

该固定资产的账面价值 9 200 000 元小于其计税基础 11 200 000 元，产生可抵扣暂时性差异。

【例 17-3】固定资产的计税基础 3

A 企业于 2×16 年 12 月 20 日取得的某项固定资产，原价为 750 万元，使用年限为 10 年，会计上采用年限平均法计提折旧，净残值为零。税法规定该类（由于技术进步、产品更新换代较快的）固定资产采用加速折旧法计提的折旧可予税前扣除，该企业在计税时采用双倍余额递减法计列折旧，净残值为零。2×18 年 12 月 31 日，企业估计该项固定资产的可收回金额为 550 万元。

分析：

2×18 年 12 月 31 日，该项固定资产的账面余额 = 750 - 75 × 2 = 600（万元），该账面余额大于其可收回金额 550 万元，两者之间的差额应计提 50 万元的固定资产减值准备。

2×18 年 12 月 31 日，该项固定资产的账面价值 = 750 - 75 × 2 - 50 = 550（万元）

其计税基础 = 750 - 750 × 20% - 600 × 20% = 480（万元）

该项固定资产的账面价值 550 万元与其计税基础 480 万元之间存在的 70 万元差额，将于未来期间计入企业的应纳税所得额。

【例 17-4】固定资产的计税基础 4

B 企业于 2×16 年年末以 750 万元购入一项生产用固定资产，按照该项固定资产的预计使用情况，B 企业在会计核算时估计其使用寿命为 5 年。计税时，按照适用税法规定，其最低折旧年限为 10 年，该企业计税时按照 10 年计算确定可税前扣除的折旧额。假定会计与税法规定均按年限平均法计列折旧，净残值均为零。2×17 年该项固定资产按照 12 个月计提折旧。假定固定资产未发生减值。

分析：

该项固定资产在 2×17 年 12 月 31 日的账面价值 =750 −750÷5 =600（万元）

该项固定资产在 2×17 年 12 月 31 日的计税基础 =750 −750÷10 =675（万元）

该项固定资产的账面价值 600 万元与其计税基础 675 万元之间产生的 75 万元差额，在未来期间会减少企业的应纳税所得额。

【例 17 -5】无形资产的计税基础 1

甲公司当期发生研究开发支出共计 10 000 000 元，其中研究阶段支出 2 000 000 元，开发阶段符合资本化条件前发生的支出为 2 000 000 元，符合资本化条件后发生的支出为 6 000 000 元。假定开发形成的无形资产在当期期末已达到预定用途，但尚未进行摊销。

分析：对于内部研究开发形成的无形资产，会计准则规定有关研究开发支出分为两个阶段，研究阶段的支出应当费用化计入当期损益，而开发阶段符合资本化条件的支出应当计入所形成无形资产的成本。税法规定，自行开发的无形资产，以开发过程中该资产符合资本化条件后至达到预定用途前发生的支出为计税基础。对于研究开发费用，税法规定可以加计扣除，即企业为开发新技术、新产品、新工艺发生的研究开发费用，未形成无形资产计入当期损益的，在据实扣除的基础上，再按照研究开发费用的 75% 在税前加计扣除；形成无形资产的，按照无形资产成本的 175% 税前摊销。

对于内部研究开发形成的无形资产，初始确认时按照会计准则规定确定的成本与其计税基础通常是相同的。对于享受税收优惠的研究开发支出，在形成无形资产时，按照会计准则规定确定的成本为研究开发过程中符合资本化条件后至达到预定用途前发生的支出，而因税法规定按照无形资产成本的 175% 税前摊销，则其计税基础应在会计上入账价值的基础上加计 75%，因而产生账面价值与计税基础在初始确认时的差异，但如果该无形资产的确认不是产生于企业合并交易，同时在确认时既不影响会计利润也不影响应纳税所得额，按照所得税会计准则的规定，不确认该暂时性差异的所得税影响。

甲公司当年发生的研究开发支出中，按照会计规定应予费用化的金额为 4 000 000 元，形成无形资产的成本为 6 000 000 元，即期末所形成无形资产的账面价值为 6 000 000 元。

甲公司于当期发生的 10 000 000 元研究开发支出，按照税法规定可在当期税前扣除的金额为 7 000 000（4 000 000 ×175%）元；对于按照会计准则规定形成无形资产的部分，税法规定按照无形资产成本的 175% 作为计算未来期间摊销额的基础，即该项无形资产在初始确认时的计税基础为 10 500 000（6 000 000 ×175%）元。

该项无形资产的账面价值 6 000 000 元与其计税基础 10 500 000 元之间的差额 4 500 000 元为暂时性差异，该差异产生于无形资产的初始确认，并非产生于企业合并，在初始确认时既不影响会计利润，也不影响应纳税所得额，因此，不确认其所得税影响。

【例 17 -6】无形资产的计税基础 2

A 企业当期为开发新技术发生研究开发支出共计 2 000 万元，其中研究阶段支出为 400 万元，开发阶段符合资本化条件前发生的支出为 400 万元，符合资本化条件后至达到预定用途前发生的支出为1 200万元。假定税法规定，企业为开发新技术、新产品、新工艺发生的研究开发费用，未形成无形资产计入当期损益的，按照研究开发费用的50%加计扣除；形成无形资产的，按照无形资产成本的150%摊销。假定开发形成的无形资产在当期期末已达到预定用途（尚未开始摊销）。

A企业当期发生的研究开发支出中，按照会计准则规定应予费用化的金额为800万元，形成无形资产的成本为1 200万元，即期末所形成无形资产的账面价值为1 200万元。

A企业当期发生的2 000万元研究开发支出中，按照税法规定可在当期税前扣除的金额为1 200万元。所形成无形资产在未来期间可予税前扣除的金额为1 800万元，其计税基础为1 800万元，形成暂时性差异600万元。

应予说明的是，上述600万元暂时性差异因产生于无形资产的初始确认，该无形资产并非产生于企业合并，且该无形资产在初始确认时既未影响会计利润，也未影响应纳税所得额，因此，该600万元暂时性差异的所得税影响不予确认。

【例17-7】无形资产的计税基础3

甲企业于2×17年1月1日取得某项无形资产，成本为6 000 000元。企业根据各方面情况判断，无法合理预计其带来未来经济利益的期限，因此将其作为使用寿命不确定的无形资产。2×17年12月31日，对该项无形资产进行减值测试表明未发生减值。企业在计税时，对该项无形资产按照10年的期间摊销，有关摊销额允许税前扣除。

会计上将该项无形资产作为使用寿命不确定的无形资产，在未发生减值的情况下，其账面价值为取得成本6 000 000元。

分析：无形资产在后续计量时，会计与税收的差异主要产生于对无形资产是否需要摊销及无形资产减值准备的计提。会计准则规定应根据无形资产使用寿命情况，将无形资产区分为使用寿命有限的无形资产和使用寿命不确定的无形资产。对于使用寿命不确定的无形资产，不要求摊销，在会计期末应进行减值测试。税法规定，企业取得无形资产的成本，应在一定期限内摊销，有关摊销额允许税前扣除。

在对无形资产计提减值准备的情况下，因所计提的减值准备不允许税前扣除，也会造成其账面价值与计税基础的差异。

该项无形资产在2×17年12月31日的计税基础为5 400 000（6 000 000－600 000）元。

该项无形资产的账面价值6 000 000元与其计税基础5 400 000元之间的差额600 000元将计入未来期间的应纳税所得额，产生未来期间企业所得税税款的流出，为应纳税暂时性差异。

【例17-8】无形资产的计税基础4

乙企业于2×17年1月1日取得的某项无形资产，取得成本为1 500万元，取得该项无形资产后，根据各方面情况判断，乙企业无法合理预计其使用期限，将其作为使用寿命不确定的无形资产。2×17年12月31日，对该项无形资产进行减值测试表明其未发生减值。企业在计税时，对该项无形资产按照10年的期限采用直线法摊销，摊销金额允许税前扣除。

分析：

会计上将该项无形资产作为使用寿命不确定的无形资产，因未发生减值，其在 2×17 年 12 月 31 日的账面价值为取得成本 1 500 万元。

该项无形资产在 2×17 年 12 月 31 日的计税基础为 1 350［成本（1 500）－按照税法规定可予税前扣除的摊销额（150）］万元。

该项无形资产的账面价值 1 500 万元与其计税基础 1 350 万元之间的差额 150 万元，将计入未来期间企业的应纳税所得额，或者可以理解为因为该 150 万元已经在当期计算应纳税所得额时税前扣除，从而减少了当期应交所得税，未来期间不会再予扣除，当企业于未来期间产生相关的经济利益流入时即应交税。

【例 17－9】以公允价值计量且其变动计入当期损益的金融资产的计税基础 1

甲公司 2×16 年 7 月以 520 000 元取得乙公司股票 50 000 股，将其作为以公允价值计量且其变动计入当期损益的金融资产核算，2×16 年 12 月 31 日，甲公司尚未出售所持有乙公司股票，乙公司股票公允价值为每股 12.4 元。税法规定，资产在持有期间公允价值的变动不计入当期应纳税所得额，待处置时一并计算应计入应纳税所得额的金额。

分析：按照《企业会计准则第 22 号——金融工具确认和计量》（财会〔2017〕7 号）的规定，对于以公允价值计量且其变动计入当期损益的金融资产，其于某一会计期末的账面价值为公允价值。如果税法规定按照会计准则确认的公允价值变动损益在计税时不予考虑，即有关金融资产在某一会计期末的计税基础为其取得成本，会造成该类金融资产账面价值与计税基础之间的差异。

作为以公允价值计量且其变动计入当期损益的金融资产的乙公司股票在 2×16 年 12 月 31 日的账面价值为 620 000（12.4×50 000）元，其计税基础为原取得成本，即 520 000 元，两者之间产生 100 000 元的应纳税暂时性差异。

【例 17－10】以公允价值计量且其变动计入当期损益的金融资产的计税基础 2

2×17 年 10 月 20 日，甲公司自公开市场取得一项权益性投资，支付价款 2 000 万元，将其作为交易性金融资产核算。2×17 年 12 月 31 日，该投资的市价为 2 200 万元。

分析：

该项交易性金融资产的期末市价为 2 200 万元，其按照会计准则规定进行核算的、在 2×17 年资产负债表日的账面价值为 2 200 万元。

因税法规定以公允价值计量的金融资产在持有期间公允价值的变动不计入应纳税所得额，其在 2×17 年资产负债表日的计税基础应维持原取得成本不变，为 2 000 万元。

该交易性金融资产的账面价值 2 200 万元与其计税基础 2 000 万元之间产生了 200 万元的暂时性差异，该暂时性差异在未来期间转回时会增加未来期间的应纳税所得额。

【例 17－11】以公允价值计量且其变动计入当期损益的金融资产的计税基础 3

2×17 年 11 月 8 日，甲企业自公开的市场上取得一项债权性投资，将其作为以公允价值计量且其变动计入其他综合收益的金融资产核算。该投资的成本为 1 500 万元。2×17 年 12 月 31 日，其市价为 1 575 万元。

分析：

按照会计准则规定，该项金融资产在会计期末应以公允价值计量，其账面价值应为期末公允价值1 575万元。

因税法规定以公允价值计量且其变动计入其他综合收益的金融资产在持有期间公允价值变动不计入应纳税所得额，则该项金融资产的期末计税基础应维持其原取得成本不变，为1 500万元。

该金融资产在2×17年资产负债表日的账面价值1 575万元与其计税基础1 500万元之间产生75万元暂时性差异，在企业预期以1 575万元的价格出售该金融资产时，出售价格与取得成本之间的差额75万元将会增加未来期间的应纳税所得额。

【例17-12】投资性房地产的计税基础1

甲企业的C建筑物于2×15年12月30日投入使用并直接出租，成本为6 800 000元。甲企业对投资性房地产采用公允价值模式进行后续计量。2×17年12月31日，已出租C建筑物累计公允价值变动收益为1 200 000元，其中本年度公允价值变动收益为500 000元。根据税法规定，已出租C建筑物以历史成本扣除按税法规定计提折旧后作为其计税基础，折旧年限为20年，净残值为零，自投入使用的次月起采用年限平均法计提折旧。

分析：因会计准则规定与税收法规规定不同，企业持有的其他资产可能造成其账面价值与计税基础之间存在差异，如计提了资产减值准备的其他资产。因所计提的减值准备在资产发生实质性损失前不允许税前扣除，即该项资产的计税基础不会随减值准备的计提发生变化，从而造成该项资产的账面价值与计税基础之间存在差异。再如，投资性房地产。对于采用成本模式进行后续计量的投资性房地产，其账面价值与计税基础的确定与固定资产、无形资产相同；对于采用公允价值模式进行后续计量的投资性房地产，其计税基础的确定类似于固定资产或无形资产计税基础的确定。

2×17年12月31日，该投资性房地产的账面价值为8 000 000元，计税基础为6 120 000（6 800 000－6 800 000÷20×2）元。该投资性房地产账面价值与其计税基础之间的差额1 880 000元将计入未来期间的应纳税所得额，形成未来期间企业所得税税款的流出，为应纳税暂时性差异。

【例17-13】投资性房地产的计税基础2

A企业于2×17年1月1日将其某自用房屋用于对外出租，该房屋的成本为750万元，预计使用年限为20年。转为投资性房地产之前，已使用4年，企业按照年限平均法计提折旧，预计净残值为零。转为投资性房地产核算后，预计能够持续可靠取得该投资性房地产的公允价值，A企业采用公允价值模式对该投资性房地产进行后续计量。假定税法规定的折旧方法、折旧年限及净残值与会计规定相同。同时，税法规定资产在持有期间公允价值的变动不计入应纳税所得额，待处置时一并计算确定应计入应纳税所得额的金额。该项投资性房地产在2×17年12月31日的公允价值为900万元。

分析：

该投资性房地产在2×17年12月31日的账面价值为其公允价值900万元，其计税基础为取得成本扣除按照税法规定允许税前扣除的折旧额后的金额,即其计税基础=750-750÷20×5=562.5(万元)。

该项投资性房地产的账面价值900万元与其计税基础562.5万元之间产生了337.5万元的暂时性差异,在其未来期间预期能够产生900万元的经济利益流入,而按照税法规定仅能够扣除565.5万元的情况下,该差异会增加企业在未来期间的应纳税所得额。

【例17-14】计提了资产减值准备的存货的计税基础

A企业2×17年购入原材料的成本为5 000万元,因部分生产线停工,当年未领用任何原材料,2×17年资产负债表日估计该原材料的可变现净值为4 000万元。假定该原材料在2×17年的期初余额为零。

分析:

该项原材料因期末可变现净值低于成本,应计提的存货跌价准备=5 000-4 000=1 000(万元)。计提该存货跌价准备后,该项原材料的账面价值为4 000万元。

该项原材料的计税基础不会因存货跌价准备的提取而发生变化,其计税基础为5 000万元不变。

该存货的账面价值4 000万元与其计税基础5 000万元之间产生了1 000万元的暂时性差异,该差异会减少企业在未来期间的应纳税所得额。

【例17-15】计提了资产减值准备的应收账款的计税基础

A公司2×17年12月31日应收账款余额为6 000万元,该公司期末对应收账款计提了600万元的坏账准备。税法规定,不符合国务院财政、税务主管部门规定的各项资产减值准备不允许税前扣除。假定该公司应收账款及坏账准备的期初余额均为零。

该项应收账款在2×17年资产负债表日的账面价值为5400(6 000-600)万元,因有关的坏账准备不允许税前扣除,其计税基础为6 000万元,该计税基础与其账面价值之间产生600万元暂时性差异,在应收账款发生实质性损失时,会减少未来期间的应纳税所得额。

第六条 负债的计税基础,是指负债的账面价值减去未来期间计算应纳税所得额时按照税法规定可予抵扣的金额。

【例17-16】预计负债的计税基础1

甲公司2×16年因销售产品承诺提供3年的保修服务,在当年年度利润表中确认了8 000 000元销售费用,同时确认为预计负债,当年度发生保修支出2 000 000元,预计负债的期末余额为6 000 000元。假定税法规定,与产品售后服务相关的费用可以在实际发生时税前扣除。

分析:对于不能作为单项履约义务的质量保证,企业应当按照或有事项的相关规定,将预计提供售后服务发生的支出在销售当期确认为费用,同时确认预计负债。如果税法规定,与销售产品相关的支出应于发生时税前扣除。因该类事项产生的预计负债在期末的计税基础为其账面价值与未来期间可税前扣除的金额之间的差额,因有关的支出实际发生时可全额税前扣除,其计税基础为0元。

因其他事项确认的预计负债,应按照税法规定的计税原则确定其计税基础。某些情况下,某些事项确认的预计负债,税法规定其支出无论是否实际发生均不允许税前扣除,即未来期间按照税法规定可予抵扣的金额为0元,则其账面价值与计税基础相同。

2×16年12月31日,该项预计负债在甲公司的账面价值为6 000 000元。

该项预计负债的计税基础=账面价值-未来期间计算应纳税所得额时按照税法规定可予抵扣的金额=6 000 000-6 000 000=0(元)

【例17-17】预计负债的计税基础2

甲企业2×17年因销售产品承诺提供3年的保修服务,在当年度利润表中确认了500万元的销售费用,同时确认为预计负债,当年度未发生任何保修支出。假定按照税法规定,与产品售后服务相关的费用在实际发生时允许税前扣除。

分析:按照或有事项准则规定,企业对于预计提供售后服务将发生的支出在满足有关确认条件时,销售当期即应确认为费用,同时确认预计负债。如果税法规定,与销售产品相关的支出应于实际发生时税前扣除。因该类事项产生的预计负债在期末的计税基础为其账面价值与未来期间可税前扣除的金额之间的差额,即为零。

其他交易或事项中确认的预计负债,应按照税法规定的计税原则确定其计税基础。某些情况下,因有些事项确认的预计负债,税法规定其支出无论是否实际发生均不允许税前扣除,即未来期间按照税法规定可予抵扣的金额为零,账面价值等于计税基础。

2×17年12月31日,该项预计负债在甲企业资产负债表中的账面价值为500万元。

该项预计负债的计税基础=账面价值-未来期间计算应纳税所得额时按照税法规定可予抵扣的金额=500-500=0(万元)

该项负债的账面价值500万元与其计税基础0之间的暂时性差异可以理解为:未来期间企业实际发生500万元的经济利益流出用以履行产品保修义务时,税法规定允许税前扣除,即减少未来实际发生期间的应纳税所得额。

【例17-18】预计负债的计税基础3

2×17年10月5日,甲公司因为乙公司银行借款提供担保,乙公司未如期偿还借款,而被银行提起诉讼,要求其履行担保责任;12月31日,该案件尚未结案。甲公司预计很可能履行的担保责任为3 000 000元。假定税法规定,企业为其他单位债务提供担保发生的损失不允许在税前扣除。

2×17年12月31日,该项预计负债的账面价值为3 000 000元,计税基础为3 000 000(3 000 000-0)元。该项预计负债的账面价值等于计税基础,不产生暂时性差异。

【例17-19】预计负债的计税基础4

A企业于2×17年12月20日自客户收到一笔合同预付款,金额为2 500万元,作为预收账款核算。按照适用税法规定,该款项应计入取得当期应纳税所得额,计算缴纳所得税。

分析:企业在收到客户预付的款项时,因不符合收入确认条件,会计上将其确认为负债。税法中对于收入的确认原则一般与会计规定相同,即会计上未确认收入时,计税时一般亦不计入应纳税所得额,该部分经济利益在未来期间计税时可予税前扣除的金额为零,计税基础等于账面价值。

某些情况下，因不符合会计准则规定的收入确认条件，未确认为收入的预收款项，按照税法规定应计入当期应纳税所得额时，有关预收账款的计税基础为零，即因其产生时已经计算缴纳所得税，未来期间可全额税前扣除。

该预收账款在A企业2×17年12月31日资产负债表中的账面价值为2 500万元。

该预收账款的计税基础=账面价值－未来期间计算应纳税所得额时按照税法规定可予抵扣的金额=2 500－2 500=0（万元）

该项负债的账面价值2 500万元与其计税基础零之间产生的2 500万元暂时性差异，该项暂时性差异的含义为在未来期间企业按照会计规定确认收入，产生经济利益流入时，因其在产生期间已经计算缴纳了所得税，未来期间则不再计入应纳税所得额，从而会减少企业于未来期间的所得税税款流出。

【例17-20】应付职工薪酬的计税基础

甲企业2×17年12月计入成本费用的职工工资总额为4 000万元，至2×17年12月31日尚未支付。按照适用税法规定，当期计入成本费用的4 000万元工资支出中，可予税前扣除的合理部分为3 000万元。

分析：会计准则规定，企业为获得职工提供的服务给予的各种形式的报酬以及其他相关支出均应作为企业的成本费用，在未支付之前确认为负债。税法中对于合理的职工薪酬基本允许税前扣除，但税法中如果规定了税前扣除标准的，按照会计准则规定计入成本费用支出的金额超过规定标准部分，应进行纳税调整。因超过部分在发生当期不允许税前扣除，在以后期间也不允许税前扣除，即该部分差额对未来期间计税不产生影响，所产生应付职工薪酬负债的账面价值等于计税基础。

该项应付职工薪酬负债于2×17年12月31日的账面价值为4 000万元。

该项应付职工薪酬负债于2×17年12月31日的计税基础=账面价值－未来期间计算应纳税所得额时按照税法规定可予抵扣的金额=4 000－0=4 000（万元）

该项负债的账面价值4 000万元与其计税基础4 000万元相同，不形成暂时性差异。该事项的会计处理与税收处理存在差异，但之所以不形成暂时性差异的原因是两者之间的1 000万元差异在产生当期不能税前扣除，在未来期间亦不能税前扣除，从而构成一项永久性差异，其不会对企业未来期间的计税产生影响。

【例17-21】其他负债项目的计税基础1

甲企业因未按照税法规定缴纳税金，按规定需在2×16年缴纳滞纳金1 000 000元，至2×16年12月31日，该款项尚未支付，形成其他应付款1 000 000元。税法规定，企业因违反国家法律、法规规定缴纳的罚款、滞纳金不允许税前扣除。

分析：企业的其他负债项目，如应交的罚款和滞纳金等，在尚未支付之前按照会计规定确认为费用，同时作为负债反映。税法规定，罚款和滞纳金不允许税前扣除，其计税基础为账面价值减去未来期间计税时可予税前扣除的金额之间的差额，即计税基础等于账面价值。

因应缴滞纳金形成的其他应付款账面价值为1 000 000元，因税法规定该支出不允许税前扣除，其计税基础=1 000 000－0=1 000 000（元）。

对于罚款和滞纳金支出，会计与税收规定存在差异，但该差异仅影响发生当期，对未来期间计税不产生影响，因而不产生暂时性差异。

【例 17-22】其他负债项目的计税基础 2

A 公司 20×7 年 12 月因违反当地有关环保法规的规定，接到环保部门的处罚通知，要求其支付罚款 500 万元。税法规定，企业因违反国家有关法律法规支付的罚款和滞纳金，计算应纳税所得额时不允许税前扣除。至 20×7 年 12 月 31 日，该项罚款尚未支付。

分析：

应支付罚款产生的负债账面价值为 500 万元。

该项负债的计税基础 = 账面价值 - 未来期间计算应纳税所得额时按照税法规定可予抵扣的金额 = 500 - 0 = 500（万元）

该项负债的账面价值 500 万元与其计税基础 500 万元相同，不形成暂时性差异，不会对未来期间的计税产生影响。

17.1.3 暂时性差异

第七条 暂时性差异，是指资产或负债的账面价值与其计税基础之间的差额；未作为资产和负债确认的项目，按照税法规定可以确定其计税基础的，该计税基础与其账面价值之间的差额也属于暂时性差异。

按照暂时性差异对未来期间应税金额的影响，分为应纳税暂时性差异和可抵扣暂时性差异。

第八条 应纳税暂时性差异，是指在确定未来收回资产或清偿负债期间的应纳税所得额时，将导致产生应税金额的暂时性差异。

第九条 可抵扣暂时性差异，是指在确定未来收回资产或清偿负债期间的应纳税所得额时，将导致产生可抵扣金额的暂时性差异。

【例 17-23】可抵扣暂时性差异的确认

甲企业 2×16 年发生广告费 10 000 000 元，至年末已全额支付给广告公司。税法规定，企业发生的广告费、业务宣传费不超过当年销售收入 15% 的部分允许税前扣除，超过部分允许结转以后年度税前扣除。甲企业 2×16 年实现销售收入 60 000 000 元。

因广告费支出形成的资产的账面价值为 0 元，其计税基础 = 10 000 000 - 60 000 000 × 15% = 1 000 000（元）。

广告费支出形成的资产的账面价值 0 元与其计税基础 1 000 000 元之间形成 1 000 000 元可抵扣暂时性差异。

分析：该差异在未来期间转回时会减少转回期间的应纳税所得额，减少未来期间的应交所得税。在可抵扣暂时性差异产生当期、符合确认条件的情况下，应当确认相关的递延所得税资产。

可抵扣暂时性差异一般产生于以下情况。

（1）资产的账面价值小于其计税基础。从经济含义来看，资产在未来期间产生的经济利益少，按照税法规定允许税前扣除的金额多，则企业在未来期间可以减少应纳税所得额并减少应交所得税。

（2）负债的账面价值大于其计税基础。负债产生的暂时性差异实质上是税法规定就该项负债可以在未来期间税前扣除的金额。一项负债的账面价值大于其计税基础，意味着未来期间按照税法规定构成负债的全部或部分金额可以自未来应税经济利益中扣除，减少未来期间的应纳税所得额和应交所得税。

值得关注的是，对于按照税法规定可以结转以后年度的未弥补亏损及税款抵减，虽不是因资产、负债的账面价值与计税基础不同产生的，但本质上可抵扣亏损和税款抵减与可抵扣暂时性差异具有同样的作用，均能够减少未来期间的应纳税所得额，进而减少未来期间的应交所得税，在会计处理上，视同可抵扣暂时性差异，符合条件的情况下，应确认相关的递延所得税资产。

某些交易或事项发生以后，因为不符合资产、负债的确认条件而未体现为资产负债表中的资产或负债，但按照税法规定能够确定其计税基础的，其账面价值与计税基础之间的差异也构成暂时性差异。如企业发生的符合条件的广告费和业务宣传费支出，除税法另有规定外，不超过当年销售收入15%的部分准予扣除；超过部分准予在以后纳税年度结转扣除。该类支出在发生时按照会计准则规定即计入当期损益，不形成资产负债表中的资产，但因按照税法规定可以确定其计税基础，两者之间的差异也形成暂时性差异。

【例17-24】未作为资产、负债确认的项目产生的暂时性差异

A公司2×17年发生了2 000万元广告费支出，发生时已作为销售费用计入当期损益。税法规定，该类支出不超过当年销售收入15%的部分允许当期税前扣除，超过部分允许向以后年度结转税前扣除。A公司2×17年实现销售收入10 000万元。

分析：某些交易或事项发生以后，因为不符合资产、负债确认条件而未体现为资产负债表中的资产或负债，但按照税法规定能够确定其计税基础的，其账面价值与计税基础之间的差异也构成暂时性差异。如企业发生的符合条件的广告费和业务宣传费支出，除另有规定外，不超过当年销售收入15%的部分准予扣除；超过部分准予在以后纳税年度结转扣除。该类费用在发生时按照会计准则规定即计入当期损益，不形成资产负债表中的资产，但按照税法规定可以确定其计税基础的，两者之间的差异也形成暂时性差异。

该广告费支出因按照会计准则规定在发生时已计入当期损益，不体现为期末资产负债表中的资产，如果将其视为资产，其账面价值为零。

因按照税法规定，该类支出税前列支有一定的标准限制，根据当期A公司销售收入15%计算，当期可予税前扣除1 500（10 000×15%）万元，当期未予税前扣除的500万元可以向以后年度结转，其计税基础为500万元。

该项资产的账面价值0万元与其计税基础500万元之间产生了500万元的暂时性差异，该暂时性差异在未来期间可减少企业的应纳税所得额，为可抵扣暂时性差异，符合确认条件时，应确认相关的递延所得税资产。

【例17-25】可抵扣亏损及税款抵减产生的暂时性差异

甲公司于2×17年因政策性原因发生经营亏损2 000万元。按照税法规定，该亏损可用于抵减以后5个年度的应纳税所得额。该公司预计其未来5年期间能够产生足够的应纳税所得额弥补该亏损。

分析：按照税法规定可以结转以后年度的未弥补亏损及税款抵减，虽不是因资产、负债的账面价值与计税基础不同产生的，但与可抵扣暂时性差异具有同样的作用，均能够减少未来期间的应纳税所得额，进而减少未来期间的应交所得税，会计处理上视同可抵扣暂时性差异，符合条件的情况下，应确认与其相关的递延所得税资产。

该经营亏损不是由资产、负债的账面价值与其计税基础不同产生的，但从性质上可以减少未来期间公司的应纳税所得额和应交所得税，属于可抵扣暂时性差异。公司预计未来期间能够产生足够的应纳税所得额利用该可抵扣亏损时，应确认相关的递延所得税资产。

17.1.4　确认

第十条　企业应当将当期和以前期间应交未交的所得税确认为负债，将已支付的所得税超过应支付的部分确认为资产。

存在应纳税暂时性差异或可抵扣暂时性差异的，应当按照本准则规定确认递延所得税负债或递延所得税资产。

【例17-26】递延所得税负债的确认1

甲企业于2×16年1月1日开始计提某设备的折旧，该设备的取得成本为2 000 000元，采用年限平均法计提折旧，使用年限为10年，预计净残值为零。假定计税时允许按双倍余额递减法列折旧，使用年限及预计净残值与会计相同。甲企业适用的所得税税率为25%。假定该企业不存在其他会计与税收处理的差异。

分析：企业在确认因应纳税暂时性差异产生的递延所得税负债时，应遵循以下原则：除会计准则中明确规定可不确认递延所得税负债的情况以外，企业对于所有的应纳税暂时性差异均应确认相关的递延所得税负债。除直接计入所有者权益的交易或事项以及企业合并外，在确认递延所得税负债的同时，应增加利润表中的所得税费用。

2×16年该项固定资产按照会计规定计提的折旧额为200 000元，计税时允许扣除的折旧额为400 000元，则该固定资产的账面价值1 800 000元与其计税基础1 600 000元的差额构成应纳税暂时性差异，企业应确认递延所得税负债50 000［（1 800 000－1 600 000）×25%］元。

【例17-27】递延所得税负债的确认2

A企业于2×17年12月6日购入某项设备，取得成本为500万元，会计上采用年限平均法计提折旧，使用年限为10年，净残值为零，因该资产常年处于强震动状态，计税时按双倍余额递减法列折旧，使用年限及净残值与会计相同。A企业适用的所得税税率为25%。假定该企业不存在其他会计与税收处理的差异。

分析：2×18年资产负债表日，该项固定资产按照会计规定计提的折旧额为50万元，计税时允许扣除的折旧额为100万元，则该固定资产的账面价值450万元与其计税基础400万元的差额构成应纳税暂时性差异，企业应确认相关的递延所得税负债。

【例17-28】递延所得税负债的确认3

甲公司于2×11年12月月底购入一台机器设备,成本为525 000元,预计使用年限为6年,预计净残值为零。会计上按直线法计提折旧,因该设备符合税法规定的税收优惠条件,计税时可采用年数总和法计提折旧,假定税法规定的使用年限及净残值均与会计相同。本例中假定该公司各会计期间均未对固定资产计提减值准备,除该项固定资产产生的会计与税法之间的差异外,不存在其他会计与税收的差异。

该公司每年因固定资产账面价值与计税基础不同应予确认的递延所得税情况如表17-1所示。

表17-1 各年份递延所得税负债计算表　　　　　　　　单位:元

项目	2×12年	2×13年	2×14年	2×15年	2×16年	2×17年
实际成本	525 000	525 000	525 000	525 000	525 000	525 000
累计会计折旧	87 500	175 000	262 500	350 000	437 500	525 000
账面价值	437 500	350 000	262 500	175 000	87 500	0
累计计税折旧	150 000	275 000	375 000	450 000	500 000	525 000
计税基础	375 000	250 000	150 000	75 000	25 000	0
暂时性差异	62 500	100 000	112 500	100 000	62 500	0
适用税率	25%	25%	25%	25%	25%	25%
递延所得税负债余额	15 625	25 000	28 125	25 000	15 625	0

分析:该项固定资产各年度账面价值与计税基础确定如下。

(1)2×12年资产负债表日。

账面价值=实际成本-会计折旧=525 000-87 500=437 500(元)

计税基础=实际成本-税前扣除的折旧额=525 000-150 000=375 000(元)

因资产的账面价值437 500元大于其计税基础375 000元,两者之间产生的62 500元差异会增加未来期间的应纳税所得额和应交所得税,属于应纳税暂时性差异,应确认与其相关的递延所得税负债15 625(62 500×25%)元,账务处理如下:

借:所得税费用　　　　　　　　　　　　　　　　　　　　　15 625
　　贷:递延所得税负债　　　　　　　　　　　　　　　　　　　15 625

(2)2×13年资产负债表日。

账面价值=525 000-87 500-87 500=350 000(元)

计税基础=实际成本-累计已税前扣除的折旧额=525 000-275 000=250 000(元)

因资产的账面价值350 000元大于其计税基础250 000元,两者之间产生的100 000元差异为应纳税暂时性差异,应确认与其相关的递延所得税负债25 000元,但递延所得税负债的期初余额为15 625元,当期应进一步确认递延所得税负债9 375元,账务处理如下:

借:所得税费用　　　　　　　　　　　　　　　　　　　　　　9 375

贷：递延所得税负债　　　　　　　　　　　　　　　　　　　　　9 375

（3）2×14年资产负债表日。

账面价值=525 000-262 500=262 500（元）

计税基础=525 000-375 000=150 000（元）

因资产的账面价值262 500元大于其计税基础150 000元，两者之间产生的112 500元差异为应纳税暂时性差异，应确认与其相关的递延所得税负债28 125元，但递延所得税负债的期初余额为25 000元，当期应进一步确认递延所得税负债3 125元，账务处理如下：

　　借：所得税费用　　　　　　　　　　　　　　　　　　　　　　　3 125
　　　贷：递延所得税负债　　　　　　　　　　　　　　　　　　　　　3 125

（4）2×15年资产负债表日。

账面价值=525 000-350 000=175 000（元）

计税基础=525 000-450 000=75 000（元）

因资产的账面价值175 000元大于其计税基础75 000元，两者之间产生的100 000元差异为应纳税暂时性差异，应确认与其相关的递延所得税负债25 000元，但递延所得税负债的期初余额为28 125元，当期应转回原已确认的递延所得税负债3 125元，账务处理如下：

　　借：递延所得税负债　　　　　　　　　　　　　　　　　　　　　3 125
　　　贷：所得税费用　　　　　　　　　　　　　　　　　　　　　　　3 125

（5）2×16年资产负债表日。

账面价值=525 000-437 500=87 500（元）

计税基础=525 000-500 000=25 000（元）

因资产的账面价值87 500元大于其计税基础25 000元，两者之间产生的62 500元差异为应纳税暂时性差异，应确认与其相关的递延所得税负债15 625元，但递延所得税负债的期初余额为25 000元，当期应转回递延所得税负债9 375元，账务处理如下：

　　借：递延所得税负债　　　　　　　　　　　　　　　　　　　　　9 375
　　　贷：所得税费用　　　　　　　　　　　　　　　　　　　　　　　9 375

（6）2×17年资产负债表日。

该项固定资产的账面价值及计税基础均为零，两者之间不存在暂时性差异，前期已确认的与该项资产相关的递延所得税负债应予全额转回，账务处理如下：

　　借：递延所得税负债　　　　　　　　　　　　　　　　　　　　　15 625
　　　贷：所得税费用　　　　　　　　　　　　　　　　　　　　　　　15 625

第十一条　除下列交易中产生的递延所得税负债以外，企业应当确认所有应纳税暂时性差异产生的递延所得税负债。

（一）商誉的初始确认。

（二）同时具有下列特征的交易中产生的资产或负债的初始确认：

1. 该项交易不是企业合并；

2. 交易发生时既不影响会计利润也不影响应纳税所得额（或可抵扣亏损）。

与子公司、联营企业及合营企业的投资相关的应纳税暂时性差异产生的递延所得税负债，应当按照本准则第十二条的规定确认。

【例 17-29】不予确认递延所得税负债的情形 1

甲公司以增发市场价值为 60 000 000 元的本企业普通股为对价购入乙公司 100% 的净资产，假定该项企业合并符合税法规定的免税合并条件，且乙公司原股东选择进行免税处理。购买日乙公司各项可辨认资产、负债的公允价值及其计税基础如表 17-2 所示。

表 17-2　购买日乙公司各项可辨认资产、负债的公允价值及其计税基础　　单位：元

项目	公允价值	计税基础	暂时性差异
固定资产	27 000 000	15 500 000	11 500 000
应收账款	21 000 000	21 000 000	0
存货	17 400 000	12 400 000	5 000 000
其他应付款	(3 000 000)	0	(3 000 000)
应付账款	(12 000 000)	(12 000 000)	0
不包括递延所得税的可辨认资产、负债的公允价值	50 400 000	36 900 000	13 500 000

分析：非同一控制下的企业合并中，企业合并成本大于合并中取得的被购买方可辨认净资产公允价值份额的差额，确认为商誉。因会计与税收的划分标准不同，按照税法规定作为免税合并的情况下，税法不认可商誉的价值，即从税法角度，商誉的计税基础为零，两者之间的差额形成应纳税暂时性差异。但是，确认该部分暂时性差异产生的递延所得税负债，则意味着将进一步增加商誉的价值。因商誉本身即是企业合并成本在取得的被购买方可辨认资产、负债之间进行分配后的剩余价值，确认递延所得税负债进一步增加其账面价值会影响到会计信息的可靠性，而且增加了商誉的账面价值以后，可能很快就要计提减值准备，同时其账面价值的增加还会进一步产生应纳税暂时性差异，使得递延所得税负债和商誉价值量的变化不断循环。因此，会计上作为非同一控制下的企业合并，同时按照税法规定作为免税合并的情况下，商誉的计税基础为零，其账面价值与计税基础不同形成的应纳税暂时性差异，会计准则规定不确认相关的递延所得税负债。

乙公司适用的所得税税率为 25%，该项交易中应确认递延所得税负债及商誉的金额计算如下（单位：元）：

企业合并成本　60 000 000

可辨认净资产公允价值　50 400 000

递延所得税资产（3 000 000×25%）　750 000

递延所得税负债（16 500 000×25%）　4 125 000

考虑递延所得税后可辨认资产、负债的公允价值

(50 400 000 + 3 000 000×25% - 16 500 000×25%)　47 025 000

商誉　12 975 000

所确认的商誉金额 12 975 000 元与其计税基础 0 元之间产生的应纳税暂时性差异，不再

进一步确认相关的递延所得税影响。

第十二条 企业对与子公司、联营企业及合营企业投资相关的应纳税暂时性差异，应当确认相应的递延所得税负债。但是，同时满足下列条件的除外：

（一）投资企业能够控制暂时性差异转回的时间；

（二）该暂时性差异在可预见的未来很可能不会转回。

第十三条 企业应当以很可能取得用来抵扣可抵扣暂时性差异的应纳税所得额为限，确认由可抵扣暂时性差异产生的递延所得税资产。但是，同时具有下列特征的交易中因资产或负债的初始确认所产生的递延所得税资产不予确认：

（一）该项交易不是企业合并；

（二）交易发生时既不影响会计利润也不影响应纳税所得额（或可抵扣亏损）。

资产负债表日，有确凿证据表明未来期间很可能获得足够的应纳税所得额用来抵扣可抵扣暂时性差异的，应当确认以前期间未确认的递延所得税资产。

【例17-30】不予确认递延所得税资产的情形2

A企业进行内部研究开发所形成的无形资产成本为1 200万元，因按照税法规定可于未来期间税前扣除的金额为1 800万元，其计税基础为1 800万元。

该项无形资产并非产生于企业合并，同时在初始确认时既不影响会计利润也不影响应纳税所得额，确认其账面价值与计税基础之间产生暂时性差异的所得税影响需要调整该项资产的历史成本，本准则规定该种情况下不确认相关的递延所得税资产。

【例17-31】不予确认递延所得税资产的情形3

甲公司2×19年发生资本化研究开发支出8 000 000元，至年末研发项目尚未完成。税法规定，按照会计准则规定资本化的开发支出按其175%作为计算摊销额的基础。

分析：某些情况下，如果企业发生的某项交易或事项不是企业合并，并且交易发生时既不影响会计利润也不影响应纳税所得额，且该项交易中产生的资产、负债的初始确认金额与其计税基础不同，产生可抵扣暂时性差异的，会计准则规定在交易或事项发生时不确认相关的递延所得税资产。其原因同该种情况下不确认相关的递延所得税负债相同，如果确认递延所得税资产，则需调整资产、负债的入账价值，对实际成本进行调整将有违历史成本原则，影响会计信息的可靠性，该种情况下不确认相关的递延所得税资产。

甲公司按照会计准则规定资本化的开发支出为8 000 000元，其计税基础为14 000 000（8 000 000×175%）元，该开发支出及所形成无形资产在初始确认时账面价值与计税基础即存在差异，因该差异并非产生于企业合并，同时在产生时既不影响会计利润也不影响应纳税所得额，按照《企业会计准则第18号——所得税》规定，不确认与该暂时性差异相关的所得税影响。

第十四条 企业对与子公司、联营企业及合营企业投资相关的可抵扣暂时性差异，同时满足下列条件的，应当确认相应的递延所得税资产：

（一）暂时性差异在可预见的未来很可能转回；

（二）未来很可能获得用来抵扣可抵扣暂时性差异的应纳税所得额。

第十五条 企业对于能够结转以后年度的可抵扣亏损和税款抵减,应当以很可能获得用来抵扣可抵扣亏损和税款抵减的未来应纳税所得额为限,确认相应的递延所得税资产。

17.1.5 计量

第十六条 资产负债表日,对于当期和以前期间形成的当期所得税负债(或资产),应当按照税法规定计算的预期应交纳(或返还)的所得税金额计量。

第十七条 资产负债表日,对于递延所得税资产和递延所得税负债,应当根据税法规定,按照预期收回该资产或清偿该负债期间的适用税率计量。

适用税率发生变化的,应对已确认的递延所得税资产和递延所得税负债进行重新计量,除直接在所有者权益中确认的交易或者事项产生的递延所得税资产和递延所得税负债以外,应当将其影响数计入变化当期的所得税费用。

【例17-32】递延所得税的计算

甲企业持有的某项以公允价值计量且其变动计入其他综合收益的其他债权投资,成本为500万元,会计期末,其公允价值为600万元,该企业适用的所得税税率为25%。除该事项外,该企业不存在其他会计与税收法规之间的差异,且递延所得税资产和递延所得税负债不存在期初余额。

分析:递延所得税是指按照本准则规定当期应予确认的递延所得税资产和递延所得税负债金额,即递延所得税资产及递延所得税负债当期发生额的综合结果,但不包括计入所有者权益的交易或事项的所得税影响。用公式表示即为:

递延所得税=(递延所得税负债的期末余额-递延所得税负债的期初余额)-(递延所得税资产的期末余额-递延所得税资产的期初余额)

应予说明的是,企业因确认递延所得税资产和递延所得税负债产生的递延所得税,一般应当计入所得税费用,但以下两种情况除外。

一是某项交易或事项按照会计准则规定应计入所有者权益的,由该交易或事项产生的递延所得税资产或递延所得税负债及其变化亦应计入所有者权益,不构成利润表中的递延所得税费用(或收益)。

会计期末在确认100万元的公允价值变动时,账务处理为:

借:其他债权投资 1 000 000
　　贷:其他综合收益 1 000 000

确认应纳税暂时性差异的所得税影响时,账务处理为:

借:其他综合收益 250 000
　　贷:递延所得税负债 250 000

二是企业合并中取得的资产、负债,其账面价值与计税基础不同,应确认相关递延所得税的,该递延所得税的确认影响合并中产生的商誉或是计入当期损益的金额,不影响所得税费用。

【例17-33】所得税费用的计算1

甲公司2×19年年度利润表中利润总额为12 000 000元,适用的所得税税率为25%,预计未来期间适用的所得税税率不会发生变化,未来期间能够产生足够的应纳税所得额用以抵扣可抵扣暂时性差异。递延所得税资产及递延所得税负债不存在期初余额。

分析:计算确定了当期应交所得税及递延所得税费用(或收益)以后,利润表中应予确认的所得税费用为两者之和,即:

所得税费用＝当期所得税＋递延所得税费用(或收益)

该公司2×19年发生的有关交易和事项中,会计处理与税收处理存在差别的有下列情况。

(1) 2×18年12月31日取得的一项固定资产,成本为6 000 000元,使用年限为10年,预计净残值为0元,会计处理按双倍余额递减法计提折旧,税收处理按直线法计提折旧。假定税法规定的使用年限及预计净残值与会计规定相同。

(2) 向关联企业捐赠现金2 000 000元。

(3) 当年发生研究开发支出5 000 000元,较上年增长20%。其中3 000 000元予以资本化;截至2×19年12月31日,该研发资产仍在开发过程中。税法规定,企业费用化的研究开发支出按175%税前扣除,资本化的研究开发支出按资本化金额的175%确定应予摊销的金额。

(4) 应付违反环保法规定罚款1 000 000元。

(5) 期末对持有的存货计提了300 000元的存货跌价准备。

分析:

(1) 2×19年当期应交所得税。

应纳税所得额＝12 000 000＋(6 000 000÷10×2－6 000 000÷10)＋2 000 000－(5 000 000－3 000 000)×75%＋1 000 000＋300 000＝14 400 000(元)

应交所得税＝14 400 000×25%＝3 600 000(元)

(2) 2×19年度递延所得税。

该公司2×19年12月31日有关资产、负债的账面价值、计税基础及相应的暂时性差异如表17－3所示。

表17－3　2×19年12月31日乙公司资产、负债的账面价值、计税基础及相应的暂时性差异

单位:元

项目	账面价值	计税基础	差异	
			应纳税暂时性差异	可抵扣暂时性差异
存货	8 000 000	8 300 000		300 000
固定资产	25 400 000	26 000 000		600 000
开发支出	3 000 000	5 250 000		2 250 000
其他应付款	1 000 000	1 000 000		
合计				3 150 000

本例中,由于存货、固定资产的账面价值和其计税基础不同,产生可抵扣暂时性差异900 000元,确认了递延所得税收益225 000元;对于资本化的开发支出3 000 000元,其计

税基础为 5 250 000（3 000 000×175%）元，该开发支出及所形成无形资产在初始确认时其账面价值与计税基础即存在差异，因该差异并非产生于企业合并，同时在产生时既不影响会计利润也不影响应纳税所得额，按照《企业会计准则第 18 号——所得税》规定，不确认与该暂时性差异相关的所得税影响。所以，递延所得税收益 = 900 000×25% = 225 000（元）。

(3) 利润表中应确认的所得税费用。

所得税费用 = 3 600 000 - 225 000 = 3 375 000（元）

借：所得税费用　　　　　　　　　　　　　　　　　　　　3 375 000
　　递延所得税资产　　　　　　　　　　　　　　　　　　　　225 000
　　贷：应交税费——应交所得税　　　　　　　　　　　　　　　　3 600 000

【例 17-34】所得税费用的计算 2

丁公司 2×19 年年初的递延所得税资产借方余额为 1 900 000 元，递延所得税负债贷方余额为 100 000 元，具体构成项目如表 17-4 所示。

表 17-4　丁公司 2×19 年年初的递延所得税　　　　　　　　　　单位：元

项目	可抵扣暂时性差异	递延所得税资产	应纳税暂时性差异	递延所得税负债
应收账款	600 000	150 000		
交易性金融资产			400 000	100 000
其他债权投资	2 000 000	500 000		
预计负债	800 000	200 000		
可税前抵扣的经营亏损	4 200 000	1 050 000		

该公司 2×19 年度利润表中利润总额为 16 100 000 元，适用的所得税税率为 25%，预计未来期间适用的所得税税率不会发生变化，未来期间能够产生足够的应纳税所得额用以抵扣可抵扣暂时性差异。

该公司 2×19 年发生的有关交易和事项中，会计处理与税收处理存在差别的有以下几项。

(1) 年末转回应收账款坏账准备 200 000 元。根据税法规定，转回的坏账损失不计入应纳税所得额。

(2) 年末根据交易性金融资产公允价值变动确认公允价值变动收益 200 000 元。根据税法规定，交易性金融资产公允价值变动收益不计入应纳税所得额。

(3) 年末根据其他债权投资公允价值变动增加其他综合收益 400 000 元。根据税法规定，其他债权投资公允价值变动金额不计入应纳税所得额。

(4) 当年实际支付产品保修费用 500 000 元，冲减前期确认的相关预计负债；当年又确认产品保修费用 100 000 元，增加相关预计负债。根据税法规定，实际支付的产品保修费用允许税前扣除，但预计的产品保修费用不允许税前扣除。

(5) 当年发生业务宣传费 8 000 000 元，至年末尚未支付。该公司当年实现销售收入 50 000 000 元。税法规定，公司发生的业务宣传费支出，不超过当年销售收入 15% 的部分，准予税前扣除；超过部分，准予结转以后年度税前扣除。

分析：

(1) 2×19年度当期应交所得税。

应纳税所得额 = 16 100 000 – 4 200 000 – 200 000 – 200 000 – 500 000 + 100 000 + (8 000 000 – 50 000 000 × 15%) = 11 600 000（元）

应交所得税 = 11 600 000 × 25% = 2 900 000（元）

(2) 2×19年度递延所得税。

该公司2×19年12月31日有关资产、负债的账面价值、计税基础及相应的暂时性差异如表17-5所示。

表17-5 2×19年12月31日丁公司资产、负债的账面价值、计税基础及相应的暂时性差异

单位：元

项目	账面价值	计税基础	差异	
			应纳税暂时性差异	可抵扣暂时性差异
应收账款	3 600 000	4 000 000		400 000
交易性金融资产	4 200 000	3 600 000	600 000	
其他债权投资	4 000 000	5 600 000		1 600 000
预计负债	400 000	0		400 000
其他应付款	8 000 000	7 500 000		500 000

递延所得税费用 = (600 000 × 25% – 100 000) – [(400 000 + 400 000 + 500 000) × 25% – (150 000 + 200 000 + 1 050 000)] = 1 125 000（元）

(3) 利润表中应确认的所得税费用。

所得税费用 = 2 900 000 + 1 125 000 = 4 025 000（元）

借：所得税费用	4 025 000
贷：应交税费——应交所得税	2 900 000
递延所得税资产	1 075 000
递延所得税负债	50 000
借：其他综合收益	100 000
贷：递延所得税资产	100 000

注：1 075 000 = (150 000 + 200 000 + 1 050 000) – (400 000 + 400 000 + 500 000) × 25%

50 000 = 600 000 × 25% – 100 000

100 000 = 400 000 × 25%

第十八条 递延所得税资产和递延所得税负债的计量，应当反映资产负债表日企业预期收回资产或清偿负债方式的所得税影响，即在计量递延所得税资产和递延所得税负债时，应当采用与收回资产或清偿债务的预期方式相一致的税率和计税基础。

第十九条 企业不应当对递延所得税资产和递延所得税负债进行折现。

第二十条 资产负债表日,企业应当对递延所得税资产的账面价值进行复核。如果未来期间很可能无法获得足够的应纳税所得额用以抵扣递延所得税资产的利益,应当减记递延所得税资产的账面价值。

在很可能获得足够的应纳税所得额时,减记的金额应当转回。

第二十一条 企业当期所得税和递延所得税应当作为所得税费用或收益计入当期损益,但不包括下列情况产生的所得税。

(一)企业合并。

(二)直接在所有者权益中确认的交易或者事项。

【例17-35】与企业合并相关的递延所得税的会计处理

甲公司于2×18年1月1日购买乙公司80%股权,形成非同一控制下企业合并。因会计准则规定与适用税法规定的处理方法不同,在购买日产生可抵扣暂时性差异300万元。假定购买日及未来期间企业适用的所得税税率为25%。

购买日,因预计未来期间无法取得足够的应纳税所得额,未确认与可抵扣暂时性差异相关的递延所得税资产为75万元。购买日确认的商誉为50万元。

分析:在企业合并中,购买方取得的可抵扣暂时性差异,比如,购买日取得的被购买方在以前期间发生的未弥补亏损等可抵扣暂时性差异,按照税法规定可以用于抵减以后年度应纳税所得额,但在购买日不符合递延所得税资产确认条件而不予以确认。购买日后12个月内,如取得新的或进一步的信息表明购买日的相关情况已经存在,预期被购买方在购买日可抵扣暂时性差异带来的经济利益能够实现的,应当确认相关的递延所得税资产,同时减少商誉,商誉不足冲减的,差额部分确认为当期损益;除上述情况以外,确认与企业合并相关的递延所得税资产,应当计入当期损益。

在购买日后6个月,甲公司预计能够产生足够的应纳税所得额用以抵扣企业合并时产生的可抵扣暂时性差异300万元,且该事实于购买日已经存在,则甲公司会计处理如下:

借:递延所得税资产　　　　　　　　　　　　　　　　　750 000
　　贷:商誉　　　　　　　　　　　　　　　　　　　　　500 000
　　　　所得税费用　　　　　　　　　　　　　　　　　　250 000

假定,在购买日后6个月,甲公司根据新的事实预计能够产生足够的应纳税所得额用以抵扣企业合并时产生的可抵扣暂时性差异300万元,且该新的事实于购买日并不存在,则甲公司应做会计处理如下:

借:递延所得税资产　　　　　　　　　　　　　　　　　750 000
　　贷:所得税费用　　　　　　　　　　　　　　　　　　750 000

第二十二条 与直接计入所有者权益的交易或者事项相关的当期所得税和递延所得税,应当计入所有者权益。

【例17-36】直接计入所有者权益的递延所得税的会计处理

甲公司于2×19年4月自公开市场以每股6元的价格取得A公司普通股200万股,将其作为以公允价值计量且其变动计入其他综合收益的非交易性权益工具投资核算(假定不考虑交易费用），2×19年12月31日，甲公司该股票投资尚未出售，当日市价为每股9元。按照税法规定，资产在持有期间公允价值的变动不计入应纳税所得额，待处置时一并计入应纳税所得额。甲公司适用的所得税税率为25%，假定在未来期间不会发生变化。

分析：与当期及以前期间直接计入所有者权益的交易或事项相关的当期所得税及递延所得税应当计入所有者权益。直接计入所有者权益的交易或事项主要有：对会计政策变更采用追溯调整法或对前期差错更正采用追溯重述法调整期初留存收益、以公允价值计量且其变动计入其他综合收益的金融资产的公允价值的变动计入其他综合收益、自用房地产转为采用公允价值模式计量的投资性房地产时公允价值大于原账面价值差额计入其他综合收益等。

甲公司在期末的账务处理如下：

借：其他权益工具投资	6 000 000
贷：其他综合收益	6 000 000
借：其他综合收益	1 500 000
贷：递延所得税负债	1 500 000

假定甲公司以每股11元的价格将该股票于2×20年对外出售，结转该股票出售损益时：

借：银行存款	22 000 000
贷：其他权益工具投资	18 000 000
留存收益	4 000 000
借：其他综合收益	4 500 000
递延所得税负债	1 500 000
贷：留存收益	6 000 000

17.1.6 列报

第二十三条 递延所得税资产和递延所得税负债应当分别作为非流动资产和非流动负债在资产负债表中列示。

第二十四条 所得税费用应当在利润表中单独列示。

第二十五条 企业应当在附注中披露与所得税有关的下列信息。

（一）所得税费用（收益）的主要组成部分。

（二）所得税费用（收益）与会计利润关系的说明。

（三）未确认递延所得税资产的可抵扣暂时性差异、可抵扣亏损的金额（如果存在到期日，还应披露到期日）。

（四）对每一类暂时性差异和可抵扣亏损，在列报期间确认的递延所得税资产或递延所得税负债的金额，确认递延所得税资产的依据。

（五）未确认递延所得税负债的，与对子公司、联营企业及合营企业投资相关的暂时性差异金额。

17.2 《企业会计准则第18号——所得税》应用指南

17.2.1 资产、负债的计税基础

资产的账面价值大于其计税基础或者负债的账面价值小于其计税基础的,产生应纳税暂时性差异;资产的账面价值小于其计税基础或者负债的账面价值大于其计税基础的,产生可抵扣暂时性差异。

(一)资产的计税基础。

本准则第五条规定,资产的计税基础是指企业收回资产账面价值过程中,计算应纳税所得额时按照税法规定可以自应税经济利益中抵扣的金额。

通常情况下,资产在取得时其入账价值与计税基础是相同的,后续计量过程中因企业会计准则规定与税法规定不同,可能产生资产的账面价值与其计税基础的差异。

比如,交易性金融资产的公允价值变动。按照企业会计准则规定,交易性金融资产期末应以公允价值计量,公允价值的变动计入当期损益。如果按照税法规定,交易性金融资产在持有期间公允价值变动不计入应纳税所得额,即其计税基础保持不变,则产生了交易性金融资产的账面价值与计税基础之间的差异。假定某企业持有一项交易性金融资产,其成本为1 000万元,期末公允价值为1 500万元,如计税基础仍维持1 000万元不变,该计税基础与其账面价值之间的差额500万元即为应纳税暂时性差异。

(二)负债的计税基础。

本准则第六条规定,负债的计税基础是指负债的账面价值减去未来期间计算应纳税所得额时按照税法规定可予抵扣的金额。

短期借款、应付票据、应付账款等负债的确认和偿还,通常不会对当期损益和应纳税所得额产生影响,其计税基础即为账面价值。但在某些情况下,负债的确认可能会影响损益,并影响不同期间的应纳税所得额,使其计税基础与账面价值之间产生差额。比如,上述企业因某事项在当期确认了100万元负债,计入当期损益。假定按照税法规定,与确认该负债相关的费用,在实际发生时准予税前扣除,该负债的计税基础为零,其账面价值与计税基础之间形成可抵扣暂时性差异。

企业应于资产负债表日,分析比较资产、负债的账面价值与其计税基础,两者之间存在差异的,确认递延所得税资产、递延所得税负债及相应的递延所得税费用(或收益)。企业合并等特殊交易或事项中取得的资产和负债,应于购买日比较其入账价值与计税基础,按照本准则规定计算确认相关的递延所得税资产或递延所得税负债。

17.2.2 递延所得税资产和递延所得税负债

资产负债表日,企业应当按照暂时性差异与适用所得税税率计算的结果,确认递延所得税负债、递延所得税资产以及相应的递延所得税费用(或收益),本准则第十一条至第十三条规定不确认递延所得税负债或递延所得税资产的情况除外。沿用上述举例,假定该企业适用的所得税税率为33%,递延所得税资产和递延所得税负债不存在期初余额,对于交易性金

融资产产生的500万元应纳税暂时性差异，应确认165万元递延所得税负债；对于负债产生的100万元可抵扣暂时性差异，应确认33万元递延所得税资产。

确认由可抵扣暂时性差异产生的递延所得税资产，应当以未来期间很可能取得用以抵扣可抵扣暂时性差异的应纳税所得额为限。企业在确定未来期间很可能取得的应纳税所得额时，应当包括未来期间正常生产经营活动实现的应纳税所得额，以及在可抵扣暂时性差异转回期间因应纳税暂时性差异的转回而增加的应纳税所得额，并应提供相关的证据。

17.2.3 所得税费用的确认和计量

企业在计算确定当期所得税（即当期应交所得税）以及递延所得税费用（或收益）的基础上，应将两者之和确认为利润表中的所得税费用（或收益），但不包括直接计入所有者权益的交易或事项的所得税影响。计算公式如下：

所得税费用（或收益）= 当期所得税 + 递延所得税费用（−递延所得税收益）

仍沿用上述举例，该企业12月31日资产负债表中有关项目账面价值及其计税基础如表17−6所示。

表17−6　××企业有关项目账面价值及计税基础　　　　　　　单位：万元

	项目	账面价值	计税基础	暂时性差异	
				应纳税暂时性差异	可抵扣暂时性差异
1	交易性金融资产	1 500	1 000	500	
2	负债	100	0		100
	合计			500	100

假定除上述项目外，该企业其他资产、负债的账面价值与其计税基础不存在差异，也不存在可抵扣亏损和税款抵减；该企业当期按照税法规定计算确定的应交所得税为600万元；该企业预计在未来期间能够产生足够的应纳税所得额用以抵扣可抵扣暂时性差异。

该企业计算确认的递延所得税负债、递延所得税资产、递延所得税费用以及所得税费用如下：

递延所得税负债 = 500 × 33% = 165（万元）

递延所得税资产 = 100 × 33% = 33（万元）

递延所得税费用 = 165 − 33 = 132（万元）

所得税费用 = 当期所得税费用 + 递延所得税费用 = 600 + 132 = 732（万元）

17.2.4 递延所得税的特殊处理

（一）直接计入所有者权益的交易或事项产生的递延所得税。

根据本准则第二十二条规定，直接计入所有者权益的交易或事项，如可供出售金融资产公允价值的变动，相关资产、负债的账面价值与计税基础之间形成暂时性差异的，应当按照本准则规定确认递延所得税资产或递延所得税负债，计入资本公积（其他资本公积）。

（二）企业合并中产生的递延所得税。

由于企业会计准则规定与税法规定对企业合并的处理不同，可能会造成企业合并中取得资产、负债的入账价值与其计税基础的差异。比如非同一控制下企业合并产生的应纳税暂时性差异或可抵扣暂时性差异，在确认递延所得税负债或递延所得税资产的同时，相关的递延所得税费用（或收益），通常应调整企业合并中所确认的商誉。

（三）按照税法规定允许用以后年度所得弥补的可抵扣亏损以及可结转以后年度的税款抵减，比照可抵扣暂时性差异的原则处理。

第18章 外币折算

18.1 企业会计准则第19号——外币折算

《企业会计准则第19号——外币折算》(以下简称"本准则")于2006年2月15日由财会〔2006〕3号公布,自2007年1月1日起施行。

18.1.1 总则

第一条 为了规范外币交易的会计处理、外币财务报表的折算和相关信息的披露,根据《企业会计准则——基本准则》,制定本准则。

第二条 外币交易,是指以外币计价或者结算的交易。外币是企业记账本位币以外的货币。外币交易包括:

(一)买入或者卖出以外币计价的商品或者劳务;

(二)借入或者借出外币资金;

(三)其他以外币计价或者结算的交易。

第三条 下列各项适用其他相关会计准则:

(一)与购建或生产符合资本化条件的资产相关的外币借款产生的汇兑差额,适用《企业会计准则第17号——借款费用》;

(二)外币项目的套期,适用《企业会计准则第24号——套期保值》;

(三)现金流量表中的外币折算,适用《企业会计准则第31号——现金流量表》。

18.1.2 记账本位币的确定

第四条 记账本位币,是指企业经营所处的主要经济环境中的货币。

企业通常应选择人民币作为记账本位币。业务收支以人民币以外的货币为主的企业,可以按照本准则第五条规定选定其中一种货币作为记账本位币。但是,编报的财务报表应当折算为人民币。

【例18-1】企业记账本位币的确定1

甲公司为外贸自营出口公司,超过80%的营业收入来自对美国的出口,其商品销售价格主要受美元的影响,以美元计价。因此,从影响商品和劳务销售价格的角度看,甲公司应选择美元作为记账本位币。

如果甲公司除厂房设施、30%的人工成本在国内以人民币采购或支付外,生产所需原材料、机器设备及70%以上的人工成本都以美元从美国采购或支付,则可确定甲公司的记账本位币是美元。

但是,如果甲公司95%以上的人工成本、原材料及相应的厂房设施、机器设备等在国内采购并以人民币计价,甲公司取得的美元营业收入在汇回国内时直接兑换成了人民币存款,且甲公司对美元汇率波动产生的外币风险进行了套期保值，降低了汇率波动对公司取得的外币销售收入的影响，甲公司可以选择人民币作为记账本位币。

【例18-2】企业记账本位币的确定2

国内A外商投资企业，该企业超过80%的营业收入来自向各国的出口，其商品销售价格一般以美元结算，主要受美元的影响，因此，从影响商品和劳务销售价格的角度看，A企业应选择美元作为记账本位币。

如果A企业除厂房设施、25%的人工成本在国内以人民币采购，生产所需原材料、机器设备及75%以上的人工成本都来自美国投资者以美元在国际市场的采购，则可进一步确定A企业的记账本位币是美元。

如果A企业的人工成本、原材料及相应的厂房设施、机器设备等95%以上在国内采购并以人民币计价，则难以确定A企业的记账本位币，需要考虑第三项因素。如果A企业取得的美元营业收入在汇回国内时可随时换成人民币存款，且A企业对所有以美元结算的资金往来的外币风险都进行了套期保值，则A企业应当选定人民币为其记账本位币。

在确定企业的记账本位币时，上述因素的重要程度因企业具体情况不同而不同，需要企业管理当局根据实际情况进行判断。一般情况下，综合考虑前两项即可确定企业的记账本位币，第三项为参考因素，视其对企业收支现金的影响程度而定。在综合考虑前两项因素仍不能确定企业记账本位币的情况下，第三项因素对企业记账本位币的确定起重要作用。

需要强调的是，企业管理当局根据实际情况确定的记账本位币只有一种，该货币一经确定，不得改变，除非与确定记账本位币相关的企业经营所处的主要经济环境发生重大变化。

第五条 企业选定记账本位币，应当考虑下列因素：

（一）该货币主要影响商品和劳务的销售价格，通常以该货币进行商品和劳务的计价和结算；

（二）该货币主要影响商品和劳务所需人工、材料和其他费用，通常以该货币进行上述费用的计价和结算；

（三）融资活动获得的货币以及保存从经营活动中收取款项所使用的货币。

第六条 企业选定境外经营的记账本位币，还应当考虑下列因素：

（一）境外经营对其所从事的活动是否拥有很强的自主性；

（二）境外经营活动中与企业的交易是否在境外经营活动中占有较大比重；

（三）境外经营活动产生的现金流量是否直接影响企业的现金流量、是否可以随时汇回；

（四）境外经营活动产生的现金流量是否足以偿还其现有债务和可预期的债务。

第七条 境外经营，是指企业在境外的子公司、合营企业、联营企业、分支机构。在境内的子公司、合营企业、联营企业、分支机构，采用不同于企业记账本位币的，也视同境外经营。

第八条 企业记账本位币一经确定，不得随意变更，除非企业经营所处的主要经济环境发生重大变化。

企业因经营所处的主要经济环境发生重大变化，确需变更记账本位币的，应当采用变更当日的即期汇率将所有项目折算为变更后的记账本位币。

18.1.3 外币交易的会计处理

第九条 企业对于发生的外币交易，应当将外币金额折算为记账本位币金额。

第十条 外币交易应当在初始确认时，采用交易发生日的即期汇率将外币金额折算为记账本位币金额；也可以采用按照系统合理的方法确定的、与交易发生日即期汇率近似的汇率折算。

【例18-3】外币交易发生日的初始确认1

甲公司系增值税一般纳税人，记账本位币为人民币，其外币交易采用交易日的即期汇率折算。2×18年3月2日，甲公司从国外乙公司购入某原材料，货款为300 000美元，当日即期汇率为1美元=6.83人民币元，按照规定应缴纳的进口关税为204 900人民币元，支付的进口增值税为293 007人民币元，货款尚未支付，进口关税及增值税已由银行存款支付。

甲公司账务处理为：

借：原材料——××材料（300 000×6.83+204 900）　　　　2 253 900
　　应交税费——应交增值税（进项税额）　　　　　　　　　293 007
　　贷：应付账款——乙公司——美元　　　　　　　　　　　2 049 000
　　　　银行存款（204 900+293 007）　　　　　　　　　　　 497 907

【例18-4】外币交易发生日的初始确认2

甲公司的记账本位币为人民币，外币交易采用交易日的即期汇率折算。2×18年4月10日，向国外丙公司出口商品一批，根据销售合同，货款共计800 000欧元，当日即期汇率为1欧元=8.87人民币元。假定不考虑增值税等相关税费，货款尚未收到。

甲公司账务处理为：

借：应收账款——丙公司——欧元（800 000×8.87）　　　　7 096 000
　　贷：主营业务收入——出口××商品　　　　　　　　　　7 096 000

【例18-5】外币交易发生日的初始确认3

甲公司的记账本位币为人民币，其外币交易采用交易日的即期汇率折算。2×18年2月4日，从银行借入200 000英镑，期限为6个月，年利率为5%（等于实际利率），借入的英镑暂存银行。借入当日即期汇率为1英镑=9.83人民币元。

甲公司账务处理为：

借：银行存款——××银行——英镑（200 000×9.83）　　　1 966 000
　　贷：短期借款——××银行——英镑　　　　　　　　　　1 966 000

【例18-6】外币交易发生日的初始确认4

甲公司的记账本位币为人民币，其外币交易采用交易日的即期汇率折算。2×18年7月28日，携货款1 000 000欧元到银行兑换成人民币，银行当日欧元买入价为1欧元=9.51人民币元，中间价为1欧元=9.72人民币元。

本例中，公司与银行发生货币兑换，兑换所用汇率为银行的买入价，而通常记账所用的即期汇率为中间价，由此产生的汇兑差额计入当期财务费用。

甲公司当日的账务处理为：

借：银行存款——××银行——人民币元（1 000 000×9.51）　　9 510 000
　　财务费用——汇兑差额　　　　　　　　　　　　　　　　　　210 000
　　贷：银行存款——××银行——欧元（1 000 000×9.72）　　9 720 000

企业收到投资者以外币投入的资本，无论是否有合同约定汇率，均不得采用合同约定汇率和即期汇率的近似汇率折算，而应当采用交易发生日的即期汇率折算，因此不产生外币资本折算差额。需要说明的是，虽然"股本（或实收资本）"科目的金额不能反映股权比例，但并不改变企业分配和清算的约定比例，这一约定比例通常已经包括在合同当中。

根据《关于外商投资的公司审批登记管理法律适用若干问题的执行意见》的规定，外商投资公司的注册资本只能采用收到出资当日即期汇率，不再使用合同汇率，也不使用即期汇率的近似汇率，与其相对应的资产类科目也不使用即期汇率的近似汇率。这样，外币投入资本不会产生汇兑差额，资产类科目在期末仍分别货币性项目与非货币性项目进行处理。

【例18-7】外币交易发生日的初始确认5

甲公司的记账本位币为人民币，其外币交易采用交易日的即期汇率折算。2×18年2月25日，甲公司为增资扩股与某外商签订投资合同，当日收到外商投入资本2 000 000美元，当日即期汇率为1美元=6.82人民币元，其中，13 000 000人民币元作为注册资本的组成部分。假定投资合同约定的汇率为1美元=6.85人民币元。

甲公司账务处理为：

借：银行存款——××银行——美元（2 000 000×6.82）　　13 640 000
　　贷：实收资本——××　　　　　　　　　　　　　　　　　　13 000 000
　　　　资本公积——资本溢价　　　　　　　　　　　　　　　　640 000

【例18-8】外币交易发生日的初始确认6

乙股份有限公司的记账本位币为人民币，对外币交易采用交易日的即期汇率折算。2×17年3月3日，从境外丙公司购入不需要安装的设备一台，设备价款为250 000美元，购入该设备当日的即期汇率为1美元=6.5人民币元，适用的增值税税率为13%，款项尚未支付，增值税以银行存款支付。有关会计分录如下：

借：固定资产——机器设备（250 000×6.5）　　　　　　　1 625 000
　　应交税费——应交增值税（进项税额）　　　　　　　　　211 250
　　贷：应付账款——丙公司——美元　　　　　　　　　　　　1 625 000
　　　　银行存款　　　　　　　　　　　　　　　　　　　　　211 250

企业收到投资者以外币投入的资本，无论是否有合同约定汇率，均不采用合同约定汇率和即期汇率的近似汇率折算，而是采用交易日即期汇率折算，这样，外币投入资本与相应的货币性项目的记账本位币金额相等，不产生外币资本折算差额。

【例18-9】外币交易发生日的初始确认7

乙有限责任公司以人民币为记账本位币，2×17年6月1日，乙公司与美国甲公司签订投资合同，甲公司将向乙公司出资 2 000 000 美元，占乙公司注册资本的 23%；甲公司的出资款将在合同签订后一年内分两次汇到乙公司账上；合同约定汇率为 1 美元 =6.5 人民币元。当日的即期汇率为 1 美元 =6.45 人民币元。

2×17 年 9 月 10 日，乙公司收到甲公司汇来的第一期出资款，当日的即期汇率为 1 美元 =6.35 人民币元。有关会计分录如下：

借：银行存款——美元（1 000 000×6.35） 6 350 000
　　贷：实收资本 6 350 000

2×18 年 5 月 25 日，乙公司收到甲公司汇来的第二期出资款，当日的即期汇率为 1 美元 =6.4 人民币元。有关会计分录如下：

借：银行存款——美元（1 000 000×6.4） 6 400 000
　　贷：实收资本 6 400 000

【例 18-10】外币交易发生日的初始确认 8

乙股份有限公司以人民币为记账本位币，对外币交易采用交易日的即期汇率折算。2×15 年 6 月 1 日，将 50 000 美元兑换为人民币，银行当日的美元买入价为 1 美元 =6.55 人民币元，中间价为 1 美元 =6.60 人民币元。

本例中，公司与银行发生货币兑换，兑换所用汇率为银行的买入价，而通常记账所用的即期汇率为中间价，由于汇率变动而产生的汇兑差额计入当期财务费用。有关会计分录如下：

借：银行存款——人民币（50 000×6.55） 327 500
　　财务费用——汇兑差额 2 500
　　贷：银行存款——美元（50 000×6.6） 330 000

第十一条　企业在资产负债表日，应当按照下列规定对外币货币性项目和外币非货币性项目进行处理。

（一）外币货币性项目，采用资产负债表日即期汇率折算。因资产负债表日即期汇率与初始确认时或者前一资产负债表日即期汇率不同而产生的汇兑差额，计入当期损益。

（二）以历史成本计量的外币非货币性项目，仍采用交易发生日的即期汇率折算，不改变其记账本位币金额。

货币性项目，是指企业持有的货币资金和将以固定或可确定的金额收取的资产或者偿付的负债。

非货币性项目，是指货币性项目以外的项目。

【例 18-11】资产负债表日外币货币性项目的会计处理 1

沿用【例 18-3】，2×18 年 3 月 31 日，甲公司尚未向乙公司支付所欠货款，当日即期汇率为 1 美元 =6.8 人民币元。公司对该笔交易产生的外币货币性项目"应付账款"采用期末的即期汇率进行折算，折算为记账本位币 2 040 000（300 000×6.8）人民币元，与其原记账本位币之差额 9 000 人民币元计入当期损益。

甲公司账务处理为：

借：应付账款——乙公司——美元 [300 000×(6.8-6.83)] 9 000

贷：财务费用——汇兑差额 9 000

【例 18-12】资产负债表日外币货币性项目的会计处理 2

沿用【例 18-4】，2×18 年 4 月 30 日，甲公司仍未收到丙公司购货款，当日即期汇率为 1 欧元 =9.08 人民币元。公司对该笔交易产生的外币货币性项目"应收账款"采用期末的即期汇率进行折算，折算为记账本位币 7 264 000（800 000×9.08）人民币元，与其原记账本位币之差额 168 000 人民币元计入当期损益。

甲公司账务处理为：

借：应收账款——丙公司——欧元 [800 000×(9.08-8.87)] 168 000
　　贷：财务费用——汇兑差额 168 000

假定 2×18 年 5 月 20 日收到上述货款，兑换成人民币直接存入银行，当日银行的欧元买入价为 1 欧元 =9.28 人民币元。甲公司账务处理为：

借：银行存款——××银行——人民币元（800 000×9.28） 7 424 000
　　贷：应收账款——丙公司——欧元 7 264 000
　　　　财务费用——汇兑差额 160 000

【例 18-13】资产负债表日外币货币性项目的会计处理 3

沿用【例 18-5】，假定 2×18 年 2 月 28 日即期汇率为 1 英镑 =9.75 人民币元，公司对该笔交易产生的外币货币性项目"短期借款——××银行——英镑"采用期末的即期汇率进行折算，折算为记账本位币 1 950 000（200 000×9.75）人民币元，与其原记账本位币之差额 16 000 人民币元计入当期损益。

甲公司账务处理为：

借：短期借款——××银行——英镑 16 000
　　贷：财务费用——汇兑差额 16 000

2×18 年 8 月 4 日以人民币归还所借英镑，当日银行的英镑卖出价为 1 英镑 =11.27 人民币元，假定借款利息在到期归本金时一并支付，则当日应归还银行借款利息 5 000（200 000×5%÷12×6）英镑，按当日英镑卖出价折算为人民币为 56 350（5 000×11.27）元。假定 2×18 年 7 月 31 日的即期汇率为 1 英镑 =9.75 人民币元。

甲公司账务处理为：

借：短期借款——××银行——英镑 1 950 000
　　财务费用——汇兑差额 304 000
　　贷：银行存款——××银行——人民币元（200 000×11.27） 2 254 000
借：财务费用——利息费用（5 000×11.27） 56 350
　　贷：银行存款——××银行——人民币元 56 350

【例 18-14】资产负债表日外币货币性项目的会计处理 4

国内甲公司的记账本位币为人民币。2×15 年 1 月 1 日，为建造某固定资产专门借入长期借款 20 000 美元，期限为 2 年，年利率为 5%，每年年初支付利息，到期还本。2×15 年 1 月 1 日的即期汇率为 1 美元 =6.45 人民币元，2×15 年 12 月 31 日的即期汇率为 1 美元 =

6.2人民币元。假定不考虑相关税费的影响。

2×15年12月31日,该公司计提当年利息应做以下会计分录:

借:在建工程(20 000×5%×6.2)   6 200
 贷:应付利息——美元   6 200

2×15年12月31日,该公司美元借款本金由于汇率变动产生的汇兑差额,应做以下会计分录:

借:长期借款——美元[20 000×(6.45-6.2)]   5 000
 贷:在建工程   5 000

2×16年1月1日,该公司支付2×15年利息,该利息由于汇率变动产生的汇兑差额应当予以资本化,计入在建工程成本。2×16年1月1日的即期汇率为1美元=6.22人民币元,相应的会计分录为:

借:应付利息——美元   6 200
  在建工程[20 000×5%×(6.22-6.2)]   20
 贷:银行存款   6 220

【例18-15】资产负债表日外币非货币性项目的会计处理1

  甲公司的记账本位币为人民币,其外币交易采用交易日的即期汇率折算。2×18年3月2日进口一台机器设备,支付价款1 000 000美元,已按当日即期汇率1美元=6.83人民币元折算为人民币并记入"固定资产"科目。"固定资产"属于非货币性项目,因此,资产负债表日也不需要再按照当日即期汇率进行调整。

  分析:对于以历史成本计量的外币非货币性项目,已在交易发生日按当日即期汇率折算,资产负债表日不应改变其原记账本位币金额,不产生汇兑差额。因为这些项目在取得时已按取得时即期汇率折算,从而构成这些项目的历史成本,如果再按资产负债表日的即期汇率折算,就会导致这些项目价值不断变动,从而使这些项目的折旧、摊销和减值不断地随之变动。这与这些项目的实际情况不符。

【例18-16】资产负债表日外币非货币性项目的会计处理2

  甲公司为医疗设备经销商,其记账本位币为人民币,外币交易采用交易日即期汇率折算。2×18年10月8日,以1 000欧元/台的价格从国外购入某新型医疗设备200台(该设备在国内市场尚无供应),当日即期汇率为1欧元=9.28人民币元。2×18年12月31日,尚有120台设备未销售,国内市场仍无该设备供应,其在国际市场的价格已降至920欧元/台。2×18年12月31日即期汇率为1欧元=9.66人民币元。假定不考虑增值税等相关税费。

  分析:对于以成本与可变现净值孰低计量的存货,在以外币购入存货并且该存货在资产负债表日的可变现净值以外币反映的情况下,确定资产负债表日存货价值时应当考虑汇率变动的影响。即先将可变现净值按资产负债表日即期汇率折算为记账本位币金额,再与以记账本位币反映的存货成本进行比较,从而确定该项存货的期末价值。

  本例中,由于存货在资产负债表日采用成本与可变现净值孰低计量,因此,在以外币购入存货并且该存货在资产负债表日的可变现净值以外币反映时,确定该项存货的期末价值时应当考虑汇率变动的影响。

12月31日甲公司对该项设备应计提的存货跌价准备 =1 000×120×9.28 -920×120×9.66 =47 136（人民币元）

借：资产减值损失——存货——××医疗设备　　　　　　　　47 136
　　贷：存货跌价准备——××医疗设备　　　　　　　　　　　47 136

【例18-17】资产负债表日外币非货币性项目的会计处理3

甲公司的记账本位币为人民币，其外币交易采用交易日的即期汇率折算。2×18年6月8日，以每股4美元的价格购入乙公司B股20 000股，将其划分为以公允价值计量且其变动计入当期损益的金融资产核算，当日汇率为1美元=6.82人民币元，款项已用银行存款支付。2×18年6月30日，乙公司B股市价变为每股3.5美元，当日汇率为1美元=6.83人民币元。假定不考虑相关税费的影响。

分析：对于以公允价值计量的外币非货币性项目，期末公允价值以外币反映的，应当先将该外币金额按照公允价值确定当日的即期汇率折算为记账本位币金额，再与原记账本位币金额进行比较。属于以公允价值计量且其变动计入当期损益的金融资产（股票、基金）的，折算后的记账本位币金额与原记账本位币金额之间的差额应作为公允价值变动损益（含汇率变动），计入当期损益。指定为以公允价值计量且其变动计入其他综合收益的非交易性权益工具投资的，其折算后的记账本位币金额与原记账本位币金额之间的差额应计入其他综合收益。

2×18年6月8日，甲公司购入股票。

借：交易性金融资产——乙公司B股——成本（4×20 000×6.82）　545 600
　　贷：银行存款——××银行——美元　　　　　　　　　　　　545 600

由于该项交易性金融资产以外币计价，在资产负债表日，不仅应考虑B股股票市价的波动，还应一并考虑美元与人民币之间汇率变动的影响。上述交易性金融资产在资产负债表日应按478 100（3.5×20 000×6.83）人民币元入账，与原账面价值545 600人民币元的差额67 500人民币元应直接计入公允价值变动损益。这67 500人民币元的差额实际上既包含了甲公司所购乙公司B股股票公允价值（股价）变动的影响，又包含人民币与美元之间汇率变动的影响。甲公司相关的账务处理为：

借：公允价值变动损益——乙公司B股　　　　　　　　　　　　67 500
　　贷：交易性金融资产——乙公司B股——公允价值变动　　　　67 500

2×18年7月24日，甲公司将所购乙公司B股股票按当日市价每股4.2美元全部售出，所得价款为84 000美元，按当日汇率1美元=6.84人民币元折算为574 560（4.2×20 000×6.84）人民币元，与其原账面价值478 100人民币元的差额为96 460人民币元。对于汇率的变动和股价的变动不进行区分，均作为投资收益进行处理。因此，售出乙公司B股当日，甲公司相关的账务处理为：

借：银行存款——××银行——美元　　　　　　　　　　　　　574 560
　　交易性金融资产——乙公司B股——公允价值变动　　　　　67 500

贷：交易性金融资产——乙公司B股——成本　　　　　　　545 600
　　　投资收益——乙公司B股　　　　　　　　　　　　　96 460

【例18-18】资产负债表日外币非货币性项目的会计处理4

P上市公司以人民币为记账本位币。2×15年11月2日，从英国W公司采购国内市场尚无的A商品10 000件，每件价格为1 000英镑，当日即期汇率为1英镑=10人民币元。2×15年12月31日，尚有1 000件A商品未销售出去，国内市场仍无A商品供应，A商品在国际市场的价格降至900英镑。12月31日的即期汇率是1英镑=9.7人民币元。假定不考虑相关税费。

本例中，由于存货在资产负债表日采用成本与可变现净值孰低计量，因此，在以外币购入存货并且该存货在资产负债表日确定的可变现净值以外币反映时，计提存货跌价准备应当考虑汇率变动的影响。因此，该公司应做会计分录如下：

11月2日，购入A商品。

借：库存商品——A（10 000×1 000×10）　　　　　　　　100 000 000
　　贷：银行存款——英镑　　　　　　　　　　　　　　　　100 000 000

12月31日，计提存货跌价准备。

借：资产减值损失　　　　　　　　　　　　　　　　　　　1 270 000
　　贷：存货跌价准备（1 000×1 000×10-1 000×900×9.7）　　1 270 000

【例18-19】资产负债表日外币非货币性项目的会计处理5

甲公司系增值税一般纳税人，以人民币作为记账本位币，其外币交易采用交易日的即期汇率折算，按月计算汇兑损益。甲公司在银行开设有欧元账户。

甲公司有关外币账户2×18年5月31日的余额如表18-1所示。

表18-1　甲公司有关外币账户2×18年5月31日的余额

项目	外币账户余额（欧元）	汇率	人民币账户余额（人民币元）
银行存款	800 000	9.55	7 640 000
应收账款	400 000	9.55	3 820 000
应付账款	200 000	9.55	1 910 000

（1）甲公司2×18年6月发生的有关外币交易或事项如下。

①6月5日，以人民币向银行买入200 000欧元。当日即期汇率为1欧元=9.69人民币元，当日银行欧元的卖出价为1欧元=9.75人民币元。

②6月12日，从国外购入一批原材料，总价款为400 000欧元。该原材料已验收入库，货款尚未支付。当日即期汇率为1欧元=9.64人民币元。另外，以银行存款支付该原材料的进口关税644 000人民币元，增值税为585 000人民币元。

③6月16日，出口销售一批商品，销售价款为600 000欧元，货款尚未收到。当日即期汇率为1欧元=9.41人民币元。假设不考虑相关税费。

④6月25日，收到应收账款300 000欧元，款项已存入银行。当日即期汇率为1欧元=

9.54人民币元。该应收账款系5月出口销售发生的。

⑤6月30日,即期汇率为1欧元=9.64人民币元。

甲公司相关的账务处理为:

①借:银行存款——××银行——欧元(200 000×9.69)   1 938 000
       财务费用——汇兑差额   12 000
       贷:银行存款——××银行——人民币元(200 000×9.75)   1 950 000

②借:原材料——××材料(400 000×9.64+644 000)   4 500 000
       应交税费——应交增值税(进项税额)   585 000
       贷:应付账款——××单位——欧元(400 000×9.64)   3 856 000
          银行存款——××银行——人民币元   1 229 000

③借:应收账款——××单位——欧元(600 000×9.41)   5 646 000
       贷:主营业务收入——××商品   5 646 000

④借:银行存款——××银行——欧元(300 000×9.54)   2 862 000
       财务费用——汇兑差额   3 000
       贷:应收账款——××单位——欧元(300 000×9.55)   2 865 000

(2)2×13年6月30日,计算期末产生的汇兑差额:

①银行存款欧元户余额=800 000+200 000+300 000=1 300 000(欧元)

按当日的即期汇率折算为人民币金额=1 300 000×9.64=12 532 000(人民币元)

汇兑差额=12 532 000-(7 640 000+1 938 000+2 862 000)=92 000(人民币元)(汇兑收益)

②应收账款欧元户余额=400 000+600 000-300 000=700 000(欧元)

按当日的即期汇率折算为人民币金额=700 000×9.64=6 748 000(人民币元)

汇兑差额=6 748 000-(3 820 000+5 646 000-2 865 000)=147 000(人民币元)(汇兑收益)

③应付账款欧元户余额=200 000+400 000=600 000(欧元)

按当日的即期汇率折算为人民币金额=600 000×9.64=5 784 000(人民币元)

汇兑差额=5 784 000-(1 910 000+3 856 000)=18 000(人民币元)(汇兑损失)

④应计入当期损益的汇兑差额=-92 000-147 000+18 000=-221 000(人民币元)(汇兑收益)

借:银行存款——××银行——欧元   92 000
   应收账款——××单位——欧元   147 000
   贷:应付账款——××单位——欧元   18 000
      财务费用——汇兑差额   221 000

【例18-20】资产负债表日以公允价值计量的交易性金融资产的会计处理

国内甲公司的记账本位币为人民币。2×15年9月10日以每股1.5美元的价格购入乙公司B股10 000股作为交易性金融资产,当日汇率为1美元=6.3人民币元,款项已用银行存款支付。2×15年12月31日，由于市价变动，购入的乙公司B股的市价变为每股1美元，当日汇率为1美元=6.2人民币元。假定不考虑相关税费的影响。

2×15年9月10日，该公司对上述交易应做以下处理：

借：交易性金融资产（1.5×10 000×6.3） 94 500
  贷：银行存款——美元 94 500

根据《企业会计准则第22号——金融工具确认和计量》，交易性金融资产以公允价值计量。由于该项交易性金融资产以外币计价，在资产负债表日，不仅应考虑股票市价的变动，还应考虑美元与人民币之间汇率变动的影响，上述交易性金融资产在资产负债表日的人民币金额为62 000（1×10 000×6.2）元，与原账面价值94 500元的差额为32 500人民币元，计入公允价值变动损益。相应的会计分录为：

借：公允价值变动损益 32 500
  贷：交易性金融资产 32 500

32 500人民币元既包含甲公司所购乙公司B股股票公允价值变动的影响，又包含人民币与美元之间汇率变动的影响。

2×16年1月10日，甲公司将所购乙公司B股股票按当日市价每股1.2美元全部售出，所得价款为12 000美元，按当日汇率1美元=6.25人民币元折算为人民币金额75 000元，与其原账面价值人民币金额62 000元的差额为13 000人民币元，对于汇率的变动和股票市价的变动不进行区分，均作为投资收益进行处理。因此，售出当日，甲公司应做会计分录如下：

借：银行存款——美元（1.2×10 000×6.25） 75 000
  贷：交易性金融资产（94 500－32 500） 62 000
    投资收益 13 000

【例18-21】资产负债表日以公允价值计量的其他权益工具投资的会计处理

国内甲公司的记账本位币为人民币。2×15年2月10日，甲公司以每股15港元的价格购入乙公司H股10 000股，将其指定为以公允价值计量且其变动计入其他综合收益的金融资产，当日汇率为1港元=0.9人民币元，款项已用银行存款支付。2×15年12月31日，由于市价变动，购入的乙公司H股的市价变为每股18港元，当日汇率为1港元=0.85人民币元。假定不考虑相关税费的影响。

2×15年2月10日，该公司对上述交易应做以下处理：

借：其他权益工具投资（15×10 000×0.9） 135 000
  贷：银行存款——港元 135 000

根据《企业会计准则第22号——金融工具确认和计量》，指定为以公允价值计量且其变动计入其他综合收益的非交易性权益工具投资，除了获得的股利收入（作为投资成本部分收回的股利收入除外）计入当期损益，其他相关的利得和损失（包括汇兑损益）均计入其他综合收益，且后续不得转入损益。由于该项金融资产以外币计价，在资产负债表日，不仅应考虑股票市价的变动，还应考虑港元与人民币之间汇率变动的影响，上述金融资产在资产负债表日的人民币金额为153 000（18×10 000×0.85）元，与原账面价值135 000元的差额为18 000人民币元，计入其他综合收益。相应的会计分录为：

借：其他权益工具投资　　　　　　　　　　　　　　　　18 000
　　贷：其他综合收益　　　　　　　　　　　　　　　　　　　　　18 000

18 000人民币元既包含甲公司所购乙公司H股股票公允价值变动的影响，又包含人民币与港元之间汇率变动的影响。

18.1.4　外币财务报表的折算

第十二条　企业对境外经营的财务报表进行折算时，应当遵循下列规定。

（一）资产负债表中的资产和负债项目，采用资产负债表日的即期汇率折算，所有者权益项目除"未分配利润"项目外，其他项目采用发生时的即期汇率折算。

（二）利润表中的收入和费用项目，采用交易发生日的即期汇率折算；也可以采用按照系统合理的方法确定的、与交易发生日即期汇率近似的汇率折算。

按照上述（一）、（二）折算产生的外币财务报表折算差额，在资产负债表中所有者权益项目下单独列示。比较财务报表的折算比照上述规定处理。

【例18-22】境外经营财务报表的折算1

甲公司的记账本位币为人民币，该公司在英国有一子公司乙公司，乙公司确定的记账本位币为英镑。甲公司拥有乙公司70%的股权，并能够对乙公司的财务和经营政策实施控制。甲公司采用当期平均汇率折算乙公司利润表项目。乙公司有关资料如下。

2×17年12月31日的即期汇率为1英镑=9.88人民币元，2×17年的平均汇率为1英镑=12.87人民币元，实收资本、资本公积发生日的即期汇率为1英镑=14.27人民币元。2×16年12月31日的股本为6 000 000英镑，折算人民币为85 620 000元；盈余公积为600 000英镑，折算人民币为9 000 000元；未分配利润为1 400 000英镑，折算人民币为21 000 000元，甲、乙两公司均在年末提取盈余公积，乙公司2×17年提取的盈余公积为700 000英镑。

利润表（简表）和所有者权益变动表（简表）见表18-2、表18-3。

表18-2　利润表（简表）

编制单位：乙公司　　　　　　　　　2×17年度　　　　　　　　　　单位：万元

项目	本年金额（英镑）	折算汇率	折算为人民币金额
一、营业收入	2 400	12.87	30 888
减：营业成本	1 800	12.87	23 166
税金及附加	50	12.87	643.5
管理费用	120	12.87	1 544.4
财务费用	10	12.87	128.7
加：投资收益	30	12.87	386.1
二、营业利润	450	—	5 791.5
加：营业外收入	50	12.87	643.5

续表

项目	本年金额（英镑）	折算汇率	折算为人民币金额
减：营业外支出	20	12.87	257.4
三、利润总额	480	—	6 177.6
减：所得税费用	130	12.87	1 673.1
四、净利润	350	—	4 504.5
五、其他综合收益的税后净额			
六、综合收益总额	350	—	4 504.5
七、每股收益			

注：在本章，为便于排版，在财务报表中统一以"万元"为单位。在实务中，财务报表应当以"元"为单位列报。

表18-3 所有者权益变动表（简表）

编制单位：乙公司　　　　　　　　2×17年度　　　　　　　　单位：万元

项目	实收资本			其他综合收益	盈余公积			未分配利润			所有者权益合计
	英镑	折算汇率	人民币	人民币	英镑	折算汇率	人民币	英镑	折算汇率	人民币	人民币
一、本年年初余额	600	14.27	8 562		60	15	900	140	15	2 100	11 562
二、本年增减变动金额											
（一）综合收益总额											-200
净利润								350	12.87	4 504.5	4 504.5
其他综合收益的税后净额				-4 704.5							-4 704.5
其中：外币报表折算差额				-4 704.5							-4 704.5
（二）利润分配											
提取盈余公积					70	12.87	900.9	-70	12.87	-900.9	0
三、本年年末余额	600	14.27	8 562	-4 704.5	130	—	1 800.9	420	13.58	5 703.6	11 362

当期计提的盈余公积采用当期平均汇率折算，期初盈余公积为以前年度计提的盈余公积按相应年度平均汇率折算后金额的累计，期初未分配利润记账本位币金额为以前年度未分配利润记账本位币金额的累计。

资产负债表（简表）见表18-4。

表18-4 资产负债表（简表）

编制单位：乙公司　　　　　　　　　　2×17年12月31日　　　　　　　　　　单位：万元

资产	期末数（英镑）	折算汇率	折算为人民币金额	负债和所有者权益	期末数（英镑）	折算汇率	折算为人民币金额
流动资产：				流动负债：			
货币资金	230	9.88	2 272.4	短期借款	50	9.88	494
应收账款	230	9.88	2 272.4	应付账款	340	9.88	3 359.2
存货	280	9.88	2 766.4	其他流动负债	130	9.88	1 284.4
其他流动资产	240	9.88	2 371.2	流动负债合计	520	—	5 137.6
流动资产合计	980	—	9 682.4	非流动负债：			
非流动资产：				长期借款	170	9.88	1 679.6
长期应收款	140	9.88	1 383.2	应付债券	100	9.88	988
固定资产	660	9.88	6 520.8	其他非流动负债	90	9.88	889.2
在建工程	90	9.88	889.2	非流动负债合计	360	—	3 556.8
无形资产	120	9.88	1 185.6	负债合计	880	—	8 694.4
其他非流动资产	40	9.88	395.2	所有者权益：			
非流动资产合计	1 050	—	10 374	实收资本	600	14.27	8 562
				其他综合收益			-4 704.5
				盈余公积	130		1 800.9
				未分配利润	420		5 703.6
				所有者权益合计	1 150	—	11 362
资产合计	2 030	—	20 056.4	负债和所有者权益合计	2 030	—	20 056.4

外币报表折算差额为以记账本位币反映的净资产减去以记账本位币反映的实收资本、资本公积、盈余公积及未分配利润等项目金额后的余额。

企业选定的记账本位币不是人民币的，应当按照境外经营财务报表折算原则将其财务报表折算为人民币财务报表。

【例18-23】境外经营财务报表的折算2

国内甲公司的记账本位币为人民币，该公司在境外有一家子公司乙公司，乙公司的记账本位币为美元。根据合同约定，甲公司拥有乙公司70%的股权，并能够控制乙公司。甲公司采用当期平均汇率折算乙公司利润表项目。乙公司的有关资料如下。

2×15年12月31日的汇率为1美元=6.2人民币元，2×15年的平均汇率为1美元=6.4人民币元，实收资本、资本公积发生日的即期汇率为1美元=7人民币元，2×15年12月31日的股本为500万美元，折算为人民币为3 500万元；累计盈余公积为50万美元，折算为人民币为345万元，累计未分配利润为120万美元，折算为人民币为835万元，甲、乙公司均在年末提取盈余公积，乙公司当年提取的盈余公积为70万美元。

财务报表折算见表18-5、表18-6和表18-7。

表18-5 利润表

2×15年度　　　　　　　　　　　　　　　　　　　　　　　单位：万元

项目	本年金额（美元）	折算汇率	折算为人民币金额
一、营业收入	2 000	6.4	12 800
减：营业成本	1 500	6.4	9 600
税金及附加	40	6.4	256
管理费用	100	6.4	640
财务费用	10	6.4	64
加：投资收益	30	6.4	192
二、营业利润	380	—	2 432
加：营业外收入	40	6.4	256
减：营业外支出	20	6.4	128
三、利润总额	400	—	2 560
减：所得税费用	120	6.4	768
四、净利润	280	—	1 792
五、其他综合收益的税后净额			
六、综合收益总额			
七、每股收益			

表18-6 所有者权益变动表

2×15年度　　　　　　　　　　　　　　　　　　　　　　　单位：万元

项目	实收资本			盈余公积			未分配利润			其他综合收益	股东权益合计
	美元	折算汇率	人民币	美元	折算汇率	人民币	美元	折算汇率	人民币	人民币	人民币
一、本年年初余额	500	7	3 500	50	6.9	345	120	6.9	835		4 680
二、本年增减变动金额											

续表

项目	实收资本			盈余公积			未分配利润			其他综合收益	股东权益合计
	美元	折算汇率	人民币	美元	折算汇率	人民币	美元	折算汇率	人民币	人民币	人民币
(一)净利润							280	6.4	1 792		1 792
(二)其他综合收益											
其中:外币报表折算差额										-582	-582
(三)利润分配											
提取盈余公积				70	6.2	434	-70	6.2	-434		0
三、本年年末余额	500	7	3 500	120		779	330	6.6	2 193	-582	5 890

当期计提的盈余公积采用当期平均汇率折算,期初盈余公积为以前年度计提的盈余公积按相应年度平均汇率折算后金额的累计,期初未分配利润记账本位币金额为以前年度未分配利润记账本位币金额的累计。

表18-7 资产负债表(简表)

2×15年12月31日　　　　　　　　　　　　　　　　　　单位:万元

资产	期末数(美元)	折算汇率	折算为人民币金额	负债和所有者权益(或股东权益)	期末数(美元)	折算汇率	折算为人民币金额
流动资产:				流动负债:			
货币资金	190	6.2	1 178	短期借款	45	6.2	279
应收账款	190	6.2	1 178	应付账款	285	6.2	1 767
存货	240	6.2	1 488	其他流动负债	110	6.2	682
其他流动资产	200	6.2	1 240	流动负债合计	440	—	2 728
流动资产合计	820	—	5 084	非流动负债:			
非流动资产:				长期借款	140	6.2	868
长期应收款	120	6.2	744	应付债券	80	6.2	496
固定资产	550	6.2	3 410	其他非流动负债	90	6.2	558
在建工程	80	6.2	496	非流动负债合计	310	—	1 922
无形资产	100	6.2	620	负债合计	750		4 650
其他非流动资产	30	6.2	186	股东权益:			
非流动资产合计	880	—	5 456	股本	500	7	3 500
				盈余公积	120		779
				未分配利润	330		2 193

续表

资产	期末数（美元）	折算汇率	折算为人民币金额	负债和所有者权益（或股东权益）	期末数（美元）	折算汇率	折算为人民币金额
				外币报表折算差额			−582
				股东权益合计	950	—	5 890
资产总计	1 700	—	10 540	负债和股东权益总计	1 700	—	10 540

外币报表折算差额为以记账本位币反映的净资产减去以记账本位币反映的实收资本、资本公积、累计盈余公积及累计未分配利润后的余额。

第十三条 企业对处于恶性通货膨胀经济中的境外经营的财务报表，应当按照下列规定进行折算。

对资产负债表项目运用一般物价指数予以重述，对利润表项目运用一般物价指数变动予以重述，再按照最近资产负债表日的即期汇率进行折算。

在境外经营不再处于恶性通货膨胀经济中时，应当停止重述，按照停止之日的价格水平重述的财务报表进行折算。

第十四条 企业在处置境外经营时，应当将资产负债表中所有者权益项目下列示的、与该境外经营相关的外币财务报表折算差额，自所有者权益项目转入处置当期损益；部分处置境外经营的，应当按处置的比例计算处置部分的外币财务报表折算差额，转入处置当期损益。

第十五条 企业选定的记账本位币不是人民币的，应当按照本准则第十二条规定将其财务报表折算为人民币财务报表。

18.1.5 披露

第十六条 企业应当在附注中披露与外币折算有关的下列信息。

（一）企业及其境外经营选定的记账本位币及选定的原因，记账本位币发生变更的，说明变更理由。

（二）采用近似汇率的，近似汇率的确定方法。

（三）计入当期损益的汇兑差额。

（四）处置境外经营对外币财务报表折算差额的影响。

18.2 《企业会计准则第 19 号——外币折算》应用指南

18.2.1 即期汇率和即期汇率的近似汇率

根据本准则规定，企业在处理外币交易和对外币财务报表进行折算时，应当采用交易发生日的即期汇率将外币金额折算为记账本位币金额反映；也可以采用按照系统合理的方法确定的、与交易发生日即期汇率近似的汇率折算。

即期汇率，通常是指中国人民银行公布的当日人民币外汇牌价的中间价。企业发生的外币兑换业务或涉及外币兑换的交易事项，应当按照交易实际采用的汇率（即银行买入价或卖出价）折算。

即期汇率的近似汇率，是指按照系统合理的方法确定的、与交易发生日即期汇率近似的汇率，通常采用当期平均汇率或加权平均汇率等。

企业通常应当采用即期汇率进行折算。汇率变动不大的，也可以采用即期汇率的近似汇率进行折算。

18.2.2 汇兑差额的处理

根据本准则第十一条规定，在资产负债表日，企业应当分别外币货币性项目和外币非货币性项目进行会计处理。

（一）外币货币性项目。

货币性项目，是指企业持有的货币资金和将以固定或可确定的金额收取的资产或者偿付的负债。货币性项目分为货币性资产和货币性负债。货币性资产包括库存现金、银行存款、应收账款、其他应收款、长期应收款等；货币性负债包括短期借款、应付账款、其他应付款、长期借款、应付债券、长期应付款等。

对于外币货币性项目，因结算或采用资产负债表日的即期汇率折算而产生的汇兑差额，计入当期损益，同时调增或调减外币货币性项目的记账本位币金额。

（二）外币非货币性项目。

非货币性项目，是指货币性项目以外的项目，包括存货、长期股权投资、固定资产、无形资产等。

1. 以历史成本计量的外币非货币性项目，由于已在交易发生日按当日即期汇率折算，资产负债表日不应改变其原记账本位币金额，不产生汇兑差额。

2. 以公允价值计量的外币非货币性项目，如交易性金融资产（股票、基金等），采用公允价值确定日的即期汇率折算，折算后的记账本位币金额与原记账本位币金额的差额，作为公允价值变动（含汇率变动）处理，计入当期损益。

（三）外币投入资本。

企业收到投资者以外币投入的资本，应当采用交易发生日即期汇率折算，不得采用合同约定汇率和即期汇率的近似汇率折算，外币投入资本与相应的货币性项目的记账本位币金额之间不产生外币资本折算差额。

（四）实质上构成对境外经营净投资的外币货币性项目。

企业编制合并财务报表涉及境外经营的，如有实质上构成对境外经营净投资的外币货币性项目，因汇率变动而产生的汇兑差额，应列入所有者权益"外币报表折算差额"项目；处置境外经营时，计入处置当期损益。

18.2.3 分账制记账方法

对于外币交易频繁、外币币种较多的金融企业，也可以采用分账制记账方法进行日常核算。资产负债表日，应当按照本准则第十一条的规定对相应的外币账户余额分别货币性项目和非货币性项目进行调整。

采用分账制记账方法，其产生的汇兑差额的处理结果，应当与统账制一致。

18.2.4　境外经营处于恶性通货膨胀经济的判断

本准则第十三条规定了处于恶性通货膨胀经济中的境外经营的财务报表的折算。恶性通货膨胀经济通常按照以下特征进行判断：

（一）最近3年累计通货膨胀率接近或超过100%；

（二）利率、工资和物价与物价指数挂钩；

（三）公众不是以当地货币，而是以相对稳定的外币为单位作为衡量货币金额的基础；

（四）公众倾向于以非货币性资产或相对稳定的外币来保存自己的财富，持有的当地货币立即用于投资以保持购买力；

（五）即使信用期限很短，赊销、赊购交易仍按补偿信用期预计购买力损失的价格成交。

第 19 章 企业合并

19.1 企业会计准则第 20 号——企业合并

《企业会计准则第 20 号——企业合并》（以下简称"本准则"）于 2006 年 2 月 15 日由财会〔2006〕3 号公布，自 2007 年 1 月 1 日起施行。

19.1.1 总则

第一条 为了规范企业合并的确认、计量和相关信息的披露，根据《企业会计准则——基本准则》，制定本准则。

第二条 企业合并，是指将两个或者两个以上单独的企业合并形成一个报告主体的交易或事项。企业合并分为同一控制下的企业合并和非同一控制下的企业合并。

第三条 涉及业务的合并比照本准则规定处理。

第四条 本准则不涉及下列企业合并。

（一）两方或者两方以上形成合营企业的企业合并。

（二）仅通过合同而不是所有权份额将两个或者两个以上单独的企业合并形成一个报告主体的企业合并。

19.1.2 同一控制下的企业合并

第五条 参与合并的企业在合并前后均受同一方或相同的多方最终控制且该控制并非暂时性的，为同一控制下的企业合并。

同一控制下的企业合并，在合并日取得对其他参与合并企业控制权的一方为合并方，参与合并的其他企业为被合并方。

合并日，是指合并方实际取得对被合并方控制权的日期。

第六条 合并方在企业合并中取得的资产和负债，应当按照合并日在被合并方的账面价值计量。合并方取得的净资产账面价值与支付的合并对价账面价值（或发行股份面值总额）的差额，应当调整资本公积；资本公积不足冲减的，调整留存收益。

【例 19-1】同一控制下企业合并资本公积的计算

甲公司以一项固定资产和一项无形资产作为对价取得同一集团（长江集团）内乙公司 100% 的股权，该固定资产和无形资产账面价值分别为 700 万元和 400 万元，公允价值分别为 800 万元和 500 万元。合并日乙公司所有者权益账面价值为 1 300 万元，相对于最终控制方而言的账面价值为 1400 万元，长江集团原合并乙公司时产生商誉 200 万元。假定不考虑增值税等相关税费。甲公司在确认对乙公司的长期股权投资时，应确认的资本公积为（　　）万元。

A. 200（贷方）　　B. 100（贷方）　　C. 300（贷方）　　D. 500（贷方）

正确答案：D。

答案解析：合并日长期股权投资的初始投资成本＝1 400＋200＝1 600（万元），甲公司应确认的资本公积＝1 600－（700＋400）＝500（万元）（贷方）。

【例19－2】同一控制下企业合并的会计处理

　　A公司为P公司2×15年1月1日购入的全资子公司。2×16年1月1日，A公司与非关联方B公司设立C公司，并分别持有C公司20%和80%的股权。2×18年1月1日，P公司向B公司收购其持有C公司80%的股权，C公司成为P公司的全资子公司。2×19年1月1日，A公司向P公司购买其持有C公司80%的股权，C公司成为A公司的全资子公司。A公司购买C公司80%股权的交易和原取得C公司20%股权的交易不属于"一揽子交易"。下列说法中正确的有（　　）。

A. A公司从P公司手中购买C公司80%股权的交易属于同一控制下的企业合并

B. A公司2×16年1月1日至2×18年1月1日的合并财务报表不应重述

C. 视同自2×18年1月1日起A公司即持有C公司100%股权并重述合并财务报表的比较数据

D. 视同自2×16年1月1日起A公司即持有C公司100%股权并重述合并财务报表的比较数据

正确答案：ABC。

答案解析：因A公司为P公司的全资子公司，所以A公司从P公司处购买C公司80%股权属于同一控制下的企业合并，选项A正确；A公司合并财务报表应自取得原股权之日（即2×16年1月1日）和双方同处于同一方最终控制之日（2×18年1月1日）孰晚日（即2×18年1月1日）起开始将C公司纳入合并范围，即：视同自2×18年1月1日起A公司即持有C公司100%股权并重述合并财务报表的比较数据。2×16年1月1日至2×18年1月1日的合并财务报表不应重述。选项B和C正确，选项D错误。

　　第七条　同一控制下的企业合并中，被合并方采用的会计政策与合并方不一致的，合并方在合并日应当按照本企业会计政策对被合并方的财务报表相关项目进行调整，在此基础上按照本准则规定确认。

　　第八条　合并方为进行企业合并发生的各项直接相关费用，包括为进行企业合并而支付的审计费用、评估费用、法律服务费用等，应当于发生时计入当期损益。

　　为企业合并发行的债券或承担其他债务支付的手续费、佣金等，应当计入所发行债券及其他债务的初始计量金额。企业合并中发行权益性证券发生的手续费、佣金等费用，应当抵减权益性证券溢价收入，溢价收入不足冲减的，冲减留存收益。

【例19－3】中介费用的会计处理

　　下列各项交易产生的费用中，不应计入相关资产成本或负债初始确认金额的是（　　）。

A. 外购无形资产发生的交易费用

B. 承租人在融资租赁中发生的初始直接费用

C. 合并方在非同一控制下的企业合并中发生的中介费用

D. 发行以摊余成本计量的公司债券时发生的交易费用

正确答案：C。

答案解析：合并方在非同一控制下的企业合并中发生的中介费用应计入管理费用。

【例19-4】同一控制下企业合并涉及或有对价的会计处理

2×17年12月31日，P公司向同一集团内S公司的原股东A公司定向增发2 000万股普通股（每股面值为1元，每股公允价值为5元），取得S公司100%的股权，相关手续于当日办理完毕，并能够对S公司实施控制。合并后S公司仍维持其独立法人资格继续经营。若S公司2×18年获利超过1 000万元，P公司2×18年12月31日需另向A公司支付500万元。S公司之前为A公司于2×15年以非同一控制企业合并的方式收购的全资子公司。合并日，S公司个别财务报表中净资产的账面价值为4 400万元，A公司合并财务报表中的S公司净资产账面价值为8 000万元（含商誉1 000万元）。假定P公司和S公司都受A公司控制，S公司2×18年很可能获利超过1 000万元。不考虑相关税费等其他因素影响。

P公司会计处理如下：

借：长期股权投资	8 000
贷：股本	2 000
预计负债	500
资本公积——股本溢价	（差额）5 500

①若S公司2×18年获利未超过1 000万元。

借：预计负债	500
贷：资本公积——股本溢价	500

②若S公司2×18年获利超过1 000万元。

借：预计负债	500
贷：银行存款	500

分析：同一控制下企业合并形成的控股合并，在确认长期股权投资初始投资成本时，应按照《企业会计准则第13号——或有事项》的规定，判断是否应就或有对价确认预计负债或者确认资产，以及应确认的金额；确认预计负债或资产的，该预计负债或资产金额与后续或有对价结算金额的差额不影响当期损益，而应当调整资本公积（资本溢价或股本溢价），资本公积（资本溢价或股本溢价）不足冲减的，调整留存收益。

第九条 企业合并形成母子公司关系的，母公司应当编制合并日的合并资产负债表、合并利润表和合并现金流量表。

合并资产负债表中被合并方的各项资产、负债，应当按其账面价值计量。因被合并方采用的会计政策与合并方不一致，按照本准则规定进行调整的，应当以调整后的账面价值计量。

合并利润表应当包括参与合并各方自合并当期期初至合并日所发生的收入、费用和利润。被合并方在合并前实现的净利润，应当在合并利润表中单列项目反映。

合并现金流量表应当包括参与合并各方自合并当期期初至合并日的现金流量。

编制合并财务报表时,参与合并各方的内部交易等,应当按照《企业会计准则第33号——合并财务报表》处理。

19.1.3 非同一控制下的企业合并

第十条 参与合并的各方在合并前后不受同一方或相同的多方最终控制的,为非同一控制下的企业合并。

非同一控制下的企业合并,在购买日取得对其他参与合并企业控制权的一方为购买方,参与合并的其他企业为被购买方。

购买日,是指购买方实际取得对被购买方控制权的日期。

【例19-5】非同一控制下企业合并购买日的判断

甲公司是上市公司。2×18年9月,甲公司董事会审议同意以3 000万元的价格收购乙公司70%股权的议案。2×18年9月15日,甲公司与乙公司原股东签订《股权转让协议》,约定以2×18年8月31日为股权收购基准日,上市公司有权享有乙公司于基准日之后的利润,并承担相应的亏损,同时约定如果乙公司2×18年8月31日至9月30日的实际净损益与股权收购基准日双方均认可的预计净损益严重不符(波动大于20%),双方将相应调整购买对价。9月30日,上市公司股东大会审议通过该议案并已获得相关部门审批,股权转让款项于同日以银行存款支付。乙公司董事会也于9月30日进行改选,改选后,甲公司派驻的董事占乙公司董事会多数席位,取得对乙公司的控制权。此外,由于乙公司2×18年8月31日至9月30日的实际净损益与预计净损益并无重大差异,无须调整对价。甲、乙公司合并前无关联关系,不考虑其他因素影响。甲公司收购乙公司的购买日为(　　)。

A. 2×18年9月15日　　　　　　　B. 2×18年9月30日
C. 2×18年8月31日　　　　　　　D. 2×18年12月31日

正确答案: B。

答案解析: 购买日是指购买方实际取得对被购买方控制权的日期,强调了控制权转移。《股权转让协议》中所约定的基准日,一般是在买卖双方谈判定价的过程中,为了确定目标公司的股权价值而定的评估基准日,或者是为了界定买卖双方的权利义务(如利润分配的归属)而设定的基准日,其属于买卖双方自行约定的一个日期,与控制权是否发生转移并不存在必然的联系。9月30日甲公司股东大会审议通过该议案并已获得相关部门必要的批准,且9月30日也以银行转账方式支付了对价,甲公司在乙公司的董事会中也占有了多数席位,甲公司从当日开始实际控制乙公司的财务和经营决策,应将2×18年9月30日确定为购买日。

【例19-6】非同一控制下企业合并的判断

甲公司为某省国资委控制的国有企业,2×13年10月,因该省国资系统出于整合同类业务的需要,甲公司通过定向发行其普通股的方式给乙公司部分股东,取得对乙公司控制权。该项交易前,乙公司的股权由该省国资委下属丙投资公司持有并控制。双方签订的协议约定以下事项。

(1) 以2×13年9月30日为评估基准日,以独立的评估机构评估确定的乙公司全部股权的公允价值4.02亿元为基础确定甲公司应支付的对价。

(2) 甲公司普通股作价 5 元/股，该项交易中甲公司向丙投资公司发行 3 700 万公司普通股取得乙公司 46% 股权。

(3) 甲公司在本次交易中定向发行的 3 700 万股普通股向丙投资公司发行后，即有权力调整和更换乙公司董事会成员，该事项不受本次交易中股东名册变更及乙公司有关工商注册变更的影响。

2×13 年 12 月 10 日，甲公司向丙投资公司定向发行了 3 700 万股普通股并于当日对乙公司董事会进行改选。甲公司对乙公司的合并应当属于哪一类型？

分析：合并方甲公司与被合并方乙公司在合并前为独立的市场主体，其特殊性在于甲公司在合并前直接被当地国资委控制，乙公司是由当地国资委通过下属投资公司间接控制的。判断本项交易的合并类型关键在于找到是否存在于合并交易发生前后对参与合并各方均能够实施控制的一个最终控制方。本案例中，最终控制方即当地国资委。虽然该项交易是国资委出于整合同类业务的需要，安排甲公司、乙公司的原控股股东丙投资公司进行的，但交易中作价是完全按照市场价格确定的，同时本准则中明确规定，同受国家控制的两个企业进行合并，不能仅因为其为国有企业即作为同一控制下企业合并。

该项合并应当作为非同一控制下企业合并处理。

【例 19-7】非同一控制下企业合并类型的判断

甲公司 2×14 年 2 月通过公开市场购入乙公司 600 万股股票，占乙公司公开发行在外股份的 2%，该部分股份取得以后，甲公司将其作为以公允价值计量且其变动计入当期损益的金融资产核算。2×15 年，甲公司与乙公司签订以下协议：

(1) 甲公司向乙公司捐赠其 100% 持股的三家公司股权，按照双方确定的评估基准日 2×15 年 6 月 30 日，三家公司股权的评估价值合计为 65 000 万元；

(2) 双方应于 2×15 年 7 月 31 日前办妥上述三家公司股权过户手续；

(3) 乙公司应于 2×15 年 8 月 31 日前通过股东大会决议，以公积金转增股本的方式向甲公司发行股份 16 250 万股（4 元/股）。

2×15 年 8 月 10 日，乙公司股东大会通过以公积金转增股本的方式向甲公司发行 16 250 万股本公司股票。

该股份发行后，甲公司向乙公司董事会派出 4 名成员（乙公司董事会由 7 人组成），日常财务和生产经营决策由董事会决定，所有董事会表决事项均需半数以上董事同意方可表决通过；甲公司持有乙公司发行在外股份的比例为 36.43%，除甲公司所持股份外，乙公司其他股东持有其股份的情况如表 19-1 所示。

表 19-1 股东持股比例表

股东	持有乙公司股权比例
A	10%
B	8%
C	7%
D	6%

股东	持有乙公司股权比例
E	5%
F	4.5%
其他社会公众股（持股较为分散，最高持有比例不到1%）	23.07%

问题：甲公司合并乙公司的类型是什么？

分析：2×14年甲公司自公开市场取得乙公司2%股份，因未以任何方式参与乙公司生产经营决策，不能施加重大影响，该项股权投资作为交易性金融资产核算。

2×15年，甲公司通过先向乙公司捐赠，乙公司再以等量公积金转增股本的方式向甲公司定向发行本公司股份，该次发行完成后，甲公司持有乙公司36.43%的股份。通过分析乙公司股权结构、甲公司对乙公司董事会的影响可知，该项股份发行后，甲公司能够控制乙公司，从而构成企业合并。

在本次交易发生前，甲公司虽然持有乙公司2%的股份，但不构成控制，交易完成后，甲公司控制乙公司，乙公司持有甲公司原三家子公司100%股权，并能够对这三家公司实施控制。该项交易前后，找不到一个最终控制方能够控制所有参与合并的企业（乙公司、甲公司及其原持有的三家全资子公司），因此该项交易不属于同一控制下的企业合并，应当按照非同一控制下的企业合并处理。

第十一条 购买方应当区别下列情况确定合并成本。

（一）一次交换交易实现的企业合并，合并成本为购买方在购买日为取得对被购买方的控制权而付出的资产、发生或承担的负债以及发行的权益性证券的公允价值。

（二）通过多次交换交易分步实现的企业合并，合并成本为每一单项交易成本之和。

（三）购买方为进行企业合并发生的各项直接相关费用也应当计入企业合并成本。

（四）在合并合同或协议中对可能影响合并成本的未来事项作出约定的，购买日如果估计未来事项很可能发生并且对合并成本的影响金额能够可靠计量的，购买方应当将其计入合并成本。

【例19-8】企业合并成本的计算1

2×14年1月1日，甲公司通过向乙公司股东定向增发1 500万股普通股（每股面值为1元，市价为6元），取得乙公司80%股权，并控制乙公司，另以银行存款支付财务顾问费300万元。双方约定，如果乙公司未来3年平均净利润增长率超过8%，甲公司需要另外向乙公司原股东支付100万元的合并对价；当日，甲公司预计乙公司未来3年平均净利润增长率很可能达到10%。该项交易前，甲公司与乙公司及其控股股东不存在关联关系。不考虑其他因素，甲公司该项企业合并的合并成本是（　　）。

A. 9 000万元　　　B. 9 300万元　　　C. 9 100万元　　　D. 9 400万元

正确答案： C。

答案解析： 财务顾问费属于为企业合并发生的直接费用，应计入管理费用；甲公司需要另外支付100万元的合并对价很可能发生，满足负债确认条件，应确认为负债，同时计入合并成本;甲公司该项企业合并的合并成本=1 500×6+100=9 100(万元)。

【例19-9】企业合并成本的计算2

甲公司为上市公司,2×17年12月31日账面净资产约为50亿元,可辨认净资产公允价值约为58亿元。2×18年,甲公司决定向非关联方乙公司定向发行股份购买乙公司持有的一项业务。甲公司和乙公司以被购买业务的可辨认净资产在2×17年12月31日的公允价值为参考依据,确定交易价格为60亿元。甲公司董事会决议公告日(2×18年2月)前20个交易日公司股票交易均价为6元/股,此次交易中甲公司向乙公司非公开发行股份10亿股。交易协议同时约定,乙公司取得的股份3年内不能转让。2×18年8月31日办理完股份登记等手续,甲公司也完成了必要的财产权交接手续,并对被购买业务开始实施控制。当日甲公司股票收盘价为6.5元/股,同时,乙公司被购买业务的可辨认净资产的公允价值在2×18年内没有明显变化。甲公司购买乙公司该业务的合并成本为( )亿元。

A. 50　　　　B. 65　　　　C. 60　　　　D. 58

正确答案:B。

答案解析:合并成本是发行的权益性证券在购买日的公允价值,合并成本=10×6.5=65(亿元)。

【例19-10】非同一控制下多次交易形成企业合并的会计处理1

2×15年1月1日,甲公司以现金45 000 000元自非关联方处取得了乙公司20%的股权,并能够对其施加重大影响。当日,乙公司可辨认净资产公允价值为210 000 000元。2×17年7月1日,甲公司另支付现金120 000 000元,自另一非关联方处取得乙公司40%股权,并取得对乙公司的控制权。购买日,甲公司原持有的对乙公司的20%股权的公允价值为60 000 000元,账面价值为52 500 000元,甲公司确认与乙公司权益法核算相关的累计投资收益为3 000 000元,其他综合收益为3 000 000元,其他所有者权益变动为1 500 000元;乙公司可辨认净资产公允价值为270 000 000元。假设甲公司购买乙公司20%股权和后续购买40%的股权的交易不构成"一揽子"交易。以上交易的相关手续均于当日完成。不考虑相关税费等其他因素影响。

分析:本例中,购买日前,甲公司持有乙公司的投资作为对联营企业的投资进行会计核算,购买日前甲公司原持有股权的账面价值为52 500 000(45 000 000+3 000 000+3 000 000+1 500 000)元。

本次投资支付对价的公允价值为120 000 000元。

购买日对子公司按成本法核算的初始投资成本为172 500 000(52 500 000+120 000 000)元。

购买日前甲公司原持有股权相关的其他综合收益3 000 000元以及其他所有者权益变动1 500 000元在购买日均不进行会计处理。

【例19-11】非同一控制下多次交易形成企业合并的会计处理2

2×19年1月1日,甲公司以每股6元的价格购入上市公司乙公司的股票2 000 000股,并由此持有乙公司5%的股权。甲公司与乙公司不存在关联方关系。甲公司将对乙公司的投资指定为以公允价值计量且其变动计入其他综合收益的非交易性权益工具投资（以下简称"其他权益工具投资"），并进行会计处理。2×21年1月1日，甲公司以现金150 000 000元为对价，向乙公司大股东收购乙公司50%的股权，相关手续于当日完成。假设甲公司购买乙公司5%的股权和后续购买50%的股权的交易不构成"一揽子"交易，甲公司取得乙公司控制权之日为2×21年1月1日，乙公司当日股价为每股6.5元，乙公司可辨认净资产的公允价值为240 000 000元，不考虑相关税费等其他因素影响。

分析：本例中，购买日前，甲公司持有对乙公司的股权投资作为其他权益工具投资进行会计处理，购买日前甲公司原持有其他权益工具投资的账面价值为13 000 000（6.5×2 000 000）元。

本次追加投资支付对价的公允价值为150 000 000元。

购买日对子公司按成本法核算的初始投资成本为163 000 000（150 000 000+13 000 000）元。

购买日前甲公司原持有其他权益工具投资相关的累积公允价值变动已计入其他综合收益的金额为1 000 000[(6.5−6)×2 000 000]元，购买日该其他综合收益转入留存收益（未分配利润）。会计分录如下：

借：长期股权投资——乙公司　　　　　　　　　　　　　163 000 000
　　贷：其他权益工具投资——乙公司股票——成本　　　　　12 000 000
　　　　　　　　　　　　　　　　　　——公允价值变动　　 1 000 000
　　　　银行存款　　　　　　　　　　　　　　　　　　　150 000 000
借：其他综合收益　　　　　　　　　　　　　　　　　　　　1 000 000
　　贷：留存收益　　　　　　　　　　　　　　　　　　　　1 000 000

【例19-12】非同一控制下企业合并涉及或有对价的会计处理1

甲公司为增值税一般纳税人，销售商品适用的增值税税率为13%。2×18年1月1日，甲公司以增发200万股普通股（每股市价为5元，每股面值为1元）和一批存货作为对价，从乙公司处取得B公司70%的股权，能够对B公司实施控制。该批存货的成本为60万元，公允价值（等于计税价格）为100万元，未计提存货跌价准备。合并合同规定，如果B公司未来1年的净利润增长率超过15%，则甲公司应另向乙公司支付80万元的合并对价。当日，甲公司预计B公司未来1年的净利润增长率很可能超过15%。假定合并各方在合并前无关联方关系，则甲公司该项企业合并的合并成本为（　　）万元。

A. 393　　　　　B. 1 193　　　　　C. 1 113　　　　　D. 1 153

正确答案：B。

答案解析：合并成本 = 200×5 + 100×(1+13%) + 80 = 1 193（万元）。

购买方应按合同约定的或有对价在未来或有事项很可能发生时，作为企业合并对价的一部分，按照其在购买日的公允价值计入企业合并成本。

【例19-13】非同一控制下企业合并涉及或有对价的会计处理2

2×18年1月1日，甲公司通过向乙公司股东定向增发2 000万股普通股（每股面值为1元，市价为6元），取得乙公司80%股权，并控制乙公司，另以银行存款支付财务顾问费100

万元。双方约定，如果乙公司未来3年平均净利润增长率超过10%，甲公司需要另外向乙公司原股东支付300万元的合并对价；当日，甲公司预计乙公司未来3年平均净利润增长率很可能超过10%。该项交易前，甲公司与乙公司及其控股股东不存在关联方关系。不考虑其他因素，甲公司该项企业合并的合并成本为（　　）万元。

A. 12 400　　　　B. 12 300　　　　C. 12 000　　　　D. 12 100

正确答案：B。

答案解析：财务顾问费属于为企业合并发生的初始直接费用，计入管理费用；甲公司需要另外支付的300万元的合并对价很可能发生，需要计入合并成本；因此，甲公司该项企业合并的合并成本＝2 000×6＋300＝12 300（万元）。

参考会计分录（以万元为单位）：

借：长期股权投资　　　　　　　　　　　　　　　　　　　12 300
　　贷：股本　　　　　　　　　　　　　　　　　　　　　　2 000
　　　　资本公积（200×5）　　　　　　　　　　　　　　　10 000
　　　　交易性金融负债　　　　　　　　　　　　　　　　　　300

【例19-14】非同一控制下企业合并涉及或有对价的会计处理3

A上市公司2×17年1月2日以现金3亿元自B公司购买其持有的C公司100%股权，并于当日向C公司董事会派出成员，主导其财务和生产经营决策。股权转让协议约定，B公司就C公司在收购完成后的经营业绩向A公司做出承诺：C公司2×17年、2×18年、2×19年经审计扣除非经常性损益后归属于母公司股东的净利润分别不低于2 000万元、3 000万元和4 000万元。如果C公司未达到承诺业绩，B公司将在C公司每一相应年度的审计报告出具后30日内，按C公司实际实现的净利润与承诺利润的差额，以现金方式对A公司进行补偿。

购买日，A公司根据C公司所处市场状况及行业竞争力等情况判断，预计C公司能够完成承诺利润。

2×17年，C公司实现净利润2 200万元。2×18年，由于整体宏观经济形势变化，C公司实现净利润2 400万元，且预期2×19年该趋势将持续，预计能够实现净利润约2 600万元。

本案例中，A上市公司与B公司在交易前不存在关联关系，该项企业合并应为非同一控制下的企业合并。

购买日为2×17年1月2日，当日A上市公司支付了有关价款3亿元，同时估计C公司能够实现承诺利润，或有对价估计为零。A上市公司应当确认的对C公司长期股权投资成本为3亿元。

借：长期股权投资　　　　　　　　　　　　　　　　　　　300 000 000
　　贷：银行存款　　　　　　　　　　　　　　　　　　　　300 000 000

2×17年C公司实现了预期利润，A上市公司无须进行会计处理。

2×18年C公司未实现预期利润，且预计2×19年也无法实现，则A上市公司需要估计该或有对价的公允价值并予以确认。因该预期利润未实现的情况是在购买日后新发生的,在购买日后超过12个月且不属于对购买日已存在状况的进一步证据,应于资产负债表日将该或有对价公允价值的变动计入当期损益。B公司对有关利润差额的补偿将以现金支付,该或有对价属于金融工具,应当按照金融工具的原则进行处理。2×18年年末A上市公司估计该或有对价的公允价值为2 000万元,并进行如下会计处理:

借:交易性金融资产　　　　　　　　　　　　　　20 000 000
　　贷:公允价值变动损益　　　　　　　　　　　　　20 000 000

本例中有关或有对价的公允价值调整在个别财务报表中不作为对长期股权投资成本的调整,相应地,在合并财务报表中,亦不能调整购买日原已确认商誉金额。但由于C公司未实现预期利润,可能表明购买日原已确认商誉已发生减值,A上市公司应当对商誉及相关长期资产进行减值测试。

分析:非同一控制下企业合并涉及或有对价时长期股权投资成本的计量。某些情况下,企业合并各方可能在合并协议中约定,根据未来一项或多项或有事项的发生,购买方通过发行额外证券、支付额外现金或其他资产等方式追加合并对价,或者要求返还之前已经支付的对价,这将导致产生企业合并的或有对价问题。会计准则规定,购买方应当将合并协议约定的或有对价作为企业合并转移对价的一部分,按照其在购买日的公允价值计入企业合并成本。或有对价符合权益工具和金融负债定义的,购买方应当将支付或有对价的义务确认为一项权益或负债;符合资产定义并满足资产确认条件的,购买方应当将符合合并协议约定条件的、可收回的部分已支付合并对价的权利确认为一项资产。同时规定,购买日12个月内出现对购买日已存在情况的新或进一步证据需要调整或有对价的,应当予以确认并对原计入合并商誉的金额进行调整。其他情况下发生的或有对价变化或调整,应当区分情况进行会计处理:或有对价为权益性质的,不进行会计处理;或有对价为资产或负债性质的,如果属于会计准则规定的金融工具,应当按照以公允价值计量且其变动计入当期损益进行会计处理,不得指定为以公允价值计量且其变动计入其他综合收益的金融资产。

上述关于或有对价的规定,主要侧重于两个方面:一是在购买日应当合理估计或有对价并将其计入企业合并成本,购买日后12个月内取得新的或进一步证据表明购买日已存在状况,从而需要对企业合并成本进行调整的,可以据以调整企业合并成本;二是无论是购买日后12个月内还是其他时点,如果是由于出现新的情况导致对原估计或有对价进行调整的,则不能再对企业合并成本进行调整,相关或有对价属于金融工具的,应以公允价值计量,公允价值变动计入当期损益。上述会计处理的出发点在于,对企业合并交易原则上确认和计量时点应限定为购买日,购买日以后视新的情况对原购买成本进行调整的,不能视为购买日的状况,因此也就不能据以对企业合并成本进行调整。

【例19-15】非同一控制下企业合并涉及或有对价的会计处理4

A公司为上市公司。2×17年12月31日,A公司收购B公司60%的股权,形成非同一控制下的企业合并。

(1)收购定价的相关约定如下:①2×17年12月31日支付5 000万元;②自B公司经

上市公司指定的会计师事务所完成2×18年度财务报表审计后1个月内，A公司支付第二期收购价款，该价款以B公司2×18年税后净利润的2倍为基础计算。

(2) 业绩承诺。B公司承诺2×18年实现税后净利润1 200万元，若2×18年B公司实际实现净利润不足1 200万元，由B公司的原股东以其所持100万股A公司股票（不构成控制）无偿赠予A公司（该无偿赠予的股票股数固定，符合权益工具的定义）。购买日，A公司认为2×18年B公司实现净利润1 200万元为最佳估计数。

要求：

(1) 计算购买日合并成本并编制会计分录；

(2) 若2×18年B公司实现净利润为1 500万元，编制2×18年个别财务报表会计分录；

(3) 若2×18年B公司实现净利润为800万元，编制2×18年个别财务报表会计分录。

分析：

(1) 或有应付金额公允价值 = 1 200 × 2 = 2 400（万元），权益工具公允价值为零，合并成本 = 5 000 + 2 400 = 7 400（万元）。（以万元为单位）

借：长期股权投资　　　　　　　　　　　　　　　　　　　　　　7 400
　　贷：银行存款　　　　　　　　　　　　　　　　　　　　　　5 000
　　　　交易性金融负债　　　　　　　　　　　　　　　　　　　2 400

(2) 当净利润为1 500万元时，2×18年个别财务报表会计分录如下。（以万元为单位）

借：交易性金融负债　　　　　　　　　　　　　　　　　　　　2 400
　　公允价值变动损益　　　　　　　　　　　　　　　　　　　　600
　　贷：银行存款　　　　　　　　　　　　　　　　　　　　　　3 000

(3) 当净利润为800万元时，2×18年个别财务报表会计分录如下。（以万元为单位）

借：交易性金融负债　　　　　　　　　　　　　　　　　　　　2 400
　　贷：银行存款　　　　　　　　　　　　　　　　　　　　　　1 600
　　　　公允价值变动损益　　　　　　　　　　　　　　　　　　800

A公司2×18年季报、半年报，对权益工具的或有对价公允价值的变动不做会计处理。国际财务报告准则对或有对价的表述："被分类为权益的或有对价不应被重新计量，其后续清偿应在权益内部进行会计处理。"A公司收到B公司原股东无偿赠予的A公司100万股股票，在办理注销手续后，借记股本100万元，贷记资本公积100万元。

【提示】一般情况下，被购买方原股东以持有购买方股票作为业绩承诺对价，因股数不固定，不能作为权益工具处理，应按金融资产处理。

【例19-16】非同一控制下企业合并涉及或有对价的会计处理5

A公司为上市公司。2×17年12月31日，A公司收购B公司60%的股权，形成非同一控制下的企业合并。

(1) 收购定价的相关约定如下：①2×17年12月31日支付5 000万元；②自B公司经上市公司指定的会计师事务所完成2×18年度财务报表审计后1个月内，A公司支付第二期收购价款,该价款以B公司2×18年税后净利润的2倍为基础计算。

(2) 业绩承诺。B公司承诺2×18年实现税后净利润1 000万元,若2×18年B公司实际实现净利润不足1 000万元,B公司原股东承诺向A公司支付其差额的60%。

要求:

(1) 假定A公司在购买日判断,B公司2×18年实现净利润1 200万元为最佳估计数,①计算购买日合并成本并编制会计分录;②若2×18年B公司实现净利润为1 500万元,编制2×18年个别财务报表会计分录;③若2×18年B公司实现净利润为800万元,编制2×18年个别财务报表会计分录。

(2) 假定A公司在购买日判断,B公司2×18年实现净利润800万元为最佳估计数,①计算购买日合并成本并编制会计分录;②若2×18年B公司实现净利润为1 500万元,编制2×18年个别财务报表会计分录;③若2×18年B公司实现净利润为800万元,编制2×18年个别财务报表会计分录。

分析:

(1) ①或有应付金额公允价值 =1 200×2 =2 400(万元),或有应收金额公允价值为零,合并成本 =5 000 +2 400 =7 400(万元)。会计分录如下:(以万元为单位)

借:长期股权投资　　　　　　　　　　　　　　　　　　7 400
　　贷:银行存款　　　　　　　　　　　　　　　　　　　5 000
　　　　交易性金融负债　　　　　　　　　　　　　　　　2 400

②A公司应支付或有应付金额 =1 500×2 =3 000(万元)。

实际支付款项时。(以万元为单位)

借:交易性金融负债　　　　　　　　　　　　　　　　　2 400
　　公允价值变动损益　　　　　　　　　　　　　　　　　600
　　贷:银行存款　　　　　　　　　　　　　　　　　　　3 000

③A公司应支付或有应付金额 =800×2 =1 600(万元),应收到业绩补偿款 =(1 000 -800)×60% =120(万元)。

2×18年12月31日,确认应收业绩补偿款。(以万元为单位)

借:交易性金融资产　　　　　　　　　　　　　　　　　120
　　贷:公允价值变动损益　　　　　　　　　　　　　　　120

实际支付款项时。(以万元为单位)

借:交易性金融负债　　　　　　　　　　　　　　　　　2400
　　贷:银行存款　　　　　　　　　　　　　　　　　　　1600
　　　　公允价值变动损益　　　　　　　　　　　　　　　800

收到业绩补偿款时。(以万元为单位)

借:银行存款　　　　　　　　　　　　　　　　　　　　120
　　贷:交易性金融资产　　　　　　　　　　　　　　　　120

(2) ①或有应付金额公允价值 =800×2 =1 600(万元),或有应收金额公允价值 =(1 000 -800)×60% =120(万元),合并成本 =5 000 +1 600 -120 =6 480(万元)。会计

分录如下:(以万元为单位)

借:长期股权投资　　　　　　　　　　　　　　　　　6 480
　　交易性金融资产　　　　　　　　　　　　　　　　120
　　贷:银行存款　　　　　　　　　　　　　　　　　5 000
　　　　交易性金融负债　　　　　　　　　　　　　　1 600

②2×18年12月31日,确认金融资产公允价值变动。(以万元为单位)

借:公允价值变动损益　　　　　　　　　　　　　　　120
　　贷:交易性金融资产　　　　　　　　　　　　　　120

实际支付款项时。(以万元为单位)

借:交易性金融负债　　　　　　　　　　　　　　　1 600
　　公允价值变动损益　　　　　　　　　　　　　　1 400
　　贷:银行存款　　　　　　　　　　　　　　　　3 000

③实际收到补偿款时。(以万元为单位)

借:银行存款　　　　　　　　　　　　　　　　　　　120
　　贷:交易性金融资产　　　　　　　　　　　　　　120

实际支付款项时。(以万元为单位)

借:交易性金融负债　　　　　　　　　　　　　　　1 600
　　贷:银行存款　　　　　　　　　　　　　　　　1 600

【例19-17】反向购买的相关内容

关于反向购买,下列说法中错误的是(　　)。

A. 合并财务报表中,法律上子公司的资产、负债应以其在合并前的账面价值进行确认和计量

B. 合并财务报表中的权益性工具的金额应当反映法律上子公司合并前发行在外的股份面值以及假定在确定该项企业合并成本过程中新发行的权益性工具的金额

C. 合并财务报表的比较信息应当是法律上子公司的比较信息(即法律上子公司的前期合并财务报表)

D. 法律上母公司的有关可辨认资产、负债在并入合并财务报表时,应以其在购买日的账面价值进行合并

正确答案:D。

答案解析:法律上的母公司的有关可辨认资产、负债在并入合并财务报表时,应以其在购买日确定的公允价值进行合并。

【例19-18】反向购买的会计处理

上市公司A公司于2×17年9月30日通过定向增发本企业普通股对B企业进行合并,取得B企业100%股权。假定不考虑所得税影响。A公司及B企业在合并前的简化资产负债表如表19-2所示。

表 19-2 A 公司及 B 企业合并前资产负债表（简表）　　　　单位：万元

项目	A 公司	B 企业
流动资产	3 000	4 500
非流动资产	21 000	60 000
资产总额	24 000	64 500
流动负债	1 200	1 500
非流动负债	300	3 000
负债总额	1 500	4 500
所有者权益：		
股本	1 500	900
资本公积		
盈余公积	6 000	17 100
未分配利润	15 000	42 000
所有者权益总额	22 500	60 000

其他资料如下。

(1) 2×17 年 9 月 30 日，A 公司通过定向增发本企业普通股，以 2 股换 1 股的比例自 B 企业原股东处取得了 B 企业全部股权。A 公司共发行了 1 800 万股普通股以取得 B 企业全部 900 万股普通股。

(2) A 公司普通股在 2×17 年 9 月 30 日的公允价值为 20 元，B 企业每股普通股当日的公允价值为 40 元。A 公司、B 企业每股普通股的面值为 1 元。

(3) 2×17 年 9 月 30 日，A 公司除非流动资产公允价值较账面价值高 4 500 万元以外，其他资产、负债项目的公允价值与其账面价值相同。

(4) 假定 A 公司与 B 企业在合并前不存在任何关联方关系。

对于该项企业合并，虽然在合并中发行权益性证券的一方为 A 公司，但因其生产经营决策的控制权在合并后由 B 企业原股东控制，B 企业应为购买方，A 公司为被购买方。

(1) 确定该项合并中 B 企业的合并成本。

A 公司在该项合并中向 B 企业原股东增发了 1 800 万股普通股，合并后 B 企业原股东持有 A 公司的股权比例为 54.55%（1 800÷3 300），如果假定 B 企业发行本企业普通股在合并后主体享有同样的股权比例，则 B 企业应当发行的普通股股数为 750（900÷54.55%－900）万股，其公允价值为 30 000 万元，企业合并成本为 30 000 万元。

(2) 企业合并成本在可辨认资产、负债中的分配（以万元为单位）：

企业合并成本　30 000

A 公司可辨认资产、负债：

流动资产　3 000

非流动资产　25 500

流动负债　（1 200）

非流动负债　（300）

商誉　3 000

A公司合并B企业后的简化资产负债表如表19-3所示。

表19-3　A公司2×17年9月30日合并资产负债表（简表）　　　　单位：万元

项目	金额
流动资产	7 500
非流动资产	85 500
商誉	3 000
资产总额	96 000
流动负债	2 700
非流动负债	3 300
负债总额	6 000
所有者权益：	
股本（3 300万股普通股）	1 650
资本公积	29 250
盈余公积	17 100
未分配利润	42 000
所有者权益总额	90 000

(3) 每股收益。

本例中假定B企业2×16年实现合并净利润1 800万元，2×17年A公司与B企业形成的主体实现合并净利润为3 450万元，自2×16年1月1日至2×17年9月30日，B企业发行在外的普通股股数未发生变化。

A公司2×17年基本每股收益 = 3 450÷(1 800×9÷12+3 300×3÷12) = 1.59（元）

提供比较财务报表的情况下，比较财务报表中的每股收益应进行调整，A公司2×16年的基本每股收益 = 1 800÷1 800 = 1（元）。

(4) 上例中，B企业的全部股东中，假定只有其中的90%以原持有的对B企业股权换取了A公司增发的普通股。A公司应发行的普通股股数为1 620（900×90%×2）万股。企业合并后，B企业的股东拥有合并后报告主体的股权比例为51.92%（1 620÷3 120）。通过假定B企业向A公司发行本企业普通股在合并后主体享有同样的股权比例，在计算B企业须发行的普通股数量时，不考虑少数股权的因素，故B企业应当发行的普通股股数为750（900×90%÷51.92%-900×90%）万股，B企业在该项合并中的企业合并成本为30 000 [(1 560-810)×40] 万元，B企业未参与股权交换的股东拥有B企业的股份为10%，享有B企业合并前净资产的份额为6 000万元，在合并财务报表中应作为少数股东权益列示。

分析：非同一控制下的企业合并，以发行权益性证券交换股权的方式进行的，通常发行权益性证券的一方为购买方。但某些企业合并中，发行权益性证券一方因其生产经营决策在合并后被参与合并的另一方控制的，发行权益性证券一方虽然为法律上的母公司，但其为会计上的被购买方，该类企业合并通常称为"反向购买"。例如，A公司为一家规模较小的上市公司，B公司为一家规模较大的公司。B公司拟通过收购A公司的方式达到上市目的，但该交易是通过A公司向B公司原股东发行普通股用以交换B公司原股东持有的对B公司股权方式实现的。该项交易后，B公司原控股股东持有A公司50%以上股权，A公司持有B公司50%以上股权，A公司为法律上的母公司、B公司为法律上的子公司，但从会计的角度来看，A公司为被购买方，B公司为购买方。

1. 企业合并成本。

反向购买中，法律上的子公司（购买方）的企业合并成本是指其如果以发行权益性证券的方式为获取在合并后报告主体的股权比例，应向法律上母公司（被购买方）的股东发行的权益性证券数量与其公允价值计算的结果。购买方的权益性证券在购买日存在公开报价的，通常应以公开报价作为其公允价值；购买方的权益性证券在购买日不存在可靠公开报价的，应参照购买方的公允价值和被购买方的公允价值两者之中有更为明显证据支持的一个作为基础，确定购买方假定应发行权益性证券的公允价值。

2. 合并财务报表的编制。

反向购买后，法律上的母公司应当遵从以下原则编制合并财务报表。

（1）合并财务报表中，法律上子公司的资产、负债应以其在合并前的账面价值进行确认和计量。

（2）合并财务报表中的留存收益和其他权益余额应当反映的是法律上子公司在合并前的留存收益和其他权益余额。

（3）合并财务报表中的权益性工具的金额应当反映法律上子公司合并前发行在外的股份面值以及假定在确定该项企业合并成本过程中新发行的权益性工具的金额。但是，在合并财务报表中的权益结构应当反映法律上母公司的权益结构，即法律上母公司发行在外权益性证券的数量和种类。

（4）法律上母公司的有关可辨认资产、负债在并入合并财务报表时，应以其在购买日确定的公允价值进行合并，企业合并成本大于合并中取得的法律上母公司（被购买方）可辨认净资产公允价值的份额体现为商誉，小于合并中取得的法律上母公司（被购买方）可辨认净资产公允价值的份额确认为合并当期损益。

（5）合并财务报表的比较信息应当是法律上子公司的比较信息（即法律上子公司的前期合并财务报表）。

（6）法律上子公司的有关股东在合并过程中未将其持有的股份转换为法律上母公司股份的，该部分股东享有的权益份额在合并财务报表中应作为少数股东权益列示。因法律上子公司的部分股东未将其持有的股份转换为法律上母公司的股权，其享有的权益份额仍仅限于对法律上子公司的部分，该部分少数股东权益反映的是少数股东按持股比例计算享有法律上子公司合并前净资产账面价值的份额。另外，对于法律上母公司的所有股东，虽然该项合并中其被认为被购买方，但其享有合并形成报告主体的净资产及损益，不应作为少数股东权益列示。

上述反向购买的会计处理原则仅适用于合并财务报表的编制。法律上母公司在该项合并中形成的对法律上子公司长期股权投资成本的确定,应当遵从《企业会计准则第 2 号——长期股权投资》的相关规定。

3. 每股收益的计算。

发生反向购买当期,用于计算每股收益的发行在外普通股加权平均数为:

(1) 自当期期初至购买日,发行在外的普通股数量应假定为在该项合并中法律上母公司向法律上子公司股东发行的普通股数量;

(2) 自购买日至期末发行在外的普通股数量为法律上母公司实际发行在外的普通股股数。

反向购买后对外提供比较合并财务报表的,其比较前期合并财务报表中的基本每股收益,应以法律上子公司在每一比较报表期间归属于普通股股东的净损益除以在反向购买中法律上母公司向法律上子公司股东发行的普通股股数计算确定。

上述假定法律上子公司发行的普通股股数在比较期间内和自反向购买发生期间的期初至购买日之间未发生变化。如果法律上子公司发行的普通股股数在此期间发生了变动,计算每股收益时应适当考虑其影响进行调整。

第十二条 购买方在购买日对作为企业合并对价付出的资产、发生或承担的负债应当按照公允价值计量,公允价值与其账面价值的差额,计入当期损益。

第十三条 购买方在购买日应当对合并成本进行分配,按照本准则第十四条的规定确认所取得的被购买方各项可辨认资产、负债及或有负债。

(一) 购买方对合并成本大于合并中取得的被购买方可辨认净资产公允价值份额的差额,应当确认为商誉。

初始确认后的商誉,应当以其成本扣除累计减值准备后的金额计量。商誉的减值应当按照《企业会计准则第 8 号——资产减值》处理。

(二) 购买方对合并成本小于合并中取得的被购买方可辨认净资产公允价值份额的差额,应当按照下列规定处理:

1. 对取得的被购买方各项可辨认资产、负债及或有负债的公允价值以及合并成本的计量进行复核;

2. 经复核后合并成本仍小于合并中取得的被购买方可辨认净资产公允价值份额的,其差额应当计入当期损益。

【例 19-19】同一控制下企业合并商誉的确认

甲公司为上市公司,乙公司是其子公司。乙公司下属 3 家子公司(以下简称"3 家子公司")系 2×14 年通过非同一控制下企业合并取得,甲公司合并报表中确认乙公司购买其下属的 3 家子公司形成的商誉合计 1 000 万元。甲公司于 2×17 年通过非同一控制下企业合并收购丙公司,形成商誉 500 万元。乙公司于 2×18 年 6 月将持有的 3 家子公司股权全部转让给甲公司的另一子公司丁公司,转让价格以乙公司个别财务报表账面投资成本加上 3 家子公司乙×14年至2×18年6月实现的净利润来确定。乙公司将与3家子公司相关的商誉也一并转销。假定商誉均未减值,不考虑其他因素,甲公司2×18年12月31日合并资产负债表中反映的商誉为（　　）万元。

A. 1 000　　　　B. 500　　　　C. 1 500　　　　D. 0

正确答案：C。

答案解析：鉴于乙公司和丁公司同为甲公司的子公司,乙公司将持有的3家子公司股权转让给丁公司属于同一控制下企业合并,从甲公司合并财务报表来看,商誉为未减值,合并财务报表中商誉不变,即商誉=1 000+500=1 500（万元）。

【例19-20】非同一控制下企业合并商誉的确认

甲公司在2×18年进行了一系列投资和资本运作。

（1）甲公司于2×18年3月2日与乙公司的控股股东A公司签订股权转让协议,主要内容如下。

①以乙公司2×18年3月1日经评估确认的净资产为基础,甲公司定向增发本公司普通股股票给A公司,取得A公司持有的乙公司80%股权。

②甲公司定向增发的普通股股数以协议公告前一段合理时间内公司普通股股票的加权平均股价每股15.20元为基础计算确定。

③A公司取得甲公司定向增发的股份当日即撤出其原派驻乙公司的董事会成员,由甲公司对乙公司董事会进行改组。

（2）上述协议经双方股东大会批准后,具体执行情况如下。

①经评估确定,2×18年3月1日乙公司可辨认净资产公允价值为17 500万元,2×18年5月31日按评估日可辨认净资产公允价值持续计算的净资产账面价值为18 000万元。

②经相关部门批准,甲公司于2×18年5月31日向A公司定向增发1 000万股普通股股票（每股面值为1元）,并于当日办理股权登记手续。A公司拥有甲公司发行在外普通股的8%,不具有重大影响。

2×18年5月31日甲公司普通股收盘价为每股16元。

③甲公司为定向增发普通股股票,支付券商佣金和手续费200万元;对乙公司资产进行评估发生评估费用10万元。相关款项已通过银行存款支付。

④甲公司于2×18年5月31日向A公司定向发行普通股股票后,即对乙公司董事会进行改组。改组后乙公司的董事会由9名董事组成,其中甲公司派出6名,其他股东派出1名,其余2名为独立董事。乙公司章程规定,其财务和生产经营决策须由董事会半数以上成员表决通过。

（3）除对乙公司投资外,2×18年1月2日,甲公司与B公司签订协议,取得B公司所持丙公司30%的股权,以银行存款支付价款300万元。取得投资时丙公司可辨认净资产公允价值和账面价值均为920万元。取得该项股权后,甲公司在丙公司董事会中有1名成员,参与丙公司的财务和生产经营决策。

2×18年2月,甲公司将本公司生产的一批产品销售给丙公司,售价为68万元（不含增值税），成本为52万元，未计提存货跌价准备。至2×18年12月31日，该批产品仍未对外部独立第三方销售。

丙公司2×18年实现净利润160万元，其他综合收益增加50万元，接受其他股东捐赠计入资本公积100万元。

（4）其他有关资料如下。

①甲公司与A公司在交易前不存在任何关联方关系，合并前甲公司与乙公司未发生任何交易。甲公司取得丙公司股权前，双方未发生任何交易。甲公司与乙公司、丙公司采用的会计政策及会计期间一致。

②不考虑相关税费及其他因素。

要求如下。

（1）判断甲公司对乙公司合并所属类型，简要说明理由，并根据该项合并的类型确定以下各项：

①如属于同一控制下企业合并，确定甲公司对乙公司长期股权投资的初始投资成本并编制个别报表与企业合并相关的会计分录；

②如属于非同一控制下企业合并，确定甲公司对乙公司长期股权投资的初始投资成本，合并商誉并编制个别报表中与企业合并相关的会计分录。

（2）就甲公司对丙公司的长期股权投资，分别确定以下各项：

①判断甲公司对丙公司长期股权投资应采用的后续计量方法并简要说明理由；

②编制2×18年甲公司对丙公司投资的有关会计分录。

（1）甲公司对乙公司合并属于非同一控制下控股合并。

理由：甲公司自A公司取得乙公司股权能够对其实施控制，且交易前甲公司与A公司不存在任何关联方关系，合并前甲公司与乙公司未发生任何交易。

①甲公司对乙公司的长期股权投资初始投资成本=16×1 000=16 000（万元）。

②合并商誉=16 000-18 000×80%=1 600（万元）。

③会计分录（以万元为单位）：

借：长期股权投资　　　　　　　　　　　　　　　　　　　　　16 000
　　贷：股本　　　　　　　　　　　　　　　　　　　　　　　　　1 000
　　　　资本公积——股本溢价　　　　　　　　　　　　　　　　15 000

借：资本公积——股本溢价　　　　　　　　　　　　　　　　　　　200
　　贷：银行存款　　　　　　　　　　　　　　　　　　　　　　　　200

借：管理费用　　　　　　　　　　　　　　　　　　　　　　　　　　10
　　贷：银行存款　　　　　　　　　　　　　　　　　　　　　　　　　10

（2）①甲公司对丙公司的长期股权投资应采用权益法进行后续计量。

理由：甲公司能够参与丙公司的财务和生产经营决策，说明甲公司对丙公司具有重大影响，应采用权益法对该项长期股权投资进行后续计量。

②会计分录（以万元为单位）：

借：长期股权投资——投资成本　　　　　　　　　　　　　　　　　300

贷：银行存款	300
借：长期股权投资——损益调整 [160×30%-(68-52)×30%]	43.2
贷：投资收益	43.2
借：长期股权投资——其他综合收益（50×30%）	15
贷：其他综合收益	15
借：长期股权投资——其他权益变动（100×30%）	30
贷：资本公积——其他资本公积	30

第十四条 被购买方可辨认净资产公允价值，是指合并中取得的被购买方可辨认资产的公允价值减去负债及或有负债公允价值后的余额。被购买方各项可辨认资产、负债及或有负债，符合下列条件的，应当单独予以确认。

（一）合并中取得的被购买方除无形资产以外的其他各项资产（不仅限于被购买方原已确认的资产），其所带来的经济利益很可能流入企业且公允价值能够可靠地计量的，应当单独予以确认并按照公允价值计量。

合并中取得的无形资产，其公允价值能够可靠地计量的，应当单独确认为无形资产并按照公允价值计量。

（二）合并中取得的被购买方除或有负债以外的其他各项负债，履行有关的义务很可能导致经济利益流出企业且公允价值能够可靠地计量的，应当单独予以确认并按照公允价值计量。

（三）合并中取得的被购买方或有负债，其公允价值能够可靠地计量的，应当单独确认为负债并按照公允价值计量。或有负债在初始确认后，应当按照下列两者孰高进行后续计量：

1. 按照《企业会计准则第13号——或有事项》应予确认的金额；

2. 初始确认金额减去按照《企业会计准则第14号——收入》的原则确认的累计摊销额后的余额。

第十五条 企业合并形成母子公司关系的，母公司应当设置备查簿，记录企业合并中取得的子公司各项可辨认资产、负债及或有负债等在购买日的公允价值。编制合并财务报表时，应当以购买日确定的各项可辨认资产、负债及或有负债的公允价值为基础对子公司的财务报表进行调整。

第十六条 企业合并发生当期的期末，因合并中取得的各项可辨认资产、负债及或有负债的公允价值或企业合并成本只能暂时确定的，购买方应当以所确定的暂时价值为基础对企业合并进行确认和计量。

购买日后12个月内对确认的暂时价值进行调整的，视为在购买日确认和计量。

第十七条 企业合并形成母子公司关系的，母公司应当编制购买日的合并资产负债表，因企业合并取得的被购买方各项可辨认资产、负债及或有负债应当以公允价值列示。母公司的合并成本与取得的子公司可辨认净资产公允价值份额的差额，以按照本准则规定处理的结果列示。

19.1.4 披露

第十八条 企业合并发生当期的期末，合并方应当在附注中披露与同一控制下企业合并有关的下列信息。

（一）参与合并企业的基本情况。

（二）属于同一控制下企业合并的判断依据。

（三）合并日的确定依据。

（四）以支付现金、转让非现金资产以及承担债务作为合并对价的，所支付对价在合并日的账面价值；以发行权益性证券作为合并对价的，合并中发行权益性证券的数量及定价原则，以及参与合并各方交换有表决权股份的比例。

（五）被合并方的资产、负债在上一会计期间资产负债表日及合并日的账面价值；被合并方自合并当期期初至合并日的收入、净利润、现金流量等情况。

（六）合并合同或协议约定将承担被合并方或有负债的情况。

（七）被合并方采用的会计政策与合并方不一致所作调整情况的说明。

（八）合并后已处置或准备处置被合并方资产、负债的账面价值、处置价格等。

第十九条 企业合并发生当期的期末，购买方应当在附注中披露与非同一控制下企业合并有关的下列信息。

（一）参与合并企业的基本情况。

（二）购买日的确定依据。

（三）合并成本的构成及其账面价值、公允价值及公允价值的确定方法。

（四）被购买方各项可辨认资产、负债在上一会计期间资产负债表日及购买日的账面价值和公允价值。

（五）合并合同或协议约定将承担被购买方或有负债的情况。

（六）被购买方自购买日起至报告期期末的收入、净利润和现金流量等情况。

（七）商誉的金额及其确定方法。

（八）因合并成本小于合并中取得的被购买方可辨认净资产公允价值的份额计入当期损益的金额。

（九）合并后已处置或准备处置被购买方资产、负债的账面价值、处置价格等。

19.2 《企业会计准则第 20 号——企业合并》应用指南

19.2.1 企业合并的方式

（一）控股合并。

合并方（或购买方）在企业合并中取得对被合并方（或被购买方）的控制权，被合并方（或被购买方）在合并后仍保持其独立的法人资格并继续经营，合并方（或购买方）确认企业合并形成的对被合并方（或被购买方）的投资。

（二）吸收合并。

合并方（或购买方）通过企业合并取得被合并方（或被购买方）的全部净资产，合并后注销被合并方（或被购买方）的法人资格，被合并方（或被购买方）原持有的资产、负债，在合并后成为合并方（或购买方）的资产、负债。

（三）新设合并。

参与合并的各方在合并后法人资格均被注销，重新注册成立一家新的企业。

19.2.2 合并日或购买日的确定

企业应当在合并日或购买日确认因企业合并取得的资产、负债。按照本准则第五条和第十条规定，合并日或购买日是指合并或购买方实际取得对被合并方或被购买方控制权的日期，即被合并方或被购买方的净资产或生产经营决策的控制权转移给合并方或购买方的日期。同时满足下列条件的，通常可认为实现了控制权的转移。

（一）企业合并合同或协议已获股东大会等通过。

（二）企业合并事项需要经过国家有关主管部门审批的，已获得批准。

（三）参与合并各方已办理了必要的财产权转移手续。

（四）合并方或购买方已支付了合并价款的大部分（一般应超过50%），并且有能力、有计划支付剩余款项。

（五）合并方或购买方实际上已经控制了被合并方或被购买方的财务和经营政策，并享有相应的利益、承担相应的风险。

19.2.3 同一控制下的企业合并

根据本准则第五条规定，参与合并的企业在合并前后均受同一方或相同的多方最终控制且该控制并非暂时性的，为同一控制下的企业合并。

同一方，是指对参与合并的企业在合并前后均实施最终控制的投资者。

相同的多方，通常是指根据投资者之间的协议约定，在对被投资单位的生产经营决策行使表决权时发表一致意见的两个或两个以上的投资者。

控制并非暂时性，是指参与合并的各方在合并前后较长的时间内受同一方或相同的多方最终控制。较长的时间通常指1年以上（含1年）。

同一控制下企业合并的判断，应当遵循实质重于形式要求。

19.2.4 非同一控制下的企业合并

（一）非同一控制下的吸收合并，购买方在购买日应当按照合并中取得的被购买方各项可辨认资产、负债的公允价值确定其入账价值，确定的企业合并成本与取得被购买方可辨认净资产公允价值的差额，应确认为商誉或计入当期损益。

（二）非同一控制下的控股合并，母公司在购买日编制合并资产负债表时，对于被购买方可辨认资产、负债应当按照合并中确定的公允价值列示，企业合并成本大于合并中取得的被购买方可辨认净资产公允价值份额的差额，确认为合并资产负债表中的商誉。企业合并成本小于合并中取得的被购买方可辨认净资产公允价值份额的差额，在购买日合并资产负债表中调整盈余公积和未分配利润。

非同一控制下的企业合并形成母子公司关系的，母公司应自购买日起设置备查簿，登记其在购买日取得的被购买方可辨认资产、负债的公允价值，为以后期间编制合并财务报表提供基础资料。

（三）分步实现的企业合并。根据本准则第十一条（二）规定，通过多次交换交易分步实现的企业合并，合并成本为每一单项交易成本之和。购买方在购买日，应当按照以下步骤进行处理。

1. 将原持有的对被购买方的投资账面价值调整恢复至最初取得成本，相应调整留存收益等所有者权益项目。

2. 比较每一单项交易的成本与交易时应享有被投资单位可辨认净资产公允价值的份额，确定每一单项交易中应予确认的商誉金额（或应予确认损益的金额）。

3. 购买方在购买日确认的商誉（或计入损益的金额）应为每一单项交易产生的商誉（或应予确认损益的金额）之和。

4. 被购买方在购买日与原交易日之间可辨认净资产公允价值的变动相对于原持股比例的部分，属于被购买方在交易日至购买日之间实现留存收益的，相应调整留存收益，差额调整资本公积。

（四）购买方应当按照以下规定确定合并中取得的被购买方各项可辨认资产、负债及或有负债的公允价值。

1. 货币资金，按照购买日被购买方的账面余额确定。

2. 有活跃市场的股票、债券、基金等金融工具，按照购买日活跃市场中的市场价格确定。

3. 应收款项，其中的短期应收款项，一般按照应收取的金额作为其公允价值；长期应收款项，应按适当的利率折现后的现值确定其公允价值。在确定应收款项的公允价值时，应考虑发生坏账的可能性及相关收款费用。

4. 存货，对其中的产成品和商品按其估计售价减去估计的销售费用、相关税费以及购买方出售类似产成品或商品估计可能实现的利润确定；在产品按完工产品的估计售价减去至完工仍将发生的成本、估计的销售费用、相关税费以及基于同类或类似产成品的基础上估计出售可能实现的利润确定；原材料按现行重置成本确定。

5. 不存在活跃市场的金融工具如权益性投资等，应当参照《企业会计准则第22号——金融工具确认和计量》的规定，采用估值技术确定其公允价值。

6. 房屋建筑物、机器设备、无形资产，存在活跃市场的，应以购买日的市场价格为基础确定其公允价值；不存在活跃市场，但同类或类似资产存在活跃市场的，应参照同类或类似资产的市场价格确定其公允价值；同类或类似资产也不存在活跃市场的，应采用估值技术确定其公允价值。

7. 应付账款、应付票据、应付职工薪酬、应付债券、长期应付款，其中的短期负债，一般按照应支付的金额确定其公允价值；长期负债，应按适当的折现率折现后的现值作为其公允价值。

8. 取得的被购买方的或有负债，其公允价值在购买日能够可靠计量的，应确认为预计负债。此项负债应当按照假定第三方愿意代购买方承担，就其所承担义务需要购买方支付的金额作为其公允价值。

9. 递延所得税资产和递延所得税负债，取得的被购买方各项可辨认资产、负债及或有负债的公允价值与其计税基础之间存在差额的,应当按照《企业会计准则第 18 号——所得税》的规定确认相应的递延所得税资产或递延所得税负债,所确认的递延所得税资产或递延所得税负债的金额不应折现。

19.2.5 业务合并

本准则第三条规定,涉及业务的合并比照本准则规定处理。

业务是指企业内部某些生产经营活动或资产的组合,该组合一般具有投入、加工处理过程和产出能力,能够独立计算其成本费用或所产生的收入,但不构成独立法人资格的部分。比如,企业的分公司、不具有独立法人资格的分部等。

第 20 章 租 赁

20.1 企业会计准则第 21 号——租赁

财会〔2018〕35 号

20.1.1 总则

第一条 为了规范租赁的确认、计量和相关信息的列报,根据《企业会计准则——基本准则》,制定《企业会计准则第 21 号——租赁》(以下简称"本准则")。

第二条 租赁,是指在一定期间内,出租人将资产的使用权让与承租人以获取对价的合同。

第三条 本准则适用于所有租赁,但下列各项除外。

(一)承租人通过许可使用协议取得的电影、录像、剧本、文稿等版权、专利等项目的权利,以出让、划拨或转让方式取得的土地使用权,适用《企业会计准则第 6 号——无形资产》。

(二)出租人授予的知识产权许可,适用《企业会计准则第 14 号——收入》。

勘探或使用矿产、石油、天然气及类似不可再生资源的租赁,承租人承租生物资产,采用建设经营移交等方式参与公共基础设施建设、运营的特许经营权合同,不适用本准则。

20.1.2 租赁的识别、分拆和合并

20.1.2.1 租赁的识别

第四条 在合同开始日,企业应当评估合同是否为租赁或者包含租赁。如果合同中一方让渡了在一定期间内控制一项或多项已识别资产使用的权利以换取对价,则该合同为租赁或者包含租赁。

除非合同条款和条件发生变化,企业无需重新评估合同是否为租赁或者包含租赁。

第五条 为确定合同是否让渡了在一定期间内控制已识别资产使用的权利,企业应当评估合同中的客户是否有权获得在使用期间内因使用已识别资产所产生的几乎全部经济利益,并有权在该使用期间主导已识别资产的使用。

第六条 已识别资产通常由合同明确指定,也可以在资产可供客户使用时隐性指定。但是,即使合同已对资产进行指定,如果资产的供应方在整个使用期间拥有对该资产的实质性替换权,则该资产不属于已识别资产。

同时符合下列条件时,表明供应方拥有资产的实质性替换权:

(1)资产供应方拥有在整个使用期间替换资产的实际能力;

(2)资产供应方通过行使替换资产的权利将获得经济利益。

企业难以确定供应方是否拥有对该资产的实质性替换权的,应当视为供应方没有对该资

产的实质性替换权。

如果资产的某部分产能或其他部分在物理上不可区分，则该部分不属于已识别资产，除非其实质上代表该资产的全部产能，从而使客户获得因使用该资产所产生的几乎全部经济利益。

第七条 在评估是否有权获得因使用已识别资产所产生的几乎全部经济利益时，企业应当在约定的客户可使用资产的权利范围内考虑其所产生的经济利益。

第八条 存在下列情况之一的，可视为客户有权主导对已识别资产在整个使用期间内的使用。

（一）客户有权在整个使用期间主导已识别资产的使用目的和使用方式。

（二）已识别资产的使用目的和使用方式在使用期开始前已预先确定，并且客户有权在整个使用期间自行或主导他人按照其确定的方式运营该资产，或者客户设计了已识别资产并在设计时已预先确定了该资产在整个使用期间的使用目的和使用方式。

20.1.2.2 租赁的分拆和合并

第九条 合同中同时包含多项单独租赁的，承租人和出租人应当将合同予以分拆，并分别各项单独租赁进行会计处理。

合同中同时包含租赁和非租赁部分的，承租人和出租人应当将租赁和非租赁部分进行分拆，除非企业适用本准则第十二条的规定进行会计处理，租赁部分应当分别按照本准则进行会计处理，非租赁部分应当按照其他适用的企业会计准则进行会计处理。

第十条 同时符合下列条件的，使用已识别资产的权利构成合同中的一项单独租赁：

（一）承租人可从单独使用该资产或将其与易于获得的其他资源一起使用中获利；

（二）该资产与合同中的其他资产不存在高度依赖或高度关联关系。

第十一条 在分拆合同包含的租赁和非租赁部分时，承租人应当按照各租赁部分单独价格及非租赁部分的单独价格之和的相对比例分摊合同对价，出租人应当根据《企业会计准则第14号——收入》关于交易价格分摊的规定分摊合同对价。

第十二条 为简化处理，承租人可以按照租赁资产的类别选择是否分拆合同包含的租赁和非租赁部分。承租人选择不分拆的，应当将各租赁部分及与其相关的非租赁部分分别合并为租赁，按照本准则进行会计处理。但是，对于按照《企业会计准则第22号——金融工具确认和计量》应分拆的嵌入衍生工具，承租人不应将其与租赁部分合并进行会计处理。

第十三条 企业与同一交易方或其关联方在同一时间或相近时间订立的两份或多份包含租赁的合同，在符合下列条件之一时，应当合并为一份合同进行会计处理。

（一）该两份或多份合同基于总体商业目的而订立并构成一揽子交易，若不作为整体考虑则无法理解其总体商业目的。

（二）该两份或多份合同中的某份合同的对价金额取决于其他合同的定价或履行情况。

（三）该两份或多份合同让渡的资产使用权合起来构成一项单独租赁。

20.1.3 承租人的会计处理

20.1.3.1 确认和初始计量

第十四条 在租赁期开始日，承租人应当对租赁确认使用权资产和租赁负债，应用本准则第三章第三节进行简化处理的短期租赁和低价值资产租赁除外。

使用权资产,是指承租人可在租赁期内使用租赁资产的权利。

租赁期开始日,是指出租人提供租赁资产使其可供承租人使用的起始日期。

第十五条 租赁期,是指承租人有权使用租赁资产且不可撤销的期间。

承租人有续租选择权,即有权选择续租该资产,且合理确定将行使该选择权的,租赁期还应当包含续租选择权涵盖的期间。

承租人有终止租赁选择权,即有权选择终止租赁该资产,但合理确定将不会行使该选择权的,租赁期应当包含终止租赁选择权涵盖的期间。

发生承租人可控范围内的重大事件或变化,且影响承租人是否合理确定将行使相应选择权的,承租人应当对其是否合理确定将行使续租选择权、购买选择权或不行使终止租赁选择权进行重新评估。

第十六条 使用权资产应当按照成本进行初始计量。该成本包括:

(一)租赁负债的初始计量金额;

(二)在租赁期开始日或之前支付的租赁付款额,存在租赁激励的,扣除已享受的租赁激励相关金额;

(三)承租人发生的初始直接费用;

(四)承租人为拆卸及移除租赁资产、复原租赁资产所在场地或将租赁资产恢复至租赁条款约定状态预计将发生的成本。前述成本属于为生产存货而发生的,适用《企业会计准则第1号——存货》。

承租人应当按照《企业会计准则第13号——或有事项》对本条第(四)项所述成本进行确认和计量。

租赁激励,是指出租人为达成租赁向承租人提供的优惠,包括出租人向承租人支付的与租赁有关的款项、出租人为承租人偿付或承担的成本等。

初始直接费用,是指为达成租赁所发生的增量成本。增量成本是指若企业不取得该租赁,则不会发生的成本。

第十七条 租赁负债应当按照租赁期开始日尚未支付的租赁付款额的现值进行初始计量。

在计算租赁付款额的现值时,承租人应当采用租赁内含利率作为折现率;无法确定租赁内含利率的,应当采用承租人增量借款利率作为折现率。

租赁内含利率,是指使出租人的租赁收款额的现值与未担保余值的现值之和等于租赁资产公允价值与出租人的初始直接费用之和的利率。

承租人增量借款利率,是指承租人在类似经济环境下为获得与使用权资产价值接近的资产,在类似期间以类似抵押条件借入资金须支付的利率。

第十八条 租赁付款额,是指承租人向出租人支付的与在租赁期内使用租赁资产的权利相关的款项,包括:

(一)固定付款额及实质固定付款额,存在租赁激励的,扣除租赁激励相关金额;

(二)取决于指数或比率的可变租赁付款额,该款项在初始计量时根据租赁期开始日的指数或比率确定;

（三）购买选择权的行权价格，前提是承租人合理确定将行使该选择权；

（四）行使终止租赁选择权需支付的款项，前提是租赁期反映出承租人将行使终止租赁选择权；

（五）根据承租人提供的担保余值预计应支付的款项。

实质固定付款额，是指在形式上可能包含变量但实质上无法避免的付款额。

可变租赁付款额，是指承租人为取得在租赁期内使用租赁资产的权利，向出租人支付的因租赁期开始日后的事实或情况发生变化（而非时间推移）而变动的款项。取决于指数或比率的可变租赁付款额包括与消费者价格指数挂钩的款项、与基准利率挂钩的款项和为反映市场租金费率变化而变动的款项等。

第十九条 担保余值，是指与出租人无关的一方向出租人提供担保，保证在租赁结束时租赁资产的价值至少为某指定的金额。

未担保余值，是指租赁资产余值中，出租人无法保证能够实现或仅由与出租人有关的一方予以担保的部分。

20.1.3.2 后续计量

第二十条 在租赁期开始日后，承租人应当按照本准则第二十一条、第二十二条、第二十七条及第二十九条的规定，采用成本模式对使用权资产进行后续计量。

第二十一条 承租人应当参照《企业会计准则第 4 号——固定资产》有关折旧规定，对使用权资产计提折旧。

承租人能够合理确定租赁期届满时取得租赁资产所有权的，应当在租赁资产剩余使用寿命内计提折旧。无法合理确定租赁期届满时能够取得租赁资产所有权的，应当在租赁期与租赁资产剩余使用寿命两者孰短的期间内计提折旧。

第二十二条 承租人应当按照《企业会计准则第 8 号——资产减值》的规定，确定使用权资产是否发生减值，并对已识别的减值损失进行会计处理。

第二十三条 承租人应当按照固定的周期性利率计算租赁负债在租赁期内各期间的利息费用，并计入当期损益。按照《企业会计准则第 17 号——借款费用》等其他准则规定应当计入相关资产成本的，从其规定。

该周期性利率，是按照本准则第十七条规定所采用的折现率，或者按照本准则第二十五条、二十六条和二十九条规定所采用的修订后的折现率。

第二十四条 未纳入租赁负债计量的可变租赁付款额应当在实际发生时计入当期损益。按照《企业会计准则第 1 号——存货》等其他准则规定应当计入相关资产成本的，从其规定。

第二十五条 在租赁期开始日后，发生下列情形的，承租人应当重新确定租赁付款额，并按变动后租赁付款额和修订后的折现率计算的现值重新计量租赁负债：

（一）因依据本准则第十五条第四款规定，续租选择权或终止租赁选择权的评估结果发生变化，或者前述选择权的实际行使情况与原评估结果不一致等导致租赁期变化的，应当根据新的租赁期重新确定租赁付款额；

（二）因依据本准则第十五条第四款规定，购买选择权的评估结果发生变化的，应当根据新的评估结果重新确定租赁付款额。

在计算变动后租赁付款额的现值时，承租人应当采用剩余租赁期间的租赁内含利率作为修订后的折现率；无法确定剩余租赁期间的租赁内含利率的，应当采用重估日的承租人增量借款利率作为修订后的折现率。

第二十六条 在租赁期开始日后，根据担保余值预计的应付金额发生变动，或者因用于确定租赁付款额的指数或比率变动而导致未来租赁付款额发生变动的，承租人应当按照变动后租赁付款额的现值重新计量租赁负债。在这些情形下，承租人采用的折现率不变；但是，租赁付款额的变动源自浮动利率变动的，使用修订后的折现率。

第二十七条 承租人在根据本准则第二十五条、第二十六条或因实质固定付款额变动重新计量租赁负债时，应当相应调整使用权资产的账面价值。使用权资产的账面价值已调减至零，但租赁负债仍需进一步调减的，承租人应当将剩余金额计入当期损益。

第二十八条 租赁发生变更且同时符合下列条件的，承租人应当将该租赁变更作为一项单独租赁进行会计处理：

（一）该租赁变更通过增加一项或多项租赁资产的使用权而扩大了租赁范围；

（二）增加的对价与租赁范围扩大部分的单独价格按该合同情况调整后的金额相当。

租赁变更，是指原合同条款之外的租赁范围、租赁对价、租赁期限的变更，包括增加或终止一项或多项租赁资产的使用权，延长或缩短合同规定的租赁期等。

第二十九条 租赁变更未作为一项单独租赁进行会计处理的，在租赁变更生效日，承租人应当按照本准则第九条至第十二条的规定分摊变更后合同的对价，按照本准则第十五条的规定重新确定租赁期，并按照变更后租赁付款额和修订后的折现率计算的现值重新计量租赁负债。

在计算变更后租赁付款额的现值时，承租人应当采用剩余租赁期间的租赁内含利率作为修订后的折现率；无法确定剩余租赁期间的租赁内含利率的，应当采用租赁变更生效日的承租人增量借款利率作为修订后的折现率。租赁变更生效日，是指双方就租赁变更达成一致的日期。

租赁变更导致租赁范围缩小或租赁期缩短的，承租人应当相应调减使用权资产的账面价值，并将部分终止或完全终止租赁的相关利得或损失计入当期损益。其他租赁变更导致租赁负债重新计量的，承租人应当相应调整使用权资产的账面价值。

20.1.3.3 短期租赁和低价值资产租赁

第三十条 短期租赁，是指在租赁期开始日，租赁期不超过12个月的租赁。

包含购买选择权的租赁不属于短期租赁。

第三十一条 低价值资产租赁，是指单项租赁资产为全新资产时价值较低的租赁。

低价值资产租赁的判定仅与资产的绝对价值有关，不受承租人规模、性质或其他情况影响。低价值资产租赁还应当符合本准则第十条的规定。

承租人转租或预期转租租赁资产的，原租赁不属于低价值资产租赁。

第三十二条 对于短期租赁和低价值资产租赁，承租人可以选择不确认使用权资产和租赁负债。

作出该选择的,承租人应当将短期租赁和低价值资产租赁的租赁付款额,在租赁期内各个期间按照直线法或其他系统合理的方法计入相关资产成本或当期损益。其他系统合理的方法能够更好地反映承租人的受益模式的,承租人应当采用该方法。

第三十三条 对于短期租赁,承租人应当按照租赁资产的类别作出本准则第三十二条所述的会计处理选择。

对于低价值资产租赁,承租人可根据每项租赁的具体情况作出本准则第三十二条所述的会计处理选择。

第三十四条 按照本准则第三十二条进行简化处理的短期租赁发生租赁变更或者因租赁变更之外的原因导致租赁期发生变化的,承租人应当将其视为一项新租赁进行会计处理。

20.1.4 出租人的会计处理

20.1.4.1 出租人的租赁分类

第三十五条 出租人应当在租赁开始日将租赁分为融资租赁和经营租赁。

租赁开始日,是指租赁合同签署日与租赁各方就主要租赁条款作出承诺日中的较早者。

融资租赁,是指实质上转移了与租赁资产所有权有关的几乎全部风险和报酬的租赁。其所有权最终可能转移,也可能不转移。

经营租赁,是指除融资租赁以外的其他租赁。

在租赁开始日后,出租人无需对租赁的分类进行重新评估,除非发生租赁变更。租赁资产预计使用寿命、预计余值等会计估计变更或发生承租人违约等情况变化的,出租人不对租赁的分类进行重新评估。

第三十六条 一项租赁属于融资租赁还是经营租赁取决于交易的实质,而不是合同的形式。如果一项租赁实质上转移了与租赁资产所有权有关的几乎全部风险和报酬,出租人应当将该项租赁分类为融资租赁。

一项租赁存在下列一种或多种情形的,通常分类为融资租赁。

(一)在租赁期届满时,租赁资产的所有权转移给承租人。

(二)承租人有购买租赁资产的选择权,所订立的购买价款与预计行使选择权时租赁资产的公允价值相比足够低,因而在租赁开始日就可以合理确定承租人将行使该选择权。

(三)资产的所有权虽然不转移,但租赁期占租赁资产使用寿命的大部分。

(四)在租赁开始日,租赁收款额的现值几乎相当于租赁资产的公允价值。

(五)租赁资产性质特殊,如果不作较大改造,只有承租人才能使用。

一项租赁存在下列一项或多项迹象的,也可能分类为融资租赁。

(一)若承租人撤销租赁,撤销租赁对出租人造成的损失由承租人承担。

(二)资产余值的公允价值波动所产生的利得或损失归属于承租人。

(三)承租人有能力以远低于市场水平的租金继续租赁至下一期间。

第三十七条 转租出租人应当基于原租赁产生的使用权资产,而不是原租赁的标的资产,对转租赁进行分类。

但是,原租赁为短期租赁,且转租出租人应用本准则第三十二条对原租赁进行简化处理的，转租出租人应当将该转租赁分类为经营租赁。

20.1.4.2 出租人对融资租赁的会计处理

第三十八条 在租赁期开始日，出租人应当对融资租赁确认应收融资租赁款，并终止确认融资租赁资产。

出租人对应收融资租赁款进行初始计量时，应当以租赁投资净额作为应收融资租赁款的入账价值。

租赁投资净额为未担保余值和租赁期开始日尚未收到的租赁收款额按照租赁内含利率折现的现值之和。

租赁收款额，是指出租人因让渡在租赁期内使用租赁资产的权利而应向承租人收取的款项，包括：

（一）承租人需支付的固定付款额及实质固定付款额，存在租赁激励的，扣除租赁激励相关金额；

（二）取决于指数或比率的可变租赁付款额，该款项在初始计量时根据租赁期开始日的指数或比率确定；

（三）购买选择权的行权价格，前提是合理确定承租人将行使该选择权；

（四）承租人行使终止租赁选择权需支付的款项，前提是租赁期反映出承租人将行使终止租赁选择权；

（五）由承租人、与承租人有关的一方以及有经济能力履行担保义务的独立第三方向出租人提供的担保余值。

在转租的情况下，若转租的租赁内含利率无法确定，转租出租人可采用原租赁的折现率（根据与转租有关的初始直接费用进行调整）计量转租投资净额。

第三十九条 出租人应当按照固定的周期性利率计算并确认租赁期内各个期间的利息收入。该周期性利率，是按照本准则第三十八条规定所采用的折现率，或者按照本准则第四十四条规定所采用的修订后的折现率。

第四十条 出租人应当按照《企业会计准则第 22 号——金融工具确认和计量》和《企业会计准则第 23 号——金融资产转移》的规定，对应收融资租赁款的终止确认和减值进行会计处理。

出租人将应收融资租赁款或其所在的处置组划分为持有待售类别的，应当按照《企业会计准则第 42 号——持有待售的非流动资产、处置组和终止经营》进行会计处理。

第四十一条 出租人取得的未纳入租赁投资净额计量的可变租赁付款额应当在实际发生时计入当期损益。

第四十二条 生产商或经销商作为出租人的融资租赁，在租赁期开始日，该出租人应当按照租赁资产公允价值与租赁收款额按市场利率折现的现值两者孰低确认收入，并按照租赁资产账面价值扣除未担保余值的现值后的余额结转销售成本。

生产商或经销商出租人为取得融资租赁发生的成本，应当在租赁期开始日计入当期损益。

第四十三条 融资租赁发生变更且同时符合下列条件的，出租人应当将该变更作为一项单独租赁进行会计处理：

（一）该变更通过增加一项或多项租赁资产的使用权而扩大了租赁范围；

（二）增加的对价与租赁范围扩大部分的单独价格按该合同情况调整后的金额相当。

第四十四条 融资租赁的变更未作为一项单独租赁进行会计处理的，出租人应当分别下列情形对变更后的租赁进行处理：

（一）假如变更在租赁开始日生效，该租赁会被分类为经营租赁的，出租人应当自租赁变更生效日开始将其作为一项新租赁进行会计处理，并以租赁变更生效日前的租赁投资净额作为租赁资产的账面价值；

（二）假如变更在租赁开始日生效，该租赁会被分类为融资租赁的，出租人应当按照《企业会计准则第22号——金融工具确认和计量》关于修改或重新议定合同的规定进行会计处理。

20.1.4.3 出租人对经营租赁的会计处理

第四十五条 在租赁期内各个期间，出租人应当采用直线法或其他系统合理的方法，将经营租赁的租赁收款额确认为租金收入。其他系统合理的方法能够更好地反映因使用租赁资产所产生经济利益的消耗模式的，出租人应当采用该方法。

第四十六条 出租人发生的与经营租赁有关的初始直接费用应当资本化，在租赁期内按照与租金收入确认相同的基础进行分摊，分期计入当期损益。

第四十七条 对于经营租赁资产中的固定资产，出租人应当采用类似资产的折旧政策计提折旧；对于其他经营租赁资产，应当根据该资产适用的企业会计准则，采用系统合理的方法进行摊销。

出租人应当按照《企业会计准则第8号——资产减值》的规定，确定经营租赁资产是否发生减值，并进行相应会计处理。

第四十八条 出租人取得的与经营租赁有关的未计入租赁收款额的可变租赁付款额，应当在实际发生时计入当期损益。

第四十九条 经营租赁发生变更的，出租人应当自变更生效日起将其作为一项新租赁进行会计处理，与变更前租赁有关的预收或应收租赁收款额应当视为新租赁的收款额。

20.1.5 售后租回交易

第五十条 承租人和出租人应当按照《企业会计准则第14号——收入》的规定，评估确定售后租回交易中的资产转让是否属于销售。

第五十一条 售后租回交易中的资产转让属于销售的，承租人应当按原资产账面价值中与租回获得的使用权有关的部分，计量售后租回所形成的使用权资产，并仅就转让至出租人的权利确认相关利得或损失；出租人应当根据其他适用的企业会计准则对资产购买进行会计处理，并根据本准则对资产出租进行会计处理。

如果销售对价的公允价值与资产的公允价值不同，或者出租人未按市场价格收取租金，则企业应当将销售对价低于市场价格的款项作为预付租金进行会计处理，将高于市场价格的款项作为出租人向承租人提供的额外融资进行会计处理；同时，承租人按照公允价值调整相关销售利得或损失，出租人按市场价格调整租金收入。

在进行上述调整时，企业应当基于以下两者中更易于确定的项目：销售对价的公允价值与资产公允价值之间的差额、租赁合同中付款额的现值与按租赁市价计算的付款额现值之间的差额。

第五十二条 售后租回交易中的资产转让不属于销售的，承租人应当继续确认被转让资产，同时确认一项与转让收入等额的金融负债，并按照《企业会计准则第 22 号——金融工具确认和计量》对该金融负债进行会计处理；出租人不确认被转让资产，但应当确认一项与转让收入等额的金融资产，并按照《企业会计准则第 22 号——金融工具确认和计量》对该金融资产进行会计处理。

20.1.6 列报

20.1.6.1 承租人的列报

第五十三条 承租人应当在资产负债表中单独列示使用权资产和租赁负债。其中，租赁负债通常分别非流动负债和一年内到期的非流动负债列示。

在利润表中，承租人应当分别列示租赁负债的利息费用与使用权资产的折旧费用。租赁负债的利息费用在财务费用项目列示。

在现金流量表中，偿还租赁负债本金和利息所支付的现金应当计入筹资活动现金流出，支付的按本准则第三十二条简化处理的短期租赁付款额和低价值资产租赁付款额以及未纳入租赁负债计量的可变租赁付款额应当计入经营活动现金流出。

第五十四条 承租人应当在附注中披露与租赁有关的下列信息：

（一）各类使用权资产的期初余额、本期增加额、期末余额以及累计折旧额和减值金额；

（二）租赁负债的利息费用；

（三）计入当期损益的按本准则第三十二条简化处理的短期租赁费用和低价值资产租赁费用；

（四）未纳入租赁负债计量的可变租赁付款额；

（五）转租使用权资产取得的收入；

（六）与租赁相关的总现金流出；

（七）售后租回交易产生的相关损益；

（八）其他按照《企业会计准则第 37 号——金融工具列报》应当披露的有关租赁负债的信息。

承租人应用本准则第三十二条对短期租赁和低价值资产租赁进行简化处理的，应当披露这一事实。

第五十五条 承租人应当根据理解财务报表的需要，披露有关租赁活动的其他定性和定量信息。此类信息包括：

（一）租赁活动的性质，如对租赁活动基本情况的描述；

（二）未纳入租赁负债计量的未来潜在现金流出；

（三）租赁导致的限制或承诺；

（四）售后租回交易除第五十四条第（七）项之外的其他信息；

（五）其他相关信息。

20.1.6.2 出租人的列报

第五十六条 出租人应当根据资产的性质，在资产负债表中列示经营租赁资产。

第五十七条 出租人应当在附注中披露与融资租赁有关的下列信息：

（一）销售损益、租赁投资净额的融资收益以及与未纳入租赁投资净额的可变租赁付款额相关的收入；

（二）资产负债表日后连续五个会计年度每年将收到的未折现租赁收款额，以及剩余年度将收到的未折现租赁收款额总额；

（三）未折现租赁收款额与租赁投资净额的调节表。

第五十八条 出租人应当在附注中披露与经营租赁有关的下列信息：

（一）租赁收入，并单独披露与未计入租赁收款额的可变租赁付款额相关的收入；

（二）将经营租赁固定资产与出租人持有自用的固定资产分开，并按经营租赁固定资产的类别提供《企业会计准则第 4 号——固定资产》要求披露的信息；

（三）资产负债表日后连续五个会计年度每年将收到的未折现租赁收款额，以及剩余年度将收到的未折现租赁收款额总额。

第五十九条 出租人应当根据理解财务报表的需要，披露有关租赁活动的其他定性和定量信息。此类信息包括：

（一）租赁活动的性质，如对租赁活动基本情况的描述；

（二）对其在租赁资产中保留的权利进行风险管理的情况；

（三）其他相关信息。

20.1.7 衔接规定

第六十条 对于首次执行日前已存在的合同，企业在首次执行日可以选择不重新评估其是否为租赁或者包含租赁。选择不重新评估的，企业应当在财务报表附注中披露这一事实，并一致应用于前述所有合同。

第六十一条 承租人应当选择下列方法之一对租赁进行衔接会计处理，并一致应用于其作为承租人的所有租赁。

（一）按照《企业会计准则第 28 号——会计政策、会计估计变更和差错更正》的规定采用追溯调整法处理。

（二）根据首次执行本准则的累积影响数，调整首次执行本准则当年年初留存收益及财务报表其他相关项目金额，不调整可比期间信息。采用该方法时，应当按照下列规定进行衔接处理。

1. 对于首次执行日前的融资租赁，承租人在首次执行日应当按照融资租入资产和应付融资租赁款的原账面价值，分别计量使用权资产和租赁负债。

2. 对于首次执行日前的经营租赁，承租人在首次执行日应当根据剩余租赁付款额按首次执行日承租人增量借款利率折现的现值计量租赁负债，并根据每项租赁选择按照下列两者之一计量使用权资产：

（1）假设自租赁期开始日即采用本准则的账面价值（采用首次执行日的承租人增量借款利率作为折现率）；

（2）与租赁负债相等的金额，并根据预付租金进行必要调整。

3. 在首次执行日，承租人应当按照《企业会计准则第 8 号——资产减值》的规定，对使用权资产进行减值测试并进行相应会计处理。

第六十二条 首次执行日前的经营租赁中，租赁资产属于低价值资产且根据本准则第三十二条的规定选择不确认使用权资产和租赁负债的，承租人无需对该经营租赁按照衔接规定进行调整，应当自首次执行日起按照本准则进行会计处理。

第六十三条 承租人采用本准则第六十一条第（二）项进行衔接会计处理时，对于首次执行日前的经营租赁，可根据每项租赁采用下列一项或多项简化处理。

1. 将于首次执行日后 12 个月内完成的租赁，可作为短期租赁处理。

2. 计量租赁负债时，具有相似特征的租赁可采用同一折现率；使用权资产的计量可不包含初始直接费用。

3. 存在续租选择权或终止租赁选择权的，承租人可根据首次执行日前选择权的实际行使及其他最新情况确定租赁期，无需对首次执行日前各期间是否合理确定行使续租选择权或终止租赁选择权进行估计。

4. 作为使用权资产减值测试的替代，承租人可根据《企业会计准则第 13 号——或有事项》评估包含租赁的合同在首次执行日前是否为亏损合同，并根据首次执行日前计入资产负债表的亏损准备金额调整使用权资产。

5. 首次执行本准则当年年初之前发生租赁变更的，承租人无需按照本准则第二十八条、第二十九条的规定对租赁变更进行追溯调整，而是根据租赁变更的最终安排，按照本准则进行会计处理。

第六十四条 承租人采用本准则第六十三条规定的简化处理方法的，应当在财务报表附注中披露所采用的简化处理方法以及在合理可能的范围内对采用每项简化处理方法的估计影响所作的定性分析。

第六十五条 对于首次执行日前划分为经营租赁且在首次执行日后仍存续的转租赁，转租出租人在首次执行日应当基于原租赁和转租赁的剩余合同期限和条款进行重新评估，并按照本准则的规定进行分类。按照本准则重分类为融资租赁的，应当将其作为一项新的融资租赁进行会计处理。

除前款所述情形外，出租人无需对其作为出租人的租赁按照衔接规定进行调整，而应当自首次执行日起按照本准则进行会计处理。

第六十六条 对于首次执行日前已存在的售后租回交易，企业在首次执行日不重新评估资产转让是否符合《企业会计准则第 14 号——收入》作为销售进行会计处理的规定。

对于首次执行日前应当作为销售和融资租赁进行会计处理的售后租回交易，卖方（承租人）应当按照与首次执行日存在的其他融资租赁相同的方法对租回进行会计处理，并继续在租赁期内摊销相关递延收益或损失。

对于首次执行日前应当作为销售和经营租赁进行会计处理的售后租回交易，卖方（承租人)应当按照与首次执行日存在的其他经营租赁相同的方法对租回进行会计处理,并根据首次执行日前计入资产负债表的相关递延收益或损失调整使用权资产。

第六十七条 承租人选择按照本准则第六十一条第(二)项规定对租赁进行衔接会计处理的,还应当在首次执行日披露以下信息:

(1)首次执行日计入资产负债表的租赁负债所采用的承租人增量借款利率的加权平均值;

(2)首次执行日前一年度报告期末披露的重大经营租赁的尚未支付的最低租赁付款额按首次执行日承租人增量借款利率折现的现值,与计入首次执行日资产负债表的租赁负债的差额。

20.1.8 附则

第六十八条 本准则自 2019 年 1 月 1 日起施行。

20.2 《企业会计准则第 21 号——租赁》应用指南

20.2.1 总体要求

《企业会计准则第 21 号——租赁(修订)》(以下简称"本准则")规范了租赁的确认、计量和相关信息的列报。本准则明确了租赁的定义和识别标准,并分别承租人和出租人对租赁业务的会计处理进行了规定。

租赁,是指在一定期间内,出租人将资产的使用权让与承租人以获取对价的合同。与原准则相比,承租人会计处理不再区分经营租赁和融资租赁,而是采用单一的会计处理模型,也就是说,除采用简化处理的短期租赁和低价值资产租赁外,对所有租赁均确认使用权资产和租赁负债,参照固定资产准则对使用权资产计提折旧,采用固定的周期性利率确认每期利息费用。本准则仍将出租人租赁分为融资租赁和经营租赁两大类,并分别规定了不同的会计处理方法。

企业应基于单项租赁应用本准则规范进行会计处理。为便于实务操作,如果企业能够合理预计,将本准则规定应用于具有类似特征的租赁组合与应用于该组合中的各单项租赁相比,不会对财务报表产生显著不同的影响,则企业可将本准则应用于该租赁组合。此时,企业应当采用能够反映该组合规模和构成的估计和假设。

20.2.2 适用范围

本准则适用于所有租赁,但下列各项除外:一是承租人通过许可使用协议取得的电影、录像、剧本、文稿等版权、专利等项目的权利,以及以出让、划拨或转让方式取得的土地使用权,适用无形资产准则;二是出租人授予的知识产权许可,适用收入准则;三是勘探或使用矿产、石油、天然气及类似不可再生资源的租赁,适用其他相关准则;四是承租人承租生物资产,适用其他相关准则;五是采用建设经营移交等方式参与公共基础设施建设、运营的特许经营权合同,适用其他相关准则和规定。

20.2.3 应设置的相关会计科目和主要账务处理

企业通常应当设置以下科目，正确记录和反映企业发生的租赁业务。本部分仅涉及适用于本准则进行会计处理时需要设置的主要会计科目、相关会计科目的主要核算内容以及通常情况下的账务处理。企业在进行具体会计处理时需依据本准则规定对相关事项判断并确定适用的会计处理方法。企业在不违反会计准则确认、计量和报告规定的前提下，可以根据本企业的实际情况自行增设、分拆、合并会计科目。对于明细科目，企业可以比照本部分的规定自行设置。

（一）承租人使用的相关会计科目。

1."使用权资产"。

（1）本科目核算承租人持有的使用权资产的原价。

（2）本科目可按租赁资产的类别和项目进行明细核算。

（3）主要账务处理。

①在租赁期开始日，承租人应当按成本借记本科目，按尚未支付的租赁付款额的现值贷记"租赁负债"科目；对于租赁期开始日之前支付租赁付款额的（扣除已享受的租赁激励），贷记"预付款项"等科目；按发生的初始直接费用，贷记"银行存款"等科目；按预计将发生的为拆卸及移除租赁资产、复原租赁资产所在场地或将租赁资产恢复至租赁条款约定状态等成本的现值，贷记"预计负债"科目。

②在租赁期开始日后，承租人按变动后的租赁付款额的现值重新计量租赁负债的，当租赁负债增加时，应当按增加额借记本科目，贷记"租赁负债"科目；除下述③中的情形外，当租赁负债减少时，应当按减少额借记"租赁负债"科目，贷记本科目；若使用权资产的账面价值已调减至零，应当按仍需进一步调减的租赁负债金额，借记"租赁负债"科目，贷记"制造费用""销售费用""管理费用""研发支出"等科目。

③租赁变更导致租赁范围缩小或租赁期缩短的，承租人应当按缩小或缩短的相应比例，借记"租赁负债""使用权资产累计折旧""使用权资产减值准备"科目，贷记本科目，差额借记或贷记"资产处置损益"科目。

④企业转租使用权资产形成融资租赁的，应当借记"应收融资租赁款""使用权资产累计折旧""使用权资产减值准备"科目，贷记本科目，差额借记或贷记"资产处置损益"科目。

（4）本科目期末借方余额，反映承租人使用权资产的原价。

（5）承租人应当在资产负债表中单独列示"使用权资产"项目。

2."使用权资产累计折旧"。

（1）本科目核算使用权资产的累计折旧。

（2）本科目可按租赁资产的类别和项目进行明细核算。

（3）主要账务处理。

①承租人通常应当自租赁期开始日起按月计提使用权资产的折旧，借记"营业成本""制造费用""销售费用""管理费用""研发支出"等科目，贷记本科目。当月计提确有困

难的，也可从下月起计提折旧，并在附注中予以披露。

②因租赁范围缩小、租赁期缩短或转租等原因减记或终止确认使用权资产时，承租人应同时结转相应的使用权资产累计折旧。

（4）本科目期末贷方余额，反映使用权资产的累计折旧额。

3."使用权资产减值准备"。

（1）本科目核算使用权资产的减值准备。

（2）本科目可按租赁资产的类别和项目进行明细核算。

（3）主要账务处理。

①使用权资产发生减值的，按应减记的金额，借记"资产减值损失"科目，贷记本科目。

②因租赁范围缩小、租赁期缩短或转租等原因减记或终止确认使用权资产时，承租人应同时结转相应的使用权资产累计减值准备。

（4）使用权资产减值准备一旦计提，不得转回。

（5）本科目期末贷方余额，反映使用权资产的累计减值准备金额。

4."租赁负债"。

（1）本科目核算承租人尚未支付的租赁付款额的现值。

（2）本科目可分别设置"租赁付款额""未确认融资费用"等明细科目，进行明细核算。

（3）主要账务处理。

①在租赁期开始日，承租人应当按尚未支付的租赁付款额，贷记"租赁负债——租赁付款额"科目；按尚未支付的租赁付款额的现值，借记"使用权资产"科目；按尚未支付的租赁付款额与其现值的差额，借记"租赁负债——未确认融资费用"科目。

②承租人在确认租赁期内各个期间的利息时，应当借记"财务费用——利息费用""在建工程"等科目，贷记"租赁负债——未确认融资费用"科目。

③承租人支付租赁付款额时，应当借记"租赁负债——租赁付款额"等科目，贷记"银行存款"等科目。

④在租赁期开始日后，承租人按变动后的租赁付款额的现值重新计量租赁负债的，当租赁负债增加时，应当按租赁付款额现值的增加额，借记"使用权资产"科目，按租赁付款额的增加额，贷记"租赁负债——租赁付款额"科目，按其差额，借记"租赁负债——未确认融资费用"科目；除下述⑤中的情形外，当租赁负债减少时，应当按租赁付款额的减少额，借记"租赁负债——租赁付款额"科目，按租赁付款额现值的减少额，贷记"使用权资产"科目，按其差额，贷记"租赁负债——未确认融资费用"科目；若使用权资产的账面价值已调减至零，应当按仍需进一步调减的租赁付款额借记"租赁负债——租赁付款额"科目，按仍需进一步调减的租赁付款额现值贷记"营业成本""制造费用""销售费用""管理费用""研发支出"等科目，按其差额，贷记"租赁负债——未确认融资费用"科目。

⑤租赁变更导致租赁范围缩小或租赁期缩短的，承租人应当按缩小或缩短的相应比例，借记"租赁负债——租赁付款额""使用权资产累计折旧""使用权资产减值准备"科目，贷记"租赁负债——未确认融资费用""使用权资产"科目，差额借记或贷记"资产处置损益"

科目。

(4) 本科目的期末贷方余额，反映承租人尚未支付的租赁付款额的现值。

(二) 出租人使用的相关会计科目。

1."融资租赁资产"科目。

(1) 本科目核算租赁企业作为出租人为开展融资租赁业务取得资产的成本。租赁业务不多的企业，也可通过"固定资产"等科目核算。租赁企业和其他企业对于融资租赁资产在未融资租赁期间的会计处理遵循固定资产准则或其他适用的会计准则。

(2) 本科目可按租赁资产类别和项目进行明细核算。

(3) 主要账务处理。

①出租人购入和以其他方式取得融资租赁资产的，借记本科目，贷记"银行存款"等科目。

②在租赁期开始日，出租人应当按尚未收到的租赁收款额，借记"应收融资租赁款——租赁收款额"科目，按预计租赁期结束时的未担保余值，借记"应收融资租赁款——未担保余值"科目，按已经收取的租赁款，借记"银行存款"等科目，按融资租赁方式租出资产的账面价值，贷记本科目；融资租赁方式租出资产的公允价值与账面价值的差额，借记或贷记"资产处置损益"科目；按发生的初始直接费用，贷记"银行存款"等科目；差额贷记"应收融资租赁款——未实现融资收益"科目。

(4) 本科目期末借方余额，反映企业融资租赁资产的成本。

2."应收融资租赁款"科目。

(1) 本科目核算出租人融资租赁产生的租赁投资净额。

(2) 本科目可分别设置"租赁收款额""未实现融资收益""未担保余值"等明细科目，进行明细核算。租赁业务较多的，出租人还可以在"租赁收款额"明细科目下进一步设置明细科目核算。

(3) 主要账务处理。

①在租赁期开始日，出租人应当按尚未收到的租赁收款额，借记"应收融资租赁款——租赁收款额"科目，按预计租赁期结束时的未担保余值，借记"应收融资租赁款——未担保余值"科目，按已经收取的租赁款，借记"银行存款"等科目，按融资租赁方式租出资产的账面价值，贷记"融资租赁资产"等科目，按融资租赁方式租出资产的公允价值与其账面价值的差额，借记或贷记"资产处置损益"科目，按发生的初始直接费用，贷记"银行存款"等科目，差额贷记"应收融资租赁款——未实现融资收益"科目。

企业认为有必要对发生的初始直接费用进行单独核算的，也可以按照发生的初始直接费用的金额，借记"应收融资租赁款——初始直接费用"科目，贷记"银行存款"等科目；然后借记"应收融资租赁款——未实现融资收益"科目，贷记"应收融资租赁款——初始直接费用"科目。

②出租人在确认租赁期内各个期间的利息收入时，应当借记"应收融资租赁款——未实现融资收益"科目，贷记"租赁收入——利息收入""其他业务收入"等科目。

③出租人收到租赁收款额时，应当借记"银行存款"科目，贷记"应收融资租赁款——

租赁收款额"科目。

（4）本科目的期末借方余额，反映未担保余值和尚未收到的租赁收款额的现值之和。

（5）本科目余额在"长期应收款"项目中填列，其中，自资产负债表日起一年内（含一年）到期的，在"一年内到期的非流动资产"项目中填列。出租业务较多的出租人，也可在"长期应收款"项目下单独列示为"其中：应收融资租赁款"。

3."应收融资租赁款减值准备"科目。

（1）本科目核算应收融资租赁款的减值准备。

（2）主要账务处理。

应收融资租赁款的预期信用损失，按应减记的金额，借记"信用减值损失"科目，贷记本科目。转回已计提的减值准备时，做相反的会计分录。

（3）本科目期末贷方余额，反映应收融资租赁款的累计减值准备金额。

4."租赁收入"科目。

（1）本科目核算租赁企业作为出租人确认的融资租赁和经营租赁的租赁收入。一般企业根据自身业务特点确定租赁收入的核算科目，如"其他业务收入"等。

（2）本科目可按租赁资产类别和项目进行明细核算。

（3）主要账务处理。

①出租人在经营租赁下，将租赁收款额采用直线法或其他系统合理的方法在租赁期内进行分摊确认时，应当借记"银行存款""应收账款"等科目，贷记"租赁收入——经营租赁收入"科目。

出租人在融资租赁下，在确认租赁期内各个期间的利息收入时，应当借记"应收融资租赁款——未实现融资收益"科目，贷记"租赁收入——利息收入""其他业务收入"等科目。出租人为金融企业的，在融资租赁下，在确认租赁期内各个期间的利息收入时，应当借记"应收融资租赁款——未实现融资收益"科目，贷记"利息收入"等科目。

②出租人确认未计入租赁收款额的可变租赁付款额时，应当借记"银行存款""应收账款"等科目，贷记"租赁收入——可变租赁付款额"科目。

（4）期末，应将本科目余额转入"本年利润"科目，结转后本科目无余额。

对于日常经营活动为租赁的企业，其利息收入和租赁收入可以作为营业收入列报。

20.2.4　租赁的识别

（一）租赁的定义。

在合同开始日，企业应当评估合同是否为租赁或者包含租赁。租赁，是指在一定期间内，出租人将资产的使用权让与承租人以获取对价的合同。如果合同一方让渡了在一定期间内控制一项或多项已识别资产使用的权利以换取对价，则该合同为租赁或者包含租赁。

一项合同要被分类为租赁，必须要满足三要素：一是存在一定期间；二是存在已识别资产；三是资产供应方向客户转移对已识别资产使用权的控制。

在合同中，"一定期间"也可以表述为已识别资产的使用量，例如，某项设备的产出量。如果客户有权在部分合同期内控制已识别资产的使用，则合同包含一项在该部分合同期间的租赁。

企业应当就合同进行评估，判断其是否为租赁或包含租赁。本准则规定，同时符合下列条件的，使用已识别资产的权利构成一项单独租赁：（1）承租人可从单独使用该资产或将其与易于获得的其他资源一起使用中获利；（2）该资产与合同中的其他资产不存在高度依赖或高度关联关系。

另外，接受商品或服务的合同可能由合营安排或合营安排的代表签订（合营安排的定义参见《企业会计准则第40号——合营安排》）。在这种情况下，企业评估合同是否包含一项租赁时，应将整个合营安排视为该合同中的客户，评估该合营安排是否在使用期间有权控制已识别资产的使用。

除非合同条款或条件发生变化，企业无需重新评估合同是否为租赁或者是否包含租赁。

（二）已识别资产。

1. 对资产的指定。

按照本准则第六条，已识别资产通常由合同明确指定，也可以在资产可供客户使用时隐性指定。

【例20-1】对资产的隐形指定

甲公司（客户）与乙公司（供应方）签订了使用乙公司一节火车车厢的5年期合同。该车厢专为用于运输甲公司生产过程中使用的特殊材料而设计，未经重大改造不适合其他客户使用。合同中没有明确指定轨道车辆（例如，通过序列号），但是乙公司仅拥有一节适合客户甲公司使用的火车车厢。如果车厢不能正常工作，合同要求乙公司修理或更换车厢。

分析：具体哪节火车车厢虽未在合同中明确指定，但是被隐含指定，因为乙公司仅拥有一节适合客户甲公司使用的火车车厢，必须使用其来履行合同，乙公司无法自由替换该车厢。因此，火车车厢是一项已识别资产。

2. 物理可区分。

如果资产的部分产能在物理上可区分（例如，建筑物的一层），则该部分产能属于已识别资产。如果资产的某部分产能与其他部分在物理上不可区分（例如，光缆的部分容量），则该部分不属于已识别资产，除非其实质上代表该资产的全部产能，从而使客户获得因使用该资产所产生的几乎全部经济利益的权利。

【例20-2】如何判定资产是否物理可区分

情形1：甲公司（客户）与乙公司（公用设施公司）签订了一份为期15年的合同，以取得连接A、B城市光缆中三条指定的物理上可区分的光纤使用权。若光纤损坏，乙公司应负责修理和维护。乙公司拥有额外的光纤，但仅可因修理、维护或故障等原因替换指定给甲公司使用的光纤。

情形2：甲公司与乙公司签订了一份为期15年的合同，以取得连接A、B城市光缆中约定带宽的光纤使用权。甲公司约定的带宽相当于使用光缆中三条光纤的全部传输容量（乙公司光缆包含15条传输容量相近的光纤）。

分析：情形1下，合同明确指定了三条光纤，并且这些光纤与光缆中的其他光纤在物理上可区分，乙公司不可因修理、维护或故障以外的原因替换光纤，因此情形1中存在三条已识别光纤。

情形2下，甲公司仅使用光缆的部分传输容量，提供给甲公司使用的光纤与其余光纤在物理上不可区分，且不代表光缆的几乎全部传输容量，因此情形2中不存在已识别资产。

3. 实质性替换权。

按照本准则第六条，即使合同已对资产进行指定，如果资产供应方在整个使用期间拥有对该资产的实质性替换权，则该资产不属于已识别资产。其原因在于，如果资产供应方在整个使用期间均能自由替换合同资产，那么实际上，合同只规定了满足客户需求的一类资产，而不是被唯一识别出的一项或几项资产。也就是说，在这种情况下，合同资产并未和资产供应方的同类其他资产明确区分开来，并未被识别出来。

同时符合下列条件时，表明资产供应方拥有资产的实质性替换权。

（1）资产供应方拥有在整个使用期间替换资产的实际能力。

例如，客户无法阻止供应方替换资产，且用于替换的资产对于资产供应方而言易于获得或者可以在合理期间内取得。

（2）资产供应方通过行使替换资产的权利将获得经济利益。即替换资产的预期经济利益将超过替换资产所需成本。

需要注意的是，如果合同仅赋予资产供应方在特定日期或者特定事件发生日或之后拥有替换资产的权利或义务，考虑到资产供应方没有在整个使用期间替换资产的实际能力，资产供应方的替换权不具有实质性。

企业在评估资产供应方的替换权是否为实质性权利时，应基于合同开始日的事实和情况，而不应考虑在合同开始日企业认为不可能发生的未来事件，例如：①未来某个客户为使用该资产同意支付高于市价的价格；②引入了在合同开始日尚未实质开发的新技术；③客户对资产的实际使用或资产实际性能与在合同开始日认为可能的使用或性能存在重大差异；④使用期间资产市价与合同开始日认为可能的市价存在重大差异。

与资产位于资产供应方所在地相比，如果资产位于客户所在地或其他位置，替换资产所需要的成本更有可能超过其所能获取的利益。资产供应方在资产运行结果不佳或者进行技术升级的情况下，因修理和维护而替换资产的权利或义务不属于实质性替换权。

企业难以确定资产供应方是否拥有实质性替换权的，应视为资产供应方没有对该资产的实质性替换权。

【例20-3】对实质性替换权判定情形1

甲公司（客户）与乙公司（供应方）签订合同，合同要求乙公司在5年内按照约定的时间表使用指定型号的火车车厢为甲公司运输约定数量的货物。合同中约定的时间表和货物数量相当于甲公司在5年内有权使用10节指定型号火车车厢。合同规定了所运输货物的性质。乙公司有大量类似的车厢可以满足合同要求。车厢不用于运输货物时存放在乙公司处。

分析：（1）乙公司在整个使用期间有替换每节车厢的实际能力。用于替换的车厢是乙公司易于获得的，且无需甲公司批准即可替换。

(2) 乙公司可通过替换车厢获得经济利益。车厢存放在乙公司处，乙公司拥有大量类似的车厢，替换每节车厢的成本极小，乙公司可以通过替换车厢获益，例如，使用已位于任务所在地的车厢执行任务，或利用某客户未使用而闲置的车厢。

因此，乙公司拥有车厢的实质性替换权，合同中用于运输甲公司货物的车厢不属于已识别资产。

【例20-4】对实质性替换权判定情形2

甲公司是一家便利店运营公司，与某机场运营商乙公司签订了使用机场内某处商业区域销售商品的3年期合同。合同规定了商业区域的面积，商业区域可以位于机场内的任一登机区域，乙公司有权在整个使用期间随时调整分配给甲公司的商业区域位置。甲公司使用易于移动的自有售货亭销售商品。机场内有很多符合合同规定的区域可供甲公司使用。

分析：(1) 乙公司在整个使用期间有变更甲公司使用的商业区域的实际能力。机场内有许多区域符合合同规定的商业区域，乙公司有权随时将甲公司使用的商业区域的位置变更至其他区域，且无需甲公司批准。(2) 乙公司通过替换商业区域将获得经济利益。因为售货亭易于移动，所以乙公司变更甲公司所使用商业区域的成本极小。乙公司能够根据情况变化最有效地利用机场登机区域，因此乙公司能够通过替换机场内的商业区域获益。甲公司控制的是自有的售货亭，而合同约定的是机场内的商业区域，乙公司可随意变更该商业区域，因此乙公司有替换甲公司所使用商业区域的实质性权利。

因此，尽管合同具体规定了甲公司使用的商业区域的面积，但合同中不存在已识别资产。

【例20-5】对实质性替换权判定情形3

甲公司（客户）与乙公司（供应方）签订了使用一架指定飞机的两年期合同，合同详细规定了飞机的内、外部规格。合同规定，乙公司在两年合同期内可以随时替换飞机，在飞机出现故障时则必须替换飞机；无论哪种情况下，所替换的飞机必须符合合同中规定的内、外部规格。在乙公司的机队中配备符合甲公司要求规格的飞机所需成本较大。

分析：本例中，合同明确指定了飞机，尽管合同允许乙公司替换飞机，但配备另一架符合合同要求规格的飞机会发生高昂的成本，乙公司不会因替换飞机而获益，因此乙公司的替换权不具有实质性。本例中存在已识别资产。

(三) 客户是否控制已识别资产使用权的判断。

本准则第五条规定，为确定合同是否让渡了在一定期间内控制已识别资产使用的权利，企业应当评估合同中的客户是否有权获得在使用期间因使用已识别资产所产生的几乎全部经济利益，并有权在该使用期间主导已识别资产的使用。

1. 客户是否有权获得因使用资产所产生的几乎全部经济利益。

在评估客户是否有权获得因使用已识别资产所产生的几乎全部经济利益时，企业应当在约定的客户权利范围内考虑其所产生的经济利益。

例如：(1) 如果合同规定汽车在使用期间仅限在某一特定区域使用，则企业应当仅考虑在该区域内使用汽车所产生的经济利益，而不包括在该区域外使用汽车所产生的经济利益；(2) 如果合同规定客户在使用期间仅能在特定里程范围内驾驶汽车，则企业应当仅考虑在允许的里程范围内使用汽车所产生的经济利益,而不包括超出该里程范围使用汽车所产生的经济利益。

为了控制已识别资产的使用,客户应当有权获得整个使用期间使用该资产所产生的几乎全部经济利益(例如,在整个使用期间独家使用该资产)。客户可以通过多种方式直接或间接获得使用资产所产生的经济利益,例如,通过使用、持有或转租资产。使用资产所产生的经济利益包括资产的主要产出和副产品(包括来源于这些项目的潜在现金流量)以及通过与第三方之间的商业交易实现的其他经济利益。

如果合同规定客户应向资产供应方或另一方支付因使用资产所产生的部分现金流量作为对价,该现金流量仍应视为客户因使用资产而获得的经济利益的一部分。例如,如果客户因使用零售区域需向供应方支付零售收入的一定比例作为对价,该条款本身并不妨碍客户拥有获得使用零售区域所产生的几乎全部经济利益的权利。因为零售收入所产生的现金流量是客户使用零售区域而获得的经济利益,而客户支付给零售区域供应方的部分现金流量是使用零售区域的权利的对价。

2. 客户是否有权主导资产的使用。

按照本准则第八条,存在下列情形之一的,可视为客户有权主导对已识别资产在整个使用期间的使用:

(1)客户有权在整个使用期间主导已识别资产的使用目的和使用方式;

(2)已识别资产的使用目的和使用方式在使用期间前已预先确定,并且客户有权在整个使用期间自行或主导他人按照其确定的方式运营该资产,或者客户设计了已识别资产(或资产的特定方面)并在设计时已预先确定了该资产在整个使用期间的使用目的和使用方式。

关于上述第一种情况,如果客户有权在整个使用期间在合同界定的使用权范围内改变资产的使用目的和使用方式,则视为客户有权在该使用期间主导资产的使用目的和使用方式。在判断客户是否有权在整个使用期间主导已识别资产的使用目的和使用方式时,企业应当考虑在该使用期间与改变资产的使用目的和使用方式最为相关的决策权。相关决策权是指对使用资产所产生的经济利益产生影响的决策权。最为相关的决策权可能因资产性质、合同条款和条件的不同而不同。此类例子包括:①变更资产产出类型的权利。例如,决定将集装箱用于运输商品还是储存商品,或者决定在零售区域销售的产品组合。②变更资产的产出时间的权利。例如,决定机器或发电厂的运行时间。③变更资产的产出地点的权利。例如,决定卡车或船舶的目的地,或者决定设备的使用地点。④变更资产是否产出以及产出数量的权利。例如,决定是否使用发电厂发电以及发电量的多少。

某些决策权并未授予客户改变资产的使用目的和使用方式的权利,例如,在资产的使用目的和使用方式未预先确定的情况下,客户仅拥有运行或维护资产的权利。这些决策权对于资产的高效使用通常是必要的,但它们往往取决于有关资产使用目的和使用方式,而并非主导资产的使用目的和使用方式的权利。

关于上述第二种情况,与资产使用目的和使用方式相关的决策可以通过很多方式预先确定,例如,通过设计资产或在合同中对资产的使用做出限制来预先确定相关决策。

【例20-6】客户是否有权主导资产的使用的判定情形1

甲公司（客户）与乙公司（供应方）就使用一辆卡车在一周时间将货物从A地运至B地签订了合同。根据合同，乙公司只提供卡车、发运及到货的时间和站点，甲公司负责派人驾车自甲地到乙地。合同中明确指定了卡车，并规定在合同期内该卡车只允许用于运输合同中指定的货物，乙公司没有替换权。合同规定了卡车可行驶的最大里程。甲公司可在合同规定的范围内选择具体的行驶速度、路线、停车休息地点等。甲公司在指定里程完成后无权继续使用这辆卡车。

分析：本例中，合同明确指定了一辆卡车，且乙公司无权替换，因此合同存在已识别资产。合同预先确定了卡车的使用目的和使用方式，即在规定时间内将指定货物从甲地运至乙地。甲公司有权在整个使用期间操作卡车（如决定行驶速度、路线、停车休息地点），因此甲公司主导了卡车的使用，甲公司通过控制卡车的操作在整个使用期间全权决定卡车的使用。

【例20-7】客户是否有权主导资产的使用的判定情形2

甲公司（客户）与乙公司（供应方）签订了购买某一新太阳能电厂20年内生产的全部电力的合同。合同明确指定了太阳能电厂，且乙公司没有替换权。太阳能电厂的产权归乙公司所有，乙公司不能通过其他电厂向甲公司供电。太阳能电厂在建造之前由甲公司设计，甲公司聘请了太阳能专家协助其确定太阳能电厂的选址和设备工程。乙公司负责按照甲公司的设计建造太阳能电厂，并负责电厂的运行和维护。关于是否发电、发电时间和发电量无需再进行决策，该项资产在设计时已经预先确定了这些决策。

分析：本例中，合同明确指定了太阳能电厂，且乙公司无权替换，因此合同存在已识别资产。由于太阳能电厂使用目的、使用方式等相关决策在太阳能电厂设计时已预先确定，因此，尽管太阳能电厂的运营由乙公司负责，但是该电厂由甲公司设计这一事实赋予了甲公司主导电厂使用的权利，甲公司在整个20年使用期内有权主导太阳能电厂的使用。

在评估客户是否有权主导资产的使用时，除非资产（或资产的特定方面）由客户设计，企业应当仅考虑在使用期间对资产使用做出决策的权利。例如，如果客户仅能在使用期间之前指定资产的产出而没有与资产使用相关的任何其他决策权，则该客户享有的权利与任何购买该项商品或服务的其他客户享有的权利并无不同。

【例20-8】客户是否有权主导资产的使用的判定情形3

沿用【例20-7】，但太阳能电厂由乙公司在合同签订前自行设计。

分析：本例中，合同明确指定了太阳能电厂，且乙公司无权替换，因此合同存在已识别资产。太阳能电厂的使用目的和使用方式，即是否发电、发电时间和发电量，在合同中已预先确定。甲公司在使用期间无权改变太阳能电厂的使用目的和使用方式，没有关于太阳能电厂使用的其他决策权（例如，甲公司不运营太阳能电厂），也未参与太阳能电厂的设计，因此甲公司在使用期间无权主导太阳能电厂的使用。

【例20-9】客户是否有权主导资产的使用的判定情形4

甲公司（客户）与乙公司（供应方）签订合同，使用指定的乙公司船只将货物从甲地运至乙地。合同明确规定了船只、运输的货物以及装卸日期。乙公司没有替换船只的权利。运输的货物将占据该船只几乎全部的运力。乙公司负责船只的操作和维护,并负责船上货物的运输安全。合同期间,甲公司不得雇佣其他人员操作船只或自行操作船只。

分析:本例中,合同明确指定了船只,且乙公司无权替换,因此合同存在已识别资产。合同预先确定了船只的使用目的和使用方式,即在规定的装卸日期将指定货物从甲地运至乙地。甲公司在使用期间无权改变船只的使用目的和使用方式,也没有关于船只使用的其他决策权(例如,甲公司无权操作船只),也未参与该船只的设计,因此甲公司在使用期间无权主导船只的使用。

【例20-10】客户是否有权主导资产的使用的判定情形5

甲公司(客户)与电信公司乙公司(供应方)签订了两年期的网络服务合同,合同要求乙公司提供约定传输速度和质量的网络服务。为提供这项服务,乙公司在甲公司处安装并配置了服务器;在保证约定的甲公司在网络上使用服务器传输数据的速度和质量的前提下,乙公司有权决定使用服务器传输数据的方式(包括服务器接入的网络)、是否重新配置服务器以及是否将服务器用于其他用途。甲公司并不操作服务器或对其使用作出任何重大决定。

分析:乙公司是使用期间唯一可就服务器的使用作出相关决策的一方。尽管甲公司可以在使用期开始前决定网络的服务水平(网络服务的传输速度和质量),但其不能直接影响网络服务的配置,也不能决定服务器的使用方式和使用目的,因此甲公司在使用期间不能主导服务器的使用。

合同可能包含一些旨在保护资产供应方在已识别资产或其他资产中的权益、保护资产供应方的工作人员或者确保资产供应方不因客户使用租赁资产而违反法律法规的条款和条件。例如,合同可能规定资产使用的最大工作量,限制客户使用资产的地点或时间,要求客户遵守特定的操作惯例,或者要求客户在变更资产使用方式时通知资产供应方。这些权利虽然对客户使用资产权利的范围作出了限定,但是其本身不足以否定客户拥有主导资产使用的权利。

【例20-11】客户是否有权主导资产的使用的判定情形6

甲公司(客户)与乙公司(供应方)签订了使用指定船只的5年期合同。合同明确规定了船只,且乙公司没有替换权。甲公司在整个5年使用期内决定运输的货物、船只是否航行以及航行的时间和目的港,但需遵守合同规定的限制条件。这些限制条件是为了防止甲公司将船只驶入遭遇海盗风险较高的水域或装载危险品。乙公司负责船只的操作与维护,并负责船上货物的运输安全。合同期间,甲公司不得雇佣其他人员操作船只或自行操作船只。

分析:本例中,合同明确指定了船只,且乙公司无权替换,因此存在已识别资产。合同中关于船只可航行水域和可运输货物的限制限定了甲公司使用船只的权利的范围,但目的仅是保护乙公司船只和人员安全。因为甲公司在使用权范围内可以决定船只是否航行、航行的时间和地点,以及所运输的货物,所以甲公司在整个5年使用期内可以决定船只的使用目的和使用方式,并有权改变这些决定。尽管船只的操作和维护对于船只的有效使用必不可少,但乙公司在这些方面的决策并未赋予其主导船只使用目的和使用方式的权利。相反,乙公司的决策取决于甲公司关于船只使用目的和使用方式的决定。

因此,甲公司在整个5年使用期内有权主导该船只的使用。

（四）评估流程。

综上，合同开始日，企业评估合同是否为租赁或是否包括租赁可参考图 20-1。

图 20-1 评估合同是否为租赁或是否包括租赁

【例 20-12】如何评估是否为租赁或是否包括租赁的情形 1

甲公司（客户）与乙公司（货运商）签订了一份使用 10 个指定型号集装箱的 5 年期合同。合同指定了具体的集装箱，集装箱归乙公司所有。甲公司有权决定何时何地使用这些集装箱以及用其运输什么货物。不用时，集装箱存放在甲公司处。甲公司可将集装箱用于其他目的（如用于存储）。但合同明确规定甲公司不能运输特定类型的货物（如爆炸物）。若某个集装箱需要保养或维修，乙公司应以同类型的集装箱替换。除非甲公司违约，乙公司在这合同期内不得收回集装箱。除集装箱外，合同还约定乙公司应按照甲公司的要求提供运输集装箱的卡车和司机。卡车存放在乙公司处，乙公司向司机发出指示详细说明甲公司的货物运输要求。乙公司可使用任一卡车满足甲公司的需求，卡车既可以用于运输甲公司的货物，也可以运输其他客户的货物，即如果其他客户要求运输货物的目的地与甲公司要求的目的地距离不远且时间接近，乙公司可以用同一卡车运送甲公司使用的集装箱及其他客户的货物。

分析：本例中，合同明确指定了 10 个集装箱，乙公司一旦交付集装箱给甲公司，仅在集装箱需要保养或维修时方可替换，因此，这 10 个集装箱是已识别资产。合同既未明确也未隐性指定卡车，因此运输集装箱的卡车不属于已识别资产。甲公司在整个5年使用期内控制这10个集装箱的使用，原因如下：（1）甲公司有权获得在5年使用期使用集装箱所产生的几乎全部经济利益。本例中甲公司在整个使用期间（包括不使用集装箱运输货物的期间）拥有这些集装箱的独家使用权。（2）合同中关于集装箱可运输货物的限制并未赋予乙公司主导集装箱使用目的和使用方式的权利。在合同约定的使用权范围内，甲公司可以主导集装箱的使用目的和使用方式，决定何时何地使用集装箱以及使用集装箱运输什么货物。当集装箱不用于运输货物时，甲公司还可决定是否使用以及如何使用集装箱（如，用于存储）。甲公司在5年使用期内有权改变这些决定，因此甲公司有权主导集装箱的使用。尽管乙公司控制了运输集装箱的卡车和司机，但乙公司在这方面的决策并未赋予其主导集装箱使用目的和使用方式的权利。因此，乙公司在整个5年使用期间不能主导集装箱的使用。

基于上述分析可以得出结论，该合同包含集装箱的租赁，甲公司拥有10个集装箱的5年使用权。关于卡车的合同条款并不构成一项租赁，而是一项服务。

【例20-13】如何评估是否为租赁或是否包括租赁的情形2

甲公司（客户）与乙公司（某商场物业所有者）签订了一份使用商铺A的5年期合同。商铺A是某商场的一部分，该商场包含许多商铺。合同授予了甲公司商铺A的使用权。乙公司可以要求甲公司搬至另一商铺，在这种情况下，乙公司应向甲公司提供与商铺A面积和位置类似的商铺，并支付搬迁费用。仅当有新的重要租户决定租用较大零售区域，并支付至少足够涵盖甲公司及零售区域内其他租户搬迁费用的租赁费时，乙公司才能因甲公司搬迁而获得经济利益。尽管这种情形不完全排除发生的可能性，但根据合同开始日情况来看，公司认为属于不可能发生的情况。合同要求甲公司在商场的营业时间内使用商铺A经营其知名店铺品牌以销售商品。甲公司在使用期间就商铺A的使用作出决定。例如，甲公司决定该商铺所销售的商品组合、商品价格和存货量。合同要求甲公司向乙公司支付固定付款额，并按商铺A销售额的一定比例支付可变付款额。作为合同的一部分，乙公司提供清洁、安保及广告服务。

分析：本例中关于商铺A，合同中明确指定乙公司有替换商铺的实际能力，但仅在特定情况下才能获益，根据合同开始日的情形分析不太可能出现这种情况，因此，乙公司的替换权不具有实质性，商铺A属于已识别资产。甲公司在整个5年使用期控制商铺A的使用，原因如下：（1）甲公司有权获得在5年使用期使用商铺A所产生的几乎全部经济利益。本例中，甲公司在整个使用期间拥有商铺A的独家使用权。尽管利用商铺A销售所产生的部分现金流量将从甲公司流向乙公司，但这仅代表甲公司为使用商铺A而支付给乙公司的对价，并不妨碍甲公司拥有获得使用商铺A所产生的几乎全部经济利益的权利。（2）合同关于商铺A销售的商品以及营业时间的限制限定了甲公司使用商铺A的权利的范围。在合同界定的使用权范围内，甲公司可以决定商铺A的使用目的和使用方式，例如，甲公司能够决定在商铺A销售的商品组合以及商品售价。甲公司在5年使用期有权改变这些决定。因此甲公司有权主导商铺A的使用。尽管清洁、安保和广告服务对于商铺A的有效使用必不可少，但乙公司在这些方面的决定并未赋予其主导商铺A使用目的和使用方式的权利。

基于上述分析可以得出结论，该合同包含商铺A的租赁，甲公司拥有商铺A 5年的使用权。

【例20-14】如何评估是否为租赁或是否包括租赁的情形3

甲公司（客户）与乙公司（制造商）签订了3年期合同，购买一定数量特定材质、版型和尺码的西装。乙公司仅有一家符合甲公司需求的工厂，且乙公司无法用另一家工厂生产的西装供货或从第三方公司购买西装供货。乙公司工厂的产能超过与甲公司签订的合同规定的数量（即甲公司未就工厂的几乎全部产能签订合同）。乙公司全权决定该工厂的运营，包括工厂的产出水平以及将不用于满足该合同的产出用以履行哪些客户合同。

分析：本例中，乙公司仅可通过使用一家工厂履行合同，工厂是隐性指定的，因此是已识别资产。但是，甲公司无权获得使用该工厂所产生的几乎全部经济利益，因为乙公司在使用期间可以使用该工厂履行其他客户合同。另外，甲公司在3年使用期内也无权主导工厂的使用目的和使用方式，因为乙公司有权决定工厂的产出水平以及将生产的产品用于履行哪些客户合同，所以乙公司有权主导工厂的使用。甲公司的权利仅限于合同中规定的工厂的特定产出。甲公司对工厂的使用享有与从工厂购买西装的其他客户同样的权利。

单凭甲公司无权获得使用工厂所产生的几乎全部经济利益这一事实，或单凭甲公司无权主导工厂的使用这一事实，均足以判断甲公司在使用期间不能控制工厂的使用权。

【例20-15】如何评估是否为租赁或是否包括租赁的情形4

甲公司（客户）与乙公司（信息技术公司）签订了使用一台指定服务器的3年期合同。乙公司根据甲公司的指示在甲公司处交付和安装服务器，并在整个使用期间根据需要提供服务器的维修和保养服务。乙公司仅在服务器发生故障时替换服务器。甲公司决定在服务器中存储哪些数据以及如何将服务器与其运营整合，并在整个使用期间有权改变这些决定。

分析：本例中，合同明确指定了服务器，乙公司仅在服务器发生故障时方可替换，合同存在已识别资产。甲公司在整个3年使用期内可控制服务器的使用，原因如下：（1）甲公司有权获得在3年使用期内使用服务器所产生的几乎全部经济利益。因此，甲公司在整个使用期间拥有服务器的独家使用权；（2）甲公司有权决定使用该服务器支持其运营的哪些方面以及存储哪些数据，甲公司可就服务器的使用目的和使用方式作出相关决定，且甲公司是使用期间唯一可对服务器的使用作出决定的一方，因此甲公司有权主导服务器的使用。

基于上述分析可以得出结论，该合同包含服务器的租赁，甲公司拥有服务器3年的使用权。

20.2.5 租赁的分拆与合并

（一）租赁的分拆

本准则规定，合同中同时包含多项单独租赁的，承租人和出租人应当将合同予以分拆，并分别各项单独租赁进行会计处理。合同中同时包含租赁和非租赁部分的，承租人和出租人应当将租赁和非租赁部分进行分拆，除非企业适用本准则第十二条的规定进行会计处理。分拆时，各租赁部分应当分别按照本准则进行会计处理，非租赁部分应当按照其他适用的企业会计准则进行会计处理。

同时符合下列条件,使用已识别资产的权利构成合同中的一项单独租赁。

(1) 承租人可从单独使用该资产或将其与易于获得的其他资源一起使用中获利。易于获得的资源是指出租人或其他供应方单独销售或出租的商品或服务,或者承租人已从出租人或其他交易中获得的资源。

(2) 该资产与合同中的其他资产不存在高度依赖或高度关联关系。例如,若承租人租入资产的决定不会对承租人使用合同中的其他资产的权利产生重大影响,则表明该项资产与合同中的其他资产不存在高度依赖或高度关联关系。

出租人可能要求承租人承担某些款项,却并未向承租人转移商品或服务。例如,出租人可能将管理费或与租赁相关的其他成本计入应付金额,而并未向承租人转移商品或服务。此类应付金额不构成合同中单独的组成部分,而应视为总对价的一部分分摊至单独识别的合同组成部分。

1. 承租人的处理

在分拆合同包含的租赁和非租赁部分时,承租人应当按照各项租赁部分单独价格及非租赁部分的单独价格之和的相对比例分摊合同对价。租赁和非租赁部分的相对单独价格,应当根据出租人或类似资产供应方就该部分或类似部分向企业单独收取的价格确定。如果可观察的单独价格不易于获得,承租人应当最大限度地利用可观察的信息估计单独价格。

本准则第十二条规定,为简化处理,承租人可以按照租赁资产的类别选择是否分拆合同包含的租赁和非租赁部分。承租人选择不分拆的,应当将各租赁部分及与其相关的非租赁部分分别合并为租赁,按照本准则进行会计处理。但是,对于按照《企业会计准则第22号——金融工具确认和计量》(2017)应分拆的嵌入衍生工具,承租人不应将其与租赁部分合并进行会计处理。

【例20-16】租赁分拆时的会计处理

甲公司从乙公司租赁一台推土机、一辆卡车和一台长臂挖掘机用于采矿业务,租赁期为4年。乙公司同意在整个租赁期内维护各项设备。合同固定对价为3 000 000元,按年分期支付,每年支付750 000元。合同对价包含了各项设备的维护费用。

分析:甲公司未采用简化处理,而是将非租赁部分(维护服务)与租入的各项设备分别进行会计处理。甲公司认为租入的推土机、卡车和长臂挖掘机分别属于单独租赁,原因如下:(1) 甲公司可从单独使用这三项设备中的每一项,或将其与易于获得的其他资源一起使用中获利(例如,甲公司易于租入或购买其他卡车或挖掘机用于其采矿业务);(2) 尽管甲公司租入这三项设备只有一个目的(即从事采矿业务),但这些设备不存在高度依赖或高度关联关系。因此,甲公司得出结论,合同中存在三个租赁部分和对应的三个非租赁部分(维护服务)。甲公司将合同对价分摊至三个租赁部分和非租赁部分。

市场上有多家供应方提供类似推土机和卡车的维护服务,因此这两项租入设备的维护服务存在可观察的单独价格。假设其他供应方的支付条款与甲、乙公司签订的合同条款相似,甲公司能够确定推土机和卡车维护服务的可观察单独价格分别为160 000元和80 000元。长臂挖掘机是高度专业化机械,其他供应方不出租类似挖掘机或为其提供维护服务。乙公司对从本公司购买相似长臂挖掘机的客户提供4年的维护服务,可观察对价为固定金额280 000元,分4年支付。因此,甲公司估计长臂挖掘机维护服务的单独价格为280 000元。甲公司观察到乙公司在市场上单独出租租赁期为4年的推土机、卡车和长臂挖掘机的价格分别为900 000元、580 000元和1 200 000元。

甲公司将合同固定对价3 000 000元分摊至租赁和非租赁部分的情况如表20-1所示。

表20-1 甲公司合同对价分摊情况　　　　　　　　　　金额单位:元

		推土机	卡车	长臂挖掘机	合计
可观察的单独价格	租赁	900 000	580 000	1 200 000	2 680 000
	非租赁				520 000*
	合计				3 200 000
	固定对价总额				3 000 000
分摊率	分摊率(%)**				93.75

注:*160 000+80 000+280 000=520 000。

**按照本准则规定,承租人按照推土机、卡车、长臂挖掘机这三个租赁部分单独价格900 000元、580 000元、1 200 000元和非租赁部分的单独价格之和520 000元的相对比例,来分摊合同对价。分拆后,推土机、卡车和长臂挖掘机的租赁付款额(折现前)分别为843 750元、543 750元和1 125 000元。

2. 出租人的处理。

出租人应当分拆租赁部分和非租赁部分,根据《企业会计准则第14号——收入》(2017)第二十条至第二十五条关于交易价格分摊的规定分摊合同对价。

(二)租赁的合并。

企业与同一交易方或其关联方在同一时间或相近时间订立的两份或多份包含租赁的合同,在满足下列条件之一时,应当合并为一份合同进行会计处理。

(1)该两份或多份合同基于总体商业目的而订立并构成一揽子交易,若不作为整体考虑则无法理解其总体商业目的。

(2)该两份或多份合同中的某份合同的对价金额取决于其他合同的定价或履行情况。

(3)该两份或多份合同让渡的资产使用权合起来构成一项单独租赁。

两份或多份合同合并为一份合同进行会计处理的,仍然需要区分该一份合同中的租赁部分和非租赁部分。

20.2.6 租赁期

本准则规定,租赁期是指承租人有权使用租赁资产且不可撤销的期间;承租人有续租选择权,即有权选择续租该资产,且合理确定将行使该选择权的,租赁期还应当包含续租选择权涵盖的期间;承租人有终止租赁选择权,即有权选择终止租赁该资产,但合理确定将不会行使该选择权的,租赁期应当包含终止租赁选择权涵盖的期间。

(一)租赁期开始日。

租赁期自租赁期开始日起计算。租赁期开始日,是指出租人提供租赁资产使其可供承租人使用的起始日期。如果承租人在租赁协议约定的起租日或租金起付日之前,已获得对租赁资产使用权的控制,则表明租赁期已经开始。租赁协议中对起租日或租金支付时间的约定,并不影响租赁期开始日的判断。

【例20-17】租赁期开始日的确定

在某商铺的租赁安排中,出租人于2×18年1月1日将房屋钥匙交付承租人,承租人在收到钥匙后,就可以自主安排对商铺的装修布置,并安排搬迁。合同约定有3个月的免租期,起租日为2×18年4月1日,承租人自起租日开始支付租金。

分析:此交易中,由于承租人自2×18年1月1日起就已拥有对商铺使用权的控制,因此租赁期开始日为2×18年1月1日,即租赁期包含出租人给予承租人的免租期。

(二)不可撤销期间。

在确定租赁期和评估不可撤销租赁期间时,企业应根据租赁条款约定确定可强制执行合同的期间。

如果承租人和出租人双方均有权在未经另一方许可的情况下终止租赁,且罚款金额不重大,则该租赁不再可强制执行。如果只有承租人有权终止租赁,则在确定租赁期时,企业应将该项权利视为承租人可行使的终止租赁选择权予以考虑。如果只有出租人有权终止租赁,则不可撤销的租赁期包括终止租赁选择权所涵盖的期间。

【例20-18】不可撤销租赁期间的确定

承租人与出租人签订了一份租赁合同,约定自租赁期开始日1年内不可撤销,如果撤销,双方将支付重大罚金,1年期满后,经双方同意可再延长1年,如有一方不同意,将不再续期,且没有罚款。假设承租人对于租赁资产并不具有重大依赖。

分析:在此情况下,自租赁期开始起的第1年有强制的权利和义务,是不可撤销期间。而此后1年的延长期并非不可撤销期间,因为承租人或出租人均可单方面选择不续约而无需支付任何罚款。

(三)续租选择权和终止租赁选择权。

在租赁期开始日,企业应当评估承租人是否合理确定将行使续租或购买标的资产的选择权,或者将不行使终止租赁选择权。在评估时,企业应当考虑对承租人行使续租选择权或不行使终止租赁选择权带来经济利益的所有相关事实和情况,包括自租赁期开始日至选择权行使日之间的事实和情况的预期变化。

需考虑的因素包括但不限于以下方面:

(1)与市价相比,选择权期间的合同条款和条件。例如:选择权期间内为使用租赁资产而需支付的租金;可变租赁付款额或其他或有款项,如因终止租赁罚款和余值担保导致的应付款项;初始选择权期间后可行使的其他选择权的条款和条件,如续租期结束时可按低于市价的价格行使购买选择权。

(2)在合同期内,承租人进行或预期进行重大租赁资产改良的,在可行使续租选择权、终止租赁选择权或者购买租赁资产选择权时,预期能为承租人带来的重大经济利益。

(3)与终止租赁相关的成本。例如,谈判成本、搬迁成本、寻找与选择适合承租人需求的替代资产所发生的成本、将新资产融入运营所发生的整合成本、终止租赁的罚款、将租赁资产恢复至租赁条款约定状态的成本、将租赁资产归还至租赁条款约定地点的成本等。

（4）租赁资产对承租人运营的重要程度。例如，租赁资产是否为一项专门资产，租赁资产位于何地以及是否可获得合适的替换资产等。

（5）与行使选择权相关的条件及满足相关条件的可能性。例如，租赁条款约定仅在满足一项或多项条件时方可行使选择权，此时还应考虑相关条件及满足相关条件的可能性。

租赁的不可撤销期间的长短会影响对承租人是否合理确定将行使或不行使选择权的评估。通常，租赁的不可撤销期间越短，承租人行使续租选择权或不行使终止租赁选择权的可能性就越大，原因在于不可撤销期间越短，获取替代资产的相对成本就越高。此外，评估承租人是否合理确定将行使或不行使选择权时，如果承租人以往曾经使用过特定类型的租赁资产或自有资产，则可以参考承租人使用该类资产的通常期限及原因。例如，承租人通常在特定时期内使用某类资产，或承租人时常对某类租赁资产行使选择权，则承租人应考虑以往这些做法的原因，以评估是否合理确定将对此类租赁资产行使选择权。

续租选择权或终止租赁选择权可能与租赁的其他条款相结合。例如，无论承租人是否行使选择权，均保证向出租人支付基本相等的最低或固定现金，在此情形下，应假定承租人合理确定将行使续租选择权或不行使终止租赁选择权。又如，同时存在原租赁和转租赁时，转租赁期限超过原租赁期限，如原租赁包含 5 年的不可撤销期间和 2 年的续租选择权，而转租赁的不可撤销期限为 7 年，此时应考虑转租赁期限及相关租赁条款对续租选择权评估的可能影响。

购买选择权的评估方式应与续租选择权或终止租赁选择权的评估方式相同，购买选择权在经济上与将租赁期延长至租赁资产全部剩余经济寿命的续租选择权类似。

【例20-19】租赁期的确定1

承租人签订了一份设备租赁合同，包括 4 年不可撤销期限和 2 年期固定价格续租选择权，续租选择权期间的合同条款和条件与市价接近，没有终止罚款或其他因素表明承租人合理确定将行使续租选择权。因此，在租赁期开始日，确定租赁期为 4 年。

【例20-20】租赁期的确定2

承租人签订了一份建筑租赁合同，包括 4 年不可撤销期限和 2 年按照市价行使的续租选择权。在搬入该建筑之前，承租人花费了大量资金对租赁建筑进行了改良，预计在 4 年期满时租赁资产改良仍将具有重大价值，且该价值仅可通过继续使用租赁资产实现。

分析：在此情况下，承租人合理确定将行使续租选择权，因为如果在 4 年期满时放弃该租赁资产改良，将蒙受重大经济损失。因此，在租赁开始时，承租人确定租赁期为 6 年。

（四）对租赁期和购买选择权的重新评估。

本准则规定，发生承租人可控范围内的重大事件或变化，且影响承租人是否合理确定将行使相应选择权的，承租人应当对其是否合理确定将行使续租选择权、购买选择权或不行使终止租赁选择权进行重新评估，并根据重新评估结果修改租赁期。承租人可控范围内的重大事件或变化包括但不限于下列情形：

（1）在租赁期开始日未预计到的重大租赁资产改良，在可行使续租选择权、终止租赁选

择权或购买选择权时,预期将为承租人带来重大经济利益;

(2) 在租赁期开始日未预计到的租赁资产的重大改动或定制化调整;

(3) 承租人做出的与行使或不行使选择权直接相关的经营决策。例如,决定续租互补性资产、处置可替代的资产或处置包含相关使用权资产的业务。

如果不可撤销的租赁期间发生变化,企业应当修改租赁期。例如,在下述情况下,不可撤销的租赁期将发生变化:一是承租人实际行使了选择权,但该选择权在之前企业确定租赁期时未涵盖;二是承租人未实际行使选择权,但该选择权在之前企业确定租赁期时已涵盖;三是某些事件的发生,导致根据合同规定承租人有义务行使选择权,但该选择权在之前企业确定租赁期时未涵盖;四是某些事件的发生,导致根据合同规定禁止承租人行使选择权,但该选择权在之前企业确定租赁期时已涵盖。

20.2.7 承租人会计处理

本准则规定,在租赁期开始日,承租人应当对租赁确认使用权资产和租赁负债,应用短期租赁和低价值资产租赁简化处理的除外。

(一) 租赁负债的初始计量。

租赁负债应当按照租赁期开始日尚未支付的租赁付款额的现值进行初始计量。识别应纳入租赁负债的相关付款项目是计量租赁负债的关键。

1. 租赁付款额。

租赁付款额,是指承租人向出租人支付的与在租赁期内使用租赁资产的权利相关的款项。租赁付款额包括以下五项内容:

(1) 固定付款额及实质固定付款额,存在租赁激励的,扣除租赁激励相关金额。

本准则中的实质固定付款额是指在形式上可能包含变量但实质上无法避免的付款额。例如以下几项。

①付款额设定为可变租赁付款额,但该可变条款几乎不可能发生,没有真正的经济实质。例如,付款额仅需在租赁资产经证实能够在租赁期间正常运行时支付,或者仅需在不可能不发生的事件发生时支付。又如,付款额初始设定为与租赁资产使用情况相关的可变付款额,但其潜在可变性将于租赁期开始日之后的某个时点消除,在可变性消除时,该类付款额成为实质固定付款额。

②承租人有多套付款额方案,但其中仅有一套是可行的。在此情况下,承租人应采用该可行的付款额方案作为租赁付款额。

③承租人有多套可行的付款额方案,但必须选择其中一套。在此情况下,承租人应采用总折现金额最低的一套作为租赁付款额。

【例20-21】可变租赁付款额情形下租赁付款额的确定

甲公司是一家知名零售商,从乙公司处租入已成熟开发的零售场所开设一家商店。根据租赁合同,甲公司在正常工作时间内必须经营该商店,且甲公司不得将商店闲置或进行分租。合同中关于租赁付款额的条款为:如果甲公司开设的这家商店没有发生销售,则甲公司应付的年租金为100元;如果这家商店发生了任何销售,则甲公司应付的年租金为1 000 000元。

分析：本例中，该租赁包含每年1 000 000元的实质固定付款额。该金额不是取决于销售额的可变付款额。因为甲公司是一家知名零售商，根据租赁合同，甲公司应在正常工作时间内经营该商店，所以甲公司开设的这家商店不可能不发生销售。

【例20-22】存在多套付款额方案时租赁付款额的确定

承租人甲公司签订了一份为期5年的卡车租赁合同。合同中关于租赁付款额的条款为：如果该卡车在某月的行驶里程不超过1万千米，则该月应付的租金为10 000元；如果该卡车在某月的行驶里程超过1万千米但不超过2万千米，则该月应付的租金为16 000元；该卡车1个月内的行驶里程最高不能超过2万千米，否则承租人需支付巨额罚款。

分析：本例中，租赁付款额中包含基于使用情况的可变性，且在某些月里确实可避免支付较高租金，然而，月付款额10 000元是不可避免的。因此，月付款额10 000元属于实质固定付款额，应被纳入租赁负债的初始计量。

【例20-23】存在租赁激励情形下租赁付款额的确定

承租人甲公司租入一台预计使用寿命为5年的机器。不可撤销的租赁期为3年。在第3年年末，甲公司必须以20 000元购买该机器，或者必须将租赁期延长2年，如延长，则在续租期内每年年末支付10 500元。

分析：甲公司在租赁期开始时评估认为，不能合理确定在第3年年末将是购买该机器，还是将租赁期延长2年。如果甲公司单独考虑购买选择权或续租选择权，那么在租赁期开始时，购买选择权的行权价格与续租期内的应付租金都不会纳入租赁负债。然而，该安排在第3年年末包含一项实质固定付款额。这是因为，甲公司必须行使上述两种选择权中的其中一个，且不论在哪种选择权下，甲公司都必须进行付款。因而在该安排中，实质固定付款额的金额是下述两项金额中的较低者：购买选择权的行权价格（20 000元）的现值与续租期内付款额（每年年末支付10 500元）的现值。

租赁激励，是指出租人为达成租赁向承租人提供的优惠，包括出租人向承租人支付的与租赁有关的款项、出租人为承租人偿付或承担的成本等。存在租赁激励的，承租人在确定租赁付款额时，应扣除租赁激励相关金额。

（2）取决于指数或比率的可变租赁付款额。

可变租赁付款额，是指承租人为取得在租赁期内使用租赁资产的权利，而向出租人支付的因租赁期开始日后的事实或情况发生变化（而非时间推移）而变动的款项。可变租赁付款额可能与下列各项指标或情况挂钩：

①由于市场比率或指数数值变动导致的价格变动。例如，基准利率或消费者价格指数变动可能导致租赁付款额调整。

②承租人源自租赁资产的绩效。例如，零售业不动产租赁可能会要求基于使用该不动产取得的销售收入的一定比例确定租赁付款额。

③租赁资产的使用。例如，车辆租赁可能要求承租人在超过特定里程数时支付额外的租赁付款额。

需要注意的是，可变租赁付款额中，仅取决于指数或比率的可变租赁付款额纳入租赁负债的初始计量,包括与消费者价格指数挂钩的款项、与基准利率挂钩的款项和为反映市场租金费率变化而变动的款项等。此类可变租赁付款额应当根据租赁期开始日的指数或比率确定。除了取决于指数或比率的可变租赁付款额之外,其他可变租赁付款额均不纳入租赁负债的初始计量。

【例20-24】取决于指数或比率的可变租赁付款额的确定

承租人甲公司签订了一项为期10年的不动产租赁合同,每年的租赁付款额为50 000元,于每年年初支付。合同规定,租赁付款额在租赁期开始日后每两年基于过去24个月消费者物价指数的上涨进行上调。租赁期开始日的消费者价格指数为125。

分析:甲公司在初始计量租赁负债时,应基于租赁期开始日的消费者物价指数确定租赁付款额,无需对后续年度因消费者物价指数而导致的租金变动作出估计。因此,在租赁期开始日,甲公司应以每年50 000元的租赁付款额为基础计量租赁负债。

(3) 购买选择权的行权价格,前提是承租人合理确定将行使该选择权。

在租赁期开始日,承租人应评估是否合理确定将行使购买标的资产的选择权。在评估时,承租人应考虑对其行使或不行使购买选择权产生经济激励的所有相关事实和情况。如果承租人合理确定将行使购买标的资产的选择权,则租赁付款额中应包含购买选择权的行权价格。

【例20-25】存在购买选择权时租赁付款额的确定

承租人甲公司与出租人乙公司签订了一份不可撤销的5年期设备租赁合同。合同规定,甲公司可以选择在租赁期结束时以5 000元购买这台设备。已知该设备应用于不断更新、迅速变化的科技领域,租赁期结束时其公允价值可能出现大幅波动,估计在4 000元至9 000元,在5年租赁期内可能会有更好的替代产品出现。

分析:在租赁期开始日,甲公司对于其是否将行使购买选择权的经济动机作出全面评估,并最终认为不能合理确定将行使购买选择权。该评估包括:租赁期结束时该设备公允价值的重大波动性,以及在租赁期间内可能出现更好替代产品的可能性等。评估甲公司是否合理确定将行使购买选择权可能涉及重大判断。假设甲公司租赁设备时,约定更短的租赁期限(例如,1年或2年)或设备所处环境不同(例如,租赁设备并非应用于不断更新的科技领域,而是应用于相对稳定的行业,并且其未来的公允价值能够可靠预测和估计),则甲公司是否行使购买选择权的判断可能不同。

(4) 行使终止租赁选择权需支付的款项,前提是租赁期反映出承租人将行使终止租赁选择权。

在租赁期开始日,承租人应评估是否合理确定将行使终止租赁的选择权。在评估时,承租人应考虑对其行使或不行使终止租赁选择权产生经济激励的所有相关事实和情况。如果承租人合理确定将行使终止租赁选择权,则租赁付款额中应包含行使终止租赁选择权需支付的款项,并且租赁期不应包含终止租赁选择权涵盖的期间。

【例20-26】行使终止租赁选择权时租赁期的确定

承租人甲公司租入某办公楼的一层楼,为期10年。甲公司有权选择在第5年后提前终止租赁,并以相当于6个月的租金作为罚金。每年的租赁付款额为固定金额120 000元。该办公楼是全新的，并且在周边商业园区的办公楼中处于技术领先水平。上述租赁付款额与市场租金水平相符。

分析：在租赁期开始日，甲公司评估后认为，6个月的租金对于甲公司而言金额重大，同等条件下，也难以按更优惠的价格租入其他办公楼，可以合理确定不会选择提前终止租赁，因此其租赁负债不应包括提前终止租赁时需支付的罚金，租赁期确定为10年。

(5) 根据承租人提供的担保余值预计应支付的款项。

担保余值，是指与出租人无关的一方向出租人提供担保，保证在租赁结束时租赁资产的价值至少为某指定的金额。如果承租人提供了对余值的担保，则租赁付款额应包含该担保下预计应支付的款项，它反映了承租人预计将支付的金额，而不是承租人担保余值下的最大敞口。

【例20-27】根据承租人提供的担保余值预计应支付的款项

承租人甲公司与出租人乙公司签订了汽车租赁合同，租赁期为5年。合同中就担保余值的规定为：如果标的汽车在租赁期结束时的公允价值低于40 000元，则甲公司需向乙公司支付40 000元与汽车公允价值之间的差额，因此，甲公司在该担保余值下的最大敞口为40 000元。

分析：在租赁期开始日，甲公司预计标的汽车在租赁期结束时的公允价值为40 000元，即甲公司预计在担保余值下将支付的金额为零。因此，甲公司在计算租赁负债时，与担保余值相关的付款额为零。

2. 折现率。

租赁负债应当按照租赁期开始日尚未支付的租赁付款额的现值进行初始计量。在计算租赁付款额的现值时，承租人应当采用租赁内含利率作为折现率；无法确定租赁内含利率的，应当采用承租人增量借款利率作为折现率。

租赁内含利率，是指使出租人的租赁收款额的现值与未担保余值的现值之和等于租赁资产公允价值与出租人的初始直接费用之和的利率。

其中，未担保余值，是指租赁资产余值中，出租人无法保证能够实现或仅由与出租人有关的一方予以担保的部分。

初始直接费用，是指为达成租赁所发生的增量成本。增量成本是指若企业不取得该租赁，则不会发生的成本，如佣金、印花税等。无论是否实际取得租赁都会发生的支出，不属于初始直接费用，例如为评估是否签订租赁而发生的差旅费、法律费用等，此类费用应当在发生时计入当期损益。

【例20-28】租赁内含利率的计算

承租人甲公司与出租人乙公司签订了一份车辆租赁合同，租赁期为5年。在租赁开始日，该车辆的公允价值为100 000元，乙公司预计在租赁结束时其公允价值（即未担保余值）将为10 000元。租赁付款额为每年23 000元，于年末支付。乙公司发生的初始直接费用为5 000元。乙公司计算租赁内含利率 r 的公式如下：

$23\,000 \times (P/A, r, 5) + 10\,000 \times (P/F, r, 5) = 100\,000 + 5\,000$

本例中，计算得出的租赁内含利率 r 为 5.79%。

承租人增量借款利率，是指承租人在类似经济环境下为获得与使用权资产价值接近的资产，在类似期间以类似抵押条件借入资金须支付的利率。该利率与下列事项相关：(1) 承租人自身情况，即承租人的偿债能力和信用状况；(2) "借款"的期限，即租赁期；(3) "借入"资金的金额，即租赁负债的金额；(4) "抵押条件"，即租赁资产的性质和质量；(5) 经济环境，包括承租人所处的司法管辖区、计价货币、合同签订时间等。

在具体操作时，承租人可以先根据所处经济环境，以可观察的利率作为确定增量借款利率的参考基础，然后根据承租人自身情况、标的资产情况、租赁期和租赁负债金额等租赁业务具体情况对参考基础进行调整，得出适用的承租人增量借款利率。企业应当对确定承租人增量借款利率的依据和过程做好记录。

实务中，承租人增量借款利率常见的参考基础包括承租人同期银行贷款利率、相关租赁合同利率、承租人最近一期类似资产抵押贷款利率、与承租人信用状况相似的企业发行的同期债券利率等，但承租人还需根据上述事项在参考基础上相应进行调整。

【例 20-29】采用增量借款利率作为折现率计算租赁付款额的现值

2×19 年 1 月 1 日，承租人甲公司签订了一份为期 10 年的不动产租赁协议，并拥有 5 年的续租选择权。每年的租赁付款额固定为人民币 900 000 元，于每年年末支付。

在租赁期开始日，甲公司评估后认为，不能合理确定将行使续租选择权，因此将租赁期确定为 10 年。甲公司无法确定租赁内含利率，需采用增量借款利率作为折现率来计算租赁付款额的现值。

甲公司现有的借款包括：

①一笔为期 6 个月的短期借款，金额为 500 000 元，借款起始日为 2×18 年 10 月 1 日，到期日为 2×19 年 3 月 31 日，年利率为 4.0%，每季末支付利息，到期时一次性偿还本金，无任何抵押；

②一笔为期 15 年的债券，金额为 50 000 000 元，发行日为 2×17 年 1 月 1 日，到期日为 2×31 年 12 月 31 日，票面年利率为 9.0%，每年年末支付利息，到期时一次性偿还本金，无任何抵押。

分析：为确定该租赁的增量借款利率，甲公司需要找到类似期限（即租赁期 10 年）、类似抵押条件（即以租赁资产作为抵押）、类似经济环境下（例如，借入时点是租赁期开始日，偿付方式是每年等额偿付 900 000 元，10 年后拥有与续租权类似的借款选择权），借入与使用权资产价值接近的资金（即人民币 9 000 000 元）须支付的固定利率。由于无法直接获取满足上述全部条件的利率，甲公司以其现有的借款利率以及市场可参考信息（如相同期限的国债利率等）作为基础，估计该租赁的增量借款利率。

以可观察的借款利率作为参考基础确定增量借款利率时，通常需要考虑的调整事项包括但不限于以下几项：

● 本息偿付方式不同，例如，作为参考基础的借款是每年付息且到期一次性偿还本金，而不是每年等额偿付本息；

- 借款金额不同,例如,作为参考基础的借款金额远高于租赁负债;
- 借款期限不同,例如,作为参考基础的借款短于或长于租赁期;
- 抵押、担保情况不同,例如,作为参考基础的借款为无抵押借款;
- 资金借入时间的不同,例如,作为参考基础的债券是2年前发行的,而市场利率水平在2年内发生了较大变化;
- 提前偿付或其他选择权的影响;
- 借款币种不同,例如,作为参考基础的借款为人民币借款,但租赁付款额的币种为美元。

情形一:甲公司发行的债券有公开市场。

当甲公司发行的债券有公开市场时,通常需考虑该债券的市场价格及市场利率,因为其反映了甲公司的现有信用状况以及债权投资者所要求的现时回报率。甲公司结合其自身情况判断后认为,以自己发行的15年期债券利率作为估计增量借款利率的起点最为恰当。

甲公司在15年期债券利率的基础上,执行了以下步骤,以确定该租赁的增量借款利率。

第一步,确定15年期债券的市场利率。甲公司根据该债券的市场价格和剩余13年的还款情况(即,每年年末根据票面利率支付利息、到期一次性偿还本金),计算该债券的市场利率。该市场利率反映了甲公司的现有信用状况以及债权投资者所要求的现时回报率,甲公司无需因该债券的发行时间(即2年前)而进行额外调整。

第二步,调整借款金额的不同。15年期债券的金额为50 000 000元,租赁付款总额为9 000 000元。甲公司根据估计日市场情况考虑上述借款金额的不同是否影响借款利率并相应进行调整。

第三步,调整本息偿付方式的不同。该租赁是每年支付固定的租赁付款额,而15年期债券是每年年末付息并到期一次性偿还本金。甲公司应考虑该事项对借款利率的影响并作相应调整。

第四步,调整借款期间的不同。该租赁的租赁期为10年,而15年期债券的剩余期间为13年。甲公司应考虑该事项对借款利率的影响并作相应调整。

第五步,调整抵押情况的不同。在确定增量借款利率时,租赁合同视为以租赁资产作为抵押而获得借款,而15年期债券无任何抵押。甲公司应考虑该事项对借款利率的影响并作相应调整。

情形二:甲公司发行的债券没有公开市场。

当甲公司发行的债券没有公开市场但甲公司存在可观察的信用评级时,可考虑以与甲公司信用评级相同的企业所发行的公开交易的债券利率为基础,确定上述第一步的参考利率。

当甲公司发行的债券没有公开市场且甲公司没有可观察的信用评级时,在市场利率水平和甲公司信用状况在债券发行日至增量借款利率估计日期间没有发生重大变化的情况下,可考虑以该15年期债券发行时的实际利率为基础,作为估计增量借款利率的起点。

确定参考利率后,将其调整为增量借款利率的步骤与情形一基本相同。

情形三:甲公司没有任何借款。

当甲公司没有任何借款时,可考虑通过银行询价的方式获取同期借款利率,并进行适当调整后确定其增量借款利率;或者,可考虑聘用第三方评级机构获取其信用评级,参考情形一下的方法确定其增量借款利率。

(二)使用权资产的初始计量。

使用权资产,是指承租人可在租赁期内使用租赁资产的权利。在租赁期开始日,承租人应当按照成本对使用权资产进行初始计量。该成本包括下列四项。

(1) 租赁负债的初始计量金额。

(2) 在租赁期开始日或之前支付的租赁付款额;存在租赁激励的,应扣除已享受的租赁激励相关金额。

(3) 承租人发生的初始直接费用。

(4) 承租人为拆卸及移除租赁资产、复原租赁资产所在场地或将租赁资产恢复至租赁条款约定状态预计将发生的成本。前述成本属于为生产存货而发生的,适用《企业会计准则第1号——存货》。

关于上述第4项成本,承租人有可能在租赁期开始日就承担了上述成本的支付义务,也可能在特定期间内因使用标的资产而承担了相关义务。承租人应在其有义务承担上述成本时,将这些成本确认为使用权资产成本的一部分。但是,承租人由于在特定期间内将使用权资产用于生产存货而发生的上述成本,应按照《企业会计准则第1号——存货》进行会计处理。承租人应当按照《企业会计准则第13号——或有事项》对上述成本的支付义务进行确认和计量。

在某些情况下,承租人可能在租赁期开始前就发生了与标的资产相关的经济业务或事项。例如:租赁合同双方经协商在租赁合同中约定,标的资产需经建造或重新设计后方可供承租人使用;根据合同条款与条件,承租人需支付与资产建造或设计相关的成本。承租人如发生与标的资产建造或设计相关的成本,应适用其他相关准则(如《企业会计准则第4号——固定资产》)进行会计处理。同时,需要注意的是与标的资产建造或设计相关的成本不包括承租人为获取标的资产使用权而支付的款项,此类款项无论在何时支付,均属于租赁付款额。

【例20-30】使用权资产的初始计量

承租人甲公司就某栋建筑物的某一层楼与出租人乙公司签订了为期10年的租赁协议,并拥有5年的续租选择权。有关资料如下:(1)初始租赁期内的不含税租金为每年50 000元,续租期间为每年55 000元,所有款项应于每年年初支付;(2)为获得该项租赁,甲公司发生的初始直接费用为20 000元,其中,15 000元为向该楼层前任租户支付的款项,5 000元为向促成此租赁交易的房地产中介支付的佣金;(3)作为对甲公司的激励,乙公司同意补偿甲公司5 000元的佣金;(4)在租赁期开始日,甲公司评估后认为,不能合理确定将行使续租选择权,因此,将租赁期确定为10年;(5)甲公司无法确定租赁内含利率,其增量借款利率为每年5%,该利率反映的是甲公司以类似抵押条件借入期限为10年、与使用权资产等值的相同币种的借款而必须支付的利率。

为简化处理,假设不考虑相关税费影响。

分析:承租人甲公司的会计处理如下:

第一步，计算租赁期开始日租赁付款额的现值，并确认租赁负债和使用权资产。

在租赁期开始日，甲公司支付第1年的租金50 000元，并以剩余9年租金（每年50 000元）按5%的年利率折现后的现值计量租赁负债。计算租赁付款额现值的过程如下：

剩余9年租赁付款额 = 50 000 × 9 = 450 000（元）

租赁负债 = 剩余9年租赁付款额的现值 = 50 000 × (P/A, 5%, 9) = 355 391（元）

未确认融资费用 = 剩余9年租赁付款额 − 剩余9年租赁付款额的现值 = 450 000 − 355 391 = 94 609（元）

借：使用权资产	405 391
租赁负债——未确认融资费用	94 609
贷：租赁负债——租赁付款额	450 000
银行存款（第1年的租赁付款额）	50 000

第二步，将初始直接费用计入使用权资产的初始成本。

借：使用权资产	20 000
贷：银行存款	20 000

第三步，将已收的租赁激励相关金额从使用权资产入账价值中扣除。

借：银行存款	5 000
贷：使用权资产	5 000

综上，甲公司使用权资产的初始成本为：405 391 + 20 000 − 5 000 = 420 391（元）。

（三）租赁负债的后续计量

1. 计量基础。

在租赁期开始日后，承租人应当按以下原则对租赁负债进行后续计量：

（1）确认租赁负债的利息时，增加租赁负债的账面金额；

（2）支付租赁付款额时，减少租赁负债的账面金额；

（3）因重估或租赁变更等原因导致租赁付款额发生变动时，重新计量租赁负债的账面价值。

承租人应当按照固定的周期性利率计算租赁负债在租赁期内各期间的利息费用，并计入当期损益，但按照《企业会计准则第17号——借款费用》等其他准则规定应当计入相关资产成本的，从其规定。

此处的周期性利率，是指承租人对租赁负债进行初始计量时所采用的折现率，或者因租赁付款额发生变动或因租赁变更而需按照修订后的折现率对租赁负债进行重新计量时，承租人所采用的修订后的折现率。

【例20-31】对租赁负债进行后续计量

承租人甲公司与出租人乙公司签订了为期7年的商铺租赁合同。每年的租赁付款额为450 000元，在每年年末支付。甲公司无法确定租赁内含利率，其增量借款利率为5.04%。

分析：在租赁期开始日，甲公司按租赁付款额的现值所确认的租赁负债为2 600 000元。在第1年年末，甲公司向乙公司支付第1年的租赁付款额450 000元，其中，131 040

（2 600 000×5.04%）元是当年的利息，318 960（450 000−131 040）元是本金，即租赁负债的账面价值减少318 960元。甲公司的账务处理为：

　　借：租赁负债——租赁付款额　　　　　　　　　　　　　450 000
　　　　贷：银行存款　　　　　　　　　　　　　　　　　　　450 000
　　借：财务费用——利息费用　　　　　　　　　　　　　　131 040
　　　　贷：租赁负债——未确认融资费用　　　　　　　　　　131 040

未纳入租赁负债计量的可变租赁付款额，即并非取决于指数或比率的可变租赁付款额，应当在实际发生时计入当期损益，但按照《企业会计准则第1号——存货》等其他准则规定应当计入相关资产成本的，从其规定。

【例20-32】对可变租赁付款额进行后续计量

沿用【例20-31】，除固定付款额外，合同还规定租赁期间甲公司商铺当年销售额超过1 000 000元的，当年应再支付按销售额的2%计算的租金，于当年年末支付。

分析：由于该可变租赁付款额与未来的销售额挂钩，而并非是取决于指数或比率的，因此不应被纳入租赁负债的初始计量。假设在租赁的第3年，该商铺的销售额为1 500 000元。甲公司第3年年末应支付的可变租赁付款额为30 000（1 500 000×2%）元，在实际发生时计入当期损益。甲公司的账务处理为：

　　借：营业成本（或销售费用）　　　　　　　　　　　　　30 000
　　　　贷：银行存款等　　　　　　　　　　　　　　　　　　30 000

2. 租赁负债的重新计量。

在租赁期开始日后，当发生下列四种情形时，承租人应当按照变动后的租赁付款额的现值重新计量租赁负债，并相应调整使用权资产的账面价值。使用权资产的账面价值已调减至零，但租赁负债仍需进一步调减的，承租人应当将剩余金额计入当期损益。

（1）实质固定付款额发生变动。

如果租赁付款额最初是可变的，但在租赁期开始日后的某一时点转为固定，那么，在潜在可变性消除时，该付款额成为实质固定付款额，应纳入租赁负债的计量。承租人应当按照变动后租赁付款额的现值重新计量租赁负债。在该情形下，承租人采用的折现率不变，即，采用租赁期开始日确定的折现率。

【例20-33】实质固定付款额发生变动的会计处理

承租人甲公司签订了一份为期10年的机器租赁合同。租金于每年年末支付，并按以下方式确定：第1年，租金是可变的，根据该机器在第1年下半年的实际产能确定；第2至第10年，每年的租金根据该机器在第1年下半年的实际产能确定，即租金将在第1年年末转变为固定付款额。在租赁期开始日，甲公司无法确定租赁内含利率，其增量借款利率为5%。假设在第1年年末，根据该机器在第1年下半年的实际产能所确定的租赁付款额为每年20 000元。

分析：本例中，在租赁期开始时，由于未来的租金尚不确定，因此甲公司的租赁负债为零。在第1年年末，租金的潜在可变性消除，成为实质固定付款额（即每年20 000元），因此甲公司应基于变动后的租赁付款额重新计量租赁负债,并采用不变的折现率(即5%)进行折现。在支付第1年的租金之后,甲公司后续年度需支付的租赁付款额为180 000(20 000×9)元,租赁付款额在第1年年末的现值为142 156[20 000×(P/A,5%,9)]元,未确认融资费用为37 844(180 000-142 156)元。甲公司在第1年年末的相关账务处理如下:

支付第一年租金。

借:制造费用等　　　　　　　　　　　　　　　　　　　　　20 000
　　贷:银行存款　　　　　　　　　　　　　　　　　　　　　20 000

确认使用权资产和租赁负债。

借:使用权资产　　　　　　　　　　　　　　　　　　　　　142 156
　　租赁负债——未确认融资费用　　　　　　　　　　　　　37 844
　　贷:租赁负债——租赁付款额　　　　　　　　　　　　　180 000

(2)担保余值预计的应付金额发生变动。

在租赁期开始日后,承租人应对其在担保余值下预计支付的金额进行估计。该金额发生变动的,承租人应当按照变动后租赁付款额的现值重新计量租赁负债。在该情形下,承租人采用的折现率不变。

【例20-34】担保余值预计的应付金额发生变动的会计处理

沿用【例20-27】,在租赁期开始日后,承租人甲公司对该汽车在租赁期结束时的公允价值进行监测。假设在第1年年末,甲公司预计该汽车在租赁期结束时的公允价值为30 000元。那么,甲公司应将该担保余值下预计应付的金额10 000(40 000-30 000)元纳入租赁付款额,并使用不变的折现率来重新计量租赁负债。

(3)用于确定租赁付款额的指数或比率发生变动。

在租赁期开始日后,因浮动利率的变动而导致未来租赁付款额发生变动的,承租人应当按照变动后租赁付款额的现值重新计量租赁负债。在该情形下,承租人应采用反映利率变动的修订后的折现率进行折现。

在租赁期开始日后,因用于确定租赁付款额的指数或比率(浮动利率除外)的变动而导致未来租赁付款额发生变动的,承租人应当按照变动后租赁付款额的现值重新计量租赁负债。在该情形下,承租人采用的折现率不变。

需要得注意的是,仅当现金流量发生变动时,即租赁付款额的变动生效时,承租人才应重新计量租赁负债,以反映变动后的租赁付款额。承租人应基于变动后的合同付款额,确定剩余租赁期内的租赁付款额。

【例20-35】用于确定租赁付款额的指数或比率发生变动的会计处理

沿用【例20-24】,假设在租赁第3年年初的消费者价格指数为135,甲公司在租赁期开始日采用的折现率为5%。在第3年年初,在对因消费者价格指数变化而导致未来租赁付款额的变动进行会计处理以及支付第3年的租赁付款额之前,租赁负债为339 320[50 000+50 000×(P/A,5%,7)]元。经消费者价格指数调整后的第3年租赁付款额为54 000(50 000×135÷125)元。

分析：本例中，因用于确定租赁付款额的消费者价格指数的变动，而导致未来租赁付款额发生变动，甲公司应当于第3年年初重新计量租赁负债，以反映变动后的租赁付款额，即租赁负债应当以每年54 000元的租赁付款额（剩余8笔）为基础进行重新计量。在第3年年初，甲公司按以下金额重新计量租赁负债：每年54 000元的租赁付款额按不变的折现率（即5%）进行折现，为366 466 [54 000 +54 000×(P/A, 5%, 7)]元。因此，甲公司的租赁负债将增加27 146元，即重新计量后的租赁负债（366 466元）与重新计量前的租赁负债（339 320元）之间的差额。不考虑其他因素，甲公司相关账务处理如下：

借：使用权资产　　　　　　　　　　　　　　　　　　　　　27 146
　　租赁负债——未确认融资费用　　　　　　　　　　　　　　4 854
　贷：租赁负债——租赁付款额　　　　　　　　　　　　　　　32 000

（4）购买选择权、续租选择权或终止租赁选择权的评估结果或实际行使情况发生变化。

租赁期开始日后，发生下列情形的，承租人应采用修订后的折现率对变动后的租赁付款额进行折现，以重新计量租赁负债。

①发生承租人可控范围内的重大事件或变化，且影响承租人是否合理确定将行使续租选择权或终止租赁选择权的，承租人应当对其是否合理确定将行使相应选择权进行重新评估。上述选择权的评估结果发生变化的，承租人应当根据新的评估结果重新确定租赁期和租赁付款额。前述选择权的实际行使情况与原评估结果不一致等导致租赁期变化的，也应当根据新的租赁期重新确定租赁付款额。

②发生承租人可控范围内的重大事件或变化，且影响承租人是否合理确定将行使购买选择权的，承租人应当对其是否合理确定将行使购买选择权进行重新评估。评估结果发生变化的，承租人应根据新的评估结果重新确定租赁付款额。

上述两种情形下，承租人在计算变动后租赁付款额的现值时，应当采用剩余租赁期间的租赁内含利率作为折现率；无法确定剩余租赁期间的租赁内含利率的，应当采用重估日的承租人增量借款利率作为折现率。

【例20-36】购买选择权、续租选择权或终止租赁选择权的评估1

承租人甲公司与出租人乙公司签订了一份为期5年的设备租赁合同。甲公司计划开发自有设备以替代租赁资产，自有设备计划在5年内投入使用。甲公司拥有在租赁期结束时以5 000元购买该设备的选择权。每年的租赁付款额固定为10 000元，于每年年末支付。甲公司无法确定租赁内含利率，其增量借款利率为5%。在租赁期开始日，甲公司对行使购买选择权的可能性进行评估后认为，不能合理确定将行使购买选择权。这是因为，甲公司计划开发自有设备，继而在租赁期结束时替代租赁资产。

分析：在租赁期开始日，甲公司确认的租赁负债为43 300元，即43 300 =10 000×(P/A, 5%, 5)。租赁负债将按以下方法摊销，如表20-2所示。

表20-2 租赁期内租金负债计算 单位：元

年限	租赁负债年初金额 ①	利息 ②=①×5%	租赁付款额 ③	租赁负债年末金额 ④=①+②-③
1	43 300*	2 165	10 000	35 465
2	35 465	1 773	10 000	27 238
3	27 238	1 362	10 000	18 600
4	18 600	930	10 000	9 530
5	9 530	470**	10 000	

注：*为便于计算，本题中，年金现值系数取两位小数。
** 第5年的利息费用470 = 10 000 - 9 530。

假设在第3年年末，甲公司作出削减开发项目的战略决定，包括上述替代设备的开发。该决定在甲公司的可控范围内，并影响其是否合理确定将行使购买选择权。此外，甲公司预计该设备在租赁期结束时的公允价值为20 000元。甲公司重新评估其行使购买选择权的可能性后认为，其合理确定将行使该购买选择权。

原因是：在租赁期结束时不大可能有可用的替代设备，并且该设备在租赁期结束时的预期市场价值（20 000元）远高于行权价格（5 000元）。因此，甲公司应在第3年年末将购买选择权的行权价格纳入租赁付款额。假设甲公司无法确定剩余租赁期间的租赁内含利率，其第3年年末的增量借款利率为5.5%。在第3年年末，甲公司重新计量租赁负债以涵盖购买选择权的行权价格，并采用修订后的折现率5.5%进行折现。重新计量后的租赁负债（支付前3年的付款额后）为22 960元，即22 960 = 10 000×(P/F, 5.5%, 1) + (10 000 + 5 000)×(P/F, 5.5%, 2)。此后，租赁负债将按表20-3所述方法进行后续计量。

表20-3 甲公司租赁期内租金负债计算 单位：元

年限	租赁负债年初金额 ①	利息 ②=①×5.5%	租赁付款额 ③	租赁负债年末金额 ④=①+②-③
4	22 960	1 263	10 000	14 223
5	14 223	777*	15 000	

注：*第5年的利息费用777 = 10 000 + 5 000 - 14 223（行权价格）。

【例20-37】购买选择权、续租选择权或终止租赁选择权的评估2

承租人甲公司租入一层办公楼，为期10年，并拥有可续租5年的选择权。初始租赁期间（即10年）的租赁付款额为每年50 000元，可选续租期间（即5年）的租赁付款额为每年55 000元，均在每年年初支付。在租赁期开始日，甲公司评估后认为，不能合理确定将会行使续租选择权，因此确定租赁期为10年。甲公司无法确定租赁内含利率，其增量借款利率为5%。在租赁期开始日，甲公司支付第1年的租赁付款额50 000元，并确认租赁负债355 390元，即355 390 = 50 000×(P/A, 5%, 9)。在第5至第6年，甲公司的业务显著增长，其日益壮大的人员规模意味着需要扩租办公楼。为了最大限度降低成本，甲公司额外签订了一份为期8年、在同一办公楼内其他楼层的租赁合同，在第7年年初起租。

分析：将扩张的人员安置到在同一办公楼内其他楼层的决定，在甲公司的可控范围内，并影响其是否合理确定将行使现有租赁合同下的续租选择权。如果在其他办公楼中租入一个类似的楼层，甲公司可能会产生额外的费用，因为其人员将处于两栋不同的办公楼中，而将全部人员搬迁到其他办公楼的费用可能会更高。在第6年年末，甲公司重新评估后认为，其合理确定将行使现有租赁合同下的续租选择权，因此该租赁的租赁期由10年变为15年。在对租赁期的变化进行会计处理前，即基于10年租赁期时，甲公司在第6年年末的租赁负债（支付前6年的付款额后）为186 160元，即186 160 = 50 000 + 50 000 × $(P/A, 5\%, 3)$。

在第6年年末，甲公司重新评估后的租赁期为15年，因此应将剩余租赁期（第7至第15年）内的租赁付款额（共9笔）纳入租赁负债，并采用修订后的折现率进行折现。假设甲公司无法确定剩余租赁期间的租赁内含利率，其第6年年末的增量借款利率为4.5%。因此，甲公司重新计量后的租赁负债为399 030元，即399 030 = 50 000 + 50 000 × $(P/A, 4.5\%, 3)$ + 55 000 × $(P/A, 4.5\%, 5)$ × $(P/F, 4.5\%, 3)$。

【例20-38】购买选择权、续租选择权或终止租赁选择权的评估3

承租人甲公司与出租人乙公司签订为期5年的库房租赁合同，每年年末支付固定租金10 000元。甲公司拥有在租赁期结束时以300 000元购买该库房的选择权。在租赁期开始日，甲公司评估后认为，不能合理确定将行使该购买选择权。

第3年年末，该库房所在地房价显著上涨，甲公司预计租赁期结束时该库房的市价为600 000元，甲公司重新评估后认为，能够合理确定将行使该购买选择权。

分析：该库房所在地区的房价上涨属于市场情况发生的变化，不在甲公司的可控范围内。因此，虽然该事项导致购买选择权的评估结果发生变化，但甲公司不应在第3年年末重新计量租赁负债。

然而，如果甲公司在第3年年末不可撤销地通知乙公司，其将在第5年年末行使购买选择权，则属于购买选择权实际行使情况发生了变化，甲公司需要在第3年年末按修订后的折现率对变动后的租赁付款额进行折现，重新计量租赁负债。

【例20-39】购买选择权、续租选择权或终止租赁选择权的评估4

承租人甲公司与出租人乙公司签订了一份办公楼租赁合同，每年的租赁付款额为50 000元，于每年年末支付。甲公司无法确定租赁内含利率，其增量借款利率为5%。

不可撤销租赁期为5年，并且合同约定在第5年年末，甲公司有权选择以每年50 000元续租5年，也有权选择以1 000 000元购买该房产。甲公司在租赁期开始时评估认为，可以合理确定将行使续租选择权，而不会行使购买选择权，因此将租赁期确定为10年。

分析：在租赁期开始日，甲公司确认的租赁负债和使用权资产为386 000元，即50 000 × $(P/A, 5\%, 10)$ = 386 000（元）。租赁负债将按表20-4所述方法进行后续计量。

表20-4　甲公司10年租赁期内租金负债计算　　　　　　　　单位：元

年限	租赁负债年年初金额 ①	利息 ②=①×5%	租赁付款额 ③	租赁负债年年末金额 ④=①+②-③
1	386 000*	19 300	50 000	355 300
2	355 300	17 765	50 000	323 065
3	323 065	16 155	50 000	289 255
4	289 255	14 465	50 000	253 765
5	253 765	12 690	50 000	216 490
6	216 490	10 825	50 000	177 325
7	177 325	8 865	50 000	136 165
8	136 165	6 810	50 000	93 010
9	93 010	4 650	50 000	47 650
10	47 650	2 350	50 000	—

注：*为便于计算，本题中，年金现值系数取两位小数。

在租赁期开始日，甲公司的账务处理为：

借：使用权资产　　　　　　　　　　　　　　　　　　　　　386 000
　　租赁负债——未确认融资费用（500 000-386 000）　　　114 000
　贷：租赁负债——租赁付款额　　　　　　　　　　　　　　500 000

在第4年，该房产所在地房价显著上涨，甲公司预计租赁期结束时该房产的市价为2 000 000元，甲公司在第4年年末重新评估后认为，能够合理确定将行使上述购买选择权，而不会行使上述续租选择权。该房产所在地区的房价上涨属于市场情况发生的变化，不在甲公司的可控范围内。因此，虽然该事项导致购买选择权及续租选择权的评估结果发生变化，但甲公司不需重新计量租赁负债。

在第5年年末，甲公司实际行使了购买选择权。截至该时点，使用权资产的原值为386 000元，累计折旧为193 000（386 000×5/10）元；支付了第5年租赁付款额之后，租赁负债的账面价值为216 490元，其中，租赁付款额为250 000元，未确认融资费用为33 510（250 000-216 490）元。甲公司行使购买选择权的会计分录为：

借：固定资产——办公楼　　　　　　　　　　　　　　　　　976 510
　　使用权资产累计折旧　　　　　　　　　　　　　　　　　193 000
　　租赁负债——租赁付款额　　　　　　　　　　　　　　　250 000
　贷：使用权资产　　　　　　　　　　　　　　　　　　　　386 000
　　　租赁负债——未确认融资费用　　　　　　　　　　　　33 510
　　　银行存款　　　　　　　　　　　　　　　　　　　　　1 000 000

（四）使用权资产的后续计量。

1. 计量基础。

在租赁期开始日后，承租人应当采用成本模式对使用权资产进行后续计量，即以成本减累计折旧及累计减值损失计量使用权资产。

承租人按照本准则有关规定重新计量租赁负债的,应当相应调整使用权资产的账面价值。

2. 使用权资产的折旧。

承租人应当参照《企业会计准则第4号——固定资产》有关折旧规定,自租赁期开始日起对使用权资产计提折旧。使用权资产通常应自租赁期开始的当月计提折旧,当月计提确有困难的,为便于实务操作,企业也可以选择自租赁期开始的下月计提折旧,但应对同类使用权资产采取相同的折旧政策。计提的折旧金额应根据使用权资产的用途,计入相关资产的成本或者当期损益。

承租人在确定使用权资产的折旧方法时,应当根据与使用权资产有关的经济利益的预期实现方式做出决定。通常,承租人按直线法对使用权资产计提折旧,其他折旧方法更能反映使用权资产有关经济利益预期实现方式的,应采用其他折旧方法。

承租人在确定使用权资产的折旧年限时,应遵循以下原则:承租人能够合理确定租赁期届满时取得租赁资产所有权的,应当在租赁资产剩余使用寿命内计提折旧;承租人无法合理确定租赁期届满时能够取得租赁资产所有权的,应当在租赁期与租赁资产剩余使用寿命两者孰短的期间内计提折旧。如果使用权资产的剩余使用寿命短于前两者,则应在使用权资产的剩余使用寿命内计提折旧。

3. 使用权资产的减值。

在租赁期开始日后,承租人应当按照《企业会计准则第8号——资产减值》的规定。确定使用权资产是否发生减值,并对已识别的减值损失进行会计处理。使用权资产发生减值的,按应减记的金额,借记"资产减值损失"科目,贷记"使用权资产减值准备"科目。使用权资产减值准备一旦计提,不得转回。承租人应当按照扣除减值损失之后的使用权资产的账面价值,进行后续折旧。

【例20-40】使用权资产减值的计提

承租人甲公司签订了一份为期10年的机器租赁合同,用于甲公司生产经营。相关使用权资产的初始账面价值为100 000元,按直线法在10年内计提折旧,年折旧费为10 000元。在第5年年末,确认该使用权资产发生的减值损失20 000元,计入当期损益。该使用权资产在减值前的账面价值为50 000(100 000×5/10)元。计提减值损失之后,该使用权资产的账面价值减至30 000(50 000-20 000)元,之后每年的折旧费也相应减至6 000(30 000÷5)元。

企业执行本准则后,《企业会计准则第13号——或有事项》有关亏损合同的规定仅适用于采用短期租赁和低价值资产租赁简化处理方法的租赁合同以及在租赁开始日前已是亏损合同的租赁合同,不再适用于其他租赁合同。

(五)租赁变更的会计处理。

租赁变更,是指原合同条款之外的租赁范围、租赁对价、租赁期限的变更,包括增加或终止一项或多项租赁资产的使用权,延长或缩短合同规定的租赁期等。租赁变更生效日,是指双方就租赁变更达成一致的日期。

1. 租赁变更作为一项单独租赁处理。

租赁发生变更且同时符合下列条件的,承租人应当将该租赁变更作为一项单独租赁进行会计处理:

(1) 该租赁变更通过增加一项或多项租赁资产的使用权而扩大了租赁范围或延长了租赁期限;

(2) 增加的对价与租赁范围扩大部分或租赁期限延长部分的单独价格按该合同情况调整后的金额相当。

【例20-41】租赁变更作为一项单独租赁的会计处理

承租人甲公司与出租人乙公司就2 000平方米的办公场所签订了一项为期10年的租赁合同。在第6年年初,甲公司和乙公司同意对原租赁合同进行变更,以扩租同一办公楼内3 000平方米的办公场所。扩租的场所于第6年第二季度末可供甲公司使用。增加的租赁对价与新增3 000平方米办公场所的当前市价(根据甲公司获取的扩租折扣进行调整后的金额)相当。扩租折扣反映了乙公司节约的成本,即若将相同场所租赁给新租户,乙公司将会发生的额外成本(如营销成本)。

分析:在本例中,甲公司应当将该变更作为一项单独的租赁,与原来的10年期租赁分别进行会计处理。原因在于,该租赁变更通过增加3 000平方米办公场所的使用权而扩大了租赁范围,并且增加的租赁对价与新增使用权的单独价格按该合同情况调整后的金额相当。据此,在新租赁的租赁期开始日(即第6年第二季度末),甲公司确认与新增3 000平方米办公场所租赁相关的使用权资产和租赁负债。甲公司对原有2 000平方米办公场所租赁的会计处理不会因为该租赁变更而进行任何调整。

2. 租赁变更未作为一项单独租赁处理。

租赁变更未作为一项单独租赁进行会计处理的,在租赁变更生效日,承租人应当按照本准则有关租赁分拆的规定对变更后合同的对价进行分摊;按照本准则有关租赁期的规定确定变更后的租赁期;并采用变更后的折现率对变更后的租赁付款额进行折现,以重新计量租赁负债。在计算变更后租赁付款额的现值时,承租人应当采用剩余租赁期间的租赁内含利率作为折现率;无法确定剩余租赁期间的租赁内含利率的,应当采用租赁变更生效日的承租人增量借款利率作为折现率。

就上述租赁负债调整的影响,承租人应区分以下情形进行会计处理。

(1) 租赁变更导致租赁范围缩小或租赁期缩短的,承租人应当调减使用权资产的账面价值,以反映租赁的部分终止或完全终止。承租人应将部分终止或完全终止租赁的相关利得或损失计入当期损益。

(2) 其他租赁变更,承租人应当相应调整使用权资产的账面价值。

【例20-42】租赁变更未作为一项新租赁的会计处理1

承租人甲公司与出租人乙公司就5 000平方米的办公场所签订了10年期的租赁合同。年租赁付款额为100 000元,在每年年末支付。甲公司无法确定租赁内含利率。在租赁期开始日,甲公司的增量借款利率为6%,相应的租赁负债和使用权资产的初始确认金额均为

736 000 元，即 736 000 = 100 000 × (P/A，6%，10)。在第 6 年年初，甲公司和乙公司同意对原租赁合同进行变更，即自第 6 年年初起，将原租赁场所缩减至 2 500 平方米。每年的租赁付款额（第 6 至第 10 年）调整为 60 000 元。承租人在第 6 年年初的增量借款利率为 5%。

分析：在租赁变更生效日（即第 6 年年初），甲公司基于以下情况对租赁负债进行重新计量：①剩余租赁期为 5 年；②年付款额为 60 000 元；③采用修订后的折现率 5% 进行折现。据此，计算得出租赁变更后的租赁负债为 259 770 元，即 259 770 = 60 000 × (P/A，5%，5)。

甲公司应基于原使用权资产部分终止的比例（即缩减的 2 500 平方米占原使用权资产的 50%），来确定使用权资产账面价值的调减金额。在租赁变更之前，原使用权资产的账面价值为 368 000（736 000 × 5/10）元，50% 的账面价值为 184 000 元；原租赁负债的账面价值为 421 240 [100 000 ×(P/A，6%，5)] 元，50% 的账面价值为 210 620 元。因此，在租赁变更生效日（第 6 年年初），甲公司终止确认 50% 的原使用权资产和原租赁负债，并将租赁负债减少额与使用权资产减少额之间的差额 26 620（210 620 − 184 000）元，作为利得计入当期损益。其中，租赁负债的减少额（210 620 元）包括：租赁付款额的减少额 250 000（100 000 × 50% × 5）元，以及未确认融资费用的减少额 39 380（250 000 − 210 620）元。甲公司终止确认 50% 的原使用权资产和原租赁负债的账务处理为：

借：租赁负债——租赁付款额	250 000
贷：租赁负债——未确认融资费用	39 380
使用权资产	184 000
资产处置损益	26 620

此外，甲公司将剩余租赁负债（210 620 元）与变更后重新计量的租赁负债（259 770 元）之间的差额 49 150 元，相应调整使用权资产的账面价值。其中，租赁负债的增加额（49 150 元）包括两部分：租赁付款额的增加额 50 000 [(60 000 − 100 000 × 50%) × 5] 元，以及未确认融资费用的增加额 850（50 000 − 49 150）元。甲公司调整现使用权资产价值的账务处理为：

借：使用权资产	49 150
租赁负债——未确认融资费用	850
贷：租赁负债——租赁付款额	50 000

注：100 000 × (P/A，6%，10) = 736 010（元），为便于计算，本题中，做尾数调整，取 736 000 元。

【例 20 − 43】租赁变更未作为一项单独租赁的会计处理 2

承租人甲公司与出租人乙公司就 5 000 平方米的办公场所签订了一项为期 10 年的租赁。年租赁付款额为 100 000 元，在每年年末支付。甲公司无法确定租赁内含利率。甲公司在租赁期开始日的增量借款利率为 6%。在第 7 年年初，甲公司和乙公司同意对原租赁合同进行变更，即将租赁期延长 4 年。每年的租赁付款额不变（即在第 7 至第 14 年的每年年末支付 100 000 元）。甲公司在第 7 年年初的增量借款利率为 7%。

分析：在租赁变更生效日（即第7年年初），甲公司基于下列情况对租赁负债进行重新计量：①剩余租赁期为8年；②年付款额为100 000元；③采用修订后的折现率7%进行折现。据此，计算得出租赁变更后的租赁负债为597 130元，即597 130 = 100 000 × (P/A, 7%, 8)。租赁变更前的租赁负债为346 510元，即346 510 = 100 000 × (P/A, 6%, 4)。甲公司将变更后租赁负债的账面价值与变更前的账面价值之间的差额250 620（597 130 − 346 510）元，相应调整使用权资产的账面价值。

（六）短期租赁和低价值资产租赁。

本准则规定，对于短期租赁和低价值资产租赁，承租人可以选择不确认使用权资产和租赁负债。作出该选择的，承租人应当将短期租赁和低价值资产租赁的租赁付款额，在租赁期内各个期间按照直线法或其他系统合理的方法计入相关资产成本或当期损益。其他系统合理的方法能够更好地反映承租人的受益模式的，承租人应当采用该方法。

1. 短期租赁。

本准则规定，短期租赁，是指在租赁期开始日，租赁期不超过12个月的租赁。包含购买选择权的租赁不属于短期租赁。

对于短期租赁，承租人可以按照租赁资产的类别作出采用简化会计处理的选择。如果承租人对某类租赁资产作出了简化会计处理的选择，未来该类资产下所有的短期租赁都应采用简化会计处理。某类租赁资产是指企业运营中具有类似性质和用途的一组租赁资产。

按照简化会计处理的短期租赁发生租赁变更或者其他原因导致租赁期发生变化的，承租人应当将其视为一项新租赁，重新按照上述原则判断该项新租赁是否可以选择简化会计处理。

【例20-44】短期租赁的判断

承租人与出租人签订了一份租赁合同，约定不可撤销期间为9个月，且承租人拥有4个月的续租选择权。在租赁期开始日，承租人判断可以合理确定将行使续租选择权，因为续租期的月租赁付款额明显低于市场价格。在此情况下，承租人确定租赁期为13个月，该租赁不属于短期租赁，承租人不能选择上述简化会计处理。

2. 低价值资产租赁。

低价值资产租赁，是指单项租赁资产为全新资产时价值较低的租赁。

承租人在判断是否是低价值资产租赁时，应基于租赁资产的全新状态下的价值进行评估，不应考虑资产已被使用的年限。

对于低价值资产租赁，承租人可根据每项租赁的具体情况作出简化会计处理选择。低价值资产同时还应满足本准则第十条的规定，即只有承租人能够从单独使用该低价值资产或将其与承租人易于获得的其他资源一起使用中获利，且该项资产与其他租赁资产没有高度依赖或高度关联关系时，才能对该资产租赁选择进行简化会计处理。

低价值资产租赁的标准应该是一个绝对金额，即仅与资产全新状态下的绝对价值有关，不受承租人规模、性质等影响，也不考虑该资产对于承租人或相关租赁交易的重要性。常见的低价值资产的例子包括平板电脑、普通办公家具、电话等小型资产。

但是，如果承租人已经或者预期要把相关资产进行转租赁，则不能将原租赁按照低价值资产租赁进行简化会计处理。

值得注意的是，符合低价值资产租赁的，也并不代表承租人若采取购入方式取得该资产时该资产不符合固定资产确认条件。

【例20-45】低价值资产租赁

承租人与出租人签订了一份租赁合同，约定的租赁资产包括：（1）IT设备，包括供员工个人使用的笔记本电脑、台式电脑、平板电脑、桌面打印机和手机等；（2）服务器，其中包括增加服务器容量的单独组件，这些组件根据承租人需要陆续添加到大型服务器以增加服务器存储容量；（3）办公家具，如桌椅和办公隔断等；（4）饮水机。

通常，办公笔记本电脑全新时的单独价格不超过人民币10 000元，台式电脑、平板电脑、桌面打印机和手机全新时的单独价格不超过人民币5 000元，普通办公家具的单独价格不超过人民币10 000元，饮水机的单独价格不超过人民币1 000元，服务器单个组件的单独价格不超过人民币10 000元。

分析：上述租赁资产中，各种IT设备、办公家具、饮水机都能够单独使承租人获益，且与其他租赁资产没有高度依赖或高度关联关系。通常情况下，符合低价值资产租赁的资产全新状态下的绝对价值应低于人民币40 000元。本例中，承租人将IT设备、办公家具、饮水机作为低价值租赁资产，选择按照简化方法进行会计处理。对于服务器中的组件，尽管单个组件的单独价格较低，但由于每个组件都与服务器中的其他部分高度相关，承租人若不租赁服务器就不会租赁这些组件，每个组件不构成单独的租赁部分，因此不能作为低价值租赁资产进行会计处理。

20.2.8 出租人会计处理

（一）出租人的租赁分类。

1. 融资租赁和经营租赁。

本准则规定，出租人应当在租赁开始日将租赁分为融资租赁和经营租赁。

租赁开始日，是指租赁合同签署日与租赁各方就主要租赁条款作出承诺日中的较早者。租赁开始日可能早于租赁期开始日，也可能与租赁期开始日重合。

一项租赁属于融资租赁还是经营租赁取决于交易的实质，而不是合同的形式。如果一项租赁实质上转移了与租赁资产所有权有关的几乎全部风险和报酬，出租人应当将该项租赁分类为融资租赁。出租人应当将除融资租赁以外的其他租赁分类为经营租赁。

在本准则中，出租人的租赁分类是以租赁转移与租赁资产所有权相关的风险和报酬的程度为依据的。风险包括由于生产能力的闲置或技术陈旧可能造成的损失，以及由于经济状况的改变可能造成的回报变动。报酬可以表现为在租赁资产的预期经济寿命期间经营的盈利以及因增值或残值变现可能产生的利得。

租赁开始日后，除非发生租赁变更，出租人无需对租赁的分类进行重新评估。租赁资产预计使用寿命、预计余值等会计估计变更或发生承租人违约等情况变化的，出租人不对租赁进行重分类。

租赁合同可能包括因租赁开始日与租赁期开始日之间发生的特定变化而需对租赁付款额

进行调整的条款与条件（例如，出租人标的资产的成本发生变动，或出租人对该租赁的融资成本发生变动）。在此情况下，出于租赁分类目的，此类变动的影响均视为在租赁开始日已发生。

2. 融资租赁的分类标准。

一项租赁存在下列一种或多种情形的，通常分类为融资租赁。

（1）在租赁期届满时，租赁资产的所有权转移给承租人。即如果在租赁协议中已经约定，或者根据其他条件，在租赁开始日就可以合理地判断，租赁期届满时出租人会将资产的所有权转移给承租人，那么该项租赁通常分类为融资租赁。

（2）承租人有购买租赁资产的选择权，所订立的购买价款预计将远低于行使选择权时租赁资产的公允价值，因而在租赁开始日就可以合理确定承租人将行使该选择权。

（3）资产的所有权虽然不转移，但租赁期占租赁资产使用寿命的大部分。实务中，这里的"大部分"一般指租赁期占租赁开始日租赁资产使用寿命的75%以上（含75%）。需要说明的是，这里的量化标准只是指导性标准，企业在具体运用时，必须以准则规定的相关条件进行综合判断。这条标准强调的是租赁期占租赁资产使用寿命的比例，而非租赁期占该项资产全部可使用年限的比例。如果租赁资产是旧资产，在租赁前已使用年限超过资产自全新时起算可使用年限的75%以上时，则这条判断标准不适用，不能使用这条标准确定租赁的分类。

（4）在租赁开始日，租赁收款额的现值几乎相当于租赁资产的公允价值。实务中，这里的"几乎相当于"，通常掌握在90%以上。需要说明的是，这里的量化标准只是指导性标准，企业在具体运用时，必须以准则规定的相关条件进行综合判断。

（5）租赁资产性质特殊，如果不作较大改造，只有承租人才能使用。租赁资产由出租人根据承租人对资产型号、规格等方面的特殊要求专门购买或建造的，具有专购、专用性质。这些租赁资产如果不作较大的重新改制，其他企业通常难以使用。这种情况下，通常也分类为融资租赁。

一项租赁存在下列一项或多项迹象的，也可能分类为融资租赁：

（1）若承租人撤销租赁，撤销租赁对出租人造成的损失由承租人承担。

（2）资产余值的公允价值波动所产生的利得或损失归属于承租人。

例如，租赁结束时，出租人以相当于资产销售收益的绝大部分金额作为对租金的退还，说明承租人承担了租赁资产余值的几乎所有风险和报酬。

（3）承租人有能力以远低于市场水平的租金继续租赁至下一期间。

此经济激励政策与购买选择权类似，如果续租选择权行权价远低于市场水平，可以合理确定承租人将继续租赁至下一期间。

值得注意的是，出租人判断租赁类型时，上述情形和迹象并非总是决定性的，而是应综合考虑经济激励的有利方面和不利方面。若有其他特征充分表明，租赁实质上没有转移与租赁资产所有权相关的几乎全部风险和报酬，则该租赁应分类为经营租赁。例如，若租赁资产的所有权在租赁期结束时是以相当于届时其公允价值的可变付款额转让至承租人，或者因存在可变租赁付款额导致出租人实质上没有转移几乎全部风险和报酬，就可能出现这种情况。

(二)出租人对融资租赁的会计处理。

1. 初始计量。

本准则规定,在租赁期开始日,出租人应当对融资租赁确认应收融资租赁款,并终止确认融资租赁资产。出租人对应收融资租赁款进行初始计量时,应当以租赁投资净额作为应收融资租赁款的入账价值。

租赁投资净额为未担保余值和租赁期开始日尚未收到的租赁收款额按照租赁内含利率折现的现值之和。租赁内含利率,是指使出租人的租赁收款额的现值与未担保余值的现值之和(即租赁投资净额)等于租赁资产公允价值与出租人的初始直接费用之和的利率。因此,出租人发生的初始直接费用包括在租赁投资净额中,也即包括在应收融资租赁款的初始入账价值中。

租赁收款额,是指出租人因让渡在租赁期内使用租赁资产的权利而应向承租人收取的款项,包括:

(1)承租人需支付的固定付款额及实质固定付款额。存在租赁激励的,应当扣除租赁激励相关金额。

(2)取决于指数或比率的可变租赁付款额。该款项在初始计量时根据租赁期开始日的指数或比率确定。

(3)购买选择权的行权价格,前提是合理确定承租人将行使该选择权。

(4)承租人行使终止租赁选择权需支付的款项,前提是租赁期反映出承租人将行使终止租赁选择权。

(5)由承租人、与承租人有关的一方以及有经济能力履行担保义务的独立第三方向出租人提供的担保余值。

【例20-46】出租人对融资租赁的会计处理

2×19年12月1日,甲公司与乙公司签订了一份租赁合同,从乙公司租入塑钢机一台。租赁合同主要条款如下:

(1)租赁资产:全新塑钢机。

(2)租赁期开始日:2×20年1月1日。

(3)租赁期:2×20年1月1日—2×25年12月31日,共72个月。

(4)固定租金支付:自2×20年1月1日,每年年末支付租金160 000元。如果甲公司能够在每年年末的最后一天及时付款,则给予减少租金10 000元的奖励。

(5)取决于指数或比率的可变租赁付款额:租赁期限内,如遇中国人民银行贷款基准利率调整时,出租人将对租赁利率作出同方向、同幅度的调整。基准利率调整日之前各期和调整日当期租金不变,从下一期租金开始按调整后的租金金额收取。

(6)租赁开始日租赁资产的公允价值:该机器在2×19年12月31日的公允价值为700 000元,账面价值为600 000元。

(7)初始直接费用:签订租赁合同过程中乙公司发生可归属于租赁项目的手续费、佣金为10 000元。

（8）承租人的购买选择权：租赁期届满时，甲公司享有优惠购买该机器的选择权，购买价为 20 000 元，估计该日租赁资产的公允价值为 80 000 元。

（9）取决于租赁资产绩效的可变租赁付款额：2×21 年和 2×22 年两年，甲公司每年按该机器所生产的产品——塑钢窗户的年销售收入的 5% 向乙公司支付。

（10）承租人的终止租赁选择权：甲公司享有终止租赁选择权。在租赁期间，如果甲公司终止租赁，需支付的款项为剩余租赁期间的固定租金支付金额。

（11）担保余值和未担保余值均为 0。

（12）全新塑钢机的使用寿命为 7 年。

分析：出租人乙公司的会计处理如下。

第一步，判断租赁类型。

本例存在优惠购买选择权，优惠购买价 20 000 元远低于行使选择权日租赁资产的公允价值 80 000 元，因此在 2×19 年 12 月 31 日就可合理确定甲公司将会行使这种选择权。另外，在本例中，租赁期为 6 年，占租赁开始日租赁资产使用寿命的 86%（占租赁资产使用寿命的大部分）。同时，乙公司综合考虑其他各种情形和迹象，认为该租赁实质上转移了与该项设备所有权有关的几乎全部风险和报酬，因此将这项租赁认定为融资租赁。

第二步，确定租赁收款额。

（1）承租人的固定付款额为考虑扣除租赁激励后的金额。

固定付款额 =（160 000 − 10 000）× 6 = 900 000（元）

（2）取决于指数或比率的可变租赁付款额。

该款项在初始计量时根据租赁期开始日的指数或比率确定，因此本例题在租赁期开始日不做考虑。

（3）承租人购买选择权的行权价格。

租赁期届满时，甲公司享有优惠购买该机器的选择权，购买价为 20 000 元，估计该日租赁资产的公允价值为 80 000 元。优惠购买价 20 000 元远低于行使选择权日租赁资产的公允价值，因此在 2×19 年 12 月 31 日就可合理确定甲公司将会行使这种选择权。

结论：租赁付款额中应包括承租人购买选择权的行权价格 20 000 元。

（4）终止租赁的罚款。

虽然甲公司享有终止租赁选择权，但若终止租赁，甲公司需支付的款项为剩余租赁期间的固定租金支付金额。

结论：根据上述条款，可以合理确定甲公司不会行使终止租赁选择权。

（5）由承租人向出租人提供的担保余值：甲公司向乙公司提供的担保余值为 0 元。

综上所述租赁收款额为：900 000 + 20 000 = 920 000（元）

第三步，确认租赁投资总额。

租赁投资总额 = 在融资租赁下出租人应收的租赁收款额 + 未担保余值

本例中租赁投资总额 = 920 000 + 0 = 920 000（元）

第四步，确认租赁投资净额的金额和未实现融资收益。

租赁投资净额在金额上等于租赁资产在租赁期开始日公允价值 + 出租人发生的租赁初始

直接费用 =700 000 +10 000 =710 000（元）

未实现融资收益 = 租赁投资总额 − 租赁投资净额 =920 000 −710 000 =210 000（元）

第五步，计算租赁内含利率。

租赁内含利率是使租赁投资总额的现值（即租赁投资净额）等于租赁资产在租赁开始日的公允价值与出租人的初始直接费用之和的利率。

本例中列出公式 150 000 ×（P/A，r，6）+20 000 ×（P/F，r，6）=710 000（元），计算得到租赁的内含利率为 7.82%。

第六步，账务处理。

2×20 年1 月1 日。

借：应收融资租赁款——租赁收款额	920 000	
贷：银行存款		10 000
融资租赁资产		600 000
资产处置损益		100 000
应收融资租赁款——未实现融资收益		210 000

若某融资租赁合同必须以收到租赁保证金为生效条件，出租人收到承租人交来的租赁保证金，借记"银行存款"科目，贷记"其他应收款——租赁保证金"科目。承租人到期不交租金，以保证金抵作租金时，借记"其他应收款——租赁保证金"科目，贷记"应收融资租赁款"科目。承租人违约，按租赁合同或协议规定没收保证金时，借记"其他应收款——租赁保证金"科目，贷记"营业外收入"等科目。

2. 融资租赁的后续计量。

出租人应当按照固定的周期性利率计算并确认租赁期内各个期间的利息收入。该周期性利率，是按照本准则第三十八条规定所采用的折现率，或者按照本准则第四十四条规定所采用的修订后的折现率。

【例20 -47】融资租赁出租人利息收入的后续计量

沿用【例20 -46】，以下说明出租人如何确认计量租赁期内各期间的利息收入。

分析：

第一步，计算租赁期的利息收入，如表20 -5 所示。

表20 -5 融资租赁下租赁期内利息收入计算　　　　　　　　单位：元

日期	租金	确认的利息收入	租赁投资净额余额
①	②	③ = 期初④×7.82%	期末④ = 期初④ − ② + ③
2×20 年1 月1 日			710 000
2×20 年12 月31 日	150 000	55 522	615 522
2×21 年12 月31 日	150 000	48 134	513 656
2×22 年12 月31 日	150 000	40 168	403 824
2×23 年12 月31 日	150 000	31 579	285 403

续表

日期	租金	确认的利息收入	租赁投资净额余额
①	②	③ = 期初④ × 7.82%	期末④ = 期初④ - ② + ③
2×24年12月31日	150 000	22 319	157 722
2×25年12月31日	150 000	12 278*	20 000
2×25年12月31日	20 000		
合计	920 000	210 000	

注：*尾数调整 12 278 = 150 000 + 20 000 - 157 722。

第二步，编制会计分录：

2×20年12月31日收到第一期租金时。

借：银行存款　　　　　　　　　　　　　　　　　　　　　　150 000
　　贷：应收融资租赁款——租赁收款额　　　　　　　　　　　　150 000
借：应收融资租赁款——未实现融资收益　　　　　　　　　　　55 522
　　贷：租赁收入　　　　　　　　　　　　　　　　　　　　　　55 522

2×21年12月31日收到第二期租金时。

借：银行存款　　　　　　　　　　　　　　　　　　　　　　150 000
　　贷：应收融资租赁款——租赁收款额　　　　　　　　　　　　150 000
借：应收融资租赁款——未实现融资收益　　　　　　　　　　　48 134
　　贷：租赁收入　　　　　　　　　　　　　　　　　　　　　　48 134

本准则规定，纳入出租人租赁投资净额的可变租赁付款额只包含取决于指数或比率的可变租赁付款额。在初始计量时，应当采用租赁期开始日的指数或比率进行初始计量。出租人应定期复核计算租赁投资总额时所使用的未担保余值。若预计未担保余值降低，出租人应修改租赁期内的收益分配，并立即确认预计的减少额。

出租人取得的未纳入租赁投资净额计量的可变租赁付款额，如与资产的未来绩效或使用情况挂钩的可变租赁付款额，应当在实际发生时计入当期损益。

【例20-48】融资租赁可变租赁收入的后续计量

沿用【例20-46】，假设2×21年和2×22年，甲公司分别实现塑钢窗户年销售收入1 000 000元和1 500 000元。根据租赁合同，乙公司2×21年和2×22年应向甲公司收取的与销售收入挂钩的租金分别为50 000元和75 000元。

分析：

会计分录为：

2×21年。

借：银行存款（或应收账款）　　　　　　　　　　　　　　　50 000
　　贷：租赁收入　　　　　　　　　　　　　　　　　　　　　　50 000

2×22年。

借：银行存款（或应收账款）　　　　　　　　　　　　　　　75 000
　　贷：租赁收入　　　　　　　　　　　　　　　　　　　　　　75 000

【例20-49】**融资租赁承租人行使购买权的后续计量**

沿用【例20-46】,租赁期届满时的处理——承租人行使购买权。

分析:

会计分录如下:

借:银行存款　　　　　　　　　　　　　　　　　　　　　20 000
　　贷:应收融资租赁款——租赁收款额　　　　　　　　　　　　20 000

3. 融资租赁变更的会计处理。

本准则规定,融资租赁发生变更且同时符合下列条件的,出租人应当将该变更作为一项单独租赁进行会计处理:

(1) 该变更通过增加一项或多项租赁资产的使用权而扩大了租赁范围或延长了租赁期限;

(2) 增加的对价与租赁范围扩大部分或租赁期限延长部分的单独价格按该合同情况调整后的金额相当。

【例20-50】**融资租赁变更形成一项新的租赁的会计处理**

承租人就某套机器设备与出租人签订了一项为期5年的租赁,构成融资租赁。在第2年年初,承租人和出租人同意对原租赁进行修改,再增加1套机器设备用于租赁,租赁期也为5年。扩租的设备从第2年第二季度末时可供承租人使用。租赁总对价的增加额与新增的该套机器设备的当前出租市价扣减相关折扣相当。其中,折扣反映了出租人节约的成本,即若将同样设备租赁给新租户出租人会发生的成本,如营销成本等。

分析:此情况下,该变更通过增加一项或多项租赁资产的使用权而扩大了租赁范围,增加的对价与租赁范围扩大部分的单独价格按该合同情况调整后的金额相当,应将该变更作为一项新的租赁。

本准则规定,如果融资租赁的变更未作为一项单独租赁进行会计处理,且满足假如变更在租赁开始日生效,该租赁会被分类为经营租赁条件的,出租人应当自租赁变更生效日开始将其作为一项新租赁进行会计处理,并以租赁变更生效日前的租赁投资净额作为租赁资产的账面价值。

【例20-51】**融资租赁变更的会计处理1**

承租人就某套机器设备与出租人签订了一项为期5年的租赁,该租赁构成融资租赁。合同规定,每年年末承租人向出租人支付租金10 000元,租赁期开始日,出租资产公允价值为37 908元。按照公式$10\,000 \times (P/A, r, 5) = 37\,908$(元),计算得出租赁内含利率为10%,租赁收款额为50 000元,未确认融资收益为12 092元。在第2年年初,承租人和出租人同意对原租赁进行修改,缩短租赁期限到第3年年末,每年支付租金时点不变,租金总额从50 000元变更到33 000元。假设本例中不涉及未担保余值、担保余值、终止租赁罚款等。

分析:本例中,如果原租赁期限设定为3年,在租赁开始日,租赁类别被分类为经营租赁,那么,在租赁变更生效日,即第2年年初,出租人将租赁投资净额余额31 699 (37 908 + 37 908 × 10% − 10 000)元作为该套机器设备的入账价值,并从第2年年初开始,作为一项新的经营租赁（两年租赁期，每年年末收取租金 11 500 元）进行会计处理。

第 2 年年初会计分录如下：

借：固定资产　　　　　　　　　　　　　　　　　　　　　　　　　31 699
　　应收融资租赁款——未确认融资收益（12 092 - 37 908 × 10%）　8 301
　　贷：应收融资租赁款——租赁收款额（50 000 - 10 000）　　　　40 000

如果融资租赁的变更未作为一项单独租赁进行会计处理，且满足假如变更在租赁开始日生效，该租赁会被分类为融资租赁条件的，出租人应当按照《企业会计准则第 22 号——金融工具确认和计量》（2017）第四十二条关于修改或重新议定合同的规定进行会计处理。即修改或重新议定租赁合同，未导致应收融资租赁款终止确认，但导致未来现金流量发生变化的，应当重新计算该应收融资租赁款的账面余额，并将相关利得或损失计入当期损益。重新计算应收融资租赁款账面余额时，应当根据重新议定或修改的租赁合同现金流量按照应收融资租赁款的原折现率或按照《企业会计准则第 24 号——套期会计》（2017）第二十三条规定重新计算的折现率（如适用）折现的现值确定。对于修改或重新议定租赁合同所产生的所有成本和费用，企业应当调整修改后的应收融资租赁款的账面价值，并在修改后的应收融资租赁款的剩余期限内进行摊销。

【例 20 - 52】融资租赁变更的会计处理 2

沿用【例 20 - 51】，承租人就某套机器设备与出租人签订了一项为期 5 年的租赁，该租赁构成融资租赁。合同规定，每年年末承租人向出租人支付租金 10 000 元，租赁期开始日租赁资产公允价值为 37 908 元，租赁内含利率为 10%。在第 2 年年初，承租人和出租人因为设备适用性等原因同意对原租赁进行修改，从第 2 年开始，每年支付租金额变为 9 500 元，租金总额从 50 000 元变更到 48 000 元。

分析：如果此付款变更在租赁开始日生效，租赁类别仍被分类为融资租赁，那么，在租赁变更生效日——第 2 年年初，按 10% 原租赁内含利率重新计算的租赁投资净额为 30 114 [9 500 × (P/A, 10%, 4)] 元，与原租赁投资净额账面余额 31 699 元的差额 1 585 元（其中"应收融资租赁款——租赁收款额"科目减少 2 000 元，"应收融资租赁款——未确认融资收益"科目减少 415 元）计入当期损益。

第 2 年年初会计分录如下：

借：租赁收入　　　　　　　　　　　　　　　　　　　　　　　　　1 585
　　应收融资租赁款——未确认融资收益　　　　　　　　　　　　　　415
　　贷：应收融资租赁款——租赁收款额　　　　　　　　　　　　　2 000

（三）出租人对经营租赁的会计处理。

1. 租金的处理。

在租赁期内各个期间，出租人应采用直线法或者其他系统合理的方法将经营租赁的租赁收款额确认为租金收入。如果其他系统合理的方法能够更好地反映因使用租赁资产所产生经济利益的消耗模式的，则出租人应采用该方法。

2. 出租人对经营租赁提供激励措施。

出租人提供免租期的，出租人应将租金总额在不扣除免租期的整个租赁期内，按直线法或其他合理的方法进行分配，免租期内应当确认租金收入。出租人承担了承租人某些费用的，出租人应将该费用自租金收入总额中扣除，按扣除后的租金收入余额在租赁期内进行分配。

3. 初始直接费用。

出租人发生的与经营租赁有关的初始直接费用应当资本化至租赁标的资产的成本，在租赁期内按照与租金收入相同的确认基础分期计入当期损益。

4. 折旧和减值。

对于经营租赁资产中的固定资产，出租人应当采用类似资产的折旧政策计提折旧；对于其他经营租赁资产，应当根据该资产适用的企业会计准则，采用系统合理的方法进行摊销。

出租人应当按照《企业会计准则第8号——资产减值》的规定，确定经营租赁资产是否发生减值，并对已识别的减值损失进行会计处理。

5. 可变租赁付款额。

出租人取得的与经营租赁有关的可变租赁付款额，如果是与指数或比率挂钩的，应在租赁期开始日计入租赁收款额；除此之外的，应当在实际发生时计入当期损益。

6. 经营租赁的变更。

本准则规定，经营租赁发生变更的，出租人应自变更生效日开始，将其作为一项新的租赁进行会计处理，与变更前租赁有关的预收或应收租赁收款额视为新租赁的收款额。

20.2.9　特殊租赁业务的会计处理

（一）转租赁。

转租情况下，原租赁合同和转租赁合同通常都是单独协商的，交易对手也是不同的企业，本准则要求转租出租人对原租赁合同和转租赁合同分别根据承租人和出租人会计处理要求，进行会计处理。

承租人在对转租赁进行分类时，转租出租人应基于原租赁中产生的使用权资产，而不是租赁资产（如作为租赁对象的不动产或设备）进行分类。原租赁资产不归转租出租人所有，原租赁资产也未计入其资产负债表。因此，转租出租人应基于其控制的资产（即使用权资产）进行会计处理。

原租赁为短期租赁，且转租出租人作为承租人已按照本准则采用简化会计处理方法的，应将转租赁分类为经营租赁。

【例20-53】合同期间转租赁的会计处理

甲企业（原租赁承租人）与乙企业（原租赁出租人）就5 000平方米办公场所签订了一项为期5年的租赁（原租赁）。在第3年年初，甲企业将该5 000平方米办公场所转租给丙企业，期限为原租赁的剩余3年时间（转租赁）。假设不考虑初始直接费用。

分析：甲企业应基于原租赁形成的使用权资产对转租赁进行分类。本例中，转租赁的期限覆盖了原租赁的所有剩余期限，综合考虑其他因素，甲企业判断其实质上转移了与该项使用权资产有关的几乎全部风险和报酬，甲企业将该项转租赁分类为融资租赁。

甲企业的会计处理为：（1）终止确认与原租赁相关且转给丙企业（转租承租人）的使用

权资产,并确认转租赁投资净额;(2)将使用权资产与转租赁投资净额之间的差额确认为损益;(3)在资产负债表中保留原租赁的租赁负债,该负债代表应付原租赁出租人的租赁付款额。在转租期间,中间出租人既要确认转租赁的融资收益,也要确认原租赁的利息费用。

【例20-54】合同开始日转租赁的会计处理

甲企业(原租赁承租人)与乙企业(原租赁出租人)就5 000平方米办公场所签订了一项为期5年的租赁(原租赁)。在原租赁的租赁期开始日,甲企业将该5 000平方米办公场所转租给丙企业,期限为两年(转租赁)。

分析:甲企业基于原租赁形成的使用权资产对转租赁进行分类,考虑各种因素后,将其分类为经营租赁。签订转租赁时,中间出租人在其资产负债表中继续保留与原租赁相关的租赁负债和使用权资产。在转租期间,甲企业确认使用权资产的折旧费用和租赁负债的利息;并确认转租赁的租赁收入。

(二)生产商或经销商出租人的融资租赁会计处理。

生产商或经销商通常为客户提供购买或租赁其产品或商品的选择。如果生产商或经销商出租其产品或商品构成融资租赁,则该交易产生的损益应相当于按照考虑适用的交易量或商业折扣后的正常售价直接销售标的资产所产生的损益。构成融资租赁的,生产商或经销商出租人在租赁期开始日应当按照租赁资产公允价值与租赁收款额按市场利率折现的现值两者孰低确认收入,并按照租赁资产账面价值扣除未担保余值的现值后的余额结转销售成本,收入和销售成本的差额作为销售损益。

由于取得融资租赁所发生的成本主要与生产商或经销商赚取的销售利得相关,生产商或经销商出租人应当在租赁期开始日将其计入损益。即与其他融资租赁出租人不同,生产商或经销商出租人取得融资租赁所发生的成本不属于初始直接费用,不计入租赁投资净额。

【例20-55】出租人的融资租赁会计处理1

甲公司是一家设备生产商,与乙公司(生产型企业)签订了一份租赁合同,向乙公司出租所生产的设备,合同主要条款如下:(1)租赁资产:设备A;(2)租赁期:2×19年1月1日至2×21年12月31日,共3年;(3)租金支付:自2×19年起每年年末支付年租金1 000 000元;(4)租赁合同规定的利率:5%(年利率),与市场利率相同;(5)该设备于2×19年1月1日的公允价值为2 700 000元,账面价值为2 000 000元;(6)甲公司取得该租赁发生的相关成本为5 000元;(7)该设备于2×19年1月1日交付乙公司,预计使用寿命为8年,无残值;租赁期届满时,乙公司可以100元购买该设备,预计租赁到期日该设备的公允价值不低于1 500 000元,乙公司对此金额提供担保;租赁期内该设备的保险、维修等费用均由乙公司自行承担。假设不考虑其他因素和各项税费影响。

分析:

第一步,判断租赁类型。本例中租赁期满乙公司可以远低于租赁到期日租赁资产公允价值的金额购买租赁资产,甲公司认为其可以合理确定乙公司将行使购买选择权,综合考虑其他因素,与该项资产所有权有关的几乎所有风险和报酬已实质转移给乙公司,因此甲公司将该租赁认定为融资租赁。

第二步,计算租赁期开始日租赁收款额按市场利率折现的现值,确定收入金额。

租赁收款额=租金×期数+购买价格=1 000 000×3+100=3 000 100(元)

租赁收款额按市场利率折现的现值=1 000 000×(P/A,5%,3)+100×(P/F,5%,3)=2 723 286(元)

按照租赁资产公允价值与租赁收款额按市场利率折现的现值两者孰低的原则,确认收入为2 700 000元。

第三步,计算租赁资产账面价值扣除未担保余值的现值后的余额,确定销售成本金额。

销售成本=账面价值-未担保余值的现值=2 000 000-0=2 000 000(元)

第四步,会计分录:

2×19年1月1日(租赁期开始日)。

借:应收融资租赁款——租赁收款额	3 000 100
贷:营业收入	2 700 000
应收融资租赁款——未实现融资收益	300 100
借:营业成本	2 000 000
贷:存货	2 000 000
借:销售费用	5 000
贷:银行存款	5 000

由于甲公司在确定营业收入和租赁投资净额(即应收融资租赁款)时,是基于租赁资产的公允价值,因此,甲公司需要根据租赁收款额、未担保余值和租赁资产公允价值重新计算租赁内含利率。

即:$1\,000\,000 \times (P/A, r, 3) + 100 \times (P/F, r, 3) = 2\,700\,000$(元),$r = 5.460\,6\% \approx 5.46\%$,计算租赁期内各期分摊的融资收益过程如表20-6所示。

表20-6 各年年末应收租赁款净额　　　　　　　　　　单位:元

日期	收取租赁款项	确认的融资收入	应收租赁款减少额	应收租赁款净额
	①	②=期初④×5.460 6%	③=①-②	期末④=期初④-③
2×19年1月1日				2 700 000
2×19年12月31日	1 000 000	147 436	852 564	1 847 436
2×20年12月31日	1 000 000	100 881	899 119	948 317
2×21年12月31日	1 000 000	51 783*	948 217*	100
2×21年12月31日	100		100	
合计	3 000 100	300 100	2 700 000	

注:*尾数调整:51 783=1 000 000-948 217;948 217=948 317-100。

2×19年12月31日会计分录:

借:应收融资租赁款——未实现融资收益	147 436
贷:租赁收入	147 436
借:银行存款	1 000 000

贷：应收融资租赁款——租赁收款额　　　　　　　　　　　　　　1 000 000

2×20年12月31日和2×21年12月31日会计分录略。

【例20-56】出租人的融资租赁会计处理2

甲公司是一家设备生产商，与乙公司（生产型企业）签订了一份租赁合同，向乙公司出租所生产的设备，合同主要条款如下：（1）租赁资产：设备A；（2）租赁期：2×19年1月1日—2×25年12月31日，共7年；（3）租金支付：自2×19年起每年年末支付年租金475 000元；（4）租赁合同规定的利率：6%（年利率），与市场利率相同；（5）该设备于2×19年1月1日的公允价值为2 700 000元，账面价值为2 000 000元，甲公司认为租赁到期时该设备余值为72 800元，乙公司及其关联方未对余值提供担保；（6）甲公司取得该租赁发生的相关成本为5 000元；（7）该设备于2×19年1月1日交付乙公司，预计使用寿命为7年；租赁期内该设备的保险、维修等费用均由乙公司自行承担。假设不考虑其他因素和各项税费影响。

分析：

第一步，判断租赁类型。本例中租赁期与租赁资产预计使用寿命一致，另外租赁收款额的现值为2 651 600元（计算过程见后），约为租赁资产公允价值的98%，综合考虑其他因素，甲公司认为与该项资产所有权有关的几乎所有风险和报酬已实质转移给乙公司，所以将该租赁认定为融资租赁。

第二步，计算租赁期开始日租赁收款额按市场利率折现的现值，确定收入金额。

租赁收款额=租金×期数=475 000×7=3 325 000（元）

租赁收款额按市场利率折现的现值=475 000×(P/A，6%，7)=2 651 600（元）

按照租赁资产公允价值与租赁收款额按市场利率折现的现值两者孰低的原则，确认收入为2 651 600元。

注：475 000×(P/A，6%，7)=2 651 640（元），为便于计算，做尾数调整，取2 651 600元。

第三步，计算租赁资产账面价值扣除未担保余值的现值后的余额，确定销售成本金额。

未担保余值的现值=72 800×(P/F，6%，7)=48 400（元）

注：72 800×(P/F，6%，7)=48 412元，为便于计算，做尾数调整，取48 400元。

销售成本=账面价值－未担保余值的现值=2 000 000－48 400=1 951 600（元）

第四步，会计分录：

2×19年1月1日（租赁期开始日）。

借：应收融资租赁款——租赁收款额　　　　　　　　　　　　　　　3 325 000
　　贷：营业收入　　　　　　　　　　　　　　　　　　　　　　　　2 651 600
　　　　应收融资租赁款——未实现融资收益　　　　　　　　　　　　　673 400
借：营业成本　　　　　　　　　　　　　　　　　　　　　　　　　　1 951 600
　　应收融资租赁款——未担保余值　　　　　　　　　　　　　　　　　72 800
　　贷：存货　　　　　　　　　　　　　　　　　　　　　　　　　　2 000 000

　　　　应收融资租赁款——未实现融资收益　　　　　　　　　　　　　24 400
　借：销售费用　　　　　　　　　　　　　　　　　　　　　　　　5 000
　　　贷：银行存款　　　　　　　　　　　　　　　　　　　　　　　　　5 000

由于甲公司在确定营业收入和租赁投资净额（即应收融资租赁款）时，是基于租赁收款额按市场利率折现的现值，因此，甲公司无需重新计算租赁内含利率。甲公司按上述折现率6%计算租赁期内各期分摊的融资收益的过程如表20-7所示。

表20-7　甲公司融资租赁下租赁期内各期分摊的融资收益计算　　　　　单位：元

日期	收取租赁款项	确认的融资收入*	应收租赁款减少额	应收租赁款净额
	①	②=期初④×6%	③=①-②	期末④=期初④-③
2×19年1月1日				2 700 000
2×19年12月31日	475 000	162 000	313 000	2 387 000
2×20年12月31日	475 000	143 220	331 780	2 055 220
2×21年12月31日	475 000	123 313	351 687	1 703 533
2×22年12月31日	475 000	102 212	372 788	1 330 745
2×23年12月31日	475 000	79 845	395 155	935 590
2×24年12月31日	475 000	56 135	418 865	516 725
2×25年12月31日	475 000	31 075**	443 925**	72 800
2×25年12月31日			72 800	
合计	3 325 000	697 800	2 700 000	

注：*包括未实现融资收益的摊销和未担保余值产生的利息两部分。

　　**尾数调整：31 075=475 000-443 925；443 925=516 725-72 800（假定租赁资产余值估计一直未变）。

2×19年12月31日会计分录：

　借：应收融资租赁款——未实现融资收益　　　　　　　　　　　　159 096
　　　应收融资租赁款——未担保余值　　　　　　　　　　　　　　　2 904
　　　贷：租赁收入　　　　　　　　　　　　　　　　　　　　　　　　　162 000
　借：银行存款　　　　　　　　　　　　　　　　　　　　　　　　475 000
　　　贷：应收融资租赁款——租赁收款额　　　　　　　　　　　　　　　475 000

2×20至2×24年度会计分录略。

假设2×25年12月31日，乙公司到期归还租赁资产，甲公司将该资产处置，取得处置款72 800元，会计分录如下：

　借：应收融资租赁款——未实现融资收益　　　　　　　　　　　　26 931
　　　应收融资租赁款——未担保余值　　　　　　　　　　　　　　　4 144
　　　贷：租赁收入　　　　　　　　　　　　　　　　　　　　　　　　　31 075
　借：银行存款　　　　　　　　　　　　　　　　　　　　　　　　475 000
　　　贷：应收融资租赁款——租赁收款额　　　　　　　　　　　　　　　475 000

借：融资租赁资产	72 800
贷：应收融资租赁款——未担保余值	72 800
借：银行存款	72 800
贷：融资租赁资产	72 800

为吸引客户，生产商或经销商出租人有时以较低利率报价。使用该利率会导致出租人在租赁期开始日确认的收入偏高。在这种情况下，生产商或经销商出租人应当将销售利得限制为采用市场利率所能取得的销售利得。

（三）售后租回交易。

若企业（卖方兼承租人）将资产转让给其他企业（买方兼出租人），并从买方兼出租人租回该项资产，则卖方兼承租人和买方兼出租人均应按照售后租回交易的规定进行会计处理。企业应当按照《企业会计准则第14号——收入》（2017）的规定，评估确定售后租回交易中的资产转让是否属于销售，并区别进行会计处理。

在标的资产的法定所有权转移给出租人并将资产租赁给承租人之前，承租人可能会先获得标的资产的法定所有权。但是，是否具有标的资产的法定所有权本身并非会计处理的决定性因素。如果承租人在资产转移给出租人之前已经取得对标的资产的控制，则该交易属于售后租回交易。然而，如果承租人未能在资产转移给出租人之前取得对标的资产的控制，那么即便承租人在资产转移给出租人之前先获得标的资产的法定所有权，该交易也不属于售后租回交易。

1. 售后租回交易中的资产转让属于销售。

卖方兼承租人应当按原资产账面价值中与租回获得的使用权有关的部分，计量售后租回所形成的使用权资产，并仅就转让至买方兼出租人的权利确认相关利得或损失。买方兼出租人根据其他适用的《企业会计准则》对资产购买进行会计处理，并根据本准则对资产出租进行会计处理。

如果销售对价的公允价值与资产的公允价值不同，或者出租人未按市场价格收取租金，企业应当进行以下调整：

（1）销售对价低于市场价格的款项作为预付租金进行会计处理；

（2）销售对价高于市场价格的款项作为买方兼出租人向卖方兼承租人提供的额外融资进行会计处理。

同时，承租人按照公允价值调整相关销售利得或损失，出租人按市场价格调整租金收入。

在进行上述调整时，企业应当按以下二者中较易确定者进行：

（1）销售对价的公允价值与资产的公允价值的差异；

（2）合同付款额的现值与按市场租金计算的付款额的现值的差异。

2. 售后租回交易中的资产转让不属于销售。

卖方兼承租人不终止确认所转让的资产，而应当将收到的现金作为金融负债，并按照《企业会计准则第22号——金融工具确认和计量》（2017）进行会计处理。买方兼出租人不确认被转让资产，而应当将支付的现金作为金融资产，并按照《企业会计准则第22号——金融工具确认和计量》（2017）进行会计处理。

3. 售后租回交易示例。

(1) 售后租回交易中的资产转让不属于销售。

【例20-57】售后租回交易中的资产转让不属于销售的会计处理

甲公司(卖方兼承租人)以货币资金24 000 000元的价格向乙公司(买方兼出租人)出售一栋建筑物,交易前该建筑物的账面原值是24 000 000元,累计折旧是4 000 000元。与此同时,甲公司与乙公司签订了合同,取得了该建筑物18年的使用权(全部剩余使用年限为40年),年租金为2 000 000元,于每年年末支付,租赁期满时,甲公司将以100元购买该建筑物。根据交易的条款和条件,甲公司转让建筑物不满足《企业会计准则第14号——收入》(2017)中关于销售成立的条件。假设不考虑初始直接费用和各项税费的影响。该建筑物在销售当日的公允价值为36 000 000元。

分析:在租赁期开始日,甲公司对该交易的会计处理如下:

借:银行存款　　　　　　　　　　　　　　　　　　　　　24 000 000
　　贷:长期应付款　　　　　　　　　　　　　　　　　　　24 000 000

在租赁期开始日,乙公司对该交易的会计处理如下:

借:长期应收款　　　　　　　　　　　　　　　　　　　　24 000 000
　　贷:银行存款　　　　　　　　　　　　　　　　　　　　24 000 000

(2) 售后租回交易中的资产转让属于销售。

【例20-58】售后租回交易中的资产转让属于销售时的会计处理

甲公司(卖方兼承租人)以货币资金40 000 000元的价格向乙公司(买方兼出租人)出售一栋建筑物,交易前该建筑物的账面原值是24 000 000元,累计折旧4 000 000元。与此同时,甲公司与乙公司签订了合同,取得了该建筑物18年的使用权(全部剩余使用年限为40年),年租金为2 400 000元,于每年年末支付。根据交易的条款和条件,甲公司转让建筑物符合《企业会计准则第14号——收入》(2017)中关于销售成立的条件。假设不考虑初始直接费用和各项税费的影响。该建筑物在销售当日的公允价值为36 000 000元。

分析:由于该建筑物的销售对价并非公允价值,甲公司和乙公司分别进行了调整,以按照公允价值计量销售收益和租赁应收款。超额售价4 000 000(40 000 000 – 36 000 000)元作为乙公司向甲公司提供的额外融资进行确认。

甲、乙公司均确定的租赁内含年利率为4.5%。年付款额现值为29 183 980元(年付款额为2 400 000元,共18期,按每年4.5%进行折现),其中4 000 000元与额外融资相关,25 183 980元与租赁相关(分别对应年付款额328 948元和2 071 052元),具体计算过程如下:年付款额现值 = 2 400 000 × (P/A, 4.5%, 18) = 29 183 980(元),额外融资年付款额 = 4 000 000 ÷ 29 183 980 × 2 400 000 = 328 948(元),租赁相关年付款额 = 2 400 000 – 328 948 = 2 071 052(元)。

1. 在租赁期开始日,甲公司对该交易的会计处理如下:

第一步,按与租回获得的使用权部分占该建筑物的原账面金额的比例计算售后租回所形成的使用权资产。

使用权资产=(24 000 000－4 000 000)(注1)×[25 183 980(注2)÷36 000 000(注3)]=13 991 100(元)

注1：该建筑物的账面价值。

注2：18年使用权资产的租赁付款额现值。

注3：该建筑物的公允价值。

第二步，计算与转让至乙公司的权利相关的利得。

出售该建筑物的全部利得=36 000 000－20 000 000=16 000 000（元），其中：

（1）与该建筑物使用权相关利得=16 000 000×(25 183 980÷36 000 000)=11 192 880（元）

（2）与转让至乙公司的权利相关的利得=16 000 000－(a)=16 000 000－11 192 880=4 807 120（元）

第三步，会计分录：

（1）与额外融资相关。

借：银行存款	4 000 000	
贷：长期应付款		4 000 000

（2）与租赁相关。

借：银行存款	36 000 000	
使用权资产	13 991 100	
固定资产——建筑物——累计折旧	4 000 000	
租赁负债——未确认融资费用	12 094 956	
贷：固定资产——建筑物——原值		24 000 000
租赁负债——租赁付款额（注）		37 278 936
资产处置损益		4 807 120

注：该金额=2 071 052×18=37 278 936（元）。

后续甲公司支付的年付款额2 400 000元中2 071 052元作为租赁付款额处理；328 948元作为以下两项进行会计处理：结算金融负债4 000 000元而支付的款项和利息费用。以第一年年末为例，会计处理如下：

借：租赁负债——租赁付款额	2 071 052	
长期应付款（注）	148 948	
利息费用（注）	1 313 279	
贷：租赁负债——未确认融资费用（注）		1 133 279
银行存款		2 400 000

注：利息费用=25 183 980×4.5%＋4 000 000×4.5%＝1 133 279＋180 000＝1 313 279（元）。

长期应付款减少额=328 948－180 000=148 948（元）。

2. 综合考虑租期占该建筑物剩余使用年限的比例等因素，乙公司将该建筑物的租赁分类为经营租赁。

在租赁期开始日，乙公司对该交易的会计处理如下：

借：固定资产——建筑物　　　　　　　　　　　　　　36 000 000
　　长期应收款　　　　　　　　　　　　　　　　　　 4 000 000
　　贷：银行存款　　　　　　　　　　　　　　　　　40 000 000

租赁期开始日之后，乙公司将从甲公司处年收款额2 400 000元中的2 071 052元作为租赁收款额进行会计处理。从甲公司处年收款额中的其余328 948元作为以下两项进行会计处理：(1) 结算金融资产4 000 000元而收到的款项；(2) 利息收入。以第一年年末为例：

借：银行存款　　　　　　　　　　　　　　　　　　　 2 400 000
　　贷：租赁收入　　　　　　　　　　　　　　　　　 2 071 052
　　　　利息收入　　　　　　　　　　　　　　　　　　 180 000
　　　　长期应收款　　　　　　　　　　　　　　　　　 148 948

20.2.10 列报和披露

(一) 承租人的列报和披露。

1. 资产负债表。

承租人应当在资产负债表中单独列示使用权资产和租赁负债。其中，租赁负债通常分别非流动负债和一年内到期的非流动负债（即资产负债表日后12个月内租赁负债预期减少的金额）列示。

【例20-59】租赁负债的披露

沿用【例20-36】，在租赁期开始日，甲公司确认的租赁负债为43 300元，租赁负债将按以下方法进行后续计量，如表20-8所示。

表20-8　各年年末租赁负债金额　　　　　　　　　　　　单位：元

年限	租赁负债年初金额	利息	租赁付款额	租赁负债年末金额
	①	② = ① × 5%	③	④ = ① + ② − ③
1	43 300	2 165	10 000	35 465
2	35 465	1 773	10 000	27 238
3	27 238	1 362	10 000	18 600
4	18 600	930	10 000	9 530
5	9 530	470*	10 000	

注：*尾数调整。

在第一年年末，甲公司的租赁负债为35 465元，其中，应列示为非流动负债的金额为27 238元，应列示为一年内到期的非流动负债的金额为8 227（35 465 − 27 238）元，该金额是资产负债表日后12个月内租赁负债预期减少的金额。

2. 利润表。

承租人应当在利润表中分别列示租赁负债的利息费用与使用权资产的折旧费用。其中，租赁负债的利息费用在财务费用项目列示。对于金融企业，财务报表格式中没有财务费用项目,因此使用权资产的折旧费用和利息费用可以在"业务及管理费用"项目列示,并在附注中进一步披露。

3. 现金流量表。

承租人应当在现金流量表中按照如下方式列示:

(1) 偿还租赁负债本金和利息所支付的现金,应当计入筹资活动现金流出;

(2) 按照本准则有关规定对短期租赁和低价值资产租赁进行简化处理的,支付的相关付款额,应当计入经营活动现金流出;

(3) 支付的未纳入租赁负债计量的可变租赁付款额,应当计入经营活动现金流出。

4. 承租人的披露。

承租人应当在财务报表附注中披露有关租赁活动的定性和定量信息,以便财务报表使用者评估租赁活动对承租人的财务状况、经营成果和现金流量的影响。

承租人应当在财务报表的单独附注或单独章节中披露其作为承租人的信息,但无需重复已在财务报表其他部分列报或披露的信息,只需要在租赁的相关附注中通过交叉索引的方式体现该信息。

承租人应当在财务报表附注中披露与租赁有关的下列信息。

(1) 各类使用权资产的期初余额、本期增加额、期末余额以及累计折旧额和减值金额。

(2) 租赁负债的利息费用。

(3) 有关简化处理方法的披露。

承租人按照本准则有关规定对短期租赁和低价值资产租赁进行简化处理的,应当披露这一事实,并且应当披露计入当期损益的短期租赁费用和低价值资产租赁费用。其中,短期租赁费用无需包含租赁期在1个月以内的租赁相关费用,低价值资产租赁费用不应包含已包括在上述短期租赁费用中的低价值资产短期租赁费用。

若承租人在报告期末承诺的短期租赁组合与上述披露的短期租赁费用所对应的短期租赁组合不同,则承租人应当披露简化处理的短期租赁的租赁承诺金额。

(4) 计入当期损益的未纳入租赁负债计量的可变租赁付款额。

(5) 转租使用权资产取得的收入。

(6) 与租赁相关的总现金流出。

(7) 售后租回交易产生的相关损益。

(8) 按照《企业会计准则第37号——金融工具列报》(2017)应当披露的有关租赁负债的信息,包括单独披露租赁负债的到期期限分析、对相关流动性风险的管理等。

承租人应当以列表格式披露上述信息,其他格式更为适当的除外。值得注意的是,承租人披露的金额应包含已在当期计入其他资产账面价值的成本。

此外,承租人应当根据理解财务报表的需要,披露有关租赁活动的其他定性和定量信息。此类信息包括以下方面。

(1) 租赁活动的性质。例如,租入资产的类别及数量、租赁期、是否存在续租选择权等租赁基本情况信息。

(2) 未纳入租赁负债计量的未来潜在现金流出。

未纳入租赁负债计量的未来潜在现金流出主要来源于下列风险敞口：一是可变租赁付款额，二是续租选择权与终止租赁选择权，三是担保余值，四是承租人已承诺但尚未开始的租赁。

①可变租赁付款额。

承租人可能需要根据具体情况披露与可变租赁付款额有关的额外信息，以帮助财务报表使用者进行评估。例如：承租人使用可变租赁付款额的原因，以及使用此类付款额的普遍性；可变租赁付款额相对于固定付款额的大小；可变租赁付款额所依据的主要变量，以及付款额预期将如何随主要变量变化而变动；可变租赁付款额的其他经营及财务影响。

【例20-60】可变租赁付款额的披露1

零售商甲公司租入了大量零售店铺，其中许多租赁包含与店铺销售额挂钩的可变付款额条款。甲公司的政策规定，可变租赁付款额条款的使用情形以及所有租赁商洽均须集中审批。租赁付款额受到集中监督。甲公司认为，关于可变租赁付款额的信息对财务报表使用者有重大意义，且无法从财务报表的其他部分获得。此外，甲公司认为，下列信息对财务报表使用者也有重大意义：甲公司就可变租赁付款额所用的不同类型的合同条款，这些条款对其财务状况的影响，以及可变租赁付款额对销售额变化的敏感度等。这些信息与向甲公司的高级管理层报告时所用的有关可变租赁付款额的信息类似。因此，甲公司在其财务报表附注中对租赁进行如下披露。

本集团的许多房地产租赁包含与租入店铺的销售额挂钩的可变租赁付款额条款。在可能的情况下，本集团使用该等条款的目的是将租赁的付款额与产生较多现金流的店铺相匹配。对于单独的店铺，最高可有100%的付款额是基于可变租赁付款额的，并且，用于确定付款额的销售额比例范围较大。在某些情况下，可变租赁付款额条款还包含年度付款额的下限或上限。

在2×07年，租赁付款额及条款汇总如表20-9所示。

表20-9 租赁付款额计算表

	店铺数量（个）	固定付款额（元）	可变付款额（元）	付款额总额（元）
仅有固定付款额	1 490	1 153 000		1 153 000
有可变付款额且无最低标准	986		562 000	562 000
有可变付款额且有最低标准	3 089	1 091 000	1 435 000	2 526 000
合计	5 565	2 244 000	1 997 000	4 241 000

若本集团全部店铺的销售额增长1%，租赁付款总额预期将增长0.6%~0.7%；若本集团全部店铺的销售额增长5%，租赁付款总额预期将增长2.6%~2.8%。

【例20-61】可变租赁付款额的披露2

零售商甲公司租入了大量零售店铺。这些租赁包含差异较大的可变租赁付款额条款。租赁条款由当地管理层商洽和监督。甲公司认为，关于可变租赁付款额的信息对财务报表使用者有重大意义,且无法从财务报表的其他部分获得。并且,甲公司认为,关于如何管理房地产租赁组合的信息对财务报表使用者有重大意义。此外,甲公司认为,关于以后年度的可变租赁付款额预计水平的信息(与向甲公司的高级管理层报告时所用的信息类似)对财务报表使用者也有重大意义。因此,甲公司在其财务报表附注中对租赁进行如下披露。

本集团的许多房地产租赁包含可变租赁付款额条款。当地管理层对店铺的利润率负责,因此,租赁条款由当地管理层商洽确定,付款额条款类型多样。使用可变租赁付款额条款有多种原因,包括最小化新开店铺的固定成本额、管理利润率以及保持经营灵活性等。本集团的可变租赁付款额条款差异较大:

(1) 大部分可变租赁付款额条款是基于店铺销售额的一定比例;
(2) 基于可变条款的付款额占单个房地产租赁付款总额的比例为0%~20%;
(3) 部分可变租赁付款额条款包含下限或上限条款。

使用可变租赁付款额条款的总体财务影响是:店铺的销售额越高,租金成本越高。这将有利于本集团的利润管理。预计未来几年可变租赁付款额相关的租赁费用占店铺销售额的比例将保持类似水平。

②续租选择权与终止租赁选择权。

根据具体情况,承租人可能需要披露与续租选择权或终止租赁选择权有关的额外信息,以帮助财务报表使用者进行评估。例如:承租人使用续租选择权或终止选择权的原因,以及此类选择权的普遍性;选择权期间租金相对于租赁付款额的大小;行使未纳入租赁负债计量的选择权的普遍性;此类选择权的其他经营及财务影响。

【例20-62】续租选择权与终止租赁选择权的披露1

承租人甲公司有大量设备租赁,这些租赁的条款和条件差异较大。租赁条款由当地管理层商洽和监督。甲公司认为,如何对终止租赁选择权和续租选择权的使用进行管理的信息对财务报表使用者有重大意义,且无法从财务报表的其他部分获得。此外,甲公司认为,下列信息对财务报表使用者也有重大意义:重新评估上述选择权的财务影响,以及在其短期租赁组合中,包含无罚金年度解约条款的租赁所占的比例。因此,甲公司在其财务报表附注中对租赁进行如下披露。

本集团有大量设备租赁包含续租选择权和终止租赁选择权。当地管理层负责管理其租赁。因此,租赁条款是以逐项租赁为基础进行商洽的,并且这些租赁的条款和条件差异较大。在可能的情况下,租赁会使用续租选择权和终止租赁选择权条款,以便当地管理层在取得所需设备与履行客户合同的一致性方面拥有更大的灵活性。本集团所用的租赁具体条款和条件不尽相同。

大部分续租选择权和终止租赁选择权仅可由本集团行使,而非由相应的出租人行使。若本集团不能合理确定将行使续租选择权,则续租期间的相关付款额不纳入租赁负债的计量。

2×07年,因续租选择权或终止租赁选择权的评估结果或实际行使情况发生变化导致租赁期变化,本集团确认的租赁负债增加489 000元。

此外,本集团有大量租赁安排包含无罚金的年度解约条款。这些租赁被分类为短期租赁,且未包含在租赁负债中。本集团在2×07年确认的短期租赁费用为30 000元，其中包含年度解约条款的租赁发生的租赁费用为27 000元。

【例20-63】续租选择权与终止租赁选择权的披露2

承租人甲公司有大量大型设备租赁，这些租赁包含可由甲公司行使的续租选择权。甲公司的政策是，在可能的情况下使用续租选择权，从而使得已承诺的大型设备的租赁期与相关客户合同的初始合同期限一致，同时保留管理大型设备以及在不同合同间重新分配资产的灵活性。甲公司认为，关于续租选择权的信息对财务报表使用者有重大意义，且无法从财务报表的其他部分获得。此外，甲公司认为，下列信息对财务报表使用者也有重大意义：未纳入租赁负债计量的未来租赁付款额的潜在风险敞口，以及过去已行使的续租选择权所占比例。这与向甲公司的高级管理层报告时所用的有关续租选择权的信息类似。因此，甲公司在其财务报表附注中对租赁进行如下披露。

本集团的许多大型设备租赁包含续租选择权。这些条款可最大化合同管理的灵活性。在许多情况下，这些条款并未纳入租赁负债的计量，因为本集团无法合理确定是否将行使这些选择权。表20-10汇总了与续租选择权可行权之后的期间相关的潜在未来付款额。

表20-10 潜在未来付款额计算表

业务分部	已确认的租赁负债（已折现）（元）	未纳入租赁负债的潜在未来付款额（未折现）（元）	以往行使续租选择权的比例（%）
分部A	569 000	799 000	52
分部B	2 455 000	269 000	69
分部C	269 000	99 000	75
分部D	1 002 000	111 000	41
分部E	914 000	312 000	76
	5 209 000	1 590 000	67

③担保余值。

根据具体情况，承租人可能需要披露与担保余值有关的额外信息，以帮助财务报表使用者进行评估。例如，承租人提供担保余值的原因，以及此类条款的普遍性；承租人担保余值风险敞口的相对大小；被担保的标的资产的性质；其他经营及财务影响。

（3）租赁导致的限制或承诺。

根据具体情况，承租人可能需要披露与租赁导致的限制或承诺有关的额外信息，以帮助财务报表使用者进行评估。例如，租赁合同中关于承租人维持特定财务比率的条款。

（4）售后租回交易。

根据具体情况，承租人可能需要披露与售后租回有关的额外信息，以帮助财务报表使用者进行评估。例如：承租人进行售后租回交易的原因，以及此类交易的普遍性；各项售后租回交易的主要条款与条件；未纳入租赁负债计量的付款额；售后租回交易对当期现金流量的影响。

（5）其他相关信息。

在确定有关租赁活动的上述其他定性和定量信息是否属于必要信息时，承租人应考虑以下两个方面。

①该信息是否与财务报表使用者相关。

承租人应当仅在预期其他定性和定量信息与财务报表使用者相关的情况下，才提供这些信息。如果这些信息可帮助财务报表使用者了解以下事项，则可能属于此情形：一是租赁带来的灵活性，租赁可提供一定的灵活性，例如，承租人可通过行使终止选择权或以有利的条款和条件进行续租的方式降低风险敞口；二是租赁施加的限制，租赁可施加多种限制，例如，要求承租人维持特定的财务比率；三是报表信息对关键变量的敏感性，例如，报表信息可能对未来可变租赁付款额较为敏感；四是租赁产生的其他风险敞口；五是偏离行业惯例，例如，此类偏离可能包括一些罕见或特殊的租赁条款与条件，从而影响承租人的租赁组合。

②该信息是否可以从财务报表主表列报或附注中披露的信息直观得出。

承租人无需重复披露已在财务报表其他部分列报或披露的信息。

（二）出租人的列报和披露。

出租人应当根据资产的性质，在资产负债表中列示经营租赁资产。

出租人应当在财务报表附注中披露有关租赁活动的定性和定量信息，以便财务报表使用者评估租赁活动对出租人的财务状况、经营成果和现金流量的影响。

1. 与融资租赁有关的信息。

出租人应当在附注中披露与融资租赁有关的下列信息：

（1）销售损益（生产商或经销商出租人）、租赁投资净额的融资收益以及与未纳入租赁投资净额的可变租赁付款额相关的收入；

出租人应当以列表形式披露上述信息，其他形式更为适当的除外。

（2）资产负债表日后连续五个会计年度每年将收到的未折现租赁收款额，以及剩余年度将收到的未折现租赁收款额总额；不足五个会计年度的，披露资产负债表日后连续每年将收到的未折现租赁收款额。

出租人应进行上述到期分析，并对融资租赁投资净额账面金额的重大变动提供定性和定量说明，以使财务报表使用者能够更准确地预测未来的租赁现金流量流动性风险。

（3）未折现租赁收款额与租赁投资净额的调节表。

调节表应说明与租赁应收款相关的未实现融资收益、未担保余值的现值。

2. 与经营租赁有关的信息。

出租人应当在附注中披露与经营租赁有关的下列信息。

（1）租赁收入，并单独披露与未纳入租赁收款额计量的可变租赁付款额相关的收入。

与融资租赁出租人披露信息类似，出租人应当以列表形式披露上述信息，其他形式更为适当的除外。

（2）将经营租赁固定资产与出租人持有自用的固定资产分开，并按经营租赁固定资产的类别提供《企业会计准则第4号——固定资产》要求披露的信息。

出租人对经营租赁下租赁的资产采用与其在其他经营活动中持有和使用的自有资产相似

的方式进行会计处理。然而，租赁资产与自有资产通常被用于不同的目的，即租赁资产产生租赁收入，而不是对出租人的其他经营活动作出贡献。因此，将出租人持有和使用的自有资产与产生租赁收入的租赁资产分开披露，有利于财务报表使用者了解更多信息。

（3）资产负债表日后连续五个会计年度每年将收到的未折现租赁收款额，以及剩余年度将收到的未折现租赁收款总额。不足五个会计年度的，披露资产负债表日后连续每年将收到的未折现租赁收款额。

与融资租赁披露类似，上述到期分析将使财务报表使用者能够更准确地预测未来的租赁现金流量流动性风险。

3. 其他信息。

此外，出租人应当根据理解财务报表的需要，披露有关租赁活动的其他定性和定量信息。此类信息包括以下各项。

（1）租赁活动的性质。例如，租出资产的类别及数量、租赁期、是否存在续租选择权等租赁基本情况信息。

（2）对其在租赁资产中保留的权利进行风险管理的情况。

出租人应当披露其如何对其在租赁资产中保留的权利进行风险管理的策略，包括出租人降低风险的方式。该等方式可包括回购协议、担保余值条款或因超出规定限制使用资产而支付的可变租赁付款额等。如租赁设备和车辆的市场价值的下降幅度超过出租人在为租赁定价时的预计幅度，则将对该项租赁的收益能力产生不利影响。租赁期结束时租赁资产余值的不确定性往往是出租人面临的重要风险。披露有关出资人如何对租赁资产中保留的权利进行管理，有利于财务报表使用者了解更多出租人相关风险管理信息。

（3）其他相关信息。

4. 转租赁的列报。

原租赁以及转租同一标的资产形成的资产和负债所产生的风险敞口不同于由于单一租赁应收款净额或租赁负债所产生的风险敞口，因此，企业不得以净额为基础对转租赁进行列报。除非满足《企业会计准则第37号——金融工具列报》（2017）第二十八条关于金融资产负债抵销的规定，转租出租人不得抵销由于原租赁以及转租同一租赁资产而形成的资产和负债，以及与原租赁以及转租同一租赁资产相关的租赁收益和租赁费用。

20.2.11 衔接规定

（一）首次执行日。

本准则所述的首次执行日，是指企业首次采用本准则的年度报告期间的开始日。

（二）租赁定义的实务豁免。

对于首次执行日前已存在的合同，企业在首次执行日可以选择不重新评估其是否为租赁或者包含租赁。即企业可以仅对之前根据原租赁准则识别为租赁的合同采用本准则；对之前按原租赁准则未识别为包含租赁的合同不采用本准则。

选择不重新评估的，企业应当在财务报表附注中披露这一事实，并一致应用于前述所有合同。

(三) 承租人衔接规定及示例。

1. 承租人可以选择的衔接会计处理。

承租人应当选择下列方法之一对租赁进行衔接会计处理，并一致应用于其作为承租人的所有租赁。

(1) 按照《企业会计准则第 28 号——会计政策、会计估计变更和差错更正》的规定采用追溯调整法处理。

(2) 根据首次执行本准则的累积影响数，调整首次执行本准则当年年初留存收益及财务报表其他相关项目金额，不调整可比期间信息（以下简称"简化的追溯调整法"）。

2. 简化的追溯调整法下具体衔接规定。

(1) 对于首次执行日前的融资租赁，承租人在首次执行日应当按照融资租入资产和应付融资租赁款的原账面价值，分别计量使用权资产和租赁负债。

(2) 对于首次执行日前的经营租赁，承租人在首次执行日应当根据剩余租赁付款额按首次执行日承租人增量借款利率折现的现值计量租赁负债，并根据每项租赁选择按照下列两者之一计量使用权资产：

①假设自租赁期开始日即采用本准则的账面价值（采用首次执行日的承租人增量借款利率作为折现率）；

②与租赁负债相等的金额，并根据预付租金进行必要调整。

(3) 在首次执行日，承租人应当按照《企业会计准则第 8 号——资产减值》的规定，对使用权资产进行减值测试并进行相应会计处理。

3. 简化的追溯调整法下对于经营租赁的额外可选简化处理。

对于首次执行日前的经营租赁，可根据每项租赁采用下列一项或多项简化处理。

(1) 将于首次执行日后 12 个月内执行完毕的租赁，可作为短期租赁处理。即，以本准则第三十二条所述的短期租赁处理方式对此类租赁进行会计处理，并在包含首次执行日的年度报告期间披露的短期租赁费用中涵盖与此类租赁有关的费用。

(2) 计量租赁负债时，具有相似特征的租赁可采用同一折现率；使用权资产的计量可不包含初始直接费用。

(3) 存在续租选择权或终止租赁选择权的，承租人可根据首次执行日前选择权的实际行使及其他最新情况确定租赁期，无需对首次执行日前各期间是否合理确定行使续租选择权或终止租赁选择权进行估计。

(4) 作为使用权资产减值测试的替代，承租人可根据《企业会计准则第 13 号——或有事项》评估包含租赁的合同在首次执行日前是否是亏损合同，并根据首次执行日前计入资产负债表的亏损准备金额调整使用权资产。

值得注意的是，该方法只是对使用权减值测试的替代，该方法下计提的使用权资产减值准备后续期间仍不得转回。

(5) 首次执行本准则当年年初之前发生租赁变更的，承租人无需按照本准则关于租赁变更的规定进行追溯调整，而是根据租赁变更的最终安排，按照本准则进行会计处理。

4. 其他衔接规定。

首次执行日前的经营租赁中，租赁资产属于低价值资产且根据本准则选择不确认使用权资产和租赁负债的，承租人无需对该经营租赁按照衔接规定进行调整，应当自首次执行日起按照本准则进行会计处理。

母公司执行本准则但子公司尚未执行本准则的，母公司在编制合并财务报表时，应当按照本准则规定调整子公司的财务报表。母公司尚未执行本准则而子公司已执行本准则的，母公司在编制合并财务报表时，可以将子公司的财务报表按照母公司的会计政策进行调整后合并，也可以将子公司按照本准则编制的财务报表直接合并。母公司将子公司按照本准则编制的财务报表直接合并的，应当在合并财务报表中披露该事实，并且对母公司和子公司的会计政策及其他相关信息分别进行披露。

【例20－64】新旧准则衔接的会计处理

甲公司于2×19年1月1日（假设为首次执行日）存在下列原租赁准则下的尚未执行完毕的租赁合同，其中第一项为融资租赁，其余各项为经营租赁。具体情况如下（下述合同均不涉及租赁激励，也不考虑相关税费影响）。

(1) 于2×16年1月1日（亦为该租赁的租赁期开始日）订立了一项5年期机器租赁，约定自2×16年1月1日起，每6个月于月末支付租金1 000 000元，该机器的保险、维护等费用均由甲公司负担，该机器在2×16年1月1日的公允价值为7 000 000元，租赁合同规定的年利率为7%（出租人租赁内含利率未知），甲公司发生租赁初始直接费用10 000元，该机器于租赁期开始日的预计剩余使用年限为7年，无残值，租赁期届满时，甲公司将以100元购买该机器。2×18年12月31日（即首次执行日前），该机器原值为7 010 000元，累计折旧为3 004 286元，应付融资租赁款余额为4 000 100元，未确认融资费用为617 398元（以下简称"租赁A"）。

(2) 于2×17年1月1日（亦为该租赁的租赁期开始日）订立了一项5年期通用设备租赁，约定在每年的第2天支付1 000 000元，该设备在2×17年1月1日的公允价值为8 000 000元，预计剩余使用年限为10年，甲公司发生租赁初始直接费用1 000元，租赁期届满时，甲公司需将该设备归还出租人（以下简称"租赁B"）。

(3) 于2×17年1月1日（亦为该租赁的租赁期开始日）以经营租赁方式租入一条生产线，该生产线用于生产仅销售给客户乙的A产品，租赁期为4年，约定在每年的第2天支付500 000元，未发生租赁初始直接费用；该租赁合同不可撤销。2×18年，客户乙因自身原因不再向甲公司购买A产品，甲公司预计租入的生产线大部分时间将闲置，该租赁合同成为亏损合同。在考虑可能的现金净流入后，甲公司就该亏损合同确认了预计负债。于2×18年12月31日（即首次执行日前），相关预计负债金额为694 215元（计算采用的折现率为10%）（以下简称"租赁C"）。

(4) 于2×16年6月30日（亦为该租赁的租赁期开始日）订立了一项3年期办公设备租赁，约定自2×16年6月30日起，每12个月于月末支付租金20 000元（即第一次支付日为2×17年6月30日），该设备于租赁期开始日的预计剩余使用年限为6年，未发生租赁初始直接费用，租赁到期归还设备（以下简称"租赁D"）。

(5)于2×18年1月1日(亦为该租赁的租赁期开始日)与某租车公司分别订立了一项3年期的2辆公务车租赁和一项3年期的2辆轿车租赁,约定自2×18年1月1日起,于每年年末分别支付租金35 000元和25 000元(即第一次支付日为2×18年12月31日),这些车辆于租赁期开始日的预计剩余使用年限为8年,未发生租赁初始直接费用,租赁到期归还车辆(以下统称"汽车租赁")。

(6)于2×16年1月1日(亦为该租赁的租赁期开始日)订立了一项3年期通用设备租赁,约定自2×16年1月1日起,于每年年末支付100 000元(即第一次支付日为2×16年12月31日),并可选择在租赁期满时延长一次2年租赁期,租金不变,该选择最迟须在租赁到期前6个月书面通知出租人,否则视为放弃该选择权,该设备于租赁期开始日的预计剩余使用年限为10年,未发生租赁初始直接费用。于2×18年6月30日,甲公司书面通知出租人选择延长,延长的租赁期届满时归还设备(以下简称"租赁E")。

分析:甲公司的衔接处理如下:

2×19年1月1日(即首次执行日),甲公司选择不重新评估该此前已存在的合同是否为租赁或者是否包含租赁,并将此方法一致应用于所有合同,因此仅对上述在原租赁准则下识别为租赁的合同采用本准则衔接规定。此外,甲公司对上述租赁合同采用简化的追溯调整法进行衔接会计处理,并对其中的经营租赁根据每项租赁选择使用权资产计量方法和采用相关简化处理,具体如下:

(1)对于租赁A(原租赁准则下认定为融资租赁),按照融资租入资产和应付融资租赁款首次执行日前的账面价值,分别计量使用权资产和租赁负债,进行衔接会计处理,会计分录为:

借:使用权资产——原值——机器　　　　　　　　　　7 010 000
　　融资租入固定资产——累计折旧——机器　　　　　3 004 286
　贷:融资租入固定资产——原值——机器　　　　　　7 010 000
　　　使用权资产——累计折旧——机器　　　　　　　3 004 286
借:长期应付款——应付融资租赁款　　　　　　　　　4 000 100
　　租赁负债——未确认融资费用　　　　　　　　　　　617 398
　贷:未确认融资费用　　　　　　　　　　　　　　　　617 398
　　　租赁负债——租赁付款额　　　　　　　　　　　4 000 100

(2)对于租赁B(原租赁准则下认定为经营租赁),甲公司确定适用于该租赁的首次执行日承租人增量借款利率为9%,选择假设自租赁期开始日即采用本准则的账面价值(采用首次执行日的承租人增量借款利率9%作为折现率)计量使用权资产,计量时不包含初始直接费用。不采用其他简化处理。甲公司认为该使用权资产按直线法计提折旧是适当的,并按照《企业会计准则第8号——资产减值》的规定对使用权资产进行减值测试后确定其无减值。假定甲公司法定盈余公积提取比例为10%,不考虑其他事项。

于首次执行日:租赁负债=剩余租赁付款额按首次执行日承租人增量借款利率折现的现值=$1\,000\,000+1\,000\,000\times(P/A,9\%,2)=2\,759\,100$(元)

使用权资产原值=$1\,000\,000+1\,000\,000\times(P/A,9\%,4)=4\,239\,700$(元)

使用权资产累计折旧＝使用权资产原值÷5×2＝1 695 880（元）

会计分录如下：

借：使用权资产——原值	4 239 700
未分配利润	193 752
盈余公积	21 528
租赁负债——未确认融资费用（3 000 000－2 759 100）	240 900
贷：使用权资产——累计折旧	1 695 880
租赁负债——租赁付款额	3 000 000

假设上述情况下，甲公司选择按与租赁负债相等的金额并根据预付租金进行调整的方法计量使用权资产，则使用权资产账面价值为2 759 100元（即与租赁负债相等）。

（3）对于租赁C，甲公司确定适用于该租赁的首次执行日承租人增量借款利率为10%（与2×18年12月31日确定亏损合同准备金额折现率相等），选择按与租赁负债相等的金额并根据预付租金进行必要调整的方法计量使用权资产，采用前述简化处理第4条，即作为使用权资产减值测试的替代，根据首次执行日前亏损准备金额调整使用权资产，不采用其他简化处理。

于首次执行日：租赁负债＝剩余租赁付款额按首次执行日承租人增量借款利率折现的现值＝500 000＋500 000×(P/A, 10%, 1)＝954 545（元）

使用权资产原值＝租赁负债＝954 545（元）

使用权资产减值准备＝相关预计负债金额＝694 215（元）

会计分录如下：

借：使用权资产——原值——生产线	954 545
预计负债	694 215
租赁负债——未确认融资费用——生产线	45 455
贷：使用权资产减值准备——生产线	694 215
租赁负债——租赁付款额——生产线	1 000 000

（4）对于租赁D，甲公司仅采用前述简化处理第3（1）条，不采用其他简化处理，即将于首次执行日后12个月内执行完毕的租赁，作为短期租赁处理，并按照租赁资产类别将租赁付款额在租赁期内按直线法计入当期损益，不确认使用权资产和租赁负债，因此于首次执行日无需进行会计处理。

（5）对于汽车租赁，甲公司计量租赁负债时，认为公务车租赁和轿车租赁具有相似特征，采用前述简化处理第3（2）条，即针对各公务车租赁和轿车租赁适用的承租人增量借款利率采用同一折现率（确定适用于该情况的承租人增量借款利率为8%），对于使用权资产，选择按与租赁负债相等的金额并根据预付租金进行必要调整的方法计量，不采用其他简化处理。同时，甲公司认为上述各项汽车租赁符合组合处理的条件，因此就该组合进行相关会计处理。

于首次执行日：汽车租赁负债＝公务车和轿车剩余租赁付款额之和按首次执行日承租人增量借款利率折现的现值＝(35 000＋25 000)×(P/A, 8%, 2)＝106 998（元）

汽车租赁使用权资产原值＝租赁负债＝106 998（元）

会计分录如下：

借：使用权资产——原值——汽车租赁　　　　　　　　　　　　　106 998
　　租赁负债——未确认融资费用——汽车租赁　　　　　　　　　 13 002
　　　贷：租赁负债——租赁付款额——汽车租赁　　　　　　　　120 000

（6）对于租赁E，甲公司采用前述简化处理第3（3）条，即根据首次执行日前选择权的实际行使情况确定租赁期，因此剩余租赁期为2年，剩余租赁付款额为200 000元，确定适用于该租赁的首次执行日承租人增量借款利率为8%；对于使用权资产，选择按与租赁负债相等的金额并根据预付租金进行必要调整的方法计量，不采用其他简化处理。

于首次执行日：租赁负债＝剩余租赁付款额按首次执行日承租人增量借款利率折现的现值＝100 000×（P/A，8%，2）＝178 330（元）

使用权资产原值＝租赁负债＝178 330（元）

会计分录如下：

借：使用权资产——原值——设备租赁　　　　　　　　　　　　　178 330
　　租赁负债——未确认融资费用——设备租赁　　　　　　　　　 21 670
　　　贷：租赁负债——租赁付款额——设备租赁　　　　　　　　200 000

（四）出租人衔接规定。

除下面所述情形外，出租人无需对作为出租人的租赁按照衔接规定进行调整，而应当自首次执行日起按照本准则进行会计处理。

对于首次执行日前划分为经营租赁且在首次执行日后仍存续的转租赁，转租出租人在首次执行日应当基于原租赁和转租赁的剩余合同期限和条款进行重新评估，并按照本准则的规定进行分类。按照本准则重分类为融资租赁的，应当将其作为一项新的融资租赁进行会计处理。

（五）之前确认的有关企业合并的金额。

承租人如果之前根据《企业会计准则第20号——企业合并》，对作为企业合并一部分购买的经营租赁的有利或不利条款确认了资产或负债，则应当终止确认该资产或负债，并相应调整首次执行日的使用权资产的账面金额。

（六）售后租回交易的衔接规定。

对于首次执行日前已存在的售后租回交易，企业在首次执行日不重新评估资产转让是否满足《企业会计准则第14号——收入》（2017）作为销售进行会计处理的规定。

对于首次执行日前应当作为销售和融资租赁进行会计处理的售后租回交易，卖方（承租人）应当按照与首次执行日存在的其他融资租赁相同的方法对租回进行会计处理，并继续在租赁期内摊销相关递延收益或损失。

对于首次执行日前应当作为销售和经营租赁进行会计处理的售后租回交易，卖方（承租人）应当按照与首次执行日存在的其他经营租赁相同的方法对租回进行会计处理，并根据首次执行日前计入资产负债表的相关递延收益或损失调整使用权资产。

（七）披露要求。

承租人采用本准则第六十三条规定的简化处理方法的,应当在财务报表附注中披露所采用的简化处理方法以及在合理可能的范围内对采用每项简化处理方法的估计影响所作的定性分析。

承租人选择简化的追溯调整法对租赁进行衔接会计处理的,还应当在首次执行日披露以下信息:

(1)首次执行日计入资产负债表的租赁负债所采用承租人增量借款利率的加权平均值;

(2)首次执行日前一年度报告期末披露的重大经营租赁的尚未支付的最低租赁付款额按首次执行日承租人增量借款利率折现的现值,与计入首次执行日资产负债表的租赁负债的差额。

第 21 章　金融工具确认和计量

21.1　企业会计准则第 22 号——金融工具确认和计量

为了适应社会主义市场经济发展需要,规范金融工具的会计处理,提高会计信息质量,根据《企业会计准则——基本准则》,财政部对《企业会计准则第 22 号——金融工具确认和计量》进行了修订（以下简称"本准则"）,现予印发。在境内外同时上市的企业以及在境外上市并采用国际财务报告准则或企业会计准则编制财务报告的企业,自 2018 年 1 月 1 日起施行；其他境内上市企业自 2019 年 1 月 1 日起施行；执行企业会计准则的非上市企业自 2021 年 1 月 1 日起施行。同时,鼓励企业提前执行。执行本准则的企业,不再执行财政部于 2006 年 2 月 15 日印发的《财政部关于印发〈企业会计准则第 1 号——存货〉等 38 项具体准则的通知》（财会〔2006〕3 号）中的《企业会计准则第 22 号——金融工具确认和计量》。

执行本准则的企业,应当同时执行财政部 2017 年修订印发的《企业会计准则第 23 号——金融资产转移》（财会〔2017〕8 号）和《企业会计准则第 24 号——套期会计》（财会〔2017〕9 号）。

21.1.1　总则

第一条　为了规范金融工具的确认和计量,根据《企业会计准则——基本准则》,制定本准则。

第二条　金融工具,是指形成一方的金融资产并形成其他方的金融负债或权益工具的合同。

第三条　金融资产,是指企业持有的现金、其他方的权益工具以及符合下列条件之一的资产。

（一）从其他方收取现金或其他金融资产的合同权利。

（二）在潜在有利条件下,与其他方交换金融资产或金融负债的合同权利。

（三）将来须用或可用企业自身权益工具进行结算的非衍生工具合同,且企业根据该合同将收到可变数量的自身权益工具。

（四）将来须用或可用企业自身权益工具进行结算的衍生工具合同,但以固定数量的自身权益工具交换固定金额的现金或其他金融资产的衍生工具合同除外。其中,企业自身权益工具不包括应当按照《企业会计准则第 37 号——金融工具列报》分类为权益工具的可回售工具或发行方仅在清算时才有义务向另一方按比例交付其净资产的金融工具,也不包括本身就要求在未来收取或交付企业自身权益工具的合同。

第四条　金融负债,是指企业符合下列条件之一的负债。

（一）向其他方交付现金或其他金融资产的合同义务。

（二）在潜在不利条件下，与其他方交换金融资产或金融负债的合同义务。

（三）将来须用或可用企业自身权益工具进行结算的非衍生工具合同，且企业根据该合同将交付可变数量的自身权益工具。

（四）将来须用或可用企业自身权益工具进行结算的衍生工具合同，但以固定数量的自身权益工具交换固定金额的现金或其他金融资产的衍生工具合同除外。企业对全部现有同类别非衍生自身权益工具的持有方同比例发行配股权、期权或认股权证，使之有权按比例以固定金额的任何货币换取固定数量的该企业自身权益工具的，该类配股权、期权或认股权证应当分类为权益工具。其中，企业自身权益工具不包括应当按照《企业会计准则第37号——金融工具列报》分类为权益工具的可回售工具或发行方仅在清算时才有义务向另一方按比例交付其净资产的金融工具，也不包括本身就要求在未来收取或交付企业自身权益工具的合同。

第五条 衍生工具，是指属于本准则范围并同时具备下列特征的金融工具或其他合同。

（一）其价值随特定利率、金融工具价格、商品价格、汇率、价格指数、费率指数、信用等级、信用指数或其他变量的变动而变动，变量为非金融变量的，该变量不应与合同的任何一方存在特定关系。

（二）不要求初始净投资，或者与对市场因素变化预期有类似反应的其他合同相比，要求较少的初始净投资。

（三）在未来某一日期结算。

常见的衍生工具包括远期合同、期货合同、互换合同和期权合同等。

第六条 除下列各项外，本准则适用于所有企业各种类型的金融工具。

（一）由《企业会计准则第2号——长期股权投资》规范的对子公司、合营企业和联营企业的投资，适用《企业会计准则第2号——长期股权投资》，但是企业根据《企业会计准则第2号——长期股权投资》对上述投资按照本准则相关规定进行会计处理的，适用本准则。企业持有的与在子公司、合营企业或联营企业中的权益相联系的衍生工具，适用本准则；该衍生工具符合《企业会计准则第37号——金融工具列报》规定的权益工具定义的，适用《企业会计准则第37号——金融工具列报》。

（二）由《企业会计准则第9号——职工薪酬》规范的职工薪酬计划形成的企业的权利和义务，适用《企业会计准则第9号——职工薪酬》。

（三）由《企业会计准则第11号——股份支付》规范的股份支付，适用《企业会计准则第11号——股份支付》。但是，股份支付中属于本准则第八条范围的买入或卖出非金融项目的合同，适用本准则。

（四）由《企业会计准则第12号——债务重组》规范的债务重组，适用《企业会计准则第12号——债务重组》。

（五）因清偿按照《企业会计准则第13号——或有事项》所确认的预计负债而获得补偿的权利，适用《企业会计准则第13号——或有事项》。

（六）由《企业会计准则第14号——收入》规范的属于金融工具的合同权利和义务，适用《企业会计准则第14号——收入》，但该准则要求在确认和计量相关合同权利的减值损失和利得时应当按照本准则规定进行会计处理的，适用本准则有关减值的规定。

（七）购买方（或合并方）与出售方之间签订的，将在未来购买日（或合并日）形成《企业会计准则第 20 号——企业合并》规范的企业合并且其期限不超过企业合并获得批准并完成交易所必须的合理期限的远期合同，不适用本准则。

（八）由《企业会计准则第 21 号——租赁》规范的租赁的权利和义务，适用《企业会计准则第 21 号——租赁》。但是，租赁应收款的减值、终止确认，租赁应付款的终止确认，以及租赁中嵌入的衍生工具，适用本准则。

（九）金融资产转移，适用《企业会计准则第 23 号——金融资产转移》。

（十）套期会计，适用《企业会计准则第 24 号——套期会计》。

（十一）由保险合同相关会计准则规范的保险合同所产生的权利和义务，适用保险合同相关会计准则。因具有相机分红特征而由保险合同相关会计准则规范的合同所产生的权利和义务，适用保险合同相关会计准则。但对于嵌入保险合同的衍生工具，该嵌入衍生工具本身不是保险合同的，适用本准则。

对于财务担保合同，发行方之前明确表明将此类合同视作保险合同，并且已按照保险合同相关会计准则进行会计处理的，可以选择适用本准则或保险合同相关会计准则。该选择可以基于单项合同，但选择一经做出，不得撤销。否则，相关财务担保合同适用本准则。

财务担保合同，是指当特定债务人到期不能按照最初或修改后的债务工具条款偿付债务时，要求发行方向蒙受损失的合同持有人赔付特定金额的合同。

（十二）企业发行的按照《企业会计准则第 37 号——金融工具列报》规定应当分类为权益工具的金融工具，适用《企业会计准则第 37 号——金融工具列报》。

第七条 本准则适用于下列贷款承诺。

（一）企业指定为以公允价值计量且其变动计入当期损益的金融负债的贷款承诺。如果按照以往惯例，企业在贷款承诺产生后不久即出售其所产生资产，则同一类别的所有贷款承诺均应当适用本准则。

（二）能够以现金或者通过交付或发行其他金融工具净额结算的贷款承诺。此类贷款承诺属于衍生工具。企业不得仅仅因为相关贷款将分期拨付（如按工程进度分期拨付的按揭建造贷款）而将该贷款承诺视为以净额结算。

（三）以低于市场利率贷款的贷款承诺。

所有贷款承诺均适用本准则关于终止确认的规定。企业作为贷款承诺发行方的，还适用本准则关于减值的规定。

贷款承诺，是指按照预先规定的条款和条件提供信用的确定性承诺。

第八条 对于能够以现金或其他金融工具净额结算，或者通过交换金融工具结算的买入或卖出非金融项目的合同，除了企业按照预定的购买、销售或使用要求签订并持有旨在收取或交付非金融项目的合同适用其他相关会计准则外，企业应当将该合同视同金融工具，适用本准则。

对于能够以现金或其他金融工具净额结算，或者通过交换金融工具结算的买入或卖出非金融项目的合同，即使企业按照预定的购买、销售或使用要求签订并持有旨在收取或交付非金融项目的合同的，企业也可以将该合同指定为以公允价值计量且其变动计入当期损益的金融资产或金融负债。企业只能在合同开始时做出该指定,并且必须能够通过该指定消除或显著减少会计错配。该指定一经做出,不得撤销。

会计错配,是指当企业以不同的会计确认方法和计量属性对在经济上相关的资产和负债进行确认或计量而产生利得或损失时,可能导致的会计确认和计量上的不一致。

21.1.2 金融工具的确认和终止确认

第九条 企业成为金融工具合同的一方时,应当确认一项金融资产或金融负债。

第十条 对于以常规方式购买或出售金融资产的,企业应当在交易日确认将收到的资产和为此将承担的负债,或者在交易日终止确认已出售的资产,同时确认处置利得或损失以及应向买方收取的应收款项。

以常规方式购买或出售金融资产,是指企业按照合同规定购买或出售金融资产,并且该合同条款规定,企业应当根据通常由法规或市场惯例所确定的时间安排来交付金融资产。

第十一条 金融资产满足下列条件之一的,应当终止确认。

(一)收取该金融资产现金流量的合同权利终止。

(二)该金融资产已转移,且该转移满足《企业会计准则第 23 号——金融资产转移》关于金融资产终止确认的规定。

本准则所称金融资产或金融负债终止确认,是指企业将之前确认的金融资产或金融负债从其资产负债表中予以转出。

第十二条 金融负债(或其一部分)的现时义务已经解除的,企业应当终止确认该金融负债(或该部分金融负债)。

第十三条 企业(借入方)与借出方之间签订协议,以承担新金融负债方式替换原金融负债,且新金融负债与原金融负债的合同条款实质上不同的,企业应当终止确认原金融负债,同时确认一项新金融负债。

企业对原金融负债(或其一部分)的合同条款做出实质性修改的,应当终止确认原金融负债,同时按照修改后的条款确认一项新金融负债。

第十四条 金融负债(或其一部分)终止确认的,企业应当将其账面价值与支付的对价(包括转出的非现金资产或承担的负债)之间的差额,计入当期损益。

第十五条 企业回购金融负债一部分的,应当按照继续确认部分和终止确认部分在回购日各自的公允价值占整体公允价值的比例,对该金融负债整体的账面价值进行分配。分配给终止确认部分的账面价值与支付的对价(包括转出的非现金资产或承担的负债)之间的差额,应当计入当期损益。

21.1.3 金融资产的分类

第十六条 企业应当根据其管理金融资产的业务模式和金融资产的合同现金流量特征,将金融资产划分为以下三类。

(一)以摊余成本计量的金融资产。

(二)以公允价值计量且其变动计入其他综合收益的金融资产。

(三)以公允价值计量且其变动计入当期损益的金融资产。

企业管理金融资产的业务模式，是指企业如何管理其金融资产以产生现金流量。业务模式决定企业所管理金融资产现金流量的来源是收取合同现金流量、出售金融资产还是两者兼有。企业管理金融资产的业务模式，应当以企业关键管理人员决定的对金融资产进行管理的特定业务目标为基础确定。企业确定管理金融资产的业务模式，应当以客观事实为依据，不得以按照合理预期不会发生的情形为基础确定。

金融资产的合同现金流量特征，是指金融工具合同约定的、反映相关金融资产经济特征的现金流量属性。企业分类为本准则第十七条和第十八条规范的金融资产，其合同现金流量特征，应当与基本借贷安排相一致。即相关金融资产在特定日期产生的合同现金流量仅为对本金和以未偿付本金金额为基础的利息的支付，其中，本金是指金融资产在初始确认时的公允价值，本金金额可能因提前还款等原因在金融资产的存续期内发生变动；利息包括对货币时间价值、与特定时期未偿付本金金额相关的信用风险，以及其他基本借贷风险、成本和利润的对价。其中，货币时间价值是利息要素中仅因为时间流逝而提供对价的部分，不包括为所持有金融资产的其他风险或成本提供的对价，但货币时间价值要素有时可能存在修正。在货币时间价值要素存在修正的情况下，企业应当对相关修正进行评估，以确定其是否满足上述合同现金流量特征的要求。此外，金融资产包含可能导致其合同现金流量的时间分布或金额发生变更的合同条款（如包含提前还款特征）的，企业应当对相关条款进行评估（如评估提前还款特征的公允价值是否非常小），以确定其是否满足上述合同现金流量特征的要求。

第十七条 金融资产同时符合下列条件的，应当分类为以摊余成本计量的金融资产。

（一）企业管理该金融资产的业务模式是以收取合同现金流量为目标。

（二）该金融资产的合同条款规定，在特定日期产生的现金流量，仅为对本金和以未偿付本金金额为基础的利息的支付。

第十八条 金融资产同时符合下列条件的，应当分类为以公允价值计量且其变动计入其他综合收益的金融资产。

（一）企业管理该金融资产的业务模式既以收取合同现金流量为目标又以出售该金融资产为目标。

（二）该金融资产的合同条款规定，在特定日期产生的现金流量，仅为对本金和以未偿付本金金额为基础的利息的支付。

第十九条 按照本准则第十七条分类为以摊余成本计量的金融资产和按照本准则第十八条分类为以公允价值计量且其变动计入其他综合收益的金融资产之外的金融资产，企业应当将其分类为以公允价值计量且其变动计入当期损益的金融资产。

在初始确认时，企业可以将非交易性权益工具投资指定为以公允价值计量且其变动计入其他综合收益的金融资产，并按照本准则第六十五条规定确认股利收入。该指定一经做出，不得撤销。企业在非同一控制下的企业合并中确认的或有对价构成金融资产的，该金融资产应当分类为以公允价值计量且其变动计入当期损益的金融资产，不得指定为以公允价值计量且其变动计入其他综合收益的金融资产。

金融资产或金融负债满足下列条件之一的，表明企业持有该金融资产或承担该金融负债的目的是交易性的。

（一）取得相关金融资产或承担相关金融负债的目的，主要是为了近期出售或回购。

（二）相关金融资产或金融负债在初始确认时属于集中管理的可辨认金融工具组合的一部分，且有客观证据表明近期实际存在短期获利模式。

（三）相关金融资产或金融负债属于衍生工具。但符合财务担保合同定义的衍生工具以及被指定为有效套期工具的衍生工具除外。

第二十条 在初始确认时，如果能够消除或显著减少会计错配，企业可以将金融资产指定为以公允价值计量且其变动计入当期损益的金融资产。该指定一经做出，不得撤销。

21.1.4 金融负债的分类

第二十一条 除下列各项外，企业应当将金融负债分类为以摊余成本计量的金融负债。

（一）以公允价值计量且其变动计入当期损益的金融负债，包括交易性金融负债（含属于金融负债的衍生工具）和指定为以公允价值计量且其变动计入当期损益的金融负债。

（二）金融资产转移不符合终止确认条件或继续涉入被转移金融资产所形成的金融负债。对此类金融负债，企业应当按照《企业会计准则第 23 号——金融资产转移》相关规定进行计量。

（三）不属于本条（一）或（二）情形的财务担保合同，以及不属于本条（一）情形的以低于市场利率贷款的贷款承诺。企业作为此类金融负债发行方的，应当在初始确认后按照依据本准则第八章所确定的损失准备金额以及初始确认金额扣除依据《企业会计准则第 14 号——收入》相关规定所确定的累计摊销额后的余额孰高进行计量。

在非同一控制下的企业合并中，企业作为购买方确认的或有对价形成金融负债的，该金融负债应当按照以公允价值计量且其变动计入当期损益进行会计处理。

第二十二条 在初始确认时，为了提供更相关的会计信息，企业可以将金融负债指定为以公允价值计量且其变动计入当期损益的金融负债，但该指定应当满足下列条件之一。

（一）能够消除或显著减少会计错配。

（二）根据正式书面文件载明的企业风险管理或投资策略，以公允价值为基础对金融负债组合或金融资产和金融负债组合进行管理和业绩评价，并在企业内部以此为基础向关键管理人员报告。

该指定一经做出，不得撤销。

21.1.5 嵌入衍生工具

第二十三条 嵌入衍生工具，是指嵌入非衍生工具（即主合同）中的衍生工具。嵌入衍生工具与主合同构成混合合同。该嵌入衍生工具对混合合同的现金流量产生影响的方式，应当与单独存在的衍生工具类似，且该混合合同的全部或部分现金流量随特定利率、金融工具价格、商品价格、汇率、价格指数、费率指数、信用等级、信用指数或其他变量变动而变动，变量为非金融变量的，该变量不应与合同的任何一方存在特定关系。

衍生工具如果附属于一项金融工具但根据合同规定可以独立于该金融工具进行转让，或者具有与该金融工具不同的交易对手方，则该衍生工具不是嵌入衍生工具，应当作为一项单独存在的衍生工具处理。

第二十四条 混合合同包含的主合同属于本准则规范的资产的,企业不应从该混合合同中分拆嵌入衍生工具,而应当将该混合合同作为一个整体适用本准则关于金融资产分类的相关规定。

第二十五条 混合合同包含的主合同不属于本准则规范的资产,且同时符合下列条件的,企业应当从混合合同中分拆嵌入衍生工具,将其作为单独存在的衍生工具处理。

(一)嵌入衍生工具的经济特征和风险与主合同的经济特征和风险不紧密相关。

(二)与嵌入衍生工具具有相同条款的单独工具符合衍生工具的定义。

(三)该混合合同不是以公允价值计量且其变动计入当期损益进行会计处理。

嵌入衍生工具从混合合同中分拆的,企业应当按照适用的会计准则规定,对混合合同的主合同进行会计处理。企业无法根据嵌入衍生工具的条款和条件对嵌入衍生工具的公允价值进行可靠计量的,该嵌入衍生工具的公允价值应当根据混合合同公允价值和主合同公允价值之间的差额确定。使用了上述方法后,该嵌入衍生工具在取得日或后续资产负债表日的公允价值仍然无法单独计量的,企业应当将该混合合同整体指定为以公允价值计量且其变动计入当期损益的金融工具。

第二十六条 混合合同包含一项或多项嵌入衍生工具,且其主合同不属于本准则规范的资产的,企业可以将其整体指定为以公允价值计量且其变动计入当期损益的金融工具。但下列情况除外。

(一)嵌入衍生工具不会对混合合同的现金流量产生重大改变。

(二)在初次确定类似的混合合同是否需要分拆时,几乎不需分析就能明确其包含的嵌入衍生工具不应分拆。如嵌入贷款的提前还款权,允许持有人以接近摊余成本的金额提前偿还贷款,该提前还款权不需要分拆。

21.1.6 金融工具的重分类

第二十七条 企业改变其管理金融资产的业务模式时,应当按照本准则的规定对所有受影响的相关金融资产进行重分类。

企业对所有金融负债均不得进行重分类。

第二十八条 企业发生下列情况的,不属于金融资产或金融负债的重分类。

(一)按照《企业会计准则第24号——套期会计》相关规定,某金融工具以前被指定并成为现金流量套期或境外经营净投资套期中的有效套期工具,但目前已不再满足运用该套期会计方法的条件。

(二)按照《企业会计准则第24号——套期会计》相关规定,某金融工具被指定并成为现金流量套期或境外经营净投资套期中的有效套期工具。

(三)按照《企业会计准则第24号——套期会计》相关规定,运用信用风险敞口公允价值选择权所引起的计量变动。

第二十九条 企业对金融资产进行重分类,应当自重分类日起采用未来适用法进行相关会计处理,不得对以前已经确认的利得、损失(包括减值损失或利得)或利息进行追溯调整。

重分类日,是指导致企业对金融资产进行重分类的业务模式发生变更后的首个报告期间的第一天。

第三十条 企业将一项以摊余成本计量的金融资产重分类为以公允价值计量且其变动计入当期损益的金融资产的,应当按照该资产在重分类日的公允价值进行计量。原账面价值与公允价值之间的差额计入当期损益。

企业将一项以摊余成本计量的金融资产重分类为以公允价值计量且其变动计入其他综合收益的金融资产的,应当按照该金融资产在重分类日的公允价值进行计量。原账面价值与公允价值之间的差额计入其他综合收益。该金融资产重分类不影响其实际利率和预期信用损失的计量。

第三十一条 企业将一项以公允价值计量且其变动计入其他综合收益的金融资产重分类为以摊余成本计量的金融资产的,应当将之前计入其他综合收益的累计利得或损失转出,调整该金融资产在重分类日的公允价值,并以调整后的金额作为新的账面价值,即视同该金融资产一直以摊余成本计量。该金融资产重分类不影响其实际利率和预期信用损失的计量。

企业将一项以公允价值计量且其变动计入其他综合收益的金融资产重分类为以公允价值计量且其变动计入当期损益的金融资产的,应当继续以公允价值计量该金融资产。同时,企业应当将之前计入其他综合收益的累计利得或损失从其他综合收益转入当期损益。

第三十二条 企业将一项以公允价值计量且其变动计入当期损益的金融资产重分类为以摊余成本计量的金融资产的,应当以其在重分类日的公允价值作为新的账面余额。

企业将一项以公允价值计量且其变动计入当期损益的金融资产重分类为以公允价值计量且其变动计入其他综合收益的金融资产的,应当继续以公允价值计量该金融资产。

按照本条规定对金融资产重分类进行处理的,企业应当根据该金融资产在重分类日的公允价值确定其实际利率。同时,企业应当自重分类日起对该金融资产适用本准则关于金融资产减值的相关规定,并将重分类日视为初始确认日。

21.1.7 金融工具的计量

第三十三条 企业初始确认金融资产或金融负债,应当按照公允价值计量。对于以公允价值计量且其变动计入当期损益的金融资产和金融负债,相关交易费用应当直接计入当期损益;对于其他类别的金融资产或金融负债,相关交易费用应当计入初始确认金额。但是,企业初始确认的应收账款未包含《企业会计准则第14号——收入》所定义的重大融资成分或根据《企业会计准则第14号——收入》规定不考虑不超过一年的合同中的融资成分的,应当按照该准则定义的交易价格进行初始计量。

交易费用,是指可直接归属于购买、发行或处置金融工具的增量费用。增量费用是指企业没有发生购买、发行或处置相关金融工具的情形就不会发生的费用,包括支付给代理机构、咨询公司、券商、证券交易所、政府有关部门等的手续费、佣金、相关税费以及其他必要支出,不包括债券溢价、折价、融资费用、内部管理成本和持有成本等与交易不直接相关的费用。

第三十四条 企业应当根据《企业会计准则第39号——公允价值计量》的规定,确定金融资产和金融负债在初始确认时的公允价值。公允价值通常为相关金融资产或金融负债的交易价格。金融资产或金融负债公允价值与交易价格存在差异的，企业应当区别下列情况进行处理。

（一）在初始确认时，金融资产或金融负债的公允价值依据相同资产或负债在活跃市场上的报价或者以仅使用可观察市场数据的估值技术确定的，企业应当将该公允价值与交易价格之间的差额确认为一项利得或损失。

（二）在初始确认时，金融资产或金融负债的公允价值以其他方式确定的，企业应当将该公允价值与交易价格之间的差额递延。初始确认后，企业应当根据某一因素在相应会计期间的变动程度将该递延差额确认为相应会计期间的利得或损失。该因素应当仅限于市场参与者对该金融工具定价时将予考虑的因素，包括时间等。

第三十五条 初始确认后，企业应当对不同类别的金融资产，分别以摊余成本、以公允价值计量且其变动计入其他综合收益或以公允价值计量且其变动计入当期损益进行后续计量。

第三十六条 初始确认后，企业应当对不同类别的金融负债，分别以摊余成本、以公允价值计量且其变动计入当期损益或以本准则第二十一条规定的其他适当方法进行后续计量。

第三十七条 金融资产或金融负债被指定为被套期项目的，企业应当根据《企业会计准则第 24 号——套期会计》规定进行后续计量。

第三十八条 金融资产或金融负债的摊余成本，应当以该金融资产或金融负债的初始确认金额经下列调整后的结果确定。

（一）扣除已偿还的本金。

（二）加上或减去采用实际利率法将该初始确认金额与到期日金额之间的差额进行摊销形成的累计摊销额。

（三）扣除累计计提的损失准备（仅适用于金融资产）。

实际利率法，是指计算金融资产或金融负债的摊余成本以及将利息收入或利息费用分摊计入各会计期间的方法。

实际利率，是指将金融资产或金融负债在预计存续期的估计未来现金流量，折现为该金融资产账面余额或该金融负债摊余成本所使用的利率。在确定实际利率时，应当在考虑金融资产或金融负债所有合同条款（如提前还款、展期、看涨期权或其他类似期权等）的基础上估计预期现金流量，但不应当考虑预期信用损失。

第三十九条 企业应当按照实际利率法确认利息收入。利息收入应当根据金融资产账面余额乘以实际利率计算确定，但下列情况除外。

（一）对于购入或源生的已发生信用减值的金融资产，企业应当自初始确认起，按照该金融资产的摊余成本和经信用调整的实际利率计算确定其利息收入。

（二）对于购入或源生的未发生信用减值，但在后续期间成为已发生信用减值的金融资产，企业应当在后续期间，按照该金融资产的摊余成本和实际利率计算确定其利息收入。企业按照上述规定对金融资产的摊余成本运用实际利率法计算利息收入的，若该金融工具在后续期间因其信用风险有所改善而不再存在信用减值，并且这一改善在客观上可与应用上述规定之后发生的某一事件相联系（如债务人的信用评级被上调），企业应当转按实际利率乘以该金融资产账面余额来计算确定利息收入。

经信用调整的实际利率，是指将购入或源生的已发生信用减值的金融资产在预计存续期的估计未来现金流量，折现为该金融资产摊余成本的利率。在确定经信用调整的实际利率时，应当在考虑金融资产的所有合同条款（例如提前还款、展期、看涨期权或其他类似期权等）以及初始预期信用损失的基础上估计预期现金流量。

第四十条 当对金融资产预期未来现金流量具有不利影响的一项或多项事件发生时，该金融资产成为已发生信用减值的金融资产。金融资产已发生信用减值的证据包括下列可观察信息：

（一）发行方或债务人发生重大财务困难；

（二）债务人违反合同，如偿付利息或本金违约或逾期等；

（三）债权人出于与债务人财务困难有关的经济或合同考虑，给予债务人在任何其他情况下都不会做出的让步；

（四）债务人很可能破产或进行其他财务重组；

（五）发行方或债务人财务困难导致该金融资产的活跃市场消失；

（六）以大幅折扣购买或源生一项金融资产，该折扣反映了发生信用损失的事实。

金融资产发生信用减值，有可能是多个事件的共同作用所致，未必是可单独识别的事件所致。

第四十一条 合同各方之间支付或收取的、属于实际利率或经信用调整的实际利率组成部分的各项费用、交易费用及溢价或折价等，应当在确定实际利率或经信用调整的实际利率时予以考虑。

企业通常能够可靠估计金融工具（或一组类似金融工具）的现金流量和预计存续期。在极少数情况下，金融工具（或一组金融工具）的估计未来现金流量或预计存续期无法可靠估计的，企业在计算确定其实际利率（或经信用调整的实际利率）时，应当基于该金融工具在整个合同期内的合同现金流量。

第四十二条 企业与交易对手方修改或重新议定合同，未导致金融资产终止确认，但导致合同现金流量发生变化的，应当重新计算该金融资产的账面余额，并将相关利得或损失计入当期损益。重新计算的该金融资产的账面余额，应当根据将重新议定或修改的合同现金流量按金融资产的原实际利率（或者购买或源生的已发生信用减值的金融资产的经信用调整的实际利率）或按《企业会计准则第 24 号——套期会计》第二十三条规定的重新计算的实际利率（如适用）折现的现值确定。对于修改或重新议定合同所产生的所有成本或费用，企业应当调整修改后的金融资产账面价值，并在修改后金融资产的剩余期限内进行摊销。

第四十三条 企业不再合理预期金融资产合同现金流量能够全部或部分收回的，应当直接减记该金融资产的账面余额。这种减记构成相关金融资产的终止确认。

第四十四条 企业对权益工具的投资和与此类投资相联系的合同应当以公允价值计量。但在有限情况下，如果用以确定公允价值的近期信息不足，或者公允价值的可能估计金额分布范围很广，而成本代表了该范围内对公允价值的最佳估计的，该成本可代表其在该分布范围内对公允价值的恰当估计。

企业应当利用初始确认日后可获得的关于被投资方业绩和经营的所有信息,判断成本能否代表公允价值。存在下列情形(包含但不限于)之一的,可能表明成本不代表相关金融资产的公允价值,企业应当对其公允价值进行估值。

(一)与预算、计划或阶段性目标相比,被投资方业绩发生重大变化。

(二)对被投资方技术产品实现阶段性目标的预期发生变化。

(三)被投资方的权益、产品或潜在产品的市场发生重大变化。

(四)全球经济或被投资方经营所处的经济环境发生重大变化。

(五)被投资方可比企业的业绩或整体市场所显示的估值结果发生重大变化。

(六)被投资方的内部问题,如欺诈、商业纠纷、诉讼、管理或战略变化。

(七)被投资方权益发生了外部交易并有客观证据,包括发行新股等被投资方发生的交易和第三方之间转让被投资方权益工具的交易等。

第四十五条 权益工具投资或合同存在报价的,企业不应当将成本作为对其公允价值的最佳估计。

21.1.8 金融工具的减值

第四十六条 企业应当按照本准则规定,以预期信用损失为基础,对下列项目进行减值会计处理并确认损失准备。

(一)按照本准则第十七条分类为以摊余成本计量的金融资产和按照本准则第十八条分类为以公允价值计量且其变动计入其他综合收益的金融资产。

(二)租赁应收款。

(三)合同资产。合同资产是指《企业会计准则第14号——收入》定义的合同资产。

(四)企业发行的分类为以公允价值计量且其变动计入当期损益的金融负债以外的贷款承诺和适用本准则第二十一条(三)规定的财务担保合同。

损失准备,是指针对按照本准则第十七条计量的金融资产、租赁应收款和合同资产的预期信用损失计提的准备,按照本准则第十八条计量的金融资产的累计减值金额以及针对贷款承诺和财务担保合同的预期信用损失计提的准备。

第四十七条 预期信用损失,是指以发生违约的风险为权重的金融工具信用损失的加权平均值。

信用损失,是指企业按照原实际利率折现的、根据合同应收的所有合同现金流量与预期收取的所有现金流量之间的差额,即全部现金短缺的现值。其中,对于企业购买或源生的已发生信用减值的金融资产,应按照该金融资产经信用调整的实际利率折现。由于预期信用损失考虑付款的金额和时间分布,因此即使企业预计可以全额收款但收款时间晚于合同规定的到期期限,也会产生信用损失。

在估计现金流量时,企业应当考虑金融工具在整个预计存续期的所有合同条款(如提前还款、展期、看涨期权或其他类似期权等)。企业所考虑的现金流量应当包括出售所持担保品获得的现金流量,以及属于合同条款组成部分的其他信用增级所产生的现金流量。

企业通常能够可靠估计金融工具的预计存续期。在极少数情况下,金融工具预计存续期无法可靠估计的,企业在计算确定预期信用损失时,应当基于该金融工具的剩余合同期间。

第四十八条 除了按照本准则第五十七条和第六十三条的相关规定计量金融工具损失准备的情形以外,企业应当在每个资产负债表日评估相关金融工具的信用风险自初始确认后是否已显著增加,并按照下列情形分别计量其损失准备、确认预期信用损失及其变动。

(一)如果该金融工具的信用风险自初始确认后已显著增加,企业应当按照相当于该金融工具整个存续期内预期信用损失的金额计量其损失准备。无论企业评估信用损失的基础是单项金融工具还是金融工具组合,由此形成的损失准备的增加或转回金额,应当作为减值损失或利得计入当期损益。

(二)如果该金融工具的信用风险自初始确认后并未显著增加,企业应当按照相当于该金融工具未来12个月内预期信用损失的金额计量其损失准备,无论企业评估信用损失的基础是单项金融工具还是金融工具组合,由此形成的损失准备的增加或转回金额,应当作为减值损失或利得计入当期损益。

未来12个月内预期信用损失,是指因资产负债表日后12个月内(若金融工具的预计存续期少于12个月,则为预计存续期)可能发生的金融工具违约事件而导致的预期信用损失,是整个存续期预期信用损失的一部分。

企业在进行相关评估时,应当考虑所有合理且有依据的信息,包括前瞻性信息。为确保自金融工具初始确认后信用风险显著增加即确认整个存续期预期信用损失,企业在一些情况下应当以组合为基础考虑评估信用风险是否显著增加。整个存续期预期信用损失,是指因金融工具整个预计存续期内所有可能发生的违约事件而导致的预期信用损失。

第四十九条 对于按照本准则第十八条分类为以公允价值计量且其变动计入其他综合收益的金融资产,企业应当在其他综合收益中确认其损失准备,并将减值损失或利得计入当期损益,且不应减少该金融资产在资产负债表中列示的账面价值。

第五十条 企业在前一会计期间已经按照相当于金融工具整个存续期内预期信用损失的金额计量了损失准备,但在当期资产负债表日,该金融工具已不再属于自初始确认后信用风险显著增加的情形的,企业应当在当期资产负债表日按照相当于未来12个月内预期信用损失的金额计量该金融工具的损失准备,由此形成的损失准备的转回金额应当作为减值利得计入当期损益。

第五十一条 对于贷款承诺和财务担保合同,企业在应用金融工具减值规定时,应当将本企业成为做出不可撤销承诺的一方之日作为初始确认日。

第五十二条 企业在评估金融工具的信用风险自初始确认后是否已显著增加时,应当考虑金融工具预计存续期内发生违约风险的变化,而不是预期信用损失金额的变化。企业应当通过比较金融工具在资产负债表日发生违约的风险与在初始确认日发生违约的风险,以确定金融工具预计存续期内发生违约风险的变化情况。

在为确定是否发生违约风险而对违约进行界定时,企业所采用的界定标准,应当与其内部针对相关金融工具的信用风险管理目标保持一致,并考虑财务限制条款等其他定性指标。

第五十三条 企业通常应当在金融工具逾期前确认该工具整个存续期预期信用损失。企业在确定信用风险自初始确认后是否显著增加时,企业无须付出不必要的额外成本或努力即可获得合理且有依据的前瞻性信息的,不得仅依赖逾期信息来确定信用风险自初始确认后是否显著增加;企业必须付出不必要的额外成本或努力才可获得合理且有依据的逾期信息以外的单独或汇总的前瞻性信息的,可以采用逾期信息来确定信用风险自初始确认后是否显著增加。

无论企业采用何种方式评估信用风险是否显著增加,通常情况下,如果逾期超过30日,则表明金融工具的信用风险已经显著增加。除非企业在无须付出不必要的额外成本或努力的情况下即可获得合理且有依据的信息,证明即使逾期超过30日,信用风险自初始确认后仍未显著增加。如果企业在合同付款逾期超过30日前已确定信用风险显著增加,则应当按照整个存续期的预期信用损失确认损失准备。

如果交易对手方未按合同规定时间支付约定的款项,则表明该金融资产发生逾期。

第五十四条 企业在评估金融工具的信用风险自初始确认后是否已显著增加时,应当考虑违约风险的相对变化,而非违约风险变动的绝对值。在同一后续资产负债表日,对于违约风险变动的绝对值相同的两项金融资产,初始确认时违约风险较低的金融工具比初始确认时违约风险较高的金融工具的信用风险变化更为显著。

第五十五条 企业确定金融工具在资产负债表日只具有较低的信用风险的,可以假设该金融工具的信用风险自初始确认后并未显著增加。

如果金融工具的违约风险较低,借款人在短期内履行其合同现金流量义务的能力很强,并且即便较长时期内经济形势和经营环境存在不利变化但未必一定降低借款人履行其合同现金流量义务的能力,该金融工具被视为具有较低的信用风险。

第五十六条 企业与交易对手方修改或重新议定合同,未导致金融资产终止确认,但导致合同现金流量发生变化的,企业在评估相关金融工具的信用风险是否已经显著增加时,应当将基于变更后的合同条款在资产负债表日发生违约的风险与基于原合同条款在初始确认时发生违约的风险进行比较。

第五十七条 对于购买或源生的已发生信用减值的金融资产,企业应当在资产负债表日仅将自初始确认后整个存续期内预期信用损失的累计变动确认为损失准备。在每个资产负债表日,企业应当将整个存续期内预期信用损失的变动金额作为减值损失或利得计入当期损益。即使该资产负债表日确定的整个存续期内预期信用损失小于初始确认时估计现金流量所反映的预期信用损失的金额,企业也应当将预期信用损失的有利变动确认为减值利得。

第五十八条 企业计量金融工具预期信用损失的方法应当反映下列各项要素。

(一)通过评价一系列可能的结果而确定的无偏概率加权平均金额。

(二)货币时间价值。

(三)在资产负债表日无须付出不必要的额外成本或努力即可获得的有关过去事项、当前状况以及未来经济状况预测的合理且有依据的信息。

第五十九条 对于适用本准则有关金融工具减值规定的各类金融工具,企业应当按照下列方法确定其信用损失。

(一)对于金融资产,信用损失应为企业应收取的合同现金流量与预期收取的现金流量之间差额的现值。

（二）对于租赁应收款项，信用损失应为企业应收取的合同现金流量与预期收取的现金流量之间差额的现值。其中，用于确定预期信用损失的现金流量，应与按照《企业会计准则第 21 号——租赁》用于计量租赁应收款项的现金流量保持一致。

（三）对于未提用的贷款承诺，信用损失应为在贷款承诺持有人提用相应贷款的情况下，企业应收取的合同现金流量与预期收取的现金流量之间差额的现值。企业对贷款承诺预期信用损失的估计，应当与其对该贷款承诺提用情况的预期保持一致。

（四）对于财务担保合同，信用损失应为企业就该合同持有人发生的信用损失向其做出赔付的预计付款额，减去企业预期向该合同持有人、债务人或任何其他方收取的金额之间差额的现值。

（五）对于资产负债表日已发生信用减值但并非购买或源生已发生信用减值的金融资产，信用损失应为该金融资产账面余额与按原实际利率折现的估计未来现金流量的现值之间的差额。

第六十条 企业应当以概率加权平均为基础对预期信用损失进行计量。企业对预期信用损失的计量应当反映发生信用损失的各种可能性，但不必识别所有可能的情形。

第六十一条 在计量预期信用损失时，企业需考虑的最长期限为企业面临信用风险的最长合同期限（包括考虑续约选择权），而不是更长期间，即使该期间与业务实践相一致。

第六十二条 如果金融工具同时包含贷款和未提用的承诺，且企业根据合同规定要求还款或取消未提用承诺的能力并未将企业面临信用损失的期间限定在合同通知期内的，企业对于此类金融工具（仅限于此类金融工具）确认预期信用损失的期间，应当为其面临信用风险且无法用信用风险管理措施予以缓释的期间，即使该期间超过了最长合同期限。

第六十三条 对于下列各项目，企业应当始终按照相当于整个存续期内预期信用损失的金额计量其损失准备。

（一）由《企业会计准则第 14 号——收入》规范的交易形成的应收款项或合同资产，且符合下列条件之一。

1. 该项目未包含《企业会计准则第 14 号——收入》所定义的重大融资成分，或企业根据《企业会计准则第 14 号——收入》规定不考虑不超过一年的合同中的融资成分。

2. 该项目包含《企业会计准则第 14 号——收入》所定义的重大融资成分，同时企业做出会计政策选择，按照相当于整个存续期内预期信用损失的金额计量损失准备。企业应当将该会计政策选择适用于所有此类应收款项和合同资产，但可对应收款项类和合同资产类分别做出会计政策选择。

（二）由《企业会计准则第 21 号——租赁》规范的交易形成的租赁应收款，同时企业做出会计政策选择，按照相当于整个存续期内预期信用损失的金额计量损失准备。企业应当将该会计政策选择适用于所有租赁应收款，但可对应收融资租赁款和应收经营租赁款分别做出会计政策选择。

在适用本条规定时，企业可对应收款项、合同资产和租赁应收款分别选择减值会计政策。

21.1.9 利得和损失

第六十四条 企业应当将以公允价值计量的金融资产或金融负债的利得或损失计入当期

损益,除非该金融资产或金融负债属于下列情形之一。

(一)属于《企业会计准则第24号——套期会计》规定的套期关系的一部分。

(二)是一项对非交易性权益工具的投资,且企业已按照本准则第十九条规定将其指定为以公允价值计量且其变动计入其他综合收益的金融资产。

(三)是一项被指定为以公允价值计量且其变动计入当期损益的金融负债,且按照本准则第六十八条规定,该负债由企业自身信用风险变动引起的其公允价值变动应当计入其他综合收益。

(四)是一项按照本准则第十八条分类为以公允价值计量且其变动计入其他综合收益的金融资产,且企业根据本准则第七十一条规定,其减值损失或利得和汇兑损益之外的公允价值变动计入其他综合收益。

第六十五条 企业只有在同时符合下列条件时,才能确认股利收入并计入当期损益:

(一)企业收取股利的权利已经确立;

(二)与股利相关的经济利益很可能流入企业;

(三)股利的金额能够可靠计量。

第六十六条 以摊余成本计量且不属于任何套期关系的一部分的金融资产所产生的利得或损失,应当在终止确认、按照本准则规定重分类、按照实际利率法摊销或按照本准则规定确认减值时,计入当期损益。如果企业将以摊余成本计量的金融资产重分类为其他类别,应当根据本准则第三十条规定处理其利得或损失。

以摊余成本计量且不属于任何套期关系的一部分的金融负债所产生的利得或损失,应当在终止确认时计入当期损益或在按照实际利率法摊销时计入相关期间损益。

第六十七条 属于套期关系中被套期项目的金融资产或金融负债所产生的利得或损失,应当按照《企业会计准则第24号——套期会计》相关规定进行处理。

第六十八条 企业根据本准则第二十二条和第二十六条规定将金融负债指定为以公允价值计量且其变动计入当期损益的金融负债的,该金融负债所产生的利得或损失应当按照下列规定进行处理:

(一)由企业自身信用风险变动引起的该金融负债公允价值的变动金额,应当计入其他综合收益;

(二)该金融负债的其他公允价值变动计入当期损益。

按照本条(一)规定对该金融负债的自身信用风险变动的影响进行处理会造成或扩大损益中的会计错配的,企业应当将该金融负债的全部利得或损失(包括企业自身信用风险变动的影响金额)计入当期损益。

该金融负债终止确认时,之前计入其他综合收益的累计利得或损失应当从其他综合收益中转出,计入留存收益。

第六十九条 企业根据本准则第十九条规定将非交易性权益工具投资指定为以公允价值计量且其变动计入其他综合收益的金融资产的,当该金融资产终止确认时,之前计入其他综合收益的累计利得或损失应当从其他综合收益中转出,计入留存收益。

第七十条 指定为以公允价值计量且其变动计入当期损益的金融负债的财务担保合同和

不可撤销贷款承诺所产生的全部利得或损失，应当计入当期损益。

第七十一条 按照本准则第十八条分类为以公允价值计量且其变动计入其他综合收益的金融资产所产生的所有利得或损失，除减值损失或利得和汇兑损益之外，均应当计入其他综合收益，直至该金融资产终止确认或被重分类。但是，采用实际利率法计算的该金融资产的利息应当计入当期损益。该金融资产计入各期损益的金额应当与视同其一直按摊余成本计量而计入各期损益的金额相等。

该金融资产终止确认时，之前计入其他综合收益的累计利得或损失应当从其他综合收益中转出，计入当期损益。

企业将该金融资产重分类为其他类别金融资产的，应当根据本准则第三十一条规定，对之前计入其他综合收益的累计利得或损失进行相应处理。

21.1.10 衔接规定

第七十二条 本准则施行日之前的金融工具确认和计量与本准则要求不一致的，企业应当追溯调整，但本准则第七十三条至八十三条另有规定的除外。在本准则施行日已经终止确认的项目不适用本准则。

第七十三条 在本准则施行日，企业应当按照本准则的规定对金融工具进行分类和计量（含减值），涉及前期比较财务报表数据与本准则要求不一致的，无需调整。金融工具原账面价值和在本准则施行日的新账面价值之间的差额，应当计入本准则施行日所在年度报告期间的期初留存收益或其他综合收益。同时，企业应当按照《企业会计准则第37号——金融工具列报》的相关规定在附注中进行披露。

企业如果调整前期比较财务报表数据，应当能够以前期的事实和情况为依据，且比较数据应当反映本准则的所有要求。

第七十四条 在本准则施行日，企业应当以该日的既有事实和情况为基础，根据本准则第十七条（一）或第十八条（一）的相关规定评估其管理金融资产的业务模式是以收取合同现金流量为目标，还是以既收取合同现金流量又出售金融资产为目标，并据此确定金融资产的分类，进行追溯调整，无须考虑企业之前的业务模式。

第七十五条 在本准则施行日，企业在考虑具有本准则第十六条所述修正的货币时间价值要素的金融资产的合同现金流量特征时，需要对特定货币时间价值要素修正进行评估的，该评估应当以该金融资产初始确认时存在的事实和情况为基础。该评估不切实可行的，企业不应考虑本准则关于货币时间价值要素修正的规定。

第七十六条 在本准则施行日，企业在考虑具有本准则第十六条所述提前还款特征的金融资产的合同现金流量特征时，需要对该提前还款特征的公允价值是否非常小进行评估的，该评估应当以该金融资产初始确认时存在的事实和情况为基础。该评估不切实可行的，企业不应考虑本准则关于提前还款特征例外情形的规定。

第七十七条 在本准则施行日，企业存在根据本准则相关规定应当以公允价值计量的混合合同但之前未以公允价值计量的，该混合合同在前期比较财务报表期末的公允价值应当等于其各组成部分在前期比较财务报表期末公允价值之和。在本准则施行日，企业应当将整个混合合同在该日的公允价值与该混合合同各组成部分在该日的公允价值之和之间的差额，计入本准则施行日所在报告期间的期初留存收益或其他综合收益。

第七十八条 在本准则施行日，企业应当以该日的既有事实和情况为基础，根据本准则的相关规定，对相关金融资产进行指定或撤销指定，并追溯调整。

（一）在本准则施行日，企业可以根据本准则第二十条规定，将满足条件的金融资产指定为以公允价值计量且其变动计入当期损益的金融资产。但企业之前指定为以公允价值计量且其变动计入当期损益的金融资产，不满足本准则第二十条规定的指定条件的，应当解除之前做出的指定；之前指定为以公允价值计量且其变动计入当期损益的金融资产继续满足本准则第二十条规定的指定条件的，企业可以选择继续指定或撤销之前的指定。

（二）在本准则施行日，企业可以根据本准则第十九条规定，将非交易性权益工具投资指定为以公允价值计量且其变动计入其他综合收益的金融资产。

第七十九条 在本准则施行日，企业应当以该日的既有事实和情况为基础，根据本准则的相关规定，对相关金融负债进行指定或撤销指定，并追溯调整。

（一）在本准则施行日，为了消除或显著减少会计错配，企业可以根据本准则第二十二条（一）的规定，将金融负债指定为以公允价值计量且其变动计入当期损益的金融负债。

（二）企业之前初始确认金融负债时，为了消除或显著减少会计错配，已将该金融负债指定为以公允价值计量且其变动计入当期损益的金融负债，但在本准则施行日不再满足本准则规定的指定条件的，企业应当撤销之前的指定；该金融负债在本准则施行日仍然满足本准则规定的指定条件的，企业可以选择继续指定或撤销之前的指定。

第八十条 在本准则施行日，企业按照本准则规定对相关金融资产或金融负债以摊余成本进行计量、应用实际利率法追溯调整不切实可行的，应当按照以下原则进行处理：

（一）以金融资产或金融负债在前期比较财务报表期末的公允价值，作为企业调整前期比较财务报表数据时该金融资产的账面余额或该金融负债的摊余成本；

（二）以金融资产或金融负债在本准则施行日的公允价值，作为该金融资产在本准则施行日的新账面余额或该金融负债的新摊余成本。

第八十一条 在本准则施行日，对于之前以成本计量的、在活跃市场中没有报价且其公允价值不能可靠计量的权益工具投资或与该权益工具挂钩并须通过交付该工具进行结算的衍生金融资产，企业应当以其在本准则施行日的公允价值计量。原账面价值与公允价值之间的差额，应当计入本准则施行日所在报告期间的期初留存收益或其他综合收益。

在本准则施行日，对于之前以成本计量的、与在活跃市场中没有报价的权益工具挂钩并须通过交付该权益工具进行结算的衍生金融负债，企业应当以其在本准则施行日的公允价值计量。原账面价值与公允价值之间的差额，应当计入本准则施行日所在报告期间的期初留存收益。

第八十二条 在本准则施行日，企业存在根据本准则第二十二条规定将金融负债指定为以公允价值计量且其变动计入当期损益的金融负债，并且按照本准则第六十八条（一）规定将由企业自身信用风险变动引起的该金融负债公允价值的变动金额计入其他综合收益的，企业应当以该日的既有事实和情况为基础，判断按照上述规定处理是否会造成或扩大损益的会计错配，进而确定是否应当将该金融负债的全部利得或损失（包括企业自身信用风险变动的影响金额）计入当期损益，并按照上述结果追溯调整。

第八十三条 在本准则施行日，企业按照本准则计量金融工具减值的，应当使用无须付出不必要的额外成本或努力即可获得的合理且有依据的信息，确定金融工具在初始确认日的信用风险，并将该信用风险与本准则施行日的信用风险进行比较。

在确定自初始确认后信用风险是否显著增加时，企业可以应用本准则第五十五条的规定根据其是否具有较低的信用风险进行判断，或者应用本准则第五十三条第二段的规定根据相关金融资产逾期是否超过 30 日进行判断。企业在本准则施行日必须付出不必要的额外成本或努力才可获得合理且有依据的信息的，企业在该金融工具终止确认前的所有资产负债表日的损失准备应当等于其整个存续期的预期信用损失。

21.1.11 附则

第八十四条 本准则自 2018 年 1 月 1 日起施行。

21.2 《企业会计准则第 22 号——金融工具确认和计量》应用指南

21.2.1 总体要求

《企业会计准则第 22 号——金融工具确认和计量》主要规范了各类企业的金融资产和金融负债的确认和计量、嵌入衍生工具的会计处理、金融工具的减值，以及金融资产和金融负债所产生的相关利得和损失的会计处理。金融资产转移、套期会计的确认和计量，分别由《企业会计准则第 23 号——金融资产转移》和《企业会计准则第 24 号——套期会计》规范。权益工具与金融负债的区分等，由《企业会计准则第 37 号——金融工具列报》规范。

企业所取得的金融资产和承担的金融负债，应当按照本准则的要求进行会计处理，并且应当按照《企业会计准则第 37 号——金融工具列报》中有关要求进行列报。

金融资产和金融负债的分类是确认和计量的基础。企业应当根据其管理金融资产的业务模式和金融资产的合同现金流量特征，对金融资产进行合理的分类。同时，企业应当结合自身业务特点和风险管理要求，对金融负债进行合理的分类。对金融资产的分类一经确定，不得随意变更。对金融负债的分类一经确定不得变更。

企业应当根据金融资产和金融负债确认和终止确认条件，对其进行确认和终止确认。企业初始确认金融资产和金融负债时，通常应当按照公允价值计量。金融资产和金融负债的后续计量与分类密切相关。

企业应当在资产负债表日对金融资产和信贷承诺等，以预期信用损失为基础确认减值损失，计提减值准备。企业应当考虑金融资产和信贷承诺等的未来预期信用损失情况，及时、足额地计提减值准备，更加有效反映和防控金融工具的信用风险。

21.2.2 关于金融工具的相关定义

金融工具是指形成一方的金融资产并形成其他方的金融负债或权益工具的合同。合同的形式多种多样，可以采用书面形式，也可以不采用书面形式。实务中的金融工具合同通常采用书面形式。非合同的资产和负债不属于金融工具。例如，应交所得税是企业按照税收法规规定承担的义务，不是以合同为基础的义务，因此不符合金融工具定义。一般来说，金融工具包括金融资产、金融负债和权益工具，也可能包括一些尚未确认的项目。

（一）金融资产。

金融资产，是指企业持有的现金、其他方的权益工具以及符合下列条件之一的资产。

1. 从其他方收取现金或其他金融资产的合同权利。例如，企业的银行存款、应收账款、应收票据和发放的贷款等均属于金融资产。而预付账款不是金融资产，因其产生的未来经济利益是商品或服务，不是收取现金或其他金融资产的权利。

2. 在潜在有利条件下，与其他方交换金融资产或金融负债的合同权利。例如，企业购入的看涨期权或看跌期权等衍生工具。

【例21-1】衍生金融资产的确认1

2×17年1月31日，丙上市公司的股票价格为每股113元。甲企业与乙企业签订6个月后结算的期权合同。合同规定：甲企业以每股4元的期权费买入6个月后执行价格为115元的丙公司股票的看涨期权。2×17年7月31日，如果丙公司股票的价格高于115元，则行权对甲企业有利，甲企业将选择执行该期权。

本例中，甲企业享有在潜在有利条件下与乙企业交换金融资产的合同权利，应当确认一项衍生金融资产。

3. 将来须用或可用企业自身权益工具进行结算的非衍生工具合同，且企业根据该合同将收到可变数量的自身权益工具。

【例21-2】金融资产的确认

2×18年2月1日，甲企业为上市公司，为回购其普通股股份，与乙企业签订合同，并向其支付100万现金。根据合同，乙企业将于2×18年6月30日向甲企业交付与100万元等值的甲企业普通股。甲企业可获取的普通股的具体数量以2×18年6月30日甲企业股票的股价确定。

本例中，甲企业收到的自身普通股的数量随着其普通股市场价格的变动而变动。在这种情况下，甲企业应当确认一项金融资产。

4. 将来须用或可用企业自身权益工具进行结算的衍生工具合同，但以固定数量的自身权益工具交换固定金额的现金或其他金融资产的衍生工具合同除外。其中，企业自身权益工具不包括应当按照《企业会计准则第37号——金融工具列报》分类为权益工具的可回售工具或发行方仅在清算时才有义务向另一方按比例交付其净资产的金融工具，也不包括本身就要求在未来收取或交付企业自身权益工具的合同。

【例21-3】衍生金融资产的确认2

甲企业于2×17年2月1日向乙企业支付5 000元购入以自身普通股为标的的看涨期权。根据该期权合同，甲企业有权以每股100元的价格向乙企业购入甲企业普通股1 000股，行权日为2×18年6月30日。在行权日，期权将以甲企业普通股净额结算。假设行权日甲企业普通股的每股市价为125元，则期权的公允价值为25 000元，则甲企业会收到200

(25 000÷125)股自身普通股对看涨期权进行净额结算。

本例中,期权合同属于将来须用企业自身权益工具进行结算的衍生工具合同,由于合同约定以甲企业的普通股净额结算期权的公允价值,而非按照每股100元的价格全额结算1 000股甲企业股票,因此不属于"以固定数量的自身权益工具交换固定金额的现金"。在这种情况下,甲企业应当将该看涨期权确认为一项衍生金融资产。

(二)金融负债。

金融负债,是指企业符合下列条件之一的负债。

1. 向其他方交付现金或其他金融资产的合同义务。例如,企业的应付账款、应付票据和应付债券等均属于金融负债。而预收账款不是金融负债,因其导致的未来经济利益流出是商品或服务,不是交付现金或其他金融资产的合同义务。

2. 在潜在不利条件下,与其他方交换金融资产或金融负债的合同义务。例如,企业签出的看涨期权或看跌期权等。沿用【例21-1】的资料,乙企业承担在潜在不利条件下与甲企业交换金融资产的合同义务,应当确认一项衍生金融负债。

3. 将来须用或可用企业自身权益工具进行结算的非衍生工具合同,且企业根据该合同将交付可变数量的自身权益工具。

4. 将来须用或可用企业自身权益工具进行结算的衍生工具合同,但以固定数量的自身权益工具交换固定金额的现金或其他金融资产的衍生工具合同除外。企业对全部现有同类别非衍生自身权益工具的持有方同比例发行配股权、期权或认股权证,使之有权按比例以固定金额的任何货币换取固定数量的该企业自身权益工具的,该类配股权、期权或认股权证应当分类为权益工具。其中,企业自身权益工具不包括应当按照《企业会计准则第37号——金融工具列报》分类为权益工具的可回售工具或发行方仅在清算时才有义务向另一方按比例交付其净资产的金融工具,也不包括本身就要求在未来收取或交付企业自身权益工具的合同。

《企业会计准则第37号——金融工具列报》规范了金融负债和权益工具的区分。

(三)衍生工具。

衍生工具,是指属于本准则范围并同时具备下列特征的金融工具或其他合同。

1. 其价值随特定利率、金融工具价格、商品价格、汇率、价格指数、费率指数、信用等级、信用指数或其他变量的变动而变动,变量为非金融变量(如特定区域的地震损失指数、特定城市的气温指数等)的,该变量不应与合同的任何一方存在特定关系。

衍生工具的价值变动取决于标的变量的变化。例如,甲国内金融企业与乙境外金融企业签订了一份1年期利率互换合约,每半年年末甲企业向乙企业支付美元固定利息,从乙企业收取以6个月美元伦敦同业拆借利率(London InterBank Offered Rate,LIBOR)计算确定的浮动利息,合约名义金额为1亿美元。合约签订时,其公允价值为零。假定合约签订半年后,浮动利率(6个月美元LIBOR)与合约签订时不同,甲企业将根据未来可收取的浮动利息现值扣除将支付的固定利息现值确定该合约的公允价值。这里的合约的公允价值因浮动利率的变化而改变。

2. 不要求初始净投资,或者与对市场因素变化预期有类似反应的其他合同相比,要求较少的初始净投资。

企业从事衍生工具交易不要求初始净投资，通常指签订某项衍生工具合同时不需要支付现金。例如，某企业与其他企业签订一项将来买入债券的远期合同，就不需要在签订合同时支付将来购买债券所需的现金。但是，不要求初始净投资，并不排除企业按照约定的交易惯例或规则相应缴纳一笔保证金，比如企业进行期货交易时要求缴纳一定的保证金。缴纳保证金不构成一项企业解除负债的现时支付，因为保证金仅具有"保证"性质。

在某些情况下，企业从事衍生工具交易也会遇到要求进行现金支付的情况，但该现金支付只是相对很少的初始净投资。例如，从市场上购入备兑认股权证，就需要先支付一笔款项。但相对于行权时购入相应股份所需支付的款项，此项支付额往往是很小的。又如，企业进行货币互换时，通常需要在合同签订时支付某种货币计价的一笔款项，但同时也会收到以另一种货币计价的"等值"的一笔款项，无论是从该企业的角度，还是从其对手（合同的另一方）看，初始净投资均为零。

3. 在未来某一日期结算。衍生工具在未来某一日期结算，表明衍生工具结算需要经历一段特定期间。衍生工具通常在未来某一特定日期结算，也可能在未来多个日期结算。例如，利率互换可能涉及合同到期前多个结算日期。另外，有些期权可能由于是价外期权而到期不行权，也是在未来日期结算的一种方式。

远期合同是常见的衍生金融工具。例如，某项 6 个月后结算的远期合同。根据该合同，合同一方（买方）承诺支付 100 万元现金，以换取面值为 100 万元的固定利率债券；合同的另一方（卖方）承诺交付面值为 100 万元的固定利率债券以换取 100 万元现金。在这 6 个月的期间内，双方均有交换现金或金融资产的合同权利或义务。如果债券的市价超过 100 万元，情况对买方有利，而对卖方不利；如果市价低于 100 万元，结果正好相反。可见，买方既有与所持有看涨期权下类似的合同权利（金融资产），也有与所签出看跌期权下类似的合同义务（金融负债）；卖方既有与所持有看跌期权下类似的合同权利（金融资产），也有与所签出看涨期权下类似的合同义务（金融负债）。与期权相同，这些合同权利和合同义务构成的金融资产和金融负债与合同中的基础金融工具（被交换的债券和现金）有明显的区别。远期合同的双方都有义务在约定时间执行合同，而期权合同仅当期权持有方选择行使权利的情况下才会被执行。

21.2.3 关于适用范围

通常情况下，符合本准则中金融工具定义的项目，应当按照本准则规定进行会计处理。但一些符合金融工具定义的项目适用其他准则，不按照本准则进行会计处理。同时，一些非金融项目合同有可能按照本准则进行会计处理。

（一）涉及其他准则规范的情况。

1. 由《企业会计准则第 2 号——长期股权投资》规范的对子公司、合营企业和联营企业的投资，适用《企业会计准则第 2 号——长期股权投资》，但是企业根据《企业会计准则第 2 号——长期股权投资》对上述投资按照本准则相关规定进行会计处理的，适用本准则。企业持有的与在子公司、合营企业或联营企业中的权益相联系的衍生工具，适用本准则；该衍生工具符合《企业会计准则第 37 号——金融工具列报》规定的权益工具定义的，适用《企业会计准则第 37 号——金融工具列报》。

2. 由《企业会计准则第 9 号——职工薪酬》规范的职工薪酬计划形成的企业的权利和义务，符合金融工具的定义。但由于职工薪酬相关权利和义务的计量具有一定的特殊性，其会计处理适用《企业会计准则第 9 号——职工薪酬》。

3. 由《企业会计准则第 11 号——股份支付》规范的股份支付，适用《企业会计准则第 11 号——股份支付》。但是，股份支付中属于本准则第八条范围的买入或卖出非金融项目的合同，适用本准则。

4. 由《企业会计准则第 12 号——债务重组》规范的债务重组，适用《企业会计准则第 12 号——债务重组》。

5. 因清偿按照《企业会计准则第 13 号——或有事项》所确认的预计负债而获得补偿的权利，适用《企业会计准则第 13 号——或有事项》。

6. 由《企业会计准则第 14 号——收入》规范的属于金融工具的合同权利和义务，适用《企业会计准则第 14 号——收入》，但该准则要求在确认和计量相关合同权利的减值损失和利得时应当按照本准则规定进行会计处理的，适用本准则有关减值的规定。

7. 购买方（或合并方）与出售方之间签订的，将在未来购买日（或合并日）形成《企业会计准则第 20 号——企业合并》规范的企业合并，且其期限不超过企业合并获得批准并完成交易所必须的合理期限的远期合同，符合本准则关于金融工具和衍生工具的定义，但不适用本准则。

8. 由《企业会计准则第 21 号——租赁》规范的租赁权利和义务，适用《企业会计准则第 21 号——租赁》。但下列情况除外。

（1）企业作为出租人的，其租赁应收款的减值、终止确认的会计处理，适用本准则。

（2）企业作为承租人的，其租赁应付款（即租赁负债）的终止确认的会计处理，适用本准则。

（3）租赁中嵌入的衍生工具的会计处理，适用本准则。

9. 金融资产转移，适用《企业会计准则第 23 号——金融资产转移》。

10. 套期会计，适用《企业会计准则第 24 号——套期会计》。

11. 由保险合同相关会计准则规范的保险合同所产生的权利和义务，适用保险合同相关会计准则。因具有相机分红特征而由保险合同相关会计准则规范的合同所产生的权利和义务，适用保险合同相关会计准则。但对于嵌入保险合同的衍生工具，该嵌入衍生工具本身不是保险合同的，适用本准则。

12. 财务担保合同，是指当特定债务人到期不能按照最初或修改后的债务工具条款偿付债务时，要求发行方向蒙受损失的合同持有人赔付特定金额的合同。目前实务中发行方对财务担保合同有两种处理方式，即按照金融工具相关准则进行会计处理，或者按照保险合同相关准则进行会计处理（如融资性担保公司）。因此，本准则从实务角度出发，规定财务担保合同的发行方可做如下选择。

（1）发行方之前明确表明将此类合同视作保险合同，并且已按照保险合同相关会计准则进行会计处理的，可以选择适用本准则或保险合同相关会计准则。该选择可以基于单项合同，但选择一经做出,不得撤销。

(2) 其他情况下,相关财务担保合同适用本准则。

13. 企业发行的按照《企业会计准则第37号——金融工具列报》规定应当分类为权益工具的金融工具,适用《企业会计准则第37号——金融工具列报》。

(二) 属于本准则范围的买卖非金融项目的合同。

对于能够以现金或其他金融工具净额结算(即不交付非金融项目本身,而是根据双方合同权利义务的价值差以现金或其他金融工具结算),或者通过交换金融工具结算的买入或卖出非金融项目的合同,企业应当将该合同视同金融工具,适用本准则。但企业按照预定的购买、销售或使用要求签订并持有旨在收取或交付非金融项目的合同除外。

以现金或其他金融工具净额结算,或者通过交换金融工具结算的买入或卖出非金融项目的合同可能有以下情况。

(1) 合同条款允许合同一方以现金或其他金融工具进行净额结算或通过交换金融工具结算。

(2) 合同条款没有明确规定,但是企业具有对类似合同以现金或其他金融工具进行净额结算或通过交换金融工具进行结算的惯例。

(3) 企业具有收到合同标的(如贵金属)之后在短期内将其再次出售以从短期波动中获取利润的惯例。

(4) 作为合同标的的非金融项目易于转换为现金。

符合上述(2)或(3)所述条件的合同并非企业按照预定的购买、出售或使用要求签订并持有、旨在收取或交付非金融项目的合同,因此属于本准则的范围。对于符合上述(1)或(4)所述条件的合同,企业应进行评估以确定其是否为按照预定的购买、出售或使用要求签订并持有、旨在收取或交付非金融项目的合同。

【例21-4】买卖非金融项目的合同

2×17年1月1日,甲企业根据其预计使用需求签订了一份按固定价格购买1 000吨铜的远期合同。合同规定,甲企业在12个月后可以接受实物交割,或者根据铜的公允价值变动以支付或收取现金进行净额结算。

本例中,如果甲企业打算通过接受实物交割来结算合同,并且对类似合同没有以现金进行净额结算,或者接受铜的交割但在交割后短时间内将其再次出售以从短期波动中获取利润的惯例,那么此合同属于按照预定的购买、销售或使用要求签订并持有、旨在收取或交付非金融项目的合同,应适用其他相关会计准则。

对于能够以现金或其他金融工具净额结算,或者通过交换金融工具结算的买入或卖出非金融项目的合同,即使企业按照预定的购买、销售或使用要求签订并持有旨在收取或交付非金融项目的合同的,企业也可以将该合同指定为以公允价值计量且其变动计入当期损益的金融资产或金融负债。企业只能在合同开始时做出该指定,并且必须能够通过该指定消除或显著减少会计错配。该指定一经做出,不得撤销。例如,某些公共事业企业通常会有大量需要进行交割的能源合同,这些合同属于企业按照预定的购买、销售或使用要求签订并持有旨在收取或交付非金融项目的合同。企业通常使用能源衍生工具对此类合同进行套期。通过选择将实物交割合同指定为以公允价值计量且其变动计入当期损益的金融资产或金融负债，将能够消除会计错配，从而无需采用套期会计。

（三）属于本准则范围的贷款承诺。

贷款承诺，是指按照预先规定的条款和条件提供信用的确定承诺。本准则适用于下列贷款承诺。

1. 企业指定为以公允价值计量且其变动计入当期损益的金融负债的贷款承诺。

2. 能够以现金或者通过交付或发行其他金融工具净额结算的贷款承诺。此类贷款承诺属于衍生工具。企业不得仅仅因为相关贷款将分期拨付（如按工程进度分期拨付的按揭建造贷款）而将该贷款承诺视为以净额结算。

3. 如果企业存在先例，在贷款承诺形成贷款资产后随即将该资产出售（即等同于以净额结算贷款承诺），则企业所有的同类贷款承诺均应适用本准则。

4. 以低于市场利率贷款的贷款承诺。

所有贷款承诺均适用本准则关于终止确认的规定。企业作为贷款承诺发行方的，还适用本准则关于减值的规定。同时，所有贷款承诺均应当按照《企业会计准则第37号——金融工具列报》的有关要求进行列报。

21.2.4 关于应设置的会计科目

企业应当按照本准则的规定对金融资产和金融负债进行会计处理，全面反映金融工具对其财务报告的影响。企业在不违反会计准则中确认、计量和报告规定的前提下，可以根据实际情况自行增设、分拆、合并或简化会计科目。企业按照本准则规定进行会计处理，可以根据需要设置以下主要科目（有关账务处理参见后文举例）。

1."银行存款"科目。本科目核算以摊余成本计量的、企业存入银行或其他金融机构的各种款项。

2."其他货币资金"科目。本科目核算以摊余成本计量的、企业的银行汇票存款、银行本票存款、信用卡存款、信用证保证金存款、存出投资款、外埠存款等其他货币资金。

3."交易性金融资产"科目。本科目核算企业分类为以公允价值计量且其变动计入当期损益的金融资产。本科目可按金融资产的类别和品种，分别"成本""公允价值变动"等明细科目进行明细核算。企业持有的指定为以公允价值计量且其变动计入当期损益的金融资产可在本科目下单设"指定类"明细科目核算。衍生金融资产在"衍生工具"科目核算。

4."买入返售金融资产"科目。本科目核算以摊余成本计量的、企业（金融）按返售协议约定先买入再按固定价格返售给卖出方的票据、证券、贷款等金融资产所融出的资金。

5."应收票据"科目。本科目核算以摊余成本计量的、企业因销售商品、提供劳务等而收到的商业汇票，包括银行承兑汇票和商业承兑汇票。

6."应收账款"科目。本科目核算以摊余成本计量的、企业因销售商品、提供劳务等日常活动应收取的款项。

7."应收利息"科目。本科目核算企业发放的贷款、各类债权投资、存放中央银行款项、拆出资金、买入返售金融资产等应收取的利息。企业购入的一次还本付息的债权投资持有期间取得的利息，在"债权投资"科目核算。

8．"其他应收款"科目。本科目核算分类为以摊余成本计量的、企业除存出保证金、买入返售金融资产、应收票据、应收账款、预付账款、应收股利、应收利息、应收代位追偿款、应收分保账款、应收分保未到期责任准备金、应收分保保险责任准备金、长期应收款等经营活动以外的其他各种应收、暂付的款项。

9．"坏账准备"科目。本科目核算企业以摊余成本计量的应收款项等金融资产以预期信用损失为基础计提的损失准备。

10．"贷款"科目。本科目核算以摊余成本计量的、企业（银行）按规定发放的各种客户贷款，包括质押贷款、抵押贷款、保证贷款、信用贷款等。

11．"贷款损失准备"科目。本科目核算企业（银行）以摊余成本计量的贷款以预期信用损失为基础计提的损失准备。计提贷款损失准备的资产包括客户贷款、拆出资金、贴现资产、银团贷款、贸易融资、协议透支、信用卡透支、转贷款和垫款等。

企业（保险）的保户质押贷款计提的减值准备，也在本科目核算。

企业（典当）的质押贷款、抵押贷款计提的减值准备，也在本科目核算。

12．将"1501 持有至到期投资"科目改为"1501 债权投资"科目。本科目核算企业以摊余成本计量的债权投资的账面余额。本科目可按债权投资的类别和品种，分别"面值""利息调整""应计利息"等明细科目进行明细核算。

13．将"1502 持有至到期投资减值准备"科目改为"1502 债权投资减值准备"科目。本科目核算企业以摊余成本计量的债权投资以预期信用损失为基础计提的损失准备。

14．"1503 其他债权投资"科目。本科目核算企业按照本准则第十八条分类为以公允价值计量且其变动计入其他综合收益的金融资产。本科目可按金融资产类别和品种，分别"成本""利息调整""公允价值变动"等明细科目进行明细核算。

15．"1504 其他权益工具投资"科目。本科目核算企业指定为以公允价值计量且其变动计入其他综合收益的非交易性权益工具投资。本科目可按其他权益工具投资的类别和品种，分别"成本""公允价值变动"等明细科目进行明细核算。

16．"交易性金融负债"科目。本科目核算企业承担的交易性金融负债。本科目可按金融负债类别，分别"本金""公允价值变动"等明细科目进行明细核算。企业持有的指定为以公允价值计量且其变动计入当期损益的金融负债可在本科目下单设"指定类"明细科目核算。衍生金融负债在"衍生工具"科目核算。

17．"应付票据"科目。本科目核算企业以摊余成本计量的购买材料、商品和接受劳务供应等而开出、承兑的商业汇票，包括银行承兑汇票和商业承兑汇票。

18．"应付账款"科目。本科目核算企业以摊余成本计量的因购买材料、商品和接受劳务供应等经营活动应支付的款项。企业（金融）应支付但尚未支付的手续费和佣金，可将本科目改为"应付手续费及佣金"科目，并按照对方单位（或个人）进行明细核算。企业（保险）应支付但尚未支付的赔付款项，可将本科目改为"应付赔付款"科目，并按照保险受益人进行明细核算。

19. "长期借款"科目。本科目核算企业以摊余成本计量的向银行或其他金融机构借入的期限在1年以上（不含1年）的各项借款。本科目可按贷款单位和贷款种类，分别"本金""利息调整""应计利息"等明细科目进行明细核算。

20. "应付债券"科目。本科目核算企业以摊余成本计量的为筹集资金而发行的债券本金和利息。本科目可按"面值""利息调整""应计利息"等明细科目进行明细核算。

21. "应付利息"科目。本科目核算企业按照合同约定应支付的利息，包括吸收存款、分期付息到期还本的长期借款、企业债券等应支付的利息。本科目可按存款人或债权人进行明细核算。

22. "衍生工具"科目。本科目核算企业衍生工具的公允价值及其变动形成的衍生金融资产或衍生金融负债。作为套期工具的衍生工具不在本科目核算。

23. "6702 信用减值损失"科目。本科目核算企业计提本准则要求的各项金融工具减值准备所形成的预期信用损失。

24. "其他综合收益——信用减值准备"科目。本明细科目核算企业按照本准则第十八条分类为以公允价值计量且其变动计入其他综合收益的金融资产以预期信用损失为基础计提的损失准备。

21.2.5 关于金融资产和金融负债的确认和终止确认

（一）金融资产和金融负债确认条件。

企业成为金融工具合同的一方时，应当确认一项金融资产或金融负债。根据此确认条件，企业应将本准则范围内的衍生工具合同形成的权利或义务，确认为金融资产或金融负债。但是，如果衍生工具涉及金融资产转移，且导致该金融资产转移不符合终止确认条件，则不应将其确认，否则会导致衍生工具形成的权利或义务被重复确认（参见金融资产转移准则指南）。

企业确认金融资产或金融负债的常见情形如下。

1. 当企业成为金融工具合同的一方，并因此拥有收取现金的权利或承担支付现金的义务时，应将无条件的应收款项或应付款项确认为金融资产或金融负债。

2. 因买卖商品或劳务的确定承诺而将获得的资产或将承担的负债，通常直到至少合同一方履约才予以确认。例如，收到订单的企业通常不在承诺时确认一项资产（发出订单的企业也不在承诺时确认一项负债），而是直到所订购的商品或劳务已装运、交付或提供时才予以确认。若买卖非金融项目的确定承诺适用本准则，则该承诺的公允价值净额（若不为零）应在承诺日确认为一项资产或负债。此外，如果以前未确认的确定承诺被指定为公允价值套期中的被套期项目，在套期开始之后，归属于被套期风险的公允价值变动应当确认为一项资产或负债。

3. 适用本准则的远期合同，企业应在成为远期合同的一方时（承诺日而不是结算日），确认一项金融资产或金融负债。当企业成为远期合同的一方时，权利和义务的公允价值通常相等，因此该远期合同的公允价值净额为零。如果权利和义务的公允价值净额不为零，则该合同应被确认为一项金融资产或金融负债。

4. 适用本准则的期权合同，企业应在成为该期权合同的一方时，确认一项金融资产或金融负债。

此外，当企业尚未成为合同一方时，即使企业已有计划在未来交易，不管其发生的可能性有多大，都不是企业的金融资产或金融负债。

（二）关于以常规方式购买或出售金融资产。

以常规方式购买或出售金融资产，是指企业按照合同规定购买或出售金融资产，并且该合同条款规定，企业应当根据通常由法规或市场惯例所确定的时间安排来交付金融资产。如果合同规定或允许对合同价值变动进行净额结算，该合同通常不是以常规方式购买或出售的合同，企业应将其作为衍生工具处理。证券交易所、银行间市场、外汇交易中心等市场发生的证券、外汇买卖交易，通常采用常规方式。

以常规方式买卖金融资产，应当按交易日会计进行确认和终止确认。交易日是指企业承诺买入或者卖出金融资产的日期。交易日会计的处理原则包括：（1）在交易日确认将于结算日取得的资产及承担的负债；（2）在交易日终止确认将于结算日交付的金融资产并确认处置利得或损失，同时确认将于结算日向买方收取的款项。上述交易形成资产和负债的相关利息，通常应于结算日所有权转移后开始计提并确认。

（三）金融资产的终止确认。

金融资产终止确认，是指企业将之前确认的金融资产从其资产负债表中予以转出。金融资产满足下列条件之一的，应当终止确认。

1. 收取该金融资产现金流量的合同权利终止。例如，企业买入一项期权，企业直到期权到期日仍未行权，那么企业在合同权利到期后应当终止确认该期权形成的金融资产。

2. 该金融资产已转移，且该转移满足《企业会计准则第23号——金融资产转移》关于金融资产终止确认的规定。

以下情形也会导致金融资产的终止确认。

1. 合同的实质性修改。企业与交易对手方修改或者重新议定合同而且构成实质性修改的，将导致企业终止确认原金融资产，同时按照修改后的条款确认一项新金融资产。

2. 核销。本准则第四十三条规定，当企业合理预期不再能够全部或部分收回金融资产合同现金流量时，应当直接减记该金融资产的账面余额。这种减记构成相关金融资产的终止确认。

（四）金融负债的终止确认。

金融负债终止确认，是指企业将之前确认的金融负债从其资产负债表中予以转出。本准则规定，金融负债（或其一部分）的现时义务已经解除的，企业应当终止确认该金融负债（或该部分金融负债）。

【例21-5】金融负债的终止确认

甲企业因购买商品于2×18年3月1日确认了一项应付账款1000万元。按合同约定，甲企业于2×18年4月1日支付银行存款1000万元解除了相关现时义务，为此，甲企业应将应付账款1000万元终止确认。如果按合同约定，该货款应于2×18年4月1日、4月30日分两次等额清偿。那么，甲企业应在4月1日支付银行存款500万元时，终止确认应付账款500万元，在4月30日支付剩余的应付账款500万元时终止确认剩余的应付账款500万元。

出现以下两种情况之一时，金融负债（或其一部分）的现时义务已经解除。

1. 债务人通过履行义务（如偿付债权人）解除了金融负债（或其一部分）的现时义务。债务人通常使用现金、其他金融资产等方式偿债。

2. 债务人通过法定程序（如法院裁定）或债权人（如债务豁免），合法解除了债务人对金融负债（或其一部分）的主要责任。

企业在判断金融负债现时义务的解除时应注意以下情形。

1. 企业将用于偿付金融负债的资产转入某个机构或设立信托，偿付债务的义务仍存在的，不应当终止确认该金融负债，也不能终止确认转出的资产。也就是说，虽然企业已为金融负债设立了"偿债基金"，但金融负债对应的债权人仍然拥有全额追索的权利时，不能认为企业的相关现时义务已解除，从而不能终止确认金融负债。

2. 企业（借入方）与借出方之间签订协议，以承担新金融负债方式替换原金融负债（或其一部分），且合同条款实质上不同的，企业应当终止确认原金融负债（或其一部分），同时确认一项新金融负债。其中，"实质上不同"是指按照新的合同条款，金融负债未来现金流量（包括支付和收取的任何费用）现值与原金融负债的剩余期间现金流量现值之间的差异至少相差10%。有关现值的计算均采用原金融负债的实际利率。

3. 如果一项债务工具的发行人回购了该工具，即使该发行人是该工具的做市商或打算在近期将其再次出售，企业（发行人）应当终止确认该债务工具。

金融负债（或其一部分）终止确认的，企业应当将其账面价值与支付的对价（包括转出的非现金资产或承担的负债）之间的差额，计入当期损益。在某些情况下，债权人解除了债务人对金融负债的主要责任，但要求债务人提供担保（承诺在合同主要责任方拖欠时进行支付）的，债务人应当以其担保义务的公允价值为基础确认一项新的金融负债，并按支付的价款加上新金融负债公允价值之和与原金融负债账面价值的差额确认利得和损失。

企业回购金融负债一部分的，应当在回购日按照继续确认部分和终止确认部分各自的公允价值占整体公允价值的比例，对该金融负债整体的账面价值进行分配。分配给终止确认部分的账面价值与支付的对价（包括转出的非现金资产或承担的负债）之间的差额，应当计入当期损益。

21.2.6 关于金融资产的分类

金融资产的分类是确认和计量的基础。企业应当根据其管理金融资产的业务模式和金融资产的合同现金流量特征，将金融资产划分为以下三类：（1）以摊余成本计量的金融资产；（2）以公允价值计量且其变动计入其他综合收益的金融资产；（3）以公允价值计量且其变动计入当期损益的金融资产。上述分类一经确定，不得随意变更。

（一）关于企业管理金融资产的业务模式。

1. 业务模式评估。

企业管理金融资产的业务模式，是指企业如何管理其金融资产以产生现金流量。业务模式决定企业所管理金融资产现金流量的来源是收取合同现金流量、出售金融资产，还是两者兼有。

企业确定其管理金融资产的业务模式时，应当注意以下方面。

（1）企业应当在金融资产组合的层次上确定管理金融资产的业务模式，而不必按照单个金融资产逐项确定业务模式。金融资产组合的层次应当反映企业管理该金融资产的层次。有些情况下，企业可能将金融资产组合分拆为更小的组合，以合理反映企业管理该金融资产的层次。例如，企业购买一个抵押贷款组合，以收取合同现金流量为目标管理该组合中的一部分贷款，以出售为目标管理该组合中的其他贷款。

（2）一个企业可能会采用多个业务模式管理其金融资产。例如，企业持有一组以收取合同现金流量为目标的投资组合，同时还持有另一组既以收取合同现金流量为目标又以出售该金融资产为目标的投资组合。

（3）企业应当以企业关键管理人员决定的对金融资产进行管理的特定业务目标为基础，确定管理金融资产的业务模式。其中，"关键管理人员"是指《企业会计准则第36号——关联方披露》中定义的关键管理人员。

（4）企业的业务模式并非企业自愿指定，而是一种客观事实，通常可以从企业为实现其目标而开展的特定活动中得以反映。企业应当考虑在业务模式评估日可获得的所有相关证据，包括企业评价和向关键管理人员报告金融资产业绩的方式、影响金融资产业绩的风险及其管理方式以及相关业务管理人员获得报酬的方式（如报酬是基于所管理资产的公允价值还是所收取的合同现金流量）等。

（5）企业不得以按照合理预期不会发生的情形为基础确定管理金融资产的业务模式。例如，对于某金融资产组合，如果企业预期仅会在压力情形下将其出售，且企业合理预期该压力情形不会发生，则该压力情形不得影响企业对该类金融资产的业务模式的评估。

此外，如果金融资产实际现金流量的实现方式不同于评估业务模式时的预期，只要企业在评估业务模式时已经考虑了当时所有可获得的相关信息，这一差异不构成企业财务报表的前期差错，也不改变企业在该业务模式下持有的剩余金融资产的分类。但是，企业在评估新的金融资产的业务模式时，应当考虑这些信息。

2. 以收取合同现金流量为目标的业务模式。

在以收取合同现金流量为目标的业务模式下，企业管理金融资产旨在通过在金融资产存续期内收取合同付款来实现现金流量，而不是通过持有并出售金融资产产生整体回报。

尽管企业持有金融资产是以收取合同现金流量为目标，但是企业无须将所有此类金融资产持有至到期。因此，即使企业出售金融资产或者预计未来会出售金融资产，此类金融资产的业务模式仍然可能是以收取合同现金流量为目标。企业在评估金融资产是否属于该业务模式时，应当考虑此前出售此类资产的原因、时间、频率和出售的价值，以及对未来出售的预期。但是，此前出售资产的事实只是为企业提供相关依据，而不能决定业务模式。

在以收取合同现金流量为目标的业务模式下，金融资产的信用质量影响着企业收取合同现金流量的能力。为减少因信用恶化所导致的潜在信用损失而进行的风险管理活动与以收取合同现金流量为目标的业务模式并不矛盾。因此，即使企业在金融资产的信用风险增加时为减少信用损失而将其出售,金融资产的业务模式仍然可能是以收取合同现金流量为目标的业务模式。

如果企业在金融资产到期日前出售金融资产,即使与信用风险管理活动无关,在出售只是偶然发生(即使价值重大),或者单独及汇总而言出售的价值非常小(即使频繁发生)的情况下,金融资产的业务模式仍然可能是以收取合同现金流量为目标。如果企业能够解释出售的原因并且证明出售并不反映业务模式的改变,出售频率或者出售价值在特定时期内增加不一定与以收取合同现金流量为目标的业务模式相矛盾。此外,如果出售发生在金融资产临近到期时,且出售所得接近待收取的剩余合同现金流量,金融资产的业务模式仍然可能是以收取合同现金流量为目标。

【例21-6】以收取合同现金流量为目标的业务模式1

甲企业购买了一个贷款组合,且该组合中包含已发生信用减值的贷款。如果贷款不能按时偿付,甲企业将通过各种方式尽可能实现合同现金流量,例如通过邮件、电话或其他方法与借款人联系催收。同时,甲企业签订了一项利率互换合同,将贷款组合的利率由浮动利率转换为固定利率。

本例中,甲企业管理该贷款组合的业务模式是以收取合同现金流量为目标。即使甲企业预期无法收取全部合同现金流量(部分贷款已发生信用减值),但并不影响其业务模式。此外,该企业签订利率互换合同也不影响该贷款组合的业务模式。

【例21-7】以收取合同现金流量为目标的业务模式2

甲银行向客户发放贷款,并随后向资产证券化专项计划(结构化主体)出售,然后由专项计划向投资者发行资产支持证券。甲银行控制资产证券化专项计划,并将其纳入合并财务报表范围。专项计划收取贷款的合同现金流量,并将该现金流量转付给其投资者。假定专项计划未终止确认作为基础资产的贷款,因此甲银行合并财务报表中继续确认此贷款。

从甲银行合并财务报表角度来看,发放贷款的目标是持有该贷款以收取合同现金流量。从甲银行个别财务报表角度来看,发放贷款的目标不是收取合同现金流量,而是向专项计划出售。

3. 以收取合同现金流量和出售金融资产为目标的业务模式。

在同时以收取合同现金流量和出售金融资产为目标的业务模式下,企业的关键管理人员认为收取合同现金流量和出售金融资产对于实现其管理目标而言都是不可或缺的。例如,企业的目标是管理日常流动性需求同时维持特定的收益率,或将金融资产的存续期与相关负债的存续期进行匹配。

与以收取合同现金流量为目标的业务模式相比,此业务模式涉及的出售通常频率更高、金额更大。因为出售金融资产是此业务模式的目标之一,在该业务模式下不存在出售金融资产的频率或者价值的明确界限。

【例21-8】以收取合同现金流量和出售金融资产为目标的业务模式1

甲银行持有金融资产组合以满足其每日流动性需求。甲银行为了降低其管理流动性需求的成本,高度关注该金融资产组合的回报,包括收取的合同现金流量和出售金融资产的利得或损失。

本例中，甲银行管理该金融资产组合的业务模式以收取合同现金流量和出售金融资产为目标。

【例21-9】以收取合同现金流量和出售金融资产为目标的业务模式2

甲保险公司持有金融资产组合，为偿付保险合同负债提供资金。甲保险公司用金融资产的合同现金流量收入偿付到期的保险合同负债。为确保来自金融资产的合同现金流量足以偿付保险合同负债，甲保险公司定期进行重大的购买和出售金融资产的活动，以不断平衡其资产组合，并满足偿付保险合同负债所需的现金流量。

本例中，甲保险公司管理该金融资产组合的业务模式以收取合同现金流量和出售金融资产为目标。

4. 其他业务模式。

如果企业管理金融资产的业务模式不是以收取合同现金流量为目标，也不是以收取合同现金流量和出售金融资产为目标，则该企业管理金融资产的业务模式是其他业务模式。例如，企业持有金融资产的目的是交易性的或者基于金融资产的公允价值作出决策并对其进行管理。在这种情况下，企业管理金融资产的目标是通过出售金融资产以实现现金流量。即使企业在持有金融资产的过程中会收取合同现金流量，企业管理金融资产的业务模式也不是以收取合同现金流量和出售金融资产为目标，因为收取合同现金流量对实现该业务模式目标来说只是附带性质的活动。

同样，对于本准则第二十二条（二）"以公允价值基础对金融负债组合或金融资产和金融负债组合进行管理和业绩评价"中涉及的金融资产，企业重点关注其公允价值信息，利用公允价值信息来评估相关金融资产的业绩并进行决策。企业管理这些金融资产的业务模式，不是以收取合同现金流量为目标，也不是以收取合同现金流量和出售金融资产为目标。

（二）关于金融资产的合同现金流量特征。

金融资产的合同现金流量特征，是指金融工具合同约定的、反映相关金融资产经济特征的现金流量属性。分类为本准则第十七条和第十八条规范的金融资产，其合同现金流量特征应当与基本借贷安排相一致，即相关金融资产在特定日期产生的合同现金流量仅为对本金和以未偿付本金金额为基础的利息的支付（以下简称"本金加利息的合同现金流量特征"）。无论金融资产的法律形式是否为一项贷款，都可能是一项基本借贷安排。

1. 金融资产本金和利息的含义。

本金是指金融资产在初始确认时的公允价值，本金金额可能因提前还款等原因在金融资产的存续期内发生变动；利息包括对货币时间价值、与特定时期未偿付本金金额相关的信用风险，以及其他基本借贷风险、成本和利润的对价。企业应当使用金融资产的计价货币来评估金融资产的合同现金流量特征。此外，如果一项贷款具有完全追索权并有抵押品作为担保，该事实并不影响企业对其合同现金流量特征的评估。

在基本借贷安排中，利息的构成要素中最重要的通常是货币时间价值和信用风险的对价。例如，甲银行有一项支付逆向浮动利率（即贷款利率与市场利率呈负相关关系）的贷款，则该贷款的利息金额不是以未偿付本金金额为基础的货币时间价值的对价,所以其不符合本金加利息的合同现金流量特征。又如,甲企业持有一项具有固定到期日的美元债券,债券本金和利息的支付与美国的通胀指数挂钩。该债权投资未利用杠杆,而且对合同的本金进行保护。利息的支付与非杠杆的通胀指数挂钩,实质上将货币时间价值重设为当前水平,债券的利率反映的是考虑通胀影响的真实利率。因此,利息金额是以未偿付本金金额为基础的货币时间价值的对价。

利息还可包括与特定时期内持有的金融资产相关的其他基本借贷风险(如流动性风险)和成本(如管理费用)的对价。此外,利息也可包括与基本借贷安排相一致的利润率。在某些极端经济环境下,利息可能是负值。例如,金融资产的持有人在特定期间内为保证资金安全而支付费用,且支付的费用超过了持有人按照货币时间价值、信用风险及其他基本借贷风险和成本所收取的对价。

但是,如果金融资产合同中包含与基本借贷安排无关的合同现金流量风险敞口或波动性敞口(如权益价格或商品价格变动敞口)的条款,则此类合同不符合本金加利息的合同现金流量特征。例如,甲企业持有一项可转换成固定数量的发行人权益工具的债券,则该债券不符合本金加利息的合同现金流量特征,因为其回报与发行人的权益价值挂钩。又如,如果贷款的利息支付金额与涉及债务人业绩的一些变量(如债务人的净收益)挂钩或者与权益指数挂钩,则该贷款不符合本金加利息的合同现金流量特征。

【例 21-10】金融资产的合同现金流量特征

甲企业持有一项具有固定到期日且支付浮动市场利率的债券。合同规定了利率浮动的上限。

对于固定利率或浮动利率特征的金融工具,只要利息反映了对货币时间价值、与特定时期未偿付本金金额相关的信用风险,以及其他基本借贷风险、成本和利润的对价,则其符合本金加利息的合同现金流量特征。本例中,合同条款设定利率上限,可以看作是固定利率和浮动利率相结合的工具,通过合同设定利率上限可能降低合同现金流量的波动性。

2. 修正的货币时间价值。

货币时间价值是利息要素中仅因为时间流逝而提供对价的部分,不包括为所持有金融资产的其他风险或成本提供对价,但货币时间价值要素有时可能存在修正。在货币时间价值要素存在修正的情况下,企业应当对相关修正进行评估,以确定金融资产是否符合本金加利息的合同现金流量特征。企业可以通过定性或者定量的方式进行评估并作出判断。如果企业经过简单分析即可清晰评估并作出判断,则企业可以通过定性方式进行评估而无需进行详细的定量分析。

修正的货币时间价值要素评估的目标,是确定未折现合同现金流量与假如未对货币时间价值要素进行修正的情形下未折现的合同现金流量(基准现金流量)之间的差异。例如,合同约定金融资产的利率定期重设,但重设的频率与利率的期限并不匹配。假设一项金融资产包含每月重设为 1 年期利率的浮动利率条款,则企业每月应收的利息实际上反映了未来 12 个月货币时间价值的平均数,而非当月的货币时间价值(例如,如果在之后 11 个月的期间合同利率逐月提高，则各月货币时间价值的平均数将高于当月的货币时间价值）。也就是说，按合同计算的利息是对实际货币时间价值的修正。这种情况下企业可将该金融资产与具有相同合同条款和相同信用风险的，但浮动利率为每月重设为 1 个月利率的金融工具的合同现金流量（基准现金流量）进行比较。如果两个现金流量存在显著差异，那么该金融资产不符合本金加利息的合同现金流量特征。在进行上述评估时，企业必须考虑修正的货币时间价值在每一报告期间的影响以及在金融工具整个存续期内的累积影响。

在评估修正的货币时间价值时，企业应当考虑可能影响未来合同现金流量的因素。例如，企业持有一项 5 年期债券，该债券的浮动利率每 6 个月重设为 5 年期利率。企业评估当时的利率曲线发现 5 年期利率与 6 个月利率之间不存在显著差异，企业不得简单地得出结论认为其符合本金加利息的合同现金流量特征。企业应当同时考虑 5 年期利率与 6 个月利率之间的关系在债券存续期内会如何变化，是否可能导致债券存续期内未折现合同现金流量与未折现基准现金流量存在显著差异。但是，企业仅需要考虑合理的可能发生的情形，而无须考虑所有可能的情形。

有时，出于宏观经济管理或产业政策考虑等原因，政府监管部门设定某些利率或利率调整等浮动区间。在此情形下，货币时间价值要素虽然有可能不单纯是时间流逝的对价，但如果利率所提供的对价与时间流逝大致相符且并未导致与基本借贷安排不一致的合同现金流量风险敞口或波动性敞口，那么具有该利率的金融资产应当视为符合本金加利息的合同现金流量特征。

3. 导致合同现金流量的时间分布或金额变更的合同条款。

金融资产包含可能导致其合同现金流量的时间分布或金额变更的合同条款的（如包含可提前还款或者可展期特征），企业应当对相关条款进行评估（如评估提前还款特征的公允价值是否非常小），以确定该金融资产是否符合本金加利息的合同现金流量特征。

在进行上述评估时，企业应当同时评估变更之前和之后可能产生的合同现金流量。企业还可评估导致合同现金流量的时间分布或金额变更的所有或有事项（即触发事件）的性质。例如，合同规定当债务人拖欠的款项达到特定金额时，利率将重设为较高利率；或者当指定的权益指数达到特定水平时，利率将重设为较高利率。在对上述两种金融资产的合同现金流量特征进行评估和比较时，考虑或有事项的性质可在一定程度上为评估其合同现金流量特征提供参考。考虑到根据累计拖欠的金额调整利率可能是为了反映信用风险的增加，而指定的权益指数变化与基本借贷安排无关，因此债务人拖欠的款项达到特定金额时利率上浮的情形更有可能符合本金加利息的合同现金流量特征。

通常情况下，下列涉及合同现金流量的时间分布或金额变更的合同条款，符合本金加利息的合同现金流量特征。

（1）浮动利率包含对货币时间价值、与特定时期未偿付本金金额相关的信用风险（对信用风险的对价可能仅在初始确认时确定，因此可能是固定的）、其他基本借贷风险、成本和利润的对价。

（2）合同条款允许发行人（即债务人）在到期前提前偿付债务，或者允许持有人（即债权人）在到期前将债务工具卖回给发行人，而且这些提前偿付的金额实质上反映了尚未支付的本金及以未偿付本金金额为基础的利息,其中可能包括因提前终止合同而支付或收取的合理补偿。

(3) 合同条款允许发行人或持有人延长债务工具的合同期限（即展期选择权）,并且展期选择权条款导致展期期间的合同现金流量仅为对本金及以未偿付本金金额为基础的利息的支付,其中可能包含为合同展期而支付的合理的额外补偿。

对于企业以溢价或折价购入或源生的,且具有提前偿付特征的债务工具,如果同时满足下列条件,则其符合本金加利息的合同现金流量特征。

(1) 提前偿付金额实质上反映了合同面值和已计提但尚未支付的合同利息,其中可能包括因提前终止合同而支付或收取的合理补偿。

(2) 在企业初始确认该金融资产时,提前偿付特征的公允价值非常小。

【例21-11】符合本金加利息的合同现金流量特征

甲企业向客户出售汽车时以低于现行市场利率的利率向客户提供融资作为营销激励。由于甲企业提供的利率低于市场利率,该金融资产的初始入账价值将是合同面值的折价。根据合同约定,客户有权在合同到期前的任一时点以合同面值提前偿还该债务。对于客户来说该融资具有优势（利率低于市场利率）,不太可能会选择提前偿付,导致该金融资产提前偿付特征的公允价值非常小。在此情况下,该金融资产符合本金加利息的合同现金流量特征。

【例21-12】不符合本金加利息的合同现金流量特征

某金融工具是一项永续工具,按市场利率支付利息,发行人可自主决定在任一时点回购该工具,并向持有人支付面值和累计应付利息。如果发行人无法保持后续偿付能力,可以不支付该工具利息,而且递延利息不产生额外孳息。

本例中,该工具不符合本金加利息的合同现金流量特征。但是,如果该工具的合同条款要求对递延利息的金额计息,则其可能符合本金加利息的合同现金流量特征。

需要注意的是,仅因为该工具是永续工具并不能判定其不符合本金加利息的合同现金流量特征。永续工具可视为具有连续性的多项展期选择权。如果利息支付具有强制性且必须永久性支付,则可能导致其符合本金加利息的合同现金流量特征。

同样,仅因为该工具可赎回并不能判定其不符合本金加利息的合同现金流量特征。即使赎回金额中包含因提前终止该工具而对持有人做出合理补偿的金额,其也有可能符合本金加利息的合同现金流量特征。

4. 合同挂钩工具。

在一些交易中,发行人可利用多个合同挂钩工具来安排向金融资产持有人付款的优先劣后顺序（分级）。对于某一分级的金融资产持有人来说,仅当发行人取得足够的现金流量以满足更优先级的支付时,此类工具的持有人才有权取得对本金和未偿付本金的利息的偿付。当同时符合下列条件时,企业持有的某一分级的金融资产才符合本金加利息的合同现金流量特征。

(1) 分级的合同条款（在未穿透基础资产的情况下）,产生的现金流量仅为对本金和以未偿付本金金额为基础的利息的支付（如该分级的利率未与商品价格指数挂钩）。

(2) 基础资产包含一个或多个符合本金加利息的合同现金流量特征的工具（以下称"基础

工具")。这里的基础资产,是指穿透到最底层的、源生现金流量而非过手现金流量的资产。

(3)该分级所承担的基础资产的信用风险,等于或小于基础资产本身的信用风险。例如,分级的信用评级等于或高于假设发行单一工具(不分级),该工具所得到的信用评级。

基础资产中除基础工具外,还可以有满足以下条件的其他工具。

(1)可以降低基础资产中基础工具现金流量波动性,并且当与基础工具相结合时,能够产生仅为对本金和以未偿付本金金额为基础的利息的支付的现金流量(例如,利率上限或下限,或者降低部分或全部基础工具的信用风险的合同)。

(2)可以协调各分级的合同现金流量与基础工具的现金流量,以解决两者在利率(例如,分级的合同现金流量基于固定利率,而基础工具现金流量基于浮动利率)、计价货币(包括通货膨胀因素)以及现金流量的时间分布上的差异。

在执行上述评估时,企业可能无须针对基础资产中的具体每一项工具进行详尽分析。但是,企业必须运用判断并进行充分的分析,以确定基础资产中的工具是否满足上述条件(同时参照下文关于仅构成极其微小影响的合同现金流量特征的指引)。

如果某一分级的金融资产持有人在初始确认时无法按照上述条件进行评估,那么分级的金融资产应当分类为以公允价值计量且其变动计入当期损益的金融资产。如果在初始确认后基础资产可能发生变化,导致基础资产不满足上述条件的,那么分级的金融资产应当分类为以公允价值计量且其变动计入当期损益的金融资产。如果基础资产包含了有抵押物的工具,但抵押物不满足上述对基础资产的要求条件,企业不应当考虑该抵押物的影响,除非企业购买分级金融资产的目的是控制抵押物。

【例21-13】不同优先档资产支持证券的处理

某资产证券化信托计划向投资者发行合同挂钩工具。资产支持证券划分为两层,分别为优先档和次级档,优先档的本息偿付次序优于次级档。该信托计划投资的基础资产的现金流量仅为对本金和以未偿付本金金额为基础的利息支付的贷款组合。优先档有明确的固定票息,而次级档无明确的票息,次级档的收益取决于基础资产的最终收益水平。该计划需将收到的贷款本金和利息回收款优先支付给优先档持有人,即向优先档持有人按合同条款支付了相应的本金及收益后,才能将剩余的回收款支付给次级档持有人。

本例中,从优先档资产支持证券持有人的角度看,其分级的合同现金流量符合基本借贷安排。因为优先档本身及其基础资产均符合本金加利息的合同现金流量特征,且优先档的信用风险不高于基础资产的信用风险。从次级档资产支持证券持有人的角度看,其分级的合同现金流量不符合基本借贷安排。因为次级档本身不符合本金加利息的合同现金流量特征,且次级档承担了高于基础资产的信用风险。

5. 合同现金流量评估的其他特殊情形。

(1)某些金融资产的合同现金流量特征中包含杠杆因素,杠杆导致合同现金流量的变动性增加,不符合利息的经济特征。例如,期权、远期合同和互换合同等,均属于这种情况。因此,此类合同不符合本金加利息的合同现金流量特征。

(2)某些金融资产合同中使用本金和利息描述合同现金流量,但此类合同可能并不符合本金加利息的合同现金流量特征。如果金融资产代表对特定资产或现金流量的投资，则可能属于这种情况。

例如，借款合同规定，随着使用特定收费公路的车辆数目增多，借款合同的利息将增加，此合同产生了与基本借贷安排无关的合同现金流量风险敞口，因此该金融资产不符合本金加利息的合同现金流量特征。

又如，某些合同使用本金和利息描述合同现金流量，但债权人的索偿要求仅限于债务人的特定资产或产生于特定资产的现金流量，此类合同可能不符合本金加利息的合同现金流量特征。然而，债权人的索偿要求仅限于债务人的特定资产或基于特定资产的现金流量并不一定会导致金融资产不符合本金加利息的合同现金流量特征。企业需要对特定的基础资产或其现金流量进行评估（即穿透），以确定待分类的金融资产是否符合本金加利息的合同现金流量特征。如果金融资产的合同条款产生了其他现金流量，或者以一种与代表本金和利息的支付不一致的方式限制了现金流量，则该金融资产不符合本金加利息的合同现金流量特征。

无论基础资产为金融资产或非金融资产，均不会影响合同现金流量评估。在某些情况下，企业可能无法了解基础资产的具体情况（如投资的具体组成、期限、条款等），因而无法对特定的基础资产或其现金流量进行评估，则企业无法确定待分类的金融资产是否符合本金加利息的合同现金流量特征。

（3）在一般的借款合同中，通常都会规定债权人持有的金融工具相对于债务人的其他债权人持有的工具的优先劣后顺序。对于劣后于其他工具的工具，如果债务人不付款构成违约，并且即使在债务人破产的情况下债权人也拥有收取本金及以未偿付本金金额为基础的利息的合同权利，则该工具可能符合本金加利息的合同现金流量特征。反之，如果次级特征以任何方式限制了合同现金流量或产生了任何形式的其他现金流量，则该工具不符合本金加利息的合同现金流量特征。例如，某企业持有一笔被列为普通债权的应收账款。如果其债务人还有一笔贷款，且该贷款存在抵押物，从而使得债务人破产时其贷款方可优先于普通债权人索偿（但并不影响一般债权人收取尚未支付的本金和其他应付金额的合同权利），则该应收账款也可能符合本金加利息的合同现金流量特征。

（4）如果合同现金流量特征仅对金融资产的合同现金流量构成极其微小的影响，则不会影响金融资产的分类。要作出此判断，企业必须考虑合同现金流量特征在每一会计期间的潜在影响以及在金融工具整个存续期内的累积影响。此外，如果合同现金流量特征（无论是某一会计期间还是整个存续期）对合同现金流量的影响超过了极其微小的程度，企业应当进一步判断该现金流量特征是否是不现实的。如果现金流量特征仅在极端罕见、显著异常且几乎不可能的事件发生时才影响该工具的合同现金流量，那么该现金流量特征是不现实的。如果该现金流量特征不现实，则不影响金融资产的分类。

（三）金融资产的具体分类。

1. 以摊余成本计量的金融资产。

金融资产同时符合下列条件的，应当分类为以摊余成本计量的金融资产。

（1）企业管理该金融资产的业务模式是以收取合同现金流量为目标。

(2) 该金融资产的合同条款规定,在特定日期产生的现金流量,仅为对本金和以未偿付本金金额为基础的利息的支付。

例如,银行向企业客户发放的固定利率贷款,在没有其他特殊安排的情况下,贷款通常可能符合本金加利息的合同现金流量特征。如果银行管理该贷款的业务模式是以收取合同现金流量为目标,则该贷款可以分类为以摊余成本计量的金融资产。再如,普通债券的合同现金流量是到期收回本金及按约定利率在合同期间按时收取固定或浮动利息。在没有其他特殊安排的情况下,普通债券通常可能符合本金加利息的合同现金流量特征。如果企业管理该债券的业务模式是以收取合同现金流量为目标,则该债券可以分类为以摊余成本计量的金融资产。又如,企业正常商业往来形成的具有一定信用期限的应收账款,如果企业拟根据应收账款的合同现金流量收取现金,且不打算提前处置应收账款,则该应收账款可以分类为以摊余成本计量的金融资产。

2. 以公允价值计量且其变动计入其他综合收益的金融资产。

金融资产同时符合下列条件的,应当分类为以公允价值计量且其变动计入其他综合收益的金融资产。

(1) 企业管理该金融资产的业务模式既以收取合同现金流量为目标又以出售该金融资产为目标。

(2) 该金融资产的合同条款规定,在特定日期产生的现金流量,仅为对本金和以未偿付本金金额为基础的利息的支付。

【例21-14】以公允价值计量且其变动计入其他综合收益的金融资产

甲企业在销售中通常会给予客户一定期间的信用期。为了盘活存量资产,提高资金使用效率,甲企业与银行签订应收账款无追索权保理总协议,银行向甲企业一次性授信10亿人民币元,甲企业可以在需要时随时向银行出售应收账款。历史上甲企业频繁向银行出售应收账款,且出售金额重大,上述出售满足金融资产终止确认的规定。

本例中,应收账款的业务模式符合"既以收取合同现金流量为目标又以出售该金融资产为目标",且该应收账款符合本金加利息的合同现金流量特征,因此应当分类为以公允价值计量且其变动计入其他综合收益的金融资产。

3. 以公允价值计量且其变动计入当期损益的金融资产。

企业分类为以摊余成本计量的金融资产和以公允价值计量且其变动计入其他综合收益的金融资产之外的金融资产,应当分类为以公允价值计量且其变动计入当期损益的金融资产。例如,企业常见的下列投资产品通常应当分类为以公允价值计量且其变动计入当期损益的金融资产。

(1) 股票。股票的合同现金流量源自收取被投资企业未来股利分配以及其清算时获得剩余收益的权利。由于股利及获得剩余收益的权利均不符合本准则关于本金和利息的定义,因此股票不符合本金加利息的合同现金流量特征。在不考虑本准则第十九条特殊指定的情况下,企业持有的股票应当分类为以公允价值计量且其变动计入当期损益的金融资产。

(2) 基金。常见的股票型基金、债券型基金、货币基金或混合基金,通常投资于动态管理的资产组合，投资者从该类投资中所取得的现金流量既包括投资期间基础资产产生的合同现金流量，也包括处置基础资产的现金流量。基金一般情况下不符合本金加利息的合同现金流量特征。企业持有的基金通常应当分类为以公允价值计量且其变动计入当期损益的金融资产。

（3）可转换债券。可转换债券除按一般债权类投资的特性到期收回本金、获取约定利息或收益外，还嵌入了一项转股权。通过嵌入衍生工具，企业获得的收益在基本借贷安排的基础上，会产生基于其他因素变动的不确定性。根据本准则规定，企业持有的可转换债券不再将转股权单独分拆，而是将可转换债券作为一个整体进行评估，由于可转换债券不符合本金加利息的合同现金流量特征，企业持有的可转换债券投资应当分类为以公允价值计量且其变动计入当期损益的金融资产。

此外，在初始确认时，如果能够消除或显著减少会计错配，企业可以将金融资产指定为以公允价值计量且其变动计入当期损益的金融资产。该指定一经作出，不得撤销。

（四）金融资产分类的特殊规定。

权益工具投资一般不符合本金加利息的合同现金流量特征，因此应当分类为以公允价值计量且其变动计入当期损益的金融资产。然而在初始确认时，企业可以将非交易性权益工具投资指定为以公允价值计量且其变动计入其他综合收益的金融资产，并按照本准则第六十五条规定确认股利收入。该指定一经作出，不得撤销。企业投资其他上市公司股票或者非上市公司股权的，都可能属于这种情形。

1. 关于"非交易性"和"权益工具投资"的界定。

金融资产或金融负债满足下列条件之一的，表明企业持有该金融资产或承担该金融负债的目的是交易性的。

（1）取得相关金融资产或承担相关金融负债的目的，主要是近期出售或回购。例如，企业以赚取差价为目的从二级市场购入的股票、债券和基金等，或者发行人根据债务工具的公允价值变动计划在近期回购的、有公开市场报价的债务工具。

（2）相关金融资产或金融负债在初始确认时属于集中管理的可辨认金融工具组合的一部分，且有客观证据表明近期实际存在短期获利模式。在这种情况下，即使组合中有某个组成项目持有的期限稍长也不受影响。其中，"金融工具组合"指金融资产组合或金融负债组合。

（3）相关金融资产或金融负债属于衍生工具。但符合财务担保合同定义的衍生工具以及被指定为有效套期工具的衍生工具除外。例如，未作为套期工具的利率互换或外汇期权。

只有不符合上述条件的非交易性权益工具投资才可以进行该指定。

此处权益工具投资中的"权益工具"，是指对于工具发行方来说，满足《企业会计准则第37号——金融工具列报》（以下简称"金融工具列报准则"）中权益工具定义的工具。例如，普通股对于发行方而言，满足权益工具定义，对于投资方而言，属于权益工具投资。

符合金融负债定义但是被分类为权益工具的特殊金融工具（包括可回售工具和发行方仅在清算时才有义务向另一方按比例交付其净资产的金融工具）本身并不符合权益工具的定义，因此从投资方的角度也就不符合指定为以公允价值计量且其变动计入其他综合收益的金融资产的条件。例如某些开放式基金，基金持有人可将基金份额回售给基金，该基金发行的基金份额并不符合权益工具的定义，只是按照金融工具列报准则符合列报为权益工具条件的可回售工具。这种情况下,投资人持有的该基金份额,不能指定为以公允价值计量且其变动计入其他综合收益的金融资产。

2. 基本会计处理原则。

初始确认时,企业可基于单项非交易性权益工具投资,将其指定为以公允价值计量且其变动计入其他综合收益的金融资产,其公允价值的后续变动计入其他综合收益,不需计提减值准备。除了获得的股利收入(明确作为投资成本部分收回的股利收入除外)计入当期损益外,其他相关的利得和损失(包括汇兑损益)均应当计入其他综合收益,且后续不得转入损益。当金融资产终止确认时,之前计入其他综合收益的累计利得或损失应当从其他综合收益中转出,计入留存收益。

需要注意的是,企业在非同一控制下的企业合并中确认的或有对价构成金融资产的,该金融资产应当分类为以公允价值计量且其变动计入当期损益的金融资产,不得指定为以公允价值计量且其变动计入其他综合收益的金融资产。

(五)金融资产分类流程图。

金融资产分类的流程总结如图 21-1 所示。

图 21-1 金融资产分类流程图

21.2.7 关于金融负债的分类

（一）金融负债的分类。

除下列各项外，企业应当将金融负债分类为以摊余成本计量的金融负债。

1. 以公允价值计量且其变动计入当期损益的金融负债，包括交易性金融负债（含属于金融负债的衍生工具）和指定为以公允价值计量且其变动计入当期损益的金融负债。

2. 不符合终止确认条件的金融资产转移或继续涉入被转移金融资产所形成的金融负债。对此类金融负债，企业应当按照《企业会计准则第23号——金融资产转移》相关规定进行计量。

3. 不属于上述第1项或第2项情形的财务担保合同，以及不属于上述第1项的、以低于市场利率贷款的贷款承诺。企业作为此类金融负债发行方的，应当在初始确认后按照依据本准则第八章所确定的损失准备金额以及初始确认金额扣除依据《企业会计准则第14号——收入》相关规定所确定的累计摊销额后的余额孰高进行计量。

在非同一控制下的企业合并中，企业作为购买方确认的或有对价形成金融负债的，该金融负债应当按照以公允价值计量且其变动计入当期损益进行会计处理。

（二）公允价值选择权。

在初始确认时，为了提供更相关的会计信息，企业可以将一项金融资产、一项金融负债或者一组金融工具（金融资产、金融负债或者金融资产及负债）指定为以公允价值计量且其变动计入当期损益，但该指定应当满足下列条件之一。

1. 该指定能够消除或显著减少会计错配。例如，根据本准则规定，有些金融资产被分类为以公允价值计量且其变动计入当期损益，但与之直接相关的金融负债却分类为以摊余成本计量，从而导致会计错配。如果将以上金融负债直接指定为以公允价值计量且其变动计入当期损益，那么这种会计错配就能够消除。

再如，企业拥有某些金融资产且承担某些金融负债，该金融资产和金融负债承担某种相同的风险（如利率风险），且各自的公允价值变动方向相反，趋于相互抵销。但是，其中只有部分金融资产或金融负债（如交易性）以公允价值计量且其变动计入当期损益，此时会出现会计错配。套期会计有效性难以达到要求时，也会出现类似问题。在这些情况下，如果将所有这些资产和负债均进行公允价值指定，可以消除或显著减少会计错配现象。

又如，企业拥有某些金融资产且承担某些金融负债，该金融资产和金融负债承担某种相同的风险，且各自的公允价值变动方向相反，趋于相互抵销。但是，因为这些金融资产或金融负债中没有一项是以公允价值计量且其变动计入当期损益的，不满足被指定为套期工具的条件，从而使企业不具备运用套期会计方法的条件，出现相关利得或损失在确认方面的重大不一致。例如，某银行通过发行上市债券为一组特定贷款提供融资，且债券与贷款的公允价值变动可相互抵销。如果银行定期发行和回购该债券但是很少买卖该贷款，则同时采用以公允价值计量且其变动计入当期损益的方式计量该贷款和债券，将消除两者均以摊余成本计量且每次回购债券时确认一项利得或损失所导致的利得和损失确认时间的不一致。

需要指出的是，对于上述情况，实务中企业可能难以做到将所涉及的金融资产和金融负债在同一时间进行公允价值指定。如果企业能够将每项相关交易在初始确认时予以公允价值指定,且预期剩下的交易将会发生,那么可以有合理的延迟。此外,公允价值选择权只能应用于一项金融工具整体,不能是某一组成部分。

2. 根据正式书面文件载明的企业风险管理或投资策略,企业以公允价值为基础对金融负债组合或金融资产和金融负债组合进行管理和业绩评价,并在内部以此为基础向关键管理人员报告。以公允价值为基础进行管理的金融资产组合,由于其按照本准则规定已经被分类为以公允价值计量且其变动计入当期损益,因此,不再将公允价值选择权应用于此类金融资产。此项条件强调的是企业日常管理和评价业绩的方式,而不是关注金融工具组合中各组成部分的性质。

企业将一项金融资产、一项金融负债或者一组金融工具(金融资产、金融负债或者金融资产及负债)指定为以公允价值计量且其变动计入当期损益的,一经作出不得撤销。即使造成会计错配的金融工具被终止确认,也不得撤销这一指定。

21.2.8 关于嵌入衍生工具

(一)嵌入衍生工具的概念。

衍生工具通常是独立存在的,但也可能嵌入非衍生金融工具或其他合同(主合同)中,这种衍生工具称为嵌入衍生工具。嵌入衍生工具与主合同构成混合合同(如企业持有的可转换公司债券)。嵌入衍生工具对混合合同的现金流量产生影响的方式,应当与单独存在的衍生工具类似,且该混合合同的全部或部分现金流量随特定利率、汇率、金融工具价格、商品价格、价格指数、费率指数、信用等级、信用指数或其他变量变动而变动,变量为非金融变量的,该变量不应与合同的任何一方存在特定关系。

1. 主合同通常包括租赁合同、保险合同、服务合同、特许权合同、债务工具合同、合营合同等。

2. 在混合合同中,嵌入衍生工具通常以具体合同条款体现。例如,甲公司签订了按一般物价指数调整租金的3年期租赁合同。根据该合同,第1年的租金先约定,从第2年开始,租金按前1年的一般物价指数调整。此例中,主合同是租赁合同,嵌入衍生工具体现为一般物价指数调整条款。以下为常见的、可体现嵌入衍生工具的合同条款:可转换公司债券中嵌入的股份转换选择权条款、与权益工具挂钩的本金或利息支付条款、与商品或其他非金融项目挂钩的本金或利息支付条款、看涨期权条款、看跌期权条款、提前还款权条款、信用违约支付条款等。

3. 衍生工具如果附属于一项金融工具但根据合同规定可以独立于该金融工具进行转让,或者具有与该金融工具不同的交易对手方,则该衍生工具不是嵌入衍生工具,应当作为一项单独存在的衍生工具处理。例如,某贷款合同可能附有一项相关的利率互换。如该互换能够单独转让,那么该互换是一项独立存在的衍生工具,而不是嵌入衍生工具,即使该互换与主合同(贷款合同)的交易对手(借款人)是同一方。同样,如果某工具是衍生工具与其他非衍生工具"合成"或"拼成"的,那么其中的衍生工具也不能视为嵌入衍生工具,而应作为单独存在的衍生工具处理。例如,某公司有一项5年期浮动利率债务工具投资和一项5年期支付浮动利率、收取固定利率的利率互换合同，两者放在一起创造了一项"合成"的 5 年期固定利率债务工具投资。在这种情况下，"合成"工具中的利率互换不应作为嵌入衍生工具处理。

（二）嵌入衍生工具与主合同的关系。

嵌入衍生工具的核算有两种模式，从混合合同中分拆或不分拆。混合合同包含的主合同属于本准则规范的资产的，企业不应从该混合合同中分拆嵌入衍生工具，而应当将该混合合同作为一个整体适用本准则关于金融资产分类的相关规定。如果主合同并非本准则范围的资产，企业对嵌入衍生工具进行会计处理时，应当合理地判断其与主合同的关系，根据其经济特征和风险是否与主合同的经济特征和风险紧密相关，并结合其他条件决定是否分拆。

企业判断嵌入衍生工具的经济特征和风险是否与主合同的经济特征和风险紧密相关时，应当重点关注嵌入衍生工具与主合同的风险敞口是否相似，以及嵌入衍生工具是否可能会对混合合同的现金流量产生重大改变。除本准则特殊规定外，一般情况下，如果嵌入衍生工具与主合同的风险敞口不同或者嵌入衍生工具可能对混合合同的现金流量产生重大改变，则嵌入衍生工具的经济特征和风险与主合同的经济特征和风险很可能不紧密相关。

通常情况下，企业应当首先明确主合同的经济特征和风险。如果主合同没有明确的或事先确定的到期日，且代表了在某一企业净资产中的剩余利益，那么该主合同的经济特征和风险即为权益工具的经济特征和风险，而且嵌入衍生工具需要拥有和同一企业相关的权益特征才能视为与主合同紧密相关；如果主合同不是一项权益工具但符合金融工具的定义，那么该主合同的经济特征和风险即为债务工具的经济特征和风险。

其次，嵌入的非期权衍生工具（如嵌入的远期合同或互换合同），应基于标明或暗含的实质性条款将其从主合同中分拆，其在初始确认时的公允价值为零。以期权为基础的嵌入衍生工具（如嵌入的看跌期权、看涨期权、利率上限、利率下限或互换期权），应基于标明的期权特征的条款将其从主合同中分拆，主合同的初始账面金额即为分拆出嵌入衍生工具后的剩余金额。

再者，一项混合合同中的多项嵌入衍生工具通常应视同为一项工具处理。但是，归类为权益的嵌入衍生工具应与归类为资产或负债的嵌入衍生工具分开核算。此外，如果某混合合同嵌入了多项衍生工具而这些衍生工具又与不同的风险敞口相关，且这些嵌入衍生工具易于分离并相互独立，则这些嵌入衍生工具应分别进行核算。

1. 下列情况下，嵌入衍生工具的经济特征和风险不与主合同紧密相关。

（1）主债务工具中嵌入看跌期权，使得持有人有权要求发行人以一定金额的现金或其他资产回购这项工具，其中现金或其他资产的金额随着某一权益工具或商品价格或指数的变动而变动，该看跌期权不与主债务工具紧密相关。

（2）债务工具剩余期限展期的选择权或自动展期条款不与主债务工具紧密相关，除非在展期的同时将利率调整至与当前市场利率大致相当的水平。企业发行了一项债务工具，且该债务工具的持有人向第三方签出针对该债务工具的看涨期权时，如果该期权行使后发行人可能被要求参与或协助债务工具的重新流通，则发行人应将此看涨期权视为债务工具的展期。

（3）嵌入在主债务工具或保险合同中且与权益挂钩的利息或本金支付额（即利息或本金

金额与权益工具价值挂钩），不与主合同工具紧密相关，因为内含在主合同工具的风险与嵌入衍生工具中的风险不同。

（4）嵌入在主债务工具或保险合同中且与商品价格挂钩的利息或本金支付额（即利息或本金金额与商品价格挂钩），不与主合同工具紧密相关，因为内含在主合同工具的风险与嵌入衍生工具中的风险不同。

（5）嵌入在主债务工具或保险合同中的看涨期权、看跌期权或提前偿付选择权不与主合同工具紧密相关，除非在每一行权日，该期权的行权价大致等于主债务工具的摊余成本或主保险合同的账面价值，或者提前偿付选择权的行权价格包含了对债权人的补偿，且该补偿不应超过相当于主合同剩余存续期内的利息损失的现值。利息损失按提前偿付的本金乘以利率差计算。这里的利率差是指，如果债权人将提前偿付的本金再投资于与主合同相类似剩余期限和条件的工具，该工具的实际利率低于主合同实际利率的差。企业应当在按照金融工具列报准则分拆可转换债务工具的权益要素前，评估看涨期权或看跌期权是否与主债务工具紧密相关。

（6）嵌入在主债务工具中，允许一方（受益人）将特定标的资产的信用风险（受益人可能不实际拥有该项资产）转移给另一方（保证人）的信用衍生工具，不与主债务工具紧密相关。这种信用衍生工具让保证人在不直接拥有标的资产的情况下承担标的资产的相关信用风险。

2. 下列情况下，嵌入衍生工具的经济特征和风险与主合同的经济特征和风险紧密相关。

（1）以利率或利率指数为标的，且能改变带息主债务合同或保险合同须支付或收取的利息额的嵌入衍生工具，与主合同紧密相关，除非混合合同的结算可能造成持有人不能收回几乎所有已确认投资，或者嵌入衍生工具可能使持有人在主合同上的初始报酬率至少加倍，并能够使回报率至少达到与主合同条款相同的合同的市场报酬率的两倍。

（2）嵌入利率下限或利率上限的债务合同或保险合同发行时，若该利率上限等于或高于市场利率，而利率下限等于或低于市场利率，并且该利率上限或下限与主合同之间不存在杠杆关系，那么该利率上限或下限与主合同紧密相关。同样，一项购买或出售某一资产（如某商品）的合同，如果设定了为该资产将支付或收取的价格上限和下限的条款，并且在开始时该价格上限和下限均为价外且与主合同之间没有杠杆关系，则该条款与主合同紧密相关。

（3）嵌入主债务工具（如双重货币债券）中的外币衍生工具使发行人以外币支付本金或利息，该嵌入外币衍生工具与主债务工具紧密相关。

（4）嵌入在属于保险合同或非金融工具合同的主合同中的外币衍生工具（如购买或出售非金融项目的合同以外币标价），如果与主合同没有杠杆关系且不具有期权特征，并且规定以下述任何一种货币支付，则该外币衍生工具与主合同紧密相关：①合同任一主要方的记账本位币；②国际商业交往中通常用以对所获得或交付的相关商品或劳务进行标价的货币（如对原油交易进行标价的美元）；③在交易所处的经济环境中，买卖非金融项目的合同通常使用的货币（如在当地的商业交易或对外贸易中使用的相对稳定以及流动性较好的货币）。

（5）如果利息剥离或本金剥离最初是通过分离收取金融工具合约现金流量的权利形成的，而该金融工具本身不包括嵌入衍生工具，且不包含任何未在原主债务合同中列示的条款，则嵌入在利息剥离或本金剥离中的提前偿付选择权与主合同紧密相关。

（6）主租赁合同的嵌入衍生工具，如果是下述三者之一，则该嵌入衍生工具与主合同紧密相关：①与通货膨胀有关的指数（如消费品物价指数）挂钩的租赁付款额指数（假设该租赁不是杠杆租赁，且该指数与企业自身经济环境中的通货膨胀有关）；②基于相关销售额的或有租金；③基于变动利率的或有租金。

（7）嵌入在主金融工具或主保险合同中的投资联结特征（属于嵌入衍生工具），如果其以单位计价的付款额是以反映基金资产公允价值的当前单位价值计量的，则该投资连结特征与主金融工具或主保险合同紧密相关。投资连结特征是一项要求付款额以内部或外部的投资基金单位计价的合同条款。

（8）嵌入在主保险合同中的衍生工具，如果与主保险合同互相依赖，使得企业无法单独计量该嵌入衍生工具，则该嵌入衍生工具与主保险合同紧密相关。

实务中企业可能持有或发行可回售工具（属于混合合同）。该金融工具的特征在于，持有人拥有将该金融工具回售给发行人以换取一定金额现金或其他金融资产的权利，其中，相关现金或其他金融资产的金额随着可能发生增减变动的权益指数或商品指数的变动而变动。除非发行人在初始确认时将该可回售工具指定为以公允价值计量且其变动计入当期损益的金融负债，否则，发行人应按本准则的要求分拆嵌入衍生工具（即与权益工具或商品指数挂钩的本金支付），因为该嵌入衍生工具与主合同（债务工具）不紧密相关。但是，对于可随时回售以换取与企业净资产价值一定比例份额等值的现金的可回售工具（比如，开放式共同基金份额或某些投资联结产品），分拆嵌入衍生工具并对其各组成部分进行核算的结果是，发行人在报告期末以应付的赎回金额来计量混合合同，因此可以不分拆。

（三）嵌入衍生工具的会计处理。

1. 嵌入衍生工具的分拆。

混合合同包含的主合同不属于本准则规范的资产，且同时符合下列条件的，企业应当从混合合同中分拆嵌入衍生工具，将其作为单独存在的衍生工具处理。

（1）嵌入衍生工具的经济特征和风险与主合同的经济特征和风险不紧密相关。

（2）与嵌入衍生工具具有相同条款的单独工具符合衍生工具的定义。

（3）该混合合同不是以公允价值计量且其变动计入当期损益进行会计处理（即嵌在以公允价值计量且其变动计入当期损益的金融负债中的衍生工具不予分拆）。

【例21-15】嵌入衍生工具的分拆

甲公司发行了一项可回售可转换优先股。该优先股条款约定，若甲公司5年内未能成功上市，则投资者有权在第5年年末将该优先股按照约定的收益率回售给甲公司。此外，投资者可以随时将该优先股转换成甲公司的普通股，初始转股价格固定，但当甲公司后续发行新股的价格低于初始转股价格时，投资者有权要求将初始转股价格下调，且下调后不再转回。此例中，股份转换权属于嵌入衍生工具，与主债务合同不紧密相关。如果混合合同整体没有指定为以公允价值计量且其变动计入当期损益的金融负债，则应将该股份转换权分拆为单独的衍生工具核算。

当企业在成为混合合同的一方时，即应评价嵌入衍生工具是否应分拆出来作为单独的衍生工具处理。随后，除非混合合同条款的变化将对原混合合同现金流量产生重大影响，否则企业不应对是否分拆重新进行评估。混合合同条款的变化导致原混合合同现金流量发生重大改变的，应重新评估嵌入衍生工具是否应分拆。企业在确定现金流量调整是否重大时，应当分析判断与嵌入衍生工具、主合同或两者相关的预计未来现金流量发生改变的程度，以及相对于合同以前预计现金流量是否有重大的改变。但是，在同一控制和非同一控制下的企业合并以及合营企业成立中，企业在并购日或成立日可能需要重新评估购入的合同中嵌入衍生工具是否需要分拆。

嵌入衍生工具从混合合同中分拆的，企业应当按照适用的会计准则规定，对混合合同的主合同进行会计处理。根据本准则规定，单独存在的衍生工具，通常应采用公允价值进行初始计量和后续计量。

2. 将混合合同指定为以公允价值计量且其变动计入当期损益。

当企业成为混合合同的一方，而主合同不属于本准则规范的资产且包含一项或多项嵌入衍生工具时，本准则要求企业识别所有此类嵌入衍生工具、评估其是否需要与主合同分拆、并且对于需与主合同分拆的嵌入衍生工具，应以公允价值进行初始确认和后续计量。与整项金融工具均以公允价值计量且其变动计入当期损益相比，上述要求可能更为复杂或导致可靠性更差。为此，本准则允许企业将整项混合合同指定为以公允价值计量且其变动计入当期损益。但下列情况除外。

（1）嵌入衍生工具不会对混合合同的现金流量产生重大改变。

（2）在初次确定类似的混合合同是否需要分拆时，几乎不需分析就能明确其包含的嵌入衍生工具不应分拆。如嵌入贷款的提前还款权，允许持有人以接近摊余成本的金额提前偿还贷款，该提前还款权不需要分拆。

此外，企业无法根据嵌入衍生工具的条款和条件对嵌入衍生工具的公允价值进行可靠计量的，该嵌入衍生工具的公允价值应当根据混合合同公允价值和主合同公允价值之间的差额确定。使用了上述方法后，该嵌入衍生工具在取得日或后续资产负债表日的公允价值仍然无法单独计量的，企业应当将该混合合同整体指定为以公允价值计量且其变动计入当期损益的金融工具。

21.2.9 关于金融工具的重分类

（一）金融工具重分类的原则。

企业改变其管理金融资产的业务模式时，应当按照本准则的规定对所有受影响的相关金融资产进行重分类。企业对所有金融负债均不得进行重分类。

企业对金融资产进行重分类，应当自重分类日起采用未来适用法进行相关会计处理，不得对以前已经确认的利得、损失（包括减值损失或利得）或利息进行追溯调整。重分类日，是指导致企业对金融资产进行重分类的业务模式发生变更后的首个报告期间的第一天。例如，甲上市公司决定于2×17年3月22日改变其管理某金融资产的业务模式，则重分类日为2×17年4月1日（即下一个季度会计期间的期初）；乙上市公司决定于2×17年10

月 15 日改变其管理某金融资产的业务模式,则重分类日为 2×18 年 1 月 1 日。

企业管理金融资产业务模式的变更是一种极其少见的情形。该变更源自外部或内部的变化,必须由企业的高级管理层进行决策,且其必须对企业的经营非常重要,并能够向外部各方证实。因此,只有当企业开始或终止某项对其经营影响重大的活动时(如当企业收购、处置或终止某一业务线时),其管理金融资产的业务模式才会发生变更。例如,某银行决定终止其零售抵押贷款业务,该业务线不再接受新业务,并且该银行正在积极寻求出售其抵押贷款组合,则该银行管理其零售抵押贷款的业务模式发生了变更。需要注意的是,企业业务模式的变更必须在重分类日之前生效。例如,银行决定于 2×17 年 10 月 15 日终止其零售抵押贷款业务,并在 2×18 年 1 月 1 日对所有受影响的金融资产进行重分类。在 2×17 年 10 月 15 日之后,其不应开展新的零售抵押贷款业务,或另外从事与之前零售抵押贷款业务模式相同的活动。

【例 21-16】持有金融资产的业务模式变更

甲公司持有拟在短期内出售的某商业贷款组合。甲公司近期收购了一家资产管理公司(乙公司),乙公司持有贷款的业务模式是以收取合同现金流量为目标。甲公司决定,对该商业贷款组合的持有不再以出售为目标,而是将该组合与资产管理公司持有的其他贷款一起管理,以收取合同现金流量为目标,则甲公司管理该商业贷款组合的业务模式发生了变更。

以下情形不属于业务模式变更。

1. 企业持有特定金融资产的意图改变。企业即使在市场状况发生重大变化的情况下改变对特定资产的持有意图,也不属于业务模式变更。

2. 金融资产特定市场暂时性消失从而暂时影响金融资产出售。

3. 金融资产在企业具有不同业务模式的各部门之间转移。

需要注意的是,如果企业管理金融资产的业务模式没有发生变更,而金融资产的条款发生变更但未导致终止确认的,不允许重分类。如果金融资产条款发生变更导致金融资产终止确认的,不涉及重分类问题,企业应当终止确认原金融资产,同时按照变更后的条款确认一项新金融资产。

(二)金融资产重分类的计量。

1. 以摊余成本计量的金融资产的重分类。

(1)企业将一项以摊余成本计量的金融资产重分类为以公允价值计量且其变动计入当期损益的金融资产的,应当按照该资产在重分类日的公允价值进行计量。原账面价值与公允价值之间的差额计入当期损益。

(2)企业将一项以摊余成本计量的金融资产重分类为以公允价值计量且其变动计入其他综合收益的金融资产的,应当按照该金融资产在重分类日的公允价值进行计量。原账面价值与公允价值之间的差额计入其他综合收益。该金融资产重分类不影响其实际利率和预期信用损失的计量。

【例 21-17】以摊余成本计量的金融资产重分类为以公允价值计量且其变动计入当期损益的金融资产

2×16 年 10 月 15 日，甲银行以公允价值 500 000 元购入一项债券投资，并按规定将其分类为以摊余成本计量的金融资产，该债券的账面余额为 500 000 元。2×17 年 10 月 15 日，甲银行变更了其管理债券投资组合的业务模式，其变更符合重分类的要求，因此，甲银行于 2×18 年 1 月 1 日将该债券从以摊余成本计量重分类为以公允价值计量且其变动计入当期损益的金融资产。2×18 年 1 月 1 日，该债券的公允价值为 490 000 元，已确认的减值准备为 6 000 元。假设不考虑该债券的利息收入。

甲银行的会计处理如下。

借：交易性金融资产　　　　　　　　　　　　　490 000
　　债权投资减值准备　　　　　　　　　　　　　6 000
　　公允价值变动损益　　　　　　　　　　　　　4 000
　　贷：债权投资　　　　　　　　　　　　　　　　　500 000

2. 以公允价值计量且其变动计入其他综合收益的金融资产的重分类。

（1）企业将一项以公允价值计量且其变动计入其他综合收益的金融资产重分类为以摊余成本计量的金融资产的，应当将之前计入其他综合收益的累计利得或损失转出，调整该金融资产在重分类日的公允价值，并以调整后的金额作为新的账面价值，即视同该金融资产一直以摊余成本计量。该金融资产重分类不影响其实际利率和预期信用损失的计量。

（2）企业将一项以公允价值计量且其变动计入其他综合收益的金融资产重分类为以公允价值计量且其变动计入当期损益的金融资产的，应当继续以公允价值计量该金融资产。同时，企业应当将之前计入其他综合收益的累计利得或损失从其他综合收益转入当期损益。

【例 21-18】以公允价值计量且其变动计入其他综合收益的金融资产重分类为以摊余成本计量的金融资产

2×16 年 9 月 15 日，甲银行以公允价值 500 000 元购入一项债券投资，并按规定将其分类为以公允价值计量且其变动计入其他综合收益的金融资产，该债券的账面余额为 500 000 元。2×17 年 10 月 15 日，甲银行变更了其管理债券投资组合的业务模式，其变更符合重分类的要求，因此，甲银行于 2×18 年 1 月 1 日将该债券从以公允价值计量且其变动计入其他综合收益的金融资产重分类为以摊余成本计量的金融资产。2×18 年 1 月 1 日，该债券的公允价值为 490 000 元，已确认的减值准备为 6 000 元。假设不考虑利息收入。

甲银行的会计处理如下。

借：债权投资　　　　　　　　　　　　　　　　500 000
　　其他债权投资——公允价值变动　　　　　　　10 000
　　其他综合收益——信用减值准备　　　　　　　6 000
　　贷：其他债权投资——成本　　　　　　　　　　　500 000
　　　　其他综合收益——其他债权投资公允价值变动　10 000
　　　　债权投资减值准备　　　　　　　　　　　　　6 000

3. 以公允价值计量且其变动计入当期损益的金融资产的重分类。

（1）企业将一项以公允价值计量且其变动计入当期损益的金融资产重分类为以摊余成本计量的金融资产的，应当以其在重分类日的公允价值作为新的账面余额。

（2）企业将一项以公允价值计量且其变动计入当期损益的金融资产重分类为以公允价值计量且其变动计入其他综合收益的金融资产的，应当继续以公允价值计量该金融资产。

对以公允价值计量且其变动计入当期损益的金融资产进行重分类的，企业应当根据该金融资产在重分类日的公允价值确定其实际利率。同时，企业应当自重分类日起对该金融资产适用本准则关于金融资产减值的相关规定，并将重分类日视为初始确认日。

21.2.10 关于金融工具的计量

（一）金融资产和金融负债的初始计量。

企业初始确认金融资产或金融负债，应当按照公允价值计量。对于以公允价值计量且其变动计入当期损益的金融资产和金融负债，相关交易费用应当直接计入当期损益；对于其他类别的金融资产或金融负债，相关交易费用应当计入初始确认金额。但是，企业初始确认的应收账款未包含《企业会计准则第 14 号——收入》所定义的重大融资成分或根据《企业会计准则第 14 号——收入》规定不考虑不超过一年的合同中的融资成分的，应当按照该准则定义的交易价格进行初始计量。

交易费用，是指可直接归属于购买、发行或处置金融工具的增量费用。增量费用是指企业没有发生购买、发行或处置相关金融工具的情形就不会发生的费用，包括支付给代理机构、咨询公司、券商、证券交易所、政府有关部门等的手续费、佣金、相关税费以及其他必要支出，不包括债券溢价、折价、融资费用、内部管理成本和持有成本等与交易不直接相关的费用。

金融工具初始确认时的公允价值通常指交易价格（即所收到或支付对价的公允价值），但是，如果收到或支付的对价的一部分并非针对该金融工具，该金融工具的公允价值应根据估值技术进行估计。例如，一项不带息的长期贷款或应收款项公允价值的估计数是以信用等级相当的类似金融工具（计价的币种、条款、利率类型和其他因素相类似）的当前市场利率，对所有未来现金收款额折现所得出的现值。任何额外支付的金额应作为一项费用或收益的抵减项处理，除非其符合确认为其他类型资产的条件。此外，还应注意，如果企业按低于市场利率发放一项贷款（例如，类似贷款市场利率为 8% 时，该贷款的利率为 5%），并且直接收到一项费用作为补偿，该企业应以公允价值确认这项贷款，即以发放的本金减去收到的费用作为初始确认金额。之后，企业应采用实际利率法将相关折价计入损益。

企业应当根据《企业会计准则第 39 号——公允价值计量》的规定，确定金融资产和金融负债在初始确认时的公允价值。公允价值通常为相关金融资产或金融负债的交易价格。金融资产或金融负债公允价值与交易价格存在差异的，企业应当区别下列情况进行处理。

1. 在初始确认时，金融资产或金融负债的公允价值依据相同资产或负债在活跃市场上的报价或者以仅使用可观察市场数据的估值技术确定的，企业应当将该公允价值与交易价格之间的差额确认为一项利得或损失。

2. 在初始确认时，金融资产或金融负债的公允价值以其他方式确定的，企业应当将该公允价值与交易价格之间的差额递延。初始确认后，企业应当根据某一因素在相应会计期间的变动程度将该递延差额确认为相应会计期间的利得或损失。该因素应当仅限于市场参与者对该金融工具定价时将予考虑的因素，包括时间等。

企业取得金融资产所支付的价款中包含的已宣告但尚未发放的利息或现金股利，应当单独确认为应收项目处理。

（二）金融资产的后续计量。

1. 金融资产后续计量原则。

金融资产的后续计量与金融资产的分类密切相关。企业应当对不同类别的金融资产，分别以摊余成本、以公允价值计量且其变动计入其他综合收益或以公允价值计量且其变动计入当期损益进行后续计量。

需要注意的是，企业在对金融资产进行后续计量时，如果一项金融工具以前被确认为一项金融资产并以公允价值计量，而现在它的公允价值低于零，企业应将其确认为一项负债。但对于主合同为资产的混合合同，即使整体公允价值可能低于零，企业应当始终将混合合同整体作为一项金融资产进行分类和计量。

2. 以摊余成本计量的金融资产的会计处理。

（1）实际利率。

实际利率，是指将金融资产或金融负债在预计存续期的估计未来现金流量折现为该金融资产账面余额（不考虑减值）或该金融负债摊余成本所使用的利率。在确定实际利率时，应当在考虑金融资产或金融负债所有合同条款（如提前还款、展期、看涨期权或其他类似期权等）的基础上估计预期现金流量，但不应当考虑预期信用损失。

经信用调整的实际利率，是指将购入或源生的已发生信用减值的金融资产在预计存续期的估计未来现金流量，折现为该金融资产摊余成本的利率。在确定经信用调整的实际利率时，应当在考虑金融资产的所有合同条款（如提前还款、展期、看涨期权或其他类似期权等）以及初始预期信用损失的基础上估计预期现金流量。

企业通常能够可靠估计金融工具（或一组类似金融工具）的现金流量和预计存续期。在极少数情况下，金融工具（或一组金融工具）的估计未来现金流量或预计存续期无法可靠估计的，企业在计算确定其实际利率（或经信用调整的实际利率）时，应当基于该金融工具在整个合同期内的合同现金流量。

合同各方之间支付或收取的、属于实际利率或经信用调整的实际利率组成部分的各项费用及溢价或折价等，应当在确定实际利率或经信用调整的实际利率时予以考虑。

（2）构成实际利率组成部分的各项费用。

构成金融工具实际利率组成部分的各项费用包括：①企业形成或取得某项金融资产而收取的必不可少的费用。例如评估借款人财务状况，评估并记录各类担保、担保物和其他担保安排，议定金融工具的合同条款，编制和处理相关文件，达成交易等相关活动而收取的补偿。②企业收取的发放贷款的承诺费用。若贷款承诺不以公允价值计量，且企业很可能签订相关借款协议，此费用可视为企业持续涉入取得金融工具的过程而获得的补偿。如果该贷款承诺到期前未发放相关贷款,企业应当在到期日将承诺费用确认为收入。③企业发行以摊余成本计量的金融负债而支付的必不可少的费用。企业应当区分构成相关金融负债实际利率组成部分的必不可少的费用和涉及提供服务（如投资管理服务）的交易费用。

不构成金融工具实际利率组成部分的各项费用包括：①企业为贷款提供服务而收取的费用。②企业收取的发放贷款承诺的费用。前提是贷款承诺不以公允价值计量，且企业签订相关借款协议的可能性较小。③企业因组织银团贷款而收取的费用，且企业自身不保留该贷款的任何一部分（或者虽然保留该贷款的一部分但采用与其他贷款参与者针对类似风险使用的实际利率相同的实际利率）。企业对于不构成金融工具实际利率组成部分的各项费用，应当按照《企业会计准则第14号——收入》进行会计处理。

企业通常应当在金融工具的预计存续期内，对实际利率计算中包括的各项费用、支付或收取的贴息、交易费用及溢价或折价进行摊销。但如果上述各项涉及更短的期间，企业应当在这一更短期间内进行摊销。在某些情况下，如果与上述各项相关的变量在该金融工具预计到期日前按市场利率重新定价，那么摊销期间应为截至下一个重新定价日的期间。例如，如果某浮动利率金融工具的折溢价反映了该金融工具自上一个付息日起应计的利息，或自浮动利率重设为市场利率起所发生的变化，那么该折溢价应当在截至下一个利率重设日的期间内进行摊销。因为在利率重设日，该折溢价所涉及的变量（即利率）将按市场利率重定价，因此该折溢价与截至下一个利率重设日的期间相关。但是，如果该折溢价源自对该金融工具浮动利率中信用利差的变化，或无需重设为市场利率的其他变量，该折溢价应当在该金融工具的预计存续期内摊销。

（3）摊余成本。

金融资产或金融负债的摊余成本，应当以该金融资产或金融负债的初始确认金额经下列调整确定。

①扣除已偿还的本金。

②加上或减去采用实际利率法将该初始确认金额与到期日金额之间的差额进行摊销形成的累计摊销额。

③扣除计提的累计信用减值准备（仅适用于金融资产）。

实际利率法，是指计算金融资产或金融负债的摊余成本以及将利息收入或利息费用分摊计入各会计期间的方法。

对于浮动利率金融资产或浮动利率金融负债，以反映市场利率波动而对现金流量的定期重估将改变实际利率。如果浮动利率金融资产或浮动利率金融负债的初始确认金额等于到期日应收或应付本金的金额，则未来利息付款额的重估通常不会对该资产或负债的账面价值产生重大影响。

企业与交易对手方修改或重新议定合同，未导致金融资产终止确认，但导致合同现金流量发生变化的，或者企业修正了对合同现金流量的估计的，应当重新计算该金融资产的账面余额，并将相关利得或损失计入当期损益。重新计算的该金融资产的账面余额，应当根据将重新议定或修改的合同现金流量按金融资产的原实际利率（或者购买或源生的已发生信用减值的金融资产应按经信用调整的实际利率）折现的现值确定。对于修改或重新议定合同所产生的所有成本或费用,企业应当调整修改后的金融资产账面价值,并在修改后金融资产的剩余期限内摊销。

以摊余成本计量且不属于任何套期关系的金融资产所产生的利得或损失,应当在终止确认、按照本准则规定重分类、按照实际利率法摊销或按照本准则规定确认减值时,计入当期损益。

【例21-19】以摊余成本计量的金融资产的会计处理

2×13年1月1日,甲公司支付价款1 000万元(含交易费用)从上海证券交易所购入乙公司同日发行的5年期公司债券12 500份,债券票面价值总额为1 250万元,票面年利率为4.72%,于年末支付本年度债券利息(即每年利息为59万元),本金在债券到期时一次性偿还。合同约定,该债券的发行方在遇到特定情况时可以将债券赎回,且不需要为提前赎回支付额外款项。甲公司在购买该债券时,预计发行方不会提前赎回。甲公司根据其管理该债券的业务模式和该债券的合同现金流量特征,将该债券分类为以摊余成本计量的金融资产。

假定不考虑所得税、减值损失等因素,计算该债券的实际利率 r:

$59 \times (1+r)^{-1} + 59 \times (1+r)^{-2} + 59 \times (1+r)^{-3} + 59 \times (1+r)^{-4} + (59+1\,250) \times (1+r)^{-5} = 1\,000$(万元)

采用插值法,计算得出 $r=10\%$。

情形1:

根据表21-1中的数据,甲公司的有关账务处理如下:

表21-1 甲公司金融资产摊余成本计算　　　　　　　　单位:万元

年度	期初摊余成本 (A)	实际利息收入 ($B = A \times 10\%$)	现金流入 (C)	期末摊余成本 ($D = A + B - C$)
2×13年	1 000	100	59	1 041
2×14年	1 041	104	59	1 086
2×15年	1 086	109	59	1 136
2×16年	1 136	114	59	1 191
2×17年	1 191	118*	1 309	0

注:*尾数调整1 250+59-1 191=118(万元)。

(1) 2×13年1月1日,购入乙公司债券。

借:债权投资——成本　　　　　　　　　　　　　　12 500 000
　　贷:银行存款　　　　　　　　　　　　　　　　10 000 000
　　　　债权投资——利息调整　　　　　　　　　　2 500 000

(2) 2×13年12月31日,确认乙公司债券实际利息收入、收到债券利息。

借:应收利息　　　　　　　　　　　　　　　　　　590 000
　　债权投资——利息调整　　　　　　　　　　　　410 000
　　贷:投资收益　　　　　　　　　　　　　　　　1 000 000
借:银行存款　　　　　　　　　　　　　　　　　　590 000
　　贷:应收利息　　　　　　　　　　　　　　　　590 000

(3) 2×14年12月31日，确认乙公司债券实际利息收入、收到债券利息。

借：应收利息　　　　　　　　　　　　　　　590 000
　　债权投资——利息调整　　　　　　　　　450 000
　　　贷：投资收益　　　　　　　　　　　　　　　　1 040 000
借：银行存款　　　　　　　　　　　　　　　590 000
　　贷：应收利息　　　　　　　　　　　　　　　　　590 000

(4) 2×15年12月31日，确认乙公司债券实际利息收入、收到债券利息。

借：应收利息　　　　　　　　　　　　　　　590 000
　　债权投资——利息调整　　　　　　　　　500 000
　　　贷：投资收益　　　　　　　　　　　　　　　　1 090 000
借：银行存款　　　　　　　　　　　　　　　590 000
　　贷：应收利息　　　　　　　　　　　　　　　　　590 000

(5) 2×16年12月31日，确认乙公司债券实际利息收入、收到债券利息。

借：应收利息　　　　　　　　　　　　　　　590 000
　　债权投资——利息调整　　　　　　　　　550 000
　　　贷：投资收益　　　　　　　　　　　　　　　　1 140 000
借：银行存款　　　　　　　　　　　　　　　590 000
　　贷：应收利息　　　　　　　　　　　　　　　　　590 000

(6) 2×17年12月31日，确认乙公司债券实际利息收入、收到债券利息和本金。

借：应收利息　　　　　　　　　　　　　　　590 000
　　债权投资——利息调整　　　　　　　　　590 000
　　　贷：投资收益　　　　　　　　　　　　　　　　1 180 000
借：银行存款　　　　　　　　　　　　　　　590 000
　　贷：应收利息　　　　　　　　　　　　　　　　　590 000
借：银行存款　　　　　　　　　　　　　　 12 500 000
　　贷：债权投资——成本　　　　　　　　　　　 12 500 000

情形2：

假定在2×15年1月1日，甲公司预计本金的一半（即625万元）将会在该年年末收回，而其余的一半本金将于2×17年年末付清。则甲公司应当调整2×15年年初的摊余成本，计入当期损益；调整时采用最初确定的实际利率。据此，调整表21-1中相关数据后如表21-2所示。

表21-2　分期收回本金下甲公司金融资产摊余成本计算

年度	期初摊余成本 （A）	实际利息收入 （B=A×10%）	现金流入 （C）	期末摊余成本 （D=A+B-C）
2×13年	1 000	100	59	1 041
2×14年	1 041	104	59	1 086

续表

年度	期初摊余成本 （A）	实际利息收入 （B=A×10%）	现金流入 （C）	期末摊余成本 （D=A+B-C）
2×15年	1 139*	114	684	569
2×16年	569	57	30**	596
2×17年	596	59***	655	0

注：*(625+59)×(1+10%)$^{-1}$+30×(1+10%)$^{-2}$+(625+30)×(1+10%)$^{-3}$=1 139（万元）（四舍五入）。

**625×4.72%=30（万元）（四舍五入）。

***625+30-596=59（万元）（尾数调整）。

根据上述调整，甲公司的账务处理如下：

(1) 2×15年1月1日，调整期初账面余额。

借：债权投资——利息调整　　　　　　　　　　　　　530 000
　　贷：投资收益　　　　　　　　　　　　　　　　　　　　530 000

(2) 2×15年12月31日，确认实际利息、收回本金等。

借：应收利息　　　　　　　　　　　　　　　　　　　590 000
　　债权投资——利息调整　　　　　　　　　　　　　550 000
　　贷：投资收益　　　　　　　　　　　　　　　　　　　1 140 000

借：银行存款　　　　　　　　　　　　　　　　　　　590 000
　　贷：应收利息　　　　　　　　　　　　　　　　　　　　590 000

借：银行存款　　　　　　　　　　　　　　　　　　　6 250 000
　　贷：债权投资——成本　　　　　　　　　　　　　　　　6 250 000

(3) 2×16年12月31日，确认实际利息等。

借：应收利息　　　　　　　　　　　　　　　　　　　300 000
　　债权投资——利息调整　　　　　　　　　　　　　270 000
　　贷：投资收益　　　　　　　　　　　　　　　　　　　　570 000

借：银行存款　　　　　　　　　　　　　　　　　　　300 000
　　贷：应收利息　　　　　　　　　　　　　　　　　　　　300 000

(4) 2×17年12月31日，确认实际利息、收回本金等。

借：应收利息　　　　　　　　　　　　　　　　　　　300 000
　　债权投资——利息调整　　　　　　　　　　　　　290 000
　　贷：投资收益　　　　　　　　　　　　　　　　　　　　590 000

借：银行存款　　　　　　　　　　　　　　　　　　　300 000
　　贷：应收利息　　　　　　　　　　　　　　　　　　　　300 000

借：银行存款　　　　　　　　　　　　　　　　　　　6 250 000
　　贷：债权投资——成本　　　　　　　　　　　　　　　　6 250 000

情形3：

假定甲公司购买的乙公司债券不是分次付息,而是到期一次还本付息,且利息不以复利计算。此时,甲公司所购买乙公司债券的实际利率 r 计算如下:

$(59+59+59+59+59+1\,250)\times(1+r)^{-5}=1\,000$(万元)

由此计算得出 $r\approx 9.05\%$。

据此,调整表21-1中相关数据后如表21-3所示。

表21-3　到期一次还本付息下甲公司金融资产摊余成本计算　　　　单位:万元

日期	期初摊余成本 (A)	实际利息收入 (B=A×9.05%)	现金流入 (C)	期末摊余成本 (D=A+B-C)
2×13年12月31日	1 000	90.5	0	1 090.50
2×14年12月31日	1 090.50	98.69	0	1 189.19
2×15年12月31日	1 189.19	107.62	0	1 296.81
2×16年12月31日	1 296.81	117.36	0	1 414.17
2×17年12月31日	1 414.17	130.83*	1 545	0

注:*尾数调整 1 250 +295 -1 414.17 =130.83(万元)。

根据表21-3中的数据,甲公司的有关账务处理如下:

(1) 2×13年1月1日,购入乙公司债券。

借:债权投资——成本　　　　　　　　　　　　　　　　　12 500 000
　　贷:银行存款　　　　　　　　　　　　　　　　　　　10 000 000
　　　　债权投资——利息调整　　　　　　　　　　　　　　2 500 000

(2) 2×13年12月31日,确认乙公司债券实际利息收入。

借:债权投资——应计利息　　　　　　　　　　　　　　　　590 000
　　　　　　——利息调整　　　　　　　　　　　　　　　　315 000
　　贷:投资收益　　　　　　　　　　　　　　　　　　　　905 000

(3) 2×14年12月31日,确认乙公司债券实际利息收入。

借:债权投资——应计利息　　　　　　　　　　　　　　　　590 000
　　　　　　——利息调整　　　　　　　　　　　　　　　　396 900
　　贷:投资收益　　　　　　　　　　　　　　　　　　　　986 900

(4) 2×15年12月31日,确认乙公司债券实际利息收入。

借:债权投资——应计利息　　　　　　　　　　　　　　　　590 000
　　　　　　——利息调整　　　　　　　　　　　　　　　　486 200
　　贷:投资收益　　　　　　　　　　　　　　　　　　　1 076 200

(5) 2×16年12月31日,确认乙公司债券实际利息收入。

借:债权投资——应计利息　　　　　　　　　　　　　　　　590 000
　　　　　　——利息调整　　　　　　　　　　　　　　　　583 600
　　贷:投资收益　　　　　　　　　　　　　　　　　　　1 173 600

(6) 2×17年12月31日,确认乙公司债券实际利息收入、收回债券本金和票面利息。

借：债权投资——应计利息	590 000	
——利息调整	718 300	
贷：投资收益		1 308 300
借：银行存款	15 450 000	
贷：债权投资——成本		12 500 000
——应计利息		2 950 000

3. 以公允价值进行后续计量的金融资产的会计处理。

（1）对于以公允价值进行后续计量的金融资产，其公允价值变动形成的利得或损失，除与套期会计有关外，应当按照下列规定处理。

①以公允价值计量且其变动计入当期损益的金融资产的利得或损失，应当计入当期损益。

②按照本准则第十八条分类为以公允价值计量且其变动计入其他综合收益的金融资产所产生的利得或损失，除减值损失或利得和汇兑损益外，均应当计入其他综合收益，直至该金融资产终止确认或被重分类。但是，采用实际利率法计算的该金融资产的利息应当计入当期损益。该类金融资产计入各期损益的金额应当与视同其一直按摊余成本计量而计入各期损益的金额相等。

该类金融资产终止确认时，之前计入其他综合收益的累计利得或损失应当从其他综合收益中转出，计入当期损益。

③对于指定为以公允价值计量且其变动计入其他综合收益的非交易性权益工具投资，除了获得的股利（属于投资成本收回部分的除外）计入当期损益外，其他相关的利得和损失（包括汇兑损益）均应计入其他综合收益，且后续不得转入当期损益。当其终止确认时，之前计入其他综合收益的累计利得或损失应当从其他综合收益中转出，计入留存收益。

（2）企业只有在同时符合下列条件时，才能确认股利收入并计入当期损益：

①企业收取股利的权利已经确立；

②与股利相关的经济利益很可能流入企业；

③股利的金额能够可靠计量。

【例21-20】以公允价值计量且其变动计入其他综合收益的金融资产的会计处理

2×13年1月1日，甲公司支付价款1 000万元（含交易费用）从上海证券交易所购入乙公司同日发行的5年期公司债券12 500份，债券票面价值总额为1 250万元，票面年利率为4.72%，于年末支付本年度债券利息（即每年利息为59万元），本金在债券到期时一次性偿还。合同约定，该债券的发行方在遇到特定情况时可以将债券赎回，且不需要为提前赎回支付额外款项。甲公司在购买该债券时，预计发行方不会提前赎回。甲公司根据其管理该债券的业务模式和该债券的合同现金流量特征，将该债券分类为以公允价值计量且其变动计入其他综合收益的金融资产。

其他资料如下。

（1）2×13年12月31日，乙公司债券的公允价值为1 200万元（不含利息）。

（2）2×14年12月31日，乙公司债券的公允价值为1 300万元（不含利息）。

(3) 2×15年12月31日，乙公司债券的公允价值为1 250万元（不含利息）。

(4) 2×16年12月31日，乙公司债券的公允价值为1 200万元（不含利息）。

(5) 2×17年1月20日，通过上海证券交易所出售了乙公司债券12 500份，取得价款1 260万元。

假定不考虑所得税、减值等因素，计算该债券的实际利率 r：

$59 \times (1+r)^{-1} + 59 \times (1+r)^{-2} + 59 \times (1+r)^{-3} + 59 \times (1+r)^{-4} + (59+1\ 250) \times (1+r)^{-5} = 1\ 000$（万元）

采用插值法，计算得出 $r = 10\%$。

根据表21-4中的有关数据，甲公司的有关账务处理如下：

表21-4 甲公司金融资产公允价值变动下相关计算　　　　　　　　单位：万元

日期	现金流入（A）	实际利息收入（B=期初D×10%）	已收回的本金（C=A-B）	摊余成本余额（D=期初D-C）	公允价值（E）	公允价值变动额（F=E-D-期初G）	公允价值变动累计金额（G=期初G+F）
2×13年1月1日				1 000	1 000	0	0
2×13年12月31日	59	100	-41	1 041	1 200	159	159
2×14年12月31日	59	104	-45	1 086	1 300	55	214
2×15年12月31日	59	109	-50	1 136	1 250	-100	114
2×16年12月31日	59	113	-54	1 190	1 200	-104	10

(1) 2×13年1月1日，购入乙公司债券。

借：其他债权投资——成本　　　　　　　　　　　　　　　　　　12 500 000
　　贷：银行存款　　　　　　　　　　　　　　　　　　　　　　10 000 000
　　　　其他债权投资——利息调整　　　　　　　　　　　　　　 2 500 000

(2) 2×13年12月31日，确认乙公司债券实际利息收入、公允价值变动，收到债券利息。

借：应收利息　　　　　　　　　　　　　　　　　　　　　　　　 590 000
　　其他债权投资——利息调整　　　　　　　　　　　　　　　　　 410 000
　　贷：投资收益　　　　　　　　　　　　　　　　　　　　　　 1 000 000
借：银行存款　　　　　　　　　　　　　　　　　　　　　　　　 590 000
　　贷：应收利息　　　　　　　　　　　　　　　　　　　　　　 590 000
借：其他债权投资——公允价值变动　　　　　　　　　　　　　　 1 590 000
　　贷：其他综合收益——其他债权投资公允价值变动　　　　　　 1 590 000

(3) 2×14年12月31日，确认乙公司债券实际利息收入、公允价值变动，收到债券利息。

  借：应收利息   590 000
    其他债权投资——利息调整   450 000
    贷：投资收益   1 040 000
  借：银行存款   590 000
    贷：应收利息   590 000
  借：其他债权投资——公允价值变动   550 000
    贷：其他综合收益——其他债权投资公允价值变动 550 000

(4) 2×15年12月31日，确认乙公司债券实际利息收入、公允价值变动，收到债券利息。

  借：应收利息   590 000
    其他债权投资——利息调整   500 000
    贷：投资收益   1 090 000
  借：银行存款   590 000
    贷：应收利息   590 000
  借：其他综合收益——其他债权投资公允价值变动 1 000 000
    贷：其他债权投资——公允价值变动   1 000 000

(5) 2×16年12月31日，确认乙公司债券实际利息收入、公允价值变动，收到债券利息。

  借：应收利息   590 000
    其他债权投资——利息调整   540 000
    贷：投资收益   1 130 000
  借：银行存款   590 000
    贷：应收利息   590 000
  借：其他综合收益——其他债权投资公允价值变动 1 040 000
    贷：其他债权投资——公允价值变动   1 040 000

(6) 2×17年1月20日，确认出售乙公司债券实现的损益。

  借：银行存款   12 600 000
    其他综合收益——其他债权投资公允价值变动   100 000
    其他债权投资——利息调整   600 000
    贷：其他债权投资——成本   12 500 000
      投资收益   800 000

【例21-21】以公允价值计量且其变动计入当期损益的金融资产的会计处理

  2×16年1月1日，甲公司从二级市场购入丙公司债券，支付价款合计1 020 000元（含已到付息期但尚未领取的利息20 000元），另发生交易费用20 000元。该债券面值为

1 000 000 元,剩余期限为 2 年,票面年利率为 4%,每半年末付息一次,其合同现金流量特征满足仅为对本金和以未偿付本金金额为基础的利息的支付。甲公司根据其管理该债券的业务模式和该债券的合同现金流量特征,将该债券分类为以公允价值计量且其变动计入当期损益的金融资产。其他资料如下。

(1) 2×16 年 1 月 5 日,收到丙公司债券 2×15 年下半年利息 20 000 元。

(2) 2×16 年 6 月 30 日,丙公司债券的公允价值为 1 150 000 元(不含利息)。

(3) 2×16 年 7 月 5 日,收到丙公司债券 2×16 年上半年利息。

(4) 2×16 年 12 月 31 日,丙公司债券的公允价值为 1 100 000 元(不含利息)。

(5) 2×17 年 1 月 5 日,收到丙公司债券 2×16 年下半年利息。

(6) 2×17 年 6 月 20 日,通过二级市场出售丙公司债券,取得价款 1 180 000 元(含 1 季度利息 10 000 元)。

假定不考虑其他因素,甲公司的账务处理如下:

(1) 2×16 年 1 月 1 日,从二级市场购入丙公司债券。

借:交易性金融资产——成本　　　　　　　　　　　　　　1 000 000
　　应收利息　　　　　　　　　　　　　　　　　　　　　　　 20 000
　　投资收益　　　　　　　　　　　　　　　　　　　　　　　 20 000
　　贷:银行存款　　　　　　　　　　　　　　　　　　　　 1 040 000

(2) 2×16 年 1 月 5 日,收到该债券 2×15 年下半年利息 20 000 元。

借:银行存款　　　　　　　　　　　　　　　　　　　　　　　20 000
　　贷:应收利息　　　　　　　　　　　　　　　　　　　　　 20 000

(3) 2×16 年 6 月 30 日,确认丙公司债券公允价值变动和投资收益。

借:交易性金融资产——公允价值变动　　　　　　　　　　 150 000
　　贷:公允价值变动损益　　　　　　　　　　　　　　　　150 000

借:应收利息　　　　　　　　　　　　　　　　　　　　　　　20 000
　　贷:投资收益　　　　　　　　　　　　　　　　　　　　　 20 000

(4) 2×16 年 7 月 5 日,收到丙公司债券 2×16 年上半年利息。

借:银行存款　　　　　　　　　　　　　　　　　　　　　　　20 000
　　贷:应收利息　　　　　　　　　　　　　　　　　　　　　 20 000

(5) 2×16 年 12 月 31 日,确认丙公司债券公允价值变动和投资收益。

借:公允价值变动损益　　　　　　　　　　　　　　　　　　 50 000
　　贷:交易性金融资产——公允价值变动　　　　　　　　　 50 000

借:应收利息　　　　　　　　　　　　　　　　　　　　　　　20 000
　　贷:投资收益　　　　　　　　　　　　　　　　　　　　　 20 000

(6) 2×17 年 1 月 5 日,收到丙公司债券 2×16 年下半年利息。

借:银行存款　　　　　　　　　　　　　　　　　　　　　　　20 000
　　贷:应收利息　　　　　　　　　　　　　　　　　　　　　 20 000

(7) 2×17 年 6 月 20 日,通过二级市场出售丙公司债券。

借：银行存款	1 180 000	
贷：交易性金融资产——成本		1 000 000
——公允价值变动		100 000
投资收益		80 000

【例21-22】以公允价值计量且其变动计入其他综合收益的非交易性权益工具投资的会计处理

2×16年5月6日,甲公司支付价款1 016万元（含交易费用1万元和已宣告发放现金股利15万元）,购入乙公司发行的股票200万股,占乙公司有表决权股份的0.5%。甲公司将其指定为以公允价值计量且其变动计入其他综合收益的非交易性权益工具投资。

(1) 2×16年5月10日,甲公司收到乙公司发放的现金股利15万元。

(2) 2×16年6月30日,该股票市价为每股5.2元。

(3) 2×16年12月31日,甲公司仍持有该股票；当日,该股票市价为每股5元。

(4) 2×17年5月9日,乙公司宣告发放股利4 000万元。

(5) 2×17年5月13日,甲公司收到乙公司发放的现金股利。

(6) 2×17年5月20日,甲公司出于某特殊原因,以每股4.9元的价格将股票全部转让。

假定不考虑其他因素,甲公司的账务处理如下：

(1) 2×16年5月6日,购入股票。

借：应收股利	150 000
其他权益工具投资——成本	10 010 000
贷：银行存款	10 160 000

(2) 2×16年5月10日,收到现金股利。

借：银行存款	150 000
贷：应收股利	150 000

(3) 2×16年6月30日,确认股票价格变动。

借：其他权益工具投资——公允价值变动	390 000
贷：其他综合收益——其他权益工具投资公允价值变动	390 000

(4) 2×16年12月31日,确认股票价格变动。

借：其他综合收益——其他权益工具投资公允价值变动	400 000
贷：其他权益工具投资——公允价值变动	400 000

(5) 2×17年5月9日,确认应收现金股利。

借：应收股利	200 000
贷：投资收益	200 000

(6) 2×17年5月13日,收到现金股利。

借：银行存款	200 000
贷：应收股利	200 000

(7) 2×17年5月20日，出售股票。

借：盈余公积——法定盈余公积　　　　　　　　　　　　　　1 000
　　利润分配——未分配利润　　　　　　　　　　　　　　　　9 000
　　贷：其他综合收益——其他权益工具投资公允价值变动　　　　　　　10 000
借：银行存款　　　　　　　　　　　　　　　　　　　　　9 800 000
　　其他权益工具投资——公允价值变动　　　　　　　　　　　10 000
　　盈余公积——法定盈余公积　　　　　　　　　　　　　　20 000
　　利润分配——未分配利润　　　　　　　　　　　　　　　180 000
　　贷：其他权益工具投资——成本　　　　　　　　　　　　　10 010 000

如果甲公司根据其管理乙公司股票的业务模式和乙公司股票的合同现金流量特征，将乙公司股票分类为以公允价值计量且其变动计入当期损益的金融资产，且2×16年12月31日乙公司股票市价为每股4.8元，其他资料不变，则甲公司应做如下账务处理：

(1) 2×16年5月6日，购入股票。

借：应收股利　　　　　　　　　　　　　　　　　　　　　150 000
　　交易性金融资产——成本　　　　　　　　　　　　　　　10 000 000
　　投资收益　　　　　　　　　　　　　　　　　　　　　10 000
　　贷：银行存款　　　　　　　　　　　　　　　　　　　10 160 000

(2) 2×16年5月10日，收到现金股利。

借：银行存款　　　　　　　　　　　　　　　　　　　　　150 000
　　贷：应收股利　　　　　　　　　　　　　　　　　　　150 000

(3) 2×16年6月30日，确认股票价格变动。

借：交易性金融资产——公允价值变动　　　　　　　　　　　400 000
　　贷：公允价值变动损益　　　　　　　　　　　　　　　400 000

(4) 2×16年12月31日，确认股票价格变动。

借：公允价值变动损益　　　　　　　　　　　　　　　　　800 000
　　贷：交易性金融资产——公允价值变动　　　　　　　　　800 000

注：公允价值变动＝200×(4.8－5.2)＝－80（万元）

(5) 2×17年5月9日，确认应收现金股利。

借：应收股利　　　　　　　　　　　　　　　　　　　　　200 000
　　贷：投资收益　　　　　　　　　　　　　　　　　　　200 000

(6) 2×17年5月13日，收到现金股利。

借：银行存款　　　　　　　　　　　　　　　　　　　　　200 000
　　贷：应收股利　　　　　　　　　　　　　　　　　　　200 000

(7) 2×17年5月20日，出售股票。

借：银行存款　　　　　　　　　　　　　　　　　　　　　9 800 000
　　交易性金融资产——公允价值变动　　　　　　　　　　　400 000
　　贷：交易性金融资产——成本　　　　　　　　　　　　　10 000 000

投资收益　　　　　　　　　　　　　　　　　　　　　　　　　　　200 000

（三）金融负债的后续计量。

1. 金融负债后续计量原则。

企业应当按照以下原则对金融负债进行后续计量。

（1）以公允价值计量且其变动计入当期损益的金融负债，应当按照公允价值进行后续计量。

（2）金融资产转移不符合终止确认条件或继续涉入被转移金融资产所形成的金融负债。对此类金融负债，企业应当按照《企业会计准则第23号——金融资产转移》相关规定进行计量。

（3）不属于指定为以公允价值计量且其变动计入当期损益的金融负债的财务担保合同或没有指定为以公允价值计量且其变动计入当期损益并将以低于市场利率贷款的贷款承诺，企业作为此类金融负债发行方的，应当在初始确认后按照依据本准则第八章所确定的损失准备金额以及初始确认金额扣除依据《企业会计准则第14号——收入》相关规定所确定的累计摊销额后的余额孰高进行计量。

（4）上述金融负债以外的金融负债，应当按摊余成本进行后续计量。

2. 金融负债后续计量的会计处理。

（1）对于以公允价值进行后续计量的金融负债，其公允价值变动形成利得或损失，除与套期会计有关外，应当计入当期损益。

【例21-23】以公允价值计量且其变动计入当期损益的金融负债后续计量

2×16年7月1日，甲公司经批准在全国银行间债券市场公开发行10亿人民币元短期融资券，期限为1年，票面年利率为5.58%，每张面值为100元，到期一次还本付息。所募集资金主要用于公司购买生产经营所需的原材料及配套件等。公司将该短期融资券指定为以公允价值计量且其变动计入当期损益的金融负债。假定不考虑发行短期融资券相关的交易费用以及企业自身信用风险变动。

2×16年12月31日，该短期融资券市场价格为每张120元（不含利息）；2×17年6月30日，该短期融资券到期兑付完成。

据此，甲公司账务处理如下（金额单位：万元）：

（1）2×16年7月1日，发行短期融资券。

借：银行存款　　　　　　　　　　　　　　　　　　　　　　　　　100 000
　　贷：交易性金融负债　　　　　　　　　　　　　　　　　　　　　　100 000

（2）2×16年12月31日，年末确认公允价值变动和利息费用。

借：公允价值变动损益　　　　　　　　　　　　　　　　　　　　　20 000
　　贷：交易性金融负债　　　　　　　　　　　　　　　　　　　　　　20 000

借：财务费用　　　　　　　　　　　　　　　　　　　　　　　　　2 790
　　贷：应付利息　　　　　　　　　　　　　　　　　　　　　　　　　2 790

（3）2×17年6月30日，短期融资券到期。

借：财务费用		2 790
贷：应付利息		2 790
借：交易性金融负债		120 000
应付利息		5 580
贷：银行存款		105 580
公允价值变动损益		20 000

(2) 以摊余成本计量且不属于任何套期关系一部分的金融负债所产生的利得或损失，应当在终止确认时计入当期损益或在按照实际利率法摊销时计入相关期间损益。

企业与交易对手方修改或重新议定合同，未导致金融负债终止确认，但导致合同现金流量发生变化的，应当重新计算该金融负债的账面价值，并将相关利得或损失计入当期损益。重新计算的该金融负债的账面价值，应当根据将重新议定或修改的合同现金流量按金融负债的原实际利率或按《企业会计准则第24号——套期会计》第二十三条规定的重新计算的实际利率（如适用）折现的现值确定。对于修改或重新议定合同所产生的所有成本或费用，企业应当调整修改后的金融负债账面价值，并在修改后金融负债的剩余期限内进行摊销。

【例21-24】以摊余成本计量且不属于任何套期关系一部分的金融负债所产生的利得或损失

甲公司发行公司债券为建造专用生产线筹集资金。有关资料如下。

(1) 2×13年12月31日，委托证券公司以7 755万元的价格发行3年期分期付息公司债券。该债券面值为8 000万元，票面年利率为4.5%，实际年利率为5.64%，每年付息一次，到期后按面值偿还。假定不考虑发行公司债券相关的交易费用。

(2) 生产线建造工程采用出包方式，于2×14年1月1日开始动工，发行债券所得款项当日全部支付给建造承包商，2×15年12月31日所建造生产线达到预定可使用状态。

(3) 假定各年度利息的实际支付日期均为下年度的1月10日；2×17年1月10日支付2×16年度利息，一并偿付面值。

(4) 所有款项均以银行存款支付。

据此，甲公司计算得出该债券在各年末的摊余成本、应付利息金额、当年应予资本化或费用化的利息金额、利息调整的本年摊销和年末余额。有关结果如表21-5所示。

表21-5　各年年末的摊余成本计算表　　　　　　　　金额单位：万元

时间		2×13年 12月31日	2×14年 12月31日	2×15年 12月31日	2×16年 12月31日
年末摊余 成本	面值	8 000	8 000	8 000	8 000
	利息调整	-245	-167.62	-85.87	0
	合计	7 755	7 832.38	7 914.13	8 000
当年应予资本化或费用化的 利息金额			437.38	441.75	445.87
年末应付利息金额			360	360	360
"利息调整"本年摊销额			77.38	81.75	85.87

相关账务处理如下：

(1) 2×13年12月31日，发行债券。

借：银行存款　　　　　　　　　　　　　　　　77 550 000
　　应付债券——利息调整　　　　　　　　　　 2 450 000
　　　贷：应付债券——面值　　　　　　　　　 80 000 000

(2) 2×14年12月31日，确认和结转利息。

借：在建工程　　　　　　　　　　　　　　　　 4 373 800
　　　贷：应付利息　　　　　　　　　　　　　　3 600 000
　　　　　应付债券——利息调整　　　　　　　 　 773 800

(3) 2×15年1月10日，支付利息。

借：应付利息　　　　　　　　　　　　　　　　 3 600 000
　　　贷：银行存款　　　　　　　　　　　　　　3 600 000

(4) 2×15年12月31日，确认和结转利息。

借：在建工程　　　　　　　　　　　　　　　　 4 417 500
　　　贷：应付利息　　　　　　　　　　　　　　3 600 000
　　　　　应付债券——利息调整　　　　　　　 　 817 500

(5) 2×16年1月10日，支付利息。

借：应付利息　　　　　　　　　　　　　　　　 3 600 000
　　　贷：银行存款　　　　　　　　　　　　　　3 600 000

(6) 2×16年12月31日，确认和结转利息。

借：财务费用　　　　　　　　　　　　　　　　 4 458 700
　　　贷：应付利息　　　　　　　　　　　　　　3 600 000
　　　　　应付债券——利息调整　　　　　　　 　 858 700

(7) 2×17年1月10日，债券到期兑付。

借：应付利息　　　　　　　　　　　　　　　　 3 600 000
　　应付债券——面值　　　　　　　　　　　　80 000 000
　　　贷：银行存款　　　　　　　　　　　　　 83 600 000

3. 指定为公允价值计量的金融负债自身信用风险变动的会计处理。

(1) 信用风险的含义。

信用风险，是指金融工具的一方不履行义务，造成另一方发生财务损失的风险。金融负债信用风险引起的公允价值变动与金融负债发行人未能履行特定金融负债义务的风险相关。这一风险未必与发行人的特定信用状况相关。例如，企业发行一项担保负债和一项无担保负债（假定这两项负债的其他条件完全相同），虽然上述两项负债是由同一个企业发行的，但其信用风险也不同。担保负债的信用风险低于无担保负债的信用风险且有可能几乎为零。

需要注意的是，信用风险不同于与特定资产相关的业绩风险。特定资产相关的业绩风险与企业未能履行特定义务的风险无关，而是与单项或一组金融资产的业绩较差或完全不履约的风险有关。例如，以下两种情况与特定资产的业绩风险有关。

①具有投资连结特征的负债，合同规定应付给投资者的金额将基于特定资产的业绩情况确定。该投资连结特征对负债公允价值的影响即为与特定资产相关的业绩风险，而非信用风险。

②具有以下特征的结构化主体所发行的负债：该结构化主体在法律上是独立的，其资产受破产隔离的保护，唯一的受益者是投资者；该主体未发生任何其他交易，且该主体的资产也无法用作抵押；仅当受破产隔离保护的资产产生现金流量时，该主体才承担向其投资者支付一定金额的义务。这种情况下，负债的公允价值变动主要反映资产的公允价值变动。此类资产的业绩情况对负债公允价值的影响即为与特定资产相关的业绩风险，而不是信用风险。

（2）信用风险变化影响的确定。

一般情况下，企业应当从金融负债的公允价值变动金额中扣除由于市场风险因素引起的市场风险变化所导致的公允价值变动金额，来确定由信用风险引起的公允价值变动金额。市场风险因素包括基准利率变动、其他企业（或结构化主体）的金融工具价格变动、商品价格变动、外汇汇率变动，以及价格指数或利率指数变动等。如果企业认为有其他方法能够更公允地计量由信用风险引起的公允价值变动金额，可使用其他方法。

如果计量上述市场风险的唯一变量是可观察基准利率，对于信用风险变动引起的金融负债的公允价值变动金额，企业可以按下列步骤估计。

首先，运用该金融负债的期初公允价值和期初合同现金流量计算出内含报酬率。从该内含报酬率中减去期初可观察基准利率，得到与该金融负债特定相关的部分。

其次，计算出该金融负债期末合同现金流量的现值。使用的折现率为以下两者之和：①期末可观察基准利率；②内含报酬率中与该金融负债特定相关的利率部分。该现值代表企业信用风险不变的情况下，该负债期末应当具有的公允价值。

最后，该金融负债的期末公允价值与上述计算出的金融负债期末合同现金流量的现值之间的差额，即为信用风险变动引起的金融负债的公允价值变动金额。

在运用以上方法时，假设除信用风险和利率风险之外的因素所导致的该金融负债公允价值变动金额不重大。如果金融负债中包含嵌入衍生工具，则在计算信用风险变动引起的金融负债的公允价值变动金额时，应扣除嵌入衍生工具的公允价值变动金额。

此外，与所有公允价值计量一样，企业用于确定由金融负债信用风险变动引起的金融负债公允价值变动的计量方法，必须最大限度地使用相关的可观察输入值，尽可能少使用不可观察输入值。

【例21-25】指定为公允价值计量的金融负债自身信用风险变动的会计处理

2×17年1月1日，甲公司按面值发行5年期债券，面值为500 000 000元，票面年利率为5%，每季度末付息，到期一次性还本。甲公司将该债券指定为以公允价值计量且其变动计入当期损益的金融负债。

假设甲公司发行该债券无其他交易费用，该债券信用评级为AAA级，发行时的公允价值等于面值。甲公司采用上海银行间同业拆借利率（Shanghai Interbank Offered Rate, SHIBOR）作为可观察基准利率，2×17年1月1日，SHIBOR为4%。2×17年12月31日，评级公司将甲公司的信用评级下调为 A 级，该债券公允价值为 473 769 002 元，SHIBOR 上升至 5%。假设除信用风险和利率风险之外的因素所导致的该金融负债公允价值变动金额均不重大。

本例中，2×17 年 12 月 31 日，由甲公司自身信用风险变动所引起的该债券的公允价值变动部分计算如下。

（1）2×17 年 1 月 1 日，该债券的内含报酬率为 5%（发行时的公允价值等于其面值，因此内含报酬率等于票面利率），期初可观察基准利率为 4%，则与该金融负债特定相关的部分为 1%。

（2）2×17 年 12 月 31 日，该债券未来合同现金流量的折现率为 6%（1%+5%）。该债券合同现金流量现值为 482 674 472 元。

（3）2×17 年 12 月 31 日，该债券的公允价值与上述合同现金流量现值的差额为 8 905 470（482 674 472－473 769 002）元，即为信用风险变动引起的金融负债的公允价值变动金额。

（3）金融负债自身信用风险变动的会计处理原则。

企业根据本准则规定将金融负债指定为以公允价值计量且其变动计入当期损益的金融负债的，该金融负债所产生的利得或损失应当按照下列规定进行处理：

①由企业自身信用风险变动引起的该金融负债公允价值的变动金额，应当计入其他综合收益；

②该金融负债的其他公允价值变动计入当期损益。

该金融负债终止确认时，之前计入其他综合收益的累计利得或损失应当从其他综合收益中转出，计入留存收益。

按照上述①的规定对该金融负债的自身信用风险变动的影响进行处理会造成或扩大损益中的会计错配的，企业应当将该金融负债的全部利得或损失（包括企业自身信用风险变动的影响金额）计入当期损益。

为确定将金融负债自身信用风险变动的影响计入其他综合收益是否会造成或扩大损益中的会计错配，企业必须评估金融负债信用风险变动的影响预期是否会被损益中另一项以公允价值计量且其变动计入当期损益的金融工具的公允价值变动抵销。企业做出上述评估，应当以该金融负债的特征与另一金融工具的特征之间的经济关系为基础。企业应当在金融负债初始确认时做出上述评估，且不得重新评估。一般情况下，企业对类似的经济关系应当保持一致的评估方法。

实务中，企业无需在同一时点确认产生会计错配的所有资产和负债。只要其余的交易预期会发生，允许有合理的递延。

21.2.11 关于金融工具的减值

（一）概述。

本准则对金融工具减值的规定通常称为"预期信用损失法"。该方法与过去规定的、根据实际已发生减值损失确认减值准备的方法有着根本性不同。在预期信用损失法下，减值准备的计提不以减值的实际发生为前提，而是以未来可能的违约事件造成的损失的期望值来计量当前（资产负债表日）应当确认的减值准备。

1. 预期信用损失的定义。

预期信用损失，是指以发生违约的风险为权重的金融工具信用损失的加权平均值。这里的发生违约的风险，可以理解为发生违约的概率。这里的信用损失，是指企业根据合同应收的现金流量与预期能收到的现金流量之间的差额（以下称"现金流缺口"）的现值。根据现值的定义，即使企业能够全额收回合同约定的金额，但如果收款时间晚于合同规定的时间，也会产生信用损失。

2. 适用减值规定的金融工具。

如果一项金融工具可能受到该工具发行方、担保方或者其他相关方（如被担保方）信用风险的影响而造成企业未来现金流量的减少或者流出，且该影响不能通过本准则第七章"金融工具的计量"和第九章"利得和损失"相关规定反映在企业当期损益中，则该工具应当适用本准则关于金融工具减值的规定。

注意本准则金融工具减值规定的适用范围大于本准则整体适用范围，不仅包括金融资产（通常为企业持有的债务工具），还包括本准则范围以外的资产（如合同资产）、某些金融负债或者尚未确认的确定承诺。具体包括以下各项：

（1）按照本准则第十七条分类为以摊余成本计量的金融资产（含应收款项）；

（2）按照本准则第十八条分类为以公允价值计量且其变动计入其他综合收益的金融资产；

（3）租赁应收款；

（4）《企业会计准则第14号——收入》定义的合同资产；

（5）企业做出的贷款承诺，以公允价值计量且其变动计入当期损益的金融负债除外；

（6）本准则第二十一条第一款第（三）项规定的财务担保合同。

3. 金融工具减值的三阶段。

按照本准则相关规定，可以将金融工具发生信用减值的过程分为三个阶段，对于不同阶段的金融工具的减值有不同的会计处理方法。

（1）信用风险自初始确认后未显著增加（第一阶段）。

对于处于该阶段的金融工具，企业应当按照未来12个月的预期信用损失计量损失准备，并按其账面余额（即未扣除减值准备）和实际利率计算利息收入（若该工具为金融资产，下同）。

（2）信用风险自初始确认后已显著增加但尚未发生信用减值（第二阶段）。

对于处于该阶段的金融工具，企业应当按照该工具整个存续期的预期信用损失计量损失准备，并按其账面余额和实际利率计算利息收入。

（3）初始确认后发生信用减值（第三阶段）。

对于处于该阶段的金融工具，企业应当按照该工具整个存续期的预期信用损失计量损失准备，但对利息收入的计算不同于处于前两阶段的金融资产。对于已发生信用减值的金融资产，企业应当按其摊余成本（账面余额减已计提减值准备，也即账面价值）和实际利率计算利息收入。

上述三阶段的划分，适用于购买或源生时未发生信用减值的金融工具。对于购买或源生时已发生信用减值的金融资产，企业应当仅将初始确认后整个存续期内预期信用损失的变动确认为损失准备，并按其摊余成本和经信用调整的实际利率计算利息收入。

（二）对信用风险显著增加的评估。

1. 一般原则。

企业应当在资产负债表日评估金融工具信用风险自初始确认后是否已显著增加。这里的信用风险，是指发生违约的概率。

（1）判断标准。

企业应当通过比较金融工具在初始确认时所确定的预计存续期内的违约概率和该工具在资产负债表日所确定的预计存续期内的违约概率，来判定金融工具信用风险是否显著增加。

企业需要注意以下几点。

①这里的违约概率，是指在某一时点上所确定的未来期间发生违约的概率，而不是在该时点发生违约的概率。企业应当以此口径理解本准则第五十二条所说的"资产负债表日发生违约的风险"和"初始确认日发生违约的风险"。

②对于贷款承诺和财务担保合同，由于其在资产负债表日可能尚未在资产负债表中确认，或者在确认前已经对企业形成信用风险敞口，因此其初始确认日的定义不同于其他金融工具，而应当是该企业做出的不可撤销承诺的生效日。注意这里的初始确认日不一定是承诺日，因为企业做出承诺后，该承诺可能需要履行一定的程序或者满足一定的条件才能生效。

③因为预计存续期与违约风险之间的复杂关系，企业在对信用风险的变化进行评估时，不能简单地比较违约风险随时间推移的绝对变化。例如，如果一项预计存续期为 10 年的金融工具在初始确认时确定的违约概率，与后来预计存续期仅剩 5 年时确定的违约概率相同，则可能表明其信用风险已经增加。因为一般而言，在信用风险不变的情况下，金融工具的存续期越长，则违约概率越大。随着存续期的消减，违约概率一般也逐渐减小（对于仅在临近到期日才具有重大付款义务的金融工具而言，发生违约的概率不一定随时间的推移而减小）。

实务中，企业可以用未来 12 个月内发生违约风险的变化作为整个存续期内发生违约风险变化的合理估计，以确定自初始确认后信用风险是否已显著增加。但是，在某些情形下可能并不适合使用未来 12 个月内发生违约风险的变化来确定是否应当确认整个存续期预期信用损失。例如，合同现金流在预计存续期内不均匀分布，其在未来 12 个月内没有现金流；或者未来 12 个月的违约风险不能充分反映相关的宏观经济因素或其他信用因素的变化。

④对于自初始确认后信用风险变化的显著性，应当在与初始确认时确定的违约概率相比较的基础上进行考虑。假如违约概率变化的绝对值一定，则初始确认时违约概率较小的金融工具与初始确认时违约概率较大的金融工具相比，其信用风险变化更为显著。

（2）评估信用风险变化所考虑的因素。

在确定金融工具的信用风险水平时，企业应当考虑以合理成本即可获得的、可能影响金融工具信用风险的、合理且有依据的信息。合理成本即无须付出不必要的额外成本或努力。

企业在评估中可能需要考虑的因素包括以下几点。

①信用风险变化所导致的内部价格指标的显著变化。例如，同一金融工具或具有相同条

款及相同交易对手的类似金融工具,在最近期间发行时的信用利差相对于过去发行时的变化。

②若现有金融工具在报告日作为新金融工具源生或发行,该金融工具的利率或其他条款将发生的显著变化(如更严格的合同条款、增加抵押品或担保物或者更高的收益率等)。

③同一金融工具或具有相同预计存续期的类似金融工具的信用风险的外部市场指标的显著变化。这些指标包括:a. 信用利差;b. 针对借款人的信用违约互换价格;c. 金融资产的公允价值小于其摊余成本的时间长短和程度;d. 与借款人相关的其他市场信息(如借款人的债务工具或权益工具的价格变动)。

④金融工具外部信用评级实际或预期的显著变化。

⑤对借款人实际或预期的内部信用评级下调。如果内部信用评级可与外部评级相对应或可通过违约调查予以证实,则更为可靠。

⑥预期将导致借款人履行其偿债义务的能力发生显著变化的业务、财务或外部经济状况的不利变化。例如,实际或预期的利率上升,实际或预期的失业率显著上升。

⑦借款人经营成果实际或预期的显著变化。例如,借款人收入或毛利率下降、经营风险增加、营运资金短缺、资产质量下降、杠杆率上升、流动比率下降、管理出现问题、业务范围或组织结构变更(如某些业务分部终止经营)。

⑧同一借款人发行的其他金融工具的信用风险显著增加。

⑨借款人所处的监管、经济或技术环境的显著不利变化。例如,技术变革导致对借款人产品的需求下降。

⑩作为债务抵押的担保物价值或第三方提供的担保或信用增级质量的显著变化。这些变化预期将降低借款人按合同规定期限还款的经济动机或者影响违约概率。例如,如果房价下降导致担保物价值下跌,则借款人可能会有更大动机拖欠抵押贷款。

⑪预期将降低借款人按合同约定期限还款的经济动机的显著变化。例如,母公司或其他关联公司能够提供的财务支持减少,或者信用增级质量的显著变化。关于信用增级的质量变化,企业应当考虑担保人的财务状况,次级权益预计能否吸收预期信用损失等。

⑫借款合同的预期变更,包括预计违反合同的行为可能导致的合同义务的免除或修订、给予免息期、利率跳升、要求追加抵押品或担保或者对金融工具的合同框架做出其他变更。

⑬借款人预期表现和还款行为的显著变化。例如,一组贷款资产中延期还款的数量或金额增加、接近授信额度或每月最低还款额的信用卡持有人的预期数量增加。

⑭企业对金融工具信用管理方法的变化。例如,企业信用风险管理实务预计将变得更为积极或者对该金融工具更加侧重,包括更密切地监控或更紧密地控制有关金融工具、对借款人实施特别干预。

⑮逾期信息。

在某些情形下,企业通过获得的定性和非统计定量信息,而无须统计模型或信用评级流程处理有关信息,就可以确定金融工具的信用风险是否已显著增加。但在另一些情形下,企业可能需要考虑源自统计模型或信用评级流程的信息。

(3)逾期与信用风险显著增加。

金融资产发生逾期,是指交易对手未按合同规定时间支付约定的款项,既包括本金不能按时足额支付的情况，也包括利息不能按时足额支付的情况。

逾期是金融工具信用风险显著增加的常见结果。因此，逾期可能被作为信用风险显著增加的标志。但是，信用风险显著增加作为逾期的主要原因，通常先于逾期发生。企业只有在难于获得前瞻性信息，从而无法在逾期发生前确定信用风险显著增加的情况下，才能以逾期的发生来确定信用风险的显著增加。换言之，企业应尽可能在逾期发生前确定信用风险的显著增加。

如果以合理成本即可获得合理且有依据的前瞻性信息，企业在确定信用风险是否显著增加时，不得仅依赖逾期信息。然而，如果以合理成本无法获得逾期信息以外的前瞻性信息，企业可采用逾期信息来确定信用风险是否显著增加。

无论企业采用何种方式评估信用风险是否显著增加，如果合同付款逾期超过（含）30日，则通常可以推定金融资产的信用风险显著增加，除非企业以合理成本即可获得合理且有依据的信息，证明即使逾期超过 30 日，信用风险仍未显著增加。例如，如果未能及时付款是由于管理上的疏忽而并非借款人本身的财务困难所致。再如，企业能够获得的历史统计数据表明，发生违约的风险显著增加与逾期超过 30 日之间不存在相关性。

企业通常应当在金融工具逾期前确认整个存续期内的预期信用损失，因此，如果企业在逾期超过 30 日前可以确定信用风险显著增加，那么不得适用上述推定。

类似地，企业也不得将相关金融资产发生信用减值的时点作为其信用风险显著增加并确认整个存续期预期信用损失的时点，不得将企业内部标准构成违约的时点作为信用风险显著增加并确认整个存续期预期信用损失的时点。总之，企业确定信用风险显著增加的时点应当早于实际发生减值的时点，这是"预期信用损失法"的应有之义。

（4）逾期与违约。

企业在确定信用风险时所采用的违约定义，应当与其内部基于信用风险管理目的而采用的违约定义保持一致，并在必要时考虑其他定性指标，例如借款合同对债务人财务指标做出的限制性条款。

实务中，一些企业以逾期达到一定天数作为违约的标准。企业可以根据所处环境和债务工具特点对构成违约的逾期天数做出定义，但是，如果一项金融工具逾期超过（含）90 日，则企业应当推定该金融工具已发生违约，除非企业有合理且有依据的信息，表明以更长的逾期时间作为违约标准更为恰当。企业应当对所有相关金融工具一致地适用上述关于违约的规定，除非有证据表明对特定金融工具采用不同的违约标准更为恰当。

通常，在金融资产发生信用减值或者违约之前，信用风险都将显著增加。因此，企业在评估金融工具自初始确认后信用风险是否显著增加时，不能基于在报告日金融资产发生违约的证据。

（5）以组合为基础的评估。

对于某些金融工具而言，企业在单项工具层面无法以合理成本获得关于信用风险显著增加的充分证据，而在组合基础上评估信用风险是否显著增加则是可行的。例如，对于零售贷款，商业银行可能无法跟踪每个借款人的个人信用变化，从而无法在逾期前识别出信用风险的显著变化。然而，如果所有零售贷款的整体信用风险受当地经济社会环境的影响，银行就应当通过就业率等前瞻性经济指标在组合基础上进行信用风险变化的评估。因此，本准则第四十八条规定了以金融工具组合为基础进行评估的要求。

为在组合基础上进行信用风险变化评估，企业可以共同风险特征为依据，将金融工具分为不同组别，从而使有关评估更为合理并能及时识别信用风险的显著增加。企业不应将具有不同风险特征的金融工具归为同一组别，从而形成不相关的结论。

企业可能采用的共同信用风险特征包括：①金融工具类型；②信用风险评级；③担保物类型；④初始确认日期；⑤剩余合同期限；⑥借款人所处行业；⑦借款人所处地理位置；⑧贷款抵押率（Loan – To – Collateral，LTC）。

企业为评估信用风险变化而确定的金融工具组合，可能会随着单项资产层面以及组合层面的信用风险相关信息的可获得性的变化而变化。例如，如果由于企业信息系统的建设，过去无法获得的个人信用的变化信息现在变为可获得，企业就应当从以组合为基础的评估变更为以单项工具为基础的评估。

（6）合同修改的影响。

在某些情况（如债务重组）下，企业与其交易对手可能会修改或重新议定金融资产合同。如果合同的修改导致现有金融资产的终止确认，并确认修改后的金融资产，企业应当将修改后的金融资产视为新的资产进行减值会计处理。如果合同的修改未导致金融资产终止确认，而导致合同现金流量的时间和金额变化，企业应当按照本准则第五十六条规定进行处理。

①合同修改形成的新金融资产的处理。

对于合同修改形成的新金融资产，企业应当将合同修改日作为新资产的初始确认日。通常情况下，在该金融资产符合本准则第四十八条关于确认整个存续期内预期信用损失的规定之前，企业应当按照12个月内预期信用损失的金额计量其减值准备。但是，在某些特殊情况下，当合同双方做出导致原金融资产终止确认的合同修改后，可能出现表明修改后的新资产在初始确认时已发生信用减值的证据，从而使该金融资产成为一项源生已发生信用减值的资产。

②合同修改未导致终止确认的合同现金流量变化的处理。

该情形下，企业应当基于以合理成本即可获得的、合理且有依据的信息，来评估该金融资产自初始确认（初始确认日不因合同的修改而变化）后信用风险是否已显著增加，而不得将该资产直接假定为具有较低的信用风险。如果企业认为该金融资产在合同修改后不再满足确认整个存续期内预期信用损失的标准，应当按照本准则第五十条处理。通常情况下，只有债务人在一段时期内一贯地表现出良好的还款行为，企业才能认为相关信用风险已经降低。例如，银行对于客户漏付某笔还款或未全额还清的历史记录，通常不能简单地因为其依照修改后的合同条款及时做出了一次还款行为而消除。

2. 特殊情形。

出于简化会计处理、兼顾现行实务的考虑，本准则规定了两类特殊情形。在这两类情形下，企业无需就金融工具初始确认时的信用风险与资产负债表日的信用风险进行比较分析。

（1）较低信用风险。

如果企业确定金融工具的违约风险较低，借款人在短期内履行其支付合同现金流量义务的能力很强，并且即使较长时期内经济形势和经营环境存在不利变化，也不一定会降低借款人履行其支付合同现金流量义务的能力，那么该金融工具可被视为具有较低的信用风险。例如，企业在具有较高信用评级的商业银行的定期存款可能被视为具有较低的信用风险。

对于在资产负债表日具有较低信用风险的金融工具，企业可以不用与其初始确认时的信用风险进行比较，而直接做出该工具的信用风险自初始确认后未显著增加的假定（企业对这种简化处理有选择权）。

金融工具不能仅因其担保物的价值较高而被视为具有较低的信用风险，也不能仅因为其与其他金融工具相比违约风险较低，或者相对于企业所处的地区的信用风险水平而言风险相对较低而被视为具有较低的信用风险。

如果一项金融工具具有"投资级"以上的外部信用评级，则该工具可能被视为具有较低信用风险。当然，金融工具并非一定要具有外部评级才能被视为具有较低的信用风险。但是，企业应当始终从市场参与者（参见《企业会计准则第39号——公允价值计量》对"市场参与者"的定义）角度而非自身角度，结合金融工具的所有条款来考虑和确定金融工具是否具有较低的信用风险。

如果某项金融工具在上一资产负债表日被视为具有较低信用风险而在当前资产负债表日不被视为具有较低信用风险，企业不能仅因为这一事实就判定其信用风险显著增加，而仍应当通过比较该工具初始确认时的信用风险和当前资产负债表日的信用风险做出判定。

（2）应收款项、租赁应收款和合同资产。

企业对于《企业会计准则第14号——收入》所规定的、不含重大融资成分（包括根据该准则不考虑不超过一年的合同中融资成分的情况）的应收款项和合同资产，应当始终按照整个存续期内预期信用损失的金额计量其损失准备（企业对这种简化处理没有选择权）。

除此之外，本准则还允许企业做出会计政策选择，对包含重大融资成分的应收款项、合同资产和《企业会计准则第21号——租赁》规范的租赁应收款（可分别对应收款项、合同资产和应收租赁款做出不同的会计政策选择），始终按照相当于整个存续期内预期信用损失的金额计量其损失准备。

3. 信用风险评估示例。

以下示例说明了企业评估金融工具信用风险自初始确认后是否显著增加的一些具体方法。为简便起见，这些示例可能只侧重说明了信用风险评估中的某个或某几个考虑因素。实务中，企业的评估应当是一个涉及多重因素的全面分析过程，必须考虑所有与被评估金融工具相关的、以合理成本即可获取的、合理且有依据的信息。因此，企业不能简单套用这些示例得出信用风险是否显著增加的结论。

【例21－26】企业评估金融工具信用风险自初始确认后是否显著增加的具体方法1

乙银行为甲公司提供一项贷款。在发放该笔贷款时，与其他具有相似信用风险的发行人相比，甲公司的杠杆率较高，但乙银行预计甲公司在该贷款的存续期内能够履行贷款合同的规定。同时乙银行预计：在该工具存续期内，甲公司所属行业能够产生稳定的收入和现金流量；但在提高现有业务毛利率的能力方面，甲公司所属行业仍然存在一定商业风险。

在初始确认时，乙银行考虑了该工具在初始确认时的信用风险水平，由于该贷款不符合本准则对已发生信用减值的金融资产的定义，因此判断其不属于源生的已发生信用减值的贷款。

自初始确认后，由于宏观经济波动，甲公司所属行业的总体销售情况和甲公司的销售情况发生了下滑，甲公司的收入和现金流量低于其经营计划和乙银行的预计。尽管甲公司已采取措施（如增加对库存的清理），但其销售情况仍未达到预期水平。为保证流动性，甲公司已提用了另一项循环信贷额度，导致其杠杆率升高。因此，甲公司目前（即乙银行的资产负债表日）已处于对乙银行的贷款违约的边缘。

乙银行在资产负债表日对甲公司进行了总体信用风险评估，全面考虑了自初始确认后，所有与信用风险增加程度的评估相关的、以合理成本即可获得的、合理且有依据的信息。这些信息包括以下因素。

1. 乙银行预计宏观经济环境近期将持续恶化，并对甲公司现金流量和去杠杆的能力进一步产生负面影响。

2. 甲公司距离对乙银行的贷款产生违约越来越近，有可能导致重组贷款或者修改该贷款合同。

3. 乙银行评估发现，甲公司所发行的债券的交易价格已下降，且新取得的贷款的信用利差已提高，这反映了其信用风险已经增加。而且，上述变化与市场环境的变化无关（如基准利率在此期间保持不变）。通过进一步与甲公司同行业其他公司的情况进行比较，乙银行发现甲公司所发行的债券价格的下跌及其贷款信用利差的提高，很可能是由甲公司特有的因素造成的。

4. 乙银行根据反映信用风险增加的可获得信息，重新评估了该贷款的内部风险评级。

本例中，按照本准则第四十八条的规定，乙银行对甲公司的贷款自初始确认后信用风险已显著增加。因此，乙银行对该贷款确认了整个存续期内的预期信用损失。

在本例中，乙银行调整了对甲公司贷款的内部风险评级。是否调整风险评级这一行动本身，并不是确定自初始确认后信用风险是否显著增加的决定性因素。即使乙银行尚未调整该贷款的内部风险评级，仍然将得出上述结论。

【例21-27】企业评估金融工具信用风险自初始确认后是否显著增加的具体方法2

甲公司是乙集团的控股公司，乙集团从事生产经营所处的行业具有周期性。丙银行向甲公司发放了一笔贷款。在发放该贷款时，由于预期该行业的全球需求将进一步增长，因此丙银行认为：该行业的总体前景看好；但考虑到原料价格的波动性，以及该行业在经营周期中所处的位置，预计销量会有所下降。

此外，甲公司以往一直致力于扩大经营规模，通过不断收购相关行业公司的多数股份实现外部增长。因此，乙集团结构复杂并且一直在发生变化。投资者很难对乙集团的预期绩效进行准确分析并对甲公司在控股公司层面可用的现金流量进行预测。在丙银行向甲公司发放贷款时，尽管甲公司的债权人普遍认为其杠杆率尚处于可接受的程度，但由于甲公司有融资即将到期，债权人仍然担心甲公司为其现有债务开展再融资的能力。此外，债权人还担心甲公司是否有能力继续使用其从子公司分得的股息支付当前债务的利息。

在丙银行发放贷款时，基于对该贷款预期存续期内的预测，甲公司的杠杆率与其他的具有相似信用风险的银行客户的杠杆率基本一致。如果不发生违约事件，甲公司的偿债能力比率距离上限还有很大空间。丙银行运用其自有的内部评级方法确定对甲公司贷款的信用风险，得到该贷款的内部信用评级。该内部评级结果以历史、当前和前瞻性信息为基础，旨在反映贷款在存续期内的信用风险。在初始确认时，丙银行认为：该贷款属于高信用风险贷款，具有一定投机因素；甲公司受不确定因素（如对乙集团产生现金流量的不确定性预期）的影响可能导致违约。但是，该贷款尚不属于购入或源生的已发生信用减值的金融资产。

在丙银行的资产负债表日之前，甲公司发布公告，由于市场条件持续恶化，乙集团的5家重要子公司中的3家销量锐减，但根据对行业周期的预期，这些子公司的销售情况预计将在今后数月得到显著改善。乙集团的另外2家子公司的销量稳定。此外，甲公司还公告宣布，将进行公司重组以整合各子公司。这次公司重组将提高为现有债务进行再融资的灵活性，并提升子公司向甲公司支付股息的能力。

本例中，尽管预计市场条件会继续恶化，按照本准则第四十八条规定，丙银行认为对甲公司贷款的信用风险自初始确认后并无显著增加。证明因素如下。

1. 尽管当前销量下降，但丙银行在初始确认时已预计到这一情况。与丙银行在初始确认时的预期相比，这一因素尚未导致更负面的变化。此外，丙银行也预计在接下来的数月中，乙集团的销量将有所改善。

2. 考虑到子公司层面对现有债务进行再融资的灵活性得以提高，并且子公司向甲公司支付股息的能力提高，丙银行认为这次公司重组将导致信用提升。不过，丙银行对甲公司在控股公司层面对现有债务进行再融资的能力仍然存在一些担心。

3. 丙银行内部负责跟踪甲公司信用风险的部门认为，各种最新进展尚不足以证明需要变更对甲公司贷款的内部信用风险级别。

因此，丙银行未对该贷款按整个存续期内预期信用损失确认损失准备，但对12个月内预期信用损失的计量进行了更新。

【例21-28】企业评估金融工具信用风险自初始确认后是否显著增加的具体方法3

为取得一项不动产，甲公司从乙银行借入一笔5年期贷款，并以该不动产作为该笔贷款的抵押，贷款抵押率（贷款对担保物价值的比率）为50%。该笔贷款在该不动产的担保顺序上排在第一位。在初始确认时，乙银行认为该贷款不属于本准则所定义的源生的、已发生信用减值的贷款。

自初始确认后，由于宏观经济环境趋差，甲公司的收入和营业利润下降。此外，市场预计监管部门对甲公司所属行业的监管要求可能趋于严格，因而可能进一步对甲公司的收入和营业利润产生负面影响。上述变化可能对甲公司的运营产生重大且持续的负面影响。

由于上述近期最新情况以及预计会出现不利经济状况，乙银行预计甲公司的自由现金流量将下降到按合同偿还贷款可能非常紧张的程度。同时乙银行估计，如果甲公司的现金流量状况进一步恶化，将可能致使对该公司的贷款无法按合同规定按时偿还，即发生逾期。

此外，近期的第三方评估结果表明，由于房地产价值下跌，该贷款的抵押率已升至 70%。

本例中，在资产负债表日，乙银行不能认为对甲公司的贷款只具有较低的信用风险。因此，乙银行应当按照本准则第四十八条规定，不考虑其持有担保物的影响，评估甲公司的信用风险自初始确认后是否显著增加。乙银行评估发现，现金流量此时即使出现微小恶化都可能导致甲公司无法按合同规定按时还款，因此该贷款在资产负债表日具有高信用风险。所以，乙银行认为，该贷款的信用风险（即违约的风险）自初始确认后已显著增加。因而该银行对甲公司的贷款确认了整个存续期内的预期信用损失。

尽管乙银行对该贷款确认了整个存续期内的预期信用损失，但是乙银行对预期信用损失的计量应当反映预期自担保物上收回的金额（见下文关于预期信用损失计量中担保物的影响部分），因此该贷款的预期信用损失可能较小。

【例 21-29】企业评估金融工具信用风险自初始确认后是否显著增加的具体方法 4

甲公司是一家大型全国性物流上市公司。其资本结构中唯一的债务是一项五年期的公开发行的债券。根据该债券募集合同的规定，甲公司不能进一步举债。甲公司按季度向其股东发布报告。乙基金是该债券众多投资方之一。乙基金在初始确认时认为：债券的违约风险较低，并且甲公司在短期内具有较强的偿债能力；长期来看，经济形势和经营环境存在发生不利变化的可能，但未必一定导致甲公司偿付该债券能力的降低。因此，乙基金对该债券的内部信用评级等同于国际信用评级的投资级。

在资产负债表日，乙基金对于该债券信用风险的担忧，主要是甲公司营业额所面临的持续压力，这种压力有可能导致甲公司经营活动现金流量下降。

因为乙基金仅为甲公司的债券投资人，仅能依赖公开的年报和中期报告，无法取得进一步的非公开信用风险信息，所以其对信用风险变化的评估全部取决于甲公司的公告和其他公开信息，包括评级机构发布的消息和新闻中提到的相关信息。

本例中，乙基金希望对该债券投资采用低信用风险简化处理。因此，在报告日，乙基金使用所有以合理成本即可获得的、合理且有依据的信息，评估该债券是否属于低信用风险。在这一评估中，乙基金对该债券的内部信用评级进行了重新评估，并认为该债券不再等同于外部信用评级中的投资级债券，理由如下：

1. 甲公司的最新季报显示，其营业收入同比下降 20%，营业利润同比下降 12%。

2. 评级机构对于甲公司的盈利预告做出负面反应，并对其信用级别进行复核以确定是否需要将其由投资级降至非投资级。不过，在报告日，外部信用风险评级暂时保持不变。

3. 该债券的价格显著下跌，导致到期收益率增高。乙基金认为，该债券价格的下跌是由甲公司信用风险增加引起的。因为乙基金发现，市场环境并未改变（如基准利率、流动性等未发生变化），与其同行业企业所发行债券的价格比较可知，该债券价格的下跌可能是甲公司特有因素所导致的，而不是其他一般信用风险指标（如基准利率变动）导致的。

尽管甲公司目前尚能履行合同义务进行偿付，但其所处的不利经济形势和经营环境导致了重大不确定因素，增加了该债券的违约风险。鉴于上述原因，乙基金认为，该债券在资产负债表日不再属于只具有较低信用风险的金融资产。因此，乙基金决定评估该债券自初始确认后信用风险是否已显著增加。经过评估，乙基金认为，该债券的信用风险自初始确认后已显著增加。

【例21-30】企业评估金融工具信用风险自初始确认后是否显著增加的具体方法5

甲银行在三个不同地区经营住房抵押贷款，发放的抵押贷款涉及多种贷款抵押率和不同的收入阶层。根据其抵押贷款申请流程，客户需要提供各种相关信息，例如客户从事的行业以及抵押房产所在地的地址等。

甲银行的住房抵押贷款审批标准以信用评分为基础。对于信用评分在"正常"以上的贷款申请，甲银行认为借款人有能力按合同规定履行偿还贷款的义务，其信用状况是"可接受的"，因而将批准对其发放贷款。甲银行确定初始确认时的违约风险同样以信用评分为基础。

在资产负债表日，甲银行认为其开展住房抵押贷款业务的所有地区的经济状况均将显著恶化，预计就业形势可能趋于严峻，而住宅房产的价值将下跌，进而导致贷款抵押率上升，因而预期抵押贷款组合的违约率将上升。

分析：

单项评估。

在甲地区，甲银行按月使用自动化行为评分流程对每笔住房抵押贷款进行信用评估。该信用评分模型基于以下参数。

1. 当前和历史的逾期情况。

2. 客户的负债水平。

3. 贷款抵押率指标。甲银行通过重估房产价值的自动化程序定期更新贷款抵押率指标，重估房产价值所用的信息包括各地址区域（邮编区域）的近期房产销售信息以及其他各种能以合理成本获得的、合理且有依据的前瞻性信息。

4. 客户在甲银行其他金融工具上的还款表现。

5. 贷款金额。

6. 住房抵押贷款自发放起的已存续时间。

组合评估。

在乙地区和丙地区，甲银行不具备上述自动化评分能力。因此，为了管理信用风险，甲银行通过逾期状态跟踪违约风险。甲银行对逾期状态为逾期30日以上的所有贷款，按整个存续期内的预期信用损失确认损失准备。尽管甲银行把逾期信息作为唯一的借款人特有信息，但为了评估是否应对逾期不超过30日的贷款确认整个存续期内的预期信用损失，甲银行仍会考虑其他能以合理成本获得的、合理且有依据的前瞻性信息。

1. 乙地区。

乙地区内有一个主要依赖原油生产的大型油田。甲银行注意到，因为国际油价和该油田产能原因，该油田销售额逐年显著下滑，越来越多的该油田生产作业单位前往其他油田甚至海外油田承揽业务。该油田已宣布将逐步关闭部分矿区，并积极实施减员增效等措施。考虑到预期就业形势的影响，尽管乙地区的相关住房抵押贷款客户在资产负债表日并未逾期，但甲银行认为，其客户中属于该油田员工或与油田经营状况关系密切的公司员工的，其抵押贷款的违约风险已经显著增加。因此，甲银行使用贷款申请流程中收集的部分信息，根据客户所在的行业对抵押贷款组合进行细分，以识别与该油田相关的客户。

对于上述贷款，甲银行按整个存续期内的信用损失确认损失准备，而对于乙地区的其他贷款则按 12 个月内的预期信用损失确认损失准备。上述处理不适用根据单项评估确定的信用风险显著增加的抵押贷款，如逾期 30 日以上的贷款。对这些贷款，甲银行仍按照整个存续期内的预期信用损失确认损失准备。

对于上述与该油田相关的借款人新发放的贷款，由于其信用风险在自初始确认后并无显著增加，因此甲银行仅按 12 个月内的预期信用损失确认损失准备。但由于预期部分矿区将逐步关闭，就此类贷款中的一部分而言，其信用风险可能在初始确认后不久即显著增加。

2. 丙地区。

丙地区位于境外，预计在抵押贷款的整个存续期内利率将逐渐上升，因此甲银行预计信用风险将增加。甲银行发现，利率上升是导致丙地区抵押贷款未来发生违约的一项主要原因，尤其对于浮动利率贷款更是如此。历史数据显示，利率上升的幅度与浮动利率贷款组合中信用风险显著增加的贷款比例具有相关性。

当前，利率上升了 200 个基点。根据其掌握的历史资料，甲银行估计在这一涨幅下，20% 的浮动利率抵押贷款组合的信用风险将会显著增加。因此，甲银行对这 20% 浮动利率贷款组合确认其整个存续期内的预期信用损失，而对其余贷款组合按 12 个月内的预期信用损失确认损失准备。

上述处理不适用根据单项评估确定的信用风险显著增加的抵押贷款，如逾期 30 日以上的贷款。对这些贷款，甲银行仍按照整个存续期内的预期信用损失确认损失准备。

【例 21-31】企业评估金融工具信用风险自初始确认后是否显著增加的具体方法 6

甲银行发放合同条款和条件相似的两种汽车贷款组合。甲银行为发放上述贷款，制定了基于内部信用评级系统的贷款审批政策。甲银行的内部信用评级系统综合考虑贷款客户的信用历史、对甲银行其他产品的偿付行为以及其他因素，并在贷款发放时给每笔贷款评定内部信用风险级别。该信用评级结果从 1（最低级）到 10（最高级），违约风险随着信用风险级别增加而呈指数级升高。例如，信用风险评级为 1 级和 2 级的贷款之间信用风险绝对值的差异，小于信用风险评级为 2 级和 3 级的贷款之间信用风险绝对值的差异。

两种贷款组合中的组合 1 贷款仅发放给具有相似内部信用风险级别的现有银行客户，而且在初始确认时，所有贷款均评级为信用风险评级的 3 级或 4 级。甲银行决定，贷款组合 1 在初始确认时能接受的最高内部信用风险评级为 4 级。贷款组合 2 仅发放给对汽车贷款广告有反应的客户，而且在初始确认时，这些客户的内部信用风险评级在 4 级到 7 级之间。甲银行从不发放内部信用风险评级高于 7 级的汽车贷款。

分析：为了评估信用风险是否显著增加，甲银行认定贷款组合 1 中的所有贷款均具有相似的初始信用风险。考虑到其内部信用风险评级的特点，甲银行认为该组合中的贷款从 3 级上升到 4 级并不代表信用风险显著增加，但任何上升到高于 5 级的贷款即为信用风险显著增加。这意味着在评估自初始确认后信用风险的变化时,甲银行无需了解该贷款组合中每笔贷款的初始信用风险评级。仅需确定其在资产负债表日是否高于5级,即可决定其信用风险是否显著增加。

对于贷款组合2,如果以是否超过内部信用风险评级的7级作为信用风险自初始确认后是否显著增加的标准,则是不恰当的。因为,尽管甲银行从不发放内部信用风险评级高于7级的汽车贷款,但是贷款组合2中贷款的初始确认的信用风险不像贷款组合1那样足够相似,因此不能适用对贷款组合1所用的方法。由于贷款组合2中贷款的初始信用质量差别较大,甲银行不能简单地通过将在资产负债表日的信用风险与初始确认时的最差信用质量进行比较(如将组合2中贷款的内部信用风险评级与内部风险评级的7级进行比较)以确定信用风险是否已显著增加。例如,如果某笔组合2贷款的初始信用风险评级为4级,当其内部信用风险评级变为6级时,该笔贷款的信用风险即为显著增加,无需等待其变为7级。

【例21-32】企业评估金融工具信用风险自初始确认后是否显著增加的具体方法7

2×10年,甲银行向乙公司发放了一笔1亿元的15年期贷款,当时乙公司的内部信用风险评级为4级。在甲银行的信用评级体系中,1代表信用风险级别最低,10代表信用风险级别最高,违约风险随着信用风险级别增加而呈指数级上升。2×15年,乙公司的内部信用风险评级变为6级,甲银行向其又发放了一笔5 000万元的10年期贷款。2×17年,乙公司未能继续签约某原有重要客户,导致其收入锐减。甲银行认为,由于丢失该客户,乙公司履行还贷义务的能力显著下降,因此将其内部信用风险评级调为8级。

在信用风险管理中,甲银行从交易对手角度对信用风险进行评估,认为乙公司的信用风险显著增加。尽管甲银行未对乙公司的每笔贷款的自初始确认后的信用风险变化进行单项评估,但是从交易对手方层面评估信用风险并对乙公司发放的所有贷款确认整个存续期预期信用损失,仍然符合本准则关于金融工具减值规定的目标。因为,即使从最后一笔贷款发放时(2×17年)乙公司达到最高信用风险状态算起,其信用风险也已显著增加。甲银行开展的从交易对手方层面进行评估的结果,与对每笔贷款的信用风险变化进行单项评估的结果保持了一致。

(三)预期信用损失的计量。

根据本准则,预期信用损失是以违约概率为权重的、金融工具现金流缺口(即合同现金流量与预期收到的现金流量之间的差额)的现值的加权平均值。这一定义说明了预期信用损失的基本计算方法。

1. 不同金融工具预期信用损失的计量。

不同金融工具的预期信用损失有着不同的计算基础。

(1)对于金融资产,信用损失应为下列两者差额的现值:①企业依照合同应收取的合同现金流量,②企业预期能收到的现金流量。

(2)对于租赁应收款,信用损失的计算方法与金融资产相同,其用于确定预期信用损失的现金流量,应当与其按照《企业会计准则第21号——租赁》计量租赁应收款的现金流量口径保持一致。

(3) 对于未提用的贷款承诺,信用损失应为下列两者差额的现值:①如果贷款承诺的持有人提用相应贷款,企业应收的合同现金流量;②如果持有人提用相应贷款,企业预期收取的现金流量。企业对贷款承诺预期信用损失的估计,应当基于对该贷款承诺提用情况的预期。企业在估计12个月的预期信用损失时,应当考虑预计将在资产负债表日后12个月内提用的贷款承诺部分;而在估计整个存续期预期信用损失时,应当考虑预计将在贷款承诺整个存续期内提用的贷款承诺部分。

(4) 对于财务担保合同,只有当债务人按照所担保的金融工具合同条款发生违约事件时,企业才需要进行赔付。因此,财务担保合同的信用损失是企业就合同持有人发生的信用损失向其做出赔付的预期付款额,减去企业预期向该合同持有人、债务人或其他方收取的金额的差额的现值。

(5) 对于购买或源生时未发生信用减值,但在后续资产负债表日已发生信用减值的金融资产,企业在计量其预期信用损失时,应当基于该金融资产的账面余额与按该金融资产原实际利率折现的预计未来现金流量的现值之间的差额。

在不违反本准则第五十八条规定(金融工具预期信用损失计量方法应反映的要素)的前提下,企业可在计量预期信用损失时运用简便方法。例如,对于应收账款的预期信用损失,企业可参照历史信用损失经验,编制应收账款逾期天数与固定准备率对照表〔如,若未逾期为1%;若逾期不到30日为2%;若逾期天数为30~90(不含)日,为3%;若逾期天数为90~180(不含)日,为20%等〕,以此为基础计算预期信用损失。

如果企业的历史经验表明不同细分客户群体发生损失的情况存在显著差异,那么企业应当对客户群体进行恰当的分组,在分组基础上运用上述简便方法。企业可用于对资产进行分组的标准可能包括:地理区域、产品类型、客户评级、担保物以及客户类型(如批发和零售客户)。

2. 折现率。

企业应当采用相关金融工具初始确认时确定的实际利率或其近似值,将现金流缺口折现为资产负债表日的现值,而不是预计违约日或其他日期的现值。如果金融工具具有浮动利率,那么企业应当采用当前实际利率(即最近一次利率重设后的实际利率)对现金流缺口进行折现。

(1) 对于购买或源生已发生信用减值的金融资产,企业应当采用在初始确认时确定的经信用调整的实际利率(即购买或源生时将减值后的预计未来现金流量折现为摊余成本的利率)。

(2) 对于租赁应收款,企业应当采用按照《企业会计准则第21号——租赁》计量租赁应收款所使用的相同折现率。

(3) 对于贷款承诺,企业应当采用在确认源自该承诺的贷款时将应用的实际利率或其近似值。

(4) 对于无法确定实际利率的财务担保合同或贷款承诺,企业应当采用反映货币时间价值和相关现金流量特有风险的折现率。

3. 预期信用损失的概率加权属性。

根据本准则对预期信用损失的定义以及第五十八条第(一)项和第六十条规定,企业对预期信用损失的估计，是概率加权的结果，应当始终反映发生信用损失的可能性以及不发生信用损失的可能性（即便最可能发生的结果是不存在任何信用损失），而不是仅对最坏或最好的情形做出估计。

实务中，这一要求可能并不需要企业开展复杂的分析。在某些情形下，运用相对简单的模型可能足以满足上述要求，而不需要使用大量具体的情景模拟。例如，一个较大的具有共同风险特征的金融工具组合（如小额贷款）的平均信用损失，可能是概率加权金额的合理估计值。而在其他情形下，企业可能需要识别关于现金流量金额、时间分布以及各种结果估计概率的具体数值。在这种情形下，预期信用损失应当至少反映发生信用损失和不发生信用损失两种可能性（即企业需要估计发生信用损失的概率和金额）。

4. 计量中采集和使用的信息。

根据本准则第五十八条第（三）项，企业对金融工具预期信用损失的计量方法应当反映能够以合理成本即可获取的、合理且有依据的、关于过去事项、当前状况以及未来经济状况预测的信息。换言之，企业应当采集上述信息，将其作为金融工具预期信用损失计量的依据。

企业所采集和使用的信息应当既包含与借款人特定因素相关的信息，又包含反映总体经济状况和趋势的信息。企业可同时使用内部和外部的各种数据来源，包括：关于信用损失的企业内部历史经验、企业内部评级、其他企业的信用损失经验、外部评级、外部报告和外部统计数据等。如果企业没有关于特定金融工具的数据来源或此类来源的数据不够充分，那么企业可以使用同行业内对类似金融工具（或一组类似金融工具）的经验数据。

历史信息是企业计量预期信用损失的重要基准。某些情形下，未经调整的历史信息可能是最佳的合理且有依据的信息。而其他情形下，企业可能需要使用当期数据对历史数据进行调整，以反映当前状况和未来预测的影响，并剔除与未来现金流量不相关的历史因素的影响。

企业对预期信用损失的估计，应当反映相关可观察数据的变化并与其保持方向一致（例如，就业率、房价、商品价格的变化可能导致一项或一组金融工具信用损失的变化）。如果存在关于特定金融工具或类似金融工具信用风险的可观察的市场信息（如针对特定主体的信用风险违约掉期的市场价格），企业应当在预期信用损失计量中予以考虑。企业还应当定期复核用于估计预期信用损失的可观察数据，以减少估计值与实际信用损失之间的差异。

在考虑前瞻性信息时，并不要求企业对金融工具整个预计存续期内的情况做出预测。企业在估计预期信用损失时需要运用的判断程度的高低，取决于具体信息的可获取性。预测的时间跨度越大，具体信息的可获取性越低，则企业在估计预期信用损失时必须运用判断的程度就越高。本准则并不要求企业对很远的未来做出详细估计，企业只需根据现有资料对未来情况进行推断。

5. 估计预期信用损失的期间。

估计预期信用损失的期间，是指相关金融工具可能发生的现金流缺口所属的期间。根据本准则第六十一条，企业计量预期信用损失的最长期限应当为企业面临信用风险的最长合同期限（包括由于续约选择权可能延续的合同期限）。对于贷款承诺和财务担保合同，计量预期信用损失的最长期限应当为企业承担提供信贷或财务担保的现时义务的最长合同期限。

需要注意的是，估计信用损失的期间，与金融工具是否按整个存续期内预期信用损失金额计量损失准备是两个不同概念。本准则所说的 12 个月内预期信用损失，是指因资产负债表日后 12 个月内（若金融工具的预计存续期少于 12 个月则为更短的存续期间）可能发生的违约事件而导致的金融工具在整个存续期内现金流缺口的加权平均现值，而非发生在 12 个月内的现金流缺口的加权平均现值。例如，企业预计一项剩余存续期为 3 年的债务工具在未来 12 个月内将发生债务重组，重组将对该工具整个存续期内的合同现金流量进行调整，则所有合同现金流量的调整（无论归属在哪个期间）都属于计算 12 个月内预期信用损失的考虑范围。

某些金融工具可能同时包含贷款和未提用的贷款承诺，企业根据合同规定有通知借款人还款和取消未提用信用额度的能力，但这种能力未将企业所面临信用损失的期间限定在通知期之内，则企业对于此类金融工具确认预期信用损失的期间，应当为其面临信用风险且无法用信用风险管理措施予以缓释的期间，即使该期间超过了最长合同期限（通知期）。

例如，对于信用卡持卡人，银行可以最短提前 1 天通知撤销循环信用额度；但在实务中，银行只有当持卡人出现违约后才会撤销授信额度，而此时对于阻止全部或部分预期信用损失的发生而言可能已经太迟。因此银行不可能以 1 天的通知期作为估计预期信用损失的期间。

这类金融工具由于其性质、管理方式以及关于信用风险显著增加的信息的可获得性，通常同时具备下列特征：

（1）不具有固定的存续期或还款结构，且通常具有较短的合同取消期；

（2）出借方依照合同规定取消该合同的能力，无法在该金融工具的一般日常管理中实施，而只有当企业（出借方）已获悉在授信额度层面的信用风险增加后，才可能取消该合同；

（3）企业在组合基础上对该金融工具进行管理。

6. 担保物的影响。

在预期信用损失计量中，企业对现金流缺口的估计应当反映源自担保物或其他信用增级的预期现金流（即使该现金流的预期发生时间超过了合同期限），前提是该担保物或信用增级属于金融工具合同条款一部分且企业尚未将其在资产负债表中确认。

企业对被担保金融工具的预期现金流缺口估计，应当反映源自担保物的预期现金流的金额（减去取得和出售该担保物的成本）和时间，无论该抵债是否很可能发生（即对预期现金流量的估计应当反映该担保物抵债的概率，而无论概率的大小）。

对于所有因抵债而获得的担保物，企业均不应将其独立于被担保金融工具单独确认为一项资产，除非该担保物满足本准则或其他企业会计准则规定的资产确认标准。

7. 预期信用损失计量示例。

以下示例说明了企业计量预期信用损失的一些具体方法。为简便起见，这些示例可能只说明了预期信用损失计量中的某个或某几个方面。实务中，企业不能简单仿照这些示例进行判断或计算。

【例 21-33】未来 12 个月的违约概率无变化时预期信用损失的会计计量

甲银行发放了一笔 1 000 000 元的 10 年期分期还本贷款。考虑到对具有相似信用风险的其他金融工具的预期、借款人的信用风险以及未来12个月的经济形势前景，甲银行估计初始确认时，该贷款在后续12个月内的违约概率为0.5%。此外，为确定自初始确认后信用风险是否已显著增加，甲银行还认定未来12个月的违约概率变动，合理近似于整个存续期的违约概率变动。

分析：

在初始确认后首个资产负债表日（在该贷款最终还款到期日之前），甲银行预计未来12个月的违约概率无变化，因此认为自初始确认后信用风险并无显著增加。甲银行预计，如果该贷款违约，将会损失账面余额的25%（即违约损失率为25%）。

甲银行按照未来12个月的违约概率0.5%计量未来12个月的预期信用损失，并据此相应确认损失准备。因此，在该资产负债表日，12个月内的预期信用损失为1 250（1 000 000×0.5%×25%）元。

【例21-34】预期信用损失的会计计量

甲银行向某本地百货公司的客户发放联名信用卡。该信用卡设有为期1天的通知期。甲银行有权按合同规定在通知期结束后取消该信用卡（包括已提用部分和未提用部分），但甲银行在该工具的日常管理中从未行使过这种取消信用卡的合同权利。只有当甲银行通过风险监控发现某单个客户信用风险增加时，才取消其信用额度。因此，甲银行认为，取消信用卡的合同权利无法将信用损失敞口限制在合同通知期内。

为管理信用风险，甲银行把客户合同现金流量视为一个整体进行评估。在资产负债表日，甲银行不对单个客户的已提用和未提用余额基于风险管理目的进行区分。甲银行以此为基础对该组合进行管理，并基于信用额度整体计量预期信用损失。

在资产负债表日，该信用卡组合的未偿还余额为6亿元，未提用额度为4亿元。甲银行在资产负债表日对预计信用额度面临信用风险的期间进行估计，进而以此为基础确定该组合的预计存续期。此估计工作中的具体考虑因素包括以下几项。

1. 类似信用卡组合面临信用风险的期间。

2. 类似金融工具出现相关违约所用的时间。

3. 由于类似金融工具信用风险增加而采取信用风险管理措施的以往事件，例如减少或取消未提用信用额度。

根据上段所列信息，甲银行估计该信用卡组合的预计存续期为30个月。

在资产负债表日，甲银行对自初始确认后该组合的信用风险变化进行评估，做出以下判断。

1. 该信用卡组合中有25%的客户的信用风险自初始确认后已显著增加。

2. 在未提用额度4亿元中，有1亿元未提用额度的信用风险自初始确认后已显著增加。

3. 在未偿还余额6亿元中，应确认整个预计存续期内的预期信用损失的未偿还余额为2亿元。

4. 在信用风险自初始确认后已显著增加的1亿元未提用额度中，根据甲银行基于历史数据的估计（包括考虑信用风险显著增加的客户对信用的需求更加迫切），客户预计后续30个月（该信用卡组合的预计存续期）内将从这1亿元额度中实际提用5 000万元。

5. 在信用风险自初始确认后未显著增加3亿元未提用额度中，根据甲银行基于历史数据估计（包括考虑信用风险未显著增加的客户对信用的需求不太迫切），客户预计后续12个月内将从这3亿元额度中实际提用5 000万元。

分析：在按照本准则第六十二条规定对预期信用损失进行计量时，甲银行按照本节第一部分第三段的规定（在估计12个月的预期信用损失时，应当考虑预计将在资产负债表日后12个月内提用的贷款承诺部分；而在估计整个存续期预期信用损失时，应当考虑预计将在贷款承诺整个存续期内提用的贷款承诺部分），考虑了该组合预计存续期内（30个月）的额度预计提用情况，并估计了客户违约时该组合的预计未偿还余额。

根据其信用风险模型，甲银行认为：

1. 应当确认整个存续期内预期信用损失的信用卡额度违约风险敞口25 000万元（其中，应确认整个预计存续期内的预期信用损失的未偿还余额20 000万元，加上预计后续30个月内将从信用风险自初始确认后已显著增加的未提用额度10 000万元中实际提用5 000万元）。

2. 应确认12个月内预期信用损失的信用卡额度违约风险敞口为45 000万元［其中，应确认12个月内预期信用损失的未偿还余额60 000 – 20 000 = 40 000（万元），加上信用风险自初始确认后未显著增加未提用额度30 000万元中预计后续12个月内将提用的5 000万元］。

甲银行通过上述过程确定了违约风险敞口和预计存续期，并以此为基础计算该信用卡组合的整个存续期内预期信用损失和12个月内预期信用损失。

甲银行基于信用额度整体计量预期信用损失，因此无法单独识别未提用承诺部分的预期信用损失和贷款部分的预期信用损失。甲银行在其资产负债表中，将未提用承诺部分的预期信用损失与贷款部分的损失准备一并确认。如果合并列示的预期信用损失超出了金融资产的账面余额，对于超过部分，应列示为预计负债。如果甲银行基于未提用承诺和贷款分别计量预期信用损失，那么未提用承诺部分的预期信用损失应在资产负债表中列示为预计负债。

【例21-35】信用风险显著增加时预期信用损失的会计计量

甲银行发放一笔5年期贷款，按合同面值到期一次偿还本金。合同面值为1 000万元，年利率为5%，按年付息。本例假定实际利率为5%。第一个会计期间（简称"第一期"）期末，由于自初始确认后信用风险无显著增加，甲银行按12个月内预期信用损失确认损失准备，损失准备余额为20万元。

在第二期期末，甲银行确定该贷款自初始确认后的信用风险已显著增加，因此对该笔贷款确认整个存续期内的预期信用损失，损失准备余额为30万元。

在第三期期末，由于借款人出现重大财务困难，甲银行修改了该笔贷款的合同条款和现金流量，将该笔贷款的合同期限延长了1年。因此在修改日（第三期期末），该笔贷款的剩余期限为3年。本次修改并未导致甲银行终止确认该贷款。

由于进行了上述修改，甲银行根据该贷款的初始实际利率5%，重新计算修改后的合同现金流量的现值作为该金融资产的账面余额，并将重新计算的账面余额与修改前的账面余额之间的差额确认为合同变更利得或损失。在本例中假定,甲银行确认了修改损失80万元,账面余额降为920万元。

在考虑修改后的合同现金流量的基础上,甲银行评估了是否应继续对该贷款按整个存续期内预期信用损失计量损失准备,并重新计算了损失准备。甲银行将当前信用风险(基于修改后的现金流量)与初始确认时的信用风险(基于初始未修改的现金流量)进行比较,认为信用风险已显著增加,因此继续按整个存续期内的预期信用损失计量损失准备。在资产负债表日,该贷款按照整个存续期内的预期信用损失计量的损失准备余额为100万元。

甲银行对于上述合同现金流量修改的相关计算如表21-6所示。

表21-6 期末摊余成本计算表   单位:万元

期间	期初账面余额	减值损失/利得	修改损失/利得	利息收入	现金流量	期末账面余额	损失准备	期末摊余成本
	A	B	C	D=A×5%	E	F=A+C+D-E	G	H=F-G
1	1 000	(20)		50	50	1 000	20	980
2	1 000	(10)		50	50	1 000	30	970
3	1 000	(70)	(80)	50	50	920	100	820

注:括号内的金额代表损失。

在后续资产负债表日,甲银行按照本准则第五十六条规定,将该贷款初始确认时的信用风险(基于初始未修改的现金流量)与资产负债表日的信用风险(基于修改后的现金流量)进行比较,以评估信用风险是否显著增加。

修改贷款合同再过两个期间之后(第五期),与修改日的预期相比,借款人的实际业绩明显好于其经营计划。而且,借款人所属行业的前景好于此前预测。通过使用以合理成本即可获得的、合理且有依据的信息进行评估,甲银行发现该贷款的整体信用风险和在整个存续期内的违约风险率下降,因此甲银行在第五期期末调整了借款人的内部信用评级。

考虑到这一进展,甲银行对该贷款信用状况进行了重新评估,并确定该贷款的信用风险已经下降,与初始确认时的信用风险相比已无显著增加。因此,甲银行重新按12个月内预期信用损失计量该贷款的损失准备。

【例21-36】不同风险特征金融资产预期信用损失的会计计量

甲公司是一家制造业企业,其经营地域单一且固定。2×17年,甲公司应收账款合计为3亿元。考虑到客户群由众多小客户构成,甲公司根据代表偿付能力的客户共同风险特征对应收账款进行分类。上述应收账款不包含重大融资成分。甲公司对上述应收账款始终按整个存续期内的预期信用损失计量损失准备。

甲公司使用逾期天数与违约损失率对照表确定该应收账款组合的预期信用损失。对照表以此类应收账款预计存续期的历史违约损失率为基础,并根据前瞻性估计予以调整。在每个资产负债表日,甲公司都将分析前瞻性估计的变动,并据此对历史违约损失率进行调整。公司预测下一年的经济形势将恶化。

甲公司的逾期天数与违约损失率对照表估计如表21-7所示。

表 21-7 各周期的违约损失率

	未逾期	逾期 1~30 日	逾期 31~60 日	逾期 61~90 日	逾期 >90 日
违约损失率	0.3%	1.6%	3.6%	6.6%	10.6%

来自众多小客户的应收账款合计为 30 000 000 元,根据逾期天数违约损失率计算其预期信用损失,如表 21-8 所示。

表 21-8 损失准备计算表　　　　　　　单位:元

	账面余额（A）	违约损失率（B）	按整个存续期内预期信用损失确认的损失准备（账面余额×整个存续期预期信用损失率）（C=A×B）
未逾期	15 000 000	0.3%	45 000
逾期 1~30 日	7 500 000	1.6%	120 000
逾期 31~60 日	4 000 000	3.6%	144 000
逾期 61~90 日	2 500 000	6.6%	165 000
逾期 >90 日	1 000 000	10.6%	106 000
合计	30 000 000		580 000

(四) 金融资产减值与利息收入的计算。

1. 未发生信用减值的资产。

对于处于信用减值第一阶段和第二阶段的金融资产,以及按照本准则第六十三条规定适用实务简化处理的应收款项、合同资产和租赁应收款,企业应当按照该金融资产的账面余额(即不考虑减值影响)乘以实际利率的金额确定其利息收入。

2. 已发生信用减值的资产。

当对金融资产预期未来现金流量具有不利影响的一项或多项事件发生时,该金融资产成为已发生信用减值的金融资产。金融资产已发生信用减值的证据包括下列可观察信息:

(1) 发行方或债务人发生重大财务困难;

(2) 债务人违反合同,如偿付利息或本金违约或逾期等;

(3) 债权人出于与债务人财务困难有关的经济或合同考虑,给予债务人在任何其他情况下都不会做出的让步;

(4) 债务人很可能破产或进行其他财务重组;

(5) 发行方或债务人财务困难导致该金融资产的活跃市场消失;

(6) 以大幅折扣购买或源生一项金融资产,该折扣反映了发生信用损失的事实。

金融资产发生信用减值,有可能是多个事件的共同作用所致的,未必是可单独识别的事件所致的。

已发生信用减值的金融资产分两种情形。

(1) 对于购买或源生时未发生信用减值,但在后续期间发生信用减值的金融资产,企业应当在发生减值的后续期间,按照该金融资产的摊余成本(即账面余额减已计提减值)乘以实际利率(初始确认时确定的实际利率,不因减值的发生而变化)的金额确定其利息收入。

(2)对于购买或源生时已发生信用减值的金融资产,企业应当自初始确认起,按照该金融资产的摊余成本乘以经信用调整的实际利率(即购买或源生时将减值后的预计未来现金流量折现为摊余成本的利率)的金额确定其利息收入。

(五)金融工具减值处理流程图。

以上所述金融工具减值的判断和处理流程总结如图21-2所示。

图21-2 金融工具减值处理流程图

(六)金融工具减值的账务处理。

1. 减值准备的计提和转回。

企业应当在资产负债表日计算金融工具(或金融工具组合)预期信用损失。如果该预期信用损失大于该工具(或组合)当前减值准备的账面金额,企业应当将其差额确认为减值损失,借记"信用减值损失"科目,根据金融工具的种类,贷记"贷款损失准备""债权投资减值准备""坏账准备""合同资产减值准备""租赁应收款减值准备""预计负债"(用于贷款承诺及财务担保合同)或"其他综合收益"(用于以公允价值计量且其变动计入其他综合收益的债权类资产,企业可以设置二级科目"其他综合收益——信用减值准备"核算此类工具的减值准备)等科目(上述贷记科目,以下统称"'贷款损失准备'等科目");如果资产负债表日计算的预期信用损失小于该工具(或组合)当前减值准备的账面金额(例如,从按照整个存续期预期信用损失计量损失准备转为按照未来12个月预期信用损失计量损失准备时,可能出现这一情况),则应当将差额确认为减值利得,做相反的会计分录。

2. 已发生信用损失金融资产的核销。

企业实际发生信用损失,认定相关金融资产无法收回,经批准予以核销的,应当根据批准的核销金额,借记"贷款损失准备"等科目,贷记相应的资产科目,如"贷款""应收账款""合同资产"等。若核销金额大于已计提的损失准备,还应按其差额借记"信用减值损失"科目。

3. 账务处理示例。

【例21-37】其他债权投资减值的账务处理

甲公司于2×17年12月15日购入一项公允价值为1 000万元的债务工具,分类为以公允价值计量且其变动计入其他综合收益的金融资产。该工具合同期限为10年,年利率为5%,本例假定实际利率也为5%。初始确认时,甲公司已经确定其不属于购入或源生的已发生信用减值的金融资产。

2×17年12月31日,由于市场利率变动,该债务工具的公允价值跌至950万元。甲公司认为,该工具的信用风险自初始确认后并无显著增加,应按12个月内预期信用损失计量损失准备,损失准备金额为30万元。为简化起见,本例不考虑利息。

2×18年1月1日,甲公司决定以当日的公允价值950万元,出售该债务工具。

甲公司相关账务处理如下:

(1) 购入该工具时。

借:其他债权投资——成本	10 000 000
贷:银行存款	10 000 000

(2) 2×17年12月31日。

借:信用减值损失	300 000
其他综合收益——其他债权投资公允价值变动	500 000
贷:其他债权投资——公允价值变动	500 000
其他综合收益——信用减值准备	300 000

甲公司在其2×17年年度财务报表中披露了该工具的累计减值30万元。

(3) 2×18年1月1日。

借:银行存款	9 500 000
投资收益	200 000
其他综合收益——信用减值准备	300 000
其他债权投资——公允价值变动	500 000

贷：其他综合收益——其他债权投资公允价值变动 500 000
其他债权投资——成本 10 000 000

【例21-38】以摊余成本计量金融资产减值的账务处理

甲银行对其发放的贷款以摊余成本计量。2×17年12月31日，甲银行向乙公司发放一笔5年期信用贷款。贷款本金为5 000万元，年利率为4%，每年12月31日付息，2×22年12月31日还本。假设不考虑交易费用，该贷款的实际利率为4%。

2×18年12月31日，乙公司按约支付利息。甲银行评估认为该贷款信用风险自初始确认以来未显著增加，并计算其未来12个月预期信用损失为80万元。

2×19年12月31日，乙公司按约支付利息。甲银行评估认为该贷款信用风险自初始确认以来已经显著增加，并计算剩余存续期预期信用损失为300万元。

2×20年6月30日，甲银行了解到乙公司面临重大财务困难，认定该贷款已发生减值。同日，甲银行计算剩余存续期预期信用损失为800万元。

2×20年12月31日，乙公司未按约支付利息。甲银行计算剩余存续期预期信用损失为1 200万元。

2×21年6月30日，甲银行计算剩余存续期预期信用损失为1 600万元，并以3 500万元价格将该贷款所有风险和报酬转让给丙资产管理公司。

根据所掌握情况，丙资产管理公司将该贷款认定为已发生信用减值的金融资产，并预计该贷款的未来现金流量如表21-9所示。

表21-9 未来现金流量表　　　　　　　　　　　　　　　　　　　　单位：元

日期	金额
2×22年12月31日	20 000 000
2×23年6月30日	18 500 000

根据以上数据，丙资产管理公司计算该贷款经信用调整的实际利率为5.635 2%。丙资产管理公司以摊余成本计量该贷款，其账面价值摊余过程如表21-10所示。

表21-10 摊余成本计算表　　　　　　　　　　　　　　　　　　　　单位：元

日期	计提利息期限（年）	应计利息	还款	摊余成本
2×21年6月30日				35 000 000
2×21年12月31日	0.5	972 649		35 972 649
2×22年12月31日	1	2 027 138	-20 000 000	17 999 787
2×23年6月30日	0.5	500 213	-18 500 000	

2×21年12月31日，丙资产管理公司对该贷款回收金额和回收时间的预期未发生改变（即预期信用损失变动为零）。

2×22年12月31日，丙资产管理公司实际收到乙公司还款2 000万元，对该贷款后续回收金额和回收时间的预期未发生改变。

2×23年6月30日,丙资产管理公司实际收到乙公司还款1 900万元,贷款合同终止。

根据上述资料,相关账务处理如下(不考虑税费影响):

(1)甲银行。

① 2×17年12月31日,发放贷款。

借:贷款 50 000 000
  贷:吸收存款 50 000 000

② 2×18年12月31日,确认利息收入和收到的利息。

利息收入=账面余额×实际利率=5 000×4%=200(万元)

借:应收利息 2 000 000
  贷:利息收入 2 000 000

借:吸收存款 2 000 000
  贷:应收利息 2 000 000

计提减值准备。

借:信用减值损失 800 000
  贷:贷款损失准备 800 000

③ 2×19年12月31日,确认利息收入和收到的利息。

借:应收利息 2 000 000
  贷:利息收入 2 000 000

借:吸收存款 2 000 000
  贷:应收利息 2 000 000

补提减值准备。

借:信用减值损失 2 200 000
  贷:贷款损失准备 2 200 000

④ 2×20年6月30日,确认实际减值前利息收入。

利息收入=账面余额×实际利率=50 000 000×[$(1+4\%)^{0.5}-1$]=990 195(元)

借:应收利息 990 195
  贷:利息收入 990 195

补提减值准备。

借:信用减值损失 5 000 000
  贷:贷款损失准备 5 000 000

⑤ 2×20年12月31日,确认实际减值后利息收入。

利息收入=摊余成本×实际利率=(50 000 000+990 195-8 000 000)×[$(1+4\%)^{0.5}-1$]=851 374(元)

借:应收利息 851 374
  贷:利息收入 851 374

补提减值准备。

借:信用减值损失 4 000 000

  贷：贷款损失准备   4 000 000

⑥2×21年6月30日，确认利息收入。

利息收入＝摊余成本×实际利率＝(50 000 000＋990 195＋851 374－12 000 000)×[(1＋4%)$^{0.5}$－1]＝789 019（元）

  借：应收利息   789 019
    贷：利息收入   789 019

补提减值准备。

  借：信用减值损失   4 000 000
    贷：贷款损失准备   4 000 000

终止确认贷款。

  借：存放中央银行款项   35 000 000
    贷款损失准备   16 000 000
    贷款处置损益   1 630 588
    贷：贷款   50 000 000
      应收利息   2 630 588

（2）丙资产管理公司。

①2×21年6月30日，确认购入贷款。

  借：债权投资——本金   35 000 000
    贷：银行存款   35 000 000

②2×21年12月31日，确认利息收入。

  借：债权投资——应计利息   972 649
    贷：利息收入   972 649

③2×22年12月31日，确认利息收入。

  借：债权投资——应计利息   2 027 138
    贷：利息收入   2 027 138

确认收到的还款。

  借：银行存款   20 000 000
    贷：债权投资——本金   17 000 213
      ——应计利息   2 999 787

④2×23年6月30日，确认利息收入。

  借：债权投资——应计利息   500 213
    贷：利息收入   500 213

确认收到的还款，终止确认贷款。

  借：银行存款   19 000 000
    贷：债权投资——本金   17 999 787
      ——应计利息   500 213
    信用减值损失——利得   500 000

21.2.12 关于衔接规定

本准则施行日之前的金融工具确认和计量与本准则要求不一致的,企业应当追溯调整,本准则另有规定的除外。在本准则施行日已经终止确认的项目不适用本准则。

(一)关于金融资产的分类。

1. 关于业务模式评估。

在本准则施行日,企业应当以该日的既有事实和情况为基础,根据本准则相关规定评估其管理金融资产的业务模式是以收取合同现金流量为目标,还是以既收取合同现金流量又出售金融资产为目标,或者其他目标,并据此确定金融资产的分类,进行追溯调整,无须考虑企业之前的业务模式。

2. 关于合同现金流量评估。

在本准则施行日,企业应当基于金融资产初始确认时而非本准则施行日存在的事实和情况为基础,对金融资产的合同现金流量进行评估。以下情形除外。

(1)在本准则施行日,企业在考虑具有修正的货币时间价值要素的金融资产的合同现金流量特征时,需要对特定货币时间价值要素修正进行评估的,该评估应当以该金融资产初始确认时存在的事实和情况为基础。该评估不切实可行的,企业不应考虑本准则关于货币时间价值要素修正的规定。

(2)在本准则施行日,企业在考虑具有提前还款特征的金融资产的合同现金流量特征时,需要对该提前还款特征的公允价值是否非常小进行评估的,该评估应当以该金融资产初始确认时存在的事实和情况为基础。该评估不切实可行的,企业不应认为提前还款特征的公允价值非常小。

(二)相关指定或撤销指定。

1. 金融资产的指定或撤销指定。

在本准则施行日,企业应当以该日的既有事实和情况为基础,根据本准则的相关规定,对相关金融资产进行指定或撤销指定,并追溯调整。

(1)在本准则施行日,企业可以根据本准则的规定,将满足条件的金融资产指定为以公允价值计量且其变动计入当期损益的金融资产。但企业之前指定为以公允价值计量且其变动计入当期损益的金融资产,不满足本准则规定的指定条件的,应当解除之前做出的指定;之前指定为以公允价值计量且其变动计入当期损益的金融资产继续满足本准则规定的指定条件的,企业可以选择继续指定或撤销之前的指定。

(2)在本准则施行日,企业可以根据本准则规定,将非交易性权益工具投资指定为以公允价值计量且其变动计入其他综合收益的金融资产。

2. 金融负债的指定或撤销指定。

在本准则施行日,企业应当以该日的既有事实和情况为基础,根据本准则的相关规定,对相关金融负债进行指定或撤销指定,并追溯调整。

(1)在本准则施行日,为了消除或显著减少会计错配,企业可以根据本准则的规定,将金融负债指定为以公允价值计量且其变动计入当期损益的金融负债。

（2）企业之前初始确认金融负债时，为了消除或显著减少会计错配，已将该金融负债指定为以公允价值计量且其变动计入当期损益的金融负债，但在本准则施行日不再满足本准则规定的指定条件的，企业应当撤销之前的指定；该金融负债在本准则施行日仍然满足本准则规定的指定条件的，企业可以选择继续指定或撤销之前的指定。

同时，在本准则施行日，企业存在根据本准则规定将金融负债指定为以公允价值计量且其变动计入当期损益的金融负债，并且按照本准则规定将由企业自身信用风险变动引起的该金融负债公允价值的变动金额计入其他综合收益的，企业应当以该日的既有事实和情况为基础，判断按照上述规定处理是否会造成或扩大损益的会计错配，进而确定是否应当将该金融负债的全部利得或损失（包括企业自身信用风险变动的影响金额）计入当期损益，并按照上述结果追溯调整。

（三）关于金融工具的减值。

在本准则施行日，企业按照本准则计量金融工具减值的，应当使用无须付出不必要的额外成本或努力即可获得的合理且有依据的信息，确定金融工具在初始确认日的信用风险，并将该信用风险与本准则施行日的信用风险进行比较。

在确定自初始确认后信用风险是否显著增加时，企业可以应用本准则相关规定根据其是否具有较低的信用风险进行判断，或者应用本准则规定根据相关金融资产逾期是否超过30日进行判断。企业在本准则施行日必须付出不必要的额外成本或努力才可获得合理且有依据的信息的，企业在该金融工具终止确认前的所有资产负债表日的损失准备应当等于其整个存续期的预期信用损失。

（四）衔接调整与计量。

1. 混合合同。

在本准则施行日，企业存在根据本准则相关规定应当以公允价值计量的混合合同但之前未以公允价值计量的，该混合合同在前期比较财务报表期末的公允价值应当等于其各组成部分在前期比较财务报表期末公允价值之和。在本准则施行日，企业应当将整个混合合同在该日的公允价值与该混合合同各组成部分在该日的公允价值之和之间的差额，计入本准则施行日所在报告期间的期初留存收益或其他综合收益。

2. 以摊余成本计量的金融资产或金融负债。

在本准则施行日，企业按照本准则规定对相关金融资产或金融负债以摊余成本进行计量、应用实际利率法追溯调整不切实可行的，应当按照以下原则进行处理：

（1）以金融资产或金融负债在前期比较财务报表期末的公允价值，作为企业调整前期比较财务报表数据时该金融资产的账面余额或该金融负债的摊余成本；

（2）以金融资产或金融负债在本准则施行日的公允价值，作为该金融资产在本准则施行日的新账面余额或该金融负债的新摊余成本。

3. 无公开报价的权益工具投资。

在本准则施行日，对于之前以成本计量的、在活跃市场中没有报价且其公允价值不能可靠计量的权益工具投资或与该权益工具挂钩并须通过交付该工具进行结算的衍生金融资产，企业应当以其在本准则施行日的公允价值计量。原账面价值与公允价值之间的差额，应当计入本准则施行日所在报告期间的期初留存收益或其他综合收益。

在本准则施行日,对于之前以成本计量的、与在活跃市场中没有报价的权益工具挂钩并须通过交付该权益工具进行结算的衍生金融负债,企业应当以其在本准则施行日的公允价值计量。原账面价值与公允价值之间的差额,应当计入本准则施行日所在报告期间的期初留存收益。

第 22 章 金融资产转移

22.1 企业会计准则第 23 号——金融资产转移

为了适应社会主义市场经济发展需要，规范金融工具的会计处理，提高会计信息质量，根据《企业会计准则——基本准则》，财政部对《企业会计准则第 23 号——金融资产转移》进行了修订（以下简称"本准则"），现予印发。在境内外同时上市的企业以及在境外上市并采用国际财务报告准则或企业会计准则编制财务报告的企业，自 2018 年 1 月 1 日起施行；其他境内上市企业自 2019 年 1 月 1 日起施行；执行企业会计准则的非上市企业自 2021 年 1 月 1 日起施行。同时，鼓励企业提前执行。执行本准则的企业，不再执行财政部于 2006 年 2 月 15 日印发的《财政部关于印发〈企业会计准则第 1 号——存货〉等 38 项具体准则的通知》（财会〔2006〕3 号）中的《企业会计准则第 23 号——金融资产转移》。

执行本准则的企业，应当同时执行财政部于 2017 年修订印发的《企业会计准则第 22 号——金融工具确认和计量》（财会〔2017〕7 号）和《企业会计准则第 24 号——套期会计》（财会〔2017〕9 号）。

22.1.1 总则

第一条 为了规范金融资产（包括单项或一组类似金融资产）转移和终止确认的会计处理，根据《企业会计准则——基本准则》，制定本准则。

第二条 金融资产转移，是指企业（转出方）将金融资产（或其现金流量）让与或交付给该金融资产发行方之外的另一方（转入方）。

金融资产终止确认，是指企业将之前确认的金融资产从其资产负债表中予以转出。

第三条 企业对金融资产转入方具有控制权的，除在该企业个别财务报表基础上应用本准则外，在编制合并财务报表时，还应当按照《企业会计准则第 33 号——合并财务报表》的规定合并所有纳入合并范围的子公司（含结构化主体），并在合并财务报表层面应用本准则。

22.1.2 金融资产终止确认的一般原则

第四条 金融资产的一部分满足下列条件之一的，企业应当将终止确认的规定适用于该金融资产部分，除此之外，企业应当将终止确认的规定适用于该金融资产整体。

（一）该金融资产部分仅包括金融资产所产生的特定可辨认现金流量。如企业就某债务工具与转入方签订一项利息剥离合同，合同规定转入方有权获得该债务工具利息现金流量，但无权获得该债务工具本金现金流量，终止确认的规定适用于该债务工具的利息现金流量。

（二）该金融资产部分仅包括与该金融资产所产生的全部现金流量完全成比例的现金流量部分。如企业就某债务工具与转入方签订转让合同，合同规定转入方拥有获得该债务工具全部现金流量一定比例的权利，终止确认的规定适用于该债务工具全部现金流量一定比例的部分。

（三）该金融资产部分仅包括与该金融资产所产生的特定可辨认现金流量完全成比例的现金流量部分。如企业就某债务工具与转入方签订转让合同，合同规定转入方拥有获得该债务工具利息现金流量一定比例的权利，终止确认的规定适用于该债务工具利息现金流量一定比例的部分。

企业发生满足本条（二）或（三）条件的金融资产转移，且存在一个以上转入方的，只要企业转移的份额与金融资产全部现金流量或特定可辨认现金流量完全成比例即可，不要求每个转入方均持有成比例的份额。

第五条 金融资产满足下列条件之一的，应当终止确认。

（一）收取该金融资产现金流量的合同权利终止。

（二）该金融资产已转移，且该转移满足本准则关于终止确认的规定。

22.1.3 金融资产转移的情形及其终止确认

第六条 金融资产转移，包括下列两种情形。

（一）企业将收取金融资产现金流量的合同权利转移给其他方。

（二）企业保留了收取金融资产现金流量的合同权利，但承担了将收取的该现金流量支付给一个或多个最终收款方的合同义务，且同时满足下列条件。

1. 企业只有从该金融资产收到对等的现金流量时，才有义务将其支付给最终收款方。企业提供短期垫付款，但有权全额收回该垫付款并按照市场利率计收利息的，视同满足本条件。

2. 转让合同规定禁止企业出售或抵押该金融资产，但企业可以将其作为向最终收款方支付现金流量义务的保证。

3. 企业有义务将代表最终收款方收取的所有现金流量及时划转给最终收款方，且无重大延误。企业无权将该现金流量进行再投资，但在收款日和最终收款方要求的划转日之间的短暂结算期内，将所收到的现金流量进行现金或现金等价物投资，并且按照合同约定将此类投资的收益支付给最终收款方的，视同满足本条件。

第七条 企业在发生金融资产转移时，应当评估其保留金融资产所有权上的风险和报酬的程度，并分别下列情形处理。

（一）企业转移了金融资产所有权上几乎所有风险和报酬的，应当终止确认该金融资产，并将转移中产生或保留的权利和义务单独确认为资产或负债。

（二）企业保留了金融资产所有权上几乎所有风险和报酬的，应当继续确认该金融资产。

（三）企业既没有转移也没有保留金融资产所有权上几乎所有风险和报酬的［即除本条（一）、（二）之外的其他情形］，应当根据其是否保留了对金融资产的控制，分别下列情形处理。

1. 企业未保留对该金融资产控制的，应当终止确认该金融资产，并将转移中产生或保留的权利和义务单独确认为资产或负债。

2. 企业保留了对该金融资产控制的，应当按照其继续涉入被转移金融资产的程度继续确认有关金融资产，并相应确认相关负债。

继续涉入被转移金融资产的程度,是指企业承担的被转移金融资产价值变动风险或报酬的程度。

第八条 企业在评估金融资产所有权上风险和报酬的转移程度时,应当比较转移前后其所承担的该金融资产未来净现金流量金额及其时间分布变动的风险。

企业承担的金融资产未来净现金流量现值变动的风险没有因转移而发生显著变化的,表明该企业仍保留了金融资产所有权上几乎所有风险和报酬。如将贷款整体转移并对该贷款可能发生的所有损失进行全额补偿,或者出售一项金融资产但约定以固定价格或者售价加上出借人回报的价格回购。

企业承担的金融资产未来净现金流量现值变动的风险相对于金融资产的未来净现金流量现值的全部变动风险不再显著的,表明该企业已经转移了金融资产所有权上几乎所有风险和报酬。如无条件出售金融资产,或者出售金融资产且仅保留以其在回购时的公允价值进行回购的选择权。企业通常不需要通过计算即可判断其是否转移或保留了金融资产所有权上几乎所有风险和报酬。在其他情况下,企业需要通过计算评估是否已经转移了金融资产所有权上几乎所有风险和报酬的,在计算和比较金融资产未来现金流量净现值的变动时,应当考虑所有合理、可能的现金流量变动,对于更可能发生的结果赋予更高的权重,并采用适当的市场利率作为折现率。

第九条 企业在判断是否保留了对被转移金融资产的控制时,应当根据转入方是否具有出售被转移金融资产的实际能力而确定。转入方能够单方面将被转移金融资产整体出售给不相关的第三方,且没有额外条件对此项出售加以限制的,表明转入方有出售被转移金融资产的实际能力,从而表明企业未保留对被转移金融资产的控制;在其他情形下,表明企业保留了对被转移金融资产的控制。

在判断转入方是否具有出售被转移金融资产的实际能力时,企业考虑的关键应当是转入方实际上能够采取的行动。被转移金融资产不存在市场或转入方不能单方面自由地处置被转移金融资产的,通常表明转入方不具有出售被转移金融资产的实际能力。

转入方不大可能出售被转移金融资产并不意味着企业(转出方)保留了对被转移金融资产的控制。但存在看跌期权或担保而限制转入方出售被转移金融资产的,转出方实际上保留了对被转移金融资产的控制。如存在看跌期权或担保且很有价值,导致转入方实际上不能在不附加类似期权或其他限制条件的情形下将该被转移金融资产出售给第三方,从而限制了转入方出售被转移金融资产的能力,转入方将持有被转移金融资产以获取看跌期权或担保下相应付款的,企业保留了对被转移金融资产的控制。

第十条 企业认定金融资产所有权上几乎所有风险和报酬已经转移的,除企业在新的交易中重新获得被转移金融资产外,不应当在未来期间再次确认该金融资产。

第十一条 在金融资产转移不满足终止确认条件的情况下,如果同时确认衍生工具和被转移金融资产或转移产生的负债会导致对同一权利或义务的重复确认,则企业(转出方)与转移有关的合同权利或义务不应当作为衍生工具进行单独会计处理。

第十二条 在金融资产转移不满足终止确认条件的情况下,转入方不应当将被转移金融资产全部或部分确认为自己的资产。转入方应当终止确认所支付的现金或其他对价,同时确认一项应收转出方的款项。企业（转出方）同时拥有以固定金额重新控制整个被转移金融资产的权利和义务的（如以固定金额回购被转移金融资产），在满足《企业会计准则第22号——金融工具确认和计量》关于摊余成本计量规定的情况下，转入方可以将其应收款项以摊余成本计量。

第十三条 企业在判断金融资产转移是否满足本准则规定的金融资产终止确认条件时，应当注重金融资产转移的实质。

（一）企业转移了金融资产所有权上几乎所有风险和报酬，应当终止确认被转移金融资产的常见情形有。

1. 企业无条件出售金融资产。
2. 企业出售金融资产，同时约定按回购日该金融资产的公允价值回购。
3. 企业出售金融资产，同时与转入方签订看跌期权合同（即转入方有权将该金融资产返售给企业）或看涨期权合同（即转出方有权回购该金融资产），且根据合同条款判断，该看跌期权或看涨期权为一项重大价外期权（即期权合约的条款设计，使得金融资产的转入方或转出方极小可能会行权）。

（二）企业保留了金融资产所有权上几乎所有风险和报酬，应当继续确认被转移金融资产的常见情形有。

1. 企业出售金融资产并与转入方签订回购协议，协议规定企业将回购原被转移金融资产，或者将予回购的金融资产与售出的金融资产相同或实质上相同、回购价格固定或原售价加上回报。
2. 企业融出证券或进行证券出借。
3. 企业出售金融资产并附有将市场风险敞口转回给企业的总回报互换。
4. 企业出售短期应收款项或信贷资产，并且全额补偿转入方可能因被转移金融资产发生的信用损失。
5. 企业出售金融资产，同时与转入方签订看跌期权合同或看涨期权合同，且根据合同条款判断，该看跌期权或看涨期权为一项重大价内期权（即期权合约的条款设计，使得金融资产的转入方或转出方很可能会行权）。

（三）企业应当按照其继续涉入被转移金融资产的程度继续确认被转移金融资产的常见情形有。

1. 企业转移金融资产，并采用保留次级权益或提供信用担保等方式进行信用增级，企业只转移了被转移金融资产所有权上的部分（非几乎所有）风险和报酬，且保留了对被转移金融资产的控制。
2. 企业转移金融资产，并附有既非重大价内也非重大价外的看涨期权或看跌期权，导致企业既没有转移也没有保留所有权上几乎所有风险和报酬，且保留了对被转移金融资产的控制。

22.1.4 满足终止确认条件的金融资产转移的会计处理

第十四条 金融资产转移整体满足终止确认条件的，应当将下列两项金额的差额计入当期损益。

（一）被转移金融资产在终止确认日的账面价值。

（二）因转移金融资产而收到的对价，与原直接计入其他综合收益的公允价值变动累计额中对应终止确认部分的金额（涉及转移的金融资产为根据《企业会计准则第 22 号——金融工具确认和计量》第十八条分类为以公允价值计量且其变动计入其他综合收益的金融资产的情形）之和。企业保留了向该金融资产提供相关收费服务的权利（包括收取该金融资产的现金流量，并将所收取的现金流量划转给指定的资金保管机构等），应当就该服务合同确认一项服务资产或服务负债。如果企业将收取的费用预计超过对服务的充分补偿的，应当将该服务权利作为继续确认部分确认为一项服务资产，并按照本准则第十五条的规定确定该服务资产的金额。如果将收取的费用预计不能充分补偿企业所提供服务的，则应当将由此形成的服务义务确认一项服务负债，并以公允价值进行初始计量。

企业因金融资产转移导致整体终止确认金融资产，同时获得了新金融资产或承担了新金融负债或服务负债的，应当在转移日确认该金融资产、金融负债（包括看涨期权、看跌期权、担保负债、远期合同、互换等）或服务负债，并以公允价值进行初始计量。该金融资产扣除金融负债和服务负债后的净额应当作为上述对价的组成部分。

第十五条 企业转移了金融资产的一部分，且该被转移部分整体满足终止确认条件的，应当将转移前金融资产整体的账面价值，在终止确认部分和继续确认部分（在此种情形下，所保留的服务资产应当视同继续确认金融资产的一部分）之间，按照转移日各自的相对公允价值进行分摊，并将下列两项金额的差额计入当期损益。

（一）终止确认部分在终止确认日的账面价值。

（二）终止确认部分收到的对价，与原计入其他综合收益的公允价值变动累计额中对应终止确认部分的金额（涉及转移的金融资产为根据《企业会计准则第 22 号——金融工具确认和计量》第十八条分类为以公允价值计量且其变动计入其他综合收益的金融资产的情形）之和。对价包括获得的所有新资产减去承担的所有新负债后的金额。

原计入其他综合收益的公允价值变动累计额中对应终止确认部分的金额，应当按照金融资产终止确认部分和继续确认部分的相对公允价值，对该累计额进行分摊后确定。

第十六条 根据本准则第十五条的规定，企业将转移前金融资产整体的账面价值按相对公允价值在终止确认部分和继续确认部分之间进行分摊时，应当按照下列规定确定继续确认部分的公允价值。

（一）企业出售过与继续确认部分类似的金融资产，或继续确认部分存在其他市场交易的，近期实际交易价格可作为其公允价值的最佳估计。

（二）继续确认部分没有报价或近期没有市场交易的，其公允价值的最佳估计为转移前金融资产整体的公允价值扣除终止确认部分的对价后的差额。

22.1.5 继续确认被转移金融资产的会计处理

第十七条 企业保留了被转移金融资产所有权上几乎所有风险和报酬而不满足终止确认条件的，应当继续确认被转移金融资产整体，并将收到的对价确认为一项金融负债。

第十八条 在继续确认被转移金融资产的情形下，金融资产转移所涉及的金融资产与所确认的相关金融负债不得相互抵销。在后续会计期间，企业应当继续确认该金融资产产生的收入（或利得）和该金融负债产生的费用（或损失），不得相互抵销。

22.1.6 继续涉入被转移金融资产的会计处理

第十九条 企业既没有转移也没有保留金融资产所有权上几乎所有风险和报酬，且保留了对该金融资产控制的，应当按照其继续涉入被转移金融资产的程度继续确认该被转移金融资产，并相应确认相关负债。被转移金融资产和相关负债应当在充分反映企业因金融资产转移所保留的权利和承担的义务的基础上进行计量。企业应当按照下列规定对相关负债进行计量。

（一）被转移金融资产以摊余成本计量的，相关负债的账面价值等于继续涉入被转移金融资产的账面价值减去企业保留的权利（如果企业因金融资产转移保留了相关权利）的摊余成本并加上企业承担的义务（如果企业因金融资产转移承担了相关义务）的摊余成本；相关负债不得指定为以公允价值计量且其变动计入当期损益的金融负债。

（二）被转移金融资产以公允价值计量的，相关负债的账面价值等于继续涉入被转移金融资产的账面价值减去企业保留的权利（如果企业因金融资产转移保留了相关权利）的公允价值并加上企业承担的义务（如果企业因金融资产转移承担了相关义务）的公允价值，该权利和义务的公允价值应为按独立基础计量时的公允价值。

第二十条 企业通过对被转移金融资产提供担保方式继续涉入的，应当在转移日按照金融资产的账面价值和担保金额两者的较低者，继续确认被转移金融资产，同时按照担保金额和担保合同的公允价值（通常是提供担保收到的对价）之和确认相关负债。担保金额，是指企业所收到的对价中，可被要求偿还的最高金额。

在后续会计期间，担保合同的初始确认金额应当随担保义务的履行进行摊销，计入当期损益。被转移金融资产发生减值的，计提的损失准备应从被转移金融资产的账面价值中抵减。

第二十一条 企业因持有看涨期权或签出看跌期权而继续涉入被转移金融资产，且该金融资产以摊余成本计量的，应当按照其可能回购的被转移金融资产的金额继续确认被转移金融资产，在转移日按照收到的对价确认相关负债。

被转移金融资产在期权到期日的摊余成本和相关负债初始确认金额之间的差额，应当采用实际利率法摊销，计入当期损益，同时调整相关负债的账面价值。相关期权行权的，应当在行权时，将相关负债的账面价值与行权价格之间的差额计入当期损益。

第二十二条 企业因持有看涨期权或签出看跌期权（或两者兼有，即上下限期权）而继续涉入被转移金融资产，且以公允价值计量该金融资产的，应当分别以下情形进行处理。

（一）企业因持有看涨期权而继续涉入被转移金融资产的，应当继续按照公允价值计量被转移金融资产，同时按照下列规定计量相关负债。

1. 该期权是价内或平价期权的，应当按照期权的行权价格扣除期权的时间价值后的金额，计量相关负债。

2. 该期权是价外期权的，应当按照被转移金融资产的公允价值扣除期权的时间价值后的金额，计量相关负债。

（二）企业因签出看跌期权形成的义务而继续涉入被转移金融资产的，应当按照该金融资产的公允价值和该期权行权价格两者的较低者，计量继续涉入形成的资产；同时，按照该期权的行权价格与时间价值之和，计量相关负债。

（三）企业因持有看涨期权和签出看跌期权（即上下限期权）而继续涉入被转移金融资产的，应当继续按照公允价值计量被转移金融资产，同时按照下列规定计量相关负债。

1. 该看涨期权是价内或平价期权的，应当按照看涨期权的行权价格和看跌期权的公允价值之和，扣除看涨期权的时间价值后的金额，计量相关负债。

2. 该看涨期权是价外期权的，应当按照被转移金融资产的公允价值和看跌期权的公允价值之和，扣除看涨期权的时间价值后的金额，计量相关负债。

第二十三条 企业采用基于被转移金融资产的现金结算期权或类似条款的形式继续涉入的，其会计处理方法与本准则第二十一条和第二十二条中规定的以非现金结算期权形式继续涉入的会计处理方法相同。

第二十四条 企业按继续涉入程度继续确认的被转移金融资产以及确认的相关负债不应当相互抵销。企业应当对继续确认的被转移金融资产确认所产生的收入（或利得），对相关负债确认所产生的费用（或损失），两者不得相互抵销。继续确认的被转移金融资产以公允价值计量的，在后续计量时对其公允价值变动应根据《企业会计准则第22号——金融工具确认和计量》第六十四条的规定进行确认，同时相关负债公允价值变动的确认应当与之保持一致，且两者不得相互抵销。

第二十五条 企业对金融资产的继续涉入仅限于金融资产一部分的，企业应当根据本准则第十六条的规定，按照转移日因继续涉入而继续确认部分和不再确认部分的相对公允价值，在两者之间分配金融资产的账面价值，并将下列两项金额的差额计入当期损益：

（一）分配至不再确认部分的账面金额（以转移日计量的为准）；

（二）不再确认部分所收到的对价。

如果涉及转移的金融资产为根据《企业会计准则第22号——金融工具确认和计量》第十八条分类为以公允价值计量且其变动计入其他综合收益的金融资产的，不再确认部分的金额对应的原计入其他综合收益的公允价值变动累计额计入当期损益。

22.1.7 向转入方提供非现金担保物的会计处理

第二十六条 企业向金融资产转入方提供了非现金担保物（如债务工具或权益工具投资等）的，企业（转出方）和转入方应当按照下列规定进行处理。

（一）转入方按照合同或惯例有权出售该担保物或将其再作为担保物的，企业应当将该非现金担保物在财务报表中单独列报。

（二）转入方已将该担保物出售的，转入方应当就归还担保物的义务，按照公允价值确认一项负债。

（三）除因违约丧失赎回担保物权利外，企业应当继续将担保物确认为一项资产。

企业因违约丧失赎回担保物权利的，应当终止确认该担保物；转入方应当将该担保物确认为一项资产，并以公允价值计量。转入方已出售该担保物的，应当终止确认归还担保物的义务。

22.1.8 衔接规定

第二十七条 在本准则施行日，企业仍继续涉入被转移金融资产的，应当按照《企业会计准则第 22 号——金融工具确认和计量》及本准则关于被转移金融资产确认和计量的相关规定进行追溯调整，再按照本准则的规定对其所确认的相关负债进行重新计量，并将相关影响按照与被转移金融资产一致的方式在本准则施行日进行调整。追溯调整不切实可行的除外。

22.1.9 附则

第二十八条 本准则自 2018 年 1 月 1 日起施行。

22.2 《企业会计准则第 23 号——金融资产转移》应用指南

22.2.1 总体要求

《企业会计准则第 23 号——金融资产转移》明确了金融资产转移的认定以及金融资产转移是否导致金融资产终止确认的判断原则，规范了金融资产转移和终止确认的相关会计处理。

企业应当在收取金融资产现金流量的合同权利终止时终止确认该金融资产。如果该合同权利尚未终止，只有在金融资产已转移，且该转移满足终止确认条件的规定时才能终止确认。因此，本准则规定的金融资产转移仅包含两种情形。

1. 企业将收取金融资产现金流量的合同权利转移给其他方。
2. 企业保留了收取金融资产现金流量的合同权利，但承担了将收取的该现金流量支付给一个或多个最终收款方的合同义务，且同时满足本准则第六条第（二）项的三个条件。

对于符合本准则规定的金融资产转移的两种情形，企业可根据本准则的规定进一步进行风险报酬以及控制的判断；对于除此之外的情形，企业应当继续确认该金融资产。

企业在判断金融资产转移是否导致金融资产终止确认时，应当评估其在多大程度上保留了金融资产所有权上的风险和报酬。企业转移了金融资产所有权上几乎所有风险和报酬的，应当终止确认该金融资产，并将转移中产生或保留的权利和义务单独确认为资产或负债；企业保留了金融资产所有权上几乎所有风险和报酬的，应当继续确认该金融资产；企业既没有转移也没有保留金融资产所有权上几乎所有风险和报酬的，应当进一步判断其是否保留了对金融资产的控制。企业未保留对该金融资产控制的，应当终止确认该金融资产，并将转移中产生或保留的权利和义务单独确认为资产或负债；企业保留了对该金融资产控制的，应当按照其继续涉入被转移金融资产的程度确认有关金融资产，并相应确认相关负债。

企业应当在金融资产转移整体满足终止确认条件时，将被转移金融资产在终止确认日的账面价值与因转移金融资产而收到的对价（包含取得的新资产减去承担的新负债）和原直接计入其他综合收益的公允价值变动累计额中对应终止确认部分的金额（涉及转移的金融资产为根据《企业会计准则第 22 号——金融工具确认和计量》第十八条分类为以公允价值计量且其变动计入其他综合收益的金融资产的情形）之和的差额计入当期损益。

企业对于保留了被转移金融资产所有权上几乎所有风险和报酬而不满足终止确认条件的金融资产转移，应当继续确认被转移金融资产整体，并将收到的对价确认为一项金融负债，所涉及的金融资产与所确认的相关金融负债应当分别确认和计量，不得相互抵销。

企业既没有转移也没有保留金融资产所有权上几乎所有风险和报酬，且保留了对该金融资产控制的，应当按照其继续涉入被转移金融资产的程度确认相关金融资产，并相应确认相关负债。被转移金融资产和相关负债的计量应当充分反映企业所保留的权利和承担的义务。

22.2.2 关于应设置的会计科目

企业存在对已转移金融资产继续涉入情况的，应当设置相应会计科目核算继续涉入资产和继续涉入负债。以下给出了相关会计科目设置的建议，企业可以根据实际情况自行设置会计科目。有关账务处理请参考本指南第七部分"关于继续涉入被转移金融资产的会计处理"中有关示例。

（一）"1518 继续涉入资产"科目。

本科目核算企业（转出方）由于对转出金融资产提供信用增级（如提供担保，持有次级权益）而继续涉入被转移金融资产时，企业所承担的最大可能损失金额（即企业继续涉入被转移金融资产的程度）。企业可以按金融资产转移业务的类别、继续涉入的性质或者被转移金融资产的类别设置本科目的明细科目。

（二）"2504 继续涉入负债"科目。

本科目核算企业在金融资产转移中因继续涉入被转移资产而产生的义务。企业可以按金融资产转移业务的类别、被转移金融资产的类别或者交易对手设置本科目的明细科目。

22.2.3 关于金融资产终止确认的定义

金融资产转移中通常需要判断是否应终止确认所转移的金融资产。如果企业转移金融资产后不再保留任何与被转移金融资产相关的权利或义务，这种情况下终止确认被转移金融资产的结论通常比较明确。另一种情况是企业在转移金融资产后承担无条件以转让价格回购被转移金融资产的义务，且在回购之前需要支付利息，这种情况下企业承担的被转移金融资产的风险与自身持有的相同金融资产的风险没有实质区别，则不能终止确认被转移金融资产。如果金融资产的转移介于上述两种极端之间，企业在转移金融资产后保留了与被转移金融资产相关的某些权利或义务，则是否能够终止确认被转移金融资产就需要进行更加详细的分析，必须严格按照本准则规定的金融资产终止确认流程进行判断。票据背书转让、商业票据贴现、应收账款保理、资产证券化、债券买断式回购、融资融券等业务中都涉及金融资产转移和终止确认的判断和相应会计处理。

本准则规定，金融资产终止确认，是指企业将之前确认的金融资产从其资产负债表中予以转出。金融资产满足下列条件之一的，应当终止确认。

1. 收取该金融资产现金流量的合同权利终止。
2. 该金融资产已转移，且该转移满足本准则关于终止确认的规定。

在第一个条件下，企业收取金融资产现金流量的合同权利终止，如因合同到期而使合同权利终止，金融资产不能再为企业带来经济利益，应当终止确认该金融资产。在第二个条件下，企业收取一项金融资产现金流量的合同权利并未终止，但若企业转移了该项金融资产，同时该转移满足本准则关于终止确认的规定，在这种情况下，企业也应当终止确认被转移的金融资产。

22.2.4 关于金融资产终止确认的判断流程

本准则关于终止确认的相关规定，适用于所有金融资产的终止确认。根据本准则的规定，企业在判断金融资产是否应当终止确认以及在多大程度上终止确认时，应当遵循以下步骤。

（一）确定适用金融资产终止确认规定的报告主体层面。

本准则规定，企业（转出方）对金融资产转入方具有控制权的，除在该企业个别财务报表基础上应用本准则外，在编制合并财务报表时，还应当按照《企业会计准则第33号——合并财务报表》的规定合并所有纳入合并范围的子公司（含结构化主体），并在合并财务报表层面应用本准则。

在资产证券化实务中，企业通常设立"信托计划""专项支持计划"等结构化主体作为结构化融资的载体，由结构化主体向第三方发行证券并向企业自身购买金融资产。这种情况下，从法律角度看企业可能已将金融资产转移到结构化主体，两者之间实现了风险隔离。但在进行金融资产终止确认判断时，企业应首先确定报告主体，即是编制合并财务报表还是个别财务报表。如果是合并财务报表，企业应当首先按照《企业会计准则第33号——合并财务报表》及《企业会计准则解释第8号》等有关规定合并所有子公司（含结构化主体），然后将本准则的规定应用于合并财务报表，即在合并财务报表层面进行金融资产转移及终止确认分析。

（二）确定金融资产是部分还是整体适用终止确认原则。

本准则中的"金融资产"既可能指一项金融资产或其部分，也可能指一组类似金融资产或其部分。一组类似金融资产通常指金融资产的合同现金流量在金额和时间分布上相似并且具有相似的风险特征，如合同条款类似、到期期限接近的一组住房抵押贷款等。

本准则规定，当且仅当金融资产（或一组金融资产，下同）的一部分满足下列三个条件之一时，终止确认的相关规定适用于该金融资产部分，否则，适用于该金融资产整体。

1. 该金融资产部分仅包括金融资产所产生的特定可辨认现金流量。如企业就某债务工具与转入方签订一项利息剥离合同，合同规定转入方拥有获得该债务工具利息现金流量的权利，但无权获得该债务工具本金现金流量，则终止确认的规定适用于该债务工具的利息现金流量。

2. 该金融资产部分仅包括与该金融资产所产生的全部现金流量完全成比例的现金流量部分。如企业就某债务工具与转入方签订转让合同，合同规定转入方拥有获得该债务工具全部现金流量90%份额的权利，则终止确认的规定适用于这些现金流量的90%。如果转入方不止一个，只要转出方所转移的份额与金融资产的现金流量完全成比例即可，不要求每一转入方均持有成比例的现金流量份额。

3. 该金融资产部分仅包括与该金融资产所产生的特定可辨认现金流量完全成比例的现金流量部分。如企业就某债务工具与转入方签订转让合同，合同规定转入方拥有获得该债务工具利息现金流量90%份额的权利，则终止确认的规定适用于该债务工具利息现金流量90%部分。如果转入方不止一个，只要转出方所转移的份额与金融资产的特定可辨认现金流量完全成比例即可，不要求每一转入方均持有成比例的现金流量份额。

在除上述情况外的其他所有情况下，本准则有关金融资产终止确认的相关规定适用于金融资产的整体。例如，企业转移了公允价值为100万人民币元的一组类似的固定期限贷款组合，约定向转入方支付贷款组合预期所产生的现金流量的前90万人民币元，企业保留了取得剩余现金流量的次级权益。因为最初90万人民币元的现金流量既可能来自贷款本金也可能来自利息，且无法辨认来自贷款组合中的哪些贷款，所以不是特定可辨认的现金流量，也不是该金融资产所产生的全部或部分现金流量的完全成比例的份额。在这种情况下，企业不能将终止确认的相关规定适用于该金融资产90万人民币元的部分，而应当适用于该金融资产的整体。

又如，企业转移了一组应收款项产生的现金流量90%的权利，同时提供了一项担保以补偿转入方可能遭受的信用损失，最高担保额为应收款项本金金额的8%。在这种情况下，由于存在担保，在发生信用损失的情况下，企业可能需要向转入方支付部分已经收到的企业自留的10%的现金流量，以补偿对方就90%现金流量所遭受的损失，导致该组应收款项下实际合同现金流量的分布并非按90%及10%完全成比例分配，因此终止确认的相关规定适用于该组金融资产的整体。

（三）确定收取金融资产现金流量的合同权利是否终止。

企业在确定适用金融资产终止确认规定的报告主体层面（合并财务报表层面或个别财务报表层面）以及对象（金融资产整体或部分）后，即可开始判断是否对金融资产进行终止确认。本准则规定，收取金融资产现金流量的合同权利已经终止的，企业应当终止确认该金融资产。如一项应收账款的债务人在约定期限内支付了全部款项，或者在期权合同到期时期权持有人未行使期权权利，导致收取金融资产现金流量的合同权利终止，企业应终止确认金融资产。

若收取金融资产的现金流量的合同权利没有终止，企业应当判断是否转移了金融资产，并根据以下有关金融资产转移的相关判断标准确定是否应当终止确认被转移金融资产。

（四）判断企业是否已转移金融资产。

本准则规定，企业在判断是否已转移金融资产时，应分以下两种情形作进一步的判断。

1. 企业将收取金融资产现金流量的合同权利转移给其他方。

企业将收取金融资产现金流量的合同权利转移给其他方，表明该项金融资产发生了转移，通常表现为金融资产的合法出售或者金融资产现金流量权利的合法转移。例如，实务中常见的票据背书转让、商业票据贴现等，均属于这一种金融资产转移的情形。在这种情形下，转入方拥有了获取被转移金融资产所有未来现金流量的权利，转出方应进一步判断金融资产风险和报酬转移情况来确定是否应当终止确认被转移金融资产。

2. 企业保留了收取金融资产现金流量的合同权利，但承担了将收取的该现金流量支付给一个或多个最终收款方的合同义务。

这种金融资产转移的情形通常被称为"过手安排"。在某些金融资产转移交易中，转出方在出售金融资产后，会继续作为收款服务方或收款代理人等收取金融资产的现金流量，再转交给转入方或最终收款方。这种金融资产转移情形常见于资产证券化业务。例如，在某些情况下，银行可能负责收取所转移贷款的本金和利息并最终支付给收益权持有者，同时收取相应服务费。根据本准则规定，当企业保留了收取金融资产现金流量的合同权利，但承担了将收取的该现金流量支付给一个或多个最终收款方的合同义务时，当且仅当同时符合以下三个条件时，转出方才能按照金融资产转移的情形进行后续分析及处理，否则，被转移金融资产应予以继续确认。

（1）企业（转出方）只有从该金融资产收到对等的现金流量时，才有义务将其支付给最终收款方。

在有的资产证券化等业务中，如发生由于被转移金融资产的实际收款日期与向最终收款方付款的日期不同而导致款项缺口的情况，转出方需要提供短期垫付款项。在这种情况下，当且仅当转出方有权全额收回该短期垫付款并按照市场利率就该垫款计收利息，方能视同满足这一条件。在有转出方短期垫付安排的资产证券化业务中，如果转出方收回该垫款的权利仅优先于次级资产支持证券持有人，但劣后于优先级资产支持证券持有人，或者转出方不计收利息的，均不能满足这一条件。

例如，在一项资产证券化交易中，按照交易协议规定，转出方在设立结构化主体时需要向结构化主体提供现金或其他资产以建立流动性储备，确保在收取基础资产款项发生延误时能够向资产证券化产品的持有者按协议规定付款，被动用的流动性储备只能通过提留基础资产后续产生的现金流量的方式收回。假设转出方合并该结构化主体，在该种情况下，由于转出方出资设立了流动性储备（即提供了垫付款项），在发生收款延误时，转出方有义务向最终收款方支付尚未从基础资产收取的款项，且如果出现基础资产后续产生的现金流量不足的情况转出方没有收回权，导致该交易不满足上述"转出方只有从该金融资产收到对等的现金流量时，才有义务将其支付给最终收款方"的条件。类似地，如果资产证券化协议规定转出方承担或转出方实际承担了在需要时向结构化主体提供现金借款的确定承诺，且该借款只能通过提留基础资产后续产生的现金流的方式收回，则该资产证券化交易也不满足本条件。

如果结构化主体的流动性储备不是由转出方预提或承诺提供的，而是来自基础资产产生的现金流量或者由资产支持证券的第三方次级权益持有者提供，且转出方不控制（即不需合并）该结构化主体，由于转出方没有向结构化主体（即转入方）支付从被转移金融资产取得的现金流量以外的其他现金流量，这种流动性储备安排满足本条件的情形。

（2）转让合同规定禁止企业（转出方）出售或抵押该金融资产，但企业可以将其作为向最终收款方支付现金流量义务的保证。

企业不能出售该项金融资产，也不能以该项金融资产作为质押品对外进行担保，意味着转出方不再拥有出售或处置被转移金融资产的权利。但是，由于企业负有向最终收款方支付该项金融资产所产生的现金流量的义务，该项金融资产可以作为企业如期向最终收款方支付现金流量的保证。

（3）企业（转出方）有义务将代表最终收款方收取的所有现金流量及时划转给最终收款方，且无重大延误。企业无权将该现金流量进行再投资。但是，如果企业在收款日和最终收款方要求的划转日之间的短暂结算期内将代为收取的现金流量进行现金或现金等价物投资，并且按照合同约定将此类投资的收益支付给最终收款方,则视同满足本条件。

这一条件不仅对转出方在收款日至向最终收款方支付日的短暂结算期间内将收取的现金流量再投资作出了限制,而且将转出方为了最终收款人利益而进行的投资严格地限定为现金或现金等价物投资。在这种情况下,现金和现金等价物应当符合《企业会计准则第31号——现金流量表》中的定义,而且不允许转出方在这些现金或现金等价物投资中保留任何投资收益,所有的投资收益必须支付给最终收款方。例如,如果按照某过手安排,合同条款允许企业将代最终收款方收取的现金流量投资于不满足现金和现金等价物定义的某些理财产品或货币市场基金等产品,则该过手安排不满足本条件,进而不能按照金融资产转移进行后续判断和会计处理。此外,在通常情况下,如果根据合同条款,企业自代为收取现金流量之日起至最终划转给最终收款方的期间超过三个月,则视为有重大延误,进而该过手安排不满足本条件,因此不构成金融资产转移。

(五)分析所转移金融资产的风险和报酬转移情况。

企业转移收取现金流量的合同权利或者通过符合条件的过手安排方式转移金融资产的,应根据本准则规定进一步对被转移金融资产进行风险和报酬转移分析,以判断是否应终止确认被转移金融资产。

本准则规定,企业在判断金融资产转移是否导致金融资产终止确认时,应当评估其在多大程度上保留了金融资产所有权上的风险和报酬,即比较其在转移前后所承担的、该金融资产未来净现金流量金额及其时间分布变动的风险,并分别以下情形进行处理。

1. 企业转移了金融资产所有权上几乎所有风险和报酬的,应当终止确认该金融资产,并将转移中产生或保留的权利和义务单独确认为资产或负债。

金融资产转移后,企业承担的金融资产未来净现金流量现值变动的风险与转移前金融资产未来净现金流量现值变动的风险相比不再显著的,表明该企业已经转移了金融资产所有权上几乎所有风险和报酬。

需要注意的是,金融资产转移后企业承担的未来净现金流量现值变动的风险占转移前变动风险的比例,并不等同于企业保留的现金流量金额占全部现金流量的比例。例如,在一项资产证券化交易中,次级资产支持证券的份额占全部资产支持证券的5%,转出方持有全部次级资产支持证券,这并不意味着转出方仅保留金融资产5%的风险和报酬。实际上,次级资产支持证券向优先级资产支持证券提供了信用增级,而使得基础资产未来现金流量在优先级和次级之间不再是完全成比例分配,因此,转移后企业承担的次级资产支持证券对应的未来净现金流量现值变动的风险可能远大于转移前全部变动风险的5%。

关于这里所指的"几乎所有风险和报酬",企业应当根据金融资产的具体特征作出判断。需要考虑的风险类型通常包括利率风险、信用风险、外汇风险、逾期未付风险、提前偿付风险(或报酬)、权益价格风险等。

在通常情况下,通过分析金融资产转移协议中的条款,企业就可以比较容易地确定是否转移或保留了金融资产所有权上几乎所有的风险和报酬,而不需要通过计算确定。以下情形表明企业已将金融资产所有权上几乎所有的风险和报酬转移给了转入方。

(1)企业无条件出售金融资产。企业出售金融资产时,如果根据与购买方之间的协议约定,在任何时候(包括所出售金融资产的现金流量逾期未收回时)购买方均不能够向企业进行追偿,企业也不承担任何未来损失,此时,企业可以认定几乎所有的风险和报酬已经转移,应当终止确认该金融资产。

例如,某银行向某资产管理公司出售了一组贷款,双方约定,在出售后银行不再承担该组贷款的任何风险,该组贷款发生的所有损失均由资产管理公司承担,资产管理公司不能因该组已出售贷款的包括逾期未付在内的任何未来损失向银行要求补偿。在这种情况下,银行已经将该组贷款上几乎所有的风险和报酬转移,可以终止确认该组贷款。

(2)企业出售金融资产,同时约定按回购日该金融资产的公允价值回购。企业通过与购买方签订协议,按一定价格向购买方出售了一项金融资产,同时约定到期日企业再将该金融资产购回,回购价为到期日该金融资产的公允价值。此时,该项金融资产如果发生公允价值变动,其公允价值变动由购买方承担,因此可以认定企业已经转移了该项金融资产所有权上几乎所有的风险和报酬,应当终止确认该金融资产。同样,企业在金融资产转移以后只保留了优先按照回购日公允价值回购该金融资产的权利的,也应当终止确认所转移的金融资产。

【例22-1】企业出售金融资产,同时约定按回购日该金融资产的公允价值回购

2×18年2月1日,甲公司将其持有的乙上市公司股票转让给丙公司,甲公司与丙公司约定,在4个月后(即6月1日)将按照6月1日乙公司股票的市价回购被转让股票。由于甲公司已经将乙公司股票的所有价值变动风险和报酬转让给丙公司,可以认定甲公司已经转移了该项金融资产所有权上几乎所有的风险和报酬,应当终止确认其转让的乙公司股票。

(3)企业出售金融资产,同时与转入方签订看跌或看涨期权合约,且该看跌或看涨期权为深度价外期权(即到期日之前不大可能变为价内期权),此时可以认定企业已经转移了该项金融资产所有权上几乎所有的风险和报酬,应当终止确认该金融资产。

【例22-2】企业出售金融资产,同时与转入方签订看跌或看涨期权合约

2×18年2月1日,甲公司将其持有的面值为100万元的国债转让给丙公司,并向丙公司签发看跌期权,约定在出售后的4个月内,丙公司可以60万元价格将国债卖回给甲公司。由于国债信用等级高、预计未来4个月内市场利率将维持稳定,甲公司分析认为该看跌期权属于深度价外期权。在此情况下,甲公司应终止确认被转让的国债。

企业需要通过计算判断是否转移或保留了金融资产所有权上几乎所有风险和报酬的,在计算金融资产未来现金流量净现值时,应考虑所有合理、可能的现金流量变动,采用适当的市场利率作为折现率,并采用概率加权平均方法。

2.企业保留了金融资产所有权上几乎所有风险和报酬的,应当继续确认该金融资产。

本准则规定,企业保留了金融资产所有权上几乎所有风险和报酬的,不应当终止确认该金融资产。

与企业转移了金融资产所有权上几乎所有风险和报酬的判断方法相似,企业在判断是否保留了金融资产所有权上几乎所有的风险和报酬时,应当比较其在转移前后面临的该金融资产未来净现金流量金额及其时间分布变动的风险。企业承担的风险没有因金融资产转移发生显著改变的,表明企业仍保留了金融资产所有权上几乎所有的风险和报酬。

以下情形通常表明企业保留了金融资产所有权上几乎所有的风险和报酬。

（1）企业出售金融资产并与转入方签订回购协议，协议规定企业将按照固定价格或是按照原售价加上合理的资金成本向转入方回购原被转移金融资产，或者与售出的金融资产相同或实质上相同的金融资产。例如，采用买断式回购、质押式回购交易卖出债券等。

（2）企业融出证券或进行证券出借。例如，证券公司将自身持有的证券借给客户，合同约定借出期限和出借费率，到期客户需归还相同数量的同种证券，并向证券公司支付出借费用。证券公司保留了融出证券所有权上几乎所有的风险和报酬。因此，证券公司应当继续确认融出的证券。

（3）企业出售金融资产并附有将市场风险敞口转回给企业的总回报互换。在附总回报互换的金融资产出售中，企业出售了一项金融资产，并与转入方达成一项总回报互换协议，如转入方将该资产实际产生的现金流量支付给企业以换取固定付款额或浮动利率付款额，该项资产公允价值的所有增减变动由企业（转出方）承担，从而使企业保留了该金融资产所有权上几乎所有的风险和报酬。在这种情况下，企业应当继续确认所出售的金融资产。

（4）企业出售短期应收款项或信贷资产，并且全额补偿转入方可能因被转移金融资产发生的信用损失。企业将短期应收款项或信贷资产整体出售，符合金融资产转移的条件。但由于企业出售金融资产时做出承诺，当已转移的金融资产将来发生信用损失时，由企业（出售方）进行全额补偿。在这种情况下，企业保留了该金融资产所有权上几乎所有的风险和报酬，因此不应当终止确认所出售的金融资产。这种情形经常出现在资产证券化实务中。例如，企业通过持有次级权益或承诺对特定现金流量担保，实现了对证券化资产的信用增级。如果通过这种信用增级，企业保留了被转移资产所有权上几乎所有的风险和报酬，那么企业就不应当终止确认该金融资产。

（5）企业出售金融资产，同时与转入方签订看跌或看涨期权合约，且该看跌期权或看涨期权为一项价内期权。例如，企业出售某金融资产但同时持有深度价内的看涨期权（即到期日之前不大可能变为价外期权），或者企业出售金融资产而转入方有权通过同时签订的深度价内看跌期权在以后将该金融资产回售给企业。在这两种情况下，由于企业都保留了该项金融资产所有权上几乎所有的风险和报酬，因此不应当终止确认该金融资产。

（6）采用附追索权方式出售金融资产。企业出售金融资产时，如果根据与购买方之间的协议约定，在所出售金融资产的现金流量无法收回时，购买方能够向企业进行追偿，企业也应承担未来损失。此时，可以认定企业保留了该金融资产所有权上几乎所有的风险和报酬，不应当终止确认该金融资产。

3. 企业既没有转移也没有保留金融资产所有权上几乎所有的风险和报酬的，应当判断其是否保留了对金融资产的控制，根据是否保留了控制分别进行处理。

实务中，可通过分析金融资产转移协议中的条款和现金流量分布实际情况（例如将超额服务费等纳入考虑），计算确定金融资产转移前后所承担的未来现金流量现值变动情况，且实践中存在多种可行的计算方法，以下举例说明了两种常用的方法。企业可以根据具体情况选用合适的计算方法并在附注中进行说明，计算方法一经确定，不得随意变更。

【例22-3】金融资产的风险和报酬的转移1

甲公司向不存在关联方关系的乙公司出售剩余期限为30天、总金额为100万人民币元的短期应收账款组合。根据历史经验，此类应收账款的平均损失率为2%。假设甲公司承诺为应收账款组合最先发生的、不超过应收款总金额1.25%损失的部分提供担保，且该交易被认定为金融资产转移。

分析：

为了判断其保留的该短期应收账款组合所有权上的风险和报酬的程度，甲公司对应收账款组合的未来现金流量设定了6种不同的合理且可能发生的假设情景进行分析，估计每种情景下的现金流量现值和发生概率，甲公司采用现值变动的绝对值与发生概率的乘积来衡量风险变动程度，计算得出转移前甲公司面临该应收账款组合的现金流量变动总额，即未来现金流量现值预计变动敞口，如表22-1所示。

表22-1 不同假设情景下转移前甲公司应收账款组合的现金流量变动总额　　　　单位：元

假设情景	未来现金流量现值	发生概率	概率加权	假设情景下的现值变动	现值变动概率加权	预计变动
	①	②	③=①×②	④=①-∑③	⑤=②×④	⑥
低损失	990 000	15.0%	148 500	11 050	1 658	1 658
正常损失和少量提前还款	985 000	20.0%	197 000	6 050	1 210	1 210
正常损失	980 000	35.0%	343 000	1 050	368	368
正常损失和大量提前还款	970 000	25.0%	242 500	-8 950	-2 238	2 238
严重损失	960 000	4.5%	43 200	-18 950	-853	853
非常严重损失	950 000	0.5%	4 750	-28 950	-145	145
合计		100%	978 950	-38 700		6 472

采用类似的方法可以计算出转移后甲公司面临该应收账款组合的预期现金流量变动总额，如表22-2所示。

表22-2 不同假设情景下转移后甲公司应收账款组合的预期现金流量变动总额　　　　单位：元

假设情景	未来现金流量现值	发生概率	概率加权	假设情景下的现值变动	现值变动概率加权	预计变动
	①	②	③=①×②	④=①-∑③	⑤=②×④	⑥
低损失	10 000	15.0%	1 500	-2 125	-319	319
正常损失和少量提前还款	12 500	20.0%	2 500	375	75	75
正常损失	12 500	35.0%	4 375	375	131	131

续表

假设情景	未来现金流量现值 ①	发生概率 ②	概率加权 ③=①×②	假设情景下的现值变动 ④=①-∑③	现值变动概率加权 ⑤=②×④	预计变动 ⑥
正常损失和大量提前还款	12 500	25.0%	3125	375	94	94
严重损失	12 500	4.5%	563	375	17	17
非常严重损失	12 500	0.5%	62	375	2	2
合计		100%	12 125	-250		638

结论：根据上述计算，转移后甲公司承受的相对变动为 638÷6 472＝9.86%，表明甲公司已经转移了该应收账款组合所有权上几乎所有的风险和报酬，应当终止确认该应收账款组合。

【例 22-4】 金融资产的风险和报酬的转移 2

甲银行持有一组类似的可提前偿还的固定利率贷款，2×18 年 1 月 1 日该组贷款的本金和摊余成本均为 1 亿人民币元，合同利率和实际利率均为 10%，剩余偿还期限为 2 年。经协商，甲银行拟将该组贷款转移给某信托机构（以下简称"转入方"）进行证券化。有关资料如下。

2×18 年 1 月 1 日，甲银行与转入方签订协议，将该组贷款转移给转入方，并办理有关手续。甲银行收到款项 9 115 万人民币元，同时保留以下权利：（1）收取本金 1 000 万人民币元以及这部分本金按 10% 的利率所计算确定利息的权利；（2）收取以 9 000 万人民币元为本金、以 0.5% 为利率所计算确定利息（超额利差账户）的权利。转入方取得收取该组贷款本金中的 9 000 万人民币元以及这部分本金按 9.5% 的利率收取利息的权利。根据双方签订的协议，如果债务人提前偿付该组贷款，则偿付金额按 1:9 的比例在甲银行和转入方之间进行分配；但是，如该组贷款发生违约，则违约金额从甲银行拥有的 1 000 万人民币元贷款本金中扣除，直到扣完为止。

分析：该交易不满足本准则第四条判断将终止确认的规定适用于金融资产部分的条件，因此应对金融资产整体适用相关规定。假设该交易可以被认定为金融资产转移，为了判断甲银行保留的该组贷款所有权上的风险和报酬的程度，甲银行对该组贷款的未来现金流量设定了 4 种不同的假设情景进行分析，估计每种情景下的现金流量金额和发生概率，并采用 8.5% 的折现率进行折现，如表 22-3 所示。

表 22-3 不同假设情景下甲公司贷款的现金流量 单位：万元

假设情景		合计	转入方	甲银行
情形 1：所有贷款被立刻提前偿还且没有违约，发生概率为 20%	2×18 年 1 月 1 日未折现的预计现金流量	10 000	9 000	1 000
	现金流量净现值合计	10 000	9 000	1 000

假设情景		合计	转入方	甲银行
情形2：所有贷款在1年后被提前偿还且没有违约，发生概率为30%	2×18年1月1日未折现的预计现金流量			
	2×19年1月1日未折现的预计现金流量	11 000	9 855	1 145
	现金流量净现值合计	10 138	9 083	1 055
情形3：所有贷款在2年后到期日被偿还且没有违约，发生概率为30%	2×18年1月1日未折现的预计现金流量			
	2×19年1月1日未折现的预计现金流量	1 000	855	145
	2×20年1月1日未折现的预计现金流量	11 000	9 855	1 145
	现金流量净现值合计	10 265	9 159	1 106
情形4：所有贷款在1年后违约，处置后收回现金10 741万元，发生概率为20%	2×18年1月1日未折现的预计现金流量			
	2×19年1月1日未折现的预计现金流量	10 741	9 855	886
	现金流量净现值合计	9 900	9 083	817

甲银行采用现值变动的标准差来衡量风险和报酬的变动程度，计算得出转移前甲银行面临该组贷款的现金流量变动总额，即未来现金流量现值变动敞口，如表22-4所示。用现值变动概率加权合计18 600的平方根衡量转移前甲银行承担的该组贷款的风险敞口为136万元。

表22-4　不同假设情景下甲公司转移前贷款的现金流量变动总额　　　单位：万元

假设情景	未来现金流量现值	发生概率	概率加权	现值变动	现值变动概率加权
	①	②	③=①×②	④=①-∑③	⑤=④²×②
情形1	10 000	20%	2 000	-101	2 040
情形2	10 138	30%	3 041	37	410
情形3	10 265	30%	3 080	164	8 069
情形4	9 900	20%	1 980	-201	8 081
合计		100%	10 101		18 600

甲银行采用相同的方法计算得出转移后甲银行面临该组贷款的现金流量变动总额，如表22-5所示。用现值变动概率加权合计10 839的平方根衡量转移后甲银行承担的该组贷款的风险敞口为104万元。

表22-5　不同假设情景下甲公司转移后贷款的现金流量变动总额　　　单位：万元

假设情景	未来现金流量现值	发生概率	概率加权	假设情景下的现值变动	现值变动概率加权
	①	②	③=①×②	④=①-∑③	⑤=④²×②
情形1	1 000	20%	200	-12	29
情形2	1 055	30%	317	43	554

续表

假设情景	未来现金流量现值	发生概率	概率加权	假设情景下的现值变动	现值变动概率加权
	①	②	③=①×②	④=①−∑③	⑤=④²×②
情形3	1 106	30%	332	94	2 651
情形4	817	20%	163	−195	7 605
合计		100%	1 012		10 839

结论:

比较转移前后甲银行承担的该组贷款的风险敞口的变动情况（104÷136=76%），甲银行认为其既没有转移也没有保留该组贷款所有权上几乎所有风险和报酬，应当进一步判断其是否保留了对金融资产的控制以确定是否应终止确认该组贷款。

（六）分析企业是否保留了控制。

若企业既没有转移也没有保留金融资产所有权上几乎所有的风险和报酬，按照本准则规定，应当判断企业是否保留了对该金融资产的控制。如果没有保留对该金融资产的控制的，应当终止确认该金融资产。

本准则此处所述的"控制"概念，与《企业会计准则第33号——合并财务报表》中的"控制"概念相比，在适用场景和判断条件上都有所不同。《企业会计准则第33号——合并财务报表》中的控制是指投资方拥有对被投资方的权力，通过参与被投资方的相关活动而享有可变回报，并且有能力运用对被投资方的权力影响其回报金额。按照本准则规定，企业在判断是否保留了对被转移金融资产的控制时，应当重点关注转入方出售被转移金融资产的实际能力。如果转入方有实际能力单方面决定将转入的金融资产整体出售给与其不相关的第三方，且没有额外条件对此项出售加以限制，则表明企业作为转出方未保留对被转移金融资产的控制；在除此之外的其他情况下，则应视为企业保留了对金融资产的控制。

在判断转入方是否具有将转入的金融资产不受额外条件限制地整体出售给与其不相关的第三方的实际能力时，应当关注转入方实际上能够采取的行动。即转入方实际上能够做什么，而不是合同规定转入方可以做什么或不可以做什么。企业在运用上述原则进行判断时，应当遵循以下要求。

1. 如果不存在被转移资产的市场，则处置被转移资产的合同权利几乎没有实际作用。

2. 如果转入方不能自由地处置被转移金融资产，则处置该资产的能力几乎没有实际作用。这意味着转入方处置被转移资产的能力必须独立于其他人的行为，是一种可单方面行动的能力，并且转入方应当在没有任何限制条件或约束（例如规定如何为被转移资产提供服务或赋予转入方回购该资产的选择权）的情况下即能够处置被转移资产。

根据上述要求，在评估转入方处置被转移金融资产的实际能力时，企业（转出方）应当关注被转移金融资产的市场。如果被转移金融资产可以在活跃市场交易，通常表明转入方有出售被转移资产的实际能力，因为当转入方需要将被转移金融资产交还给企业时，它能够在市场上回购该被转移金融资产。例如，企业转让了一项上市公司股票，该转让附带有允许企业在未来某个日期从转入方回购该公司股票的期权。假设该股票存在活跃市场，则转入方可以自行向第三方出售该股票，当企业行使期权时，转入方可以方便地在市场上买回该股票履行义务。相应地，如果不存在被转移金融资产的市场，即使合同约定转入方有权处置被转移金融资产，由于该处置权不具有实际作用，因此不能判断为转出方未保留对被转移金融资产的控制。再如，一般认为，在我国现行法规环境下不良信贷资产转入方可能没有实际能力在市场上方便地处置被转移不良信贷资产。

虽然转入方不大可能出售被转移资产并不意味着企业（转出方）保留了对被转移资产的控制，但是若在金融资产转移时附有一项限制了转入方处置该金融资产的看跌期权或者担保，则意味着企业保留了对被转移资产的控制。例如，企业转移金融资产时附有一项深度价内看跌期权，这意味着该资产当前的市场价格显著低于行权价，转入方不可能放弃行权而以市场价格将资产出售给第三方。若转入方以不低于行权价的价格将资产出售，则第三方将会要求转入方签发类似的看跌期权。

上述情况下，转入方实际上无法在不附加类似看跌期权或其他限制性条款的情况下出售该金融资产，因此，企业保留了对该金融资产的控制。

企业既没有转移也没有保留金融资产所有权上几乎所有的风险和报酬，且未放弃对该金融资产控制的，应当按照其继续涉入被转移金融资产的程度确认有关金融资产，并相应确认有关负债。在这种情况下确认的有关金融资产和有关负债反映了企业所承担的被转移金融资产价值变动风险或报酬的程度。导致转出方对被转移金融资产形成继续涉入的常见方式有：具有追索权、享有继续服务权、签订回购协议、签发或持有期权或提供担保等。

如果企业对金融资产的继续涉入仅限于金融资产的一部分，例如，企业持有回购一部分被转移金融资产的看涨期权，或者企业保留了某项剩余权益但并未导致企业保留所有权上几乎所有的风险和报酬，且企业保留了控制权，则企业应当按照转移日因继续涉入而继续确认部分和不再确认部分的相对公允价值，在两者之间分配金融资产的原账面价值，并按其继续涉入被转移金融资产的部分确认有关金融资产，并相应确认有关负债。

按照上述流程，可将金融资产转移时的终止确认情形总结为表22-6。

表22-6 金融资产转移时的终止确认情形

情形		结果
已转移金融资产所有权上几乎所有的风险和报酬		终止确认该金融资产（确认新资产/负债）
既没有转移也没有保留金融资产所有权上几乎所有的风险和报酬	放弃了对金融资产的控制	
	未放弃对金融资产的控制	按照继续涉入被转移金融资产的程度确认有关资产和负债
保留了金融资产所有权上几乎所有的风险和报酬		继续确认该金融资产，并将收到的对价确认为金融负债

企业认定金融资产所有权上几乎所有风险和报酬已经转移的，除非企业在新的交易中重新获得被转移金融资产，不应当在未来期间再次确认该金融资产。

在金融资产转移不满足终止确认条件的情况下，转入方不应当将被转移金融资产全部或部分确认为自身资产。转入方应当终止确认所支付的现金或其他对价，同时确认一项对转出方的应收款项。企业（转出方）同时拥有以固定金额重新控制整个被转移金融资产的权利和义务的（如以固定金额回购被转移金融资产），在满足《企业会计准则第22号——金融工具确认和计量》关于摊余成本计量规定的情况下，转入方可以将该应收款项以摊余成本计量。

（七）流程图。

上述金融资产终止确认判断流程可总结为图22-1。

图22-1　金融资产终止确认判断流程

22.2.5 关于满足终止确认条件的金融资产转移的会计处理

对于满足终止确认条件的金融资产转移，企业应当按照被转移的金融资产是金融资产的整体还是金融资产的一部分，分别按照以下方式进行会计处理。

（一）金融资产整体转移的会计处理。

金融资产整体转移满足终止确认条件的，应当将下列两项金额的差额计入当期损益：

1. 被转移金融资产在终止确认日的账面价值；
2. 因转移金融资产而收到的对价，与原直接计入其他综合收益的公允价值变动累计额（涉及转移的金融资产为根据《企业会计准则第 22 号——金融工具确认和计量》第十八条分类为以公允价值计量且其变动计入其他综合收益的金融资产的情形）之和。

当企业在转移贷款及应收款项等金融资产时，有时会对被转移的金融资产继续提供管理服务。例如，商业银行在进行资产证券化业务而将信贷资产转移给结构化的信托时，常常与对方签订服务合同，担任贷款服务机构。作为贷款服务商，该商业银行可能收取一定的服务费并发生一定的成本。如果企业在符合终止确认条件的转移中转移了一项金融资产整体，但保留了向该金融资产提供收费服务的权利，则企业应当就该服务合同确认一项服务资产或一项服务负债。如果企业将收取的费用预计不能充分补偿企业所提供的服务，则应当按公允价值确认该服务义务形成的一项服务负债。如果将收取的费用预计超过对服务的充分补偿，则应当将该服务权利确认为一项服务资产，确认的金额应根据本准则第十五条的规定确定，即将保留的服务资产视同继续确认的部分，将该金融资产的原账面价值按照转移日继续确认部分和终止确认部分的相对公允价值分配给继续确认部分。

企业可能保留了收取被转移资产部分利息的权利，作为对其提供服务的补偿。企业在服务合同终止或转移时所放弃的那部分利息，应分配计入服务资产或服务负债。企业未放弃的那部分利息相当于一项仅含利息的剥离应收款。例如，如果企业在服务合同终止或转移时不放弃任何利息，那么整个息差就是一项仅含利息的剥离应收款。当企业将应收款项账面价值在终止确认部分和继续确认部分之间进行分配时，应考虑上述服务资产的公允价值和仅含利息的剥离应收款的公允价值。

具体计算公式如下：

金融资产整体转移形成的损益 = 因转移收到的对价 – 所转移金融资产账面价值 +（–）原直接计入其他综合收益的公允价值变动累计利得（或损失）

因转移收到的对价 = 因转移交易实际收到的价款 + 新获得金融资产的公允价值 + 因转移获得的服务资产的公允价值 – 新承担金融负债的公允价值 – 因转移承担的服务负债的公允价值

【例 22 – 5】转让贷款的会计处理

2×18 年 1 月 20 日，甲银行与乙资产管理公司签订协议，甲银行将 100 笔贷款打包出售给乙资产管理公司。该组贷款总金额为 8 000 万人民币元，原已计提减值准备为 1 200 万人民币元，双方协议转让价为 6 000 万人民币元，转让后甲银行不再保留任何权利和义务。2×18 年 2 月 20 日，甲银行收到该批贷款出售款项。

分析：本例中，由于甲银行将贷款转让后不再保留任何权利和义务，因此可以判断，贷款所有权上的风险和报酬已经全部转移给乙公司，甲银行应当终止确认该组贷款。甲银行应作如下账务处理：

借：存放中央银行款项　　　　　　　　　　　　　　　　60 000 000
　　贷款损失准备　　　　　　　　　　　　　　　　　　12 000 000
　　贷款处置损益*　　　　　　　　　　　　　　　　　　 8 000 000
　　贷：贷款　　　　　　　　　　　　　　　　　　　　　　　　80 000 000

注：*本例中，甲银行使用"贷款处置损益"科目核算转让贷款实现的损益。实务中，如果此类业务发生不频繁，企业也可在"投资收益"科目核算此类损益。

对于按照《企业会计准则第22号——金融工具确认和计量》第十八条分类为以公允价值计量且其变动计入其他综合收益的金融资产（债务工具投资）整体转移满足终止确认条件的，企业在计量该项转移形成的损益时，应当将原计入其他综合收益的公允价值变动累计利得或损失转出（注意不适用于根据该准则第十九条指定为以公允价值计量且其变动计入其他综合收益的非交易性权益工具投资）。

【例22-6】出售债券的会计处理

2×17年1月1日，甲公司将持有的乙公司发行的10年期公司债券出售给丙公司，经协商，出售价格为311万人民币元，2×16年12月31日该债券公允价值为310万人民币元。该债券于2×16年1月1日发行，甲公司持有该债券时将其分类为以公允价值计量且其变动计入其他综合收益的金融资产，面值（取得成本）为300万人民币元。

本例中，假设甲公司和丙公司在出售协议中约定，出售后该公司债券发生的所有损失均由丙公司自行承担，甲公司已将债券所有权上的几乎所有风险和报酬转移给丙公司，因此，应当终止确认该金融资产。

根据上述资料，首先，应确定出售日该笔债券的账面价值。由于资产负债表日（即2×16年12月31日）该债券的公允价值为310万人民币元，而且该债券属于以公允价值计量且其变动计入其他综合收益的金融资产，因此出售日该债券账面价值为310万人民币元。

其次，应确定已计入其他综合收益的公允价值累计变动额。2×16年12月31日甲公司计入其他综合收益的利得为10（310-300）万人民币元。

最后，确定甲公司出售该债券形成的损益。按照金融资产整体转移形成的损益的计算公式计算，出售该债券形成的收益为11（311-310+10）万元（包含因终止确认而从其他综合收益中转出至当期损益的10万元）。

甲公司出售该公司债券业务应作如下账务处理：

借：银行存款　　　　　　　　　　　　　　　　　　　 3 110 000
　　贷：其他债权投资　　　　　　　　　　　　　　　　　　　 3 100 000
　　　　投资收益　　　　　　　　　　　　　　　　　　　　　　 10 000

同时，将原计入其他综合收益的公允价值变动转出。

借：其他综合收益——公允价值变动　　　　　　　　　　 100 000

贷：投资收益		100 000

因金融资产转移获得了新金融资产或服务资产，或承担了新金融负债或服务负债的，应当在转移日按照公允价值确认该新金融资产或服务资产、金融负债或服务负债，并将该新金融资产和服务资产扣除新金融负债及服务负债后的净额作为对价的组成部分。新获得的金融资产或新承担的金融负债，通常包括看涨期权、看跌期权、担保负债、远期合同、互换等。

【例22-7】出售债券，同时签订看涨期权合约的会计处理

沿用【例22-6】资料，甲公司将债券出售给丙公司时，同时签订了一项看涨期权合约，期权行权日为2×17年12月31日，行权价为400万人民币元，期权的公允价值为1万人民币元，且假定该看涨期权为深度价外期权。其他条件不变。

分析：本例中，转出方持有的看涨期权属于深度价外期权，即预计该期权在行权日之前不太可能变为价内期权。所以，在转让日，可以判定债券所有权上的几乎所有风险和报酬已经转移给丙公司，甲公司应当终止确认该债券。但同时，由于签订了看涨期权合约，获得了一项新的资产，应当按照在转让日的公允价值（1万元）确认该期权。

甲公司出售该债券业务应作如下账务处理：

借：银行存款	3 110 000
衍生工具	10 000
贷：其他债权投资	3 100 000
投资收益	20 000

同时，将原计入其他综合收益的公允价值变动转出。

借：其他综合收益——公允价值变动	100 000
贷：投资收益	100 000

（二）金融资产部分转移的会计处理。

本准则规定，企业转移了金融资产的一部分，且该被转移部分满足终止确认条件的，应当将转移前金融资产整体的账面价值，在终止确认部分和继续确认部分（在此种情形下，所保留的服务资产应当视同继续确认金融资产的一部分）之间，按照转移日各自的相对公允价值进行分摊，并将下列两项金额的差额计入当期损益：

1. 终止确认部分在终止确认日的账面价值；

2. 终止确认部分收到的对价（包括获得的所有新资产减去承担的所有新负债），与原计入其他综合收益的公允价值变动累计额中对应终止确认部分的金额（涉及部分转移的金融资产为根据《企业会计准则第22号——金融工具确认和计量》第十八条分类为以公允价值计量且其变动计入其他综合收益的金融资产的情形）之和。

企业在确定继续确认部分的公允价值时，应当遵循下列规定：（1）企业出售过与继续确认部分类似的金融资产，或继续确认部分存在其他市场交易的，近期实际交易价格可作为其公允价值的最佳估计；（2）继续确认部分没有报价或近期没有市场交易的，其公允价值的最佳估计为转移前金融资产整体的公允价值扣除终止确认部分的对价后的差额。在计量终止确认部分和继续确认部分的公允价值时，除适用上述规定外，企业还应适用《企业会计准则第

39 号——公允价值计量》相关规定。

22.2.6 关于继续确认被转移金融资产的会计处理

企业保留了被转移金融资产所有权上几乎所有的风险和报酬的,表明企业所转移的金融资产不满足终止确认的条件,不应当将其从企业的资产负债表中转出。此时,企业应当继续确认所转移的金融资产整体,因资产转移而收到的对价,应当在收到时确认为一项金融负债。需要注意的是,该金融负债与被转移金融资产应当分别确认和计量,不得相互抵销。在后续会计期间,企业应当继续确认该金融资产产生的收入或利得以及该金融负债产生的费用或损失。

【例22-8】继续确认被转移金融资产的会计处理

2×18年4月1日,甲公司将其持有的一笔国债出售给丙公司,售价为20万人民币元。同时,甲公司与丙公司签订了一项回购协议,3个月后由甲公司将该笔国债购回,回购价为20.175万元。2×18年7月1日,甲公司将该笔国债购回。不考虑其他因素,甲公司应作如下账务处理:

(1) 判断应否终止确认。

由于此项出售属于附回购协议的金融资产出售,到期后甲公司应按固定价格将该笔国债购回,因此可以判断,甲公司保留了该笔国债几乎所有的风险和报酬,不应终止确认,该笔国债应按转移前的计量方法继续进行后续计量。

(2) 2×18年4月1日,甲公司出售该笔国债时。

借:银行存款　　　　　　　　　　　　　　　　　　　　　200 000
　　贷:卖出回购金融资产款　　　　　　　　　　　　　　　　200 000

(3) 2×18年6月30日,甲公司应按根据未来回购价款计算的该卖出回购金融资产款的实际利率计算并确认有关利息费用,计算得出该卖出回购金融资产的实际利率为3.5%。

卖出回购国债的利息费用 = 200 000×3.5%×3/12 = 1 750(元)

借:利息支出　　　　　　　　　　　　　　　　　　　　　1 750
　　贷:卖出回购金融资产款　　　　　　　　　　　　　　　　1 750

(4) 2×18年7月1日,甲公司回购时。

借:卖出回购金融资产款　　　　　　　　　　　　　　　　201 750
　　贷:银行存款　　　　　　　　　　　　　　　　　　　　201 750

该笔国债与该笔卖出回购金融资产款在资产负债表上不应抵销;该笔国债确认的收益,与该笔卖出回购金融资产款产生的利息支出在利润表中不应抵销。

22.2.7 关于继续涉入被转移金融资产的会计处理

企业既没有转移也没有保留金融资产所有权上几乎所有风险和报酬,且保留了对该金融资产控制的,应当按照其继续涉入被转移金融资产的程度继续确认该被转移金融资产,并相应确认相关负债。企业所确认的被转移的金融资产和相关负债,应当反映企业所保留的权利和承担的义务。

企业应当对因继续涉入被转移金融资产形成的有关资产确认相关收益,对继续涉入形成的有关负债确认相关费用。按继续涉入程度继续确认的被转移金融资产应根据所转移金融资产的原性质及其分类，继续列报于资产负债表中的贷款、应收款项等项目。相关负债应当根据被转移的资产是按公允价值计量还是摊余成本计量予以计量，使得被转移资产和相关负债的账面价值：（1）被转移的金融资产以摊余成本计量的，等于企业保留的权利和义务的摊余成本；（2）被转移金融资产以公允价值计量的，等于企业保留的权利和义务按独立基础计量的公允价值。如果所转移的金融资产以摊余成本计量，确认的相关负债不得指定为以公允价值计量且其变动计入当期损益。

（一）通过对被转移金融资产提供担保方式继续涉入被转移金融资产。

企业通过对被转移金融资产提供担保方式继续涉入的，应当在转移日按照金融资产的账面价值和担保金额两者之中的较低者，按继续涉入的程度继续确认被转移资产，同时按照担保金额和担保合同的公允价值之和确认相关负债。这里的担保金额，是指企业所收到的对价中，将可能被要求偿还的最高金额。担保合同的公允价值，通常是指提供担保而收取的费用。

【例22-9】通过对被转移金融资产提供担保方式继续涉入金融资产的会计处理1

甲银行与乙银行签订一笔贷款转让协议，由甲银行将其本金为1 000万元、年利率为10%、贷款期限为9年的组合贷款出售给乙银行，售价为990万元。双方约定，由甲银行为该笔贷款提供担保，担保金额为300万元，实际贷款损失超过担保金额的部分由乙银行承担。转移日，该笔贷款（包括担保）的公允价值为1 000万元，其中，担保的公允价值为100万元。甲银行没有保留对该笔贷款的管理服务权。

分析：在本例中，由于甲银行既没有转移也没有保留该笔组合贷款所有权上几乎所有的风险和报酬，而且假设该贷款没有市场，乙银行不具备出售该笔贷款的实际能力，导致甲银行保留了对该笔贷款的控制，所以应当按照甲银行继续涉入被转移金融资产的程度继续确认该被转移金融资产，并相应确认相关负债。

由于转移日该笔贷款的账面价值为1 000万元，提供的担保金额为300万元，甲银行应当按照300万元继续确认该笔贷款。由于担保的公允价值为100万元，所以甲银行确认相关负债金额为400（300+100）万元。因此，转移日甲银行应作以下账务处理：

借：存放中央银行款项　　　　　　　　　　　　　　　9 900 000
　　继续涉入资产　　　　　　　　　　　　　　　　　3 000 000
　　贷款处置损益　　　　　　　　　　　　　　　　　1 100 000
　贷：贷款　　　　　　　　　　　　　　　　　　　　10 000 000
　　　继续涉入负债　　　　　　　　　　　　　　　　4 000 000

【例22-10】通过对被转移金融资产提供担保方式继续涉入金融资产的会计处理2

甲公司（转出方）持有一组应收账款，该组应收账款的合同到期日为2×18年6月30日，账面价值为500万元。2×18年1月1日，甲公司和乙公司签订了保理协议，将该组应收账款转让给乙公司，转让价格为490万元。该交易中，甲公司保留了最高30日的迟付风险。若应收账款逾期30日，则认定为违约，乙公司将向其他信用保险公司（与甲公司不相关）索偿。甲公司需要为该迟付风险按实际迟付天数（不超过30日）支付年化6%的费率。

迟付风险担保的公允价值为2万元。除了迟付风险，甲公司没有保留任何信用风险或利率风险，也不承担应收账款相关的服务。该组应收账款没有交易市场。

在本例中，甲公司保留了迟付风险，但转移了其他风险。根据测算，甲公司既未转移也未保留该组应收账款所有权上几乎所有风险和报酬。由于该组应收账款没有市场，乙公司没有出售被转移资产的实际能力，甲公司保留了对该组应收账款的控制。因此，甲公司继续涉入该组被转移的应收账款。

分析：

甲公司应按以下金额中孰低确认对被转移资产的继续涉入程度。

（1）被转移资产的账面价值500万元。

（2）甲公司被要求返还的因转移已收取对价中的最大金额，即担保金额2.5（500×30÷360×6%）万元。

甲公司已担保金额2.5万元加上担保的公允价值2万元之和为4.5万元。甲公司以此初始计量相关负债。相关账务处理如下：

借：银行存款	4 900 000
继续涉入资产	25 000
贷款处置损益	120 000
贷：应收账款	5 000 000
继续涉入负债	45 000

甲公司后续期间的账务处理如下：

(1) 摊销担保的对价（分期）。

借：继续涉入负债	20 000
贷：其他业务收入	20 000

(2) 如果乙公司按时收到所有应收账款，则担保到期失效。随着被转移应收账款的及时付款，甲公司可能被要求返还的最大金额减为零，甲公司在保留迟付风险的后续期间作如下账务处理。

借：继续涉入负债	25 000
贷：继续涉入资产	25 000

(3) 如果发生迟付风险，乙公司要求支付1.5万元。

借：信用减值损失	15 000
贷：继续涉入资产	15 000

(4) 当甲公司实际支付赔偿时。

借：继续涉入负债	15 000
贷：银行存款	15 000

（二）因持有看涨期权或签出看跌期权而继续涉入以摊余成本计量的被转移金融资产。

企业因持有看涨期权或签出看跌期权而继续涉入被转移金融资产，且该金融资产以摊余成本计量的，应当按照其可能回购的被转移金融资产的金额继续确认被转移金融资产，在转移日按照收到的对价确认相关负债。

后续期间，被转移金融资产在期权到期日的摊余成本和相关负债初始确认金额之间的差额，应当采用实际利率法摊销，计入当期损益；同时，调整相关负债的账面价值。相关期权行权的，应当在行权时，将相关负债的账面价值与行权价格之间的差额计入当期损益。

【例22-11】因持有看涨期权而继续涉入以摊余成本计量的金融资产

乙公司持有一笔账面价值（即摊余成本）为102万元的长期债券投资，该债券在公开市场不能交易且不易获得，乙公司将其分类为以摊余成本计量的金融资产。2×18年1月1日，乙公司以100万元价款将该笔债券出售给丙公司，同时与丙公司签订一项看涨期权合约，行权日为2×19年12月31日，行权价为105万元。行权日该债券的摊余成本为106万元，公允价值为104万元。

分析：本例中，乙公司收取债券未来现金流量（债券本金和利息）的权利没有终止，而将这项权利转移给了丙公司。但是，出售债券所附的看涨期权既不是重大的价内期权也不是重大的价外期权，因此，乙公司既没有转移也没有保留该债券所有权上几乎所有的风险和报酬。同时，因债券没有活跃的市场，丙公司不拥有出售该债券的实际能力，所以乙公司保留了对该债券的控制。因此，乙公司应当按照继续涉入程度确认和计量被转移债券。有关计算和账务处理如下：

2×18年1月1日，乙公司应当确认继续涉入形成的负债的入账价值为100万元。

借：银行存款　　　　　　　　　　　　　　　　　　　1 000 000
　　贷：继续涉入负债　　　　　　　　　　　　　　　　　　1 000 000

2×18年1月1日至2×19年12月31日，乙公司将该负债与行权日债券的摊余成本之间的差额6（106-100）万元，采用实际利率法分期摊销并计入损益，使继续涉入形成的负债在2×19年12月31日的账面价值达到1 060 000元。

与此同时，乙公司继续以摊余成本计量该债券，并且采用实际利率法分期摊销债券行权日的摊余成本与出售日账面价值之间的差额4（106-102）万元，使该债券在2×19年12月31日的账面价值达到1 060 000元。

2×19年12月31日，如果乙公司行权。

借：继续涉入负债　　　　　　　　　　　　　　　　　1 060 000
　　贷：银行存款　　　　　　　　　　　　　　　　　　　1 050 000
　　　　投资收益　　　　　　　　　　　　　　　　　　　　　10 000

如果乙公司不行权。

借：继续涉入负债　　　　　　　　　　　　　　　　　1060 000
　　贷：债权投资　　　　　　　　　　　　　　　　　　　1060 000

如果转出方向转入方签出一项看跌期权，其会计处理方法与上例类似。

（三）因持有看涨期权而继续涉入以公允价值计量的被转移金融资产。

企业因持有看涨期权而继续涉入以公允价值计量的被转移金融资产的，应当继续按照公允价值计量被转移金融资产，同时按照下列规定计量相关负债。

1. 该期权是价内或平价期权的，应当按照期权的行权价格扣除期权的时间价值后的金额,计量相关负债。

2. 该期权是价外期权的,应当按照被转移金融资产的公允价值扣除期权的时间价值后的金额,计量相关负债。

【例22-12】因持有看涨期权而继续涉入以公允价值计量的金融资产

2×17年1月1日,甲公司向乙公司出售一项分类为以公允价值计量且其变动计入其他综合收益的债务工具投资,该金融资产初始入账价值为80万元,出售日的公允价值为104万元。双方签订了一项甲公司可以于2×18年12月31日以105万元购回该资产的看涨期权合约。上述交易中,乙公司向甲公司支付对价100万元。假定乙公司没有出售该资产的实际能力,即甲公司保留了对该资产的控制。

分析:

在本例中,由于甲公司持有一项看涨期权,使得其既没有转移也没有保留该金融资产所有权上几乎所有的风险和报酬,同时也保留了对该金融资产的控制,因此,应当按照继续涉入程度确认有关金融资产和负债。具体账务处理如下:

(1) 2×17年1月1日,甲公司继续按照公允价值确认该金融资产。其在其他综合收益中累计确认的利得为24(104-80)万元。

由于该看涨期权为价外期权(行权价105万元大于转移日资产的公允价值104万元),内在价值为零,甲公司收到的对价低于该金融资产公允价值的差额4(104-100)万元即为期权的时间价值,因此,继续涉入负债的入账价值为100(104-4)万元。账务处理为:

借:银行存款　　　　　　　　　　　　　　　　　　　　　　　　1 000 000
　　贷:继续涉入负债　　　　　　　　　　　　　　　　　　　　　　1 000 000

(2) 2×17年12月31日,假定资产的公允价值增加为106万元,此时,该期权为价内期权(行权价105万元<106万元),假定其时间价值为2万元。因此,继续涉入负债变为103(105-2)万元。

借:其他债权投资　　　　　　　　　　　　　　　　　　　　　　20 000
　　其他综合收益　　　　　　　　　　　　　　　　　　　　　　10 000
　　贷:继续涉入负债　　　　　　　　　　　　　　　　　　　　　　30 000

(3) 2×18年12月31日,假定该金融资产的公允价值未发生变动,甲公司将以价内行权。

借:继续涉入负债　　　　　　　　　　　　　　　　　　　　　　1 030 000
　　其他综合收益　　　　　　　　　　　　　　　　　　　　　　20 000
　　贷:银行存款　　　　　　　　　　　　　　　　　　　　　　　　1 050 000

假定资产的公允价值降为103万元,此时,甲公司将不会行权,则甲公司将终止确认该金融资产和继续涉入的负债。

借:继续涉入负债　　　　　　　　　　　　　　　　　　　　　　1 030 000
　　其他综合收益　　　　　　　　　　　　　　　　　　　　　　230 000
　　贷:其他债权投资　　　　　　　　　　　　　　　　　　　　　　1 060 000

投资收益	200 000

(四)因签出看跌期权而继续涉入以公允价值计量的被转移金融资产。

企业因签出看跌期权而继续涉入以公允价值计量的被转移金融资产的,应当按照该金融资产的公允价值和该期权行权价格两者的较低者,计量继续涉入形成的资产;同时,按照该期权的行权价格与时间价值之和,计量相关负债。也就是说,如果企业签出的一项看跌期权使其不能终止确认被转移金融资产,则企业仍应按继续涉入的程度继续确认该项资产。由于企业对被转移金融资产公允价值高于期权行权价格的部分不拥有权利,因此,当该金融资产原按照公允价值进行计量时,继续确认该项资产的金额为其公允价值与期权行权价格之间的较低者。

【例22-13】因签出看跌期权而继续涉入以公允价值计量的金融资产

2×17年12月31日,甲公司向乙公司出售一项分类为以公允价值计量且其变动计入其他综合收益的债务工具投资,该投资初始入账价值为80万元,转让日的公允价值为97万元。双方还签订了一项看跌期权协议,约定两年后乙公司可以96万元的价格返售给甲公司。上述交易中,乙公司向甲公司支付对价102万元。假定乙公司没有出售该金融资产的实际能力,即甲公司保留了对该资产的控制。

分析:

本例中,由于甲公司签出一项看跌期权,使得其既没有转移也没有保留该金融资产所有权上几乎所有的风险和报酬,同时保留了对该金融资产的控制,因此,应当按照继续涉入程度确认有关金融资产和负债。具体计算和账务处理如下:

(1)2×17年12月31日,甲公司应当按照该金融资产的公允价值(97万元)和该期权行权价格(96万元)之间的较低者,确认继续涉入形成的资产为96万元。由于看跌期权的时间价值(额外收款额)为5(102-97)万元,因此,继续涉入形成负债的入账金额为101(96+5)万元,账务处理为:

借:银行存款	1 020 000
贷:继续涉入负债	1 010 000
其他债权投资	10 000

(2)2×18年12月31日,假定资产公允价值下跌为94万元。此时,期权为价内期权(行权价96万元>94万元),假设期权时间价值为2万元。因此,继续涉入资产的价值从96万元降为94万元,相应地,继续涉入负债的金额从101万元降为98(96+2)万元,账务处理为:

借:继续涉入负债	30 000
贷:其他债权投资	20 000
其他综合收益	10 000

(3)2×19年12月31日,假定资产的公允价值没有发生变动,乙公司决定在价内行权,甲公司必须以行权价重新取得该投资,账务处理为:

借:继续涉入负债	980 000

贷：银行存款 960 000
　　其他综合收益 20 000

（五）因同时持有看涨期权和签出看跌期权而继续涉入以公允价值计量的被转移金融资产。

企业因同时持有看涨期权和签出看跌期权（即上下限期权）而继续涉入以公允价值计量的被转移金融资产的，应当继续按照公允价值计量被转移金融资产，同时按照下列规定计量相关负债。

1. 该看涨期权是价内或平价期权的，应当按照看涨期权的行权价格和看跌期权的公允价值之和，扣除看涨期权的时间价值后的金额，计量相关负债。

2. 该看涨期权是价外期权的，应当按照被转移金融资产的公允价值和看跌期权的公允价值之和，扣除看涨期权的时间价值后的金额，计量相关负债。

【例22-14】因同时持有看涨期权和签出看跌期权而继续涉入以公允价值计量的金融资产

甲公司与乙公司签订一项股票转让协议，同时购入一项行权价为110万元的看涨期权，并出售了一项行权价为90万元的看跌期权。假定转移日该股票的公允价值为100万元，看涨期权和看跌期权公允价值也即时间价值（由于上述期权均为价外期权，因此无内在价值）分别为5万元和2万元，甲公司收到97万元。

分析：

由于甲公司因卖出一项看跌期权和购入一项看涨期权使所转移股票投资不满足终止确认条件，且按照公允价值来计量该股票投资，因此，甲公司应当在转移日仍按照公允价值确认被转移金融资产。甲公司应确认的金融资产金额为100万元，由于该看涨期权是价外期权，应确认的继续涉入形成的负债金额为97[(100+2)-5]万元。

借：银行存款 970 000
　　贷：继续涉入负债 970 000

（六）对金融资产的继续涉入仅限于金融资产一部分。

对金融资产的继续涉入仅限于金融资产一部分的，企业应当根据本准则第十六条的规定，按照转移日因继续涉入而继续确认部分和不再确认部分的相对公允价值，在两者之间分配金融资产的账面价值，并将下列两项金额的差额计入当期损益：

1. 分配至不再确认部分的账面金额（以转移日为准）；

2. 不再确认部分所收到的对价。

如果涉及转移的金融资产为根据《企业会计准则第22号——金融工具确认和计量》第十八条分类为以公允价值计量且其变动计入其他综合收益的金融资产的，不再确认部分的金额对应的原计入其他综合收益的公允价值变动累计额应当计入当期损益。

【例22-15】对金融资产的继续涉入仅限于金融资产一部分的会计处理

沿用【例22-4】资料，并补充以下资料：

2×18年1月1日，该组贷款的公允价值为10 100万元，0.5%的超额利差账户的公允价值为40万元。

分析：

(1) 甲银行收到 9 115 万元对价，该对价由两部分构成：一部分是转移的 90% 计入贷款及相关利息的对价，即 9 090（10 100×90%）万元；另一部分是因为使保留的权利次级化所取得的对价 25（9 115 - 9 090）万元。此外，由于超额利差账户的公允价值为 40 万元，从而甲银行的该项金融资产转移交易的信用增级相关的对价为 65 万元。

假定甲银行无法取得所转移该组贷款的 90% 和 10% 部分各自的公允价值，则甲银行所转移该组贷款的 90% 部分形成的利得或损失计算如表 22-7 所示。

表 22-7　甲银行所转移贷款形成的利得或损失计算　　　　　　　单位：万元

	估计公允价值	占整体公允价值的百分比	分摊的账面价值
终止确认部分	9 090	90%	9 000
继续确认部分	1 010	10%	1 000
合计	10 100	100%	10 000

甲银行该项金融资产转移形成的利得 = 9 090 - 9 000 = 90（万元）

(2) 甲银行仍保留贷款部分的账面价值为 1 000 万元。

(3) 甲银行因继续涉入而确认资产的金额，按双方协议约定的、因信用增级使甲银行不能收到的现金流入量最大值 1 000 万元；另外，超额利差账户形成的资产 40 万元本质上也是继续涉入形成的资产。

因继续涉入而确认负债的金额，按因信用增级使甲银行不能收到的现金流入最大值 1 000 万元和信用增级的公允价值总额 65 万元，两项合计为 1 065 万元。

据此，甲银行在金融资产转移日应作如下账务处理：

借：存放中央银行款项　　　　　　　　　　　　　　91 150 000
　　继续涉入资产——次级权益　　　　　　　　　　10 000 000
　　　　　　　　——超额利差账户　　　　　　　　　　400 000
　　贷：贷款　　　　　　　　　　　　　　　　　　90 000 000
　　　　继续涉入负债　　　　　　　　　　　　　　10 650 000
　　　　贷款处置损益　　　　　　　　　　　　　　　　900 000

(4) 金融资产转移后，甲银行应根据收入确认原则，采用实际利率法将信用增级取得的对价 65 万元分期予以确认。账务处理为：

借：继续涉入负债　　　　　　　　　　　　　　　　　650 000
　　贷：其他业务收入　　　　　　　　　　　　　　　650 000

此外，还应在资产负债表日计提减值损失。假设 2×18 年 12 月 31 日，已转移贷款的信用损失为 200 万元，则甲银行应作如下账务处理：

借：信用减值损失　　　　　　　　　　　　　　　　2 000 000
　　贷：继续涉入资产——次级权益　　　　　　　　2 000 000

赔付时：

借：继续涉入负债	2 000 000	
贷：存放中央银行款项		2 000 000

22.2.8　关于金融资产转移中向转入方提供非现金担保物的会计处理

企业向金融资产转入方提供了非现金担保物（如债务工具或权益工具投资等）的，企业（转出方）和转入方应当按照下列规定处理。

1. 转入方按照合同或惯例有权出售该担保物或将其再作为担保物的，企业（转出方）应当将该非现金担保物在资产负债表中重新分类，并单独列报。

2. 转入方已将该担保物出售的，应确认出售担保物收到的款项；同时转入方应当就归还担保物义务，按照公允价值确认一项负债。

3. 除企业（转出方）因违约丧失赎回担保物权利外，企业应当继续将担保物确认为一项资产；转入方不得将该担保物确认为资产。

4. 企业（转出方）因违约丧失赎回担保物权利的，应当终止确认该担保物；转入方应当将该担保物确认为一项资产，并以公允价值计量。若转出方因违约丧失赎回担保物权利前，转入方已出售该担保物，则转入方应当终止确认归还担保物的义务。

第 23 章 套期会计

23.1 企业会计准则第 24 号——套期会计

为了适应社会主义市场经济发展需要，规范金融工具的会计处理，提高会计信息质量，根据《企业会计准则——基本准则》，财政部对《企业会计准则第 24 号——套期会计》进行了修订（以下简称"本准则"），现予印发。在境内外同时上市的企业以及在境外上市并采用国际财务报告准则或企业会计准则编制财务报告的企业，自 2018 年 1 月 1 日起施行；其他境内上市企业自 2019 年 1 月 1 日起施行；执行企业会计准则的非上市企业自 2021 年 1 月 1 日起施行。同时，鼓励企业提前执行。执行本准则的企业，不再执行财政部于 2006 年 2 月 15 日印发的《财政部关于印发〈企业会计准则第 1 号——存货〉等 38 项具体准则的通知》（财会〔2006〕3 号）中的《企业会计准则第 24 号——套期保值》，以及财政部于 2015 年 11 月 26 日印发的《商品期货套期业务会计处理暂行规定》（财会〔2015〕18 号）。

执行本准则的企业，应当同时执行财政部于 2017 年修订印发的《企业会计准则第 22 号——金融工具确认和计量》（财会〔2017〕7 号）和《企业会计准则第 23 号——金融资产转移》（财会〔2017〕8 号）。

23.1.1 总则

第一条 为了规范套期会计处理，根据《企业会计准则——基本准则》，制定本准则。

第二条 套期，是指企业为管理外汇风险、利率风险、价格风险、信用风险等特定风险引起的风险敞口，指定金融工具为套期工具，以使套期工具的公允价值或现金流量变动，预期抵销被套期项目全部或部分公允价值或现金流量变动的风险管理活动。

第三条 套期分为公允价值套期、现金流量套期和境外经营净投资套期。

公允价值套期，是指对已确认资产或负债、尚未确认的确定承诺，或上述项目组成部分的公允价值变动风险敞口进行的套期。该公允价值变动源于特定风险，且将影响企业的损益或其他综合收益。其中，影响其他综合收益的情形，仅限于企业对指定为以公允价值计量且其变动计入其他综合收益的非交易性权益工具投资的公允价值变动风险敞口进行的套期。

现金流量套期，是指对现金流量变动风险敞口进行的套期。该现金流量变动源于与已确认资产或负债、极可能发生的预期交易，或与上述项目组成部分有关的特定风险，且将影响企业的损益。境外经营净投资套期，是指对境外经营净投资外汇风险敞口进行的套期。境外经营净投资，是指企业在境外经营净资产中的权益份额。

对确定承诺的外汇风险进行的套期，企业可以将其作为公允价值套期或现金流量套期处理。

第四条 对于满足本准则第二章和第三章规定条件的套期，企业可以运用套期会计方法进行处理。

套期会计方法，是指企业将套期工具和被套期项目产生的利得或损失在相同会计期间计入当期损益（或其他综合收益）以反映风险管理活动影响的方法。

23.1.2 套期工具和被套期项目

第五条 套期工具，是指企业为进行套期而指定的、其公允价值或现金流量变动预期可抵销被套期项目的公允价值或现金流量变动的金融工具，包括：

（一）以公允价值计量且其变动计入当期损益的衍生工具，但签出期权除外。企业只有在对购入期权（包括嵌入在混合合同中的购入期权）进行套期时，签出期权才可以作为套期工具。嵌入在混合合同中但未分拆的衍生工具不能作为单独的套期工具。

（二）以公允价值计量且其变动计入当期损益的非衍生金融资产或非衍生金融负债，但指定为以公允价值计量且其变动计入当期损益，且其自身信用风险变动引起的公允价值变动计入其他综合收益的金融负债除外。

企业自身权益工具不属于企业的金融资产或金融负债，不能作为套期工具。

第六条 对于外汇风险套期，企业可以将非衍生金融资产（选择以公允价值计量且其变动计入其他综合收益的非交易性权益工具投资除外）或非衍生金融负债的外汇风险成分指定为套期工具。

第七条 在确立套期关系时，企业应当将符合条件的金融工具整体指定为套期工具，但下列情形除外。

（一）对于期权，企业可以将期权的内在价值和时间价值分开，只将期权的内在价值变动指定为套期工具。

（二）对于远期合同，企业可以将远期合同的远期要素和即期要素分开，只将即期要素的价值变动指定为套期工具。

（三）对于金融工具，企业可以将金融工具的外汇基差单独分拆，只将排除外汇基差后的金融工具指定为套期工具。

（四）企业可以将套期工具的一定比例指定为套期工具，但不可以将套期工具剩余期限内某一时段的公允价值变动部分指定为套期工具。

第八条 企业可以将两项或两项以上金融工具（或其一定比例）的组合指定为套期工具（包括组合内的金融工具形成风险头寸相互抵销的情形）。

对于一项由签出期权和购入期权组成的期权（如利率上下限期权），或对于两项或两项以上金融工具（或其一定比例）的组合，其在指定日实质上相当于一项净签出期权的，不能将其指定为套期工具。只有在对购入期权（包括嵌入在混合合同中的购入期权）进行套期时，净签出期权才可以作为套期工具。

第九条 被套期项目，是指使企业面临公允价值或现金流量变动风险，且被指定为被套期对象的、能够可靠计量的项目。企业可以将下列单个项目、项目组合或其组成部分指定为被套期项目。

（一）已确认资产或负债。

(二）尚未确认的确定承诺。确定承诺，是指在未来某特定日期或期间，以约定价格交换特定数量资源、具有法律约束力的协议。

（三）极可能发生的预期交易。预期交易，是指尚未承诺但预期会发生的交易。

（四）境外经营净投资。

上述项目组成部分是指小于项目整体公允价值或现金流量变动的部分，企业只能将下列项目组成部分或其组合指定为被套期项目。

（一）项目整体公允价值或现金流量变动中仅由某一个或多个特定风险引起的公允价值或现金流量变动部分（风险成分）。根据在特定市场环境下的评估，该风险成分应当能够单独识别并可靠计量。风险成分也包括被套期项目公允价值或现金流量的变动仅高于或仅低于特定价格或其他变量的部分。

（二）一项或多项选定的合同现金流量。

（三）项目名义金额的组成部分，即项目整体金额或数量的特定部分，其可以是项目整体的一定比例部分，也可以是项目整体的某一层级部分。若某一层级部分包含提前还款权，且该提前还款权的公允价值受被套期风险变化影响的，企业不得将该层级指定为公允价值套期的被套期项目，但企业在计量被套期项目的公允价值时已包含该提前还款权影响的情况除外。

第十条 企业可以将符合被套期项目条件的风险敞口与衍生工具组合形成的汇总风险敞口指定为被套期项目。

第十一条 当企业出于风险管理目的对一组项目进行组合管理，且组合中的每一个项目（包括其组成部分）单独都属于符合条件的被套期项目时，可以将该项目组合指定为被套期项目。

在现金流量套期中，企业对一组项目的风险净敞口（存在风险头寸相互抵销的项目）进行套期时，仅可以将外汇风险净敞口指定为被套期项目，并且应当在套期指定中明确预期交易预计影响损益的报告期间，以及预期交易的性质和数量。

第十二条 企业将一组项目名义金额的组成部分指定为被套期项目时，应当分别满足下列条件。

（一）企业将一组项目的一定比例指定为被套期项目时，该指定应当与该企业的风险管理目标相一致。

（二）企业将一组项目的某一层级部分指定为被套期项目时，应当同时满足下列条件。

1. 该层级能够单独识别并可靠计量。
2. 企业的风险管理目标是对该层级进行套期。
3. 该层级所在的整体项目组合中的所有项目均面临相同的被套期风险。
4. 对于已经存在的项目（如已确认资产或负债、尚未确认的确定承诺）进行的套期，被套期层级所在的整体项目组合可识别并可追踪。
5. 该层级包含提前还款权的，应当符合本准则第九条项目名义金额的组成部分中的相关要求。

本准则所称风险管理目标，是指企业在某一特定套期关系层面上，确定如何指定套期工具和被套期项目，以及如何运用指定的套期工具对指定为被套期项目的特定风险敞口进行套期。

第十三条 如果被套期项目是净敞口为零的项目组合（即各项目之间的风险完全相互抵销），同时满足下列条件时，企业可以将该组项目指定在不含套期工具的套期关系中：

（一）该套期是风险净敞口滚动套期策略的一部分，在该策略下，企业定期对同类型的新的净敞口进行套期；

（二）在风险净敞口滚动套期策略整个过程中，被套期净敞口的规模会发生变化，当其不为零时，企业使用符合条件的套期工具对净敞口进行套期，并通常采用套期会计方法；

（三）如果企业不对净敞口为零的项目组合运用套期会计，将导致不一致的会计结果，因为不运用套期会计方法将不会确认在净敞口套期下确认的相互抵销的风险敞口。

第十四条 运用套期会计时，在合并财务报表层面，只有与企业集团之外的对手方之间交易形成的资产、负债、尚未确认的确定承诺或极可能发生的预期交易才能被指定为被套期项目；在合并财务报表层面，只有与企业集团之外的对手方签订的合同才能被指定为套期工具。对于同一企业集团内的主体之间的交易，在企业个别财务报表层面可以运用套期会计，在企业集团合并财务报表层面不得运用套期会计，但下列情形除外。

（一）在合并财务报表层面，符合《企业会计准则第33号——合并财务报表》规定的投资性主体与其以公允价值计量且其变动计入当期损益的子公司之间的交易，可以运用套期会计。

（二）企业集团内部交易形成的货币性项目的汇兑收益或损失，不能在合并财务报表中全额抵销的，企业可以在合并财务报表层面将该货币性项目的外汇风险指定为被套期项目。

（三）企业集团内部极可能发生的预期交易，按照进行此项交易的主体的记账本位币以外的货币标价，且相关的外汇风险将影响合并损益的，企业可以在合并财务报表层面将该外汇风险指定为被套期项目。

23.1.3 套期关系评估

第十五条 公允价值套期、现金流量套期或境外经营净投资套期同时满足下列条件的，才能运用本准则规定的套期会计方法进行处理。

（一）套期关系仅由符合条件的套期工具和被套期项目组成。

（二）在套期开始时，企业正式指定了套期工具和被套期项目，并准备了关于套期关系和企业从事套期的风险管理策略和风险管理目标的书面文件。该文件至少载明了套期工具、被套期项目、被套期风险的性质以及套期有效性评估方法（包括套期无效部分产生的原因分析以及套期比率确定方法）等内容。

（三）套期关系符合套期有效性要求。

套期有效性，是指套期工具的公允价值或现金流量变动能够抵销被套期风险引起的被套期项目公允价值或现金流量变动的程度。套期工具的公允价值或现金流量变动大于或小于被套期项目的公允价值或现金流量变动的部分为套期无效部分。

第十六条 套期同时满足下列条件的，企业应当认定套期关系符合套期有效性要求。

（一）被套期项目和套期工具之间存在经济关系。该经济关系使得套期工具和被套期项目的价值因面临相同的被套期风险而发生方向相反的变动。

（二）被套期项目和套期工具经济关系产生的价值变动中，信用风险的影响不占主导地位。

（三）套期关系的套期比率，应当等于企业实际套期的被套期项目数量与对其进行套期的套期工具实际数量之比，但不应当反映被套期项目和套期工具相对权重的失衡，这种失衡会导致套期无效，并可能产生与套期会计目标不一致的会计结果。例如，企业确定拟采用的套期比率是为了避免确认现金流量套期的套期无效部分，或是为了创造更多的被套期项目进行公允价值调整以达到增加使用公允价值会计的目的，可能会产生与套期会计目标不一致的会计结果。

第十七条 企业应当在套期开始日及以后期间持续地对套期关系是否符合套期有效性要求进行评估，尤其应当分析在套期剩余期限内预期将影响套期关系的套期无效部分产生的原因。企业至少应当在资产负债表日及相关情形发生重大变化将影响套期有效性要求时对套期关系进行评估。

第十八条 套期关系由于套期比率的原因而不再符合套期有效性要求，但指定该套期关系的风险管理目标没有改变的，企业应当进行套期关系再平衡。

本准则所称套期关系再平衡，是指对已经存在的套期关系中被套期项目或套期工具的数量进行调整，以使套期比率重新符合套期有效性要求。基于其他目的对被套期项目或套期工具所指定的数量进行变动，不构成本准则所称的套期关系再平衡。

企业在套期关系再平衡时，应当首先确认套期关系调整前的套期无效部分，并更新在套期剩余期限内预期将影响套期关系的套期无效部分产生原因的分析，同时相应更新套期关系的书面文件。

第十九条 企业发生下列情形之一的，应当终止运用套期会计。

（一）因风险管理目标发生变化，导致套期关系不再满足风险管理目标。

（二）套期工具已到期、被出售、合同终止或已行使。

（三）被套期项目与套期工具之间不再存在经济关系，或者被套期项目和套期工具经济关系产生的价值变动中，信用风险的影响开始占主导地位。

（四）套期关系不再满足本准则所规定的运用套期会计方法的其他条件。在适用套期关系再平衡的情况下，企业应当首先考虑套期关系再平衡，然后评估套期关系是否满足本准则所规定的运用套期会计方法的条件。

终止套期会计可能会影响套期关系的整体或其中一部分，在仅影响其中一部分时，剩余未受影响的部分仍适用套期会计。

第二十条 套期关系同时满足下列条件的，企业不得撤销套期关系的指定并由此终止套期关系：

（一）套期关系仍然满足风险管理目标；

（二）套期关系仍然满足本准则运用套期会计方法的其他条件。在适用套期关系再平衡的情况下，企业应当首先考虑套期关系再平衡，然后评估套期关系是否满足本准则所规定的运用套期会计方法的条件。

第二十一条 企业发生下列情形之一的，不作为套期工具已到期或合同终止处理。

（一）套期工具展期或被另一项套期工具替换，而且该展期或替换是企业书面文件所载明的风险管理目标的组成部分。

（二）由于法律法规或其他相关规定的要求，套期工具的原交易对手方变更为一个或多个清算交易对手方（例如清算机构或其他主体），以最终达成由同一中央交易对手方进行清算的目的。如果存在套期工具其他变更的，该变更应当仅限于达成此类替换交易对手方所必须的变更。

23.1.4 确认和计量

第二十二条 公允价值套期满足运用套期会计方法条件的，应当按照下列规定处理。

（一）套期工具产生的利得或损失应当计入当期损益。如果套期工具是对选择以公允价值计量且其变动计入其他综合收益的非交易性权益工具投资（或其组成部分）进行套期的，套期工具产生的利得或损失应当计入其他综合收益。

（二）被套期项目因被套期风险敞口形成的利得或损失应当计入当期损益，同时调整未以公允价值计量的已确认被套期项目的账面价值。被套期项目为按照《企业会计准则第22号——金融工具确认和计量》第十八条分类为以公允价值计量且其变动计入其他综合收益的金融资产（或其组成部分）的，其因被套期风险敞口形成的利得或损失应当计入当期损益，其账面价值已经按公允价值计量，不需要调整；被套期项目为企业选择以公允价值计量且其变动计入其他综合收益的非交易性权益工具投资（或其组成部分）的，其因被套期风险敞口形成的利得或损失应当计入其他综合收益，其账面价值已经按公允价值计量，不需要调整。

被套期项目为尚未确认的确定承诺（或其组成部分）的，其在套期关系指定后因被套期风险引起的公允价值累计变动额应当确认为一项资产或负债，相关的利得或损失应当计入各相关期间损益。当履行确定承诺而取得资产或承担负债时，应当调整该资产或负债的初始确认金额，以包括已确认的被套期项目的公允价值累计变动额。

第二十三条 公允价值套期中，被套期项目为以摊余成本计量的金融工具（或其组成部分）的，企业对被套期项目账面价值所作的调整应当按照开始摊销日重新计算的实际利率进行摊销，并计入当期损益。该摊销可以自调整日开始，但不应当晚于对被套期项目终止进行套期利得和损失调整的时点。被套期项目为按照《企业会计准则第22号——金融工具确认和计量》第十八条分类为以公允价值计量且其变动计入其他综合收益的金融资产（或其组成部分）的，企业应当按照相同的方式对累计已确认的套期利得或损失进行摊销，并计入当期损益，但不调整金融资产（或其组成部分）的账面价值。

第二十四条 现金流量套期满足运用套期会计方法条件的，应当按照下列规定处理。

（一）套期工具产生的利得或损失中属于套期有效的部分，作为现金流量套期储备，应当计入其他综合收益。现金流量套期储备的金额，应当按照下列两项的绝对额中较低者确定：

1. 套期工具自套期开始的累计利得或损失；

2. 被套期项目自套期开始的预计未来现金流量现值的累计变动额。

每期计入其他综合收益的现金流量套期储备的金额应当为当期现金流量套期储备的变动额。

（二）套期工具产生的利得或损失中属于套期无效的部分（即扣除计入其他综合收益后的其他利得或损失），应当计入当期损益。

第二十五条 现金流量套期储备的金额，应当按照下列规定处理。

（一）被套期项目为预期交易，且该预期交易使企业随后确认一项非金融资产或非金融负债的，或者非金融资产或非金融负债的预期交易形成一项适用于公允价值套期会计的确定承诺时，企业应当将原在其他综合收益中确认的现金流量套期储备金额转出，计入该资产或负债的初始确认金额。

（二）对于不属于本条（一）涉及的现金流量套期，企业应当在被套期的预期现金流量影响损益的相同期间，将原在其他综合收益中确认的现金流量套期储备金额转出，计入当期损益。

（三）如果在其他综合收益中确认的现金流量套期储备金额是一项损失，且该损失全部或部分预计在未来会计期间不能弥补的，企业应当在预计不能弥补时，将预计不能弥补的部分从其他综合收益中转出，计入当期损益。

第二十六条 当企业对现金流量套期终止运用套期会计时，在其他综合收益中确认的累计现金流量套期储备金额，应当按照下列规定进行处理：

（一）被套期的未来现金流量预期仍然会发生的，累计现金流量套期储备的金额应当予以保留，并按照本准则第二十五条的规定进行会计处理。

（二）被套期的未来现金流量预期不再发生的，累计现金流量套期储备的金额应当从其他综合收益中转出，计入当期损益。被套期的未来现金流量预期不再极可能发生但可能预期仍然会发生，在预期仍然会发生的情况下，累计现金流量套期储备的金额应当予以保留，并按照本准则第二十五条的规定进行会计处理。

第二十七条 对境外经营净投资的套期，包括对作为净投资的一部分进行会计处理的货币性项目的套期，应当按照类似于现金流量套期会计的规定处理。

（一）套期工具形成的利得或损失中属于套期有效的部分，应当计入其他综合收益。

全部或部分处置境外经营时，上述计入其他综合收益的套期工具利得或损失应当相应转出，计入当期损益。

（二）套期工具形成的利得或损失中属于套期无效的部分，应当计入当期损益。

第二十八条 企业根据本准则第十八条规定对套期关系作出再平衡的，应当在调整套期关系之前确定套期关系的套期无效部分，并将相关利得或损失计入当期损益。

套期关系再平衡可能会导致企业增加或减少指定套期关系中被套期项目或套期工具的数量。企业增加了指定的被套期项目或套期工具的，增加部分自指定增加之日起作为套期关系的一部分进行处理；企业减少了指定的被套期项目或套期工具的，减少部分自指定减少之日起不再作为套期关系的一部分，作为套期关系终止处理。

第二十九条 对于被套期项目为风险净敞口的套期，被套期风险影响利润表不同列报项目的，企业应当将相关套期利得或损失单独列报，不应当影响利润表中与被套期项目相关的损益列报项目金额(如营业收入或营业成本)。

对于被套期项目为风险净敞口的公允价值套期,涉及调整被套期各组成项目账面价值的,企业应当对各项资产和负债的账面价值做相应调整。

第三十条 除本准则第二十九条规定外,对于被套期项目为一组项目的公允价值套期,企业在套期关系存续期间,应当针对被套期项目组合中各组成项目,分别确认公允价值变动所引起的相关利得或损失,按照本准则第二十二条的规定进行相应处理,计入当期损益或其他综合收益。涉及调整被套期各组成项目账面价值的,企业应当对各项资产和负债的账面价值做相应调整。

除本准则第二十九条规定外,对于被套期项目为一组项目的现金流量套期,企业在将其他综合收益中确认的相关现金流量套期储备转出时,应当按照系统、合理的方法将转出金额在被套期各组成项目中分摊,并按照本准则第二十五条的规定进行相应处理。

第三十一条 企业根据本准则第七条规定将期权的内在价值和时间价值分开,只将期权的内在价值变动指定为套期工具时,应当区分被套期项目的性质是与交易相关还是与时间段相关。被套期项目与交易相关的,对其进行套期的期权时间价值具备交易成本的特征;被套期项目与时间段相关的,对其进行套期的期权时间价值具备为保护企业在特定时间段内规避风险所需支付成本的特征。企业应当根据被套期项目的性质分别进行以下会计处理。

(一)对于与交易相关的被套期项目,企业应当按照本准则第三十二条的规定,将期权时间价值的公允价值变动中与被套期项目相关的部分计入其他综合收益。对于在其他综合收益中确认的期权时间价值的公允价值累计变动额,应当按照本准则第二十五条规定的与现金流量套期储备金额相同的会计处理方法进行处理。

(二)对于与时间段相关的被套期项目,企业应当按照本准则第三十二条的规定,将期权时间价值的公允价值变动中与被套期项目相关的部分计入其他综合收益。同时,企业应当按照系统、合理的方法,将期权被指定为套期工具当日的时间价值中与被套期项目相关的部分,在套期关系影响损益或其他综合收益(仅限于企业对指定为以公允价值计量且其变动计入其他综合收益的非交易性权益工具投资的公允价值变动风险敞口进行的套期)的期间内摊销,摊销金额从其他综合收益中转出,计入当期损益。若企业终止运用套期会计,则其他综合收益中剩余的相关金额应当转出,计入当期损益。

期权的主要条款(如名义金额、期限和标的)与被套期项目相一致的,期权的实际时间价值与被套期项目相关;期权的主要条款与被套期项目不完全一致的,企业应当通过对主要条款与被套期项目完全一致的期权进行估值确定校准时间价值,并确认期权的实际时间价值中与被套期项目相关的部分。

第三十二条 在套期关系开始时,期权的实际时间价值高于校准时间价值的,企业应当以校准时间价值为基础,将其累计公允价值变动计入其他综合收益,并将这两个时间价值的公允价值变动差额计入当期损益;在套期关系开始时,期权的实际时间价值低于校准时间价值的,企业应当将两个时间价值中累计公允价值变动的较低者计入其他综合收益,如果实际时间价值的累计公允价值变动扣减累计计入其他综合收益金额后尚有剩余的,应当计入当期损益。

第三十三条 企业根据本准则第七条规定将远期合同的远期要素和即期要素分开、只将即期要素的价值变动指定为套期工具的，或者将金融工具的外汇基差单独分拆、只将排除外汇基差后的金融工具指定为套期工具的，可以按照与前述期权时间价值相同的处理方式对远期合同的远期要素或金融工具的外汇基差进行会计处理。

23.1.5 信用风险敞口的公允价值选择权

第三十四条 企业使用以公允价值计量且其变动计入当期损益的信用衍生工具管理金融工具（或其组成部分）的信用风险敞口时，可以在该金融工具（或其组成部分）初始确认时、后续计量中或尚未确认时，将其指定为以公允价值计量且其变动计入当期损益的金融工具，并同时作出书面记录，但应当同时满足下列条件：

（一）金融工具信用风险敞口的主体（如借款人或贷款承诺持有人）与信用衍生工具涉及的主体相一致；

（二）金融工具的偿付级次与根据信用衍生工具条款须交付的工具的偿付级次相一致。

上述金融工具（或其组成部分）被指定为以公允价值计量且其变动计入当期损益的金融工具的，企业应当在指定时将其账面价值（如有）与其公允价值之间的差额计入当期损益。如该金融工具是按照《企业会计准则第 22 号——金融工具确认和计量》第十八条分类为以公允价值计量且其变动计入其他综合收益的金融资产的，企业应当将之前计入其他综合收益的累计利得或损失转出，计入当期损益。

第三十五条 同时满足下列条件的，企业应当对按照本准则第三十四条规定的金融工具（或其一定比例）终止以公允价值计量且其变动计入当期损益。

（一）本准则第三十四条规定的条件不再适用，例如信用衍生工具或金融工具（或其一定比例）已到期、被出售、合同终止或已行使，或企业的风险管理目标发生变化，不再通过信用衍生工具进行风险管理。

（二）金融工具（或其一定比例）按照《企业会计准则第 22 号——金融工具确认和计量》的规定，仍然不满足以公允价值计量且其变动计入当期损益的金融工具的条件。

当企业对金融工具（或其一定比例）终止以公允价值计量且其变动计入当期损益时，该金融工具（或其一定比例）在终止时的公允价值应当作为其新的账面价值。同时，企业应当采用与该金融工具被指定为以公允价值计量且其变动计入当期损益之前相同的方法进行计量。

23.1.6 衔接规定

第三十六条 本准则施行日之前套期会计处理与本准则要求不一致的，企业不作追溯调整，但本准则第三十七条所规定的情况除外。

在本准则施行日，企业应当按照本准则的规定对所存在的套期关系进行评估。在符合本准则规定的情况下可以进行再平衡，再平衡后仍然符合本准则规定的运用套期会计方法条件的，将其视为持续的套期关系，并将再平衡所产生的相关利得或损失计入当期损益。

第三十七条 下列情况下，企业应当按照本准则的规定，对在比较财务报表期间最早的期初已经存在的以及在此之后被指定的套期关系进行追溯调整。

（一）企业将期权的内在价值和时间价值分开，只将期权的内在价值变动指定为套期工具。

（二）本准则第二十一条（二）规定的情形。

此外，企业将远期合同的远期要素和即期要素分开、只将即期要素的价值变动指定为套期工具的，或者将金融工具的外汇基差单独分拆、只将排除外汇基差后的金融工具指定为套期工具的，可以按照与本准则关于期权时间价值相同的处理方式对远期合同的远期要素和金融工具的外汇基差的会计处理进行追溯调整。如果选择追溯调整，企业应当对所有满足该选择条件的套期关系进行追溯调整。

23.1.7 附则

第三十八条 本准则自 2018 年 1 月 1 日起施行。

23.2 《企业会计准则第 24 号——套期会计》应用指南

23.2.1 总体要求

《企业会计准则第 24 号——套期会计》对开展套期业务的企业选择运用套期会计时的会计处理进行了规范。企业符合运用套期会计的条件且选择运用套期会计的，应当按照本准则的要求进行会计处理，并且应当按照《企业会计准则第 37 号——金融工具列报》中有关套期会计披露的要求进行信息披露。

企业在经营活动中会面临各类风险，其中涉及外汇风险、利率风险、价格风险、信用风险等。对于此类风险敞口，企业可能会选择通过利用金融工具产生反向的风险敞口（即开展套期业务）来进行风险管理活动。套期会计的目标是在财务报告中反映企业采用金融工具管理因特定风险引起的风险敞口的风险管理活动的影响。

企业应当按照本准则的要求，将套期分为公允价值套期、现金流量套期和境外经营净投资套期，分别进行会计处理。企业应当按照本准则规定进行套期关系的评估。适用套期关系再平衡的，企业应当进行套期关系再平衡，通过调整套期关系的套期比率，使其重新满足套期有效性要求，从而延续套期关系。企业一旦正式指定套期关系并选择应用套期会计的，只能在企业不再符合本准则规定的特定条件时终止应用套期会计，不得自行终止应用套期会计。

本准则同时提供了套期会计的一种替代方法，即企业可以将符合条件的某项面临信用风险的金融工具的整体或部分指定为以公允价值计量且其变动计入当期损益的金融工具，以减少与作为套期工具的信用衍生工具之间会计计量的不匹配，使两者公允价值变动形成自然对冲，从而便于企业管理信用风险，减少损益波动。

23.2.2 关于应设置的会计科目和主要账务处理

企业按照本准则规定进行会计处理，一般需要设置以下科目。

（一）"套期工具"科目。

1. 本科目核算企业开展套期业务（包括公允价值套期、现金流量套期和境外经营净投资套期）的套期工具及其公允价值变动形成的资产或负债。

2. 本科目可按套期工具类别或套期关系进行明细核算。

3. 主要账务处理。

（1）企业将已确认的衍生工具、以公允价值计量且其变动计入当期损益的非衍生金融资产或非衍生金融负债等金融资产或金融负债指定为套期工具的，应当按照其账面价值，借记或贷记本科目，贷记或借记"衍生工具""交易性金融资产"等科目。

（2）资产负债表日，对于公允价值套期，应当按照套期工具产生的利得，借记本科目，贷记"套期损益""其他综合收益——套期损益"等科目，套期工具产生损失作相反的会计分录；对于现金流量套期，应当按照套期工具产生的利得，借记本科目，按照套期有效部分的变动额，贷记"其他综合收益——套期储备"等科目，按照套期工具产生的利得和套期有效部分变动额的差额，贷记"套期损益"科目，套期工具产生损失作相反的会计分录。

（3）金融资产或金融负债不再作为套期工具核算的，应当按照套期工具形成的资产或负债，借记或贷记有关科目，贷记或借记本科目。

4. 本科目期末借方余额，反映企业套期工具形成资产的公允价值；本科目期末贷方余额，反映企业套期工具形成负债的公允价值。

（二）"被套期项目"科目。

1. 本科目核算企业开展套期业务的被套期项目及其公允价值变动形成的资产或负债。

2. 本科目可按被套期项目类别或套期关系进行明细核算。

3. 主要账务处理。

（1）企业将已确认的资产、负债或其组成部分指定为被套期项目的，应当按照其账面价值，借记或贷记本科目，贷记或借记"原材料""债权投资""长期借款"等科目。已计提跌价准备或减值准备的，还应当同时结转跌价准备或减值准备。

（2）资产负债表日，对于公允价值套期，应当按照被套期项目因被套期风险敞口形成的利得，借记本科目，贷记"套期损益""其他综合收益——套期损益"等科目；被套期项目因被套期风险敞口形成损失作相反的会计分录。

（3）资产或负债不再作为被套期项目核算的，应当按照被套期项目形成的资产或负债，借记或贷记有关科目，贷记或借记本科目。

4. 本科目期末借方余额，反映企业被套期项目形成的资产；本科目期末贷方余额，反映企业被套期项目形成的负债。

（三）"套期损益"科目。

1. 本科目核算套期工具和被套期项目价值变动形成的利得和损失。

2. 本科目可按套期关系进行明细核算。

3. 主要账务处理。

（1）资产负债表日，对于公允价值套期，应当按照套期工具产生的利得，借记"套期工具"科目，贷记本科目；套期工具产生损失作相反的会计分录。对于现金流量套期，套期工具的利得中属于套期无效的部分，借记"套期工具"科目，贷记本科目；套期工具的损失中属于套期无效的部分，作相反的会计分录。

（2）资产负债表日，对于公允价值套期，应当按照被套期项目因被套期风险敞口形成的利得，借记"被套期项目"科目，贷记本科目；被套期项目因被套期风险敞口形成损失作相反的会计分录。

4. 期末，应当将本科目余额转入"本年利润"科目，结转后本科目无余额。

（四）"净敞口套期损益"科目。

1. 本科目核算净敞口套期下被套期项目累计公允价值变动转入当期损益的金额或现金流量套期储备转入当期损益的金额。

2. 本科目可按套期关系进行明细核算。

3. 主要账务处理。

（1）对于净敞口公允价值套期，应当在被套期项目影响损益时，将被套期项目因被套期风险敞口形成的累计利得或损失转出，贷记或借记"被套期项目"等科目，借记或贷记本科目。

（2）对于净敞口现金流量套期，应当在将相关现金流量套期储备转入当期损益时，借记或贷记"其他综合收益——套期储备"，贷记或借记本科目；将相关现金流量套期储备转入资产或负债的，当资产和负债影响损益时，借记或贷记资产（或其备抵科目）、负债科目，贷记或借记本科目。

4. 期末，应当将本科目余额转入"本年利润"科目，结转后本科目无余额。

（五）在"其他综合收益"科目下设置"套期储备"明细科目。

1. 本明细科目核算现金流量套期下套期工具累计公允价值变动中的套期有效部分。

2. 本明细科目可按套期关系进行明细核算。

3. 主要账务处理。

（1）资产负债表日，套期工具形成的利得或损失中属于套期有效部分的，借记或贷记"套期工具"科目，贷记或借记本明细科目；属于套期无效部分的，借记或贷记"套期工具"科目，贷记或借记"套期损益"科目。

（2）企业将套期储备转出时，借记或贷记本明细科目，贷记或借记有关科目。

（六）在"其他综合收益"科目下设置"套期损益"明细科目。

1. 本明细科目核算公允价值套期下对指定为以公允价值计量且其变动计入其他综合收益的非交易性权益工具投资或其组成部分进行套期时，套期工具和被套期项目公允价值变动形成的利得和损失。

2. 本明细科目可按套期关系进行明细核算。

3. 主要账务处理。

（1）资产负债表日，应当按照套期工具产生的利得，借记"套期工具"科目，贷记本明细科目；套期工具产生损失作相反的会计分录。

（2）资产负债表日，应当按照被套期项目因被套期风险敞口形成的利得，借记"被套期项目"科目，贷记本明细科目；被套期项目因被套期风险敞口形成损失作相反的会计分录。

4. 当套期关系终止时，应当借记或贷记本明细科目，贷记或借记"利润分配——未分配利润"等科目。

（七）在"其他综合收益"科目下设置"套期成本"明细科目。

1. 本明细科目核算企业将期权的时间价值、远期合同的远期要素或金融工具的外汇基差排除在套期工具之外时，期权的时间价值等产生的公允价值变动。

2. 本明细科目可按套期关系进行明细核算。

3. 主要账务处理。

（1）资产负债表日，对于期权的时间价值等的公允价值变动中与被套期项目相关的部分，应当借记或贷记"衍生工具"等科目，贷记或借记本明细科目。

（2）企业在将相关金额从其他综合收益中转出时，借记或贷记本明细科目，贷记或借记有关科目。

23.2.3 关于套期会计概述

（一）套期的概念。

本准则所称套期，是指企业为管理外汇风险、利率风险、价格风险、信用风险等特定风险引起的风险敞口，指定金融工具为套期工具，以使套期工具的公允价值或现金流量变动，预期抵销被套期项目全部或部分公允价值或现金流量变动的风险管理活动。例如，企业运用商品期货进行套期时，其套期策略通常是，买入（卖出）与现货市场数量相当，但交易方向相反的期货合同，以期在未来某一时间通过期货合同的公允价值变动来补偿现货市场价格变动所带来的价格风险。又如，企业为规避外汇风险，与某金融机构签订外币期权合同，对现存数额较大的美元敞口进行外汇风险套期。

（二）套期的分类。

在套期会计中，套期分为公允价值套期、现金流量套期和境外经营净投资套期。

1. 公允价值套期。

公允价值套期，是指对已确认资产或负债、尚未确认的确定承诺，或上述项目组成部分的公允价值变动风险敞口进行的套期。该公允价值变动源于特定风险，且将影响企业的损益或其他综合收益。其中，影响其他综合收益的情形，仅限于企业对指定为以公允价值计量且其变动计入其他综合收益的非交易性权益工具投资的公允价值变动风险敞口进行的套期。

以下是公允价值套期的例子。

（1）某企业签订一项以固定利率换浮动利率的利率互换合约，对其承担的固定利率负债的利率风险引起的公允价值变动风险敞口进行套期。

（2）某石油公司签订一项6个月后以固定价格购买原油的合同（尚未确认的确定承诺），为规避原油价格风险，该公司签订一项未来卖出原油的期货合约，对该确定承诺的价格风险引起的公允价值变动风险敞口进行套期。

（3）某企业购买一项看跌期权合同，对持有的选择以公允价值计量且其变动计入其他综合收益的非交易性权益工具投资的证券价格风险引起的公允价值变动风险敞口进行套期。

2. 现金流量套期。

现金流量套期，是指对现金流量变动风险敞口进行的套期。该现金流量变动源于与已确认资产或负债、极可能发生的预期交易，或与上述项目组成部分有关的特定风险，且将影响企业的损益。

以下是现金流量套期的例子。

(1) 某企业签订一项以浮动利率换固定利率的利率互换合约,对其承担的浮动利率债务的利率风险引起的现金流量变动风险敞口进行套期。

(2) 某橡胶制品公司签订一项未来买入橡胶的远期合同,对 3 个月后预期极可能发生的与购买橡胶相关的价格风险引起的现金流量变动风险敞口进行套期。

(3) 某企业签订一项购入外币的外汇远期合同,对以固定外币价格买入原材料的极可能发生的预期交易的外汇风险引起的现金流量变动风险敞口进行套期。

3. 境外经营净投资套期。

境外经营净投资套期,是指对境外经营净投资外汇风险敞口进行的套期。境外经营净投资套期中的被套期风险是指境外经营的记账本位币与母公司的记账本位币之间的折算差额。

此外,企业对确定承诺的外汇风险进行套期的,按照本准则的规定,可以将其作为现金流量套期或公允价值套期处理。例如,某航空公司签订一项 3 个月后以固定外币金额购买飞机的合同(尚未确认的确定承诺),为规避外汇风险,签订一项外汇远期合同,对该确定承诺的外汇风险引起的公允价值变动或者现金流量变动风险敞口进行套期。

(三)套期会计方法。

对于满足本准则规定条件的套期,企业可运用套期会计方法进行处理。

套期会计方法,是指企业将套期工具和被套期项目产生的利得或损失在相同会计期间计入当期损益(或其他综合收益)以反映风险管理活动影响的方法。

企业开展套期业务以进行风险管理,但是如果按照常规的会计处理方法,可能会导致损益产生更大的波动,这是因为企业被套期的风险敞口和对风险敞口进行套期的金融工具的确认和计量基础不一定相同。例如,企业使用衍生工具对某项极可能发生的预期交易的价格风险进行套期,按照常规会计处理方法,该衍生工具应当以公允价值计量且其变动计入当期损益,而预期交易则需到交易发生时才能予以确认,这样,企业利润表反映的损益就会产生较大的波动。再如,企业使用衍生工具对其持有的存货的价格风险进行套期,按照常规会计处理方法,该衍生工具应当以公允价值计量且其变动计入当期损益,而存货则以成本与可变现净值孰低计量,这同样会导致企业利润表反映的损益产生较大的波动。企业使用金融工具进行风险管理的目的是对冲风险,减少企业损益的波动,而由于常规会计处理方法中有关确认和计量基础不一致,在一定会计期间不仅可能无法如实反映企业的风险管理活动,反而可能会在财务报表上"扩大风险"。因此,尽管从长期来看,被套期项目和套期工具实现了风险的对冲,但是在套期存续期所涵盖的各个会计报告期间内,在常规会计处理方法下有可能会产生会计错配和损益波动。套期会计方法基于企业风险管理活动,将套期工具和被套期项目产生的利得或损失在相同会计期间计入当期损益(或其他综合收益),有助于处理被套期项目和套期工具在确认和计量方面存在的上述差异,并在企业财务报告中如实反映企业进行风险管理活动的影响。

23.2.4 关于套期工具和被套期项目

(一)套期工具。

1. 符合条件的套期工具。

套期工具，是指企业为进行套期而指定的、其公允价值或现金流量变动预期可抵销被套期项目的公允价值或现金流量变动的金融工具。

根据套期工具的定义和本准则的规定，可以作为套期工具的金融工具包括以下几项。

（1）以公允价值计量且其变动计入当期损益的衍生工具，但签出期权除外。企业只有在对购入期权（包括嵌入在混合合同中的购入期权）进行套期时，签出期权才可以作为套期工具。嵌入在混合合同中但未分拆的衍生工具不能作为单独的套期工具。

衍生工具通常可以作为套期工具。衍生工具包括远期合同，期货合同，互换和期权，以及具有远期合同、期货合同、互换和期权中一种或一种以上特征的工具等。例如，某企业为规避库存铜价格下跌的风险，可以卖出一定数量铜期货合同。其中，铜期货合同即是套期工具。

衍生工具无法有效地对冲被套期项目风险的，不能作为套期工具。企业的签出期权（除非该签出期权指定用于抵销购入期权）不能作为套期工具，因为该期权的潜在损失可能大大超过被套期项目的潜在利得，从而不能有效地对冲被套期项目的风险。而购入期权的一方可能承担的损失最多就是期权费，可能拥有的利得通常等于或大大超过被套期项目的潜在损失，可被用来有效对冲被套期项目的风险，因此购入期权的一方可以将购入的期权作为套期工具。

（2）以公允价值计量且其变动计入当期损益的非衍生金融资产或非衍生金融负债，但指定为以公允价值计量且其变动计入当期损益，且其自身信用风险变动引起的公允价值变动计入其他综合收益的金融负债除外。

对于指定为以公允价值计量且其变动计入当期损益，且其自身信用风险变动引起的公允价值变动计入其他综合收益的金融负债，由于没有将整体公允价值变动计入损益，不能被指定为套期工具。

【例23-1】以公允价值计量且其变动计入当期损益的非衍生金融资产作为套期工具

甲公司持有1年期的票据，其收益率与黄金价格指数挂钩。甲公司将该票据分类为以公允价值计量且其变动计入当期损益的金融资产。同时，甲公司签订了一项1年后以固定价格购买黄金的合同（尚未确认的确定承诺），以满足生产需要。

本例中，该票据作为以公允价值计量且其变动计入当期损益的非衍生金融资产，可以被指定为套期工具，对尚未确认的确定承诺的价格风险引起的公允价值变动风险敞口进行套期。

需要注意的是，并非所有以公允价值计量且其变动计入当期损益的金融工具均为符合条件的套期工具。企业应当对因运用公允价值选择权而被指定为以公允价值计量且其变动计入当期损益的金融工具进行评估，以确保套期工具的指定并未与运用公允价值选择权的目标相冲突，即不会再次产生已通过运用公允价值选择权消除的会计错配。

（3）对于外汇风险套期，企业可以将非衍生金融资产（选择以公允价值计量且其变动计入其他综合收益的非交易性权益工具投资除外）或非衍生金融负债的外汇风险成分指定为套期工具。

【例23-2】以摊余成本计量的美元负债的外汇风险成分作为套期工具

甲公司的记账本位币为人民币，发行了5 000万美元、年利率为5%的固定利率债券，每半年支付一次利息，2年后到期。甲公司将该债券分类为以摊余成本计量的金融负债。甲公司同时签订了2年后到期的、5 000万美元的固定价格销售承诺（尚未确认的确定承诺）。

本例中，甲公司可以将以摊余成本计量的美元负债的外汇风险成分作为套期工具，对固定价格销售承诺的外汇风险引起的公允价值变动或者现金流量变动风险敞口进行套期。

2. 对套期工具的指定。

（1）企业在确立套期关系时，应当将前述符合条件的金融工具整体（或外汇风险套期中的非衍生金融资产或非衍生金融负债的外汇风险成分）指定为套期工具。因为企业对套期工具进行计量时，通常以该金融工具整体为对象，采用单一的公允价值基础对其进行计量。但是，由于期权的时间价值、远期合同的远期要素和金融工具的外汇基差通常具备套期成本的特征且可以单独计量，为便于提高某些套期关系的有效性，本准则允许企业在对套期工具进行指定时，作出以下例外处理。

①对于期权，企业可以将期权的内在价值和时间价值分开，只将期权的内在价值变动指定为套期工具。期权的价值包括内在价值（立即执行期权时现货价格与行权价格之差所带来的收益）和时间价值（期权的价格与内在价值之差）。随着期权临近到期，期权的时间价值不断减少直至为零。当企业仅指定期权的内在价值变动为套期工具时，与期权的时间价值相关的公允价值变动被排除在套期有效性评估之外，从而能够提高套期的有效性。

②对于远期合同，企业可以将远期合同的远期要素和即期要素分开，只将即期要素的价值变动指定为套期工具。远期合同的即期要素反映了基础项目远期价格和现货价格的差异，而远期要素的特征取决于不同的基础项目。当企业仅指定远期合同的即期要素的价值变动为套期工具时，能够提高套期的有效性。

③对于金融工具，企业可以将金融工具的外汇基差单独分拆，只将排除外汇基差后的金融工具指定为套期工具。外汇基差反映了货币主权信用差异、市场供求等因素所带来的成本。将外汇基差分拆，只将排除外汇基差后的金融工具指定为套期工具，能够提高套期的有效性。

（2）企业可以将套期工具的一定比例指定为套期工具，但不可以将套期工具剩余期限内某一时段的公允价值变动部分指定为套期工具。

【例23-3】对套期工具的指定

甲公司拥有一项支付固定利息、收取浮动利息的互换合同，拟将其用于对公司所发行的浮动利率债券进行套期。该互换合同的剩余期限为10年，而债券的剩余期限为5年。在这种情况下，甲公司不能将该互换合同剩余期限中前5年的互换合同公允价值变动指定为套期工具。

（3）企业可以将两项或两项以上金融工具（或其一定比例）的组合指定为套期工具（包括组合内的金融工具形成风险头寸相互抵销的情形）。

【例23-4】将两个互换合同的组合指定为套期工具

甲公司发行了10年期的固定利率债券。甲公司的风险管理策略为固定未来12个月的利率。因此，甲公司在发行该债券时签订了10年期收取固定利率、支付浮动利率的互换合同（互换条款与债券条款完全匹配）和1年期收取浮动利率、支付固定利率的互换合同。

本例中，如果其他套期会计条件均满足，甲公司可以将这两个互换合同的组合指定为对该债券第2年到第10年利率风险进行公允价值套期的套期工具。

对于一项由签出期权和购入期权组成的期权（如利率上下限期权），或对于两项或两项以上金融工具（或其一定比例）的组合，其在指定日实质上相当于一项净签出期权的，不能将其指定为套期工具。只有在对购入期权（包括嵌入在混合合同中的购入期权）进行套期时，净签出期权才可以作为套期工具。

对于一项由签出期权和购入期权组成的期权，当同时满足以下条件时，实质上不是一项净签出期权，可以将其指定为套期工具：

① 企业在期权组合开始时以及整个期间未收取净期权费；
② 除了行权价格，签出期权组成部分和购入期权组成部分的关键条款是相同的（包括基础变量、计价货币及到期日）；
③ 签出期权的名义金额不大于购入期权的名义金额。

【例23-5】对债券利率风险进行套期

甲公司发行了5年期、1亿元的浮动利率债券。为了对该债券利率风险进行套期，甲公司在债券发行当日购入利率上下限期权组合以对债券高于8%、低于4%的利率风险进行套期。发行当日市场上同等期限债券的市场利率为6%，购入期权的上限与签出期权的下限相比很可能产生溢价，因此甲公司支付净期权费50万元。该利率上下限期权组合中购入的上限8%和签出的下限4%的名义本金同为1亿元。

本例中，由于公司未收取净期权费（支付净期权费50万元），签出期权和购入期权的关键条款相同，且签出期权的名义本金不大于购入期权的名义本金，因此甲公司可以将该利率上下限期权组合指定为对浮动利率债券进行现金流量套期的套期工具。

3. 使用单一套期工具对多种风险进行套期。

企业通常将单项套期工具指定为对一种风险进行套期。但是，如果套期工具与被套期项目的不同风险敞口之间有具体对应关系，则一项套期工具可以被指定为对一种以上的风险进行套期。

【例23-6】使用单一套期工具对多种风险进行套期

甲公司的记账本位币是人民币，其承担了一项5年期浮动利率的美元债务。为规避该金融负债的外汇风险和利率风险，甲公司与某金融机构签订一项交叉货币利率互换合同（互换合同的条款与金融负债的条款相匹配），并将该互换合同指定为套期工具。根据该互换合同，甲公司将定期收取以美元浮动利率计算确定的利息，同时支付以人民币固定利率计算确定的利息。

本例中，一项互换合同被指定为同时对金融负债的外汇风险和利率风险进行套期的套期工具。

（二）被套期项目。

1. 符合条件的被套期项目。

被套期项目，是指使企业面临公允价值或现金流量变动风险，且被指定为被套期对象的、能够可靠计量的项目。

根据被套期项目的定义和本准则的规定，企业可以将下列单个项目、项目组合或其组成部分指定为被套期项目。

(1) 已确认资产或负债。

(2) 尚未确认的确定承诺。其中，确定承诺，是指在未来某特定日期或期间，以约定价格交换特定数量资源、具有法律约束力的协议；尚未确认，是指尚未在资产负债表中确认。

【例23-7】对确定承诺产生的外汇风险进行套期

甲公司为我国境内机器生产企业，采用人民币作为记账本位币。甲公司与境外乙公司签订了一项设备购买合同，约定6个月后按固定的外币价格购入设备，即甲公司与乙公司达成了一项确定承诺。同时，甲公司签订了一份外币远期合同，以对该项确定承诺产生的外汇风险进行套期。

本例中，该确定承诺可以被指定为被套期项目，外币远期合同可以被指定为公允价值套期或现金流量套期中的套期工具。

(3) 极可能发生的预期交易。其中，预期交易，是指尚未承诺但预期会发生的交易。评估预期交易发生的可能性不能仅依靠企业管理人员的意图，而应当基于可观察的事实和相关因素。在评估预期交易发生的可能性时，企业应当考虑以下因素：

①类似交易之前发生的频率；

②企业在财务和经营上从事此项交易的能力；

③企业有充分的资源（例如，在短期内仅能用于生产某一类型商品的设备）能够完成此项交易；

④交易不发生时可能对经营带来的损失和破坏程度；

⑤为达到相同的业务目标，企业可能会使用在实质上不同的交易的可能性（例如，计划筹集资金的企业可以通过获取银行贷款或者发行股票等方式筹集资金）；

⑥企业的业务计划。

此外，企业还应当考虑预期交易发生时点距离当前的时间跨度和预期交易的数量或价值占企业相同性质交易的数量或价值的比例。在其他因素相同的情况下，预期交易发生的时间越远或预期交易的数量或价值占企业相同性质交易的数量或价值的比例越高，预期交易发生的可能性就越小，就越需要有更强有力的证据来支持"极可能发生"的判断。例如，企业预计将在3年后发生的交易比预计将在3个月后发生的交易的可能性小，判断前者"极可能发生"时需要更多的证据支持；企业预计将在1个月内销售1 000件商品（假设在过去3个月平均每月的销售量为1 000件）比预计将在1个月内销售200件商品的可能性小，判断前者"极可能发生"时需要更多的证据支持。

企业应当明确区分预期交易与确定承诺。

【例23-8】预期交易与确定承诺的区分

预期交易：2×18年5月1日，甲公司预期2个月后将购买200吨铜，用于2×18年7月的生产。

确定承诺：2×18年5月1日，甲公司签订了一份法律上具有约束力的采购协议，约定于2×18年6月30日向乙公司以每吨4万元的价格购买200吨铜。

本例中，签订了法律上具有约束力的采购协议为确定承诺，而尚未承诺但预期会发生的交易为预期交易。

(4) 境外经营净投资。

本准则规定，境外经营净投资可以被指定为被套期项目。境外经营净投资，是指企业在境外经营净资产中的权益份额。企业既无计划也无可能在可预见的未来会计期间结算的长期外币货币性应收项目（含贷款），应当视同实质构成境外经营净投资的组成部分。因销售商品或提供劳务等形成的期限较短的应收账款不构成境外经营净投资。

境外经营可以是企业在境外的子公司、合营安排、联营企业或分支机构。在境内的子公司、合营安排、联营企业或分支机构，采用不同于企业记账本位币的，也视同境外经营。

【例23-9】对境外经营净投资进行套期

甲公司的记账本位币为人民币，2×18年1月1日，甲公司以1亿美元从非关联方处购买了境外乙公司的全部普通股股份，取得控制权。在购买日，乙公司的可辨认净资产的公允价值为7 000万美元。甲公司合并财务报表中确认相应商誉3 000万美元。同时，在购买日，甲公司向乙公司提供长期借款2 000万美元，甲公司将其作为长期应收款处理，但甲公司既无计划也无可能在可预见的未来会计期间收回这笔长期应收款。

在购买日，如果甲公司计划对乙公司的境外经营净投资进行套期，则能够被指定为被套期项目的境外经营净投资的最大金额为1.2亿美元，包括所购境外经营的可辨认净资产7 000万美元，构成境外经营净投资一部分的商誉3 000万美元，以及甲公司对乙公司的长期应收款2 000万美元。

企业确定被套期项目时，应当注意以下几点。

(1) 作为被套期项目，应当会使企业面临公允价值或现金流量变动风险（即被套期风险），在本期或未来期间会影响企业的损益或其他综合收益。与之相关的被套期风险，通常包括外汇风险、利率风险、商品价格风险、股票价格风险等。企业的一般经营风险（如固定资产毁损风险等）不能作为被套期风险，因为这些风险不能具体识别和单独计量。同样地，企业合并交易中，与购买另一个企业的确定承诺相关的风险（不包括外汇风险）也不能作为被套期风险。

(2) 采用权益法核算的股权投资不能在公允价值套期中作为被套期项目，因为权益法下，投资方只是将其在联营企业或合营企业中的损益份额确认为当期损益，而不确认投资的公允价值变动。与之相类似，对纳入合并财务报表范围的子公司投资也不能作为被套期项目，但对境外经营净投资可以作为被套期项目，因为相关的套期指定针对的是外汇风险，而不是境外经营净投资的公允价值变动风险。

(3) 在运用套期会计时，在合并财务报表层面，只有与企业集团之外的对手方之间交易形成的资产、负债、尚未确认的确定承诺或极可能发生的预期交易才能被指定为被套期项目；在合并财务报表层面，只有与企业集团之外的对手方签订的合同才能被指定为套期工具。对于同一企业集团内的主体之间的交易,在企业个别财务报表层面可以运用套期会计,在企业集团合并财务报表层面不得运用套期会计,但下列情形除外。

①在合并财务报表层面,符合《企业会计准则第33号——合并财务报表》规定的投资性主体与其以公允价值计量且其变动计入当期损益的子公司之间的交易,可以运用套期会计。

②企业集团内部交易形成的货币性项目的汇兑收益或损失,不能在合并财务报表中全额抵销的,企业可以在合并财务报表层面将该货币性项目的外汇风险指定为被套期项目。

③企业集团内部极可能发生的预期交易,按照进行此项交易的主体的记账本位币以外的货币标价,且相关的外汇风险将影响合并损益的,企业可以在合并财务报表层面将该外汇风险指定为被套期项目。

2. 项目组成部分作为被套期项目的规定和要求。

按照本准则的规定,企业可以将上述已确认资产或负债、尚未确认的确定承诺、极可能发生的预期交易以及境外经营净投资等单个项目整体或者项目组合指定为被套期项目,企业也可以将上述单个项目或者项目组合的一部分(项目组成部分)指定为被套期项目。

项目组成部分是指小于项目整体公允价值或现金流量变动的部分,它仅反映其所属项目整体面临的某些风险,或仅反映一定程度的风险(例如对某项目的一定比例进行指定时)。按照本准则的规定,企业只能将下列项目组成部分或其组合指定为被套期项目。

(1)项目整体公允价值或现金流量变动中仅由某一个或多个特定风险引起的公允价值或现金流量变动部分(风险成分)。

在风险管理实务中,企业经常不是为了对被套期项目整体公允价值或现金流量变动进行套期,而仅为了对特定风险成分进行套期。允许对风险成分进行指定使企业能够更灵活地识别被套期风险。按照本准则的规定,在将风险成分指定为被套期项目时,该风险成分应当能够单独识别并可靠计量。

在识别可被指定为被套期项目的风险成分时,企业应当基于该等风险及相关套期活动所发生的特定市场环境进行评估,并考虑因风险和市场而异的相关事实和情况(例如相关风险成分是否都有市场报价从而能够可靠计量)。同时,企业应当考虑该风险成分是合同明确的风险成分,还是非合同明确的风险成分。非合同明确的风险成分存在于两种情况:①不构成合同的项目(例如极可能发生的预期交易);②未明确该风险成分的合同(例如确定承诺中仅包含一项单一价格,并未列明基于不同基础变量的定价公式)。

【例23-10】考虑风险成分为合同明确的风险成分作为被套期项目

甲公司与乙公司订立了一项以合同指定公式进行定价的长期天然气供应合同,该公司主要参考商品价格(例如柴油)和其他因素(例如运输费)对长期天然气进行定价。为了管理长期天然气供应合同涉及的长期天然气价格风险,甲公司利用柴油远期合同对该供应合同定价中的柴油价格风险进行套期。由于该供应合同的条款和条件对柴油组成部分作出了明确规定,因而柴油价格风险引起的公允价值变动部分属于合同明确的风险成分。

根据长期天然气供应合同定价公式,该风险成分能够单独识别;同时,市场上存在可交易的柴油远期合同,该风险成分能够可靠计量。因此,甲公司的长期天然气供应合同定价中的柴油价格风险引起的公允价值变动部分可以作为符合条件的风险成分，被指定为被套期项目。

【例23-11】考虑风险成分为非合同明确的风险成分作为被套期项目

甲公司为一家航空公司，为了管理其所消耗的航空燃油价格风险，对未来拟购买的部分航空燃油进行套期。

甲公司基于进行套期的时间跨度（时间跨度会影响衍生工具的市场流动性），使用了不同类型的套期工具对未来拟购买的航空燃油价格变动风险敞口进行套期。其中，对于较长的时间跨度（12个月至24个月），甲公司使用原油期货合同进行套期，因为只有此类原油期货合同才具有充分的市场流动性；对于6个月至12个月的时间跨度，甲公司使用具有充分流动性的柴油期货合同进行套期；对于6个月以下的时间跨度，甲公司则使用航空燃油期货合同进行套期。

本例中，尽管甲公司没有任何合同安排对航空燃油中的原油和柴油成分作出明确规定，但甲公司仍可得出结论认为，其购买航空燃油的价格风险包括原油价格风险成分和柴油价格风险成分，这两项风险成分属于非合同明确的风险成分，并且这两项风险成分能够单独识别并可靠计量。因此，甲公司可以将这两项风险成分指定为被套期项目。

【例23-12】固定利率债务工具中的风险成分作为被套期项目

甲公司持有一项固定利率债务工具，该债务工具与基准利率（例如SHIBOR）相比较确定其价差，进而确定其票面利率，因此该债务工具的价格直接随着基准利率的变动而变化。

本例中，甲公司所持有的固定利率债务工具中基准利率的利率风险引起的公允价值变动部分是能够单独识别和可靠计量的风险成分。因此，甲公司可将该风险成分指定为被套期项目。

在企业风险管理活动中，有时企业只对被套期项目的单边风险进行套期，即对被套期项目公允价值或现金流量变动中仅高于或仅低于特定价格或其他变量的部分进行套期。按照本准则规定，该套期的部分风险也可被视为风险成分，可以被指定为被套期项目。例如，某企业预期将购买一批商品，为了管理该批商品未来价格上涨风险，企业可以将因该批商品未来价格上涨而导致的未来现金流量变动风险指定为被套期项目。在这种情况下，企业仅对商品高于特定价格所导致的现金流量损失部分进行指定。企业在风险管理活动中，通常会使用期权作为套期工具进行单边风险的套期。一项购入期权的内在价值，而非时间价值，反映的就是被套期项目的单边风险。

通货膨胀风险一般无法单独识别和可靠计量，因此不能被指定为金融工具的风险成分，除非该通货膨胀风险是合同明确的。但是，在个别情况下，由于通货膨胀环境和相关债务市场的特定因素，企业有可能可以把能够单独识别和可靠计量的通货膨胀风险指定为金融工具的风险成分。例如，企业在某市场环境中发行债券，通货膨胀挂钩债券的交易量和完整的利率期限结构使得该债券市场是一个具有充分流动性的市场，从而能够构造一个零息债券真实利率期限结构。这意味着对相应的货币而言，通货膨胀是市场应予以单独考虑的一项相关因素。在这种情况下，可通过使用零息债券真实利率期限结构将被套期债务工具的现金流量进行折现,来确定通货膨胀风险成分(即类似于无风险利率组成部分的确定方式)。反之,在大多数情况下,通货膨胀风险成分无法单独识别和可靠计量。例如,企业发行仅具有名义利率的债券,而在发行该债券的市场中,通货膨胀挂钩债券的流动性不足以构造零息债券真实利率期限结构。在这种情况下,对市场结构以及相关事实和情况的分析将无法得出通货膨胀是市场予以单独考虑的因素的结论,因此,通货膨胀风险成分不符合指定为被套期项目的条件。在实务中,无论企业实际上使用何种通货膨胀套期工具,上述结论均适用。需要强调的是,已确认的通货膨胀挂钩债券的现金流量中属于合同列明的通货膨胀风险成分(假定不要求对嵌入衍生工具进行单独会计处理)的,该通货膨胀风险能够单独识别和可靠计量,但前提是该工具的其他现金流量不会受到通货膨胀风险成分的影响。

(2)一项或多项选定的合同现金流量。

在企业风险管理活动中,企业有时会对一项或多项选定的合同现金流量进行套期。例如,企业有一笔期限为10年、年利率为8%、按年付息的长期银行借款,企业出于风险管理需要,对该笔借款所产生的前5年应支付利息进行套期。按照本准则规定,一项或多项选定的合同现金流量可以被指定为被套期项目。

(3)项目名义金额的组成部分。

项目名义金额的组成部分,是指项目整体金额或数量的特定部分,其可以是项目整体的一定比例部分,也可以是项目整体的某一层级部分。不同的组成部分类型产生不同的会计处理结果。因此,企业在指定名义金额组成部分时应当与其风险管理目标保持一致。

项目名义金额的组成部分包括项目整体的一定比例部分(如一项贷款的合同现金流量的50%部分)和项目整体的某一层级部分。其中,项目某一层级部分可以从已设定但开放式的总体中指定一个层级,也可以从已设定的名义金额中指定一个层级。例如,下列各项均属于项目某一层级部分。

①货币性交易量的一部分。例如,甲公司2×17年1月实现首笔20万美元的出口销售之后,下一笔金额为20万美元的出口销售所产生的现金流量,可以作为指定的被套期项目。

②实物数量的一部分。例如,甲公司储藏在某地的500万立方米的底层天然气,可以作为指定的被套期项目。

③实物或其他交易量的一部分。例如,甲炼化公司2×17年6月购入的前1 000桶石油,乙发电企业2×17年6月售出的前100兆瓦小时的电力等,均可以作为指定的被套期项目。

④被套期项目的名义金额的某一层。例如,金额为1亿元的确定承诺的最后8 000万元部分;金额为1亿元的固定利率债券的底层2 000万元部分;可按公允价值提前偿付的总金额为1亿元(设定的名义金额为1亿元)的固定利率债务的顶层3 000万元部分。

如果某一层级部分在公允价值套期中被指定为被套期项目,则企业应从设定的名义金额中对其进行指定。企业应根据公允价值变动重新计量被套期项目(即根据归属于被套期风险的公允价值变动重新计量相关项目),以满足公允价值套期的要求。公允价值套期调整必须在损益中确认,且确认时间不得迟于该项目终止确认的时点。因此,企业应当对所设定的名义金额进行跟踪。例如,必须对上述设定的总名义金额1亿元的固定利率债券进行跟踪,以跟踪底层的2 000万元或顶层的3 000万元部分。

如果项目整体的某一层级部分包含提前还款权,且该提前还款权的公允价值受被套期风险变化影响的,企业不得将该层级指定为公允价值套期的被套期项目,但企业在计量被套期项目的公允价值时已包含该提前还款权影响的情况除外。

【例23-13】考虑公允价值变动是否包含提前还款选择权的影响

甲公司向乙银行申请了一笔本金为100万人民币元、期限为5年的贷款,该贷款允许债务人于每年年末最多偿还本金10万元,即贷款本金中的40万元可以提前偿还(分别在贷款第1年至第4年年末偿还),而贷款本金中的60万元则不可提前偿还且具有5年的固定期限。由于该60万元属于固定期限债务、不可提前偿还,且其公允价值不包含提前还款选择权的影响(即该层组成部分不包含提前还款选择权),因此,甲公司可将此项金额的某一层组成部分指定为被套期项目。但是,与可提前还款的40万元相关的公允价值变动则包含提前还款选择权(其公允价值受利率变动风险的影响),因此,40万元的该层组成部分无法成为符合条件的项目组成部分,不能作为被套期项目,除非甲公司在确定被套期项目的公允价值变动时已包含相关提前还款选择权的影响。

3. 汇总风险敞口作为被套期项目的规定和要求。

本准则规定,企业可以将符合被套期项目条件的风险敞口与衍生工具组合形成的汇总风险敞口指定为被套期项目。在指定此类被套期项目时,企业应当评估该汇总风险敞口是否是由风险敞口与衍生工具相结合,从而产生了不同于该风险敞口的另一个风险敞口,并将其作为针对某项(或几项)特定风险的一个风险敞口进行管理。在这种情况下,企业可基于该汇总风险敞口指定被套期项目。

【例23-14】汇总外汇风险敞口作为被套期项目

甲公司的记账本位币为人民币,利用合同期限为15个月的咖啡期货合同对在未来15个月后极可能发生的确定数量的咖啡采购进行套期,以管理其价格风险(基于美元的)。该极可能发生的咖啡采购和咖啡期货合同的组合可被视为一项15个月后固定金额的美元外汇风险敞口(汇总风险敞口)。

【例23-15】汇总利率风险敞口作为被套期项目

甲公司的记账本位币为人民币,其有一笔10年期的固定利率美元债务,甲公司拟对该笔美元债务在整个债务期间的外汇风险进行套期。同时,甲公司的利率风险管理策略是仅需要锁定其人民币的中短期(例如,2年)利率风险敞口,剩余期间其人民币的风险敞口为浮动利率。即甲公司在每2年年末(即每2年滚动一次)锁定未来2年的利率风险敞口。甲公司签订了一项10年期的固定利率换取浮动利率的交叉货币利率互换合同,将固定利率的美元债务转换为浮动利率的人民币债务。

本例中,甲公司出于利率风险管理目的,可以将其固定利率美元债务和10年期的固定利率换取浮动利率的交叉货币利率互换合同相结合作为一项基于人民币的10年期浮动利率汇总风险敞口。同时,甲公司可以签订一项基于人民币的2年期利率互换合同,将未来2年的浮动利率债务转换为固定利率债务,对此汇总风险敞口进行套期。

企业基于汇总风险敞口指定被套期项目时,应当在评估套期有效性和计量套期无效部分时考虑构成该汇总风险敞口的所有项目的综合影响。但是，构成该汇总风险敞口的项目仍须单独进行会计处理，具体要求如下：

（1）作为汇总风险敞口组成部分的衍生工具应当单独确认为以公允价值计量的资产或负债；

（2）如果在构成汇总风险敞口的各项目之间指定套期关系，则衍生工具作为汇总风险敞口组成部分的方式应当与该衍生工具在此汇总风险敞口层面上被指定为套期工具的方式保持一致。例如，对于构成汇总风险敞口的各项目之间的套期关系，如果企业在指定套期工具时将衍生工具的远期要素排除在外，则企业在将该衍生工具作为汇总风险敞口的组成部分指定为被套期项目时也应当将远期要素予以排除。

4. 项目组成部分与项目总现金流量之间的关系。

当金融项目或非金融项目的现金流量的组成部分被指定为被套期项目时，该组成部分应当少于或等于整个项目的现金流量总额。但是，整个项目的所有现金流量可以被指定为被套期项目，而且被套期的只能是某一特定风险（如一项基准利率或者基准商品价格变动所形成的变动风险）。

【例23-16】项目组成部分与项目总现金流量之间的关系1

甲公司发行了一笔固定利率债券，该债券利率以SHIBOR 4.20%减去20个基点为基础确定，即4.00%。在本例中，甲公司不能将该债券等于SHIBOR的利息部分（即4.20%）指定为被套期项目，因为该金额大于债券的合同现金流量总额。但是甲公司可以将该债券的所有合同现金流量指定为被套期项目，并明确这些被套期的现金流量是可归属于SHIBOR的变动部分。

企业在初始确认一项固定利率资产或负债后对其进行公允价值套期的，如果基准利率高于该资产或负债所收到或支付的合同固定利率，本准则允许企业将等于基准利率部分的现金流量指定为被套期项目，但其前提是该基准利率应当低于如同企业在首次指定被套期项目日购入或发行该工具所重新计算的该资产或负债的实际利率。

【例23-17】项目组成部分与项目总现金流量之间的关系2

甲公司购入一项面值为100万元、年实际利率为6%的固定利率金融资产，当时的SHIBOR为4%。经过一段时间后，SHIBOR上升至8%，该项金融资产的公允价值跌至90万元，此时，甲公司开始对该项金融资产进行套期。甲公司计算出若其在首次将相关SHIBOR风险指定为被套期项目的当日购入该金融资产，基于当时公允价值90万元确定该金融资产的实际收益率为9.5%。由于指定日的SHIBOR（8%）低于该实际收益率（9.5%），甲公司可对等于基准利率SHIBOR（8%）的现金流量组成部分进行指定，该组成部分包含该固定利率金融资产的合同利息现金流量（6%）以及该金融资产当日公允价值（90万元）与到期应付金额（100万元）之间的差额的一部分。

【例23-18】项目组成部分与项目总现金流量之间的关系3

甲公司有一项浮动利率金融负债并按3个月期SHIBOR减20个基点的利率（利率下限为零）计息。在该负债的剩余存续期内，只要3个月期SHIBOR的远期利率不低于20个基点,则该负债的现金流量变动将等于3个月期SHIBOR引起的现金流量变动。但是,在该负债的剩余存续期内,如果3个月期SHIBOR的远期利率低于20个基点,则该负债的现金流量变动将低于3个月期SHIBOR引起的现金流量变动。

因此,甲公司只可将由SHIBOR变动引起的负债整体的现金流量变动,即按3个月期SHIBOR减20个基点的利率(考虑利率下限)计算的负债整体的现金流量变动(而非3个月期SHIBOR引起的负债现金流量变动),指定为被套期项目。

【例23-19】项目组成部分与项目总现金流量之间的关系4

甲公司产于某特定油田的特定类型的原油基于相关基准原油进行定价。甲公司在销售合同中对该原油每桶定价为:(基准原油价格-10美元)/桶,但底价不低于15美元/桶。只要针对每次交易的远期价格不低于25美元/桶,则由基准原油价格变动引起的销售合同整体现金流量变动将等于基准原油价格引起的现金流量变动。但是,针对某次交易的远期价格如果低于25美元/桶,则由基准原油价格变动引起的销售合同整体现金流量变动将低于基准原油价格变动引起的现金流量变动。

因此,甲公司只可将由基准原油价格变动引起的该销售合同整体现金流量变动指定为被套期项目,而不能对基准原油价格变动引起的现金流量变动作为组成部分进行指定。

5. 被套期项目的组合。

当企业出于风险管理目的对一组项目进行组合管理,且组合中的每一个项目(包括其组成部分)单独都属于符合条件的被套期项目时,可以将该项目组合指定为被套期项目。一组风险相互抵销的项目形成风险净敞口,一组风险不存在相互抵销的项目形成风险总敞口。只有当企业出于风险管理目的以净额为基础进行套期时,风险净敞口才符合运用套期会计的条件。判断企业是否以净额为基础进行套期应当基于事实,而不仅仅是声明或文件记录。因此,如果仅仅为了达到特定的会计结果却无法反映企业的风险管理策略和风险管理目标,企业不得运用以净额为基础的套期会计。净敞口套期必须是既定风险管理策略的组成部分,通常应当获得企业关键管理人员的批准。

当企业将形成风险净敞口的一组项目指定为被套期项目时,应当将构成该净敞口的所有项目的项目组合整体指定为被套期项目,不应当将不明确的净敞口抽象金额指定为被套期项目。例如,某公司拥有一组在9个月后履约的金额为100万美元的确定销售承诺,以及一组在18个月后履约的金额为120万美元的确定购买承诺。在这种情况下,该公司不能将一个最大金额为20万美元的抽象金额的净头寸进行指定,而必须对形成该被套期净头寸的购买总额和销售总额进行指定。

风险净敞口并非在任何情况下都符合运用套期会计的条件。在现金流量套期中,企业仅可以将外汇风险净敞口指定为被套期项目,并且应当在套期指定中明确预期交易预计影响损益的报告期间,以及预期交易的性质和数量。

企业根据其风险管理目标,可以将一组项目的一定比例或某一层级指定为被套期项目。当企业将一组项目的某一层级部分指定为被套期项目时,应当同时满足以下条件。

(1)该层级能够单独识别并可靠计量。

(2) 企业的风险管理目标是对该层级进行套期。

(3) 该层级所在的整体项目组合中的所有项目均面临相同的被套期风险。

(4) 对于已经存在的项目（如已确认资产或负债、尚未确认的确定承诺）进行的套期，被套期层级所在的整体项目组合可识别并可追踪。

(5) 该层级包含提前还款权的，应当符合本准则第九条项目名义金额的组成部分中的相关要求。

【例23－20】被套期项目的组合

甲公司拥有一个在同一个月发行的固定利率、分期还款的人民币贷款投资组合，但不可提前还款。该投资组合中的各项贷款遵循相同的分期还款时间表，且甲公司能够识别每一项贷款的合同现金流量的发生时间。该投资组合中所有贷款的名义金额之和为10亿元，甲公司的风险管理目标是对相当于该组贷款总额中底层名义金额2.5亿元部分的利率风险进行套期。为此，甲公司可以从该组贷款中识别出指定为被套期项目的2.5亿元底层贷款部分。

23.2.5 关于套期关系评估

（一）运用套期会计的条件。

公允价值套期、现金流量套期或境外经营净投资套期同时满足下列条件的，才能运用本准则规定的套期会计方法进行处理。

第一，套期关系仅由符合条件的套期工具和被套期项目组成。

第二，在套期开始时，企业正式指定了套期工具和被套期项目，并准备了关于套期关系和企业从事套期的风险管理策略和风险管理目标的书面文件。该文件至少载明了套期工具、被套期项目、被套期风险的性质以及套期有效性评估方法（包括套期无效部分产生的原因分析以及套期比率确定方法）等内容。

第三，套期关系符合套期有效性要求。套期有效性，是指套期工具的公允价值或现金流量变动能够抵销被套期风险引起的被套期项目公允价值或现金流量变动的程度。套期工具的公允价值或现金流量变动大于或小于被套期项目的公允价值或现金流量变动的部分为套期无效部分。

1. 风险管理策略和风险管理目标。

按照本准则规定，企业应当区分风险管理策略和风险管理目标。风险管理策略由企业风险管理最高决策机构制定，一般在企业有关纲领性文件中阐述，并通过含有具体指引的政策性文件在企业范围内贯彻落实。风险管理策略通常应当识别企业面临的各类风险并明确企业如何应对这些风险，风险管理策略一般适用于较长时期的风险管理活动，并且包含一定的灵活性以适应策略实施期间内环境的变化（例如，不同利率或商品价格水平导致不同程度的套期）。而风险管理目标是指企业在某一特定套期关系层面上，确定如何指定套期工具和被套期项目，以及如何运用指定的套期工具对指定为被套期项目的特定风险敞口进行套期。因此，风险管理策略可以涵盖许多不同的套期关系，而这些套期关系的风险管理目标旨在落实整体的风险管理策略。

【例23-21】风险管理策略和风险管理目标

甲公司制定了管理债务融资利率风险敞口的策略,该策略规定甲公司将维持20%~40%的固定利率债务。甲公司根据市场利率水平决定如何执行该风险管理策略,即其固定利率债务风险敞口将锁定在20%~40%范围内的某一位置。在市场利率较低时,与利率较高时相比,甲公司将选择维持更大比例的固定利率债务。在这种情况下,甲公司风险管理策略本身保持不变,但是根据市场利率变化对风险管理策略的执行发生了改变,即风险管理目标发生了变化(被套期的利率敞口发生变化)。

2. 套期有效性要求。

套期同时满足下列条件的,企业应当认定套期关系符合套期有效性要求。

(1) 被套期项目和套期工具之间存在经济关系。该经济关系使得套期工具和被套期项目的价值因面临相同的被套期风险而发生方向相反的变动。

如果被套期项目和套期工具之间存在经济关系,则套期工具的价值与被套期项目的价值预期将产生系统性变动,以反映同一基础变量或一组因采用类似的方式来应对被套期风险而存在经济关系的基础变量(例如布伦特原油和西得克萨斯中质原油等)产生的变动。

如果基础变量不同但在经济上相关,则有可能发生套期工具的价值和被套期项目的价值呈同向变动的情况,例如,两个相关的基础变量之间的价差产生了变动,而这两个基础变量本身却未发生显著变动。即便如此,当基础变量发生变动的同时,套期工具的价值与被套期项目的价值预期在通常情况下仍将沿着相反方向变动的,套期工具与被套期项目之间仍然存在经济关系。

当对净头寸进行套期时,企业应当考虑净头寸中各项目的价值变动以及套期工具的公允价值变动。例如,甲公司为境内企业,记账本位币为人民币,拥有一组在9个月后履约的金额为100万美元的确定销售承诺,以及一组在18个月后履约的金额为120万美元的确定购买承诺。甲公司可利用未来购入金额为20万美元的外汇远期合同对其未来需支付20万美元的净头寸的外汇风险进行套期。在确定该套期关系是否符合套期有效性的要求时,企业应当考虑下列两者之间的关系:①外汇远期合同的公允价值变动及确定销售承诺与外汇风险相关的价值变动;②确定购买承诺与外汇风险相关的价值变动。

与此类似,如果在上述例子中甲公司持有一个净头寸为零的组合,则甲公司在确定该套期关系是否符合套期有效性的要求时,应当考虑确定销售承诺与外汇风险相关的价值变动和确定购买承诺与外汇风险相关的价值变动之间的关系。

(2) 被套期项目和套期工具经济关系产生的价值变动中,信用风险的影响不占主导地位。

由于套期会计方法建立在套期工具和被套期项目所产生的利得和损失能够相互抵销这一基本概念之上,因此套期有效性不仅取决于套期工具和被套期项目之间的经济关系,还取决于信用风险对套期工具和被套期项目价值的影响。信用风险的影响意味着,即使套期工具与被套期项目之间存在经济关系,两者之间相互抵销的程度仍可能变得不规律。这可能是由于套期工具或被套期项目的信用风险的变化所致,而且此类信用风险的变化可能会达到一定程度，使信用风险将主导价值变动。例如，企业使用无担保的衍生工具对商品价格风险敞口进行套期。如果该衍生工具交易对手方的信用状况严重恶化，则与商品价格的变动相比，该交易对手方信用状况的变化对套期工具公允价值所产生的影响可能更大，而被套期项目的价值变动则主要取决于商品价格的变动。

如果由信用风险引起的损失或利得将干扰基础变量的变动对套期工具或被套期项目价值的影响，则信用风险的变化程度导致了信用风险在价值变动中起主导作用。反之，如果基础变量在特定期间内发生很小的变动，即使与信用风险相关的很小的价值变动可能会超过基础变量变动所引起的价值变动，信用风险的变化也未必形成主导作用。

（3）套期关系的套期比率，应当等于企业实际套期的被套期项目数量与对其进行套期的套期工具实际数量之比。

被套期项目和套期工具的数量可根据其性质采用多种方式进行计量。作为一般原则，套期关系的套期比率应当与从风险管理角度而设定的套期比率相同。在某些情况下，套期比率可能为1∶1，因为被套期项目的关键条款将与套期工具的关键条款相匹配；然而在实务中的很多情况下，由于多种原因，实际套期比率可能并非1∶1。如果企业对某一项目不足100%的风险敞口（例如，85%）进行套期，则其用来指定套期关系的套期比率应当与上述85%的风险敞口以及企业用于对上述85%的风险敞口进行套期的套期工具实际数量所形成的套期比率相一致。与此类似，如果企业使用名义金额为40个单位的金融工具对某个风险敞口进行套期，则其用来指定套期关系的套期比率应当与上述40个单位（即企业不能使用其所持有的总数中更多的数量单位或更少的数量单位来确定套期比率），以及实际被套期项目的数量所形成的套期比率相一致。

套期比率不应当反映被套期项目和套期工具相对权重的失衡，这种失衡会导致套期无效，并可能产生与套期会计目标不一致的会计结果。因此，在指定套期关系时，企业必须调整由其实际使用的被套期项目数量和套期工具数量形成的套期比率，以避免这种失衡。

如果被套期项目和套期工具的特定权重将导致套期无效部分，企业应当确定该套期无效部分是否具有商业理由。例如，企业使用标准咖啡期货合同对100吨咖啡采购进行套期，每份期货合同的标准数量为37 500磅（1磅＝0.453 6千克）。企业只能使用5份或6份合同（分别相当于85.0吨和102.1吨）对100吨的咖啡采购进行套期。在这种情况下，企业应当采用由其实际使用的咖啡期货合同数量形成的套期比率来指定套期关系，因为由被套期项目和套期工具的权重不匹配导致的套期无效部分不会产生与套期会计目标不一致的会计结果。

企业不得为避免确认现金流量套期的无效部分而改变现金流量套期比率，也不得为创造更多的被套期项目公允价值调整而改变公允价值套期比率。这种会计结果不符合套期会计的目标。

3. 套期有效性评价方法。

企业应当在套期开始日及以后期间持续地对套期关系是否符合套期有效性要求进行评估，尤其应当分析在套期剩余期限内预期将影响套期关系的套期无效部分产生的原因。企业至少应当在资产负债表日及相关情形发生重大变化将影响套期有效性要求时对套期关系进行评估。

一般情况下，套期工具和被套期项目的公允价值或现金流量变动难以实现完全抵销，因而会出现套期无效部分。套期工具的公允价值或现金流量变动大于或小于被套期项目的公允价值或现金流量变动的部分为套期无效部分。在计量套期无效部分时，企业应当考虑货币的时间价值。套期无效部分的形成源于多方面的因素。这些因素通常包括：①套期工具和被套期项目以不同的货币表示；②套期工具和被套期项目有不同的到期期限；③套期工具和被套期项目内含不同的利率或权益指数变量；④套期工具和被套期项目使用不同市场的商品价格标价；⑤套期工具和被套期项目对应不同的交易对手；⑥套期工具在套期开始时的公允价值不等于零等。

为计算被套期项目的价值变动，企业可使用其条款与被套期项目的主要条款相匹配的衍生工具（通常称为"虚拟衍生工具"）。在使用虚拟衍生工具估计被套期项目的价值时，不能使用仅存在于套期工具中而被套期项目不具备的特征。例如，对于以外币计价的债务（无论是固定利率还是浮动利率），企业在使用虚拟衍生工具计算该债务的价值变动或其现金流量累计变动的现值时，即便实际的衍生工具的不同货币汇兑可能包括汇兑费用，虚拟衍生工具也不能简单地直接反映这种费用，因为被套期项目中可能不包含这项费用。

在评估被套期项目和套期工具之间是否存在经济关系时，企业可以采用定性或定量的方法。如果套期工具和被套期项目的主要条款（例如名义金额、到期期限和基础变量）均匹配或大致相符，企业可以根据此类主要条款进行定性评估。如果套期工具和被套期项目的主要条款并非基本匹配，企业可能需要进行定量评估（例如，通过比较被套期风险引起的套期工具和被套期项目公允价值或现金流量变动的比率，或通过采用回归分析方法分析套期工具和被套期项目价值变动的相关性），但两个变量之间仅仅存在某种统计相关性的事实本身不足以有效证明套期工具与被套期项目之间存在经济关系。

企业的风险管理策略是评估套期关系是否符合套期有效性要求的主要信息来源。这意味着，用于决策目的的管理分析信息可作为评估套期关系是否符合套期有效性要求的依据。因此，套期有效性评价方法应当与企业的风险管理策略相吻合，并在套期开始时就在风险管理有关的正式文件中详细加以说明。如果相关情况发生变化从而影响套期有效性，企业可能需要改变评估套期关系是否符合套期有效性要求的方法，以确保该评估仍能够考虑套期关系的相关特征（包括套期无效部分的来源）。当评估套期有效性的方法发生改变时，应当对套期关系书面文件作相应更新。

（二）套期关系再平衡。

套期关系由于套期比率的原因而不再符合套期有效性要求，但指定该套期关系的风险管理目标没有改变的，企业应当进行套期关系再平衡。

本准则所称套期关系再平衡，是指对已经存在的套期关系中被套期项目或套期工具的数量进行调整，以使套期比率重新符合套期有效性要求。基于其他目的对被套期项目或套期工具所指定的数量进行变动，例如仅对特定风险敞口更多或更少的数量进行套期以符合企业的风险管理策略，不构成本准则所称的套期关系再平衡。

调整套期比率使得企业可以应对由于基础变量或风险变量而引起的套期工具和被套期项目之间关系的变动。例如，当套期关系中的套期工具和被套期项目具有不同但是相关的基础变量（如不同但相关的指数、比率或价格）时，套期关系会随着这两个基础变量之间关系的变动而发生变化。当套期工具和被套期项目之间关系发生的变动能通过调整套期比率得以弥补时，再平衡将可以使得套期关系得到延续。但是，在套期工具与被套期项目之间的关系变动不能通过调整套期比率来弥补的情况下，再平衡并不能促使套期关系得到延续。

【例23-22】套期关系再平衡

甲公司运用参考外币 B 的外币衍生工具对外币 A 的风险敞口进行套期，而外币 A 和外币 B 之间的汇率是挂钩的（即其汇率由中央银行或其他监管机构设定或者保持在某一区间）。如果外币 A 与外币 B 的汇率发生了变动（即设定了一个新区间或汇率），则再平衡套期关系以反映新汇率，可确保套期关系在新情况下的套期比率继续满足套期有效性的要求。但是，如果外币衍生工具发生违约，则更改套期比率并不能确保套期关系能够继续满足套期有效性的要求。

并非所有套期工具的公允价值变动和被套期项目的公允价值或现金流量变动之间抵销程度的变化，均会导致套期工具与被套期项目之间的套期关系的变化。企业应当分析预期将在存续期内影响套期关系的套期无效部分的来源，并评估抵销程度的变化属于下列哪一种情形：

1. 抵销程度的变化属于围绕套期比率的正常波动（即能够继续适当反映套期工具与被套期项目之间的关系）；

2. 抵销程度的变化表明套期比率不再能够恰当反映套期工具与被套期项目之间的关系。

为应对每一特定结果而调整套期比率的做法，并不能减少围绕某个固定套期比率的上下波动及由此产生的套期无效部分。在该情况下，只需对套期无效部分进行确认和计量，而无需作出再平衡。

与此相反，如果抵销程度的变化表明该波动围绕着一个套期比率，而该套期比率不同于当前针对该套期关系所使用的套期比率，或存在偏离目前采用的套期比率的趋势，企业可以通过调整套期比率来降低套期无效部分，而保留原套期比率将显著增加套期的无效部分。在该情况下，企业必须评价套期关系是否反映出被套期项目与套期工具之间权重的失衡，这种失衡可能产生套期无效（无论确认与否），并可能产生与套期会计目标不一致的会计结果。如果套期比率被调整。则会同时影响套期无效部分的确认和计量。

通常，再平衡中对被套期项目或套期工具数量的调整应当反映企业实际使用的套期工具和被套期项目的数量调整。但是，如果出现下列情况，则企业必须调整根据实际使用的被套期项目或套期工具的数量而得出的套期比率：

1. 由企业的套期工具或被套期项目的实际数量变动所产生的套期比率反映出某种失衡，这种失衡可能导致套期无效，并可能产生与套期会计目标不一致的会计结果；

2. 企业维持套期工具和被套期项目的实际数量而得出的套期比率在新的情况下反映出某种失衡，这种失衡可能导致套期无效，并可能产生与套期会计目标不一致的会计结果。

企业对套期关系作出再平衡，可以通过增加或减少被套期项目或套期工具数量的方式调整套期比率。但是，数量的减少并不一定意味着那些项目或交易不再存在，或预计不再发生，而是表明其不再是套期关系的一部分。例如，企业减少套期工具的数量，但仍然保留某项衍生工具，该衍生工具仅有一部分将继续作为套期关系中的套期工具。

(三）套期关系的终止。

企业不得撤销指定并终止一项继续满足套期风险管理目标并在再平衡之后继续符合套期会计条件的套期关系。但是，如果套期关系不再满足套期风险管理目标或在再平衡之后不符合套期会计条件等本准则规定情形的，则企业必须终止套期关系。

企业应当采用未来适用法，自不再满足套期会计条件或风险管理目标之日起终止运用套期会计。

当只有部分套期关系不再满足运用套期会计的条件时，套期关系将部分终止，其余部分将继续适用套期会计。例如，当对套期关系作出再平衡时，对套期比率进行的调整可能使得部分被套期项目的数量不再构成套期关系的一部分。因此，仅针对不再构成套期关系一部分的被套期项目的数量终止运用套期会计；或者当作为被套期项目的预期交易的部分数量不再极可能发生时，仅不再极可能发生的被套期项目的数量终止运用套期会计。然而，如果企业曾将预期交易指定为被套期项目，并在后续期间确定该预期交易预计不再会发生，则企业在预测类似的预期交易时，其准确预测预期交易的能力将受到质疑，这将影响对于类似的预期交易是否极可能发生的评估，并进而影响到这些类似的预期交易是否符合被套期项目的评估。

企业发生下列情形之一的，应当终止运用套期会计（包括部分终止运用套期会计和整体终止运用套期会计）。

1. 因风险管理目标发生变化，导致套期关系不再满足风险管理目标。

【例23-23】因风险管理目标发生变化，导致套期关系不再满足风险管理目标

假定甲公司共发行有1亿元的浮动利率债券，公司的风险管理策略是在其债务总额中需要维持20%~40%的固定利率债务。为此，公司在债券发行之初，选择了对其中4 000万元的浮动利率债券进行套期，通过互换合同将其转换为固定利率债券。此后，由于市场利率走低，公司管理层决定调低固定利率债务占比至20%。在此情况下，公司风险管理目标发生了变化，公司将原被套期的4 000万元浮动利率债券中的2 000万元终止运用套期会计。

2. 套期工具已到期、被出售、合同终止或已行使。在套期工具已到期、被出售、合同终止或已行使的情况下，套期关系或其一部分不再满足套期会计的条件，因此应当相应终止运用套期会计。

需要说明的是，根据本准则的规定，企业发生下列情形之一的，不作为套期工具已到期或合同终止处理。

（1）套期工具展期或被另一项套期工具替换，而且该展期或替换是企业书面文件所载明的风险管理目标的组成部分。

（2）由于法律法规或其他相关规定的要求，套期工具的原交易对手方变更为一个或多个清算交易对手方（例如清算机构或其他主体），以最终达成由同一中央交易对手方进行清算的目的。如果存在套期工具其他变更的，该变更应当仅限于替换交易对手方所必须的变更。在将原交易对手方更换为清算交易对手方并确认相应变更的影响时，应当将该影响反映在套期工具的计量中，进而纳入对套期有效性的评估和计量。

例如，对于套期关系中被指定为套期工具的衍生工具，由于新的法律法规要求变更为中央交易对手方，且该变更仅涉及替换交易对手方所必须的变更，则企业应当将原有衍生工具终止确认，并新确认变更交易对手方后的衍生工具，但是变更前的套期关系将作为持续的套期关系进行会计处理，企业无需对套期关系终止运用套期会计。

3. 被套期项目与套期工具之间不再存在经济关系，或者被套期项目和套期工具经济关系产生的价值变动中，信用风险的影响开始占主导地位。

4. 套期关系不再满足本准则所规定的运用套期会计方法的其他条件。例如，套期工具或被套期项目不再符合条件。在适用套期关系再平衡的情况下，企业应当首先考虑套期关系再平衡，然后评估套期关系是否满足本准则所规定的运用套期会计方法的条件。

当部分或整体终止运用套期会计时，企业可以对原套期关系中套期工具或被套期项目指定新的套期关系，这种情况并不构成套期关系的延续，而是重新开始一项套期关系。例如，某一套期工具出现严重信用恶化，企业以新的套期工具将其取代，这意味着原套期关系未能实现风险管理目标，因此被整体终止。新的套期工具被指定为对先前被套期的相同风险敞口进行的套期，并形成新的套期关系。在这种情况下，被套期项目的公允价值或现金流量变动的计量起始日应当是新套期关系的指定日，而非原套期关系的指定日。

23.2.6 关于确认和计量

（一）公允价值套期。

1. 公允价值套期会计处理原则。

本准则规定，公允价值套期满足运用套期会计方法条件的，应当按照下列规定处理。

（1）套期工具产生的利得或损失应当计入当期损益。如果套期工具是对选择以公允价值计量且其变动计入其他综合收益的非交易性权益工具投资（或其组成部分）进行套期的，套期工具产生的利得或损失应当计入其他综合收益。

（2）被套期项目因被套期风险敞口形成的利得或损失应当计入当期损益，同时调整未以公允价值计量的已确认被套期项目的账面价值。被套期项目为按照《企业会计准则第22号——金融工具确认和计量》第十八条分类为以公允价值计量且其变动计入其他综合收益的金融资产（或其组成部分）的，其因被套期风险敞口形成的利得或损失应当计入当期损益，其账面价值已经按公允价值计量，不需要调整；被套期项目为企业选择以公允价值计量且其变动计入其他综合收益的非交易性权益工具投资（或其组成部分）的，其因被套期风险敞口形成的利得或损失应当计入其他综合收益，其账面价值已经按公允价值计量，不需要调整。

需要说明的是，被套期项目为尚未确认的确定承诺（或其组成部分）的，其在套期关系指定后因被套期风险引起的公允价值累计变动额应当确认为一项资产或负债，相关的利得或损失应当计入各相关期间损益。当履行确定承诺而取得资产或承担负债时，应当调整该资产或负债的初始确认金额，以包括已确认的被套期项目的公允价值累计变动额。

公允价值套期中，被套期项目为以摊余成本计量的金融工具（或其组成部分）的，企业对被套期项目账面价值所作的调整应当按照开始摊销日重新计算的实际利率进行摊销，并计入当期损益。该摊销可以自调整日开始，但不应当晚于对被套期项目终止进行套期利得和损失调整的时点。被套期项目为按照《企业会计准则第22号——金融工具确认和计量》第十八条分类为以公允价值计量且其变动计入其他综合收益的金融资产（或其组成部分）的，企业应当按照相同的方式对累计已确认的套期利得或损失进行摊销，并计入当期损益，但不调整金融资产（或其组成部分）的账面价值。

2. 公允价值套期会计处理举例。

【例23-24】对存货公允价值套期的会计处理

2×17年1月1日，甲公司为规避所持有铜存货公允价值变动风险，与某金融机构签订了一项铜期货合同，并将其指定为对2×17年前两个月铜存货的商品价格变化引起的公允价值变动风险的套期工具。铜期货合同的标的资产与被套期项目铜存货在数量、质次和产地方面相同。假设不考虑期货市场中每日无负债结算制度的影响。

2×17年1月1日，铜期货合同的公允价值为零，被套期项目（铜存货）的账面价值和成本均为1 000 000元，公允价值为1 100 000元。2×17年1月31日，铜期货合同公允价值上涨了25 000元，铜存货的公允价值下降了25 000元。2×17年2月28日，铜期货合同公允价值下降了15 000元，铜存货的公允价值上升了15 000元。当日，甲公司将铜存货以1 090 000元的价格出售，并将铜期货合同结算。

甲公司通过分析发现，铜存货与铜期货合同存在经济关系，且经济关系产生的价值变动中信用风险不占主导地位，套期比率也反映了套期的实际数量，符合套期有效性要求。

假定不考虑商品销售相关的增值税及其他因素，甲公司的账务处理如下：

(1) 2×17年1月1日，指定铜存货为被套期项目。

借：被套期项目——库存商品铜　　　　　　　　　　1 000 000
　　贷：库存商品——铜　　　　　　　　　　　　　　　　1 000 000

2×17年1月1日，被指定为套期工具的铜期货合同的公允价值为零，不作账务处理。

(2) 2×17年1月31日，确认套期工具和被套期项目公允价值变动。

借：套期工具——铜期货合同　　　　　　　　　　　25 000
　　贷：套期损益　　　　　　　　　　　　　　　　　　　25 000
借：套期损益　　　　　　　　　　　　　　　　　　25 000
　　贷：被套期项目——库存商品铜　　　　　　　　　　　25 000

(3) 2×17年2月28日，确认套期工具和被套期项目公允价值变动。

借：套期损益　　　　　　　　　　　　　　　　　　15 000
　　贷：套期工具——铜期货合同　　　　　　　　　　　　15 000
借：被套期项目——库存商品铜　　　　　　　　　　15 000
　　贷：套期损益　　　　　　　　　　　　　　　　　　　15 000

确认铜存货销售收入。

借：应收账款或银行存款　　　　　　　　　　　　　1 090 000
　　贷：主营业务收入　　　　　　　　　　　　　　　　　1 090 000

结转铜存货销售成本。

借：主营业务成本　　　　　　　　　　　　　　　　　　　　990 000
　　贷：被套期项目——库存商品铜　　　　　　　　　　　　　990 000
结算铜期货合同。
借：银行存款　　　　　　　　　　　　　　　　　　　　　　10 000
　　贷：套期工具——铜期货合同　　　　　　　　　　　　　　10 000

注：由于甲公司采用套期进行风险管理，规避了铜存货公允价值变动风险，因此其铜存货公允价值下降没有对预期毛利100 000（1 100 000 - 1 000 000）元产生不利影响。同时，甲公司运用公允价值套期将套期工具与被套期项目的公允价值变动损益计入相同会计期间，消除了因企业风险管理活动可能导致的损益波动。

【例23-25】对合同外汇风险进行公允价值套期的会计处理

甲公司为境内商品生产企业，采用人民币作为记账本位币。2×17年3月3日，甲公司与某境外公司签订了一项设备购买合同（确定承诺），设备价格为外币（本例下称"FC"）3 000 000元，交货日期及付款日为2×17年4月30日。

2×17年3月3日，甲公司签订了一项购买FC 3 000 000元的外汇远期合同。根据该远期合同，甲公司将于2×17年4月30日支付人民币4 950 000元购入FC 3 000 000元。2×17年3月3日，外汇远期合同的公允价值为零。

甲公司将该外汇远期合同指定为对FC/人民币汇率变动可能引起的外币计价的确定承诺公允价值变动风险进行套期的套期工具。

2×17年4月30日，甲公司履行确定承诺并以净额结算该远期合同，2×17年4月30日的即期汇率为1FC = 1.8人民币元。

与该套期有关的远期汇率及外汇远期合同的资料如表23-1所示。

表23-1　与套期有关的远期汇率及外汇远期合同的相关资料

日期	2×17年4月30日的远期汇率（FC/人民币）	本期外汇远期合同公允价值变动（元）	本期末外汇远期合同公允价值（元）
2×17年3月3日	1.65		
2×17年3月31日	1.68	90 000	90 000
2×17年4月30日		360 000	450 000

为简化核算，假定不考虑设备购买有关的税费因素、设备运输和安装费用等。同时，本例中假设被套期项目与套期工具因FC/人民币汇率变动引起的公允价值变动金额相同。

根据上述资料，甲公司应当进行如下账务处理（单位：人民币元）：

（1）2×17年3月3日，因为远期合同和确定承诺当日公允价值均为零，所以无须进行账务处理，但需编制指定文件。

（2）2×17年3月31日，确认确定承诺因汇率变动引起的公允价值变动。

借：套期损益　　　　　　　　　　　　　　　　　　　　　90 000
　　贷：被套期项目——确定承诺　　　　　　　　　　　　　90 000

确认套期工具的公允价值变动。

借：套期工具——远期合同   90 000
  贷：套期损益   90 000

(3) 2×17年4月30日，确认确定承诺因汇率变动引起的公允价值变动。

借：套期损益   360 000
  贷：被套期项目——确定承诺   360 000

确认套期工具的公允价值变动。

借：套期工具——远期合同   360 000
  贷：套期损益   360 000

结算远期合同。

借：银行存款   450 000
  贷：套期工具——远期合同   450 000

履行确定承诺购入固定资产。

借：固定资产——设备   4 950 000
  被套期项目——确定承诺   450 000
  贷：银行存款   5 400 000

注：甲公司通过运用套期进行风险管理，使所购设备的成本锁定在确定承诺的购买价格FC 3 000 000元按1FC=1.65人民币元（套期开始日的远期合同汇率）进行折算确定的金额，即人民币4 950 000元。

【例23-26】对以公允价值计量且其变动计入其他综合收益的非交易性权益工具投资的公允价值套期的会计处理

2×16年1月1日，甲公司以每股50元的价格购入乙公司股票20 000股（占乙公司有表决权股份的3%），且选择将其指定为以公允价值计量且其变动计入其他综合收益的非交易性权益工具投资。为规避该股票价格下跌风险，甲公司于2×16年12月31日签订一份股票远期合同，约定将于2×18年12月31日以每股65元的价格出售其所持的乙公司股票20 000股，2×16年12月31日该股票远期合同的公允价值为零。2×18年12月31日，甲公司履行远期合同，出售乙公司股票。假设不考虑远期合同的远期要素。

甲公司购入的乙公司股票和股票远期合同的公允价值如表23-2所示。

表23-2 乙公司股票和股票远期合同的公允价值   单位：元

乙公司股票	2×16年12月31日	2×17年12月31日	2×18年12月31日
每股价格	65	60	57
股票公允价值	1 300 000	1 200 000	1 140 000
远期合同公允价值		100 000	160 000

据此，甲公司进行的套期有效性分析及账务处理如下：

(1) 套期有效性分析。

甲公司通过分析发现，乙公司股票与远期合同存在经济关系，且价值变动中信用风险不占主导地位，套期比率也反映了套期的实际数量，符合套期有效性要求。

(2) 账务处理：

① 2×16 年 1 月 1 日，确认购入乙公司股票。

借：其他权益工具投资　　　　　　　　　　　　　　　　1 000 000
　　贷：银行存款　　　　　　　　　　　　　　　　　　　　　 1 000 000

② 2×16 年 12 月 31 日，确认乙公司股票的公允价值变动。

借：其他权益工具投资　　　　　　　　　　　　　　　　　 300 000
　　贷：其他综合收益——公允价值变动　　　　　　　　　　　 300 000

将非交易性权益工具投资指定为被套期项目。

借：被套期项目——其他权益工具投资　　　　　　　　　 1 300 000
　　贷：其他权益工具投资　　　　　　　　　　　　　　　　 1 300 000

远期合同的公允价值为零，无须进行会计处理。

③ 2×17 年 12 月 31 日，确认套期工具公允价值变动。

借：套期工具——远期合同　　　　　　　　　　　　　　　 100 000
　　贷：其他综合收益——套期损益　　　　　　　　　　　　　 100 000

确认被套期项目公允价值变动。

借：其他综合收益——套期损益　　　　　　　　　　　　　 100 000
　　贷：被套期项目——其他权益工具投资　　　　　　　　　　 100 000

④ 2×18 年 12 月 31 日，确认套期工具公允价值变动。

借：套期工具——远期合同　　　　　　　　　　　　　　　　60 000
　　贷：其他综合收益——套期损益　　　　　　　　　　　　　　60 000

确认被套期项目公允价值变动。

借：其他综合收益——套期损益　　　　　　　　　　　　　　60 000
　　贷：被套期项目——其他权益工具投资　　　　　　　　　　　60 000

履行远期合同，出售乙公司股票。

借：银行存款　　　　　　　　　　　　　　　　　　　　 1 300 000
　　贷：被套期项目——其他权益工具投资　　　　　　　　　 1 140 000
　　　　套期工具——远期合同　　　　　　　　　　　　　　　 160 000

将计入其他综合收益的公允价值变动转出，计入留存收益。

借：盈余公积——法定盈余公积　　　　　　　　　　　　　　30 000
　　利润分配——未分配利润　　　　　　　　　　　　　　　 270 000
　　贷：其他综合收益——公允价值变动　　　　　　　　　　　 300 000

【例 23-27】对以摊余成本计量的债权投资公允价值套期的会计处理

2×16 年 12 月 31 日，甲银行按面值购入 1 亿元国债，票面利率为 3.39%，每季度付息一次，到期日为 2×17 年 12 月 31 日。甲银行对该国债以摊余成本计量。2×16 年 12 月 31

日,甲银行与交易对手签订名义金额为1亿元的1年期利率互换合约,起息日为2×16年12月31日。甲银行作为固定利率支付方,按季支付3.39%的固定利率,同时按季收取并重置SHIBOR_1M的浮动利率,首次利率确定日为2×16年12月30日。国债和利率互换合约均按照30/160计息。利率互换合约的初始公允价值为零。甲银行2×16年12月31日将利率互换合约指定为套期工具,对该1亿元国债由于市场利率变动产生的公允价值变动风险进行套期。假设不考虑国债的信用风险。

2×17年7月1日,甲银行的风险管理目标发生变化,导致套期关系不再满足运用套期会计的条件,甲银行在当日对上述指定终止运用套期会计。

利率互换合约现金流量及公允价值变动情况如表23-3所示。

表23-3 利率互换合约现金流量及公允价值变动情况

时间	收:浮动利率(1个月期SHIBOR)	付:固定利率	净利息结算(千元)	期初余额(结算利息后)(千元)	本期公允价值变动(千元)	期末余额(结算利息后)(千元)
2×17年3月31日	5.009%	3.39%	405		131	131
2×17年6月30日	3.521%	3.39%	33	131	(651)	(520)
2×17年9月30日	3.091%	3.39%	(75)	(520)	237	(283)
2×17年12月31日	3.002%	3.39%	(97)	(283)	283	0

被套期项目因利率风险引起的公允价值变动金额如表23-4所示。

表23-4 利率风险引起的公允价值变动情况　　　　　　　　　单位:千元

时间	因利率风险引起的公允价值变动	公允价值变动累计金额	调整后账面价值
2×17年3月31日	(129)	(129)	99 871
2×17年6月30日	656	527	100 527

据此,甲银行对被套期项目所作调整的摊销以及账务处理如下:

(1)对被套期项目所作调整的摊销。

假设甲银行选择自调整日(2×17年3月31日)开始摊销,具体摊销情况如表23-5所示。

表23-5 甲银行的摊销情况　　　　　　　　　单位:千元

时间	期初摊余成本	实际利率	实际利息收入	现金流入	本期摊销	期末摊余成本(调整前)	本期对被套期项目的调整	期末摊余成本(调整后)
2×17年3月31日	100 000	3.39%	847	(847)		100 000	(129)	99 871

续表

时间	期初摊余成本	实际利率	实际利息收入	现金流入	本期摊销	期末摊余成本（调整前）	本期对被套期项目的调整	期末摊余成本（调整后）
2×17年6月30日	99 871	3.56%	890	(847)	43	99 914	656	100 570
2×17年9月30日	100 570	2.24%	563	(847)	(284)	100 286	0	100 286
2×17年12月31日	100 286	2.24%	561	(100 847)	(286)	0	0	0

(2) 账务处理。

① 2×16年12月31日，购入国债，并将其指定为被套期项目。

借：被套期项目——债权投资   100 000 000
  贷：银行存款   100 000 000

被指定为套期工具的利率互换合约的初始公允价值为零，因此无账务处理。

② 2×17年3月31日，确认国债利息收入，收到国债利息。

借：应收利息   847 000
  贷：利息收入   847 000

借：银行存款   847 000
  贷：应收利息   847 000

结算利率互换合约利息。

借：银行存款   405 000
  贷：利息收入   405 000

确认套期工具公允价值变动。

借：套期工具——利率互换合约   131 000
  贷：套期损益   131 000

确认被套期项目因利率风险引起的公允价值变动。

借：套期损益   129 000
  贷：被套期项目——债权投资   129 000

③ 2×17年6月30日，确认国债利息收入，收到国债利息。

借：应收利息   847 000
   被套期项目——债权投资   43 000
  贷：利息收入   890 000

借：银行存款   847 000
  贷：应收利息   847 000

结算利率互换合约利息。

借：银行存款   33 000

贷：利息收入	33 000

确认套期工具公允价值变动。

借：套期损益	651 000
贷：套期工具——利率互换合约	651 000

确认被套期项目因利率风险引起的公允价值变动。

借：被套期项目——债权投资	656 000
贷：套期损益	656 000

④2×17年7月1日，套期关系终止。

借：债权投资——本金	100 000 000
——利息调整	570 000
贷：被套期项目——债权投资	100 570 000
借：套期工具——利率互换合约	520 000
贷：衍生工具——利率互换合约	520 000

⑤2×17年9月30日，确认国债利息收入，收到国债利息。

借：应收利息	847 000
贷：利息收入	563 000
债权投资——利息调整	284 000
借：银行存款	847 000
贷：应收利息	847 000

结算利率互换合约利息。

借：投资收益	75 000
贷：银行存款	75 000

确认利率互换合约公允价值变动。

借：衍生工具——利率互换合约	237 000
贷：公允价值变动损益	237 000

⑥2×17年12月31日，确认利息收入，收到国债本金和利息。

借：应收利息	847 000
贷：利息收入	561 000
债权投资——利息调整	286 000
借：银行存款	100 847 000
贷：应收利息	847 000
债权投资——本金	100 000 000

结算利率互换合约利息。

借：投资收益	97 000
贷：银行存款	97 000

确认利率互换合约公允价值变动。

借：衍生工具——利率互换合约	283 000

贷：公允价值变动损益　　　　　　　　　　　　　　　　　283 000

注：本例中，根据本准则规定，甲银行对被套期项目所作调整的摊销，也可以自2×17年7月1日（被套期项目终止进行套期利得和损失调整的时点）开始。此外，如果甲银行在2×17年7月1日不终止套期会计，套期关系持续至2×17年12月31日，即对被套期项目终止进行套期利得和损失调整的时点与被套期项目的到期日相同，则对于被套期项目所作调整的累计金额为零。在此情况下，如果甲银行选择自2×17年12月31日开始摊销，则甲银行在2×17年12月31日不需要进行额外会计处理。

（二）现金流量套期。

1. 现金流量套期会计处理原则。

现金流量套期的目的是将套期工具产生的利得或损失递延至被套期的预期未来现金流量影响损益的同一期间或多个期间。本准则规定，现金流量套期满足运用套期会计方法条件的，应当按照下列规定处理。

（1）套期工具产生的利得或损失中属于有效套期的部分，作为现金流量套期储备，应当计入其他综合收益。现金流量套期储备的金额，应当按照下列两项的绝对额中较低者确定：

①套期工具自套期开始的累计利得或损失；

②被套期项目自套期开始的预计未来现金流量现值的累计变动额。

每期计入其他综合收益的现金流量套期储备的金额应当为当期现金流量套期储备的变动额。

（2）套期工具产生的利得或损失中属于无效套期的部分（即扣除计入其他综合收益后的其他利得或损失），应当计入当期损益。

本准则同时规定，企业应当按照下列规定对现金流量套期储备进行后续处理。

（1）被套期项目为预期交易，且该预期交易使企业随后确认一项非金融资产或非金融负债，或者非金融资产或非金融负债的预期交易形成一项适用于公允价值套期会计的确定承诺时，企业应当将原在其他综合收益中确认的现金流量套期储备金额转出，计入该资产或负债的初始确认金额。

（2）对于不属于上述（1）涉及的现金流量套期，企业应当在被套期的预期现金流量影响损益的相同期间，将原在其他综合收益中确认的现金流量套期储备金额转出，计入当期损益。

（3）如果在其他综合收益中确认的现金流量套期储备金额是一项损失，且该损失全部或部分预计在未来会计期间不能弥补的，企业应当将预计不能弥补的部分从其他综合收益中转出，计入当期损益。

本准则还规定，当企业对现金流量套期终止运用套期会计时，在其他综合收益中确认的累计现金流量套期储备金额，应当按照下列规定进行处理。

（1）被套期的未来现金流量预期仍然会发生的，累计现金流量套期储备的金额应当予以保留，并按照前述现金流量套期储备的后续处理规定进行会计处理。

（2）被套期的未来现金流量预期不再发生的，累计现金流量套期储备的金额应当从其他综合收益中转出，计入当期损益。被套期的未来现金流量预期不再极可能发生但可能预期仍然会发生，在预期仍然会发生的情况下，累计现金流量套期储备的金额应当予以保留，并按照前述现金流量套期储备的后续处理规定进行会计处理。

2. 现金流量套期会计处理举例。

【例23-28】对存货现金流量套期的会计处理

2×17年1月1日，甲公司预期在2×17年2月28日销售一批商品，数量为100吨，预期售价为1 100 000元。为规避该预期销售中与商品价格有关的现金流量变动风险，甲公司于2×17年1月1日与某金融机构签订了一项商品期货合同，且将其指定为对该预期商品销售的套期工具。商品期货合同的标的资产与被套期预期销售商品在数量、质次、价格变动和产地等方面相同，并且商品期货合同的结算日和预期商品销售日均为2×17年2月28日。

2×17年1月1日，商品期货合同的公允价值为零。2×17年1月31日，商品期货合同的公允价值上涨了25 000元，预期销售价格下降了25 000元。2×17年2月28日，商品期货合同的公允价值上涨了10 000元，商品销售价格下降了10 000元。当日，甲公司将商品出售，并结算了商品期货合同。

甲公司分析认为该套期符合套期有效性的条件。假定不考虑商品销售相关的增值税及其他因素，且不考虑期货市场每日无负债结算制度的影响。

甲公司的账务处理如下：

(1) 2×17年1月1日，甲公司不作账务处理，但需编制指定文档。

(2) 2×17年1月31日，确认现金流量套期储备。

借：套期工具——商品期货合同 25 000
　　贷：其他综合收益——套期储备 25 000

(3) 2×17年2月28日，确认现金流量套期储备。

借：套期工具——商品期货合同 10 000
　　贷：其他综合收益——套期储备 10 000

套期工具自套期开始的累计利得或损失与被套期项目自套期开始的预计未来现金流量现值的累计变动额一致，因此将套期工具公允价值变动全部作为现金流量套期储备计入其他综合收益。

确认商品的销售收入。

借：应收账款或银行存款 1 065 000
　　贷：主营业务收入 1 065 000

结算商品期货合同。

借：银行存款 35 000
　　贷：套期工具——商品期货合同 35 000

将现金流量套期储备金额转出，调整主营业务收入。

借：其他综合收益——套期储备 35 000
　　贷：主营业务收入 35 000

【例23-29】对存货外汇风险的现金流量套期的会计处理

甲公司于2×16年11月1日与境外乙公司签订合同，约定于2×17年1月30日以外币

(FC)每吨 60 元的价格购入 100 吨橄榄油。甲公司为规避购入橄榄油成本的外汇风险,于当日与某金融机构签订一项 3 个月到期的外汇远期合同,约定汇率为 1FC=45 人民币元,合同金额为 FC 6 000 元。2×17 年 1 月 30 日,甲公司以净额方式结算该外汇远期合同,并购入橄榄油。

假定:(1)2×16 年 12 月 31 日,FC 对人民币 1 个月远期汇率为 1FC=44.8 人民币元;(2)2×17 年 1 月 30 日,FC 对人民币即期汇率为 1FC=44.6 人民币元;(3)该套期符合运用套期会计的条件;(4)不考虑增值税等相关税费和远期合同的远期要素。

根据本准则,对确定承诺的外汇风险进行的套期,既可以划分为公允价值套期,也可以划分为现金流量套期。以下分别两种情形进行会计处理。

情形 1:甲公司将上述套期划分为公允价值套期。

(1)2×16 年 11 月 1 日,外汇远期合同的公允价值为零,不作账务处理,但需编制指定文档。

(2)2×16 年 12 月 31 日,确认套期工具和被套期项目公允价值变动。

外汇远期合同的公允价值 =(45-44.8)×6 000 = 1 200(人民币元)。

借:套期损益		1 200
贷:套期工具——外汇远期合同		1 200
借:被套期项目——确定承诺		1 200
贷:套期损益		1 200

(3)2×17 年 1 月 30 日,确认套期工具公允价值变动。

外汇远期合同的公允价值 =(45-44.6)×6 000 = 2 400(人民币元)。

借:套期损益		1 200
贷:套期工具——外汇远期合同		1 200

结算外汇远期合同。

借:套期工具——外汇远期合同		2 400
贷:银行存款		2 400

确认被套期项目公允价值变动。

借:被套期项目——确定承诺		1 200
贷:套期损益		1 200

购入橄榄油。

借:库存商品——橄榄油		267 600
贷:银行存款		267 600

将被套期项目的余额转入橄榄油的账面价值。

借:库存商品——橄榄油		2 400
贷:被套期项目——确定承诺		2 400

情形 2:甲公司将上述套期划分为现金流量套期。

(1)2×16 年 11 月 1 日,外汇远期合同的公允价值为零,不作账务处理,但需编制指定文档。

(2) 2×16年12月31日,确认现金流量套期储备。

外汇远期合同的公允价值 =(45 −44.8)×6 000 =1 200(人民币元)。

借:其他综合收益——套期储备 1 200
　　贷:套期工具——外汇远期合同 1 200

(3) 2×17年1月30日,确认现金流量套期储备。

外汇远期合同的公允价值 =(45 −44.6)×6 000 =2 400(人民币元)。

借:其他综合收益——套期储备 1 200
　　贷:套期工具——外汇远期合同 1 200

结算外汇远期合同。

借:套期工具——外汇远期合同 2 400
　　贷:银行存款 2 400

购入橄榄油。

借:库存商品——橄榄油 267 600
　　贷:银行存款 267 600

将计入其他综合收益中的套期储备转出。

借:库存商品——橄榄油 2 400
　　贷:其他综合收益——套期储备 2 400

(三) 境外经营净投资套期。

1. 境外经营净投资套期会计处理原则。

本准则规定,对境外经营净投资的套期,包括对作为净投资的一部分进行会计处理的货币性项目的套期,应当按照类似于现金流量套期会计的规定处理。

(1) 套期工具形成的利得或损失中属于套期有效的部分,应当计入其他综合收益。

全部或部分处置境外经营时,上述计入其他综合收益的套期工具利得或损失应当相应转出,计入当期损益。

(2) 套期工具形成的利得或损失中属于套期无效的部分,应当计入当期损益。

2. 多个母公司进行的套期。

在一项由境外经营净投资产生的外汇风险的套期中,被套期项目的金额可以等于或小于母公司合并财务报表中该境外经营净资产账面价值。企业可以将被套期风险指定为境外经营的记账本位币与其任何母公司(直接的、中间的或最终的母公司)的记账本位币之间产生的外汇风险敞口。通过中间母公司持有净投资不影响最终母公司所面临外汇风险的性质。但是,境外经营净投资产生的外汇风险敞口只有在合并财务报表中才可能符合套期会计的条件。如果同一境外经营净资产的同一风险被集团内部一家以上的母公司(例如,直接和间接母公司)分别进行套期,则在最终母公司合并财务报表中只有一项套期关系符合套期会计的条件。

如果一项套期关系由较低层次间接母公司在其合并财务报表中进行了指定,那么在更高层次的母公司合并财务报表中可以决定保留该套期关系或重新指定。如果较高层次的母公司决定不保留该套期关系而是重新指定,那么,在较高层次母公司的合并财务报表中必须先转回较低层次母公司所运用的套期会计,再按照重新指定的套期关系运用套期会计。相反地,套期会计可以在较高层次母公司的合并财务报表中直接指定，不必在较低层次间接母公司的合并财务报表中进行指定。

3. 集团内可以持有套期工具的企业。

一项衍生或非衍生金融工具（或衍生和非衍生金融工具的组合）可以被指定为境外经营净投资套期工具。只要满足本准则对境外经营净投资套期的指定、文件记录和有效性要求，套期工具就可由集团内部的任一家或几家企业持有。

如果持有套期工具的企业的记账本位币与投资于境外经营的母公司的记账本位币相同，就较容易进行套期有效性评估，因为在评估套期有效性时，可以假设持有境外经营的母公司也同时持有套期工具。如果持有套期工具的企业的记账本位币与投资于境外经营的母公司的记账本位币不同，评估套期有效性会较为复杂。这种情况下，套期有效性不仅要反映持有套期工具的企业的利得或损失（如果不使用套期会计，应计入合并损益），还应当反映对套期工具重新折算为母公司记账本位币的影响（如果不使用套期会计，应在合并其他综合收益中确认）。有效性的评估并不受套期工具是否是衍生工具的影响，也不受合并方法的影响。

【例23-30】集团内可以持有套期工具的企业

2×16年10月1日，甲公司（记账本位币为人民币）在其境外子公司有一项境外经营净投资外币（FC）5 000万元。为规避境外经营净投资外汇风险，甲公司与某境外金融机构签订了一项外汇远期合同，约定于2×17年4月1日卖出FC 5 000万元。其他有关资料如表23-6所示。

表23-6 外汇远期合同公允价值情况

日期	即期汇率（FC/人民币）	远期汇率（FC/人民币）	远期合同的公允价值（人民币元）
2×16年10月1日	1.71	1.70	0
2×16年12月31日	1.64	1.63	3 430 000
2×17年3月31日	1.60	不适用	5 000 000

假定不考虑远期合同的远期要素。甲公司的上述套期满足运用套期会计方法的所有条件。甲公司的账务处理如下：

(1) 2×16年10月1日，外汇远期合同的公允价值为零，不作账务处理。

(2) 2×16年12月31日，确认外汇远期合同的公允价值变动。

借：套期工具——外汇远期合同　　　　　　　　　　　　3 430 000
　　贷：其他综合收益——外币报表折算差额　　　　　　3 430 000

确认对子公司净投资的汇兑损益。

借：其他综合收益——外币报表折算差额　　　　　　　3 500 000
　　贷：长期股权投资　　　　　　　　　　　　　　　　3 500 000

(3) 2×17年3月31日，确认外汇远期合同的公允价值变动。

借：套期工具——外汇远期合同　　　　　　　　　　　　1 570 000

贷：其他综合收益——外币报表折算差额		1 570 000

确认对子公司净投资的汇兑损益。

借：其他综合收益——外币报表折算差额		2 000 000
贷：长期股权投资		2 000 000

结算外汇远期合同。

借：银行存款		5 000 000
贷：套期工具——外汇远期合同		5 000 000

注：境外经营净投资中套期工具形成的利得在其他综合收益中列示，直至子公司被处置。

（四）套期关系再平衡的会计处理。

本准则规定，企业对套期关系作出再平衡的，应当在调整套期关系之前确定套期关系的套期无效部分，并将相关利得或损失立即计入当期损益。同时，更新在套期剩余期限内预期将影响套期关系的套期无效部分产生原因的分析，并相应更新套期关系的书面文件。

套期关系再平衡可能会导致企业增加或减少指定套期关系中被套期项目或套期工具的数量。企业增加了指定的被套期项目或套期工具的，增加部分自指定增加之日起作为套期关系的一部分进行处理；企业减少了指定的被套期项目或套期工具的，减少部分自指定减少之日起不再作为套期关系的一部分，作为套期关系终止处理。

【例23-31】套期关系再平衡的会计处理1

2×16年1月1日，甲公司预计在未来12个月内采购100万桶西得克萨斯中质原油（WTI原油）。甲公司采用现金流量套期，并购入105万桶布伦特原油（Brent原油）期货合约，以对极可能发生的100万桶WTI原油的预期采购进行套期（套期比率为1∶1.05）。该期货合约在指定日的公允价值为零。

2×16年6月30日，被套期项目WTI原油的预期采购自套期开始的预计未来现金流量现值的累计变动额为200万美元，套期工具的公允价值累计下降了229万美元。甲公司通过分析发现，Brent原油相对WTI原油的经济关系与预期不同，因此考虑对套期关系进行再平衡。甲公司通过分析决定将套期比率重新设定为1∶0.98。

为了在2×16年6月30日进行再平衡，甲公司可以指定更大的被套期风险敞口或终止指定部分套期工具。甲公司决定选择后者，即终止指定7万桶Brent原油期货合约的套期工具。

假定甲公司的上述套期满足运用套期会计方法的所有条件，不考虑其他因素。

甲公司的账务处理如下（假定美元兑人民币的汇率为1∶6）：

（1）2×16年1月1日，甲公司不作账务处理。

（2）2×16年6月30日。

借：其他综合收益——套期储备		12 000 000
套期损益		1 740 000
贷：套期工具——期货合同		13 740 000

在总计105万桶Brent原油期货合约中，7万桶不再属于该套期关系。因此，甲公司需将7/105的套期工具重分类为衍生工具，有关套期文件的书面记录应当相应更新。

甲公司进行再平衡时的会计处理如下：

借：套期工具——期货合同　　　　　　　　　　　　　　916 000
　　贷：衍生工具——期货合同　　　　　　　　　　　　　　916 000

注：再平衡时，重分类的套期工具的公允价值为 13 740 000×7÷105 = 916 000（人民币元）。

【例23-32】套期关系再平衡的会计处理2

2×16年4月1日，甲公司预期极可能在5个月后采购10 000吨柴油。为此，甲公司采用现金流量套期，并指定9 500吨以D2柴油普氏价格为标的的期货合约，对极可能于9月1日采购的10 000吨柴油进行套期（套期比率为1∶0.95）。指定日期货合约公允价值为零。

2×16年6月30日，被套期项目自套期开始的预计未来现金流量现值的累计变动额为820万美元，套期工具公允价值累计下降650万美元。基于分析，甲公司认为，未来适当的套期比率为1∶1.05。因此，甲公司决定进行套期关系再平衡，甲公司可以选择增加套期工具数量或减少被套期项目数量。根据成本效益分析，甲公司决定将被套期项目数量减少952（10 000-9 500÷1.05）吨。

2×16年6月30日，甲公司从被套期项目中减少预期采购的952吨柴油，预期采购的剩余9 048吨仍保留在套期关系中。

甲公司的账务处理如下（假定美元兑人民币的汇率为1∶6）：

（1）2×16年1月1日，甲公司不作账务处理。

（2）2×16年6月30日。

借：其他综合收益——套期储备　　　　　　　　　　　　39 000 000
　　贷：套期工具——期货合同　　　　　　　　　　　　　39 000 000

注：将套期工具公允价值的累计变动650万美元作为现金流量套期储备计入其他综合收益。

甲公司进行再平衡时，套期文件有关书面记录应当予以相应更新，无须进行账务处理。

（五）一组项目套期的会计处理。

1. 风险净敞口套期的会计处理。

本准则规定，对于被套期项目为风险净敞口的套期，被套期风险影响利润表不同列示项目的，企业应当将相关套期利得或损失单独列示，不应当影响利润表中与被套期项目相关的损益列示项目（如营业收入或营业成本）金额。例如，某公司有一笔由100万美元的预期外币销售收入和80万美元的预期外币费用构成的外汇风险净头寸，该公司利用金额为20万美元的外汇远期合同对该外汇风险净头寸进行套期。当该外汇风险净头寸影响损益时，该外汇远期合同产生的现金流量套期储备重分类至损益的利得或损失应当与被套期的销售收入和费用区分开来并单独列示。如果销售收入产生的期间早于费用发生的期间，则销售收入仍应当按照即期汇率计量。相关的套期利得或损失应当单独列示，从而在损益中反映出净头寸套期的影响，并相应调整现金流量套期储备。如果被套期的费用将影响以后期间的损益（例如该费用将分期摊销），则之前对费用确认的套期利得或损失应在以后期间重分类至损益，且在利润表中与包含被套期费用的项目区分开单独列示。

再如,企业通过利率互换合同对固定利率债务工具的利率风险进行套期。企业的套期目标旨在将固定利率现金流量转换成浮动利率现金流量。在对净头寸(例如,一项固定利率资产和一项固定利率负债构成的净头寸)进行套期时,套期工具的应计净利息应当单独列示,以避免将单个套期工具产生的利得或损失净额以相互抵销的总额形式在不同的报表项目中分别列示(即不得将单项利率互换合同产生的净利息收入列示为利息收入总额和利息支出总额)。

因此,企业开展净敞口套期业务的,应当在利润表中增设"净敞口套期收益"项目,将"净敞口套期损益"科目的当期发生额在该项目中列示。

本准则还规定,对于被套期项目为风险净敞口的公允价值套期,涉及调整被套期各组成项目账面价值的,企业应当对各项资产和负债的账面价值作相应调整。

【例23-33】风险净敞口套期的会计处理

2×16年1月1日,甲公司预期2×16年12月31日将有一项1 000万美元的现金销售和一项1 200万美元的固定资产现金采购,上述交易极有可能发生。甲公司的记账本位币为人民币。

2×16年1月1日,甲公司签订了一项1年期外汇远期合同对上述200万美元的外汇净头寸进行套期,甲公司1年后将按1美元=6.5人民币元的汇率购入200万美元。上述固定资产将采用直线法在5年内计提折旧。

2×16年1月1日及2×16年12月31日美元的即期汇率分别为1美元=6.5人民币元及1美元=6.4人民币元。2×16年1月1日,外汇远期合同的公允价值为零。2×16年12月31日,外汇远期合同的公允价值为亏损20万人民币元。

预期销售现金流入和预期采购现金流出如于2×16年12月31日发生,外汇远期合同也于2×16年12月31日结算。假设不考虑外汇远期合同的远期要素。

甲公司相关账务处理如下:

(1) 2×16年1月1日,外汇远期合同公允价值为零,无须进行账务处理。

(2) 2×16年12月31日,确认套期工具公允价值变动。

借:其他综合收益——套期储备　　　　　　　　　　　　200 000
　　贷:套期工具——外汇远期合同　　　　　　　　　　　　200 000

结算外汇远期合同。

借:套期工具——外汇远期合同　　　　　　　　　　　　200 000
　　贷:银行存款　　　　　　　　　　　　　　　　　　　　200 000

将套期工具的累计损失中对应预期销售的部分1 000 000[10 000 000×(6.5-6.4)]人民币元利得从其他综合收益中转出,并将其计入净敞口套期损益。

借:其他综合收益——套期储备　　　　　　　　　　　1 000 000
　　贷:净敞口套期损益　　　　　　　　　　　　　　　　1 000 000

借:应收账款或银行存款　　　　　　　　　　　　　　64 000 000

  贷：主营业务收入   64 000 000

将套期工具的累计损失中对应预期采购的部分 -1 200 000 [12 000 000 × (6.4 - 6.5)] 人民币元损失从其他综合收益中转出，并将其计入固定资产的初始确认金额。

  借：固定资产   78 000 000
    贷：银行存款   76 800 000
      其他综合收益——套期储备   1 200 000

后续第2年至第6年，基于固定资产采购价格（不含套期调整），每年计提折旧 = 76 800 000 ÷ 5 = 15 360 000（人民币元）。

  借：制造费用——折旧费用   15 360 000
    贷：累计折旧   15 360 000

将套期调整在固定资产折旧期间进行摊销，摊销额 = 1 200 000 ÷ 5 = 240 000（人民币元），并将其计入净敞口套期损益。

  借：净敞口套期损益   240 000
    贷：累计折旧   240 000

  注：由于本例涉及净敞口套期，因此与被套期项目相关的利润表列示项目（即营业收入和营业成本）不会因采用套期会计而受到影响。

  2. 其他一组项目套期的会计处理。

  本准则规定，除上述有关风险净敞口套期会计处理规定外，对于被套期项目为一组项目的公允价值套期，企业在套期关系存续期间，应当针对被套期项目组合中各组成项目，分别确认公允价值变动所引起的相关利得或损失，按照本准则第二十二条相关规定进行相应处理，计入当期损益或其他综合收益，涉及调整被套期各组成项目账面价值的，应当对各项资产和负债的账面价值做相应调整。

  本准则规定，除上述有关风险净敞口套期会计处理规定外，对于被套期项目为一组项目的现金流量套期，企业在将其他综合收益中确认的相关现金流量套期储备转出时，应当按照系统、合理的方法将转出金额在被套期各组成项目中分摊，并按照本准则第二十五条的规定进行相应处理。

  （六）期权时间价值的会计处理。

  本准则规定，企业将期权合同的内在价值和时间价值分开，只将期权的内在价值变动指定为套期工具时，应当区分被套期项目的性质是与交易相关还是与时间段相关，并进行不同的会计处理。

  在评估期权是对与交易相关的被套期项目还是与时间段相关的被套期项目进行套期时，关键在于被套期项目的性质，包括被套期项目影响损益的方式和时间。不论是公允价值套期还是现金流量套期，企业均应当基于被套期项目的性质来评估。

  1. 被套期项目与交易相关的，对其进行套期的期权的时间价值具备该项交易成本的特征。如果该被套期项目导致确认一项初始计量包含交易成本的项目（如企业对预期交易或确定承诺涉及的商品价格风险进行套期，并将交易成本纳入存货的初始计量），则期权的时间价值应纳入特定的被套期项目的初始计量。与此类似，对构成预期交易或确定承诺商品销售的商品价格风险进行套期的企业,应当将期权的时间价值作为销售成本的一部分,在被套期的销售确认收入的相同期间计入损益。具体而言,企业应当将期权时间价值的公允价值变动中与被套期项目相关的部分计入其他综合收益,并按照与现金流量套期储备相同的会计处理方法进行处理。

2. 被套期项目与时间段相关的,对其进行套期的期权时间价值具备为保护企业在特定时间段内规避风险所需支付成本的特征。例如,如果使用期限为 6 个月的期权对企业的存货在该 6 个月中的价格风险进行套期,期权的时间价值应在这 6 个月期间内采用系统、合理的方法进行摊销计入损益。又如,在使用外汇期权对境外经营净投资进行为期 18 个月的套期时,期权的时间价值将在这 18 个月期间内进行分摊。

当期权被用于对与时间段相关的被套期项目进行套期时,被套期项目的特征(包括被套期项目影响损益的方式和时间)同时会影响期权时间价值的摊销期间,这与运用套期会计时期权内在价值影响损益的期间相一致。例如,如果使用某一利率期权(利率上限)来防止浮动利率债券利息费用增加,则利率上限的时间价值摊销计入损益的期间与利率上限的内在价值影响损益的期间相同,即:如果使用利率上限对 5 年期浮动利率债券的前 3 年的利率上升风险进行套期,则利率上限的时间价值在前 3 年摊销计入损益;或者如果利率上限是远期起始期权,用于对 5 年期的浮动利率债券的第 2 年至第 3 年的利率上升风险进行套期,则利率上限的时间价值应在第 2 年和第 3 年进行摊销计入损益。

具体而言,企业应当将期权时间价值的公允价值变动中与被套期项目相关的部分计入其他综合收益。同时,企业应当按照系统、合理的方法,将期权被指定为套期工具当日的时间价值中与被套期项目相关的部分,在套期关系影响损益或其他综合收益(仅限于企业对指定为以公允价值计量且其变动计入其他综合收益的非交易性权益工具投资的公允价值套期)的期间内摊销,摊销金额从其他综合收益中转出,计入当期损益。由于期权的时间价值在期权到期时将归零,因此在期权存续期内的累计时间价值的公允价值变动等于指定套期时的时间价值。时间价值变动计入其他综合收益的金额应当根据变动的实际情况确定,但从其他综合收益转入当期损益(即摊销)的金额应当按照系统、合理的方法确定。转入和转出的金额最终是一致的,即指定套期时的时间价值。若企业终止运用套期会计,则其他综合收益中剩余的相关金额应当转出,计入当期损益。

期权的主要条款(如名义金额、期限和标的)与被套期项目相一致的,期权的实际时间价值与被套期项目相关;期权的主要条款与被套期项目不完全一致的,企业应当通过对主要条款与被套期项目完全匹配的期权进行估值确定校准时间价值,并确认期权的实际时间价值中与被套期项目相关的部分。

在套期关系开始时,期权的实际时间价值高于校准时间价值的,企业应当以校准时间价值为基础,将其累计公允价值变动计入其他综合收益,并将这两个时间价值的公允价值变动差额计入当期损益;在套期关系开始时,期权的实际时间价值低于校准时间价值的,企业应当将两个时间价值中累计公允价值变动的较低者计入其他综合收益,如果实际时间价值的累计公允价值变动扣减累计计入其他综合收益金额后尚有剩余的,应当计入当期损益。

本准则对期权时间价值的会计处理同样适用于由购入期权和签出期权组成的组合期权,

该组合期权在被指定为套期工具之日的净时间价值为零（通常被称为"零成本上下限期权"）。在这种情况下，即使在套期关系的整个期间内时间价值的累计变动为零，企业也应当将各期间时间价值的变动计入其他综合收益。如果期权的时间价值涉及与交易相关的被套期项目，在套期关系结束时调整被套期项目或是重分类至损益的时间价值为零；如果期权的时间价值涉及与时间段相关的被套期项目，在套期关系结束时期权时间价值相关摊销金额为零。

【例23-34】期权时间价值的会计处理

甲公司发行了一项7年期浮动利率债券，并希望在前2年内使其免于因利率上升而导致利息费用增加所带来的风险。因此，甲公司买进了一份为期2年的利率上限期权。在现金流量套期中，仅将利率上限期权的内在价值指定为套期工具。

假定该期权被指定时的实际时间价值为200 000元，甲公司将该金额按照系统、合理的方法在保护期（即前2年）内分摊至当期损益。为简化核算，本例中以直线法分摊至当期损益。

（1）实际时间价值等于校准时间价值的情形。

由于期权被指定时的实际时间价值为200 000元，假定其开始时的校准时间价值也为200 000元，因此，期权实际时间价值等于校准时间价值。假定期权的时间价值在第1年年末金额为130 000元。

在这种情形下，期权时间价值的变动如表23-7所示。

表23-7 期权时间价值的变动情况（1） 单位：元

	指定套期时	第1年年末	第2年年末	合计
期权的时间价值	200 000	130 000	0	
计入其他综合收益的公允价值变动		70 000	130 000	200 000
从其他综合收益转出（分摊）的金额		100 000	100 000	200 000

甲公司有关期权时间价值的账务处理如下：

①第1年。

借：其他综合收益——套期成本　　　　　　　　　　　　70 000
　　贷：衍生工具　　　　　　　　　　　　　　　　　　　　70 000
借：财务费用　　　　　　　　　　　　　　　　　　　　100 000
　　贷：其他综合收益——套期成本　　　　　　　　　　　100 000

②第2年。

借：其他综合收益——套期成本　　　　　　　　　　　　130 000
　　贷：衍生工具　　　　　　　　　　　　　　　　　　　130 000
借：财务费用　　　　　　　　　　　　　　　　　　　　100 000
　　贷：其他综合收益——套期成本　　　　　　　　　　　100 000

（2）实际时间价值高于校准时间价值的情形。

期权指定时的实际时间价值为200 000元，假定开始时的校准时间价值为150 000元，此时期权实际时间价值高于校准时间价值。假定该期权的实际时间价值在第1年年末金额为

100 000 元,校准时间价值在第 1 年年末金额为 90 000 元。

在这种情形下,期权时间价值的变动如表 23-8 所示。

表 23-8 期权时间价值的变动情况(2)　　　　　　　　　单位:元

	指定套期时	第 1 年年末	第 2 年年末	合计
期权的实际时间价值	200 000	100 000	0	
期权的校准时间价值	150 000	90 000	0	
期权实际时间价值的变动金额		100 000	100 000	200 000
期权校准时间价值的变动金额(计入其他综合收益)		60 000	90 000	150 000
期权实际时间价值变动不计入其他综合收益的部分		40 000	10 000	50 000
从其他综合收益转出(分摊)的金额		75 000	75 000	150 000
影响当期损益的金额		115 000	85 000	200 000

甲公司有关期权时间价值的账务处理如下:

① 第 1 年。

借:其他综合收益——套期成本　　　　　　　　　　　　60 000
　　公允价值变动损益　　　　　　　　　　　　　　　　40 000
　　贷:衍生工具　　　　　　　　　　　　　　　　　　　　100 000

借:财务费用　　　　　　　　　　　　　　　　　　　　75 000
　　贷:其他综合收益——套期成本　　　　　　　　　　　　75 000

② 第 2 年。

借:其他综合收益——套期成本　　　　　　　　　　　　90 000
　　公允价值变动损益　　　　　　　　　　　　　　　　10 000
　　贷:衍生工具　　　　　　　　　　　　　　　　　　　　100 000

借:财务费用　　　　　　　　　　　　　　　　　　　　75 000
　　贷:其他综合收益——套期成本　　　　　　　　　　　　75 000

(3) 实际时间价值低于校准时间价值的情形。

期权指定时的实际时间价值为 200 000 元,假定开始时的校准时间价值为 240 000 元,此时期权实际时间价值低于校准时间价值。假定该期权的实际时间价值在第 1 年年末金额为 120 000 元,校准时间价值在第 1 年年末金额为 100 000 元。

在这种情形下,期权时间价值的变动如表 23-9 所示。

表 23-9 期权时间价值的变动情况(3)　　　　　　　　　单位:元

	指定套期时	第 1 年年末	第 2 年年末	合计
期权的实际时间价值	200 000	120 000	0	
期权的校准时间价值	240 000	100 000	0	
期权实际时间价值的变动金额		80 000	120 000	200 000

续表

	指定套期时	第1年年末	第2年年末	合计
期权校准时间价值的变动金额		140 000	100 000	240 000
计入其他综合收益的变动金额		80 000	120 000	200 000
从其他综合收益转出（分摊）的金额		100 000	100 000	200 000
影响当期损益的金额		100 000	100 000	200 000

甲公司有关期权时间价值的账务处理如下：

① 第1年。

借：其他综合收益——套期成本　　　　　　　　　　80 000
　　贷：衍生工具　　　　　　　　　　　　　　　　　　80 000
借：财务费用　　　　　　　　　　　　　　　　　　100 000
　　贷：其他综合收益——套期成本　　　　　　　　　100 000

② 第2年。

借：其他综合收益——套期成本　　　　　　　　　　120 000
　　贷：衍生工具　　　　　　　　　　　　　　　　　120 000
借：财务费用　　　　　　　　　　　　　　　　　　100 000
　　贷：其他综合收益——套期成本　　　　　　　　　100 000

（七）远期合同的远期要素和金融工具的外汇基差的会计处理。

企业将远期合同的远期要素和即期要素分开、只将即期要素的价值变动指定为套期工具的，或者将金融工具的外汇基差单独分拆、只将排除外汇基差后的金融工具指定为套期工具的，可以按照与期权时间价值相同的处理方式对远期合同的远期要素或金融工具的外汇基差进行会计处理，也可以按照常规会计处理方法进行处理。

23.2.7　关于信用风险敞口的公允价值选择权

许多金融机构通过信用衍生工具管理借贷活动产生的信用风险敞口。例如，金融机构运用信用衍生工具对信用风险敞口进行套期以将其贷款或贷款承诺的信用损失风险转移至第三方。但是根据《企业会计准则第22号——金融工具确认和计量》的相关规定，企业的信用衍生工具应当以公允价值计量且其变动计入当期损益，而贷款等并不一定以公允价值计量且其变动计入当期损益（如按摊余成本计量或尚未确认）。因此，在被套期风险敞口未按与信用衍生工具相同的基础进行计量的情况下，将会产生会计错配。

由于金融项目的信用风险通常无法单独识别，不属于符合条件的被套期项目，因此使用信用衍生工具对信用风险敞口进行套期的企业将无法运用套期会计。

为解决这一问题，并允许企业在一定程度上反映其信用风险管理活动，本准则允许企业可以选择采用以公允价值计量且其变动计入当期损益的方式计量被套期风险敞口的方法替代套期会计。

（一）指定条件。

本准则规定，企业使用以公允价值计量且其变动计入当期损益的信用衍生工具管理金融工具（或其组成部分）的信用风险敞口时，可以在该金融工具（或其组成部分）初始确认时、后续计量中或尚未确认时，将其指定为以公允价值计量且其变动计入当期损益的金融工具，并同时作出书面记录，但应当同时满足下列条件：

1. 金融工具信用风险敞口的主体（如借款人或贷款承诺持有人）与信用衍生工具涉及的主体相一致；

2. 金融工具的偿付级次与根据信用衍生工具条款须交付的工具的偿付级次相匹配。

需要说明的是，与《企业会计准则第 22 号——金融工具确认和计量》规定的公允价值选择权不同，本准则规定的对采用信用衍生工具管理信用风险敞口的金融工具的公允价值选择权，有以下灵活性：一是可以在金融工具初始确认后进行指定；二是可以对金融工具的一部分作出指定，而非仅限于金融工具全部；三是可以在一定条件下终止指定。

【例 23 -35】信用风险敞口公允价值选择权的指定条件

甲银行授予乙公司 2 亿元的不可撤销的贷款承诺，乙公司可以在 5 年内随时提取。第 3 年年末，甲银行认为有必要降低对乙公司的信用风险敞口。甲银行以乙公司作为目标主体订立了一项信用违约互换合同（Credit Default Swap，CDS），对授予乙公司的贷款额度中 5 000 万元的信用风险进行管理。信用违约互换合同的期限为 3 年，贷款的受偿顺序与发生信用事件时根据信用衍生工具条款所交割贷款的受偿顺序一致，均为一般债务。

甲银行选择对未提用的 5 000 万元的贷款承诺指定为以公允价值计量且其变动计入当期损益，以便与以公允价值计量且其变动计入当期损益的信用违约互换合同的后续计量相匹配。

（二）相关会计处理。

本准则第三十四条规定，金融工具（或其组成部分）被指定为以公允价值计量且其变动计入当期损益的，企业应当在指定时将其账面价值（如有）与其公允价值之间的差额计入当期损益。如该金融工具是按照《企业会计准则第 22 号——金融工具确认和计量》第十八条分类为以公允价值计量且其变动计入其他综合收益的金融资产的，企业应当将之前计入其他综合收益的累计利得或损失转出，计入当期损益。

在选择运用针对信用风险敞口（全部或部分）的公允价值选择权之后，同时满足下列条件的，企业应当对金融工具（或其一定比例）终止以公允价值计量且其变动计入当期损益。

1. 本准则规定的条件不再适用，例如信用衍生工具或金融工具（或其一定比例）已到期、被出售、合同终止或已行使，或企业的风险管理目标发生变化，不再通过信用衍生工具进行风险管理。

2. 金融工具（或其一定比例）按照《企业会计准则第 22 号——金融工具确认和计量》的规定，仍然不满足以公允价值计量且其变动计入当期损益的金融工具的条件。

当企业对金融工具（或其一定比例）终止以公允价值计量且其变动计入当期损益时，该金融工具（或其一定比例）在终止时的公允价值应当作为其新的账面价值。同时，企业应当采用与该金融工具被指定为以公允价值计量且其变动计入当期损益之前相同的方法进行计量。

【例23-36】信用风险敞口公允价值选择权的会计处理

甲银行向乙公司提供了一笔1亿元的5年期浮动利率贷款。甲银行管理该贷款的业务模式以收取合同现金流量为目标,且合同现金流量特征仅为对本金和以未偿付本金金额为基础的利息的支付,因此以摊余成本计量。甲银行的信用风险政策要求针对整个贷款存续期内的全部信用风险进行风险管理。甲银行使用的风险管理工具为信用违约互换合同。

由于信用违约互换合同以公允价值计量且其变动计入当期损益,但贷款以摊余成本计量,为了降低上述计量不一致所产生的损益波动,甲银行将贷款指定为以公允价值计量且其变动计入当期损益。为确保有可恢复至以摊余成本计量的灵活性,甲银行清晰地记录了该指定是按照本准则作出,而非根据《企业会计准则第22号——金融工具确认和计量》作出。信用违约互换合同的目标债务为乙公司1亿元的5年期浮动利率债务,甲银行贷款的受偿顺序与发生信用损失事件时根据信用违约互换合同所交割贷款的受偿顺序一致,均为次级债务。

2年后,甲银行认为,根据银行的信用风险管理政策,该项贷款的信用风险已降至无须通过信用违约互换合同管理的程度,于是终止了该信用违约互换合同。此时贷款的公允价值为1.1亿元。

甲银行持有该项贷款的业务模式仍是以收取合同现金流量为目标,所以不满足以公允价值计量且其变动计入当期损益的条件。因此,甲银行对该贷款终止以公允价值计量且其变动计入当期损益,并开始以摊余成本计量,实际利率基于该项贷款的新账面价值1.1亿元计算。

23.2.8 关于衔接规定

本准则规定,本准则施行日之前套期会计处理与本准则要求不一致的,企业不作追溯调整。同时,要求企业在本准则施行日,应当按照本准则的规定对已存在的套期关系进行评估。在符合本准则要求的情况下可以进行再平衡,再平衡后仍然符合本准则规定的运用套期会计方法条件的,将其视为持续的套期关系,并将再平衡所产生的相关利得或损失计入当期损益。

本准则同时规定了例外情况,即在下列情况下,企业应当按照本准则的规定,对在比较期间最早的期初已经存在的以及在此之后被指定的套期关系进行追溯调整。

(1)企业将期权的内在价值和时间价值分开,只将期权的内在价值变动指定为套期工具。

(2)本准则第二十一条(二)规定的情形。

此外,企业将远期合同的远期要素和即期要素分开、只将即期要素的价值变动指定为套期工具的,或者将金融工具的外汇基差单独分拆、只将排除外汇基差后的金融工具指定为套期工具的,可以按照与本准则期权时间价值相同的处理方式对远期合同的远期要素和金融工具的外汇基差的会计处理进行追溯调整。如果选择追溯调整,企业应当对所有满足该选择条件的套期关系进行追溯调整。

【例23-37】套期会计处理的衔接规定

甲公司于2×16年5月购入2年期乙公司债券,并对该债券以摊余成本计量。为管理债券价格下跌的风险,甲公司于2×16年5月同时购入了以该债券为标的的2年期看跌期权,并将上述看跌期权的内在价值指定为套期工具,对该债券的公允价值变动风险进行套期。甲公司自2×18年1月1日起实施本准则。由于该套期关系在甲公司2×18年度财务报表的最早比较期间的期初(即2×17年1月1日)已经存在,因此,甲公司应当根据本准则对期权时间价值的会计处理要求予以追溯调整,即将上述期权时间价值的公允价值变动中与被套期项目相关的部分先计入其他综合收益,再按照本准则要求摊销至各期损益。

第 24 章 原保险合同

企业会计准则第 25 号——原保险合同

《企业会计准则第 25 号——原保险合同》（以下简称"本准则"）于 2006 年 2 月 15 日由财会〔2006〕3 号公布，自 2007 年 1 月 1 日起施行。

24.1 总 则

第一条 为了规范保险人签发的原保险合同的确认、计量和相关信息的列报，根据《企业会计准则——基本准则》，制定本准则。

第二条 保险合同，是指保险人与投保人约定保险权利义务关系，并承担源于被保险人保险风险的协议。保险合同分为原保险合同和再保险合同。

原保险合同，是指保险人向投保人收取保费，对约定的可能发生的事故因其发生所造成的财产损失承担赔偿保险金责任，或者当被保险人死亡、伤残、疾病或者达到约定的年龄、期限时承担给付保险金责任的保险合同。

第三条 下列各项适用其他相关会计准则。

（一）保险人签发的原保险合同产生的损余物资等资产的减值，适用《企业会计准则第 1 号——存货》。

（二）保险人向投保人签发的承担保险风险以外的其他风险的合同，适用《企业会计准则第 22 号——金融工具确认和计量》和《企业会计准则第 37 号——金融工具列报》。

（三）保险人签发、持有的再保险合同，适用《企业会计准则第 26 号——再保险合同》。

24.2 原保险合同的确定

第四条 保险人与投保人签订的合同是否属于原保险合同，应当在单项合同的基础上，根据合同条款判断保险人是否承担了保险风险。发生保险事故可能导致保险人承担赔付保险金责任的，应当确定保险人承担了保险风险。保险事故，是指保险合同约定的保险责任范围内的事故。

第五条 保险人与投保人签订的合同，使保险人既承担保险风险又承担其他风险的，应当分别下列情况进行处理。

（一）保险风险部分和其他风险部分能够区分，并且能够单独计量的，可以将保险风险部分和其他风险部分进行分拆。保险风险部分，确定为原保险合同；其他风险部分，不确定为原保险合同。

（二）保险风险部分和其他风险部分不能够区分，或者虽能够区分但不能够单独计量的，应当将整个合同确定为原保险合同。

【例24-1】保险合同的确定

甲财产保险股份有限公司（以下简称"甲公司"）的 B 投资保障型（3年期）合同约定，每份保险金额为 10 000 元，每份保险金额对应的保险投资金为 2 000 元，每份保险的年保费为 12 元。保费由保险人从投资收益中获得（年收益率预计为 2.2%），投保人无需在缴纳保险投资金外另行支付。

本例中，甲公司的 B 投资保障型合同既有保险风险部分又有投资风险部分。根据合同条款可以清楚地认定保险风险部分为年保费 12 元，其他风险部分为保险投资金 2 000 元。因此，甲公司可以将保险风险部分和其他风险部分进行分拆，将保险风险部分确定为原保险合同，将其他风险部分不确定为原保险合同。

第六条 保险人应当根据在原保险合同延长期内是否承担赔付保险金责任，将原保险合同分为寿险原保险合同和非寿险原保险合同。

在原保险合同延长期内承担赔付保险金责任的，应当确定为寿险原保险合同；在原保险合同延长期内不承担赔付保险金责任的，应当确定为非寿险原保险合同。

原保险合同延长期，是指投保人自上一期保费到期日未交纳保费，保险人仍承担赔付保险金责任的期间。

24.3 原保险合同收入

第七条 保费收入同时满足下列条件的，才能予以确认：
（一）原保险合同成立并承担相应保险责任；
（二）与原保险合同相关的经济利益很可能流入；
（三）与原保险合同相关的收入能够可靠地计量。

第八条 保险人应当按照下列规定计算确定保费收入金额：
（一）对于非寿险原保险合同，应当根据原保险合同约定的保费总额确定；
（二）对于寿险原保险合同，分期收取保费的，应当根据当期应收取的保费确定；一次性收取保费的，应当根据一次性应收取的保费确定。

【例24-2】一次性收取保费的原保险合同收入的会计处理1

20×7年1月1日，甲公司与王某签订一份家庭财产保险合同，保险金额为 1 000 000 元，保险期间为1年，保费为 1 000 元。合同规定，甲公司自2月1日零时起开始承担保险责任。合同签订当日，甲公司收到王某缴纳的全部保费并存入银行。甲公司的账务处理如下：

(1) 1月1日收到保费 1 000 元。

借：银行存款　　　　　　　　　　　　　　　　　　　　　　1 000
　　贷：预收保费　　　　　　　　　　　　　　　　　　　　　　1 000

(2) 2月1日确认原保费收入 1 000 元。

借：预收保费　　　　　　　　　　　　　　　　　　　　　　1 000
　　贷：保费收入　　　　　　　　　　　　　　　　　　　　　　1 000

【例24-3】一次性收取保费的原保险合同收入的会计处理2

20×6年12月31日,乙公司与王某签订一份两全保险合同,保险金额为500 000元,保费总额为80 000元,保险期间为20×7年1月1日零时至2×17年12月31日24时。合同生效当日,乙公司收到丙公司缴纳的保费总额80 000元并存入银行。乙公司的账务处理如下:

借:银行存款　　　　　　　　　　　　　　　　　　　　　　80 000
　　贷:保费收入　　　　　　　　　　　　　　　　　　　　　　80 000

【例24-4】分期收取保费的原保险合同收入的会计处理1

20×7年1月1日,甲公司与丙公司签订一份工程保险合同,保险金额为4 000 000元,保险期间为20×7年1月1日零时至20×8年12月31日24时;保费总额为4 000元,分两年于每年年初等额收取。合同生效当日,甲公司收到第一期保费并存入银行。甲公司的账务处理如下:

(1) 20×7年1月1日收到保费2 000元,确认原保费收入4 000元。

借:银行存款　　　　　　　　　　　　　　　　　　　　　　2 000
　　应收保费　　　　　　　　　　　　　　　　　　　　　　2 000
　　贷:保费收入　　　　　　　　　　　　　　　　　　　　　　4 000

(2) 20×8年1月1日收取保费2 000元。

借:银行存款　　　　　　　　　　　　　　　　　　　　　　2 000
　　贷:应收保费　　　　　　　　　　　　　　　　　　　　　　2 000

【例24-5】分期收取保费的原保险合同收入的会计处理2

2×06年12月31日,乙公司与李某签订一份定期寿险合同,保险金额为1 000 000元,保险期间为2×07年1月1日零时至2×26年12月31日24时;保费总额为60 000元,分5期于前5年每年1月1日等额收取。合同生效当日,乙公司收到李某缴纳的第一期保费12 000(60 000÷5)元并存入银行,乙公司的账务处理如下:

借:银行存款　　　　　　　　　　　　　　　　　　　　　　12 000
　　贷:保费收入　　　　　　　　　　　　　　　　　　　　　　12 000

以后各年收取保费的账务处理同上。

第九条 原保险合同提前解除的,保险人应当按照原保险合同约定计算确定应退还投保人的金额,作为退保费,计入当期损益。

【例24-6】提前解除投保的原保险合同收入的会计处理

20×7年10月8日,甲公司收到丙公司通知,要求提前解除投保的企业财产保险合同。甲公司按约定计算应退还丙公司保费6 000元,并于当日以银行存款转账支付。假定甲公司已为该企业财产保险合同确认未到期责任准备金5 000元。甲公司的账务处理如下:

借:保费收入　　　　　　　　　　　　　　　　　　　　　　6 000
　　贷:银行存款　　　　　　　　　　　　　　　　　　　　　　6 000
借:未到期责任准备金　　　　　　　　　　　　　　　　　　　5 000

　　　　贷：提取未到期责任准备金　　　　　　　　　　　　　　　　　　　　　5 000

24.4　原保险合同准备金

　　第十条　原保险合同准备金包括未到期责任准备金、未决赔款准备金、寿险责任准备金和长期健康险责任准备金。

　　未到期责任准备金，是指保险人为尚未终止的非寿险保险责任提取的准备金。

　　未决赔款准备金，是指保险人为非寿险保险事故已发生尚未结案的赔案提取的准备金。

　　寿险责任准备金，是指保险人为尚未终止的人寿保险责任提取的准备金。

　　长期健康险责任准备金，是指保险人为尚未终止的长期健康保险责任提取的准备金。

　　第十一条　保险人应当在确认非寿险保费收入的当期，按照保险精算确定的金额，提取未到期责任准备金，作为当期保费收入的调整，并确认未到期责任准备金负债。

　　保险人应当在资产负债表日，按照保险精算重新计算确定的未到期责任准备金金额与已提取的未到期责任准备金余额的差额，调整未到期责任准备金余额。

【例24-7】未到期责任准备金的会计处理

　　20×7年11月1日，甲公司确认丁公司投保的A财产保险合同保费收入48 000元；11月31日，甲公司保险精算部门计算确定A财产保险合同未到期责任准备金金额为44 000元；12月31日，甲公司保险精算部门计算确定A财产保险合同未到期责任准备金金额为40 000元。甲公司的账务处理如下：

　　(1) 11月1日确认原保费收入48 000元。

　　借：银行存款　　　　　　　　　　　　　　　　　　　　　　　　　48 000
　　　　贷：保费收入　　　　　　　　　　　　　　　　　　　　　　　　　48 000

　　(2) 11月31日确认未到期责任准备金44 000元。

　　借：提取未到期责任准备金　　　　　　　　　　　　　　　　　　　　44 000
　　　　贷：未到期责任准备金　　　　　　　　　　　　　　　　　　　　　44 000

　　(3) 12月31日调减未到期责任准备金4 000（44 000 – 40 000）元。

　　借：未到期责任准备金　　　　　　　　　　　　　　　　　　　　　　4 000
　　　　贷：提取未到期责任准备金　　　　　　　　　　　　　　　　　　　4 000

　　第十二条　保险人应当在非寿险保险事故发生的当期，按照保险精算确定的金额，提取未决赔款准备金，并确认未决赔款准备金负债。未决赔款准备金包括已发生已报案未决赔款准备金、已发生未报案未决赔款准备金和理赔费用准备金。

　　已发生已报案未决赔款准备金，是指保险人为非寿险保险事故已发生并已向保险人提出索赔、尚未结案的赔案提取的准备金。

　　已发生未报案未决赔款准备金，是指保险人为非寿险保险事故已发生、尚未向保险人提出索赔的赔案提取的准备金。

　　理赔费用准备金，是指保险人为非寿险保险事故已发生尚未结案的赔案可能发生的律师费、诉讼费、损失检验费、相关理赔人员薪酬等费用提取的准备金。

【例24-8】提取未决赔款准备金的会计处理

20×7年5月31日,甲公司保险精算部门计算确定的某类财产保险合同未决赔款准备金金额为100 000元,其中,已发生已报案未决赔款准备金为60 000元,已发生未报案未决赔款准备金为20 000元,理赔费用准备金为20 000元。甲公司的账务处理如下:

借:提取保险责任准备金 100 000
　　贷:保险责任准备金 100 000

第十三条 保险人应当在确认寿险保费收入的当期,按照保险精算确定的金额,提取寿险责任准备金、长期健康险责任准备金,并确认寿险责任准备金、长期健康险责任准备金负债。

【例24-9】提取寿险责任准备金的会计处理

20×7年12月31日,乙公司保险精算部门计算确定的某团体终身寿险合同寿险责任准备金金额为120 000元。乙公司的账务处理如下:

借:提取保险责任准备金 120 000
　　贷:保险责任准备金 120 000

第十四条 保险人至少应当于每年年度终了,对未决赔款准备金、寿险责任准备金、长期健康险责任准备金进行充足性测试。

保险人按照保险精算重新计算确定的相关准备金金额超过充足性测试日已提取的相关准备金余额的,应当按照其差额补提相关准备金;保险人按照保险精算重新计算确定的相关准备金金额小于充足性测试日已提取的相关准备金余额的,不调整相关准备金。

【例24-10】补提未决赔款准备金的会计处理

20×7年12月31日,甲公司保险精算部门计算确定的某财产保险合同未决赔款准备金金额为160 000元,前期已确认的相关未决赔款准备金金额为110 000元。甲公司的账务处理如下:

甲公司补提未决赔款准备金50 000(160 000-110 000)元。

借:提取保险责任准备金 50 000
　　贷:保险责任准备金 50 000

第十五条 原保险合同提前解除的,保险人应当转销相关未到期责任准备金、寿险责任准备金、长期健康险责任准备金余额,计入当期损益。

【例24-11】原保险合同提前解除的会计处理

20×7年10月8日,甲公司收到丙公司通知,要求提前解除投保的企业财产保险合同。甲公司按约定计算应退还丙公司保费6 000元,并于当日以银行存款转账支付。假定甲公司已为该企业财产保险合同确认未到期责任准备金5 000元。甲公司的账务处理如下:

借:保费收入 6 000
　　贷:银行存款 6 000
借:未到期责任准备金 5 000
　　贷:提取未到期责任准备金 5 000

24.5 原保险合同成本

第十六条 原保险合同成本,是指原保险合同发生的、会导致所有者权益减少的、与向所有者分配利润无关的经济利益的总流出。原保险合同成本主要包括发生的手续费或佣金支出、赔付成本,以及提取的未决赔款准备金、寿险责任准备金、长期健康险责任准备金等。

赔付成本包括保险人支付的赔款、给付,以及在理赔过程中发生的律师费、诉讼费、损失检验费、相关理赔人员薪酬等理赔费用。

第十七条 保险人在取得原保险合同过程中发生的手续费、佣金,应当在发生时计入当期损益。

第十八条 保险人按照保险精算确定提取的未决赔款准备金、寿险责任准备金、长期健康险责任准备金,计入当期损益。

保险人应当在确定支付赔付款项金额的当期,按照确定支付的赔付款项金额,计入当期损益;同时,冲减相应的未决赔款准备金、寿险责任准备金、长期健康险责任准备金余额。

保险人应当在实际发生理赔费用的当期,按照实际发生的理赔费用金额,计入当期损益;同时,冲减相应的未决赔款准备金、寿险责任准备金、长期健康险责任准备金余额。

第十九条 保险人按照充足性测试补提的未决赔款准备金、寿险责任准备金、长期健康险责任准备金,计入当期损益。

第二十条 保险人承担赔偿保险金责任取得的损余物资,应当按照同类或类似资产的市场价格计算确定的金额确认为资产,并冲减当期赔付成本。

处置损余物资时,保险人应当按照收到的金额与相关损余物资账面价值的差额,调整当期赔付成本。

第二十一条 保险人承担赔付保险金责任应收取的代位追偿款,同时满足下列条件的,应当确认为应收代位追偿款,并冲减当期赔付成本:

(一)与该代位追偿款有关的经济利益很可能流入;

(二)该代位追偿款的金额能够可靠地计量。

收到应收代位追偿款时,保险人应当按照收到的金额与相关应收代位追偿款账面价值的差额,调整当期赔付成本。

24.6 列　　报

第二十二条 保险人应当在资产负债表中单独列示与原保险合同有关的下列项目:

(一)未到期责任准备金;

(二)未决赔款准备金;

(三)寿险责任准备金;

(四)长期健康险责任准备金。

第二十三条 保险人应当在利润表中单独列示与原保险合同有关的下列项目:

(一)保费收入;

(二)退保费;

（三）提取未到期责任准备金；

（四）已赚保费；

（五）手续费支出；

（六）赔付成本；

（七）提取未决赔款准备金；

（八）提取寿险责任准备金；

（九）提取长期健康险责任准备金。

第二十四条 保险人应当在附注中披露与原保险合同有关的下列信息：

（一）代位追偿款的有关情况；

（二）损余物资的有关情况；

（三）各项准备金的增减变动情况；

（四）提取各项准备金及进行准备金充足性测试的主要精算假设和方法。

第25章 再保险合同

企业会计准则第26号——再保险合同

《企业会计准则第26号——再保险合同》（以下简称"本准则"）于2006年2月15日由财会〔2006〕3号公布，自2007年1月1日起施行。

25.1 总 则

第一条 为了规范再保险合同的确认、计量和相关信息的列报，根据《企业会计准则——基本准则》，制定本准则。

第二条 再保险合同，是指一个保险人（再保险分出人）分出一定的保费给另一个保险人（再保险接受人），再保险接受人对再保险分出人由原保险合同所引起的赔付成本及其他相关费用进行补偿的保险合同。

第三条 本准则适用于保险人签发、持有的再保险合同。

保险人将分入的再保险业务转分给其他保险人而签订的转分保合同，比照本准则处理。

第四条 保险人签发的原保险合同，适用《企业会计准则第25号——原保险合同》。

25.2 分出业务的会计处理

第五条 再保险分出人不应当将再保险合同形成的资产与有关原保险合同形成的负债相互抵销。

再保险分出人不应当将再保险合同形成的收入或费用与有关原保险合同形成的费用或收入相互抵销。

第六条 再保险分出人应当在确认原保险合同保费收入的当期，按照相关再保险合同的约定，计算确定分出保费，计入当期损益；同时，原保险合同为非寿险原保险合同的，再保险分出人还应当按照相关再保险合同的约定，计算确认相关的应收分保未到期责任准备金资产，并冲减提取未到期责任准备金。

再保险分出人应当在资产负债表日调整原保险合同未到期责任准备金余额时，相应调整应收分保未到期责任准备金余额。

【例25-1】再保险分出人分出业务的应收分保未决赔款准备金的会计处理

2×06年12月2日，甲保险股份有限公司（以下简称"甲公司"）与A保险股份有限公司（以下简称"A公司"）签订一份成数分保财险再保险合同，将合同规定范围内的原保险业务向A公司办理分保。合同约定，分保比例为10%；分保手续费以分出保费作为计算基础，分保手续费率为25%；合同起期日为2×07年1月1日，保险责任期间为10年。2×07

年1月1日,甲公司就该再保险合同规定业务范围内的×企业财产保险合同确认保费收入12万元;1月31日,甲公司就×企业财产保险合同提取未到期责任准备金11万元;3月18日,×企业财产保险合同约定的保险事故发生,至3月31日尚未结案定损,甲公司就该合同提取未决赔款准备金7 500万元。甲公司确认应收分保准备金的会计处理如下(分录中的金额单位为万元):

(1) 2×07年1月31日,确认应收分保未到期责任准备金。

甲公司应确认的对A公司应收分保未到期责任准备金=11×10%=1.1(万元)

借:应收分保未到期责任准备金　　　　　　　　　　　　　　　　1.1
　　贷:提取未到期责任准备金　　　　　　　　　　　　　　　　　　　1.1

(2) 2×07年3月31日,确认应收分保未决赔款准备金。

甲公司应确认的对A公司应收分保未决赔款准备金=7 500×10%=750(万元)

借:应收分保未决赔款准备金　　　　　　　　　　　　　　　　　750
　　贷:摊回未决赔款准备金　　　　　　　　　　　　　　　　　　　　750

第七条　再保险分出人应当在确认原保险合同保费收入的当期,按照相关再保险合同的约定,计算确定应向再保险接受人摊回的分保费用,计入当期损益。

第八条　再保险分出人应当在提取原保险合同未决赔款准备金、寿险责任准备金、长期健康险责任准备金的当期,按照相关再保险合同的约定,计算确定应向再保险接受人摊回的相应准备金,确认为相应的应收分保准备金资产。

第九条　再保险分出人应当在确定支付赔付款项金额或实际发生理赔费用而冲减原保险合同相应准备金余额的当期,冲减相应的应收分保准备金余额;同时,按照相关再保险合同的约定,计算确定应向再保险接受人摊回的赔付成本,计入当期损益。

【例25-2】再保险分出人分出业务的分出保费的会计处理

2×07年1月31日,乙公司与客户刘某签订一份人身意外伤害保险合同,保险金额为360万元,自2×07年2月1日零时合同生效,保险期间为1年;刘某于合同生效当日一次性缴纳保险费0.72万元,乙公司开始承担保险责任并确认了保费收入。该份人身意外伤害保险合同属于乙公司与E保险股份有限公司(以下简称"E公司")签订的溢额再保险合同约定的业务范围。该再保险合同约定:每一被保险人的意外险自留额为100万元,E公司的分保额最高限额为300万元,分保手续费率为25%。2×07年7月10日,被保险人刘某发生车祸死亡,乙公司确定该事故属于全额赔偿责任范围,于事故发生当月确认了赔付成本360万元。2×07年7月29日,乙公司向刘某家属支付了保险赔款,该保险事故结案。乙公司就上述业务计算出应向E公司分出的保费金额为0.52[0.72×(360-100)÷360]万元,分保手续费金额为0.13(0.52×25%)万元,应从E公司摊回赔款金额为260[360×(360-100)÷360]万元,乙公司分出保费、摊回分保费用、摊回赔付成本的账务处理如下(以万元为单位):

(1) 2×07年2月,确认分出保费及摊回分保费用。

借:分出保费　　　　　　　　　　　　　　　　　　　　　　　　0.52

贷：应付分保账款——E 公司		0.52
借：应收分保账款——E 公司		0.13
贷：摊回分保费用		0.13

（2）2×07 年 7 月，确认应摊回的赔付成本。

　　借：应收分保账款——E 公司　　　　　　　　　　　260
　　　　贷：摊回赔付支出　　　　　　　　　　　　　　　　　　260

　　注：实务中，保险公司对于保险事故发生后很快（一般指当月）能够结案定损的，往往不提未决赔款准备金，本例即属于此种情况，因此在确认摊回赔付成本时不涉及转销相关应收分保未决赔款准备金的处理。

　　第十条　再保险分出人应当在原保险合同提前解除的当期，按照相关再保险合同的约定，计算确定分出保费、摊回分保费用的调整金额，计入当期损益；同时，转销相关应收分保准备金余额。

　　第十一条　再保险分出人应当在因取得和处置损余物资、确认和收到应收代位追偿款等而调整原保险合同赔付成本的当期，按照相关再保险合同的约定，计算确定摊回赔付成本的调整金额，计入当期损益。

　　第十二条　再保险分出人应当在发出分保业务账单时，将账单标明的扣存本期分保保证金确认为存入分保保证金；同时，按照账单标明的返还上期扣存分保保证金转销相关存入分保保证金。

　　再保险分出人应当根据相关再保险合同的约定，按期计算存入分保保证金利息，计入当期损益。

　　第十三条　再保险分出人应当根据相关再保险合同的约定，在能够计算确定应向再保险接受人收取的纯益手续费时，将该项纯益手续费作为摊回分保费用，计入当期损益。

　　第十四条　对于超额赔款再保险等非比例再保险合同，再保险分出人应当根据再保险合同的约定，计算确定分出保费，计入当期损益。

　　再保险分出人调整分出保费时，应当将调整金额计入当期损益。

　　再保险分出人应当在能够计算确定应向再保险接受人摊回的赔付成本时，将该项应摊回的赔付成本计入当期损益。

25.3　分入业务的会计处理

　　第十五条　分保费收入同时满足下列条件的，才能予以确认：
（一）再保险合同成立并承担相应保险责任；
（二）与再保险合同相关的经济利益很可能流入；
（三）与再保险合同相关的收入能够可靠地计量。
　　再保险接受人应当根据相关再保险合同的约定，计算确定分保费收入金额。

　　第十六条　再保险接受人应当在确认分保费收入的当期，根据相关再保险合同的约定，计算确定分保费用，计入当期损益。

　　第十七条　再保险接受人应当根据相关再保险合同的约定，在能够计算确定应向再保险分出人支付的纯益手续费时,将该项纯益手续费作为分保费用,计入当期损益。

第十八条 再保险接受人应当在收到分保业务账单时,按照账单标明的金额对相关分保费收入、分保费用进行调整,调整金额计入当期损益。

第十九条 再保险接受人提取分保未到期责任准备金、分保未决赔款准备金、分保寿险责任准备金、分保长期健康险责任准备金,以及进行相关分保准备金充足性测试,比照《企业会计准则第 25 号——原保险合同》的相关规定处理。

【例 25 - 3】再保险接受人分入业务收入确认的会计处理

20×6 年 12 月 22 日,丙保险股份有限公司(以下简称"丙公司")与 I 保险股份有限公司(以下简称"I 公司")签订一份成数再保险合同,接受 I 公司分出的原保险业务。合同约定的分保比例为 40%,分保手续费率为 35%。合同起期日为 20×7 年 1 月 1 日,保险责任期间为 1 年。丙公司经验、技术等方面比较成熟,采用预估方法确认每期的分保费收入。假定丙公司预估 20×7 年第一季度各月与 I 公司再保险合同项下的分保费收入金额为:1 月 680 万元,2 月 730 万元,3 月 600 万元。丙公司于 5 月 20 日收到 I 公司发来的第一季度的分保业务账单,账单标明的分保费为 2 100 万元,分保手续费为 735 万元。丙公司相关账务处理如下(以万元为单位):

(1) 20×7 年 1 月。

借:应收分保账款——I 公司　　　　　　　　　　　　　　　680
　　贷:保费收入　　　　　　　　　　　　　　　　　　　　680
借:分保费用　　　　　　　　　　　　　　　　　　　　　　238
　　贷:应付分保账款——I 公司　　　　　　　　　　　　　238

(2) 20×7 年 2 月。

借:应收分保账款——I 公司　　　　　　　　　　　　　　　730
　　贷:保费收入　　　　　　　　　　　　　　　　　　　　730
借:分保费用　　　　　　　　　　　　　　　　　　　　　　255.5
　　贷:应付分保账款——I 公司　　　　　　　　　　　　　255.5

(3) 20×7 年 3 月。

借:应收分保账款——I 公司　　　　　　　　　　　　　　　600
　　贷:保费收入　　　　　　　　　　　　　　　　　　　　600
借:分保费用　　　　　　　　　　　　　　　　　　　　　　210
　　贷:应付分保账款——I 公司　　　　　　　　　　　　　210

(4) 20×7 年 4 月预估确认分保费收入和分保费用的会计分录略。

(5) 20×7 年 5 月 20 日,收到账单时调整第一季度确认的分保费收入和分保费用。

分保费收入调整金额 = 2 100 - (680 + 730 + 600) = 90(万元)

分保手续费调整金额 = 735 - (238 + 255.5 + 210) = 31.5(万元)

借:应收分保账款——I 公司　　　　　　　　　　　　　　　90
　　贷:保费收入　　　　　　　　　　　　　　　　　　　　90

借：分保费用　　　　　　　　　　　　　　　　　　　　　　　　　31.5
　　　　贷：应付分保账款——I公司　　　　　　　　　　　　　　　　　31.5

此例中，若丙公司不具备对分保费收入进行预估确认的条件，则丙公司应在20×7年5月20日收到分保业务账单时直接做如下账务处理：

　　借：应收分保账款——I公司　　　　　　　　　　　　　　　　　2 100
　　　　贷：保费收入　　　　　　　　　　　　　　　　　　　　　　2 100
　　借：分保费用　　　　　　　　　　　　　　　　　　　　　　　　　735
　　　　贷：应付分保账款——I公司　　　　　　　　　　　　　　　　　735

第二十条 再保险接受人应当在收到分保业务账单的当期，按照账单标明的分保赔付款项金额，作为分保赔付成本，计入当期损益；同时，冲减相应的分保准备金余额。

【例25-4】分入业务分保赔付支出的会计处理

沿用【例25-3】的资料，丙公司于20×7年5月20日收到I公司发来的第一季度分保业务账单中标明的分保赔款金额为900万元，丙公司已提取的相应分保未决赔款准备金为800万元。丙公司相关账务处理如下（以万元为单位）：

　　借：分保赔付支出　　　　　　　　　　　　　　　　　　　　　　　900
　　　　贷：应付分保账款——I公司　　　　　　　　　　　　　　　　　900
　　借：未决赔款准备金　　　　　　　　　　　　　　　　　　　　　　800
　　　　贷：提取未决赔款准备金　　　　　　　　　　　　　　　　　　800

第二十一条 再保险接受人应当在收到分保业务账单时，将账单标明的扣存本期分保保证金确认为存出分保保证金；同时，按照账单标明的返还上期扣存分保保证金转销相关存出分保保证金。

再保险接受人应当根据相关再保险合同的约定，按期计算存出分保保证金利息，计入当期损益。

25.4 列　　报

第二十二条 保险人应当在资产负债表中单独列示与再保险合同有关的下列项目：

（一）应收分保账款；

（二）应收分保未到期责任准备金；

（三）应收分保未决赔款准备金；

（四）应收分保寿险责任准备金；

（五）应收分保长期健康险责任准备金；

（六）应付分保账款。

第二十三条 保险人应当在利润表中单独列示与再保险合同有关的下列项目：

（一）分保费收入；

（二）分出保费；

（三）摊回分保费用；

（四）分保费用；

（五）摊回赔付成本；

（六）分保赔付成本；

（七）摊回未决赔款准备金；

（八）摊回寿险责任准备金；

（九）摊回长期健康险责任准备金。

第二十四条 保险人应当在附注中披露与再保险合同有关的下列信息：

（一）分入业务各项分保准备金的增减变动情况；

（二）分入业务提取各项分保准备金及进行分保准备金充足性测试的主要精算假设和方法。

第26章　石油天然气开采

26.1　企业会计准则第27号——石油天然气开采

《企业会计准则第27号——石油天然气开采》（以下简称"本准则"）于2006年2月15日由财会〔2006〕3号公布，自2007年1月1日起施行。

26.1.1　总则

第一条　为了规范石油天然气（以下简称"油气"）开采活动的会计处理和相关信息的披露，根据《企业会计准则——基本准则》，制定本准则。

第二条　油气开采活动包括矿区权益的取得以及油气的勘探、开发和生产等阶段。

第三条　油气开采活动以外的油气储存、集输、加工和销售等业务的会计处理，适用其他相关会计准则。

26.1.2　矿区权益的会计处理

第四条　矿区权益，是指企业取得的在矿区内勘探、开发和生产油气的权利。矿区权益分为探明矿区权益和未探明矿区权益。探明矿区，是指已发现探明经济可采储量的矿区；未探明矿区，是指未发现探明经济可采储量的矿区。

探明经济可采储量，是指在现有技术和经济条件下，根据地质和工程分析，可合理确定的能够从已知油气藏中开采的油气数量。

第五条　为取得矿区权益而发生的成本应当在发生时予以资本化。企业取得的矿区权益，应当按照取得时的成本进行初始计量。

（一）申请取得矿区权益的成本包括探矿权使用费、采矿权使用费、土地或海域使用权支出、中介费以及可直接归属于矿区权益的其他申请取得支出。

（二）购买取得矿区权益的成本包括购买价款、中介费以及可直接归属于矿区权益的其他购买取得支出。

矿区权益取得后发生的探矿权使用费、采矿权使用费和租金等维持矿区权益的支出，应当计入当期损益。

第六条　企业应当采用产量法或年限平均法对探明矿区权益计提折耗。采用产量法计提折耗的，折耗额可按照单个矿区计算，也可按照若干具有相同或类似地质构造特征或储层条件的相邻矿区所组成的矿区组计算。计算公式如下：

探明矿区权益折耗额 = 探明矿区权益账面价值 × 探明矿区权益折耗率

探明矿区权益折耗率 = 探明矿区当期产量 ÷（探明矿区期末探明经济可采储量 + 探明矿区当期产量）

第七条　企业对于矿区权益的减值，应当分别不同情况确认减值损失。

(一) 探明矿区权益的减值,按照《企业会计准则第8号——资产减值》处理。

(二) 对于未探明矿区权益,应当至少每年进行一次减值测试。

单个矿区取得成本较大的,应当以单个矿区为基础进行减值测试,并确定未探明矿区权益减值金额。单个矿区取得成本较小且与其他相邻矿区具有相同或类似地质构造特征或储层条件的,可按照若干具有相同或类似地质构造特征或储层条件的相邻矿区所组成的矿区组进行减值测试。

未探明矿区权益公允价值低于账面价值的差额,应当确认为减值损失,计入当期损益。未探明矿区权益减值损失一经确认,不得转回。

第八条 企业转让矿区权益的,应当按照下列规定进行处理。

(一) 转让全部探明矿区权益的,将转让所得与矿区权益账面价值的差额计入当期损益。

转让部分探明矿区权益的,按照转让权益和保留权益的公允价值比例,计算确定已转让部分矿区权益账面价值,转让所得与已转让矿区权益账面价值的差额计入当期损益。

(二) 转让单独计提减值准备的全部未探明矿区权益的,转让所得与未探明矿区权益账面价值的差额,计入当期损益。

转让单独计提减值准备的部分未探明矿区权益的,如果转让所得大于矿区权益账面价值,将其差额计入当期损益;如果转让所得小于矿区权益账面价值,以转让所得冲减矿区权益账面价值,不确认损益。

(三) 转让以矿区组为基础计提减值准备的未探明矿区权益的,如果转让所得大于矿区权益账面原值,将其差额计入当期损益;如果转让所得小于矿区权益账面原值,以转让所得冲减矿区权益账面原值,不确认损益。

转让该矿区组最后一个未探明矿区的剩余矿区权益时,转让所得与未探明矿区权益账面价值的差额,计入当期损益。

【例26-1】转让全部探明矿区权益的会计处理

X石油公司转让了其拥有的矿区A,其账面原值为1 000万元,已计提减值准备200万元,目前账面价值为800万元,转让所得为900万元。

X公司应当将转让所得大于矿区权益账面价值的差额确认为收益。相关账务处理如下(以万元为单位):

借:油气资产减值准备　　　　　　　　　　　　　　200
　　银行存款　　　　　　　　　　　　　　　　　　900
　　贷:矿区权益　　　　　　　　　　　　　　　　1 000
　　　　营业外收入　　　　　　　　　　　　　　　100

如果转让所得为700万元,X公司应当将转让所得小于矿区权益账面价值的差额确认为损失。相关账务处理如下(以万元为单位):

借:油气资产减值准备　　　　　　　　　　　　　　200
　　银行存款　　　　　　　　　　　　　　　　　　700
　　营业外支出　　　　　　　　　　　　　　　　　100

  贷：矿区权益   1 000

【例 26 - 2】转让部分探明矿区权益的会计处理

  X 石油公司转让了其拥有的矿区 B 中的 $20km^2$，转让部分的公允价值为 400 万元，转让所得为 500 万元。整个矿区 B 的面积为 $50km^2$，账面原值为 1 000 万元，已计提减值准备 200 万元，目前账面价值为 800 万元，公允价值为 900 万元。

  X 公司转让部分矿区权益，且剩余矿区权益成本的收回不存在较大不确定性，因此应按照转让权益和保留权益的公允价值比例，计算确定已转让部分矿区权益账面价值，计算公式如下：

400 ÷ 900 × 800 = 356（万元）

400 - 356 = 44（万元）

相关账务处理如下（以万元为单位）：

借：油气资产减值准备   44
  银行存款   500
  贷：矿区权益   356
    营业外收入   188

如果转让所得为 300 万元，相关会计处理如下（以万元为单位）：

借：油气资产减值准备   44
  银行存款   300
  营业外支出   12
  贷：矿区权益   356

【例 26 - 3】转让全部未探明矿区权益，且该矿区权益单独计提减值准备的会计处理

  X 石油公司转让未探明矿区 C，其账面原值为 1 000 万元，已计提减值准备 200 万元，目前账面价值为 800 万元，转让所得为 900 万元。

  X 公司转让全部未探明矿区 C 权益，应当将转让所得大于矿区权益账面价值的差额确认为收益。相关账务处理如下（以万元为单位）：

借：油气资产减值准备   200
  银行存款   900
  贷：矿区权益   1 000
    营业外收入   100

如果转让所得为 700 万元，X 公司应当将转让所得小于矿区权益账面价值的差额确认为损失。相关账务处理如下（以万元为单位）：

借：油气资产减值准备   200
  银行存款   700
  营业外支出   100
  贷：矿区权益   1 000

【例26-4】转让全部未探明矿区权益，且该矿区权益以矿区组为基础计提减值准备的会计处理

X石油公司拥有的未探明矿区D1和D2在进行减值测试时构成一个矿区组。其中矿区D1权益账面原值为1 000万元，矿区D2权益账面原值为2 000万元，矿区组已计提减值准备600万元，目前矿区组账面价值为2 400万元。现X公司转让矿区D1，转让所得为1 100万元。

转让所得大于未探明矿区D1权益的账面原值，X公司应将其差额确认为收益。相关账务处理如下（以万元为单位）：

借：银行存款　　　　　　　　　　　　　　　　　　　1 100
　　贷：矿区权益　　　　　　　　　　　　　　　　　　1 000
　　　　营业外收入　　　　　　　　　　　　　　　　　　100

如果转让所得为900万元，转让所得小于未探明矿区D1权益的账面原值，X公司应将转让所得冲减矿区组权益的账面价值。相关账务处理如下（以万元为单位）：

借：银行存款　　　　　　　　　　　　　　　　　　　　900
　　贷：矿区权益　　　　　　　　　　　　　　　　　　　900

【例26-5】转让部分未探明矿区权益，且该矿区权益单独计提减值准备的会计处理

X石油公司拥有的未探明矿区E，面积为50km^2，其账面原值为1 000万元，已计提减值准备200万元，目前账面价值为800万元。

(1) X公司转让矿区E中的20km^2，转让所得为200万元。

因转让所得小于矿区E的账面价值（800万元），故X公司应将转让所得冲减被转让矿区权益账面价值。相关账务处理如下（以万元为单位）：

借：银行存款　　　　　　　　　　　　　　　　　　　　200
　　贷：矿区权益　　　　　　　　　　　　　　　　　　　200

(2) X公司再次转让矿区E中的10km^2，转让所得为500万元。

因转让所得小于其账面价值（600万元），故X公司应将转让所得冲减被转让矿区权益账面价值。相关账务处理如下（以万元为单位）：

借：银行存款　　　　　　　　　　　　　　　　　　　　500
　　贷：矿区权益　　　　　　　　　　　　　　　　　　　500

(3) 如果X公司转让矿区E剩下的20km^2，转让所得为400万元。

X公司转让部分矿区E的所得大于该未探明矿区权益的账面价值（100万元），应将其差额计入收益。相关账务处理如下（以万元为单位）：

借：油气资产减值准备　　　　　　　　　　　　　　　　200
　　银行存款　　　　　　　　　　　　　　　　　　　　400
　　贷：矿区权益　　　　　　　　　　　　　　　　　　　300
　　　　营业外收入　　　　　　　　　　　　　　　　　　300

(4) 如果X公司转让矿区E剩余20km^2，转让所得为50万元。

X 公司转让矿区 E 的所得小于该未探明矿区权益的账面价值（100 万元），应继续将转让所得冲减被转让矿区权益账面价值，冲减至零为止。

借：银行存款　　　　　　　　　　　　　　　　　　　　　　　50
　　贷：矿区权益　　　　　　　　　　　　　　　　　　　　　　　50

根据本准则规定，X 公司期末应对矿区 E 权益的剩余账面价值全额计提减值准备。计算减值损失 =（1 000 -200）-200 -500 -50 =50（万元）。账务处理如下（以万元为单位）：

借：资产减值损失——矿区权益减值损失　　　　　　　　　　　50
　　贷：油气资产减值准备——某区块矿区权益减值准备　　　　　50

【例26 -6】 转让部分未探明矿区权益，且该矿区权益以矿区组为基础计提减值准备的会计处理

X 石油公司拥有的未探明矿区 F1 和 F2 在进行减值测试时构成一个矿区组。其中 F1 账面原值为 1 000 万元，F2 账面原值为 2 000 万元，矿区组已经计提减值准备 600 万元，矿区组账面价值为 2 400 万元。20 ×7 年 4 月和 10 月分别转让矿区 F1 的一部分，10 月将整个 F1 转让完毕。

(1) 4 月，转让所得为 500 万元。

转让所得小于 F1 的账面原值，X 公司应将转让所得冲减矿区组的账面价值。相关账务处理如下（以万元为单位）：

借：银行存款　　　　　　　　　　　　　　　　　　　　　　　500
　　贷：矿区权益　　　　　　　　　　　　　　　　　　　　　　　500

(2) 10 月，如果转让所得为 600 万元。

转让所得已经大于 F1 的账面原值，X 公司企业应将其差额计入收益（以万元为单位）：

借：银行存款　　　　　　　　　　　　　　　　　　　　　　　600
　　贷：矿区权益　　　　　　　　　　　　　　　　　　　　　　　500
　　　　营业外收入　　　　　　　　　　　　　　　　　　　　　　100

(3) 10 月，如果转让所得为 400 万元。

累计转让所得小于 F1 的账面原值，X 公司应将转让所得继续冲减矿区组的账面价值。相关账务处理如下（以万元为单位）：

借：银行存款　　　　　　　　　　　　　　　　　　　　　　　400
　　贷：矿区权益　　　　　　　　　　　　　　　　　　　　　　　400

第九条　未探明矿区（组）内发现探明经济可采储量而将未探明矿区（组）转为探明矿区（组）的，应当按照其账面价值转为探明矿区权益。

第十条　未探明矿区因最终未能发现探明经济可采储量而放弃的，应当按照放弃时的账面价值转销未探明矿区权益并计入当期损益。因未完成义务工作量等因素导致发生的放弃成本，计入当期损益。

26.1.3　油气勘探的会计处理

第十一条　油气勘探，是指为了识别勘探区域或探明油气储量而进行的地质调查、地球

物理勘探、钻探活动以及其他相关活动。

第十二条 油气勘探支出包括钻井勘探支出和非钻井勘探支出。

钻井勘探支出主要包括钻探区域探井、勘探型详探井、评价井和资料井等活动发生的支出；非钻井勘探支出主要包括进行地质调查、地球物理勘探等活动发生的支出。

第十三条 钻井勘探支出在完井后，确定该井发现了探明经济可采储量的，应当将钻探该井的支出结转为井及相关设施成本。

确定该井未发现探明经济可采储量的，应当将钻探该井的支出扣除净残值后计入当期损益。

确定部分井段发现了探明经济可采储量的，应当将发现探明经济可采储量的有效井段的钻井勘探支出结转为井及相关设施成本，无效井段钻井勘探累计支出转入当期损益。

未能确定该探井是否发现探明经济可采储量的，应当在完井后一年内将钻探该井的支出予以暂时资本化。

第十四条 在完井一年时仍未能确定该探井是否发现探明经济可采储量，同时满足下列条件的，应当将钻探该井的资本化支出继续暂时资本化，否则应当计入当期损益：

（一）该井已发现足够数量的储量，但要确定其是否属于探明经济可采储量，还需要实施进一步的勘探活动；

（二）进一步的勘探活动已在实施中或已有明确计划并即将实施。

钻井勘探支出已费用化的探井又发现了探明经济可采储量的，已费用化的钻井勘探支出不作调整，重新钻探和完井发生的支出应当予以资本化。

第十五条 非钻井勘探支出于发生时计入当期损益。

26.1.4 油气开发的会计处理

第十六条 油气开发，是指为了取得探明矿区中的油气而建造或更新井及相关设施的活动。

第十七条 油气开发活动所发生的支出，应当根据其用途分别予以资本化，作为油气开发形成的井及相关设施的成本。

油气开发形成的井及相关设施的成本主要包括：

（一）钻前准备支出，包括前期研究、工程地质调查、工程设计、确定井位、清理井场、修建道路等活动发生的支出；

（二）井的设备购置和建造支出，井的设备包括套管、油管、抽油设备和井口装置等，井的建造包括钻井和完井；

（三）购建提高采收率系统发生的支出；

（四）购建矿区内集输设施、分离处理设施、计量设备、储存设施、各种海上平台、海底及陆上电缆等发生的支出。

第十八条 在探明矿区内，钻井至现有已探明层位的支出，作为油气开发支出；为获取新增探明经济可采储量而继续钻至未探明层位的支出，作为钻井勘探支出，按照本准则第十三条和第十四条处理。

26.1.5 油气生产的会计处理

第十九条 油气生产,是指将油气从油气藏提取到地表以及在矿区内收集、拉运、处理、现场储存和矿区管理等活动。

第二十条 油气的生产成本包括相关矿区权益折耗、井及相关设施折耗、辅助设备及设施折旧以及操作费用等。操作费用包括油气生产和矿区管理过程中发生的直接和间接费用。

第二十一条 企业应当采用产量法或年限平均法对井及相关设施计提折耗。井及相关设施包括确定发现了探明经济可采储量的探井和开采活动中形成的井,以及与开采活动直接相关的各种设施。采用产量法计提折耗的,折耗额可按照单个矿区计算,也可按照若干具有相同或类似地质构造特征或储层条件的相邻矿区所组成的矿区组计算。计算公式如下:

矿区井及相关设施折耗额 = 期末矿区井及相关设施账面价值 × 矿区井及相关设施折耗率

矿区井及相关设施折耗率 = 矿区当期产量 ÷(矿区期末探明已开发经济可采储量 + 矿区当期产量)

探明已开发经济可采储量,包括矿区的开发井网钻探和配套设施建设完成后已全面投入开采的探明经济可采储量,以及在提高采收率技术所需的设施已建成并已投产后相应增加的可采储量。

【例 26-7】油气生产相关折耗的会计处理

某油田开始几年年产量要高于随后几年的年产量,如果采用年限平均法,则开始几年单位产量的折旧比随后几年单位产量的折旧低。另外,随着油田中后期开采难度越来越大,由于单位变动成本增加,需要支出更多的设备维修费用。考虑这些生产后期单位生产成本上升的因素,年限平均法就可能歪曲企业的经营成果,即开始几年的利润比较大,而随后年份的利润较低。

在我国现行油气开采会计实务中,对油气资产一直采用年限平均法计提折耗,在海外上市的企业还需依照国际会计标准调整为产量法进行对外报告。油气准则规定了产量法,同时也保留了年限平均法。无论选择产量法还是年限平均法,一经选定不得随意更改。

第二十二条 地震设备、建造设备、车辆、修理车间、仓库、供应站、通信设备、办公设施等辅助设备及设施,应当按照《企业会计准则第 4 号——固定资产》处理。

第二十三条 企业承担的矿区废弃处置义务,满足《企业会计准则第 13 号——或有事项》中预计负债确认条件的,应当将该义务确认为预计负债,并相应增加井及相关设施的账面价值。

不符合预计负债确认条件的,在废弃时发生的拆卸、搬移、场地清理等支出,应当计入当期损益。

矿区废弃,是指矿区内的最后一口井停产。

第二十四条 井及相关设施、辅助设备及设施的减值,应当按照《企业会计准则第 8 号——资产减值》处理。

26.1.6 披露

第二十五条 企业应当在附注中披露与石油天然气开采活动有关的下列信息。

（一）拥有国内和国外的油气储量年初、年末数据。

（二）当期在国内和国外发生的矿区权益的取得、油气勘探和油气开发各项支出的总额。

（三）探明矿区权益、井及相关设施的账面原值，累计折耗和减值准备累计金额及其计提方法；与油气开采活动相关的辅助设备及设施的账面原价，累计折旧和减值准备累计金额及其计提方法。

26.2 《企业会计准则第27号——石油天然气开采》应用指南

26.2.1 矿区的划分

矿区，是指企业进行油气开采活动所划分的区域或独立的开发单元。矿区的划分是计提油气资产折耗、进行减值测试等的基础。矿区的划分应当遵循以下原则：

（一）一个油气藏可作为一个矿区；

（二）若干相临且地质构造或储层条件相同或相近的油气藏可作为一个矿区；

（三）一个独立集输计量系统为一个矿区；

（四）一个大的油气藏分为几个独立集输系统并分别进行计量的，可分为几个矿区；

（五）采用重大新型采油技术并实行工业化推广的区域可作为一个矿区；

（六）在同一地理区域内不得将分属不同国家的作业区划分在同一个矿区或矿区组内。

26.2.2 钻井勘探支出的处理采用成果法

根据本准则第十三、十四和十五条规定，对于钻井勘探支出的资本化应当采用成果法，即只有发现了探明经济可采储量的钻井勘探支出才能资本化，结转为井及相关设施成本，否则计入当期损益。

26.2.3 油气资产及其折耗

（一）油气资产，是指油气开采企业所拥有或控制的井及相关设施和矿区权益。油气资产属于递耗资产。递耗资产是指通过开采、采伐、利用而逐渐耗竭，以致无法恢复或难以恢复、更新或按原样重置的自然资源，如矿藏等。开采油气所必需的辅助设备和设施（如房屋、机器等），作为一般固定资产管理，适用《企业会计准则第4号——固定资产》。

（二）油气资产的折耗，是指油气资产随着当期开发进展而逐渐转移到所开采产品（油气）成本中的价值。本准则第六条和第二十一条规定，企业应当采用产量法或年限平均法对油气资产计提折耗。

1. 产量法，又称单位产量法。该方法是以单位产量为基础对探明矿区权益的取得成本和井及相关设施成本计提折耗。采用该方法对油气资产计提折耗时，矿区权益应以探明经济可采储量为基础，井及相关设施以探明已开发经济可采储量为基础。

2. 年限平均法，又称直线法。该方法将油气资产成本均衡地分摊到各会计期间。采用该方法计算的每期油气资产折耗金额相等。企业采用的油气资产折耗方法，一经确定，不得随意变更。

未探明矿区权益不计提折耗。

26.2.4 弃置义务

根据本准则第二十三条规定,在确认井及相关设施成本时,弃置义务应当以矿区为基础进行预计,主要涉及井及相关设施的弃置、拆移、填埋、清理和恢复生态环境等所发生的支出。

26.2.5 未探明矿区权益的减值

根据本准则第七条(二)规定,未探明矿区权益应当至少每年进行一次减值测试。按照单个矿区进行减值测试的,其公允价值低于账面价值的,应当将其账面价值减记至公允价值,减记的金额确认为油气资产减值损失;按照矿区组进行减值测试并计提减值准备的,确认的减值损失不分摊至单个矿区权益的账面价值。

第 27 章　会计政策、会计估计变更和差错更正

27.1　企业会计准则第 28 号——会计政策、会计估计变更和差错更正

《企业会计准则第 28 号——会计政策、会计估计变更和差错更正》（以下简称"本准则"）于 2006 年 2 月 15 日由财会〔2006〕3 号公布，自 2007 年 1 月 1 日起施行。

27.1.1　总则

第一条　为了规范企业会计政策的应用，会计政策、会计估计变更和前期差错更正的确认、计量和相关信息的披露，根据《企业会计准则——基本准则》，制定本准则。

第二条　会计政策变更和前期差错更正的所得税影响，适用《企业会计准则第 18 号——所得税》。

27.1.2　会计政策

第三条　企业应当对相同或者相似的交易或者事项采用相同的会计政策进行处理。但是，其他会计准则另有规定的除外。

会计政策，是指企业在会计确认、计量和报告中所采用的原则、基础和会计处理方法。

第四条　企业采用的会计政策，在每一会计期间和前后各期应当保持一致，不得随意变更。但是，满足下列条件之一的，可以变更会计政策。

（一）法律、行政法规或者国家统一的会计制度等要求变更。

（二）会计政策变更能够提供更可靠、更相关的会计信息。

第五条　下列各项不属于会计政策变更。

（一）本期发生的交易或者事项与以前相比具有本质差别而采用新的会计政策。

（二）对初次发生的或不重要的交易或者事项采用新的会计政策。

第六条　企业根据法律、行政法规或者国家统一的会计制度等要求变更会计政策的，应当按照国家相关会计规定执行。

会计政策变更能够提供更可靠、更相关的会计信息的，应当采用追溯调整法处理，将会计政策变更累积影响数调整列报前期最早期初留存收益，其他相关项目的期初余额和列报前期披露的其他比较数据也应当一并调整，但确定该项会计政策变更累积影响数不切实可行的除外。

追溯调整法，是指对某项交易或事项变更会计政策，视同该项交易或事项初次发生时即采用变更后的会计政策，并以此对财务报表相关项目进行调整的方法。

会计政策变更累积影响数，是指按照变更后的会计政策对以前各期追溯计算的列报前期最早期初留存收益应有金额与现有金额之间的差额。

【例27-1】改变交易性金融资产计量方法的会计处理

甲公司20×5年、20×6年分别以4 500 000元和1 100 000元的价格从股票市场购入A、B两只以交易为目的的股票（假设不考虑购入股票发生的交易费用），市价一直高于购入成本。公司采用成本与市价孰低法对购入股票进行计量。公司从20×7年起对其以交易为目的的购入的股票由成本与市价孰低改为公允价值计量，公司保存的会计资料比较齐备，可以通过会计资料追溯计算。假设所得税税率为25%，公司按净利润的10%提取法定盈余公积，按净利润的5%提取任意盈余公积。公司发行普通股4 500万股，未发行任何稀释性潜在普通股。两种方法计量的交易性金融资产账面价值如表27-1所示。

表27-1 两种方法计量的交易性金融资产账面价值 单位：元

股票	成本与市价孰低	20×5年年末公允价值	20×6年年末公允价值
A股票	4 500 000	5 100 000	5 100 000
B股票	1 100 000	—	1 300 000

根据上述资料，甲公司的会计处理如下：

1. 计算改变交易性金融资产计量方法后的累积影响数（见表27-2）。

表27-2 改变交易性金融资产计量方法后的累积影响数 单位：元

时间	公允价值	成本与市价孰低	税前差异	所得税影响	税后差异
20×5年年末	5 100 000	4 500 000	600 000	150 000	450 000
20×6年年末	1 300 000	1 100 000	200 000	50 000	150 000
合计	6 400 000	5 600 000	800 000	200 000	600 000

甲公司20×7年12月31日的比较财务报表列报前期最早期初为20×6年1月1日。

甲公司在20×5年年末按公允价值计量的账面价值为5 100 000元，按成本与市价孰低计量的账面价值为4 500 000元，两者的所得税影响合计为150 000元，两者差异的税后净影响额为450 000元，即为该公司20×6年期初由成本与市价孰低计量改为公允价值计量的累积影响数。

甲公司在20×6年年末按公允价值计量的账面价值为6 400 000元，按成本与市价孰低计量的账面价值为5 600 000元，两者的所得税影响合计为200 000元，两者差异的税后净影响额为600 000元，其中，450 000元是调整20×6年累积影响数，150 000元是调整20×6年当期金额。

甲公司按照公允价值重新计量20×6年年末B股票账面价值，其结果为公允价值变动收益少计了200 000元，所得税费用少计了50 000元，净利润少计了150 000元。

2. 编制有关项目的调整分录。

（1）20×5年有关事项的调整分录：

①调整会计政策变更累积影响数。

借：交易性金融资产——公允价值变动　　　　　　　　　　　　600 000

贷：利润分配——未分配利润		450 000
递延所得税负债		150 000

②调整利润分配。

按照净利润的10%提取法定盈余公积，按照净利润的5%提取任意盈余公积，共计提取盈余公积450 000×15%＝67 500（元）。

借：利润分配——未分配利润		67 500
贷：盈余公积		67 500

（2）对20×6年有关事项的调整分录：

①调整交易性金融资产。

借：交易性金融资产——公允价值变动		200 000
贷：利润分配——未分配利润		150 000
递延所得税负债		50 000

②调整利润分配。

按照净利润的10%提取法定盈余公积，按照净利润的5%提取任意盈余公积，共计提取盈余公积150 000×15%＝22 500（元）。

借：利润分配——未分配利润		22 500
贷：盈余公积		22 500

第七条 确定会计政策变更对列报前期影响数不切实可行的，应当从可追溯调整的最早期间期初开始应用变更后的会计政策。

在当期期初确定会计政策变更对以前各期累积影响数不切实可行的，应当采用未来适用法处理。

未来适用法，是指将变更后的会计政策应用于变更日及以后发生的交易或者事项，或者在会计估计变更当期和未来期间确认会计估计变更影响数的方法。

【例27-2】改变存货计量方法的会计处理

乙公司原对发出存货采用后进先出法，由于采用新准则，按其规定，公司从20×7年1月1日起改用先进先出法。20×7年1月1日存货的价值为2 500 000元，公司当年购入存货的实际成本为18 000 000元，20×7年12月31日按先进先出法计算确定的存货价值为4 500 000元，当年销售额为25 000 000元，假设该年度其他费用为1 200 000元，所得税税率为25%。20×7年12月31日按后进先出法计算的存货价值为2 200 000元。

乙公司由于法律环境变化而改变会计政策，假定对其采用未来适用法进行处理，即对存货采用先进先出法于20×7年及以后才适用，不需要计算20×7年1月1日以前按先进先出法计算存货应有的余额以及对留存收益的影响金额。

计算确定会计政策变更对当期净利润的影响数如表27-3所示。

表 27-3　当期净利润的影响数计算过程　　　　　　　　　　　　单位：元

项目	先进先出法	后进先出法
营业收入	25 000 000	25 000 000
减：营业成本	16 000 000	18 300 000
减：其他费用	1 200 000	1 200 000
利润总额	7 800 000	5 500 000
减：所得税	1 950 000	1 375 000
净利润	5 850 000	4 125 000
差额		1 725 000

公司由于会计政策变更使当期净利润增加了 1 725 000 元。其中，采用先进先出法的销售成本 = 期初存货 + 购入存货实际成本 - 期末存货 = 2 500 000 + 18 000 000 - 4 500 000 = 16 000 000（元）；采用后进先出法的销售成本 = 期初存货 + 购入存货实际成本 - 期末存货 = 2 500 000 + 18 000 000 - 2 200 000 = 18 300 000（元）。

27.1.3　会计估计变更

第八条　企业据以进行估计的基础发生了变化，或者由于取得新信息、积累更多经验以及后来的发展变化，可能需要对会计估计进行修订。会计估计变更的依据应当真实、可靠。

会计估计变更，是指由于资产和负债的当前状况及预期经济利益和义务发生了变化，从而对资产或负债的账面价值或者资产的定期消耗金额进行调整。

第九条　企业对会计估计变更应当采用未来适用法处理。

会计估计变更仅影响变更当期的，其影响数应当在变更当期予以确认；既影响变更当期又影响未来期间的，其影响数应当在变更当期和未来期间予以确认。

【例 27-3】会计估计变更的会计处理

乙公司有一台管理用设备，原始价值为 64 000 元，预计使用寿命为 6 年，净残值为 4 000 元，自 20×6 年 1 月 1 日起按直线法计提折旧。20×8 年 1 月，由于新技术的发展等原因，需要对原预计使用寿命和净残值做出修正，修改后的预计使用寿命为 5 年，净残值为 2 000 元。乙公司适用所得税税率为 25%。假定税法允许按变更后的折旧额在税前扣除。

1. 分析：

乙公司对上述会计估计变更的处理如下：(1) 不调整以前各期折旧，也不计算累积影响数；(2) 变更日以后发生的经济业务改按新估计使用寿命提取折旧。

2. 计算：

按原估计，每年折旧额为 10 000 元，已提折旧 2 年，共计 20 000 元，固定资产净值为 44 000 元。

改变估计使用寿命后，20×8 年 1 月 1 日起每年计提的折旧费用为 14 000 [(44 000 - 2 000) ÷ (5 - 2)] 元。20×8 年不必对以前年度已提折旧进行调整，只需按重新预计的尚可使用寿命和净残值计算确定的年折旧费用。

3. 编制会计分录如下：
借：管理费用　　　　　　　　　　　　　　　　　　　　　　　　14 000
　　贷：累计折旧　　　　　　　　　　　　　　　　　　　　　　　　14 000

第十条　企业难以对某项变更区分为会计政策变更或会计估计变更的，应当将其作为会计估计变更处理。

【例27-4】会计政策变更与会计估计变更的区分

以下几种变更分别属于会计政策变更还是会计估计变更？

（1）企业变更固定资产折旧方法，由原采用的双倍余额递减法改为直线法计提固定资产折旧。

分析：企业变更计提折旧方法前后，折旧都以历史成本作为计量基础，对该事项的会计确认和列报项目也未发生变更，只是固定资产折旧、固定资产净值等相关金额发生了变化。因此，该事项属于会计估计变更。

（2）某商业企业在前期将商品采购费用列入营业费用，当期根据《企业会计准则第1号——存货》的规定，将采购费用列入存货成本。

分析：由于列报项目发生了变化，所以该变更是会计政策变更。

（3）企业对某项资产采用公允价值进行计量，市场情况发生变化，确定公允价值的方法变更。

分析：企业需要对某项资产采用公允价值进行计量，而公允价值的确定需要根据市场情况选择不同的处理方法。在不存在销售协议和资产活跃市场的情况下，需要根据同行业类似资产的近期交易价格对该项资产进行估计；在不存在销售协议但存在资产活跃市场的情况下，其公允价值应当按照该项资产的市场价格为基础进行估计。因为企业所确定的公允价值是与该项资产有关的金额，所以为确定公允价值所采用的处理方法是会计估计，不是会计政策。相应地，当企业面对的市场情况发生变化时，其采用的确定公允价值的方法变更是会计估计变更，不是会计政策变更。

27.1.4　前期差错更正

第十一条　前期差错，是指由于没有运用或错误运用下列两种信息，而对前期财务报表造成省略漏或错报。

（一）编报前期财务报表时预期能够取得并加以考虑的可靠信息。

（二）前期财务报告批准报出时能够取得的可靠信息。

前期差错通常包括计算错误、应用会计政策错误、疏忽或曲解事实以及舞弊产生的影响以及存货、固定资产盘盈等。

第十二条　企业应当采用追溯重述法更正重要的前期差错，但确定前期差错累积影响数不切实可行的除外。

追溯重述法，是指在发现前期差错时，视同该项前期差错从未发生过，从而对财务报表相关项目进行更正的方法。

【例27-5】前期漏提折旧费用的会计处理1

B公司在20×6年发现，20×5年公司漏记一项固定资产的折旧费用150 000元，所得税申报表中未扣除该项费用。假设20×5年适用所得税税率为25%，无其他纳税调整事项。该公司按净利润的10%、5%分别提取法定盈余公积和任意盈余公积。公司发行股票份额为1 800 000股。假定税法允许调整应交所得税。

1. 分析前期差错的影响数。

20×5年少计折旧费用150 000元；多计所得税费用37 500（150 000×25%）元；多计净利润112 500元；多计应交税费37 500（150 000×25%）元；多提法定盈余公积和任意盈余公积11 250（112 500×10%）元和5 625（112 500×5%）元。

2. 编制有关项目的调整分录。

(1) 补提折旧。

借：以前年度损益调整　　　　　　　　　　　　　　　150 000
　　贷：累计折旧　　　　　　　　　　　　　　　　　　　　150 000

(2) 调整应交所得税。

借：应交税费——应交所得税　　　　　　　　　　　　37 500
　　贷：以前年度损益调整　　　　　　　　　　　　　　　　37 500

(3) 将"以前年度损益调整"科目余额转入利润分配。

借：利润分配——未分配利润　　　　　　　　　　　　112 500
　　贷：以前年度损益调整　　　　　　　　　　　　　　　　112 500

(4) 调整利润分配有关数字。

借：盈余公积　　　　　　　　　　　　　　　　　　　16 875
　　贷：利润分配——未分配利润　　　　　　　　　　　　　16 875

【例27-6】前期漏提折旧费用的会计处理2

B公司在20×9年发现，20×8年公司漏记一项固定资产的折旧费用120 000元，所得税申报表中未扣除该项费用。假设20×8年适用所得税税率为25%，无其他纳税调整事项。该公司按净利润的10%、5%分别提取法定盈余公积和任意盈余公积。公司发行股票份额为1 500 000股。假定税法允许调整应交所得税。

1. 分析前期差错的影响数。

20×8年少计折旧费用120 000元；多计所得税费用30 000（120 000×25%）元；多计净利润90 000元；多计应交税费30 000（120 000×25%）元；多提法定盈余公积和任意盈余公积9 000（90 000×10%）元和4 500（90 000×5%）元。

2. 编制有关项目的调整分录。

(1) 补提折旧。

借：以前年度损益调整　　　　　　　　　　　　　　　120 000
　　贷：累计折旧　　　　　　　　　　　　　　　　　　　　120 000

(2) 调整应交所得税。

借：应交税费——应交所得税　　　　　　　　　　　　　　　　30 000
　　　贷：以前年度损益调整　　　　　　　　　　　　　　　　　　　30 000

（3）将"以前年度损益调整"科目余额转入利润分配。

借：利润分配——未分配利润　　　　　　　　　　　　　　　　90 000
　　　贷：以前年度损益调整　　　　　　　　　　　　　　　　　　　90 000

（4）调整利润分配有关数字。

借：盈余公积　　　　　　　　　　　　　　　　　　　　　　　13 500
　　　贷：利润分配——未分配利润　　　　　　　　　　　　　　　　13 500

第十三条 确定前期差错影响数不切实可行的，可以从可追溯重述的最早期间开始调整留存收益的期初余额，财务报表其他相关项目的期初余额也应当一并调整，也可以采用未来适用法。

第十四条 企业应当在重要的前期差错发现当期的财务报表中，调整前期比较数据。

【例27-7】调整和重述财务报表

接【例27-5】，财务报表调整和重述（财务报表略）。

B公司在列报20×6年财务报表时，应调整20×6年资产负债表有关项目的年初余额，利润表有关项目及所有者权益变动表的上年金额也应进行调整。

（1）资产负债表项目的调整。

调减固定资产150 000元；调减应交税费37 500元；调减盈余公积16 875元；调减未分配利润95 625元。

（2）利润表项目的调整。

调增营业成本上年金额150 000元；调减所得税费用上年金额37 500元；调减净利润上年金额112 500元；调减基本每股收益上年金额0.062 5元。

（3）所有者权益变动表项目的调整。

调减前期差错更正项目中盈余公积上年金额16 875元，未分配利润上年金额95 625元，所有者权益合计上年金额112 500元。

27.1.5 披露

第十五条 企业应当在附注中披露与会计政策变更有关的下列信息。

（一）会计政策变更的性质、内容和原因。

（二）当期和各个列报前期财务报表中受影响的项目名称和调整金额。

（三）无法进行追溯调整的，说明该事实和原因以及开始应用变更后的会计政策的时点、具体应用情况。

【例27-8】会计政策变更的披露

接【例27-1】，甲公司在列报20×7年财务报表时，应调整20×7年资产负债表有关项目的年初余额、利润表有关项目的上年金额及所有者权益变动表有关项目的上年金额和本年金额。

（1）资产负债表项目的调整。

调增交易性金融资产年初余额 800 000 元；调增递延所得税负债年初余额 200 000 元；调增盈余公积年初余额 90 000 元；调增未分配利润年初余额 510 000 元。

（2）利润表项目的调整。

调增公允价值变动收益上年金额 200 000 元；调增所得税费用上年金额 50 000 元；调增净利润上年金额 150 000 元；调增基本每股收益上年金额 0.003 3 元。

（3）所有者权益变动表项目的调整：

调增盈余公积上年年初金额 67 500 元，未分配利润上年年初金额 382 500 元，所有者权益合计上年年初金额 450 000 元。

调增盈余公积上年金额 22 500 元，未分配利润上年金额 127 500 元，所有者权益合计上年金额 150 000 元。

调增盈余公积本年年初金额 90 000 元，未分配利润本年年初金额 510 000 元，所有者权益合计本年年初金额 600 000 元。

第十六条 企业应当在附注中披露与会计估计变更有关的下列信息。

（一）会计估计变更的内容和原因。

（二）会计估计变更对当期和未来期间的影响数。

（三）会计估计变更的影响数不能确定的，披露这一事实和原因。

【例27-9】会计估计变更的披露

接【例27-3】，应在财务报表附注中作如下说明：

本公司一台管理用设备，原始价值为 64 000 元，原预计使用寿命为 6 年，预计净残值为 4 000 元，按直线法计提折旧。由于新技术的发展，该设备已不能按原预计使用寿命计提折旧，本公司于 20×8 年年初变更该设备的使用寿命为 5 年，预计净残值为 2 000 元，以反映该设备的真实寿命和净残值。此估计变更影响本年度净利润减少数为 3 000〔(14 000 - 10 000)×(1-25%)〕元。

第十七条 企业应当在附注中披露与前期差错更正有关的下列信息。

（一）前期差错的性质。

（二）各个列报前期财务报表中受影响的项目名称和更正金额。

（三）无法进行追溯重述的，说明该事实和原因以及对前期差错开始进行更正的时点、具体更正情况。

【例27-10】前期差错更正的披露

接【例27-6】，应在财务报表附注中作如下说明：

本年度发现 20×8 年漏记固定资产折旧 120 000 元，在编制 20×8 年与 20×9 年比较财务报表时，已对该项差错进行了更正。更正后，调减 20×8 年净利润及留存收益 90 000 元，调增累计折旧 120 000 元。

第十八条 在以后期间的财务报表中，不需要重复披露在以前期间的附注中已披露的会计政策变更和前期差错更正的信息。

27.2 《企业会计准则第28号——会计政策、会计估计变更和差错更正》应用指南

27.2.1 会计政策和会计估计的确定

企业应当根据本准则的规定,结合本企业的实际情况,确定会计政策和会计估计,经股东大会或董事会、经理(厂长)会议或类似机构批准,按照法律、行政法规等的规定报送有关各方备案。

企业的会计政策和会计估计一经确定,不得随意变更。如需变更,应重新履行上述程序,并按本准则的规定处理。

27.2.2 会计政策及其变更

根据本准则第三条规定,会计政策是指企业在会计确认、计量和报告中所采用的原则、基础和会计处理方法。企业采用的会计计量基础也属于会计政策。

(一)实务中某项交易或者事项的会计处理,具体会计准则或应用指南未作规范的,应当根据《企业会计准则——基本准则》规定的原则、基础和方法进行处理;待作出具体规定时,从其规定。

(二)会计政策变更采用追溯调整法的,应当将会计政策变更的累积影响数调整期初留存收益。留存收益包括当年和以前年度的未分配利润和按照相关法律规定提取并累积的盈余公积。调整期初留存收益是指对期初未分配利润和盈余公积两个项目的调整。

27.2.3 前期差错及其更正

前期差错应当采用追溯重述法进行更正,视同该项前期差错从未发生过,从而对财务报表相关项目进行重新列示和披露。追溯重述法的会计处理与追溯调整法相同。

第28章 资产负债表日后事项

企业会计准则第29号——资产负债表日后事项

《企业会计准则第29号——资产负债表日后事项》（以下简称"本准则"）于2006年2月15日由财会〔2006〕3号公布，自2007年1月1日起施行。

28.1 总　　则

第一条 为了规范资产负债表日后事项的确认、计量和相关信息的披露，根据《企业会计准则——基本准则》，制定本准则。

第二条 资产负债表日后事项，是指资产负债表日至财务报告批准报出日之间发生的有利或不利事项。财务报告批准报出日，是指董事会或类似机构批准财务报告报出的日期。

资产负债表日后事项包括资产负债表日后调整事项和资产负债表日后非调整事项。

资产负债表日后调整事项，是指对资产负债表日已经存在的情况提供了新的或进一步证据的事项。

资产负债表日后非调整事项，是指表明资产负债表日后发生的情况的事项。

【例28-1】资产负债表日后事项期间的确定

某上市公司2×15年的年度财务报告于2×16年2月20日编制完成，注册会计师完成年度财务报表审计工作并签署审计报告的日期为2×16年4月17日，董事会批准财务报告对外公布的日期为2×16年4月17日，财务报告实际对外公布的日期为2×16年4月23日，股东大会召开日期为2×16年5月10日。

根据资产负债表日后事项涵盖期间的规定，本例中，该公司2×15年年报资产负债表日后事项涵盖的期间为2×16年1月1日至2×16年4月17日。如果在4月17日至23日之间发生了重大事项，需要调整财务报表相关项目的数字或需要在财务报表附注中披露，经调整或说明后的财务报告再经董事会批准报出的日期为2×16年4月25日，实际报出的日期为2×16年4月30日，则资产负债表日后事项涵盖的期间为2×16年1月1日至2×16年4月25日。

【例28-2】资产负债表日后调整事项和非调整事项的区别

某上市公司20×7年的年度财务报告于20×8年2月20日编制完成，注册会计师完成年度财务报表审计工作并签署审计报告的日期为20×8年4月16日，董事会批准财务报告对外公布的日期为20×8年4月17日，财务报告实际对外公布的日期为20×8年4月23日，股东大会召开日期为20×8年5月10日。

根据资产负债表日后事项涵盖期间的规定，本例中，该公司20×7年年报资产负债表日后事项涵盖的期间为20×8年1月1日至20×8年4月17日。如果在4月17日至23日之间发生了重大事项，需要调整财务报表相关项目的数字或需要在财务报表附注中披露，经调整或说明后的财务报告再经董事会批准报出的日期为20×8年4月25日，实际报出的日期为20×8年4月30日，则资产负债表日后事项涵盖的期间为20×8年1月1日至20×8年4月25日。

第三条 资产负债表日后事项表明持续经营假设不再适用的，企业不应当在持续经营基础上编制财务报表。

28.2　资产负债表日后调整事项

第四条 企业发生的资产负债表日后调整事项，应当调整资产负债表日的财务报表。

第五条 企业发生的资产负债表日后调整事项，通常包括下列各项。

（一）资产负债表日后诉讼案件结案，法院判决证实了企业在资产负债表日已经存在现时义务，需要调整原先确认的与该诉讼案件相关的预计负债，或确认一项新负债。

（二）资产负债表日后取得确凿证据，表明某项资产在资产负债表日发生了减值或者需要调整该项资产原先确认的减值金额。

（三）资产负债表日后进一步确定了资产负债表日前购入资产的成本或售出资产的收入。

（四）资产负债表日后发现了财务报表舞弊或差错。

【例28-3】未决诉讼导致的资产负债表日后调整事项的会计处理

甲公司因专利侵权被起诉。2×16年12月31日法院尚未判决，参考公司律师对此案件诉讼结果可能性的评估和判断，甲公司确认了500万元的预计负债。2×17年2月20日，在甲公司2×16年度财务报告批准报出之前，法院作出判决，要求甲公司支付赔偿款700万元。

本例中，甲公司在2×16年12月31日结账时已经知道对方胜诉的可能性较大，但不知道法院判决的确切结果，因此，确认了500万元的预计负债。2×17年2月20日法院判决结果为甲公司预计负债的存在提供了进一步的证据。此时，按照2×16年12月31日存在状况编制的财务报表所提供的信息已不能真实反映企业的实际情况，应据此对财务报表相关项目的数字进行调整。

【例28-4】销售退回导致的资产负债表日后调整事项的会计处理

甲公司2×16年11月8日销售一批商品给乙公司，取得收入120万元（不含税，增值税税率为13%）。甲公司发出商品后，按照正常情况已确认收入，并结转成本100万元。2×16年12月31日，该笔货款尚未收到，甲公司未对应收账款计提坏账准备。2×17年1月12日，由于产品质量问题，本批货物被退回。甲公司于2×17年2月28日完成2×16年所得税汇算清缴。

本例中，销售退回业务发生在资产负债表日后事项涵盖期间内，属于资产负债表日后调整事项。由于销售退回发生在甲公司报告年度所得税汇算清缴之前，因此，在所得税汇算清缴时，应扣除该部分销售退回所实现的应纳税所得额。

甲公司的账务处理如下：

(1) 2×17年1月12日,调整销售收入。

借:以前年度损益调整	1 200 000
应交税费——应交增值税(销项税额)	156 000
贷:应收账款	1 356 000

(2) 调整销售成本。

借:库存商品	1 000 000
贷:以前年度损益调整	1 000 000

(3) 调整应缴纳的所得税。

借:应交税费——应交所得税	50 000
贷:以前年度损益调整	50 000

(4) 将"以前年度损益调整"科目的余额转入利润分配。

借:利润分配——未分配利润	150 000
贷:以前年度损益调整	150 000

(5) 调整盈余公积。

借:盈余公积	15 000
贷:利润分配——未分配利润	15 000

(6) 调整相关财务报表(略)。

【例28-5】应收账款无法收回导致的资产负债表日后调整事项的会计处理

20×7年4月甲公司销售给乙公司一批产品,货款为58 000元(含增值税),乙公司于5月收到所购物资并验收入库,按合同规定,乙公司应于收到所购物资后一个月内付款。乙公司由于财务状况不佳,到20×7年12月31日仍未付款。甲公司于12月31日编制20×7年度财务报表时,已为该项应收账款提取坏账准备2 900元,12月31日资产负债表"应收账款"项目的金额为76 000元,其中55 100元为该项应收账款。甲公司于20×8年2月2日(所得税汇算清缴前)收到法院通知,乙公司已宣告破产清算,无力偿还所欠部分货款,甲公司预计可收回应收账款的40%。

本例中,甲公司在收到法院通知后,首先可判断该事项属于资产负债表日后调整事项;然后应根据调整事项的处理原则进行处理。具体过程如下:

(1) 补提坏账准备。

应补提的坏账准备=58 000×60%-2900=31 900(元)

借:以前年度损益调整	31 900
贷:坏账准备	31 900

(2) 调整递延所得税资产。

借:递延所得税资产	7 975
贷:以前年度损益调整(31 900×25%)	7 975

(3) 将"以前年度损益调整"科目的余额转入利润分配。

借:利润分配——未分配利润	21 373

贷：以前年度损益调整（31 900 -10 527） 21 373

(4) 调整利润分配有关数字。

借：盈余公积 2 137.30
    贷：利润分配——未分配利润（21 373 ×10%） 2 137.30

(5) 调整报告年度财务报表相关项目的数字。

①资产负债表项目的调整。

调减应收账款净值 31 900 元；调增递延所得税资产 10 527 元；调减盈余公积 2 137.30 元；调减未分配利润 19 235.70 元。

②利润表项目的调整。

调增管理费用 31 900 元；调减所得税费用 10 527 元。

③所有者权益变动表项目的调整。

调减净利润 21 373 元，调减提取盈余公积 2 137.30 元。

(6) 调整 20×8 年 2 月资产负债表相关项目的年初数。

甲公司在编制 20×8 年 1 月的资产负债表时，按照调整前 20×7 年 12 月 31 日的资产负债表的数字作为资产负债表的年初数，由于发生了资产负债表日后调整事项，甲公司除了调整 20×7 年年度资产负债表相关项目的数字外，还应当调整 20×8 年 2 月份及以后月份资产负债表相关项目的年初数，其年初数按照 20×7 年 12 月 31 日调整后的数字填列。

【例28-6】销售退回导致的资产负债表日后调整事项的会计处理1

甲公司 20×7 年 12 月 20 日销售一批商品给丙企业，取得收入 100 000 元（不含税，增值税税率为 13%）。甲公司发出商品后，按照正常情况已确认收入，并结转成本 80 000 元。此笔货款到年末尚未收到，甲公司按应收账款的 4% 计提了坏账准备 4 520 元。20×8 年 1 月 18 日，由于产品质量问题，本批货物被退回。按税法规定，并经税务机关批准，在应收款项余额 5% 的范围内计提的坏账准备可以税前扣除，本年度除应收丙企业账款计提的坏账准备外，无其他纳税调整事项。公司于 20×8 年 2 月 28 日完成 20×7 年所得税汇算清缴。

本例中，销售退回业务发生在资产负债表日后事项涵盖期间内，应属于资产负债表日后调整事项。

甲公司的账务处理如下：

(1) 20×8 年 1 月 18 日，调整销售收入。

借：以前年度损益调整 100 000
    应交税费——应交增值税（销项税额） 13 000
    贷：应收账款 113 000

(2) 调整坏账准备余额。

借：坏账准备 4 520
    贷：以前年度损益调整 4 520

(3) 调整销售成本。

借：库存商品 80 000

    贷：以前年度损益调整 80 000
(4) 调整应缴纳的所得税。
借：应交税费——应交所得税 4 853.75
    贷：以前年度损益调整 4 853.75
注：4 853.75 =（100 000 -80 000 -117 000 ×5‰）×25%
(5) 调整已确认的递延所得税资产。
借：以前年度损益调整 1 023.75
    贷：递延所得税资产 1 023.75
注：1 023.75 =（4 680 -117 000 ×5‰）×25%
(6) 将"以前年度损益调整"科目余额转入未分配利润。
借：利润分配——未分配利润 10 264.40
    贷：以前年度损益调整 10 264.40
注：11 490 = 100 000 -80 000 -4 680 -4 853.75 +1 023.75
(7) 调整盈余公积。
借：盈余公积 11 490
    贷：利润分配——未分配利润 11 490

【例28-7】销售退回导致的资产负债表日后调整事项的会计处理2

沿用【例28-6】的资料，假定销售退回的时间改为20×8年3月5日（即报告期所得税汇算清缴后）。

甲公司的账务处理如下：

(1) 20×8年3月5日，调整销售收入。
借：以前年度损益调整 100 000
    应交税费——应交增值税（销项税额） 13 000
    贷：应收账款 113 000
(2) 调整坏账准备余额。
借：坏账准备 4 520
    贷：以前年度损益调整 4 520
(3) 调整销售成本。
借：库存商品 80 000
    贷：以前年度损益调整 80 000
(4) 调整所得税费用。
借：应交税费——应交所得税 4 853.75
    贷：所得税费用 4 853.75
(5) 调整已确认的递延所得税资产。
借：以前年度损益调整 1 023.75
    贷：递延所得税资产 1 023.75

(6) 将"以前年度损益调整"科目余额转入未分配利润。

借：利润分配——未分配利润　　　　　　　　　　　16 503.75
　　贷：以前年度损益调整　　　　　　　　　　　　　　　　16 503.75

注：16 503.75 = 100 000 + 1 023.75 - 80 000 - 4 520

(7) 调整盈余公积。

借：盈余公积　　　　　　　　　　　　　　　　　　1 650.37
　　贷：利润分配——未分配利润　　　　　　　　　　　　　　1 650.37

28.3　资产负债表日后非调整事项

第六条　企业发生的资产负债表日后非调整事项，不应当调整资产负债表日的财务报表。

第七条　企业发生的资产负债表日后非调整事项，通常包括下列各项。

（一）资产负债表日后发生重大诉讼、仲裁、承诺。

（二）资产负债表日后资产价格、税收政策、外汇汇率发生重大变化。

（三）资产负债表日后因自然灾害导致资产发生重大损失。

（四）资产负债表日后发行股票和债券以及其他巨额举债。

（五）资产负债表日后资本公积转增资本。

（六）资产负债表日后发生巨额亏损。

（七）资产负债表日后发生企业合并或处置子公司。

【例28-8】资产负债表日后向银行贷款的会计处理

甲公司2×14年度财务报告于2×15年3月20日经董事会批准对外公布。2×15年2月25日，甲公司与乙银行签订了80 000 000元的贷款合同，用于生产设备的购置，贷款期限自2×15年3月1日起至2×16年12月31日止。

本例中，2×15年2月25日，在公司2×14年度财务报告尚未批准对外公布前，甲公司发生了向银行贷款的事项，该事项发生在资产负债表日后事项所涵盖的期间内。该事项在2×14年12月31日尚未发生，与资产负债表日存在的状况无关，不影响资产负债表日甲公司的财务报表数字。但是，该事项属于重要事项，会影响甲公司以后期间的财务状况和经营成果，因此，需要在附注中予以披露。

【例28-9】资产负债表日后交易对手方破产的会计处理

甲公司2×16年10月向乙公司出售一批原材料，价款为2 000万元，根据销售合同，乙公司应在收到原材料后3个月内付款。至2×16年12月31日，乙公司尚未付款。假定甲公司在编制2×16年度财务报告时有两种情况：(1) 2×16年12月31日甲公司根据掌握的资料判断，乙公司有可能破产清算，估计该应收账款将有20%无法收回，故按20%的比例计提坏账准备；2×17年1月20日，甲公司收到通知，乙公司已被宣告破产清算，甲公司估计有70%的债权无法收回。(2) 2×16年12月31日乙公司的财务状况良好，甲公司预计应收账款可按时收回；2×17年1月20日，乙公司发生重大火灾，导致甲公司50%的应收账款无法收回。

2×17年3月15日，甲公司的财务报告经批准对外公布。

本例中，(1) 导致甲公司应收账款无法收回的事实是乙公司财务状况恶化，该事实在资产负债表日已经存在，乙公司被宣告破产只是证实了资产负债表日乙公司财务状况恶化的情况。因此，乙公司破产导致甲公司应收款项无法收回的事项属于调整事项。(2) 导致甲公司应收账款损失的因素是火灾，火灾是不可预计的，应收账款发生损失这一事实在资产负债表日以后才发生。因此，乙公司发生火灾导致甲公司应收款项发生坏账的事项属于非调整事项。

【例28-10】资产负债表日后发行债券的会计处理

甲公司2×16年度财务报告附注中对资产负债表日后发行债券的说明：2×16年10月17日，经中国证券监督管理委员会核准，甲公司获准向合格投资者公开发行面值不超过20亿元（含20亿元）的公司债券；本次公司债券采用分期发行方式，首期发行债券的面值不少于总发行面值的50%，自核准发行之日起6个月内完成；其余各期债券发行，自核准发行之日起24个月内完成。2×17年1月26日，甲公司公开发行公司债券（第一期），面值为10亿元，期限为5年，票面年利率为6.60%。甲公司于2×17年1月27日实际收到公司债券募集资金99 430万元（已扣除承销费570万元）。

第八条 资产负债表日后，企业利润分配方案中拟分配的以及经审议批准宣告发放的股利或利润，不确认为资产负债表日的负债，但应当在附注中单独披露。

【例28-11】资产负债表日后利润分配的会计处理

甲公司2×16年度财务报告附注中对资产负债表日后利润分配情况的说明：根据2×17年3月16日董事会决议，本公司拟以2×16年12月31日的股份为基准向全体股东每10股分配股利0.5元（含税），共计分配股利12亿元。该股利分配预案尚待本公司股东大会批准。

28.4 披　　露

第九条 企业应当在附注中披露与资产负债表日后事项有关的下列信息。

（一）财务报告的批准报出者和财务报告批准报出日。

按照有关法律、行政法规等规定，企业所有者或其他方面有权对报出的财务报告进行修改的，应当披露这一情况。

（二）每项重要的资产负债表日后非调整事项的性质、内容，及其对财务状况和经营成果的影响。无法做出估计的，应当说明原因。

第十条 企业在资产负债表日后取得了影响资产负债表日存在情况的新的或进一步的证据，应当调整与之相关的披露信息。

第29章 财务报表列报

29.1 企业会计准则第30号——财务报表列报

为了适应社会主义市场经济发展需要,提高企业财务报表列报质量和会计信息透明度,根据《企业会计准则——基本准则》,财政部对《企业会计准则第30号——财务报表列报》进行了修订(以下简称"本准则"),现予印发,自2014年7月1日起在所有执行企业会计准则的企业范围内施行,鼓励在境外上市的企业提前执行。财政部于2006年2月15日发布的《财政部关于印发〈企业会计准则第1号——存货〉等38项具体准则的通知》(财会〔2006〕3号)中的《企业会计准则第30号——财务报表列报》同时废止。

29.1.1 总则

第一条 为了规范财务报表的列报,保证同一企业不同期间和同一期间不同企业的财务报表相互可比,根据《企业会计准则——基本准则》,制定本准则。

第二条 财务报表是对企业财务状况、经营成果和现金流量的结构性表述。财务报表至少应当包括下列组成部分:

(一)资产负债表;

(二)利润表;

(三)现金流量表;

(四)所有者权益(或股东权益,下同)变动表;

(五)附注。

财务报表上述组成部分具有同等的重要程度。

第三条 本准则适用于个别财务报表和合并财务报表,以及年度财务报表和中期财务报表,《企业会计准则第32号——中期财务报告》另有规定的除外。合并财务报表的编制和列报,还应遵循《企业会计准则第33号——合并财务报表》;现金流量表的编制和列报,还应遵循《企业会计准则第31号——现金流量表》;其他会计准则的特殊列报要求,适用其他相关会计准则。

29.1.2 基本要求

第四条 企业应当以持续经营为基础,根据实际发生的交易和事项,按照《企业会计准则——基本准则》和其他各项会计准则的规定进行确认和计量,在此基础上编制财务报表。企业不应以附注披露代替确认和计量,不恰当的确认和计量也不能通过充分披露相关会计政策而纠正。

如果按照各项会计准则规定披露的信息不足以让报表使用者了解特定交易或事项对企业财务状况和经营成果的影响时,企业还应当披露其他必要信息。

第五条 在编制财务报表的过程中，企业管理层应当利用所有可获得信息来评价企业自报告期末起至少 12 个月的持续经营能力。

评价时需要考虑宏观政策风险、市场经营风险、企业目前或长期的盈利能力、偿债能力、财务弹性以及企业管理层改变经营政策的意向等因素。

评价结果表明对持续经营能力产生重大怀疑的，企业应当在附注中披露导致对持续经营能力产生重大怀疑的因素以及企业拟采取的改善措施。

第六条 企业如有近期获利经营的历史且有财务资源支持，则通常表明以持续经营为基础编制财务报表是合理的。

企业正式决定或被迫在当期或将在下一个会计期间进行清算或停止营业的，则表明以持续经营为基础编制财务报表不再合理。在这种情况下，企业应当采用其他基础编制财务报表，并在附注中声明财务报表未以持续经营为基础编制的事实、披露未以持续经营为基础编制的原因和财务报表的编制基础。

【例29-1】持续经营的内涵

关于持续经营假设，下列表述正确的有（   ）。

A. 无论何种情况下，企业都应按照持续经营假设选择会计核算的原则和方法

B. 持续经营假设下，企业将会按当前的规模和状态继续经营下去，不会停业，也不会大规模削减业务

C. 在持续经营前提下，会计确认、计量和报告应当以企业持续、正常的生产经营活动为前提

D. 由于持续经营，才产生了当期与以前期间、以后期间的差别，才使不同类型的会计主体有了记账的基准，进而出现了折旧、摊销等会计处理方法

正确答案： BC。

答案解析： 选项 A，如果企业处于破产清算阶段，不能持续经营时，则不能再按照持续经营的基本假设选择会计核算的原则和方法；选项 D，由于会计分期，才产生了当期与以前期间、以后期间的差别，才使不同类型的会计主体有了记账的基准，进而出现了折旧、摊销等会计处理方法。

第七条 除现金流量表按照收付实现制原则编制外，企业应当按照权责发生制原则编制财务报表。

第八条 财务报表项目的列报应当在各个会计期间保持一致，不得随意变更，但下列情况除外：

（一）会计准则要求改变财务报表项目的列报；

（二）企业经营业务的性质发生重大变化或对企业经营影响较大的交易或事项发生后，变更财务报表项目的列报能够提供更可靠、更相关的会计信息。

第九条 性质或功能不同的项目，应当在财务报表中单独列报，但不具有重要性的项目除外。

性质或功能类似的项目，其所属类别具有重要性的，应当按其类别在财务报表中单独

列报。

某些项目的重要性程度不足以在资产负债表、利润表、现金流量表或所有者权益变动表中单独列示,但对附注却具有重要性,则应当在附注中单独披露。

第十条 重要性,是指在合理预期下,财务报表某项目的省略或错报会影响使用者据此作出经济决策的,该项目具有重要性。

重要性应当根据企业所处的具体环境,从项目的性质和金额两方面予以判断,且对各项目重要性的判断标准一经确定,不得随意变更。判断项目性质的重要性,应当考虑该项目在性质上是否属于企业日常活动、是否显著影响企业的财务状况、经营成果和现金流量等因素;判断项目金额大小的重要性,应当考虑该项目金额占资产总额、负债总额、所有者权益总额、营业收入总额、营业成本总额、净利润、综合收益总额等直接相关项目金额的比重或所属报表单列项目金额的比重。

第十一条 财务报表中的资产项目和负债项目的金额、收入项目和费用项目的金额、直接计入当期利润的利得项目和损失项目的金额不得相互抵销,但其他会计准则另有规定的除外。

一组类似交易形成的利得和损失应当以净额列示,但具有重要性的除外。

资产或负债项目按扣除备抵项目后的净额列示,不属于抵销。

非日常活动产生的利得和损失,以同一交易形成的收益扣减相关费用后的净额列示更能反映交易实质的,不属于抵销。

【例29-2】财务报表列报的内涵

本准则规定:财务报表中的资产项目和负债项目的金额、收入项目和费用项目的金额不得相互抵销。下列违反规定的是( )。

A. 利润表中"公允价值变动收益"以净收益或净损失填列
B. 资产负债表中资产项目扣除相关的减值准备后的净额填列
C. 资产负债表中应付账款根据应付账款贷方余额减去预付账款借方余额填列
D. 本企业只投资两家企业,确认了一家投资收益1 000万元,确认了另一家投资亏损500万元,投资收益项目中填列500万元

正确答案:C。

答案解析:应付账款项目应根据应付账款所属明细科目贷方余额合计数+预付账款所属明细科目贷方余额合计数计算填列。

第十二条 当期财务报表的列报,至少应当提供所有列报项目上一个可比会计期间的比较数据,以及与理解当期财务报表相关的说明,但其他会计准则另有规定的除外。

根据本准则第八条的规定,财务报表的列报项目发生变更的,应当至少对可比期间的数据按照当期的列报要求进行调整,并在附注中披露调整的原因和性质,以及调整的各项目金额。对可比数据进行调整不切实可行的,应当在附注中披露不能调整的原因。

不切实可行,是指企业在作出所有合理努力后仍然无法采用某项会计准则规定。

第十三条 企业应当在财务报表的显著位置至少披露下列各项。

（一）编报企业的名称。

（二）资产负债表日或财务报表涵盖的会计期间。

（三）人民币金额单位。

（四）财务报表是合并财务报表的，应当予以标明。

第十四条 企业至少应当按年编制财务报表。年度财务报表涵盖的期间短于一年的，应当披露年度财务报表的涵盖期间、短于一年的原因以及报表数据不具可比性的事实。

第十五条 本准则规定在财务报表中单独列报的项目，应当单独列报。其他会计准则规定单独列报的项目，应当增加单独列报项目。

29.1.3 资产负债表

第十六条 资产和负债应当分别流动资产和非流动资产、流动负债和非流动负债列示。

金融企业等销售产品或提供服务不具有明显可识别营业周期的企业，其各项资产或负债按照流动性列示能够提供可靠且更相关信息的，可以按照其流动性顺序列示。从事多种经营的企业，其部分资产或负债按照流动和非流动列报、其他部分资产或负债按照流动性列示能够提供可靠且更相关信息的，可以采用混合的列报方式。

对于同时包含资产负债表日后一年内（含一年，下同）和一年之后预期将收回或清偿金额的资产和负债单列项目，企业应当披露超过一年后预期收回或清偿的金额。

【例29-3】资产负债表排列的依据

资产负债表中资产的排列依据的是（　　）

A. 项目收益性　　B. 项目重要性　　C. 项目流动性　　D. 项目时间性

正确答案：C。

答案解析：资产负债表资产的排列依据是项目流动性。流动性大的资产项目，变化也相对大，将它列在前面，让看报表的人特别是决策者先看到本期比上期的变化。流动性大的资产，特别是企业的货币资金，是企业的血液，如果现金流出现问题，企业将非常危险。在编制资产负债表时，将它列在最前面，清楚的看见变化。

第十七条 资产满足下列条件之一的，应当归类为流动资产。

（一）预计在一个正常营业周期中变现、出售或耗用。

（二）主要为交易目的而持有。

（三）预计在资产负债表日起一年内变现。

（四）自资产负债表日起一年内，交换其他资产或清偿负债的能力不受限制的现金或现金等价物。

正常营业周期，是指企业从购买用于加工的资产起至实现现金或现金等价物的期间。正常营业周期通常短于一年。因生产周期较长等导致正常营业周期长于一年的，尽管相关资产往往超过一年才变现、出售或耗用，仍应当划分为流动资产。正常营业周期不能确定的，应当以一年（12个月）作为正常营业周期。

第十八条 流动资产以外的资产应当归类为非流动资产，并应按其性质分类列示。被划分为持有待售的非流动资产应当归类为流动资产。

第十九条 负债满足下列条件之一的,应当归类为流动负债。

(一)预计在一个正常营业周期中清偿。

(二)主要为交易目的而持有。

(三)自资产负债表日起一年内到期应予以清偿。

(四)企业无权自主地将清偿推迟至资产负债表日后一年以上。负债在其对手方选择的情况下可通过发行权益进行清偿的条款与负债的流动性划分无关。

企业对资产和负债进行流动性分类时,应当采用相同的正常营业周期。企业正常营业周期中的经营性负债项目即使在资产负债表日后超过一年才予清偿的,仍应当划分为流动负债。经营性负债项目包括应付账款、应付职工薪酬等,这些项目属于企业正常营业周期中使用的营运资金的一部分。

【例29-4】流动负债的内容

以下项目中,属于资产负债表中流动负债项目的是(　　)

A. 长期借款　　　B. 长期应付款　　　C. 应付股利　　　D. 应付债券

正确答案：C。

第二十条 流动负债以外的负债应当归类为非流动负债,并应当按其性质分类列示。被划分为持有待售的非流动负债应当归类为流动负债。

第二十一条 对于在资产负债表日起一年内到期的负债,企业有意图且有能力自主地将清偿义务展期至资产负债表日后一年以上的,应当归类为非流动负债;不能自主地将清偿义务展期的,即使在资产负债表日后、财务报告批准报出日前签订了重新安排清偿计划协议,该项负债仍应当归类为流动负债。

第二十二条 企业在资产负债表日或之前违反了长期借款协议,导致贷款人可随时要求清偿的负债,应当归类为流动负债。

贷款人在资产负债表日或之前同意提供在资产负债表日后一年以上的宽限期,在此期限内企业能够改正违约行为,且贷款人不能要求随时清偿的,该项负债应当归类为非流动负债。

其他长期负债存在类似情况的,比照上述第一款和第二款处理。

第二十三条 资产负债表中的资产类至少应当单独列示反映下列信息的项目：

(一)货币资金；

(二)以公允价值计量且其变动计入当期损益的金融资产；

(三)应收款项；

(四)预付款项；

(五)存货；

(六)被划分为持有待售的非流动资产及被划分为持有待售的处置组中的资产；

(七)可供出售金融资产；

(八)持有至到期投资；

(九)长期股权投资；

(十)投资性房地产；

（十一）固定资产；

（十二）生物资产；

（十三）无形资产；

（十四）递延所得税资产。

【例29-5】货币资金填列的会计处理

2×19年12月31日，甲公司"库存现金"科目余额为0.1万元，"银行存款"科目余额为100.9万元，"其他货币资金"科目余额为99万元，则2×19年12月31日，甲公司资产负债表中"货币资金"项目"期末余额"栏的列报金额=0.1+100.9+99=200（万元）。

【例29-6】应收票据填列的会计处理

2×19年12月31日，甲公司"应收票据"科目的余额为1300万元，"坏账准备"科目中有关应收票据计提的坏账准备余额为45万元。则2×19年12月31日，甲公司资产负债表中"应收票据"项目"期末余额"栏的列报金额=1300-45=1255（万元）。

【例29-7】存货填列的会计处理

2×19年12月31日，甲公司有关科目余额如下："发出商品"科目借方余额为800万元，"生产成本"科目借方余额为300万元，"原材料"科目借方余额为100万元，"委托加工物资"科目借方余额为200万元，"材料成本差异"科目贷方余额为25万元，"存货跌价准备"科目贷方余额为100万元，"受托代销商品"科目借方余额为400万元，"受托代销商品款"科目贷方余额为400万元。则2×19年12月31日，甲公司资产负债表中"存货"项目"期末余额"栏的列报金额=800+300+100+200-25-100+400-400=1275（万元）。

【例29-8】持有待售资产填列的会计处理

甲公司计划出售一项固定资产，该固定资产于2×19年12月31日被划分为持有待售固定资产，其账面价值为315万元，从划归为持有待售的下个月起停止计提折旧，不考虑其他因素，则2×19年12月31日，甲公司资产负债表中"持有待售资产"项目"期末余额"栏的列报金额为315万元。

【例29-9】固定资产填列的会计处理

2×19年12月31日，甲公司"固定资产"科目借方余额为4000万元，"累计折旧"科目贷方余额为2000万元，"固定资产减值准备"科目贷方余额为500万元，"固定资产清理"科目借方余额为500万元，则2×19年12月31日，甲公司资产负债表中"固定资产"项目"期末余额"栏的列报金额=4000-2000-500+500=2000（万元）。

【例29-10】无形资产填列的会计处理

2×19年12月31日，甲公司"无形资产"科目借方余额为800万元，"累计摊销"科目贷方余额为200万元，"无形资产减值准备"科目贷方余额为100万元，则2×19年12月31日，甲公司资产负债表中"无形资产"项目"期末余额"栏的列报金额=800-200-100=500（万元）。

第二十四条 资产负债表中的资产类至少应当包括流动资产和非流动资产的合计项目，按照企业的经营性质不切实可行的除外。

第二十五条 资产负债表中的负债类至少应当单独列示反映下列信息的项目：

（一）短期借款；

（二）以公允价值计量且其变动计入当期损益的金融负债；

（三）应付款项；

（四）预收款项；

（五）应付职工薪酬；

（六）应交税费；

（七）被划分为持有待售的处置组中的负债；

（八）长期借款；

（九）应付债券；

（十）长期应付款；

（十一）预计负债；

（十二）递延所得税负债。

【例29-11】短期借款填列的会计处理

2×19年12月31日，甲公司"短期借款"科目的余额如下所示：银行质押借款为10万元，信用借款为40万元。则2×19年12月31日，甲公司资产负债表中"短期借款"项目"期末余额"栏的列报金额=10+40=50（万元）。

【例29-12】应付票据填列的会计处理

2×19年12月31日，甲公司"应付票据"科目的余额如下所示：25万元的银行承兑汇票，10万元的商业承兑汇票。则2×19年12月31日，甲公司资产负债表中"应付票据"项目"期末余额"栏的列报金额=25+10=35（万元）。

【例29-13】应付职工薪酬填列的会计处理

2×19年12月31日，甲公司"应付职工薪酬"科目明细项目为：工资、奖金、津贴和补贴为70万元，社会保险费（含医疗保险、工伤保险）为5万元，设定提存计划（含基本养老保险费）为2.5万元，住房公积金为2万元，工会经费和职工教育经费为0.5万元。则2×19年12月31日，甲公司资产负债表中"应付职工薪酬"项目"期末余额"栏的列报金额=70+5+2.5+2+0.5=80（万元）。

【例29-14】长期借款填列的会计处理

2×19年12月31日，甲公司"长期借款"科目余额为155万元，其中自乙银行借入的5万元借款将于一年内到期，甲公司不具有自主展期清偿的权利，则甲公司2×19年12月31日资产负债表中"长期借款"项目"期末余额"栏的列报金额=155-5=150（万元），"一年内到期的非流动负债"项目"期末余额"栏的列报金额为5万元。

第二十六条 资产负债表中的负债类至少应当包括流动负债、非流动负债和负债的合计项目，按照企业的经营性质不切实可行的除外。

第二十七条 资产负债表中的所有者权益类至少应当单独列示反映下列信息的项目：

（一）实收资本（或股本，下同）；

（二）资本公积；

（三）盈余公积；

（四）未分配利润。

在合并资产负债表中，应当在所有者权益类单独列示少数股东权益。

【例29-15】实收资本填列的会计处理

甲公司是由A公司于2×01年3月1日注册成立的有限责任公司，注册资本为人民币5 000万元，A公司以货币资金人民币5 000万元出资，占注册资本的100%，持有甲公司100%的权益。上述实收资本已于2×01年3月1日经相关会计师事务所出具的验资报告验证。该资本投入自2×01年至2×19年末未发生变动，则2×19年12月31日，甲公司资产负债表中"实收资本（或股本）"项目"期末余额"栏的列报金额为5 000万元。

【例29-16】未分配利润填列的会计处理

2×19年12月31日，甲公司"利润分配——未分配利润"明细账户的余额为2 250万元，则甲公司2×19年12月31日资产负债表中"未分配利润"项目"期末余额"栏的列报金额为2 250万元。

【例29-17】资产负债表填列的会计处理

承【例29-5】至【例29-15】，甲公司编制的2×19年12月31日的资产负债表如表29-1所示。

表29-1 资产负债表

会企01表

编制单位：甲公司　　　　2×19年12月31日　　　　单位：元

资产	期末余额	上年年末余额（略）	负债和所有者权益（或股东权益）	期末余额	上年年末余额（略）
流动资产：			流动负债：		
货币资金	2 000 000		短期借款	500 000	
交易性金融资产			交易性金融负债		
衍生金融资产			衍生金融负债		
应收票据	12 550 000		应付票据	350 000	
应收账款			应付账款		
应收款项融资			预收款项		
预付款项			合同负债		
其他应收款			应付职工薪酬	800 000	
存货	12 750 000		应交税费		
合同资产			其他应付款		

续表

资产	期末余额	上年年末余额（略）	负债和所有者权益（或股东权益）	期末余额	上年年末余额（略）
持有待售资产	3 150 000		持有待售负债		
一年内到期的非流动资产			一年内到期的非流动负债	50 000	
其他流动资产			其他流动负债		
流动资产合计	30 450 000		流动负债合计	1 700 000	
非流动资产：			非流动负债：		
债权投资			长期借款	1 500 000	
其他债券投资			应付债券		
长期应收款			其中：优先股		
长期股权投资			永续债		
其他权益工具投资			租赁负债		
其他非流动金融资产			长期应付款		
投资性房地产			预计负债		
固定资产	20 000 000		递延收益		
在建工程			递延所得税负债		
生产性生物资产			其他非流动负债		
油气资产			非流动负债合计	1 500 000	
使用权资产			负债合计	3 200 000	
无形资产	5 000 000		所有者权益（或股东权益）：		
开发支出			实收资本（或股本）	50 000 000	
商誉			其他权益工具		
长期待摊费用			其中：优先股		
递延所得税资产			永续债		
其他非流动资产			资本公积		
非流动资产合计	25 000 000		减：库存股		
			其他综合收益		
			专项储备		
			盈余公积		
			未分配利润	2 250 000	
			所有者权益（或股东权益）合计	52 250 000	
资产总计	55 450 000		负债和所有者权益（或股东权益）总计	55 450 000	

第二十八条 资产负债表中的所有者权益类应当包括所有者权益的合计项目。

第二十九条 资产负债表应当列示资产总计项目,负债和所有者权益总计项目。

29.1.4 利润表

第三十条 企业在利润表中应当对费用按照功能分类,分为从事经营业务发生的成本、管理费用、销售费用和财务费用等。

第三十一条 利润表至少应当单独列示反映下列信息的项目,但其他会计准则另有规定的除外:

(一)营业收入;

(二)营业成本;

(三)营业税金及附加;

(四)管理费用;

(五)销售费用;

(六)财务费用;

(七)投资收益;

(八)公允价值变动损益;

(九)资产减值损失;

(十)非流动资产处置损益;

(十一)所得税费用;

(十二)净利润;

(十三)其他综合收益各项目分别扣除所得税影响后的净额;

(十四)综合收益总额。

金融企业可以根据其特殊性列示利润表项目。

【例29-18】营业收入填列的会计处理

乙公司为热电企业,其经营范围包括电、热的生产和销售;发电、输变电工程的技术咨询;电力设备及相关产品的采购、开发、生产和销售等。乙公司2×19年度"主营业务收入"科目发生额明细如下所示:电力销售收入合计8 000万元,热力销售收入合计1 400万元。"其他业务收入"科目发生额合计600万元。则乙公司2×19年度利润表中"营业收入"项目"本期金额"栏的列报金额=8 000+1 400+600=10 000(万元)。

【例29-19】营业成本填列的会计处理

乙公司2×19年度"主营业务成本"科目发生额合计7 500万元、"其他业务成本"科目发生额合计500万元,则乙公司2×19年度利润表中"营业成本"项目"本期金额"栏的列报金额=7 500+500=8 000(万元)。

【例29-20】税金及附加填列的会计处理

乙公司2×19年度"税金及附加"科目的发生额如下:城市维护建设税合计50万元,教育费附加合计30万元,房产税合计400万元,城镇土地使用税合计20万元。则乙公司2×19年度利润表中"税金及附加"项目"本期金额"栏的列报金额=50+30+400+20=

500（万元）。

【例 29-21】管理费用填列的会计处理

乙公司 2×19 年度"管理费用"科目发生额合计数为 600 万元。则乙公司 2×19 年度利润表中"管理费用"项目"本期金额"栏的列报金额为 600 万元。

【例 29-22】财务费用填列的会计处理

乙公司 2×19 年度"财务费用"科目的发生额如下所示：银行长期借款利息费用合计 400 万元，银行短期借款利息费用合计 90 万元，银行存款利息收入合计 8 万元，银行手续费支出合计 18 万元。则乙公司 2×19 年度利润表中"财务费用"项目"本期金额"栏的列报金额 =400+90-8+18=500（万元）。

【例 29-23】投资收益填列的会计处理

乙公司 2×19 年度"投资收益"科目的发生额如下所示：按权益法核算的长期股权投资收益合计 290 万元，按成本法核算的长期股权投资收益合计 200 万元，处置长期股权投资发生的投资损失合计 500 万元。则乙公司 2×19 年度利润表中"投资收益"项目"本期金额"栏的列报金额 =290+200-500=-10（万元）。

【例 29-24】资产减值损失填列的会计处理

乙公司 2×19 年度"资产减值损失"科目的发生额如下所示：存货减值损失合计 85 万元，固定资产减值损失合计 189 万元，无形资产减值损失合计 26 万元。则乙公司 2×19 年度利润表中"资产减值损失"项目"本期金额"栏的列报金额 =85+189+26=300（万元）。

【例 29-25】营业外收入填列的会计处理

乙公司 2×19 年度"营业外收入"科目的发生额如下所示：接受无偿捐赠利得 68 万元，现金盘盈利得合计 2 万元，则乙公司 2×19 年度利润表中"营业外收入"项目"本期金额"栏的列报金额 =68+2=70（万元）。

【例 29-26】营业外支出填列的会计处理

乙公司 2×19 年度"营业外支出"科目的发生额如下所示：固定资产盘亏损失 14 万元，罚没支出合计 10 万元，捐赠支出合计 4 万元，其他支出 2 万元。则乙公司 2×19 年度利润表中"营业外支出"项目"本期金额"栏的列报金额 =14+10+4+2=30（万元）。

【例 29-27】所得税费用填列的会计处理

乙公司 2×19 年度"所得税费用"科目的发生额合计数为 36 万元，则乙公司 2×19 年度利润表中"所得税费用"项目"本期金额"栏的列报金额为 36 万元。

第三十二条 综合收益，是指企业在某一期间除与所有者以其所有者身份进行的交易之外的其他交易或事项所引起的所有者权益变动。综合收益总额项目反映净利润和其他综合收益扣除所得税影响后的净额相加后的合计金额。

第三十三条 其他综合收益，是指企业根据其他会计准则规定未在当期损益中确认的各项利得和损失。

其他综合收益项目应当根据其他相关会计准则的规定分为下列两类列报：

（一）以后会计期间不能重分类进损益的其他综合收益项目，主要包括重新计量设定受益计划净负债或净资产导致的变动、按照权益法核算的在被投资单位以后会计期间不能重分类进损益的其他综合收益中所享有的份额等；

（二）以后会计期间在满足规定条件时将重分类进损益的其他综合收益项目，主要包括按照权益法核算的在被投资单位以后会计期间在满足规定条件时将重分类进损益的其他综合收益中所享有的份额、可供出售金融资产公允价值变动形成的利得或损失、持有至到期投资重分类为可供出售金融资产形成的利得或损失、现金流量套期工具产生的利得或损失中属于有效套期的部分、外币财务报表折算差额等。

第三十四条 在合并利润表中，企业应当在净利润项目之下单独列示归属于母公司所有者的损益和归属于少数股东的损益，在综合收益总额项目之下单独列示归属于母公司所有者的综合收益总额和归属于少数股东的综合收益总额。

【例29-28】利润表填列的会计处理

承【例29-17】至【例29-26】，乙公司编制的2×19年度利润表如表29-2所示。

表29-2 利润表

会企02表

编制单位：乙公司　　　　　　　　　　2×19年　　　　　　　　　　单位：元

项目	本期金额	上期金额（略）
一、营业收入	100 000 000	
减：营业成本	80 000 000	
税金及附加	5 000 000	
销售费用		
管理费用	6 000 000	
研发费用		
财务费用	5 000 000	
其中：利息费用	5 080 000	
利息收入	80 000	
加：其他收益		
投资收益（损失以"-"号填列）	-100 000	
其中：对联营企业和合营企业的投资收益	2 900 000	
以摊余成本计量的金融资产终止确认收益（损失以"-"号填列）		
净敞口套期收益（损失以"-"号填列）		
公允价值变动收益（损失以"-"号填列）		
信用减值损失（损失以"-"号填列）		
资产减值损失（损失以"-"号填列）	-3 000 000	

续表

项目	本期金额	上期金额（略）
资产处置收益（损失以"－"号填列）		
二、营业利润（亏损以"－"号填列）	3 900 000	
加：营业外收入	700 000	
减：营业外支出	300 000	
三、利润总额（亏损总额以"－"号填列）	4 300 000	
减：所得税费用	360 000	
四、净利润（净亏损以"－"号填列）	3 940 000	
（一）持续经营净利润（净亏损以"－"号填列）	3 940 000	
（二）终止经营净利润（净亏损以"－"号填列）		
五、其他综合收益的税后净额		
（一）不能重分类进损益的其他综合收益		
1. 重新计量设定受益计划变动额		
2. 权益法下不能转损益的其他综合收益		
3. 其他权益工具投资公允价值变动		
4. 企业自身信用风险公允价值变动		
……		
（二）将重分类进损益的其他综合收益		
1. 权益法下可转损益的其他综合收益		
2. 其他债权投资公允价值变动		
3. 金融资产重分类计入其他综合收益的金额		
4. 其他债权投资信用减值准备		
5. 现金流量套期储备		
6. 外币财务报表折算差额		
……		
六、综合收益总额	3 940 000	
七、每股收益：		
（一）基本每股收益		
（二）稀释每股收益		

29.1.5 所有者权益变动表

第三十五条 所有者权益变动表应当反映构成所有者权益的各组成部分当期的增减变动情况。综合收益和与所有者（或股东，下同）的资本交易导致的所有者权益的变动，应当分别列示。

与所有者的资本交易，是指企业与所有者以其所有者身份进行的、导致企业所有者权益变动的交易。

第三十六条 所有者权益变动表至少应当单独列示反映下列信息的项目：

（一）综合收益总额，在合并所有者权益变动表中还应单独列示归属于母公司所有者的综合收益总额和归属于少数股东的综合收益总额；

（二）会计政策变更和前期差错更正的累积影响金额；

（三）所有者投入资本和向所有者分配利润等；

（四）按照规定提取的盈余公积；

（五）所有者权益各组成部分的期初和期末余额及其调节情况。

【例29-29】所有者权益变动表的填列

丙股份有限公司 2×18 年 12 月 31 日所有者权益各项目余额如下：股本 5 000 000 元，盈余公积 100 000 元，未分配利润 50 000 元。2×19 年，丙股份有限公司获得的综合收益总额为 280 000 元（其中，净利润为 200 000 元），提取盈余公积 20 000 元，分配现金股利 100 000 元，丙股份有限公司 2×19 年度所有者权益变动表如表 29-3 所示。

29.1.6 附注

第三十七条 附注是对在资产负债表、利润表、现金流量表和所有者权益变动表等报表中列示项目的文字描述或明细资料，以及对未能在这些报表中列示项目的说明等。

第三十八条 附注应当披露财务报表的编制基础，相关信息应当与资产负债表、利润表、现金流量表和所有者权益变动表等报表中列示的项目相互参照。

第三十九条 附注一般应当按照下列顺序至少披露：

（一）企业的基本情况。

1. 企业注册地、组织形式和总部地址。
2. 企业的业务性质和主要经营活动。
3. 母公司以及集团最终母公司的名称。
4. 财务报告的批准报出者和财务报告批准报出日，或者以签字人及其签字日期为准。
5. 营业期限有限的企业，还应当披露有关其营业期限的信息。

（二）财务报表的编制基础。

（三）遵循企业会计准则的声明。

企业应当声明编制的财务报表符合企业会计准则的要求，真实、完整地反映了企业的财务状况、经营成果和现金流量等有关信息。

表 29-3 所有者权益变动表

编制单位：丙股份有限公司　　2×19 年度　　会企 04 表　单位：元

项目	本年金额										上年金额									
	实收资本（或股本）	其他权益工具		资本公积	减：库存股	其他综合收益	专项储备	盈余公积	未分配利润	所有者权益合计	实收资本（或股本）	其他权益工具		资本公积	减：库存股	其他综合收益	专项储备	盈余公积	未分配利润	所有者权益合计
		优先股	永续债/其他									优先股	永续债/其他							
一、上年年末余额	5 000 000							100 000	50 000	5 150 000										
加：会计政策变更																				
前期差错更正																				
其他																				
二、本年年初余额	5 000 000							100 000	50 000	5 150 000										
三、本年增减变动金额（减少以"－"号填列）						80 000			200 000	280 000										
（一）综合收益总额																				

续表

项目	本年金额											上年金额										
	实收资本（或股本）	其他权益工具			资本公积	减:库存股	其他综合收益	专项储备	盈余公积	未分配利润	所有者权益合计	实收资本（或股本）	其他权益工具			资本公积	减:库存股	其他综合收益	专项储备	盈余公积	未分配利润	所有者权益合计
		优先股	永续债	其他									优先股	永续债	其他							
(二) 所有者投入和减少资本																						
1. 所有者投入的普通股																						
2. 其他权益工具持有者投入资本																						
3. 股份支付计入所有者权益的金额																						
4. 其他																						
(三) 利润分配																						

续表

项目	本年金额										上年金额									
	实收资本（或股本）	其他权益工具			资本公积	减:库存股	其他综合收益	专项储备	盈余公积	未分配利润	所有者权益合计	实收资本（或股本）	其他权益工具			资本公积	减:库存股	其他综合收益	专项储备	盈余公积	未分配利润	所有者权益合计
		优先股	永续债	其他									优先股	永续债	其他							
1. 提取盈余公积									20 000	-20 000	0											
2. 对所有者（或股东）的分配										-100 000	-100 000											
3. 其他																						
（四）所有者权益内部结转																						
1. 资本公积转增资本（或股本）																						
2. 盈余公积转增资本（或股本）																						

续表

项目	本年金额										上年金额									
	实收资本（或股本）	其他权益工具		资本公积	减：库存股	其他综合收益	专项储备	盈余公积	未分配利润	所有者权益合计	实收资本（或股本）	其他权益工具		资本公积	减：库存股	其他综合收益	专项储备	盈余公积	未分配利润	所有者权益合计
		优先股	永续债 其他									优先股	永续债 其他							
3. 盈余公积弥补亏损																				
4. 设定受益计划变动额结转留存收益																				
5. 其他综合收益结转留存收益																				
6. 其他																				
四、本年年末余额	5 000 000					80 000		120 000	130 000	5 330 000	5 000 000							100 000	50 000	5 150 000

（四）重要会计政策和会计估计。

重要会计政策的说明，包括财务报表项目的计量基础和在运用会计政策过程中所做的重要判断等。重要会计估计的说明，包括可能导致下一个会计期间内资产、负债账面价值重大调整的会计估计的确定依据等。

企业应当披露采用的重要会计政策和会计估计，并结合企业的具体实际披露其重要会计政策的确定依据和财务报表项目的计量基础，及其会计估计所采用的关键假设和不确定因素。

（五）会计政策和会计估计变更以及差错更正的说明。

企业应当按照《企业会计准则第28号——会计政策、会计估计变更和差错更正》的规定，披露会计政策和会计估计变更以及差错更正的情况。

（六）报表重要项目的说明。

企业应当按照资产负债表、利润表、现金流量表、所有者权益变动表及其项目列示的顺序，对报表重要项目的说明采用文字和数字描述相结合的方式进行披露。报表重要项目的明细金额合计，应当与报表项目金额相衔接。

企业应当在附注中披露费用按照性质分类的利润表补充资料，可将费用分为耗用的原材料、职工薪酬费用、折旧费用、摊销费用等。

（七）或有和承诺事项、资产负债表日后非调整事项、关联方关系及其交易等需要说明的事项。

（八）有助于财务报表使用者评价企业管理资本的目标、政策及程序的信息。

【例29-30】财务报表附注的内容

下列各项中，关于财务报表附注的表述正确的有（   ）。

A. 附注中包括财务报表重要项目的说明
B. 对未能在财务报表中列示的项目在附注中说明
C. 如果没有需要披露的重大事项，企业不必编制附注
D. 附注中包括会计政策和会计估计变更以及差错更正的说明

正确答案：C。

答案解析：一套完整的财务报表至少应当包括资产负债表、利润表、现金流量表、所有者权益变动表以及附注。

第四十条 企业应当在附注中披露下列关于其他综合收益各项目的信息：

（一）其他综合收益各项目及其所得税影响；

（二）其他综合收益各项目原计入其他综合收益、当期转出计入当期损益的金额；

（三）其他综合收益各项目的期初和期末余额及其调节情况。

第四十一条 企业应当在附注中披露终止经营的收入、费用、利润总额、所得税费用和净利润，以及归属于母公司所有者的终止经营利润。

第四十二条 终止经营，是指满足下列条件之一的已被企业处置或被企业划归为持有待售的、在经营和编制财务报表时能够单独区分的组成部分。

（一）该组成部分代表一项独立的主要业务或一个主要经营地区。

（二）该组成部分是拟对一项独立的主要业务或一个主要经营地区进行处置计划的一部分。

（三）该组成部分是仅仅为了再出售而取得的子公司。

同时满足下列条件的企业组成部分（或非流动资产，下同）应当确认为持有待售：该组成部分必须在其当前状况下仅根据出售此类组成部分的惯常条款即可立即出售；企业已经就处置该组成部分作出决议，如按规定需得到股东批准的，应当已经取得股东大会或相应权力机构的批准；企业已经与受让方签订了不可撤销的转让协议；该项转让将在一年内完成。

第四十三条 企业应当在附注中披露在资产负债表日后、财务报告批准报出日前提议或宣布发放的股利总额和每股股利金额（或向投资者分配的利润总额）。

29.1.7 衔接规定

第四十四条 在本准则施行日之前已经执行企业会计准则的企业，应当按照本准则调整财务报表的列报项目；涉及有关报表和附注比较数据的，也应当做相应调整，调整不切实可行的除外。

29.1.8 附则

第四十五条 本准则自 2014 年 7 月 1 日起施行。

29.2 《企业会计准则第 30 号——财务报表列报》应用指南

29.2.1 总体要求

《企业会计准则第 30 号——财务报表列报》规范了财务报表的列报。列报，是指交易和事项在报表中的列示和在附注中的披露。其中，"列示"通常反映资产负债表、利润表、现金流量表和所有者权益（或股东权益，下同）变动表等报表中的信息，"披露"通常反映附注中的信息。本准则主要规范了财务报表的组成，财务报表列报的基本要求，资产负债表、利润表、所有者权益变动表的列示和附注的披露内容、结构及其编制方法等问题。

本准则规定，财务报表是对企业财务状况、经营成果和现金流量的结构性表述。一套完整的财务报表至少应当包括"四表一注"，即资产负债表、利润表、现金流量表、所有者权益变动表和附注，并且这些组成部分在列报上具有同等的重要程度，企业不得强调某张报表或某些报表（或附注）较其他报表（或附注）更为重要。本准则规定，企业应当依据各项会计准则确认和计量的结果编制财务报表；企业编制财务报表时应当对企业持续经营能力进行评估；企业应当按照权责发生制编制财务报表，但现金流量表信息除外；企业财务报表项目的列报应当在各个会计期间保持一致；企业单独列报或汇总列报相关项目时应当遵循重要性原则；企业财务报表项目一般不得以金额抵销后的净额列报；企业应当列报可比会计期间的比较数据等。

本准则规定，资产负债表应当按照资产、负债和所有者权益三大类别分类列报，并且资产和负债应当按照流动性列示。利润表应当对费用按照功能分类进行列报，同时在附注中披露费用按照性质分类的利润表补充资料；利润表中其他综合收益项目应当根据其他相关会计准则的规定分为"以后会计期间不能重分类进损益的其他综合收益"项目和"以后会计期间在满足规定条件时将重分类进损益的其他综合收益"项目两类列报。所有者权益变动表应当反映构成所有者权益的各组成部分当期的增减变动情况，综合收益和与所有者（或股东）的资本交易导致的所有者权益变动应当分别列示。本准则还对附注至少披露的信息进行了规范。企业应当根据本准则及应用指南的规定，并结合自身经营活动的性质，确定本企业适用的财务报表格式。企业如存在特殊项目或特殊行业企业确有特别需要的，可以结合本企业的实际情况，在本应用指南规定的财务报表格式的基础上对财务报表格式进行相应调整和补充。

29.2.2 关于适用范围

本准则规定，本准则适用于个别财务报表和合并财务报表，以及年度财务报表和中期财务报表。在遵循本准则的基础上，企业编制合并财务报表的，还应当遵循《企业会计准则第33号——合并财务报表》。企业编制中期财务报表的，还应当遵循《企业会计准则第32号——中期财务报告》，中期财务报告至少应当包括资产负债表、利润表、现金流量表和附注，企业可以根据需要自行决定是否编制中期所有者权益变动表。与年度财务报表相比，除中期财务报告中的附注披露可适当简化外，中期资产负债表、利润表、现金流量表和所有者权益变动表（如果编制的话）的格式和内容应当与年度财务报表相一致。

从财务报表组成部分来看，本准则主要对资产负债表、利润表、所有者权益变动表的列报和附注的披露进行了规范，企业编制现金流量表还应当遵循《企业会计准则第31号——现金流量表》，但是本准则对财务报表列报的基本要求同样适用于现金流量表的列报。本准则对财务报表列报进行了原则性和框架性的规定，是企业列报财务报表的最低要求，企业还应当同时遵循其他会计准则中规定的特殊列报要求。

29.2.3 关于财务报表列报的基本要求

（一）依据各项会计准则确认和计量的结果编制财务报表

企业应当根据实际发生的交易和事项，遵循《企业会计准则——基本准则》（以下简称"基本准则"）、各项具体会计准则及解释的规定进行确认和计量，并在此基础上编制财务报表。

企业应当在附注中对这一情况作出声明，只有遵循了企业会计准则的所有规定时，财务报表才应当被称为"遵循了企业会计准则"。同时，企业不应以在附注中披露代替对交易和事项的确认和计量，也就是说，企业采用的不恰当的会计政策，不得通过在附注中披露等其他形式予以更正，企业应当对交易和事项进行正确的确认和计量。

此外，如果按照各项会计准则规定披露的信息不足以让报表使用者了解特定交易或事项对企业财务状况、经营成果和现金流量的影响时，企业还应当披露其他的必要信息。

（二）列报基础

本准则规定，企业应当以持续经营为基础编制财务报表。持续经营是会计的基本前提，也是会计确认、计量及编制财务报表的基础。在编制财务报表的过程中，企业管理层应当全面评估企业的持续经营能力。企业管理层在对企业持续经营能力进行评估时，应当利用其所有可获得的信息，评估涵盖的期间应包括企业自资产负债表日起至少12个月，评估需要考虑的因素包括宏观政策风险、市场经营风险、企业目前或长期的盈利能力、偿债能力、财务弹性以及企业管理层改变经营政策的意向等。评价结果表明对持续经营能力产生重大怀疑的，企业应当在附注中披露导致对持续经营能力产生重大怀疑的影响因素以及企业拟采取的改善措施。

企业在评估持续经营能力时应当结合考虑企业的具体情况。通常情况下，如果企业过去每年都有可观的净利润，并且易于获取所需的财务资源，则对持续经营能力的评估易于判断，这表明企业以持续经营为基础编制财务报表是合理的，而无需进行详细的分析。反之，如果企业过去多年有亏损的记录等情况，则需要通过考虑更加广泛的，相关因素来作出评价，比如目前和预期未来的获利能力、债务清偿计划、替代融资的潜在来源等。

企业如果存在以下情况之一，则通常表明其处于非持续经营状态：（1）企业已在当期进行清算或停止营业；（2）企业已经正式决定在下一个会计期间进行清算或停止营业；（3）企业已确定在当期或下一个会计期间没有其他可供选择的方案而将被迫进行清算或停止营业。企业处于非持续经营状态时，应当采用清算价值等其他基础编制财务报表，如破产企业的资产采用可变现净值计量、负债按照其预计的结算金额计量等。在非持续经营情况下，企业应当在附注中声明财务报表未以持续经营为基础列报、披露未以持续经营为基础的原因以及财务报表的编制基础。

（三）权责发生制

本准则规定，除现金流量表按照收付实现制编制外，企业应当按照权责发生制编制其他财务报表。在采用权责发生制会计的情况下，当项目符合基本准则中财务报表要素的定义和确认标准时，企业就应当确认相应的资产、负债、所有者权益、收入和费用，并在财务报表中加以反映。

（四）列报的一致性

可比性是会计信息质量的一项重要质量要求，目的是使同一企业不同期间和同一期间不同企业的财务报表相互可比。本准则规定，财务报表项目的列报应当在各个会计期间保持一致，不得随意变更。这一要求不仅只针对财务报表中的项目名称，还包括财务报表项目的分类、排列顺序等方面。

在下列情况下，企业可以变更财务报表项目的列报：（1）会计准则要求改变财务报表项目的列报；（2）企业经营业务的性质发生重大变化或对企业经营影响较大的交易或事项发生后，变更财务报表项目的列报能够提供更可靠、更相关的会计信息。企业变更财务报表项目列报的，应当根据本准则的有关规定提供列报的比较信息。

（五）依据重要性原则单独或汇总列报项目。

关于项目在财务报表中是单独列报还是汇总列报，应当依据重要性原则来判断。总的原则是，如果某项目单个看不具有重要性，则可将其与其他项目汇总列报；如具有重要性，则应当单独列报。企业应当遵循如下规定：

1. 性质或功能不同的项目，一般应当在财务报表中单独列报，但是不具有重要性的项目可以汇总列报。比如，存货和固定资产在性质上和功能上都有本质差别，必须分别在资产负债表上单独列报。

2.性质或功能类似的项目，一般可以汇总列报，但是对其具有重要性的类别应该单独列报。比如，原材料、低值易耗品等项目在性质上类似，均通过生产过程形成企业的产品存货，因此可以汇总列报，汇总之后的类别统称为"存货"在资产负债表上单独列报。

3.项目单独列报的原则不仅适用于报表，还适用于附注。某些项目的重要性程度不足以在资产负债表、利润表、现金流量表或所有者权益变动表中单独列示，但对附注却具有重要性，在这种情况下应当在附注中单独披露。比如，对某制造业企业而言，原材料、在产品、库存商品等项目的重要性程度不足以在资产负债表上单独列示，因此在资产负债表上汇总列示，但是鉴于其对该制造业企业的重要性，应当在附注中单独披露。

4.本准则规定在财务报表中单独列报的项目，企业应当单独列报。其他会计准则规定单独列报的项目，企业应当增加单独列报项目。

重要性是判断财务报表项目是否单独列报的重要标准。本准则规定，重要性是指在合理预期下，如果财务报表某项目的省略或错报会影响使用者据此作出经济决策的，则该项目就具有重要性。企业在进行重要性判断时，应当根据所处环境，从项目的性质和金额大小两方面予以判断：一方面，应当考虑该项目的性质是否属于企业日常活动，是否显著影响企业的财务状况、经营成果和现金流量等因素；另一方面，判断项目金额大小的重要性，应当通过单项金额占资产总额、负债总额、所有者权益总额、营业收入总额、营业成本总额、净利润、综合收益总额等直接相关或所属报表单列项目金额的比重加以确定。企业对于各个项目的重要性判断标准一经确定，不得随意变更。

（六）财务报表项目金额间的相互抵销

本准则规定，财务报表项目应当以总额列报，资产和负债、收入和费用、直接计入当期利润的利得项目和损失项目的金额不能相互抵销，即不得以净额列报，但企业会计准则另有规定的除外。比如，企业欠客户的应付款不得与其他客户欠本企业的应收款相抵销，否则就掩盖了交易的实质。再如，收入和费用反映了企业投入和产出之间的关系，是企业经营成果的两个方面，为了更好地反映经济交易的实质、考核企业经营管理水平以及预测企业未来现金流量，收入和费用不得相互抵销。

本准则规定以下三种情况不属于抵销：

1.一组类似交易形成的利得和损失以净额列示的，不属于抵销。例如，汇兑损益应当以净额列报，为交易目的而持有的金融工具形成的利得和损失应当以净额列报。但是，如果相关的利得和损失具有重要性，则应当单独列报。

2.资产或负债项目按扣除备抵项目后的净额列示，不属于抵销。例如，资产计提的减值准备，实质上意味着资产的价值确实发生了减损，资产项目应当按扣除减值准备后的净额列示，这样才反映了资产当时的真实价值。

3.非日常活动产生的利得和损失，以同一交易形成的收益扣减相关费用后的净额列示更能反映交易实质的，不属于抵销。非日常活动并非企业主要的业务，非日常活动产生的损益以收入扣减费用后的净额列示，更能有利于报表使用者的理解。例如，非流动资产处置形成的利得或损失，应当按处置收入扣除该资产的账面金额和相关销售费用后的净额列报。

（七）比较信息的列报

本准则规定，企业在列报当期财务报表时，至少应当提供所有列报项目上一个可比会计期间的比较数据，以及与理解当期财务报表相关的说明，目的是向报表使用者提供对比数据，提高信息在会计期间的可比性。列报比较信息的这一要求适用于财务报表的所有组成部分，即既适用于四张报表，也适用于附注。

通常情况下，企业列报所有列报项目上一个可比会计期间的比较数据，至少包括两期各报表及相关附注。当企业追溯应用会计政策或追溯重述、或者重新分类财务报表项目时，按照《企业会计准则第28号——会计政策、会计估计变更和差错更正》等的规定，企业应当在一套完整的财务报表中列报最早可比期间期初的财务报表，即应当至少列报三期资产负债表、两期其他各报表（利润表、现金流量表和所有者权益变动表）及相关附注。其中，列报的三期资产负债表分别指当期期末的资产负债表、上期期末（即当期期初）的资产负债表、以及上期期初的资产负债表。

企业根据本准则的规定确需变更财务报表项目列报的，应当至少对可比期间的数据按照当期的列报要求进行调整，并在附注中披露调整的原因和性质、以及调整的各项目金额。但是，在某些情况下，对可比期间比较数据进行调整是不切实可行的。比如，企业在以前期间可能没有按照可以进行重新分类的方式收集数据，并且重新生成这些信息是不切实可行的，则企业应当在附注中披露不能调整的原因以及假设金额重新分类可能进行的调整的性质。

关于企业变更会计政策或更正差错时要求的对比较信息的调整，由《企业会计准则第28号——会计政策、会计估计变更和差错更正》规范。

（八）财务报表表首的列报要求

财务报表通常与其他信息（如企业年度报告等）一起公布，企业应当将按照企业会计准则编制的财务报告与一起公布的同一文件中的其他信息相区分。

本准则规定，企业在财务报表的显著位置（通常是表首部分）应当至少披露下列基本信息：

1. 编报企业的名称。如企业名称在所属当期发生了变更的，还应明确标明。

2. 对资产负债表而言，应当披露资产负债表日；对利润表、现金流量表、所有者权益变动表而言，应当披露报表涵盖的会计期间。

3. 货币名称和单位。按照我国企业会计准则的规定，企业应当以人民币作为记账本位币列报，并标明金额单位，如人民币元、人民币万元等。

4. 财务报表是合并财务报表的，应当予以标明。

（九）报告期间

本准则规定，企业至少应当按年编制财务报表。根据《中华人民共和国会计法》的规定，会计年度自公历1月1日起至12月31日止。因此，企业在编制年度财务报表时，可能存在年度财务报表涵盖的期间短于1年的情况，如企业在年度中间（如3月1日）开始设立等。在这种情况下，企业应当披露年度财务报表的实际涵盖期间及其短于1年的原因，并应当说明由此引起财务报表项目与比较数据不具可比性这一事实。

29.2.4 关于资产负债表

资产负债表是反映企业在某一特定日期的财务状况的会计报表,即反映了某一特定日期关于企业资产、负债、所有者权益及其相互关系的信息。

(一)资产负债表列报的总体要求

1. 分类别列报

资产负债表列报应当如实反映企业在资产负债表日所拥有的资源、所承担的负债以及所有者所拥有的权益。本准则规定,资产负债表应当按照资产、负债和所有者权益三大类别分类列报。

2. 资产和负债按流动性列报

本准则规定,资产负债表上资产和负债应当按照流动性分别分为流动资产和非流动资产、流动负债和非流动负债列示。流动性,通常按资产的变现或耗用时间长短或者负债的偿还时间长短来确定。本准则规定,企业应当先列报流动性强的资产或负债,再列报流动性弱的资产或负债。

对于一般企业(如工商企业)而言,通常在明显可识别的营业周期内销售产品或提供服务,应当将资产和负债分别分为流动资产和非流动资产、流动负债和非流动负债列示,有助于反映本营业周期内预期能实现的资产和应偿还的负债。但是,对于银行、证券、保险等金融企业而言,其销售产品或提供服务不具有明显可识别营业周期,在经营内容上也不同于一般企业,导致其资产和负债的构成项目也与一般企业有所不同,具有特殊性,金融企业的有些资产或负债无法严格区分为流动资产和非流动资产。在这种情况下,按照流动性列示往往能够提供可靠且更相关信息,因此,本准则规定,金融企业等特殊行业企业等可以大体按照流动性顺序列示所有的资产和负债。

本准则规定,对于从事多种经营的企业,可以采用混合的列报基础进行列报,即对一部分资产和负债按照流动资产和非流动资产、流动负债和非流动负债列报,同时对其他资产和负债按照流动性顺序列报,但前提是能够提供可靠且更加相关的信息。

3. 列报相关的合计、总计项目

资产负债表中的资产类至少应当列示流动资产和非流动资产的合计项目;负债类至少应当列示流动负债、非流动负债以及负债的合计项目;所有者权益类应当列示所有者权益的合计项目。但是,按照企业的经济性质列报"流动资产合计""非流动资产合计""流动负债合计""非流动负债合计"等项目不切实可行的,则无需列报这些项目。比如,金融企业等特殊行业企业的资产和负债按照流动性顺序列报的情况。

资产负债表遵循了"资产=负债+所有者权益"这一会计恒等式,把企业在特定时日所拥有的经济资源和与之相对应的企业所承担的债务及偿债以后属于所有者的权益充分反映出来。

因此,本准则规定,资产负债表应当分别列示资产总计项目和负债与所有者权益之和的总计项目,并且这二者的金额应当相等。

（二）资产的列报

资产负债表中的资产反映由过去的交易、事项形成并由企业在某一特定日期所拥有或控制的、预期会给企业带来经济利益的资源。根据本准则的规定，资产应当按照流动资产和非流动资产两大类别在资产负债表中列示，在流动资产和非流动资产类别下进一步按性质分项列示。

1. 流动资产和非流动资产的划分。

本准则规定，资产满足下列条件之一的，应当归类为流动资产。

（1）预计在一个正常营业周期中变现、出售或耗用。这主要包括存货、应收账款等资产。

需要指出的是，变现一般针对应收账款等而言，指将资产变为现金；出售一般针对产品等存货而言；耗用一般指将存货（如原材料）转变成另一种形态（如产成品）。

（2）主要为交易目的而持有。如一些根据《企业会计准则第22号——金融工具确认和计量》划分的交易性金融资产。但是，并非所有交易性金融资产均为流动资产，如自资产负债表日起超过12个月到期且预期持有超过12个月的衍生工具应当划分为非流动资产或非流动负债。

（3）预计在资产负债表日起一年内（含一年，下同）变现。

（4）自资产负债表日起一年内，交换其他资产或清偿负债的能力不受限制的现金或现金等价物。

本准则规定，流动资产以外的资产应当归类为非流动资产。

对于同时包含资产负债表日后一年内和一年之后预期将收回或清偿金额的资产和负债单列项目，本准则还要求企业应当披露超过一年后预期收回或清偿的金额。比如，金融企业资产负债表中的资产和负债项目按照流动性顺序列示，有些资产或负债项目中同时包含了资产负债表日后一年内和一年之后预期收回或清偿的金额，针对这些项目，企业应当在附注中披露资产负债表日后一年之后预期收回或清偿的金额。再如，房地产开发企业的正常营业周期通常长于一年，其已经开发完工和正在开发的房地产作为存货在资产负债表的流动资产部分列示，企业对于该存货还应当在附注中披露资产负债表日后一年之后预期收回的金额。

2. 正常营业周期。

本准则在判断流动资产、流动负债时所指的正常营业周期，是指企业从购买用于加工的资产起至实现现金或现金等价物的期间。

正常营业周期通常短于一年，在一年内有几个营业周期。但是，因生产周期较长等导致正常营业周期长于一年的，尽管相关资产往往超过一年才变现、出售或耗用，仍应当划分为流动资产。例如，房地产开发企业开发用于出售的房地产开发产品，造船企业制造的用于出售的大型船只等，从购买原材料进入生产，到制造出产品出售并收回现金或现金等价物的过程，往往超过一年，在这种情况下，与生产循环相关的产成品、应收账款、原材料尽管超过一年才变现、出售或耗用，仍应作为流动资产列示。

当正常营业周期不能确定时，企业应当以一年（12个月）作为正常营业周期。

3. 持有待售的非流动资产的列报。

对于根据企业会计准则划分为持有待售的非流动资产（如固定资产、无形资产、长期股权投资等）的列报，本准则规定，被划分为持有待售的非流动资产应当归类为流动资产；本准则同时还规定，被划分为持有待售的非流动负债应当归类为流动负债。

持有待售的非流动资产既包括单项资产也包括处置组，处置组，是指在一项交易中作为整体通过出售或其他方式一并处置的一组资产以及在该交易中转让的与这些资产直接相关的负债。因此，无论是被划分为持有待售的单项非流动资产还是处置组中的资产，都应当在资产负债表的流动资产部分单独列报；类似地，被划分为持有待售的处置组中的与转让资产相关的负债应当在资产负债表的流动负债部分单独列报。

（三）负债的列报。

资产负债表中的负债反映在某一特定日期企业所承担的、预期会导致经济利益流出企业的现时义务。根据本准则的规定，负债应当按照流动负债和非流动负债在资产负债表中进行列示，在流动负债和非流动负债类别下再进一步按性质分项列示。

1. 流动负债与非流动负债的划分。

流动负债的判断标准与流动资产的判断标准相类似。本准则规定，负债满足下列条件之一的，应当归类为流动负债。

（1）预计在一个正常营业周期中清偿。

（2）主要为交易目的而持有。

（3）自资产负债表日起一年内到期应予以清偿。

（4）企业无权自主地将清偿推迟至资产负债表日后一年以上。

关于可转换工具负债成分的分类，本准则还规定，负债在其对方选择的情况下可通过发行权益进行清偿的条款与在资产负债表日负债的流动性划分无关。

【例29-31】2×14年12月1日，甲公司发行面值为5 000 000元的可转换债券，每张面值1 000元，期限5年，到期前债券持有人有权随时按每张面值1 000元的债券转换50股的转股价格，将持有的债券转换为甲公司的普通股。根据这一转换条款，甲公司有可能在该批债券到期前（包括资产负债表日起12个月内）予以清偿，但甲公司在2×14年12月31日资产负债表日判断该可转换债券的负债成分为流动负债还是非流动负债时，不应考虑转股导致的清偿情况，因此，该可转换债券的负债成分在2×14年12月31日甲公司的资产负债表上仍应当分类为非流动负债（假定不考虑其他因素和情况）。

本准则规定，企业在应用流动负债的判断标准时，应当注意以下两点：①企业对资产和负债进行流动性分类时，应当采用相同的正常营业周期。②企业正常营业周期中的经营性负债项目即使在资产负债表日后超过一年才予清偿的，仍应划分为流动负债。经营性负债期中使用的营运资金的一部分。

2. 资产负债表日后事项对流动负债与非流动负债划分的影响。

流动负债与非流动负债的划分是否正确，直接影响到对企业短期和长期偿债能力的判断。企业在判断流动负债与非流动负债的划分时，对于资产负债表日后事项对流动负债与非流动负债划分的影响,需要特别加以考虑。总的判断原则是,企业在资产负债表上对债务流动和非流动的划分,应当反映在资产负债表日有效的合同安排,考虑在资产负债表日起一年内企业是否必须无条件清偿,而资产负债表日之后(即使是财务报告批准报出日前)的再融资、展期或提供宽限期等行为,与资产负债表日判断负债的流动性状况无关。

(1)资产负债表日起一年内到期的负债。

本准则规定,对于在资产负债表日起一年内到期的负债,企业有意图且有能力自主地将清偿义务展期至资产负债表日后一年以上的,应当归类为非流动负债;不能自主地将清偿义务展期的,即使在资产负债表日后、财务报告批准报出日前签订了重新安排清偿计划协议,该项负债在资产负债表日仍应当归类为流动负债。

(2)在资产负债表日或之前企业违反长期借款协议。

本准则规定,企业在资产负债表日或之前违反了长期借款协议,导致贷款人可随时要求清偿的负债,应当归类为流动负债。这是因为,在这种情况下,债务清偿的主动权并不在企业,企业只能被动地无条件归还贷款,而且该事实在资产负债表日即已存在,所以该负债应当作为流动负债列报。但是,如果贷款人在资产负债表日或之前同意提供在资产负债表日后一年以上的宽限期,在此期限内企业能够改正违约行为,且贷款人不能要求随时清偿的,在资产负债表日的此项负债并不符合流动负债的判断标准,应当归类为非流动负债。

企业的其他长期负债存在类似情况的,应当比照上述有关规定进行处理。

(四)所有者权益的列报。

资产负债表中的所有者权益是企业资产扣除负债后的剩余权益。资产负债表中的所有者权益类一般按照净资产的不同来源和特定用途进行分类,本准则规定,资产负债表中的所有者权益类应当按照实收资本(或股本)、资本公积、其他综合收益、盈余公积、未分配利润等项目分项列示。

(五)一般企业资产负债表的列报格式和列报方法。

1. 一般企业资产负债表的列报格式。

根据本准则的规定,资产负债表采用账户式的格式,即左侧列报资产方,右侧列报负债方和所有者权益方,且资产负债表中的资产各项目的合计等于负债和所有者权益各项目的合计。

根据本准则的规定,企业需要提供比较资产负债表,以便报表使用者通过比较不同时点资产负债表的数据,掌握企业财务状况的变动情况及发展趋势。资产负债表还就各项目再分为"上年年末余额"和"期末余额"两栏分别填列。一般企业资产负债表的格式如表29-4所示。

表29-4 资产负债表

会企01表

编制单位：　　　　　　　　　　　　　年　　月　　日　　　　　　　　　　　　　单位：元

资产	期末余额	年初余额	负债和所有者权益（或股东权益）	期末余额	年初余额
流动资产：			流动负债：		
货币资金			短期借款		
交易性金融资产			交易性金融负债		
衍生金融资产			衍生金融负债		
应收票据			应付票据		
应收账款			应付账款		
应收款项融资			预收款项		
预付款项			合同负债		
其他应收款			应付职工薪酬		
存货			应交税费		
合同资产			其他应付款		
持有待售资产			持有待售负债		
一年内到期的非流动资产			一年内到期的非流动负债		
其他流动资产			其他流动负债		
流动资产合计			流动负债合计		
非流动资产：			非流动负债：		
债权投资			长期借款		
其他债权投资			应付债券		
长期应收款			其中：优先股		
长期股权投资			永续债		
其他权益工具投资			租赁负债		
其他非流动金融资产			长期应付款		
投资性房地产			预计负债		
固定资产			递延收益		
在建工程			递延所得税负债		
生产性生物资产			其他非流动负债		
油气资产			非流动负债合计		
使用权资产			负债合计		
无形资产			所有者权益（或股东权益）：		
开发支出			实收资本（或股本）		

续表

资产	期末余额	年初余额	负债和所有者权益（或股东权益）	期末余额	年初余额
商誉			其他权益工具		
长期待摊费用			其中：优先股		
递延所得税资产			永续债		
其他非流动资产			资本公积		
非流动资产合计			减：库存股		
			其他综合收益		
			专项储备		
			盈余公积		
			未分配利润		
			所有者权益（或股东权益）合计		
资产总计			负债和所有者权益（或股东权益）总计		

企业如有下列情况，应当在资产负债表中调整或增设相关项目。

（1）高危行业企业如有按国家规定提取的安全生产费的，应当在资产负债表所有者权益项下"其他综合收益"项目和"盈余公积"项目之间增设"专项储备"项目，反映企业提取的安全生产费期末余额。

（2）企业如有划分为持有待售的非流动资产及划分为持有待售的处置组中的资产，应当在资产负债表资产项下"存货"项目和"一年内到期的非流动资产"项目之间增设"划分为持有待售的资产"项目，反映资产负债表日划分为持有待售的非流动资产及划分为持有待售的处置组中的资产的期末余额；如有划分为持有待售的处置组中的负债，应当在资产负债表负债项下"其他应付款"项目和"一年内到期的非流动负债"项目之间增设"划分为持有待售的负债"项目，反映资产负债表日划分为持有待售的处置组中的负债的期末余额。

（3）企业衍生金融工具业务具有重要性的，应当在资产负债表资产项下"以公允价值计量且其变动计入当期损益的金融资产"项目和"应收票据"项目之间增设"衍生金融资产"项目，在资产负债表负债项下"以公允价值计量且其变动计入当期损益的金融负债"项目和"应付票据"项目之间增设"衍生金融负债"项目，分别反映企业衍生工具形成资产和负债的期末余额。

（4）金融企业的资产负债表列报格式，应当遵循本准则的规定，并根据金融企业经营活动的性质和要求，比照上述一般企业的资产负债表列报格式进行相应调整。

2. 一般企业资产负债表的列报方法。

企业应当根据资产、负债和所有者权益类科目的期末余额填列资产负债表"期末余额"栏，具体包括如下情况。

（1）根据总账科目的余额填列。"以公允价值计量且其变动计入当期损益的金融资产""工程物资""固定资产清理""递延所得税资产""短期借款""以公允价值计量且其变动计入当期损益的金融负债""应付票据""应交税费""专项应付款""预计负债""递延收益""递延所得税负债""实收资本（或股本）""库存股""资本公积""其他综合收益""专项储备""盈余公积"等项目，应根据有关总账科目的余额填列。

有些项目则应根据几个总账科目的余额计算填列。例如："货币资金"项目，需根据"库存现金""银行存款""其他货币资金"三个总账科目余额的合计数填列；"其他流动资产""其他流动负债"项目，应根据有关科目的期末余额分析填列。

其中，有其他综合收益相关业务的企业，应当设置"其他综合收益"科目进行会计处理，该科目应当按照"其他综合收益"项目的具体内容设置明细科目。企业在对其他综合收益进行会计处理时，应当通过"其他综合收益"科目处理，并与"资本公积"科目相区分。

（2）根据明细账科目的余额计算填列。"开发支出"项目，应根据"研发支出"科目中所属的"资本化支出"明细科目期末余额填列；"应付账款"项目，应根据"应付账款"和"预付账款"科目所属的相关明细科目的期末贷方余额合计数填列；"一年内到期的非流动资产""一年内到期的非流动负债"项目，应根据有关非流动资产或负债项目的明细科目余额分析填列；"应付职工薪酬"项目，应根据"应付职工薪酬"科目的明细科目期末余额分析填列；"长期借款""应付债券"项目，应分别根据"长期借款""应付债券"科目的明细科目余额分析填列；"未分配利润"项目，应根据"利润分配"科目中所属的"未分配利润"明细科目期末余额填列。

（3）根据总账科目和明细账科目的余额分析计算填列。"长期借款"项目，应根据"长期借款"总账科目余额扣除"长期借款"科目所属的明细科目中将在资产负债表日起一年内到期且企业不能自主地将清偿义务展期的长期借款后的金额计算填列；"长期待摊费用"项目，应根据"长期待摊费用"科目的期末余额减去将于一年内（含一年）摊销的数额后的金额填列；"其他非流动资产"项目，应根据有关科目的期末余额减去将于一年内（含一年）收回数后的金额填列；"其他非流动负债"项目，应根据有关科目的期末余额减去将于一年内（含一年）到期偿还数后的金额填列。

（4）根据有关科目余额减去其备抵科目余额后的净额填列。"可供出售金融资产""持有至到期投资""长期股权投资""在建工程""商誉"项目，应根据相关科目的期末余额填列，已计提减值准备的，还应扣减相应的减值准备；"固定资产""无形资产""投资性房地产""生产性生物资产""油气资产"项目，应根据相关科目的期末余额扣减相关的累计折旧（或摊销、折耗）填列，已计提减值准备的，还应扣减相应的减值准备，采用公允价值计量的上述资产，应根据相关科目的期末余额填列；"长期应收款"项目，应根据"长期应收款"科目的期末余额，减去相应的"未实现融资费用"科目和"坏账准备"科目所属相关明细科目期末余额后的金额填列；"长期应付款"项目，应根据"长期应付款"科目的期末余额，减去相应的"未确认融资费用"科目期末余额后的金额填列。

（5）综合运用上述填列方法分析填列。主要包括："应收票据""应收利息""应收股利""其他应收款"项目，应根据相关科目的期末余额，减去"坏账准备"科目中有关坏账准备期末余额后的金额填列；"应收账款"项目，应根据"应收账款"和"预收账款"科目所属各明细科目的期末借方余额合计数，减去"坏账准备"科目中有关应收账款计提的坏账准备期末余额后的金额填列;"预付款项"项目,应根据"预付账款"和"应付账款"科目所属各明细科目的期末借方余额合计数,减去"坏账准备"科目中有关预付款项计提的坏账准备期末余额后的金额填列;"存货"项目,应根据"材料采购""原材料""发出商品""库存商品""周转材料""委托加工物资""生产成本""受托代销商品"等科目的期末余额合计数,减去"受托代销商品款""存货跌价准备"科目期末余额后的金额填列,材料采用计划成本核算,以及库存商品采用计划成本核算或售价核算的企业,还应按加或减材料成本差异、商品进销差价后的金额填列;"划分为持有待售的资产""划分为持有待售的负债"项目,应根据相关科目的期末余额分析填列等。

企业应当根据上年年末资产负债表"期末余额"栏有关项目填列本年度资产负债表"年初余额"栏。如果企业发生了会计政策变更、前期差错更正,应当对"年初余额"栏中的有关项目进行相应调整;如果企业上年度资产负债表规定的项目名称和内容与本年度不一致,应当对上年年末资产负债表相关项目的名称和金额按照本年度的规定进行调整,填入"年初余额"栏。

【例29-32】甲公司2×14年12月31日的资产负债表(年初余额略)及2×15年12月31日的科目余额表分别如表29-5和表29-6所示。假定甲公司适用的所得税税率为25%,不考虑其他因素。

表29-5 资产负债表

会企01表

编制单位:甲公司　　　　　　　2×14年12月31日　　　　　　　　　单位:元

资产	期末余额	年初余额	负债和所有者权益（或股东权益）	期末余额	年初余额
流动资产:			流动负债:		
货币资金	1 161 300		短期借款	302 500	
交易性金融资产	15 000		交易性金融负债	0	
衍生金融资产			衍生金融负债		
应收票据	246 000		应付票据	200 000	
应收账款	299 100		应付账款	953 800	
应收款项融资			预收款项	0	
预付款项	100 000		合同负债		
其他应收款	5 000		应付职工薪酬	110 000	
存货	2 258 000		应交税费	36 600	
合同资产			其他应付款	51 000	
持有待售资产			持有待售负债		
一年内到期的非流动资产	0		一年内到期的非流动负债	1 000 000	
其他流动资产	100 000		其他流动负债		

续表

资产	期末余额	年初余额	负债和所有者权益（或股东权益）	期末余额	年初余额
流动资产合计	4 506 400		流动负债合计	2 653 900	
非流动资产：			非流动负债：		
债权投资	55 000		长期借款	600 000	
其他债权投资	200 000		应付债券		
长期应收款			其中：优先股		
长期股权投资	424 000		永续债		
其他权益工具投资			租赁负债		
其他非流动金融资产			长期应付款		
投资性房地产			预计负债		
固定资产			递延收益		
在建工程			递延所得税负债	2 500	
生产性生物资产			其他非流动负债		
油气资产			非流动负债合计	602 500	
使用权资产			负债合计	3 256 400	
无形资产	600 000		所有者权益（或股东权益）：		
开发支出			实收资本（或股本）	5 000 000	
商誉			其他权益工具		
长期待摊费用			其中：优先股		
递延所得税资产			永续债		
其他非流动资产	202 500		资本公积		
非流动资产合计	40 815 000		减：库存股		
			其他综合收益	31 500	
			专项储备		
			盈余公积	100 000	
			未分配利润	200 000	
			所有者权益（或股东权益）合计	5 331 500	
资产总计	8 587 900		负债和所有者权益（或股东权益）总计	8 587 900	

表29-6 科目余额表 单位：元

科目名称	借方余额	科目名称	贷方余额
库存现金	2 000	短期借款	105 150
银行存款	529 831	应付票据	100 000
其他货币资金	7 300	应付账款	953 800
交易性金融资产	0	其他应付款	50 000
应收票据	66 000	应付职工薪酬	180 000
应收账款	600 000	应交税费	226 731
坏账准备	-1 800	应付利息	0
预付账款	100 000	应付股利	20 026.25
其他应收款	5 000	递延所得税负债	0
材料采购	275 000	长期借款	1 160 000
原材料	45 000	股本	5 000 000
周转材料	38 050	资本公积	0
库存商品	2 122 400	其他综合收益	64 500
材料成本差异	4 250	盈余公积	136 960
其他流动资产	100 000	利润分配（未分配利润）	512 613.75
可供出售金融资产	286 000		
持有至到期投资	0		
长期股权投资	652 000		
固定资产	2 401 000		
累计折旧	-170 000		
固定资产减值准备	-30 000		
工程物资	300 000		
在建工程	428 000		
无形资产	600 000		
累计摊销	-60 000		
递延所得税资产	9 750		
其他长期资产	200 000		
合计	8 509 781	合计	8 509 781

根据上述材料，编制甲公司 2×15 年 12 月 31 日的资产负债表，如表 29-7 所示。

表 29-7　资产负债表

会企 01 表

编制单位：甲公司　　　　　　　　　　　2×14 年 12 月 31 日　　　　　　　　　　　单位：元

资产	期末余额	年初余额	负债和所有者权益（或股东权益）	期末余额	年初余额
流动资产：			流动负债：		
货币资金	539 131	1 161 300	短期借款	105 150	302 500
交易性金融资产	0	15 000	交易性金融负债	0	0
衍生金融资产			衍生金融负债	100 000	200 000
应收票据	66 000	246 000	应付票据	100 000	200 000
应收账款	598 200	299 100	应付账款	953 800	953 800
应收款项融资			预收款项		
预付款项	100 000	100 000	合同负债		
其他应收款	5 000	5 000	应付职工薪酬	180 000	110 000
存货	2 484 700	2 580 000	应交税费	226 731	36 600
合同资产			其他应付款	296 757.25	51 000
持有待售资产			持有待售负债		
一年内到期的非流动资产	0	0	一年内到期的非流动负债		1 000 000
其他流动资产	100 000	100 000	其他流动负债		
流动资产合计	3 893 031	4 506 400	流动负债合计	1 635 707.25	2 653 900
非流动资产：			非流动负债：	1 160 000	
债权投资	286 000	55 000	长期借款		600 000
其他债权投资		200 000	应付债券		
长期应收款			其中：优先股		
长期股权投资	652 000	424 000	永续债		
其他权益工具投资			租赁负债		
其他非流动金融资产			长期应付款		
投资性房地产			预计负债		
固定资产	2 201 000	1 100 000	递延收益		
在建工程	428 000	1 500 000	递延所得税负债		2 500
生产性生物资产			其他非流动负债		
油气资产			非流动负债合计	1 160 000	602 500
使用权资产			负债合计	2 795 707.25	3 256 400

续表

资产	期末余额	年初余额	负债和所有者权益（或股东权益）	期末余额	年初余额
无形资产	540 000	600 000	所有者权益（或股东权益）：		
开发支出			实收资本（或股本）	5 000 000	5 000 000
商誉			其他权益工具		
长期待摊费用			其中：优先股		
递延所得税资产	9 750		永续债		
其他非流动资产	200 000	202 500	资本公积		
非流动资产合计	4 616 750	4 081 5000	减：库存股		
			其他综合收益	64 500	31 500
			专项储备		
			盈余公积	136 960	100 000
			未分配利润	512 613.75	200 000
			所有者权益（或股东权益）合计	5 714 073.75	5 331 500
资产总计	8 509 781	8 587 900	负债和所有者权益（或股东权益）总计	8 509 781	8 587 900

29.2.5 关于利润表

利润表是反映企业在一定会计期间的经营成果的会计报表，反映了企业经营业绩的主要来源和构成。

（一）利润表列报的总体要求。

本准则规定，企业在利润表中应当对费用按照功能分类，分为从事经营业务发生的成本、管理费用、销售费用和财务费用等。企业的活动通常可以划分为生产、销售、管理、融资等，每一种活动上发生的费用所发挥的功能并不相同，因此，按照费用功能法将其分开列报，有助于使用者了解费用发生的活动领域。

但是，由于银行、保险、证券等金融企业的日常活动与一般企业不同，具有特殊性，本准则规定，金融企业可以根据其特殊性列示利润表项目。例如，商业银行将利息支出作为利息收入的抵减项目、将手续费及佣金支出作为手续费及佣金收入的抵减项目列示等。

与此同时，本准则还规定，企业应当在附注中披露费用按照性质分类的利润表补充资料，可将费用分为耗用的原材料、职工薪酬费用、折旧费用、摊销费用等，以有助于报表使用者预测企业的未来现金流量。

（二）综合收益的列报。

综合收益，是指企业在某一期间除与所有者以其所有者身份进行的交易之外的其他交易或事项所引起的所有者权益变动。综合收益总额项目反映净利润和其他综合收益扣除所得税影响后的净额相加后的合计金额。其他综合收益，是指企业根据其他会计准则规定未在当期损益中确认的各项利得和损失。

本准则规定，企业应当以扣除相关所得税影响后的净额在利润表上单独列示各项其他综合收益项目，并且其他综合收益项目应当根据其他相关会计准则的规定分为下列两类列报：

1. 以后会计期间不能重分类进损益的其他综合收益项目。

（1）重新计量设定受益计划净负债或净资产导致的变动。根据《企业会计准则第9号——职工薪酬》，有设定受益计划形式离职后福利的企业应当将重新计量设定受益计划净负债或净资产导致的变动计入其他综合收益，并且在后续会计期间不允许转回至损益。

（2）按照权益法核算的在被投资单位不能重分类进损益的其他综合收益变动中所享有的份额。根据《企业会计准则第2号——长期股权投资》，投资方取得长期股权投资后，应当按照应享有或应分担的被投资单位其他综合收益的份额，确认其他综合收益，同时调整长期股权投资的账面价值。投资单位在确定应享有或应分担的被投资单位其他综合收益的份额时，该份额的性质取决于被投资单位的其他综合收益的性质，即如果被投资单位的其他综合收益属于"以后会计期间不能重分类进损益"类别，则投资方确认的份额也属于"以后会计期间不能重分类进损益"类别。

2. 以后会计期间在满足规定条件时将重分类进损益的其他综合收益项目。

（1）按照权益法核算的在被投资单位可重分类进损益的其他综合收益变动中所享有的份额。根据《企业会计准则第2号——长期股权投资》，投资方取得长期股权投资后，应当按照应享有或应分担的被投资单位其他综合收益的份额，确认其他综合收益，同时调整长期股权投资的账面价值。如果被投资单位的其他综合收益属于"以后会计期间在满足规定条件时将重分类进损益"类别，则投资方确认的份额也属于"以后会计期间在满足规定条件时将重分类进损益"类别。

（2）可供出售金融资产公允价值变动形成的利得或损失、持有至到期投资重分类为可供出售金融资产形成的利得或损失。根据《企业会计准则第22号——金融工具确认和计量》，可供出售金融资产公允价值变动形成的利得或损失，除减值损失和外币货币性金融资产形成的汇兑差额外，应当直接计入所有者权益（其他综合收益），在该金融资产终止确认时转出，计入当期损益；根据金融工具确认和计量准则规定将持有至到期投资重分类为可供出售金融资产的，在重分类日，该投资的账面价值与其公允价值之间的差额计入所有者权益（其他综合收益），在该可供出售金融资产发生减值或终止确认时转出，计入当期损益。

（3）现金流量套期工具产生的利得或损失中属于有效套期的部分。根据《企业会计准则第24号——套期保值》，现金流量套期利得或损失中属于有效套期的部分，应当直接确认为所有者权益（其他综合收益）；属于无效套期的部分，应当计入当期损益。对于前者，套期保值准则规定在一定的条件下，将原直接计入所有者权益中的套期工具利得或损失转出，计入当期损益。

（4）外币财务报表折算差额。根据《企业会计准则第19号——外币折算》，企业对境外经营的财务报表进行折算时，应当将外币财务报表折算差额在资产负债表中所有者权益项目下单独列示（其他综合收益）；企业在处置境外经营时，应当将资产负债表中所有者权益项目下列示的、与该境外经营相关的外币报表折算差额,自所有者权益项目转入处置当期损益,部分处置境外经营的,应当按处置的比例计算处置部分的外币财务报表折算差额,转入处置当期损益。

(5) 根据相关会计准则规定的其他项目。比如根据《企业会计准则第 3 号——投资性房地产》,自用房地产或作为存货的房地产转换为以公允价值模式计量的投资性房地产在转换日公允价值大于账面价值部分计入其他综合收益;待该投资性房地产处置时,将该部分转入当期损益等。

(三) 一般企业利润表的列报格式和列报方法

1. 一般企业利润表的列报格式。

根据本准则的规定,利润表采用多步式的格式,即通过对当期的收入、费用、支出项目按性质加以归类,按利润形成的主要环节列示一些中间性利润指标,便于使用者理解企业经营成果的不同来源。

根据本准则的规定,企业需要提供比较利润表,以便报表使用者通过比较不同期间利润表的数据,判断企业经营成果的未来发展趋势。利润表还就各项目再分为"本期金额"和"上期金额"两栏分别填列。一般企业利润表的格式如表 29-8 所示:

表 29-8 利润表

会企 02 表

编制单位: ＿＿＿＿＿＿年度 单位:元

项目	本年金额	上期金额
一、营业收入		
减:营业成本		
税金及附加		
销售费用		
管理费用		
研发费用		
财务费用		
其中:利息费用		
利息收入		
加:其他收益		
投资收益(损失以"-"号填列)		
其中:对联营企业和合营企业的投资收益		
以摊余成本计量的金融资产终止确认收益(损失以"-"号填列)		
净敞口套期收益(损失以"-"号填列)		
公允价值变动收益(损失以"-"号填列)		
信用减值损失		

续表

项目	本年金额	上期金额
资产减值损失		
资产处置收益（损失以"-"号填列）		
二、营业利润（亏损以"-"号填列）		
加：营业外收入		
减：营业外支出		
三、利润总额（亏损总额以"-"号填列）		
减：所得税费用		
四、净利润（净亏损以"-"号填列）		
（一）持续经营净利润（净亏损以"-"号填列）		
（二）终止经营净利润（净亏损以"-"号填列）		
五、其他综合收益的税后净额		
（一）不能重分类进损益的其他综合收益		
1. 重新计量设定受益计划变动额		
2. 权益法下不能转损益的其他综合收益		
3. 其他权益工具投资公允价值变动		
4. 企业自身信用风险公允价值变动		
……		
（二）将重分类进损益的其他综合收益		
1. 权益法下可转损益的其他综合收益		
2. 其他债权投资公允价值变动		
3. 金融资产重分类计入其他综合收益的金额		
4. 其他债权投资信用减值准备		
5. 现金流量套期储备		
6. 外币财务报表折算差额		
……		
六、综合收益总额		
七、每股收益：		
（一）基本每股收益		
（二）稀释每股收益		

企业如有下列情况，应当在利润表中调整或增设相关项目。

（1）企业应当根据自身相关的其他综合收益业务，按照其他综合收益项目以后是否能重分类进损益区分为两类,相应在利润表"(一)以后不能重分类进损益的其他综合收益"项下或"(二)以后将重分类进损益的其他综合收益"项下调整或增设有关其他综合收益项目。

(2)金融企业的利润表列报格式,应当遵循本准则的规定,并根据金融企业经营活动的性质和要求,比照上述一般企业的利润表列报格式进行相应调整。

2. 一般企业利润表的列报方法。

企业应当根据损益类科目和所有者权益类有关科目的发生额填列利润表"本年金额"栏,具体包括如下情况。

(1)"营业收入""营业成本""营业税金及附加""销售费用""管理费用""财务费用""资产减值损失""公允价值变动收益""投资收益""营业外收入""营业外支出""所得税费用"等项目,应根据有关损益类科目的发生额分析填列。

(2)"对联营企业和合营企业的投资收益""非流动资产处置利得""非流动资产处置损失"等项目,应根据"投资收益""营业外收入""营业外支出"等科目所属的相关明细科目的发生额分析填列。

(3)"其他综合收益的税后净额"项目及其各组成部分,应根据"其他综合收益"科目及其所属明细科目的本期发生额分析填列。

(4)"营业利润""利润总额""净利润""综合收益总额"项目,应根据本表中相关项目计算填列。

(5)普通股或潜在普通股已公开交易的企业,以及正处于公开发行普通股或潜在普通股过程中的企业,还应当在利润表中列示每股收益信息,并在附注中详细披露计算过程,以供投资者投资决策参考。基本每股收益和稀释每股收益项目应当按照《企业会计准则第34号——每股收益》的规定计算填列。

企业应当根据上年同期利润表"本期金额"栏内所列数字填列本年度利润表的"上期金额"栏。如果企业上年该期利润表规定的项目的名称和内容与本期不一致,应当对上年该期利润表相关项目的名称和金额按照本期的规定进行调整,填入"上期金额"栏。

【例29-33】沿用【例29-32】的资料,甲公司2×15年度有关损益类科目和"其他综合收益"明细科目的本年累计发生净额分别如表29-9和表29-10所示。

表29-9 甲公司损益类科目2×15年度累计发生净额　　　　　　　　单位:元

科目名称	借方发生额	贷方发生额
主营业务收入		1 250 000
主营业务成本	750 000	
营业税金及附加	2 000	
销售费用	20 000	
管理费用	157 100	
财务费用	41 500	
资产减值损失	30 900	

续表

科目名称	借方发生额	贷方发生额
投资收益		227 500
营业外收入		50 000
营业外支出	19 700	
所得税费用	136 700	

表29-10 甲公司"其他综合收益"明细科目2×15年度累计发生净额   单位：元

明细科目名称	借方发生额	贷方发生额
权益法下在被投资单位以后将重分类进损益的其他综合收益中享有的份额		36 000
可供出售金融资产公允价值变动		3 750
持有至到期投资重分类为可供出售金融资产	6 750	
合计	6 750	39 750

根据上述资料，编制甲公司2×15年度利润表，如表29-11所示。

表29-11 利润表

会企02表

编制单位：甲公司　　　　　　　2×15年度　　　　　　　单位：元

项目	本年金额	上期金额
一、营业收入	1 250 000	
减：营业成本	750 000	
税金及附加	2 000	
销售费用	20 000	
管理费用	157 100	
研发费用		
财务费用	41 500	
其中：利息费用		
利息收入		
加：其他收益		
投资收益（损失以"-"号填列）	227 500	
其中：对联营企业和合营企业的投资收益	（略）	
以摊余成本计量的金融资产终止确认收益（损失以"-"号填列）		
净敞口套期收益（损失以"-"号填列）		
公允价值变动收益（损失以"-"号填列）	0	

续表

项目	本年金额	上期金额
信用减值损失		
资产减值损失	30 900	
资产处置收益（损失以"-"号填列）		
二、营业利润（亏损以"-"号填列）	476 000	
加：营业外收入	50 000	
减：营业外支出	19 700	
三、利润总额（亏损总额以"-"号填列）	506 300	
减：所得税费用	136 700	
四、净利润（净亏损以"-"号填列）	369 600	
（一）持续经营净利润（净亏损以"-"号填列）	369 600	
（二）终止经营净利润（净亏损以"-"号填列）		
五、其他综合收益的税后净额	33 000	
（一）不能重分类进损益的其他综合收益		
1. 重新计量设定受益计划变动额		
2. 权益法下不能转损益的其他综合收益		
3. 其他权益工具投资公允价值变动		
4. 企业自身信用风险公允价值变动		
……		
（二）将重分类进损益的其他综合收益	33 000	
1. 权益法下可转损益的其他综合收益	36 000	
2. 其他债权投资公允价值变动	3 750	
3. 金融资产重分类计入其他综合收益的金额	-6 750	
4. 其他债权投资信用减值准备		
5. 现金流量套期储备		
6. 外币财务报表折算差额		
……		
六、综合收益总额	4 026 000	
七、每股收益：		
（一）基本每股收益	（略）	
（二）稀释每股收益	（略）	

29.2.6 关于所有者权益变动表

所有者权益变动表是反映构成所有者权益的各组成部分当期的增减变动情况的报表。所有者权益变动表应当全面反映一定时期所有者权益变动的情况,不仅包括所有者权益总量的增减变动,还包括所有者权益增减变动的重要结构性信息,有助于报表使用者理解所有者权益增减变动的根源。

(一)所有者权益变动表列报的总体要求。

根据基本准则的规定,所有者权益是指企业资产扣除负债后由所有者享有的剩余权益。所有者权益的来源包括所有者投入的资本(包括实收资本和资本溢价等资本公积)、其他综合收益、留存收益(包括盈余公积和未分配利润)等。本准则规定,所有者权益变动表应当反映构成所有者权益的各组成部分当期的增减变动情况。综合收益和与所有者(或股东)的资本交易导致的所有者权益的变动,应当分别列示。与所有者的资本交易,是指与所有者以其所有者身份进行的、导致企业所有者权益变动的交易。

(二)一般企业所有者权益变动表的列报格式和列报方法。

1. 一般企业所有者权益变动表的列报格式。

根据本准则的规定,企业应当反映所有者权益各组成部分的期初和期末余额及其调节情况。因此,企业应当以矩阵的形式列示所有者权益变动表:一方面,列示导致所有者权益变动的交易或事项,按所有者权益变动的来源对一定时期所有者权益变动情况进行全面反映;另一方面,按照所有者权益各组成部分(包括实收资本、资本公积、其他综合收益、盈余公积、未分配利润、库存股等)及其总额列示相关交易或事项对所有者权益的影响。

根据本准则的规定,企业需要提供比较所有者权益变动表,所有者权益变动表还就各项目再分为"本年金额"和"上年金额"两栏分别填列。一般企业所有者权益变动表的格式如表29-12所示。

表29-12 所有者权益变动表

会企04表

编制单位: 年度 单位:元

项目	本年金额							上年金额						
	实收资本(或股本)	资本公积	减:库存股	其他综合收益	盈余公积	未分配利润	所有者权益合计	实收资本(或股本)	资本公积	减:库存股	其他综合收益	盈余公积	未分配利润	所有者权益合计
一、上年年末余额														
加:会计政策变更														
前期差错更正														
二、本年年初余额														
三、本年增减变动金额(减少以"-"填列)														
(一)综合收益总额														
(二)所有者投入和减少资本														

续表

项目	本年金额							上年金额						
	实收资本（或股本）	资本公积	减：库存股	其他综合收益	盈余公积	未分配利润	所有者权益合计	实收资本（或股本）	资本公积	减：库存股	其他综合收益	盈余公积	未分配利润	所有者权益合计
1. 所有者投入资本														
2. 股份支付计入所有者权益的金额														
3. 其他														
（三）利润分配														
1. 提取盈余公积														
2. 对所有者（或股东）的分配														
3. 其他														
（四）所有者权益内部结转														
1. 资本公积转增资本（或股本）														
2. 盈余公积转增资本（或股本）														
3. 盈余公积弥补亏损														
4. 其他														
四、本年年末余额														

企业如有下列情况，应当在所有者权益变动表中调整或增设相关项目。

（1）高危行业企业如有按国家规定提取的安全生产费的，应当在"未分配利润"栏和"所有者权益合计"栏之间增设"专项储备"栏。

（2）金融企业的所有者权益变动表列报格式，应当遵循本准则的规定，并根据金融企业经营活动的性质和要求，比照上述一般企业的所有者权益变动表列报格式进行相应调整。

2. 一般企业所有者权益变动表的列报方法。

企业应当根据所有者权益类科目和损益类有关科目的发生额分析填列所有者权益变动表"本年金额"栏，具体包括如下情况。

（1）"上年年末余额"项目，应根据上年资产负债表中"实收资本（或股本）""资本公积""其他综合收益""盈余公积""未分配利润"等项目的年末余额填列。

（2）"会计政策变更"和"前期差错更正"项目，应根据"盈余公积""利润分配""以前年度损益调整"等科目的发生额分析填列，并在"上年年末余额"的基础上调整得出"本年年初金额"项目。

（3）"本年增减变动额"项目分别反映如下内容。

①"综合收益总额"项目，反映企业当年的综合收益总额，应根据当年利润表中"其他

综合收益的税后净额"和"净利润"项目填列,并对应列在"其他综合收益"和"未分配利润"栏。

②"所有者投入和减少资本"项目,反映企业当年所有者投入的资本和减少的资本,其中:

"所有者投入资本"项目,反映企业接受投资者投入形成的实收资本(或股本)和资本公积,应根据"实收资本""资本公积"等科目的发生额分析填列,并对应列在"实收资本"和"资本公积"栏。

"股份支付计入所有者权益的金额"项目,反映企业处于等待期中的权益结算的股份支付当年计入资本公积的金额,应根据"资本公积"科目所属的"其他资本公积"二级科目的发生额分析填列,并对应列在"资本公积"栏。

③"利润分配"下各项目,反映当年对所有者(或股东)分配的利润(或股利)金额和按照规定提取的盈余公积金额,并对应列在"未分配利润"和"盈余公积"栏。其中:

"提取盈余公积"项目,反映企业按照规定提取的盈余公积,应根据"盈余公积""利润分配"科目的发生额分析填列。

"对所有者(或股东)的分配"项目,反映对所有者(或股东)分配的利润(或股利)金额,应根据"利润分配"科目的发生额分析填列。

④"所有者权益内部结转"下各项目,反映不影响当年所有者权益总额的所有者权益各组成部分之间当年的增减变动,包括资本公积转增资本(或股本)、盈余公积转增资本(或股本)、盈余公积弥补亏损等。其中:

"资本公积转增资本(或股本)"项目,反映企业以资本公积转增资本或股本的金额,应根据"实收资本""资本公积"等科目的发生额分析填列。

"盈余公积转增资本(或股本)"项目,反映企业以盈余公积转增资本或股本的金额,应根据"实收资本""盈余公积"等科目的发生额分析填列。

"盈余公积弥补亏损"项目,反映企业以盈余公积弥补亏损的金额,应根据"盈余公积""利润分配"等科目的发生额分析填列。

企业应当根据上年度所有者权益变动表"本年金额"栏内所列数字填列本年度"上年金额"栏内各项数字。如果上年度所有者权益变动表规定的项目的名称和内容同本年度不一致,应对上年度所有者权益变动表相关项目的名称和金额按本年度的规定进行调整,填入所有者权益变动表"上年金额"栏内。

【例29-34】沿用【例29-32】、【例29-33】的资料,甲公司2×15年度的其他相关资料为:提取盈余公积36 960元,宣告想投资者分配现金股利20 026.25元。根据上述资料,甲公司编制2×15年度的所有者权益变动表,如表29-13所示。

表 29-13 所有者权益变动表

会企 04 表

编制单位：_____ 年度 单位：万元

项目	本年金额										上年金额									
	实收资本（或股本）	其他权益工具		资本公积	减：库存股	其他综合收益	专项储备	盈余公积	未分配利润	所有者权益合计	实收资本（或股本）	其他权益工具		资本公积	减：库存股	其他综合收益	专项储备	盈余公积	未分配利润	所有者权益合计
		优先股	永续债 其他									优先股	永续债 其他							
一、上年年末余额	5 000 000					31 500		100 000	200 000	5 331 500										
加：会计政策变更																				
前期差错更正																				
其他																				
二、本年年初余额																				
三、本年增减变动金额（减少以"-"号填列）						33 000			369 600	402 600										
（一）综合收益总额																				
（二）所有者投入和减少资本																				
1. 所有者投入的普通股																				
2. 其他权益工具持有者投入资本																				
3. 股份支付计入所有者权益的金额																				

续表

项目	本年金额											上年金额										
	实收资本（或股本）	其他权益工具		资本公积	减：库存股	其他综合收益	专项储备	盈余公积	未分配利润	所有者权益合计	实收资本（或股本）	其他权益工具		资本公积	减：库存股	其他综合收益	专项储备	盈余公积	未分配利润	所有者权益合计
		优先股	永续债									优先股	永续债							
4.其他																				
（三）提取盈余公积								36 960		-36 960										
1.提取盈余公积																				
2.对所有者（或股东）的分配	0								-20 026.25	-20 026.25										
3.其他																				
（四）所有者权益内部结转																				
1.资本公积转增资本（或股本）																				
2.盈余公积转增资本（或股本）																				
3.盈余公积弥补亏损																				
4.设定受益计划变动额结转留存收益																				
5.其他综合收益结转留存收益																				
6.其他																				
四、本年年末余额	5 000 000					64 500		136 960	512 613.75	5 714 073.75										

29.2.7 关于附注

本准则规定，附注是对在资产负债表、利润表、现金流量表和所有者权益变动表等报表中列示项目的文字描述或明细资料，以及对未能在这些报表中列示项目的说明等。本准则对附注的披露要求是对企业附注披露的最低要求，应当适用于所有类型的企业，企业还应当按照各项会计准则的规定在附注中披露相关信息。

（一）附注披露的总体要求。

本准则规定，附注相关信息应当与资产负债表、利润表、现金流量表和所有者权益变动表等报表中列示的项目相互参照，以有助于使用者联系相关联的信息，并由此从整体上更好地理解财务报表。

企业在披露附注信息时，应当以定量、定性信息相结合，按照一定的结构对附注信息进行系统合理的排列和分类，以便于使用者理解和掌握。

（二）附注披露的主要内容。

本准则规定，附注一般应当按照下列顺序至少披露有关内容，具体包括以下几项：

1. 企业的基本情况。

（1）企业注册地、组织形式和总部地址。

（2）企业的业务性质和主要经营活动。如企业所处的行业、所提供的主要产品或服务、客户的性质、销售策略、监管环境的性质等。

（3）母公司以及集团最终母公司的名称。

（4）财务报告的批准报出者和财务报告批准报出日。如果企业已在财务报表其他部分披露了财务报告的批准报出者和批准报出日信息，则无需重复披露；或者已有相关人员签字批准报出财务报告，可以其签名及其签字日期为准。

（5）营业期限有限的企业，还应当披露有关其营业期限的信息。

2. 财务报表的编制基础。

企业应当根据本准则的规定判断企业是否持续经营，并披露财务报表是否以持续经营为基础编制。

3. 遵循企业会计准则的声明。

本准则规定，企业应当声明编制的财务报表符合企业会计准则的要求，真实、完整地反映了企业的财务状况、经营成果和现金流量等有关信息，以此明确企业编制财务报表所依据的制度基础。如果企业编制的财务报表只是部分地遵循了企业会计准则，附注中不得做出这种表述。

4. 重要会计政策和会计估计。

（1）重要会计政策的说明。本准则规定，企业应当披露采用的重要会计政策，并结合企业的具体实际披露其重要会计政策的确定依据和财务报表项目的计量基础。其中，会计政策的确定依据主要是指企业在运用会计政策过程中所做的重要判断，这些判断对在报表中确认的项目金额具有重要影响。比如，企业如何判断持有的金融资产是持有至到期的投资而不是交易性投资，企业如何判断与租赁资产相关的所有风险和报酬已转移给企业从而符合融资租赁的标准,投资性房地产的判断标准是什么等。财务报表项目的计量基础包括历史成本、重置成本、可变现净值、现值和公允价值等会计计量属性,如存货是按成本还是按可变现净值计量的等。

(2) 重要会计估计的说明。本准则规定,企业应当披露重要会计估计,并结合企业的具体实际披露其会计估计所采用的关键假设和不确定因素。

重要会计估计的说明,包括可能导致下一个会计期间内资产、负债账面价值重大调整的会计估计的确定依据等。例如,固定资产可收回金额的计算需要根据其公允价值减去处置费用后的净额与预计未来现金流量的现值两者之间的较高者确定,在计算资产预计未来现金流量的现值时需要对未来现金流量进行预测,并选择适当的折现率,企业应当在附注中披露未来现金流量预测所采用的假设及其依据、所选择的折现率为什么是合理的等。又如,对于正在进行中的诉讼提取准备,企业应当披露最佳估计数的确定依据等。

5. 会计政策和会计估计变更以及差错更正的说明。

本准则规定,企业应当按照《企业会计准则第 28 号——会计政策、会计估计变更和差错更正》的规定,披露会计政策和会计估计变更以及差错更正的情况。

6. 报表重要项目的说明。

本准则规定,企业应当按照资产负债表、利润表、现金流量表、所有者权益变动表及其项目列示的顺序,采用文字和数字描述相结合的方式披露报表重要项目的说明。报表重要项目的明细金额合计,应当与报表项目金额相衔接。

本准则规定,企业还应当在附注中披露如下信息。

(1) 费用按照性质分类的利润表补充资料,可将费用分为耗用的原材料、职工薪酬费用、折旧费用、摊销费用等。具体的披露格式如表 29-14 所示。

表 29-14 费用按照性质分类的补充资料

项目	本期金额	上期金额
耗用的原材料		
产成品及在产品存货变动		
职工薪酬费用		
折旧费和摊销费用		
非流动资产减值损失		
支付的租金		
财务费用		
其他费用		
……		
合计		

(2) 关于其他综合收益各项目的信息,包括:①其他综合收益各项目及其所得税影响;②其他综合收益各项目原计入其他综合收益、当期转出计入当期损益的金额;③其他综合收

益各项目的期初和期末余额及其调节情况。上述①和②的具体披露格式如表 29－15 所示，③的具体披露格式如表 29－16 所示。

表 29－15　其他综合收益各项目及其所得税影响和转入损益情况

项目	本期发生额			上期发生额		
	税前金额	所得税	税后净额	税前金额	所得税	税后净额
一、以后不能重分类进损益的其他综合收益						
1. 重新计量设定受益计划净负债或净资产的变动						
2. 权益法下在被投资单位不能重分类进损益的其他综合收益中享有的份额						
……						
二、以后将重分类进损益的其他综合收益						
1. 权益法下在被投资单位以后将重分类进损益的其他综合收益中享有的份额						
减：前期计入其他综合收益当期转入损益						
小计						
2. 可供出售金融资产公允价值变动损益						
减：前期计入其他综合收益当期转入损益						
小计						
3. 持有至到期投资重分类为可供出售金融资产损益						
减：前期计入其他综合收益当期转入损益						
小计						
4. 现金流量套期损益的有效部分						
减：前期计入其他综合收益当期转入损益						
转为被套期项目初始确认金额的调整额						
小计						
5. 外币财务报表折算差额						
减：前期计入其他综合收益当期转入损益						
小计						
……						
三、其他综合收益合计						

表 29-16 其他综合收益各项目的调节情况

项目	重新计量设定受益计划净负债或净资产的变动	权益法下在被投资单位不能重分类进损益的其他综合收益中享有的份额	权益法下在被投资单位以后将重分类进损益的其他综合收益中享有的份额	可供出售金融资产公允价值变动损益	持有至到期投资将重分类为可供出售金融资产损益	现金流量套期损益的部分	外币财务报表折算差额	……	其他综合收益合计
一、上年年初余额									
二、上年增减变动金额（减少以"-"号填列）									
三、本年年初余额									
四、本年增减变动金额（减少以"-"号填列）									
五、本年年末余额									

【例 29-35】沿用【例 29-32】、【例 29-33】和【例 29-34】的资料，甲公司 2×15 年度与其他综合收益相关的业务如下（假定不考虑交易费用和其他相关因素）：

① 2×15 年 2 月 1 日，甲公司将持有的 A 公司股票全部售出，售价为每股 5 元；该股票共 1 万股，系甲公司于 2×14 年 8 月 1 日购入，当时的市价为每股 4.5 元，初始确认时划分为可供出售金融资产，2×14 年 12 月 31 日的市价为每股 5.5 元。

② 2×15 年 7 月 1 日，甲公司从二级市场购入 1 万股 B 公司股票，每股市价 10 元，初始确认时，该股票划分为可供出售金融资产；2×15 年 12 月 31 日，甲公司仍持有该股票，当时的市价为每股 11.5 元。

③ 2×15 年 9 月 1 日，甲公司出于流动性考虑，将所持有 C 公司债券的 10%出售；该批债券系甲公司于 2×14 年 7 月 1 日从二级市场平价购入，面值 200 000 元，剩余期限 3 年，划分为持有至到期投资。2×15 年 9 月 1 日甲公司出售该债券时，该债券的整体公允价值和摊余成本分别为 190 000 元和 200 000 元。

④ 甲公司持有乙公司 30%的股份，能够对乙公司施加重大影响。2×14 年度和 2×15 年度，乙公司因持有的可供出售金融资产公允价值变动计入其他综合收益的金额分别为 80 000 元和 120 000 元。假定甲公司与乙公司适用的会计政策、会计期间相同，投资时乙公司有关资产、负债的公允价值与其账面价值相同，双方在当期及以前期间未发生任何内部交易。

根据上述资料，甲公司在 2×15 年度财务报表附注中应当披露关于其他综合收益各项目的信息，如表29-17和表29-18所示。

表29-17 其他综合收益各项目及其所得税影响和转入损失情况

项目	本期发生额			上期发生额		
	税前金额	所得税	税后净额	税前金额	所得税	税后净额
一、以后不能重分类进损益的其他综合收益						
二、以后能重分类进损益的其他综合收益	32 000	-1 000	33 000	34 000	25 000	31 500
1. 权益法下在被投诉单位以后将重分类进损益的其他综合收益中享有的份额	36 000			24 000		
减：前期计入其他综合收益当期转入损益						
小计	36 000	0	36 000	24 000	0	24 000
2. 可供出售金融资产公允价值变动损益	15 000			10 000		
减：前期计入其他综合收益当期转入损益	-10 000					
小计	5 000	1 250	3 750	10 000	2 500	7 500
3. 持有至到期投资主分类为可供出售金融资产损益	-9 000					
减：前期计入其他综合收益当期转入损益						
小计	-9 000	-2 250	-6 750			
三、其他综合收益合计	32 000	-1 000	33 000	34 000	2 500	31 500

表29-18 其他综合收益各项目的调节情况

项目	权益法下在被投资单位以后将重分类进损益的其他综合收益中享有的份额	可供出售金融资产工银价值变动损益	持有至到期投资重分类为可供出售金融资产损益	其他综合收益合计
一、上年年初余额	0			
二、上年增减变动金额（减少以"-"号填列）	24 000	7 500		31 500
三、本年年初余额	24 000	7 500		31 500
四、本年增减变动金额（减少以"-"号填列）	36 000	37 500	-6 750	33 000
五、本年年末余额	60 000	11 250	-6 750	64 500

(3) 在资产负债表日后、财务报告批准报出目前提议或宣布发放的股利总额和每股股利金额（或向投资者分配的利润总额）。

(4) 终止经营的收入、费用、利润总额、所得税费用和净利润，以及归属于母公司所有者的终止经营利润。企业披露的上述数据应当是针对终止经营在整个报告期间的经营成果。

本准则规定，终止经营，是指满足下列条件之一的已被企业处置或被企业划归为持有待售的、在经营和编制财务报表时能够单独区分的组成部分：①该组成部分代表一项独立的主要业务或一个主要经营地区；②该组成部分是拟对一项独立的主要业务或一个主要经营地区进行处置计划的一部分；③该组成部分仅仅是为了再出售而取得的子公司。其中，企业的组成部分，是指企业的一个部分，其经营和现金流量无论是从经营上还是从财务报告目的上考虑，均能与企业内其他部分清楚划分。企业组成部分在其经营期间是一个现金产出单元或一组现金产出单元，通常可能是一个子公司、一个事业部或事业群，拥有经营的资产，也可能承担负债，由企业高管负责。

本准则规定，同时满足下列条件的企业组成部分（或非流动资产）应当确认为持有待售。

①该组成部分必须在其当前状况下仅根据出售此类组成部分的通常和惯用条款即可立即出售；②企业已经就处置该组成部分作出决议，如按规定需得到股东批准的，应当已经取得股东大会或相应权力机构的批准；③企业已经与受让方签订了不可撤销的转让协议；④该项转让将在一年内完成。其中：上述条件①强调，被划分为持有待售的企业组成部分必须是在当前状态下可立即出售，因此企业应当具有在当前状态下出售该资产或处置的意图和能力，而出售此类组成部分的通常和惯用条款不应当包括出售方所提出的条件；上述条件②至④强调，被划分为持有待售的企业组成部分其出售必须是极可能发生的，实务中需要结合具体情况进行判断。

7. 或有和承诺事项、资产负债表日后非调整事项、关联方关系及其交易等需要说明的事项，企业应当按照相关会计准则的规定进行披露。

8. 有助于财务报表使用者评价企业管理资本的目标、政策及程序的信息。

资本管理受行业监管部门监管要求的金融等行业企业，除遵循相关监管要求外，如我国商业银行遵循中国银行业监督管理委员会《商业银行资本管理办法（试行）》进行有关资本充足率等的信息披露，还应当按照本准则的规定，在财务报表附注中披露有助于财务报表使用者评价企业管理资本的目标、政策及程序的信息。

根据本准则的规定，企业应当基于可获得的信息充分披露如下内容。

(1) 企业资本管理的目标、政策及程序的定性信息，包括：①对企业资本管理的说明；②受制于外部强制性资本要求的企业，应当披露这些要求的性质以及企业如何将这些要求纳入其资本管理；③企业如何实现其资本管理的目标。

(2) 资本结构的定量数据摘要，包括资本与所有者权益之间的调节关系等。比如，有的企业将某些金融负债（如次级债）作为资本的一部分，有的企业将资本视作扣除某些权益项目（如现金流量套期产生的利得或损失）后的部分。

(3) 自前一会计期间开始上述（1）和（2）中的所有变动。

（4）企业当期是否遵循了其受制的外部强制性资本要求；以及当企业未遵循外部强制性资本要求时，其未遵循的后果。

企业按照总体对上述信息披露不能提供有用信息时，还应当对每项受管制的资本要求单独披露上述信息，比如，跨行业、跨国家或地区经营的企业集团可能受一系列不同的资本要求监管。

29.2.8 关于衔接规定

根据本准则列报一致性的要求，在本准则施行日之前已经执行企业会计准则的企业，应当自本准则施行日起按照本准则列报财务报表，并且对报表和附注中的比较数据按照本准则的要求进行相应调整，但调整不切实可行的除外。

第30章 现金流量表

30.1 企业会计准则第31号——现金流量表

《企业会计准则第31号——现金流量表》(以下简称"本准则")于2006年2月15日由财政会〔2006〕3号公布,自2007年1月1日起施行。

30.1.1 总则

第一条 为了规范现金流量表的编制和列报,根据《企业会计准则——基本准则》,制定本准则。

第二条 现金流量表,是指反映企业在一定会计期间现金和现金等价物流入和流出的报表。

现金,是指企业库存现金以及可以随时用于支付的存款。

现金等价物,是指企业持有的期限短、流动性强、易于转换为已知金额现金、价值变动风险很小的投资。

本准则提及现金时,除非同时提及现金等价物,均包括现金和现金等价物。

第三条 合并现金流量表的编制和列报,适用《企业会计准则第33号——合并财务报表》。

30.1.2 基本要求

第四条 现金流量表应当分别经营活动、投资活动和筹资活动列报现金流量。

第五条 现金流量应当分别按照现金流入和现金流出总额列报。但是,下列各项可以按照净额列报。

(一)代客户收取或支付的现金。

(二)周转快、金额大、期限短项目的现金流入和现金流出。

(三)金融企业的有关项目,包括短期贷款发放与收回的贷款本金、活期存款的吸收与支付、同业存款和存放同业款项的存取、向其他金融企业拆借资金,以及证券的买入与卖出等。

第六条 自然灾害损失、保险索赔等特殊项目,应当根据其性质,分别归并到经营活动、投资活动和筹资活动现金流量类别中单独列报。

第七条 外币现金流量以及境外子公司的现金流量,应当采用现金流量发生日的即期汇率或按照系统合理的方法确定的、与现金流量发生日即期汇率近似的汇率折算。汇率变动对现金的影响额应当作为调节项目,在现金流量表中单独列报。

30.1.3 经营活动现金流量

第八条 企业应当采用直接法列示经营活动产生的现金流量。经营活动,是指企业投资活动和筹资活动以外的所有交易和事项。

直接法,是指通过现金收入和现金支出的主要类别列示经营活动的现金流量。

第九条 有关经营活动现金流量的信息,可以通过下列途径之一取得。

(一)企业的会计记录。

(二)根据下列项目对利润表中的营业收入、营业成本以及其他项目进行调整:当期存货及经营性应收和应付项目的变动;固定资产折旧、无形资产摊销、计提资产减值准备等其他非现金项目;属于投资活动或筹资活动现金流量的其他非现金项目。

第十条 经营活动产生的现金流量至少应当单独列示反映下列信息的项目:

(一)销售商品、提供劳务收到的现金;

【例30-1】坏账准备调整的会计处理

甲企业为一家增值税一般纳税人企业,20×7年,发生营业收入1 000万元,销项税额130万元。应收账款账面原值(不包含坏账准备的金额)的期初余额为300万元,期末余额为200万元。应收票据期初余额为400万元,期末余额为500万元。预收账款期初余额为300万元,期末余额为100万元。坏账准备期初余额为10万元,期末余额为23万元,本期发生坏账损失5万元,收回已做坏账损失处理的款项8万元,计提坏账准备10万元。假定不考虑其他因素,甲企业20×7年的"销售商品、提供劳务收到的现金"是多少?

分析:在本例中,先假设营业收入和销项税额是全部收到现金的。应收账款本期减少100万元,可知本期应收账款收回了100万元。应收票据本期增加了100万元,说明有100万元的收入没有收到现金。预收账款本期减少了200万元,说明本期有200万元的预收账款转为收入,没有收到现金。本期计提坏账准备10万元,对现金流量不产生影响。本期实际发生坏账损失5万元,核销了应收账款,说明应收账款减少的100万元中,有5万元是属于没有收到现金的,应予以减少现金流量5万元。本期收回已做坏账损失处理的款项8万元,说明增加了现金流量8万元。

因此,销售商品、提供劳务收到的现金 = 1 000 + 130 + 100 - 100 - 200 - 5 + 8 = 943(万元)

(二)收到的税费返还;

(三)收到其他与经营活动有关的现金;

【例30-2】收到其他与经营活动有关的现金的会计处理

母公司借给子公司(处于基建期,无经营活动)资金,双方未签订借款协议,不收取利息,也没有约定还款期限。在此种情况下,子公司在现金流量表中将收到的款项列报为"收到其他与投资活动有关的现金",母公司将支付的资金列报为"支付其他与投资活动有关的现金"是否恰当?

分析:对于关联方之间的资金拆借在借入、借出双方各自现金流量表上的列报方式问题,在实务中没有统一的做法,可能作为投资或筹资活动,也可能作为经营活动,主要考虑以下因素。

(1)有无明确的偿还期限约定。

(2) 报告期内借出和收回交易的发生频率。

(3) 涉及本金金额的大小。

(4) 实际借款期限的长短。

在未签订借款协议，借款期限事先不确定，拆出和归还交易发生频繁且涉及金额较大，且不带利息的情况下，更接近于作为经营活动现金流量；反之，借出一方更接近于作为投资活动的现金流量，借入一方更接近于作为筹资活动的现金流量。借入一方将收到借款的现金流量作为投资活动产生的现金流量，虽然可以简化其母公司编制合并现金流量表时的合并抵销，但对其单独现金流量表的列报而言是不恰当的。

因此，在本案例中，子公司将所借入的资金作为"收到其他与投资活动有关的现金"是不恰当的，应根据具体情况作为"收到其他与经营活动有关的现金"或者"收到其他与筹资活动有关的现金"；相应地，借出方母公司相应作为"支付其他与经营活动有关的现金"或者"支付其他与投资活动有关的现金"。

（四）购买商品、接受劳务支付的现金；

（五）支付给职工以及为职工支付的现金；

（六）支付的各项税费；

（七）支付其他与经营活动有关的现金。

第十一条 金融企业可以根据行业特点和现金流量实际情况，合理确定经营活动现金流量项目的类别。

30.1.4 投资活动现金流量

第十二条 投资活动，是指企业长期资产的购建和不包括在现金等价物范围的投资及其处置活动。

第十三条 投资活动产生的现金流量至少应当单独列示反映下列信息的项目：

（一）收回投资收到的现金；

【例30-3】收回投资收到的现金的会计处理

甲企业出售其持有的某项长期股权投资，收回的全部投资金额为400万元。出售其持有的交易性金融资产，收回的全部投资金额为300万元。出售原购置的某长期债权投资，收回本金300万元，收回利息18万元。

分析：企业债权性投资收回的利息应在"取得投资收益所收到的现金"项目中反映。本项目只反映收到投资本金时的全部现金流入。因此，甲企业收回投资收到的现金 = 400 + 300 + 300 = 1 000（万元）。

（二）取得投资收益收到的现金；

【例30-4】取得投资收益收到的现金的会计处理

甲企业投资150万元于A企业，占其股本的30%，具有重大影响，以权益法进行核算。甲企业投资300万元于B企业，占其股本的70%，具有控制权，以成本法进行核算。当年年末，A企业因盈利分配股利400万元，B企业亏损，没有分配股利。对A企业分配的股利，甲企业已经收到现金。甲企业持有的长期债权投资所分回的利息为80万元。

分析：本期甲企业实际收到的A企业分回的投资收益＝400×30%＝120（万元）。长期债权投资分回的利息为80万元。

甲企业取得投资收益收回的现金合计为120＋80＝200（万元）。

（三）处置固定资产、无形资产和其他长期资产收回的现金净额；

【例30－5】处置固定资产、无形资产和其他长期资产收回的现金净额的会计处理

A企业出售一台不需用的设备，收到价款100万元。该设备的原值为500万元，已计提折旧100万元。发生设备拆卸及运输费用3万元。

分析：本期出售固定资产收到的现金为100万元，出售固定资产发生的清理费用为3万元，处置固定资产、无形资产和其他长期资产收回的现金净额＝100－3＝97（万元）。

（四）处置子公司及其他营业单位收到的现金净额；

（五）收到其他与投资活动有关的现金；

（六）购建固定资产、无形资产和其他长期资产支付的现金；

【例30－6】购建固定资产、无形资产和其他长期资产支付的现金的会计处理

A企业购进一台设备，取得增值税专用发票，原价为100万元，进项税额为13万元。本期在建工程增加1 000万元，包含发生的在建工程人员工资100万元。假设均以银行存款支付。

分析：本期购建固定资产、无形资产和其他长期资产支付的现金＝100＋13＋1 000＝1 113万元。

（七）投资支付的现金；

（八）取得子公司及其他营业单位支付的现金净额；

（九）支付其他与投资活动有关的现金。

【例30－7】支付其他与投资活动有关的现金的会计处理

A企业购买了中国银行发行的金融债券，面值为10万元，票面利率为8%，实际支付的金额为10万元，包含已到期的利息10万元。同时，A企业投资成立B企业，支付的投资成本为2 000万元。上述款项均以银行存款支付。

分析：购买的金融债券中包含的已到期的利息不在本项目中反映。投资支付的现金包括购买金融债券及对外投资所支付的实际现金金额，即投资支付的现金＝110－10＋2 000＝2 100（万元）。

30.1.5 筹资活动现金流量

第十四条 筹资活动，是指导致企业资本及债务规模和构成发生变化的活动。

第十五条 筹资活动产生的现金流量至少应当单独列示反映下列信息的项目：

（一）吸收投资收到的现金；

（二）取得借款收到的现金；

（三）收到其他与筹资活动有关的现金；

（四）偿还债务支付的现金；

（五）分配股利、利润或偿付利息支付的现金；

(六) 支付其他与筹资活动有关的现金。

【例30-8】现金流量表的编制

丙公司相关资料如下：

1. 2×19年度丙公司利润表有关项目的资料如表30-1所示。

表30-1 利润表

编制单位：丙公司　　　　　　　　2×19年度　　　　　　　　会企02表
单位：元

项目	本期金额	上期金额（略）
一、营业收入	2 470 000	
减：营业成本	732 000	
税金及附加	20 000	
销售费用	180 000	
管理费用	153 100	
研发费用		
财务费用	40 500	
其中：利息费用		
利息收入		
加：其他收益		
投资收益（损失以"-"号填列）	95 000	
其中：对联营企业和合营企业的投资收益	0	
以摊余成本计量的金融资产终止确认收益（损失以"-"号填列）		
净敞口套期收益（损失以"-"号填列）		
公允价值变动收益（损失以"-"号填列）	0	
信用减值损失（损失以"-"号填列）		
资产减值损失（损失以"-"号填列）	30 800	
资产处置收益（损失以"-"号填列）		
二、营业利润（亏损以"-"号填列）	1 408 600	
加：营业外收入	150 000	
减：营业外支出	18 500	
三、利润总额（亏损总额以"-"号填列）	1 540 100	
减：所得税费用	205 000	
四、净利润（净亏损以"-"号填列）	1 335 100	
（一）持续经营净利润（净损失以"-"号填列）		
（二）终止经营净利润（净损失以"-"号填列）		
五、其他综合收益的税后净额		

续表

项目	本期金额	上期金额（略）
（一）不能重分类进损益的其他综合收益		
1. 重新计量设定受益计划变动额		
2. 权益法下不能转损益的其他综合收益		
3. 其他权益工具投资公允价值变动		
4. 企业自身信用风险公允价值变动		
……		
（二）将重分类进损益的其他综合收益		
1. 权益法下可转损益的其他综合收益		
2. 其他债券投资公允价值变动		
3. 金融资产重分类计入其他综合收益的金额		
4. 其他债券投资信用减值准备		
5. 现金流量套期储备		
6. 外币财务报表折算差额		
……		
六、综合收益总额		
七、每股收益：		
（一）基本每股收益		
（二）稀释每股收益		

（1）管理费用的组成：职工薪酬为 80 000 元，无形资产摊销为 30 000 元，折旧费为 20 000 元，支付其他费用 23 100 元。

（2）财务费用的组成：计提借款利息 10 500 元，支付应收票据（银行承兑汇票）贴现利息 30 000 元。

（3）资产减值损失的组成：计提坏账准备 800 元，计提固定资产减值准备 30 000 元。上年年末坏账准备余额为 800 元。

（4）投资收益的组成：收到股息收入 90 500 元，与本金一起收回的交易性股票投资收益为 500 元，自公允价值变动损益结转投资收益 4 000 元。

（5）营业外收入的组成：处置固定资产净收益 150 000 元（其所处置固定资产原价为 400 000 元，累计折旧为 250 000 元。收到处置收入 300 000 元）。假定不考虑与固定资产处置有关的税费。

（6）营业外支出的组成：报废固定资产净损失 18 500 元（其所报废固定资产原价为 200 000 元，累计折旧为 180 000 元，支付清理费用 300 元，收到残值收入 1 800 元）。

（7）所得税费用的组成：当期所得税费用 212 500 元，递延所得税收益 7500 元。

除上述项目外，利润表中的销售费用 180 000 元至期末已经支付。

2. 2×19年度丙公司资产负债表有关项目的资料如表30-2所示。

表30-2 资产负债表

会企01表

编制单位：丙公司　　　　　　　　　2×19年12月31日　　　　　　　　　单位：元

资产	期末余额	上年年末余额	负债和所有者权益（或股东权益）	期末余额	上年年末余额
流动资产：			流动负债：		
货币资金	712 200	1 406 300	短期借款	50 000	300 000
交易性金融资产	0	15 000	交易性金融负债	0	0
衍生金融资产	0	0	衍生金融负债	0	0
应收票据	46 000	246 000	应付票据	100 000	200 000
应收账款	598 500	299 100	应付账款	603 800	953 800
应收款项融资	0	0	预收款项	350 000	500 000
预付款项	100 000	100 000	合同负债	0	0
其他应收款	5 000	5 000	应付职工薪酬	180 000	110 000
存货	2 574 700	2 580 000	应交税费	100 000	36 600
合同资产	0	0	其他应付款	150 000	50 000
持有待售资产	0	0	持有待售负债	0	0
一年内到期的非流动资产	0	0	一年内到期的非流动负债	0	501 000
其他流动资产	7 125	100 000	其他流动负债	0	0
流动资产合计	4 043 525	4 751 400	流动负债合计	1 533 800	2 651 400
非流动资产：			非流动负债：		
债权投资	0	0	长期借款	1 160 000	600 000
其他债权投资	0	0	应付债券	0	0
长期应收款	0	0	其中：优先股	0	0
长期股权投资	250 000	250 000	永续债	0	0
其他权益工具投资	0	0	租赁负债	0	0
其他非流动金融资产	0	0	长期应付款	0	0
投资性房地产	0	0	预计负债	0	0
固定资产	2 231 000	1 100 000	递延收益	0	0
在建工程	703 933.2	1 500 000	递延所得税负债	0	0
生产性生物资产	0	0	其他非流动负债	0	0
油气资产	0	0	非流动负债合计	1 160 000	600 000

续表

资产	期末余额	上年年末余额	负债和所有者权益（或股东权益）	期末余额	上年年末余额
使用权资产	0	0	负债合计	2 693 800	3 251 400
无形资产	570 000	600 000	所有者权益（或股东权益）：		
开发支出	0	0	实收资本（或股本）	5 000 000	5 000 000
商誉	0	0	其他权益工具	0	0
长期待摊费用	0	0	其中：优先股		
递延所得税资产	7 500	0	永续债	0	0
其他非流动资产	162 500	200 000	资本公积	0	0
非流动资产合计	3 924 933.2	3 650 000	减：库存股	0	0
			其他综合收益		
			专项储备	0	
			盈余公积	166 621.1	100 000
			未分配利润	108 037.1	50 000
			所有者权益（或股东权益）合计	5 274 658.2	5 150 000
资产总计	7 968 458.2	8 401 400	负债和股东权益（或股东权益）总计	7 968 458.2	8 401 400

（1）本期收回交易性股票投资本金15 000元、公允价值变动4 000元，同时实现投资收益500元。

（2）存货中生产成本、制造费用的组成：职工薪酬为353 800元，折旧费为90 000元。

（3）应交税费的组成：本期增值税进项税额为165 512元，增值税销项税额为207 536元，已交增值税为100 000元；应交所得税期末余额为21 376元，应交所得税上年年末余额为0元；应交税费期末数中应由在建工程负担的部分为100 000元。

（4）应付职工薪酬的期初数无应付在建工程人员的部分，本期支付在建工程人员职工薪酬200 000元。应付职工薪酬的期末数中应付在建工程人员的部分为25 000元。

（5）应付利息均为短期借款利息，其中本期计提利息10 500元，支付利息10 500元。

（6）本期用现金购买固定资产1 200 000元、工程物资100 000元。

（7）本期用现金偿还短期借款250 000元，偿还一年内到期的长期借款501 000元；借入长期借款560 000元。

根据以上资料，采用分析填列的方法，编制丙公司2×19年度的现金流量表。

1. 丙公司2×19年度现金流量表各项目金额，分析确定如下。

（1）销售商品、提供劳务收到的现金＝主营业务收入＋应交税费（应交增值税——销项税额）＋（应收账款上年年末余额－应收账款期末余额）＋（应收票据上年年末余额－应收票据期末余额)-当期计提的坏账准备-票据贴现的利息+(预收账款期末余额-预收账款上年年末余额)=2 470 000+207 536+(299 100-598 500)+(246 000-46 000)-800-30 000+(350 000-500 000)=2 397 336(元)

(2) 购买商品、接受劳务支付的现金=主营业务成本+应交税费(应交增值税——进项税额)-(存货上年年末余额-存货期末余额)+(应付账款上年年末余额-应付账款期末余额)+(应付票据上年年末余额-应付票据期末余额)+(预付账款期末余额-预付账款上年年末余额)-当期列入生产成本、制造费用的职工薪酬-当期列入生产成本、制造费用的折旧费和固定资产修理费=732 000+165 512-(2 580 000-2 574 700)+(953 800-603 800)+(200 000-100 000)+(100 000-100 000)-353 800-90 000=898 412(元)

(3) 支付给职工以及为职工支付的现金=生产成本、制造费用、管理费用中职工薪酬+(应付职工薪酬上年年末余额-应付职工薪酬期末余额)-[应付职工薪酬(在建工程)上年年末余额-应付职工薪酬(在建工程)期末余额]=353 800+80 000+(110 000-180 000)-(0-25 000)=388 800(元)

(4) 支付的各项税费=当期所得税费用+税金及附加+应交税费(应交增值税——已交税金)-(应交所得税期末余额-应交所得税上年年末余额)=212 500+20 000+100 000-(21 376-0)=311 124(元)

(5) 支付其他与经营活动有关的现金=其他管理费用+销售费用=23 100+180 000=203 100(元)

(6) 收回投资收到的现金=交易性金融资产贷方发生额+与交易性金融资产一起收回的投资收益=(15 000+4 000)+500=19 500(元)

(7) 取得投资收益所收到的现金=收到的股息收入=90 500(元)

(8) 处置固定资产收回的现金净额=300 000+(1 800-300)=301 500(元)

(9) 购建固定资产支付的现金=用现金购买的固定资产、工程物资+支付给在建工程人员的薪酬=1 200 000+100 000+200 000=1 500 000(元)

(10) 取得借款所收到的现金=560 000(元)

(11) 偿还债务支付的现金=250 000+501 000=751 000(元)

(12) 偿还利息支付的现金=10 500(元)

2. 根据上述数据,编制现金流量表(见表30-3)。

表30-3 现金流量表

会企03表

编制单位:丙公司　　　　　　　　2×19年　　　　　　　　单位:元

项目	本期金额	上期金额(略)
一、经营活动产生的现金流量:		
销售商品、提供劳务收到的现金	2 397 336	
收到的税费返还	0	
收到其他与经营活动有关的现金	0	

续表

项目	本期金额	上期金额（略）
经营活动现金流入小计	2 397 336	
购买商品、接受劳务支付的现金	898 412	
支付给职工以及为职工支付的现金	388 800	
支付的各项税费	311 124	
支付其他与经营活动有关的现金	203 100	
经营活动现金流出小计	1 801 436	
经营活动产生的现金流量净额	595 900	
二、投资活动产生的现金流量：		
收回投资收到的现金	19 500	
取得投资收益收到的现金	90 500	
处置固定资产、无形资产和其他长期资产收回的现金净额	301 500	
处置子公司及其他营业单位收到的现金净额	0	
收到其他与投资活动有关的现金	0	
投资活动现金流入小计	411 500	
购建固定资产、无形资产和其他长期资产支付的现金	1 500 000	
投资支付的现金	0	
取得子公司及其他营业单位支付的现金净额	0	
支付其他与投资活动有关的现金	0	
投资活动现金流出小计	1 500 000	
投资活动产生的现金流量净额	-1 088 500	
三、筹资活动产生的现金流量：		
吸收投资收到的现金	0	
取得借款收到的现金	560 000	
收到其他与筹资活动有关的现金	0	
筹资活动现金流入小计	560 000	
偿还债务支付的现金	751 000	
分配股利、利润或偿付利息支付的现金	10 500	
支付其他与筹资活动有关的现金	0	
筹资活动现金流出小计	761 500	
筹资活动产生的现金流量净额	-201 500	
四、汇率变动对现金及现金等价物的影响	0	
五、现金及现金等价物净增加额	-694 100	
加：期初现金及现金等价物余额	1 406 300	
六、期末现金及现金等价物余额	712 200	

30.1.6 披露

第十六条 企业应当在附注中披露将净利润调节为经营活动现金流量的信息。至少应当单独披露对净利润进行调节的下列项目：

（一）资产减值准备；

（二）固定资产折旧；

（三）无形资产摊销；

（四）长期待摊费用摊销；

（五）待摊费用；

（六）预提费用；

（七）处置固定资产、无形资产和其他长期资产的损益；

（八）固定资产报废损失；

（九）公允价值变动损益；

（十）财务费用；

（十一）投资损益；

（十二）递延所得税资产和递延所得税负债；

（十三）存货；

（十四）经营性应收项目；

（十五）经营性应付项目。

第十七条 企业应当在附注中以总额披露当期取得或处置子公司及其他营业单位的下列信息：

（一）取得或处置价格；

（二）取得或处置价格中以现金支付的部分；

（三）取得或处置子公司及其他营业单位收到的现金；

（四）取得或处置子公司及其他营业单位按照主要类别分类的非现金资产和负债。

第十八条 企业应当在附注中披露不涉及当期现金收支，但影响企业财务状况或在未来可能影响企业现金流量的重大投资和筹资活动。

第十九条 企业应当在附注中披露与现金和现金等价物有关的下列信息。

（一）现金和现金等价物的构成及其在资产负债表中的相应金额。

（二）企业持有但不能由母公司或集团内其他子公司使用的大额现金和现金等价物金额。

30.2 《企业会计准则第31号——现金流量表》应用指南

30.2.1 现金及现金等价物

现金，是指企业库存现金以及可以随时用于支付的存款。不能随时用于支付的存款不属于现金。

现金等价物，是指企业持有的期限短、流动性强、易于转换为已知金额现金、价值变动风险很小的投资。期限短，一般是指从购买日起三个月内到期。现金等价物通常包括三个月内到期的债券投资等。权益性投资变现的金额通常不确定，因而不属于现金等价物。企业应当根据具体情况，确定现金等价物的范围，一经确定不得随意变更。

现金流量，是指现金和现金等价物的流入和流出。

30.2.2 现金流量表格式

现金流量表格式分别一般企业、商业银行、保险公司、证券公司等企业类型予以规定。企业应当根据其经营活动的性质，确定本企业适用的现金流量表格式。

政策性银行、信托投资公司、租赁公司、财务公司、典当公司应当执行商业银行现金流量表格式规定，如有特别需要，可以结合本企业的实际情况，进行必要调整和补充。

担保公司应当执行保险公司现金流量表格式规定，如有特别需要，可以结合本企业的实际情况，进行必要调整和补充。

资产管理公司、基金公司、期货公司应当执行证券公司现金流量表格式规定，如有特别需要，可以结合本企业的实际情况，进行必要调整和补充。

（一）一般企业现金流量表格式。

一般企业现金流量表格式如表30-4所示。

表30-4 一般企业现金流量表

会企03表

编制单位：　　　　　　　　　年度　　　　　　　　　单位：元

项目	本年金额	上年金额
一、经营活动产生的现金流量：		
销售商品、提供劳务收到的现金		
收到的税费返还		
收到其他与经营活动有关的现金		
经营活动现金流入小计		
购买商品、接受劳务支付的现金		
支付给职工以及为职工支付的现金		
支付的各项税费		
支付其他与经营活动有关的现金		
经营活动现金流出小计		
经营活动产生的现金流量净额		
二、投资活动产生的现金流量：		
收回投资收到的现金		
取得投资收益收到的现金		
处置固定资产、无形资产和其他长期资产收回的现金净额		
处置子公司及其他营业单位收到的现金净额		
收到其他与投资活动有关的现金		

续表

项目	本年金额	上年金额
投资活动现金流入小计		
购建固定资产、无形资产和其他长期资产支付的现金		
投资支付的现金		
取得子公司及其他营业单位支付的现金净额		
支付其他与投资活动有关的现金		
投资活动现金流出小计		
投资活动产生的现金流量净额		
三、筹资活动产生的现金流量:		
吸收投资收到的现金		
取得借款收到的现金		
收到其他与筹资活动有关的现金		
筹资活动现金流入小计		
偿还债务支付的现金		
分配股利、利润或偿付利息支付的现金		
支付其他与筹资活动有关的现金		
筹资活动现金流出小计		
筹资活动产生的现金流量净额		
四、汇率变动对现金及现金等价物的影响		
五、现金及现金等价物净增加额		
加：期初现金及现金等价物余额		
六、期末现金及现金等价物余额		

（二）商业银行现金流量表列报格式。

商业银行现金流量表列报格式如表30-5所示。

表30-5 商业银行现金流量表

会商银03表

编制单位： 年度 单位：元

项目	本年金额	上年金额
一、经营活动产生的现金流量:		
客户存款和同业存放款项净增加额		
向中央银行借款净增加额		
向其他金融机构拆入资金净增加额		
收取利息和手续费净增加额		
收到其他与经营活动有关的现金		
经营活动现金流入小计		

续表

项目	本年金额	上年金额
客户贷款及垫款净增加额		
存放央行和同业款项净增加额		
支付给职工以及为职工支付的现金		
支付的各项税费		
支付其他与经营活动有关的现金		
经营活动现金流出小计		
经营活动产生的现金流量净额		
二、投资活动产生的现金流量：		
收回投资收到的现金		
取得投资收益收到的现金		
收到其他与投资活动有关的现金		
投资活动现金流入小计		
投资支付的现金		
购建固定资产、无形资产和其他长期资产支付的现金		
支付其他与投资活动有关的现金		
投资活动现金流出小计		
投资活动产生的现金流量净额		
三、筹资活动产生的现金流量：		
吸收投资收到的现金		
发行债券收到的现金		
收到其他与筹资活动有关的现金		
筹资活动现金流入小计		
偿还债务支付的现金		
分配股利、利润或偿付利息支付的现金		
支付其他与筹资活动有关的现金		
筹资活动现金流出小计		
筹资活动产生的现金流量净额		
四、汇率变动对现金及现金等价物的影响		
五、现金及现金等价物净增加额		
加：期初现金及现金等价物余额		
六、期末现金及现金等价物余额		

(三) 保险公司现金流量表列报格式。

保险公司现金流量表列报格式如表 30-6 所示。

表 30-6　保险公司现金流量表

会保 03 表

编制单位：　　　　　　　　　　年度　　　　　　　　　　单位：元

项目	本年金额	上年金额
一、经营活动产生的现金流量：		
收到原保险合同保费取得的现金		
收到再保业务现金净额		
收到其他与经营活动有关的现金		
经营活动现金流入小计		
支付赔付款项的现金		
支付手续费的现金		
支付给职工以及为职工支付的现金		
支付的各项税费		
支付其他与经营活动有关的现金		
经营活动现金流出小计		
经营活动产生的现金流量净额		
二、投资活动产生的现金流量：		
收回投资收到的现金		
取得投资收益收到的现金		
收到其他与投资活动有关的现金		
投资活动现金流入小计		
投资支付的现金		
质押贷款净增加额		
购建固定资产、无形资产和其他长期资产支付的现金		
支付其他与投资活动有关的现金		
投资活动现金流出小计		
投资活动产生的现金流量净额		
三、筹资活动产生的现金流量：		
吸收投资收到的现金		
发行债券收到的现金		
保户储金净增加额		
收到其他与筹资活动有关的现金		
筹资活动现金流入小计		
偿还债务支付的现金		

续表

项目	本年金额	上年金额
分配股利、利润或偿付利息支付的现金		
支付其他与筹资活动有关的现金		
筹资活动现金流出小计		
筹资活动产生的现金流量净额		
四、汇率变动对现金及现金等价物的影响		
五、现金及现金等价物净增加额		
加：期初现金及现金等价物余额		
六、期末现金及现金等价物余额		

（四）证券公司现金流量表列报格式。

证券公司现金流量表列报格式如表30-7所示。

表30-7 证券公司现金流量表

会证03表

编制单位：　　　　　　　　　　年度　　　　　　　　　　单位：元

项目	本年金额	上年金额
一、经营活动产生的现金流量：		
处置交易性金融资产净增加额		
处置可供出售金融资产净增加额		
收取利息和手续费净增加额		
拆入资金净增加额		
回购业务资金净增加额		
收到其他与经营活动有关的现金		
经营活动现金流入小计		
支付给职工以及为职工支付的现金		
支付的各项税费		
支付其他与经营活动有关的现金		
经营活动现金流出小计		
经营活动产生的现金流量净额		
二、投资活动产生的现金流量：		
收回投资收到的现金		
取得投资收益收到的现金		
收到其他与投资活动有关的现金		
投资活动现金流入小计		
投资支付的现金		
购建固定资产、无形资产和其他长期资产支付的现金		

续表

项目	本年金额	上年金额
支付其他与投资活动有关的现金		
投资活动现金流出小计		
投资活动产生的现金流量净额		
三、筹资活动产生的现金流量：		
吸收投资收到的现金		
发行债券收到的现金		
收到其他与筹资活动有关的现金		
筹资活动现金流入小计		
偿还债务支付的现金		
分配股利、利润或偿付利息支付的现金		
支付其他与筹资活动有关的现金		
筹资活动现金流出小计		
筹资活动产生的现金流量净额		
四、汇率变动对现金及现金等价物的影响		
五、现金及现金等价物净增加额		
加：期初现金及现金等价物余额		
六、期末现金及现金等价物余额		

30.2.3 现金流量表附注

现金流量表附注适用于一般企业、商业银行、保险公司、证券公司等各类企业。

（一）现金流量表补充资料披露格式。

企业应当采用间接法在现金流量表附注中披露将净利润调节为经营活动现金流量的信息。现金流量表补充资料如表30-8所示。

表30-8 现金流量表补充资料

补充资料	本年金额	上年金额
1. 将净利润调节为经营活动现金流量：		
净利润		
加：资产减值准备		
固定资产折旧、油气资产折耗、生产性生物资产折旧		
无形资产摊销		
长期待摊费用摊销		
待摊费用减少（增加以"-"号填列）		
预提费用增加（减少以"-"号填列）		

续表

补充资料	本年金额	上年金额
处置固定资产、无形资产和其他长期资产的损失（收益以"-"号填列）		
固定资产报废损失（收益以"-"号填列）		
公允价值变动损失（收益以"-"号填列）		
财务费用（收益以"-"号填列）		
投资损失（收益以"-"号填列）		
递延所得税资产减少（增加以"-"号填列）		
递延所得税负债增加（减少以"-"号填列）		
存货的减少（增加以"-"号填列）		
经营性应收项目的减少（增加以"-"号填列）		
经营性应付项目的增加（减少以"-"号填列）		
其他		
经营活动产生的现金流量净额		
2. 不涉及现金收支的重大投资和筹资活动：		
债务转为资本		
一年内到期的可转换公司债券		
融资租入固定资产		
3. 现金及现金等价物净变动情况：		
现金的期末余额		
减：现金的期初余额		
加：现金等价物的期末余额		
减：现金等价物的期初余额		
现金及现金等价物净增加额		

（二）企业应当按下列格式披露当期取得或处置子公司及其他营业单位的有关信息，如表30-9所示。

表30-9 当期取得或处置子公司及其他营业单位的有关信息

项目	金额
一、取得子公司及其他营业单位有关信息：	
1. 取得子公司及其他营业单位的价格	
2. 取得子公司及其他营业单位支付的现金和现金等价物	
减：取得子公司的现金和现金等价物	
3. 取得子公司及其他营业单位支付的现金净额	
4. 取得子公司的净资产	

续表

项目	金额
其中：流动资产	
非流动资产	
流动负债	
非流动负债	
二、处置子公司及其他营业单位有关信息：	
1. 处置子公司及其他营业单位的价格	
2. 处置子公司及其他营业单位收到的现金和现金等价物	
减：处置子公司的现金和现金等价物	
3. 处置子公司及其他营业单位收到的现金净额	
4. 处置子公司的净资产	
其中：流动资产	
非流动资产	
流动负债	
非流动负债	

（三）现金和现金等价物的披露格式如表30-10所示。

表30-10　现金和现金等价物的披露

项目	本年金额	上年金额
一、现金		
其中：库存现金		
可随时用于支付的银行存款		
可随时用于支付的其他货币资金		
二、现金等价物		
其中：交易性债券投资		
三、调整前现金和现金等价物余额		
加：汇率变动对现金的影响		
四、期末现金及现金等价物余额		
其中：母公司或集团内子公司使用受限制的现金和现金等价物		

第 31 章 中期财务报告

企业会计准则第 32 号——中期财务报告

《企业会计准则第 32 号——中期财务报告》（以下简称"本准则"）于 2006 年 2 月 15 日由财会〔2006〕3 号公布，自 2007 年 1 月 1 日起施行。

31.1 总 则

第一条 为了规范中期财务报告的内容和编制中期财务报告应当遵循的确认与计量原则，根据《企业会计准则——基本准则》，制定本准则。

第二条 中期财务报告，是指以中期为基础编制的财务报告。

中期，是指短于一个完整的会计年度的报告期间。

31.2 中期财务报告的内容

第三条 中期财务报告至少应当包括资产负债表、利润表、现金流量表和附注。

中期资产负债表、利润表和现金流量表应当是完整报表，其格式和内容应当与上年度财务报表相一致。

当年新施行的会计准则对财务报表格式和内容作了修改的，中期财务报表应当按照修改后的报表格式和内容编制，上年度比较财务报表的格式和内容，也应当作相应调整。

基本每股收益和稀释每股收益应当在中期利润表中单独列示。

第四条 上年度编制合并财务报表的，中期期末应当编制合并财务报表。

上年度财务报告除了包括合并财务报表，还包括母公司财务报表的，中期财务报告也应当包括母公司财务报表。

上年度财务报告包括了合并财务报表，但报告中期内处置了所有应当纳入合并范围的子公司的，中期财务报告只需提供母公司财务报表，但上年度比较财务报表仍应当包括合并财务报表，上年度可比中期没有子公司的除外。

【例 31 - 1】合并财务报表的编制条件

XYZ 公司成立于 20×7 年年初，公司成立之初没有一家子公司，因此公司在 20×7 年第 1 季度财务报告中只需要提供公司本身财务报表。在 20×7 年第 2 季度，公司购并一家 LLQ 公司，获得了该公司 80% 的股份，从而使得该公司成为 XYZ 公司的控股子公司。这样，在 20×7 年第 2 季度财务报告中，XYZ 公司就需要同时提供合并财务报表和母公司财务报表。第 3 季度财务报告和 20×7 年年度财务报告也是如此。假定在 20×8 年第 1 季度，公司又将 LLQ 子公司对外出售，这样，XYZ 公司在 20×8 年又没有了子公司，所以，尽管公司在上年度财务报告中编制了合并财务报表,但是在20×8年第1季度财务报告中,公司无需编制合并财务报表。而且由于在上年度第1季度财务报告中公司也没有编制合并财务报表,所以,在提供上年度比较财务报表时,除了上年度末的资产负债表仍然应当包括合并财务报表和母公司财务报表之外,其他比较财务报表(包括利润表和现金流量表)都不必提供合并财务报表。在20×8年第2季度,公司仍然没有需要纳入合并财务报表合并范围的子公司,因此仍然不必编制合并财务报表,但是,在提供上年度比较财务报表时,则应当同时提供合并财务报表和母公司财务报表。

第五条 中期财务报告应当按照下列规定提供比较财务报表。

(一)本中期末的资产负债表和上年度末的资产负债表。

(二)本中期的利润表、年初至本中期末的利润表以及上年度可比期间的利润表。

(三)年初至本中期末的现金流量表和上年度年初至可比本中期末的现金流量表。

【例31-2】提供比较财务报表的类型

某企业按要求需要提供半年度中期财务报告,则该企业在截至20×7年6月30日的上半年财务报告中应当提供财务报表,如表31-1所示。

表31-1 提供比较财务报表的类型

报表类别	本年度中期财务报表时间(或者期间)	上年度比较财务报表时间(或者期间)
资产负债表	20×7年6月30日	20×6年12月31日
利润表	20×7年1月1日至6月30日	20×6年1月1日至6月30日
现金流量表	20×7年1月1日至6月30日	20×6年1月1日至6月30日

第六条 财务报表项目在报告中期作了调整或者修订的,上年度比较财务报表项目有关金额应当按照本年度中期财务报表的要求重新分类,并在附注中说明重新分类的原因及其内容,无法重新分类的,应当在附注中说明不能重新分类的原因。

第七条 中期财务报告中的附注应当以年初至本中期末为基础编制,披露自上年度资产负债表日之后发生的,有助于理解企业财务状况、经营成果和现金流量变化情况的重要交易或者事项。

对于理解本中期财务状况、经营成果和现金流量有关的重要交易或者事项,也应当在附注中作相应披露。

【例31-3】附注披露对外重大投资

KK公司需要编制季度财务报告,该公司在20×7年3月5日对外进行重大投资,设立一家子公司。

本例中,对于这一事项,KK公司不仅应当在20×7年度第1季度财务报告附注中予以披露,在20×7年度第2季度财务报告和第3季度财务报告附注中也应当予以披露。

【例31-4】附注披露对财务状况影响重大的内容

ABC公司在20×7年1月1日至6月30日累计实现净利润2 500万元,其中,第2季度实现净利润80万元,公司在第2季度转回前期计提的坏账准备100万元,第2季度末应收账款余额为 800 万元。

本例中，尽管该公司第 2 季度转回的坏账准备仅仅占 ABC 公司 1—6 月净利润总额的 4%（100÷2 500），可能并不重要，但是该项转回金额占第 2 季度净利润的 125%（100÷80），占第 2 季度末应收账款余额的 12.5%（100÷800），对于理解第 2 季度（4—6 月）经营成果和第 2 季度末财务状况而言，属于重要事项，所以，ABC 公司应当在第 2 季度财务报告附注中披露该事项。在实务工作中，公司还应当综合考虑资产规模、经营特征等因素，以对重要性作出较为合理的判断。

第八条 中期财务报告中的附注至少应当包括下列信息。

（一）中期财务报表所采用的会计政策与上年度财务报表相一致的声明。

会计政策发生变更的，应当说明会计政策变更的性质、内容、原因及其影响数；无法进行追溯调整的，应当说明原因。

（二）会计估计变更的内容、原因及其影响数；影响数不能确定的，应当说明原因。

（三）前期差错的性质及其更正金额；无法进行追溯重述的，应当说明原因。

（四）企业经营的季节性或者周期性特征。

（五）存在控制关系的关联方发生变化的情况；关联方之间发生交易的，应当披露关联方关系的性质、交易类型和交易要素。

（六）合并财务报表的合并范围发生变化的情况。

（七）对性质特别或者金额异常的财务报表项目的说明。

（八）证券发行、回购和偿还情况。

（九）向所有者分配利润的情况，包括在中期内实施的利润分配和已提出或者已批准但尚未实施的利润分配情况。

（十）根据《企业会计准则第 35 号——分部报告》规定披露分部报告信息的，应当披露主要报告形式的分部收入与分部利润（亏损）。

（十一）中期资产负债表日至中期财务报告批准报出日之间发生的非调整事项。

（十二）上年度资产负债表日以后所发生的或有负债和或有资产的变化情况。

（十三）企业结构变化情况，包括企业合并，对被投资单位具有重大影响、共同控制或者控制关系的长期股权投资的购买或者处置，终止经营等。

（十四）其他重大交易或者事项，包括重大的长期资产转让及其出售情况、重大的固定资产和无形资产取得情况、重大的研究和开发支出、重大的资产减值损失情况等。

企业在提供上述（五）和（十）有关关联方交易、分部收入与分部利润（亏损）信息时，应当同时提供本中期（或者本中期末）和本年度年初至本中期末的数据，以及上年度可比本中期（或者可比期末）和可比年初至本中期末的比较数据。

第九条 企业在确认、计量和报告各中期财务报表项目时，对项目重要性程度的判断，应当以中期财务数据为基础，不应以年度财务数据为基础。中期会计计量与年度财务数据相比，可在更大程度上依赖于估计，但是，企业应当确保所提供的中期财务报告包括了相关的重要信息。

第十条 在同一会计年度内，以前中期财务报告中报告的某项估计金额在最后一个中期发生了重大变更、企业又不单独编制该中期财务报告的,应当在年度财务报告的附注中披露该项估计变更的内容、原因及其影响金额。

31.3 确认和计量

第十一条 企业在中期财务报表中应当采用与年度财务报表相一致的会计政策。

上年度资产负债表日之后发生了会计政策变更,且变更后的会计政策将在年度财务报表中采用的,中期财务报表应当采用变更后的会计政策,并按照本准则第十四条的规定处理。

第十二条 中期会计计量应当以年初至本中期末为基础,财务报告的频率不应当影响年度结果的计量。

在同一会计年度内,以前中期财务报表项目在以后中期发生了会计估计变更的,以后中期财务报表应当反映该会计估计变更后的金额,但对以前中期财务报表项目金额不作调整。同时,该会计估计变更应当按照本准则第八条(二)或者第十条的规定在附注中作相应披露。

第十三条 企业取得的季节性、周期性或者偶然性收入,应当在发生时予以确认和计量,不应在中期财务报表中预计或者递延,但会计年度末允许预计或者递延的除外。

企业在会计年度中不均匀发生的费用,应当在发生时予以确认和计量,不应在中期财务报表中预提或者待摊,但会计年度末允许预提或者待摊的除外。

【例31-5】季节性、周期性收入的会计处理

HF公司为一家房地产开发公司,采取滚动开发房地产的方式,即开发完成一个房地产项目后,再开发下一个房地产项目。该公司于20×7年1月1日开始开发一住宅小区,小区建成完工需2年。公司采取边开发、边销售楼盘的策略。假定该公司在20×7年各季度分别收到楼盘销售款1 000万元、3 000万元、2 500万元和2 000万元;为小区建设分别发生开发成本2 000万元、1 500万元、2 200万元和1 800万元;在20×8年各季度分别收到楼盘销售款2 500万元、3 000万元、3 000万元和1 000万元;为小区建设分别发生开发成本1 000万元、1 700万元、500万元和300万元。小区所有商品房于20×8年11月完工,12月全部交付给购房者,并办理完有关产权手续。

本例中,HF公司的经营业务具有明显的周期性特征,公司只有在每隔一个周期待房地产开发完成并实现对外销售后,才能确认收入,即公司只有在20×8年12月所建商品房完工后,与商品房有关的风险和报酬已经转移给了购房者,符合收入确认标准后,才能确认收入。这一收入就属于周期性取得的收入,在20×8年12月之前的各中期都不能预计收入,也不能将已经收到的楼盘销售款直接确认为收入,公司应当在收到这些款项时将其作为预收款处理。对于开发小区所发生的成本也应当首先归集在"开发成本"科目中,待到确认收入时,再结转相应的成本。另外,该公司对于其经营的周期性特征,则应当根据中期财务报告准则的要求在各有关中期财务报告附注中予以披露。

【例31-6】偶然性费用的会计处理

ABC公司根据年度培训计划,在20×7年6月对员工进行了专业技能和管理知识方面的集中培训，共发生培训费用 30 万元。

本例中，对于该项培训费用，公司应当直接计入 6 月的损益，不能在 6 月之前预提，也不能在 6 月之后待摊。

第十四条 企业在中期发生了会计政策变更的，应当按照《企业会计准则第 28 号——会计政策、会计估计变更和差错更正》处理，并按照本准则第八条（一）的规定在附注中作相应披露。

会计政策变更的累积影响数能够合理确定，且涉及本会计年度以前中期财务报表相关项目数字的，应当予以追溯调整，视同该会计政策在整个会计年度一贯采用；同时，上年度可比财务报表也应当作相应调整。

第32章 合并财务报表

32.1 企业会计准则第33号——合并财务报表

为了适应社会主义市场经济发展需要,进一步完善企业会计准则体系,提高企业合并财务报表质量,根据《企业会计准则——基本准则》,财政部对《企业会计准则第33号——合并财务报表》进行了修订(以下简称"本准则"),现予印发,自2014年7月1日起在所有执行企业会计准则的企业范围内施行,鼓励在境外上市的企业提前执行。财政部于2006年2月15日发布的《财政部关于印发〈企业会计准则第1号——存货〉等38项具体准则的通知》(财会〔2006〕3号)中的《企业会计准则第33号——合并财务报表》同时废止。

32.1.1 总则

第一条 为了规范合并财务报表的编制和列报,根据《企业会计准则——基本准则》,制定本准则。

第二条 合并财务报表,是指反映母公司和其全部子公司形成的企业集团整体财务状况、经营成果和现金流量的财务报表。

母公司,是指控制一个或一个以上主体(含企业、被投资单位中可分割的部分,以及企业所控制的结构化主体等,下同)的主体。

子公司,是指被母公司控制的主体。

第三条 合并财务报表至少应当包括下列组成部分:(一)合并资产负债表;(二)合并利润表;(三)合并现金流量表;(四)合并所有者权益(或股东权益,下同)变动表;(五)附注。

企业集团中期期末编制合并财务报表的,至少应当包括合并资产负债表、合并利润表、合并现金流量表和附注。

第四条 母公司应当编制合并财务报表。

如果母公司是投资性主体,且不存在为其投资活动提供相关服务的子公司,则不应当编制合并财务报表,该母公司按照本准则第二十一条规定以公允价值计量其对所有子公司的投资,且公允价值变动计入当期损益。

第五条 外币财务报表折算,适用《企业会计准则第19号——外币折算》和《企业会计准则第31号——现金流量表》。

第六条 关于在子公司权益的披露,适用《企业会计准则第41号——在其他主体中权益的披露》。

32.1.2 合并范围

第七条 合并财务报表的合并范围应当以控制为基础予以确定。

控制，是指投资方拥有对被投资方的权力，通过参与被投资方的相关活动而享有可变回报，并且有能力运用对被投资方的权力影响其回报金额。

本准则所称相关活动，是指对被投资方的回报产生重大影响的活动。被投资方的相关活动应当根据具体情况进行判断，通常包括商品或劳务的销售和购买、金融资产的管理、资产的购买和处置、研究与开发活动以及融资活动等。

第八条 投资方应当在综合考虑所有相关事实和情况的基础上对是否控制被投资方进行判断。一旦相关事实和情况的变化导致对控制定义所涉及的相关要素发生变化的，投资方应当进行重新评估。相关事实和情况主要包括以下各项。

（一）被投资方的设立目的。

（二）被投资方的相关活动以及如何对相关活动作出决策。

（三）投资方享有的权利是否使其目前有能力主导被投资方的相关活动。

（四）投资方是否通过参与被投资方的相关活动而享有可变回报。

（五）投资方是否有能力运用对被投资方的权力影响其回报金额。

（六）投资方与其他方的关系。

第九条 投资方享有现时权利使其目前有能力主导被投资方的相关活动，而不论其是否实际行使该权利，视为投资方拥有对被投资方的权力。

第十条 两个或两个以上投资方分别享有能够单方面主导被投资方不同相关活动的现时权利的，能够主导对被投资方回报产生最重大影响的活动的一方拥有对被投资方的权力。

第十一条 投资方在判断是否拥有对被投资方的权力时，应当仅考虑与被投资方相关的实质性权利，包括自身所享有的实质性权利以及其他方所享有的实质性权利。

实质性权利，是指持有人在对相关活动进行决策时有实际能力行使的可执行权利。判断一项权利是否为实质性权利，应当综合考虑所有相关因素，包括权利持有人行使该项权利是否存在财务、价格、条款、机制、信息、运营、法律法规等方面的障碍；当权利由多方持有或者行权需要多方同意时，是否存在实际可行的机制使得这些权利持有人在其愿意的情况下能够一致行权；权利持有人能否从行权中获利等。

某些情况下，其他方享有的实质性权利有可能会阻止投资方对被投资方的控制。这种实质性权利既包括提出议案以供决策的主动性权利，也包括对已提出议案作出决策的被动性权利。

第十二条 仅享有保护性权利的投资方不拥有对被投资方的权力。

保护性权利，是指仅为了保护权利持有人利益却没有赋予持有人对相关活动决策权的一项权利。保护性权利通常只能在被投资方发生根本性改变或某些例外情况发生时才能够行使，它既没有赋予其持有人对被投资方拥有权力，也不能阻止其他方对被投资方拥有权力。

第十三条 除非有确凿证据表明其不能主导被投资方相关活动，下列情况，表明投资方对被投资方拥有权力。

（一）投资方持有被投资方半数以上的表决权的。

（二）投资方持有被投资方半数或以下的表决权，但通过与其他表决权持有人之间的协议能够控制半数以上表决权的。

第十四条 投资方持有被投资方半数或以下的表决权,但综合考虑下列事实和情况后,判断投资方持有的表决权足以使其目前有能力主导被投资方相关活动的,视为投资方对被投资方拥有权力。

(一)投资方持有的表决权相对于其他投资方持有的表决权份额的大小,以及其他投资方持有表决权的分散程度。

(二)投资方和其他投资方持有的被投资方的潜在表决权,如可转换公司债券、可执行认股权证等。

(三)其他合同安排产生的权利。

(四)被投资方以往的表决权行使情况等其他相关事实和情况。

第十五条 当表决权不能对被投资方的回报产生重大影响时,如仅与被投资方的日常行政管理活动有关,并且被投资方的相关活动由合同安排所决定,投资方需要评估这些合同安排,以评价其享有的权利是否足够使其拥有对被投资方的权力。

第十六条 某些情况下,投资方可能难以判断其享有的权利是否足以使其拥有对被投资方的权力。在这种情况下,投资方应当考虑其具有实际能力以单方面主导被投资方相关活动的证据,从而判断其是否拥有对被投资方的权力。投资方应考虑的因素包括但不限于下列事项。

(一)投资方能否任命或批准被投资方的关键管理人员。

(二)投资方能否出于其自身利益决定或否决被投资方的重大交易。

(三)投资方能否掌控被投资方董事会等类似权力机构成员的任命程序,或者从其他表决权持有人手中获得代理权。

(四)投资方与被投资方的关键管理人员或董事会等类似权力机构中的多数成员是否存在关联方关系。

投资方与被投资方之间存在某种特殊关系的,在评价投资方是否拥有对被投资方的权力时,应当适当考虑这种特殊关系的影响。特殊关系通常包括:被投资方的关键管理人员是投资方的现任或前任职工、被投资方的经营依赖于投资方、被投资方活动的重大部分有投资方参与其中或者是以投资方的名义进行、投资方自被投资方承担可变回报的风险或享有可变回报的收益远超过其持有的表决权或其他类似权利的比例等。

第十七条 投资方自被投资方取得的回报可能会随着被投资方业绩而变动的,视为享有可变回报。投资方应当基于合同安排的实质而非回报的法律形式对回报的可变性进行评价。

第十八条 投资方在判断是否控制被投资方时,应当确定其自身是以主要责任人还是代理人的身份行使决策权,在其他方拥有决策权的情况下,还需要确定其他方是否以其代理人的身份代为行使决策权。

代理人仅代表主要责任人行使决策权,不控制被投资方。投资方将被投资方相关活动的决策权委托给代理人的,应当将该决策权视为自身直接持有。

第十九条 在确定决策者是否为代理人时,应当综合考虑该决策者与被投资方以及其他投资方之间的关系。

(一)存在单独一方拥有实质性权利可以无条件罢免决策者的,该决策者为代理人。

（二）除（一）以外的情况下，应当综合考虑决策者对被投资方的决策权范围、其他方享有的实质性权利、决策者的薪酬水平、决策者因持有被投资方中的其他权益所承担可变回报的风险等相关因素进行判断。

第二十条　投资方通常应当对是否控制被投资方整体进行判断。但极个别情况下，有确凿证据表明同时满足下列条件并且符合相关法律法规规定的，投资方应当将被投资方的一部分（以下简称"该部分"）视为被投资方可分割的部分（单独主体），进而判断是否控制该部分（单独主体）。

（一）该部分的资产是偿付该部分负债或该部分其他权益的唯一来源，不能用于偿还该部分以外的被投资方的其他负债。

（二）除与该部分相关的各方外，其他方不享有与该部分资产相关的权利，也不享有与该部分资产剩余现金流量相关的权利。

第二十一条　母公司应当将其全部子公司（包括母公司所控制的单独主体）纳入合并财务报表的合并范围。

如果母公司是投资性主体，则母公司应当仅将为其投资活动提供相关服务的子公司（如有）纳入合并范围并编制合并财务报表；其他子公司不应当予以合并，母公司对其他子公司的投资应当按照公允价值计量且其变动计入当期损益。

第二十二条　当母公司同时满足下列条件时，该母公司属于投资性主体：

（一）该公司是以向投资者提供投资管理服务为目的，从一个或多个投资者处获取资金；

（二）该公司的唯一经营目的，是通过资本增值、投资收益或两者兼有而让投资者获得回报；

（三）该公司按照公允价值对几乎所有投资的业绩进行考量和评价。

第二十三条　母公司属于投资性主体的，通常情况下应当符合下列所有特征：

（一）拥有一个以上投资；

（二）拥有一个以上投资者；

（三）投资者不是该主体的关联方；

（四）其所有者权益以股权或类似权益方式存在。

第二十四条　投资性主体的母公司本身不是投资性主体，则应当将其控制的全部主体，包括那些通过投资性主体所间接控制的主体，纳入合并财务报表范围。

第二十五条　当母公司由非投资性主体转变为投资性主体时，除仅将为其投资活动提供相关服务的子公司纳入合并财务报表范围编制合并财务报表外，企业自转变日起对其他子公司不再予以合并，并参照本准则第四十九条的规定，按照视同在转变日处置子公司但保留剩余股权的原则进行会计处理。

当母公司由投资性主体转变为非投资性主体时，应将原未纳入合并财务报表范围的子公司于转变日纳入合并财务报表范围，原未纳入合并财务报表范围的子公司在转变日的公允价值视同为购买的交易对价。

32.1.3　合并程序

第二十六条　母公司应当以自身和其子公司的财务报表为基础，根据其他有关资料，编制合并财务报表。

母公司编制合并财务报表，应当将整个企业集团视为一个会计主体，依据相关企业会计准则的确认、计量和列报要求，按照统一的会计政策，反映企业集团整体财务状况、经营成果和现金流量。

（一）合并母公司与子公司的资产、负债、所有者权益、收入、费用和现金流等项目。

（二）抵销母公司对子公司的长期股权投资与母公司在子公司所有者权益中所享有的份额。

（三）抵销母公司与子公司、子公司相互之间发生的内部交易的影响。内部交易表明相关资产发生减值损失的，应当全额确认该部分损失。

（四）站在企业集团角度对特殊交易事项予以调整。

第二十七条 母公司应当统一子公司所采用的会计政策，使子公司采用的会计政策与母公司保持一致。

子公司所采用的会计政策与母公司不一致的，应当按照母公司的会计政策对子公司财务报表进行必要的调整；或者要求子公司按照母公司的会计政策另行编报财务报表。

第二十八条 母公司应当统一子公司的会计期间，使子公司的会计期间与母公司保持一致。

子公司的会计期间与母公司不一致的，应当按照母公司的会计期间对子公司财务报表进行调整；或者要求子公司按照母公司的会计期间另行编报财务报表。

第二十九条 在编制合并财务报表时，子公司除了应当向母公司提供财务报表外，还应当向母公司提供下列有关资料：

（一）采用的与母公司不一致的会计政策及其影响金额；

（二）与母公司不一致的会计期间的说明；

（三）与母公司、其他子公司之间发生的所有内部交易的相关资料；

（四）所有者权益变动的有关资料；

（五）编制合并财务报表所需要的其他资料。

第一节 合并资产负债表

第三十条 合并资产负债表应当以母公司和子公司的资产负债表为基础，在抵销母公司与子公司、子公司相互之间发生的内部交易对合并资产负债表的影响后，由母公司合并编制。

（一）母公司对子公司的长期股权投资与母公司在子公司所有者权益中所享有的份额应当相互抵销，同时抵销相应的长期股权投资减值准备。

子公司持有母公司的长期股权投资，应当视为企业集团的库存股，作为所有者权益的减项，在合并资产负债表中所有者权益项目下以"减：库存股"项目列示。

子公司相互之间持有的长期股权投资，应当比照母公司对子公司的股权投资的抵销方法，将长期股权投资与其对应的子公司所有者权益中所享有的份额相互抵销。

（二）母公司与子公司、子公司相互之间的债权与债务项目应当相互抵销，同时抵销相应的减值准备。

（三）母公司与子公司、子公司相互之间销售商品（或提供劳务，下同）或其他方式形成的存货、固定资产、工程物资、在建工程、无形资产等所包含的未实现内部销售损益应当抵销。

对存货、固定资产、工程物资、在建工程和无形资产等计提的跌价准备或减值准备与未实现内部销售损益相关的部分应当抵销。

（四）母公司与子公司、子公司相互之间发生的其他内部交易对合并资产负债表的影响应当抵销。

（五）因抵销未实现内部销售损益导致合并资产负债表中资产、负债的账面价值与其在所属纳税主体的计税基础之间产生暂时性差异的，在合并资产负债表中应当确认递延所得税资产或递延所得税负债，同时调整合并利润表中的所得税费用，但与直接计入所有者权益的交易或事项及企业合并相关的递延所得税除外。

第三十一条　子公司所有者权益中不属于母公司的份额，应当作为少数股东权益，在合并资产负债表中所有者权益项目下以"少数股东权益"项目列示。

第三十二条　母公司在报告期内因同一控制下企业合并增加的子公司以及业务，编制合并资产负债表时，应当调整合并资产负债表的期初数，同时应当对比较报表的相关项目进行调整，视同合并后的报告主体自最终控制方开始控制时点起一直存在。

因非同一控制下企业合并或其他方式增加的子公司以及业务，编制合并资产负债表时，不应当调整合并资产负债表的期初数。

第三十三条　母公司在报告期内处置子公司以及业务，编制合并资产负债表时，不应当调整合并资产负债表的期初数。

第二节　合并利润表

第三十四条　合并利润表应当以母公司和子公司的利润表为基础，在抵销母公司与子公司、子公司相互之间发生的内部交易对合并利润表的影响后，由母公司合并编制。

（一）母公司与子公司、子公司相互之间销售商品所产生的营业收入和营业成本应当抵销。

母公司与子公司、子公司相互之间销售商品，期末全部实现对外销售的，应当将购买方的营业成本与销售方的营业收入相互抵销。

母公司与子公司、子公司相互之间销售商品，期末未实现对外销售而形成存货、固定资产、工程物资、在建工程、无形资产等资产的，在抵销销售商品的营业成本和营业收入的同时，应当将各项资产所包含的未实现内部销售损益予以抵销。

（二）在对母公司与子公司、子公司相互之间销售商品形成的固定资产或无形资产所包含的未实现内部销售损益进行抵销的同时，也应当对固定资产的折旧额或无形资产的摊销额与未实现内部销售损益相关的部分进行抵销。

（三）母公司与子公司、子公司相互之间持有对方债券所产生的投资收益、利息收入及其他综合收益等，应当与其相对应的发行方利息费用相互抵销。

（四）母公司对子公司、子公司相互之间持有对方长期股权投资的投资收益应当抵销。

（五）母公司与子公司、子公司相互之间发生的其他内部交易对合并利润表的影响应当抵销。

第三十五条 子公司当期净损益中属于少数股东权益的份额，应当在合并利润表中净利润项目下以"少数股东损益"项目列示。

子公司当期综合收益中属于少数股东权益的份额，应当在合并利润表中综合收益总额项目下以"归属于少数股东的综合收益总额"项目列示。

第三十六条 母公司向子公司出售资产所发生的未实现内部交易损益，应当全额抵销"归属于母公司所有者的净利润"。

子公司向母公司出售资产所发生的未实现内部交易损益，应当按照母公司对该子公司的分配比例在"归属于母公司所有者的净利润"和"少数股东损益"之间分配抵销。

子公司之间出售资产所发生的未实现内部交易损益，应当按照母公司对出售方子公司的分配比例在"归属于母公司所有者的净利润"和"少数股东损益"之间分配抵销。

第三十七条 子公司少数股东分担的当期亏损超过了少数股东在该子公司期初所有者权益中所享有的份额的，其余额仍应当冲减少数股东权益。

第三十八条 母公司在报告期内因同一控制下企业合并增加的子公司以及业务，应当将该子公司以及业务合并当期期初至报告期末的收入、费用、利润纳入合并利润表，同时应当对比较报表的相关项目进行调整，视同合并后的报告主体自最终控制方开始控制时点起一直存在。

因非同一控制下企业合并或其他方式增加的子公司以及业务，应当将该子公司以及业务购买日至报告期末的收入、费用、利润纳入合并利润表。

第三十九条 母公司在报告期内处置子公司以及业务，应当将该子公司以及业务期初至处置日的收入、费用、利润纳入合并利润表。

第三节 合并现金流量表

第四十条 合并现金流量表应当以母公司和子公司的现金流量表为基础，在抵销母公司与子公司、子公司相互之间发生的内部交易对合并现金流量表的影响后，由母公司合并编制。

本准则提及现金时，除非同时提及现金等价物，均包括现金和现金等价物。

第四十一条 编制合并现金流量表应当符合下列要求：

（一）母公司与子公司、子公司相互之间当期以现金投资或收购股权增加的投资所产生的现金流量应当抵销。

（二）母公司与子公司、子公司相互之间当期取得投资收益、利息收入收到的现金，应当与分配股利、利润或偿付利息支付的现金相互抵销。

（三）母公司与子公司、子公司相互之间以现金结算债权与债务所产生的现金流量应当抵销。

（四）母公司与子公司、子公司相互之间当期销售商品所产生的现金流量应当抵销。

（五）母公司与子公司、子公司相互之间处置固定资产、无形资产和其他长期资产收回的现金净额，应当与购建固定资产、无形资产和其他长期资产支付的现金相互抵销。

（六）母公司与子公司、子公司相互之间当期发生的其他内部交易所产生的现金流量应当抵销。

第四十二条 合并现金流量表及其补充资料也可以根据合并资产负债表和合并利润表进行编制。

第四十三条 母公司在报告期内因同一控制下企业合并增加的子公司以及业务，应当将该子公司以及业务合并当期期初至报告期末的现金流量纳入合并现金流量表，同时应当对比较报表的相关项目进行调整，视同合并后的报告主体自最终控制方开始控制时点起一直存在。

因非同一控制下企业合并增加的子公司以及业务，应当将该子公司购买日至报告期末的现金流量纳入合并现金流量表。

第四十四条 母公司在报告期内处置子公司以及业务，应当将该子公司以及业务期初至处置日的现金流量纳入合并现金流量表。

第四节　合并所有者权益变动表

第四十五条 合并所有者权益变动表应当以母公司和子公司的所有者权益变动表为基础，在抵销母公司与子公司、子公司相互之间发生的内部交易对合并所有者权益变动表的影响后，由母公司合并编制。

（一）母公司对子公司的长期股权投资应当与母公司在子公司所有者权益中所享有的份额相互抵销。

子公司持有母公司的长期股权投资以及子公司相互之间持有的长期股权投资，应当按照本准则第三十条规定处理。

（二）母公司对子公司、子公司相互之间持有对方长期股权投资的投资收益应当抵销。

（三）母公司与子公司、子公司相互之间发生的其他内部交易对所有者权益变动的影响应当抵销。

合并所有者权益变动表也可以根据合并资产负债表和合并利润表进行编制。

第四十六条 有少数股东的，应当在合并所有者权益变动表中增加"少数股东权益"栏目，反映少数股东权益变动的情况。

32.1.4　特殊交易的会计处理

第四十七条 母公司购买子公司少数股东拥有的子公司股权，在合并财务报表中，因购买少数股权新取得的长期股权投资与按照新增持股比例计算应享有子公司自购买日或合并日开始持续计算的净资产份额之间的差额，应当调整资本公积（资本溢价或股本溢价），资本公积不足冲减的，调整留存收益。

第四十八条 企业因追加投资等原因能够对非同一控制下的被投资方实施控制的，在合并财务报表中，对于购买日之前持有的被购买方的股权，应当按照该股权在购买日的公允价值进行重新计量，公允价值与其账面价值的差额计入当期投资收益；购买日之前持有的被购买方的股权涉及权益法核算下的其他综合收益等的，与其相关的其他综合收益等应当转为购买日所属当期收益。购买方应当在附注中披露其在购买日之前持有的被购买方的股权在购买日的公允价值、按照公允价值重新计量产生的相关利得或损失的金额。

第四十九条 母公司在不丧失控制权的情况下部分处置对子公司的长期股权投资,在合并财务报表中,处置价款与处置长期股权投资相对应享有子公司自购买日或合并日开始持续计算的净资产份额之间的差额,应当调整资本公积(资本溢价或股本溢价),资本公积不足冲减的,调整留存收益。

第五十条 企业因处置部分股权投资等原因丧失了对被投资方的控制权的,在编制合并财务报表时,对于剩余股权,应当按照其在丧失控制权日的公允价值进行重新计量。处置股权取得的对价与剩余股权公允价值之和,减去按原持股比例计算应享有原有子公司自购买日或合并日开始持续计算的净资产的份额之间的差额,计入丧失控制权当期的投资收益,同时冲减商誉。与原有子公司股权投资相关的其他综合收益等,应当在丧失控制权时转为当期投资收益。

第五十一条 企业通过多次交易分步处置对子公司股权投资直至丧失控制权的,如果处置对子公司股权投资直至丧失控制权的各项交易属于一揽子交易的,应当将各项交易作为一项处置子公司并丧失控制权的交易进行会计处理;但是,在丧失控制权之前每一次处置价款与处置投资对应的享有该子公司净资产份额的差额,在合并财务报表中应当确认为其他综合收益,在丧失控制权时一并转入丧失控制权当期的损益。

处置对子公司股权投资的各项交易的条款、条件以及经济影响符合下列一种或多种情况,通常表明应将多次交易事项作为一揽子交易进行会计处理。

(一)这些交易是同时或者在考虑了彼此影响的情况下订立的。

(二)这些交易整体才能达成一项完整的商业结果。

(三)一项交易的发生取决于其他至少一项交易的发生。

(四)一项交易单独考虑时是不经济的,但是和其他交易一并考虑时是经济的。

第五十二条 对于本章未列举的交易或者事项,如果站在企业集团合并财务报表角度的确认和计量结果与其所属的母公司或子公司的个别财务报表层面的确认和计量结果不一致的,则在编制合并财务报表时,也应当按照本准则第二十六条第二款第(四)项的规定,对其确认和计量结果予以相应调整。

32.1.5 衔接规定

第五十三条 首次采用本准则的企业应当根据本准则的规定对被投资方进行重新评估,确定其是否应纳入合并财务报表范围。因首次采用本准则导致合并范围发生变化的,应当进行追溯调整,追溯调整不切实可行的除外。比较期间已丧失控制权的原子公司,不再追溯调整。

32.1.6 附则

第五十四条 本准则自 2014 年 7 月 1 日起施行。

32.2 《企业会计准则第33号——合并财务报表》应用指南

32.2.1 总则

一、合并财务报表概述。

《企业会计准则第33号——合并财务报表》第二条规定,合并财务报表,是指反映母公司和其全部子公司形成的企业集团整体财务状况、经营成果和现金流量的财务报表。与个别财务报表相比,合并财务报表具有下列特点。

合并财务报表反映的对象是由母公司和其全部子公司组成的会计主体。

合并财务报表的编制者是母公司,但所对应的会计主体是由母公司及其控制的所有子公司所构成的合并财务报表主体(简称为"合并集团")。

合并财务报表是站在合并财务报表主体的立场上,以纳入合并范围的企业个别财务报表为基础,根据其他有关资料,抵销母公司与子公司、子公司相互之间发生的内部交易,考虑了特殊交易事项对合并财务报表的影响后编制的,旨在反映合并财务报表主体作为一个整体的财务状况、经营成果和现金流量。

二、关于编制合并财务报表的豁免规定。

本准则第四条规定,母公司应当编制合并财务报表。如果母公司是投资性主体,且不存在为其投资活动提供相关服务的子公司,则不应编制合并财务报表。除上述情况外,本准则不允许有其他情况的豁免。

本准则主要规范合并财务报表合并范围的确定及合并财务报表的编制和列报,以及特殊交易在合并财务报表中的处理,不涉及外币财务报表的折算和在子公司权益的披露。外币报表的折算由《企业会计准则第19号——外币折算》(以下简称"外币折算准则")和《企业会计准则第31号——现金流量表》(以下简称"现金流量表准则")规范;在子公司权益的披露由《企业会计准则第41号——在其他主体中权益的披露》规范。

32.2.2 合并范围

本准则第七条规定,合并财务报表的合并范围应当以控制为基础予以确定,不仅包括根据表决权(或类似权利)本身或者结合其他安排确定的子公司,也包括基于一项或多项合同安排决定的结构化主体。

控制,是指投资方拥有对被投资方的权力,通过参与被投资方的相关活动而享有可变回报,并且有能力运用对被投资方的权力影响其回报金额。控制的定义包含三项基本要素:一是投资方拥有对被投资方的权力,二是因参与被投资方的相关活动而享有可变回报,三是有能力运用对被投资方的权力影响其回报金额。在判断投资方是否能够控制被投资方时,当且仅当投资方具备上述三要素时,才能表明投资方能够控制被投资方。

一、投资方拥有对被投资方的权力。

投资方拥有对被投资方的权力是判断控制的第一要素,这要求投资方需要识别被投资方并评估其设立目的和设计、识别被投资方的相关活动以及对相关活动进行决策的机制、确定投资方及涉入被投资方的其他方拥有的与被投资方相关的权利等,以确定投资方当前是否有能力主导被投资方的相关活动。

(一)评估被投资方的设立目的和设计。

被投资方可能是一个有限责任公司、股份有限公司、尚未进行公司制改建的国有企业,也可能是一个合伙企业、信托、专项资产管理计划等。在少数情况下,也可能包括被投资方的一个可分割部分。

在判断投资方对被投资方是否拥有权力时,通常要结合被投资方的设立目的和设计。评估被投资方的设立目的和设计,有助于识别被投资方的哪些活动是相关活动、相关活动的决策机制、被投资方相关活动的主导方以及涉入被投资方的哪一方能从相关活动中取得可变回报。

1. 被投资方的设计安排表明表决权是判断控制的决定因素。当对被投资方的控制是通过持有其一定比例表决权或是潜在表决权的方式时,在不存在其他改变决策的安排的情况下,主要根据通过行使表决权来决定被投资方的财务和经营政策的情况判断控制。例如,在不存在其他因素时,通常持有半数以上表决权的投资方控制被投资方,但是,当章程或者其他协议存在某些特殊约定(如被投资方相关活动的决策需要三分之二以上表决权比例通过)时,拥有半数以上但未达到约定比例等并不意味着能够控制被投资方。

2. 被投资方的设计安排表明表决权不是判断控制的决定因素。当表决权仅与被投资方的日常行政管理活动有关,不能作为判断控制被投资方的决定性因素,被投资方的相关活动可能由其他合同安排规定时,投资方应结合被投资方设计产生的风险和收益、被投资方转移给其他投资方的风险和收益,以及投资方面临的风险和收益等一并判断是否控制被投资方。

需要强调的是,在判断控制的各环节都需要考虑被投资方的设立目的和设计。

【例32-1】根据被投资方的设立目的和设计判断合并范围

A 企业为有限合伙企业,经营期限为 3 年。A 企业将全部资金用于对非关联方 B 公司的全资子公司 C 公司增资,增资完成后,A 企业持有 C 公司 60% 有表决权的股份,B 公司持有 C 公司 40% 有表决权的股份。根据协议,B 公司将在 3 年后以固定价格回购 A 企业持有的 C 公司股份。C 公司是专门建造某大型资产并用于租赁的项目公司,建造期为 5 年,A 企业增资时,该资产已经建造了 2 年。

本例中,被投资方 C 公司的相关活动是用 5 年的时间建造某大型资产,之后以租金的方式取得回报。A 企业增资时,C 公司的资产建造已经开始,大多与建造事项有关的决策很可能已完成,当 A 企业的经营期限结束并将持有的 C 公司股份以固定价格出售给 B 公司时,C 公司刚刚完成建造活动,尚未开始产生回报。因此,A 企业并不能主导 C 公司的相关活动,而且 A 企业也无法通过参与 C 公司的相关活动取得可变回报,A 企业是通过 B 公司回购股份的方式收回其投资成本并取得收益的,因此,即使 A 企业拥有半数以上的表决权,也不能控制被投资方 C 公司。

(二)识别被投资方的相关活动及其决策机制。

1. 被投资方的相关活动。

被投资方为经营目的而从事众多活动,但这些活动并非都是相关活动,相关活动是对被投资方的回报产生重大影响的活动。

识别被投资方相关活动的目的是确定投资方对被投资方是否拥有权力。不同企业的相关活动可能是不同的,应当根据企业的行业特征、业务特点、发展阶段、市场环境等具体情况来进行判断,这些活动可能包括但不限于下列活动:①商品或劳务的销售和购买;②金融资产的管理;③资产的购买和处置;④研究与开发;⑤融资活动。对许多企业而言,经营和财务活动通常对其回报产生重大影响。

【例32-2】根据被投资方的相关活动判断合并范围

B投资公司由A资产管理公司设立,A公司持有B公司30%有表决权的股份,剩余70%的股份由与A公司无关联关系的公众投资者持有,这些投资者的持股比例十分分散。此外,B公司还向其他公众投资者发行债务工具。B公司使用发行债务工具和权益工具所筹集的资金进行金融资产组合投资,并均投资于债务工具,这样,B公司将可能面临投资本金和利息不能收回的信用风险。为此,双方在协议中明确,当所持金融资产组合投资出现违约事项时,B公司的权益工具持有人首先承担由违约事项带来的损失,违约事项带来的损失超过权益工具金额之后,剩余损失由债务工具持有人承担;在违约事项带来的损失超过权益工具金额之前,A公司管理B公司的投资组合;在违约事项带来的损失超过权益工具金额之后,由债务工具持有人指定的其他方管理B公司存在违约事项的资产及剩余金融资产的投资。

本例中,在未发生违约事项或违约事项带来的损失小于权益工具金额的情况下,B公司的相关活动是金融资产投资组合的管理,而在违约事项带来的损失超过权益工具的金额后,B公司的相关活动转变为对存在违约事项的资产及剩余金融资产投资的管理。同一公司不同时间的相关活动不同,需要进一步判断哪一相关活动为最显著影响其可变回报的相关活动。

2. 被投资方相关活动的决策机制。

投资方是否拥有权力,不仅取决于被投资方的相关活动,还取决于对相关活动进行决策的方式,例如,对被投资方的经营、融资等活动作出决策(包括编制预算)的方式,任命被投资方的关键管理人员、给付薪酬及终止劳动合同关系的决策方式等。

相关活动一般由企业章程、协议中约定的权力机构(如股东会、董事会)来决策,特殊情况下,相关活动也可能根据合同协议约定等由其他主体决策,如专门设置的管理委员会等。有限合伙企业的相关活动可能由合伙人大会决策,也可能由普通合伙人或者投资管理公司等决策。

被投资方通常从事若干相关活动,并且这些活动可能不是同时进行的。本准则第十条规定,当两个或两个以上投资方能够分别单方面主导被投资方的不同相关活动时,能够主导对被投资方回报产生最重大影响的活动的一方拥有对被投资方的权力,此时,通常需要考虑的因素包括:①被投资方的设立目的和设计;②影响被投资方利润率、收入和企业价值的决定因素;③每投资方有关上述因素的决策职权范围及其对被投资方回报的影响程度;④投资方承担可变回报风险的大小。

【例32-3】根据被投资方的相关活动的决策机制判断合并范围

A公司和B公司共同投资设立C公司。C公司的主营业务活动为药品研发和销售。根据

C公司章程和合资协议的约定,在所研发药品获得相关监管部门的生产批准前,A公司可以单方面主导C公司药品研发活动,而在获得相关监管部门的生产批准后,则由B公司单方面主导该药品的生产和营销决策。本例中,C公司的药品研发、生产和营销活动均会对C公司的回报产生重大影响。投资方在判断是否对C公司拥有权力时,除了需要结合上述四点进行综合分析以外,还需要考虑下列因素:获得监管部门批准的不确定性和难易程度、被投资方成功开发药品并获取生产批准的历史记录、产品定位、当前药品所处的开发阶段、所需开发时间、同类药品开发的难易程度、取得同类药品营销渠道的难易程度、开发完成后可实际控制该药品相关经营活动的投资方等。

(三)确定投资方拥有的与被投资方相关的权力。

通常情况下,当被投资方从事一系列对其回报产生显著影响的经营及财务活动,且需要就这些活动连续地进行实质性决策时,表决权或类似权利本身或者结合其他安排,将赋予投资方拥有权力。但在一些情况下,表决权不能对被投资方回报产生重大影响(例如,表决权可能仅与日常行政活动有关),被投资方的相关活动由一项或多项合同安排决定。

1. 投资方拥有多数表决权的权力。表决权是对被投资方经营计划、投资方案、年度财务预算方案和决算方案、利润分配方案和弥补亏损方案、内部管理机构的设置、聘任或解聘公司经理及确定其报酬、公司的基本管理制度等事项进行表决而持有的权利。表决权比例通常与其出资比例或持股比例是一致的,但公司章程另有规定的除外。

通常情况下,当被投资方的相关活动由持有半数以上表决权的投资方决定,或者主导被投资方相关活动的管理层多数成员(管理层决策由多数成员表决通过)由持有半数以上表决权的投资方聘任时,无论该表决权是否行使,持有被投资方过半数表决权的投资方拥有对被投资方的权力,但下述两种情况除外。

一是存在其他安排赋予被投资方的其他投资方拥有对被投资方的权力。例如,存在赋予其他方拥有表决权或实质性潜在表决权的合同安排,且该其他方不是投资方的代理人时,投资方不拥有对被投资方的权力。

二是投资方拥有的表决权不是实质性权利。例如,有确凿证据表明,由于客观原因无法获得必要的信息或存在法律法规的障碍,投资方虽持有半数以上表决权但无法行使该表决权时,该投资方不拥有对被投资方的权力。

投资方在判断是否拥有对被投资方的权力时,应当仅考虑与被投资方相关的实质性权利,包括自身所享有的实质性权利以及其他方所享有的实质性权利。

第一,实质性权利。本准则第十一条规定,实质性权利是持有人在对相关活动进行决策时有实际能力行使的可执行权利。判断一项权利是否为实质性权利,应当综合考虑所有相关因素,包括权利持有人行使该项权利是否存在财务、价格、条款、机制、信息、运营、法律法规等方面的障碍;当权利由多方持有或者行权需要多方同意时,是否存在实际可行的机制使得这些权利持有人在其愿意的情况下能够一致行权;权利持有人是否可从行权中获利等。实质性权利通常是当前可执行的权利,但某些情况下当前不可行使的权利也可能是实质性权利。

【例32-4】根据实质性权利判断合并范围

投资方持有一份将于25天后结算的远期股权购买合同,该合同赋予投资方行权后能够持有被投资方的多数表决权股份。另外,能够对被投资方相关活动进行决策的最早时间是30天后才能召开的特别股东大会。其他投资方不能对被投资方相关活动现行的政策作出任何改变。

本例中,虽然投资方持有的远期股权购买合同25天后才能结算,不是当前可执行的权利,但是由于股东大会最早召开的时间在30天后,晚于远期合同的可行权日(25天后),在投资方执行远期合同之前,没有其他任何一方可以改变与被投资方的相关活动有关的决策。因此,虽然该权利当前不可执行,但仍然为一项实质性权利。

对于投资方拥有的实质性权利,即便投资方并未实际行使,也应在评估投资方是否对被投资方拥有权力时予以考虑。

有时,其他投资方也可能拥有可行使的实质性权利,使得投资方不能控制被投资方。其他投资方拥有的可行使的实质性权利包括提出议案的主动性权利和对议案予以批准或否定的被动性权利,当这些权利不仅仅是保护性权利时,其他方拥有的这些权利可能导致投资方不能控制被投资方。

第二,保护性权利。本准则第十二条规定,保护性权利仅为了保护权利持有人利益却没有赋予持有人对相关活动的决策权。其通常包括应由股东大会(或股东会,下同)行使的修改公司章程,增加或减少注册资本,发行公司债券,公司合并、分立、解散或变更公司形式等事项持有的表决权。例如,少数股东批准超过正常经营范围的资本性支出或发行权益工具、债务工具的权利。再如,贷款方限制借款方从事损害贷款方权利的活动的权利,这些活动将对借款方信用风险产生不利影响从而损害贷款方权利,以及贷款方在借款方发生违约行为时扣押其资产的权利等。

保护性权利通常只能在被投资方发生根本性改变或某些例外情况发生时才能够行使,它既没有赋予其持有人对被投资方拥有权力,也不能阻止被投资方的其他投资方对被投资方拥有权力。仅享有保护性权利的投资方不拥有对被投资方的权力。

保护性权利通常只能在被投资方发生根本性改变或某些例外情况发生时才能够行使,但并不是所有在例外情况下行使的权利或在不确定事项发生时才能行使的权利都是保护性权利。例如,当被投资方的活动和回报已被预先设定,只有在发生某些特定事项时才需要进行决策,且这些决策将对被投资方的回报产生重大影响时,这些特定事项引发的活动才属于相关活动,就此行使的权利就不是保护性权利。对于有权主导这些相关活动的投资者,在判断其对被投资方是否拥有权力时,不需要考虑这些特定事项是否已经发生。

对于被投资方作为特许权经营方(被特许人)的情况,特许经营协议通常赋予特许人保护特许品牌的权利,也赋予特许人一些与被特许人经营相关的决策权。一般而言,这些权利并不限制其他方作出对被特许人回报产生重大影响的决策权利,也不一定使得特许人当前有能力主导对被特许人的相关活动。被特许人依据特许经营协议的条款能够自行决定其业务运营。在对被投资方进行分析时,需要区分两种不同的权利:一是当前有能力作出对被特许人回报产生重大影响的决策权利,二是有能力作出保护特许品牌的决策权利。被特许人的法律形式和资本结构等基本决策也可以由特许人之外的其他方行使并会对被特许人的回报产生重大影响。当其他方享有现时权利使其当前有能力主导被特许人的相关活动时，特许人没有拥有对被特许人的权力。特许人提供的财务支持越少，特许人面临的被特许人的回报的可变性越小，则特许人就越有可能只拥有保护性权利。

投资方持有被投资方半数以上表决权的情况通常包括如下三种：一是投资方直接持有被投资方半数以上表决权，二是投资方间接持有被投资方半数以上表决权，三是投资方以直接和间接方式合计持有被投资方半数以上表决权。

2. 投资方持有被投资方半数或以下表决权，但通过与其他表决权持有人之间的协议能够控制半数以上表决权。投资方自己持有的表决权虽然只有半数或以下，但通过与其他表决权持有人之间的协议使其可以持有足以主导被投资方相关活动的表决权，从而拥有对被投资方的权力。该类协议安排需确保投资方能够主导其他表决权持有人的表决，即，其他表决权持有人按照投资方的意愿进行表决，而不是投资方与其他表决权持有人协商并根据双方协商一致的结果进行表决。

3. 投资方拥有多数表决权但没有权力。确定持有半数以上表决权的投资方是否拥有权力，关键在于该投资方现时是否有能力主导被投资方的相关活动。当其他投资方现时有权力能够主导被投资方的相关活动，且其他投资方不是投资方的代理人时，投资方就不拥有对被投资方的权力。当表决权不是实质性权利时，即使投资方持有被投资方多数表决权，也不拥有对被投资方的权力。例如，被投资方相关活动被政府、法院、管理人、接管人、清算人或监管人等其他方主导时，投资方虽然持有多数表决权，但也不可能主导被投资方的相关活动。被投资方自行清算的除外。

4. 持有被投资方半数或半数以下表决权。持有半数或半数以下表决权的投资方（或者虽持有半数以上表决权，但表决权比例仍不足以主导被投资方相关活动的投资方，本部分以下同），应综合考虑下列事实和情况，以判断其持有的表决权与相关事实和情况相结合是否赋予投资方拥有对被投资方的权力。

第一，投资方持有的表决权份额相对于其他投资方持有的表决权份额的大小，以及其他投资方持有表决权的分散程度。投资方持有的绝对表决权比例或相对于其他投资方持有的表决权比例越高，其现时能够主导被投资方相关活动的可能性越大；为否决投资方意见而需要联合的其他投资方越多，投资方现时能够主导被投资方相关活动的可能性越大。

【例32-5】根据投资方相对于其他投资方持有的表决权份额的大小以及表决权的分散程度判断合并范围

A公司持有B公司48%有表决权股份，剩余股份由分散的小股东持有，所有小股东单独持有的有表决权股份均未超过1%，且他们之间或其中一部分股东均未达成进行集体决策的协议。

本例中，在判断A公司是否拥有对B公司的权力时，由于A公司虽然持有的B公司有表决权的股份（48%）不足50%，但是，根据其他股东持有股份的相对规模及其分散程度，且其他股东之间未达成集体决策协议等情况，可以判断A公司拥有对B公司的权力。

第二，投资方和其他投资方持有的潜在表决权。潜在表决权是获得被投资方表决权的权利，例如，可转换工具、可执行认股权证、远期股权购买合同或其他期权所产生的权利。确定潜在表决权是否赋予其持有者权力时需要考虑下列三方面。

（1）潜在表决权工具的设立目的和设计，以及投资方涉入被投资方其他方式的目的和设计。

（2）潜在表决权是否为实质性权利，判断控制仅考虑满足实质性权利要求的潜在表决权。

（3）投资方是否持有其他表决权或其他与被投资方相关的表决权，这些权利与投资方持有的潜在表决权结合后是否赋予投资方拥有对被投资方的权力。

【例32-6】根据投资方和其他投资方持有的潜在表决权判断合并范围1

A公司与B公司分别持有被投资方70%及30%有表决权的股份。A公司与B公司签订的期权合同规定，B公司可以在当前及未来两年内以固定价格购买A公司持有的被投资方50%有表决权股份，该期权在当前及预计未来两年内都是深度价外期权（即依据期权合约的条款设计，使得买方B公司到期前行权的可能性极小）。历史上，A公司一直通过表决权主导被投资方的相关活动。

本例中，B公司当前持有购买A公司有表决权股份的可行使期权，如果行使该期权，将使B公司持有被投资方80%有表决权的股份。但由于这些期权在当前及预计未来两年内都是深度价外期权，B公司无法从该期权的行使中获利，因此，这些期权并不构成实质性权利，在评估B公司是否拥有对被投资方的权力时不应予以考虑。

【例32-7】根据投资方和其他投资方持有的潜在表决权判断合并范围2

A公司与其他两个投资方各自持有被投资方三分之一的表决权。除了权益工具外，A公司同时持有被投资方发行的可转换债券，这些可转换债券可以在当前及未来两年内任何时间以固定价格转换为被投资方的普通股。按照该价格，当前该期权为价外期权，但非深度价外期权。被投资方的经营活动与A公司密切相关（例如，降低A公司的运营成本、确保稀缺产品的供应等）。如可转换债券全部转换为普通股，A公司将持有被投资方60%的表决权。本例中，可转换债券到期可转换为普通股且全部转换为普通股后，A公司将持有被投资方60%的表决权，而其他两个投资方各持有被投资方20%的表决权，据此可以判断A公司能够主导被投资方的相关活动并从中获益。因此，A公司持有的潜在表决权为实质性权利。A公司持有的表决权与实质性潜在表决权相结合，使得A公司拥有对被投资方的权力。

第三，其他合同安排产生的权利。投资方可能通过持有的表决权和其他决策权相结合的方式使其当前能够主导被投资方的相关活动。例如，合同安排赋予投资方能够聘任被投资方董事会或类似权力机构多数成员，这些成员能够主导董事会或类似权力机构对相关活动的决策。但是，在不存在其他权利时，仅仅是被投资方对投资方的经济依赖（如供应商和其主要客户的关系），不会导致投资方对被投资方拥有权力。

【例32-8】根据其他合同安排产生的权利判断合并范围

A公司持有B公司40%有表决权股份，其他12个投资方各持有B公司5%有表决权股份，且他们之间或其中一部分股东之间不存在进行集体决策的协议。根据全体股东协议，A公司有权聘任或解聘董事会多数成员，董事会主导被投资者的相关活动。

本例中，A公司持有的B公司有表决权股份（40%）不足50%，且其他12个投资方各持有B公司5%有表决权股份，根据A公司自身持有股份的绝对规模和其他股东的相对规模，难以得出A公司对B公司拥有权力。但是，综合考虑全体股东协议授予A公司聘任或解聘董事会多数成员，以及其他股东之间不存在集体决策的协议，可以判断A公司对B公司拥有权力。

第四，其他相关事实或情况。如果根据上述第一至三项所列因素尚不足以判断投资方是否控制被投资方，根据本准则第十六条，应综合考虑投资方享有的权利、被投资方以往表决权行使情况及下列事实或情况进行判断。

（1）投资方是否能够任命或批准被投资方的关键管理人员，这些关键管理人员能够主导被投资方的相关活动。

（2）投资方是否能够出于自身利益决定或者否决被投资方的重大交易。

（3）投资方是否能够控制被投资方董事会等类似权力机构成员的任命程序，或者从其他表决权持有人手中获得代理投票权。

（4）投资方与被投资方的关键管理人员或董事会等类似权力机构中的多数成员是否存在关联关系（例如，被投资方首席执行官与投资方首席执行官为同一人）。

（5）投资方与被投资方之间是否存在特殊关系。在评价投资方是否拥有对被投资方的权力时，应当适当考虑这种特殊关系的影响，这种特殊关系可能为投资方享有权力提供了证据。特殊关系通常包括：被投资方的关键管理人员是投资方的现任或前任职工，被投资方的经营活动依赖于投资方（例如，被投资方依赖于投资方提供经营活动所需的大部分资金，投资方为被投资方的大部分债务提供了担保，被投资方在关键服务、技术、供应或原材料方面依赖于投资方，投资方掌握了如专利权、商标等对被投资方经营而言至关重要的资产，被投资方依赖于投资方为其提供具备与被投资方经营活动相关专业知识等的关键管理人员等），被投资方活动的重大部分有投资方参与其中或者是以投资方的名义进行的，投资方自被投资方承担可变回报的风险（或享有可变回报的收益）的程度远超过其持有的表决权或其他类似权利的比例（例如，投资方承担或有权获得被投资方回报的比例为70%但仅持有不到半数的表决权）等。

投资方持有被投资方表决权比例越低，否决投资方提出的关于相关活动的议案所需一致行动的其他投资者数量越少，投资者就越需要在更大程度上运用上述证据，以判断是否拥有主导被投资方相关活动的权力。

在被投资方的相关活动是通过表决权进行决策的情况下，当投资方持有的表决权比例不超过半数时，投资方在考虑了所有相关情况和事实后仍不能确定投资方是否拥有被投资方的权力的，投资方不控制被投资方。

【例32-9】根据其他相关事实或情况判断合并范围

A公司持有B公司45%有表决权股份，其他11个投资方各持有B公司5%有表决权股份。

本例中，根据A公司持有股份的绝对规模和与其他股东股份的相对规模难以判断A公司对B公司拥有权力。需要考虑其他事实和情况提供的证据，以判断A公司是否拥有对B公司的权力。

5. 权力来自表决权之外的其他权利。投资方对被投资方的权力通常来自表决权，但有时，投资方对一些主体的权力不是来自表决权，而是由一项或多项合同安排决定的。例如，证券化产品、资产支持融资工具、部分投资基金等结构化主体。结构化主体，是指在确定其控制方时没有将表决权或类似权利作为决定因素而设计的主体。主导该主体相关活动的依据通常是合同安排或其他安排形式。有关结构化主体的判断见《企业会计准则第41号——在其他主体中权益的披露》。

由于主导结构化主体的相关活动不是来自表决权（或类似权利），而是由合同安排决定的，这无形中加大了投资方有关是否拥有对该类主体权力的判断难度。本准则第十五条规定，投资方需要评估合同安排，以评价其享有的权利是否足够使其拥有对被投资方的权力。在评估时，投资方通常应考虑下列四个方面。

第一，在设立被投资方时的决策及投资方的参与度。在评估被投资方的设立目的和设计时，投资者应考虑设立被投资方时的决策及投资方的参与度，以判断相关交易条款与参与特点是否为投资方提供了足以获得权力的权利。参与被投资方的设立本身虽然不足以表明参与方控制被投资方，但可能使参与方有机会获得使其拥有对被投资方权力的权利。

第二，相关合同安排。投资方需考虑结构化主体设立之初的合同安排是否赋予投资方主导结构化主体相关活动的权利。例如，看涨期权、看跌期权、清算权等可能为投资方提供权力的合同安排。在评估对结构化主体是否拥有权力时，应当考虑投资方在这些合同安排中享有的决策权。

第三，仅在特定情况或事项发生时开展的相关活动。结构化主体的活动及其回报在其设计时就已经明确，除非特定情况或事项发生。当特定情况或事项发生时，只有对结构化主体回报产生重大影响的活动才属于相关活动。相应地，对这些相关活动具有决策权的投资方才享有权力。决策权依赖于特定情况或特定事件的发生这一事实本身并不表示该权利为保护性权利。

第四，投资方对被投资方做出的承诺。为确保结构化主体持续按照原定设计和计划开展活动，投资方可能会做出一些承诺（包括明确的承诺和暗示性的承诺），因而可能会增加投资方承担的可变回报风险，由此促使投资方更有动机获取足够多的权利，使其能够主导结构化主体的相关活动。投资方作出的确保此类主体遵守原定设计经营的承诺可能是投资方拥有权力的迹象，但其本身并不赋予投资方权力，也不会阻止其他方拥有权力。

【例32-10】权力来自表决权之外的其他权利

A公司为一家小额贷款公司，发起设立主体C，A公司向主体C转让一个资产池，其中包含多笔A公司向不同的第三方发放的期限在12个月内的小额贷款。主体C经批准以该资产池为基础资产公开发行一项资产管理计划，计划存续期为3年，自存续期内分期发行，每期期限为 1 年。第三方投资者共认购该计划 75%的份额（每个单一投资者认购的比例都小于 0.5%），A 公司认购剩余 25%的份额。

根据主体 C 设立时订立的章程和协议安排，主体 C 唯一的经营活动是按照既定的还款计划向贷款人收取本金和利息，并在收到款项后，在既定时间内扣除按与市场水平相当的费率计算的固定比例收取的手续费后，将款项按份额比例支付给资产管理计划的投资方。主体 C 日常活动的事务，如人事、财务、行政等管理事务均由与 A 公司和主体 C 不存在关联关系的第三方资产管理公司 B 负责管理并按市价收取管理费。资产管理计划存续期间的所有相关资金流均由独立于各方的第三方银行 D 托管并按市价收取资金托管费。

如果主体 C 在既定还款时间收取既定的款项，主体 C 则按照投资者的投资比例将收取的款项分配给投资者。

如果主体 C 未能在既定的还款时间内收取既定的款项，主体 C 则先将已收取的款项按约定比例分配后支付给除 A 公司以外的投资者，剩余部分再支付给 A 公司。当应收款项出现违约时，A 公司有权根据违约时间、抵押品情况、违约方信用等级调整主体 C 下一步的收款计划。当已收取的款项已经无法向除 A 公司以外的投资方进行足额支付时，主体 C 按照某一事先约定的价格将应收款项全部出售给 A 公司，由 A 公司开展进一步的收款或者债务重组安排。

本例中，第一，首先判断主体 C 为结构化主体且为被投资方，A 公司参与了主体 C 的设立。主体 C 设立的目的是管理和回收 A 公司发放的小额贷款。A 公司在主体 C 设立时的安排，包括认购资产管理计划的较大份额（25%）、承担劣后偿付的风险（即如果主体 C 未能在既定的还款时间内收取既定的款项，主体 C 先将已收取的款项按约定比例分配后支付给除 A 公司以外的投资者，剩余部分再支付给 A 公司），以及 A 公司将以固定价格收回全部应收款项（当已收取的款项已经无法向除 A 公司以外的投资方进行足额支付时）的承诺均显示出 A 公司承担了重大的回报可变性，表明其有动机获取对主体 C 的权力。

第二，确定主体 C 的相关活动是对违约应收款项的管理活动。原因在于：主体 C 在应收款项违约之前的活动仅仅是按照固定的还款计划向贷款人收取预先确定的款项并过手转交给投资方，同时收取固定比例的收款手续费，主体 C 的回报不存在重大不确定性；在应收款项出现违约时，A 公司根据实际情况管理违约应收款项并调整收款计划的方式，以及按照固定价格收回应收款项的约定都会对主体 C 的回报产生重大影响。因此，主体 C 的相关活动是对违约应收款项的管理活动，即使应收款项出售给 A 公司后，管理违约资产的活动由 A 公司开展而并非在主体 C 的法律框架下开展。

第三，在确定主体 C 的相关活动后，评估投资方对主体 C 的权力时，只应考虑与管理违约应收款项相关的权利，尽管该权利只会在应收款项发生违约的特定情况下才会被运用。当应收款项出现违约时，A 公司有权调整主体 C 下一步的收款计划或者债务重组安排，因此，A 公司享有对主体 C 的权力。

另外，结构化主体在设立后的运营中，由其法律上的权力机构表决的事项通常仅与行政事务相关，表决权对投资方的回报往往不具有重大的直接联系。因此，投资方在评估结构化主体设立目的和设计时，应考虑其被专门设计用于承担回报可变性的类型、投资方通过参与其相关活动是否承担了部分或全部的回报可变性等。

二、因参与被投资方的相关活动而享有可变回报。

判断投资方是否控制被投资方的第二项基本要素是因参与被投资方的相关活动而享有可变回报。本准则第十七条规定，可变回报是不固定的并可能随被投资方业绩而变动的回报，可能是正数，也可能是负数，或者有正有负。投资方在判断其享有被投资方的回报是否变动以及如何变动时，应当根据合同安排的实质，而不是法律形式。例如，投资方持有固定利率的交易性债券投资时，虽然利率是固定的，但该利率取决于债券违约风险及债券发行方的信用风险，因此，固定利率也可能属于可变回报。再如，管理被投资方资产获得的固定管理费也属于可变回报，因为管理者是否能获得此回报依赖于被投资方是否能够产生足够的收益用于支付该固定管理费。其他可变回报的例子包括以下几个。

（一）股利、被投资方经济利益的其他分配（例如，被投资方发行的债务工具产生的利息）、投资方对被投资方投资的价值变动。

（二）因向被投资方的资产或负债提供服务而得到的报酬、因提供信用支持或流动性支持收取的费用或承担的损失、被投资方清算时在其剩余净资产中所享有的权益、税务利益，以及因涉入被投资方而获得的未来流动性。

（三）其他利益持有方无法得到的回报。例如，投资方将自身资产与被投资方的资产一并使用，以实现规模经济，达到节约成本、为稀缺产品提供资源、获得专有技术或限制某些运营或资产的目的，从而提高投资方其他资产的价值。

投资方的可变回报通常体现为从被投资方获取股利。受法律法规的限制，投资方有时无法通过分配被投资方利润或盈余的形式获得回报，例如，当被投资方的法律形式为信托机构时，其盈利可能不以股利形式分配给投资者。此时，需要根据具体情况，以投资方的投资目的为出发点，综合分析投资方是否获得除股利以外的其他可变回报，被投资方不能进行利润分配并不必然代表投资方不能获取可变回报。

另外，即使只有一个投资方控制被投资方，也不能说明只有该投资方才能获取可变回报。例如，少数股东可以分享被投资方的利润。

【例32-11】因参与被投资方的相关活动而享有可变回报

沿用【例32-10】，由于A公司认购了主体C发行资产计划25%的份额，由此承担了主体C应收款项无法收回时本金和利息损失的重大风险。此外，A公司认购的份额还属于劣后偿付级别，且A公司将以固定价格收回全部应收款项（当已收取的款项已经无法向除A公司以外的投资方进行足额支付时），这些情况表明，与其他投资方相比，A公司承担了更大的回报可变性。A公司承担的可变回报与其对主体C所拥有的权力密切相关。

本例中，A公司通过行使其对主体C所拥有的权力主导主体C的相关活动（即对违约应收款项的管理），这一权力的实际行使情况将直接影响到A公司从主体C获得的可变回报。综合上述及【例32-10】中的分析，A公司享有对主体C的控制权，应将主体C纳入合并范围。

三、有能力运用对被投资方的权力影响其回报金额。

判断控制的第三项基本要素是有能力运用对被投资方的权力影响其回报金额。只有当投资方不仅拥有对被投资方的权力、通过参与被投资方的相关活动而享有可变回报，并且有能力运用对被投资方的权力来影响其回报的金额时，投资方才控制被投资方。因此，本准则第十八条规定，拥有决策权的投资方在判断是否控制被投资方时，需要考虑其决策行为是以主要责任人（即，实际决策人）的身份进行还是以代理人的身份进行。此外，在其他方拥有决策权时，投资方还需要考虑其他方是否是以代理人的身份代表该投资方行使决策权。

（一）投资方的代理人。

代理人是相对于主要责任人而言的，代表主要责任人行动并服务于该主要责任人的利益。主要责任人可能将其对被投资方的某些或全部决策权授予代理人，但在代理人代表主要责任人行使决策权时，代理人并不对被投资方拥有控制。主要责任人的权力有时可以通过代理人根据主要责任人的利益持有并行使，但权力行使人不会仅仅因为其他方能从其行权中获益而成为代理人。

在判断控制时，代理人的决策权应被视为由主要责任人直接持有，权力属于主要责任人而非代理人，因此，投资方应当将授予代理人的决策权视为自己直接持有的决策权，即使被投资方有多个投资方且其中两个或两个以上投资方有代理人。

决策者在确定其是否为代理人时，根据本准则第十九条规定，应综合考虑该决策者与被投资方以及其他方之间的关系，尤其需要考虑下列四项。

1. 决策者对被投资方的决策权范围。在评估决策权范围时，应考虑相关协议或法规允许决策者决策的活动，以及决策者对这些活动进行决策时的自主程度。与该评估相关的因素包括但不限于：被投资方的设立目的与设计、被投资方面临的风险及转移给其他投资方的风险，以及决策者在设计被投资方过程中的参与程度。例如，如果决策者参与被投资方设计的程度较深（包括确定决策权范围），则可能表明决策者有机会，也有动机获得使其有能力主导相关活动的权利，但这一情况本身并不足以认定决策者必然能够主导相关活动。允许决策者（如资产管理人）主导被投资方相关活动的决策权范围越广，越能表明决策者拥有权力，但并不意味着该决策者一定是主要责任人。

2. 其他方享有的实质性权利。其他方享有的实质性权利可能会影响决策者主导被投资方相关活动的能力。其他方持有实质性罢免权或其他权利并不一定表明决策者是代理人。存在单独一方拥有实质性罢免权并能够无理由罢免决策者的事实，足以表明决策者是代理人。当拥有此权利者超过一方，且不存在未经其他方同意即可罢免决策者的一方时，这些权利本身不足以表明决策者为其他方的代理人。在罢免决策者时需要联合起来行使罢免权的各方的数量越多，决策者的其他经济利益（即薪酬和其他利益）的比重和可变动性越强，则其他方所持有的权利在判断决策者是否是代理人时的权重就越轻。

在判断决策者是否是代理人时，应考虑其他方所拥有的限制决策者决策的实质性权利，这与考虑上述罢免权的方法相似。例如，决策者决策所需取得认可的其他方的数量越少，该决策者越有可能是代理人。在考虑其他方持有的权利时，应评估被投资方董事会（或其他权力机构）可行使的权利及其对决策权的影响。

3. 决策者的薪酬水平。相对于被投资方活动的预期回报，决策者薪酬的比重（量级）和可变动性越大，决策者越有可能不是代理人。当同时满足下列两项时，决策者有可能是代理人：一是决策者的薪酬与其所提供的服务相称；二是薪酬协议仅包括在公平交易基础上有关类似服务和技能水平商定的安排中常见的条款、条件或金额。决策者不能同时满足上述两个条件的，不可能是代理人。

4. 决策者因持有被投资方的其他利益而承担可变回报的风险。持有被投资方其他利益表明该决策者可能是主要责任人。对于在被投资方持有其他利益（如对被投资方进行投资或提供被投资方业绩担保）的决策者，在判断其是否为代理人时，应评估决策者因该利益所面临的可变回报的风险。评估时，决策者应考虑以下几项。

第一，决策者享有的经济利益（包括薪酬和其他利益）的比重和可变动性。决策者享有的经济利益的比重和可变动性越大，该决策者越有可能是主要责任人。

第二，决策者面临的可变回报风险是否与其他投资方不同，如果是，这些不同是否会影响其行为。例如，决策者持有次级权益，或向被投资方提供其他形式的信用增级，表明决策者可能是主要责任人。

决策者还应评估所承担的可变回报风险相对于被投资方回报总体变动的风险而言的程度。该评估主要应根据预期从被投资方的活动中得到的回报，但也应考虑决策者通过持有其他利益而承担的被投资方可变回报的最大风险。

综合上述四项因素的分析，当存在单独一方持有实质性罢免权并能无理由罢免决策者时，决策者属于代理人。除此以外，需综合考虑上述四项因素以判断决策者是否作为代理人行使决策权。

【例32-12】根据是否为投资方的代理人判断合并范围1

某主体A作为资产管理人发起设立一项投资计划，为多个投资者提供投资机会。主体A在投资授权设定的范围内，以全体投资者的利益最大化为前提作出决策，并拥有较大主导投资计划相关活动的决策权，包括具体资产的配置、买入卖出时点以及投资资产出现风险时（如信用违约等）的后续管理等。主体A按照计划资产净值的1%加上达到特定盈利水平后投资计划利润的20%收取管理费，该管理费符合市场和行业惯例，与主体A提供的服务相称。

本例假定：参与该计划的投资者人数较多，单个投资者的投资比例均小于0.5%且投资者之间不存在关联关系；该投资计划设有年度投资者大会，经出席该会议的投资者所持份额的三分之二以上一致通过，可以罢免主体A的资产管理人资格，不存在可以无理由罢免主体A的资产管理人资格的单独一方的投资者；主体A自身持有该投资计划2%的份额，主体A没有为该计划的其他投资者提供保证其收回初始投资及最低收益率的承诺，主体A对超过其2%投资以外的损失不承担任何义务。

本例中，由于没有任何一方可以无条件罢免主体A的资产管理人资格，因此，主体A在确定其是投资计划的主要责任人还是代理人时需要结合其他因素进一步分析。

主体A对于投资计划享有较大的决策权，可以主导投资计划的相关活动。虽然投资计划设立了年度投资者大会，但由于投资者人数较多，且单个投资者之间不存在关联关系，不太可能出现较多非关联的投资者集合在一起进行表决并否决主体A的情况。因此，结合主体A的决策权范围和其他方持有的权利，可以得出主体A拥有对该投资计划的权力。

主体A收取的管理费与其服务相称这一事实表明，主体A可能作为代理人行使权力。为进一步判断主体A是否为代理人，还需要考虑主体A持有的份额，主体A还持有该投资计划2%的份额，该投资加大了主体A面临的可变回报风险，但该风险尚未重大到表明主体A是主要责任人的程度。

根据上述分析，主体A为该投资计划的代理人。

【例32－13】根据是否为投资方的代理人判断合并范围2

沿用【例32－12】，本例假定：在主体A违反合同的情况下，其他投资者有权罢免主体A。主体A自身持有该投资计划20%的份额，主体A没有为该计划的其他投资者提供保证收回初始投资及最低收益率的承诺，主体A没有对超过该20%的投资承担任何额外损失的义务。

本例中，投资方有权在主体A违约时罢免主体A。由于该权利只有在主体A违约时才能行使，该权利属于保护性权利，但是，主体A通过与其服务相称的管理费以及20%的直接投资承担并有权获取投资计划的可变回报，且该回报的比重和可变动性均较为重大的情况表明，主体A通过对投资计划行使权力而影响其回报的金额和程度较大，主体A享有较大的实质性权利。因此，主体A为该投资计划的主要责任人。

在不同事实和情况下（例如，资产管理人的薪酬或其他因素不同），形成控制所要求的投资比例可能会不同。

【例32－14】根据是否为投资方的代理人判断合并范围3

沿用【例32－12】，本例假定：投资计划设有董事会，所有董事都独立于主体A，并由其他投资者任命。董事会每年任命资产管理人。如果董事会决定不再继续聘任主体A，主体A提供的服务可以由同行业的其他主体接替。主体A自身持有该投资计划20%的份额，主体A没有为该计划的其他投资者提供保证收回初始投资及最低收益率的承诺，主体A没有对超过该20%的投资承担任何额外损失的义务。

本例中，主体A收取的管理费以及持有的20%投资表明，主体A承担并有权获取投资计划的可变回报，并且该回报的比重和可变动性足以表明其为主要责任人，但是，独立于主体A的投资者组成的董事会可以罢免主体A，这样，有权任命董事的其他投资者拥有罢免主体A的实质性权利。因此，应综合考虑董事会的构成、决策机制等情况判断该罢免权是否为实质性权利。如果该罢免权属于实质性权利，则在分析主体A是否为代理人时，应给予该项实质性罢免权以更大的权重。因此，尽管主体A拥有较大的决策权，并面临重大的可变回报风险，如果综合相关因素判断其他投资者享有实质性罢免权，则表明主体A是代理人。

【例32－15】根据是否为投资方的代理人判断合并范围4

沿用【例32－12】，本例假定：在主体A违反合同的情况下，其他投资者有权罢免主体A。主体A自身持有该投资计划5%的份额，主体A为该投资计划的其他投资者提供了保证收回初始投资的承诺。

本例中，主体A拥有对该投资计划的实质性权利，其他投资者拥有的罢免权为保护性权利。尽管主体A通过管理费以及5%的投资面临的可变回报风险不足以表明主体A是主要责任人,但主体A为计划的其他投资者提供保证本金收回的事实表明,主体A承担的可变回报风险较大,同时表明,主体A所面临的可变回报风险与其他投资者不同。这种情况下,应进一步结合投资计划可能的业绩情况,评估主体A承担的可变回报风险程度(包括考虑该项可变回报风险的差异是否会影响主体A的行为),从而判断主体A是主要责任人还是代理人。

(二)实质代理人。

在判断控制时,投资方应当考虑与所有其他方之间的关系,他们是否代表投资方行动(即,识别投资方的"实质代理人"),以及其他方之间、其他方与投资方之间如何互动。上述关系不一定在合同安排中列明。当投资方(或有能力主导投资方活动的其他方)能够主导某一方代表其行动时,被主导方为投资方的实质代理人。在这种情况下,投资方在判断是否控制被投资方时,应将其实质代理人的决策权以及通过实质代理人而间接承担(或享有)的可变回报风险(或权利)与其自身的权利一并考虑。

根据各方的关系,表明一方可能是投资方的实质代理人的情况包括但不限于:投资方的关联方;因投资方出资或提供贷款而取得在被投资方中权益的一方;未经投资方同意,不得出售、转让或抵押其持有的被投资方权益的一方(不包括此项限制系通过投资方和其他非关联方之间自愿协商同意的情形);没有投资方的财务支持难以获得资金支持其经营的一方;被投资方权力机构的多数成员或关键管理人员与投资方权力机构的多数成员或关键管理人员相同;与投资方具有紧密业务往来的一方,如专业服务的提供者与其中一家重要客户的关系。

四、对被投资方可分割部分的控制。

本准则第二十条规定,投资方通常应当对是否控制被投资方整体进行判断。但在少数情况下,如果有确凿证据表明同时满足下列条件并且符合相关法律法规规定的,投资方应当将被投资方的一部分(以下简称"该部分")视为被投资方可分割部分,进而判断是否控制该部分:

(一)该部分的资产是偿付该部分负债或该部分其他权益的唯一来源,不能用于偿还该部分以外的被投资方的其他负债;

(二)除与该部分相关的各方外,其他方不享有与该部分资产相关的权利,也不享有与该部分资产剩余现金流量相关的权利。

因此,实质上该部分的所有资产、负债及相关权益均与被投资方的其他部分相隔离,即:该部分的资产产生的回报不能由该部分以外的被投资方其他部分使用,该部分的负债也不能用该部分以外的被投资方资产偿还。

如果被投资方的一部分资产和负债及相关权益满足上述条件,构成可分割部分,则投资方应当基于控制的判断标准确定其是否能够控制该可分割部分,包括考虑该可分割部分的相关活动及其决策机制,投资方是否有能力主导可分割部分的相关活动并据以从中取得可变回报等。如果投资方控制该可分割部分,则应将其进行合并。此时,其他方在考虑是否控制并合并被投资方时,应仅对被投资方的剩余部分进行评估,不包括该可分割部分。

【例32-16】根据对被投资方可分割部分的控制判断合并范围1

甲公司和乙公司在2×01年成立了一家合营企业丙公司,生产和销售一种特殊的建筑材料 A，甲与乙共同控制丙公司。2×08年，甲公司想继续投资 A 材料的高端产品 A1，由于种种原因，甲公司计划通过丙公司进行 A1 产品的生产和销售。因此，甲公司、乙公司与丙公司达成如下协议安排。

在丙公司内部设立 A1 项目部，专门负责 A1 产品的生产和销售。A1 项目部所需要的资金全部由甲公司提供。A1 项目部独立核算，产生的净利润全部归属于甲公司，其净利润的计算公式为：

A1 产品净利润 = 销售 A1 产品的全部收入 − 能够直接归属于 A1 项目的全部成本税金及费用 − 按照约定的计算公式分配给 A1 项目的成本税金及费用

A1 项目的所有资产和负债均全部归属于甲公司。A1 项目的财务和经营等相关活动的决策完全由甲公司作出，乙公司对此不干涉。

本例中，根据相关法律的规定，丙公司是一个法人主体，如果丙公司被其债务人起诉，要求以丙公司的资产来偿还债务，则可能出现，A1 项目部相关资产被用于偿还 A 项目负债的情况。因此，A1 项目部并非可分割部分，不应认定为可分割部分。

【例32−17】根据对被投资方可分割部分的控制判断合并范围2

A 公司为有限责任公司，专门从事房地产开发，其主要经营活动为在 B 地块上开发住宅和商业地产项目。B 地块的开发分三期执行，各期地块的开发成本和销售收入分设三个独立子账套进行单独核算管理，但与各期开发相关的开发支出均由 A 公司作为同一法人主体进行清偿，各期项目相关的增值税、土地增值税及所得税等相关税收也均由 A 公司作为同一纳税主体进行统一申报和清算。各地块的相关经营决策互相独立，其经营损益分别归属于不同的权利人。

本例中，虽然各期开发项目区分了三个账套进行独立核算管理，但是，这并不足以说明其中一期开发项目的有关资产、负债和权益均与其余各期的剩余部分相隔离。各期开发支出和相应税费仍以 A 公司作为单一主体进行清偿就表明某期资产并非仅承担与该期资产相关的负债，某期资产也并非与该开发相关的负债的唯一支付来源。

因此，本例中的各期开发项目并非可分割的部分，不应被认定为可分割部分。

五、控制的持续评估。

控制的评估是持续的，当环境或情况发生变化时，投资方需要评估控制的三项基本要素中的一项或多项是否发生了变化。如果有任何事实或情况表明控制的三项基本要素中的一项或多项发生了变化，投资方应重新评估对被投资方是否具有控制。

（一）如果对被投资方的权力的行使方式发生变化，该变化必须反映在投资方对被投资方权力的评估中。例如，决策机制的变化可能意味着投资方不再通过表决权主导相关活动，而是由协议或者合同等其他安排赋予其他方主导相关活动的现时权利。

（二）某些事件即使不涉及投资方，也可能导致该投资方获得或丧失对被投资方的权力。例如，其他方以前拥有的能阻止投资方控制被投资方的决策权到期失效，则可能使投资方因此而获得权力。

（三）投资方应考虑因其参与被投资方相关活动而承担的可变回报风险敞口的变化带来

的影响。例如，如果拥有权力的投资方不再享有可变回报（如与业绩相关的管理费合同到期），则该投资方将由于不满足控制三要素的第二要素而丧失对被投资方的控制。

（四）投资方还应考虑其作为代理人或主要责任人的判断是否发生了变化。投资方与其他方之间整体关系的变化可能意味着原为代理人的投资方不再是代理人；反之亦然。例如，如果投资方或其他方的权利发生了变化，投资方应重新评估其代理人或主要责任人的身份。

投资方有关控制的判断结论，或者初始评估其是主要责任人或代理人的结果，不会仅因为市场情况的变化（如因市场情况的变化导致被投资方的可变回报发生变化）而变化，除非市场情况的变化导致控制三要素的一项或多项发生了变化，或导致主要责任人与代理人之间的关系发生变化。

六、投资性主体。

本准则第二十一条规定，母公司应当将其全部子公司（包括母公司所控制的被投资单位可分割部分、结构化主体）纳入合并范围。如果母公司是投资性主体，则只应将那些为投资性主体的投资活动提供相关服务的子公司纳入合并范围，其他子公司不应予以合并，应按照公允价值计量且其变动计入当期损益。

一个投资性主体的母公司如果其本身不是投资性主体，则应当将其控制的全部主体，包括投资性主体以及通过投资性主体间接控制的主体，纳入合并财务报表范围。

（一）投资性主体的定义。

根据本准则第二十二条，投资性主体的定义中包含了三个需要同时满足的条件：一是该公司以向投资方提供投资管理服务为目的，从一个或多个投资者获取资金；二是该公司的唯一经营目的，是通过资本增值、投资收益或两者兼有而让投资者获得回报；三是该公司按照公允价值对几乎所有投资的业绩进行计量和评价。

1. 以向投资方提供投资管理服务为目的。投资性主体的主要活动是向投资者募集资金，且其目的是为这些投资者提供投资管理服务，这是一个投资性主体与其他主体的显著区别。

2. 唯一经营目的是通过资本增值、投资收益或两者兼有而获得回报。投资性主体的经营目的一般可能通过其设立目的、投资管理方式、投资期限、投资退出战略等体现出来，例如，一个基金在募集说明书中可能说明其投资的目的是实现资本增值、一般情况下的投资期限较长、制定了比较清晰的投资退出战略等，这些描述与投资性主体的经营目的是一致的；反之，一个基金的经营目的如果是与被投资方合作开发、生产或者销售某种产品，则说明其不是一个投资性主体。

第一，向投资方或第三方提供投资相关服务。投资性主体为实现其经营目的，可能向投资方或者第三方提供投资咨询、投资管理、投资的日常行政管理及支持等服务，这些服务并不影响该主体符合投资性主体的条件，即使这些服务构成其业务的重要部分，因为这些服务是投资性主体经营的延伸。

第二，向被投资方提供其他服务和支持。投资性主体可能向被投资方提供管理或战略建议服务，或者贷款或担保等财务方面的支持，当这些活动与其获取资本增值或者投资收益的整体目的一致，且这些活动本身并不构成一项单独的重要收入来源时，该主体的经营目的仍然可能符合投资性主体的经营目的。当投资性主体设立专门为被投资方提供投资咨询、投资管理等服务的子公司时，该投资性主体应该合并这一子公司。

第三，投资目的及回报方式。主体有时出于多种目的投资于另一个主体。例如，从事高科技产品研发、生产和销售的企业集团，发起设立了一家基金专门投资于一些尚处于研发初期的创新企业以获取资本增值。同时，企业集团与该基金签订协议，双方约定：如果其中某项高科技产品研发成功，该集团享有优先购买权。这种情况下，该基金的经营目的除了获取资本增值外，还包含了为其企业集团获取新产品开发的渠道，获取资本增值并不是该基金的唯一经营目的，因此，该基金不符合投资性主体的条件。

不符合投资性主体投资目的及回报的情况包括但不仅限于：该主体或其所在企业集团其他成员购买、使用、交换或开发被投资方的流程、资产或技术，该主体与被投资方就开发、生产、销售或提供产品或服务达合营安排或其他协议，被投资方为该主体的借款提供财务担保或以被投资方的资产作为抵押，该主体的关联方持有的、可从所在集团其他成员处购买该主体持有的被投资方所有者权益的购买选择权，该主体或所在集团其他成员与被投资方的关联方之间的非公允交易，且该交易属于被投资方或该主体经营活动的重大组成部分等。

当主体的投资战略是投资于同一个行业、地区或者市场的多个主体以在被投资方之间形成协同效应时，即使该主体存在上述非公允交易，该主体也不会仅因为被投资方之间的交易而被认定为不符合投资性主体。

第四，退出战略。投资性主体与非投资性主体的一个区别是投资性主体不打算无限期持有其投资。退出战略明确了其退出投资的时间表，没有退出战略，可能表明其计划无限期地持有相关投资。这是因为权益性投资和非金融资产投资通常是无限期持有。将有期限的债务工具持有至到期，可以视为存在退出战略，因为主体不可能无限期持有这类债务工具。没有退出战略的永续债投资，表明可能该主体计划无限期持有。仅针对违约事项的退出机制不被视为退出战略。

3. 按照公允价值对投资业绩进行计量和评价。投资性主体定义的基本要素之一是以公允价值作为其首要的计量和评价属性，因为相对于合并子公司财务报表或者按照权益法核算对联营企业或合营企业的投资而言，公允价值计量所提供的信息更具有相关性。公允价值计量体现在：在会计准则允许的情况下，在向投资方报告其财务状况和经营成果时应当以公允价值计量其投资；向其关键管理人员提供公允价值信息，以供他们据此评估投资业绩或作出投资决策。但投资性主体没有必要以公允价值计量其固定资产等非投资性资产或其负债。

（二）投资性主体的特征。

本准则第二十三条规定，投资性主体通常应当具备下列四个特征：一是拥有一个以上投资；二是拥有一个以上投资者；三是投资者不是该主体的关联方；四是该主体的所有者权益以股权或类似权益存在。当主体不完全具备上述四个特征时，需要审慎评估，判断是否有确凿证据证明虽然缺少其中一个或几个特征，但该主体仍然符合投资性主体的定义。

1. 拥有一个以上投资。

一个投资性主体通常会同时持有多项投资以分散风险、最大化回报，但通过直接或间接持有对另一投资性主体（该主体持有多项投资）的一项投资的主体也可能是投资性主体。当主体刚设立、尚未寻找到多个符合要求的投资项目，或者刚处置了部分投资、尚未进行新的投资,或者该主体正处于清算过程中时,即使主体仅持有一项投资,该主体仍可能是投资性主体。另外,如果某项投资要求较高的最低出资额,单个投资方很难进行如此高额的投资时,可能设立投资性主体用以募集多个投资方的资金进行集中投资。

2. 拥有一个以上投资者。

投资性主体通常拥有多个投资者,拥有多个投资者使投资性主体或其所在企业集团中的其他企业获取除资本增值、投资收益外的收益的可能性减少。当主体刚刚设立、正在积极识别合格投资者,或者原持有的权益已经赎回、正在寻找新的投资者,或者处于清算过程中时,即使主体仅拥有一个投资者,该主体仍可能符合投资性主体的定义。还有一些特殊的投资性主体,其投资者只有一个,但其目的是代表或支持一个较大的投资者集合的利益而设立的。例如,某企业设立一个年金基金,其目的是支持该企业职工退休后福利,该基金的投资者虽然只有一个,但却代表了一个较大的投资者集合的利益,仍然属于投资性主体。

3. 投资者不是该主体的关联方。

投资性主体通常拥有若干投资者,这些投资者既不是其关联方,也不是所在集团中的其他成员,这一情况使得投资性主体或其所在企业集团中的其他企业获取除资本增值、投资收益外的收益的可能性减少。但是,关联投资者的存在并非表明该主体一定不是投资性主体。例如,某基金的投资方之一可能是该基金的关键管理人员出资设立的企业,其目的是更好地激励基金的关键管理人员,这一安排并不影响该基金符合投资性主体的定义。

4. 该主体的所有者权益以股权或类似权益存在。

投资性主体通常是单独的法律主体,但没有要求投资性主体必须是单独的法律主体。但无论其采取何种形式,其所有者权益通常采取股权或者类似权益的形式(例如,合伙权益),且净资产按照所有者权益比例份额享有。然而,拥有不同类型的投资者,并且其中一些投资者可能仅对某类或某组特定投资拥有权利,或者不同类型的投资者对净资产享有不同比例的分配权的情况,并不说明该主体不是一个投资性主体。

【例32-18】根据投资性主体的特征判断合并范围1

A有限合伙企业于2×10年设立,合伙年限为10年。根据合伙协议,A有限合伙企业的设立目的是投资于有潜力高速增长的企业以实现资本增值。H公司作为一般合伙人拥有A有限合伙企业1%的资本,并承担识别合适投资的责任,75%的有限合伙人向A有限合伙企业提供了99%的资本,这些有限合伙人与H公司不存在关联关系。

A有限合伙企业成立当年,没有合适的投资。2×11年,A有限合伙企业获得对B公司的控制权,2×12年获得对其他5家经营公司的权益投资。除上述情况外,A有限合伙企业不从事其他活动。A有限合伙企业以公允价值计量和评价其投资,并向一般合伙人H公司和其他外部投资者提供这些信息。A有限合伙企业计划在合伙年限内以直接出售、推动某投资公司公开上市后出售该投资公司股份等方式处置这些投资。

本例中,A有限合伙企业在2×10年至2×12年符合投资性主体的定义,主要原因如下:一是A有限合伙企业的资金主要由有限合伙人提供,并向有限合伙人提供投资管理服务;二是A有限合伙企业的唯一活动是向经营公司进行权益投资以实现资本增值,A有限合伙企业有明确的退出战略；三是 A 有限合伙企业以公允价值计量和评价其投资，并向其投资者提供这些信息。

【例 32-19】根据投资性主体的特征判断合并范围 2

A 技术公司设立 B 高新技术基金，以投资于高新技术创业公司而获取资本增值。A 技术公司持有 B 高新技术基金 70% 的权益并且控制该基金，该基金其余 30% 的权益由其他 10 个不相关投资者持有。

A 技术公司同时持有以公允价值购买 B 基金持有投资的选择权，如果行使该选择权，A 技术公司将受益于 B 基金被投资者开发的技术。B 基金没有明确的退出投资的计划，且 B 基金由该基金投资者代理人作为投资顾问管理。

本例中，即使 B 基金的经营目的是为资本增值而进行投资，并向其投资者提供投资管理服务，B 基金也不是投资性主体，主要原因如下：一是 A 公司持有购买 B 基金持有投资的选择权，B 基金被投资方开发的资产将使 A 技术公司受益，这样，除资本增值外，B 基金还提供了其他利益；二是 B 基金的投资计划不包括作为权益投资的投资退出战略，A 技术公司持有的选择权并非由 B 基金控制，也不构成退出战略。

（三）投资性主体的转换。

投资性主体的判断需要持续进行，当有事实和情况表明构成投资性主体定义的三项要素发生变化，或者任何典型特征发生变化时，应当重新评估其是否符合投资性主体的定义。

当母公司由非投资性主体转变为投资性主体时，除仅将为其投资活动提供相关服务的子公司纳入合并财务报表范围编制合并财务报表外，母公司自转变日起对其他子公司不应予以合并，其会计处理参照部分处置子公司股权但不丧失控制权的处理原则：终止确认与其他子公司相关资产（包括商誉）及负债的账面价值，以及其他子公司相关少数股东权益（包括属于少数股东的其他综合收益）的账面价值，并按照对该子公司的投资在转变日的公允价值确认一项以公允价值计量且其变动计入当期损益的金融资产，同时将对该子公司的投资在转变日的公允价值作为处置价款，其与当日合并财务报表中该子公司净资产（资产、负债及相关商誉之和，扣除少数股东权益）的账面价值之间的差额，调整资本公积（资本溢价或股本溢价），资本公积不足冲减的，调整留存收益。

当母公司由投资性主体转变为非投资性主体时，应将原未纳入合并财务报表范围的子公司于转变日纳入合并财务报表范围，将转变日视为购买日，原未纳入合并财务报表范围的子公司于转变日的公允价值视为购买的交易对价，按照非同一控制下企业合并的会计处理方法行会计处理。

32.2.3 合并程序

一、合并财务报表的编制原则。

合并财务报表作为财务报表，必须符合财务报表编制的一般原则和基本要求，这些基本要求包括真实可靠、内容完整、重要性等。合并财务报表的编制除了遵循财务报表编制的一般原则和要求外，还应遵循一体性原则，即合并财务报表反映的是由多个主体组成的企业集团的财务状况、经营成果和现金流量。在编制合并财务报表时应当将母公司和所有子公司作为整体来看待，视为一个会计主体，母公司和子公司发生的经营活动都应当从企业集团这一整体的角度进行考虑，包括对项目重要性的判断。

在编制合并财务报表时，对于母公司与子公司、子公司相互之间发生的经济业务，应当视为同一会计主体的内部业务处理，对合并财务报表的财务状况、经营成果和现金流量不产生影响。另外，对于某些特殊交易，如果站在企业集团角度的确认和计量与个别财务报表角度的确认和计量不同，还需要站在企业集团角度就同一交易或事项予以调整。

二、编制合并财务报表的前期准备工作。

合并财务报表的编制涉及多个子公司，为了使编制的合并财务报表准确、全面反映企业集团的真实情况，必须做好一系列的前期准备工作，主要包括以下几个方面。

（一）统一母子公司的会计政策。

会计政策是编制财务报表的基础。统一母公司和子公司的会计政策是保证母子公司财务报表各项目反映内容一致的基础。只有在财务报表各项目反映的内容一致的情况下，才能对其进行加总，编制合并财务报表。因此，在编制合并财务报表前，应统一要求子公司所采用的会计政策与母公司保持一致。对一些境外子公司，由于所在国家或地区法律、会计政策等方面的原因，确实无法使其采用的会计政策与母公司所采用的会计政策保持一致，则应当要求其按照母公司所采用的会计政策，重新编报财务报表，也可以由母公司根据自身所采用的会计政策对境外子公司报送的财务报表进行调整，以重编或调整编制的境外子公司的财务报表，作为编制合并财务报表的基础。

需要注意的是，我国境内企业设在境外的子公司在境外发生的交易或事项，因受法律法规限制等境内不存在或交易不常见，企业会计准则未作出规范的，可以将境外子公司已经进行的会计处理结果，在符合基本准则的原则下，按照国际财务报告准则进行调整后，并入境内母公司合并财务报表的相关项目。

（二）统一母子公司的资产负债表日及会计期间。

母公司和子公司的个别财务报表只有在反映财务状况的日期和反映经营成果的会计期间都一致的情况下，才能进行合并。为了编制合并财务报表，必须统一企业集团内母公司和所有子公司的资产负债表日和会计期间，使子公司的资产负债表日和会计期间与母公司的资产负债表日和会计期间保持一致，以便于子公司提供相同资产负债表日和会计期间的财务报表。

对于境外子公司，由于当地法律限制确实不能与母公司财务报表决算日和会计期间一致的，母公司应当按照自身的资产负债表日和会计期间对子公司的财务报表进行调整，以调整后的子公司财务报表为基础编制合并财务报表，也可以要求子公司按照母公司的资产负债表日和会计期间另行编制报送其个别财务报表。

（三）对子公司以外币表示的财务报表进行折算。

对母公司和子公司的财务报表进行合并，其前提必须是母子公司个别财务报表所采用的货币计量单位一致。外币业务比较多的公司应该遵循外币折算准则有关选择记账本位币的相关规定，在符合准则规定的基础上，确定是否采用某一种外币作为记账本位币。在将境外经营纳入合并范围时，应该按照外币折算准则的相关规定进行处理。

（四）收集编制合并财务报表的相关资料。

合并财务报表以母公司和其子公司的财务报表以及其他有关资料为依据，由母公司合并有关项目的数额编制。为编制合并财务报表，母公司应当要求子公司及时提供下列有关资料：

1. 子公司相应期间的财务报表；
2. 采用的与母公司不一致的会计政策及其影响金额；
3. 与母公司不一致的会计期间的说明；
4. 与母公司及与其他子公司之间发生的所有内部交易的相关资料，包括但不限于内部购销交易、债权债务、投资及其产生的现金流量和未实现内部销售损益的期初、期末余额及变动情况等资料；
5. 子公司所有者权益变动和利润分配的有关资料。
6. 编制合并财务报表所需要的其他资料。

三、合并财务报表格式。

根据本准则规定，合并财务报表至少包括合并资产负债表、合并利润表、合并所有者权益变动表和合并现金流量表。其中，一般企业、商业银行、保险公司和证券公司等的合并资产负债表、合并利润表和合并所有者权益变动表以《企业会计准则第30号——财务报表列报》应用指南（2014）（以下简称"财务报表列报应用指南"）的相关报表为基础，增加下列项目。

（一）合并资产负债表中：①在"所有者权益"项目下增加"归属于母公司所有者权益合计"项目，用于反映企业集团的所有者权益中归属于母公司所有者权益的部分，包括实收资本（或股本）、资本公积、库存股、其他综合收益、盈余公积、专项储备、一般风险准备、未分配利润、其他等项目的金额；②在"所有者权益"项目下，增加"少数股东权益"项目，用于反映非全资子公司的所有者权益中不属于母公司的份额。

（二）合并利润表中：①在"净利润"项目下增加"归属于母公司所有者的净利润"和"少数股东损益"两个项目，分别反映净利润中由母公司所有者享有的份额和非全资子公司当期实现的净利润中归属于少数股东的份额。同一控制下企业合并增加子公司的，当期合并利润表中还应在"净利润"项目下增加"其中：被合并方在合并前实现的净利润"项目，用于反映同一控制下企业合并中取得的被合并方在合并日前实现的净利润。②在"综合收益总额"项目下增加"归属于母公司所有者的综合收益总额"和"归属于少数股东的综合收益总额"两个项目，分别反映综合收益总额中由母公司所有者享有的份额和非全资子公司当期综合收益总额中归属于少数股东的份额。

（三）合并所有者权益变动表中，应增加"少数股东权益"栏目，反映少数股东权益变动的情况。另外，参照合并资产负债表中的"专项储备""一般风险准备""资本公积""其他综合收益"等项目的列示，合并所有者权益变动表中应单列上述各栏目反映。

合并现金流量表的格式与《企业会计准则第31号——现金流量表》应用指南（2006）中现金流量报表的格式基本相同。

对于纳入合并财务报表的子公司既有一般工商企业，又有金融企业等的，如果母公司在企业集团经营中权重较大，以母公司主业是一般企业还是金融企业确定其报表类别，根据集团其他业务适当增加其他报表类别的相关项目；如果母公司在企业集团经营中权重不大，以企业集团的主业确定其报表类别，根据集团其他业务适当增加其他报表类别的相关项目；对于不符合上述情况的，合并财务报表采用一般企业报表格式，根据集团其他业务适当增加其他报表类别的相关项目。

四、合并财务报表的编制程序。

合并财务报表编制的一般程序如下。

（一）设置合并工作底稿。

合并工作底稿的作用是为合并财务报表的编制提供基础。在合并工作底稿中，对母公司和纳入合并范围的子公司的个别财务报表各项目的数据进行汇总、调整和抵销处理，最终计算得出合并财务报表各项目的合并数。

（二）将个别财务报表的数据过入合并工作底稿。

将母公司和纳入合并范围的子公司的个别资产负债表、个别利润表、个别现金流量表及个别所有者权益变动表各项目的数据过入合并工作底稿，并在合并工作底稿中对母公司和子公司个别财务报表各项目的数据进行加总，计算得出个别资产负债表、个别利润表、个别现金流量表及个别所有者权益变动表各项目合计数额。

（三）编制调整分录和抵销分录。

根据本准则第三十条、第三十四条、第四十一条和第四十五条等编制调整分录与抵销分录，进行调整抵销处理是合并财务报表编制的关键和主要内容，其目的在于将因会计政策及计量基础的差异对个别财务报表的影响进行调整，以及将个别财务报表各项目的加总数据中重复的因素等予以抵销或调整等。

（四）计算合并财务报表各项目的合并金额。

在母公司和纳入合并范围的子公司个别财务报表项目加总金额的基础上，分别计算合并财务报表中各资产项目、负债项目、所有者权益项目、收入项目和费用项目等的合并金额。其计算方法如下。

1. 资产类项目，其合并金额根据该项目加总的金额，加上该项目调整分录与抵销分录有关的借方发生额，减去该项目调整分录与抵销分录有关的贷方发生额计算确定。

2. 负债类和所有者权益类项目，其合并金额根据该项目加总的金额，减去该项目调整分录与抵销分录有关的借方发生额，加上该项目调整分录与抵销分录有关的贷方发生额计算确定。

3. 有关收入、收益、利得类项目，其合并金额根据该项目加总的金额，减去该项目调整分录与抵销分录的借方发生额，加上该项目调整分录与抵销分录的贷方发生额计算确定。

4. 有关成本费用、损失类项目和有关利润分配的项目，其合并金额根据该项目加总的金额，加上该项目调整分录与抵销分录的借方发生额，减去该项目调整分录与抵销分录的贷方发生额计算确定。

5. "专项储备"和"一般风险准备"项目由于既不属于实收资本（或股本）、资本公积，也与留存收益、未分配利润不同，在长期股权投资与子公司所有者权益相互抵销后，应当按归属于母公司所有者的份额予以恢复。

（五）填列合并财务报表。

根据合并工作底稿中计算出的资产、负债、所有者权益、收入、成本费用类以及现金流量表中各项目的合并金额,填列生成正式的合并财务报表。

合并所有者权益变动表也可以根据合并资产负债表和合并利润表进行编制。

五、报告期内增减子公司的处理。

(一)增加子公司。

母公司因追加投资等原因控制了另一个企业即实现了企业合并,应当根据《企业会计准则第20号——企业合并》(以下简称"企业合并准则")的规定编制合并日或购买日的合并财务报表。在企业合并发生当期的期末和以后会计期间,母公司应当根据本准则的规定编制合并财务报表,分别以下情况进行处理。

1. 同一控制下企业合并增加的子公司或业务,视同合并后形成的企业集团报告主体自最终控制方开始实施控制时一直是一体化存续下来的。编制合并资产负债表时,应当调整合并资产负债表的期初数,合并资产负债表的留存收益项目应当反映母子公司视同一直作为一个整体运行至合并日应实现的盈余公积和未分配利润的情况,同时应当对比较报表的相关项目进行调整;编制合并利润表时,应当将该子公司或业务自合并当期期初至报告期末的收入、费用、利润纳入合并利润表,而不是从合并日开始纳入合并利润表,同时应当对比较报表的相关项目进行调整。由于这部分净利润是因企业合并准则所规定的同一控制下企业合并的编表原则所致,而非母公司管理层通过生产经营活动实现的净利润,因此,应当在合并利润表中单列"其中:被合并方在合并前实现的净利润"项目进行反映;在编制合并现金流量表时,应当将该子公司或业务自合并当期期初到报告期末的现金流量纳入合并现金流量表,同时应当对比较报表的相关项目进行调整。

2. 非同一控制下企业合并或其他方式增加的子公司或业务,应当从购买日开始编制合并财务报表,在编制合并资产负债表时,不调整合并资产负债表的期初数,企业以非货币性资产出资设立子公司或对子公司增资的,需要将该非货币性资产调整恢复至原账面价值,并在此基础上持续编制合并财务报表;在编制合并利润表时,应当将该子公司或业务自购买日至报告期末的收入、费用、利润纳入合并利润表;在编制合并现金流量表时,应当将该子公司购买日至报告期期末的现金流量纳入合并现金流量表。

(二)处置子公司。

在报告期内,如果母公司处置子公司或业务,失去对子公司或业务的控制,被投资方从处置日开始不再是母公司的子公司,不应继续将其纳入合并财务报表的合并范围,在编制合并资产负债表时,不应当调整合并资产负债表的期初数;在编制合并利润表时,应当将该子公司或业务自当期期初至处置日的收入、费用、利润纳入合并利润表;在编制合并现金流量表时,应将该子公司或业务自当期期初至处置日的现金流量纳入合并现金流量表。

六、合并财务报表综合案例。

本案例说明了合并财务报表的一般编制程序,主要包括合并资产负债表、合并利润表、合并现金流量表和合并所有者权益变动表及合并财务报表工作底稿的编制方法和过程。

【例32-20】合并财务报表综合案例

A股份有限公司(以下简称"A公司")是一家从事新能源产业开发的上市公司。2×13

年1月1日，A公司以定向增发普通股股票的方式，从非关联方处购买取得了B股份有限公司（以下简称"B公司"）70%的股权，于同日通过产权交易所完成了该项股权转让程序，并完成了工商变更登记。A公司定向增发普通股股票5 000万股，每股面值为1元，每股市场价格为2.95元。A公司与B公司属于非同一控制下的公司。

（一）B公司2×13年1月1日（购买日）资产负债表有关项目信息列示如下。

1. 股东权益总额为16 000万元。其中：股本为10 000万元，资本公积为4 000万元，盈余公积为600万元，未分配利润为1 400万元。

2. 应收账款账面价值为1 960万元，经评估的公允价值为1 560万元；存货的账面价值为10 000万元，经评估的公允价值为11 000万元；固定资产账面价值为9 000万元，经评估的公允价值为12 000万元，固定资产评估增值为公司办公楼增值，该办公楼采用年限平均法计提折旧，该办公楼的剩余折旧年限为15年。

（二）B公司2×13年12月31日资产负债表有关项目信息列示如下。

1. 股东权益总额为19 150万元。其中：股本为10 000万元，资本公积为4 000万元，其他综合收益150万元（可供出售金融资产公允价值变动的利得），盈余公积为1 600万元，未分配利润为3 400万元。

2. 2×13年全年实现净利润5 250万元，当年提取盈余公积1 000万元，年末向股东宣告分配现金股利2 250万元，现金股利款项尚未支付。

3. 截至2×13年12月31日，应收账款按购买日评估确认的金额收回，评估确认的坏账已核销；购买日发生评估增值的存货当年已全部实现对外销售。

（三）2×13年，A公司和B公司内部交易和往来事项列示如下。

1. 截至2×13年12月31日，A公司个别资产负债表应收账款中有480万元为应收B公司账款，该应收账款账面余额为500万元，A公司当年计提坏账准备20万元。B公司个别资产负债表中应付账款中列示有应付A公司账款500万元。

2. 2×13年5月1日，A公司向B公司销售商品1 000万元，商品销售成本为700万元，B公司以支票支付商品价款500万元，其余价款待商品售出后支付。B公司购进的该商品本期全部未实现对外销售而形成年末存货。2×13年年末，B公司对存货进行检查时，发现该商品已经部分陈旧，其可变现净值已降至980万元。为此，B公司2×13年年末对该存货计提存货跌价准备20万元，并在其个别财务报表中列示。

2×13年6月1日，B公司向A公司销售商品1 200万元，商品销售成本为800万元，A公司以支票支付全款。A公司购进该商品本期40%未实现对外销售。年末，A公司对剩余存货进行检查，并未发生存货跌价损失。

3. 2×13年6月20日，A公司将其资产原值为1 000万元，账面价值为600万元的某厂房，以1 200万元的价格变卖给B公司作为厂房使用，B公司以支票支付全款。该厂房预计剩余使用年限为15年，A公司和B公司均采用直线法对其计提折旧。

A公司取得B公司可辨认资产、负债和所有者权益在购买日的公允价值备查簿见表32-1；2×13年1月1日，A公司资产负债表、B公司资产负债表及资产负债公允价值见表32-2；2×13年12月31日，A公司、B公司资产负债表见表32-4；2×13年，A公司、

B公司当年利润表、现金流量表和所有者权益变动表分别见表32-5至表32-7。

假定A公司、B公司均是我国境内公司，A公司计划长期持有对B公司的股权，不考虑上述合并事项中所发生的审计、评估、股票发行以及法律服务等相关费用，B公司的会计政策和会计期间与A公司一致，购买日，B公司资产和负债的公允价值与其计税基础之间形成的暂时性差异均符合确认递延所得税资产或递延所得税负债的条件，不考虑A公司、B公司除企业合并和编制合并财务报表之外的其他税费，两家公司适用的所得税税率均为25%。除非有特别说明，本案例中的资产和负债的账面价值与计税基础相同。（本案例的会计分录的金额单位以万元表示）

（一）合并范围的确定。

本例中，A公司持有B公司70%表决权股份，能够主导B公司的经营、财务等相关活动，表明A公司对B公司拥有权力。且A公司可通过参与B公司的经营、财务等相关活动而影响并享有可变回报（如A公司可以决定B公司股利分配决策并取得B公司分配的股利等），因此A公司对B公司的财务决策和经营决策等均具有实质性权利，即A公司有能力运用对B公司的权力影响其回报金额。综上所述，A公司对B公司的权力符合本准则中的控制定义，因此A公司编制合并财务报表时，应当将B公司纳入合并范围。

（二）购买日合并资产负债表的编制。

本例中，A公司购买B公司股权形成了非同一控制下的企业合并，按照企业合并准则的规定，非同一控制下的企业合并，母公司应当编制购买日的合并资产负债表，因企业合并取得的被购买方各项可辨认资产、负债应当以公允价值列示，母公司应当设置备查簿，记录企业合并中取得的子公司各项可辨认资产、负债在购买日的公允价值。

A公司取得B公司可辨认资产、负债和所有者权益在购买日的公允价值备查簿见表32-1。

表32-1 A公司购买股权备查簿——B公司 单位：万元

购买日：2×13年1月1日　　　　购买价：14 750万元　　　　本次交易后累计持股：70%

项目	购买日账面价值	购买日公允价值	公允价值与账面价值的差额	剩余使用年限	公允价值变动调整折旧或摊销额（年）	公允价值变动调整后余额	备注
流动资产	17 500	18 100	600				
其中：应收账款	1 960	1 560	-400				
存货	10 000	11 000	1 000				
非流动资产	11 500	14 500	3 000				
其中：固定资产——B公司办公楼	1 000	4 000	3 000	15	200	2 800	采用年限平均法计提折旧
资产总计	29 000	32 600	3 600				
流动负债	10 500	10 500	0				
非流动负债	2 500	2 500	0				

续表

项目	购买日账面价值	购买日公允价值	公允价值与账面价值的差额	剩余使用年限	公允价值变动调整折旧或摊销额（年）	公允价值变动调整后余额	备注
负债合计	13 000	13 000	0				
实收资本（或股本）	10 000	10 000	0				
资本公积	4 000						
盈余公积	600	600	0				
未分配利润	1 400	1 400	0				
所有者权益合计	16 000	19 000	3 000				
负债和所有者权益总计	29 000	32 600	3 600				

2×13 年 1 月 1 日，A 公司资产负债表和 B 公司资产负债表及评估确认的资产负债公允价值见表 32-2。

表 32-2 资产负债表（简表）

会企 01 表

编制单位：A 公司　　　　　　　　2×13 年 1 月 1 日　　　　　　　　单位：万元

资产	A 公司	B 公司 账面价值	B 公司 公允价值	负债和所有者权益（或股东权益）	A 公司	B 公司 账面价值	B 公司 公允价值
流动资产				流动负债：			
货币资金	4 500	2 100	2 100	短期借款	6 000	2 500	2 500
交易性金融资产	2 000	900	900	交易性金融负债	1 900	0	0
应收票据	2 350	1 500	1 500	应付票据	5 000	1 500	1 500
应收账款	2 900	1 960	1 560	应付账款	9 000	2 100	2 100
预付款项	1 000	440	440	预收款项	1 500	650	650
应收利息	0	0	0	应付职工薪酬	3 000	800	800
应收股利	2 100	0	0	应交税费	1 000	600	600
其他应收款	0	0	0	应付利息	0	0	0
存货	15 500	10 000	11 000	应付股利	2 000	2 000	2 000
其他流动资产	650	600	600	其他应付款	0	0	0
流动资产合计	31 000	17 500	18 100	其他流动负债	600	350	350
非流动资产				流动负债合计	30 000	10 500	10 500
可供出售金融资产	3 000	700	700	非流动负债：			
持有至到期投资	5 500	0	0	长期借款	2 000	1 500	1 500

续表

资产	A 公司	B 公司		负债和所有者权益（或股东权益）	A 公司	B 公司	
		账面价值	公允价值			账面价值	公允价值
长期应收款	0	0	0	应付债券	10 000	1 000	1 000
长期股权投资	16 000	0	0	长期应付款	1 000	0	0
固定资产	10 500	9 000	12 000	递延所得税负债	0	0	0
在建工程	10 000	1 000	1 000	其他非流动负债	0	0	0
无形资产	2 000	800	800	非流动负债合计	13 000	2 500	2 500
商誉	0	0	0	负债合计	43 000	13 000	13 000
长期待摊费	0	0	0	所有者权益（或股东权益）：			
递延所得税资产	0	0	0	实收资本（或股本）	20 000	10 000	10 000
其他非流动资产	0	0	0	资本公积	5 000	4 000	7 600
非流动资产合计	47 000	11 500	14 500	减：库存股	0	0	0
				其他综合收益	0	0	0
				盈余公积	5 500	600	600
				未分配利润	4 500	1 400	1 400
				所有者权益合计	35 000	16 000	19 600
资产总计	78 000	29 000	32 600	负债和所有者权益（或股东权益）总计	78 000	29 000	32 600

1. 对母子公司个别资产负债表的调整。

（1）调整母公司长期股权投资的入账价值。

A 公司将购买取得 B 公司 70% 的股权作为长期股权投资入账的会计处理如下：

借：长期股权投资——B 公司（2.95×5 000）　　　　14 750（1）
　　贷：股本　　　　　　　　　　　　　　　　　　　 5 000
　　　　资本公积　　　　　　　　　　　　　　　　　 9 750

（2）调整子公司资产和负债的公允价值。

编制购买日的合并资产负债表时，根据 A 公司购买 B 公司设置的股权备查簿中登记的信息，将 B 公司资产和负债的评估增值或减值分别调增或调减相关资产和负债项目的金额。根据税法规定，在购买日子公司 B 公司的资产和负债的计税基础还是其原来的账面价值。购买日子公司资产和负债的公允价值与其计税基础之间的差异，形成暂时性差异。在符合有关原则和确认条件的情况下，编制购买日合并财务报表时，需要对该暂时性差异确认相应的递延所得税资产或递延所得税负债。

本例中,B公司应收账款的公允价值低于其计税基础的金额为400(1 960 – 1 560)万元,形成可抵扣暂时性差异,应当对其确认递延所得税资产100(400×25%)万元;存货的公允价值高于其计税基础的金额为1 000(11 000 – 10 000)万元,形成应纳税暂时性差异,应当对其确认递延所得税负债250(1 000×25%)万元;固定资产中的办公楼的公允价值高于其计税基础的金额为3 000(4 000 – 1 000)万元,形成应纳税暂时性差异,应当对其确认递延所得税负债750(3 000×25%)万元。在合并工作底稿中的调整分录如下:

借:存货	1 000 (2)
固定资产	3 000
递延所得税资产	100
贷:应收账款	400
递延所得税负债(250 + 750)	1 000
资本公积	2 700

2. 母公司长期股权投资与子公司所有者权益的抵销处理。

经过对B公司资产和负债的公允价值调整后,B公司所有者权益总额 = 16 000 + 2 700 = 18 700(万元),A公司对B公司所有者权益中拥有的份额为13 090(18 700×70%)万元,A公司对B公司长期股权投资的金额为14 750万元,因此合并商誉为1 660(14 750 – 13 090)万元。A公司购买B公司股权所形成的商誉,在A公司个别财务报表中表示对B公司长期股权投资的一部分,在编制合并财务报表时,将长期股权投资与在子公司所有者权益中所拥有的份额相抵销,其抵销差额在合并资产负债表中则表现为商誉。A公司长期股权投资与其在B公司所有者权益中拥有份额的抵销分录如下:

借:股本	10 000 (3)
资本公积	6 700
盈余公积	600
未分配利润	1 400
商誉	1 660
贷:长期股权投资——B公司	14 750
少数股东权益	5 610

需要注意的是,母子公司有交互持股情形的,在编制合并财务报表时,对于母公司持有的子公司股权,与通常情况下母公司长期股权投资与子公司所有者权益的合并抵销处理相同。对于子公司持有的母公司股权,应当按照子公司取得母公司股权日所确认的长期股权投资的初始投资成本,将其转为合并财务报表中的库存股;对于子公司持有母公司股权所确认的投资收益(如利润分配或现金股利),应当进行抵销处理。子公司将所持有的母公司股权分类为可供出售金融资产的,按照公允价值计量的,同时冲销子公司累计确认的公允价值变动。

3. 编制购买日合并资产负债表工作底稿及合并资产负债表。

根据上述调整分录和抵销分录,A公司编制购买日合并资产负债表工作底稿,见表32 – 3。

表32-3 合并资产负债表工作底稿

会企01表

编制单位：A公司　　　　　　　　　　　2×13年1月1日　　　　　　　　　　　单位：万元

项目	A公司	B公司	合计金额	调整分录 借方	调整分录 贷方	抵销分录 借方	抵销分录 贷方	合并金额
流动资产								
货币资金	4 500	2 100	6 600					6 600
交易性金融资产	2 000	900	2 900					2 900
应收票据	2 350	1 500	3 850					3 850
应收账款	2 900	1 960	4 860		(2) 400			4 460
预付款项	1 000	440	1 440					1 440
应收利息	0	0	0					0
应收股利	2 100	0	2 100					2 100
其他应收款	0	0	0					0
存货	15 500	10 000	25 500	(2) 1 000				26 500
其他流动资产	650	600	1 250					1 250
流动资产合计	31 000	17 500	48 500	1 000	400	0	0	49 100
非流动资产								
可供出售金融资产	3 000	700	3 700					3 700
持有至到期投资	5 500	0	5 500					5 500
长期应收款	0	0	0					0
长期股权投资	16 000	0	16 000	(1) 14 750			(3) 14 750	16 000
固定资产	10 500	9 000	19 500	(2) 3 000				22 500
在建工程	10 000	1 000	11 000					11 000
无形资产	2 000	800	2 800					2 800
商誉	0	0	0			(3) 1 660		1 660
递延所得税资产	0	0	0	(2) 100				100
其他非流动资产	0	0	0					0
非流动资产合计	47 000	11 500	58 500	17 850	0	1 660	14 750	63 260
资产总计	78 000	29 000	107 000	18 850	400	1 660	14 750	112 360
流动负债								

续表

项目	A公司	B公司	合计金额	调整分录 借方	调整分录 贷方	抵销分录 借方	抵销分录 贷方	合并金额
短期借款	6 000	2 500	8 500					8 500
交易性金融负债	1 900	0	1 900					1 900
应付票据	5 000	1 500	6 500					6 500
应付账款	9 000	2 100	11 100					11 100
预收款项	1 500	650	2 150					2 150
应付职工薪酬	3 000	800	3 800					3 800
应交税费	1 000	600	1 600					1 600
应付利息	0	0	0					0
应付股利	2 000	2 000	4 000					4 000
其他应付款	0	0	0					0
其他流动负债	600	350	950					950
流动负债合计	30 000	10 500	40 500					40 500
非流动负债								
长期借款	2 000	1 500	3 500					3 500
应付债券	10 000	1 000	11 000					11 000
长期应付款	1 000	0	1 000					1 000
递延所得税负债	0	0	0		(2) 1 000			1 000
其他非流动负债	0	0	0					0
非流动负债合计	13 000	2 500	15 500		1 000			16 500
负债合计	43 000	13 000	56 000		1 000			57 000
所有者权益（或股东权益）								
实收资本（或股本）	20 000	10 000	30 000	(1) 5 000		(3) 10 000		25 000
资本公积	5 000	4 000	9 000	(1) 9 750 (2) 2 700		(3) 6 700		14 750
其他综合收益	0	0	0					0
盈余公积	5 500	600	6 100			(3) 600		5 500

续表

项目	A公司	B公司	合计金额	调整分录 借方	调整分录 贷方	抵销分录 借方	抵销分录 贷方	合并金额
未分配利润	4 500	1 400	5 900			(3) 1 400		4 500
归属于母公司所有者权益合计	35 000	16 000	51 000		17 450	18 700	0	49 750
少数股东权益							(3) 5 610	5 610
所有者权益合计	35 000	16 000	51 000	0	17 450	18 700	5 610	55 360
负债和所有者权益总计	78 000	29 000	107 000	0	18 450	18 700	5 610	112 360

根据上述合并资产负债表工作底稿中各项目的合并金额,编制购买日的合并资产负债表(略)。

(三)购买日后合并财务报表的编制。

根据本准则规定,母公司应当以自身和其子公司的财务报表为基础,根据其他有关资料,编制合并财务报表。

A公司和B公司2×13年12月31日资产负债表见表32-4。

表32-4 资产负债表(简表)

会企01表

编制单位:A公司/B公司　　　　2×13年12月31日　　　　单位:万元

资产	A公司	B公司	负债和所有者权益(或股东权益)	A公司	B公司
流动资产			流动负债:		
货币资金	2 850	3 250	短期借款	5 000	2 400
交易性金融资产	1 500	2 500	交易性金融负债	2 000	1 200
应收票据	3 600	1 800	应付票据	6 500	1 800
应收账款	4 250	2 550	应付账款	9 000	2 600
预付款项	750	1 250	预收款项	2 000	1 950
应收利息	0	0	应付职工薪酬	2 500	800
应收股利	2 400	0	应交税费	1 350	700
其他应收款	250	650	应付利息	0	0
存货	18 500	9 000	应付股利	0	2 250
其他流动资产	900	500	其他应付款	2 650	200

续表

资产	A公司	B公司	负债和所有者权益（或股东权益）	A公司	B公司
流动资产合计	35 000	21 500	其他流动负债	1 000	450
非流动资产			流动负债合计	32 000	14 350
可供出售金融资产	4 500	900	非流动负债：		
持有至到期投资	7 000	2 000	长期借款	2 000	2 400
长期应收款	0	0	应付债券	10 000	3 500
长期股权投资	34 750	0	长期应付款	3 000	0
固定资产	14 000	13 000	递延所得税负债	0	100
在建工程	6 500	1 200	其他非流动负债	0	0
无形资产	3 000	900	非流动负债合计	15 000	6 000
商誉	0	0	负债合计	47 000	20 350
长期待摊费	0	0	所有者权益（或股东权益）：		
递延所得税资产	0	0	实收资本（或股本）	25 000	10 000
其他非流动资产	0	0	资本公积	14 750	4 000
非流动资产合计	69 750	18 000	其他综合收益	0	150
			盈余公积	9 000	1 600
			未分配利润	9 000	3 400
			所有者权益合计	57 750	19 150
资产总计	104 750	39 500	负债和所有者权益（或股东权益）总计	104 750	39 500

A公司和B公司2×13年度利润表见表32—5。

表32—5 利润表（简表）

会企02表

编制单位：A公司/B公司　　　　　2×13年度　　　　　单位：万元

项目	A公司	B公司
一、营业收入	75 000	47 400
二、营业总成本	55 400	41 200
其中：营业成本	48 000	36 500
税金及附加	900	500
销售费用	2 600	1 700

续表

项目	A公司	B公司
管理费用	3 000	1 950
财务费用	600	400
资产减值损失	300	150
加：公允价值变动收益（损失以"-"号填列）	4 900	100
投资收益（损失以"-"号填列）	0	0
三、营业利润（亏损以"-"号填列）	24 500	6 300
加：营业外收入	800	1 200
减：营业外支出	1 300	500
四、利润总额（亏损以"-"号填列）	24 000	7 000
减：所得税费用	6 000	1 750
五、净利润（净亏损以"-"号填列）	18 000	5 250
六、其他综合收益的税后净额	0	150
（一）以后不能重分类进损益的其他综合收益	0	0
（二）以后将重分类进损益的其他综合收益	0	150
其中：可供出售金融资产公允价值变动的利得或损失	0	150
七、综合收益总额	18 000	5 400

A公司和B公司2×13年度现金流量表见表32-6。

表32-6　现金流量表（简表）

会企03表

编制单位：A公司/B公司　　　　　2×13年度　　　　　单位：万元

项目	A公司	B公司
一、经营活动产生的现金流量		
销售商品、提供劳务收到的现金	53 000	45 000
收到其他与经营活动有关的现金	0	0
经营活动现金流入小计	53 000	45 000
购买商品、接受劳务支付的现金	42 400	36 600
支付给职工以及为职工支付的现金	6 000	4 500
支付的各项税费	4 495	1 775
支付其他与经营活动有关的现金	0	0

续表

项目	A公司	B公司
经营活动现金流出小计	52 895	42 875
经营活动产生的现金流量净额	105	2 125
二、投资活动产生的现金流量		
取得投资收益收到的现金	125	0
处置固定资产、无形资产和其他长期资产收回的现金净额	100	0
收到其他与投资活动有关的现金	0	0
投资活动现金流入小计	225	0
购建固定资产、无形资产和其他长期资产支付的现金净额	1 030	225
投资支付的现金	0	0
支付其他与投资活动有关的现金	0	0
投资活动现金流出小计	1 030	225
投资活动产生的现金流量净额	-805	-225
三、筹资活动产生的现金流量		
吸收投资收到的现金	0	0
收到其他与筹资活动有关的现金	0	0
筹资活动现金流入小计	0	0
偿还债务支付的现金	950	750
支付其他与筹资活动有关的现金	0	0
筹资活动现金流出小计	950	750
筹资活动产生的现金流量净额	-950	-750
四、汇率变动对现金的影响	0	0
五、现金及现金等价物净增加额	-1 650	1 150
加：期初现金及现金等价物余额	4 500	2 100
六、期末现金及现金等价物余额	2 850	3 250

A公司和B公司2×13年度所有者权益变动表见表32-7。

表32-7 所有者权益变动表

2×13年度

编制单位：A公司/B公司　　　　　　　　　　　　　　　　　　　　　　　会企04表　单位：万元

项目	A公司							B公司						
	实收资本（或股本）	资本公积	减：库存股	其他综合收益	盈余公积	未分配利润	所有者权益合计	实收资本（或股本）	资本公积	减：库存股	其他综合收益	盈余公积	未分配利润	所有者权益合计
一、上年年末余额	20 000	5 000		0	5 500	4 500	35 000	10 000	4 000		0	600	1 400	16 000
加：会计政策变更														
前期差错更正														
二、本年年初余额	20 000	5 000		0	5 500	4 500	35 000	10 000	4 000		0	600	1 400	16 000
三、本年增减变动金额（减少以"-"填列）														
（一）综合收益总额						18 000	18 000				150		5 250	5 400
（二）所有者投入和减少资本	5 000	9 750					14 750							
1. 所有者投入资本	5 000	9 750					14 750							
2. 股份支付计入所有者权益的金额														
3. 其他														
（三）利润分配														
1. 提取盈余公积					3 500	-3 500	0					1 000	-1 000	0
2. 对所有者（或股东）的分配						-10 000	-10 000						-2 250	-2 250

续表

项目	A公司								B公司							
	实收资本（或股本）	资本公积	减:库存股	其他综合收益	盈余公积	未分配利润	所有者权益合计		实收资本（或股本）	资本公积	减:库存股	其他综合收益	盈余公积	未分配利润	所有者权益合计	
3. 其他																
（四）所有者权益内部结转																
1. 资本公积转增资本（或股本）																
2. 盈余公积转增资本（或股本）																
3. 盈余公积弥补亏损																
4. 其他																
四、本年年末余额	25 000	14 750			9 000	9 000	57 750		10 000	4 000		150	1 600	3 400	19 150	

1. 对母子公司个别财务报表的调整处理。

(1) 调整子公司资产和负债的公允价值。

根据 A 公司购买 B 公司设置的股权备查簿中登记的信息,将 B 公司资产和负债的评估增值或减值分别调增或调减相关资产和负债项目的金额。在合并工作底稿中的调整分录如下:

借:存货	1 000 (1)
固定资产	3 000
递延所得税资产	100
贷:应付账款	400
递延所得税负债(250 +750)	1 000
资本公积	2 700

(2) 根据子公司已实现的公允价值调整当期净利润。

本例中,合并财务报表要求以子公司资产、负债的公允价值为基础进行确认,而子公司个别财务报表是按其资产、负债的原账面价值为基础编制的,其当期计算的净利润也是以其资产、负债的原账面价值为基础计算的结果。

因此,上述公允价值与原账面价值存在差额的资产或负债项目,在经营过程中因资产的折旧、摊销和减值等对子公司当期净利润的影响,需要在净利润计算中予以反映。在合并财务报表工作底稿中的调整分录如下:

借:营业成本	1 000 (2)
管理费用	200
应收账款	400
贷:存货	1 000
固定资产	200
资产减值损失	400

因此,经已实现公允价值调整后的 B 公司 2×13 年度净利润 =5 250 +400(因购买日应收账款公允价值减值的实现而调减资产减值损失)−1 000(因购买日存货公允价值增值的实现而调增营业成本)−200(因固定资产公允价值增值计算的折旧而调增管理费用)=4 450 (万元)。

(3) 递延所得税资产或递延所得税负债的暂时性差异的转回。

由于 B 公司应收账款按购买日评估的确认的金额已收回,评估确认的坏账已核销,因递延所得税资产的转回而增加当期所得税费用 100(400×25%)万元;由于 B 公司购买日发生评估增值的存货当年已全部实现对外销售,因递延所得税负债的转回而减少当期所得税费用 250(1 000×25%)万元;由于 B 公司购买日发生增值的办公楼 2×13 年年末应纳税暂时性差异为 2 800(3 000 −200)万元应确认的递延所得税负债为 700(2 800×25%)万元,因递延所得税负债的转回而减少当期所得税费用 50(750 −700)万元。在合并财务报表工作底稿中的调整分录如下:

借:递延所得税负债(250 +50)	300 (3)
贷:递延所得税资产	100

所得税费用　　　　　　　　　　　　　　　　　　　　　　　　　　　　200

因此，考虑递延所得税后B公司当年净利润为4 650（4 450+200）万元。

（4）按照权益法调整母公司财务报表项目。

编制合并财务报表时，按照权益法对母公司个别财务报表进行调整。本例中，应当调整A公司2×13年投资B公司取得的投资收益3 255（4 650×70%）万元，已确认取得的B公司已宣告分派的现金股利1 575（2 250×70%）万元以及B公司本期其他综合收益150万元中归属于A公司的份额105（150×70%）万元。在合并财务报表工作底稿中的调整分录如下：

借：长期股权投资（3 255+105）　　　　　　　　　　　　　3 360（4）
　　投资收益　　　　　　　　　　　　　　　　　　　　　　1 575
　贷：投资收益　　　　　　　　　　　　　　　　　　　　　　　3 255
　　　长期股权投资　　　　　　　　　　　　　　　　　　　　　1 575
　　　其他综合收益　　　　　　　　　　　　　　　　　　　　　　105

2. 抵销合并财务报表相关项目。

（1）抵销长期股权投资与所有者权益项目。

将A公司对B公司的长期股权投资与其在B公司股东权益中拥有的份额予以抵销。B公司2×13年年末经调整后的未分配利润=1 400（年初）+4 650（经已实现公允价值和递延所得税调整后的本年净利润）-1 000（提取盈余公积）-2 250（分派股利）=2 800（万元）；B公司本期由于可供出售金融资产公允价值变动增加其他综合收益150万元，其中归属于A公司的份额为105（150×70%）万元，归属于少数股东的份额为45（150-105）万元；A公司2×13年年末对B公司长期股权投资为16 535（14 750+3 255-2 250×70%+105）万元；少数股东权益为6 375［5 610（2×13年1月1日少数股东投入资本）+1 395（4 650×30%，本年少数股东损益）+45（归属于少数股东的其他综合收益）-675（2 250×30%，本年对少数股东的利润分配）］万元。在合并财务报表工作底稿中的抵销分录如下：

借：股本　　　　　　　　　　　　　　　　　　　　　　　　10 000（5）
　　资本公积　　　　　　　　　　　　　　　　　　　　　　　6 700
　　其他综合收益　　　　　　　　　　　　　　　　　　　　　　150
　　盈余公积　　　　　　　　　　　　　　　　　　　　　　　1 600
　　未分配利润——年末　　　　　　　　　　　　　　　　　　2 800
　　商誉　　　　　　　　　　　　　　　　　　　　　　　　　1 660
　贷：长期股权投资　　　　　　　　　　　　　　　　　　　　16 535
　　　少数股东权益　　　　　　　　　　　　　　　　　　　　 6 375

（2）抵销投资收益与子公司利润分配等项目。

将A公司对B公司的投资收益与B公司本年利润分配有关项目的金额予以抵销。B公司年末向股东宣告分配现金股利2 250万元，其中，归属于少数股东的现金股利为675（2 250-1 575）万元。

在合并财务报表工作底稿中的抵销分录如下：

借：投资收益（4 650×70%）		3 255(6)
少数股东损益（4 650×30%）		1 395
未分配利润——年初		1 400
贷：未分配利润——本年提取盈余公积		1 000
——本年利润分配		2 250
——年末		2 800

（3）抵销应收账款与应付账款项目。

在合并财务报表工作底稿中的抵销分录如下：

借：应付账款	500(7)
贷：应收账款	500

（4）抵销坏账准备与资产减值损失项目。

A 公司将与 B 公司往来的内部应收账款与应付账款相互抵销的同时，还应将内部应收账款计提的坏账准备予以抵销。在合并财务报表工作底稿中的抵销分录如下：

借：应收账款	20(8)
贷：资产减值损失	20

需要注意的是，在连续编制合并财务报表时，对于内部应收款项及其坏账准备，应当按照如下程序进行合并处理：首先，将内部应收款项与应付款项予以抵销，按照内部应付款项的数额，借记"应付账款""应付票据"等项目，贷记"应收账款""应收票据"等项目；其次，应将上期资产减值损失中抵销的各内部应收款项计提的相应坏账准备对本期期初未分配利润的影响予以抵销，按照上期资产减值损失项目中抵销的各内部应收款项计提的相应坏账准备的数额，借记"应收账款"等项目，贷记"未分配利润——期初"项目；最后，对于本期各内部应收款项在个别财务报表中补提或者冲销的相应坏账准备的数额也应予以抵销，按照本期期末内部应收款项在个别资产负债表中补提（或冲销）的坏账准备的数额，借记（或贷记）"应收账款"等项目，贷记（或借记）"资产减值损失"项目。

（5）抵销因抵销坏账准备与资产减值损失产生的所得税影响。在合并财务报表工作底稿中的抵销分录如下：

借：所得税费用（20×25%）	5(9)
贷：递延所得税资产	5

（6）抵销应收股利与应付股利项目。

A 公司根据 B 公司宣告分派现金股利的公告，按照其所享有的金额已确认应收股利，并在其资产负债表中计列应收股利 1575 万元。在合并财务报表工作底稿中的抵销分录如下：

借：应付股利	1 575(10)
贷：应收股利	1 575

3. 抵销内部顺流交易的存货。

（1）抵销内部销售收入、成本和内部销售形成的存货价值中包含的未实现内部销售损益在合并财务报表工作底稿中的抵销分录如下：

借：营业收入	1 000 (11)

贷：营业成本	700
存货	300

需要注意的是，在连续编制合并财务报表时，对于内部销售存货，应当按照如下程序进行合并处理：首先，将上期抵销的存货价值中包含的未实现内部损益对本期期初未分配利润的影响进行抵销，按照上期内部购入存货价值中包含的未实现内部销售损益的数额，借记"未分配利润——期初"项目，贷记"营业成本"项目；其次，对于本期发生的内部销售存货，将内部销售收入、内部销售成本及内部购入存货中未实现内部销售损益予以抵销，按照销售企业内部销售收入的数额，借记"营业收入"项目，贷记"营业成本"项目；最后，将期末内部购入存货价值中包含的未实现内部销售损益予以抵销，对于期末内部销售形成的存货（包括上期结转形成的本期存货），应当按照购买企业期末内部购入存货价值中包含的未实现内部销售损益的数额，借记"营业成本"项目，贷记"存货"项目。

（2）抵销B公司本期计提的存货跌价准备。

在合并财务报表工作底稿中的抵销分录如下：

借：存货	20(12)
贷：资产减值损失	20

需要注意的是，在连续编制合并财务报表时，对于内部销售存货的存货跌价准备，应当按照如下程序进行合并处理：首先，将上期资产减值损失中抵销的存货跌价准备对本期期初未分配利润的影响予以抵销，按照上期资产减值损失项目中抵销的存货跌价准备的数额，借记"存货"项目，贷记"未分配利润——期初"项目；其次，对于本期对内部购入存货在个别财务报表中补提（或冲销）的存货跌价准备的数额也应予以抵销，按照本期对内部购入存货在个别财务报表中补提（或冲销）的存货跌价准备的数额，借记（或贷记）"存货"项目，贷记（或借记）"资产减值损失"项目。

对于抵销存货跌价准备的数额，应当分别下列不同情况进行处理：当本期内部购入存货的可变现净值低于持有该存货企业的取得成本但高于抵销未实现内部销售损益后的取得成本（即销售企业对该存货的取得成本）时，其抵销的存货跌价准备的金额为本期存货跌价准备的增加额；当本期内部购入存货的可变现净值低于抵销未实现内部销售损益后的取得成本（即销售企业对该存货的取得成本）时，其抵销的存货跌价准备的金额为相对于购买企业该存货的取得成本高于销售企业取得成本的差额部分计提的跌价准备的数额扣除期初内部购入存货计提的存货跌价准备的金额后的余额，即本期期末存货中包含的未实现内部销售损益的金额减去期初内部购入存货计提的存货跌价准备的金额后的余额。

（3）抵销内部顺流存货交易的所得税影响。

在合并财务报表工作底稿中的抵销分录如下：

借：递延所得税资产〔(300−20)×25%〕	70(13)
贷：所得税费用	70

（4）抵销顺流存货交易中内部存货交易的现金流量。

在合并财务报表工作底稿中的抵销分录如下：

借：购买商品、接受劳务支付的现金	1 000(14)

贷：销售商品、提供劳务收到的现金　　　　　　　　　　　　　　1 000

4. 抵销内部逆流交易的存货。

（1）抵销内部销售收入、成本和内部销售形成的存货中包含的未实现内部销售损益。

存货中包含的未实现内部销售损益为160〔（1 200－800）×40%〕万元。在合并财务报表工作底稿中的抵销分录如下：

借：营业收入　　　　　　　　　　　　　　　　　　　　　　　　1 200（15）
　　贷：营业成本　　　　　　　　　　　　　　　　　　　　　　　1 040
　　　　存货　　　　　　　　　　　　　　　　　　　　　　　　　　160

（2）将内部销售形成的存货中包含的未实现内部销售损益进行分摊。

在存货中包含的未实现内部销售损益中，归属于少数股东的未实现内部销售损益分摊金额为48（160×30%）万元。在合并财务报表工作底稿中的抵销分录如下：

借：少数股东权益　　　　　　　　　　　　　　　　　　　　　　　48（16）
　　贷：少数股东损益　　　　　　　　　　　　　　　　　　　　　　48

（3）抵销因逆流存货交易的所得税影响。

在合并财务报表工作底稿中的抵销分录如下：

借：递延所得税资产（160×25%）　　　　　　　　　　　　　　　　40（17）
　　贷：所得税费用　　　　　　　　　　　　　　　　　　　　　　　40

（4）抵销因抵销逆流存货交易发生的递延所得税对少数股东权益的份额。在合并财务报表工作底稿中的抵销分录如下：

借：少数股东损益（40×30%）　　　　　　　　　　　　　　　　　　12（18）
　　贷：少数股东权益　　　　　　　　　　　　　　　　　　　　　　12

（5）抵销逆流存货交易中内部存货交易的现金流量。

在合并财务报表工作底稿中的抵销分录如下：

借：购买商品、接受劳务支付的现金　　　　　　　　　　　　　　1 200（19）
　　贷：销售商品、提供劳务收到的现金　　　　　　　　　　　　　1 200

5. 抵销内部固定资产购销交易。

（1）抵销内部固定资产购销交易。

在合并财务报表工作底稿中的抵销分录如下：

借：营业外收入（1 200－600）　　　　　　　　　　　　　　　　　600（20）
　　贷：固定资产——从A公司购入×厂房　　　　　　　　　　　　600

（2）抵销内部固定资产交易计提折旧中包含的未实现内部销售损益。

在合并财务报表工作底稿中的抵销分录如下：

借：固定资产——从A公司购入×厂房（600÷15×1/2）　　　　　　20（21）
　　贷：管理费用　　　　　　　　　　　　　　　　　　　　　　　　20

需要注意的是，在连续编制合并财务报表时，对于内部销售固定资产，应当按照如下程序进行合并处理：首先，将内部交易固定资产中包含的未实现内部销售损益抵销，并调整期初未分配利润，按照内部交易固定资产中包含的未实现内部销售损益数额，借记"未分配利润——期初"项目，贷记"固定资产"项目；其次，将以前会计期间内部交易固定资产多计提的累计折旧抵销，并调整期初未分配利润，按照以前会计期间抵销该内部交易固定资产因包含未实现内部销售损益而多计提（或少计提）的累计折旧额，借记（或贷记）"固定资产"项目，贷记（或借记）"未分配利润——期初"科目；最后，将当期由于该内部交易固定资产因包含未实现内部销售损益而多计提的折旧费用予以抵销，并调整本期计提的累计折旧额，按照本期该内部交易的固定资产多计提的折旧额，借记"固定资产"项目，贷记"管理费用"等费用项目。

（3）抵销内部固定资产交易对所得税的影响。

在合并财务报表工作底稿中的抵销分录如下：

借：递延所得税资产 [（600 - 20）×25%]　　　　　　　　145（22）
　　贷：所得税费用　　　　　　　　　　　　　　　　　　　　　145

（4）抵销内部固定资产交易的现金流量。

在合并财务报表工作底稿中的抵销分录如下：

借：购建固定资产、无形资产和其他长期资产支付的现金　　1 200（23）
　　贷：处置固定资产、无形资产和其他长期资产收回的现金净额　　1 200

根据上述资料及有关调整、抵销分录编制合并工作底稿，见表32-8。

根据合并工作底稿，编制 A 公司 2×13 年合并资产负债表、合并利润表、合并现金流量表及合并所有者权益变动表，见表32-9至表32-12。

表32-8　合并财务报表工作底稿

编制单位：A 公司　　　　　　　2×13年12月31日　　　　　　　　　单位：万元

项目	A公司	B公司	合计金额	调整、抵销分录 借方	调整、抵销分录 贷方	少数股东权益	合并金额
（利润表项目）							
一、营业收入	75 000	47 400	122 400	（11）1 000 （15）1 200			120 200
减：营业成本	48 000	36 500	84 500	（2）1 000	（11）700 （15）1 040		83 760
营业税金及附加	900	500	1 400				1 400
销售费用	2 600	1 700	4 300				4 300
管理费用	3 000	1 950	4 950	（2）200	（21）20		5 130
财务费用	600	400	1 000				1 000
资产减值损失	300	150	450		（2）400 （8）20 （12）20		10
加：公允价值变动收益 （损失以"-"号填列）							

续表

项目	A公司	B公司	合计金额	调整、抵销分录 借方	调整、抵销分录 贷方	少数股东权益	合并金额
投资收益（损失以"-"号填列）	4 900	100	5 000	（4）1 575 （6）3 255	（4）3 255		3 425
二、营业利润（亏损以"-"号填列）	24 500	6 300	30 800	8 230	5 455		28 025
加：营业外收入	800	1 200	2 000	（20）600			1 400
减：营业外支出	1 300	500	1 800				1 800
三、利润总额（亏损以"-"号填列）	24 000	7 000	31 000	8 830	5 455		27 625
减：所得税费用	6 000	1 750	7 750	（9）5	（3）200 （13）70 （17）40 （22）145		7 300
四、净利润（净亏损以"-"号填列）	18 000	5 250	23 250	8 835	5 910		20 325
少数股东损益				（6）1 395 （18）12	（16）48	1 359	1 359
归属于母公司股东的净利润	18 000	5 250	23 250	10 242	5 958		18 966
五、其他综合收益的税后净额	0	150	150	150	105	45	100
（一）以后不能重分类进损益的其他综合收益	0	0	0				0
（二）以后将重分类进损益的其他综合收益	0	150	150	150	105		105
其中：权益法核算的被投资单位以后将重分类进损益的其他综合收益中所享有的份额	0	0	0		（4）105		105
可供出售金融资产公允价值变动的利得或损失	0	150	150	（5）150		（5）45	45
六、综合收益总额	18 000	5 400	23 400	8 985	6 015	45	20 475
归属于母公司所有者的综合收益总额							19 071
归属于少数股东的综合收益总额						1 404	1 404

续表

项目	A公司	B公司	合计金额	调整、抵销分录 借方	调整、抵销分录 贷方	少数股东权益	合并金额
（所有者权益变动表项目）							
未分配利润——年初	4 500	1 400	5 900	（6）1 400			4 500
未分配利润——本期	4 500	2 000	6 500				5 471
其中：归属于母公司股东的净利润	18 000	5 250	23 250	10 242	5 958		18 966
提取盈余公积	−3 500	−1 000	−4 500		（6）1 000		−3 500
对所有者（或股东）的分配	−10 000	−2 250	−12 250		（6）2 250		−10 000
未分配利润——期末	9 000	3 400	12 400	（5）2 800 14 442	（6）2 800 12 008		9 966
（资产负债表项目）							
流动资产							
货币资金	2 850	3 250	6 100				6 100
交易性金融资产	1 500	2 500	4 000				4 000
应收票据	3 600	1 800	5 400				5 400
应收账款	4 250	2 550	6 800	（2）400 （8）20	（1）400 （7）500		6 320
预付款项	750	1 250	2 000				2 000
应收利息							
应收股利	2 400	0	2 400		（10）1 575		825
其他应收款	250	650	900				900
存货	18 500	9 000	27 500	（1）1 000 （12）20	（2）1 000 （11）300 （15）160		27 060
其他流动资产	900	500	1 400				1 400
流动资产合计	35 000	21 500	56 500	1 440	3 935		54 005
非流动资产							
可供出售金融资产	4 500	900	5 400				5 400
持有至到期投资	7 000	2 000	9 000				9 000
长期股权投资	34 750	0	34 750	（4）3 360	（4）1 575 （5）16 535		20 000
固定资产	14 000	13 000	27 000	（1）3 000 （21）20	（2）200 （22）600		29 220

续表

项目	A公司	B公司	合计金额	调整、抵销分录 借方	调整、抵销分录 贷方	少数股东权益	合并金额
在建工程	6 500	1 200	7 700				7 700
无形资产	3 000	900	3 900				3 900
商誉	0	0	0	(5) 1 660			1 660
递延所得税资产	0	0	0	(1) 100 (13) 70 (17) 40 (22) 145	(3) 100 (9) 5		250
非流动资产合计	69 750	18 000	87 750	8 395	19 015		77 130
资产总计	104 750	39 500	144 250	9 835	22 950		131 135
流动负债							
短期借款	5 000	2 400	7 400				7 400
交易性金融负债	2 000	1 200	3 200				3 200
应付票据	6 500	1 800	8 300				8 300
应付账款	9 000	2 600	11 600	(7) 500			11 100
预收款项	2 000	1 950	3 950				3 950
应付职工薪酬	2 500	800	3 300				3 300
应交税费	1 350	700	2 050				2 050
应付股利	0	2 250	2 250	(10) 1 575			675
其他应付款	2 650	200	2 850				2 850
其他流动负债	1 000	450	1 450				1 450
流动负债合计	32 000	14 350	46 350	2 075			44 275
非流动负债							
长期借款	2 000	2 400	4 400				4 400
应付债券	10 000	3 500	13 500				13 500
长期应付款	3 000	0	3 000				3 000
递延所得税负债	0	100	100	(3) 300	(1) 1 000		800
非流动负债合计	15 000	6 000	21 000	300	1 000		21 700
负债合计	47 000	20 350	67 350	2 375	1 000		65 975
所有者权益（或股东权益）							
实收资本（或股本）	25 000	10 000	35 000	(5) 10 000			25 000
资本公积	14 750	4 000	18 750	(5) 6 700	(1) 2 700		14 750

续表

项目	A公司	B公司	合计金额	调整、抵销分录 借方	调整、抵销分录 贷方	少数股东权益	合并金额
其他综合收益	0	150	150			45	105
盈余公积	9 000	1 600	10 600	(5) 1 600			9 000
未分配利润	9 000	3 400	12 400	14 442	12 008		9 966
归属于母公司所有者权益合计							58 821
少数股东权益			0	(16) 48	(5) 6 330 (18) 12	45	6 339
所有者权益合计	57 750	19 150	76 900	32 940	21 200		65 160
负债和所有者权益总计	104 750	39 500	144 250	35 315	22 200		131 135
（现金流量表项目）							
一、经营活动产生的现金流量							
销售商品、接受劳务支付的现金	53 000	45 000	98 000		(14) 1 000 (19) 1 200		95 800
经营活动现金流量小计	53 000	45 000	98 000		2 200		95 800
购买商品、接受劳务支付的现金	42 400	36 600	79 000	(14) 1 000 (19) 1 200			76 800
支付给职工以及为职工支付的现金	6 000	4 500	10 500				10 500
支付的各项税费	4 495	1 775	6 270				6 270
经营活动现金流出小计	52 895	42 875	95 770	2 200			93 570
经营活动产生的现金流量净额	105	2 125	2 230	2 200	2 200		2 230
二、投资活动产生的现金流量							
取得投资收益收到的现金	125	0	125				125
处置固定资产、无形资产和其他长期资产收回的现金净额	100	0	100		(23) 1 200		-1 100
投资活动现金流入小计	225	0	225	0	1 200		-975
购建固定资产、无形资产和其他长期资产支付的现金净额	1 030	225	1 255	(23) 1 200			55
投资活动现金流出小计	1 030	225	1 255	1 200	0		55

续表

项目	A公司	B公司	合计金额	调整、抵销分录 借方	调整、抵销分录 贷方	少数股东权益	合并金额
投资活动产生的现金流量净额	-805	-225	-1 030	1 200	1 200		-1 030
三、筹资活动产生的现金流量							
吸收投资收到的现金	0	0	0				0
取得借款收到的现金	0	0	0				0
筹资活动现金流入小计	0	0	0				0
分配股利、利润或偿付利息支付的现金	950	750	1 700				1 700
筹资活动现金流出小计	950	750	1 700				1 700
筹资活动产生的现金流量净额	-950	-750	-1 700				-1 700
四、现金及现金等价物净增加额	-1 650	1 150	-500				-500
加：期初现金及现金等价物余额	4 500	2 100	6 600				6 600
五、期末现金及现金等价物余额	2 850	3 250	6 100				6 100

表32-9 合并资产负债表

会合01表

编制单位：A公司　　　　2×13年12月31日　　　　单位：万元

资产	期末余额	年初余额	负债和所有者权益（或股东权益）	期末余额	年初余额
流动资产			流动负债		
货币资金	6 100		短期借款	7 400	
交易性金融资产	4 000		交易性金融负债	3 200	
应收票据	5 400		应付票据	8 300	
应收账款	6 320		应付账款	11 100	
预付款项	2 000		预收款项	3 950	
应收股利	825		应付职工薪酬	3 300	
其他应收款	900		应交税费	2 050	
存货	27 060		应付股利	675	
其他流动资产	1 400		其他应付款	2 850	
流动资产合计	54 005		其他流动负债	1 450	

续表

资产	期末余额	年初余额	负债和所有者权益（或股东权益）	期末余额	年初余额
非流动资产			流动负债合计	44 275	
可供出售金融资产	5 400		非流动负债：		
持有至到期投资	9 000		长期借款	4 400	
长期股权投资	20 000		应付债券	13 500	
固定资产	29 220		长期应付款	3 000	
在建工程	7 700		递延所得税负债	800	
无形资产	3 900		非流动负债合计	21 700	
商誉	1 660		负债合计	65 975	
递延所得税资产	250		所有者权益（或股东权益）：		
非流动资产合计	77 130		实收资本（或股本）	25 000	
			资本公积	14 750	
			其他综合收益	105	
			盈余公积	9 000	
			未分配利润	9 966	
			归属于母公司所有者权益合计	58 821	
			少数股东权益	6 339	
			所有者权益合计	65 160	
资产总计	131 135		负债和所有者权益总计	131 135	

表32-10 合并利润表

会合02表

编制单位：A公司　　　　　　　　2×13年度　　　　　　　　单位：万元

项目	本期金额	上期金额
一、营业收入	120 200	
减：营业成本	83 760	
税金及附加	1 400	
销售费用	4 300	
管理费用	5 130	
财务费用	1 000	
资产减值损失	10	
加：投资收益（损失以"-"号填列）	3 425	

续表

项目	本期金额	上期金额
二、营业利润（亏损以"－"号填列）	28 025	
加：营业外收入	1 400	
减：营业外支出	1 800	
三、利润总额（亏损以"－"号填列）	27 625	
减：所得税费用	7 300	
四、净利润（净亏损以"－"号填列）	20 325	
少数股东损益	1 359	
归属于母公司股东的净利润	18 966	
五、其他综合收益的税后净额	150	
归属于母公司所有者的其他综合收益的税后净额	105	
以后将重分类进损益的其他综合收益	105	
其中：权益法核算的在被投资单位以后将重分类进损益的其他综合收益中所享有的份额	105	
归属于少数股东的其他综合收益的税后净额	45	
六、综合收益总额	20 475	
归属于母公司所有者的合并收益总额	19 071	
归属于少数股东的合收益总额	1 404	

表32－11　合并现金流量表

会合03表

编制单位：A公司　　　　　　2×13年度　　　　　　单位：万元

项目	本期金额	上期金额
一、经营活动产生的现金流量		
销售商品、接受劳务支付的现金	95 800	
收到其他与经营活动有关的现金	0	
经营活动现金流量小计	95 800	
购买商品、接受劳务支付的现金	76 800	
支付给职工以及为职工支付的现金	10 500	
支付的各项税费	6 270	
支付其他与经营活动有关的现金	0	
经营活动现金流出小计	93 570	
经营活动产生的现金流量净额	2 230	

续表

项目	本期金额	上期金额
二、投资活动产生的现金流量		
收回投资收到的现金	0	
取得投资收益收到的现金	125	
处置固定资产、无形资产和其他长期资产收回的现金净额	－1 100	
收到其他与投资活动有关的现金	0	
投资活动现金流入小计	－975	
购建固定资产、无形资产和其他长期资产支付的现金净额	55	
支付其他与投资活动有关的现金	0	
投资活动现金流出小计	55	
投资活动产生的现金流量净额	－1 030	
三、筹资活动产生的现金流量		
吸收投资收到的现金	0	
收到其他与筹资活动有关的现金	0	
筹资活动现金流入小计	0	
偿还债务支付的现金	1 700	
支付其他与筹资活动有关的现金	0	
筹资活动现金流出小计	1 700	
筹资活动产生的现金流量净额	－1 700	
四、现金及现金等价物净增加额	－500	
加：期初现金及现金等价物余额	6 600	
五、期末现金及现金等价物余额	6 100	

根据上述合并资产负债表和合并利润表编制 A 公司的合并所有者权益变动表见表 32－12。

表32-12 合并所有者权益变动表

2×13年度

编制单位：A公司　　　　　　　　　　　　　　　　　　　　　　　　　　　　　　　　　　会合04表
单位：万元

项目	本年金额								上年金额							
	归属于母公司所有者权益						少数股东权益	所有者权益合计	归属于母公司所有者权益						少数股东权益	所有者权益合计
	实收资本（或股本）	资本公积	其他综合收益	盈余公积	未分配利润	小计			实收资本（或股本）	资本公积	其他综合收益	盈余公积	未分配利润	小计		
一、上年年末余额	20 000	5 000	0	5 500	4 500	35 000	0	35 000								
加：会计政策变更																
前期差错更正																
二、本年年初余额	20 000	5 000	0	5 500	4 500	35 000	0	35 000								
三、本年增减变动金额（减少以"-"填列）			105		18 966	19 071	1 404	20 475								
（一）综合收益总额						14 750	5 610	20 360								
（二）所有者投入和减少资本																
1. 所有者投入资本	5 000	9 750														
2. 股份支付计入所有者权益的金额																
3. 其他																
（三）利润分配				3 500	−3 500											
1. 提取盈余公积																
2. 对所有者（或股东）的分配					−10 000	−10 000	−675	−10 675								

续表

项目	本年金额								上年金额							
	归属于母公司所有者权益						少数股东权益	所有者权益合计	归属于母公司所有者权益						少数股东权益	所有者权益合计
	实收资本（或股本）	资本公积	其他综合收益	盈余公积	未分配利润	小计			实收资本（或股本）	资本公积	其他综合收益	盈余公积	未分配利润	小计		
3. 其他																
（四）所有者权益内部结转																
四、本年年末余额	25 000	14 750	105	9 000	9 966	58 821	6 339	65 160								

32.2.4 特殊交易的会计处理

一、追加投资的会计处理。

追加投资既包括母公司购买少数股东拥有的子公司股权的情况,也包括企业因追加投资等原因能够对非同一控制下的被投资方实施控制的情况。追加投资的会计处理应分别个别财务报表和合并财务报表进行会计处理,个别财务报表的会计处理,参见《企业会计准则第2号——长期股权投资》(以下简称"长期股权投资准则")的相关内容,合并财务报表中的会计处理应当分别以下情况。

(一)母公司购买子公司少数股东拥有的子公司股权的,本准则第四十七条规定,因购买少数股权新取得的长期股权投资与按照新增持股比例计算应享有子公司自购买日(或合并日)开始持续计算的净资产份额之间的差额,应当调整资本公积(资本溢价或股本溢价),资本公积不足冲减的,调整留存收益。

【例32-21】母公司购买子公司少数股东拥有的子公司股权

2×12年12月29日,A公司以8 000万元取得B公司70%的股权,能够对B公司实施控制,形成非同一控制下的企业合并。2×13年12月25日,A公司又以公允价值为3 000万元,原账面价值为2 500万元的固定资产作为对价,自B公司的少数股东取得B公司20%的股权。本例中A公司与B公司的少数股东在交易前不存在任何关联方关系(不考虑所得税等影响)。

2×12年12月29日,A公司在取得B公司70%股权时,B公司可辨认净资产公允价值为10 000万元。

2×13年12月25日,B公司自购买日开始持续计算的净资产账面价值为11 000万元。

本例中,2×13年12月25日,A公司进一步取得B公司20%的股权时,A公司合并财务报表的会计处理如下。

合并财务报表中,B公司的有关资产、负债按照自购买日开始持续计算的价值进行合并,无需按照公允价值进行重新计量。A公司按新增持股比例计算应享有自购买日开始持续计算的净资产份额为2 200 [11 000×(90%-70%)]万元,与新增长期股权投资(3 000万元)之间的差额为800万元,在合并资产负债表中应调整所有者权益相关项目,首先调整归属于母公司的资本公积(资本溢价或股本溢价),资本公积不足冲减的,冲减归属于母公司的盈余公积,盈余公积不足冲减的,冲减归属于母公司的未分配利润。

A公司作为对价的固定资产的公允价值为3 000万元,与原账面价值2 500万元的差异500万元,应计入合并利润表中的营业外收入。

(二)企业因追加投资等原因能够对非同一控制下的被投资方实施控制的,本准则第四十八条规定,对于购买日之前持有的被购买方的股权,应当按照该股权在购买日的公允价值进行重新计量,公允价值与其账面价值之间的差额计入当期投资收益;购买日之前持有的被购买方的股权涉及权益法核算下的其他综合收益以及除净损益、其他综合收益和利润分配外的其他所有者权益变动(以下简称"其他所有者权益变动")的,与其相关的其他综合收益、其他所有者权益变动应当转为购买日所属当期收益,由于被投资方重新计量设定受益计划净负债或净资产变动而产生的其他综合收益除外。

企业通过多次交易分步实现非同一控制下企业合并的，在合并财务报表上，首先，应结合分步交易的各个步骤的协议条款，以及各个步骤中所分别取得的股权比例、取得对象、取得方式、取得时点及取得对价等信息来判断分步交易是否属于"一揽子交易"。本准则第五十一条规定，各项交易的条款、条件以及经济影响符合以下一种或多种情况的，通常应将多次交易事项作为"一揽子交易"进行会计处理：①这些交易是同时或者在考虑了彼此影响的情况下订立的；②这些交易整体才能达成一项完整的商业结果；③一项交易的发生取决于至少一项其他交易的发生；④一项交易单独看是不经济的，但是和其他交易一并考虑时是经济的。

如果分步取得对子公司股权投资直至取得控制权的各项交易属于"一揽子交易"，应当将各项交易作为一项取得子公司控制权的交易，并区分企业合并的类型分别进行会计处理。

如果不属于"一揽子交易"，在合并财务报表中，还应区分企业合并的类型分别进行会计处理。对于分步实现的非同一控制下企业合并，购买日之前持有的被购买方的股权，应当按照该股权在购买日的公允价值进行重新计量，公允价值与其账面价值的差额计入当期投资收益；购买日之前持有的被购买方的股权涉及权益法核算下的其他综合收益、其他所有者权益变动的，应当转为购买日所属当期收益，由于被投资方重新计量设定受益计划净负债或净资产变动而产生的其他综合收益除外。

【例32-22】从可供出售金融资产转为长期股权投资的会计处理

2×10年1月1日，A公司以每股5元的价格购入B上市公司股票100万股，并由此持有B公司2%股权。投资前A公司与B公司不存在关联方关系。

A公司将对B公司的该项投资作为可供出售金融资产。2×13年1月1日，A公司以现金1.75亿元为对价，向B公司大股东收购B公司50%的股权，从而取得对B公司的控制权；B公司当日股价为每股7元，B公司可辨认净资产的公允价值为2亿元。A公司购买B公司2%股权和后续购买50%的股权不构成"一揽子交易"（不考虑所得税等影响）。

A公司在编制合并财务报表时，首先，应考虑对原持有股权进行公允价值的重新计量。由于A公司将原持有B公司2%的股权作为可供出售金融资产进行核算，因此，购买日（即2×13年1月1日）该项可供出售金融资产的公允价值与其账面价值相等，即700万元，不存在差额；同时，将原计入其他综合收益的200［100×(7-5)］万元转入合并当期投资收益。

其次，按照企业合并准则有关非同一控制下企业合并的相关规定，A公司购买B公司股权并取得控制权的合并对价为1.82（原持有股权在购买日的公允价值700万元+合并日应支付的对价1.75亿元）亿元。由于A公司享有B公司于购买日的可辨认净资产公允价值的份额为1.04（2×52%）亿元，因此，购买日形成的商誉为0.78（1.82-1.04）亿元。

【例32-23】从权益法核算的长期股权投资转为成本法核算的长期股权投资的会计处理

2×10年1月1日，A公司以现金3 000万元取得B公司20%股权并具有重大影响，按权益法进行核算。当日，B公司可辨认净资产公允价值为1.4亿元。2×13年1月1日，A

公司另支付现金8 000万元取得B公司40%股权,并取得对B公司的控制权。购买日,A公司原持有的对B公司20%股权的公允价值为4 000万元,账面价值为3 500万元(其中,与B公司权益法核算相关的累计净损益为100万元、累计其他综合收益为400万元);B公司可辨认净资产公允价值为1.8亿元(不考虑所得税等影响)。

A公司在编制合并财务报表时,首先,应考虑对原持有股权进行公允价值的重新计量。购买日(即2×13年1月1日),该项股权投资的公允价值(4 000万元)与其账面价值(3 500万元)的差额为500万元计入合并当期投资收益,同时,将原计入其他综合收益的400万元转入合并当期投资收益。

其次,按照企业合并准则有关非同一控制下企业合并的相关规定,A公司购买B公司股权并取得控制权的合并对价1.2(原持有股权于购买日的公允价值4 000万元+合并日应支付的对价8 000万元)亿元。由于A公司享有B公司于购买日的可辨认净资产公允价值的份额为1.08(1.8×60%)亿元,因此,购买日形成的商誉为0.12(1.2-1.08)亿元。

(三)通过多次交易分步实现的同一控制下企业合并。

对于分步实现的同一控制下企业合并,根据企业合并准则,同一控制下企业合并在编制合并财务报表时,应视同参与合并的各方在最终控制方开始控制时即以目前的状态存在进行调整,在编制比较报表时,以不早于合并方和被合并方同处于最终控制方的控制之下的时点为限,将被合并方的有关资产、负债并入合并方合并财务报表的比较报表,并将合并而增加的净资产在比较报表中调整所有者权益项下的相关项目。

为避免对被合并方净资产的价值进行重复计算,合并方在取得被合并方控制权之前持有的股权投资,在取得原股权之日与合并方和被合并方同处于同一最终控制之日孰晚日起至合并日之间已确认有关损益、其他综合收益以及其他净资产变动,应分别冲减比较报表期间的期初留存收益或当期损益。

【例32-24】通过多次交易分步实现的同一控制下企业合并

A公司为P公司的全资子公司。2×10年1月1日,A公司与非关联方B公司分别出资200万元及800万元设立C公司,并分别持有C公司20%及80%的股权。

2×12年1月1日,P公司向B公司收购其持有C公司80%的股权,C公司成为P公司的全资子公司,当日C公司净资产的账面价值与其公允价值相等。

2×13年1月1日,A公司向P公司购买其持有C公司80%的股权,C公司成为A公司的全资子公司。

A公司与B公司不存在关联关系,A公司购买C公司80%股权的交易和原取得C公司20%股权的交易不属于"一揽子交易",A公司在可预见的未来打算一直持有C公司股权。

2×10年1月1日至2×12年1月1日,C公司实现净利润500万元,2×12年1月1日至2×13年1月1日,实现的净利润为300万元(不考虑所得税等影响)。

本例中,2×13年1月1日,A公司从P公司手中购买C公司80%股权的交易属于同一控制下企业合并。A公司虽然2×10年1月1日开始持有C公司20%的股权,但2×12年1月1日开始与C公司同受P公司最终控制,A公司合并财务报表应自取得原股权之日(即

2×10年1月1日)和双方同处于同一方最终控制之日(2×12年1月1日)孰晚日(即2×12年1月1日)起开始将C公司纳入合并范围,即:视同自2×12年1月1日起A公司即持有C公司100%股权并重述合并财务报表的比较数据。2×10年1月1日至2×12年1月1日的合并财务报表不应重溯。

在A公司合并财务报表中,重溯2×12年1月1日的报表项目,由于C公司净资产的账面价值为1 500(1 000+500)万元。此前,2×12年1月1日持有对C公司的长期股权投资的账面价值为300(200+500×20%)万元。

因此,A公司在编制合并财务报表时,将C公司2×12年(比较期间)年初各项资产、负债并入后,因合并而增加的净资产1 500万元应调整资本公积1 200(1 500-300)万元。

借:资产、负债　　　　　　　　　　　　　　　　　　　15 000 000
　　贷:长期股权投资　　　　　　　　　　　　　　　　　　3 000 000
　　　　资本公积　　　　　　　　　　　　　　　　　　　12 000 000

A公司对于合并日(即2×13年1月1日)的各报表项目,除按照本书"第19章 企业合并"的一般规定编制合并分录外,还应冲减2×12年1月1日至2×13年1月1日对C公司20%的投资的权益法核算结果,即,冲减期初留存收益3 000 000×20%=60(万元)。

借:期初留存收益　　　　　　　　　　　　　　　　　　600 000
　　贷:长期股权投资　　　　　　　　　　　　　　　　　　600 000

如果合并日不在年初,对于C公司当年实现的净利润中按照权益法核算归属于公司的份额,还应冲或当期投资收益。

二、处置对子公司投资的会计处理。

处置对子公司的投资既包括母公司处置对子公司长期股权投资但不丧失控制权的情况,也包括处置对子公司长期股权投资而丧失控制权的情况。处置子公司的会计处理应分别个别财务报表和合并财务报表进行会计处理,个别财务报表的会计处理,参见长期股权投资准则的相关内容,合并财务报表中的会计处理应当分别以下情况。

(一)母公司在不丧失控制权的情况下部分处置对子公司的长期股权投资的。

本准则第四十九条规定,处置价款与处置长期股权投资相对应享有子公司自购买日或合并日开始持续计算的净资产份额之间的差额,应当调整资本公积(资本溢价或股本溢价),资本公积不足冲减的,调整留存收益。

(二)母公司因处置对子公司长期股权投资而丧失控制权的。

1. 一次交易的处置。

本准则第五十条规定,母公司因处置部分股权投资或其他原因丧失了对原有子公司控制的,在合并财务报表中,对于剩余股权,应当按照丧失控制权日的公允价值进行重新计量。处置股权取得的对价和剩余股权公允价值之和,减去按原持股比例计算应享有原有子公司自购买日开始持续计算的净资产的份额与商誉之和的差额,计入丧失控制权当期的投资收益。

此外,与原有子公司的股权投资相关的其他综合收益、其他所有者权益变动,应当在丧失控制权时转入当期损益,由于被投资方重新计量设定受益计划净负债或净资产变动而产生的其他综合收益除外。

【例32-25】一次交易的处置

2×10年6月30日，A公司以现金9 000万元取得了B公司60%的股权，并自该日起控制B公司，由于收购B公司产生商誉3 000万元。当日，B公司可辨认净资产账面价值为9 500万元，公允价值为10 000万元。

2×12年6月30日，A公司以8 000万元的对价将其持有的B公司40%的股权出售给第三方公司，处置后对B公司的剩余持股比例降为20%。剩余20%股权的公允价值为4 000万元。当日，B公司可辨认净资产账面价值为10 200万元，自购买日开始持续计算的可辨认净资产账面价值为10 700万元。

B公司在2×10年7月1日至2×12年6月30日之间实现的净利润为600万元，其他综合收益为100万元。其他综合收益源自B公司的联营公司的其他综合收益的变动，A公司商誉未减值（不考虑所得税等影响）。

本例中，A公司应在合并财务报表中进行如下会计处理。

第一，终止确认长期股权资产、商誉等的账面价值，并终止确认少数股东权益（包括属于少数股东的其他综合收益）的账面价值。

第二，视同在丧失控制权之日处置子公司，并按当日剩余20%股权的公允价值（4 000万元）重新计量该剩余股权。同时，分别根据长期股权投资准则或《企业会计准则第22号——金融工具确认和计量》（以下简称"金融工具确认和计量准则"）对该20%剩余股权进行会计处理，并列示于A公司合并财务报表中。

第三，处置股权取得的对价（8 000万元）与剩余股权公允价值（4 000万元）之和12 000万元，减去按原持股比例（60%）计算应享有B公司自购买日开始持续计算的可辨认净资产账面价值的份额6 420（10 700×60%）万元以及与B公司的相关商誉3 000万元之间的差额2 580（12 000－6 420－3 000）万元，计入丧失控制权当期的投资收益。最后，B公司其他综合收益和其他所有者权益中归属于A公司的部分60（100×60%）万元也应当转为当期投资收益。

2. 多次交易分步处置子公司。

（1）会计处理。企业通过多次交易分步处置对子公司股权投资直至丧失控制权，在合并财务报表中，应结合分步交易的各个步骤的交易协议条款、分别取得的处置对价、出售股权的对象、处置方式、处置时点等信息来判断分步交易是否属于"一揽子交易"（见本章32.2.4相关内容）。

如果分步交易不属于"一揽子交易"，则在丧失对子公司控制权以前的各项交易，应按照上述"母公司在不丧失控制权的情况下部分处置对子公司的长期股权投资"的有关规定进行会计处理。

如果分步交易属于"一揽子交易"，则应将各项交易作为一项处置原有子公司并丧失控制权的交易进行会计处理，其中，对于丧失控制权之前的每一次交易，处置价款与处置投资对应的享有该子公司自购买日开始持续计算的净资产账面价值的份额之间的差额，在合并财务报表中应当计入其他综合收益，在丧失控制权时一并转入丧失控制权当期的损益。

【例32-26】多次交易分步处置子公司

A公司主要从事机械产品的生产与销售,B公司为A公司的全资子公司,主要从事化工产品的生产与销售。A公司计划整合集团业务、剥离辅业,集中发展机械产品的主营业务。2×11年11月30日,A公司与C公司签订不可撤销的转让协议,约定A公司向C公司转让其持有的B公司100%股权,对价总额为5 000万元。

考虑到C公司的资金压力以及股权平稳过渡,双方在协议中约定,C公司应在2×11年12月31日之前支付2 000万元,以先取得B公司20%股权;C公司应在2×12年12月31日之前支付3 000万元,以取得B公司剩余80%股权。2×11年12月31日至2×12年12月31日期间,B公司的相关活动仍然由A公司单方面主导,若B公司在此期间向股东进行利润分配,则后续80%股权的购买对价按C公司已分得的金额进行相应调整。2×11年12月31日,按照协议约定,C公司向A公司支付2 000万元,A公司将其持有的B公司20%股权转让给C公司并已办理股权变更手续;当日,B公司自购买日持续计算的净资产账面价值为3 500万元。2×12年6月30日,C公司向A公司支付3 000万元,A公司将其持有的B公司剩余80%股权转让给C公司并已办理股权变更手续,自此C公司取得B公司的控制权;当日,B公司自购买日持续计算的净资产账面价值为4 000万元。2×12年1月1日至2×12年6月30日,B公司实现净利润500万元,无其他净资产变动事项(不考虑所得税等影响)。

本例中,A公司通过两次交易处置其持有的B公司100%股权,第一次交易处置B公司20%股权,仍保留对B公司的控制;第二次交易处置剩余80%股权,并于第二次交易后丧失对B公司的控制权。

需要分析上述两次交易是否属于"一揽子交易"。

1. A公司处置B公司股权的商业目的是出于业务整合,剥离辅业的考虑,A公司的目的是处置其持有的B公司100%股权,两次处置交易结合起来才能达到其商业目的。

2. 两次交易在同一转让协议中同时约定。

3. 第一次交易中,20%股权的对价为2 000万元,相对于100%股权的对价总额5 000万元而言,第一次交易单独看并不经济,和第二次交易一并考虑才反映真正的经济影响,此外,如果在两次交易期间B公司进行了利润分配,也将据此调整对价,说明两次交易是在考虑了彼此影响的情况下订立的。

综上所述,在合并财务报表中,两次交易应作为"一揽子交易",按照分步处置子公司股权至丧失控制权并构成"一揽子交易"的相关规定进行会计处理。

2×11年12月31日,A公司转让持有的B公司20%股权,在B公司的股权比例下降至80%,A公司仍控制B公司。处置价款2 000万元与处置20%股权对应的B公司净资产账面价值的份额700(3 500×20%)万元之间的差额1 300万元,在合并财务报表中计入其他综合收益,账务处理如下:

借:银行存款　　　　　　　　　　　　　　　　　　　　　　20 000 000
　　贷:少数股东权益　　　　　　　　　　　　　　　　　　　7 000 000
　　　　其他综合收益　　　　　　　　　　　　　　　　　　13 000 000

此外，由于 A 公司已经签订了不可撤销的股权出售协议且预计处置将在一年内完成，A 公司还应根据《企业会计准则第 30 号——财务报表列报》（以下简称"财务报表列报准则"）有关持有待售资产和终止经营的有关规定进行相应的会计处理和列报。2×12 年 1 月 1 日至 2×12 年 6 月 30 日，B 公司作为 A 公司持股 80% 的非全资子公司纳入 A 公司合并财务报表合并范围，B 公司实现的净利润 500 万元中归属于 C 公司的份额 100（500×20%）万元，在 A 公司合并财务报表中确认少数股东损益 100 万元，并调整少数股东权益。

2×12 年 6 月 30 日，A 公司转让 B 公司剩余 80% 股权，丧失对 B 公司控制权，不再将 B 公司纳入合并范围。A 公司应终止确认对 B 公司长期股权投资及少数股东权益等，并将处置价款 3 000 万元与享有的 B 公司净资产份额 3 200（4 000×80%）万元之间的差额 200 万元，计入当期损益；同时，将第一次交易计入其他综合收益的 1 300 万元转入当期损益。

（2）所得税影响。根据我国《中华人民共和国企业所得税法》的相关规定，符合条件的居民企业之间的股息、红利等权益性投资收益为免税收入。因此，通常情况下，当居民企业持有另一居民企业的股权意图为长期持有，通过股息、红利或者其他协同效应获取回报时，其实质所得税税率为零，不存在相关所得税费用。只有当居民企业通过转让股权获取资本利得收益时，该笔资产转让利得才产生相应的所得税费用。

在实务中，由于股权投资的处置往往需要董事会和股东大会的审议，涉及重大交易还需要相关监管部门的审批核准，后续公司还要进行股权交割和工商登记变更等手续，期间涉及流程和手续较多，从公司有明确意图处置股权至实际转移之间往往存在跨期的情况。如果资产负债表日股权处置已由股东大会等权力机构审议通过，也经相关监管部门审批批准，即使尚未办理实际转移手续等，公司处置该项长期股权投资的意图已经十分清晰，将股权处置损益的所得税影响延迟到下一会计期间进行处理往往会导致低估递延所得税负债、高估利润的情况。因此，如果预期出现母公司处置股权至实际转移之间存在跨期的情况，母公司应在合并财务报表中考虑上述递延所得税的影响。

三、因子公司的少数股东增资而稀释母公司拥有的股权比例。

有时，子公司的其他股东对公司进行增资，由此稀释了母公司对子公司的股权比例，在这种情况下，应当按照增资前的母公司股权比例计算其在增资前子公司账面净资产中的份额，该份额与增资后按母公司持股比例计算的在增资后子公司账面净资产份额之间的差额计入资本公积，资本公积不足冲减的，调整留存收益。

【例 32 - 27】因子公司的少数股东增资而稀释母公司拥有的股权比例 1

A 公司原持有 B 公司 100% 的股权并控制 B 公司。2×11 年 1 月 1 日，第三方 C 公司向 B 公司增资 100 万元，增资前 B 公司净资产账面价值为 900 万元，增资后 B 公司净资产账面价值和公允价值均为 1 000 万元。

增资后 C 公司占 B 公司 10% 的股权，A 公司仍控制 B 公司（不考虑所得税等影响）。

本例中，由于第三方 C 公司增资导致 A 公司持股比例下降。A 公司按原持股比例享有的 B 公司净资产账面价值的份额 900（900×100%）万元和按新持股比例享有的 B 公司净资产账面价值 900（1 000×90%）万元份额之间的差额为 0 万元，因此对归属母公司股东的权益不产生影响。

【例32-28】因子公司的少数股东增资而稀释母公司拥有的股权比例2

2×11年，A公司和B公司分别出资750万元和250万元设立C公司，A公司、B公司的持股比例分别为75%和25%。C公司为A公司的子公司。2×12年B公司对C公司增资500万元，增资后占C公司股权比例为35%。交易完成后，A公司仍控制C公司。C公司自成立日至增资前实现净利润1 000万元，除此以外，不存在其他影响C公司净资产变动的事项（不考虑所得税等影响）。

本例中，在A公司合并财务报表中，B公司对C公司增资的会计处理如下：

A公司持股比例原为75%，由于少数股东增资而变为65%。增资前，A公司按照75%的持股比例享有的C公司净资产账面价值为1 500（2 000×75%）万元；增资后，A公司按照65%持股比例享有的净资产账面价值为1 625（2 500×65%）万元，两者之间的差额125万元，在A公司合并资产负债表中应调增资本公积。

四、其他特殊交易。

本准则第五十二条规定，对于站在企业集团合并财务报表角度的确认和计量结果与其所属的母公司或子公司的个别财务报表层面的确认和计量结果不一致的，在编制合并财务报表时，应站在企业集团角度对该特殊交易事项予以调整。

随着我国市场经济的快速发展和各类型经济交易的日益复杂化、多元化，在母、子公司个别财务报表及在母公司合并财务报表中，部分特殊交易由于会计主体假设的不同而导致对同一事项的会计处理结果存在差异。在这种情况下，仅仅通过常规的抵销分录则难以真实、全面地反映市企业集团整体财务状况、经营成果和现金流量状况，需要站在企业集团合并财务报表的角度对这类交易予以调整。例如，母公司将借款作为实收资本投入子公司用于长期资产的建造，母公司应在合并财务报表层面反映借款利息的资本化金额。再如，子公司将作为投资性房地产的大厦，出租给集团内其他企业使用，母公司应在合并财务报表层面作为固定资产反映。

第33章 每股收益

33.1 企业会计准则第34号——每股收益

《企业会计准则第34号——每股收益》(以下简称"本准则")于2006年2月15日由财会〔2006〕3号公布,自2007年1月1日起施行。

33.1.1 总则

第一条 为了规范每股收益的计算方法及其列报,根据《企业会计准则——基本准则》,制定本准则。

第二条 本准则适用于普通股或潜在普通股已公开交易的企业,以及正处于公开发行普通股或潜在普通股过程中的企业。

潜在普通股,是指赋予其持有者在报告期或以后期间享有取得普通股权利的一种金融工具或其他合同,包括可转换公司债券、认股权证、股份期权等。

第三条 合并财务报表中,企业应当以合并财务报表为基础计算和列报每股收益。

33.1.2 基本每股收益

第四条 企业应当按照归属于普通股股东的当期净利润,除以发行在外普通股的加权平均数计算基本每股收益。

第五条 发行在外普通股加权平均数按下列公式计算:

发行在外普通股加权平均数 = 期初发行在外普通股股数 + 当期新发行普通股股数 × 已发行时间 ÷ 报告期时间 – 当期回购普通股股数 × 已回购时间 ÷ 报告期时间

已发行时间、报告期时间和已回购时间一般按照天数计算;在不影响计算结果合理性的前提下,也可以采用简化的计算方法。

【例33-1】发行在外普通股加权平均数的计算

某公司20×9年期初发行在外的普通股为40 000万股;4月30日新发行普通股13 200万股;12月1日回购普通股6 000万股,以备将来奖励职工之用。该公司当年实现的净利润为16 250万元。假定该公司按月数计算每股收益的时间权重。20×9年度基本每股收益计算如下:

发行在外普通股加权平均数 = 40 000 × 12/12 + 13 200 × 8/12 − 6 000 × 1/12 = 48 300(万股)

或者 40 000 × 4/12 + 53 200 × 7/12 + 47 200 × 1/12 = 48 300(万股)

基本每股收益 = 16 250 ÷ 48 300 = 0.336(元/股)

第六条 新发行普通股股数,应当根据发行合同的具体条款,从应收对价之日(一般为股票发行日)起计算确定。通常包括下列情况。

（一）为收取现金而发行的普通股股数，从应收现金之日起计算。

（二）因债务转资本而发行的普通股股数，从停计债务利息之日或结算日起计算。

（三）非同一控制下的企业合并，作为对价发行的普通股股数，从购买日起计算；同一控制下的企业合并，作为对价发行的普通股股数，应当计入各列报期间普通股的加权平均数。

（四）为收购非现金资产而发行的普通股股数，从确认收购之日起计算。

33.1.3 基本每股收益

第七条 企业存在稀释性潜在普通股的，应当分别调整归属于普通股股东的当期净利润和发行在外普通股的加权平均数，并据以计算稀释每股收益。

稀释性潜在普通股，是指假设当期转换为普通股会减少每股收益的潜在普通股。

第八条 计算稀释每股收益，应当根据下列事项对归属于普通股股东的当期净利润进行调整：

（一）当期已确认为费用的稀释性潜在普通股的利息；

（二）稀释性潜在普通股转换时将产生的收益或费用。

上述调整应当考虑相关的所得税影响。

第九条 计算稀释每股收益时，当期发行在外普通股的加权平均数应当为计算基本每股收益时普通股的加权平均数与假定稀释性潜在普通股转换为已发行普通股而增加的普通股股数的加权平均数之和。

计算稀释性潜在普通股转换为已发行普通股而增加的普通股股数的加权平均数时，以前期间发行的稀释性潜在普通股，应当假设在当期期初转换；当期发行的稀释性潜在普通股，应当假设在发行日转换。

【例33-2】稀释每股收益的计算

某上市公司20×9年归属于普通股股东的净利润为36 000万元，期初发行在外普通股股数为25 000万股，年内普通股股数未发生变化。20×9年1月1日，公司按面值发行50 000万元的3年期可转换公司债券，债券每张面值为100元，票面固定年利率为2%，利息自发行之日起每年支付一次，即每年12月31日为付息日。该批可转换公司债券自发行结束后12个月以后即可转换为公司股票，即转股期为发行12个月后至债券到期日止的期间。转股价格为每股10元，即每100元债券可转换为10股面值为1元的普通股。债券利息不符合资本化条件，直接计入当期损益，所得税税率为25%。

假设不具备转换选择权的类似债券的市场利率为3%。公司在对该批可转换公司债券初始确认时，根据《企业会计准则第37号——金融工具列报》的有关规定将负债和权益成分进行了分拆。20×9年度每股收益计算如下：

基本每股收益 = 36 000 ÷ 25 000 = 1.44（元/股）

每年支付利息 = 50 000 × 2% = 1 000（万元）

负债成分公允价值 = 1 000 ÷ (1 + 3%) + 1 000 ÷ (1 + 3%)^2 + 51 000 ÷ (1 + 3%)^3
= 48 585.69（万元）

权益成分公允价值 = 50 000 − 48 585.69 = 1 414.31（万元）

假设转换所增加的净利润 = 48 585.69 × 3% × (1 − 25%) = 1 093.18（万元）

假设转换所增加的普通股股数 =50 000÷10 =5 000（万股）

增量股的每股收益 =1 093.18÷5 000 =0.22（元/股）

增量股的每股收益小于基本每股收益，可转换公司债券具有稀释作用。

稀释每股收益 =（36 000 +1 093.18）÷（25 000 +5 000）=1.24（元/股）

第十条 认股权证和股份期权等的行权价格低于当期普通股平均市场价格时，应当考虑其稀释性。计算稀释每股收益时，增加的普通股股数按下列公式计算：

增加的普通股股数 =拟行权时转换的普通股股数 - 行权价格×拟行权时转换的普通股股数÷当期普通股平均市场价格

【例33－3】认股权证和股份期权等稀释性每股收益的计算

某公司20×9年度归属于普通股股东的净利润为3 500万元，发行在外普通股加权平均数为7 000万股，该普通股平均每股市场价格为8元。20×8年1月1日，该公司对外发行1 200万份认股权证，行权日为20×9年3月1日，每份认股权证可以在行权日以7元的价格认购本公司1股新发的股份。该公司20×9年度每股收益计算如下：

基本每股收益 =3 500÷7 000 =0.5（元/股）

调整增加的普通股股数 =1 200 -1 200×7÷8 =150（万股）

稀释每股收益 =3 500÷（7 000 +150）=0.49（元/股）

第十一条 企业承诺将回购其股份的合同中规定的回购价格高于当期普通股平均市场价格时，应当考虑其稀释性。计算稀释每股收益时，增加的普通股股数按下列公式计算：

增加的普通股股数 =回购价格×承诺回购的普通股股数÷当期普通股平均市场价格 - 承诺回购的普通股股数

【例33－4】企业承诺将回购其股份的合同稀释性每股收益的计算

某公司20×9年度归属于普通股股东的净利润为600万元，发行在外普通股加权平均数为2 000万股。20×9年3月2日，该公司与股东签订一份远期回购合同，承诺一年后以每股4.5元的价格回购其发行在外的200万股普通股。假设，该普通股20×9年3月至12月平均每股市场价格为4元。20×9年度每股收益计算如下：

基本每股收益 =600÷2 000 =0.3（元/股）

调整增加的普通股股数 =200×4.5÷4 -200 =25（万股）

稀释每股收益 =600÷（2 000 +25×10÷12）=0.30（元/股）

第十二条 稀释性潜在普通股应当按照其稀释程度从大到小的顺序计入稀释每股收益，直至稀释每股收益达到最小值。

【例33－5】稀释程度不同的潜在普通股稀释性每股收益的计算

某公司20×7年度归属于普通股股东的净利润为5 625万元，发行在外普通股加权平均数为18 750万股。年初已发行在外的潜在普通股有：（1）认股权证7 200万份，每份认股权证可以在行权日以8元的价格认购1股本公司新发股票。（2）按面值发行的5年期可转换公司债券75 000万元，债券每张面值为100元，票面年利率为2.6%，转股价格为每股12.5元，即每100元债券可转换为8股面值为1元的普通股。（3）按面值发行的3年期可转换公司债券 150 000 万元，债券每张面值为 100 元，票面年利率为 1.4%，转股价格为每股 10 元，即每 100 元债券可转换为 10 股面值为 1 元的普通股。当期普通股平均市场价格为 12 元，年度内没有认股权证被行权，也没有可转换公司债券被转换或赎回，所得税税率为 25%。假设不考虑可转换公司债券在负债和权益成分的分拆，且债券票面利率等于实际利率。20×7 年度每股收益计算如下：

基本每股收益 = 5 625 ÷ 18 750 = 0.3（元/股）

计算稀释每股收益：

(1) 假设潜在普通股转换为普通股，计算增量股每股收益并排序，如表 33-1 所示。

表 33-1 增量股每股收益的计算过程

项目	净利润增加（万元）	股数增加（万股）	增量股的每股收益（元/股）	顺序
认股权证	—	2 400①	—	1
2.6% 债券	1 462.5②	6 000③	0.24	3
1.4% 债券	1 575④	15 000⑤	0.11	2

注：① 7 200 − 7 200 × 8 ÷ 12 = 2 400（万股）。
② 75 000 × 2.6% × (1 − 25%) = 1 462.5（万元）。
③ 75 000 ÷ 12.5 = 6 000（万股）。
④ 150 000 × 1.4% × (1 − 25%) = 1 575（万元）。
⑤ 150 000 ÷ 10 = 15 000（万股）。

由此可见，认股权证的稀释性最大，2.6% 利率可转债的稀释性最小。

(2) 分步计入稀释每股收益，如表 33-2 所示。

表 33-2 稀释每股收益的计算过程

项目	净利润（万元）	股数（万股）	每股收益（元/股）	稀释性
基本每股收益	5 625	18 750	0.3	
认股权证	0	2 400		
	5 625	21 150	0.27	稀释
1.4% 债券	1 575	15 000		
	7 200	36 150	0.20	稀释
2.6% 债券	1 462.5	6 000		
	8 662.5	42 150	0.21	反稀释

因此，稀释每股收益为 0.20 元/股。

33.1.4 列报

第十三条 发行在外普通股或潜在普通股的数量因派发股票股利、公积金转增资本、拆股而增加或因并股而减少，但不影响所有者权益金额的，应当按调整后的股数重新计算各列报期间的每股收益。

上述变化发生于资产负债表日至财务报告批准报出日之间的，应当以调整后的股数重新计算各列报期间的每股收益。

按照《企业会计准则第 28 号——会计政策、会计估计变更和差错更正》的规定对以前年度损益进行追溯调整或追溯重述的,应当重新计算各列报期间的每股收益。

【例33-6】派发股票股利、公积金转增资本、拆股和并股每股收益的计算

某企业20×8年和20×9年归属于普通股股东的净利润分别为1 600万元和1 750万元,20×8年1月1日发行在外的普通股为830万股,20×8年4月1日按市价新发行普通股200万股,20×9年7月1日分派股票股利,以20×8年12月31日总股本1 010万股为基数每10股送3股,假设不存在其他股数变动因素。

20×9年度比较利润表中基本每股收益的计算如下:

20×9年发行在外的普通股加权平均数=(830+180+303)×12÷12=1 313(万股)

20×8年发行在外的普通股加权平均数=830×1.3×12÷12+200×1.3×9÷12

=1 274(万股)

20×9年度基本每股收益=1 750÷1 313=1.33(元/股)

20×8年度基本每股收益=1 600÷1 274=1.26(元/股)

第十四条 企业应当在利润表中单独列示基本每股收益和稀释每股收益。

第十五条 企业应当在附注中披露与每股收益有关的下列信息。

(一)基本每股收益和稀释每股收益分子、分母的计算过程。

(二)列报期间不具有稀释性但以后期间很可能具有稀释性的潜在普通股。

(三)在资产负债表日至财务报告批准报出日之间,企业发行在外普通股或潜在普通股股数发生重大变化的情况。

33.2 《企业会计准则第34号——每股收益》应用指南

33.2.1 发行在外普通股加权平均数的计算

根据本准则第五条规定,计算发行在外普通股加权平均数,作为权数的已发行时间、报告期时间和已回购时间通常按天数计算;在不影响计算结果合理性的前提下,也可以采用简化的计算方法,如按月数计算。

33.2.2 稀释每股收益的计算

根据本准则第七条规定,企业存在稀释性潜在普通股的,应当计算稀释每股收益。潜在普通股主要包括:可转换公司债券、认股权证和股份期权等。

(一)可转换公司债券。

对于可转换公司债券,计算稀释每股收益时,分子的调整项目为可转换公司债券当期已确认为费用的利息等的税后影响额;分母的调整项目为假定可转换公司债券当期期初或发行日转换为普通股的股数加权平均数。

(二)认股权证和股份期权。

根据本准则第十条规定,认股权证、股份期权等的行权价格低于当期普通股平均市场价格时,应当考虑其稀释性。

计算稀释每股收益时,作为分子的净利润金额一般不变;分母的调整项目为按照本准则

第十条中规定的公式所计算的增加的普通股股数,同时还应考虑时间权数。

公式中的行权价格和拟行权时转换的普通股股数,按照有关认股权证合同和股份期权合约确定。公式中的当期普通股平均市场价格,通常按照每周或每月具有代表性的股票交易价格进行简单算术平均计算。在股票价格比较平稳的情况下,可以采用每周或每月股票的收盘价作为代表性价格;在股票价格波动较大的情况下,可以采用每周或每月股票最高价与最低价的平均值作为代表性价格。无论采用何种方法计算平均市场价格,一经确定,不得随意变更,除非有确凿证据表明原计算方法不再适用。当期发行认股权证或股份期权的,普通股平均市场价格应当自认股权证或股份期权的发行日起计算。

(三) 多项潜在普通股。

根据本准则第十二条规定,稀释性潜在普通股应当按照其稀释程度从大到小的顺序计入稀释每股收益,直至稀释每股收益达到最小值。其中"稀释程度",根据不同潜在普通股转换的增量股的每股收益大小进行衡量,即:假定稀释性潜在普通股转换为普通股时,将增加的归属于普通股股东的当期净利润除以增加的普通股股数加权平均数所确定的金额。

在确定计入稀释每股收益的顺序时,通常应首先考虑股份期权和认股权证的影响。

每次发行的潜在普通股应当视为不同的潜在普通股,分别判断其稀释性,而不能将其作为一个总体考虑。

33.2.3 计算每股收益时应考虑的其他调整因素

(一) 企业派发股票股利、公积金转增资本、拆股或并股等,会增加或减少其发行在外普通股或潜在普通股的数量,但不影响所有者权益总额,也不改变企业的盈利能力。企业应当在相关报批手续全部完成后,按调整后的股数重新计算各列报期间的每股收益。上述变化发生于资产负债表日至财务报告批准报出日之间的,应当以调整后的股数重新计算各列报期间的每股收益。

(二) 企业当期发生配股的情况下,计算基本每股收益时,应当考虑配股中包含的送股因素,据以调整各列报期间发行在外普通股的加权平均数。计算公式如下:

每股理论除权价格 =(行权前发行在外普通股的公允价值 + 配股收到的款项)÷ 行权后发行在外的普通股股数

调整系数 = 行权前每股公允价值 ÷ 每股理论除权价格

因配股重新计算的上年度基本每股收益 = 上年度基本每股收益 ÷ 调整系数

本年度基本每股收益 = 归属于普通股股东的当期净利润 ÷(行权前发行在外普通股股数 × 调整系数 × 行权前普通股发行在外的时间权数 + 行权后发行在外普通股加权平均数)

存在非流通股的企业可以采用简化的计算方法,不考虑配股中内含的送股因素,而将配股视为发行新股处理。

33.2.4 以合并财务报表为基础计算和列报每股收益

本准则第三条规定,合并财务报表中,企业应当以合并财务报表为基础计算和列报每股收益。其中,计算基本每股收益时,分子为归属于母公司普通股股东的合并净利润,分母为母公司发行在外普通股的加权平均数。

第34章 分部报告

34.1 企业会计准则第35号——分部报告

《企业会计准则第35号——分部报告》(以下简称"本准则")于2006年2月15日由财会〔2006〕3号公布,自2007年1月1日起施行。

34.1.1 总则

第一条 为了规范分部报告的编制和相关信息的披露,根据《企业会计准则——基本准则》,制定本准则。

第二条 企业存在多种经营或跨地区经营的,应当按照本准则规定披露分部信息。但是,法律、行政法规另有规定的除外。

第三条 企业应当以对外提供的财务报表为基础披露分部信息。对外提供合并财务报表的企业,应当以合企业应当以对外提供的财务报表为基础披露分部信息。

【例34-1】合并财务报表的分部信息的披露

对外提供合并财务报表的企业,应当以合并财务报表为基础披露分部信息。

正确答案：√。

答案解析：根据本准则,企业应当以对外提供的财务报表为基础披露分部信息。对外提供合并财务报表的企业,应当以合并财务报表为基础披露分部信息。

34.1.2 报告分部的确定

第四条 企业披露分部信息,应当区分业务分部和地区分部。

第五条 业务分部,是指企业内可区分的、能够提供单项或一组相关产品或劳务的组成部分。该组成部分承担了不同于其他组成部分的风险和报酬。

企业在确定业务分部时,应当结合企业内部管理要求,并考虑下列因素：

(一)各单项产品或劳务的性质,包括产品或劳务的规格、型号、最终用途等；

(二)生产过程的性质,包括采用劳动密集或资本密集方式组织生产、使用相同或者相似设备和原材料、采用委托生产或加工方式等；

(三)产品或劳务的客户类型,包括大宗客户、零散客户等；

(四)销售产品或提供劳务的方式,包括批发、零售、自产自销、委托销售、承包等；

(五)生产产品或提供劳务受法律、行政法规的影响,包括经营范围或交易定价限制等。

第六条 地区分部,是指企业内可区分的、能够在一个特定的经济环境内提供产品或劳务的组成部分。该组成部分承担了不同于在其他经济环境内提供产品或劳务的组成部分的风险和报酬。

企业在确定地区分部时,应当结合企业内部管理要求,并考虑下列因素：

（一）所处经济、政治环境的相似性，包括境外经营所在地区经济和政治的稳定程度等；

（二）在不同地区经营之间的关系，包括在某地区进行产品生产，而在其他地区进行销售等；

（三）经营的接近程度大小，包括在某地区生产的产品是否需在其他地区进一步加工生产等；

（四）与某一特定地区经营相关的特别风险，包括气候异常变化等；

（五）外汇管理规定，即境外经营所在地区是否实行外汇管制；

（六）外汇风险。

【例 34 - 2】划分地区分部的依据

划分地区分部的一个重要的依据就在于各分部之间具有不同的（　　）

A. 经营风险和报酬　　　　　　　　B. 财务风险和报酬

C. 资产所在地　　　　　　　　　　D. 客户所在地

正确答案：A。

答案解析：划分地区分布的一个重要依据在于各分部之间具有不同的经营风险和经营报酬。

第七条 两个或两个以上的业务分部或地区分部同时满足下列条件的，可以予以合并：

（一）具有相近的长期财务业绩，包括具有相近的长期平均毛利率、资金回报率、未来现金流量等；

（二）确定业务分部或地区分部所考虑的因素类似。

【例 34 - 3】分部合并条件的判定

XYZ 公司是一家全球性公司，总部在美国，主要生产 A、B、C、D 4 个品牌的皮箱、各种手提包、公文包、皮带等，以及进行相关产品的运输、销售，每种产品均由独立的业务部门完成。其生产的产品主要销往中国、日本、美国国内等地。该公司各项业务于 20 × 7 年 12 月 31 日的相关收入、费用、利润等信息如表 34 - 1 所示（金额单位为万元）。假定经预测，生产皮箱的 4 个部门今后 5 年内平均销售毛利率与本年度差异不大，并且各品种皮箱的生产过程、客户类型、销售方式等类似，该公司将业务分部作为主要报告形式提供分部信息。

表 34 - 1　XYZ 公司各项业务信息表　　　　　　金额单位：万元

项目	品牌A	品牌B	品牌C	品牌D	手提包	公文包	皮带	销售公司	运输公司	合计
营业收入	106 000	130 000	100 000	95 000	260 000	230 000	69 000	270 000	50 000	1 310 000
对外交易	100 000	120 000	80 000	90 000	180 000	150 000	50 000	270 000	50 000	1 090 000
分部间交易	6 000	10 000	20 000	5 000	80 000	80 000	19 000			220 000
营业费用	74 200	92 300	69 000	66 500	156 000	142 600	55 200	220 000	30 000	905 800
对外交易	60 000	78 300	57 000	62 000	149 000	132 000	47 200	205 000	30 000	820 500
分部间交易	14 200	14 000	12 000	4 500	7 000	10 600	8 000	15 000		85 300
营业利润	31 800	37 700	31 000	28 500	104 000	87 400	13 800	50 000	20 000	

续表

项目	品牌A	品牌B	品牌C	品牌D	手提包	公文包	皮带	销售公司	运输公司	合计
销售毛利率	30%	29%	31%	30%	40%	38%	20%	18.5%	40%	
资产总额	350 000	400 000	300 000	250 000	650 000	590 000	250 000	700 000	300 000	3 790 000
负债总额	150 000	170 000	130 000	100 000	300 000	200 000	150 000	300 000	180 000	1 680 000

从上述资料可以看出，XYZ公司生产皮箱的部门有4个，分别是生产品牌A、品牌B、品牌C、品牌D皮箱的部门，其销售毛利率分别是30%、29%、31%、30%。由于其近5年平均销售毛利率差异不大，因此可以认为这4个皮箱分部具有相近的长期财务业绩；同时，A、B、C、D这4个部门都生产皮箱，其生产过程、客户类型、销售方式等类似，符合确定业务分部所考虑因素的相似性。因此，XYZ公司在确定业务分部时，可以将生产4个品牌皮箱的分部予以合并，组成一个"皮箱"分部。合并后，皮箱分部的分部收入为431 000万元，分部费用为302 000万元，分部利润为129 000万元。

第八条 企业应当以业务分部或地区分部为基础确定报告分部。

业务分部或地区分部的大部分收入是对外交易收入，且满足下列条件之一的，应当将其确定为报告分部。

（一）该分部的分部收入占所有分部收入合计的10%或者以上。

【例34-4】报告分部确认条件的判定

沿用【例34-3】资料，皮箱分部合并后，其分部收入合计431 000万元，其中对外交易收入合计390 000万元。对外交易收入占该分部收入合计的比例为90.49%（390 000÷431 000×100%），大部分收入为对外交易取得。同时，由于皮箱分部收入占所有分部收入合计的比例为32.90%（431 000÷1 310 000×100%），满足了不低于10%的条件，因此，该公司在确定报告分部时，应当将皮箱分部确定为报告分部。

（二）该分部的分部利润（亏损）的绝对额，占所有盈利分部利润合计额或者所有亏损分部亏损合计额的绝对额两者中较大者的10%或者以上。

（三）该分部的分部资产占所有分部资产合计额的10%或者以上。

第九条 业务分部或地区分部未满足本准则第八条规定条件的，可以按照下列规定处理：

（一）不考虑该分部的规模，直接将其指定为报告分部；

（二）不将该分部直接指定为报告分部的，可将该分部与一个或一个以上类似的、未满足本准则第八条规定条件的其他分部合并为一个报告分部；

（三）不将该分部指定为报告分部且不与其他分部合并的，应当在披露分部信息时，将其作为其他项目单独披露。

第十条 报告分部的对外交易收入合计额占合并总收入或企业总收入的比重未达到75%的，应当将其他的分部确定为报告分部（即使它们未满足本准则第八条规定的条件），直到该比重达到75%。

第十一条 企业的内部管理按照垂直一体化经营的不同层次来划分的，即使其大部分收入不通过对外交易取得，仍可将垂直一体化经营的不同层次确定为独立的报告业务分部。

第十二条 对于上期确定为报告分部的,企业本期认为其依然重要,即使本期未满足本准则第八条规定条件的,仍应将其确定为本期的报告分部。

34.1.3 分部信息的披露

第十三条 企业应当区分主要报告形式和次要报告形式披露分部信息。

(一)风险和报酬主要受企业的产品和劳务差异影响的,披露分部信息的主要形式应当是业务分部,次要形式是地区分部。

(二)风险和报酬主要受企业在不同的国家或地区经营活动影响的,披露分部信息的主要形式应当是地区分部,次要形式是业务分部。

(三)风险和报酬同时较大地受企业产品和劳务的差异以及经营活动所在国家或地区差异影响的,披露分部信息的主要形式应当是业务分部,次要形式是地区分部。

第十四条 对于主要报告形式,企业应当在附注中披露分部收入、分部费用、分部利润(亏损)、分部资产总额和分部负债总额等。

(一)分部收入,是指可归属于分部的对外交易收入和对其他分部交易收入。分部的对外交易收入和对其他分部交易收入,应当分别披露。

(二)分部费用,是指可归属于分部的对外交易费用和对其他分部交易费用。分部的折旧费用、摊销费用以及其他重大的非现金费用,应当分别披露。

(三)分部利润(亏损),是指分部收入减去分部费用后的余额。

在合并利润表中,分部利润(亏损)应当在调整少数股东损益前确定。

(四)分部资产,是指分部经营活动使用的可归属于该分部的资产,不包括递延所得税资产。

分部资产的披露金额应当按照扣除相关累计折旧或摊销额以及累计减值准备后的金额确定。

披露分部资产总额时,当期发生的在建工程成本总额、购置的固定资产和无形资产的成本总额,应当单独披露。

(五)分部负债,是指分部经营活动形成的可归属于该分部的负债,不包括递延所得税负债。

第十五条 分部的日常活动是金融性质的,利息收入和利息费用应当作为分部收入和分部费用进行披露。

第十六条 企业披露的分部信息,应当与合并财务报表或企业财务报表中的总额信息相衔接。

分部收入应当与企业的对外交易收入(包括企业对外交易取得的、未包括在任何分部收入中的收入)相衔接;分部利润(亏损)应当与企业营业利润(亏损)和企业净利润(净亏损)相衔接;分部资产总额应当与企业资产总额相衔接;分部负债总额应当与企业负债总额相衔接。

【例34-5】分部信息披露的判定

下列关于分部报告的表述,正确的有( )。

A. 企业应当在附注中披露将相关资产或负债分配给报告分部的基础
B. 如果经营分部未满足10%的重要性标准，但企业管理层认为披露该经营分部信息是对会计信息使用者有用的，也可以将其确定为报告分部
C. 分部收入通常应包括利息收入
D. 分部资产不包括递延所得税资产

正确答案：ABD。

答案解析：分部收入通常不应包括利息收入，选项C错误。

第十七条 分部信息的主要报告形式是业务分部的，应当就次要报告形式披露下列信息。

（一）对外交易收入占企业对外交易收入总额10%或者以上的地区分部，以外部客户所在地为基础披露对外交易收入。

（二）分部资产占所有地区分部资产总额10%或者以上的地区分部，以资产所在地为基础披露分部资产总额。

第十八条 分部信息的主要报告形式是地区分部的，应当就次要报告形式披露下列信息。

（一）对外交易收入占企业对外交易收入总额10%或者以上的业务分部，应当披露对外交易收入。

（二）分部资产占所有业务分部资产总额10%或者以上的业务分部，应当披露分部资产总额。

第十九条 分部间转移交易应当以实际交易价格为基础计量。转移价格的确定基础及其变更情况，应当予以披露。

第二十条 企业应当披露分部会计政策，但分部会计政策与合并财务报表或企业财务报表一致的除外。

分部会计政策变更影响重大的，应当按照《企业会计准则第28号——会计政策、会计估计变更和差错更正》进行披露，并提供相关比较数据。提供比较数据不切实可行的，应当说明原因。

企业改变分部的分类且提供比较数据不切实可行的，应当在改变分部分类的年度，分别披露改变前和改变后的报告分部信息。

分部会计政策，是指编制合并财务报表或企业财务报表时采用的会计政策，以及与分部报告特别相关的会计政策。与分部报告特别相关的会计政策包括分部的确定、分部间转移价格的确定方法，以及将收入和费用分配给分部的基础等。

第二十一条 企业在披露分部信息时，应当提供前期比较数据。

但是，提供比较数据不切实可行的除外。

34.2 《企业会计准则第35号——分部报告》应用指南

34.2.1 主要报告形式和次要报告形式

根据本准则第十三条规定，企业应当区分主要报告形式和次要报告形式披露分部信息。

在确定分部信息的主要报告形式和次要报告形式时，应当以企业的风险和报酬的主要来源和性质为依据，同时结合企业的内部组织结构、管理结构以及向董事会或类似机构的内部报告制度。

企业的风险和报酬的主要来源和性质，主要与其提供的产品或劳务，或者经营所在国家或地区密切相关。企业在分析其所承担的风险和报酬时，应当注意以下相关因素：

（一）所生产产品或提供劳务的性质、过程、客户类型、销售方式等；

（二）所生产产品或提供劳务受法律、行政法规的影响等；

（三）所处经济、政治环境等。企业的内部组织结构、管理结构以及向董事会或类似机构内部报告制度的安排，通常会考虑或结合企业风险和报酬的主要来源和性质等相关因素。

34.2.2 分部收入

根据本准则第十四条规定，分部收入是指可归属于分部的对外交易收入和对其他分部交易收入。分部收入主要由可归属于分部的对外交易收入构成，通常为营业收入，下列项目不包括在内。

（一）利息收入和股利收入，如采用成本法核算的长期股权投资的股利收入（投资收益）、债券投资的利息收入、对其他分部贷款的利息收入等。但是，分部的日常活动是金融性质的除外。

（二）采用权益法核算的长期股权投资在被投资单位实现的净利润中应享有的份额以及处置投资产生的净收益。但是，分部的日常活动是金融性质的除外。

（三）营业外收入，如处置固定资产、无形资产等产生的净收益。

34.2.3 分部费用

根据本准则第十四条规定，分部费用是指可归属于分部的对外交易费用和对其他分部交易费用。分部费用主要由可归属于分部的对外交易费用构成，通常包括营业成本、税金及附加、销售费用等，下列项目不包括在内。

（一）利息费用，如发行债券、向其他分部借款的利息费用等。但是，分部的日常活动是金融性质的除外。

（二）采用权益法核算的长期股权投资在被投资单位发生的净损失中应承担的份额以及处置投资发生的净损失。但是，分部的日常活动是金融性质的除外。

（三）与企业整体相关的管理费用和其他费用。但是，企业代所属分部支付的、与分部经营活动相关的且能直接归属于或按合理的基础分配给该分部的费用，属于分部费用。

（四）营业外支出，如处置固定资产、无形资产等发生的净损失。

（五）所得税费用。

第 35 章 关联方披露

企业会计准则第 36 号——关联方披露

《企业会计准则第 36 号——关联方披露》（以下简称"本准则"）于 2006 年 2 月 15 日由财会〔2006〕3 号公布，自 2007 年 1 月 1 日起施行。

35.1 总 则

第一条 为了规范关联方及其交易的信息披露，根据《企业会计准则——基本准则》，制定本准则。

第二条 企业财务报表中应当披露所有关联方关系及其交易的相关信息。对外提供合并财务报表的，对于已经包括在合并范围内各企业之间的交易不予披露，但应当披露与合并范围外各关联方的关系及其交易。

35.2 关联方

第三条 一方控制、共同控制另一方或对另一方施加重大影响，以及两方或两方以上同受一方控制、共同控制或重大影响的，构成关联方。

控制，是指有权决定一个企业的财务和经营政策，并能据以从该企业的经营活动中获取利益。

共同控制，是指按照合同约定对某项经济活动所共有的控制，仅在与该项经济活动相关的重要财务和经营决策需要分享控制权的投资方一致同意时存在。

重大影响，是指对一个企业的财务和经营政策有参与决策的权力，但并不能够控制或者与其他方一起共同控制这些政策的制定。

第四条 下列各方构成企业的关联方。

（一）该企业的母公司。

（二）该企业的子公司。

（三）与该企业受同一母公司控制的其他企业。

（四）对该企业实施共同控制的投资方。

（五）对该企业施加重大影响的投资方。

（六）该企业的合营企业。

（七）该企业的联营企业。

（八）该企业的主要投资者个人及与其关系密切的家庭成员。主要投资者个人，是指能够控制、共同控制一个企业或者对一个企业施加重大影响的个人投资者。

（九）该企业或其母公司的关键管理人员及与其关系密切的家庭成员。关键管理人员，是指有权力并负责计划、指挥和控制企业活动的人员。与主要投资者个人或关键管理人员关系密切的家庭成员，是指在处理与企业的交易时可能影响该个人或受该个人影响的家庭成员。

（十）该企业主要投资者个人、关键管理人员或与其关系密切的家庭成员控制、共同控制或施加重大影响的其他企业。

【例35-1】关联方的判定1

A公司和B公司共同控制C公司，同时A公司和D公司共同控制E公司，由于C公司和E公司同时受A公司的控制，因此，C公司和E公司之间构成关联方关系。

正确答案：√。

答案解析：由于有共同控制企业的存在，导致两个或多个企业的财务和经营政策受该企业共同控制，因此，与该企业受同一企业共同控制的两个或多个企业之间构成关联方关系。

【例35-2】关联方的判定2

以下个人或企业中，与甲公司没有构成关联方关系的是（　　）。

A. 与甲公司有一位共同的董事长的A企业
B. 持有甲企业3%表决权资本的某个人控股的B公司
C. 持有甲企业10%表决权资本的某个人控股的C公司
D. 甲公司总经理的弟弟拥有D企业60%的表决权资本

正确答案：B。

答案解析：关联关系方判定时，主要投资者个人是指直接或间接地控制一个企业10%或以上表决权资本的个人投资者，3%小于10%，故不存在关联方关系。

【例35-3】关联方的判定3

下列不属于关联方关系的是（　　）。

A. 甲公司的总经理与甲公司的关系
B. A公司和B公司同受W公司的控制，A和B之间的关系
C. 丙公司拥有J公司15%的股份，丙公司和丁公司之间的关系
D. E公司拥有F公司10%的股份，F公司生产产品的技术资料依赖于E公司，E公司和F公司关系

正确答案：C。

答案解析：丙公司拥有J公司15%的股权，不足20%且无实质性重大影响，不存在关联通方关系。

第五条　仅与企业存在下列关系的各方，不构成企业的关联方。

（一）与该企业发生日常往来的资金提供者、公用事业部门、政府部门和机构。

（二）与该企业发生大量交易而存在经济依存关系的单个客户、供应商、特许商、经销商或代理商。

（三）与该企业共同控制合营企业的合营者。

第六条　仅仅同受国家控制而不存在其他关联方关系的企业，不构成关联方。

35.3　关联方交易

第七条　关联方交易，是指关联方之间转移资源、劳务或义务的行为，而不论是否收取

价款。

第八条 关联方交易的类型通常包括下列各项。

（一）购买或销售商品。

（二）购买或销售商品以外的其他资产。

（三）提供或接受劳务。

（四）担保。

（五）提供资金（贷款或股权投资）。

（六）租赁。

（七）代理。

（八）研究与开发项目的转移。

（九）许可协议。

（十）代表企业或由企业代表另一方进行债务结算。

（十一）关键管理人员薪酬。

【例35-4】关联方交易的判定

对于下列关联方之间的交易，上市公司可以不在其财务报表附注中披露的是（　　）。

A. 与已纳入合并财务报表合并范围的子公司之间的交易

B. 与其他国有企业之间的交易

C. 与企业关键管理人员之间的交易

D. 与企业主要投资者个人之间的交易

正确答案：B。

35.4 披　　露

第九条 企业无论是否发生关联方交易，均应当在附注中披露与母公司和子公司有关的下列信息。

（一）母公司和子公司的名称。

母公司不是该企业最终控制方的，还应当披露最终控制方名称。

母公司和最终控制方均不对外提供财务报表的，还应当披露母公司之上与其最相近的对外提供财务报表的母公司名称。

（二）母公司和子公司的业务性质、注册地、注册资本（或实收资本、股本）及其变化。

（三）母公司对该企业或者该企业对子公司的持股比例和表决权比例。

【例35-5】关联方披露的内容1

企业无论是否发生关联方交易，均应当在附注中披露与该企业之间存在直接控制关系的母公司和子公司有关的信息。（　　）

正确答案：√。

第十条 企业与关联方发生关联方交易的，应当在附注中披露该关联方关系的性质、交易类型及交易要素。交易要素至少应当包括下列信息。

（一）交易的金额。

（二）未结算项目的金额、条款和条件，以及有关提供或取得担保的信息。

（三）未结算应收项目的坏账准备金额。

（四）定价政策。

【例35-6】关联方披露的内容2

企业与其关联方发生交易的情况下，应当在财务报表附注中披露的内容有（　　）。

A. 关联方交易定价政策

B. 关联方交易未结算项目的金额

C. 关联方关系的性质

D. 交易方交易的类型

正确答案：B。

第十一条　关联方交易应当分别关联方以及交易类型予以披露。

类型相似的关联方交易，在不影响财务报表阅读者正确理解关联方交易对财务报表影响的情况下，可以合并披露。

第十二条　企业只有在提供确凿证据的情况下，才能披露关联方交易是公平交易。

【例35-7】关联方披露的内容3

A公司为C公司的母公司，拥有C公司60%的表决权；B公司为对C公司施加重大影响的投资方，拥有C公司40%的表决权。2×18年度A公司向B公司采购原材料50万元，A公司向C公司采购原材料100万元，C公司向B公司采购原材料200万元。

针对本例需探讨的问题：A公司、B公司与C公司之间是否存在关联方关系及其交易，如果存在，在A公司2×18年度的财务报表附注中应如何进行关联方披露？对于本案例探讨的问题，业内通常存在以下三种观点。

观点一：A公司2×18年度财务报表附注中仅需披露C公司为A公司的子公司。2×18年度A公司向B公司采购原材料50万元，A公司向C公司采购原材料100万元，C公司向B公司采购原材料200万元，均无须在A公司2×18年度财务报表附注中作为关联方交易进行披露。

观点二：A公司2×18年度财务报表附注中需披露C公司为A公司的子公司，B公司为对A公司的子公司C可施加重大影响的少数股东。A公司向C公司采购原材料100万元，无需在A公司2×18年度财务报表附注中作为关联方交易进行披露；A公司向B公司采购原材料50万元，C公司向B公司采购原材料200万元，均需在A公司2×18年度财务报表附注中作为关联方交易进行披露。

观点三：A公司2×18年度财务报表附注中需披露C公司为A公司的子公司，B公司为对A公司的子公司C可施加重大影响的少数股东。A公司向B公司采购原材料50万元，A公司向C公司采购原材料100万元，均无须在A公司2×18年度财务报表附注中作为关联方交易进行披露；C公司向B公司采购原材料200万元，需在A公司2×18年度财务报表附注中作为关联方交易进行披露。

正确答案：观点三的答案正确。

答案解析：A公司需编制合并财务报表及其附注，C公司作为A公司的子公司在A公司的合并财务报表附注中作为关联方关系披露毋庸置疑，A公司与C公司之间存在的购销100

万元的交易已在编制合并财务报表时抵销,因此A公司向C公司采购原材料100万元无须在A公司的合并财务报表附注中作为关联方交易披露。由于合并财务报表附注中的关联方披露是基于合并财务报表进行的,基于实体理论的观点,A公司的子公司C的少数股东B公司也是A公司合并集团的权益持有者,所以少数股东B公司(指对A公司所投资的子公司C具有重大影响的)与A公司合并集团之间应当是关联方,但在附注中披露关联方关系时应披露"对子公司C可施加重大影响的少数股东",并且在界定关联交易时,仅需将该少数股东B公司与其能够施加重大影响的C公司(即A公司的子公司C)之间的交易统计为关联方交易。因此A公司与B公司之间不存在关联方关系,A公司向B公司采购原材料50万元无须在A公司2×18年度财务报表附注中作为关联方交易进行披露;仅需将C公司向B公司采购原材料200万元在A公司2×18年度财务报表附注中作为关联方交易进行披露。

【例35-8】关联方披露的综合会计处理

2×18年1—7月A公司为对B公司施加重大影响的投资方,拥有B公司40%的表决权;2×18年8月1日起A公司不拥有B公司的任何表决权,对B公司无任何影响。2×18年度A公司向B公司采购原材料200万元,其中:2×18年1—7月A公司向B公司采购原材料150万元,2×18年8—12月A公司向B公司采购原材料50万元。

针对本案例需探讨的问题:A公司与B公司之间是否存在关联方关系及其交易,如果存在,在A公司2×18年度的财务报表附注中应如何进行关联方披露?对于本案例探讨的问题,业内通常存在以下三种观点。

观点一:2×18年度A公司与B公司之间不存在关联方关系并且无任何关联方交易,因此无须在A公司2×18年度财务报表附注中披露。

观点二:A公司2×18年度财务报表附注中披露B公司为A公司的联营企业,A公司向B公司采购原材料200万元应作为关联方交易披露。

观点三:A公司2×18年度财务报表附注中披露2×18年1—7月B公司为A公司的联营企业,2×18年8—12月B公司与A公司之间无任何关联方关系。2×18年1—7月A公司向B公司采购原材料150万元应作为关联方交易披露;2×18年8—12月A公司向B公司采购原材料50万元不作为关联方交易披露。

正确答案:观点三的答案正确。

答案解析:伴随着2×18年度中A公司对于B公司的表决权发生变化,A公司与B公司之间的关联方关系也在2×18年度发生了变化。2×18年度A公司财务报表附注的关联方披露中不能仅按年初时点或年末时点的A公司与B公司之间的关系进行披露。A公司与B公司之间的关系在2×18年度中存在着动态的变化,应按不同的时段动态分析A公司与B公司之间是否存在关联方关系及其交易。2×18年1—7月A公司拥有B公司40%的表决权,该期限内B公司为A公司的联营企业;2×18年8月1日起A公司不拥有B公司的任何表决权,则B公司与A公司之间无任何关联方关系。因此2×18年度A公司财务报表附注中的关联方关系及其交易应披露:2×18年1—7月B公司为A公司的联营企业,在此期间内A公司向B公司采购原材料150万元为关联方交易;2×18年8—12月B公司与A公司之间无任何关联方关系,在此期间内A公司向B公司采购原材料50万元不作为关联方交易。

第36章 金融工具列报

36.1 企业会计准则第37号——金融工具列报

为了适应社会主义市场经济发展需要，规范金融工具的会计处理，提高会计信息质量，根据《企业会计准则——基本准则》，财政部对《企业会计准则第37号——金融工具列报》进行了修订（以下简称"本准则"），现予印发。在境内外同时上市的企业以及在境外上市并采用国际财务报告准则或企业会计准则编制财务报告的企业，自2018年1月1日起施行；其他境内上市企业自2019年1月1日起施行；执行企业会计准则的非上市企业自2021年1月1日起施行。同时，鼓励企业提前执行。执行本准则的企业，不再执行财政部于2014年3月17日印发的《金融负债与权益工具的区分及相关会计处理规定》（财会〔2014〕13号）和2014年6月20日印发的《企业会计准则第37号——金融工具列报》（财会〔2014〕23号）。

执行财政部于2017年修订印发的《企业会计准则第22号——金融工具确认和计量》（财会〔2017〕7号）、《企业会计准则第23号——金融资产转移》（财会〔2017〕8号）、《企业会计准则第24号——套期会计》（财会〔2017〕9号）的企业，应同时执行本准则。

36.1.1 总则

第一条 为了规范金融工具的列报，根据《企业会计准则——基本准则》，制定本准则。金融工具列报，包括金融工具列示和金融工具披露。

第二条 金融工具列报的信息，应当有助于财务报表使用者了解企业所发行金融工具的分类、计量和列报的情况，以及企业所持有的金融资产和承担的金融负债的情况，并就金融工具对企业财务状况和经营成果影响的重要程度、金融工具使企业在报告期间和期末所面临风险的性质和程度，以及企业如何管理这些风险作出合理评价。

第三条 本准则适用于所有企业各种类型的金融工具，但下列各项适用其他会计准则。

（一）由《企业会计准则第2号——长期股权投资》、《企业会计准则第33号——合并财务报表》和《企业会计准则第40号——合营安排》规范的对子公司、合营企业和联营企业的投资，其披露适用《企业会计准则第41号——在其他主体中权益的披露》。但企业持有的与在子公司、合营企业或联营企业中的权益相联系的衍生工具，适用本准则。

企业按照《企业会计准则第22号——金融工具确认和计量》相关规定对联营企业或合营企业的投资进行会计处理的，以及企业符合《企业会计准则第33号——合并财务报表》有关投资性主体定义，且根据该准则规定对子公司的投资以公允价值计量且其变动计入当期损益的，对上述合营企业、联营企业或子公司的相关投资适用本准则。

（二）由《企业会计准则第9号——职工薪酬》规范的职工薪酬相关计划形成的企业的权利和义务，适用《企业会计准则第9号——职工薪酬》。

（三）由《企业会计准则第 11 号——股份支付》规范的股份支付中涉及的金融工具以及其他合同和义务，适用《企业会计准则第 11 号——股份支付》。但是，股份支付中属于本准则范围的买入或卖出非金融项目的合同，以及与股份支付相关的企业发行、回购、出售或注销的库存股，适用本准则。

（四）由《企业会计准则第 12 号——债务重组》规范的债务重组，适用《企业会计准则第 12 号——债务重组》。但债务重组中涉及金融资产转移披露的，适用本准则。

（五）由《企业会计准则第 14 号——收入》规范的属于金融工具的合同权利和义务，适用《企业会计准则第 14 号——收入》。由《企业会计准则第 14 号——收入》要求在确认和计量相关合同权利的减值损失和利得时，应当按照《企业会计准则第 22 号——金融工具确认和计量》进行会计处理的合同权利，适用本准则有关信用风险披露的规定。

（六）由保险合同相关会计准则规范的保险合同所产生的权利和义务，适用保险合同相关会计准则。因具有相机分红特征而由保险合同相关会计准则规范的合同所产生的权利和义务，适用保险合同相关会计准则。但对于嵌入保险合同的衍生工具，该嵌入衍生工具本身不是保险合同的，适用本准则；该嵌入衍生工具本身为保险合同的，适用保险合同相关会计准则。

企业选择按照《企业会计准则第 22 号——金融工具确认和计量》进行会计处理的财务担保合同，适用本准则；企业选择按照保险合同相关会计准则进行会计处理的财务担保合同，适用保险合同相关会计准则。

第四条　本准则适用于能够以现金或其他金融工具净额结算，或通过交换金融工具结算的买入或卖出非金融项目的合同。但企业按照预定的购买、销售或使用要求签订并持有，旨在收取或交付非金融项目的合同，适用其他相关会计准则，但是企业根据《企业会计准则第 22 号——金融工具确认和计量》第八条的规定将该合同指定为以公允价值计量且其变动计入当期损益的金融资产或金融负债的，适用本准则。

第五条　本准则第六章至第八章的规定，除适用于企业已按照《企业会计准则第 22 号——金融工具确认和计量》确认的金融工具外，还适用于未确认的金融工具。

第六条　本准则规定的交易或事项涉及所得税的，应当按照《企业会计准则第 18 号——所得税》进行处理。

36.1.2　金融负债和权益工具的区分

第七条　企业应当根据所发行金融工具的合同条款及其所反映的经济实质而非仅以法律形式，结合金融资产、金融负债和权益工具的定义，在初始确认时将该金融工具或其组成部分分类为金融资产、金融负债或权益工具。

第八条　金融负债，是指企业符合下列条件之一的负债。

（一）向其他方交付现金或其他金融资产的合同义务。

（二）在潜在不利条件下，与其他方交换金融资产或金融负债的合同义务。

（三）将来须用或可用企业自身权益工具进行结算的非衍生工具合同，且企业根据该合同将交付可变数量的自身权益工具。

（四）将来须用或可用企业自身权益工具进行结算的衍生工具合同，但以固定数量的自身权益工具交换固定金额的现金或其他金融资产的衍生工具合同除外。企业对全部现有同类别非衍生自身权益工具的持有方同比例发行配股权、期权或认股权证，使之有权按比例以固定金额的任何货币换取固定数量的该企业自身权益工具的，该类配股权、期权或认股权证应当分类为权益工具。其中，企业自身权益工具不包括应按照本准则第三章分类为权益工具的金融工具，也不包括本身就要求在未来收取或交付企业自身权益工具的合同。

第九条 权益工具，是指能证明拥有某个企业在扣除所有负债后的资产中的剩余权益的合同。企业发行的金融工具同时满足下列条件的，符合权益工具的定义，应当将该金融工具分类为权益工具。

（一）该金融工具应当不包括交付现金或其他金融资产给其他方，或在潜在不利条件下与其他方交换金融资产或金融负债的合同义务。

（二）将来须用或可用企业自身权益工具结算该金融工具。如为非衍生工具，该金融工具应当不包括交付可变数量的自身权益工具进行结算的合同义务；如为衍生工具，企业只能通过以固定数量的自身权益工具交换固定金额的现金或其他金融资产结算该金融工具。企业自身权益工具不包括应按照本准则第三章分类为权益工具的金融工具，也不包括本身就要求在未来收取或交付企业自身权益工具的合同。

第十条 企业不能无条件地避免以交付现金或其他金融资产来履行一项合同义务的，该合同义务符合金融负债的定义。有些金融工具虽然没有明确地包含交付现金或其他金融资产义务的条款和条件，但有可能通过其他条款和条件间接地形成合同义务。

如果一项金融工具须用或可用企业自身权益工具进行结算，需要考虑用于结算该工具的企业自身权益工具，是作为现金或其他金融资产的替代品，还是为了使该工具持有方享有在发行方扣除所有负债后的资产中的剩余权益。如果是前者，该工具是发行方的金融负债；如果是后者，该工具是发行方的权益工具。在某些情况下，一项金融工具合同规定企业须用或可用自身权益工具结算该金融工具，其中合同权利或合同义务的金额等于可获取或需交付的自身权益工具的数量乘以其结算时的公允价值，则无论该合同权利或合同义务的金额是固定的，还是完全或部分地基于除企业自身权益工具的市场价格以外变量（例如利率、某种商品的价格或某项金融工具的价格）的变动而变动的，该合同应当分类为金融负债。

第十一条 除根据本准则第三章分类为权益工具的金融工具外，如果一项合同使发行方承担了以现金或其他金融资产回购自身权益工具的义务，即使发行方的回购义务取决于合同对手方是否行使回售权，发行方应当在初始确认时将该义务确认为一项金融负债，其金额等于回购所需支付金额的现值（如远期回购价格的现值、期权行权价格的现值或其他回售金额的现值）。如果最终发行方无需以现金或其他金融资产回购自身权益工具，应当在合同到期时将该项金融负债按照账面价值重分类为权益工具。

第十二条 对于附有或有结算条款的金融工具，发行方不能无条件地避免交付现金、其他金融资产或以其他导致该工具成为金融负债的方式进行结算的，应当分类为金融负债。但是，满足下列条件之一的，发行方应当将其分类为权益工具。

（一）要求以现金、其他金融资产或以其他导致该工具成为金融负债的方式进行结算的或有结算条款几乎不具有可能性,即相关情形极端罕见、显著异常且几乎不可能发生。

(二)只有在发行方清算时,才需以现金、其他金融资产或以其他导致该工具成为金融负债的方式进行结算。

(三)按照本准则第三章分类为权益工具的可回售工具。

附有或有结算条款的金融工具,指是否通过交付现金或其他金融资产进行结算,或者是否以其他导致该金融工具成为金融负债的方式进行结算,需要由发行方和持有方均不能控制的未来不确定事项(如股价指数、消费价格指数变动、利率或税法变动、发行方未来收入、净收益或债务权益比率等)的发生或不发生(或发行方和持有方均不能控制的未来不确定事项的结果)来确定的金融工具。

第十三条 对于存在结算选择权的衍生工具(例如合同规定发行方或持有方能选择以现金净额或以发行股份交换现金等方式进行结算的衍生工具),发行方应当将其确认为金融资产或金融负债,但所有可供选择的结算方式均表明该衍生工具应当确认为权益工具的除外。

第十四条 企业应对发行的非衍生工具进行评估,以确定所发行的工具是否为复合金融工具。企业所发行的非衍生工具可能同时包含金融负债成分和权益工具成分。对于复合金融工具,发行方应于初始确认时将各组成部分分别分类为金融负债、金融资产或权益工具。

企业发行的一项非衍生工具同时包含金融负债成分和权益工具成分的,应于初始计量时先确定金融负债成分的公允价值(包括其中可能包含的非权益性嵌入衍生工具的公允价值),再从复合金融工具公允价值中扣除负债成分的公允价值,作为权益工具成分的价值。复合金融工具中包含非权益性嵌入衍生工具的,非权益性嵌入衍生工具的公允价值应当包含在金融负债成分的公允价值中,并且按照《企业会计准则第22号——金融工具确认和计量》的规定对该金融负债成分进行会计处理。

第十五条 在合并财务报表中对金融工具(或其组成部分)进行分类时,企业应当考虑企业集团成员和金融工具的持有方之间达成的所有条款和条件。企业集团作为一个整体,因该工具承担了交付现金、其他金融资产或以其他导致该工具成为金融负债的方式进行结算的义务的,该工具在企业集团合并财务报表中应当分类为金融负债。

36.1.3 特殊金融工具的区分

第十六条 符合金融负债定义,但同时具有下列特征的可回售工具,应当分类为权益工具。

(一)赋予持有方在企业清算时按比例份额获得该企业净资产的权利。这里所指企业净资产是扣除所有优先于该工具对企业资产要求权之后的剩余资产;这里所指按比例份额是清算时将企业的净资产分拆为金额相等的单位,并且将单位金额乘以持有方所持有的单位数量。

(二)该工具所属的类别次于其他所有工具类别,即该工具在归属于该类别前无须转换为另一种工具,且在清算时对企业资产没有优先于其他工具的要求权。

(三)该工具所属的类别中(该类别次于其他所有工具类别),所有工具具有相同的特征(例如它们必须都具有可回售特征,并且用于计算回购或赎回价格的公式或其他方法都相同)。

（四）除了发行方应当以现金或其他金融资产回购或赎回该工具的合同义务外，该工具不满足本准则规定的金融负债定义中的任何其他特征。

（五）该工具在存续期内的预计现金流量总额，应当实质上基于该工具存续期内企业的损益、已确认净资产的变动、已确认和未确认净资产的公允价值变动（不包括该工具的任何影响）。

可回售工具，是指根据合同约定，持有方有权将该工具回售给发行方以获取现金或其他金融资产的权利，或者在未来某一不确定事项发生或者持有方死亡或退休时，自动回售给发行方的金融工具。

第十七条 符合金融负债定义，但同时具有下列特征的发行方仅在清算时才有义务向另一方按比例交付其净资产的金融工具，应当分类为权益工具：

（一）赋予持有方在企业清算时按比例份额获得该企业净资产的权利；

（二）该工具所属的类别次于其他所有工具类别；

（三）该工具所属的类别中（该类别次于其他所有工具类别），发行方对该类别中所有工具都应当在清算时承担按比例份额交付其净资产的同等合同义务。

产生上述合同义务的清算确定将会发生并且不受发行方的控制（如发行方本身是有限寿命主体），或者发生与否取决于该工具的持有方。

第十八条 分类为权益工具的可回售工具，或发行方仅在清算时才有义务向另一方按比例交付其净资产的金融工具，除应当具有本准则第十六条或第十七条所述特征外，其发行方应当没有同时具备下列特征的其他金融工具或合同：

（一）现金流量总额实质上基于企业的损益、已确认净资产的变动、已确认和未确认净资产的公允价值变动（不包括该工具或合同的任何影响）；

（二）实质上限制或固定了本准则第十六条或第十七条所述工具持有方所获得的剩余回报。

在运用上述条件时，对于发行方与本准则第十六条或第十七条所述工具持有方签订的非金融合同，如果其条款和条件与发行方和其他方之间可能订立的同等合同类似，不应考虑该非金融合同的影响。但如果不能做出此判断，则不得将该工具分类为权益工具。

第十九条 按照本章规定分类为权益工具的金融工具，自不再具有本准则第十六条或第十七条所述特征，或发行方不再满足本准则第十八条规定条件之日起，发行方应当将其重分类为金融负债，以重分类日该工具的公允价值计量，并将重分类日权益工具的账面价值和金融负债的公允价值之间的差额确认为权益。

按照本章规定分类为金融负债的金融工具，自具有本准则第十六条或第十七条所述特征，且发行方满足本准则第十八条规定条件之日起，发行方应当将其重分类为权益工具，以重分类日金融负债的账面价值计量。

第二十条 企业发行的满足本章规定分类为权益工具的金融工具，在企业集团合并财务报表中对应的少数股东权益部分，应当分类为金融负债。

36.1.4 收益和库存股

第二十一条 金融工具或其组成部分属于金融负债的，相关利息、股利（或股息）、利得或损失，以及赎回或再融资产生的利得或损失等，应当计入当期损益。

第二十二条 金融工具或其组成部分属于权益工具的，其发行（含再融资）、回购、出售或注销时，发行方应当作为权益的变动处理。发行方不应当确认权益工具的公允价值变动。

发行方向权益工具持有方的分配应当作为其利润分配处理，发放的股票股利不影响发行方的所有者权益总额。

第二十三条 与权益性交易相关的交易费用应当从权益中扣减。

企业发行或取得自身权益工具时发生的交易费用（例如登记费，承销费，法律、会计、评估及其他专业服务费用，印刷成本和印花税等），可直接归属于权益性交易的，应当从权益中扣减。终止的未完成权益性交易所发生的交易费用应当计入当期损益。

第二十四条 发行复合金融工具发生的交易费用，应当在金融负债成分和权益工具成分之间按照各自占总发行价款的比例进行分摊。与多项交易相关的共同交易费用，应当在合理的基础上，采用与其他类似交易一致的方法，在各项交易间进行分摊。

第二十五条 发行方分类为金融负债的金融工具支付的股利，在利润表中应当确认为费用，与其他负债的利息费用合并列示，并在财务报表附注中单独披露。

作为权益扣减项的交易费用，应当在财务报表附注中单独披露。

第二十六条 回购自身权益工具（库存股）支付的对价和交易费用，应当减少所有者权益，不得确认金融资产。库存股可由企业自身购回和持有，也可由企业集团合并财务报表范围内的其他成员购回和持有。

第二十七条 企业应当按照《企业会计准则第30号——财务报表列报》的规定在资产负债表中单独列示所持有的库存股金额。

企业从关联方回购自身权益工具的，还应当按照《企业会计准则第36号——关联方披露》的相关规定进行披露。

36.1.5 金融资产和金融负债的抵销

第二十八条 金融资产和金融负债应当在资产负债表内分别列示，不得相互抵销。但同时满足下列条件的，应当以相互抵销后的净额在资产负债表内列示：

（一）企业具有抵销已确认金额的法定权利，且该种法定权利是当前可执行的；

（二）企业计划以净额结算，或同时变现该金融资产和清偿该金融负债。

不满足终止确认条件的金融资产转移，转出方不得将已转移的金融资产和相关负债进行抵销。

第二十九条 抵销权是债务人根据合同或其他协议，以应收债权人的金额全部或部分抵销应付债权人的金额的法定权利。在某些情况下，如果债务人、债权人和第三方三者之间签署的协议明确表示债务人拥有该抵销权，并且不违反法律法规或其他相关规定，债务人可能拥有以应收第三方的金额抵销应付债权人的金额的法定权利。

第三十条 抵销权应当不取决于未来事项，而且在企业和所有交易对手方的正常经营过程中，或在出现违约、无力偿债或破产等各种情形下，企业均可执行该法定权利。

在确定抵销权是否可执行时，企业应当充分考虑法律法规或其他相关规定以及合同约定等等各方面因素。

第三十一条 当前可执行的抵销权不构成相互抵销的充分条件，企业既不打算行使抵销权（即净额结算），又无计划同时结算金融资产和金融负债的，该金融资产和金融负债不得抵销。

在没有法定权利的情况下，一方或双方即使有意向以净额为基础进行结算或同时结算相关金融资产和金融负债的，该金融资产和金融负债也不得抵销。

第三十二条 企业同时结算金融资产和金融负债的，如果该结算方式相当于净额结算，则满足本准则第二十八条（二）以净额结算的标准。这种结算方式必须在同一结算过程或周期内处理了相关应收和应付款项，最终消除或几乎消除了信用风险和流动性风险。如果某结算方式同时具备如下特征，可视为满足净额结算标准：

（一）符合抵销条件的金融资产和金融负债在同一时点提交处理；

（二）金融资产和金融负债一经提交处理，各方即承诺履行结算义务；

（三）金融资产和金融负债一经提交处理，除非处理失败，这些资产和负债产生的现金流量不可能发生变动；

（四）以证券作为担保物的金融资产和金融负债，通过证券结算系统或其他类似机制进行结算（例如券款对付），即如果证券交付失败，则以证券作为抵押的应收款项或应付款项的处理也将失败，反之亦然；

（五）若发生本条（四）所述的失败交易，将重新进入处理程序，直至结算完成；

（六）由同一结算机构执行；

（七）有足够的日间信用额度，并且能够确保该日间信用额度一经申请提取即可履行，以支持各方能够在结算日进行支付处理。

第三十三条 在下列情况下，通常认为不满足本准则第二十八条所列条件，不得抵销相关金融资产和金融负债。

（一）使用多项不同金融工具来仿效单项金融工具的特征（即合成工具）。例如利用浮动利率长期债券与收取浮动利息且支付固定利息的利率互换，合成一项固定利率长期负债。

（二）金融资产和金融负债虽然具有相同的主要风险敞口（例如远期合同或其他衍生工具组合中的资产和负债），但涉及不同的交易对手方。

（三）无追索权金融负债与作为其担保物的金融资产或其他资产。

（四）债务人为解除某项负债而将一定的金融资产进行托管（例如偿债基金或类似安排），但债权人尚未接受以这些资产清偿负债。

（五）因某些导致损失的事项而产生的义务预计可以通过保险合同向第三方索赔而得以补偿。

第三十四条 企业与同一交易对手方进行多项金融工具交易时，可能与对手方签订总互抵协议。只有满足本准则第二十八条所列条件时，总互抵协议下的相关金融资产和金融负债才能抵销。

总互抵协议，是指协议所涵盖的所有金融工具中的任何一项合同在发生违约或终止时，就协议所涵盖的所有金融工具按单一净额进行结算。

第三十五条 企业应当区分金融资产和金融负债的抵销与终止确认。抵销金融资产和金融负债并在资产负债表中以净额列示，不应当产生利得或损失；终止确认是从资产负债表列示的项目中移除相关金融资产或金融负债，有可能产生利得或损失。

36.1.6 金融工具对财务状况和经营成果影响的列报

第一节 一般性规定

第三十六条 企业在对金融工具各项目进行列报时，应当根据金融工具的特点及相关信息的性质对金融工具进行归类，并充分披露与金融工具相关的信息，使得财务报表附注中的披露与财务报表列示的各项目相互对应。

第三十七条 在确定金融工具的列报类型时，企业至少应当将本准则范围内的金融工具区分为以摊余成本计量和以公允价值计量的类型。

第三十八条 企业应当披露编制财务报表时对金融工具所采用的重要会计政策、计量基础和与理解财务报表相关的其他会计政策等信息，主要包括以下信息。

（一）对于指定为以公允价值计量且其变动计入当期损益的金融资产，企业应当披露下列信息：

1. 指定的金融资产的性质；

2. 企业如何满足运用指定的标准。企业应当披露该指定所针对的确认或计量不一致的描述性说明。

（二）对于指定为以公允价值计量且其变动计入当期损益的金融负债，企业应当披露下列信息：

1. 指定的金融负债的性质；

2. 初始确认时对上述金融负债做出指定的标准；

3. 企业如何满足运用指定的标准。对于以消除或显著减少会计错配为目的的指定，企业应当披露该指定所针对的确认或计量不一致的描述性说明。对于以更好地反映组合的管理实质为目的的指定，企业应当披露该指定符合企业正式书面文件载明的风险管理或投资策略的描述性说明。对于整体指定为以公允价值计量且其变动计入当期损益的混合工具，企业应当披露运用指定标准的描述性说明。

（三）如何确定每类金融工具的利得或损失。

第二节 资产负债表中的列示及相关披露

第三十九条 企业应当在资产负债表或相关附注中列报下列金融资产或金融负债的账面价值。

（一）以摊余成本计量的金融资产。

（二）以摊余成本计量的金融负债。

（三）以公允价值计量且其变动计入其他综合收益的金融资产，并分别反映：

（1）根据《企业会计准则第 22 号——金融工具确认和计量》第十八条的规定分类为以公允价值计量且其变动计入其他综合收益的金融资产；

（2）根据《企业会计准则第 22 号——金融工具确认和计量》第十九条的规定在初始确

认时被指定为以公允价值计量且其变动计入其他综合收益的非交易性权益工具投资。

（四）以公允价值计量且其变动计入当期损益的金融资产，并分别反映：

（1）根据《企业会计准则第 22 号——金融工具确认和计量》第十九条的规定分类为以公允价值计量且其变动计入当期损益的金融资产；

（2）根据《企业会计准则第 22 号——金融工具确认和计量》第二十条的规定指定为以公允价值计量且其变动计入当期损益的金融资产；

（3）根据《企业会计准则第 24 号——套期会计》第三十四条的规定在初始确认或后续计量时指定为以公允价值计量且其变动计入当期损益的金融资产。

（五）以公允价值计量且其变动计入当期损益的金融负债，并分别反映：

（1）根据《企业会计准则第 22 号——金融工具确认和计量》第二十一条的规定分类为以公允价值计量且其变动计入当期损益的金融负债；

（2）根据《企业会计准则第 22 号——金融工具确认和计量》第二十二条的规定在初始确认时指定为以公允价值计量且其变动计入当期损益的金融负债；

（3）根据《企业会计准则第 24 号——套期会计》第三十四条的规定在初始确认和后续计量时指定为以公允价值计量且其变动计入当期损益的金融负债。

第四十条 企业将本应按摊余成本或以公允价值计量且其变动计入其他综合收益计量的一项或一组金融资产指定为以公允价值计量且其变动计入当期损益的金融资产的，应当披露下列信息：

（一）该金融资产在资产负债表日使企业面临的最大信用风险敞口；

（二）企业通过任何相关信用衍生工具或类似工具使得该最大信用风险敞口降低的金额；

（三）该金融资产因信用风险变动引起的公允价值本期变动额和累计变动额；

（四）相关信用衍生工具或类似工具自该金融资产被指定以来的公允价值本期变动额和累计变动额。

信用风险，是指金融工具的一方不履行义务，造成另一方发生财务损失的风险。

金融资产在资产负债表日的最大信用风险敞口，通常是金融工具账面余额减去减值损失准备后的金额（已减去根据本准则规定已抵销的金额）。

第四十一条 企业将一项金融负债指定为以公允价值计量且其变动计入当期损益的金融负债，且企业自身信用风险变动引起的该金融负债公允价值的变动金额计入其他综合收益的，应当披露下列信息：

（一）该金融负债因自身信用风险变动引起的公允价值本期变动额和累计变动额；

（二）该金融负债的账面价值与按合同约定到期应支付债权人金额之间的差额；

（三）该金融负债的累计利得或损失本期从其他综合收益转入留存收益的金额和原因。

第四十二条 企业将一项金融负债指定为以公允价值计量且其变动计入当期损益的金融负债，且该金融负债（包括企业自身信用风险变动的影响）的全部利得或损失计入当期损益的，应当披露下列信息：

（一）该金融负债因自身信用风险变动引起的公允价值本期变动额和累计变动额；

（二）该金融负债的账面价值与按合同约定到期应支付债权人金额之间的差额。

第四十三条 企业应当披露用于确定本准则第四十条（三）所要求披露的金融资产因信用风险变动引起的公允价值变动额的估值方法，以及用于确定本准则第四十一条（一）和第四十二条（一）所要求披露的金融负债因自身信用风险变动引起的公允价值变动额的估值方法，并说明选用该方法的原因。如果企业认为披露的信息未能如实反映相关金融工具公允价值变动中由信用风险引起的部分，则应当披露企业得出此结论的原因及其他需要考虑的因素。

企业应当披露其用于确定金融负债自身信用风险变动引起的公允价值的变动计入其他综合收益是否会造成或扩大损益中的会计错配的方法。企业根据《企业会计准则第22号——金融工具确认和计量》第六十八条的规定将金融负债因企业自身信用风险变动引起的公允价值变动计入当期损益的，企业应当披露该金融负债与预期能够抵销其自身信用风险变动引起的公允价值变动的金融工具之间的经济关系。

第四十四条 企业将非交易性权益工具投资指定为以公允价值计量且其变动计入其他综合收益的，应当披露下列信息：

（一）企业每一项指定为以公允价值计量且其变动计入其他综合收益的权益工具投资；

（二）企业做出该指定的原因；

（三）企业每一项指定为以公允价值计量且其变动计入其他综合收益的权益工具投资的期末公允价值；

（四）本期确认的股利收入，其中对本期终止确认的权益工具投资相关的股利收入和资产负债表日仍持有的权益工具投资相关的股利收入应当分别单独披露；

（五）该权益工具投资的累计利得和损失本期从其他综合收益转入留存收益的金额及其原因。

第四十五条 企业本期终止确认了指定为以公允价值计量且其变动计入其他综合收益的非交易性权益工具投资的，应当披露下列信息：

（一）企业处置该权益工具投资的原因；

（二）该权益工具投资在终止确认时的公允价值；

（三）该权益工具投资在终止确认时的累计利得或损失。

第四十六条 企业在当期或以前报告期间将金融资产进行重分类的，对于每一项重分类，应当披露重分类日、对业务模式变更的具体说明及其对财务报表影响的定性描述，以及该金融资产重分类前后的金额。

企业自上一年度报告日起将以公允价值计量且其变动计入其他综合收益的金融资产重分类为以摊余成本计量的金融资产的，或者将以公允价值计量且其变动计入当期损益的金融资产重分类为其他类别的，应当披露下列信息：

（一）该金融资产在资产负债表日的公允价值；

（二）如果未被重分类，该金融资产原来应在当期损益或其他综合收益中确认的公允价值利得或损失。

企业将以公允价值计量且其变动计入当期损益的金融资产重分类为其他类别的，自重分类日起到终止确认的每一个报告期间内，都应当披露该金融资产在重分类日确定的实际利率和当期已确认的利息收入。

第四十七条 对于所有可执行的总互抵协议或类似协议下的已确认金融工具，以及符合本准则第二十八条抵销条件的已确认金融工具，企业应当在报告期末以表格形式（除非企业有更恰当的披露形式）分别按金融资产和金融负债披露下列定量信息。

（一）已确认金融资产和金融负债的总额。

（二）按本准则规定抵销的金额。

（三）在资产负债表中列示的净额。

（四）可执行的总互抵协议或类似协议确定的，未包含在本条（二）中的金额，包括：

1. 不满足本准则抵销条件的已确认金融工具的金额；

2. 与财务担保物（包括现金担保）相关的金额，以在资产负债表中列示的净额扣除本条（四）1后的余额为限。

（五）资产负债表中列示的净额扣除本条（四）后的余额。

企业应当披露本条（四）所述协议中抵销权的条款及其性质等信息，以及不同计量基础的金融工具适用本条时产生的计量差异。上述信息未在财务报表同一附注中披露的，企业应当提供不同附注之间的交叉索引。

第四十八条 按照本准则第三章分类为权益工具的可回售工具，企业应当披露下列信息：

（一）可回售工具的汇总定量信息；

（二）对于按持有方要求承担的回购或赎回义务，企业的管理目标、政策和程序及其变化；

（三）回购或赎回可回售工具的预期现金流出金额以及确定方法。

第四十九条 企业将本准则第三章规定的特殊金融工具在金融负债和权益工具之间重分类的，应当分别披露重分类前后的公允价值或账面价值，以及重分类的时间和原因。

第五十条 企业应当披露作为负债或或有负债担保物的金融资产的账面价值，以及与该项担保有关的条款和条件。根据《企业会计准则第23号——金融资产转移》第二十六条的规定，企业（转出方）向金融资产转入方提供了非现金担保物（如债务工具或权益工具投资等），转入方按照合同或惯例有权出售该担保物或将其再作为担保物的，企业应当将该非现金担保物在财务报表中单独列报。

第五十一条 企业取得担保物（担保物为金融资产或非金融资产），在担保物所有人未违约时可将该担保物出售或再抵押的，应当披露该担保物的公允价值、企业已出售或再抵押担保物的公允价值，以及承担的返还义务和使用担保物的条款和条件。

第五十二条 对于按照《企业会计准则第22号——金融工具确认和计量》第十八条的规定分类为以公允价值计量且其变动计入其他综合收益的金融资产，企业应当在财务报表附注中披露其确认的损失准备，但不应在资产负债表中将损失准备作为金融资产账面金额的扣减项目单独列示。

第五十三条 对于企业发行的包含金融负债成分和权益工具成分的复合金融工具，嵌入了价值相互关联的多项衍生工具（如可赎回的可转换债务工具）的，应当披露相关特征。

第五十四条 对于除基于正常信用条款的短期贸易应付款项之外的金融负债，企业应当披露下列信息：

（一）本期发生违约的金融负债的本金、利息、偿债基金、赎回条款的详细情况；

（二）发生违约的金融负债的期末账面价值；

（三）在财务报告批准对外报出前，就违约事项已采取的补救措施、对债务条款的重新议定等情况。

企业本期发生其他违反合同的情况，且债权人有权在发生违约或其他违反合同情况时要求企业提前偿还的，企业应当按上述要求披露。如果在期末前违约或其他违反合同情况已得到补救或已重新议定债务条款，则无需披露。

第三节 利润表中的列示及相关披露

第五十五条 企业应当披露与金融工具有关的下列收入、费用、利得或损失。

（一）以公允价值计量且其变动计入当期损益的金融资产和金融负债所产生的利得或损失。其中，指定为以公允价值计量且其变动计入当期损益的金融资产和金融负债，以及根据《企业会计准则第 22 号——金融工具确认和计量》第十九条的规定必须分类为以公允价值计量且其变动计入当期损益的金融资产和根据《企业会计准则第 22 号——金融工具确认和计量》第二十一条的规定必须分类为以公允价值计量且其变动计入当期损益的金融负债的净利得或净损失，应当分别披露。

（二）对于指定为以公允价值计量且其变动计入当期损益的金融负债，企业应当分别披露本期在其他综合收益中确认的和在当期损益中确认的利得或损失。

（三）对于根据《企业会计准则第 22 号——金融工具确认和计量》第十八条的规定分类为以公允价值计量且其变动计入其他综合收益的金融资产，企业应当分别披露当期在其他综合收益中确认的以及当期终止确认时从其他综合收益转入当期损益的利得或损失。

（四）对于根据《企业会计准则第 22 号——金融工具确认和计量》第十九条的规定指定为以公允价值计量且其变动计入其他综合收益的非交易性权益工具投资，企业应当分别披露在其他综合收益中确认的利得和损失以及在当期损益中确认的股利收入。

（五）除以公允价值计量且其变动计入当期损益的金融资产或金融负债外，按实际利率法计算的金融资产或金融负债产生的利息收入或利息费用总额，以及在确定实际利率时未予包括并直接计入当期损益的手续费收入或支出。

（六）企业通过信托和其他托管活动代他人持有资产或进行投资而形成的，直接计入当期损益的手续费收入或支出。

第五十六条 企业应当分别披露以摊余成本计量的金融资产终止确认时在利润表中确认的利得和损失金额及其相关分析，包括终止确认金融资产的原因。

第四节 套期会计相关披露

第五十七条 企业应当披露与套期会计有关的下列信息：

（一）企业的风险管理策略以及如何应用该策略来管理风险；

（二）企业的套期活动可能对其未来现金流量金额、时间和不确定性的影响；

（三）套期会计对企业的资产负债表、利润表及所有者权益变动表的影响。

企业在披露套期会计相关信息时，应当合理确定披露的详细程度、披露的重点、恰当的汇总或分解水平，以及财务报表使用者是否需要额外的说明以评估企业披露的定量信息。企业按照本准则要求所确定的信息披露汇总或分解水平应当和《企业会计准则第 39 号——公允价值计量》的披露要求所使用的汇总或分解水平相同。

第五十八条　企业应当披露其进行套期和运用套期会计的各类风险的风险敞口的风险管理策略相关信息，从而有助于财务报表使用者评价：每类风险是如何产生的、企业是如何管理各类风险的（包括企业是对某一项目整体的所有风险进行套期还是对某一项目的单个或多个风险成分进行套期及其理由），以及企业管理风险敞口的程度。与风险管理策略相关的信息应当包括：

（一）企业指定的套期工具；

（二）企业如何运用套期工具对被套期项目的特定风险敞口进行套期；

（三）企业如何确定被套期项目与套期工具的经济关系以评估套期有效性；

（四）套期比率的确定方法；

（五）套期无效部分的来源。

第五十九条　企业将某一特定的风险成分指定为被套期项目的，除应当披露本准则第五十八条规定的相关信息外，还应当披露下列定性或定量信息：

（一）企业如何确定该风险成分，包括风险成分与项目整体之间关系性质的说明；

（二）风险成分与项目整体的关联程度（例如被指定的风险成分以往平均涵盖项目整体公允价值变动的百分比）。

第六十条　企业应当按照风险类型披露相关定量信息，从而有助于财务报表使用者评价套期工具的条款和条件及这些条款和条件如何影响企业未来现金流量的金额、时间和不确定性。这些要求披露的明细信息应当包括：

（一）套期工具名义金额的时间分布；

（二）套期工具的平均价格或利率（如适用）。

第六十一条　在因套期工具和被套期项目频繁变更而导致企业频繁地重设（即终止及重新开始）套期关系的情况下，企业无需披露本准则第六十条规定的信息，但应当披露下列信息：

（一）企业基本风险管理策略与该套期关系相关的信息；

（二）企业如何通过运用套期会计以及指定特定的套期关系来反映其风险管理策略；

（三）企业重设套期关系的频率。

在因套期工具和被套期项目频繁变更而导致企业频繁地重设套期关系的情况下，如果资产负债表日的套期关系数量并不代表本期内的正常数量，企业应当披露这一情况以及该数量不具代表性的原因。

第六十二条　企业应当按照风险类型披露在套期关系存续期内预期将影响套期关系的套期无效部分的来源，如果在套期关系中出现导致套期无效部分的其他来源，也应当按照风险类型披露相关来源及导致套期无效的原因。

第六十三条　企业应当披露已运用套期会计但预计不再发生的预期交易的现金流量套期。

第六十四条　对于公允价值套期，企业应当以表格形式、按风险类型分别披露与被套期项目相关的下列金额：

（一）在资产负债表中确认的被套期项目的账面价值，其中资产和负债应当分别单独列示；

（二）资产负债表中已确认的被套期项目的账面价值、针对被套期项目的公允价值套期调整的累计金额，其中资产和负债应当分别单独列示；

（三）包含被套期项目的资产负债表列示项目；

（四）本期用作确认套期无效部分基础的被套期项目价值变动；

（五）被套期项目为以摊余成本计量的金融工具的，若已终止针对套期利得和损失进行调整，则应披露在资产负债表中保留的公允价值套期调整的累计金额。

第六十五条　对于现金流量套期和境外经营净投资套期，企业应当以表格形式、按风险类型分别披露与被套期项目相关的下列金额：

（一）本期用作确认套期无效部分基础的被套期项目价值变动；

（二）根据《企业会计准则第24号——套期会计》第二十四条的规定继续按照套期会计处理的现金流量套期储备的余额；

（三）根据《企业会计准则第24号——套期会计》第二十七条的规定继续按照套期会计处理的境外经营净投资套期计入其他综合收益的余额；

（四）套期会计不再适用的套期关系所导致的现金流量套期储备和境外经营净投资套期中计入其他综合收益的利得和损失的余额。

第六十六条　对于每类套期类型，企业应当以表格形式、按风险类型分别披露与套期工具相关的下列金额：

（一）套期工具的账面价值，其中金融资产和金融负债应当分别单独列示；

（二）包含套期工具的资产负债表列示项目；

（三）本期用作确认套期无效部分基础的套期工具的公允价值变动；

（四）套期工具的名义金额或数量。

第六十七条　对于公允价值套期，企业应当以表格形式、按风险类型分别披露与套期工具相关的下列金额：

（一）计入当期损益的套期无效部分；

（二）计入其他综合收益的套期无效部分；

（三）包含已确认的套期无效部分的利润表列示项目。

第六十八条　对于现金流量套期和境外经营净投资套期，企业应当以表格形式、按风险类型分别披露与套期工具相关的下列金额：

（一）当期计入其他综合收益的套期利得或损失；

（二）计入当期损益的套期无效部分；

（三）包含已确认的套期无效部分的利润表列示项目；

（四）从现金流量套期储备或境外经营净投资套期计入其他综合收益的利得和损失重分类至当期损益的金额，并应区分之前已运用套期会计但因被套期项目的未来现金流量预计不再发生而转出的金额和因被套期项目影响当期损益而转出的金额；

（五）包含重分类调整的利润表列示项目；

（六）对于风险净敞口套期，计入利润表中单列项目的套期利得或损失。

第六十九条 企业按照《企业会计准则第 30 号——财务报表列报》的规定在提供所有者权益各组成部分的调节情况以及其他综合收益的分析时，应当按照风险类型披露下列信息：

（一）分别披露按照本准则第六十八条（一）和（四）的规定披露的金额；

（二）分别披露按照《企业会计准则第 24 号——套期会计》第二十五条（一）和（三）的规定处理的现金流量套期储备的金额；

（三）分别披露对与交易相关的被套期项目进行套期的期权时间价值所涉及的金额，以及对与时间段相关的被套期项目进行套期的期权时间价值所涉及的金额；

（四）分别披露对与交易相关的被套期项目进行套期的远期合同的远期要素和金融工具的外汇基差所涉及的金额，以及对与时间段相关的被套期项目进行套期的远期合同的远期要素和金融工具的外汇基差所涉及的金额。

第七十条 企业因使用信用衍生工具管理金融工具的信用风险敞口而将金融工具（或其一定比例）指定为以公允价值计量且其变动计入当期损益的，应当披露下列信息：

（一）对于用于管理根据《企业会计准则第 24 号——套期会计》第三十四条的规定被指定为以公允价值计量且其变动计入当期损益的金融工具信用风险敞口的信用衍生工具，每一项名义金额与当期期初和期末公允价值的调节表；

（二）根据《企业会计准则第 24 号——套期会计》第三十四条的规定将金融工具（或其一定比例）指定为以公允价值计量且其变动计入当期损益时，在损益中确认的利得或损失；

（三）当企业根据《企业会计准则第 24 号——套期会计》第三十五条的规定对该金融工具（或其一定比例）终止以公允价值计量且其变动计入当期损益时，作为其新账面价值的该金融工具的公允价值和相关的名义金额或本金金额，企业在后续期间无须继续披露这一信息，除非根据《企业会计准则第 30 号——财务报表列报》的规定需要提供比较信息。

第五节 公允价值披露

第七十一条 除了本准则第七十三条规定情况外，企业应当披露每一类金融资产和金融负债的公允价值，并与账面价值进行比较。对于在资产负债表中相互抵销的金融资产和金融负债，其公允价值应当以抵销后的金额披露。

第七十二条 金融资产或金融负债初始确认的公允价值与交易价格存在差异时，如果其公允价值并非基于相同资产或负债在活跃市场中的报价确定的，也非基于仅使用可观察市场数据的估值技术确定的，企业在初始确认金融资产或金融负债时不应确认利得或损失。在此情况下，企业应当按金融资产或金融负债的类型披露下列信息：

（一）企业在损益中确认交易价格与初始确认的公允价值之间差额时所采用的会计政策，以反映市场参与者对资产或负债进行定价时所考虑的因素（包括时间因素）的变动；

（二）该项差异期初和期末尚未在损益中确认的总额和本期变动额的调节表；

（三）企业如何认定交易价格并非公允价值的最佳证据，以及确定公允价值的证据。

第七十三条 企业可以不披露下列金融资产或金融负债的公允价值信息：

（一）账面价值与公允价值差异很小的金融资产或金融负债（如短期应收账款或应付账款）；

（二）包含相机分红特征且其公允价值无法可靠计量的合同；

（三）租赁负债。

第七十四条 在本准则第七十三条（二）所述的情况下，企业应当披露下列信息：

（一）对金融工具的描述及其账面价值，以及因公允价值无法可靠计量而未披露其公允价值的事实和说明；

（二）金融工具的相关市场信息；

（三）企业是否有意图处置以及如何处置这些金融工具；

（四）之前公允价值无法可靠计量的金融工具终止确认的，应当披露终止确认的事实，终止确认时该金融工具的账面价值和所确认的利得或损失金额。

36.1.7 与金融工具相关的风险披露

第一节 定性和定量信息

第七十五条 企业应当披露与各类金融工具风险相关的定性和定量信息，以便财务报表使用者评估报告期末金融工具产生的风险的性质和程度，更好地评价企业所面临的风险敞口。相关风险包括信用风险、流动性风险、市场风险等。

第七十六条 对金融工具产生的各类风险，企业应当披露下列定性信息：

（一）风险敞口及其形成原因，以及在本期发生的变化；

（二）风险管理目标、政策和程序以及计量风险的方法及其在本期发生的变化。

第七十七条 对金融工具产生的各类风险，企业应当按类别披露下列定量信息。

（一）期末风险敞口的汇总数据。该数据应当以向内部关键管理人员提供的相关信息为基础。企业运用多种方法管理风险的，披露的信息应当以最相关和可靠的方法为基础。

（二）按照本准则第七十八条至第九十七条披露的信息。

（三）期末风险集中度信息，包括管理层确定风险集中度的说明和参考因素（包括交易对手方、地理区域、货币种类、市场类型等），以及各风险集中度相关的风险敞口金额。

上述期末定量信息不能代表企业本期风险敞口情况的，应当进一步提供相关信息。

第二节 信用风险披露

第七十八条 对于适用《企业会计准则第 22 号——金融工具确认和计量》金融工具减值规定的各类金融工具和相关合同权利，企业应当按照本准则第八十条至第八十七条的规定披露。

对于始终按照相当于整个存续期内预期信用损失的金额计量其减值损失准备的应收款项、合同资产和租赁应收款，在逾期超过 30 日后对合同现金流量作出修改的，适用本准则第八十五条（一）的规定。

租赁应收款不适用本准则第八十六条（二）的规定。

第七十九条 为使财务报表使用者了解信用风险对未来现金流量的金额、时间和不确定性的影响，企业应当披露与信用风险有关的下列信息：

（一）企业信用风险管理实务的相关信息及其与预期信用损失的确认和计量的关系，包括计量金融工具预期信用损失的方法、假设和信息；

（二）有助于财务报表使用者评价在财务报表中确认的预期信用损失金额的定量和定性信息，包括预期信用损失金额的变动及其原因；

（三）企业的信用风险敞口，包括重大信用风险集中度；

（四）其他有助于财务报表使用者了解信用风险对未来现金流量金额、时间和不确定性的影响的信息。

第八十条 信用风险信息已经在其他报告（例如管理层讨论与分析）中予以披露并与财务报告交叉索引，且财务报告和其他报告可以同时同条件获得的，则信用风险信息无需重复列报。企业应当根据自身实际情况，合理确定相关披露的详细程度、汇总或分解水平以及是否需对所披露的定量信息作补充说明。

第八十一条 企业应当披露与信用风险管理实务有关的下列信息。

（一）企业评估信用风险自初始确认后是否已显著增加的方法，并披露下列信息：

1. 根据《企业会计准则第22号——金融资产确认和计量》第五十五条的规定，在资产负债表日只具有较低的信用风险的金融工具及其确定依据（包括适用该情况的金融工具类别）；

2. 逾期超过30日，而信用风险自初始确认后未被认定为显著增加的金融资产及其确定依据。

（二）企业对违约的界定及其原因。

（三）以组合为基础评估预期信用风险的金融工具的组合方法。

（四）确定金融资产已发生信用减值的依据。

（五）企业直接减记金融工具的政策，包括没有合理预期金融资产可以收回的迹象和已经直接减记但仍受执行活动影响的金融资产相关政策的信息。

（六）根据《企业会计准则第22号——金融工具确认和计量》第五十六条的规定评估合同现金流量修改后金融资产的信用风险的，企业应当披露其信用风险的评估方法以及下列信息：

1. 对于损失准备相当于整个存续期预期信用损失的金融资产，在发生合同现金流修改时，评估信用风险是否已下降，从而企业可以按照相当于该金融资产未来12个月内预期信用损失的金额确认计量其损失准备；

2. 对于符合本条（六）1中所述的金融资产，企业应当披露其如何监控后续该金融资产的信用风险是否显著增加，从而按照相当于整个存续期预期信用损失的金额重新计量损失准备。

第八十二条 企业应当披露《企业会计准则第22号——金融工具确认和计量》第八章有关金融工具减值所采用的输入值、假设和估值技术等相关信息，具体包括以下信息。

（一）用于确定下列各事项或数据的输入值、假设和估计技术：

1. 未来12个月内预期信用损失和整个存续期的预期信用损失的计量；

2. 金融工具的信用风险自初始确认后是否已显著增加；

3. 金融资产是否已发生信用减值。

（二）确定预期信用损失时如何考虑前瞻性信息，包括宏观经济信息的使用。

（三）报告期估计技术或重大假设的变更及其原因。

第八十三条 企业应当以表格形式按金融工具的类别编制损失准备期初余额与期末余额的调节表，分别说明下列项目的变动情况。

（一）按相当于未来12个月预期信用损失的金额计量的损失准备。

（二）按相当于整个存续期预期信用损失的金额计量的下列各项的损失准备：

1. 自初始确认后信用风险已显著增加但并未发生信用减值的金融工具；

2. 对于资产负债表日已发生信用减值但并非购买或源生的已发生信用减值的金融资产；

3. 根据《企业会计准则第22号——金融工具确认和计量》第六十三条的规定计量减值损失准备的应收账款、合同资产和租赁应收款。

（三）购买或源生的已发生信用减值的金融资产的变动。除调节表外，企业还应当披露本期初始确认的该类金融资产在初始确认时未折现的预期信用损失总额。

第八十四条 为有助于财务报表使用者了解企业按照本准则第八十三条规定披露的损失准备变动信息，企业应当对本期发生损失准备变动的金融工具账面余额显著变动情况作出说明，这些说明信息应当包括定性和定量信息，并应当对按照本准则第八十三条规定披露损失准备的各项目分别单独披露，具体可包括下列情况下发生损失准备变动的金融工具账面余额显著变动信息。

（一）本期因购买或源生的金融工具所导致的变动。

（二）未导致终止确认的金融资产的合同现金流量修改所导致的变动。

（三）本期终止确认的金融工具（包括直接减记的金融工具）所导致的变动。

对于当期已直接减记但仍受执行活动影响的金融资产，还应当披露尚未结算的合同金额。

（四）因按照相当于未来12个月预期信用损失或整个存续期内预期信用损失金额计量损失准备而导致的金融工具账面余额变动信息。

第八十五条 为有助于财务报表使用者了解未导致终止确认的金融资产合同现金流量修改的性质和影响，及其对预期信用损失计量的影响，企业应当披露下列信息：

（一）企业在本期修改了金融资产合同现金流量，且修改前损失准备是按相当于整个存续期预期信用损失金额计量的，应当披露修改或重新议定合同前的摊余成本及修改合同现金流量的净利得或净损失；

（二）对于之前按照相当于整个存续期内预期信用损失的金额计量了损失准备的金融资产，而当期按照相当于未来12个月内预期信用损失的金额计量该金融资产的损失准备的，应当披露该金融资产在资产负债表日的账面余额。

第八十六条 为有助于财务报表使用者了解担保物或其他信用增级对源自预期信用损失的金额的影响，企业应当按照金融工具的类别披露下列信息。

（一）在不考虑可利用的担保物或其他信用增级的情况下，企业在资产负债表日的最大信用风险敞口。

（二）作为抵押持有的担保物和其他信用增级的描述，包括：

1. 所持有担保物的性质和质量的描述；

2. 本期由于信用恶化或企业担保政策变更，导致担保物或信用增级的质量发生显著变化的说明；

3. 由于存在担保物而未确认损失准备的金融工具的信息。

（三）企业在资产负债表日持有的担保物和其他信用增级为已发生信用减值的金融资产作抵押的定量信息（例如对担保物和其他信用增级降低信用风险程度的量化信息）。

第八十七条 为有助于财务报表使用者评估企业的信用风险敞口并了解其重大信用风险集中度，企业应当按照信用风险等级披露相关金融资产的账面余额以及贷款承诺和财务担保合同的信用风险敞口。这些信息应当按照下列各类金融工具分别披露。

（一）按相当于未来 12 个月预期信用损失的金额计量损失准备的金融工具。

（二）按相当于整个存续期预期信用损失的金额计量损失准备的下列金融工具：

1. 自初始确认后信用风险已显著增加的金融工具（但并非已发生信用减值的金融资产）；

2. 在资产负债表日已发生信用减值但并非所购买或源生的已发生信用减值的金融资产；

3. 根据《企业会计准则第 22 号——金融工具确认和计量》第六十三条规定计量减值损失准备的应收账款、合同资产或者租赁应收款。

（三）购买或源生的已发生信用减值的金融资产。

信用风险等级是指基于金融工具发生违约的风险对信用风险划分的等级。

第八十八条 对于属于本准则范围，但不适用《企业会计准则第 22 号——金融工具确认和计量》金融工具减值规定的各类金融工具，企业应当披露与每类金融工具信用风险有关的下列信息。

（一）在不考虑可利用的担保物或其他信用增级的情况下，企业在资产负债表日的最大信用风险敞口。金融工具的账面价值能代表最大信用风险敞口的，不再要求披露此项信息。

（二）无论是否适用本条（一）中的披露要求，企业都应当披露可利用担保物或其他信用增级的信息及其对最大信用风险敞口的财务影响。

第八十九条 企业本期通过取得担保物或其他信用增级所确认的金融资产或非金融资产，应当披露下列信息：

（一）所确认资产的性质和账面价值；

（二）对于不易变现的资产，应当披露处置或拟将其用于日常经营的政策等。

第三节 流动性风险披露

第九十条 企业应当披露金融负债按剩余到期期限进行的到期期限分析，以及管理这些金融负债流动性风险的方法：

（一）对于非衍生金融负债（包括财务担保合同），到期期限分析应当基于合同剩余到期期限。对于包含嵌入衍生工具的混合金融工具，应当将其整体视为非衍生金融负债进行披露。

（二）对于衍生金融负债，如果合同到期期限是理解现金流量时间分布的关键因素，到期期限分析应当基于合同剩余到期期限。

当企业将所持有的金融资产作为流动性风险管理的一部分，且披露金融资产的到期期限分析使财务报表使用者能够恰当地评估企业流动性风险的性质和范围时，企业应当披露金融资产的到期期限分析。

流动性风险，是指企业在履行以交付现金或其他金融资产的方式结算的义务时发生资金短缺的风险。

第九十一条 企业在披露到期期限分析时，应当运用职业判断确定适当的时间段。列入各时间段内按照本准则第九十条的规定披露的金额，应当是未经折现的合同现金流量。

企业可以但不限于按下列时间段进行到期期限分析：

（一）一个月以内（含一个月，下同）；

（二）一个月至三个月以内；

（三）三个月至一年以内；

（四）一年至五年以内；

（五）五年以上。

第九十二条 债权人可以选择收回债权时间的，债务人应当将相应的金融负债列入债权人可以要求收回债权的最早时间段内。

债务人应付债务金额不固定的，应当根据资产负债表日的情况确定到期期限分析所披露的金额。如分期付款的，债务人应当把每期将支付的款项列入相应的最早时间段内。

财务担保合同形成的金融负债，担保人应当将最大担保金额列入相关方可以要求支付的最早时间段内。

第九十三条 企业应当披露流动性风险敞口汇总定量信息的确定方法。此类汇总定量信息中的现金（或另一项金融资产）流出符合下列条件之一的，应当说明相关事实，并提供有助于评价该风险程度的额外定量信息：

（一）该现金的流出可能显著早于汇总定量信息中所列示的时间。

（二）该现金的流出可能与汇总定量信息中所列示的金额存在重大差异。

如果以上信息已包括在本准则第九十条规定的到期期限分析中，则无需披露上述额外定量信息。

第四节 市场风险披露

第九十四条 金融工具的市场风险，是指金融工具的公允价值或未来现金流量因市场价格变动而发生波动的风险，包括汇率风险、利率风险和其他价格风险。

汇率风险，是指金融工具的公允价值或未来现金流量因外汇汇率变动而发生波动的风险。汇率风险可源于以记账本位币之外的外币进行计价的金融工具。

利率风险，是指金融工具的公允价值或未来现金流量因市场利率变动而发生波动的风险。利率风险可源于已确认的计息金融工具和未确认的金融工具（如某些贷款承诺）。

其他价格风险，是指金融工具的公允价值或未来现金流量因汇率风险和利率风险以外的市场价格变动而发生波动的风险，无论这些变动是由于与单项金融工具或其发行方有关的因素而引起的，还是由于与市场内交易的所有类似金融工具有关的因素而引起的。其他价格风险可源于商品价格或权益工具价格等的变化。

第九十五条 在对市场风险进行敏感性分析时，应当以整个企业为基础，披露下列信息。

（一）资产负债表日所面临的各类市场风险的敏感性分析。该项披露应当反映资产负债表日相关风险变量发生合理、可能的变动时，将对企业损益和所有者权益产生的影响。

对具有重大汇率风险敞口的每一种货币，应当分币种进行敏感性分析。

（二）本期敏感性分析所使用的方法和假设，以及本期发生的变化和原因。

第九十六条 企业采用风险价值法或类似方法进行敏感性分析能够反映金融风险变量之间（如利率和汇率之间等）的关联性，且企业已采用该种方法管理金融风险的，可不按照本准则第九十五条的规定进行披露，但应当披露下列信息：

（一）用于该种敏感性分析的方法、选用的主要参数和假设；

（二）所用方法的目的，以及该方法提供的信息在反映相关资产和负债公允价值方面的局限性。

第九十七条 按照本准则第九十五条或第九十六条对敏感性分析的披露不能反映金融工具市场风险的（例如期末的风险敞口不能反映当期的风险状况），企业应当披露这一事实及其原因。

36.1.8 金融资产转移的披露

第九十八条 企业应当就资产负债表日存在的所有未终止确认的已转移金融资产，以及对已转移金融资产的继续涉入，按本准则要求单独披露。

本章所述的金融资产转移，包括下列两种情形。

（一）企业将收取金融资产现金流量的合同权利转移给另一方。

（二）企业保留了收取金融资产现金流量的合同权利，但承担了将收取的现金流量支付给一个或多个最终收款方的合同义务。

第九十九条 企业对于金融资产转移所披露的信息，应当有助于财务报表使用者了解未整体终止确认的已转移金融资产与相关负债之间的关系，评价企业继续涉入已终止确认金融资产的性质和相关风险。

企业按照本准则第一百零一条和第一百零二条所披露信息不能满足本条前款要求的，应当披露其他补充信息。

第一百条 本章所述的继续涉入，是指企业保留了已转移金融资产中内在的合同权利或义务，或者取得了与已转移金融资产相关的新合同权利或义务。转出方与转入方签订的转让协议或与第三方单独签订的与转让相关的协议，都有可能形成对已转移金融资产的继续涉入。如果企业对已转移金融资产的未来业绩不享有任何利益，也不承担与已转移金融资产相关的任何未来支付义务，则不形成继续涉入。下列情形不形成继续涉入。

（一）与转移的真实性以及合理、诚信和公平交易等原则有关的常规声明和保证，这些声明和保证可能因法律行为导致转移无效。

（二）以公允价值回购已转移金融资产的远期、期权和其他合同。

（三）使企业保留了收取金融资产现金流量的合同权利但承担了将收取的现金流量支付给一个或多个最终收款方的合同义务的安排，且这类安排满足《企业会计准则第23号——金融资产转移》第六条（二）中的三个条件。

第一百零一条 对于已转移但未整体终止确认的金融资产，企业应当按照类别披露下列信息：

（一）已转移金融资产的性质；

（二）仍保留的与所有权有关的风险和报酬的性质；

（三）已转移金融资产与相关负债之间关系的性质，包括因转移引起的对企业使用已转移金融资产的限制；

（四）在转移金融资产形成的相关负债的交易对手方仅对已转移金融资产有追索权的情况下，应当以表格形式披露所转移金融资产和相关负债的公允价值以及净头寸，即已转移金融资产和相关负债公允价值之间的差额；

（五）继续确认已转移金融资产整体的，披露已转移金融资产和相关负债的账面价值；

（六）按继续涉入程度确认所转移金融资产的，披露转移前该金融资产整体的账面价值、按继续涉入程度确认的资产和相关负债的账面价值。

第一百零二条 对于已整体终止确认但转出方继续涉入已转移金融资产的，企业应当至少按照类别披露下列信息。

（一）因继续涉入确认的资产和负债的账面价值和公允价值，以及在资产负债表中对应的项目。

（二）因继续涉入导致企业发生损失的最大风险敞口及确定方法。

（三）应当或可能回购已终止确认的金融资产需要支付的未折现现金流量（如期权协议中的行权价格）或其他应向转入方支付的款项，以及对这些现金流量或款项的到期期限分析。如果到期期限可能为一个区间，应当以企业必须或可能支付的最早日期为依据归入相应的时间段。到期期限分析应当分别反映企业应当支付的现金流量（如远期合同）、企业可能支付的现金流量（如签出看跌期权）以及企业可选择支付的现金流量（如购入看涨期权）。在现金流量不固定的情形下，上述金额应当基于每个资产负债表日的情况披露。

（四）对本条（一）至（三）定量信息的解释性说明，包括对已转移金融资产、继续涉入的性质和目的，以及企业所面临风险的描述等。其中，对企业所面临风险的描述包括下列各项：

1. 企业对继续涉入已终止确认金融资产的风险进行管理的方法；

2. 企业是否应先于其他方承担有关损失，以及先于本企业承担损失的其他方应承担损失的顺序及金额；

3. 企业向已转移金融资产提供财务支持或回购该金融资产的义务的触发条件。

（五）金融资产转移日确认的利得或损失，以及因继续涉入已终止确认金融资产当期和累计确认的收益或费用（如衍生工具的公允价值变动）。

（六）终止确认产生的收款总额在本期分布不均衡的（例如大部分转移金额在临近报告期末发生），企业应当披露本期最大转移活动发生的时间段、该段期间所确认的金额（如相关利得或损失）和收款总额。

企业在披露本条所规定的信息时，应当按照其继续涉入面临的风险敞口类型分类汇总披露。例如，可按金融工具类别（如附担保或看涨期权继续涉入方式）或转让类型（如应收账款保理、证券化和融券）分类汇总披露。企业对某项终止确认的金融资产存在多种继续涉入方式的，可按其中一类汇总披露。

第一百零三条 企业按照本准则第一百条的规定确定是否继续涉入已转移金融资产时，应当以自身财务报告为基础进行考虑。

36.1.9 衔接规定

第一百零四条 自本准则施行日起，企业应当按照本准则的要求列报金融工具相关信息。企业比较财务报表列报的信息与本准则要求不一致的，不需要按照本准则的要求进行调整。

36.1.10 附则

第一百零五条 本准则自2018年1月1日起施行。

36.2 《企业会计准则第37号——金融工具列报》应用指南

36.2.1 总体要求

《企业会计准则第37号——金融工具列报》规范了金融负债和权益工具的区分，企业发行的金融工具相关利息、股利、利得和损失的会计处理，金融资产和金融负债的抵销，金融工具在财务报表中的列示和披露以及金融工具相关风险的披露。

金融工具相关披露的目标，是有助于财务报表使用者了解企业所发行金融工具的分类、计量和列示，以及企业所持有的金融资产和承担的金融负债的情况，并就金融工具对企业财务状况和经营成果影响的重要程度、金融工具使企业在报告期间和期末所面临风险的性质和程度，以及企业如何管理这些风险作出合理评价。

企业应当按照《企业会计准则第30号——财务报表列报》（以下简称"财务报表列报准则"）的规定列报财务报表信息。由于金融工具交易相对于企业的其他经济业务更具特殊性，具有与金融市场结合紧密、风险敏感性强、对企业财务状况和经营成果影响大等特点，对于与金融工具相关的信息，除按照财务报表列报准则的规定列报外，还应当按照本准则的规定列报。

企业应当按照计量属性并结合自身实际情况对金融工具进行分类，在此基础上在资产负债表和利润表中列报其对财务状况和经营成果的影响，并披露金融资产和金融负债的公允价值信息。企业应当披露套期活动对企业风险敞口的影响，以及采用套期会计对财务报表的影响。

企业应当按照本准则规定，根据合同条款所反映的经济实质，将所发行的金融工具或其组成部分划分为金融负债或权益工具，并以此确定相关利息、股利、利得或损失的会计处理。与金融负债或复合金融工具负债成分相关的利息、股利、利得或损失，应当计入当期损益；与权益工具或复合金融工具权益成分相关的利息、股利，应当作为权益的变动处理。发行方不应当确认权益工具的公允价值变动。

企业应当正确把握金融资产和金融负债的抵销原则。满足本准则规定抵销条件的金融资产和金融负债应当以相互抵销后的净额在资产负债表内列示。企业应当充分考虑相关法律法规要求、合同或协议约定等各方面因素以及自身以总额还是净额结算的意图，对金融资产和金融负债是否符合抵销条件进行评估。

企业应当按风险类别（信用风险、市场风险和流动性风险）披露金融工具的定性和定量信息，包括风险敞口的来源、风险管理目标、政策和程序、风险敞口的汇总数据、风险集中度信息等，以便于财务报表使用者评估企业所面临风险的性质、程度以及企业风险管理活动的效果。

本准则对于"金融资产转移"和"已转移金融资产的继续涉入"的定义不同于《企业会计准则第23号——金融资产转移》（以下简称"金融资产转移准则"）。企业应当按照本准则要求，对于已转移尚未终止确认的金融资产，以及已终止确认但继续涉入的金融资产披露相关信息。

36.2.2 适用范围

通常情况下，符合《企业会计准则第22号——金融工具确认和计量》（以下简称"金融工具确认计量准则"）中金融工具定义的项目，应当按照该准则核算，并按照本准则列报。但一些符合金融工具定义的项目不按照金融工具确认计量准则核算，也不按照本准则列报，或者不按照金融工具确认计量准则核算但应按照本准则列报。同时，一些非金融项目合同有可能按照金融工具确认计量准则核算并按照本准则列报。

具体而言，本准则适用于所有企业发行或持有的各种类型的金融工具的列报，但以下情况例外。

（一）《企业会计准则第41号——在其他主体中权益的披露》（以下简称"其他主体中权益准则"）要求企业对子公司、合营安排和联营企业的投资按照该准则在财务报表附注中进行披露。但是，涉及与在子公司、合营安排或联营企业中的权益相联系的衍生工具的，该衍生工具的列报适用本准则。

（二）《企业会计准则第33号——合并财务报表》规定，符合投资性主体定义的企业对为其投资活动提供相关服务的子公司以外的其他子公司不予合并，并且对这类其他子公司的投资按照公允价值计量且其变动计入当期损益。投资性主体对于为其活动提供相关服务的子公司以外的其他子公司的投资的核算，适用金融工具确认计量准则，相关的披露要求同时适用本准则和其他主体中权益准则。

（三）根据《企业会计准则第2号——长期股权投资》的规定，风险投资机构、共同基金以及类似主体持有的对联营企业或合营企业的投资，可以在初始确认时按照金融工具确认计量准则规定以公允价值计量且其变动计入当期损益。如果企业选择按照金融工具确认计量准则核算该类投资，则相关的披露要求同时适用本准则和其他主体中权益准则。

对于通过风险投资机构、共同基金、信托公司或包括投连险基金在内的类似主体间接持有的对联营企业或合营企业的投资，企业选择按照金融工具确认计量准则规定以公允价值计量且其变动计入当期损益的，其相关的披露要求同时适用本准则和其他主体中权益准则。

（四）企业在结构化主体（包括纳入和未纳入合并财务报表范围的结构化主体）中权益

的披露，适用其他主体中权益准则。但企业对结构化主体不实施控制或共同控制，且无重大影响的，企业在该结构化主体中权益的披露应当同时适用本准则和其他主体中权益准则。

（五）以股份为基础的支付合同虽然符合金融工具的定义，但其核算和列报由《企业会计准则第 11 号——股份支付》规范。但是，按照本准则第四条，股份支付合同可能适用本准则。此外，股份支付中涉及企业发行、回购、出售或注销库存股适用本准则。

（六）《企业会计准则第 14 号——收入》规范的属于金融工具的合同权利和义务，其披露适用该准则。但是，确认和计量相关减值损失和利得时应当适用金融工具确认计量准则的合同权利，应当遵循本准则有关信用风险披露的要求。

（七）债务重组中涉及的相关权利、义务的核算和列报，适用《企业会计准则第 12 号——债务重组》。对于债务重组中涉及的金融资产转移（例如以金融资产清偿债务），应当按本准则要求进行披露。

（八）保险合同符合金融工具的定义，但因保险合同所涉及的保险负债的计量具有一定的特殊性，其核算和列报由保险合同相关会计准则进行规范，不适用本准则。

具有相机分红特征而适用保险合同相关会计准则的金融工具，实质上具有与所有者权益类似的参与分享企业剩余收益的权利。该类金融工具不适用本准则关于金融负债和权益工具区分的规定。

对于保险合同中嵌入的、按照金融工具确认计量准则规定予以分拆后单独核算的衍生工具，应按照金融工具确认计量准则进行核算，其列报适用本准则。如果保险合同中嵌入的衍生工具本身就是一项保险合同，则该嵌入衍生工具的核算和列报适用保险合同相关会计准则。企业选择按照金融工具确认计量准则核算的财务担保合同，其列报适用本准则；企业选择按照保险合同相关会计准则进行会计处理的财务担保合同，适用保险合同相关会计准则。

（九）因职工薪酬计划形成的企业的义务，符合金融工具的定义。但由于职工薪酬相关义务的计量具有一定的特殊性，其核算和列报由《企业会计准则第 9 号——职工薪酬》规范，不适用本准则。

（十）买入或卖出非金融项目的合同，如果能够以现金或其他金融工具净额结算或通过交换金融工具结算，且不是为预定的购买、销售或使用要求而签订和持有（即交易目的本身不是购买、销售或使用非金融项目），适用本准则。但是，即使上述合同是为预定的购买、销售或使用要求而签订和持有，如果企业根据金融工具确认计量准则第八条的规定将该合同指定为以公允价值计量且其变动计入当期损益的金融资产或金融负债（例如，为消除与商品套期工具的计量错配），该合同仍适用本准则。

（十一）指定为以公允价值计量且其变动计入当期损益的金融负债的贷款承诺，能够以现金净额结算，或通过交换或发行其他金融工具结算的贷款承诺，以及以低于市场利率贷款的贷款承诺，应当按照金融工具确认计量准则的规定进行核算。对于适用金融工具确认计量准则已确认的贷款承诺的列报，应当适用本准则；对于金融工具确认计量准则未规范的贷款承诺，以及其他未确认的金融工具的披露，也适用本准则。例如，银行向某公司作出一项不可撤销贷款承诺，相关合同规定，公司以正在建设中的工程为抵押向银行贷款，银行将根据工程完工进度分期提供贷款，贷款利率按照市场利率确定。本例中，这是一项确定承诺，但不存在净额结算，贷款利率也不低于市场利率。如果银行没有将这项贷款承诺指定为以公允价值计量且其变动计入当期损益的金融负债，那么该项贷款承诺除减值外，在金融工具确认计量准则范围之外，但其披露适用本准则。

（十二）对于与金融工具相关的交易或事项涉及所得税的，应当按照《企业会计准则第18号——所得税》进行会计处理。

36.2.3 应设置的会计科目和主要账务处理

执行本准则的企业在不违反相关会计准则中确认、计量和报告规定的前提下，可以根据其实际情况设立会计科目（包括一级科目）。对于企业不存在的交易或者事项，可不设置相关会计科目。这里仅就本准则涉及的重要会计科目及相关账务处理提供参考。

（一）"应付债券"科目。

1. 本科目核算企业为筹集（长期）资金而发行的以摊余成本计量的债券。企业发行的可转换公司债券，应将负债和权益成分进行分拆，分拆后形成的负债成分在本科目核算。

2. 本科目可按照发行的债券种类进行明细核算，并在各类债券中按"面值""利息调整""应计利息"设置明细科目，进行明细核算。

3. 主要账务处理。

（1）企业发行债券，应当按实际收到金额，借记"银行存款"或"存放中央银行款项"等科目，按债务工具的面值，贷记"应付债券——面值"科目，按其差额，贷记或借记"应付债券——利息调整"科目。

（2）在该工具存续期间，计算应付利息并按照实际利率进行摊销时，应按照金融工具确认计量准则中有关金融负债按摊余成本后续计量的规定进行会计处理。

（二）"4401 其他权益工具"科目。

1. 本科目核算企业发行的除普通股以外的归类为权益工具的各种金融工具。

2. 本科目可按照发行金融工具的种类等进行明细核算。

3. 主要账务处理。

（1）企业发行的金融工具归类为其他权益工具的，应按实际收到的金额，借记"银行存款"或"存放中央银行款项"等科目，贷记本科目。

（2）分类为其他权益工具的金融工具，在存续期间分派股利（含分类为权益工具的工具所产生的"利息"，下同）的，作为利润分配处理。发行方应根据经批准的股利分配方案，按应分配给金融工具持有方的股利金额，借记"利润分配"科目，贷记"应付股利"科目。

（3）发行方发行的金融工具为既有负债成分又有权益工具成分的复合金融工具的，应按实际收到的金额，借记"银行存款"或"存放中央银行款项"等科目，按金融工具的面值，贷记"应付债券——面值"等科目，按负债成分的公允价值与金融工具面值之间的差额，借记或贷记"应付债券——利息调整"等科目，按实际收到的金额扣除负债成分的公允价值后的金额，贷记本科目。

发行复合金融工具发生的交易费用，应当在负债成分和权益成分之间按照各自占总发行价款的比例进行分摊。与多项交易相关的共同交易费用，应当在合理的基础上，采用与其他类似交易一致的方法，在各项交易之间进行分摊。对于分摊至负债成分的交易费用，应当计入该负债成分的初始计量金额（若该负债成分按摊余成本进行后续计量）或计入当期损益（若该负债成分按公允价值进行后续计量且其变动计入当期损益）；对于分摊至权益成分的交易费用，应当从权益中扣除。

(4) 由于发行的金融工具原合同条款约定的条件或事项随着时间的推移或经济环境的改变而发生变化，导致原归类为权益工具的金融工具重分类为金融负债的，应当于重分类日，按该工具的账面价值，借记本科目，按该工具的面值，贷记"应付债券——面值"等科目，按该工具的公允价值与面值之间的差额，借记或贷记"应付债券——利息调整"等科目，按该工具的公允价值与账面价值的差额，贷记或借记"资本公积——资本溢价（或股本溢价）"科目，如资本公积不够冲减的，依次冲减盈余公积和未分配利润。发行方以重分类日计算的实际利率作为应付债券后续计量利息调整等的基础。

因发行的金融工具原合同条款约定的条件或事项随着时间的推移或经济环境的改变而发生变化，导致原归类为金融负债的金融工具重分类为权益工具的，应于重分类日，按金融负债的账面价值，贷记本科目，按金融负债的面值，借记"应付债券——面值"等科目，按其差额，借记或贷记"应付债券——利息调整"等科目。

(5) 发行方按合同条款约定赎回所发行的除普通股以外的分类为权益工具的金融工具，按赎回价格，借记"库存股——其他权益工具"科目，贷记"银行存款"或"存放中央银行款项"等科目；注销所购回的金融工具，按该工具对应的其他权益工具的账面价值，借记本科目，按该工具的赎回价格，贷记"库存股——其他权益工具"科目，按其差额，借记或贷记"资本公积——资本溢价（或股本溢价）"等科目，如资本公积不够冲减的，依次冲减盈余公积和未分配利润。

(6) 发行方按合同条款约定将发行的除普通股以外的金融工具转换为普通股的，按该工具对应的其他权益工具或金融负债的账面价值，借记本科目、"应付债券"等科目，按普通股的面值，贷记"实收资本（或股本）"等科目，按其差额，贷记"资本公积——资本溢价（或股本溢价）"等科目（如转股时金融工具的账面价值零头不足转换为1股普通股，发行方以现金或其他金融资产退换零头时，还需按支付的现金或其他金融资产的金额，贷记"银行存款"或"存放中央银行款项"等科目）。

36.2.4 金融负债和权益工具的区分

(一) 金融负债和权益工具区分的总体要求。

本准则规定，企业发行金融工具，应当按照该金融工具的合同条款及其所反映的经济实质而非法律形式，以及金融资产、金融负债和权益工具的定义，在初始确认时将该金融工具或其组成部分分类为金融资产、金融负债或权益工具。

1. 金融负债和权益工具的定义。

金融负债，是指企业符合下列条件之一的负债。

(1) 向其他方交付现金或其他金融资产的合同义务，例如发行的承诺支付固定利息的公司债券。

(2) 在潜在不利条件下，与其他方交换金融资产或金融负债的合同义务，例如签出的外汇期权。

(3) 将来须用或可用企业自身权益工具进行结算的非衍生工具合同，且企业根据该合同将交付可变数量的自身权益工具。例如，企业取得一项金融资产，并承诺两个月后向卖方交付本企业发行的普通股，交付的普通股数量根据交付时的股价确定，则该项承诺是一项金融负债。

(4) 将来须用或可用企业自身权益工具进行结算的衍生工具合同（以固定数量的自身权益工具交换固定金额的现金或其他金融资产的衍生工具合同除外），例如以普通股净额结算的股票期权（见例36-6）。企业对全部现有同类别非衍生自身权益工具的持有方（例如普通股股东）同比例发行配股权、期权或认股权证，使之有权按比例以固定金额的任何货币换取固定数量的该企业自身权益工具的，该类配股权、期权或认股权证应当分类为权益工具。其中，企业自身权益工具不包括应按照本准则第三章分类为权益工具的金融工具，也不包括本身就要求在未来收取或交付企业自身权益工具的合同。

权益工具，是指能证明拥有某个企业在扣除所有负债后的资产中的剩余权益的合同。在同时满足下列条件的情况下，企业应当将发行的金融工具分类为权益工具。

(1) 该金融工具应当不包括交付现金或其他金融资产给其他方，或在潜在不利条件下与其他方交换金融资产或金融负债的合同义务。

(2) 将来须用或可用企业自身权益工具结算该金融工具。如为非衍生工具，该金融工具应当不包括交付可变数量的自身权益工具进行结算的合同义务；如为衍生工具，企业只能通过以固定数量的自身权益工具交换固定金额的现金或其他金融资产结算该金融工具。企业自身权益工具不包括应按照本准则分类为权益工具的金融工具，也不包括本身就要求在未来收取或交付企业自身权益工具的合同。

2. 区分金融负债和权益工具需考虑的因素。

(1) 合同所反映的经济实质。在判断一项金融工具是否应划分为金融负债或权益工具时，应当以相关合同条款及其所反映的经济实质而非仅以法律形式为依据，运用金融负债和权益工具区分的原则，正确地确定该金融工具或其组成部分的会计分类。对金融工具合同所反映经济实质的评估应基于合同的具体条款。企业不应仅依据监管规定或工具名称进行划分。

(2) 工具的特征。有些金融工具（如企业发行的某些优先股）可能既有权益工具的特征，又有金融负债的特征。因此，企业应当全面细致地分析此类金融工具各组成部分的合同条款，以确定其显示的是金融负债还是权益工具的特征，并进行整体评估，以判定整个工具是应划分为金融负债或权益工具，还是既包括负债成分又包括权益工具成分的复合金融工具。

（二）金融负债和权益工具区分的基本原则。

1. 是否存在无条件地避免交付现金或其他金融资产的合同义务。

(1) 如果企业不能无条件地避免以交付现金或其他金融资产来履行一项合同义务，则该合同义务符合金融负债的定义。实务中，常见的该类合同义务情形包括以下情形。

①不能无条件避免的赎回，即金融工具发行方不能无条件地避免赎回此金融工具。如果一项合同（根据本准则分类为权益工具的特殊金融工具除外）使发行方承担了以现金或其他

金融资产回购自身权益工具的义务,即使发行方的回购义务取决于合同对手是否行使回售权,发行方应当在初始确认时将该义务确认为一项金融负债,其金额等于回购所需支付金额的现值(如远期回购价格的现值、期权行权价格的现值或其他回售金额的现值)。如果发行方最终无须以现金或其他金融资产回购自身权益工具,应当在合同对手回售权到期时将该项金融负债按照账面价值重分类为权益工具。

②强制付息,即金融工具发行方被要求强制支付利息。例如,一项以面值为人民币1亿元发行的优先股要求每年按6%的股息率支付优先股股息,则发行方承担了未来每年支付6%股息的合同义务,应当就该强制付息的合同义务确认金融负债。又如,企业发行的一项永续债,无固定还款期限且不可赎回、每年按8%的利率强制付息。尽管该项工具的期限永续且不可赎回,但由于企业承担了以利息形式永续支付现金的合同义务,因此符合金融负债的定义。

需要说明的是,对企业履行交付现金或其他金融资产的合同义务能力的限制(如无法获得外币、需要得到有关监管部门的批准才能支付或其他法律法规的限制等),并不能解除企业就该金融工具所承担的合同义务,也不能表明该企业无须承担该金融工具的合同义务。

(2)如果企业能够无条件地避免交付现金或其他金融资产,例如能够根据相应的议事机制自主决定是否支付股息(即无支付股息的义务),同时所发行的金融工具没有到期日且合同对手没有回售权,或虽有固定期限但发行方有权无限期递延(即无支付本金的义务),则此类交付现金或其他金融资产的结算条款不构成金融负债。如果发放股利由发行方根据相应的议事机制自主决定,则股利是累积股利还是非累积股利本身不影响该金融工具被分类为权益工具。

实务中,优先股等金融工具发行时还可能会附有与普通股股利支付相连结的合同条款。这类工具常见的连结条款包括"股利制动机制""股利推动机制"等。"股利制动机制"的合同条款要求企业如果不宣派或支付(视具体合同条款而定,下同)优先股等金融工具的股利,则其也不能宣派或支付普通股股利。"股利推动机制"的合同条款要求企业如果宣派或支付普通股股利,则其也须宣派或支付优先股等金融工具的股利。如果优先股等金融工具所连结的是诸如普通股的股利,发行方根据相应的议事机制能够自主决定普通股股利的支付,则"股利制动机制"及"股利推动机制"本身均不会导致相关金融工具被分类为金融负债。对于本段所述判断依据,企业应谨慎地将其适用范围限制在普通股股利支付相连结的情形,不能推广适用到其他情形,例如与交叉保护条款或其他投资者保护条款相连结。

【例36-1】分类为权益工具

甲公司发行了一项年利率为8%、无固定还款期限、可自主决定是否支付利息的不可累积永续债,其他合同条款如下。

(1)该永续债嵌入了一项看涨期权,允许甲公司在发行第5年及之后以面值回购该永续债。

(2)如果甲公司在第5年年末没有回购该永续债,则之后的票息率增加至11%(通常称为"票息递增"特征)。

(3) 该永续债票息在甲公司向其普通股股东支付股利时必须支付（即"股利推动机制"）。

甲公司根据相应的议事机制能够自主决定普通股股利的支付；该公司发行该永续债之前多年来均支付普通股股利。

分析：本例中，尽管甲公司多年来均支付普通股股利，但由于甲公司能够根据相应的议事机制自主决定普通股股利的支付，并进而影响永续债利息的支付，对甲公司而言，该永续债利息并未形成支付现金或其他金融资产的合同义务；尽管甲公司有可能在第5年年末行使回购权，但是甲公司并没有回购的合同义务。如果没有其他情形导致该工具被分类为金融负债，则该永续债应整体被分类为权益工具。同时，虽然合同中存在利率跳升安排，但该安排也不构成企业无法避免的支付义务。

【例36-2】分类为金融负债

甲公司发行了一项年利率为8%、无固定还款期限、可自主决定是否支付利息的不可累积永续债，合同条款中包含的投资者保护条款如下。

当发行人未能清偿到期应付的其他债务融资工具、企业债或任何金融机构贷款的本金或利息时，发行人立即启动投资者保护机制（实务中有时将此类保护机制称为"交叉保护"），即主承销商于20个工作日内召开永续债持有人会议。永续债持有人有权对以下处理方案进行表决：

（1）无条件豁免违反约定；

（2）有条件豁免违反约定，即如果发行人采取了补救方案（如增加担保），并在30日内完成相关法律手续的，则豁免违反约定。

如上述豁免的方案经表决生效，发行人应无条件接受持有人会议作出的上述决议，并于30个工作日内完成相关法律手续。如上述方案未获表决通过，则永续债本息应在持有人会议召开日的次日立即到期应付。

分析：本例中，首先，因为受市场对生产经营的影响等因素，能否有足够的资金支付到期的债务不在甲公司的控制范围内，即其无法控制是否会对债务产生违约；其次，当甲公司对债务产生违约时，其无法控制持有人大会是否会通过上述豁免的方案。而当持有人大会决定不豁免时，永续债本息就到期应付。因此，甲公司不能无条件地避免以交付现金或其他金融资产来履行一项合同义务，该永续债符合金融负债的定义，应当被分类为金融负债而非权益工具。

除上述案例中的相关条款外，企业还应当注意其他投资者保护条款。例如，一旦发行人破产或视同清算、发生超过净资产10%以上重大损失、财务指标承诺未达标、财务状况发生重大变化、控制权变更或信用评级被降级、发生其他投资者认定足以影响债权实现的事项等情形，那么该永续债一次到期应付，除非持有人大会通过豁免的决议。在这些合同中，破产往往是指无力偿债、拖欠到期应付款项、停止或暂停支付所有或大部分债务或终止经营其业务，或根据《中华人民共和国企业破产法》规定进入破产程序，因此，由于发行人不能控制能否按时偿债、是否会发生超过净资产10%以上重大损失、财务指标承诺能否达标、财务状况是否发生重大变化、控制权是否会变更或信用等级是否会被降级、是否会发生其他投资者认定足以影响债权实现的事项等情形,进而无法无条件地避免以交付现金或其他金融资产来履行一项合同义务。因此,包含此类条款的永续债也应当被分类为金融负债。

企业应当基于真实、完整的合同进行相关分析和判断。在实务中,有时存在部分条款措词不够严谨或不够明确的情况,企业应当进一步明确合同条款是否会导致发行人存在交付现金或其他金融资产的义务。企业应当确保合同措辞明确,能够以此为基础作出合理的会计判断。另外,某些永续债条款可能也会约定永续债债权人破产清算时的清偿顺序等同于其他债务。在此类情况下,企业应当考虑这些条款是否会导致该永续债分类为金融负债。

(3) 判断一项金融工具是划分为权益工具还是金融负债,不受下列因素的影响:
①以前实施分配的情况;
②未来实施分配的意向;
③相关金融工具如果没有发放股利对发行方普通股的价格可能产生的负面影响;
④发行方的未分配利润等可供分配权益的金额;
⑤发行方对一段期间内损益的预期;
⑥发行方是否有能力影响其当期损益。

(4) 有些金融工具虽然没有明确地包含交付现金或其他金融资产义务的条款和条件,但有可能通过其他条款和条件间接地形成合同义务。例如,企业可能在显著不利的条件下选择交付现金或其他金融资产,而不是选择履行非金融合同义务,或选择交付自身权益工具。在实务中,相关合同可能包含利率跳升等特征,往往可能构成发行方交付现金或其他金融资产的间接义务。企业须借助合同条款和相关信息,全面分析判断。

2. 是否通过交付固定数量的自身权益工具结算。

根据本准则,权益工具是证明拥有企业的资产扣除负债后的剩余权益的合同。因此,对于将来须交付企业自身权益工具的金融工具,如果未来结算时交付的权益工具数量是可变的,或者收到的对价的金额是可变的,则该金融工具的结算将对其他权益工具所代表的剩余权益带来不确定性(通过影响剩余权益总额或者稀释其他权益工具),也就不符合权益工具的定义。

实务中,一项须用或可用企业自身权益工具结算的金融工具是否对其他权益工具的价值带来不确定性,通常与该工具的交易目的相关。如果该自身权益工具是作为现金或其他金融资产的替代品(例如作为商品交易中的支付手段),则该自身权益工具的接收方一般而言需要该工具在交收时具有确定的公允价值,以便得到与接受现金或其他金融资产的同等收益,因此企业所交付的自身权益工具数量是根据交付时的公允价值计算的,是可变的。反之,如果该自身权益工具是为了使持有方作为出资人享有企业(发行人)资产扣除负债的剩余权益,那么需要交付的自身权益工具数量通常在一开始就已商定,而不是在交付时计算确定。

将来须用或可用企业自身权益工具结算的金融工具应当区分为衍生工具和非衍生工具。例如,甲公司发行了一项无固定期限、能够自主决定支付本息的可转换优先股。按合同规定,甲公司将在第5年年末将发行的该工具强制转换为可变数量的普通股,则该可转换优先股是一项非衍生工具。又如,甲公司发行一项5年期分期付息到期还本,同时到期可转换为固定数量普通股的可转换债券,则该可转换债券中嵌入的转换权是一项衍生工具。

(1) 基于自身权益工具的非衍生工具。

对于非衍生工具,如果发行方未来有义务交付可变数量的自身权益工具进行结算,则该非衍生工具是金融负债;否则,该非衍生工具是权益工具。

某项合同并不仅仅因为其可能导致企业交付自身权益工具而成为一项权益工具。企业可能承担交付一定数量的自身权益工具的合同义务,如果将交付的企业自身权益工具数量是变化的,使得将交付的企业自身权益工具的数量乘以其结算时的公允价值等于合同义务的金额,则无论该合同义务的金额是固定的,还是完全或部分地基于除企业自身权益工具的市场价格以外变量(例如利率、某种商品的价格或某项金融工具的价格)的变动而变化,该合同应当分类为金融负债。

【例36-3】基于自身权益工具的非衍生工具1

甲公司与乙公司签订的合同约定,甲公司以100万元等值的自身权益工具偿还所欠乙公司债务。

本例中,甲公司需偿还的负债金额100万元是固定的,但甲公司需交付的自身权益工具的数量随着其权益工具市场价格的变动而变动。在这种情况下,甲公司发行的该金融工具应当划分为金融负债。

【例36-4】基于自身权益工具的非衍生工具2

甲公司与乙公司签订的合同约定,甲公司以100盎司(1盎司=28.35克)黄金等值的自身权益工具偿还所欠乙公司债务。

本例中,甲公司需偿还的负债金额随黄金价格变动而变动,同时,甲公司需交付的自身权益工具的数量随着其权益工具市场价格的变动而变动。在这种情况下,该金融工具应当划分为金融负债。

【例36-5】基于自身权益工具的非衍生工具3

甲公司发行了名义金额为人民币100元的优先股,合同条款规定甲公司在3年后将优先股强制转换为普通股,转股价格为转股日前一工作日的该普通股市价。

本例中,转股价格是变动的,未来须交付的普通股数量是可变的,实质可视作甲公司将在3年后使用自身普通股并按其市价履行支付优先股每股人民币100元的义务。在这种情况下,该强制可转换优先股整体是一项金融负债。

在上述三个例子中,虽然企业通过交付自身权益工具来结算合同义务,该合同仍属于一项金融负债,而并非企业的权益工具。因为企业以可变数量的自身权益工具作为合同结算方式,该合同不能证明持有方享有发行方在扣除所有负债后的资产中的剩余权益。

(2) 基于自身权益工具的衍生工具。

对于衍生工具,如果发行方只能通过以固定数量的自身权益工具交换固定金额的现金或其他金融资产进行结算(即"固定换固定"),则该衍生工具是权益工具;如果发行方以固定数量自身权益工具交换可变金额现金或其他金融资产,或以可变数量自身权益工具交换固定金额现金或其他金融资产,或在转换价格不固定的情况下以可变数量自身权益工具交换可变金额现金或其他金融资产，则该衍生工具应当确认为衍生金融负债或衍生金融资产。例如，发行在外的股票期权赋予了工具持有方以固定价格购买固定数量的发行方股票的权利。该合同的公允价值可能会随着股票价格以及市场利率的波动而变动。但是，只要该合同的公允价值变动不影响结算时发行方可收取的现金或其他金融资产的金额，也不影响需交付的权益工具的数量，则发行方应将该股票期权作为一项权益工具处理。

运用上述"固定换固定"原则来判断会计分类的金融工具常见于可转换债券，具备转股条款的永续债、优先股等。如果发行的金融工具合同条款中包含在一定条件下转换成发行方普通股的约定且存在交付现金或其他金融资产的义务（例如每年支付固定股息的可转换优先股中的转换条款），该转股权将涉及发行方是否需要交付可变数量自身权益工具或者是否"固定换固定"的判断。在实务中，转股条款呈现的形式可能纷繁复杂，发行方应审慎确定其合同条款及所反映的经济实质是否能够满足"固定换固定"原则。

需要说明的是，在实务中，对于附有可转换为普通股条款的可转换债券等金融工具，在其转换权存续期内，发行方可能发生新的融资或者与资本结构调整有关的经济活动，例如股份拆分或合并、配股、转增股本、增发新股、发放现金股利等。通常情况下，即使转股价初始固定，但为了确保此类金融工具持有方在发行方权益中的潜在利益不会被稀释，合同条款会规定在此类事项发生时，转股价将相应进行调整。此类对转股价格以及相应转股数量的调整通常称为"反稀释"调整。原则上，如果按照转股价格调整公式进行调整，可使得稀释事件发生之前和之后，每一份此类金融工具所代表的发行方剩余利益与每一份现有普通股所代表的剩余利益的比例保持不变，即此类金融工具持有方相对于现有普通股股东所享有的在发行方权益中的潜在相对利益保持不变，则可认为这一调整并不违背"固定换固定"原则。如果不做任何调整，也可认为合同双方在此类工具发行时已在其估值中考虑了上述活动的预期影响。但如果做了调整且调整公式无法体现此类工具持有人与普通股股东在相关事件发生前后"同进同退"的原则，则不能认为这一调整符合"固定换固定"原则。

【例36-6】基于自身权益工具的衍生工具

甲公司于2×17年2月1日向乙公司发行以自身普通股为标的的看涨期权。根据该期权合同，如果乙公司行权，乙公司有权以每股102元的价格从甲公司购入普通股1 000股。有关资料如下：

(1) 合同签订日为2×17年2月1日；

(2) 行权日（欧式期权）为2×18年1月31日；

(3) 2×18年1月31日应支付的固定行权价格为102元；

(4) 期权合同中的普通股数量为1 000股；

(5) 2×17年2月1日每股市价为100元；

(6) 2×17年12月31日每股市价为104元；

(7) 2×18年1月31日每股市价为104元；

(8) 2×17年2月1日期权的公允价值为5 000元；

(9) 2×17年12月31日期权的公允价值为3 000元；

(10) 2×18年1月31日期权的公允价值为2 000元。

情形1：期权以现金净额结算。

分析：在现金净额结算约定下，甲公司不能完全避免向另一方支付现金的义务，因此应当将该期权划分为金融负债。

甲公司的账务处理如下：

① 2×17年2月1日，确认发行的看涨期权。

借：银行存款	5 000
贷：衍生工具——看涨期权	5 000

② 2×17年12月31日，确认期权公允价值减少。

借：衍生工具——看涨期权	2 000
贷：公允价值变动损益	2 000

③ 2×18年1月31日，确认期权公允价值减少。

借：衍生工具——看涨期权	1 000
贷：公允价值变动损益	1 000

在同一天，乙公司行使了该看涨期权，合同以现金净额方式进行结算。甲公司有义务向乙公司交付104 000（104×1 000）元，并从乙公司收取102 000（102×1 000）元，甲公司实际支付净额为2 000元。反映看涨期权结算的账务处理如下：

借：衍生工具——看涨期权	2 000
贷：银行存款	2 000

情形2：期权以普通股净额结算。

分析：普通股净额结算是指甲公司以普通股代替现金进行净额结算，支付的普通股公允价值等于应当支付的现金金额。在普通股净额结算约定下，由于甲公司须交付的普通股数量［（行权日每股价格－102）×1 000÷行权日每股价格］不确定，因此应当将该期权划分为金融负债。

除期权以普通股净额结算外，其他资料与情形1相同。甲公司实际向乙公司交付普通股数量约为19.23（2 000÷104）股，因交付的普通股数量须为整数，实际交付19股，余下的金额24（0.23×104）元将以现金方式支付。因此，甲公司除以下账务处理外，其他账务处理与情形1相同：

2×18年1月31日。

借：衍生工具——看涨期权	2 000
贷：股本	19
资本公积——股本溢价	1957
银行存款	24

情形3：期权以普通股总额结算。

分析：在普通股总额结算约定下，甲公司需交付的普通股数量固定，将收到的金额也是固定的，因此应当将该期权划分为权益。

除甲公司以约定的固定数量的自身普通股交换固定金额现金外，其他资料与情形1相同。

因此，乙公司有权于2×18年1月31日以102 000（102×1 000）元购买甲公司1 000股普通股。

甲公司的账务处理如下：

① 2×17年2月1日，确认发行的看涨期权。

借：银行存款 5 000
　　贷：其他权益工具 5 000

由于甲公司将以固定数量的自身股票换取固定金额现金，应将该衍生工具确认为权益工具。

② 2×17年12月31日：由于该期权合同确认为权益工具，甲公司无须就该期权的公允价值变动作出会计处理，因此无须在2×17年12月31日编制会计分录。

由于该看涨期权是价内期权（行权价格每股102元小于市场价格每股104元），乙公司在行权日行使了该期权，向甲公司支付了102 000元以获取1 000股甲公司股票。

③ 2×18年1月31日，乙公司行权。

借：库存现金 102 000
　　其他权益工具 5 000
　　贷：股本 1 000
　　　　资本公积——股本溢价 106 000

（三）以外币计价的配股权、期权或认股权证。

一般来说，如果企业的某项合同是通过固定金额的外币（即企业记账本位币以外的其他货币）交换固定数量的自身权益工具进行结算，由于固定金额的外币代表的是以企业记账本位币计价的可变金额，因此不符合"固定换固定"原则。但是，本准则在"固定换固定"原则下对以外币计价的配股权、期权或认股权证规定了一类例外情况：企业对全部现有同类别非衍生自身权益工具的持有方同比例发行配股权、期权或认股权证，使之有权按比例以固定金额的任何货币交换固定数量的该企业自身权益工具的，该类配股权、期权或认股权证应当分类为权益工具。这是一类范围很窄的例外情况，不能以类推方式适用于其他工具（如以外币计价的可转换债券）。

【例36-7】以外币计价的配股权、期权或认股权证

一家在多地上市的企业，向其所有的现有普通股股东提供每持有2股普通股可购买其1股普通股的权利（配股比例为2股配1股），配股价格为配股公告当日股价的70%。由于该企业在多地上市，受到各国家和地区当地的法规限制，配股权行权价的币种须与当地货币一致。

本例中，由于企业是按比例向其所有同类普通股股东提供配股权，且以固定金额的任何货币交换固定数量的该企业普通股，因此该配股权应当分类为权益工具。

（四）或有结算条款。

附有或有结算条款的金融工具，指是否通过交付现金或其他金融资产进行结算，或者是否以其他导致该金融工具成为金融负债的方式进行结算，需要由发行方和持有方均不能控制的未来不确定事项（如股价指数、消费价格指数变动，利率或税法变动，发行方未来收入、净收益或债务权益比率等）的发生或不发生（或发行方和持有方均不能控制的未来不确定事项的结果）来确定的金融工具。

对于附有或有结算条款的金融工具，发行方不能无条件地避免交付现金、其他金融资产或以其他导致该工具成为金融负债的方式进行结算的，应当分类为金融负债。但是，满足下列条件之一的，发行方应当将其分类为权益工具。

（1）要求以现金、其他金融资产或以其他导致该工具成为金融负债的方式进行结算的或有结算条款几乎不具有可能性，即相关情形极端罕见、显著异常且几乎不可能发生。

（2）只有在发行方清算时，才需以现金、其他金融资产或以其他导致该工具成为金融负债的方式进行结算。

（3）按照本准则分类为权益工具的可回售工具。实务中，出于对自身商业利益的保障和公平原则考虑，合同双方会对一些不能由各自控制的情况下是否要求支付现金（包括股票）作出约定，这些"或有结算条款"可以包括与外部市场有关的或者与发行方自身情况有关的事项。出于防止低估负债和防止通过或有条款的设置来避免对复合工具中负债成分进行确认的目的，本准则规定，发行方需要针对这些条款确认金融负债，除非能够证明或有事件是极端罕见、显著异常且几乎不可能发生的情况或者仅限于清算事件。例如，甲公司发行了一项永续债，每年按照合同条款支付利息，但同时约定其利息只在发行方有可供分配利润时才需支付，如果发行方可供分配利润不足则可能无法履行该项支付义务。虽然利息的支付取决于是否有可供分配利润，使得利息支付义务成为或有情况下的义务，但是甲公司并不能无条件地避免支付现金的合同义务，因此该公司应当将该永续债划分为一项金融负债。

如果合同的或有结算条款要求只有在发生了极端罕见、显著异常且几乎不可能发生的事件时才会以现金、其他金融资产或以其他导致该工具成为金融负债的方式进行结算，那么可将该或有结算条款视为一项不具有可能性的条款。如果一项合同只有在上述不具有可能性的事件发生时才须以现金、其他金融资产或以其他导致该工具成为金融负债的方式进行结算，在对该金融工具进行分类时，不需要考虑这些或有结算条款，应将该合同确认为一项权益工具。

【例36-8】或有结算条款

甲公司拟发行优先股。按合同条款约定，甲公司可根据相应的议事机制自行决定是否派发股利，如果甲公司的控股股东发生变更（该事项不受甲公司控制），甲公司必须按面值赎回该优先股。

本例中，该或有事项（控股股东变更）不受甲公司控制，属于或有结算事项。同时，该事项的发生并非"极端罕见、显著异常且几乎不可能发生"。由于甲公司不能无条件地避免赎回股份的义务，因此，该工具应当划分为一项金融负债。

（五）结算选择权。

对于存在结算选择权的衍生工具（例如，合同规定发行方或持有方能选择以现金净额或以发行股份交换现金等方式进行结算的衍生工具），发行方应当将其确认为金融负债或金融资产；如果可供选择的结算方式均表明该衍生工具应当确认为权益工具，则应当确认为权益工具。

例如，为防止附有转股权的金融工具的持有方行使转股权而导致发行方的普通股股东的股权被稀释，发行方会在衍生工具合同中加入一项现金结算选择权：发行方有权以等值于所应交付的股票数量乘以股票市价的现金金额支付给工具持有方，而不再发行新股。按照本准则规定，发行方应当将这样的转股权确认为衍生金融负债或衍生金融资产。

（六）复合金融工具。

本准则规定，企业应对发行的非衍生工具进行评估，以确定所发行的工具是否为复合金融工具。企业所发行的非衍生工具可能同时包含金融负债成分和权益工具成分。对于复合金融工具，发行方应于初始确认时将各组成部分分别分类为金融负债、金融资产或权益工具。企业发行的一项非衍生工具同时包含金融负债成分和权益工具成分的，应于初始计量时先确定金融负债成分的公允价值（包括其中可能包含的非权益性嵌入衍生工具的公允价值），再从复合金融工具公允价值中扣除负债成分的公允价值，作为权益工具成分的价值。

可转换债券等可转换工具可能被分类为复合金融工具。发行方对该类可转换工具进行会计处理时，应当注意以下方面。

1. 在可转换工具转换时，应终止确认负债成分，并将其确认为权益。原来的权益成分仍旧保留为权益（从权益的一个项目结转到另一个项目，如从"其他权益工具"项目转入"资本公积——资本溢价或股本溢价"项目）。可转换工具转换时不产生损益。

2. 企业通过在到期日前赎回或回购而终止一项仍具有转换权的可转换工具时，应在交易日将赎回或回购所支付的价款以及发生的交易费用分配至该工具的权益成分和负债成分。分配价款和交易费用的方法应与该工具发行时采用的分配方法一致。价款和交易费用分配后，所产生的利得或损失应分别根据权益成分和负债成分所适用的会计原则进行处理，分配至权益成分的款项计入权益，与债务成分相关的利得或损失计入当期损益。

【例36-9】复合金融工具

甲公司2×17年1月1日按每份面值1 000元发行了2 000份可转换债券，取得总收入2 000 000元。该债券期限为3年，票面年利息为6%，利息按年支付；每份债券均可在债券发行1年后的任何时间转换为250股普通股。甲公司发行该债券时，二级市场上与之类似但没有转股权的债券的市场利率为9%。假定不考虑其他相关因素。甲公司以摊余成本计量分类为金融负债的应付债券。

分析：

本例中，转股权的结算是以固定数量的债券换取固定数量的普通股，因此该转股权应归类为权益工具。具体计算和账务处理如下：

（1）先对负债成分进行计量，债券发行收入与负债成分的公允价值之间的差额则分配到权益成分。负债成分的现值按9%的折现率计算，见表36-1。

表36-1 甲公司可转换债券发行后价值计算　　　　　　　　　　单位：元

项目	金额
本金的现值： 第3年年末应付本金2 000 000元（复利现值系数为0.772 183 5）	1 544 367
利息的现值： 3年期内每年应付利息120 000元（年金现值系数为2.531 291 7）	303 755
负债成分总额	1 848 122
权益成分金额	151 878
债券发行总收入	2 000 000

（2）甲公司的账务处理：

① 2×17年1月1日，发行可转换债券。

借：银行存款	2 000 000
应付债券——利息调整	151 878
贷：应付债券——面值	2 000 000
其他权益工具	151 878

② 2×17年12月31日，计提和实际支付利息。

计提债券利息时。

借：财务费用	166 331
贷：应付利息	120 000
应付债券——利息调整	46 331

实际支付利息时。

借：应付利息	120 000
贷：银行存款	120 000

③ 2×18年12月31日，债券转换前，计提和实际支付利息。

计提债券利息时。

借：财务费用	170 501
贷：应付利息	120 000
应付债券——利息调整	50 501

实际支付利息时。

借：应付利息	120 000
贷：银行存款	120 000

至此，转换前应付债券的摊余成本为1 944 954（1 848 122＋46 331＋50 501）元。

假定至2×18年12月31日，甲公司股票上涨幅度较大，可转换债券持有方均于当日将持有的可转换债券转为甲公司股份。由于甲公司对应付债券采用摊余成本进行后续计量，因此，在转换日，转换前应付债券的摊余成本应为1 944 954元，而权益成分的账面价值仍为151 878元。在转换日，甲公司发行股票数量为500 000股。对此，甲公司的账务处理如下：

借：应付债券——面值	2 000 000	
贷：应付债券——利息调整		55 046
股本		500 000
资本公积——股本溢价		1 444 954
借：其他权益工具	151 878	
贷：资本公积——股本溢价		151 878

3. 企业可能修订可转换工具的条款以促成持有方提前转换。例如，提供更有利的转换比率或在特定日期前转换则支付额外的对价。在条款修订日，对于持有方根据修订后的条款进行转换所能获得的对价的公允价值与根据原有条款进行转换所能获得的对价的公允价值之间的差额，企业（发行方）应将其确认为一项损失。

4. 企业发行认股权和债权分离交易的可转换公司债券，所发行的认股权符合本准则有关权益工具定义的，应当确认为一项权益工具（其他权益工具），并以发行价格减去不附认股权且其他条件相同的公司债券公允价值后的净额进行计量。认股权持有方到期没有行权的，企业应当在到期时将原计入其他权益工具的部分转入资本公积（股本溢价）。

（七）合并财务报表中金融负债和权益工具的区分。

在合并财务报表中对金融工具（或其组成部分）进行分类时，企业应考虑集团成员和金融工具的持有方之间达成的所有条款和条件，以确定集团作为一个整体是否由于该工具而承担了交付现金或其他金融资产的义务，或者承担了以其他导致该工具分类为金融负债的方式进行结算的义务。例如，某集团一子公司发行一项权益工具，同时其母公司或集团其他成员与该工具的持有方达成了其他附加协议，母公司或集团其他成员可能对相关的支付金额（如股利）作出担保；或者集团另一成员可能承诺在该子公司不能支付预期款项时购买这些股份。在这种情形下，尽管集团子公司（发行方）在没有考虑这些附加协议的情况下，在其个别财务报表中将这项工具分类为权益工具，但是在合并财务报表中，集团与该工具的持有方之间的附加协议的影响意味着集团作为一个整体无法避免经济利益的转移，导致其分类为金融负债。因此，合并财务报表应当考虑这些附加协议或条款，以确保从集团整体的角度反映所签订的所有合同和相关交易。

【例36-10】合并财务报表中金融负债和权益工具的区分

甲公司为乙公司的母公司，其向乙公司的少数股东签出一份在未来6个月后以乙公司普通股为基础的看跌期权。如果6个月后乙公司股票价格下跌，乙公司少数股东有权要求甲公司无条件地以固定价格购入乙公司少数股东所持有的乙公司股份。

在本例甲公司的个别财务报表中，由于该看跌期权的价值随着乙公司股票价格的变动而变动，并将于未来约定日期进行结算，因此该看跌期权符合衍生工具的定义而被确认为一项衍生金融负债。在乙公司财务报表中，少数股东所持有的乙公司股份则是其自身权益工具。而在集团合并报表层面，由于看跌期权使集团整体承担了不能无条件避免的支付现金的合同义务，因此该少数股东权益不再符合权益工具定义，而应确认为一项金融负债，其金额等于回购所需支付金额的现值。

36.2.5 特殊金融工具的区分

(一) 可回售工具。

可回售工具,是指根据合同约定,持有方有权将该工具回售给发行方以获取现金或其他金融资产的权利,或者在未来某一不确定事项发生或者持有方死亡或退休时,自动回售给发行方的金融工具。例如,某些合作制法人的可随时回售的"权益"或者某些开放式基金的可随时赎回的基金份额。

根据本准则,符合金融负债定义,但同时具有一定特征的可回售工具,应当分类为权益工具。

【例36-11】符合金融负债定义,但同时具有一定特征的可回售工具

甲企业为合伙企业。相关合伙协议约定:新合伙人加入时按确定的金额和财产份额入伙,合伙人退休或退伙时以其财产份额的公允价值予以退还;合伙企业营运资金均来自合伙人,合伙人入伙期间可按财产份额分得合伙企业的利润(但利润分配由合伙企业自主决定);当合伙企业清算时,合伙人可按财产份额获得合伙企业的净资产。

本例中,由于合伙企业在合伙人退休或退伙时有向合伙人交付金融资产的义务,因而该可回售工具(合伙协议)满足金融负债的定义。同时,其作为可回售工具具备了以下特征:(1) 合伙企业清算时合伙人可按财产份额获得合伙企业的净资产;(2) 该协议属于合伙企业中最次级类别的工具;(3) 所有合伙人权益具有相同的特征;(4) 合伙企业仅有以现金或其他金融资产回购该工具的合同义务;(5) 合伙人入伙期间可获得的现金流量总额,实质上基于该工具存续期内企业的损益、已确认净资产的变动、已确认和未确认净资产的公允价值变动。因而,该金融工具应当确认为权益工具。

企业在认定可回售工具是否应分类为权益工具时,应当注意以下三点。

1. 在企业清算时具有优先要求权的工具不是有权按比例份额获得企业净资产的工具。例如,如果一项工具使持有方有权在企业清算时享有除企业净资产份额之外的固定股利,而类别次于该工具的其他工具在企业清算时仅仅享有企业净资产份额,则该工具所属类别中所有工具均不属于在企业清算时有权按比例份额获得企业净资产的工具。

2. 在确定一项工具是否属于最次级类别时,应当评估若企业在评估日发生清算时该工具对企业净资产的要求权。同时,应当在相关情况发生变化时重新评估对该工具的分类。例如,如果企业发行或赎回了另一项金融工具,可能会影响对该工具是否属于最次级类别的评估结果。如果企业只发行一类金融工具,则可视为该工具属于最次级类别。

【例36-12】认定可回售工具是否应分类为权益工具

甲公司设立时发行了100单位A类股份,而后发行了10 000单位B类股份给其他投资人,B类股份为可回售股份。假定甲公司只发行了A、B两种金融工具,A类股份为甲公司最次级权益工具。

本例中,在甲公司的整个资本结构中,A类股份并不重大,且甲公司的主要资本来自B类股份,但由于B类股份并非甲公司发行的最次级的工具,因此不应当将B类股份归类为权益工具。

3. 除了发行方应当以现金或金融资产回购或赎回该工具的合同义务外，该工具应当不包括其他符合金融负债定义的合同义务。本准则对于符合条件的可回售工具的特殊规定，是仅针对回售权规定的一项债务与权益区分的例外。如果可回售工具中包含了回售权以外的其他构成发行方交付现金或其他金融资产的合同义务，则该回售工具不能适用这一例外。

例如，企业发行的工具是可回售的，除了这一回售特征外，还在合同中约定每年必须向工具持有方按照净利润的一定比例进行分配，这一约定构成了一项交付现金的义务，因此企业发行的这项可回售工具不应分类为权益工具。

（二）发行方仅在清算时才有义务向另一方按比例交付其净资产的金融工具。

根据本准则，符合金融负债定义，但同时具有一定特征的、发行方仅在清算时才有义务向另一方按比例交付其净资产的金融工具（例如封闭式基金、理财产品的份额、信托计划等寿命固定的结构化主体的份额，实务中也称有限寿命工具），应当分类为权益工具。

针对仅在清算时才有义务向另一方按比例交付其净资产的金融工具的特征要求，与针对可回售工具的其中几条特征要求是类似的，但特征要求相对较少。原因在于清算是触发该合同支付义务的唯一条件，因此可以不必考虑其他特征，包括：不要求考虑除清算以外的其他的合同支付义务（如股利分配）；不要求考虑存续期间预期现金流量的确定方法（如根据净利润或净资产）；不要求该类别工具的所有特征均相同，仅要求清算时按比例支付净资产份额的特征相同。

（三）特殊金融工具分类为权益工具的其他条件。

分类为权益工具的可回售工具，或发行方仅在清算时才有义务向另一方按比例交付其净资产的金融工具，除应当具有本准则第十六条或第十七条所述特征外，其发行方应当没有同时具备下列特征的其他金融工具或合同：①现金流量总额实质上基于企业的损益、已确认净资产的变动、已确认和未确认净资产的公允价值变动（不包括该工具或合同的任何影响）。②实质上限制或固定了本准则第十六条或第十七条所述工具持有方所获得的剩余回报。

在实务中的一些安排下，股东将实质上的企业控制权和利润转让给非股东方享有。例如，甲企业可能与乙企业签订包括资产运营控制协议（乙企业承包甲企业的运营管理）、知识产权的独家服务协议（甲企业经营所需知识产权由乙企业独家提供）、借款合同（甲企业向乙企业借款满足营运需要）等系列协议，将经营权和收益转移到乙企业；同时，甲企业股东还可能与乙企业签订股权质押协议和投票权委托协议等，将甲企业股东权利转移给乙企业。这种情况下，甲企业形式上的股份已经不具有权益工具的实质。因此，本准则第十六条、第十七条规定的特殊权益工具，应当排除存在上述安排的情形。

当然，实务中的情况比较复杂。例如，合伙企业的合伙人除了作为企业所有者外，通常也作为企业雇员参与经营，并获取劳动报酬。这类劳动合同也可能形成对企业剩余回报的限制。为避免企业误判，本准则又作出规定：在运用上述条件时，对于发行方与本准则第十六条或第十七条所述工具持有方签订的非金融合同，如果其条款和条件与发行方和其他方之间可能订立的同等合同类似，不应考虑该非金融合同的影响。但如果不能作出此判断，则不得将该工具分类为权益工具。

下列按照涉及非关联方的正常商业条款订立的工具，不大可能导致满足本准则特征要求的可回售工具或发行方仅在清算时才有义务向另一方按比例交付其净资产的金融工具无法被分类为权益工具：①现金流量总额实质上基于企业的特定资产。②现金流量总额基于企业收入的一定比例。③就职工为企业提供的服务给予报酬的合同。④要求企业为其所提供的产品或服务支付一定报酬（占利润的比例非常小）的合同。

（四）特殊金融工具在母公司合并财务报表中的处理。

由于将某些可回售工具以及仅在清算时才有义务向另一方按比例交付其净资产的金融工具分类为权益工具而不是金融负债是本准则原则的一个例外，本准则不允许将该例外扩大到发行方母公司合并财务报表中少数股东权益的分类。因此，子公司在个别财务报表中作为权益工具列报的特殊金融工具，在其母公司合并财务报表中对应的少数股东权益部分，应当分类为金融负债。

36.2.6 金融负债和权益工具之间的重分类

由于发行的金融工具原合同条款约定的条件或事项随着时间的推移或经济环境的改变而发生变化，可能会导致已发行金融工具（含本准则规定的特殊金融工具）的重分类。例如，企业拥有可回售工具和其他工具，可回售工具并非最次级类别，并不符合分类为权益工具的条件。如果企业赎回其已发行的全部其他工具后，发行在外的可回售工具符合了分类为权益工具的全部特征和全部条件，那么企业应从其赎回全部其他工具之日起将可回售工具重分类为权益工具。反之，如果原来被分类为权益工具的可回售工具因为更次级的新工具的发行，而不再满足分类为权益工具的条件，则企业应在新权益工具的发行日将可回售工具重分类为金融负债。

发行方原分类为权益工具的金融工具，自不再被分类为权益工具之日起，发行方应当将其重分类为金融负债，以重分类日该工具的公允价值计量，重分类日权益工具的账面价值和金融负债的公允价值之间的差额确认为权益。发行方原分类为金融负债的金融工具，自不再被分类为金融负债之日起，发行方应当将其重分类为权益工具，以重分类日金融负债的账面价值计量。

36.2.7 收益和库存股

（一）发行方对利息、股利、利得或损失的处理。

将金融工具或其组成部分划分为金融负债还是权益工具，决定了发行方对相关利息、股利、利得或损失的会计处理方法。金融工具或其组成部分属于金融负债的，相关利息、股利、利得或损失，以及赎回或再融资产生的利得或损失等，应当计入当期损益。金融工具或其组成部分属于权益工具的，其发行（含再融资）、回购、出售或注销时，发行方应当作为权益的变动处理；发行方不应当确认权益工具的公允价值变动；发行方对权益工具持有方的分配应作利润分配处理，发放的股票股利不影响所有者权益总额。

与权益性交易相关的交易费用应当从权益中扣减。交易费用是指可直接归属于购买、发行或处置金融工具的增量费用。只有那些可直接归属于发行新的权益工具或者购买此前已经发行在外的权益工具的增量费用才是与权益交易相关的费用。例如，在企业首次公开募股的过程中，除了会新发行一部分可流通的股份之外，也往往会将已发行的股份进行上市流通。在这种情况下，企业需运用专业判断以确定哪些交易费用与权益交易（发行新股）相关，应计入权益核算；哪些交易费用与其他活动（将已发行的股份上市流通）相关，尽管也是在发行权益工具的同时发生的，但是应当计入损益。与多项交易相关的共同交易费用，应当在合理的基础上，采用与其他类似交易一致的方法，在各项交易间进行分摊。

利息、股利、利得或损失的会计处理原则同样也适用于复合金融工具。任何与负债成分相关的利息、股利、利得或损失应计入当期损益，任何与权益成分相关的利息、股利、利得或损失应计入权益。发行复合金融工具发生的交易费用，也应当在负债成分和权益成分之间按照各自占总发行价款的比例进行分摊。例如，企业发行一项5年后以现金强制赎回的非累积优先股。在优先股存续期间内，企业可以自行决定是否支付股利。这一非累积可赎回优先股是一项复合金融工具，其中的负债成分为赎回金额的折现值。负债成分采用实际利率法确认的利息支出应计入当期损益，而与权益成分相关的股利支付应确认为利润分配。如果该优先股的赎回不是强制性的而是取决于持有方是否要求企业进行赎回，或者该优先股需转换为可变数量的普通股，则仍然适用前述会计处理。但是，如果该优先股赎回时所支付的金额还包括未支付的股利，则整个工具是一项金融负债。在这种情况下，支付的所有股利都应计入当期损益。

（二）库存股。

回购自身权益工具（库存股）支付的对价和交易费用，应当减少所有者权益，不得确认金融资产。库存股可由企业自身购回和持有，也可由集团合并范围内的其他成员购回和持有。其他成员包括子公司，但是不包括集团的联营和合营企业。此外，如果企业是替他人持有自身权益工具，例如，金融机构作为代理人代其客户持有该金融机构自身的股票，那么所持有的这些股票不是金融机构自身的资产，也不属于库存股。

如果企业持有库存股之后又将其重新出售，反映的是不同所有者之间的转让，而非企业本身的利得或损失。因此，无论这些库存股的公允价值如何波动，企业应直接将支付或收取的所有对价在权益中确认，而不产生任何损益。

（三）对每股收益计算的影响。

企业应当按照《企业会计准则第34号——每股收益》的规定计算每股收益。企业存在发行在外的除普通股以外的金融工具的，在计算每股收益时，应当按照以下原则处理。

1. 基本每股收益的计算。

在计算基本每股收益时，基本每股收益中的分子，即归属于普通股股东的净利润，不应包含其他权益工具的股利或利息。其中，对于发行的不可累积优先股等其他权益工具应扣除当期宣告发放的股利，对于发行的累积优先股等其他权益工具，无论当期是否宣告发放股利，均应予以扣除。

基本每股收益计算中的分母，为发行在外普通股的加权平均股数。

对于同普通股股东一起参加剩余利润分配的其他权益工具，在计算普通股每股收益时，归属于普通股股东的净利润不应包含根据可参加机制计算的应归属于其他权益工具持有者的净利润。

2. 稀释每股收益的计算。

企业发行的金融工具中包含转股条款的，即存在潜在稀释性的，在计算稀释每股收益时考虑的因素与企业发行可转换公司债券、认股权证相同。

36.2.8 金融资产和金融负债的抵销

（一）金融资产和金融负债相互抵销的条件。

本准则规定，金融资产和金融负债应当在资产负债表内分别列示，不得相互抵销。但是，同时满足下列条件的，应当以相互抵销后的净额在资产负债表内列示。

1. 企业具有抵销已确认金额的法定权利，且该种法定权利是当前可执行的。

本准则第二十九条至第三十一条对抵销权进行了解释。需要说明的是，抵销协议中将支付或将收取的金额的不确定性并不妨碍企业的抵销权成为当前可执行的法定权利。同样地，抵销时间的不确定性也不妨碍抵销权成为当前可执行的法定权利，因为时间的推移并不意味着该抵销权取决于未来事件。但是，在某些未来事件发生之后则消失或成为不可执行的抵销权不满足抵销条件。例如，如果交易双方约定，在任何一方出现信用评级下降后，抵销条款不再适用或变为不可执行，则该抵销权自始至终都不满足抵销条件。

2. 企业计划以净额结算，或同时变现该金融资产和清偿该金融负债。

当企业分别通过收取和支付总额来结算两项金融工具时，即使该两项工具结算的间隔期很短，但企业需承受的可能是重大的资产信用风险和负债流动性风险，在这种情况下以净额列报并不适合。但是，金融市场中的清算机构的运作机制可能有助于两项金融工具达到同时结算。在这种情况下，若符合本准则第三十二条相关条件，相关的现金流量实际上等于一项净额，企业所承受的信用风险或流动性风险并非针对总额，因而满足净额结算的条件。

（二）金融资产和金融负债不能相互抵销的情形。

本准则规定，在下列情况下，通常认为不满足抵销条件，不得抵销相关金融资产和金融负债。

1. 使用多项不同金融工具来仿效单项金融工具的特征，即"合成工具"。例如，利用浮动利率长期债券与收取浮动利息且支付固定利息的利率互换，合成一项固定利率长期负债。

2. 金融资产和金融负债虽然具有相同的主要风险敞口（例如远期合同或其他衍生工具组合中的资产和负债），但涉及不同的交易对手。

3. 无追索权金融负债与作为其担保物的金融资产或其他资产。

4. 债务人为解除某项负债而将一定的金融资产进行托管（例如偿债基金或类似安排），但债权人尚未接受以这些资产清偿负债。

5. 因某些导致损失的事项而产生的义务与预计通过保险合同向第三方索赔而得到的补偿。

（三）总互抵协议。

企业与同一交易对手进行多项金融工具交易时，可能与该交易对手签订涵盖其所有交易的"总互抵协议"。这些总互抵协议形成的法定抵销权利只有在出现特定的违约事项时，或出现在正常经营过程中不会发生的其他情况时，才会生效并影响单项金融资产的变现和单项金融负债的结算。这种协议常常被金融机构用于在交易对手破产或发生其他导致交易对手无法履行义务的情况时保护金融机构免受损失。一旦发生触发事件，这些协议通常规定对协议涵盖的所有金融工具按单一净额进行结算。例如，进行金融衍生品交易的金融机构间可能签订由国际掉期与衍生工具协会（International Swaps and Derivatives Association，ISDA）制定的衍生品交易主协议，国内金融机构间开展衍生品交易，也可能签订由中国银行间市场交易商协会（National Association of Financial Market Institutional Investors，NAFMII）制定的衍生品交易主协议，这些协议中可能含有上述互抵条款。

总互抵协议的存在本身并不一定构成协议所涵盖的资产和负债相互抵销的依据。如果总互抵协议仅形成抵销已确认金额的有条件权利，这不符合企业必须拥有当前可执行的抵销已确认金额的法定权利的要求；同时，企业可能没有以净额为基础进行结算或同时变现资产和清偿负债的意图。

36.2.9 金融工具对财务状况和经营成果影响的列报

（一）一般性规定。

1. 企业在对金融工具各项目进行列报时，应当根据金融工具的特点及相关信息的性质对金融工具进行归类，充分披露与金融工具相关的信息，使得财务报表附注中的披露与财务报表列示的各项目相互对应。例如，对衍生工具进行披露时，将其分为外汇衍生工具、利率衍生工具、信用衍生工具等。

2. 企业应当按照本准则规定，并根据自身实际情况，合理确定列报金融工具的详细程度，既不应列报大量过于详细的信息从而掩盖了真正重要的信息，也不得列报过于汇总的信息从而难以区分各项交易或相关风险之间的重要差异。

3. 在确定列报类型时，应当至少按计量属性将金融工具分为以摊余成本计量和以公允价值计量两种类型。企业应在此基础上做进一步分类。例如，以公允价值计量的金融工具可以进一步分为以公允价值计量且其变动计入当期损益的金融工具和以公允价值计量且其变动计入其他综合收益的金融工具。

4. 企业应当披露编制财务报表时对金融工具所采用的重要会计政策、计量基础和与理解财务报表相关的其他会计政策等信息，包括企业将金融资产和金融负债指定为以公允价值计量且其变动计入当期损益的相关信息。

本准则第三十八条第（一）项以及第（二）项中的"企业如何满足运用指定的标准"，是指关于该项资产或者负债为什么满足金融工具确认计量准则中指定公允价值计量有关规定（例如该准则第二十条或第二十二条）的说明。

本准则第三十八条第（二）项中的"初始确认时对上述金融负债作出指定的标准"，是指企业是根据金融工具确认计量准则哪项规定（例如第二十二条第（一）项、第（二）项或第二十六条）作出该指定。

【例36-13】一般性规定

某保险公司2×18年年报对指定为以公允价值计量且其变动计入当期损益的金融资产或金融负债和指定为以公允价值计量且其变动计入其他综合收益的非交易性权益工具投资有关

的会计政策作出如下披露。

符合以下一项或一项以上标准的金融工具（不包括为交易目的所持有的金融工具），在初始确认时，公司管理层将其指定为以公允价值计量且其变动计入当期损益的金融资产或金融负债。

（1）公司的该项指定可以消除或明显减少由于金融资产或金融负债的计量基础不同所导致的相关利得或损失在确认或计量方面不一致的情况。按照此标准，公司所指定的金融工具主要包括以下各项。

①部分长期债券及次级债务。

若干已发行的固定利率长期债券及次级债务的应付利息，已与"收固定/付浮动"利率互换的利息相匹配，并在公司利率风险管理策略正式书面文件中说明。如果这些金融负债仍以摊余成本计量，则会因为相关的衍生工具以公允价值计量且其变动计入当期损益而产生会计错配。因此，公司将这些金融负债指定为以公允价值计量且其变动计入当期损益的金融负债。

②投资连结合同项下的金融资产及金融负债。

在投资连结合同项下，公司对所购资产按照公允价值计量且其变动计入当期损益。为消除会计错配，公司按照与所购资产计量基础相一致的原则，将相关负债指定为以公允价值计量且其变动计入当期损益的金融负债。

（2）公司风险管理或投资策略的正式书面文件已载明，该金融负债组合以公允价值为基础进行管理、评价并向关键管理人员报告。

（3）公司发行的一些包含嵌入衍生工具的债务工具，其嵌入衍生工具对债务工具的现金流量产生重大改变。

对于某些非交易性权益工具投资，本公司将其指定为以公允价值计量且其变动计入其他综合收益的金融资产，公司拥有的这类金融工具包括股票、发行方分类为权益工具的永续债等。

公司对上述金融资产或金融负债的指定一经作出，将不会撤销。

（二）资产负债表中的列示及相关披露。

1. 部分金融资产的信用风险披露。

按照金融工具确认计量准则，以摊余成本计量以及以公允价值计量且其变动计入其他综合收益的金融资产应当进行减值会计处理并按照本准则披露信用风险相关信息。企业应当设置专门的备抵账户，按类别记录相关金融资产因信用损失发生的减值，并披露减值准备的期初余额，本期计提、转回、转销、核销及其他变动的金额和期末余额等信息。若企业将原本分类为以摊余成本计量以及以公允价值计量且其变动计入其他综合收益的金融资产（债务工具投资）指定为以公允价值计量且其变动计入当期损益，则不用对其进行减值会计处理，也不适用本准则第七章第二节规定。但是，这些资产仍然面临信用风险问题，因此企业须按照本准则第四十条披露相关信息。

【例36-14】部分金融资产的信用风险披露

某企业持有的本应以公允价值计量且其变动计入其他综合收益的一组金融资产符合金融

工具确认计量准则中指定为以公允价值计量且其变动计入当期损益的条件。基于管理需要，该企业将该组金融资产指定为以公允价值计量且其变动计入当期损益的金融资产，且在管理中未使用信用衍生工具或类似工具。

对于指定为以公允价值计量且其变动计入当期损益的金融资产：

（1）截至 2×18 年 12 月 31 日使企业面临的最大信用风险敞口为 3 696 万元。

（2）信用风险变动引起的公允价值本期变动额为 10.8 万元、累计变动额为 35.4 万元。这些变动额，是该金融资产公允价值变动扣除由于市场风险因素的变化导致公允价值变动后的金额。市场风险因素的变化包括可观察的利率、商品价格、汇率以及价格指数、利率指数、汇率指数等指数的变动。

此外，该企业还按照本准则第四十三条的规定，披露了该组金融资产因信用风险变动引起的公允价值本期变动额和累计变动额的确定方法。

2. 以公允价值计量的金融负债的披露。

企业将某项金融负债指定为以公允价值计量且其变动计入当期损益的，应当按本准则第四十一条或第四十二条的规定披露。第四十一条针对的是因自身信用风险变动引起的公允价值变动计入其他综合收益的金融负债；第四十二条针对的是根据金融工具确认计量准则第六十八条第二款将全部利得和损失（包括自身信用风险变动引起的部分）计入当期损益的金融负债。由于前者涉及其他综合收益在负债终止确认时转入留存收益的情形，因此相比后者多一项披露要求。

【例 36 – 15】以公允价值计量的金融负债的披露

某公司对指定为以公允价值计量且其变动计入当期损益的金融负债的相关信息披露如表 36 – 2 所示。

表 36 – 2　对金额负债的相关信息披露　　　　　　　　　　　　　　　　单位：元

项目	2×18 年公允价值变动额	因相关信用风险变动引起的公允价值本期变动额	因相关信用风险变动引起的公允价值累计变动额
（1）发行的普通债券	1 236 358	835 000	1 034 610
（2）发行的次级债券	3 693 000	2 100 000	3 000 600
合计	4 929 358	2 935 000	4 035 210

2×18 年 12 月 31 日，指定为以公允价值计量且其变动计入当期损益的金融负债的账面价值高于按合同约定到期应支付债权人金额 58 300 元。

3. 金融资产和金融负债互抵协议的影响。

为使财务报表使用者了解企业所签订的总互抵协议对企业财务状况的影响，企业需要披露总互抵协议（或类似协议）下的金融资产和金融负债的总额、已抵销金额、列示净额、潜在可能抵销金额以及扣除已抵销和潜在可能抵销金额后的净额。上述 5 项金额分别对应本准则第四十七条第一款第（一）至（五）项要求。

企业应注意以下几点。

(1) 本准则第四十七条所指的"类似协议",包括所有可能导致金融资产和金融负债相抵销的协议,例如衍生工具清算协议、总回购协议、证券借贷总协议以及与财务担保物相关的协议等。总互抵协议或类似协议下的已确认金融工具,可能包括衍生工具、买入返售、卖出回购和证券借贷协议等。不属于第四十七条范围的金融工具包括同一机构内的贷款或客户存款(除非其在资产负债表中予以抵销)和仅作为抵押担保协议项下的金融工具等。

(2) 本准则第四十七条(二)要求披露按本准则第二十八条规定抵销的金额。在同一安排下予以抵销的已确认金融资产和已确认金融负债的金额将同时在金融资产和金融负债抵销的披露中反映。但是,所披露的金额仅限于予以抵销的金额。例如,企业可能拥有满足第二十八条抵销条件的已确认衍生金融资产和已确认衍生金融负债,如果衍生金融资产的总额大于衍生金融负债的总额,则在金融资产的披露和金融负债的披露中的可予以抵销的金额都应当是衍生金融负债的总额。

(3) 如果企业拥有属于本准则第四十七条所要求披露的工具,但该工具不满足第二十八条规定的抵销条件,则该工具根据第四十七条(三)要求披露的金额等于(一)要求披露的金额。同时,(三)披露的金额与资产负债表中的单列项目金额应可以勾稽对应。如果企业确定将单列项目金额予以合并或分解可提供更相关的信息,则必须将披露的已合并或分解金额与资产负债表中的单列项目金额相勾稽。

(4) 本准则第四十七条(四)2要求企业披露收到或抵押出的作为财务担保物的金融工具的公允价值,披露的金额应当为实际收到或抵押出的担保物公允价值,而不是因返还或收回担保物而确认的应付款项或应收款项的公允价值。

对于单项金融工具,其潜在可能抵销的金额不可能超过列示净额。因此对于每一项金融工具,本准则第四十七条(四)披露的总额不能超过(三)披露的金额。因此,如果一项金融工具既存在不满足抵销条件的情况(将来可能满足抵销条件,如因一方发生违约而触发),也存在担保的情况,且两者涉及的金额之和大于当前列示净额,则企业应当调低担保相关金额,使得该工具的潜在可能抵销金额不超过列示净额。

(5) 企业应当披露与本准则第四十七条(四)中所述的可执行的总互抵协议或类似协议下相关的抵销权利的信息,以及对权利性质的描述。例如,企业应当描述其附带条件的抵销权利。对于当前不符合本准则抵销要求的金融工具,企业应当描述其不符合要求的原因。对于所有收到或抵押出的财务担保物,企业应当披露抵押担保协议的相关条款(例如担保物受到限制的情形)。

(6) 根据本准则第四十七条(一)至(五)所进行的定量披露,可以分别按金融工具或交易的类型(例如,衍生工具、回购和逆回购协议或证券借贷安排)提供。企业也可以按金融工具或交易的类型提供(一)至(三)所要求的信息,按交易对手提供(三)至(五)所要求的信息。如果企业按交易对手提供要求披露的信息,无需列明交易对手的具体名称。为保持可比性,各年度内对交易对手的指定应当保持一致。企业还应当考虑提供有关交易对手的进一步定性信息。在按交易对手披露(三)至(五)所要求的有关金额时,相对于所有交易对手而言单项重要的金额应当单独披露,其余单项不重要的金额可以汇总为一个单列项目披露。

(7) 为满足财务报表使用者评估净额结算安排对企业财务状况现实及潜在影响的需要，除按照本准则第四十七条要求披露金融资产和金融负债抵销相关信息之外，企业还应根据总互抵协议或类似协议的条款提供其他补充信息，如抵销权的条款及其性质等信息。此外，根据本准则第四十七条披露的金融工具可能遵循不同的计量要求（例如，与回购协议相关的应付款项以摊余成本计量，而衍生工具以公允价值计量），因此企业应当披露计量差异的情况。

【例36-16】金融资产和金融负债互抵协议的影响

金融资产和金融负债抵销的相关披露示例如下。

(1) 抵销的金融资产以及可执行的总互抵协议或类似协议下的金融资产如表36-3所示。

表36-3　金额资产抵销情况　　　　　　　　　　　　　单位：百万元

类型	已确认金融资产的总额	在资产负债表中抵销的金额	在资产负债表中列示的净额	不满足抵销条件的工具	财务担保物	资产负债表中列示的净额扣除（四）中金额后的余额
	（一）	（二）	（三）=（一）-（二）	（四）		（五）=（三）-（四）
衍生工具	200	(80)	120	(80)	(30)	10
逆回购、证券借贷协议或类似协议	90		90	(90)		
其他金融工具						
合计	290	(80)	210	(170)	(30)	10

(2) 抵销的金融负债以及可执行的总互抵协议或类似协议下的金融负债如表36-4所示。

表36-4　金融负债抵销情况　　　　　　　　　　　　　单位：百万元

类型	已确认金融负债的总额	在资产负债表中抵销的金额	在资产负债表中列示的净额	不满足抵销条件的工具	财务担保物	资产负债表中列示的净额扣除（四）中金额后的余额
	（一）	（二）	（三）=（一）-（二）	（四）		（五）=（三）-（四）
衍生工具	160	(80)	80	(80)		0
逆回购、证券借贷协议或类似协议	80		80	(80)		0
其他金融工具						
合计	240	(80)	160	(160)		0

(三) 利润表中的列示及相关披露。

本准则第五十五条对利润表中的列示及相关披露作出了规范,有关说明和举例如下。

1. 企业至少应当按金融工具的不同计量基础分别披露利得或损失。由于金融工具按不同计量基础分类计量,这一披露要求有助于财务报表使用者更好地理解企业金融工具的经营成果。

2. 企业应披露的利息收入或利息费用为:按实际利率法计算的金融资产或金融负债产生的利息收入或利息费用总额。

【例36-17】利润表中的列示及相关披露

某银行利润表利息收入和利息费用披露格式如表36-5所示。

表36-5 某银行利润表利息收入和利息费用披露格式

利息净收入	本期发生额	上期发生额
利息收入:		
存放中央银行款项		
发放贷款和垫款		
债券投资		
拆出资金		
买入返售金融资产		
存放同业		
其他		
利息收入合计		
利息支出:		
吸收存款		
拆入资金		
卖出回购金融资产		
同业存放		
应付债券		
向中央银行借款		
其他		
利息支出合计		
利息净收入		

3. 企业应分别披露下列手续费收入或支出:

(1) 金融资产和金融负债(不含以公允价值计量且其变动计入当期损益的金融资产和金融负债)产生的直接计入当期损益(即在确定实际利率时未包括)的手续费收入或支出;

（2）企业通过信托和其他托管活动代他人持有资产或进行投资而形成的，直接计入当期损益的手续费收入或支出。

对应上述（1）所要求的披露范围取决于企业的业务性质。例如，对于银行发放信用卡的业务，手续费可能包括信用卡的年费收入、处理借贷交易的商户服务佣金、透支手续费等。

（四）套期会计相关披露。

套期活动属于企业风险管理活动，在符合套期会计应用条件的前提下，企业可以选择应用套期会计。企业应当按照《企业会计准则第24号——套期会计》（以下简称"套期会计准则"）的规定，对符合条件并选择应用套期会计的套期活动，分别按公允价值套期、现金流量套期及境外经营净投资套期三种类型进行会计处理，同时按照本准则第五十七条至第七十条规定进行披露，以便财务报表使用者理解企业套期关系的性质和这些套期关系对企业当期及未来期间经营成果的影响。

【例36-18】针对商品价格风险管理策略的披露

本公司从事铜产品的生产加工业务，持有的铜产品面临铜的价格变动风险，因此本公司采用期货交易所的铜期货合同管理持有的全部铜产品所面临的商品价格风险。本公司生产加工的铜产品中所含的标准阴极铜与铜期货合同中对应的标准阴极铜相同，套期工具（铜期货合同）与被套期项目（本公司所持有的铜产品中的标准阴极铜）的基础变量均为标准阴极铜价格。套期无效部分主要来自基差风险、现货或期货市场供求变动风险以及其他现货或期货市场的不确定性风险等。本年度和上年度确认的套期无效的金额并不重大。本公司针对此类套期采用公允价值套期。

企业应当按照风险类型披露相关定量信息，从而有助于财务报表使用者评价套期工具的条款和条件及这些条款和条件如何影响企业未来现金流量的金额、时间和不确定性。这些要求披露的明细信息应当包括以下两项。

1. 套期工具名义金额的时间分布。
2. 套期工具的平均价格或利率（如适用）。

【例36-19】套期会计相关披露

表36-6列示了以人民币为记账本位币，被指定为套期工具的期权合同的到期日和平均汇率概况。

表36-6 期权合同到期日和平均日的汇率情况　　　　　　　　　单位：万元

	0~6个月	6~12个月	12个月以后
美元期权合同名义金额	125 000	105 000	150 000
人民币兑美元的平均汇率	6.85	6.91	6.87
欧元期权合同名义金额	(53 000)	(40 000)	(35 000)
人民币兑欧元的平均汇率	7.75	7.76	7.80
英镑期权合同名义金额	(82 000)	(64 000)	(90 000)
人民币兑英镑的平均汇率	8.68	8.77	8.78

对于公允价值套期，企业应当以表格形式、按风险类型分别披露与被套期项目相关的下列金额：

1. 资产负债表中已确认的被套期项目账面价值，资产项目和负债项目应分别列示；

2. 已确认的被套期项目账面价值中所包含的被套期项目累计公允价值套期调整，资产项目和负债项目应分别列示；

3. 被套期项目所属的资产负债表项目（即被套期项目在资产负债表中列示在哪个项目下，如"存货""应付债券""其他流动资产"）；

4. 本期用作确认套期无效部分基础的被套期项目价值变动；

5. 对于以摊余成本计量的金融工具作为被套期项目的情况，企业应当根据套期会计准则第二十三条要求对被套期项目价值调整进行摊销。若套期关系先于被套期项目终止（例如由于企业风险管理政策变化），则未摊销的价值调整还将保留在资产负债表中直至摊销完。该情况下，企业应当披露保留在资产负债表中的公允价值套期累计调整额。

对于现金流量套期和境外经营净投资套期，企业应当以表格形式、按风险类型分别披露与被套期项目相关的下列金额：

1. 本期用作确认套期无效部分基础的被套期项目价值变动；

2. 根据套期会计准则第二十四条的规定继续按照套期会计处理的现金流量套期储备的余额；

3. 根据套期会计准则第二十七条的规定继续按照套期会计处理的境外经营净投资套期计入其他综合收益的余额；

4. 不再适用套期会计的套期关系所导致的现金流量套期储备和境外经营净投资套期中计入其他综合收益的利得和损失的余额。

企业可以按照表36-7披露此类信息。

表36-7 企业2×18年12月31日套期项目情况

2×18年12月31日 单位：万元

	被套期项目的账面价值		被套期项目公允价值套期调整的累计金额（计入被套期项目的账面价值）		包含被套期项目的资产负债表列示项目	2×18年用作确认套期无效部分基础的被套期项目公允价值变动	现金流量套期储备
	资产	负债	资产	负债			
现金流量套期							
商品价格风险							
——预期销售	不适用	不适用	不适用	不适用	不适用	××	××
——终止的套期（预期销售）	不适用	不适用	不适用	不适用	不适用	不适用	××

续表

	被套期项目的账面价值		被套期项目公允价值套期调整的累计金额（计入被套期项目的账面价值）		包含被套期项目的资产负债表列示项目	2×18年用作确认套期无效部分基础的被套期项目公允价值变动	现金流量套期储备
	资产	负债	资产	负债			
公允价值套期							
利率风险							
——应付债券		××		××	应付债券	××	不适用
——终止的套期（应付债券）		××		××	应付债券	不适用	不适用
外汇风险							
——确定承诺	××	××	××	××	其他流动资产	××	不适用

对于每类套期类型，企业应当按照本准则第六十六条的规定以表格形式、按风险类型分别披露与套期工具相关金额。企业可以按照表36－8披露此类信息。

表36－8　企业2×18年12月31日套期工具金额

2×18年12月31日　　　　　　　　　　　　　　　　　　　　　单位：万元

	套期工具的名义金额	套期工具的账面价值		包含套期工具的资产负债表列示项目	2×18年用作确认套期无效部分基础的套期工具公允价值变动
		资产	负债		
现金流量套期					
商品价格风险					
——远期销售合同	××	××	××	衍生金融资产/负债	××
公允价值套期					
利率风险					
——利率互换合同	××	××	××	衍生金融资产/负债	××
外汇风险					
——外币贷款	××	××	××	衍生金融资产/负债	××

对于每类套期类型，企业应当按照本准则第六十七条、第六十八条的规定，以表格形式、按风险类型分别披露因采用套期会计所影响的利润表的相关金额。企业可以按照表36－9和表36－10披露此类信息。

表36－9　企业公允价值套期下影响利润表情况　　　　　　　　单位：万元

公允价值套期	计入当期损益的套期无效部分	计入其他综合收益的套期无效部分	计入当期损益的利润表列示项目（包括套期无效部分）
利率风险	××	不适用	公允价值变动收益
权益价格风险	××	××	公允价值变动收益

表36-10　企业现金流量套期下影响利润表情况　　　　　　　　　　　　　　　　单位：万元

现金流量套期	计入其他综合收益的套期工具的公允价值变动	计入当期损益的套期无效部分	包含已确认的套期无效部分的利润表列示项目	从现金流量套期储备重分类至当期损益的金额	包含重分类调整的利润表列示项目
商品价格风险 ——商品 ——终止的套期	×× 不适用	×× 不适用	公允价值变动收益 不适用	×× ××	营业成本 营业成本

企业因使用信用衍生工具管理金融工具的信用风险敞口而将金融工具（或其一定比例）指定为以公允价值计量且其变动计入当期损益的，应当按照本准则第七十条的规定进行披露。对于用于管理根据套期会计准则第三十四条的规定被指定为以公允价值计量且其变动计入当期损益的金融工具信用风险敞口的信用衍生工具，企业应当披露每一项工具的名义金额以及当期期初和期末公允价值的调节表。企业可以按照表36-11披露此类信息。

表36-11　企业信用衍生工具情况　　　　　　　　　　　　　　　　单位：万元

信用衍生工具	名义金额	期初公允价值	本期公允价值变动	除公允价值变动外的影响		期末公允价值
				本期增加	本期减少	
信用衍生工具A						
信用衍生工具B						
……						

（五）公允价值披露。

1. 公允价值与账面价值的比较。

除了本准则第七十三条规定情况外，企业应当披露每一类金融资产和金融负债的公允价值，并与账面价值进行比较，无论其是否按公允价值计量。此处的披露类别应当与在资产负债表中列示的类别相一致。对于在资产负债表中相互抵销的金融资产和金融负债，其公允价值应当以抵销后的金额披露。

2. 金融资产或金融负债初始确认时交易价格与公允价值差异产生利得或损失的信息披露。

根据金融工具确认计量准则第三十四条第（二）项，金融资产或金融负债初始确认的公允价值与交易价格存在差异时，如果其公允价值并非基于相同资产或负债在活跃市场中的报价，也非基于仅使用可观察市场数据的估值技术，企业在初始确认金融资产或金融负债时不应将该差异确认为利得或损失，而应当将其递延，在后续期间根据相关因素的变动确认利得或损失。

在此情况下，企业应当按金融资产或金融负债的类型披露相关信息，这些信息包括：初始确认后续期间在损益中确认交易价格与初始确认的公允价值之间差额时所采用的会计政策，以反映市场参与者对资产或负债进行定价时所考虑的因素（包括时间因素）的变动；该项差异期初和期末尚未在损益中确认的金额和本期变动额;认定交易价格并非公允价值的最佳证据,以及确定公允价值的证据。

3. 金融工具公允价值信息披露的豁免。

本准则第七十三条提供了对金融工具公允价值披露的有限豁免,包括:账面价值与公允价值差异很小的金融资产或金融负债(如短期应收、应付账款);包含相机分红特征且其公允价值无法可靠计量的合同;租赁负债。针对包含相机分红特征且其公允价值无法可靠计量的合同,企业需要披露以下额外信息以帮助财务报表使用者判断其账面价值和公允价值之间的可能差异。

(1) 对金融工具的描述及其账面价值,以及因公允价值无法可靠计量而未披露其公允价值的事实和说明。

(2) 金融工具的相关市场信息。

(3) 企业是否有意图处置及如何处置这些金融工具。

(4) 之前公允价值无法可靠计量的金融工具终止确认的,应当披露终止确认的事实,终止确认时该金融工具的账面价值和所确认的利得或损失金额。

36.2.10　与金融工具相关的风险披露

(一) 定性和定量信息。

1. 定性信息。

提供定性披露有助于财务报表使用者将相关披露联系起来,从而了解金融工具所产生风险的性质和程度的全貌。定性披露和定量披露的相互补充使企业披露的信息能够更好地帮助财务报表使用者评估企业所面临的风险敞口。

本准则规定,对金融工具产生的各类风险,企业应当披露下列定性信息。

(1) 风险敞口及其形成原因。

(2) 风险管理目标、政策和程序。

①企业风险管理的目标和风险偏好设定。

②企业风险管理的组织架构。

③风险识别、评价、规避和报告流程。

④企业的风险报告或计量系统的范围和性质。

⑤企业对风险进行套期或降低风险的政策,包括接受担保物的政策和程序。

⑥企业对这种套期或降低风险的方法的持续有效性进行监控的流程。

⑦企业避免风险过度集中的政策和程序。

(3) 计量风险的方法。

企业应当披露定性信息与前期相比的所有变化。这些变化可能是企业面临的风险敞口改变或企业管理风险敞口的方式改变。披露这些信息有助于财务报表使用者了解这些变化对未来现金流量的性质、时间和不确定性的影响。

【例36-20】定性信息

某集团有关金融工具风险管理定性披露的示例如下。

风险管理

本集团在日常活动中面临各种金融工具的风险，主要包括信用风险、流动性风险、市场风险（包括汇率风险、利率风险和商品价格风险）。本集团的主要金融工具包括货币资金、股权投资、债权投资、借款、应收账款、应付账款及可转换债券等。与这些金融工具相关的风险，以及本集团为降低这些风险所采取的风险管理政策如下所述。

董事会负责规划并建立本集团的风险管理架构，制定本集团的风险管理政策和相关指引并监督风险管理措施的执行情况。本集团已制定风险管理政策以识别和分析本集团所面临的风险，这些风险管理政策对特定风险进行了明确规定，涵盖了市场风险、信用风险和流动性风险管理等诸多方面。本集团定期评估市场环境及本集团经营活动的变化以决定是否对风险管理政策及系统进行更新。本集团的风险管理由风险管理委员会按照董事会批准的政策开展。风险管理委员会通过与本集团其他业务部门的紧密合作来识别、评价和规避相关风险。本集团内部审计部门就风险管理控制及程序进行定期的审核，并将审核结果上报本集团的审计委员会。

本集团通过适当的多样化投资及业务组合来分散金融工具风险，并通过制定相应的风险管理政策减少集中于单一行业、特定地区或特定交易对手的风险。

信用风险

信用风险是指交易对手未能履行合同义务而导致本集团产生财务损失的风险。本集团已采取政策只与信用良好的交易对手合作并在必要时获取足够的抵押品，以此缓解因交易对手未能履行合同义务而产生财务损失的风险。本集团只与被评定为等同于投资级别或以上的主体进行交易。评级信息由独立评级机构提供，如不能获得此类信息，本集团将利用其他可公开获得的财务信息及自身的交易记录对主要顾客进行评级。本集团持续监控所面临的风险敞口及众多交易对手的信用评级。信用风险敞口通过对交易对手设定额度加以控制，且每年经风险管理委员会复核和审批。

应收账款的债务人为大量分布于不同行业和地区的客户。本集团持续对应收账款债务人的财务状况实施信用评估，并在适当时购买信用担保保险。由于货币资金和衍生金融工具的交易对手是声誉良好并拥有较高信用评级的银行，这些金融工具信用风险较低。

流动性风险

流动性风险是指本集团在履行以交付现金或其他金融资产结算的义务时遇到资金短缺的风险。本集团下属成员企业各自负责其现金流量预测。集团下属财务公司基于各成员企业的现金流量预测结果，在集团层面监控长短期资金需求。本集团通过在大型银行业金融机构设立的资金池计划统筹调度集团内的盈余资金，并确保各成员企业拥有充裕的现金储备以履行到期结算的付款义务。此外，本集团与主要业务往来银行订立融资额度授信协议，为本集团履行与商业票据相关的义务提供支持。

汇率风险

本集团以人民币编制合并财务报表并以多种外币开展业务，因此面临汇率风险，该风险对本集团的交易及境外经营的业绩和净资产的折算均构成影响。若采用套期会计，本集团将记录相关套期活动并持续评估套期有效性。

- 对于境外经营净投资,本集团通过指定持有的外币净借款并使用外币互换及远期合同对境外经营因美元汇率波动而面临的大部分风险敞口进行套期。
- 对于本集团外汇交易形成的外汇风险净敞口,本集团的套期政策是寻求对预期交易的外汇风险进行80%~100%的套期(以24个月期限的远期合同为限)。
- 对于外币债务,本集团使用交叉货币利率互换对外币借款相关的汇率风险进行套期。

本集团预计,已进行的套期将持续有效,因此套期无效性不会对利润表构成重大影响。

利率风险

本集团的利率风险敞口主要源自人民币、美元、欧元和英镑的利率波动。为了对利率风险进行管理,本集团于董事会批准限额范围内通过使用利率衍生工具管理付息负债的固定利率及浮动利率敞口的比例。这些风险管理的措施有助于减少本集团财务业绩的波动程度。为便于业务操作及运用套期会计,本集团的政策旨在将固定利率借款占预计净借款的比例维持在40%~60%。本集团大部分现有利率衍生工具均被指定为套期工具且预计该类套期是有效的。

商品价格风险

本集团使用商品期货合约对特定商品的价格风险进行套期。所有商品期货合约均对预期在未来发生的原材料采购进行套期。本集团采用商品价格风险总敞口动态套期的策略,根据预期原材料采购的总敞口的变化动态调整期货合约持仓量,总敞口与期货持仓量所代表的商品数量基本保持一致(由于期货合约商品数量为整数,造成少量净敞口)。

2. 定量信息。

对金融工具产生的各类风险,企业应当按类别披露期末风险敞口的汇总数据。该数据应当以向内部关键管理人员提供的相关信息为基础。企业运用多种方法管理风险的,披露的信息应当以最相关和可靠的方法为基础。根据《企业会计准则第36号——关联方披露》,关键管理人员是指有权力并负责计划、指挥和控制企业活动的人员。

【例36-21】定量信息

某公司关于外汇风险敞口披露的示例如下。

本集团面临的外汇风险主要为美元汇率波动。除本集团的几个下属子公司以美元进行采购和销售外,本集团的其他主要业务活动以人民币计价结算。2×18年12月31日,除表36-12所述资产为美元计价外,本集团的资产及负债均为人民币计价。

表36-12 集团各期末资产负债以人民币计价情况　　　　单位:百万元

	2×18年12月31日	2×17年12月31日
现金及现金等价物	×	×
应收账款	×	×
其他应收款	×	×
资产合计	×	×
应付账款	×	×
其他应付款	×	×
短期借款	×	×
负债合计	×	×

除上述基于向关键管理人员提供的信息披露的数据外，本准则还要求企业按照本准则的具体要求披露有关信用风险、流动性风险和市场风险的信息。

企业可以按总额和已扣除风险转移或其他分散风险交易后的净额进行披露。由于这些信息强调金融工具之间的联系，有助于财务报表使用者了解这些联系如何影响企业未来现金流量的性质、时间和不确定性。

企业还应当披露期末风险集中度信息。风险集中度来自具有相似特征并且受相似经济或其他条件变化影响的金融工具。识别风险集中度需要运用判断并应考虑企业的具体情况。风险集中度的披露可能包括以下信息。

（1）管理层确定风险集中度的说明。

（2）管理层确定风险集中度的参考因素（例如交易对手的信用评级、地理区域、货币种类、市场类型和所处的行业）。

（3）各风险集中度相关的风险敞口金额。

【例36-22】金融工具风险集中度定量披露

某公司有关金融工具风险集中度定量披露的示例如下。

不同行业及地区经济发展的不均衡以及经济周期的不同使得相关行业和地区的信用风险亦不相同。因某一行业或地区的授信客户具备某些共同经济特征，故授信在行业或地区维度上过于集中会增加信用风险。本公司主要通过客户授信环节的额度控制来统筹管理贷款和垫款的行业及地区信用风险集中度。

（1）发放贷款和垫款按行业类别分布情况如表36-13所示。

表36-13 发放贷款和垫款按行业类别分布情况　　　　单位：百万元

行业类别	2×18年12月31日	2×17年12月31日
制造业	21 320	19 275
批发及零售业	15 943	16 237
房地产业	10 692	12 838
交通运输业	8 253	7 735
服务业	5 217	8 269
建筑业	4 927	3 184
金融业	4 356	5 769
公共事业	2 148	2 582
个人	8 629	8 237
合计	81 485	84 126

（2）发放贷款和垫款按地区分布情况如表36-14所示。

表36-14　发放贷款和垫款按地区分布情况　　　　　单位：百万元

地区分布	2×18年12月31日	2×17年12月31日
中国	65 743	67 298
北美洲	4 239	3 853
欧洲	3 267	2 941
其他地区	2 563	3 789
合计	75 812	77 881

（二）信用风险披露。

信用风险，是指金融工具的一方不履行义务，造成另一方发生财务损失的风险。

本准则对信用风险披露要求的结构如下。

信用风险披露的总体要求（第七十九条），包括以下信息。

1. 定性披露。

（1）信用风险管理实务（第八十一条），主要包括：

①信用风险的评价方法；

②对违约的界定；

③对已发生减值的判定。

（2）预期信用损失相关会计政策、估计和判断（第八十二条），主要包括：

①确定信用风险、预期信用损失、实际减值的方法、假设和参数；

②计算预期信用损失时对前瞻性信息（如经济预测信息）的使用；

③上述方法、假设的变动。

2. 预期信用损失金额相关信息。

（1）预期信用损失金额本期变动（期初期末余额调节表）（第八十三条）。

（2）计提预期信用损失的金融工具的账面余额本期变动（第八十四条，作为对第八十三条披露内容的补充）。

（3）合同现金流量修改对预期信用损失的影响（第八十五条）。

（4）担保物和其他信用增级对预期信用损失的影响（第八十六条），主要包括：

①企业总信用风险敞口（不考虑信用增级）；

②信用增级的情况；

③信用增级降低信用损失的量化信息；

3. 信用风险敞口相关信息。

（1）不同信用等级资产的风险敞口、不同信用等级上的风险集中度（第八十七条）。

（2）不适用本准则减值规定的金融工具信用风险敞口（第八十八条）。

4. 其他有用信息。

通过信用增级所确认资产（如担保物）相关信息（第八十九条）。

下面对部分披露要求进行说明。

1. 信用风险管理实务。

企业应当披露与信用风险管理实务有关的下列信息。

（1）企业评估信用风险自初始确认后是否已显著增加的方法，以及下列信息：①根据金融工具确认计量准则第五十五条的规定，在资产负债表日只具有较低的信用风险的金融工具及其确定依据（包括适用该情况的金融工具类别）；②逾期超过30日，而信用风险自初始确认后未被认定为显著增加的金融资产及其确定依据。

（2）企业对违约的界定及其原因。企业披露内容可包括：①在定义违约时所考虑的定性和定量因素；②是否针对不同类型的金融工具应用不同的定义；③在金融资产发生违约后，关于"恢复率"（即恢复到正常状态的金融资产的数量）的假设。

（3）以组合为基础评估预期信用风险的金融工具的组合方法。

（4）确定金融资产已发生信用减值的依据。

（5）企业直接减记金融工具的政策，包括没有合理预期金融资产可以收回的迹象和已经直接减记但仍受执行活动影响的金融资产相关政策的信息。

（6）根据金融工具确认计量准则第五十六条的规定评估合同现金流量修改后金融资产的信用风险的，企业应当披露其信用风险的评估方法以及下列信息：①对于损失准备为整个存续期预期信用损失的金融资产，在发生合同现金流修改时，评估信用风险是否已下降，从而企业可以按照该金融资产未来12个月内预期信用损失金额确认计量其损失准备的情况；②对于上述金融资产，企业应当披露其如何监控后续该金融资产的信用风险是否显著增加，从而按照整个存续期预期信用损失的金额重新计量损失准备。

【例36-23】信用风险披露

以一家银行为例，基于假设的信用风险管理实务，相关信息披露示例如下。

1. 信用风险显著增加。

当触发以下一个或多个定量、定性标准或上限指标时，本公司认为金融工具的信用风险已发生显著增加。

（1）定量标准。

在资产负债表日，剩余存续期违约概率较初始确认时对应相同期限的违约概率上升幅度超过表36-15至表36-17中的临界值。

零售按揭贷款。

表36-15 零售按揭贷款剩余存续期违约概率增加值及概率

初始确认时整个存续期 违约概率区间	违约概率增加临界值 （超过该值则认为整个存续期违约概率显著增加）
≤a%	X‰
>a%且≤b%	Y‰
>b%且≤c%	Z‰
……	

其他零售产品。

表36-16 其他零售产品剩余存续期违约概率增加值及概率

初始确认时整个存续期 违约概率区间	违约概率增加临界值 （超过该值则认为整个存续期违约概率显著增加）
≤a%	X‰
>a%且≤b%	Y‰
>b%且≤c%	Z‰
……	

公司贷款。

表36-17 公司贷款剩余存续期违约概率增加值及概率

初始确认时整个存续期 违约概率区间	违约概率增加临界值 （超过该值则认为整个存续期违约概率显著增加）
≤a%	X‰
>a%且≤b%	Y‰
>b%且≤c%	Z‰
……	

以一笔25年的零售按揭贷款为例。该贷款5年前初始确认，在初始确认时该贷款的预计整个存续期违约概率为3%，并且当时预计5年后（即当前的资产负债表日）该贷款的剩余存续期违约概率为2.5%。如果现在预计该贷款的剩余存续期违约概率为2.8%，则其预期违约概率增加了0.3%。公司应对比该0.3%是否超过表36-15中2.5%所属概率区间所对应的临界值，若0.3%超过该临界值，则信用风险已显著增加。

（2）定性标准。

对于零售贷款组合，如果借款人满足以下一个或多个标准：

- 银行给予借款人较短的还款宽限期
- 直接取消债务
- 展期
- 最近3个月中发生过欠款（本公司根据自身信用风险管理政策确定该期间的长度）。

对于公司贷款，如果借款人被列入预警清单并且满足以下一个或多个标准：

- 信用利差显著上升
- 借款人出现业务、财务和经济状况的重大不利变化
- 申请宽限期或债务重组
- 借款人经营情况的重大不利变化
- 担保物价值变低（仅针对抵质押贷款）
- 出现现金流/流动性问题的早期迹象，例如应付账款/贷款还款的延期

（3）上限指标。

如果借款人在合同付款日后逾期超过30天仍未付款，则视为该金融工具信用风险显著

增加。

对所有零售业务金融工具，本公司每季度在组合层面评估其信用风险是否发生显著增加，该评估包含对前瞻性信息的考虑。对公司贷款及资金业务相关的金融工具，本公司使用预警清单监控信用风险，并在交易对手层面进行定期评估。用于识别信用风险显著增加的标准由独立的信用风险小组定期监控并复核其适当性。

截至2×18年12月31日，本公司未将任何金融工具视为具有较低信用风险而不再比较资产负债表日的信用风险与初始确认时相比是否显著增加。

2. 违约及已发生信用减值资产的定义。

当金融工具符合以下一项或多项条件时，本公司将该金融资产界定为已发生违约，其标准与已发生信用减值的定义一致。

（1）定量标准。

借款人在合同付款日后逾期超过90天仍未付款。

（2）定性标准。

借款人满足"难以还款"的标准，表明借款人发生重大财务困难，包括以下各项。

- 借款人长期处于宽限期。
- 借款人死亡。
- 借款人破产。
- 借款人违反合同中对债务人约束的条款（一项或多项）。
- 由于借款人财务困难导致相关金融资产的活跃市场消失。
- 债权人由于借款人的财务困难作出让步。
- 借款人很可能破产。
- 购入资产时获得了较高折扣、购入时资产已经发生信用损失。

上述标准适用于本公司所有的金融工具，且与内部信用风险管理所采用的违约定义一致。违约定义已被一致地应用于本公司在预期信用损失计算过程中建立违约概率（Probability of Default，PD）、违约风险敞口（Exposure at Default，EAD）及违约损失率（Loss Given Default，LGD）的模型。

当某项金融工具连续6个月都不满足任何违约标准时，本公司不再将其视为处于违约状态的资产（即回调）。本公司根据历史数据分析了金融工具由回调再次进入违约状况的可能性，确定了6个月的观察期长度。

3. 以组合方式计量损失准备。

在按照组合方式计提预期信用损失准备时，本公司已将具有类似风险特征的敞口进行归类。

在进行分组时，本公司获取了充分的信息，确保其统计上的可靠性。当无法从内部获取足够信息时，本公司参照外部的补充数据用于建立模型。用于确定分组特征的信息以及补充数据列示如下。

零售贷款——组合计量。

- 按照抵押率（贷款余额÷抵押品价值）的区间。

- 信用评级的区间。
- 产品类型（例如，住宅/出租按揭贷款、透支、信用卡）。
- 还款方式（例如，只付本金/利息）。
- 额度使用率区间。

公司贷款——组合计量。

- 行业——外部数据（源自××研究所2×17年3月1日所做的研究）。
- 担保物类型。
- 信用评级区间。
- 风险敞口的地理区域——外部数据（源自××研究所2×17年6月21日所做的研究）。

以下敞口单项进行减值评估。

零售贷款。

- 当前敞口金额超过500万元的第三阶段贷款。
- 处于抵押品变现流程中的资产公司贷款。
- 第三阶段贷款。
- 敞口金额超过2亿元的第二阶段贷款。

信用风险小组定期监控并复核分组的恰当性。

4. 直接减记金融工具的政策。

当本公司执行了所有必要的程序后仍认为预期不能收回金融资产的整体或一部分时，则将其进行直接减记。表明预期不能收回款项的迹象包括：①强制执行已终止；②本公司的收回方法是接管并处置担保物，但预期担保物的价值无法覆盖全部本息。

本公司有可能直接减记仍然处于强制执行中的金融资产。2×18年12月1日，本公司已直接减记的资产对应的未结清的合同金额为人民币2.35亿元。本公司仍然力图全额收回合法享有的债权，但由于无法合理预期全额收回，因此进行部分直接减记。

5. 评估合同现金流量修改后金融资产信用风险的相关披露。

为了实现最大限度的收款，本公司有时会因商业谈判或借款人财务困难对贷款的合同条款进行修改。

这类合同修改包括贷款展期、免付款期，以及提供还款宽限期。基于管理层判断客户很可能继续还款的指标，本公司制定了贷款的具体重组政策和操作规程，且对该政策持续进行复核。对贷款进行重组的情况在中长期贷款的管理中最为常见。

当合同修改并未造成实质性变化且不会导致终止确认原有资产时，本公司在资产负债表日评估修改后资产的违约风险时，仍与原合同条款下初始确认时的违约风险进行对比。本公司对修改后资产的后续情况实施监控。本公司可能判断，经过合同修改信用风险已得到显著改善，因此相关资产从第三阶段或第二阶段转移至第一阶段，同时损失准备的计算基础由整个存续期预期信用损失转为12个月预期信用损失。资产应当经过至少连续6个月的观察达到特定标准后才能回调。2×18年12月31日，此类条款修改的金融资产的账面余额为人民币4.65亿元。

本公司使用特定模型持续监控合同条款修改的金融资产后续是否出现信用风险显著增加。

表36-18列示了以整个存续期预期信用损失计量损失准备的金融资产在本公司贷款重组活动中发生合同现金流修改的情况，以及这些修改对本公司业绩的影响。

表36-18　金融资产合同现金流修改情况　　　　　　　　　　　　单位：亿元

	发放贷款和垫款
修改前的摊余成本	4.33
合同修改的净损失	0.56

在上述披露示例中，该集团对零售按揭贷款、其他零售产品和公司贷款确定信用风险是否显著增加采用了类似的判断标准。

实务中，对于不同的产品或组合，信用风险显著增加的标准可能不同。在这种情况下，应根据实际情况进行披露。

另外，根据财务报表列报准则第三十九条规定，企业应当披露采用的重要会计政策和会计估计，并结合企业的具体实际披露其重要会计政策的确定依据和财务报表项目的计量基础，及其会计估计所采用的关键假设和不确定因素。考虑到金融工具从12个月预期信用损失转为整个存续期预期信用损失对于减值结果的潜在影响重大，如何定义信用风险显著增加在整个预期信用损失估计中是一个尤其重要的部分。因此，企业应按照财务报表列报准则的要求作出适当的披露。披露的性质取决于企业确定信用风险显著增加时采用的具体方法。对各种类型的组合产生的不同影响，需要不同程度的披露。

【例36-24】预期信用损失

表36-19列示了改变判断信用风险显著增加时使用的违约概率临界值对2×18年12月31日预期信用损失准备的影响。预期信用损失增加（正数）表示本公司将确认更多的损失准备。

表36-19　违约概率临界值对预期信用损失影响情况

初始确认时整个存续期违约概率区间	应用的实际临界值	临界值变动	对预期信用损失的影响	
			更低的临界值	更高的临界值
零售按揭贷款				
≤a%	×‰	(-/+×)‰	×	(×)
>a%且≤b%	×‰	(-/+×)‰	×	(×)
>b%且≤c%	×‰	(-/+×)‰	×	(×)
其他零售产品				
≤a%	×‰	(-/+×)‰	×	(×)
>a%且≤b%	×‰	(-/+×)‰	×	(×)
>b%且≤c%	×‰	(-/+×)‰	×	(×)

续表

初始确认时整个存续期违约概率区间	应用的实际临界值	临界值变动	对预期信用损失的影响	
			更低的临界值	更高的临界值
公司贷款				
≤a%	×‰	(-/+×)‰	×	(×)
>a%且≤b%	×‰	(-/+×)‰	×	(×)
>b%且≤c%	×‰	(-/+×)‰	×	(×)

2. 输入值、假设和估值技术。

企业应当披露金融工具确认计量准则有关金融工具减值所采用的输入值、假设和估值技术等相关信息,具体包括以下各项。

(1) 用于确定下列各事项或数据的输入值、假设和估计技术:①金融工具的信用风险自初始确认后是否已显著增加;②未来 12 个月内预期信用损失和整个存续期的预期信用损失的计量;③金融资产是否已发生信用减值。

(2) 确定预期信用损失时如何考虑前瞻性信息,包括宏观经济信息的使用。

(3) 报告期估计技术或重大假设的变更及其原因。企业用于确定信用风险自初始确认后增加程度或衡量金融工具预期信用损失的假设和输入值,可能包括从企业内部历史信息或外部评级报告获得的信息以及关于金融工具的预期寿命和出售抵押品的时间的假设。

【例 36-25】 银行的预期信用损失披露

一家银行的相关信息披露示例如下。

1. 计量预期信用损失——对参数、假设及估计技术的说明。

根据信用风险是否发生显著增加以及资产是否已发生信用减值,本公司对不同的资产分别以 12 个月或整个存续期的预期信用损失计量损失准备。预期信用损失是违约概率(PD)、违约风险敞口(EAD)及违约损失率(LGD)三者的乘积折现后的结果。相关定义如下。

● 违约概率是指借款人在未来 12 个月或在整个剩余存续期,无法履行其偿付义务的可能性(违约的定义参见例【例 36-25】)。

● 违约风险敞口是指,在未来 12 个月或在整个剩余存续期中,在违约发生时,本公司应被偿付的金额。例如,对于循环信贷协议,在违约发生时公司已放款的贷款金额与合同限额内的预期提取金额之和视为违约风险敞口。

● 违约损失率是指本公司对违约敞口发生损失程度作出的预期。根据交易对手的类型、追索的方式和优先级,以及担保物或其他信用支持的可获得性不同,违约损失率也有所不同。

本公司通过预计未来各月中单个敞口或资产组合的违约概率、违约损失率和违约风险敞口,来确定预期信用损失。本公司将这三者相乘并根据其存续(即没有在更早期间发生提前还款或违约的情况)的可能性进行调整。这种做法可以计算出未来各月的预期信用损失。再将各月的计算结果折现至资产负债表日并加总。预期信用损失计算中使用的折现率为初始实际利率或其近似值。

整个存续期违约概率是运用到期模型、以 12 个月违约概率推导而来的。到期模型描述了资产组合整个存续期的违约情况演进规律。该模型基于历史观察数据开发，并适用于同一组合和信用等级下的所有资产。上述方法得到经验分析的支持。

本例所示的基于到期信息由12个月违约概率进行推演的方法，是确定整个存续期违约概率的方法之一。其中，以历史数据为基础的到期分析覆盖了贷款从初始确认到整个存续期结束的违约变化情况；到期组合的基础是可观察的历史数据，并假定同一组合和信用等级的资产的情况相同。公司可根据实际情况选择合理方法。

12个月及整个存续期的违约风险敞口根据预期还款安排确定，不同类型的产品将有所不同。

- 对于分期还款以及一次性偿还的贷款，本公司根据合同约定的还款计划确定12个月或整个存续期违约敞口，并针对预期借款人作出的超额还款和提前还款/再融资进行调整。
- 对于循环信贷产品，本公司使用已提取贷款余额加上信用转换系数估计剩余限额内的提款，来预测违约风险敞口。基于本公司的近期违约数据分析，这些假设因产品类型及限额利用率的差异而有所不同。

本公司根据对影响违约后回收的因素来确定12个月及整个存续期的违约损失率。不同产品类型的违约损失率有所不同。

- 对于担保贷款，本公司主要根据担保物类型及预期价值、强制出售时的折扣率、回收时间及预计的收回成本等确定违约损失率。
- 对于信用贷款，由于从不同借款人可回收金额差异有限，所以本公司通常在产品层面确定违约损失率。该违约损失率受到回收策略的影响，上述回收策略包括贷款转让计划及定价。

在确定12个月及整个存续期违约概率、违约敞口及违约损失率时应考虑前瞻性经济信息。考虑的前瞻性因素因产品类型的不同而有所不同。

本公司每季度监控并复核预期信用损失计算相关的假设，包括各期限下的违约概率及担保物价值的变动情况。

本报告期内，估计技术或关键假设未发生重大变化。

2. 预期信用损失模型中包括的前瞻性信息。

信用风险显著增加的评估及预期信用损失的计算均涉及前瞻性信息。本公司通过历史数据分析，识别出影响各资产组合的信用风险及预期信用损失的关键经济指标，包括利率、失业率、房价指数等。

这些经济指标及其对违约概率、违约敞口和违约损失率的影响，对不同的金融工具有所不同。本公司在此过程中应用了专家判断。本公司的经济学家团队每季度对这些经济指标进行预测，并提供未来5年经济情况的最佳估计。对于5年后至金融工具剩余存续期结束时的经济指标，本公司采用均值回归法，即认为经济指标在超过5年的期间内，趋向于长期保持平均值（如失业率水平），或长期保持平均增长率（如Gross Domestic Product，GDP）。本公司通过进行回归分析确定这些经济指标历史上与违约概率、违约敞口和违约损失率之间的关系，并通过预测未来经济指标确定预期的违约概率、违约敞口和违约损失率。

除了提供基本经济情景外，本公司的经济学家团队也提供了其他可能的情景及情景权重。

针对每一个主要产品类型分析、设定不同的情景,以确保考虑到指标非线性发展特征。本公司在每一个资产负债表日重新评估情景的数量及其特征。

本公司认为,在2×18年1月1日及2×18年12月31日,对于公司的所有贷款组合(甲组合和乙组合除外),应当考虑应用3种不同情景来恰当反映关键经济指标发展的非线性特征。对于甲组合和乙组合,本公司认为需要额外添加两个经济下行的情景。本公司结合统计分析及专家判断来确定情景权重,也同时考虑了各情景所代表的可能结果的范围。

本公司在判断信用风险是否发生显著增加时,使用了基准及其他情景下的整个存续期违约概率乘以情景权重,并考虑了定性和上限指标。本公司以加权的12个月预期信用损失(第一阶段)或加权的整个存续期预期信用损失(第二阶段及第三阶段)计量相关的损失准备。上述加权的信用损失是由各情景下预期信用损失乘以相应情景的权重计算得出的。

与其他经济预测类似,对预计经济指标和发生可能性的估计具有高度的固有不确定性,因此实际结果可能同预测存在重大差异。本公司认为这些预测体现了集团对可能结果的最佳估计。

关于经济指标的假设。

2×18年12月31日用于估计预期信用损失的重要假设列示如表36-20所示。"基本""上升""下降"这三种情景适用于所有组合。"下降2"和"下降3"这两种情景仅适用于甲组合和乙组合。

表36-20　2×18年12月31日用于估计预期信用损失的重要假设列示

		2×19年	2×20年	2×21年	2×22年	2×23年
利率	基本	×%	×%	×%	×%	×%
	上升	×%	×%	×%	×%	×%
	下降	×%	×%	×%	×%	×%
	下降2	×%	×%	×%	×%	×%
	下降3	×%	×%	×%	×%	×%
失业率	基本	×%	×%	×%	×%	×%
	上升	×%	×%	×%	×%	×%
	下降	×%	×%	×%	×%	×%
	下降2	×%	×%	×%	×%	×%
	下降3	×%	×%	×%	×%	×%
房价指数	基本	×	×	×	×	×
	上升	×	×	×	×	×
	下降	×	×	×	×	×
	下降2	×	×	×	×	×
	下降3	×	×	×	×	×

续表

		2×19年	2×20年	2×21年	2×22年	2×23年
国内生产总值	基本	×	×	×	×	×
	上升	×	×	×	×	×
	下降	×	×	×	×	×
	下降2	×	×	×	×	×
	下降3	×	×	×	×	×

2×18年12月31日分配至各项经济情景的权重列示如表36-21所示。

表36-21 2×18年12月31日分配至各项经济情景的权重列示

	基本	上升	下降	下降2	下降3
组合甲和乙	×%	×%	×%	×%	×%
所有其他组合	×%	×%	×%	无	无

2×18年1月1日用于估计预期信用损失的重要假设列示如表36-22所示。"基本""上升""下降"这三种情景适用于所有组合。"下降2"和"下降3"这两种情景仅适用于甲组合和乙组合。

表36-22 2×18年1月1日用于估计预期信用损失的重要假设列示

		2×18年	2×19年	2×20年	2×21年	2×22年
利率	基本	×%	×%	×%	×%	×%
	上升	×%	×%	×%	×%	×%
	下降	×%	×%	×%	×%	×%
	下降2	×%	×%	×%	×%	×%
	下降3	×%	×%	×%	×%	×%
失业率	基本	×%	×%	×%	×%	×%
	上升	×%	×%	×%	×%	×%
	下降	×%	×%	×%	×%	×%
	下降2	×%	×%	×%	×%	×%
	下降3	×%	×%	×%	×%	×%
房价指数	基本	×	×	×	×	×
	上升	×	×	×	×	×
	下降	×	×	×	×	×
	下降2	×	×	×	×	×
	下降3	×	×	×	×	×

续表

		2×18年	2×19年	2×20年	2×21年	2×22年
国内生产总值	基本	×	×	×	×	×
	上升	×	×	×	×	×
	下降	×	×	×	×	×
	下降2	×	×	×	×	×
	下降3	×	×	×	×	×

2×18年1月1日分配至各项经济情景的权重列示如表36-23所示。

表36-23　2×18年1月1日分配至各项经济情景的权重列示

	基本	上升	下降	下降2	下降3
组合甲和乙	×%	×%	×%	×%	×%
所有其他组合	×%	×%	×%	无	无

其他未纳入上述情景的前瞻性因素，如监管变化、法律变化的影响，也已纳入考虑，但不视为具有重大影响，因此并未据此调整预期信用损失。本公司按季度复核并监控上述假设的恰当性。

在参考上述披露示例时，企业应当考虑如何根据自身具体情况作出披露，例如，如何针对不同地区的情况作出不同假设。

上例出于示例的目的，假设了三种前瞻性宏观经济情景适用除两个组合以外的其他全部组合。

实务中，企业须根据实际情况为每一个重大资产组合确定情景的数量和具体内容。

在上述披露示例中，管理层认为无需针对监管变化、法律变化额外调整损失准备（即"叠加"调整）。但如果在临近资产负债表日时发生了重大事件，且无法通过模型和参数适当地反映该事件的潜在影响，则可能需要作出重要的判断，并提供更多披露。

另外，根据财务报表列报准则第三十九条的规定，企业应当披露采用的重要会计政策和会计估计，并结合企业的具体实际披露其重要会计政策的确定依据和财务报表项目的计量基础，以及其会计估计所采用的关键假设和不确定因素。因此，企业应考虑披露影响预期信用损失准备的重要假设及其敏感性分析，示例如下。

【例36-26】对影响预期信用损失准备的重要假设及其敏感性分析的披露

某银行对影响预期信用损失准备的重要假设及其敏感性分析的披露。

敏感性分析。

（1）零售贷款组合。

①房价指数：对按揭贷款中担保物的估值具有重大影响。

②失业率：无论贷款合同有担保或无担保，对借款人按合同约定还款的能力具有一定影响。

(2) 公司贷款组合。

①国内生产总值:对公司业绩和担保物估值具有重大影响。

②利率:对公司发生违约的可能性具有一定影响。

2×18年12月31日,假设本银行使用的经济指标发生合理变动而导致的预期信用损失变动情况列示如表36-24和表36-25所示(例如因基本、上升、下降这几种情景中预计失业率增加×%而导致的预期信用损失变动)。

零售贷款组合。

表36-24 零售贷款组合预期信用损失变动情况　　　　　　　　单位:万元

房价指数	失业率		
	-×%	无变动	+×%
+×%	×	×	×
无变动	×		×
-×%	×	×	×

公司贷款组合。

表36-25 公司贷款组合预期信用损失变动情况　　　　　　　　单位:万元

国内生产总值	利率		
	-×%	无变动	+×%
+×%	×	×	×
无变动	×		×
-×%	×	×	×

以上所披露的敏感性关键驱动因素仅为示例,企业应当分析自身实际情况,确定相关参数进行敏感性分析。尤其应当注意的是,虽然未在以上示例中列示,但企业可能需要分析预期信用损失对各项经济情景权重变动的敏感性。

此外,企业还应当考虑该披露的详细程度是否适宜,并可以根据不同组合的特点以及预期信用损失计算中各因素的影响程度来调整披露的详细程度。

3. 损失准备期初余额与期末余额的调节表。

企业应当以表格形式按金融工具的类别编制损失准备期初余额与期末余额的调节表,分别说明下列项目的变动情况。

(1) 按相当于未来12个月预期信用损失的金额计量的损失准备。

(2) 按相当于整个存续期预期信用损失的金额计量的下列各项的损失准备:①自初始确认后信用风险已显著增加但并未发生信用减值的金融工具;②对于资产负债表日已发生信用减值但并非购买或源生的已发生信用减值的金融资产;③根据金融工具确认计量准则第六十三条的规定计量减值损失准备的应收账款、合同资产和租赁应收款。

(3) 购买或源生的已发生信用减值的金融资产的变动。除调节表外,企业还应当披露本期初始确认的该类金融资产在初始确认时未折现的预期信用损失总额。

4. 金融工具账面余额变动情况。

为帮助财务报表使用者了解企业按照本准则第八十三条规定披露的损失准备变动信息，企业应当对本期发生损失准备变动的金融工具账面余额显著变动情况作出说明。这些说明信息应当包括定性和定量信息，并应当对按照本准则第八十三条规定披露损失准备的各项目分别单独披露，具体可包括下列情况下发生损失准备变动的金融工具账面余额显著变动信息。

（1）本期因购买或源生的金融工具所导致的变动。

（2）未导致终止确认的金融资产的合同现金流量修改所导致的变动。

（3）本期终止确认的金融工具（包括直接减记的金融工具）所导致的变动。对于当期已直接减记但仍受催收活动影响的金融资产，还应当披露尚未结算的合同金额。

（4）因金融资产在"未来12个月预期信用损失"和"整个存续期内预期信用损失"两个类别之间转换而导致的在每个类别内的账面余额变动。

【例36-27】金融工具账面余额变动情况

某集团影响损失准备变动的抵押贷款账面余额重大变动包括以下信息。

1. 购入某主要贷款组合导致住宅抵押贷款账面余额增加×%，并相应导致12个月预期信用损失的增加。

2. 本地房产市场大跌后，直接减记某资产组合人民币×元，导致有客观证据表明减值的金融资产的损失准备减少人民币×元。

3. 某地区的预期失业率上升导致按整个存续期预期信用损失计提损失准备的金融资产净增加，导致整个存续期预期信用损失准备净增加人民币×元。

对抵押贷款账面余额重大变动的进一步解释如表36-26所示。

表36-26 抵押贷款账面余额的重大变动解释　　　　　　　单位：百万元

抵押贷款——账面余额	未来12个月预期信用损失	整个存续期预期信用损失（组合评估）	整个存续期预期信用损失（单项评估）	已发生信用减值金融资产（整个存续期预期信用损失）
2×18年1月1日的账面余额	×	×	×	×
转入整个存续期预期信用损失的单项金融资产	(×)		×	
转入已发生信用减值的金融资产的单项金融资产	(×)		(×)	×
从已发生信用减值的金融资产转回的单项金融资产	×		×	(×)
转入整个存续期预期信用损失的基于组合评估的金融资产	(×)	×		
购买或源生的新金融资产	×			
直接减记的金融资产			(×)	(×)

抵押贷款——账面余额	未来12个月预期信用损失	整个存续期预期信用损失（组合评估）	整个存续期预期信用损失（单项评估）	已发生信用减值金融资产（整个存续期预期信用损失）
终止确认的金融资产	（×）	（×）	（×）	（×）
未导致终止确认的修改产生的变动	（×）		（×）	（×）
其他变动	×	×	×	×
2×18年12月31日的账面余额	×	×	×	×

5. 未导致终止确认的金融资产合同现金流量修改。

为有助于财务报表使用者了解未导致终止确认的金融资产合同现金流量修改的性质和影响，及其对预期信用损失计量的影响，企业应当披露下列信息：①企业在本期修改了金融资产合同现金流量，且修改前损失准备是按整个存续期预期信用损失金额计量的，应当披露修改或重新议定合同前的摊余成本及修改合同现金流量的净利得或净损失；②对于之前按照整个存续期内预期信用损失的金额计量了损失准备的金融资产，而当期按照相当于未来12个月内预期信用损失的金额计量该金融资产的损失准备的，应当披露该金融资产在资产负债表日的账面余额。

6. 担保物或其他信用增级。

为有助于财务报表使用者了解担保物或其他信用增级对预期信用损失金额的影响，对于适用金融工具确认计量准则减值规定的金融工具，企业应当按照金融工具的类别，遵循本准则第八十六条的规定披露下列信息。

（1）在不考虑可利用的担保物或其他信用增级的情况下，企业在资产负债表日的最大信用风险敞口。

（2）作为抵押持有的担保物和其他信用增级的描述，包括：

①所持有担保物的性质和质量的描述；

②本期由于对方信用恶化或担保政策变更，导致担保物或信用增级的质量发生显著变化的说明；

③由于存在担保物而未确认损失准备的金融工具的信息。

（3）企业在资产负债表日持有的担保物和其他信用增级为已发生信用减值的金融资产作抵押的定量信息（例如对担保物和其他信用增级降低信用风险程度的量化信息）。

企业既无须披露关于担保物和其他信用增级公允价值的信息，也无须对预期信用损失计算中包含的担保物的价值准确地量化。

担保物和其他信用增级的描述可以包含以下信息：

①担保物和其他信用增级的主要类型；

②持有的担保物和其他信用增级的数量及其在损失准备方面的作用；

③评估和管理担保物和其他信用增级的政策和流程；

④担保物和其他信用增级交易对手的主要类型及其信用等级。

7. 最大信用风险敞口。

对于每一类别的金融工具，企业应当披露在不考虑可利用的担保物或其他信用增级的情况下，企业在资产负债表日的最大信用风险敞口的金额。金融工具的账面价值能代表最大信用风险敞口的，无需提供此项披露。最大信用风险敞口的来源也包括企业未在资产负债表中确认的金融工具（如不可撤销的贷款承诺、财务担保）的信用风险敞口。

产生信用风险的交易，以及相应的最大信用风险敞口的某些情况示例如下。

（1）向客户提供信用或在其他机构中存放款项，其最大信用风险敞口为相关金融资产的账面价值。

（2）签订衍生工具合同，例如外汇远期、利率互换以及信用衍生工具。对于以公允价值计量的衍生工具，企业在资产负债表日面临的最大信用风险敞口等于其账面价值。

（3）提供财务担保。已提供财务担保的最大信用风险敞口等于须履行担保时企业必须支付的最大金额（无论履行担保的可能性如何）。该金额可能显著大于已作为负债确认的金额。

（4）对于在融资额度提供期内不可撤销的或只有当重大不利变化出现时才可撤销的贷款承诺，如果该贷款承诺不能以现金或其他金融资产进行净额结算（例如，银行必须提供贷款全额，而不是仅向企业支付承诺利率和市场利率的差异），则其最大信用风险敞口是承诺的全部金额。这是因为任何未支取的金额在未来是否支取具有不确定性。因此，贷款承诺的最大信用风险敞口金额可能显著大于已确认的负债金额。

【例36-28】信用风险和最大信用风险敞口的披露

某集团有关金融工具信用风险和最大信用风险敞口的披露示例如下。

信用风险

信用风险是指因交易对手或债务人未能履行其全部或部分付款义务而造成本集团发生损失的风险。信用风险包括诸如由于整体宏观经济陷入衰退而导致损失的风险。本集团信贷业务主要向各类客户提供贷款、承兑、担保及其他信贷产品，并因此承担信用风险。信用风险是本集团业务经营所面临的重大风险之一。

董事会对本集团的信用风险管理承担最终责任。董事会负责审议及批准信用风险管理政策，授权风险管理委员会对信用风险管理实施的有效性进行日常监督；审议和批准风险管理委员会提交的信用风险评估报告并对集团信用风险状况作出评价。风险管理委员会定期召开会议以审阅分析本集团的信贷质量、风险集中度和压力测试等议题，并按季度向董事会报送信用风险评估报告。

信用风险敞口

本集团的信用风险敞口包括涉及信用风险的资产负债表表内项目和表外项目。在资产负债表日，本集团金融资产的账面价值已代表其最大信用风险敞口。资产负债表表外项目的最大信用风险敞口情况如表36-27所示（不考虑可利用的担保物或其他信用增级）。

表36-27 资产负债表表外项目的最大信用风险敞口情况　　　　单位：百万元

资产负债表表外项目	2×18年12月31日	2×17年12月31日
担保	5 347	6 053
不可撤销的贷款承诺	9 988	10 068
其他信用承诺	2 766	2 919
合计	18 101	19 040

【例36-29】应收款项最大信用风险敞口的披露

某公司是一家拥有庞大客户群的上市零售企业。客户按照公司的标准信用条款购买商品，公司同时向某些主要客户购买其他商品。有关其应收款项最大信用风险敞口的披露如表36-28所示。

表36-28 应收款项最大信用风险敞口的披露情况　　　　单位：百万元

	2×17年12月31日	2×16年12月31日
应收款项账面余额	365 500	323 700
坏账准备	(14 620)	(12 948)
账面价值	350 880	310 752
应付客户的金额	(75 500)	(62 250)

本公司与客户订立协议，只有在客户发生拖欠的情况下，应付客户的金额才可以与应收客户的金额进行抵销。因此，本公司在每一资产负债表日面临的最大信用风险敞口为应向客户收取的总金额减去坏账准备后的金额。由于应付款项在资产负债表内不可抵销，因此该最大信用风险敞口未扣减应付客户的金额。

8. 重大信贷风险集中度。

本准则第八十七条要求披露关于资产负债表日企业的信用风险敞口及重大信用风险集中度的信息。当一系列交易对手位于同一地理区域或从事类似活动且具有类似的经济特征，从而导致其履行合同义务的能力受到经济或其他状况变化的类似影响时，则存在信用风险集中。企业应当提供有关信息，以便财务报表使用者能够了解企业是否存在具有某种共同特征、对企业整体具有重大影响的金融工具组合（如同一地区、行业或发行人类型的金融资产）。

如果企业根据金融工具确认计量准则第四十八条，以组合为基础评估信用风险是否显著增加，则可能无法将确认整个存续期预期信用损失的单项金融资产的账面余额或者贷款承诺和财务担保合同的信用风险敞口分配至各个信用风险等级。在该情况下，企业应将本准则第八十七条要求应用于能够直接分配至某一信用风险等级的金融工具，并将在组合基础上计量整个存续期预期信用损失的金融工具的账面余额单独披露（即不分配至某一等级）。

按照本准则第八十七条所披露信息的风险等级，应与企业为内部信用风险管理目的而向关键管理人员内部报告时所使用的风险等级一致。但是，获取信用风险等级信息不可行或者成本过高，并且企业按照金融工具确认计量准则第五十三条规定采用逾期信息评估自初始确认后信用风险是否显著增加时,企业应提供对这些金融资产基于逾期情况的分析。

【例36-30】信用风险敞口和重大信用风险集中度的披露

【例36-30】说明了按照本准则第八十七条的规定,披露企业的信用风险敞口和重大信用风险集中度信息的一些方法(见表36-29至表36-31)。

表36-29 按内部评级进行信用风险分级的消费贷款信贷风险敞口　　　　单位:百万元

内部评级	消费者——信用卡		消费者——汽车贷款	
	账面余额		账面余额	
	按整个存续期预期信用损失计量损失准备	按未来12个月预期信用损失计量损失准备	按整个存续期预期信用损失计量损失准备	按未来12个月预期信用损失计量损失准备
1~2	×	×	×	×
3~4	×	×	×	×
5~6	×	×	×	×
7	×	×	×	×
合计	×	×	×	×

表36-30 按外部评级进行信用风险分级的企业贷款信贷风险敞口　　　　单位:百万元

外部评级	企业——设备		企业——建设	
	账面余额		账面余额	
	按整个存续期预期信用损失计量损失准备	按未来12个月预期信用损失计量损失准备	按整个存续期预期信用损失计量损失准备	按未来12个月预期信用损失计量损失准备
AAA~AA	×	×	×	×
A	×	×	×	×
BBB~BB	×	×	×	×
B	×	×	×	×
CCC~CC	×	×	×	×
C	×	×	×	×
D	×	×	×	×
合计	×	×	×	×

表36-31 按违约概率进行信用风险分级的公司贷款信贷风险敞口   单位：百万元

违约概率	公司——无担保		公司——有担保	
	账面余额		账面余额	
	按整个存续期预期信用损失计量损失准备	按未来12个月预期信用损失计量损失准备	按整个存续期预期信用损失计量损失准备	按未来12个月预期信用损失计量损失准备
0.00~0.10	×	×	×	×
0.11~0.40	×	×	×	×
0.41~1.00	×	×	×	×
1.01~3.00	×	×	×	×
3.01~6.00	×	×	×	×
6.01~11.00	×	×	×	×
11.01~17.00	×	×	×	×
17.01~25.00	×	×	×	×
25.01~50.00	×	×	×	×
50.01及以上	×	×	×	×
合计	×	×	×	×

【例36-31】重大信贷风险集中度披露的简化方法

甲汽车制造企业为经销商和终端客户提供融资。甲企业将其经销商融资和消费者融资分别作为单独的金融工具类别予以披露，并对其应收账款应用简化方法，即损失准备总是以整个存续期预期信用损失计量。表36-32为根据简化方法进行风险披露的示例。

表36-32 公司信贷风险情况   单位：百万元

	应收账款逾期天数				
	未逾期或逾期30日以内（含30日）	30~60日（含60日）	60~90日（含90日）	90日以上	合计
经销商融资					
预期信用损失率	0.10%	2%	5%	13%	
估计发生违约的账面余额	20 777	1 416	673	235	23 101
整个存续期预期信用损失	21	28	34	31	114
消费者融资					
预期信用损失率	0.20%	3%	8%	15%	
估计发生违约的账面余额	19 222	2 010	301	154	21 687
整个存续期预期信用损失	38	60	24	23	145

9. 贷款承诺和财务担保合同。

对于贷款承诺和财务担保合同，损失准备应确认为一项负债。企业应将关于金融资产损失准备变动的信息披露与关于贷款承诺和财务担保合同损失准备变动的信息披露区分开来。但是，如果一项金融工具同时包含贷款（即金融资产）和未使用的承诺（即贷款承诺）部分，则企业将无法把贷款承诺成分产生的预期信用损失与金融资产成分产生的预期信用损失单独区分开来。据此，贷款承诺的预期信用损失应与金融资产的损失准备一同确认。如果该两项预期信用损失的合计数超过金融资产的账面余额，则预期信用损失应当确认为一项准备（负债）。

（三）流动性风险披露。

流动性风险，是指企业在履行以交付现金或其他金融资产的方式结算的义务时发生资金短缺的风险。

1. 到期期限分析。

（1）总体要求。

本准则规定，企业应当披露金融负债按剩余到期期限进行的到期期限分析，以及管理这些金融负债流动性风险的方法：①对于非衍生金融负债（包括财务担保合同），到期期限分析应当基于合同剩余到期期限；②对于衍生金融负债，如果合同到期期限是理解现金流量时间分布的关键因素（如剩余期限为5年的利率互换），到期期限分析应当基于合同剩余到期期限。

对于包含嵌入衍生工具的混合金融工具，尽管应当按照金融工具确认计量准则确定是否需要将嵌入衍生工具进行分拆，但在披露上述到期期限分析时，应当将包含嵌入衍生工具的混合金融工具整体视为非衍生金融负债进行披露。

如果有关衍生金融负债合同到期日的信息对了解现金流量的时间分布并非至关重要，则无需披露其合同到期期限分析。例如，企业经常买卖衍生工具（如金融机构交易账户内的衍生金融负债），反映合同的到期日可能对了解现金流量的时间分布并非至关重要，因为衍生金融负债可能被转让（例如买入的期货合约在亏损状态下平仓），而不是在合同到期时通过支付或收取工具规定的合同现金流量结算。在这种情况下，企业仍须提供衍生金融负债的到期期限分析，但该分析可按另外的基础列报。例如，可以基于预计的交易日，或者基于企业预计将在资产负债表日后的短时间内进行处置时需要支付的账面价值（即公允价值），或者基于其在资产负债表日列报的公允价值。

（2）时间段的确定。

企业在披露到期期限分析时，应当运用职业判断划分适当的时间段。企业可以但不限于按下列时间段进行到期期限分析：①1个月以内（含本数，下同）；②1个月至3个月以内；③3个月至1年以内；④1年至5年以内；⑤5年以上。

由于定量披露应基于企业向关键管理人员提供的信息，因此所披露的时间段应与内部报告的时间段相一致。某些企业可能需要采用比其他企业更多的时间段。但无论如何划分时间段，企业均应通过考虑其流动性需求的相应时间，来评价其流动性披露是否提供了有关流动性需求的充分信息。例如，企业可能有在一个月之内到期的重大支付义务，在这种情况下，将第一年内所有支付义务归总至同一个时间段并不恰当。

债权人可以选择收回债权时间的，债务人应当将相应的金融负债列入债权人可以要求收回债权的最早时间段内。例如，对于银行来说，活期存款应包括在存款持有方可要求银行进行偿付的最早时间段内。对于期权来说，持有方可随时行使的美式签出期权应在持有方可行使该期权的最早时间段内披露，而持有方仅在到期日才可行使的欧式期权则应归入到期日所在的时间段内。当交易对手对何时支付具有选择权时，流动性披露应当基于对企业来说"最坏"的情况，即交易对手可要求企业进行偿付的最早日期。例如，未使用的贷款承诺应归入可被要求支取的最早日期的时间段内。同样，对于财务担保合同形成的金融负债，担保人应当将最大担保金额列入相关方可以要求支付的最早时间段内。金融工具如要求分期付款，债务人应当把每期将支付的款项列入相应的最早时间段内。

如果企业发行被分类为金融负债的永续债务，企业应当考虑如何将期限为永续的现金流量纳入到期期限分析。企业还应当通过额外披露说明在永续工具下负有永续支付利息现金流量的义务，并对该永续工具的关键条款（如利率和名义金额）进行描述，以便于财务报表使用者更好地了解企业的流动性风险敞口。

(3) 披露金额的确定。

企业在披露金融负债到期期限分析时，应将按照本准则规定所披露的金额列入各时间段。列入各时间段内的金融负债金额，应当是未经折现的合同现金流量。例如，通过支付现金方式购买金融资产的远期协议中约定的价格、"付浮动—收固定"且以净现金结算的利率互换形成的净额、预付以现金流量结算的衍生金融工具合同金额（如货币互换）、贷款承诺总额等。这些未折现的现金流量可能不同于资产负债表所列示的金额。

当应付金额不固定时，应当根据资产负债表日存在的情况确定披露的金额。如果应付金额随着指数的变化而变化，披露的金额可基于资产负债表日指数的水平来确定。

【例36-32】到期期限分析

某公司有关金融负债和表外担保项目按资产负债表日的合同剩余期限列示的应付现金流量如表36-33所示。表中披露的金融负债金额为未经折现的现金流量，因而可能与资产负债表中的账面价值有所不同。

表36-33 应付现金流量列示　　　　　　　单位：百万元

	即时偿还	1个月以内	1~3个月	3个月~1年	1~5年	5年以上	总额
非衍生金融负债：							
应付票据	4 513	792	474	122	9		5 910
借款	5 055	2 352	3 961	1 982	2 111	279	15 740
应付债券			271	646	2 153	395	3 465
非衍生金融负债小计	9 568	3 144	4 706	2 750	4 273	674	25 115
衍生金融工具		164	276	481	586	216	1 723
担保		99	66	250	75	22	512
金融负债和或有负债总额	9 568	3 407	5 048	3 481	4 934	912	27 350

注：(1) 本公司持有的衍生工具均按净额结算。

(2) 本公司对外提供担保的最大担保金额按照相关方能够要求支付的最早时间段列示。

2. 流动性风险管理。

本准则并不要求企业在所有情况下披露金融资产的到期期限分析。有关到期期限分析披露的要求仅适用于金融负债。但是，当企业将所持有的金融资产作为流动性风险管理的一部分（例如，根据企业的流动性需求持有一部分金融资产，这部分金融资产易于出售变现，以满足企业偿付金融负债现金流出的需求），且披露金融资产的到期期限分析使财务报表使用者能够恰当地评估企业流动性风险的性质和范围时，企业应当披露金融资产的到期期限分析。

企业在披露如何管理流动性风险时，也应披露可能考虑的其他因素。这些因素包括但不限于以下方面：企业是否拥有已承诺的贷款额度或其他授信额度；是否在中央银行有存款以备流动性之需；是否有多样化的资金来源；是否有资产或筹资来源方面的重大流动性集中情况；是否就管理流动性风险建立了内部控制程序和应急方案；是否有包含加速偿还（如在企业信用评级下降时）条款的工具；是否有协议约定必要时追加担保物（如为衍生交易追加保证金）；是否有协议约定允许企业选择以交付现金、其他金融资产或其自身权益工具来结算负债；是否约定交易结算遵循"总互抵协议"等。

（四）市场风险披露。

金融工具的市场风险，是指金融工具的公允价值或未来现金流量因市场价格变动而发生波动的风险，包括汇率风险、利率风险和其他价格风险。

汇率风险，是指金融工具的公允价值或未来现金流量因外汇汇率变动而发生波动的风险。汇率风险可源于以记账本位币之外的外币进行计价的金融工具。

利率风险，是指金融工具的公允价值或未来现金流量因市场利率变动而发生波动的风险。利率风险可源于已确认的计息金融工具和未确认的金融工具（如某些贷款承诺）。

其他价格风险，是指汇率风险和利率风险以外的市场价格变动而发生波动的风险，无论这些变动是由与单项金融工具或其发行方有关的因素引起的，还是由与市场内交易的所有类似金融工具有关的因素引起的。其他价格风险可源于商品价格、股票市场指数、权益工具价格以及其他风险变量的变化。

编制市场风险敏感性分析的披露信息可以遵循下列步骤。

1. 识别风险来源。

需要识别企业面临的所有市场风险，包括汇率风险、利率风险和其他价格风险。

2. 确定资产负债表日的风险敞口及其影响。

本准则要求识别在资产负债表日其公允价值或现金流量受风险因素变化影响的所有金融工具。对于在资产负债表日已确认的金融工具，如果其现金流量根据合同规定与某一变量相连结，或者其公允价值取决于某一变量，且该变量的变化会影响损益或所有者权益的，企业应将该已确认金融工具纳入敏感性分析。

某些金融工具既不影响损益也不影响所有者权益。例如，以企业记账本位币计价、以摊余成本计量的固定利率债务工具，该工具相关利率的变动不会影响损益或所有者权益。又如，根据本准则的规定分类为权益工具的金融工具发行方不再重新计量，既不会影响损益也不会影响所有者权益。这些金融工具无需纳入敏感性分析。

3. 确定相关风险变量的合理可能变动。

企业确定何为相关风险变量的合理可能变动，应考虑企业经营所处的经济环境以及进行评估的时间段。在某一环境下相关风险变量的合理可能变动可能不同于在另一环境下的变动。企业须判断变动的合理范围，且合理可能变动不应包括罕见的"最坏的情况"或"压力测试"。对于相关风险变量的合理可能变动，企业应以本次披露至下一次披露（通常是下一个年度资产负债表日）的期间为时间框架进行评估。

由于合理可能变动的范围较广，因此企业无须披露该范围内的每一变动，仅披露在合理可能变动范围上下限内的变动的影响即可。

4. 确定披露中的适当汇总水平。

企业应汇总敏感性分析的结果以在更大程度上反映企业对市场风险的整体敏感性，但不应将来自重大不同经济环境的风险敞口的不同特征的信息汇总。例如，对面临恶性通货膨胀地区和低通货膨胀地区的市场风险敞口，企业应当分地区进行敏感性分析。对具有重大汇率风险敞口的每一种货币，应当分币种进行敏感性分析。

企业应当提供整个企业业务的敏感性分析，但是对不同类型的金融工具应当提供不同类型的敏感性分析。例如，以本币计价的金融工具和以外币计价的金融工具由于面对的风险敞口不同，应当分别进行敏感性分析。

企业可以根据内部管理风险的方式对业务的不同部分提供不同类型的敏感性分析。例如，一家金融机构可能包括零售银行分部和投资银行分部，并在投资银行分部使用风险价值分析（Value at Risk，VaR）进行内部风险管理。企业可以选择对零售银行分部提供传统敏感性分析，对投资银行分部提供风险价值分析。但是，在这种情况下，企业需要审慎考虑如何处理这两个分部之间的交易和风险敞口，以避免披露产生误导。

5. 计算和列报敏感性分析。

企业应披露，假设相关风险变量的合理可能变动应用于资产负债表日的风险敞口时，这些变动对损益和所有者权益的影响。企业无须确定在相关风险变量的所有假设情况下对当期损益和所有者权益的影响金额。但是，企业应当就资产负债表日存在的风险敞口，披露如果相关风险变量在该日发生了合理可能变动而对损益和所有者权益的影响。例如，如果年末企业有一项浮动利率债务，企业应当假定利率在合理可能的范围内变动，并披露其对当期损益（即利息费用）的影响。

企业可以对损益以及所有者权益中的不同项目分别披露敏感性分析。企业也可针对对其具有重大利率风险敞口的每种货币分别披露利率风险的敏感性分析。损益的敏感性分析应与所有者权益的敏感性分析分开披露。

6. 提供额外披露。

本准则第九十七条规定，按照第九十五条或第九十六条对敏感性分析的披露不能反映金融工具市场风险的（例如，期末的风险敞口不能反映当期的风险状况），企业应当披露这一事实及其原因。例如以下各方面。

（1）金融工具包含了其影响不能由敏感性分析明显反映出来的条款和条件（如金融工具的价值不仅由敏感性分析所选风险变量决定，还由其他变量决定）。在这种情况下，额外的披露可能包括金融工具的条款和条件、期权被行权后对损益的影响以及企业如何对风险进行管理。

（2）金融资产的流动性低，在交易量少或缺少交易对手的情况下，所计算的损益变动很难实现。在这种情况下，额外的披露可能包括金融资产缺乏流动性的原因以及企业如何对风险进行管理。

（3）企业对某项资产持有量大，可按照市场报价的折价或溢价进行出售。在这种情况下，额外的披露可能包括证券的性质、持有比例、对损益的影响以及企业如何对风险进行管理。

36.2.11　金融资产转移披露

（一）披露范围。

出于不同的目标，本准则中有关金融资产转移的披露中涉及的"金融资产转移"和"继续涉入"的概念不同于金融资产转移准则中的概念。

1. 金融资产转移。

本准则所述的"金融资产转移"包含两种情形：①企业将收取金融资产现金流量的合同权利转移给另一方；②企业保留了收取金融资产现金流量的合同权利，并承担将收取的现金流量支付给一个或多个收款方的合同义务。这种情形通常被称为"过手协议"。

金融资产转移准则第六条中定义的"金融资产转移"也包含两种情形，第一种情形与本准则中的要求一致，但是对于第二种情形，还要求该"过手协议"若作为金融资产转移处理，必须同时满足该条第（二）项规定的3个条件。

可以看出，本准则对于"金融资产转移"的定义比金融资产转移准则更为宽泛。对于未满足三个条件的"过手协议"，尽管不是金融资产转移准则定义的"金融资产转移"，但属于本准则定义的"金融资产转移"，需进行相应的披露。这是因为金融资产转移准则规范的是终止确认问题，要防止形式上被转移而实质上未转移的资产出表；而本准则规范的是披露问题，要通过充分的披露让报表使用者了解转移（包括形式上的转移）的金融资产和确认的相关负债的关系。

2. 继续涉入。

本准则所述的"继续涉入"，是指企业保留了已转移金融资产中内在的合同权利或义务，或者取得了与已转移金融资产相关的新合同权利或义务。常规声明和保证、以公允价值回购已转移金融资产的合同，以及同时满足金融资产转移准则中三个条件的"过手协议"不构成继续涉入。常规声明和保证是指企业为避免转让无效而作出的陈述，包括转移的真实性以及合理、诚信和公平交易等原则方面的陈述。例如，企业在合同中承诺：其向资产接收方提供的资料、单据及信息是有效、真实、准确且完整的，没有遗漏任何重要信息。

而在金融资产转移准则中，对于既没有转移也没有保留金融资产所有权上几乎所有的风险和报酬，且保留了对该金融资产控制的情形，属于该准则所指的"继续涉入"。

本准则定义的"继续涉入"情形（企业保留了已转移金融资产中内在的合同权利或义务，或者取得了与已转移金融资产相关的新合同权利或义务）在金融资产转移准则中可能被认定为转移了金融资产所有权上几乎所有风险和报酬、保留了几乎所有风险和报酬、既没有转移也没有保留几乎所有风险和报酬三种情况。而只有第三种情况才有可能符合该准则的"继续涉入"定义。因此本准则定义的"继续涉入"也比金融资产转移准则的定义更为宽泛。这是因为本准则的目的是让报表使用者了解企业保留的风险敞口。企业只要保留了已转移金融资产中内在的合同权利或义务，或者取得了与已转移金融资产相关的新合同权利或义务，就可能有风险敞口。

本准则所述的"继续涉入"是以企业自身财务报告为基础进行考虑的。例如，子公司向非关联的第三方转让一项金融资产，而其母公司对该金融资产存在继续涉入，则子公司在自身财务报表中确定是否继续涉入已转移金融资产时，不应当考虑母公司的涉入；母公司在合并财务报表中确定是否继续涉入已转移金融资产时，应当考虑自身以及集团其他成员对子公司已转移金融资产的继续涉入情况。"继续涉入"可能是源自转出方与转入方签订的转让协议，也可能是源于与第三方单独签订的与转让相关的协议。但是，如果企业对已转移金融资产的未来业绩不享有任何利益，也不承担与已转移金融资产相关的任何未来支付义务，则不形成继续涉入。

企业，尤其是金融机构，在金融资产转移中，往往还会就被转移金融资产提供相应的服务，收取一定的服务费。在这种情况下，企业应当分析该服务合同是否构成本准则定义的继续涉入。例如银行转让贷款后因提供后续贷款回收及转付服务而收取服务费的情形。如果该服务费的收取金额是以贷款实际回收和转付的金额为依据计算的，则该项新的合同权利与已转移贷款相关，构成继续涉入。如果服务费的收取与是否成功回收和转付贷款以及回收和转付的金额和时间无关，则该项新的合同权利与已转移贷款无关，不构成继续涉入。

从本准则关于"金融资产转移"和"继续涉入"的定义，以及金融资产转移准则关于金融资产终止确认的条件可以看出，尚在资产负债表中的金融资产可能因为转移而引起负债，而已经终止确认的金融资产可能因为继续涉入而引起风险敞口。对这两种情形，企业都需要提供相关信息以帮助报表使用者判定其影响。

（二）已转移但未整体终止确认的金融资产的披露。

本准则第一百零一条对已转移但未整体终止确认的金融资产的披露要求进行了规范。

该条第（四）项所说的"交易对手仅对已转移资产有追索权"，是指交易对手仅能对该资产所产生的现金流向企业（转移方）进行追索，而不能对企业其他资产提出权利主张，即"有限追索权"的概念。有限追索权相关资产和负债的公允价值的差额（净头寸），代表着企业在该资产转移后仍保留的经济利益。

关于该条第（四）项和第（五）项的披露要求，企业可以参考表36-34进行披露。

表36-34 公司金融资产转移情况　　　　　　　　　　单位：万元

	以公允价值计量且其变动计入当期损益的金融资产		以摊余成本计量的金融资产		以公允价值计量且其变动计入其他综合收益的金融资产
	交易性金融资产	衍生工具	抵押贷款	消费贷款	债权投资
已转移金融资产的账面价值	×	×	×	×	×
相关负债的账面价值	(×)	(×)	(×)	(×)	(×)
仅对已转移资产有追索权的交易：					
已转移金融资产的公允价值	×	×	×	×	×
相关负债的公允价值	(×)	(×)	(×)	(×)	(×)
净头寸	×	×	×	×	×

无论是金融资产整体转移，还是金融资产部分转移，只要不满足终止确认的条件，均应按照以上要求进行披露。金融资产部分转移是指金融资产转移准则中第四条所规范的情形。例如，企业只转移了一项金融资产所产生现金流量的40%部分，则企业应该针对该40%部分的金融资产按照金融资产转移准则判断是否满足终止确认的条件。假设该40%部分的金融资产不满足终止确认的条件，因而未全部终止确认该部分金融资产，那么在这种情况下，这40%部分的金融资产需要按照本准则对于已转移但未整体终止确认的金融资产的披露要求进行相应的披露。如果该40%部分的金融资产满足终止确认的条件，可以被终止确认，则这40%部分的金融资产不需要按照本准则对于已转移但未整体终止确认的金融资产的披露要求进行相应的披露，但是要考虑企业是否继续涉入该部分已转移金融资产，并按照本准则对于已整体终止确认但转出方继续涉入已转移金融资产的披露要求进行披露。对于剩余的60%部分的金融资产，无论是在以上哪种假设情况下，都不涉及金融资产的转移，因而也无需按照本准则进行披露。

（三）已整体终止确认但转出方继续涉入已转移金融资产的披露。

在很多情况下，如果企业对于已转移的金融资产仍然继续涉入，则可能意味着该金融资产转移不满足终止确认的条件。但有时也存在尽管企业继续涉入已转移的金融资产，但是该金融资产仍满足整体终止确认条件的情况。例如，附带转入方持有重大价外看跌期权（或转出方持有重大价外看涨期权）的金融资产出售，由于期权为重大价外期权，致使到期时或到期前行权的可能性极小，可以认定企业已经转移了该项金融资产所有权上几乎所有的风险和报酬，应当终止确认这一金融资产。但是由于期权的存在形成了企业对该金融资产的继续涉入。

针对这一情况，在每个资产负债表日，企业应按照类别披露相关信息。各披露类别应当按照企业继续涉入面临的风险敞口类型进行划分。例如,企业可以按照金融工具类别,如担保或看涨期权等进行分类;也可以按照转让类型,如应收账款保理、资产证券化、融券业务等进行分类。企业对某项终止确认的金融资产存在多种继续涉入方式的,可按其中一类进行汇总披露。

本准则第一百零二条对整体终止确认但转出方继续涉入已转移金融资产的披露要求进行了规范。其第一款第(一)项至第(三)项的披露要求,企业可以参考表36-35和表36-36进行披露。

表36-35 公司已整体终止确认但继续涉入已转移金融资产情况　　　　单位:万元

继续涉入的类型	因继续涉入确认的资产和负债的账面价值			因继续涉入确认的资产和负债的公允价值		损失的最大风险敞口	回购已转移(已终止确认)资产需要支付的未折现现金流量
	以公允价值计量且其变动计入当期损益的金融资产	以公允价值计量且其变动计入其他综合收益的金融资产	以公允价值计量且其变动计入当期损益的金融负债	资产	负债		
签出的看跌期权			(×)		(×)	×	(×)
购入的看涨期权	×			×			(×)
融券业务			(×)	×	(×)	×	(×)
……							
合计	×		(×)	×	(×)	×	

表36-36 公司回购已转移金融资产需要支付的未折现现金流量情况　　　　单位:万元

继续涉入的类型	继续涉入的到期期限						
	合计	1个月之内	1~3个月	3~6个月	6个月~1年	1~3年	3~5年	5年以上
签出的看跌期权	×		×	×	×	×		
购入的看涨期权	×			×		×		×
融券业务	×	×	×					

企业按照本准则第一百零二条第一款第(三)项披露到期期限时,应当合理确定适当数量的时间段。

企业按照本准则第一百零二条第一款第(五)项披露相关的终止确认利得或损失时,应当披露利得或损失是否是由于该资产各组成部分(例如终止确认的部分和企业保留的部分)

的公允价值和该资产整体的公允价值不同造成的。如果是，企业还应披露该资产的公允价值计量是否包含可观察市场数据以外的重大输入值。

36.2.12 衔接规定

自本准则执行日起，企业应当按照本准则的规定列报金融工具相关信息。企业比较财务报表列报的信息与本准则规定不一致的，不需要按照本准则的规定进行调整。

企业首次执行金融工具确认计量准则、金融资产转移准则和套期会计准则（本部分除特别指明外，以上准则则均指 2017 修订版），应当披露下列内容。

（一）企业应当在首次执行日，用表格形式对每一类别的金融资产和金融负债披露下列信息：

1. 执行金融工具确认计量准则之前存在的金融工具的原计量类别和账面价值；
2. 根据金融工具确认计量准则确定的新计量类别和账面价值；
3. 资产负债表中之前被指定为以公允价值计量且其变动计入当期损益但不再作出这一指定的所有金融资产和金融负债的金额，并分别根据该准则规定作出重分类，以及企业选择在首次执行日进行重分类两种情况进行披露。

对于上述的披露要求，企业可以参考以下披露表格。

【例 36-33】金融资产和金融负债披露

在首次执行日，金融资产按照修订前后金融工具确认计量准则的规定进行分类和计量的结果对比如表 36-37 所示。

表 36-37　金融资产按照修订前后金融工具确认计量准则分别计量情况　　单位：百万元

金融资产类别	修订前的金融工具确认计量准则		修订后的金融工具确认计量准则	
	计量类别	账面价值	计量类别	账面价值
现金及存放中央银行款项	摊余成本（贷款和应收款项）	4 343	摊余成本	4 343
存放同业	摊余成本（贷款和应收款项）	8 050	摊余成本	7 992
客户贷款及垫款	摊余成本（贷款和应收款项）	76 520	摊余成本	68 992
			以公允价值计量且其变动计入当期损益（准则要求）	6 617
交易性金融资产	以公允价值计量且其变动计入当期损益（交易性）	10 880	以公允价值计量且其变动计入当期损益（准则要求）	10 880
套期衍生工具	以公允价值计量且其变动计入当期损益（套期工具）（注）	1 654	以公允价值计量且其变动计入当期损益（准则要求）（注）	1 654

续表

金融资产类别	修订前的金融工具确认计量准则		修订后的金融工具确认计量准则	
	计量类别	账面价值	计量类别	账面价值
证券投资	以公允价值计量且其变动计入其他综合收益（可供出售类资产）	2 678	以公允价值计量且其变动计入其他综合收益	1 228
	摊余成本（贷款和应收款项）	546	摊余成本	2 209
	摊余成本（持有至到期）	1 205		
	以公允价值计量且其变动计入当期损益（指定）	546	以公允价值计量且其变动计入当期损益（指定）	
	以公允价值计量且其变动计入当期损益（嵌入衍生工具）	12	以公允价值计量且其变动计入当期损益（准则要求）	1 536

注：指定为现金流量套期关系的衍生工具，公允价值变动的有效部分通过其他综合收益计入套期储备，无效部分计入当期损益。

（二）在包含首次执行日的报告期间内，企业应当披露下列定性信息：

1. 企业应用金融工具确认计量准则的规定对金融资产进行重分类的情况；

2. 金融资产或金融负债在首次执行日被指定或被取消指定为以公允价值计量且其变动计入当期损益的原因。

（三）对于首次执行金融工具确认计量准则的报告期间，企业应当披露金融工具确认计量准则的首次执行日金融资产和金融负债分类的变化，并分别列示：

1. 在重分类前计量类别下的账面价值变动；

2. 因采用金融工具确认计量准则而产生的计量变更所导致的账面价值变动。

（四）对于企业在首次执行金融工具确认计量准则的报告期间，因采用金融工具确认计量准则重分类为以摊余成本计量的金融资产或金融负债，或者将以公允价值计量且其变动计入当期损益的金融资产重分类为以公允价值计量且其变动计入其他综合收益的金融资产，应当披露下列信息：

1. 金融资产或金融负债在报告期末的公允价值；

2. 若金融资产或金融负债未作出重分类，应在报告期内计入当期损益或其他综合收益的公允价值变动金额。

在企业首次执行金融工具确认计量准则的年度报告期间之后，无需提供本段所规定的披露。

（五）对于企业在首次执行金融工具确认计量准则的报告期间，因采用金融工具确认计量准则将以公允价值计量且其变动计入当期损益类别的金融资产和金融负债重分类为其他类别时，企业应当披露下列信息：

1. 在首次执行日确定的实际利率；

2. 已确认的利息收入或费用。

如果企业根据金融工具确认计量准则第八十条规定将金融资产或金融负债的公允价值作为首次执行日的新账面余额或新摊余成本,则应在直至终止确认之前(含终止确认时)的每一报告期间进行上述披露。

(六)企业在按照上述(三)至(五)进行披露时,一般无需重述前期报告。企业只有在仅根据重述期间所获取的信息就能重述前期报告的情况下(即重述不依赖于重述期间的后续期间所获取的信息),才可以重述。如果企业不进行重述,则应当将原账面价值和首次执行日所属的年度报告期间期初账面价值之间的差额确认为该期间的期初留存收益或其他综合收益。但是如果企业进行重述,重述的财务报告必须遵循金融工具确认计量准则的所有要求。

(七)企业在按照上述(三)至(五)进行披露时,以及根据本准则第七十一条进行披露时,必须提供下列两项在首次执行日前后的对照信息:

1. 列报的计量类别;
2. 金融工具的类别。

【例 36-34】首次执行日前后对照信息

在首次执行日,原金融资产账面价值调整为按照修订后金融工具确认计量准则的规定进行分类和计量的新金融资产账面价值的调节表列示如表 36-38 所示。

表 36-38 新金融资产账面价值的调节情况　　　　　　　　　　　单位:百万元

	附注	按修订前的金融工具确认计量准则(原 CAS 22)列示的账面价值(2×17年12月31日)	重分类	重新计量	按修订后的金融工具确认计量准则(新 CAS 22)列示的账面价值(2×18年1月1日)
摊余成本					
现金及存放中央银行款项					
按原 CAS 22 列示的余额和按新 CAS 22 列示的余额		4 343			4 343
存放同业					
按原 CAS 22 列示的余额		8 050			
重新计量:预期信用损失准备				(58)	
按新 CAS 22 列示的余额					7 992
客户贷款及垫款					
按原 CAS 22 列示的余额		76 520			
减:转出至以公允价值计量且其变动计入当期损益(新 CAS 22)			(6 541)		
重新计量:预期信用损失准备				(987)	

续表

附注	按修订前的金融工具确认计量准则（原 CAS 22）列示的账面价值（2×17 年 12 月 31 日）	重分类	重新计量	按修订后的金融工具确认计量准则（新 CAS 22）列示的账面价值（2×18 年 1 月 1 日）
按新 CAS 22 列示的余额				68 992
证券投资——摊余成本				
按原 CAS 22 列示的余额	546			
减：转出至以公允价值计量且其变动计入当期损益（新 CAS 22）		(102)		
重新计量：预期信用损失准备			(4)	
加：自持有至到期金融资产（原 CAS 22）转入		1 205		
重新计量：预期信用损失准备			(10)	
加：自可供出售类（原 CAS 22）转入		341		
重新计量：由公允价值计量变为摊余成本计量			(1)	
加：自指定为以公允价值计量且其变动计入当期损益（原 CAS 22）转入		(236)		
重新计量：由公允价值计量变为摊余成本计量			(2)	
按新 CAS 22 列示的余额				2 209
证券投资——持有至到期				
按原 CAS 22 列示的余额	1 205			
减：转出至摊余成本（新 CAS22）		(1 205)		
按新 CAS 22 列示的余额				
以摊余成本计量的总金融资产	90 664	(6 066)	(1 062)	83 536
以公允价值计量且其变动计入当期损益				

续表

	附注	按修订前的金融工具确认计量准则（原CAS 22）列示的账面价值（2×17年12月31日）	重分类	重新计量	按修订后的金融工具确认计量准则（新CAS 22）列示的账面价值（2×18年1月1日）
交易性金融资产					
按原CAS 22列示的余额和按新CAS 22列示的余额		10 880			10 880
客户贷款及垫款					
按原CAS 22列示的余额					
加：自摊余成本（原CAS 22）转入			6 541		
重新计量：由摊余成本计量变为公允价值计量				76	
按新CAS 22列示的余额					6 617
证券投资——以公允价值计量且其变动计入当期损益（按照要求必须分类为此）					
按原CAS 22列示的余额		12			
加：自可供出售类（原CAS 22）转入			1 109		
加：自摊余成本（原CAS 22）转入			102		
重新计量：由摊余成本计量变为公允价值计量				3	
加：自指定为以公允价值计量且其变动计入当期损益（原CAS 22）转入			310		
按新CAS 22列示的余额					1 536
证券投资——以公允价值计量且其变动计入当期损益（指定）					
按原CAS 22列示的余额		546			

续表

	附注	按修订前的金融工具确认计量准则（原CAS 22）列示的账面价值（2×17年12月31日）	重分类	重新计量	按修订后的金融工具确认计量准则（新CAS 22）列示的账面价值（2×18年1月1日）
减：转出至按照要求必须分类为以公允价值计量且其变动计入当期损益（新CAS 22）			(310)		
减：转出至摊余成本（新CAS 22）			(236)		
按新CAS 22列示的余额					
套期衍生工具（注）					
按原CAS 22列示的余额和按新CAS 22列示的余额		1 654			1 654
以公允价值计量且其变动计入当期损益的总金融资产		13 092	7 516	79	20 687
以公允价值计量且其变动计入其他综合收益					
证券投资——以公允价值计量且其变动计入其他综合收益（债务工具）					
按原CAS 22列示的余额					
加：自可供出售类（原CAS 22）转入			450		
按新CAS 22列示的余额					450
证券投资——可供出售金融资产					
按原CAS 22列示的余额		2 678			
减：转出至按照要求必须分类为以公允价值计量且其变动计入当期损益（新CAS 22）			(1 109)		

续表

附注	按修订前的金融工具确认计量准则（原 CAS 22）列示的账面价值（2×17年12月31日）	重分类	重新计量	按修订后的金融工具确认计量准则（新 CAS 22）列示的账面价值（2×18年1月1日）
减：转出至摊余成本（新 CAS 22）		(341)		
减：转出至以公允价值计量且其变动计入其他综合收益——权益工具投资		(450)		
减：转出至以公允价值计量且其变动计入其他综合收益——债务工具		(778)		
按新 CAS 22 列示的余额				—
以公允价值计量且其变动计入其他综合收益的总金融资产	2 678	(1 450)		1 228

注：指定为现金流量套期关系的衍生工具，公允价值变动的有效部分通过其他综合收益计入套期储备，无效部分计入当期损益。

（八）在金融工具确认计量准则的首次执行日，企业需要披露对下列两项进行调节的信息：

1. 根据金融工具确认计量准则（2006 版）的相关规定计量的期末损失准备和根据《企业会计准则第 13 号——或有事项》计提的准备；

2. 根据金融工具确认计量准则确定的期初损失准备。

对于金融资产，企业应当按照首次执行前和首次执行后的计量类别分别提供上述披露，并且应单独列示计量类别的变化对首次执行日损失准备的影响。

【例 36-35】首次执行日披露进行调节的信息

某企业在首次执行日，原金融资产减值准备期末金额调整为按照修订后金融工具确认计量准则的规定进行分类和计量的新损失准备的调节表列示如表 36-39 所示。

表 36-39 新损失准备的调节情况　　　　　　　　　　单位：百万元

计量类别	按原 CAS 22 计提损失准备/按或有事项准则确认的预计负债	重分类	重新计量	按新 CAS 22 计提损失准备
贷款和应收款项（原 CAS 22）/以摊余成本计量的金融资产（新 CAS 22）				
现金及存放中央银行款项				
存放同业			58	58
客户贷款及垫款	3 001	(65)	987	3 923

续表

计量类别	按原 CAS 22 计提损失准备/按或有事项准则确认的预计负债	重分类	重新计量	按新 CAS 22 计提损失准备
证券投资			7	7
总计	3 001	(65)	1 052	3 988
持有至到期（原 CAS 22）/以摊余成本计量的金融资产（新 CAS 22）				
证券投资			10	10
可供出售金融工具（原 CAS 22）/以公允价值计量且其变动计入其他综合收益的金融资产（新 CAS 22）				
证券投资			1	1
贷款承诺和财务担保合同				
贷款承诺准备			10	10
财务担保准备			65	65
总计	3 001	(65)	1 138	4 074

（九）在金融工具确认计量准则首次执行日所属的报告期间内，企业无需披露根据金融工具确认计量准则（2006 版）的分类和计量要求对本期项目进行列报的金额，也无需披露根据金融工具确认计量准则的分类和计量要求对前期项目进行列报的金额。

（十）如果企业按照金融工具确认计量准则第七十五条规定，在评估金融资产合同现金流量特征时不考虑关于时间价值要素修正的规定，则在该金融资产终止确认之前，企业均应披露该金融资产在资产负债表日的账面价值。

（十一）如果企业按照金融工具确认计量准则第七十六条规定，在评估金融资产合同现金流量特征时不考虑关于提前还款特征的规定，则在该金融资产终止确认之前，企业均应披露该金融资产在资产负债表日的账面价值。

第37章 首次执行企业会计准则

37.1 企业会计准则第38号——首次执行企业会计准则

《企业会计准则第38号——首次执行企业会计准则》(以下简称"本准则")于2006年2月15日由财会〔2006〕3号公布,自2007年1月1日起施行。

37.1.1 总则

第一条 为了规范首次执行企业会计准则对会计要素的确认、计量和财务报表列报,根据《企业会计准则——基本准则》,制定本准则。

第二条 首次执行企业会计准则,是指企业第一次执行企业会计准则体系,包括基本准则、具体准则和会计准则应用指南。

第三条 首次执行企业会计准则后发生的会计政策变更,适用《企业会计准则第28号——会计政策、会计估计变更和差错更正》。

37.1.2 确认和计量

第四条 在首次执行日,企业应当对所有资产、负债和所有者权益按照企业会计准则的规定进行重新分类、确认和计量,并编制期初资产负债表。

编制期初资产负债表时,除按照本准则第五条至第十九条规定要求追溯调整的项目外,其他项目不应追溯调整。

第五条 对于首次执行日的长期股权投资,应当分别下列情况处理。

(一)根据《企业会计准则第20号——企业合并》属于同一控制下企业合并产生的长期股权投资,尚未摊销完毕的股权投资差额应全额冲销,并调整留存收益,以冲销股权投资差额后的长期股权投资账面余额作为首次执行日的认定成本。

(二)除上述(一)以外的其他采用权益法核算的长期股权投资,存在股权投资贷方差额的,应冲销贷方差额,调整留存收益,并以冲销贷方差额后的长期股权投资账面余额作为首次执行日的认定成本;存在股权投资借方差额的,应当将长期股权投资的账面余额作为首次执行日的认定成本。

【例37-1】首次执行日的长期股权投资的会计处理

甲公司20×7年1月1日投资于乙公司(不属于企业合并形成的投资),投资成本为600 000元,持有乙公司30%的股份,对乙公司能够实施控制,甲公司投资时采用权益法核算。假设乙公司20×7年1月1日所有者权益总额为400 000元。股权投资差额按10年摊销,已经摊销6年。20×7年1月1日,甲公司执行新的会计准则,按照新准则的规定,甲公司应进行以下会计处理:

投资时股权投资差额 = 600 000 - 400 000 × 30% = 480 000(元)

未摊销股权投资差额 =480 000 −（480 000÷10）×6 =192 000（元）

甲公司20×7年1月1日长期股权投资账面余额 =600 000 −192 000 =408 000（元）

第六条 对于有确凿证据表明可以采用公允价值模式计量的投资性房地产，在首次执行日可以按照公允价值进行计量，并将账面价值与公允价值的差额调整留存收益。

【例37−2】首次执行日账面价值与公允价值的差额调整

甲公司20×4年12月建造一项大型资产项目，预计使用20年，预计弃置费用为6 000 000元。按照工业企业会计制度的规定，此项预计弃置费用不计入固定资产成本。该公司于20×7年1月1日执行新的会计准则体系，按照新准则的规定，预计弃置费用已满足预计负债的确认条件，应确认相应的负债并应增加该项资产的成本，同时补提折旧调整留存收益。假定预计弃置费用现值为4 600 000元，该资产采用使用年限平均法提取折旧。甲公司应进行如下会计处理：

20×7年将预计弃置费用增加固定资产成本：

借：固定资产　　　　　　　　　　　　　　　　　　　　4 600 000
　　贷：预计负债　　　　　　　　　　　　　　　　　　　　　4 600 000

补提折旧调整留存收益：

借：利润分配——未分配利润　　　　　　　　　　　　　1 380 000
　　贷：累计折旧　　　　　　　　　　　　　　　　　　　　　1 380 000

第七条 在首次执行日，对于满足预计负债确认条件且该日之前尚未计入资产成本的弃置费用，应当增加该项资产成本，并确认相应的负债；同时，将应补提的折旧（折耗）调整留存收益。

第八条 对于首次执行日存在的解除与职工的劳动关系计划，满足《企业会计准则第9号——职工薪酬》预计负债确认条件的，应当确认因解除与职工的劳动关系给予补偿而产生的负债，并调整留存收益。

【例37−3】首次执行日对预计负债的确认

20×7年1月首次执行企业会计准则时，A公司为鼓励职工自愿接受裁减而提出给予补偿的决议，其中补偿金为5 200 000元。根据本准则的规定，在符合企业已制定正式的解除劳动关系计划和企业不能单方面撤回解除劳动关系计划这两个条件时，A公司应确认为负债并列入当期费用。此时，A公司应进行如下会计处理：

借：留存收益　　　　　　　　　　　　　　　　　　　　5 200 000
　　贷：应付职工薪酬——预计负债　　　　　　　　　　　　 5 200 000

第九条 对于企业年金基金在运营中所形成的投资，应当在首次执行日按照公允价值进行计量，并将账面价值与公允价值的差额调整留存收益。

第十条 对于可行权日在首次执行日或之后的股份支付，应当根据《企业会计准则第11号——股份支付》的规定，按照权益工具、其他方服务或承担的以权益工具为基础计算确定的负债的公允价值，将应计入首次执行日之前等待期的成本费用金额调整留存收益，相应增加所有者权益或负债。

首次执行日之前可行权的股份支付，不应追溯调整。

第十一条 在首次执行日，企业应当按照《企业会计准则第 13 号——或有事项》的规定，将满足预计负债确认条件的重组义务，确认为负债，并调整留存收益。

第十二条 企业应当按照《企业会计准则第 18 号——所得税》的规定，在首次执行日对资产、负债的账面价值与计税基础不同形成的暂时性差异的所得税影响进行追溯调整，并将影响金额调整留存收益。

第十三条 除下列项目外，对于首次执行日之前发生的企业合并不应追溯调整。

（一）按照《企业会计准则第 20 号——企业合并》属于同一控制下企业合并，原已确认商誉的摊余价值应当全额冲销，并调整留存收益。

按照该准则的规定属于非同一控制下企业合并的，应当将商誉在首次执行日的摊余价值作为认定成本，不再进行摊销。

（二）首次执行日之前发生的企业合并，合并合同或协议中约定根据未来事项的发生对合并成本进行调整的，如果首次执行日预计未来事项很可能发生并对合并成本的影响金额能够可靠计量的，应当按照该影响金额调整已确认商誉的账面价值。

（三）企业应当按照《企业会计准则第 8 号——资产减值》的规定，在首次执行日对商誉进行减值测试，发生减值的，应当以计提减值准备后的金额确认，并调整留存收益。

【例 37-4】首次执行日对商誉的确认

A 公司、B 公司同为甲公司的子公司。20×4 年 1 月，A 公司收购 B 公司的全部资产。收购日，B 公司的资产账面价值总额为 460 000 000 元，负债账面价值总额为 240 000 000 元；资产评估价值总额为 350 000 000 元，负债评估价值总额为 150 000 000 元。经过多次谈判，最终 A 公司以 270 000 000 元的价格购入 B 公司。20×7 年 1 月 1 日，A 公司执行新的企业会计准则，根据新准则的规定，对同一控制下企业合并，原已经确认商誉的摊余价值应进行追溯调整。

A 公司购入 B 公司商誉价值计算方法如下。

购入商誉 = 270 000 000 - (350 000 000 - 150 000 000) = 70 000 000（元）

商誉摊余价值 = 70 000 000 - (70 000 000 ÷ 10) × 3 = 49 000 000（元）

A 公司会计处理如下：

借：利润分配——未分配利润　　　　　　　　　　　　　49 000 000
　　贷：无形资产——商誉　　　　　　　　　　　　　　　49 000 000

如果按照新准则的规定，属于非同一控制下企业合并的，应当将商誉在首次执行日的摊余价值作为认定成本，不再进行摊销。

第十四条 在首次执行日，企业应当将所持有的金融资产（不含《企业会计准则第 2 号——长期股权投资》规范的投资），划分为以公允价值计量且其变动计入当期损益的金融资产、持有至到期投资、贷款和应收款项、可供出售金融资产。

（一）划分为以公允价值计量且其变动计入当期损益或可供出售金融资产的，应当在首次执行日按照公允价值计量，并将账面价值与公允价值的差额调整留存收益。

（二）划分为持有至到期投资、贷款和应收款项的，应当自首次执行日起改按实际利率法，在随后的会计期间采用摊余成本计量。

第十五条 对于在首次执行日指定为以公允价值计量且其变动计入当期损益的金融负债，应当在首次执行日按照公允价值计量，并将账面价值与公允价值的差额调整留存收益。

第十六条 对于未在资产负债表内确认，或已按成本计量的衍生金融工具（不包括套期工具），应当在首次执行日按照公允价值计量，同时调整留存收益。

第十七条 对于嵌入衍生金融工具，按照《企业会计准则第 22 号——金融工具确认和计量》规定应从混合工具分拆的，应当在首次执行日将其从混合工具分拆并单独处理，但嵌入衍生金融工具的公允价值难以合理确定的除外。

对于企业发行的包含负债和权益成份的非衍生金融工具，应当按照《企业会计准则第 37 号——金融工具列报》的规定，在首次执行日将负债和权益成份分拆，但负债成份的公允价值难以合理确定的除外。

第十八条 在首次执行日，对于不符合《企业会计准则第 24 号——套期保值》规定的套期会计方法运用条件的套期保值，应当终止采用原套期会计方法，并按照《企业会计准则第 24 号——套期保值》处理。

第十九条 发生再保险分出业务的企业，应当在首次执行日按照《企业会计准则第 26 号——再保险合同》的规定，将应向再保险接受人摊回的相应准备金确认为资产，并调整各项准备金的账面价值。

37.1.3 列报

第二十条 在首次执行日后按照企业会计准则编制的首份年度财务报表（以下简称"首份年度财务报表"）期间，企业应当按照《企业会计准则第 30 号——财务报表列报》和《企业会计准则第 31 号——现金流量表》的规定，编报资产负债表、利润表、现金流量表和所有者权益变动表及附注。

对外提供合并财务报表的，应当遵循《企业会计准则第 33 号——合并财务报表》的规定。

在首份年度财务报表涵盖的期间内对外提供中期财务报告的，应当遵循《企业会计准则第 32 号——中期财务报告》的规定。

企业应当在附注中披露首次执行企业会计准则财务报表项目金额的变动情况。

第二十一条 首份年度财务报表至少应当包括上年度按照企业会计准则列报的比较信息。财务报表项目的列报发生变更的，应当对上年度比较数据按照企业会计准则的列报要求进行调整，但不切实可行的除外。

对于原未纳入合并范围但按照《企业会计准则第 33 号——合并财务报表》规定应纳入合并范围的子公司，在上年度的比较合并财务报表中，企业应当将该子公司纳入合并范围。对于原已纳入合并范围但按照该准则规定不应纳入合并范围的子公司，在上年度的比较合并财务报表中，企业不应将该子公司纳入合并范围。上年度比较合并财务报表中列示的少数股东权益，应当按照该准则的规定，在所有者权益类列示。

应当列示每股收益的企业，比较财务报表中上年度的每股收益按照《企业会计准则第34号——每股收益》的规定计算和列示。

应当披露分部信息的企业，比较财务报表中上年度关于分部的信息按照《企业会计准则第35号——分部报告》的规定披露。

37.2 《企业会计准则第38号——首次执行企业会计准则》应用指南

37.2.1 首次执行日采用追溯调整法有关项目的处理

（一）预计的资产弃置费用。

根据本准则第七条规定，企业在预计首次执行日前尚未计入资产成本的弃置费用时，应当满足预计负债的确认条件，选择该项资产初始确认时适用的折现率，以该项预计负债折现后的金额增加资产成本，据此计算确认应补提的固定资产折旧（或油气资产折耗），同时调整期初留存收益。

折现率的选择应当考虑货币时间价值和相关期间通货膨胀等因素的影响。

预计弃置费用的范围，适用《企业会计准则第4号——固定资产》《企业会计准则第27号——石油天然气开采》等限定的资产范围。

（二）可行权日在首次执行日或之后的股份支付。

根据本准则第十条规定，授予职工以权益结算的股份支付，应当按照权益工具在授予日的公允价值调整期初留存收益，相应增加资本公积；授予日的公允价值不能可靠计量的，应当按照权益工具在首次执行日的公允价值计量。

授予职工以现金结算的股份支付，应当按照权益工具在等待期内首次执行日之前各资产负债表日的公允价值调整期初留存收益，相应增加应付职工薪酬。上述各资产负债表日的公允价值不能可靠计量的，应当按照权益工具在首次执行日的公允价值计量。

授予其他方的股份支付，在首次执行日比照授予职工的股份支付处理。

（三）所得税。

根据本准则第十二条规定，在首次执行日，企业应当停止采用应付税款法或原纳税影响会计法，改按《企业会计准则第18号——所得税》规定的资产负债表债务法对所得税进行处理。

原采用应付税款法核算所得税费用的，应当按照企业会计准则相关规定调整后的资产、负债账面价值与其计税基础进行比较，确定应纳税暂时性差异和可抵扣暂时性差异，采用适用的税率计算递延所得税负债和递延所得税资产的金额，相应调整期初留存收益。

原采用纳税影响会计法核算所得税费用的，应当根据《企业会计准则第18号——所得税》的相关规定，计算递延所得税负债和递延所得税资产的金额，同时冲销递延税款余额，根据上述两项金额之间的差额调整期初留存收益。

在首次执行日，企业对于能够结转以后年度的可抵扣亏损和税款抵减，应以很可能获得用来抵扣可抵扣亏损和税款抵减的未来应纳税所得额为限，确认相应的递延所得税资产，同时调整期初留存收益。

（四）金融工具的分拆。

根据本准则第十七条规定，对于嵌入衍生金融工具，按照《企业会计准则第22号——金融工具确认和计量》规定应从混合工具中分拆的，应当在首次执行日按其在该日的公允价值，将其从混合工具中分拆并单独处理。首次执行日嵌入衍生金融工具的公允价值难以合理确定的，应当将该混合工具整体指定为以公允价值计量且其变动计入当期损益的金融资产或金融负债。

企业发行的包含负债和权益成分的非衍生金融工具，在首次执行日按照《企业会计准则第37号——金融工具列报》进行分拆时，先按该项负债在首次执行日的公允价值作为其初始确认金额，再按该项金融工具的账面价值扣除负债公允价值后的金额，作为权益成分的初始确认金额。首次执行日负债成分的公允价值难以合理确定的，不应对该项金融工具进行分拆，仍然作为负债处理。

37.2.2 首次执行日采用未来适用法有关项目的处理

根据本准则第四条规定，除本准则第五条至第十九条规定要求追溯调整的项目外，其他项目不应追溯调整，应当自首次执行日起采用未来适用法。

（一）借款费用。

对于处于开发阶段的内部开发项目、处于生产过程中的需要经过相当长时间才能达到预定可销售状态的存货（如飞机和船舶），以及营造、繁殖需要经过相当长时间才能达到预定可使用或可销售状态的生物资产，首次执行日之前未予资本化的借款费用，不应追溯调整。上述尚未完成开发或尚未完工的各项资产，首次执行日及以后发生的借款费用，符合《企业会计准则第17号——借款费用》规定的资本化条件的部分，应当予以资本化。

（二）超过正常信用条件延期付款（或收款）、实质上具有融资性质的购销业务。

对于首次执行日处于收款过程中的采用递延收款方式、实质上具有融资性质的销售商品或提供劳务收入，比如，采用分期收款方式的销售，首次执行日之前已确认的收入和结转的成本不再追溯调整。首次执行日后的第一个会计期间，企业应当将尚未确认但符合收入确认条件的合同或协议剩余价款部分确认为长期应收款，按其公允价值确认为营业收入，两者的差额作为未实现融资收益，在剩余收款期限内采用实际利率法进行摊销。在确认收入的同时，应当相应地结转成本。

首次执行日之前购买的固定资产、无形资产在超过正常信用条件的期限内延期付款、实质上具有融资性质的，首次执行日之前已计提的折旧和摊销额，不再追溯调整。在首次执行日，企业应当以尚未支付的款项与其现值之间的差额，减少资产的账面价值，同时确认为未确认融资费用。首次执行日后，企业应当以调整后的资产账面价值作为认定成本并以此为基础计提折旧，未确认融资费用应当在剩余付款期限内采用实际利率法进行摊销。

（三）无形资产。

首次执行日处于开发阶段的内部开发项目，首次执行日之前已经费用化的开发支出，不应追溯调整；根据《企业会计准则第6号——无形资产》规定，首次执行日及以后发生的开发支出，符合无形资产确认条件的，应当予以资本化。

企业持有的无形资产，应当以首次执行日的摊余价值作为认定成本，对于使用寿命有限的无形资产，应当在剩余使用寿命内根据《企业会计准则第 6 号——无形资产》的规定进行摊销。对于使用寿命不确定的无形资产，在首次执行日后应当停止摊销，按照《企业会计准则第 6 号——无形资产》的规定处理。

首次执行日之前已计入在建工程和固定资产的土地使用权，符合《企业会计准则第 6 号——无形资产》的规定应当单独确认为无形资产的，首次执行日应当进行重分类，将归属于土地使用权的部分从原资产账面价值中分离，作为土地使用权的认定成本，按照《企业会计准则第 6 号——无形资产》的规定处理。

（四）开办费。

首次执行日企业的开办费余额，应当在首次执行日后第一个会计期间内全部确认为管理费用。

（五）职工福利费。

首次执行日企业的职工福利费余额，应当全部转入应付职工薪酬（职工福利）。首次执行日后第一个会计期间，按照《企业会计准则第 9 号——职工薪酬》规定，根据企业实际情况和职工福利计划确认应付职工薪酬（职工福利），该项金额与原转入的应付职工薪酬（职工福利）之间的差额调整管理费用。

37.2.3　首份中期财务报告和首份年度财务报表的列报

根据本准则第二十条和第二十一条规定，企业应当按照《企业会计准则第 30 号——财务报表列报》《企业会计准则 31 号——现金流量表》《企业会计准则第 32 号——中期财务报告》《企业会计准则第 33 号——合并财务报表》等准则及其应用指南的规定，编制首份中期财务报告和首份年度财务报表。

（一）首份中期财务报告和首份年度财务报表

1. 首份中期财务报告至少应当包括资产负债表、利润表、现金流量表和附注，上年度可比中期的财务报表也应当按照企业会计准则列报。

2. 首份年度财务报表应当是一套完整的财务报表，至少包括资产负债表、利润表、现金流量表、所有者权益变动表和附注。在首份年度财务报表中，至少应当按照企业会计准则列报上年度全部比较信息。

3. 母公司执行企业会计准则，但子公司尚未执行企业会计准则的，母公司在编制合并财务报表时，应当按照企业会计准则的规定调整子公司的财务报表。

母公司尚未执行企业会计准则而子公司已执行企业会计准则的，母公司在编制合并财务报表时，可以将子公司的财务报表按照母公司的会计政策进行调整后合并，也可以将子公司按照企业会计准则编制的财务报表直接合并。

（二）首份中期财务报告和首份年度财务报表的附注。

企业在首份中期财务报告和首份年度财务报表附注中，应当以列表形式详细披露下列数据的调节过程。

1. 按原会计制度或准则列报的比较报表最早期间的期初所有者权益,调整为按企业会计准则列报的所有者权益。

2. 按原会计制度或准则列报的最近年度年末所有者权益,调整为按企业会计准则列报的所有者权益。

3. 按原会计制度或准则列报的最近年度损益,调整为按企业会计准则列报的损益。

4. 比较中期期末按原会计制度或准则列报的所有者权益,调整为按企业会计准则列报的所有者权益。

5. 比较中期按原会计制度或准则列报的损益(可比中期和上年年初至可比中期期末累计数),调整为同一期间按企业会计准则列报的损益。

执行企业会计准则后首份季报(或首份半年报),需要披露上述1至5项数据的调节过程,其他季度季报(或半年报)只需提供上述4、5项数据的调节过程。首份年度财务报表中只需提供上述1至3项数据的调节过程。

第38章 公允价值计量

38.1 企业会计准则第39号——公允价值计量

为了适应社会主义市场经济发展需要,规范企业公允价值计量和披露,提高会计信息质量,根据《企业会计准则——基本准则》,财政部制定了《企业会计准则第39号——公允价值计量》(以下简称"本准则"),现予印发,自2014年7月1日起在所有执行企业会计准则的企业范围内施行,鼓励在境外上市的企业提前执行。

38.1.1 总则

第一条 为了规范公允价值的计量和披露,根据《企业会计准则——基本准则》,制定本准则。

第二条 公允价值,是指市场参与者在计量日发生的有序交易中,出售一项资产所能收到或者转移一项负债所需支付的价格。

第三条 本准则适用于其他相关会计准则要求或者允许采用公允价值进行计量或披露的情形,本准则第四条和第五条所列情形除外。

第四条 下列各项的计量和披露适用其他相关会计准则。

(一) 与公允价值类似的其他计量属性的计量和披露,如《企业会计准则第1号——存货》规范的可变现净值、《企业会计准则第8号——资产减值》规范的预计未来现金流量现值,分别适用《企业会计准则第1号——存货》和《企业会计准则第8号——资产减值》。

(二) 股份支付业务相关的计量和披露,适用《企业会计准则第11号——股份支付》。

(三) 租赁业务相关的计量和披露,适用《企业会计准则第21号——租赁》。

第五条 下列各项的披露适用其他相关会计准则。

(一) 以公允价值减去处置费用后的净额确定可收回金额的资产的披露,适用《企业会计准则第8号——资产减值》。

(二) 以公允价值计量的职工离职后福利计划资产的披露,适用《企业会计准则第9号——职工薪酬》。

(三) 以公允价值计量的企业年金基金投资的披露,适用《企业会计准则第10号——企业年金基金》。

38.1.2 相关资产或负债

第六条 企业以公允价值计量相关资产或负债,应当考虑该资产或负债的特征。相关资产或负债的特征,是指市场参与者在计量日对该资产或负债进行定价时考虑的特征,包括资产状况及所在位置、对资产出售或者使用的限制等。

第七条 以公允价值计量的相关资产或负债可以是单项资产或负债(如一项金融工具、

一项非金融资产等），也可以是资产组合、负债组合或者资产和负债的组合（如《企业会计准则第 8 号——资产减值》规范的资产组、《企业会计准则第 20 号——企业合并》规范的业务等）。企业是以单项还是以组合的方式对相关资产或负债进行公允价值计量，取决于该资产或负债的计量单元。

计量单元，是指相关资产或负债以单独或者组合方式进行计量的最小单位。相关资产或负债的计量单元应当由要求或者允许以公允价值计量的其他相关会计准则规定，但本准则第十章规范的市场风险或信用风险可抵销的金融资产和金融负债的公允价值计量除外。

38.1.3 有序交易和市场

第八条 企业以公允价值计量相关资产或负债，应当假定市场参与者在计量日出售资产或者转移负债的交易，是在当前市场条件下的有序交易。

有序交易，是指在计量日前一段时期内相关资产或负债具有惯常市场活动的交易。清算等被迫交易不属于有序交易。

第九条 企业以公允价值计量相关资产或负债，应当假定出售资产或者转移负债的有序交易在相关资产或负债的主要市场进行。不存在主要市场的，企业应当假定该交易在相关资产或负债的最有利市场进行。

主要市场，是指相关资产或负债交易量最大和交易活跃程度最高的市场。

最有利市场，是指在考虑交易费用和运输费用后，能够以最高金额出售相关资产或者以最低金额转移相关负债的市场。

交易费用，是指在相关资产或负债的主要市场（或最有利市场）中，发生的可直接归属于资产出售或者负债转移的费用。交易费用是直接由交易引起的、交易所必需的而且不出售资产或者不转移负债就不会发生的费用。运输费用，是指将资产从当前位置运抵主要市场（或最有利市场）发生的费用。

第十条 企业在识别主要市场（或最有利市场）时，应当考虑所有可合理取得的信息，但没有必要考察所有市场。

通常情况下，企业正常进行资产出售或者负债转移的市场可以视为主要市场（或最有利市场）。

第十一条 主要市场（或最有利市场）应当是企业在计量日能够进入的交易市场，但不要求企业于计量日在该市场上实际出售资产或者转移负债。

由于不同企业可以进入的市场不同，对于不同企业，相同资产或负债可能具有不同的主要市场（或最有利市场）。

第十二条 企业应当以主要市场的价格计量相关资产或负债的公允价值。不存在主要市场的，企业应当以最有利市场的价格计量相关资产或负债的公允价值。

企业不应当因交易费用对该价格进行调整。交易费用不属于相关资产或负债的特征，只与特定交易有关。交易费用不包括运输费用。

相关资产所在的位置是该资产的特征，发生的运输费用能够使该资产从当前位置转移到主要市场（或最有利市场）的，企业应当根据使该资产从当前位置转移到主要市场（或最有利市场）的运输费用调整主要市场（或最有利市场）的价格。

第十三条 当计量日不存在能够提供出售资产或者转移负债的相关价格信息的可观察市场时，企业应当从持有资产或者承担负债的市场参与者角度，假定计量日发生了出售资产或者转移负债的交易，并以该假定交易的价格为基础计量相关资产或负债的公允价值。

38.1.4　市场参与者

第十四条 企业以公允价值计量相关资产或负债，应当采用市场参与者在对该资产或负债定价时为实现其经济利益最大化所使用的假设。

市场参与者，是指在相关资产或负债的主要市场（或最有利市场）中，同时具备下列特征的买方和卖方：

（一）市场参与者应当相互独立，不存在《企业会计准则第36号——关联方披露》所述的关联方关系；

（二）市场参与者应当熟悉情况，能够根据可取得的信息对相关资产或负债以及交易具备合理认知；

（三）市场参与者应当有能力并自愿进行相关资产或负债的交易。

第十五条 企业在确定市场参与者时，应当考虑所计量的相关资产或负债、该资产或负债的主要市场（或最有利市场）以及在该市场上与企业进行交易的市场参与者等因素，从总体上识别市场参与者。

38.1.5　公允价值初始计量

第十六条 企业应当根据交易性质和相关资产或负债的特征等，判断初始确认时的公允价值是否与其交易价格相等。

在企业取得资产或者承担负债的交易中，交易价格是取得该项资产所支付或者承担该项负债所收到的价格（即进入价格）。公允价值是出售该项资产所能收到或者转移该项负债所需支付的价格（即脱手价格）。相关资产或负债在初始确认时的公允价值通常与其交易价格相等，但在下列情况中两者可能不相等。

（一）交易发生在关联方之间。但企业有证据表明该关联方交易是在市场条件下进行的除外。

（二）交易是被迫的。

（三）交易价格所代表的计量单元与按照本准则第七条确定的计量单元不同。

（四）交易市场不是相关资产或负债的主要市场（或最有利市场）。

第十七条 其他相关会计准则要求或者允许企业以公允价值对相关资产或负债进行初始计量，且其交易价格与公允价值不相等的，企业应当将相关利得或损失计入当期损益，但其他相关会计准则另有规定的除外。

38.1.6　估值技术

第十八条 企业以公允价值计量相关资产或负债，应当采用在当前情况下适用并且有足够可利用数据和其他信息支持的估值技术。企业使用估值技术的目的，是估计在计量日当前市场条件下，市场参与者在有序交易中出售一项资产或者转移一项负债的价格。

企业以公允价值计量相关资产或负债，使用的估值技术主要包括市场法、收益法和成本法。企业应当使用与其中一种或多种估值技术相一致的方法计量公允价值。企业使用多种估值技术计量公允价值的，应当考虑各估值结果的合理性，选取在当前情况下最能代表公允价值的金额作为公允价值。

市场法，是利用相同或类似的资产、负债或资产和负债组合的价格以及其他相关市场交易信息进行估值的技术。

收益法，是将未来金额转换成单一现值的估值技术。

成本法，是反映当前要求重置相关资产服务能力所需金额（通常指现行重置成本）的估值技术。

第十九条 企业在估值技术的应用中，应当优先使用相关可观察输入值，只有在相关可观察输入值无法取得或取得不切实可行的情况下，才可以使用不可观察输入值。

输入值，是指市场参与者在给相关资产或负债定价时所使用的假设，包括可观察输入值和不可观察输入值。

可观察输入值，是指能够从市场数据中取得的输入值。该输入值反映了市场参与者在对相关资产或负债定价时所使用的假设。

不可观察输入值，是指不能从市场数据中取得的输入值。该输入值应当根据可获得的市场参与者在对相关资产或负债定价时所使用假设的最佳信息确定。

第二十条 企业以交易价格作为初始确认时的公允价值，且在公允价值后续计量中使用了涉及不可观察输入值的估值技术的，应当在估值过程中校正该估值技术，以使估值技术确定的初始确认结果与交易价格相等。

企业在公允价值后续计量中使用估值技术的，尤其是涉及不可观察输入值的，应当确保该估值技术反映了计量日可观察的市场数据，如类似资产或负债的价格等。

第二十一条 公允价值计量使用的估值技术一经确定，不得随意变更，但变更估值技术或其应用能使计量结果在当前情况下同样或者更能代表公允价值的情况除外，包括但不限于下列情况。

（一）出现新的市场。

（二）可以取得新的信息。

（三）无法再取得以前使用的信息。

（四）改进了估值技术。

（五）市场状况发生变化。

企业变更估值技术或其应用的，应当按照《企业会计准则第28号——会计政策、会计估计变更和差错更正》的规定作为会计估计变更，并根据本准则的披露要求对估值技术及其应用的变更进行披露，而不需要按照《企业会计准则第28号——会计政策、会计估计变更和差错更正》的规定对相关会计估计变更进行披露。

第二十二条 企业采用估值技术计量公允价值时，应当选择与市场参与者在相关资产或负债的交易中所考虑的资产或负债特征相一致的输入值，包括流动性折溢价、控制权溢价或少数股东权益折价等，但不包括与本准则第七条规定的计量单元不一致的折溢价。

企业不应当考虑因其大量持有相关资产或负债所产生的折价或溢价。该折价或溢价反映了市场正常日交易量低于企业在当前市场出售或转让其持有的相关资产或负债数量时，市场参与者对该资产或负债报价的调整。

第二十三条 以公允价值计量的相关资产或负债存在出价和要价的，企业应当以在出价和要价之间最能代表当前情况下公允价值的价格确定该资产或负债的公允价值。企业可以使用出价计量资产头寸、使用要价计量负债头寸。

本准则不限制企业使用市场参与者在实务中使用的在出价和要价之间的中间价或其他定价惯例计量相关资产或负债。

38.1.7 公允价值层次

第二十四条 企业应当将公允价值计量所使用的输入值划分为三个层次，并首先使用第一层次输入值，其次使用第二层次输入值，最后使用第三层次输入值。

第一层次输入值是在计量日能够取得的相同资产或负债在活跃市场上未经调整的报价。活跃市场，是指相关资产或负债的交易量和交易频率足以持续提供定价信息的市场。

第二层次输入值是除第一层次输入值外相关资产或负债直接或间接可观察的输入值。

第三层次输入值是相关资产或负债的不可观察输入值。

公允价值计量结果所属的层次，由对公允价值计量整体而言具有重要意义的输入值所属的最低层次决定。企业应当在考虑相关资产或负债特征的基础上判断所使用的输入值是否重要。公允价值计量结果所属的层次，取决于估值技术的输入值，而不是估值技术本身。

第二十五条 第一层次输入值为公允价值提供了最可靠的证据。在所有情况下，企业只要能够获得相同资产或负债在活跃市场上的报价，就应当将该报价不加调整地应用于该资产或负债的公允价值计量，但下列情况除外。

（一）企业持有大量类似但不相同的以公允价值计量的资产或负债，这些资产或负债存在活跃市场报价，但难以获得每项资产或负债在计量日单独的定价信息。在这种情况下，企业可以采用不单纯依赖报价的其他估值模型。

（二）活跃市场报价未能代表计量日的公允价值，如因发生影响公允价值计量的重大事件等导致活跃市场的报价未能代表计量日的公允价值。

（三）本准则第三十四条（二）所述情况。

企业因上述情况对相同资产或负债在活跃市场上的报价进行调整的，公允价值计量结果应当划分为较低层次。

第二十六条 企业在使用第二层次输入值对相关资产或负债进行公允价值计量时，应当根据该资产或负债的特征，对第二层次输入值进行调整。这些特征包括资产状况或所在位置、输入值与类似资产或负债的相关程度（包括本准则第三十四条（二）规定的因素）、可观察输入值所在市场的交易量和活跃程度等。

对于具有合同期限等具体期限的相关资产或负债，第二层次输入值应当在几乎整个期限内是可观察的。

第二层次输入值包括：

（一）活跃市场中类似资产或负债的报价；

（二）非活跃市场中相同或类似资产或负债的报价；

（三）除报价以外的其他可观察输入值，包括在正常报价间隔期间可观察的利率和收益率曲线、隐含波动率和信用利差等；

（四）市场验证的输入值等。市场验证的输入值，是指通过相关性分析或其他手段获得的主要来源于可观察市场数据或者经过可观察市场数据验证的输入值。

企业使用重要的不可观察输入值对第二层次输入值进行调整，且该调整对公允价值计量整体而言是重要的，公允价值计量结果应当划分为第三层次。

第二十七条 企业只有在相关资产或负债不存在市场活动或者市场活动很少导致相关可观察输入值无法取得或取得不切实可行的情况下，才能使用第三层次输入值，即不可观察输入值。

不可观察输入值应当反映市场参与者对相关资产或负债定价时所使用的假设，包括有关风险的假设，如特定估值技术的固有风险和估值技术输入值的固有风险等。

第二十八条 企业在确定不可观察输入值时，应当使用在当前情况下可合理取得的最佳信息，包括所有可合理取得的市场参与者假设。

企业可以使用内部数据作为不可观察输入值，但如果有证据表明其他市场参与者将使用不同于企业内部数据的其他数据，或者这些企业内部数据是企业特定数据、其他市场参与者不具备企业相关特征时，企业应当对其内部数据做出相应调整。

38.1.8 非金融资产的公允价值计量

第二十九条 企业以公允价值计量非金融资产，应当考虑市场参与者将该资产用于最佳用途产生经济利益的能力，或者将该资产出售给能够用于最佳用途的其他市场参与者产生经济利益的能力。

最佳用途，是指市场参与者实现一项非金融资产或其所属的资产和负债组合的价值最大化时该非金融资产的用途。

第三十条 企业确定非金融资产的最佳用途，应当考虑法律上是否允许、实物上是否可能以及财务上是否可行等因素。

（一）企业判断非金融资产的用途在法律上是否允许，应当考虑市场参与者在对该资产定价时考虑的资产使用在法律上的限制。

（二）企业判断非金融资产的用途在实物上是否可能，应当考虑市场参与者在对该资产定价时考虑的资产实物特征。

（三）企业判断非金融资产的用途在财务上是否可行，应当考虑在法律上允许且实物上可能的情况下，使用该资产能否产生足够的收益或现金流量，从而在补偿使资产用于该用途所发生的成本后，仍然能够满足市场参与者所要求的投资回报。

第三十一条 企业应当从市场参与者的角度确定非金融资产的最佳用途。

通常情况下，企业对非金融资产的现行用途可以视为最佳用途，除非市场因素或者其他因素表明市场参与者按照其他用途使用该资产可以实现价值最大化。

第三十二条 企业以公允价值计量非金融资产，应当基于最佳用途确定下列估值前提。

（一）市场参与者单独使用一项非金融资产产生最大价值的，该非金融资产的公允价值应当是将其出售给同样单独使用该资产的市场参与者的当前交易价格。

（二）市场参与者将一项非金融资产与其他资产（或者其他资产或负债的组合）组合使用产生最大价值的，该非金融资产的公允价值应当是将其出售给以同样组合方式使用该资产的市场参与者的当前交易价格，并且该市场参与者可以取得组合中的其他资产和负债。其中，负债包括企业为筹集营运资金产生的负债，但不包括企业为组合之外的资产筹集资金所产生的负债。最佳用途的假定应当一致地应用于组合中所有与最佳用途相关的资产。

企业应当从市场参与者的角度判断该资产的最佳用途是单独使用、与其他资产组合使用、还是与其他资产和负债组合使用，但在计量非金融资产的公允价值时，应当假定按照本准则第七条确定的计量单元出售该资产。

38.1.9 负债和企业自身权益工具的公允价值计量

第三十三条 企业以公允价值计量负债，应当假定在计量日将该负债转移给其他市场参与者，而且该负债在转移后继续存在，并由作为受让方的市场参与者履行义务。

企业以公允价值计量自身权益工具，应当假定在计量日将该自身权益工具转移给其他市场参与者，而且该自身权益工具在转移后继续存在，并由作为受让方的市场参与者取得与该工具相关的权利、承担相应的义务。

第三十四条 企业以公允价值计量负债或自身权益工具，应当遵循下列原则。

（一）存在相同或类似负债或企业自身权益工具可观察市场报价的，应当以该报价为基础确定该负债或企业自身权益工具的公允价值。

（二）不存在相同或类似负债或企业自身权益工具可观察市场报价，但其他方将其作为资产持有的，企业应当在计量日从持有该资产的市场参与者角度，以该资产的公允价值为基础确定该负债或自身权益工具的公允价值。

当该资产的某些特征不适用于所计量的负债或企业自身权益工具时，企业应当根据该资产的公允价值进行调整，以调整后的价值确定负债或企业自身权益工具的公允价值。这些特征包括资产出售受到限制、资产与所计量负债或企业自身权益工具类似但不相同、资产的计量单元与负债或企业自身权益工具的计量单元不完全相同等。

（三）不存在相同或类似负债或企业自身权益工具可观察市场报价，并且其他方未将其作为资产持有的，企业应当从承担负债或者发行权益工具的市场参与者角度，采用估值技术确定该负债或企业自身权益工具的公允价值。

第三十五条 企业以公允价值计量负债，应当考虑不履约风险，并假定不履约风险在负债转移前后保持不变。

不履约风险，是指企业不履行义务的风险，包括但不限于企业自身信用风险。

第三十六条 企业以公允价值计量负债或自身权益工具，并且该负债或自身权益工具存在限制转移因素的，如果公允价值计量的输入值中已经考虑了该因素，企业不应当再单独设置相关输入值，也不应当对其他输入值进行相关调整。

第三十七条 企业以公允价值计量活期存款等具有可随时要求偿还特征的金融负债的，该金融负债的公允价值不应当低于债权人随时要求偿还时的应付金额，即从债权人可要求偿还的第一天起折现的现值。

38.1.10 市场风险或信用风险可抵销的金融资产和金融负债的公允价值计量

第三十八条 企业以市场风险和信用风险的净敞口为基础管理金融资产和金融负债的，可以以计量日市场参与者在当前市场条件下有序交易中出售净多头（即资产）或者转移净空头（即负债）的价格为基础，计量该金融资产和金融负债组合的公允价值。

市场风险或信用风险可抵销的金融资产或金融负债，应当是由《企业会计准则第22号——金融工具确认和计量》规范的金融资产和金融负债，也包括不符合金融资产或金融负债定义但按照《企业会计准则第22号——金融工具确认和计量》进行会计处理的其他合同。

与市场风险或信用风险可抵销的金融资产和金融负债相关的财务报表列报，应当适用其他相关会计准则。

第三十九条 企业按照本准则第三十八条规定计量金融资产和金融负债组合的公允价值的，应当同时满足下列条件：

（一）企业风险管理或投资策略的正式书面文件已载明，企业以特定市场风险或特定对手信用风险的净敞口为基础，管理金融资产和金融负债的组合；

（二）企业以特定市场风险或特定对手信用风险的净敞口为基础，向企业关键管理人员报告金融资产和金融负债组合的信息；

（三）企业在每个资产负债表日以公允价值计量组合中的金融资产和金融负债。

第四十条 企业按照本准则第三十八条规定计量金融资产和金融负债组合的公允价值的，该金融资产和金融负债面临的特定市场风险及其期限实质上应当相同。

企业按照本准则第三十八条规定计量金融资产和金融负债组合的公允价值的，如果市场参与者将会考虑假定出现违约情况下能够减小信用风险敞口的所有现行安排，企业应当考虑特定对手的信用风险净敞口的影响或特定对手对企业的信用风险净敞口的影响，并预计市场参与者依法强制执行这些安排的可能性。

第四十一条 企业采用本准则第三十八条规定的，应当按照《企业会计准则第28号——会计政策、会计估计变更和差错更正》的规定确定相关会计政策，并且一经确定，不得随意变更。

38.1.11 公允价值披露

第四十二条 企业应当根据相关资产或负债的性质、特征、风险以及公允价值计量的层次对该资产或负债进行恰当分组，并按照组别披露公允价值计量的相关信息。

为确定资产和负债的组别，企业通常应当对资产负债表列报项目做进一步分解。企业应当披露各组别与报表列报项目之间的调节信息。

其他相关会计准则明确规定了相关资产或负债组别且其分组原则符合本条规定的，企业可以直接使用该组别提供相关信息。

第四十三条 企业应当区分持续的公允价值计量和非持续的公允价值计量。

持续的公允价值计量，是指其他相关会计准则要求或者允许企业在每个资产负债表日持续以公允价值进行的计量。

非持续的公允价值计量，是指其他相关会计准则要求或者允许企业在特定情况下的资产负债表中以公允价值进行的计量。

第四十四条 在相关资产或负债初始确认后的每个资产负债表日，企业至少应当在附注中披露持续以公允价值计量的每组资产和负债的下列信息。

（一）其他相关会计准则要求或者允许企业在资产负债表日持续以公允价值计量的项目和金额。

（二）公允价值计量的层次。

（三）在各层次之间转换的金额和原因，以及确定各层次之间转换时点的政策。每一层次的转入与转出应当分别披露。

（四）对于第二层次的公允价值计量，企业应当披露使用的估值技术和输入值的描述性信息。当变更估值技术时，企业还应当披露这一变更以及变更的原因。

（五）对于第三层次的公允价值计量，企业应当披露使用的估值技术、输入值和估值流程的描述性信息。当变更估值技术时，企业还应当披露这一变更以及变更的原因。企业应当披露公允价值计量中使用的重要的、可合理取得的不可观察输入值的量化信息。

（六）对于第三层次的公允价值计量，企业应当披露期初余额与期末余额之间的调节信息，包括计入当期损益的已实现利得或损失总额，以及确认这些利得或损失时的损益项目；计入当期损益的未实现利得或损失总额，以及确认这些未实现利得或损失时的损益项目（如相关资产或负债的公允价值变动损益等）；计入当期其他综合收益的利得或损失总额，以及确认这些利得或损失时的其他综合收益项目；分别披露相关资产或负债购买、出售、发行及结算情况。

（七）对于第三层次的公允价值计量，当改变不可观察输入值的金额可能导致公允价值显著变化时，企业应当披露有关敏感性分析的描述性信息。

这些输入值和使用的其他不可观察输入值之间具有相关关系的，企业应当描述这种相关关系及其影响，其中不可观察输入值至少包括本条（五）要求披露的不可观察输入值。

对于金融资产和金融负债，如果为反映合理、可能的其他假设而变更一个或多个不可观察输入值将导致公允价值的重大改变，企业还应当披露这一事实、变更的影响金额及其计算方法。

（八）当非金融资产的最佳用途与其当前用途不同时，企业应当披露这一事实及其原因。

第四十五条 在相关资产或负债初始确认后的资产负债表中，企业至少应当在附注中披露非持续以公允价值计量的每组资产和负债的下列信息。

（一）其他相关会计准则要求或者允许企业在特定情况下非持续以公允价值计量的项目和金额，以及以公允价值计量的原因。

（二）公允价值计量的层次。

（三）对于第二层次的公允价值计量，企业应当披露使用的估值技术和输入值的描述性信息。当变更估值技术时，企业还应当披露这一变更以及变更的原因。

（四）对于第三层次的公允价值计量，企业应当披露使用的估值技术、输入值和估值流程的描述性信息，当变更估值技术时，企业还应当披露这一变更以及变更的原因。企业应当披露公允价值计量中使用的重要不可观察输入值的量化信息。

（五）当非金融资产的最佳用途与其当前用途不同时，企业应当披露这一事实及其原因。

第四十六条 企业调整公允价值计量层次转换时点的相关会计政策应当在前后各会计期间保持一致，并按照本准则第四十四条（三）的规定进行披露。企业调整公允价值计量层次转换时点的相关会计政策应当一致地应用于转出的公允价值计量层次和转入的公允价值计量层次。

第四十七条 企业采用本准则第三十八条规定的会计政策的，应当披露该事实。

第四十八条 对于在资产负债表中不以公允价值计量但以公允价值披露的各组资产和负债，企业应当按照本准则第四十四条（二）、（四）、（五）和（八）披露信息，但不需要按照本准则第四十四条（五）披露第三层次公允价值计量的估值流程和使用的重要不可观察输入值的量化信息。

第四十九条 对于以公允价值计量且在发行时附有不可分割的第三方信用增级的负债，发行人应当披露这一事实，并说明该信用增级是否已反映在该负债的公允价值计量中。

第五十条 企业应当以表格形式披露本准则要求的量化信息，除非其他形式更适当。

38.1.12 衔接规定

第五十一条 本准则施行日之前的公允价值计量与本准则要求不一致的，企业不作追溯调整。

第五十二条 比较财务报表中披露的本准则施行日之前的信息与本准则要求不一致的，企业不需要按照本准则的规定进行调整。

38.1.13 附则

第五十三条 本准则自 2014 年 7 月 1 日起施行。

38.2 《企业会计准则第 39 号——公允价值计量》应用指南

38.2.1 总体要求

《企业会计准则第 39 号——公允价值计量》明确了公允价值的定义，规定了统一的公允价值计量要求，并改进了公允价值相关信息的披露。

本准则主要规范企业应当如何计量相关资产或负债的公允价值，以及应当披露哪些公允价值相关信息，但企业是否应当以公允价值计量相关资产或负债、何时进行公允价值计量、公允价值变动应当计入当期损益还是其他综合收益等会计处理问题，由要求或允许企业采用公允价值进行计量或披露的其他相关会计准则规范。

本准则明确了公允价值定义。公允价值，是指市场参与者在计量日发生的有序交易中，出售一项资产所能收到或者转移一项负债所需支付的价格即脱手价格。企业应当严格按照公允价值定义对相关资产或负债进行公允价值计量。在计量日，企业无论是否能够观察到相关资产或负债的交易价格或者其他市场信息（如类似资产或负债的报价、市场利率或其他输入值等），其公允价值计量的目标应当保持一致，即估计市场参与者在计量日的有序交易中出售一项资产或者转移一项负债的价格。

本准则规范的公允价值计量要求适用于相关资产或负债的初始计量和后续计量。企业应当从市场参与者角度计量相关资产或负债的公允价值，而不应考虑企业自身持有资产、清偿或者以其他方式履行负债的意图和能力。企业以公允价值计量相关资产或负债，应当假定计量日出售资产或转移负债的有序交易发生在主要市场（或者在不存在主要市场情况下的最有利市场）中，并且使用在当前情况下适用并且有足够可利用数据和其他信息支持的估值技术，如市场法、收益法和成本法等。企业应当优先使用相同资产或负债在活跃市场的公开报价（第一层次输入值），最后再使用不可观察输入值（第三层次输入值）。企业应当根据对公允价值计量整体而言具有重要意义的输入值所属的最低层次，将公允价值计量划分为三个层次。

企业以公允价值计量非金融资产，还应当考虑该非金融资产的最佳用途和估值前提。企业以公允价值计量负债（包括金融负债和非金融负债）、企业自身权益工具，应当假定该负债、企业自身权益工具在计量日转移给市场参与者，而非与对方结清或以其他方式消除该负债或企业自身权益工具，并考虑不履约风险。企业以公允价值计量市场风险或信用风险可抵销的金融资产和金融负债，应当基于市场参与者在计量日有序交易中出售净多头（即资产）或转移净空头（即负债）的价格。

企业披露相关资产或负债的公允价值信息，应当对资产或负债进行恰当分组，区分持续的公允价值计量和非持续的公允价值计量，并按照公允价值计量的三个层次进行披露。企业应当披露公允价值计量所使用的估值技术和输入值，以及重大不可观察输入值在持续的公允价值计量中对当期损益或其他综合收益的影响，以使财务报表使用者合理评价公允价值相关信息。

38.2.2 关于适用范围

企业应当遵循本准则的要求对相关资产或负债的公允价值进行计量或披露。但企业对哪些资产或负债进行公允价值计量，应当由其他相关会计准则进行规范。

对于《企业会计准则第1号——存货》规范的可变现净值、《企业会计准则第8号——资产减值》规范的预计未来现金流量现值等与公允价值类似的其他计量属性、股份支付业务以及租赁业务等，企业应当遵循其他相关会计准则进行计量和披露。

对于以公允价值减去处置费用后的净额确定可收回金额的资产、职工离职后福利计划资产、企业年金基金投资等，企业应当遵循本准则进行计量但应当遵循其他相关企业会计准则对这些资产进行披露。

38.2.3 关于公允价值计量的基本要求

（一）相关资产或负债。

本准则中相关资产或负债，是指其他相关会计准则要求或允许企业以公允价值计量的资产或负债，也包括企业自身权益工具，例如《企业会计准则第3号——投资性房地产》中规范的采用公允价值模式进行后续计量的投资性房地产,《企业会计准则第 5 号——生物资产》中规范的采用公允价值进行后续计量的生物资产,《企业会计准则第 8 号——资产减值》中规范的使用公允价值确定可收回金额的资产,《企业会计准则第 10 号——企业年金基金》中规范的以公允价值计量的企业年金基金投资,《企业会计准则第 16 号——政府补助》中规范的以非货币性资产形式取得的政府补助,《企业会计准则第 20 号——企业合并》中规范的非同一控制下企业合并中取得的可辨认资产和负债以及作为合并对价发行的权益工具,《企业会计准则第 22 号——金融工具确认和计量》中规范的以公允价值计量且其变动计入当期损益的金融资产以及可供出售金融资产等。

企业以公允价值计量相关资产或负债,应当考虑该资产或负债的特征以及该资产或负债是以单项还是以组合的方式进行计量等因素。

1. 相关资产或负债的特征。

企业以公允价值计量相关资产或负债,应当考虑该资产或负债所具有的特征,例如,资产的状况及所在位置、出售或使用资产的限制等。如果市场参与者在计量相关资产或负债公允价值时会考虑这些资产或负债的特征,企业在计量该资产或负债公允价值时,也应当考虑这些特征因素。

(1) 资产状况和所在位置。市场参与者以公允价值计量一项非金融资产时,通常会考虑该资产的地理位置和环境、使用功能、结构、新旧程度、可使用状况等。因此,企业计量其公允价值时,也应考虑这些特征,对类似资产的可观察市场价格或其他交易信息进行调整,以确定该资产的公允价值。

【例 38-1】确定资产的公允价值

2×14 年 1 月 1 日,甲企业将刚开发建成的一栋写字楼作为投资性房地产,用于出租,并采用公允价值模式进行后续计量。2×14 年 12 月 31 日,甲企业根据可获得的市场信息和相关数据,决定参考本地区同一地段的写字楼活跃市场价格,并考虑所处商圈位置、新旧程度、配套设施等因素,对本地区可比写字楼的市场交易价格进行调整,确定该写字楼在 2×14 年 12 月 31 日的公允价值。

(2) 对资产出售或使用的限制。企业以公允价值计量相关资产,应当考虑出售或使用该资产所存在的限制因素。企业为合理确定相关资产的公允价值,应当区分该限制是针对资产持有者的,还是针对该资产本身的。

如果该限制是针对相关资产本身的,那么此类限制是该资产具有的一项特征,任何持有该资产的企业都会受到影响,市场参与者在计量日对该资产进行定价时会考虑这一特征。因此,企业以公允价值计量该资产,应当考虑该限制特征。

【例 38-2】对上市公司限售股定价时考虑的因素

某上市公司的限售股具有在指定期间内无法在公开市场上出售的特征。市场参与者在对该上市公司限售股进行定价时将会考虑该权益工具流动性受限的因素。因企业以公允价值计量该权益工具,应当对在公开市场上交易的同一发行人的未受限制的相同权益工具的报价作出相应调整,即从报价中扣除市场参与者因承担指定期间内无法在公开市场上出售该权益工具的风险而要求获得补偿的金额。

【例38-3】考虑土地使用用途受限的影响

某企业通过出让方式取得了一块土地，使用年限为50年。在土地使用权出让合同中，这块土地的用途被限定为主业用地。根据有关法律法规的要求，在未完成相关审批程序前，企业持有该土地使用权期间，不可以擅自改变其土地用途。企业在土地使用年限（50年）内将该土地使用权转让给其他方的，受让方也不能擅自改变该土地用途。

该土地作为工业用地，这是土地本身的特征。即使企业转让该土地，作为受让方的市场参与者也不能擅自改变用途，在以公允价值计量该土地时会考虑这一特征。因企业在对该土地进行公允价值计量时，应当考虑土地使用用途受限的影响。

如果该限制是针对资产持有者的，那么此类限制并不是该资产的特征，只会影响当前持有该资产的企业，而其他企业可能不会受到该限制的影响，市场参与者在计量日对该资产进行定价时不会考虑该限制因素。因此，企业以公允价值计量该资产时，也不应考虑针对该资产持有者的限制因素。

【例38-4】不考虑土地使用权受限的影响

甲公司与某商业银行签订一份借款合同。根据借款合同规定，甲公司将其持有的一块土地使用权作为抵押，在偿还该债务前，甲公司不能转让该土地使用权。

在本例中，甲公司承诺在偿还该商业银行借款前不转让其持有的该土地使用权，该承诺针对甲公司的限制，而非针对甲公司所持有的土地使用权，并不会转移给其他市场参与者。

因此，甲公司在确定其持有的该土地使用权的公允价值时，不应考虑该限制。

2. 计量单元。

企业以公允价值计量相关资产或负债，该资产或负债可以是单项资产或负债，如一台机器设备、一项专利权或者一项金融资产或负债，也可以是资产组合、负债组合或者资产和负债的组合，比如，由多台设备构成的一条生产线、《企业会计准则第20号——企业合并》中规范的业务等。

企业是以单项还是以组合的方式对相关资产或负债进行公允价值计量，取决于该资产或负债的计量单元。计量单元，是指相关资产或负债以单独或者组合方式进行计量的最小单位。企业在确认相关资产或负债时就已经确定了该资产或负债的计量单元。因此，企业以公允价值计量相关资产或负债，应当按照《企业会计准则第8号——资产减值》《企业会计准则第22号——金融工具确认与计量》《企业会计准则第20号——企业合并》等其他相关会计准则规定的计量单元进行计量。

例如，甲公司拥有一台大型设备，主要用于生产医疗器械。2×14年，该设备生产的医疗器械销售率大幅下降。2×14年12月31日，甲公司对该设备进行减值测试。按照《企业会计准则第8号——资产减值》的有关规定，甲公司能够在期末确定该设备可收回金额的，计量单元则为该设备这一单项资产，否则甲公司应将该设备所属的资产组作为一个计量单元，以确定该资产组的可收回金额。

对于市场风险或信用风险可抵销的金融资产、金融负债和其他合同，在符合本准则要求的情况下,企业可以将该金融资产、金融负债和其他合同的组合作为计量单元。

(二)有序交易。

企业以公允价值计量相关资产或负债,应当假定市场参与者在计量日出售资产或者转移负债的交易,是当前市场情况下的有序交易。企业应用于相关资产或负债公允价值计量的有序交易,是在计量日前一段时期内该资产或负债具有惯常市场活动的交易,不包括被迫清算和抛售。

1. 相关资产或负债有序交易的识别。

企业在确定一项交易是否为有序交易时,应当全面理解交易环境和有关事实。企业应当基于可获取的信息,如市场环境变化、交易规则和习惯、价格波动幅度、交易量波动幅度、交易发生的频率、交易对于信息、交易原因、交易场所和其他能够获得的信息,运用专业判断对交易行为和交易价格进行分析,以判断该交易是否为有序交易。

企业不必为确定一项交易是否为有序交易而不计成本,但不能忽视可合理获得的信息。当企业成为交易一方时,通常假定该企业有充分的信息来判断该交易是否为有序交易。

当企业遇到下列情况时,相关资产或负债的交易活动通常不应作为有序交易。

(1) 在当前市场情况下,市场在计量日之前一段时间内不存在相关资产或负债的惯常市场交易活动。

(2) 在计量日之前,相关资产或负债存在惯常的市场交易,但资产出售方或负债转移方仅与单一的市场参与者进行交易。

(3) 资产出售方或负债转移方处于或者接近于破产或托管状态,即资产出售方或负债转移方已陷入财务困境。

(4) 资产出售方为满足法律或者监管规定而被要求出售资产,即被迫出售。

(5) 与相同或类似资产或负债近期发生的其他交易相比,出售资产或转移负债的价格是一个异常值。

2. 相关资产或负债有序交易价格的应用。

企业判定相关资产或负债的交易是有序交易的,在以公允价值计量该资产或负债时,应当考虑该交易的价格,即以该交易价格为基础确定该资产或负债的公允价值。企业在公允价值计量过程中赋予有序交易价格的权重时,应当考虑交易量、交易的可比性、交易日与计量日的临近程度等因素。

企业判定相关资产或负债的交易不是有序交易的,在以公允价值计量该资产或负债时,不应考虑该交易的价格,或者赋予该交易价格较低权重。

企业根据现有信息不足以判定该交易是否为有序交易的,在以公允价值计量该资产或负债时,应当考虑该交易的价格,但不应将该交易价格作为计量公允价值的唯一依据或者主要依据。相对于其他已知的有序交易价格,企业应赋予该交易较低权重。

(三)主要市场或最有利市场。

企业以公允价值计量相关资产或负债,应当假定出售资产或者转移负债的有序交易在该资产或负债的主要市场进行。不存在主要市场的,企业应当假定该交易在相关资产或负债的最有利市场进行。

主要市场，是指相关资产或负债交易量最大和交易活跃程度最高的市场。最有利市场，是指在考虑交易费用和运输费用后，能够以最高金额出售相关资产或者以最低金额转移相关负债的市场。

1. 主要市场或最有利市场的识别。

企业根据可合理取得的信息，能够在交易日确定相关资产或负债交易量最大和交易活跃程度最高的市场的，应当将该市场作为相关资产或负债的主要市场。

企业根据可合理取得的信息，无法在交易日确定相关资产或负债交易量最大和交易活跃程度最高的市场的，应当在考虑交易费用和运输费用后能够以最高金额出售该资产或者以最低金额转移该负债的市场作为最有利市场。

企业在识别相关资产或负债的主要市场（或者在不存在主要市场情况下的最有利市场）时，应当考虑所有可以合理取得的信息，但不必不计成本地考察所有可能的市场。通常情况下，如果不存在相反的证据，企业正常进行资产出售或者负债转移的市场可以视为主要市场或最有利市场。

相关资产或负债的主要市场（或者在不存在主要市场情况下的最有利市场）应当是企业可进入的市场，但不要求企业于计量日在该市场上实际出售资产或者转移负债。企业应当从自身角度，而非市场参与者角度，判定相关资产或负债的主要市场（或者在不存在主要市场情况下的最有利市场）。

不同的企业可以进入不同的市场，对相同资产或负债而言，不同企业可能具有不同的主要市场（或者在不存在主要市场情况下的最有利市场）。例如，某企业与银行签订了一项初始交易价格为零的利率互换。该企业只能进入利率互换的零售市场，而银行则能够同时进入利率互换的零售市场和做市商市场，并且其主要业务发生在做市商市场。因此，该企业与银行就存在不同的主要市场，该企业应当以零售市场为主要市场，该银行应当以做市商市场为主要市场。

2. 主要市场或最有利市场的应用。

企业应当以主要市场上相关资产或负债的价格为基础，计量该资产或负债的公允价值。主要市场是资产或负债流动性最强的市场，能够为企业提供最具代表性的参考信息。因此，无论相关资产或负债的价格是能够直接从市场观察到，还是通过其他估值技术获得，企业都应当以主要市场上相关资产或负债的价格为基础，计量该资产或负债的公允价值。即使企业能够于计量日在主要市场以外的另一个市场上，获得更高的出售价格或更低的转移价格，企业也仍应当以主要市场上相关资产或负债的价格为基础，计量该资产或负债的公允价值。

不存在主要市场或者无法确定主要市场的，企业应当以相关资产或负债最有利市场的价格为基础，计量其公允价值。企业在确定最有利市场时，应当考虑交易费用、运输费用等。

交易费用不属于相关资产或负债的特征，只与特定交易有关，取决于企业参与该资产或负债交易的不同方式（例如，零售交易或者批发交易，交易所交易或者场外交易等）。交易费用是指企业发生的可直接归属于资产出售或者负债转移的费用。交易费用在进行相关资产或负债交易时不可避免。交易费用直接由交易引起，并且是企业进行交易所必需的，如果企业未决定出售资产或转移负债，该费用将不会产生。企业应当根据其他相关会计准则对交易费用进行会计处理。

企业在根据主要市场或最有利市场的交易价格确定相关资产或负债的公允价值时，不应根据交易费用对该价格进行调整。例如，甲企业委托某证券公司于 2×14 年 12 月 1 日购买某上市公司 100 万股普通股股票，作为交易性金融资产持有。2×14 年 12 月 1 日，该上市公司股票价格为每股 10 元。甲企业共支付 1 002 万元，其中 2 万元是支付给证券公司的手续费。甲公司在 2×14 年 12 月 1 日初始确认该交易性金融资产时，每股股票的公允价值应当是 10 元，而不是 10.02 元。

交易费用不包括运输费用。相关资产所在地理位置是该资产的特征，企业应当根据使该资产从当前位置转移到主要市场（或者在不存在主要市场情况下的最有利市场）的运输费用调整主要市场（或者在不存在主要市场情况下的最有利市场）的价格。

企业以公允价值计量相关资产或负债，即使在计量日不存在提供出售资产或转移负债价格信息的可观察市场，企业仍应当从持有资产或承担负债的市场参与者的角度进行考虑，并假设当日发生了交易。该假设的交易是估计出售资产或转移负债价格的基础。

【例 38－5】判定主要交易市场

2×14 年 12 月 31 日，甲公司在非同一控制下的企业合并业务中获得一批存货（100 吨某原材料）。

在合并日，甲公司应当以公允价值计量这批存货。根据市场交易情况，该原材料在 A 城市和 B 城市有两个活跃的交易市场。甲公司能够进入这两个市场，并能够取得该存货在这两个市场的交易数据，如表 38－1 所示。

表 38－1 2×14 年 12 月 31 日该原材料的市场交易数据

市场	销售价格（万元/吨）	历史交易量（吨）
A 城市	26	9 800 000
B 城市	28	200 000

甲公司根据市场交易数据能够确定 A 城市的市场拥有最大交易量、最高交易活跃程度，判定 A 城市的市场为该原材料的主要市场。因此，甲公司应当以 A 城市的市场价格为基础估计这批存货的公允价值。

假定在 A 城市的市场出售这批存货的交易费用（如相关税费等）为 300 万元，将这批存货运抵 A 城市的成本为 20 万元；在 B 城市的市场出售这批存货的交易费用为 320 万元，将这批存货运抵 B 城市的成本为 40 万元。

甲公司在估计这批存货的公允价值时，应当使用在主要市场中出售该原材料将收到的价款，并考虑运输费用，但不考虑交易费用。因此，这批存货的公允价值计量应使用 A 城市的市场中的价格（2 600 万元），减去运输费用（20 万元），从而这批存货的公允价值为 2 580 万元。

在本例中，尽管 B 城市的市场上出售该原材料的价格（28 万元）要高于 A 城市的市场的价格（26 万元），根据本准则的规定，甲公司也不能以 B 城市的市场价格为基础确定这批存货的公允价值。

【例38-6】将经济利益最大化的市场确定为最有利市场

承【例38-5】,如果甲公司无法获得这批存货在 A 城市和 B 城市的历史交易量,则甲公司应当在考虑交易费用和运输费用后将能够获得经济利益最大化的市场确定为最有利市场,即在该市场中出售这批存货收到的净额最高。由于市场参与者在 B 城市的市场中出售该存货能够收到的净额为 2 440(2 800 -320 -40)万元,高于在 A 城市的市场出售该存货能够收到的净额 2 280(2 600 -300 -20)万元,因此,在甲公司无法确定主要市场情况下,B 城市的市场为最有利市场。甲公司应当以 B 城市的市场价格为基础估计这批存货的公允价值。

甲公司估计这批存货的公允价值时,应当使用最有利市场的价格,并考虑运输费用,但不考虑交易费用,即 B 城市的市场中的价格(2 800 万元)减去运输费用(40 万元),从而这批存货的公允价值为 2 760 万元。

在本例中,尽管甲公司在确定最有利市场时考虑了交易费用,但在计量这批存货公允价值时不考虑交易费用,而是仅针对运输费用进行调整的。

(四)市场参与者。

企业以公允价值计量相关资产或负债,应当充分考虑市场参与者之间的交易,采用市场参与者在对该资产或负债定价时为实现其经济利益最大化所使用的假设。

1. 市场参与者的特征。

市场参与者,是指在相关资产或负债的主要市场(或者在不存在主要市场情况下的最有利市场)中,相互独立的、熟悉资产或负债情况的、能够且愿意进行资产或负债交易的买方和卖方。市场参与者应当具备下列特征。

(1)市场参与者应当相互独立,不存在《企业会计准则第36号——关联方披露》所述的关联方关系。例如,甲公司是乙公司的母公司。2×14 年 12 月 31 日,甲公司与乙公司签订股权转让协议,以每股 5 元的协议价格受让乙公司持有的某上市公司 200 万股普通股股票,并作为交易性金融资产持有。12 月 31 日,该上市公司普通股股票的公开市场报价(收盘价)为每股 4.23 元。由于甲公司和乙公司之间存在控制与被控制的关系,其签订的股份转让协议价格明显高于公开市场报价,因此,甲、乙公司之间的交易不能作为市场参与者之间的交易,其交易价格不能作为计量相关资产公允价值的基础。

但如果企业有证据表明,关联方之间的交易是按市场条款达成的,则关联方之间的交易可以作为市场参与者之间的交易,交易价格可作为公允价值计量的基础。例如,承上例,乙公司以每股 4.23 元的价格向其母公司(甲公司)转让该上市公司股份,两者之间的交易价格等于计量日公开市场报价,则甲、乙公司之间的交易可作为市场参与者之间的交易,其交易价格能够作为计量相关资产公允价值的基础。

(2)市场参与者应当熟悉情况,根据可获得的信息,包括通过正常的尽职调查获取的信息,对相关资产或负债以及交易具备合理认知。

(3)市场参与者应当有能力并自愿进行相关资产或负债的交易,而非被迫或以其他强制方式进行交易。

2. 市场参与者的确定。

企业在确定市场参与者时，应当考虑所计量的相关资产或负债、该资产或负债的主要市场（或者在不存在主要市场情况下的最有利市场）以及在该市场上与企业进行交易的市场参与者等因素，从总体上识别市场参与者。例如，某一市场参与者愿意为一项业务支付更高的价格，因为该市场参与者能从该业务中获得协同效应，而其他市场参与者无法获得相同的协同效用。企业在确定该业务的公允价值时，不应以该特定市场参与者的报价为基础，而是应当以大多数市场参与者愿意支付的价格为基础。

企业在确定市场参与者时至少应当考虑下列因素。

（1）所计量的相关资产或负债。例如，金融资产的市场参与者与非金融资产的市场参与者之间将存在较大差别。

（2）该资产或负债的主要市场（或者在不存在主要市场情况下的最有利市场）。主要市场（或者在不存在主要市场情况下的最有利市场）是基于企业角度确定的。因此，与企业在同一行业的其他企业有可能是市场参与者，但市场参与者也可能来自其他行业，例如，在计量制造业企业拥有的土地使用权的公允价值时，房地产开发企业也可能作为市场参与者。

（3）企业将在主要市场或最有利市场进行交易的市场参与者。

3. 市场参与者的应用。

企业以公允价值计量相关资产或负债，应当基于市场参与者之间的交易确定该资产或负债的公允价值。如果市场参与者在交易中考虑了相关资产或负债的特征以及相关风险等，并根据这些特征或风险对该资产或负债的交易价格进行了调整，那么企业也应当采用市场参与者在对该资产或负债定价时所使用的这些假设。

企业应当从市场参与者角度计量相关资产或负债的公允价值，而不应考虑企业自身持有资产、清偿或者以其他方式履行负债的意图和能力。

【例38-7】从市场参与者角度确定相关资产或负债的公允价值

甲公司是一家日化企业，取得了竞争对于乙公司100%股权，并对乙公司进行了吸收合并。甲公司决定不再使用乙公司的商标，所有产品统一使用甲公司的商标。乙公司商标的声誉良好，对其他企业而言具有价值，能够产生经济利益。甲公司以公允价值计量该商标时，不能因为公司自身放弃使用该商标，就将其公允价值确定为零，而是应当基于将该商标出售给熟悉情况、有意愿且有能力进行交易的其他市场参与者的价格，确定其公允价值。

（五）公允价值初始计量。

企业应当根据交易性质和相关资产或负债的特征等，判断初始确认时的公允价值是否与其交易价格相等。企业在取得资产或者承担负债的交易中，交易价格是取得该资产所支付或者承担该负债所收到的价格，即进入价格。而相关资产或负债的公允价值是脱手价格，即出售该资产所能收到的价格或者转移该负债所需支付的价格。

企业未必以取得资产时所支付的价格出售该资产，同样，也未必以承担负债时所收取的价格转移该负债。虽然企业取得资产或承担负债的进入价格不一定等于该资产或负债的脱手价格。但在大多数情况下，相关资产或负债的进入价格等于其脱手价格。例如，在交易日，企业购买一项资产的交易发生在出售该项资产主要市场（或者在不存在主要市场情况下的最有利市场）上的，取得该资产的交易价格与其脱手价格相等。

但在下列情况中，企业以公允价值对相关资产或负债进行初始计量的，不应将取得资产或者承担负债的交易价格作为该资产或负债的公允价值。

1. 关联方之间的交易。但企业有证据表明关联方之间的交易是按照市场条款进行的该交易价格可作为确定其公允价值的基础。

2. 被迫进行的交易，或者资产出售方（或负债转移方）在交易中被迫接受价格的交易。例如，资产出售方或负债转移方为满足监管或法律的要求而被迫出售资产或转移负债，或者资产出售方或负债转移方正陷于财务困境。

3. 交易价格所代表的计量单元不同于以公允价值计量的相关资产或负债的计量单元。例如，以公允价值计量的相关资产或负债仅是交易（例如，企业合并）中的一部分，而交易除该资产或负债外，还包括按照其他会计准则应单独计量但未确认的无形资产。

4. 进行交易的市场不是该资产或负债的主要市场（或者在不存在主要市场情况下的最有利市场）。例如，某商业银行是银行间债券市场的做市商，既可以与其他做市商在银行间债券市场进行交易，也可以与客户在交易所市场进行交易，但对于该银行而言债券交易的主要市场（或者在不存在主要市场情况下的最有利市场）是与其他做市商进行交易的银行间债券市场，交易所市场上的交易价格则有可能不同于银行间债券市场上的交易价格。

其他相关会计准则要求或允许企业以公允价值对相关资产或负债进行初始计量，并且交易价格与公允价值不相等的，交易价格与公允价值的差额应当按照其他相关会计准则的要求进行处理。如果其他相关会计准则对此未作出明确规定的，企业应当将该差额计入当期损益。

（六）估值技术。

企业以公允价值计量相关资产或负债，应当使用在当前情况下适用并且有足够可利用数据和其他信息支持的估值技术。企业使用估值技术的目的是，估计市场参与者在计量日当前市场情况下的有序交易中出售资产或者转移负债的价格。

估值技术通常包括市场法、收益法和成本法。企业应当根据实际情况从市场法、收益法和成本法中选择一种或多种估值技术，用于估计相关资产或负债的公允价值。本准则未规定企业应当优先使用何种估值技术，除非在活跃市场上存在相同资产或负债的公开报价。相关资产或负债存在活跃市场公开报价的，企业应当优先使用该报价确定该资产或负债的公允价值。

企业在应用估值技术估计相关资产或负债的公允价值时，应当根据可观察的市场信息定期校准估值模型，以确保所使用的估值模型能够反映当前市场状况，并识别估值模型本身可能存在的潜在缺陷。

如果企业所使用的估值技术未能考虑市场参与者在对相关资产或负债估值时所考虑的所有因素，那么企业通过该估值技术获得的金额不能作为对计量日当前交易价格的估计。

1. 市场法。

市场法是利用相同或类似的资产、负债或资产和负债组合的价格以及其他相关市场交易信息进行估值的技术。

企业应用市场法估计相关资产或负债公允价值的，可利用相同或类似的资产、负债或资产和负债的组合（例如，一项业务）的价格和其他相关市场交易信息进行估值。

企业在使用市场法时，应当以市场参与者在相同或类似资产出售中能够收到或者转移相同或类似负债需要支付的公开报价为基础。企业在市场价格或其他相关市场交易信息基础上，应当根据该资产或负债的特征，例如，当前状况、地理位置出售和使用的限制等，对相同或类似资产或负债的市场价格进行调整，以确定该资产或负债的公允价值。

【例38-8】市场法估计相关资产或负债的公允价值

2×14年7月1日，甲企业购入乙上市公司100万股普通股股票，共支付500万元，假定不考虑相关税费。甲企业将对乙上市公司的投资作为交易性金融资产持有。2×14年12月31日，乙上市公司普通股股票的收盘价为每股4.8元。甲企业在编制2×14年度财务报表时，采用市场法确定其持有的对乙上市公司投资的公允价值。根据乙上市公司普通股股票于2×14年12月31日的收盘价，甲企业对乙上市公司投资的公允价值为480（4.8×100）万元。

企业在应用市场法时，除直接使用相同或类似资产或负债的公开报价外，还可以使用市场乘数法等估值方法。市场乘数法是一种使用可比企业市场数据估计公允价值的方法，包括上市公司比较法、交易案例比较法等。企业采用上市公司比较法时，可使用的市场乘数包括市盈率、市净率、企业价值/税息折旧及摊销前利润乘数等。企业应当进行职业判断，考虑与计量相关的定性和定量因素，选择恰当的市场乘数。

【例38-9】市场乘数法估计相关资产或负债的公允价值

甲公司拥有乙公司5%的股权，将其作为可供出售金融资产持有。乙公司是一家非上市的股份公司，不存在活跃市场的公开报价。2×14年12月31日，甲公司在编制其财务报表时，由于无法获得乙公司股份的公开市场报价，决定采用市场乘数法确定对乙公司投资的公允价值。甲公司根据乙公司所处的行业、规模、经营业绩、风险、成长性等因素，选择了4家可比的上市公司。考虑到可比公司与乙公司之间资本结构和折旧政策存在差异，甲公司选择企业价值/税息折旧及摊销前利润（Enterprise Value/Earnings Before Internest, Tax, Depreciation and Amortization, EV/EBITDA）乘数对乙公司进行估值。甲公司通过乙公司的税息折旧及摊销前利润和可比上市公司的企业价值/税息折旧及摊销前利润乘数计算出乙公司的企业价值，然后减去乙公司负债的公允价值，得到调整前的乙公司股东权益价值。甲公司在考虑流动性折价等因素后，得到调整后的乙公司股东权益价值，并根据其持股比例，最终得到在乙公司中股权投资的公允价值。可比上市公司的企业价值/税息折旧及摊销前利润乘数如表38-2所示。

表38-2 可比上市公司乘数数据

可比公司	EV/EBITDA
上市公司A	8.0倍
上市公司B	9.0倍

可比公司	EV/EBITDA
上市公司 C	9.5 倍
上市公司 D	8.5 倍
平均数	8.75 倍

2×14 年 12 月 31 日，假定乙公司税息折旧及摊销前利润为 10 000 万元。甲公司运用可比上市公司企业价值/税息折旧及摊销前利润来数的平均数（8.75 倍）得到乙公司的企业价值为 87 500 万元。假定乙公司在 2×14 年 12 月 31 日负债的公允价值是 37 500 万元。

甲公司根据以下程序（见表 38-3），确定其在乙公司中 5% 股权的公允价值为 2 250 万元。

表 38-3　乙公司股权公允价值确定程序　　　　　　　　　　　　　　　单位：万元

（1）调整前的乙公司股东权益价值	乙公司企业价值 - 负债公允价值	87 500 - 37 500 = 50 000
（2）流动性折价	该折价反映了乙公司无公开报价权益工具相比可比公司的权益工具，具有较低流动性。为了简化，假定流动性折价为 10%	50 000 × 10% = 5 000
（3）调整后的乙公司股东权益价值		50 000 - 5 000 = 45 000
（4）甲公司持有乙公司 5% 股权的公允价值		45 000 × 5% = 2 250

2. 收益法。

收益法是企业将未来金额转换成单一现值的估值技术。企业使用收益法时，应当反映市场参与者在计量日对未来现金流量或者收入费用等金额的预期。企业使用的收益法包括现金流量折现法、多期超额收益折现法、期权定价模型等估值方法。

（1）现金流量折现法。现金流量折现法是企业在收益法中最常用到的估值方法，包括传统法（即折现率调整法）和期望现金流量法。

现值是企业运用折现率将未来金额与现在金额联系起来所使用的工具。企业使用现金流量折现法估计相关资产或负债的公允价值时，需要在计量日从市场参与者角度考虑相关资产或负债的未来现金流量、现金流量金额和时间的可能变动、货币时间价值、因承受现金流量固有不确定性而要求的补偿（即风险溢价）、与负债相关的不履约风险（包括企业自身信用风险）、市场参与者在当前情况下可能考虑的其他因素等。

企业采用的现金流量折现法因其中所包含的上述因素的不同而有可能不同。企业以现金流量折现法估计相关资产或负债的公允价值。为避免重复计算或忽略风险因素的影响，折现率与现金流量应当保持一致。例如，企业使用了合同现金流量的，应当采用能够反映预期违约风险的折现率；使用了概率加权现金流量的，应当采用无风险利率；使用了包含通货膨胀影响的现金流量的，应当采用名义折现率；使用了排除通货膨胀影响的现金流量的，应当采用实际利率;使用税后现金流量的,应当采用税后折现率;使用税前现金流量的,应当采用税前折现率;使用人民币现金流量的,应当使用与人民币相关的利率等。

企业在现金流量折现法中所使用的现金流量是估计金额,而非确定的已知金额。当存在违约风险时,即使是合同约定的金额(例如,贷款承诺中约定的贷款金额)也是不确定的,所以,企业使用现金流量折现法时,将面临较多不确定性。

企业在以公允价值计量该资产或负债时应当考虑风险溢价。企业在某些情况下确定合适的风险溢价可能会存在较大的困难,但企业不能仅仅因为难以确定风险溢价而在公允价值计量中不考虑风险调整因素。

根据对风险的调整方式和采用的现金流量类型,可以将现金流量折现法区分为两种方法,传统法和期望现金流量法。

①传统法。传统法是使用在估计金额范围内最有可能的现金流量和经风险调整的折现率的一种折现方法。

企业在传统法中所使用的现金流量,包括合同现金流量、承诺现金流量或者最有可能的现金流量等。这些现金流量都以特定事项为前提条件,例如,债券中包含的合同现金流量或承诺现金流量是以债务人不发生违约为前提条件。

企业所使用的经风险调整的折现率,应当来自市场上交易的类似资产或负债的可观察回报率。在不存在可观察的市场回报率情况下,企业也可以使用估计的市场回报率。

【例38-10】市场回报率折现法估计公允价值

2×13年12月31日,甲商业银行从全国银行间债券市场购入乙公司发行的中期票据,将其作为可供出售金融资产持有。

该票据的信用评级为AAA,期限为7年,自2×13年12月31日起至2×20年12月31日止。该票据面值为人民币100元,票面年利率为5%,假定起息日为2×13年12月31日,付息日为2×14年至2×20年每年的12月31日。乙公司的长期信用评级为AAA。

2×14年12月31日,甲商业银行能够从中央国债登记结算有限责任公司公布的相关收益率曲线确定相同信用评级、相同期FR债券的市场回报率为6%。

2×14年12月31日,甲商业银行可根据该中期票据约定的合同现金流量(利息和本金),运用市场回报率进行折现,得到对乙公司中期票据投资的公允价值为1 001万元,如表38-4所示。

表38-4 公允价值计算过程 单位:万元

年份	2×14年	2×15年	2×16年	2×17年	2×18年	2×19年	2×20年	合计
现金流量	50	50	50	50	50	50	1 050	
折现率(6%)	1	0.943 4	0.890 0	0.839 6	0.792 1	0.747 3	0.705 0	
现值	50	47.2	44.5	42	39.6	37.4	740.3	1 001

【例38-11】现金流量折现法估计公允价值

甲公司采用公允价值模式对其拥有的投资性房地产进行后续计量。2×13年,甲公司将其在某市市中心拥有的一幢写字楼用于出租。该写字楼共五层,总建筑面积为 60 000 平方米,可出租面积约为 35 000 平方米。

考虑到在计量日前一段时间内不存在相同或类似写字楼在活跃市场的交易价格,但类似商业房地产的租赁市场非常活跃,甲公司决定采用收益法中的现金流量折现法估计该写字楼于 2×13 年 12 月 31 日的公允价值,即通过将未来预测期内的现金流量和该写字楼在预测期最后一年的余值用恰当的折现率折现到计量日。

根据市场状况,甲公司采用了以下假设。

(1) 预测期。预测期为 2×13 年 12 月 31 日至 2×18 年 12 月 31 日。

(2) 收益期。以计量日至土地使用权终止日之间的期间为收益期,即 35 年。

(3) 折现率。甲公司通过对该市大量类似商业房地产的市场调查,并考虑评估对象位置、交通便利性以及在营运期内的相关风险(如营运风险、房地产风险、现金流动风险以及其他风险)为 9%。进行分析和调整,最终确定折现率。

(4) 租金。截至 2×16 年 12 月 31 日,该写字楼带租赁合同运营。因此,甲公司分析租金收益时按租赁期内和租赁期外两种情况考虑,2×14 年至 2×16 年租赁期内采用租赁合同规定的租金,2×17 年和 2×18 年租赁期外采用市场租金。

(5) 费用支出。甲公司预计增值税、房产税、财产保险费、土地使用税、营运费用、营销推广费用等占每年租金收入的 25%。

甲公司根据上述信息,确定该写字楼于 2×13 年 12 月 31 日的公允价值为 91 602 万元。具体计算过程如表 38-5 所示。

表 38-5 写字楼公允价值计算过程　　　　　　　　　　　　　　单位:万元

	2×14 年	2×15 年	2×16 年	2×17 年	2×18 年	合计
(1) 总租金收益	12 000	14 000	16 500	17 000	17 500	
(2) 总费用 =(1)×25%	3 000	3 500	4 125	4 250	4 375	
(3) 租金净收益 =(1)-(2)	9 000	10 500	12 375	12 750	13 125	
(4) 未来 30 年的现金流量					72 917*	
(5) 折现率(9%)	0.917 4	0.841 7	0.772 2	0.708 4	0.649 9	
(6) 现金流量现值 =[(3)+(4)]×(5)	8 257	8 838	9 556	9 032	55 919	91 602

注:*为了简化,假定该写字楼未来 30 年的余值折现到 2×18 年 12 月 31 日的价值为 72 917 万元。

企业在确定资产或负债是否类似时,需要考虑现金流量的性质(例如,现金流量是合同现金流量还是非合同现金流量、现金流量是否会对经济条件的改变作出类似反应)以及可沿用状况、抵押品、期限、限制性合同和流动性等其他因素。

②期望现金流量法。是使用风险调整的期望现金流量和无风险利率,或者使用未经风险调整的期望现金流量和包含市场参与者要求的风险溢价的折现率的一种折现方法。

企业应当以概率为权重计算的期望现金流量反映未来所有可能的现金流量。企业在期望现金流量法中使用的现金流量是对所有可能的现金流量进行了概率加权,最终得到的期望现金流量不再以特定事项为前提条件,这不同于企业在传统法中所使用的现金流量。

企业在应用期望现金流量法时,有两种方法调整相关资产或负债期望现金流量的风险溢价。

第一种方法是,企业从以概率为权重计算的期望现金流量中扣除风险溢价,得到确定等值现金流量,并按照无风险利率对确定等值现金流量折现,从而估计出相关资产或负债的公允价值。当市场参与者对于以确定的现金流量交换期望现金流量无偏好时,该确定的现金流量即为确定等值现金流量。例如,如果市场参与者愿意以1 000元的确定现金流量交换1 200元的期望现金流量,该1 000元即为1 200元的确定等值(即200元代表风险溢价)。在这种情况下,持有1 200元的期望现金流量和持有1 000元现金,对于市场参与者而言是无差异的。

第二种方法是,企业在无风险利率之上增加风险溢价,得到期望回报率,并使用该期望回报率对以概率为权重计算的现金流量进行折现,从而估计出相关资产或负债的公允价值。企业可以使用对风险资产进行计价的模型估计期望回报率,例如资本资产定价模型。

【例38-12】调整期望现金流量的风险溢价方法

为了说明期望现金流量法调整风险的两种方法,假定根据下列可能的现金流量和概率(见表38-6),计算确定资产在一年内拥有800万元的期望现金流量。假定适用的一年期无风险利率为6%,具有相同风险状况的资产的系统性风险溢价为2%。

表38-6 可能的现金流量及概率　　　　　　　　　　　　　　　　单位:万元

可能的现金流量	概率	概率加权现金流量
600	20%	120
800	60%	480
1 000	20%	200
期望现金流量		800

在本例中,期望现金流量(800万元)代表三个可能结果的概率加权平均。在实际情况下,可能存在更多结果,但企业应用期望现金流量法时,不需要运用复杂的模型和技术考虑所有可能的现金流量分布,而应当确定现金流量有限数量的可能结果和概率。例如,企业可能使用相关历史期间的实际现金流量,并在考虑市场参与者假设的基础上,对经济形势或市场情况、行业趋势和竞争程度等外部因素和具体影响企业内部因素的变动进行调整。

(1)企业在使用期望现金流量法第一种方法时,应当根据风险溢价对期望现金流量进行调整。

第一步:企业通过使用2%的风险溢价,计算出现金流量的风险调整为15 [800-800×(1.06÷1.08)]万元。

第二步:企业使用期望现金流量减去15万元风险调整,得出经市场风险调整的期望现金流量是785(800-15)万元。

第三步：企业以无风险利率（6%）对经市场风险调整的期望现金流量进行折现，得到该项资产的现值（即公允价值）为 741（785÷1.06）万元。

（2）企业在使用期望现金流量法第二种方法时，应当根据风险溢价对折现率进行调整。

第一步：企业将无风险利率（6%）加上风险溢价（2%），得到期望回报率为 8%。

第二步：企业使用期望回报率对期望现金流量（800 万元）进行折现，得到该项资产的现值（即公允价值）为 741 万元（800÷1.08）。

企业使用期望现金流量法的上述两种方法，得到的现金流量现值应当是相同的。因此，企业在使用期望现金流量法估计相关资产或负债的公允价值时，期望现金流量法的上述两种方法均可使用。企业对期望现金流量法第一种方法或第二种方法的选择，取决于被计量资产或负债的特征和环境因素，企业是否可获取足够多的数据，以及企业运用判断的程度等。

（2）期权定价模型。企业可以使用布莱克—斯科尔斯模型、二叉树模型、蒙特卡洛模拟法等期权定价模型估计期权的公允价值。其中，布莱克—斯科尔斯期权定价模型可以用于认股权证和具有转换特征的金融工具的简单估值。布莱克—斯科尔斯期权定价模型中的输入值包括即期价格、行权价格、合同期限、预计或内含波动率、无风险利率、期望股息率等。

【例 38-13】期权定价模型确定公允价值

甲公司持有乙上市公司发行的股票期权，作为以公允价值计量且具变动计入当期损益的金融资产持有。根据该期权，甲公司可以在 2×16 年 12 月 31 日，按每股 5 元的行权价格向乙上市公司购买 1 000 万股普通股。由于该期权无活跃市场公开报价，甲公司管理层决定采用了布莱克—斯科尔斯期权定价模型确定该期权在 2×14 年 12 月 31 日的公允价值。

布莱克—斯科尔斯期权定价模型中采用的主要输入值如表 38-7 所示。

表 38-7 布莱克—斯科尔斯期权定价模型中主要输入值

即期价格	乙上市公司普通股 2×14 年 12 月 31 日收盘价为 4 元/股
行权价格	5 元/股
期权期限	2 年
无风险利率	根据发行日国债收益率曲线，2 年期的到期收益率为 4%
股价波动率	基于乙上市公司自发行日起过去 5 年内的每日收盘价计算得到股价波动率为 40%
期望股息率	基于乙上市公司过去 5 年的派息情况计算得到期望股息率为 3%

根据表 38-7 中的输入值，甲公司采用布莱克—斯科尔斯期权定价模型计算。得到 2×14 年 12 月 31 日该期权的公允价值为 566.9 万元。

蒙特卡洛模拟法适用于包含复杂属性（如包括可变行权价格或转换价格、对行权时间具有限制条款等）的认股权证或具有转换特征的金融工具。蒙特卡洛模拟法将根据认股权证或具有转换特征的金融工具的条款、条件以及其他假设，随机生成数千甚至数百万的可能结果，计算每种可能情形的相关回报，这些回报用概率加权并折现以计算相关资产或负债的公允价值。

3. 成本法。

成本法是反映当前要求重置相关资产服务能力所需金额的估值技术，通常是指现行重置成本法。在成本法下，企业应当根据折旧贬值情况，对市场参与者获得或构建具有相同服务能力的替代资产的成本进行调整。折旧贬值包括实体性损耗、功能性贬值以及经济性贬值。企业主要使用现行重置成本法估计与其他资产或其他资产和负债一起使用的有形资产的公允价值。

【例 38-14】垂直成本法估计公允价值

甲公司于 2×12 年 1 月 1 日购买了一台数控设备，其原始成本为 400 万元，预计使用寿命为 20 年。

2×14 年，该数控设备生产的产品有替代产品上市，导致甲公司产品市场份额骤降 30%。2×14 年 12 月 31 日，甲公司决定对该数控设备进行减值测试，根据该数控设备的公允价值减去处置费用后的净额与预计未来现金流量现值较高者确定可收回金额。根据可获得的市场信息，甲公司决定采用垂直成本法估计该数控设备的公允价值。甲公司在估计公允价值时，因无法获得该数控设备的市场交易数据，也无法获取其各项成本费用数据，故采用以设备历史成本为基础，根据同类设备的价格上涨指数来确定公允价值的物价指数法。假设自 2×12 年至 2×14 年，此类数控设备价格指数按年分别为上涨的 5%、2% 和 5%。此外，在考虑实体性贬值、功能性贬值和经济性贬值后，在购买日该数控设备的成新率为 60%。因此，甲公司估计该设备公允价值为 270（400×1.05×1.02×1.05×60%）万元。

4. 估值技术的选择。

企业在某些情况下使用单项估值技术本是恰当的，如企业使用相同资产或负债在活跃市场上的公开报价计量该资产或负债的公允价值。但在有些情况下，企业可能需要使用多种估值技术，如企业对未上市企业股权投资的估值，将采用市场法和收益法。企业应当运用更多职业判断，确定恰当的估值技术。企业至少应当考虑下列因素：

一是根据企业可获得的市场数据和其他信息，其中一种估值技术是否比其他估值技术更恰当；

二是其中一种估值技术所使用的输入值是否更容易在市场上观察到或者只需作更少的调整；

三是其中一种估值技术得到的估值结果区间是否在其他估值技术的估值结果区间内；

四是市场法和收益法结果存在较大差异的，进一步分析存在较大差异的原因，如其中一种估值技术可能使用不当，或者其中一种估值技术所使用的输入值可能不恰当等。

企业在公允价值后续计量中使用了估值技术，并且运用了不可观察输入值的，应当确保该估值技术反映了计量日可观察的市场数据，例如，类似资产或负债的最近交易价格等。企业以相关资产或负债的交易价格作为其初始确认时的公允价值，并在公允价值后续计量中使用了不可观察输入值的，应当校正后续计量中运用的估值技术，以使得该估值技术确定的初始确认结果与初始确认时的交易价格相等。企业通过校准估值技术，能够确保估值技术反映当前市场情况，避免发生估值技术未反映相关资产或负债的特征。

【例 38-15】估值技术的选择

甲公司在 2×14 年 12 月 31 日购买了乙公司 10 万股普通股股票，占乙公司所有发行在外股份的 5%。乙公司是一家非上市的股份公司，不存在活跃市场的公开报价。甲公司共支付 360 万元，假定该交易价格等于该投资在 2×14 年 12 月 31 日的公允价值。

甲公司预期后续将使用可比公司估值乘数技术计量这些股权的公允价值，并且将会在该估值技术中使用乙公司业绩衡量指标、流动性折价等不可观察输入值。因此，甲公司以 360 万元的交易价格对后续使用的估值模型进行校准，以使得使用该估值模型得到的该投资在初始确认时的估计值等于交易价格，确保该估值模型已充分反映了该投资的所有特征。

假定乙公司 2×14 年 12 月 31 日的税息折旧及摊销前利润为 800 万元，流动性折价为 10%，并且甲公司从市场上获得可比公司的企业价值/税息折旧及摊销前利润（EV/EBITDA）乘数为 10 倍。甲公司运用该乘数和乙公司税息折旧及摊销前利润估得到乙公司在 2×14 年 12 月 31 日的价值为 8 000 万元，其持有的 5% 股权的价值为 400 万元，在考虑流动性折价后得到的估计价值为 360 万元（见表 38-8）。因此，甲公司后续计量中使用的估值模型和选择的输入值反映了当前市场情况，如表 38-8 所示。

表 38-8 乙公司估计价值计算过程　　　　　　　　　　　　　　　　　单位：万元

（1）乙公司 2×14 年 12 月 31 日的税息折旧及摊销前利润	800
（2）企业价值/税息折旧及摊销前利润乘数（10 倍）	
（3）乙公司价值 =（1）×（2）	8 000
（4）5% 股权所占份额 = 5%×（3）	400
（5）流动性折价（10%）	
（6）流动性折价调整 = 10%×（4）	40
（7）2×14 年 12 月 31 日 5% 股权的估计价值 =（4）-（6）	360

在每一个后续计量日，甲公司将评价在初始确认计量公允价值时使用的假设是否发生变动（即企业价值/税息折旧及摊销前利润乘数为 10 倍是否合适，在初始确认用于取得少数股东权益折价和流动性折价的假设在计量日是否有效）。如果这些假设发生变化，甲公司将考虑这些变化如何影响计量以及新的事实是否需要包括在估值技术中。总之，甲公司应确保估值技术在计量日反映当前市场状况，如果影响乙公司的事实和情况及其经营环境发生变化，还应作出必要的调整。

企业在估计不存在活跃市场的权益工具的公允价值时，如果自权益工具购买日至计量日之间的间隔较短，并且在此期间没有发生对该权益工具价值产生重大影响的事件，企业可采用近期交易价格作为无公开报价权益工具的公允价值；如果权益工具非近期购买，或者自购买日至计量日之间发行权益工具的企业（发行人）发生了重大变化，企业可能不应按照近期交易价格确定权益工具的公允价值，应当根据发行人所处的发展阶段，选用恰当的估值方法进行估值。

例如，对于成熟的被投资企业，企业可采用市场法计量其无公开报价权益工具的公允价值。企业选择可比公司作为基准公司时，应当重点考虑业务的性质、业务的盈利能力及所在地。企业无法找到与被投资企业在同一行业的上市公司时，可选择最相近行业和具有相似经营风险和利润率的公司作为替代。企业选定可比公司后，应当对关键指标的差异进行调整，从而增强市场法的适用性和可靠性。这些所需调整的关键指标差异包括可比公司所在不同市场的估值水平，可比公司与被投资企业之间增长性、盈利能力、股本回报率、流动性差异等。另外，企业也可使用行业特定的一些业务驱动因素进行比较（如股价/页面浏览量、股价/床位）。

又如，对于迅速成长的被投资企业，企业可采用收益法计量其无公开报价权益工具的公允价值。企业使用该方法时，需要进行一系列的财务预测，预测时间至少包括企业一个业务周期，一般不少于5年。如果被投资企业已经确定在近期能够实现上市流通，并且相应的股价已大致确定，企业可采用投资收益折现法来确定被投资企业发行的权益工具的公允价值，使用较低的风险回报率确定计量日的现值。企业应当采用市场法对收益法的结果进行交叉检验。

企业在公允价值计量中使用的估值技术一经确定，不得随意变更。企业公允价值计量中应用的估值技术应当在前后各会计期间保持一致，除非变更估值技术或其应用方法能使计量结果在当前情况下同样或者更能代表公允价值，包括但不限于下列情况：

（1）出现新的市场；

（2）可以取得新的信息；

（3）无法再取得以前使用的信息；

（4）改进了估值技术；

（5）市场状况发生变化等。

企业变更估值技术及其应用方法的，应当按照《企业会计准则第28号——会计政策、会计估计变更和差错更正》的规定作为会计估计变更处理，并根据本准则的披露要求对估值技术及其应用方法的变更进行披露，而不需要按照《企业会计准则第28号——会计政策、会计估计变更和差错更正》的规定对相关会计估计变更进行披露。

企业无论使用何种估值技术，都应当考虑当前市场状况并作出市场参与者可能进行的风险调整，如对信用风险和流动性风险的调整。

（七）输入值。

企业以公允价值计量相关资产或负债，应当考虑市场参与者在对相关资产或负债进行定价时所使用的假设，包括有关风险的假设，例如，所用特定估值技术的内在风险等。市场参与者所使用的假设即为输入值，可分为可观察输入值和不可观察输入值。

企业使用估值技术时，应当优先使用可观察输入值，仅当相关可观察输入值无法取得或取得不切实可行时才使用不可观察输入值。企业通常可以从交易所市场、做市商市场、经纪人市场、直接交易市场获得可观察输入值。在交易所市场上，企业可直接获得相关资产或负债的收盘价。在做市商市场上，做市商随时准备用自有资本买入或者卖出做市项目，以此提供流动性并形成市场，所以出价和要价比收盘价更容易获得。但在直接交易市场上，买卖双方独立协商，无中介参与，所以难以获得这些交易。

企业为估计相关资产或负债公允价值必须使用一些不可观察输入值的，如果市场参与者在对该资产或负债的公允价值计量会用到这些不可观察输入值，那么企业也应当使用这些不可观察输入值。

无论企业在以公允价值计量相关资产或负债过程中是否使用不可观察输入值，其公允价值计量的目的仍是基于市场参与者角度确定在当前市场条件下计量日有序交易中该资产或负债的脱手价格。

1. 公允价值计量中相关的溢价和折价。

企业应当选择与市场参与者在相关资产或负债交易中会考虑的、并且与该资产或负债特征相一致的输入值。在企业能够获得相同或类似资产或负债在活跃市场的报价、市场参与者将考虑与相关资产或负债的特征相关的溢价或折价的情况下，企业应当根据这些溢价或折价，如控制权溢价、少数股东权益折价、流动性折价等，对相同或类似资产或负债的市场交易价格进行调整。

企业不应考虑与要求或允许公允价值计量的其他相关会计准则中规定的计量单元不一致的溢价或折价，如反映企业持有规模特征（即"大宗持有因素"）的溢价或折价。例如，某企业持有一家上市公司 15 000 万股普通股股票。该上市公司在资本市场上一般平均日交易量约为 12 000 万股普通股股票。如果该企业全部出售其持有的上市公司股份，将会造成流动性问题，该上市公司每股普通股股价将发生严重下跌。大宗持有因素是与交易相关的特定因素，因企业交易该资产的方式不同而有所不同。该因素与企业持有股份数量（即持有规模）有关，不是该资产（上市公司普通股股票）的特征。

2. 以出价和要价为基础的输入值。

当相关资产或负债具有出价和要价时，企业可以使用出价要价价差中在当前市场情况下最能代表该资产或负债公允价值的价格计量该资产或负债。出价是经纪人或做市商购买一项资产或处置一项负债所愿意支付的价格，要价是经纪人或做市商出售一项资产或承担一项负债所愿意收取的价格。

企业可使用出价计量资产头寸、使用要价计量负债头寸，也可使用市场参与者在实务中使用的在出价和要价之间的中间价或其他定价惯例计量相关资产或负债。其他方法可作为权宜之计使用。但是，企业不应使用与公允价值计量假定不一致的权宜之计，如对资产使用要价，对负债使用出价。

（八）公允价值层次。

为提高公允价值计量和相关披露的一致性和可比性，企业应当将估值技术所使用的输入值划分为三个层次，并最优先使用活跃市场上相同资产或负债未经调整的报价（第一层次输入值），最后使用不可观察输入值（第三层次输入值）。

1. 第一层次输入值。

第一层次输入值是企业在计量日能够取得的相同资产或负债在活跃市场上未经调整的报价。

活跃市场，是指相关资产或负债交易量及交易频率足以持续提供定价信息的市场。在活跃市场，交易对象具有同质性，可随时找到自愿交易的买方和卖方，并且市场价格信息是公开的。当交易量和交易活动显著下降、可获得的价格因时间或市场参与者不同存在显著差异、可获得的价格并非当前价格时，当前市场可能不是活跃市场。

在活跃市场中，企业应当能够易于且可定期从交易所、交易商、经纪人、行业集团、定价机构或监管机构等获得相关资产或负债的报价。企业从活跃市场获得的这些报价，应当能够代表在公平交易基础上实际并经常发生的市场交易。异常的市场报价不应作为第一层次输入值。例如，债券交易中出现的频繁对敲交易形成的市场价格。

企业使用相同资产或负债在活跃市场的公开报价对该资产或负债进行公允价值计量时，通常不应进行调整。但下列情况除外。

（1）企业持有大量类似但不相同的以公允价值计量的资产或负债，这些资产或负债存在活跃市场报价，但难以获得每项资产或负债在计量日单独的定价信息。例如，银行等金融机构持有大量的类似债券，可能在计量日较难取得每一债券的价格信息，而使用其中一些债券的报价确定其他类似债券的公允价值。在这种情况下，企业可使用不完全依赖于单个报价的备选定价方法作为权宜之计，但公允价值计量应当划入较低层次。

（2）因发生影响公允价值计量的重大事件等导致活跃市场的报价不代表计量日的公允价值。例如，在证券市场闭市之后但在计量日之前发生的买卖双方直接交易、经纪人交易或公告等重大事项。企业应当制定相应会计政策并一致应用，以识别那些可能影响公允价值计量的重大事项。企业根据该新信息而对报价有所调整的，公允价值计量应当划入较低层次。

（3）不存在相同或类似负债或企业自身权益工具报价但其他方将其作为资产持有的负债或自身权益工具的公允价值。如果无需对资产报价进行调整，公允价值计量结果为第一层次。但企业对资产报价进行调整的，公允价值计量应当划入较低层次。

在活跃市场中，企业应当以单项资产或负债的市场报价（第一层次输入值）与企业持有数量的乘积确定其持有的金融资产或金融负债的公允价值。即使市场正常日交易量不足以吸收企业的持有量，以致在市场交易中出售该金融资产或转移该金融负债可能影响市场报价的情况下，企业也应如此。

2. 第二层次输入值。

第二层次输入值是除第一层次输入值外相关资产或负债直接或间接可观察的输入值。对于具有特定期限（如合同期限）的相关资产或负债，第二层次输入值必须在其几乎整个期限内是可观察的。第二层次输入值包括以下各项。

（1）活跃市场中类似资产或负债的报价。

（2）非活跃市场中相同或类似资产或负债的报价。

（3）除报价以外的其他可观察输入值，包括在正常报价间隔期间可观察的利率和收益率曲线等。

（4）市场验证的输入值等。市场验证的输入值，是指通过相关性分析或其他手段，主要来源于可观察市场数据的输入值或者经过可观察市场数据验证的输入值。

企业以公允价值计量相关资产或负债的，类似资产或负债在活跃市场或非活跃市场的报价为该资产或负债的公允价值计量提供了依据，但企业需要对该报价进行调整。企业在确定哪些资产或负债与相关资产或负债类似时，需要进行判断。

在非有序交易情况下，企业确定相关资产或负债的交易价格或报价不能完全代表计量日该资产或负债的公允价值，却又以该交易价格或报价为基础计量其公允价值的，则应当对该交易价格或报价进行调整。例如，在非活跃市场上，相同资产或负债的最近交易日不是该资产或负债的公允价值计量日的，企业应当考虑两个日期的间隔期间内市场状况是否发生变动，如金融工具发行人信用评级的变动，与市场风险相关的信用利差变动等。

企业应当根据相关资产或负债的特征，对第二层次输入值进行调整。这些特征包括资产状况或所在位置、输入值与可比资产或负债的相关程度、可观察输入值所在市场的交易量和活跃程度等。企业使用重要的不可观察输入值对第二层次输入值进行调整，且该调整对公允价值计量整体而言是重大的，公允价值计量结果应当划分为第三层次。

3. 第三层次输入值。

第三层次输入值是相关资产或负债的不可观察输入值。第三层次输入值包括不能直接观察和无法由可观察市场数据验证的利率、股票波动率、企业合并中承担的弃置义务的未来现金流量、企业使用自身数据作出的财务预测等。

企业只有在相关资产或负债几乎很少存在市场交易活动，导致相关可观察输入值无法取得或取得不切实可行的情况下，才能使用第三层次输入值，即不可观察输入值。但企业计量公允价值的目标仍应当保持不变，即从持有资产或承担负债的市场参与者角度确定资产或负债在计量日有序交易中的脱手价格。因此，企业使用不可观察输入值仍应当反映市场参与者给资产或负债定价时使用的假设，包括有关风险的假设，例如，特定估值技术及其输入值的固有风险的假设等。

企业在确定不可观察输入值时，应当使用在当前情况下可以合理取得的最佳信息，包括所有可合理取得的市场参与者假设。企业可在内部数据的基础上确定不可观察输入值，但如果有证据表明其他市场参与者将使用不同于企业内部数据的其他数据，或者这些企业内部数据是企业特定数据、其他市场参与者不具备企业相关特征（例如企业的协同效应）时，企业应当对其内部数据作出相应调整。

企业不必为获取关于市场参与者假设的信息而不计成本，但应当考虑所有可合理获得的有关市场参与者假设的信息。

如果市场参与者在对相关资产或负债定价时考虑了风险调整，则企业在公允价值计量时如果没有考虑该风险调整，那么该计量就不能代表公允价值。例如，当相关资产或负债（或类似资产或负债）的交易量或交易活动比正常市场交易活动显著下降，交易价格或报价无法代表该资产或负债的公允价值时，企业应当考虑风险调整。

企业遇到下列情形时，应当确定相关资产或负债的交易量或交易活跃程度是否出现大幅下降：

（1）最近几乎没有发生该资产或负债的交易；

（2）该资产或负债的报价信息不是基于当前信息；

（3）报价信息在一段时间内或在做市商之间（例如一些经纪人市场）变化极大；

（4）以往与该资产或负债公允价值高度相关的指数被证明与该资产或负债近期公允价值的指导价格不相关；

（5）与企业对期望现金流量的估计相比，在考虑了关于该资产或负债信用风险和其他不履约风险可获得的所有市场数据后，可观察交易或报价的隐含流动性风险溢价、收益率或业绩指标（如拖欠率或损失严重程度）大幅增加；

（6）出价和要价之间的价差很大或者大幅增加；

（7）该资产或负债（或者类似资产或负债）一级市场的交易活动大幅降低或不存在此类市场；

（8）几乎没有公开可获得的信息，例如一些交易活动由买卖双方直接进行。

相关资产或负债的交易量或交易活跃程度大幅下降的，企业可能需要改变估值技术或者使用多种估值技术，例如使用市场法和收益法。当权衡使用不同估值技术取得的公允价值计量结果时，企业应当考虑公允价值计量各种结果的合理性。即使相关资产或负债的交易量或活跃程度出现大幅下降，企业计量公允价值的目标仍应保持不变。如果资产或负债的交易量或交易活跃程度大幅下降，估计市场参与者在计量日按照当前市场情况愿意进行交易的价格，依赖于计量日的事实和环境，这需要企业进行判断。

【例38-16】估值技术的调整

甲企业在2×14年1月1日（证券发行日）购入AAA级住房抵押贷款的次级证券，作为可供出售金融资产持有，并以公允价值进行后续计量。该次级证券在三个次级证券的优先次序中位列第二位。住房抵押贷款证券的基础担保品为2×12年9月1日签出的、无担保的住房抵押贷款。

在2×14年12月31日（计量日），该次级证券的评级为A级。该住房抵押贷款次级证券之前通过经纪人市场进行交易。但是，该市场中的交易量较少，在2×14年1月1日至2×14年3月31日之间每月仅发生过几宗交易，而在2×14年12月31日前9个月内几乎没有任何交易活动。甲企业在评价了相关因素的重要性和相关性之后，考虑到计量日前的较长一段期间内几乎没有任何交易活动，认为该住房抵押贷款次级证券的交易量或交易活跃程度已显著下降。

由于不存在采用市场法估值技术可依据的交易活动，甲企业决定使用收益法，通过折现率调整法来计量住房抵押贷款次级证券在计量日的公允价值。甲企业使用了住房抵押贷款证券的合同现金流量。甲企业随后估计对该合同现金流量进行折现的折现率（即市场回报率）。市场回报率采用下列两项进行估计。

（1）无风险利率。

（2）针对可获得的市场数据与甲企业投资的住房抵押贷款次级证券之间的差异进行的估计调整。该调整反映了市场参与者在计量日进行的有序交易中，按照当前市场状况对资产进行定价时，将考虑的预计不履约风险及其他风险（如违约风险、抵押品价值风险和流动性风险）的可获得的市场数据。

甲企业在估计调整时考虑了下列信息。

（1）初始交易价格反映的该住房抵押贷款次级证券在发行日的信用利差。

（2）自发行日至计量日之间可比的住房抵押贷款证券的任何可观察价格或基于相关指数所反映的信用利差的变化。

（3）该住房抵押贷款次级证券相对于可比住房抵押贷款证券或指数的特征，包括下列各项：

①基础资产的质量，即有关基础抵押贷款的履约信息，如拖欠率和止赎率、历史损失经验和提前偿付率；

②所持有的住房抵押贷款证券的优先次序；

③其他相关因素。

（4）分析师及信用评级机构发布的相关报告。

（5）由诸如经纪人或第三方报价机构提供的报价。

甲企业估计，市场参与者在对该住房抵押贷款次级证券进行定价时，将使用的其中一个指导性市场回报率为12%（1 200个基点）。该市场回报率估计如下。

（1）2×14年12月31日无风险利率为300个基点，并以此为起点。

（2）针对该次级证券在2×14年1月发行时无风险利率的信用利差，加上250个基点。

（3）针对该次级证券自2×14年1月1日至12月31日的无风险利率信用利差的估计变动，加上700个基点。该估计是基于该期间内可获得的最具可比性指数的变动作出的。

（4）针对用于估计信用利差变动的指数与该次级证券之间的差异，作出减少50个基点（净值）的调整。所参考的指数包括次级抵押贷款，而甲企业持有的住房抵押贷款次级证券由具有更高信用状况的类似抵押贷款构成（从而对市场参与者更具吸引力）。但是，该指数并未反映当前市场状况下该次级证券的流动性风险溢价。因此，50个基点的调整是下列两项调整相抵后的净值。

①第一项调整为350个基点的调减，该估计是通过比较2×13年3月住房抵押贷款证券的最近一期交易的内含收益率与相同日期的指数价格的内含收益率取得的。没有信息表明甲企业的证券与该指数之间的关系已发生了变化。

②第二项调整为300个基点的调增，这是甲企业在与相关指数比较后对其证券固有的额外流动性风险作出的最佳估计。该估计是考虑了一系列类似证券近期现金交易的内含流动风险溢价后得出的。

4. 公允价值结果所属的层次。

公允价值计量结果所属的层次，由对公允价值计量整体而言重要的输入值所属的最低层次决定。企业应当在考虑相关资产或负债特征的基础上判断输入值的重要性。企业在进行重要性评估时，应当考虑公允价值计量本身，而不是考虑公允价值的变动以及这些变动的会计处理。企业应当在书面文件中记录其如何评估输入值对于公允价值计量的重要性，并一致应用该政策。

公允价值计量结果所属的层次，取决于估值技术的输入值，而不是估值技术本身。当企业使用的所有输入值都属于同一层次时，例如企业使用未经调整的活跃市场的报价计量公允价值，公允价值计量结果所属的层次就比较容易确定，但企业在公允价值计量中所使用的输入值可能会属于不同层次。在这种情况下，企业评价某一输入值对公允价值计量整体的重要性，需要职业判断，考虑与相关资产或负债有关的特定因素。

【例38-17】估值技术的输入值

承【例38-13】，2×14年12月31日，甲公司在确定该期权公允价值过程中，用到了一种以上的输入值，例如波动率、期望股息率、无风险利率等。其中，无风险利率属于第二层次，波动率和期望股息率属于第三层次。由于波动率和期望股息率对于公允价值计量整体而言是重要的，则该期权的公允价值计量结果应当划入第三层次。

如果企业在公允价值计量中需要使用不可观察输入值对可观察输入值进行调整，并且该调整引起相关资产或负债公允价值计量结果显著增加或显著减少，则公允价值计量结果应当划入第三层次的公允价值计量。例如，企业拥有一家非上市公司 100 万股普通股股票，并将其作为可供出售金融资产持有。企业以市场法估计该金融资产的公允价值，如可从可比上市公司获得可观察的市场乘数，并在此基础上考虑一个流动性折价的调整因素。由于流动性折价为不可观察输入值，企业使用该流动性折价对可观察的企业价值/税息折旧及摊销前利润乘数进行调整，如果该调整对该金融资产的公允价值计量具有重大影响，那么公允价值计量结果应当被划入第三层次的公允价值计量。

企业在确定公允价值计量所属的层次时，不应考虑为取得基于公允价值的其他计量所做的调整，例如计量公允价值减去处置费用时的处置费用。

5. 第三方报价机构的估值。

企业使用第三方报价机构（例如经纪人、做市商等）提供的出价或要价计量相关资产或负债公允价值的，应当确保该第三方报价机构提供的出价或要价遵循了本准则要求。企业应当综合考虑相关资产或负债所处市场的特点、交易是否活跃、是否有足够数量的报价方、报价方是否权威、报价是否持续等因素，对出价和要价的质量进行判断。

企业即使使用了第三方报价机构提供的估值，也不应简单将该公允价值计量结果划入第三层次输入值。企业应当了解估值服务中应用到的输入值，并根据该输入值的可观察性和重要性，确定相关资产或负债公允价值计量结果的层次。例如，第三方报价机构提供了相同资产或负债在活跃市场报价的，企业应当将该资产或负债的公允价值计量划入第一层次。

如果相关资产或负债的交易量或交易活跃程度出现大幅下降，企业应当评估第三方报价机构在形成报价过程中是否使用了反映有序交易的当前信息或是反映市场参与者假定（包括有关风险的假定）的估值技术。

企业在权衡作为公允价值计量输入值的报价时，应当考虑报价的性质，例如报价是参考价格还是具有约束性的要约，对第三方报价机构提供的具有约束性要约的报价应赋予更多权重，并对不能反映交易结果的报价赋予较少权重。

38.2.4 关于非金融资产的公允价值计量

（一）非金融资产的最佳用途。

企业以公允价值计量非金融资产，应当考虑市场参与者通过直接将该资产用于最佳用途产生经济利益的能力，或者通过将该资产出售给能够用于最佳用途的，其他市场参与者产生经济利益的能力。

最佳用途，是指市场参与者实现一项非金融资产或其所属的一组资产和负债的价值最大化时该非金融资产的用途。最佳用途是评估行业在非金融资产（例如，房地产等）评估中所使用的估值概念，也称为最高最佳使用。企业判定非金融资产的最佳用途时，应当考虑该用途是否为法律上允许、实物上可能以及财务上可行的使用方式。

企业判断非金融资产的用途在法律上是否允许时，应当考虑市场参与者在对该非金融资产定价时所考虑的资产使用在法律上的限制。企业在计量日对非金融资产的使用必须未被法律禁止，例如，如果政府禁止在生态保护区内进行房地产开发和经营，则该保护区内土地的最佳用途不可能是工业或商业用途的开发。

企业判断非金融资产的用途在实物上是否可能时，应当考虑市场参与者在对该非金融资产定价时所考虑的资产实物特征，例如，一栋建筑物是否能够作为仓库使用。

企业判断非金融资产的用途在财务上是否可行时，应当考虑在法律上允许且实物上可能的情况下，市场参与者通过使用该非金融资产能否产生足够的收益或现金流量，从而在补偿将该非金融资产用于这一用途所发生的成本之后，仍然能够满足市场参与者所要求的投资回报。

企业应当从市场参与者的角度确定非金融资产的最佳用途，即使企业已经或者计划将非金融资产用于不同于市场参与者的用途。通常情况下，企业对非金融资产的当前用途可视为最佳用途，除非市场因素或者其他因素表明市场参与者按照其他用途使用该非金融资产可以实现价值最大化。

【例38-18】非金融资产的最佳用途

甲软件公司拥有一组资产，包括收费软件资产（向客户收取许可证费用）和配套使用的数据库支持系统，这两项资产结合使用。2×14年，由于市场上出现新的可替代软件，甲公司可收取的许可证费用大幅减少。

因此，甲公司需要对该资产组进行减值测试。为此，甲公司需确定该资产组公允价值减去处置费用后的净额。由于没有证据表明这些资产的当前用途并非其最佳用途，甲公司确定这些资产的最佳用途是其当前用途，并且每一项资产将主要通过与其他资产结合使用来为市场参与者提供最大价值。

假定市场参与者有两种类型，一种是同行业企业（如甲公司的竞争对手），另一种是不具有互补性投资的投资公司。不同市场参与者对这些资产的不同使用，决定了不同市场参与者对各项资产具有不同定价。

（1）同行业企业：假定同行业企业拥有与软件资产配套使用的其他资产（即同行业企业具有协同效应）；软件资产只会在有限的过渡期内使用，且在过渡期结束时无法单独出售。由于同行业企业拥有替代资产，软件资产将不会在其整个剩余经济寿命内被使用。同行业企业对软件资产和配套资产的定价分别为360万元、290万元，整个资产组合的定价为650万元。这些价格反映了同行业企业使用该资产组合内这些资产所产生的协同效应。

（2）投资公司：假定投资公司未拥有与软件资产配套使用的其他资产以及软件资产的替代资产。由于投资公司无替代资产，软件资产将在其整个剩余经济寿命内被使用。投资公司对软件资产和配套资产的定价分别为300万元、290万元，整个资产组合的定价为590万元。

假定两类买家对配套资产的定价相同，均为290万元。

根据上述分析，同行业企业愿意为整个资产组合支付的价格高于投资公司的价格，因此资产 A、资产 B 和软件资产的公允价值应基于同行业企业对整个资产组合的使用来确定（即分别为 360 万元和 290 万元）。

【例 38-19】非金融资产最佳用途的确定

2×13 年 12 月 1 日，甲公司在非同一控制下的吸收合并中取得一块土地的使用权。该土地在合并前被作为工业用地，一直用于出租。甲公司取得该土地使用权后，仍将其用于出租。甲公司以公允价值计量其拥有的投资性房地产。

2×14 年 3 月 31 日，邻近的一块土地被开发用于建造住宅，作为高层公寓大楼的住宅用地使用。由于本地区的区域规划自 2×14 年 1 月 1 日以来已经作出调整，甲公司确定，在履行相关手续后，可将该土地的用途从工业用地变更为住宅用地，因为市场参与者在对该土地进行定价时，将考虑该土地可作为住宅用地进行开发的可能性。

该土地的最佳用途将通过比较以下两项确定。

（1）该土地仍用于工业用途（即该土地与厂房结合使用）的价值。

（2）该土地作为用于建造住宅的空置土地的价值，同时应考虑为将该土地变为空置土地而必须发生的拆除厂房成本及其他成本。

该土地的最佳用途应根据上述两个价值的较高者来确定。假定该土地现时用于工业用途的价值是 600 万元，而用于建造住宅时其价值是 1 000 万元，同时，必须发生的拆除厂房成本及其他成本为 250 万元。因此该土地使用权的公允价值应当为 750（1 000 - 250）万元，大于 600 万元。

【例 38-20】非金融资产的公允价值计量

甲公司根据与其债务人的债务重组协议，从债务人处取得一项研发项目。甲公司为合理确定债务重组业务中产生的资产转让损益，需要估计该研发项目的公允价值。

甲公司考虑到该项目一旦得以完成，将与甲公司拥有的某项专利技术构成竞争，为确保其自身专利技术的优势，甲公司决定不完成该研发项目，持有并封锁该研发项目，以防止其竞争对手获得该项技术。

甲公司应当基于市场参与者假设，确定该研发项目的最佳用途，以确定该研发项目的公允价值。

（1）如果市场参与者将继续开发该项目，并且继续开发将实现利用该研发项目的资产组合或者资产和负债组合（即该资产将与其他资产或者其他资产和负债相结合使用）价值的最大化，则该研发项目的最佳用途是继续进行开发。如果市场参与者未拥有正在开发或已商业化的类似技术，则属于上述这种情况。该项目的公允价值将基于在当前市场环境下出售该项目的交易价格来确定，同时假定该研发项目将与其配套资产及相关负债相结合使用，并且市场参与者能够获得配套资产及相关负债。

（2）如果出于竞争原因，市场参与者将封锁该研发项目，并且封锁将实现利用该研发项目的资产组合或者资产和负债组合价值的最大化，那么该研发项目的最佳用途是停止开发。如果市场参与者拥有处于更先进的开发阶段的技术，而该研发项目完成后将对其构成竞争，并且封锁该研发项目预期能够提升公司自身技术的发展前景，则属于上述这种情况。该研发项目的公允价值将基于在当前市场环境下出售该项目的交易价格来确定，同时假定该研发项目将与其配套资产及相关负债相结合使用（即被封锁），并且市场参与者能够获得配套资产及相关负债。

（3）如果市场参与者将不再对该研发项目进行开发，其最佳用途是停止开发。如果预期该项目完成后将不能提供合理的市场回报，并且封锁该项目也不能够提供防种性价值，则属于上述这种情况。该研发项目的公允价值将基于在当前市场环境单独出售该研发项目的交易价格来确定（可能为零）。

（二）非金融资产的估值前提。

企业以公允价值计量非金融资产，应当在最佳用途的基础上确定该非金融资产的估值前提，即是单独使用该非金融资产还是将其与其他资产或负债组合使用。

1. 通过单独使用实现非金融资产最佳用途的，该非金融资产的公允价值应当是将该资产出售给同样单独使用该资产的市场参与者的当前交易价格。

2. 通过与其他资产或负债组合使用实现非金融资产最佳用途的，该非金融资产的公允价值应当是将该资产出售给以同样组合方式使用资产的市场参与者的当前交易价格，并且假定市场参与者可以取得组合中的其他资产或负债。其中，负债包括企业为筹集营运资金产生的负债，但不包括企业为组合之外的资产筹集资金所产生的负债。最佳用途假定应当一致地应用于组合中所有与最佳用途相关的资产。

企业以公允价值计量非金融资产时，即使通过与其他资产或负债组合使用实现该非金融资产最佳用途的，该资产也必须按照与其他会计准则规定的计量单元相一致的方式（可能是单项资产）出售。因为假定市场参与者已取得使该资产正常运作的组合中其他资产和负债。例如，甲公司在非同一控制下的企业合并中取得一台精密设备，该设备是被并购方生产流水线上的专用设备。该设备需要与流水线上其他设备一起组合使用实现最佳用途，在此基础上，甲公司采用收益法对整个流水线进行估值。甲公司按照一定标准，将该公允价值分配到各组成部分，最终确定该精密设备的公允价值。该精密设备作为单项资产，是其他准则所规定的计量单元，因此，甲公司遵循最佳用途，以组合为基础进行估值但在计量时按照计量单元，将组合的估值分配至各单项资产，以确定该精密设备的公允价值。

企业以公允价值计量与其他资产（如安装或配置）或与其他资产及负债（如一项业务）组合使用的非金融资产时，估值前提对该非金融资产公允价值的影响因下列情况而有所不同。

1. 非金融资产与其他资产或负债组合使用前提下的公允价值，与该非金融资产单独使用前提下的公允价值可能相等。例如，企业以公允价值对持续运营的业务进行计量时，需要对业务的整体进行估值。由于市场参与者都能获得业务中每一项资产或负债的协同效应，所以无论资产是单独使用还是与其他资产或负债组合使用，协同效应都会影响各项资产和负债的公允价值。

2. 非金融资产与其他资产或负债组合使用前提下的公允价值，可通过对单独使用的该非金融资产价值进行调整反映。例如，非金融资产是一台机器设备，其公允价值计量基于类似机器（没有为使用进行安装或配置）的可观察价格确定，并就运输和安装成本进行调整，从而在公允价值计量中反映了机器的当前状况和位置。

3. 非金融资产与其他资产或负债组合使用前提下的公允价值，可通过市场参与者在资产公允价值计量中采用的假设反映。例如，非金融资产是特殊的存货（在产品），市场参与者会将存货转化为产成品，该存货的公允价值将假设市场参与者已经获取或能够获取将存货转化为产成品所需的任何特殊机器设备。

4. 非金融资产与其他资产或负债组合使用前提下的公允价值，可通过估值技术反映。例如，在使用多期超额收益法计量无形资产的公允价值时，该估值技术特别考虑了无形资产所在组合中的其他配套资产和相关负债的贡献。

5. 在少数情况下，非金融资产与其他资产或负债组合使用前提下的公允价值，通过分配资产组合的公允价值，获得近似于公允价值的金额。如某电力集团拟处置其拥有的一家电厂及其输电系统，对于该输电系统，难以脱离该电厂等其他相关资产而单独产生现金流入，因此该电力集团必须将电厂和输电系统组合在一起，先确定该资产组合的公允价值，然后从资产组合的公允价值中减去电厂的公允价值来确定输电系统的公允价值。

【例38-21】非金融资产的估值（收益法）

2×14年12月1日，甲企业通过非货币性资产交换取得一项内部研发的软件资产以及与该软件资产结合使用的相关数据库。甲企业可通过向客户授予该软件资产的许可证取得收入。按照《企业会计准则第7号——非货币性资产交换》要求，甲企业应当确定该软件资产在2×14年12月1日的公允价值。

甲企业确定，该软件资产将通过与相关数据库结合使用来为市场参与者提供最大价值，并且没有证据表明该软件资产的当前用途不是最佳用途。因此，甲企业认为，该软件资产的最佳用途是其当前用途。在本例中，授予软件资产的许可证本身并未表明该资产的公允价值可通过该资产单独被市场参与者使用而实现最大化。

考虑到甲企业无法获得关于可比软件资产的市场交易信息，因此甲企业无法使用市场法。此外，该软件资产是利用专有信息开发的，其具有某些独有特征且不易被复制，甲企业确定市场参与者将无法研发出具有类似用途的替代软件资产，甲企业认为成本法也不适用。因此，甲企业采用收益法确定该软件资产的公允价值。

甲企业应用收益法时，将采用现金流量折现法。现金流量折现法所使用的现金流量反映了该软件资产在其经济寿命内预期产生的收入，即向客户收取的许可证收入。该方法所得出的公允价值为1 200万元。因业，甲企业估计该软件资产在2×14年12月1日的公允价值为根据收益法得出的1 200万元。

【例38-22】非金融资产的估值（市场法和成本法）

2×14年10月16日（合并日），甲企业在非同一控制下的企业合并中获得一台可辨认的机器。按照《企业会计准则第20号——企业合并》的要求，甲企业需要估计该资产在2×14年10月16日的公允价值。被合并方最初通过外购取得该机器，并对该机器进行了小范围的特定配置，以适用于自身经营。甲企业自取得该机器后将其用于生产经营。

甲企业发现，该资产将在为使用安装或配置后通过与其他资产结合使用来为市场参与者提供最大价值，并且没有证据表明该机器的当前用途不是最佳用途。因此，该机器的最佳用途是与其他资产相结合的当前用途。

假定甲企业可获得应用成本法和市场法的充分数据。考虑到甲企业无法通过该机器取得单独可辨认收入作为未来现金流量的可靠估计,并且甲企业无法获得类似二手机器的租赁费率(即资产剩余服务寿命内的租赁付款额)用以预测该机器的未来收入,因此,甲企业未使用收益法。

甲企业关于市场法和成本法的应用如下。

①甲企业应用市场法时,将采用类似机器的报价,并就该配置后的机器与类似机器之间的差异进行调整。甲企业考虑了该机器当前状况及地理位置。甲企业运用市场法确定该机器在 2×14 年 10 月 16 日的公允价值为 60 万元。

②甲企业应用成本法时,需要估计当前建造具有类似用途并且经过配置后的替代机器所需的金额。甲企业应当考虑机器的现状及其运行所处的环境,包括实体性损耗、功能性贬值、经济性贬值,以及安装成本。甲企业运用成本法确定该机器在 2×14 年 10 月 16 日的公允价值为 65 万元。

考虑到市场法所使用的输入值(类似机器的报价)仅需作出较少调整,甲企业认为市场法得出的估计值更能代表该机器的公允价值。因此,甲企业确定该机器在 2×14 年 10 月 16 日的公允价值为 60 万元。

如果对该机器的特定配置涉及范围较广,或者无法获得应用市场法的充分数据,甲企业将应用成本法。如果资产是与其他资产相结合使用,则成本法假设该机器将出售给拥有配套资产的市场参与者买方。出售机器所收到的价格(即脱手价格)应当不超过市场参与者买方为购置或建造具有类似用途的替代机器将发生的成本或者市场参与者买方通过使用该机器将获得的经济利益。

38.2.5 关于负债和企业自身权益工具的公允价值计量

企业以公允价值计量负债,应当假定在计量日将该负债转移给市场参与者,而且该负债在转移后继续存在,由作为受让方的市场参与者履行相关义务。同样,企业以公允价值计量自身权益工具,应当假定在计量日将该自身权益工具转移给市场参与者,而且该自身权益工具在转移后继续存在,并由作为受让方的市场参与者取得与该工具相关的权利承担相应的义务。

在任何情况下,企业都应当最优先使用相关的可观察输入值,只有在相关可观察输入值无法取得或取得不切实可行的情况下,才可以使用不可观察输入值,用于估计在计量日市场参与者之间按照当前市场情况转移一项负债或权益工具的有序交易中的价格。

(一)确定负债或企业自身权益工具公允价值的方法。

1. 具有可观察市场报价的相同或类似负债或企业自身权益工具。

如果存在相同或类似负债或企业自身权益工具可观察市场报价,企业应当以该报价为基础确定负债或企业自身权益工具的公允价值。但在很多情况下,由于法律限制或企业未打算转移负债或企业自身权益工具等原因,企业可能无法获得转移相同或类似负债或企业自身权益工具的公开报价。

在上述情形下，企业应当确定该负债或自身权益工具是否被其他方作为资产持有。相关负债或企业自身权益工具被其他方作为资产持有的，企业应当在计量日从持有对应资产的市场参与者角度，以对应资产的公允价值为基础，确定该负债或企业自身权益工具的公允价值；相关负债或企业自身权益工具没有被其他方作为资产持有的，企业应当从承担负债或者发行权益工具的市场参与者角度，采用估值技术确定该负债或企业自身权益工具的公允价值。

2. 被其他方作为资产持有的负债或企业自身权益工具。

对于不存在相同或类似负债或企业自身权益工具报价但其他方将其作为资产持有的负债或企业自身权益工具，企业应当根据下列方法估计其公允价值。

（1）如果对应资产存在活跃市场的报价，并且企业能够获得该报价，企业应当以对应资产的报价为基础确定该负债或企业自身权益工具的公允价值。

（2）如果对应资产不存在活跃市场的报价，或者企业无法获得该报价，企业可使用其他可观察的输入值，例如对应资产在非活跃市场中的报价。

（3）如果（1）和（2）中的可观察价格都不存在，企业应使用收益法、市场法等估值技术。

企业使用收益法的，应当考虑市场参与者将该负债或企业自身权益工具作为资产持有时预期收到的现金流量现值。企业使用市场法的，应当考虑其他市场参与者作为资产持有的类似负债或企业自身权益工具的报价。

对应资产的某些特征不适用于负债或企业自身权益工具的，企业应当对该资产的市场报价进行调整，以调整后的价格确定该负债或企业自身权益工具的公允价值。这些调整因素包括以下各项。

①对资产的出售受到限制。

②与对应资产相关的负债或企业自身权益工具与所计量负债或企业自身权益工具类似但不相同。负债或权益工具可能具有一些特征，例如发行方的信用质量，与被作为资产持有的类似负债或权益工具的公允价值中反映的特征不同。

③对应资产的计量单元与负债或企业自身权益工具的计量单元不完全相同。如果对应资产的价格反映了相关债权和第三方信用增级，而负债的计量单元不包括第三方的信用增级，则企业在以公允价值计量该负债时，应当调整对应资产的可观察价格，剔除第三方信用增级的影响。

④其他需要调整的因素。

【例38-23】被其他方作为资产持有的负债或企业自身权益工具的公允价值计量

2×14年3月5日，甲企业发行了面值总额为4 000万元的AA级15年期固定利率债券，面值为100元，票面年利率为10%。甲企业将该金融负债指定为以公允价值计量且其变动计入当期损益的金融资产。

该债券在中国银行间债券市场具有大量交易。2×14年12月31日，每百元面值的债券在考虑应计利息付款额后的交易价格为92.5元。甲企业使用该债券的活跃市场报价估计其负债的公允价值。

甲企业在确定该债券的活跃市场报价是否代表负债的公允价值时，应当评估债券的报价是否包含不适用于负债公允价值计量的因素的影响，例如，债券的报价是否包含了第三方信用增级的影响。甲企业确定无需对资产的报价进行任何调整。据此，甲企业认为，该负债在2×14年12月31日的公允价值为3 700 [4 000×(92.5÷100)] 万元。

3. 未被其他方作为资产持有的负债或企业自身权益工具。

不存在相同或类似负债或企业自身权益工具报价，并且其他方未将其作为资产持有的，企业应当从承担负债或者发行权益工具的市场参与者角度，采用估值技术确定该负债或企业自身权益工具的公允价值。即使不存在对应资产（如弃置义务），企业也可使用估值技术计量该负债的公允价值，例如，市场参与者预期在履行义务时将发生的未来现金流出的现值。

企业使用现金流量折现法计量未被其他方作为资产持有的负债的公允价值时，应当估计市场参与者为履行相关义务预期流出的未来现金流量。这些流出的未来现金流量应当包括市场参与者关于履行义务成本的预期以及市场参与者为承担义务所要求的补偿。该补偿包括市场参与者承担履约义务（即履行义务的价值，例如，使用了本可用于其他用途的资源）所要求的回报，以及承担与该义务相关风险（即反映实际现金流出可能不同于预期现金流出风险的风险溢价）所要求的回报。企业可通过增加现金流出金额，或者通过降低用于将未来现金流量折现到现值的折现率，将风险溢价反映在未被其他方作为资产持有的负债或企业自身权益工具的公允价值计量中。企业应确保不重复计算或忽略对风险的调整，例如，企业已考虑与承担义务相关的风险补偿，并增加了预计现金流量，则不应再为反映该风险而调整折现率。

企业采用现金流量折现法计量公允价值时，还应当考虑市场参与者在主要的市场（或者最有利市场）中发行相同合同条款的负债或权益工具时对相同项目（如具有相同信用特征的项目）进行定价时使用的假设，承担相同负债或发行相同权益工具所取得的金额。

【例38-24】未被其他方作为资产持有的负债或企业自身权益工具的公允价值计量

甲商业银行于2×14年1月1日发行了面值为10亿元的AAA级5年期固定利率债券，票面年利率为10%。甲商业银行将该金融负债指定为以公允价值计量且其变动计入当期损益的金融负债。2×14年12月31日，甲商业银行的信用评级仍是AAA。自该债券发行以来，包括可获得的利率、具有AAA信用评级债券的信用利差及流动性在内的市场情况并未发生改变。但是，由于其不履约风险的变化，甲商业银行信用利差下降了50个基点。在考虑所有市场情况后，甲商业银行认为，如果该债券在2×14年12月31日发行，其利率将为10.5%，或者甲商业银行发行该工具所取得的收入将低于其面值。

甲商业银行使用现金流量折现法确定其负债的公允价值。甲商业银行认为，市场参与者将使用下列所有输入值估计其承担甲商业银行义务时预计将会收到的价格。

(1) 债券条款，包括所有下列各项：

① 10%的票面年利率；

② 10亿元的本金金额；

③ 4年的期限。

(2) 10.5%的市场利率（其包含自发行日以来不履约风险导致的50个基点的变动）。甲商业银行使用现金流量折现法,确定该负债在2×14年12月31日的公允价值为9.85亿元。

本例中,甲商业银行认为其利率已经反映了市场参与者因承担该负债而就风险或利润要求的补偿,因此甲商业银行并未针对市场参与者因承担该负债而就风险或利润要求的补偿在其现金流量折现法中纳入任何额外的输入值。

【例38-25】使用期望现金流量法计量弃置义务的公允价值

2×14年1月1日,甲企业通过非同一控制下的企业合并取得乙公司的控制权。乙公司为在东海海域开采石油,建立了一个钻井平台,并于2×14年1月1日投入使用。根据相关法律要求,乙公司在东海海域钻井平台寿命结束后将其拆除,该平台的寿命期预计为10年。甲企业为编制合并日资产负债表,需要估计各可辨认资产和负债的公允价值。

甲企业使用期望现金流量法来计量该弃置义务的公允价值。承担该弃置义务的市场参与者使用下列输入值估计预计将会收到的价格,适当时使用其加权平均数。

（1）人工成本。

（2）间接费用的分摊。

（3）市场参与者因实施相关活动及承担与拆除该资产相关的风险而要求的补偿。此类补偿包括下列两项:

①来自人工成本和间接费用的利润;

②实际现金流出可能不同于预计现金流出的风险,不包括通货膨胀影响。

（4）通货膨胀对估计的成本和利润的影响。

（5）货币时间价值,通过无风险利率反映。

（6）与甲企业不履行义务风险相关的不履约风险,包括甲企业自身信用风险。

基于市场参与者将考虑的上述输入值,甲企业以公允价值计量该弃置义务所使用的重大假设如下。

（1）人工成本依据当前市场条件下聘请承包商拆除海上钻井平台的薪酬水平确定,并就预期未来薪酬增长进行调整。甲企业对估计区间内的现金流量值进行评估,如表38-9所示。

表38-9 可能的现金流量及概率   单位:万元

现金流量估计值	概率	期望现金流量
20 000	25%	5 000
25 000	50%	12 500
35 000	25%	8 750
		26 250

其中,概率评估是基于甲企业履行此类义务的经验及其对市场的了解而确定的。

（2）甲企业采用人工成本的一定比例（预计为人工成本的80%）估计应分摊的间接费用和设备运行成本。这与市场参与者的成本结构相符。

（3）甲企业估计市场参与者实施相关活动及承担与拆除该资产相关的风险而要求的补偿如下。

①第三方承包商通常对人工成本及分摊的内部成本进行加成以保证工程的利润率。所使用的利润率（20%）反映了甲企业对业内承包商拆除海上钻井平台通常赚取的经营利润的了解。甲企业认为该利润率与市场参与者就实施相关活动而要求的补偿率一致。

②由于为可能在10年内都不会进行的项目锁定当前价格存在固有不确定性，承包商通常要求就实际现金流出可能不同于预计现金流出的风险作出补偿。甲企业估计溢价金额为期望现金流量的5%，并包括了通货膨胀的影响。

（4）甲企业根据可获得的市场数据，假设10年期的通货膨胀率为4%。

（5）2×14年1月1日，10年期无风险利率为5%。甲企业为反映不履约风险，在无风险利率基础上增加3.5%。因此，用于计算现金流量现值的折现率为8.5%。

甲企业认为上述假设与市场参与者的假设是一致的。表38-10所示为甲企业估计该弃置义务在2×14年1月1日的公允价值。

表38-10 甲企业估计弃置义务的公允价值　　　　　　　　　单位：万元

项目	公允价值
（1）预计人工成本	26 250
（2）分摊的间接费用和设备成本=0.80×（1）	21 000
（3）承包商的利润加成=0.20×[（1）+（2）]	9 450
（4）通货膨胀调整前的期望现金流量=（1）+（2）+（3）	56 700
（5）10年期4%通货膨胀率的系数	1.480 2
（6）通货膨胀调整后的期望现金流量=（4）×（5）	83 927
（7）市场风险溢价=0.05×（6）	4 196
（8）市场风险调整后的期望现金流量=（6）+（7）	88 123
（9）8.5%折现率系数	0.442 3
（10）折现后的期望现值=（8）×（9）	38 977

（二）不履约风险。

企业以公允价值计量相关负债，应当考虑不履约风险，并假定不履约风险在负债转移前后保持不变。不履约风险，是指企业不履行义务的风险，包括但不限于企业自身信用风险。

企业以公允价值计量相关负债时，应该考虑其信用风险（信用状况）的影响，以及其他可能影响负债履行的因素。这些因素的影响会因不同负债而有所不同，例如，该负债是否是一项偿付现金的义务（金融负债）或者一项提供商品或服务的义务（非金融负债），或者存在与该负债相关的信用增级条款。

企业以公允价值计量相关负债，应当基于该负债计量单元考虑不履约风险对负债公允价值的影响。负债附有不可分割的第三方信用增级（如第三方的债务担保），并且该信用增级与负债是分别进行会计处理的，企业估计该负债公允价值时不应考虑该信用增级的影响，而仅应当考虑企业自身的信用状况。

【例38-26】不履约风险的考虑

甲企业的信用评级为AA，可以6%的年利率在市场上取得借款。乙企业的信用评级为BBB，可以12%的年利率在市场上取得借款。2×14年5月12日，甲企业、乙企业分别与丙商业银行订立了一项借款合同，约定在2×19年5月11日各自向丙商业银行一次性偿还借款本金和利息500万元。根据甲、乙企业与丙商业银行签订的合同，甲企业于2×14年5月12日收到374万元（500万元在5年内按6%进行折现后的现值）；而乙企业于2×14年5月12日收到284万元（500万元在5年内按12%进行折现后的现值）。甲企业和乙企业相关负债的公允价值（即所取得的借款额）均考虑了其信用状况。

【例38-27】不履约风险及信用风险的考虑

2×14年1月1日，信用评级为AA的甲商业银行向乙企业发行了5年期固定利率的结构化票据。

甲商业银行在票据到期时应支付的合同本金与股票指数挂钩。不存在与该合同一起发行或与其相关的任何信用增级，即未提供任何抵押且不存在任何第三方担保。甲商业银行将该票据指定为以公允价值计量且其变动计入当期损益的金融负债。2×14年甲商业银行采用期望现金流量法计量该票据（负债）的公允价值。

（1）2×14年1月1日的公允价值。甲商业银行应当按2×14年1月1日的国债收益率曲线的无风险利率加上当前市场可观察的AA级公司债券与国债之间的利差，对期望现金流量进行折现，如果该现金流量未反映不履约风险，还应就甲商业银行的特定信用风险进行调整（上调或下调），即取得经信用调整的无风险利率。因此，由于现金流入反映了信用风险，甲商业银行在初始确认时考虑了不履约风险，包括其信用风险。

（2）2×14年3月31日的公允价值。在2×14年3月期间，AA级公司债券的利差增大，而甲商业银行的特定信用风险则保持不变。甲商业银行应当按2×14年3月31日的国债收益率曲线的无风险利率加上当前市场可观察的AA级公司债券与国债之间的利差，对期望现金流量进行折现，如果不履约风险没有体现在该现金流量中，还应就甲商业银行的特定信用风险进行调整，即取得经信用调整的无风险利率。由于甲商业银行的特定信用风险自初始确认后没有发生变化，因此，甲商业银行负债的公允价值变动由信用利差的总体变动所致。信用利差的变动反映了当前市场参与者关于不履约风险的总体变化、流动性风险变化及承担这些风险要求获得的补偿等假设。

（3）2×14年6月30日的公允价值。截至2×14年6月30日，AA级公司债券的利差没有发生变化。但是，根据已发行的结构化票据及其他定性信息，甲商业银行确定其自身信用状况得到增强。甲商业银行应当按2×14年6月30日的国债收益率曲线的无风险利率加上当前市场可观察的AA级公司债券与国债之间的利差（自2×14年3月31日以来并未发生变化），对期望现金流量进行折现，如果不履约风险没有体现在该现金流量中，还应就甲商业银行的信用风险进行调整，即取得经信用调整的无风险利率。因此，甲商业银行债务的公允价值变动是由自身信用风险变化所导致。

（三）负债或企业自身权益工具转移受限。

企业以公允价值计量负债或自身权益工具，并且该负债或自身权益工具存在限制转移因素的，如果企业在公允价值计量的输入值中已经考虑了这些因素，则不应再单独设置相关输入值，也不应对其他输入值进行相关调整。

例如，债权人和债务人在交易日完全了解相关义务包含转移限制的情况，并接受负债的交易价格。由于交易价格已包含转移限制，企业不需要在交易日或后续计量日通过重新设立单独输入值或者对现有输入值的调整来反映转移限制的影响。

但对于负债转移的限制未反映在交易价格或用于计量公允价值的其他输入值中的，企业应当对输入值进行调整，以反映该限制。

（四）具有可随时要求偿还特征的金融负债。

具有可随时要求偿还特征的金融负债的公允价值，不应低于债权人要求偿还时的应付金额，即从可要求偿还的第一天起折现的现值。

例如，对于银行而言，其吸收的客户活期存款是具有可随时要求偿还特征的金融负债，反映了银行需根据存款人需求随时偿还现金给存款人或者存款人指定的第三方的合同义务。在许多情况下，此类金融负债可观察的市场价格是客户与银行之间产生此类负债时所使用的价格，即要求偿还的金额。企业不应将具有可随时要求偿还特征的金融负债的公允价值确认为低于要求偿还时的应付金额，否则，这一做法将使此类金融负债因在初始确认时以低于随时要求偿还的金额计量而立即产生一项利得。该结果显然不合理。因此，本准则规定，具有可随时要求偿还特征的金融负债的公允价值，不应低于债权人要求偿还时的应付金额。

38.2.6 关于市场风险或信用风险可抵销的金融资产和金融负债的公允价值计量

企业持有一组金融资产和金融负债时，将会面临市场风险（包括利率风险、货币风险和其他价格风险等）和交易对手的信用风险。通常情况下，企业不是通过"出售"金融资产或"转移"金融负债来管理其面临的市场风险及信用风险敞口，而是基于一个或多个特定市场风险或特定交易对于信用风险的净敞口管理这些金融工具。

企业基于其市场风险或特定交易对于信用风险的净敞口来管理其金融资产和金融负债时，在满足本准则要求的情况下，可以在当前市场情况下市场参与者之间于计量日进行的有序交易中，以出售特定风险敞口的净多头（即资产）所能收到的价格或转移特定风险敞口的净空头（即负债）所需支付的价格为基础，计量该组金融资产和金融负债的公允价值。企业应当以与市场参与者在计量日对净风险敞口定价相一致的方式，计量一组金融资产和金融负债的公允价值。

关于组合管理的金融资产和金融负债的列报，企业应当遵循其他相关会计准则。例如，如果相关会计准则不允许金融工具以净额为基础列报，企业在资产负债表中应当分别列报金融资产和金融负债。在这种情况下，企业需要将以净风险敞口为基础组合管理的金融资产和金融负债组合的公允价值分配至各金融资产和金融负债。企业应当合理、一贯地采用适合于当前情况的方法进行分配。

（一）金融资产和金融负债组合计量的条件。

企业按照本准则的例外规定以公允价值计量金融资产和金融负债组合的,应当同时满足下列条件。

1. 企业在风险管理或投资策略的正式书面文件中已载明,以特定市场风险或特定对于信用风险的净敞口为基础,管理金融资产和金融负债的组合。企业应当提供证据,以证明其一致地基于市场风险或信用风险的净敞口管理金融工具。因为企业可能在各期间针对特定投资组合保持一致的管理,也可能在有些期间针对该投资组合运用净额基础,而在其他期间运用总额基础。

2. 企业以特定市场风险或特定对于信用风险的净敞口为基础,向企业关键管理人员报告金融资产和金融负债组合的信息。

3. 企业在每个资产负债表日持续以公允价值计量组合中的金融资产和金融负债。企业应当(或者已选择,例如应用公允价值选择权)持续以公允价值计量这些金融工具。企业并未以净额基础管理风险敞口,或并未基于公允价值管理这些金融工具的,不应基于企业的净风险敞口来计量这些金融工具的公允价值。

本准则的例外要求仅适用于符合上述条件的并由《企业会计准则第22号——金融工具确认和计量》规范的金融资产、金融负债和其他合同的公允价值计量。

(二)金融资产和金融负债的市场风险敞口。

企业以公允价值计量基于特定市场风险的净敞口管理的金融资产和金融负债的,应当对市场风险净敞口使用价差(出价-要价)内最能代表当前市场环境下公允价值的价格。

企业以公允价值计量基于特定市场风险的净敞口管理的金融资产和金融负债的,金融资产和金融负债应当具有实质上相同的特定市场风险敞口。例如企业不会对与金融资产相关的利率风险和与金融负债相关的商品价格风险进行结合管理,因为这样的做法不会减小企业利率风险或商品价格风险的敞口。企业运用该规定的,应当考虑由于市场风险参数不完全相同所引起的基差风险。企业会因基差风险不同而选择不同的市场风险输入值。因此,企业对金融资产和该金融负债进行组合管理的,如果不能缓解金融资产面临的市场风险和金融负债面临的其他市场风险,则不应运用该规定。

类似地,企业以公允价值计量基于特定市场风险的净敞口管理的金融资产和金融负债的,金融资产和金融负债应当具有实质上相同的特定市场风险的期限。因期限不同而导致在一段时期市场风险未被抵销的,企业应当分别计量其在市场风险被抵销时期的市场风险净敞口,以及在其他时期(即市场风险未被抵销的时期)的市场风险总敞口。例如,企业使用12个月的期货合同对应5年期金融工具中与12个月利率风险敞口价值相关的现金流量,对于由这些金融资产和金融负债组成的组合,企业以净额为基础计量12个月利率风险敞口的公允价值,以总额为基础计量剩余利率风险敞口(即第2年至第5年)的公允价值。

(三)金融资产和金融负债的信用风险敞口。

企业以公允价值计量相关资产或负债,如果已与交易对手达成了在出现违约情况下将考虑所有能够缓释信用风险敞口的安排(例如,与交易对手订立的总互抵协议,或者要求基于各方对另一方信用风险的净敞口交换担保品的协议),则应在公允价值计量中考虑交易对于信用风险的净敞口或者该交易对于对企业信用风险的净敞口。企业以公允价值计量相关资产或负债，应当反映市场参与者对这些安排在出现违约情况下能够依法强制执行的可能性的预期。

企业为管理一个或多个特定市场风险净敞口而进行组合管理的金融资产和金融负债，可以不同于企业为管理其特定交易对手信用风险净敞口而进行组合管理的金融资产和金融负债，因为企业所有合同不可能均与相同的交易对手订立。

38.2.7 关于公允价值披露

企业应当披露在公允价值计量中所使用的估值技术和输入值，以及在持续的公允价值计量中使用的重大不可观察输入值及其对当期损益或其他综合收益的影响，以使财务报表使用者能够作出合理评价。

企业应当根据所处的市场环境，考虑公允价值披露的详尽程度、重要程度、汇总或细化程度，以及是否需要向报表使用者提供额外信息，以帮助这些使用者评价公允价值披露的量化信息。

企业在进行公允价值披露时，应当区分持续的公允价值计量和非持续的公允价值计量，并适用不同的披露要求。持续的公允价值计量，是指其他相关会计准则要求或允许企业在每个资产负债表日持续以公允价值进行的计量，例如对交易性金融资产公允价值的计量。非持续的公允价值计量，是指其他相关会计准则要求或允许企业在特定情况下的资产负债表中以公允价值进行的计量，例如对持有待售的非流动资产公允价值的计量。

企业以公允价值计量市场风险或信用风险可抵销的金融资产和金融负债组合的，应当披露该事实。对于以公允价值计量并且附有不可分割的第三方信用增级的负债，企业应当披露该信用增级，并说明该负债的公允价值计量中是否已反映该信用增级。企业应当以表格形式披露本准则要求的量化信息，除非其他形式更恰当。

（一）对相关资产或负债进行分组。

企业应当根据相关资产或负债的性质、特征、风险以及公允价值计量的层次，对相关资产或负债进行恰当分组，并按照组别披露公允价值计量的相关信息。

相关资产或负债的组别通常是在资产负债表列报项目基础上根据相关资产或负债的性质、特征、风险以及公允价值计量的层次（如估值技术、输入值或其他事项等）进一步细化。企业应当披露各组别与资产负债表列报项目之间的调节信息。对于第三层次公允价值计量，企业应当更加细化地披露，以充分反映第三层次公允价值计量涉及的不确定性和主观性。

其他相关会计准则明确规定了相关资产或负债组别且其分组原则符合本准则规定的，企业可直接使用该组别提供相关信息。

公允价值计量准则对已确认的公允价值计量有不同的披露要求，这取决于这些公允价值计量是持续的还是非持续的。因此，企业在进行公允价值披露时，应当区分持续的公允价值计量和非持续的公允价值计量，并适用不同的披露要求。

对于持续和非持续的公允价值计量，企业至少应提供各组资产或负债的定量信息，具体披露格式如表38-11所示。

（二）第一层次公允价值计量信息的披露要求。

对于持续和非持续的公允价值计量，企业应当披露第一层次公允价值计量中所属项目及其金额。具体披露见表38-11。

（三）第二层次公允价值计量信息的披露要求。

对于持续和非持续的第二层次公允价值计量，企业应当披露第二层次公允价值计量中所属项目及其金额，以及在公允价值计量中使用的估值技术和输入值的描述性信息。当变更估值技术时，企业还应当披露这一变更以及变更的原因。关于第二层次公允价值计量中所属项目及其金额，具体披露见表38-11。

企业披露的估值技术和输入值的描述性信息通常包括。

1. 是否存在可供企业选择的其他估值技术，如果存在，企业是如何在这些估值技术中进行选择的。

2. 企业所选估值技术可能存在的风险或缺陷。

3. 根据市场价格校准估值模型的方法和频率。

4. 对使用第三方报价机构估值的描述，如获得多少个报价、使用了哪一个第三方报价机构的估值、为何选择该报价机构等。

5. 企业采用类似资产或负债的报价对相关资产或负债进行公允价值计量的，如何根据相关资产或负债的特征调整该报价。

6. 企业使用估值模型以外因素对模型进行调整的，描述这些因素是什么，以及如何进行调整。

（四）第三层次公允价值计量信息的披露要求。

1. 对于持续和非持续的第三层次公允价值计量，企业应当披露第三层次公允价值计量中所属项目及其金额。具体披露见表38-11。

表38-11 公允价值计量披露格式

项目	2×14年12月31日	第一层次公允价值计量	第二层次公允价值计量	第三层次公允价值计量	合计
一、持续公允价值计量					
（一）以公允价值计量且其变动计入当期损益的金融资产					
1. 交易性金融资产					
（1）债务工具投资					
（2）权益工具投资					
（3）衍生金融资产					
2. 指定为以公允价值计量且其变动计入当期损益的金融资产					
（1）债务工具投资					
（2）权益工具投资					

续表

项目	2×14年 12月31日	第一层次 公允价值 计量	第二层次 公允价值 计量	第三层次 公允价值 计量	合计
(二) 可供出售金融资产					
1. 债务工具投资					
2. 权益工具投资					
3. 其他					
(三) 投资性房地产					
1. 出租的土地使用权					
2. 出租的建筑物					
3. 持有并准备增值后的土地使用权					
(四) 生物资产					
1. 消耗性生物资产					
2. 生产性生物资产持续以公允价值计量的资产总额					
二、非持续的公允价值计量					
持有待售资产					
非持续的公允价值计量的资产总额					

注：企业可以根据本准则的规定，并结合自身实际情况，对具体项目作相应调整。除非存在企业认为更适合的格式，否则负债将采用类似的表格列报。

2. 对于持续和非持续的第三层次公允价值计量，企业应当披露在公允价值计量中使用的估值技术和输入值的描述性信息。当变更估值技术时，企业还应当披露这一变更以及变更的原因。

由于第三层次公允价值计量相比第二层次公允价值计量主观性更强，企业应当参照第二层次公允价值计量对估值技术和输入值的描述性要求，披露更多信息，以帮助财务报表使用者更好地理解企业在公允价值计量中所作的判断和假设。

企业应当披露公允价值计量中使用的重要的、可合理取得的不可观察输入值的量化信息。在公开信息无法获取或获取不切实可行的情况下，企业披露这些信息，将有助于财务报表使用者了解公允价值计量所隐含的不确定性。

如果企业是直接应用第三方报价机构提供的报价或以前交易的实际交易价格，并且未进行任何调整，考虑到企业未参与设定该数量化的不可观察输入值，企业可以不披露相关不可观察输入值的定量信息。但企业不能忽略在公允价值计量中使用的并且可合理取得的数量化的不可观察输入值。

为帮助财务报表使用者评价所披露的定量信息，企业可考虑披露以公允价值计量的项目的性质,包括在确定相关输入值时所考虑的相关资产或负债的特征,以及在计量公允价值时如何考虑经纪人或定价服务机构报价等第三方信息。

对于持续和非持续的公允价值计量,对于重要的、可合理取得的不可观察输入值的量化信息,企业可以采用表格形式披露相关信息,具体披露格式如表38-12所示。

表38-12 第三层次公允价值计量的定量信息

	2×14年12月31日的公允价值	估值技术	不可观察输入值	范围区间（加权平均值）
权益工具投资		现金流量折现法	加权平均资本成本	
			长期收入增长率	
			长期税前营业利润	
			流动性折价	
			控制权溢价	
		上市公司比较法	流动性折价	
			控制权溢价	
债务工具投资		现金流量折现法	提前偿付率	
			违约概率	
			违约损失率	
衍生金融资产		期权定价模型	波动率	
			交易对手信用风险	
			自身信用风险	
出租的建筑物		现金流量折现法	长期净营业收入利润率	
			计算资产余值所使用的利率	

注:企业可以根据本准则的规定,并结合自身实际情况,对具体项目作相应调整。除非存在企业认为更适合的格式,否则负债将采用类似的表格列报。

3. 对于持续和非持续的第三层次公允价值计量,企业应当披露估值流程的描述性信息,例如企业如何确定其估值政策、估值程序以及分析各期间公允价值计量的变动等。企业在披露估值流程的描述性信息时,通常包括下列信息。

第一,企业内部有专门的团队负责估值政策和估值流程的,应当披露企业内部如何决定估值政策以及估值流程的描述性信息。

第二,风险管理部门或审计委员会等是否定期讨论和评估公允价值计量,并且这些讨论和评估是如何进行的。

第三,各期间公允价值计量变动分析等。

4. 对于持续的第三层次公允价值计量,企业应当披露期初余额与期末余额之间的调节信息,包括计入当期损益的已实现利得或损失总额,以及确认这些利得或损失时的损益项目;期末持有资产或负债计入当期损益的未实现利得或损失总额,以及确认这些未实现利得或损失时的损益项目;计入当期其他综合收益的利得或损失总额,以及确认这些利得或损失时的其他综合收益项目；购买、出售、发行和结算以及转入、转出等情况。

对于划入第三层次的持续的公允价值计量，企业应当披露每组资产或负债如何从期初余额调节至期末余额。企业可以采用表格形式披露相关信息，具体披露格式如表38-13所示。

表38-13 第三层次公允价值计量

项目	期初余额	转入第三层次	转出第三层次	当期利得或损失总额		购买、发行、出售和结算				期末余额	对于在报告期末持有的资产，计入损益的当期未实现利得或损失的变动
				计入损益	计入其他综合收益	购买	发行	出售	结算		
交易性金融资产											
债务工具投资											
权益工具投资											
衍生金融资产											
指定为以公允价值计量且其变动计入当期损益的金融资产											
债务工具投资											
权益工具投资											
可供出售金融资产											
债务工具投资											
权益工具投资											
其他											
投资性房地产											
出租的土地使用权											
出租的建筑物											
持有并准备增值后转让的土地使用权											
生物资产											
消耗性生物资产											
生产性生物资产											
合计											

注：企业可以根据本准则的规定，并结合自身的实际情况，对具体项目作相应调整，除非存在企业认为更适合的格式，否则负债将采用类似的表格列报。

其中，计入当前损益的利得和损失中与金融资产和非金融资产有关的损益信息的披露如表38-14所示。

表38-14 与金融资产和非金融资产有关损益信息的披露

	与金融资产有关的损益	与非金融资产有关的损益
计入损益的当期利得或损失总额		
对于在报告期末持有的资产，计入损益的当期未实现利得或损失的变动		

5. 对于持续的第三层次公允价值计量，企业改变不可观察输入值可能导致公允价值显著变化的，应当按照相关资产或负债的类别披露有关敏感性分析的描述性信息。企业应当根据净利润、总资产或总负债，或者公允价值变动在其他综合收益中确认情况下的所有者权益判断该变化的显著性。

当这些可能导致公允价值显著变化的输入值与企业使用的其他不可观察输入值之间具有相关关系时，企业应当描述这种相关关系及其影响，其中不可观察输入值至少应当包括对公允价值计量而言重要的不可观察输入值。

对于金融资产和金融负债，企业为反映合理、可能的其他假设而变更一个或多个不可观察输入值导致公允价值显著变化的，还应当披露这一事实、变更的影响金额及其计算方法。为此，企业应当根据净利润、总资产或总负债或者公允价值变动在其他综合收益中确认情况下的所有者权益判断该变化的显著性。

例如，对于以公允价值计量的住房抵押贷款证券，企业将会用到提前偿付率、违约率和违约损失率等重大不可观察输入值。每一项输入值的变动将导致该证券公允价值计量值显著变化。通常，企业关于违约率假设的变动将会导致有关违约损失率假设的同方向变动，并导致有关提前偿付率假设的反方向变动。

（五）公允价值计量各层次之间转换的披露要求。

对于持续的公允价值计量，企业应当披露在公允价值计量各层次之间转换的金额和原因。无论各层次之间转换的金额是否重大，企业都应当披露转入或转出第一、第二、第三层次的金额，以有助于财务报表使用者分析企业未来的流动性风险和企业对公允价值计量相对主观性的风险敞口，并且每一层次的转入与转出应当分别披露。

企业应当披露确定各层次之间转换时点的政策。企业确定转换时点的政策应至少包括以下内容。

1. 导致各层次发生转换的事件或情况变化的日期。
2. 报告期期初。
3. 报告期期末。

企业调整公允价值计量层次转换时点的相关会计政策，应当一致地应用于转出的公允价值计量层次和转入的公允价值计量层次，并在前后各会计期间保持一致。

（六）非金融资产最佳用途不同于当前用途的披露要求。

对于持续和非持续的公允价值计量，非金融资产的最佳用途与其当前用途不同的，企业应当披露这一事实及其原因。企业披露该信息有助于报表使用者了解企业有关该非金融资产的使用方式以及与企业战略和经营计划的契合方式,能够为财务报表使用者提供预测未来现金流量的有用信息。

(七)不以公允价值计量但以公允价值披露项目的披露要求。

对于不以公允价值计量但以公允价值披露的资产和负债,企业应当披露下列信息。

1. 公允价值计量结果所属的层次。

2. 对于第二层次公允价值计量,披露使用的估值技术和输入值的描述性信息。当变更估值技术时,披露这一变更以及变更的原因。

3. 对于第三层次公允价值计量,披露使用的估值技术和输入值的描述性信息。当变更估值技术时,披露这一变更以及变更的原因。

4. 非金融资产最佳用途与其当前用途不同的,披露这一事实及其原因。

38.2.8 关于衔接规定

本准则施行日之前的公允价值计量与本准则要求不一致的,企业不作追溯调整。比较财务报表中披露的本准则施行日之前的信息与本准则要求不一致的,企业不需要按照本准则的规定进行调整。

第 39 章 合营安排

39.1 企业会计准则第 40 号——合营安排

为适应社会主义市场经济发展需要,进一步完善企业会计准则体系,根据《企业会计准则——基本准则》,财政部制定了《企业会计准则第 40 号——合营安排》(以下简称"本准则"),现予印发,自 2014 年 7 月 1 日起在所有执行企业会计准则的企业范围内施行,鼓励在境外上市的企业提前执行。

39.1.1 总则

第一条 为了规范合营安排的认定、分类以及各参与方在合营安排中权益等的会计处理,根据《企业会计准则——基本准则》,制定本准则。

第二条 合营安排,是指一项由两个或两个以上的参与方共同控制的安排。合营安排具有下列特征:

(一)各参与方均受到该安排的约束;

(二)两个或两个以上的参与方对该安排实施共同控制。任何一个参与方都不能够单独控制该安排,对该安排具有共同控制的任何一个参与方均能够阻止其他参与方或参与方组合单独控制该安排。

第三条 合营安排不要求所有参与方都对该安排实施共同控制。合营安排参与方既包括对合营安排享有共同控制的参与方(即合营方),也包括对合营安排不享有共同控制的参与方。

第四条 合营方在合营安排中权益的披露,适用《企业会计准则第 41 号——在其他主体中权益的披露》。

39.1.2 合营安排的认定和分类

第五条 共同控制,是指按照相关约定对某项安排所共有的控制,并且该安排的相关活动必须经过分享控制权的参与方一致同意后才能决策。

本准则所称相关活动,是指对某项安排的回报产生重大影响的活动。某项安排的相关活动应当根据具体情况进行判断,通常包括商品或劳务的销售和购买、金融资产的管理、资产的购买和处置、研究与开发活动以及融资活动等。

第六条 如果所有参与方或一组参与方必须一致行动才能决定某项安排的相关活动,则称所有参与方或一组参与方集体控制该安排。

在判断是否存在共同控制时,应当首先判断所有参与方或参与方组合是否集体控制该安排,其次再判断该安排相关活动的决策是否必须经过这些集体控制该安排的参与方一致同意。

第七条 如果存在两个或两个以上的参与方组合能够集体控制某项安排的,不构成共同控制。

第八条 仅享有保护性权利的参与方不享有共同控制。

第九条 合营安排分为共同经营和合营企业。

共同经营，是指合营方享有该安排相关资产且承担该安排相关负债的合营安排。

合营企业，是指合营方仅对该安排的净资产享有权利的合营安排。

第十条 合营方应当根据其在合营安排中享有的权利和承担的义务确定合营安排的分类。对权利和义务进行评价时应当考虑该安排的结构、法律形式以及合同条款等因素。

第十一条 未通过单独主体达成的合营安排，应当划分为共同经营。

单独主体，是指具有单独可辨认的财务架构的主体，包括单独的法人主体和不具备法人主体资格但法律认可的主体。

第十二条 通过单独主体达成的合营安排，通常应当划分为合营企业。但有确凿证据表明满足下列任一条件并且符合相关法律法规规定的合营安排应当划分为共同经营。

（一）合营安排的法律形式表明，合营方对该安排中的相关资产和负债分别享有权利和承担义务。

（二）合营安排的合同条款约定，合营方对该安排中的相关资产和负债分别享有权利和承担义务。

（三）其他相关事实和情况表明，合营方对该安排中的相关资产和负债分别享有权利和承担义务，如合营方享有与合营安排相关的几乎所有产出，并且该安排中负债的清偿持续依赖于合营方的支持。

不能仅凭合营方对合营安排提供债务担保即将其视为合营方承担该安排相关负债。合营方承担向合营安排支付认缴出资义务的，不视为合营方承担该安排相关负债。

第十三条 相关事实和情况变化导致合营方在合营安排中享有的权利和承担的义务发生变化的，合营方应当对合营安排的分类进行重新评估。

第十四条 对于为完成不同活动而设立多项合营安排的一个框架性协议，企业应当分别确定各项合营安排的分类。

39.1.3 共同经营参与方的会计处理

第十五条 合营方应当确认其与共同经营中利益份额相关的下列项目，并按照相关企业会计准则的规定进行会计处理：

（一）确认单独所持有的资产，以及按其份额确认共同持有的资产；

（二）确认单独所承担的负债，以及按其份额确认共同承担的负债；

（三）确认出售其享有的共同经营产出份额所产生的收入；

（四）按其份额确认共同经营因出售产出所产生的收入；

（五）确认单独所发生的费用，以及按其份额确认共同经营发生的费用。

第十六条 合营方向共同经营投出或出售资产等（该资产构成业务的除外），在该资产等由共同经营出售给第三方之前，应当仅确认因该交易产生的损益中归属于共同经营其他参与方的部分。投出或出售的资产发生符合《企业会计准则第8号——资产减值》等规定的资产减值损失的,合营方应当全额确认该损失。

第十七条 合营方自共同经营购买资产等（该资产构成业务的除外），在将该资产等出售给第三方之前，应当仅确认因该交易产生的损益中归属于共同经营其他参与方的部分。购入的资产发生符合《企业会计准则第 8 号——资产减值》等规定的资产减值损失的,合营方应当按其承担的份额确认该部分损失。

第十八条 对共同经营不享有共同控制的参与方，如果享有该共同经营相关资产且承担该共同经营相关负债的，应当按照本准则第十五条至第十七条的规定进行会计处理；否则，应当按照相关企业会计准则的规定进行会计处理。

39.1.4 合营企业参与方的会计处理

第十九条 合营方应当按照《企业会计准则第 2 号——长期股权投资》的规定对合营企业的投资进行会计处理。

第二十条 对合营企业不享有共同控制的参与方应当根据其对该合营企业的影响程度进行会计处理。

（一）对该合营企业具有重大影响的，应当按照《企业会计准则第 2 号——长期股权投资》的规定进行会计处理。

（二）对该合营企业不具有重大影响的，应当按照《企业会计准则第 22 号——金融工具确认和计量》的规定进行会计处理。

39.1.5 衔接规定

第二十一条 首次采用本准则的企业应当根据本准则的规定对其合营安排进行重新评估，确定其分类。

第二十二条 合营企业重新分类为共同经营的，合营方应当在比较财务报表最早期间期初终止确认以前采用权益法核算的长期股权投资，以及其他实质上构成对合营企业净投资的长期权益；同时根据比较财务报表最早期间期初采用权益法核算时使用的相关信息，确认本企业在共同经营中的利益份额所产生的各项资产（包括商誉）和负债，所确认资产和负债的账面价值与其计税基础之间存在暂时性差异的，应当按照《企业会计准则第 18 号——所得税》的规定进行会计处理。

确认的各项资产和负债的净额与终止确认的长期股权投资以及其他实质上构成对合营企业净投资的长期权益的账面金额存在差额的，应当按照下列规定处理：

（一）前者大于后者的，其差额应当首先抵减与该投资相关的商誉，仍有余额的，再调增比较财务报表最早期间的期初留存收益；

（二）前者小于后者的，其差额应当冲减比较财务报表最早期间的期初留存收益。

39.1.6 附则

第二十三条 本准则自 2014 年 7 月 1 日起施行。

39.2 《企业会计准则第40号——合营安排》应用指南

39.2.1 总体要求

《企业会计准则第40号——合营安排》明确提出了合营安排的定义,规定了合营安排的认定与分类的原则和方法,并规范了各参与方在合营安排中利益份额的会计处理。

本准则明确提出了合营安排的定义。合营安排是一项由两个或两个以上的参与方共同控制的安排。合营安排具有两个特征:一是各参与方均受到该安排的约束;二是两个或两个以上的参与方对该安排实施共同控制,即任何一个参与方都不能够单独控制该安排,对该安排具有共同控制的任何一个参与方均能够阻止其他参与方或参与方组合单独控制该安排。

本准则规定了合营安排的认定与分类的原则和方法。是否存在共同控制是判断一项安排是否为合营安排的关键。共同控制是按照相关约定等分享对一项安排的控制权,并且仅在对相关活动(即对该安排的回报具有重大影响的活动)的决策要求分享控制权的参与方一致同意时才存在。

合营安排分为两类——共同经营和合营企业。共同经营是指共同控制一项安排的参与方享有与该安排相关资产的权利,并承担与该安排相关负债的合营安排。合营企业是共同控制一项安排的参与方仅对该安排的净资产享有权利的合营安排。认定一项安排是合营安排后,应当根据合营方获得回报的方式这一经济实质,来判断该合营安排应当被划分为共同经营还是合营企业。即如果合营方通过对合营安排的资产享有权利,并对合营安排的义务承担责任来获得回报,则该合营安排应当被划分为共同经营;如果合营方仅对合营安排的净资产享有权利,则该合营安排应当被划分为合营企业。

本准则规范了各参与方在共同经营和合营企业中利益份额的会计处理原则,会计处理上适用其他准则的,本准则做了相应说明。

合营方在合营安排中权益的披露,适用《企业会计准则第41号——在其他主体中权益的披露》(以下简称"在其他主体中权益的披露准则")及其应用指南(2014)。

39.2.2 关于适用范围

本准则适用于符合合营安排定义的各项安排,包括共同经营和合营企业。值得注意的是,《中华人民共和国中外合资经营企业法》中的"合营企业",是指在中国境内,外方投资者与中国投资者共同举办的企业。该"合营企业"与本准则中所指的"合营企业"并不是一个概念,企业在执行本准则时,应注意避免混淆。

另外,当认定风险资本组织、共同基金、信托公司或包括投连险基金在内的类似主体在合营企业中拥有权益时,考虑到对这些主体所持有的投资以公允价值计量比采用权益法核算能够为财务报表使用者提供更有用的信息,允许这些主体对持有的在合营企业中的权益,按照《企业会计准则第22号——金融工具确认和计量》(以下简称"金融工具确认和计量准则")以公允价值计量,且其变动计入损益。这种例外规定是计量方面的豁免,而不是将这些主体拥有在合营企业中的权益排除在本准则的范围之外。

39.2.3 关于本准则与其他相关准则的关系

当一项安排因不存在共同控制,从而被排除在本准则范围之外时,主体应根据相关企业会计准则,例如,《企业会计准则第 2 号——长期股权投资》(以下简称"长期股权投资准则")、《企业会计准则第 33 号——合并财务报表》(以下简称"合并财务报表准则")、金融工具确认和计量准则等相关准则,对其在安排中的权益进行会计处理。

39.2.4 关于合营安排的认定

(一)合营安排的定义和特征。

合营安排是一项由两个或两个以上的参与方共同控制的安排。

合营安排同时具有以下特征:一是各参与方受到该安排的约束;二是两个或两个以上的参与方对该安排实施共同控制。

1. 各参与方受到该安排的约束。

合营安排通过相关约定对各参与方予以约束。相关约定,是指据以判断是否存在共同控制的一系列具有执行力的合约。

在形式上,相关约定通常包括合营安排各参与方达成的合同安排,如合同、协议、会议纪要、契约等,也包括对该安排构成约束的法律形式本身。

在内容上,相关约定包括但不限于对以下内容的约定:一是对合营安排的目的、业务活动及期限的约定;二是对合营安排的治理机构(如董事会或类似机构)成员的任命方式的约定;三是对合营安排相关事项的决策方式的约定,包括哪些事项需要参与方决策、参与方的表决权情况、决策事项所需的表决权比例等内容,合营安排相关事项的决策方式是分析是否存在共同控制的重要因素;四是对参与方需要提供的资本或其他投入的约定;五是对合营安排的资产、负债、收入、费用、损益在参与方之间的分配方式的约定。

当合营安排通过单独主体达成时(后文将对单独主体进行详细说明),该单独主体所制定的条款、章程或其他法律文件有时会涵盖相关约定的全部或部分内容。

【例 39-1】各参与方受到该安排的约束

A 公司和 B 公司共同出资建立了 C 公司。C 公司在章程中规定,C 公司的所有重大决策须经 A 公司和 B 公司均同意方可做出。除章程之外 A 公司和 B 公司并未订立其他协议以管理 C 公司的活动。

本例中,尽管并不存在另外的协议,但通过 C 公司的章程本身即涵盖了"相关约定"的内容,可以凭 C 公司的章程判断 C 公司是否符合合营安排的定义。

2. 两个或两个以上的参与方对该安排实施共同控制。

共同控制不同于控制,共同控制由两个或两个以上的参与方实施,而控制由单一参与方实施。共同控制也不同于重大影响,享有重大影响的参与方只拥有参与安排的财务和经营政策的决策的权力,但并不能够控制或者与其他方一起共同控制这些政策的制定。

【例 39-2】两个或两个以上的参与方对该安排实施共同控制

A 公司、B 公司、C 公司对 D 公司的表决权比例分别为 50%、40% 及 10%。D 公司的主要经营活动为医药产品的研发、生产、销售及相关健康产品服务,其最高权力机构为股东会,所有重大决策需要75%以上表决权通过方可做出。

在本例中，A公司、B公司合计拥有D公司90%的表决权，超过了75%的表决权要求，当且仅当A公司、B公司均同意时，D公司的重大决策方能表决通过，C公司的意愿并不能起到影响表决是否通过的决定性作用。因此D公司为一项合营安排，没有任何一方能够单独控制D公司，A公司与B公司对D公司实施共同控制，C公司虽然作为D公司的股东，属于该合营安排的一方，但并不具有共同控制权。

（二）合营安排的认定。

要认定一项安排是否为合营安排，需要准确把握"共同控制""参与方"等概念。其中，是否存在共同控制是判断一项安排是否为合营安排的关键。

1. 共同控制。

共同控制，是指按照相关约定对某项安排所共有的控制，并且该安排的相关活动必须经过分享控制权的参与方一致同意后才能决策。在判断是否存在共同控制时，应当按照本准则，首先判断是否由所有参与方或参与方组合集体控制该安排，其次再判断该安排相关活动的决策是否必须经过这些参与方一致同意。

相关活动是指对某项安排的回报产生重大影响的活动。某项安排的相关活动应当根据具体情况进行判断，通常包括商品或劳务的销售和购买、金融资产的管理、资产的购买和处置、研究与开发活动以及融资活动等。

（1）集体控制。

如果所有参与方或一组参与方必须一致行动才能决定某项安排的相关活动，则称所有参与方或一组参与方集体控制该安排。在判断集体控制时，需要注意以下几点。

①集体控制不是单独一方控制。有关控制的判断，应遵循合并财务报表准则及其应用指南（2014）的相关规定。为了确定相关约定是否赋予参与方对该安排的共同控制，主体首先识别该安排的相关活动，然后确定哪些权利赋予参与方主导相关活动的权力。

值得注意的是，"参与方组合"仅泛指参与方的不同联合方式，并不是一个专门的术语。如果某一个参与方能够单独主导该安排中的相关活动，则可能为控制。如果一组参与方或所有参与方联合起来才能够主导该安排中的相关活动，则为集体控制。即在集体控制下，不存在任何一个参与方能够单独控制某安排的情况，而是由一组参与方或所有参与方联合起来才能控制该安排。

【例39-3】一个参与方能够单独控制某安排

假设A公司、B公司、C公司、D公司共同设立E公司，并分别持有E公司60%、20%、10%和10%的表决权股份。协议约定，E公司相关活动的决策需要50%以上表决权通过方可做出。

本例中，E公司的表决权安排使得A公司能够单独主导E公司的相关活动，只A公司享有E公司的可变回报并有能力运用其权力影响E公司的可变回报，A公司无需与其他参与方联合，即可控制E公司。因此，E公司是A公司的子公司，而不是一项合营安排。

②尽管所有参与方联合起来一定能够控制该安排，但集体控制下，集体控制该安排的组

合指的是那些既能联合起来控制该安排，又使参与方数量最少的一个或几个参与方组合。

【例39－4】使得参与方数量最少的一个或几个参与方组合集体控制该安排

假设A公司、B公司、C公司、D公司分别持有E公司40％、30％、20％和10％的表决权股份，E公司相关活动的决策需要85％以上表决权通过方可做出。

本例中，E公司的表决权安排使得：

A公司、B公司、C公司、D公司任何一方均不能单独控制E公司。

参与方组合可能的形式有：A公司和B公司，A公司和C公司，A公司和D公司，B公司和C公司，B公司和D公司，C公司和D公司，A公司、B公司、C公司，A公司、B公司、D公司，A公司、C公司、D公司，B公司、C公司、D公司，A公司、B公司、C公司、D公司。在这些参与方组合中，尽管所有参与方（A公司、B公司、C公司、D公司）联合起来必然能够控制E公司，但A公司、B公司、C公司联合起来即可控制E公司，且A公司、B公司、C公司是联合起来能够控制E公司的参与方数量最少的组合。因此，称A公司、B公司、C公司集体控制E公司，而不是A公司、B公司、C公司、D公司集体控制E公司。

【例39－5】所有参与方集体控制

沿用【例39－4】资料，不同的是，假定E公司相关活动的决策需要95％以上表决权通过方可做出。

本例中，E公司的表决权安排使得：①A公司、B公司、C公司、D公司任何一方均不能单独控制E公司；②必须由所有参与方（A公司、B公司、C公司、D公司）联合起来才能控制E公司，且所有参与方是联合起来能够控制E公司的参与方数量最少的组合。因此，称所有参与方集体控制E公司；③能够集体控制一项安排的参与方组合很可能不止一个。

【例39－6】根据约定判断是否集体控制

假定一项安排涉及三方：A公司在该安排中拥有50％的表决权股份，B公司和C公司各拥有25％的表决权股份。A公司、B公司、C公司之间的相关约定规定，该安排相关活动决策至少需要75％的表决权通过方可做出。

尽管A公司拥有50％的表决权，但是A公司没有控制该安排，因为A公司对安排的相关活动做出决策需要获得B公司或C公司的同意。在本例中，A公司和B公司的组合或A公司和C公司的组合均可集体控制该安排。

这样，存在多种参与方之间的组合能够达到75％表决权的要求。在此情况下，该安排要成为合营安排，需要在相关约定中指明哪些参与方一致同意才能对相关活动做出决策。

（2）有关相关活动的决策。

主体应当在确定是由参与方组合集体控制该安排，而不是某一参与方单独控制该安排后，再判断这些集体控制该安排的参与方是否共同控制该安排。当且仅当相关活动的决策要求集体控制该安排的参与方一致同意时，才存在共同控制。

存在共同控制时，有关合营安排相关活动的所有重大决策必须经分享控制权的各方一致同意。一致同意的规定保证了对合营安排具有共同控制的任何一个参与方均可以阻止其他参与方在未经其同意的情况下就相关活动单方面做出决策。

"一致同意"中,并不要求其中一方必须具备主动提出议案的权力,只要具备对合营安排相关活动的所有重大决策予以否决的权力即可;也不需要该安排的每个参与方都一致同意,只要那些能够集体控制该安排的参与方意见一致,就可以达成一致同意。

【例39-7】一票否决权下的共同控制

A公司与B公司各持有C公司50%的表决权,C公司的主要经营活动为研究和开发前沿新药。根据C公司的章程以及A公司、B公司之间签订的合资协议,C公司的最高权力机构为董事会。董事会由5名董事组成,其中A公司派出4名代表,其中1名代表任董事长,B公司派出1名代表。所有相关活动的决策需要2/3以上董事表决通过方可做出。但是,B公司派出的董事对所有重大事项具备一票否决权。由于A公司自身为新药研发行业内的领先公司,具备丰富的行业知识,而B公司自身的主要经营范围并非新药研发领域,因此,除财务总监由B公司派出外,C公司包括总经理、研发总监在内的其他高级管理人员均由A公司派出。

本例中,虽然A公司派出的董事人数为4人,超过董事总人数的2/3,然而鉴于B公司的董事对C公司的重大事项具有一票否决权,因此,A公司不能单方面控制C公司,而是与B公司一起对C公司实施共同控制。

在实务中,各参与方不乏采取签署"一致行动协议"的方式,以实现共同控制。

【例39-8】一致行动协议下的共同控制

A公司、B公司、C公司对D公司的表决权比例分别为30%、21%及49%。D公司的主要经营活动为码头货物的装卸、仓储及场地租赁服务,其最高权力机构为股东会,相关活动的决策需要半数以上表决权通过方可做出。此外,A公司、B公司签订了一致行动协议,约定对D公司的重大事项进行表决时,A公司、B公司均应一致行动。

本例中,A公司、B公司就D公司的相关活动的重大决议签订了一致行动协议,从而使得A公司、B公司合起来拥有D公司51%的表决权,因此,A公司、B公司实际上共同控制了D公司。

在判断"一致行动协议"是否构成共同控制时,还需要考虑其他投资方持有表决权的分散程度。

【例39-9】其他投资方持有表决权的分散程度大下的共同控制

A公司和B公司各持有C公司24%的表决权。C公司剩余52%的表决权分布极为分散,没有任何一个其他股东持有超过1%的表决权,C公司历史上从未发生除A公司和B公司外的超过20%的表决权股东联合进行决策的情况。C公司相关活动的决策需要50%以上的表决权通过方可做出。A公司和B公司签订了一致行动协议,约定对C公司的重大事项进行表决时,A公司、B公司均应一致行动。

本例中,尽管A公司和B公司合计只持有C公司48%的表决权,但C公司剩余表决权分布极为分散,因此,按照合并财务报表准则中当投资方拥有半数以下表决权时考虑表决权的相对份额大小以及其他股东持有表决权的分散程度等来判断控制的指引,A公司与B公司能够集体控制 C 公司，同时，由于 A 公司与 B 公司签订了一致行动协议，A 公司和 B 公司对 C 公司存在共同控制，C 公司构成合营安排。

【例 39-10】未签订一致行动协议下的共同控制

沿用【例 39-8】资料，不同的是，A 公司和 B 公司并未签订一致行动协议。

本例中，由于 A 公司和 B 公司并没有签订一致行动协议，因此，双方之间不存在一致同意，不具有共同控制。此时，A 公司和 B 公司很可能各自对 C 公司具有重大影响。

值得注意的是，"一致行动协议"并不一定表明存在共同控制，在某些情况下可能是某一参与方实际获得了控制权。

【例 39-11】跟随表决下的共同控制

沿用【例 39-8】资料，不同的是，A 公司、B 公司在一致行动协议中约定，对 C 公司的重大事项进行表决时，B 公司充分尊重 A 公司的意愿，如果双方意见不一致的，B 公司将按照 A 公司的意见行使表决权。

本例中，虽然 A 公司、B 公司就 C 公司的相关活动的重大决议签订了一致行动协议。然而，由于 B 公司根据协议始终必须跟随 A 公司行使表决权，A 公司自身能够单方面采取行动以控制 C 公司的相关活动，因此，该安排的实质为 A 公司对 C 公司具有控制权。

有时，相关约定中设定的决策方式也可能暗含需要达成一致同意。例如，假定双方建立一项安排，在该安排中双方各持有 50% 的表决权。双方约定，对相关活动做出决策至少需要 51% 的表决权。在这种情况下，意味着双方同意共同控制该安排，因为如果没有双方的一致同意，就无法对相关活动做出决策。

当相关约定中设定了就相关活动做出决策所需的最低表决权比例时，若存在多种参与方的组合形式均能满足最低表决权比例要求的情形，则该安排就不是合营安排；除非相关约定明确指出，需要其中哪些参与方一致同意才能就相关活动做出决策。

【例 39-12】共同控制

假定一项安排涉及三方：A 公司、B 公司、C 公司在该安排中拥有的表决权分别为 50%、30% 和 20%。A 公司、B 公司、C 公司之间的相关约定规定，相关活动的决策需要 75% 以上的表决权通过方可做出。

在本例中，A 公司和 B 公司是能够集体控制该安排的唯一组合，当且仅当 A 公司、B 公司一致同意时，该安排的相关活动决策方能表决通过。因此 A 公司、B 公司对安排具有共同控制权。

如果存在两个或两个以上的参与方组合能够集体控制某项安排的，不构成共同控制，即共同控制合营安排的参与方组合是唯一的。

【例 39-13】存在两个或两个以上的参与方组合能够集体控制某项安排

A 公司、B 公司、C 公司、D 公司各持有 E 公司 25% 的表决权。E 公司的主要经营活动为房屋建筑工程总承包、设计及专业施工，其最高权力机构为股东会，相关活动的决策需要 60% 以上的表决权通过方可做出。

本例中，E 公司的表决权安排使得 A 公司、B 公司、C 公司、D 公司中的任意 3 个同意即可做出决定,共存在4个参与方组合可以做出相关活动的决策(即集体控制),即A公司、B公司、C公司组合,A公司、B公司、D公司组合,B公司、C公司、D公司组合以及A公司、C公司、D公司组合,任意一种组合均可能表决通过。

由于并不存在需要集体控制E公司的参与方一致同意后才能决策的情况(例如,A公司、B公司、C公司能够集体控制E公司,但B公司和C公司也可以选择和D公司联合,并不是必须征得A公司同意才能做出决策,如果B公司、C公司、D公司联合做出决策,A公司并没有权力去否决该决策,同理,B公司并没有权力去否决A公司、C公司和D公司联合做出的决策,C公司并没有权力去否决A公司、B公司和D公司联合做出的决策,D公司并没有权力去否决A公司、B公司和C公司联合做出的决策),因此,E公司并非合营安排,A公司、B公司、C公司、D公司并不对E公司具有共同控制权。但由于A公司、B公司、C公司、D公司对E公司的持股比例高于20%,在不存在其他相反证据的情况下,A公司、B公司、C公司、D公司对E公司均被推定为具有重大影响。

【例39-6】、【例39-12】、【例39-13】的分析汇总如表39-1所示。

表39-1 各情景下是否存在共同控制的判断

	【例39-6】	【例39-12】	【例39-13】
最低表决权比例要求	至少75%的表决权才能做出相关活动决策	75%以上的表决权才能做出相关活动决策	60%以上的表决权才能做出相关活动决策
参与方A公司	持有50%的表决权	持有50%的表决权	持有25%的表决权
参与方B公司	持有25%的表决权	持有30%的表决权	持有25%的表决权
参与方C公司	持有25%的表决权	持有20%的表决权	持有25%的表决权
参与方D公司	—	—	持有25%的表决权
结论	不是共同控制——多种参与方的组合(A公司和B公司,或A公司和C公司)均可以集体控制该安排,而相关约定并未明确指出哪些参与方必须同意,所以不存在一致同意,不构成共同控制,A公司、B公司、C公司对该安排均被推定为具有重大影响,应按权益法进行会计处理	是共同控制——A公司和B公司能够集体控制该安排(只有A公司和B公司的表决权之和才能满足要求)。由于A公司和B公司是能够集体控制该安排的唯一组合,该安排的相关活动必须经过A公司和B公司一致同意后才能决策	不是共同控制——多种参与方的组合(A公司、B公司、C公司、D公司中的任意三方组合)均可以集体控制该安排。而相关约定并未明确指出哪些参与方必须同意,所以不存在一致同意,不构成共同控制。A公司、B公司、C公司、D公司对该安排均被推定为具有重大影响,应按权益法进行会计处理

存在集体控制仅说明该安排中,不存在任何一方单独控制该安排的情况。要想达到共同控制,还需要在集体控制的基础上,判断该安排相关活动的决策是否必须经过这些集体控制该安排的参与方一致同意才可做出。一般而言,如果一项安排仅存在一组参与方能够集体控制,该集体控制为共同控制。

在一项安排中,某一参与方可能被任命来管理该安排的日常运行。如果该安排的相关活动需要由各参与方共同做出决定,而且管理方在这一决定的框架内行事,则任何一个参与方作为管理方均不会影响该安排是合营安排的判断。但是,如果管理方能够单方面就该安排的相关活动做出决定,从而拥有对该安排的权力,通过参与该安排的相关活动而享有可变回报,并且有能力运用对该安排的权力影响其回报金额,则该管理方单方控制该安排,而不是和其他参与方共同控制该安排,该安排不是合营安排。

【例39-14】某一参与方可能被任命来管理该安排的日常运行1

A公司是一家房地产公司,C公司是其旗下一家持有若干写字楼产权的全资子公司。A公司将C公司股权的50%出售给一家投资银行B公司。A公司与B公司签订协议。

①由于A公司具有丰富的房地产管理经验,A公司继续充当C公司的资产管理人并按照C公司的资产规模每年收取固定比例的管理费;②涉及C公司的相关活动的决策均须A公司和B公司一致同意方可做出,且A公司管理C公司时,必须在A公司和B公司共同做出的决策的框架内行事;③A公司与B公司按照各自的持股比例分享收益和承担亏损。

本例中,尽管A公司继续充当C公司的资产管理人,但是A公司必须和B公司达成一致方能就C公司的相关活动做出决策,而且A公司必须按照A公司和B公司共同做出的决定对C公司进行运营管理,因此,A公司不能单独控制C公司,而是和B公司共同控制C公司。

【例39-15】某一参与方可能被任命来管理该安排的日常运行2

沿用【例39-14】资料,不同的是,A公司、C公司和B公司约定,B公司并不参与C公司的决策制定,A公司单方面即可对C公司的相关活动做出决策;投资3年后,A公司将向B公司回购其持有的C公司50%股权,回购价格为B公司投资额的120%。

本例中,B公司尽管拥有C公司50%的股权,但其投资目的并不是参与C公司的运营,而是于投资3年后获得一笔固定回报。A公司单方面即可对B公司的相关活动做出决策,拥有对B公司的控制权。因此,C公司不是一项合营安排,而是A公司的子公司。

(3) 争议解决机制。

在分析合营安排的各方是否共同分享控制权时,要关注对于争议解决机制的安排。相关约定可能包括处理纠纷的条款,例如仲裁。这些条款可能允许具有共同控制权的各参与方在没有达成一致意见的情况下进行决策。这些条款的存在不会妨碍该安排构成共同控制的判断,因此,也不会妨碍该安排成为合营安排。但是,值得注意的是,如果在各方未就相关活动的重大决策达成一致意见的情况下,其中一方具备"一票通过权"或者潜在表决权等特殊权力,则需要仔细分析,很可能具有特殊权力的一方实质上具备控制权。

【例39-16】一票通过权下的争议解决机制

A公司与B公司各持有C公司50%的股权,C公司的主要经营活动为家用电器、电子产品及配件等的连锁销售和服务。根据C公司的章程以及A公司、B公司之间签订的合资协议,C公司的最高权力机构为股东会。所有重大事项均须A公司、B公司派出的股东代表一致表决通过。如:若双方经过合理充分协商仍无法达成一致意见时,A公司股东代表享有"一票通过权",即最终以A公司的股东代表的意见为最终方案。

本例中,由于A公司实质上可以单方面主导C公司相关活动的决策,因此A公司具有控制权，C 公司并非合营安排。

在分析争议解决机制时，还需要关注参与方是否拥有期权等潜在表决权。

【例39-17】期权等潜在表决权下的争议解决机制

沿用【例39-16】资料，不同的是，A 公司并不享有"一票通过权"而是持有购买 B 公司持有的 C 公司全部 50% 股权的期权。当 A 公司、B 公司双方经过合理充分协商仍无法达成一致意见时，A 公司可以随时行使该期权。期权的行权价格以行权时点 C 公司股权的公允价值为依据确定。

本例中，当 A 公司、B 公司意见不一致时，A 公司可以随时通过买断 B 公司持有的 C 公司股权的方式，使 A 公司的决定得到通过，且期权的行权价格和条件并未被设定为具有实质性障碍。在这种情况下，若无其他相反证据，A 公司实质上对 C 公司具有控制权。

有时，协议中可能约定，各参与方意见均不一致时，哪个参与方拥有最终决策权。在判断合营安排的合营方时，也需要考虑最终决策者，但最终决策者未必就是控制方。

【例39-18】存在最终决策者时的争议解决机制

A 公司、B 公司、C 公司共同出资设立了 D 公司。董事会是 D 公司的决策制定机构，A 公司、B 公司、C 公司在 D 公司董事会中各占一个席位。协议约定规定，D 公司相关活动决策须经董事会至少两票才能通过，如果 A 公司、B 公司、C 公司意见均不一致（如 A 公司、B 公司、C 公司对 D 公司未来 5 年应重点投资某个领域各自有不同看法），A 公司具有最终决策权。

本例中，由于存在多种参与方组合能够集体控制 D 公司，并且协议没有明确指出具体哪些参与方必须同意，决策才能达成，因而不存在共同控制 D 公司的参与方组合，D 公司不是一项合营安排。同时，尽管 A 公司、B 公司、C 公司意见均不一致时，A 公司具有最终决策权，但如果 B 公司和 C 公司达成一致意见，即可做出决策。因此，A 公司的最终决策权是有条件的，A 公司并不拥有对 D 公司的控制权。

（4）仅享有保护性权利的参与方不享有共同控制。

保护性权利，是指仅为了保护权利持有人利益却没有赋予持有人对相关活动进行决策的一项权利。保护性权利通常只能在合营安排发生根本性改变或某些例外情况发生时才能够行使，它既没有赋予其持有人对合营安排拥有权力，也不能阻止其他参与方对合营安排拥有权力。值得注意的是，对于某些安排，相关活动仅在特定情况或特定事项发生时开展。例如，某些安排在设计时就确定了安排的活动及其回报，在特定情况或特定事项发生之前不需要进行重大决策。这种情况下，权利在特定情况或特定事项发生时方可行使并不意味该权利是保护性权利。

如果一致同意的要求仅仅与向某些参与方提供保护性权利的决策有关，而与该安排的相关活动的决策无关，那么拥有该保护性权利的参与方不会仅仅因为该保护性权利而成为该项安排的合营方。因此，在评估参与方能否共同控制合营安排时，必须具体区别参与方持有的权利是否为保护性权利，该权利不影响其他参与方控制或共同控制该安排。

【例39-19】仅享有保护性权利的参与方不享有共同控制

A公司、B公司、C公司签订了一份合同，设立某法人主体从事汽车的生产和销售。合同中规定，A公司、B公司一致同意即可主导该主体的所有相关活动，并不需要C公司也表示同意，但若主体资产负债率达到50%，C公司具有对该主体公开发行债券或权益工具的否决权。

本例中，由于公开发行债券或权益工具通常代表了该主体经营中的根本性改变，因而是保护性权利。由于合同明确规定需要A公司和B公司的一致同意才能主导该主体的相关活动，因而A公司和B公司能够共同控制该主体。尽管C公司也是该主体的参与方，但由于C公司仅对该主体拥有保护性权利，因此C公司不是共同控制该主体的参与方。

（5）一项安排的不同活动可能分别由不同的参与方或参与方组合主导在不同阶段，一项安排可能发生不同的活动，从而导致不同参与方可能主导不同相关活动，或者共同主导所有相关活动。

不同参与方分别主导不同相关活动时，相关的参与方需要分别评估自身是否拥有主导对回报产生重大影响的活动的权利，从而确定是否能够控制该项安排，而不是与其他参与方共同控制该项安排。

（6）综合评估多项相关协议。

有时，一项安排的各参与方之间可能存在多项相关协议。在单独考虑一份协议时，某参与方可能对合营安排具有共同控制，但在综合考虑该安排的目的和设计的所有情况时，该参与方实际上不一定对该安排并不具有共同控制。因此，在判断是否存在共同控制时，需要综合考虑该多项相关协议。

【例39-20】综合评估多项相关协议

A公司、B公司、C公司、D公司签订一项协议M，共同进行汽车的生产和销售，并成立了一个委员会O，该委员会主导有关生产和销售汽车的所有重大事项，如年度预算的复核审批、经理层任命、营销策略等。A公司、B公司、C公司、D公司各在该委员会中占据一个席位，委员会的决策要求所有成员的一致同意。

同时，A公司和B公司签订了协议N，并成立委员会P，该委员会用于协调A公司和B公司之间关于汽车生产和销售的所有重大事项。委员会P的两名成员分别由A公司和B公司任命。委员会P有权做出决策，并提交到委员会O审批。委员会P决定的任何事项都要经过A公司和B公司的一致同意，但是，如果A公司和B公司不能达成一致，则A公司拥有决定权。A公司和B公司必须按照委员会P做出的决策在委员会O中进行投票。

本例中，存在两份单独的协议M和协议N。但是，由于这两份协议与汽车的生产和销售这同一项活动相关，因此，参与方应同时评估协议M和协议N，从而确定是否存在合营安排。例如，如果单独考虑协议M，似乎A公司、B公司、C公司、D公司共同控制该安排。但是，协议M与协议N一并考虑时，发现A公司能够通过协议P主导B公司在委员会P中的投票，因此，B公司是A公司的事实代理人，对该安排不具有共同控制。只有A公司、C公司、D公司对该合营安排具有共同控制。

2. 合营安排中的不同参与方。

只要两个或两个以上的参与方对该安排实施共同控制，一项安排就可以被认定为合营安排，并不要求所有参与方都对该安排享有共同控制。对合营安排享有共同控制的参与方（分享控制权的参与方）被称为"合营方"；对合营安排不享有共同控制的参与方被称为"非合营方"。例如，根据上述共同控制的判断，我们可以发现，在【例 39 - 4】中，E 公司为一项合营安排，A 公司、B 公司、C 公司为 E 公司的合营方，D 公司为 E 公司的非合营方。

39.2.5 关于合营安排的分类

合营安排分为共同经营和合营企业。共同经营，是指合营方享有该安排相关资产且承担该安排相关负债的合营安排。合营企业，是指合营方仅对该安排的净资产享有权利的合营安排。合营方应当根据其在合营安排的正常经营中享有的权利和承担的义务，来确定合营安排的分类。对权利和义务进行评价时，应当考虑该合营安排的结构、法律形式以及合营安排中约定的条款、其他相关事实和情况等因素。

合营安排是为不同目的而设立的（例如，参与方为了共同承担成本和风险，或者参与方为了获得新技术或新市场），可以采用不同的结构和法律形式。一些安排不要求采用单独主体的形式开展其活动，另一些安排则涉及构造单独主体。在实务中主体可以从合营安排是否通过单独主体达成为起点，判断一项合营安排是共同经营还是合营企业。

（一）单独主体。

本准则中的单独主体（下同），是指具有单独可辨认的财务架构的主体，包括单独的法人主体和不具备法人主体资格但法律所认可的主体。单独主体并不一定要具备法人资格，但必须具有法律所认可的单独可辨认的财务架构，确认某主体是否属于单独主体必须考虑适用的法律、法规。

具有可单独辨认的资产、负债、收入、费用、财务安排和会计记录，并且具有一定法律形式的主体，构成法律认可的单独可辨认的财务架构。合营安排最常见的形式包括有限责任公司、合伙企业、合作企业等。某些情况下，信托、基金也可被视为单独主体。

（二）合营安排未通过单独主体达成。

当合营安排未通过单独主体达成时，该合营安排为共同经营。在这种情况下，合营方通常通过相关约定享有与该安排相关资产的权利并承担与该安排相关负债的义务，同时，享有相应收入的权利并承担相应费用的责任，因此该合营安排应当划分为共同经营。

【例 39 - 21】合营安排未通过单独主体达成 1

A 公司、B 公司、C 公司建立了一项共同制造汽车的安排。协议约定：该安排相关活动的决策需要 A 公司、B 公司、C 公司一致同意方可做出；A 公司负责生产并安装汽车发动机，B 公司负责生产汽车车身和底盘，C 公司负责生产其他部件并进行组装；A 公司、B 公司、C 公司负责各自部分的成本费用，如人工成本、生产成本等；汽车实现对外销售后，A 公司、B 公司、C 公司各自获得销售收入的 1/3。

本例中，由于关于该安排相关活动的决策需要 A 公司、B 公司、C 公司一致同意方可做出，所以 A 公司、B 公司、C 公司共同控制该安排，该安排为合营安排。

由于 A 公司、B 公司、C 公司只是各自负责汽车制造的相应部分，并未成立一个单独主体，因此该合营安排不可能是合营企业，只可能是共同经营。

【例 39-22】合营安排未通过单独主体达成 2

A 公司、B 公司、C 公司各自购买了一栋酒店式公寓的部分房屋产权，分别占该公寓房屋总面积的 30%、30%、40%，并将该酒店式公寓用于出租。协议约定以下事项。

①关于该酒店式公寓的相关活动，如物业管理公司的任免、资本性支出、重要的租赁协议的签订等，必须由 A 公司、B 公司、C 公司一致同意方可做出；②该酒店式公寓的相关费用和营运债务由 A 公司、B 公司、C 公司按照产权比例分担；③租金收益在 A 公司、B 公司、C 公司之间按照产权比例分配。

本例中，由于关于该安排相关活动的决策需要 A 公司、B 公司、C 公司一致同意方可做出，所以 A 公司、B 公司、C 公司共同控制该安排，该安排为合营安排。该合营安排并未通过单独主体达成，因此该合营安排不可能是合营企业，只可能是共同经营。同时，A 公司、B 公司、C 公司直接拥有该酒店式公寓的产权，并按照产权比例承担债务、分享收入、分担成本，也表明该合营安排是共同经营。

（三）合营安排通过单独主体达成。

如果合营安排通过单独主体达成，在判断该合营安排是共同经营还是合营企业时，通常首先分析单独主体的法律形式，法律形式不足以判断时，再将法律形式与合同安排结合进行分析，法律形式和合同安排均不足以判断时，进一步考虑其他事实和情况。

1. 分析单独主体的法律形式。

各参与方应当根据该单独主体的法律形式，判断该安排是赋予参与方享有与安排相关资产的权利并承担与安排相关负债的义务，还是赋予参与方享有该安排的净资产的权利。也就是说，各参与方应当依据单独主体的法律形式判断是否能将参与方和单独主体分离。例如，各参与方可能通过单独主体执行合营安排，单独主体的法律形式决定在单独主体中的资产和负债是单独主体的资产和负债，而不是各参与方的资产和负债。在这种情况下，基于单独主体的法律形式赋予各参与方的权利和义务，可以初步判定该项安排是合营企业。

在各参与方通过单独主体达成合营安排的情形下，当且仅当单独主体的法律形式没有将参与方和单独主体分离（即单独主体持有的资产和负债是各参与方的资产和负债）时，基于单独主体的法律形式赋予参与方权利和义务的判断，足以说明该合营安排是共同经营。

通常，单独主体的资产和负债很可能与参与方在法律形式上明显分割开来。例如，根据《中华人民共和国公司法》（以下简称《公司法》）的有关规定，"公司是企业法人，有独立的法人财产，享有法人财产权。公司以其全部财产对公司的债务承担责任。有限责任公司的股东以其认缴的出资额为限对公司承担责任；股份有限公司的股东以其认购的股份为限对公司承担责任。"因此，当一项合营安排是按照《公司法》设立的有限责任公司或者股份有限公司时，其法律形式将合营安排对资产的权利和对负债的义务与该安排的参与方明显分割开来。

【例 39-23】合营安排通过单独主体达成

A 公司和 B 公司均为建筑公司，A 公司和 B 公司签订了一项合同以共同完成一项与政府之间的合同，即设计并建造两个城市间的一条道路。在合同中，A公司和B公司明确了各自的参与份额，并明确了双方共同控制该安排，合同安排的主要事项是向政府移交建造完成的道路。

A公司和B公司成立了一个单独主体C，通过C具体实施该安排。C代表A公司和B公司与政府签订合同，并向政府提供建造服务。此外，有关该安排的资产和负债由C持有。假定C的法律形式的主要特征是A公司和B公司，而不是C，拥有该安排的资产，并承担该安排的负债。

A公司和B公司还在合同中约定：①A公司和B公司根据其在该安排中的参与份额分享该安排相关活动所需的全部资产的相应权利；②A公司和B公司根据其在该安排中的参与份额承担该安排的各项债务；③A公司和B公司根据其在该安排中的参与份额分享由该安排相关活动产生的损益。

本例中，该安排通过单独主体达成，该单独主体的法律形式没有将参与方与单独主体分离开来（即主体C持有的资产和负债是A公司和B公司的资产和负债）。此外，A公司和B公司在合同中强调了这项规定，即合同规定A公司和B公司拥有通过主体C实施的安排的资产，并承担其负债。因此，该合营安排是共同经营。

2. 分析合同安排。

当单独主体的法律形式并不能将合营安排的资产的权利和对负债的义务授予该安排的参与方时，还需要进一步分析各参与方之间是否通过合同安排赋予该安排的参与方对合营安排资产的权利和对合营安排负债的义务。合同安排中常见的某些特征或者条款可能表明该安排为共同经营或者合营企业。共同经营和合营企业的一些普遍特征的比较包括但不限于表39-2所列事项。

表39-2 共同经营和合营企业对比情况

对比项目	共同经营	合营企业
合营安排的条款	参与方对合营安排的相关资产享有权利并对相关负债承担义务	参与方对合营安排有关的净资产享有权利，即单独主体（而不是参与方），享有与安排相关资产的权利，并承担与安排相关负债的义务
对资产的权利	参与方按照约定的比例分享合营安排的相关资产的全部利益（例如，权利、权属或所有权等）	资产属于合营安排自身，参与方并不对资产享有权利
对负债的义务	参与方按照约定的比例分担合营安排的成本、费用、债务及义务。第三方对该安排提出的索赔要求，参与方作为义务人承担赔偿责任	合营安排对自身的债或义务承担责任。参与方仅以其各自对该安排认缴的投资额为限对该安排承担相应的义务。合营安排的债务对参与方进行追索

续表

对比项目	共同经营	合营企业
收入、费用及损益	合营安排建立了各参与方按照约定的比例（例如按照各自所耗用的产能比例）分配收入和费用的机制。某些情况下，参与方按约定的份额比例享有合营安排产生的净损益不会必然使其被分类为合营企业，仍应当分析参与方对该安排相关资产的权利以及对该安排相关负债的义务	各参与方按照约定的份额比例享有合营安排产生的净损益
担保	参与方为合营安排提供担保（或提供担保的承诺）的行为本身并不直接导致一项安排被分类为共同经营	

有时，法律形式和合同安排均表明一项合营安排中的合营方对该安排的净资产享有权利，此时，若不存在相反的其他事实和情况，该合营安排应当被划分为合营企业。

【例39-24】合营企业

A公司和B公司均为房地产公司。为并购和经营一家购物中心，A公司和B公司成立了一个进行项目管理的单独主体C。假定主体C的法律形式使得主体C（而不是A公司和B公司）拥有与该安排相关的资产，并承担相关负债。相关活动包括零售单元的出租、停车位的管理、购物中心及电梯等设备的维护、购物中心整体声誉和客户关系的建立等。协议中约定：①主体C相关活动的决策需要A公司和B公司一致同意方可做出；②主体C拥有该购物中心，A公司和B公司并不对该购物中心拥有产权；③A公司和B公司不承担主体C的债务或其他义务，如果主体C不能偿还其债务，或者不能清偿第三方的义务，A公司和B公司对第三方承担的负债仅限于A公司和B公司未支付的出资额部分；④A公司和B公司有权出售或抵押其在主体C中的权益；⑤A公司和B公司根据其在主体C中的权益份额分享购物中心经营净损益。

本例中，A公司和B公司共同控制主体C，主体C不仅是一项合营安排，而且是一项通过单独主体达成的合营安排。主体C的法律形式使其在自身立场上考虑问题（即主体C持有的资产和负债是其自身的资产和负债，不是A公司和B公司的资产和负债）。此外，协议表明，A公司和B公司拥有主体C净资产的权利，而不是拥有主体C资产的权利，并承担主体C负债义务，而且也没有其他事实和情形表明参与方实质上享有与该安排相关资产的几乎所有经济利益，并承担与该安排相关的负债义务。因此，该合营安排是合营企业。A公司和B公司将其在主体C净资产中的权利确认为一项长期股权投资，按照权益法进行会计处理。

【例39-25】国外合营企业

为积极参与国际竞争，电信运营公司A计划进入B国市场拓展业务。由于B国法律不允许外国公司控制该国电信运营公司。A公司与B国的本土公司C各出资50%一起在B国设立了单独主体D，以进入B国市场。B国法律规定，主体D必须独立拥有资产，并独立承担负债，即主体D的资产和负债需要与投资方的资产和负债分离开来。A公司和C公司签订的协议约定：①关于主体D的所有相关活动的决策均须A公司和C公司共同做出；②主体D的资产为单独主体D所有，A公司和C公司均不得出售、质押、转移或抵押这些资产；③A公和C公司仅以出资额为限承担对主体D的义务；④主体D实现的利润按照出资比例在A公司和C公司之间分配。

本例中，A公司和C公司之间的安排通过单独主体D达成。按照B国法律，主体D的法律形式将主体D的所有者（A公司和C公司）与主体D进行了分离，主体D的资产和负债被限定在主体D之内，A公司和C公司仅以出资额为限对主体D的债务承担责任。A公司与C公司的相关合同约定也表明其对于主体D的净资产享有权利。因此，从法律形式和相关合同约定进行分析，可以判断主体D是合营企业，而不是共同经营。

有时，仅从法律形式判断，一项合营安排符合共同经营的特征，但是，综合考虑合同安排后，合营方享有该合营安排相关资产并且承担该安排相关负债，此时，该合营安排应当被划分为共同经营。

【例39-26】共同经营

A公司、B公司均为石油公司，双方在D国成立了单独主体C，以共同在D国进行石油及天然气的勘探、开发和生产。A公司、B公司共同控制主体C。

主体C的法律形式将主体C的资产、负债与A公司及B公司分隔开来。A公司、B公司及主体C签订协议，规定A公司与B公司按照各自在主体C的出资比例分享主体C的资产，分担主体C的成本、费用及负债。D国法律认可该合同约定。

本例中，合营安排通过单独主体构建，单独主体的法律形式没有把单独主体资产的权利、负债的义务授予合营方，即单独主体的法律形式初步表明，该安排为合营企业。进一步分析，根据A公司、B公司及主体C之间的协议，A公司、B公司对主体C的相关资产享有权利，并对相关负债承担义务，并且该协议符合相关法律法规的规定，因此，该安排为共同经营。

合营安排各参与方可能为合营安排提供担保。例如，合营安排的某个参与方可能向第三方承诺以下事项：合营安排向第三方提供的服务将满足一定质量或性质要求；合营安排将偿还从第三方获取的资金；该参与方在合营安排处于困境时向该安排提供支持。

值得注意的是，不能仅凭合营方对合营安排提供债务担保即将其视为合营方承担该安排相关负债。担保所赋予担保人的是对被担保人债务的次级义务，而非首要义务，因此，担保不是承担债务义务的决定性因素。如果担保提供方在被担保人违约时须付款或履行责任，这可能表明相关事实和情况发生了变化，或者可能伴随该安排的合同条款发生了变化。这些变化可能引起对该安排是否仍具有共同控制的重新评估。另外，合营方承担向合营安排支付认缴出资义务的，不视为合营方承担该安排相关负债。

3. 分析其他事实和情况。

如果一项安排的法律形式与合同安排均没有将该安排的资产的权利和对负债的义务授予该安排的参与方，则应考虑其他事实和情况，包括合营安排的目的和设计，其与参与方的关系及其现金流的来源等。在某些情况下，合营安排设立的主要目的是为参与方提供产出，这表明参与方可能按照约定实质上享有合营安排所持资产几乎全部的经济利益。这种安排下，参与方根据相关合同或法律约定有购买产出的义务，并往往通过阻止合营安排将其产出出售给其他第三方的方式来确保参与方能获得产出。这样，该安排产生的负债实质上是由参与方通过购买产出支付的现金流量而得以清偿。因此,如果参与方实质上是该安排持续经营和清偿债务所需现金流的唯一来源,这表明参与方承担了与该安排相关的负债。综合考虑该合营安排的其他相关事实和情况,表明参与方实质上享有合营安排所持资产几乎全部的经济利益,合营安排所产生的负债的清偿实质上也持续依赖于向参与方收取的产出的销售现金流,该合营安排的实质为共同经营。

在区分合营安排的类型时,需要了解该安排的目的和设计。如果合营安排同时具有以下特征,则表明该安排是共同经营:①各参与方实质上有权享有,并有义务接受由该安排资产产生的几乎所有经济利益(从而承担了该经济利益的相关风险,如价格风险、存货风险、需求风险等),如该安排所从事的活动主要是向合营方提供产出等;②持续依赖于合营方清偿该安排活动产生的负债,并维持该安排的运营。

【例39-27】参与方在合营安排中的产出分配比例与表决权的影响1

A公司、B公司均从事汽车装配和销售业务,为了保障正常装配过程中对于汽车座椅配件的供应并节约成本,A公司、B公司共同出资设立C公司专门生产汽车座椅配件,A公司和B公司各占C公司50%的股权,对C公司实施共同控制。协议约定:①A公司、B公司均需按其持股比例购买C公司生产的所有产品,采购价格以原材料成本、加工毛利及利息支出之和为基础定价,以恰好弥补C公司的运营、筹资等成本费用;②除A公司、B公司外,C公司不得将其产品出售给其他方;③A公司、B公司按出资比例享有C公司的净利润以及净资产;④A公司和B公司将从C公司购买的产品用于生产。

本例中,成立C公司是为了向股东提供其所有产出。A公司、B公司有权利并且有义务购买C公司的全部产出,实质上获得了所有来自C公司资产的所有经济利益,同时C公司完全依赖、来源于A公司、B公司的采购款以确保其运作的持续性,A公司、B公司承担了C公司的负债。因此,该合营安排为共同经营。

参与方在合营安排中的产出分配比例与表决权比例不同,并不影响对该安排是共同经营还是合营企业的判断。

【例39-28】参与方在合营安排中的产出分配比例与表决权的影响2

沿用【例39-27】资料,不同的是,由于A公司为行业的龙头企业,B公司认为与A公司合作可以提高本公司在业界的知名度,因此B公司同意仅获得C公司产出份额中的48%,A公司获得C公司产出份额中的52%。

本例中,A公司和B公司的产出分配比例与表决权比例不同,并不影响A公司和B公司获得C公司资产几乎所有经济利益的判断。C公司仍然是共同经营。

参与方将获得的合营安排产出份额是用于生产经营还是对外出售,并不影响对该安排是共同经营还是合营企业的判断。

【例39-29】获得的产出是用于生产还是对外出售的影响1

沿用【例39-27】资料,不同的是,A公司将从C公司获得的产出出售给第三方,而不是用于生产过程,B公司仍然将从C公司获得的产出用于生产过程。

本例中,A公司和B公司将从C公司获得的产出份额是用于生产,还是对外出售,并不影响 A 公司和 B 公司获得 C 公司资产几乎所有经济利益的判断。C 公司仍然是共同经营。

如果合营安排有权自主决定销售价格和客户，参与方没有义务购买合营安排的产出，则表明该合营安排自身承担了价格风险、存货风险、需求风险等，合营方并不直接享有该合营安排相关资产并承担该合营安排相关负债。

【例 39-30】 获得的产出是用于生产还是对外出售的影响 2

沿用【例 39-27】资料，不同的是，A 公司、B 公司修改了合资协议，新合资协议未规定 A 公司、B 公司必须购买 C 公司生产的产品，并允许 C 公司将产品出售给其他方，而仅规定 A 公司、B 公司在同等采购价款及条件下有优先购买权。并且 C 公司生产的产品为行业内通用产品，存在活跃的销售市场。

本例中，成立 C 公司并非是为股东提供其所有产出，C 公司生产的产品又能以合理的市场价格对第三方出售，并不依赖于 A 公司、B 公司为其提供现金流以确保其持续运作，C 公司的经营风险由其自身承担。尽管 A 公司、B 公司为 C 公司的借款提供担保表明 A 公司、B 公司保障 C 公司筹资安排的意愿，但其仅代表了一种资金筹集的方式，该合营安排的实质是参与方享有该安排的净收益，因此该安排为合营企业。

值得注意的是，在考虑"其他事实和情况"时，只有当该安排产生的负债的清偿持续依赖于合营方的支持时，该安排才为共同经营。即强调参与方实质上是该安排持续经营所需现金流的唯一来源。

【例 39-31】 分析其他事实和情况

A 公司和 B 公司均为房地产开发公司。A 公司和 B 公司共同成立了一家从事项目管理的单独主体 C，并投入一笔资金作为主体 C 的启动资金和土地竞拍资金。主体 C 相关活动的决策需要 A 公司和 B 公司一致同意方可做出。由主体 C 代表 A 公司和 B 公司建造一处商品房，并负责商品房的公开销售。假定主体 C 的法律形式使得主体 C（而不是 A 公司和 B 公司）拥有与该安排相关的资产，并承担相关负债。主体 C 通过向银行借款来建造该商品房，商品房销售收入优先用于偿还银行债务，剩余利润按照出资比例向 A 公司和 B 公司进行分配。

本例中，A 公司和 B 公司共同控制主体 C，主体 C 是一项合营安排，而且是一项通过单独主体达成的合营安排。该合营安排的法律形式和合同条款都不能赋予各参与方享有该主体的资产或负债的权利与义务。同时，尽管 A 公司和 B 公司是主体 C 构建时现金流的唯一来源，但是，主体 C 所建造的商品房对外销售，A 公司和 B 公司并不会购买这些商品房，主体 C 建造商品房的资金通过外部借款获得，且 A 公司和 B 公司仅预期获取偿还负债后的净利润，因此，没有任何证据表明 A 公司和 B 公司对合营安排中的相关资产和负债分别享有权利和承担义务，该合营安排是合营企业。有时各参与方可能设立一个框架协议，该框架协议规定了参与方从事一项或多项活动需遵守的一般性合同条款，并可能要求各参与方设立多项合营安排，以分别处理构成框架协议组成部分的特定活动。即使这些合营安排与同一框架协议相关联，如果参与方在从事框架协议涉及的不同活动中具有不同的权利和义务，那么，这些合营安排的类型也可能有所不同。因此，当参与方从事同一框架协议中的不同活动时，共同经营和合营企业可能同时存在。在这种情况下，作为参与方之一的企业应当分别判断各项合营安排的分类。

值得注意的是，参与方判断其在合营安排中享有的权利和承担的义务均是在正常经营的情况下，非正常经营（例如破产、清算）时的法律权利和义务的相关性是比较低的。例如，某合营安排通过合伙企业构建，合伙人之间的相关合同约定赋予了合伙人在合伙企业正常经营时享有该合伙企业资产的权利和承担其负债的义务。而在合伙企业清算阶段，合伙人不享有合伙企业的资产，而只能享有合伙企业清偿第三方债务之后应分得的剩余资产。这种情况下，该合伙企业（即合营安排）仍然可以被分类为共同经营，因为在正常经营中，合伙人对于合伙企业的资产和负债是享有权利和承担义务的。

39.2.6 关于重新评估

企业对合营安排是否拥有共同控制权，以及评估该合营安排是共同经营还是合营企业，这需要企业予以判断并持续评估。在进行判断时，企业需要对所有的相关事实和情况加以考虑。

如果法律形式、合同条款等相关事实和情况发生变化，合营安排参与方应当对合营安排进行重新评估：一是评估原合营方是否仍对该安排拥有共同控制权；二是评估合营安排的类型是否发生变化。相关事实和情况的变化有时可能导致某一参与方控制该安排，从而使该安排不再是合营安排。

【例 39-32】重新评估

沿用【例 39-12】资料，不同的是，A 公司通过现金方式收购了 D 公司 60% 的表决权股份，从而控制了 D 公司。D 公司是 B 公司的母公司。

本例中，A 公司通过现金收购 B 公司的母公司 D 的股权方式，实际上控制了 B 公司，因此，通过直接加间接的方式，A 公司实际上持有该安排 80% 的表决权股份，能够单独控制该安排。该安排由合营安排变为 A 公司的子公司。

由于相关事实和情况发生变化，合营安排的分类可能发生变化，可能由合营企业转变为共同经营，或者由共同经营转为合营企业。应根据具体事实和情况进行判断。例如，经重新协商，修订后的合营安排的合同条款约定参与方拥有对资产的权利，并承担对负债的义务，这种情况下，该安排的分类可能发生了变化，应重新评估该安排是否由合营企业转为共同经营。

39.2.7 关于共同经营参与方的会计处理

（一）共同经营中，合营方的会计处理。

1. 一般会计处理原则。

合营方应当确认其与共同经营中利益份额相关的下列项目，并按照相关企业会计准则的规定进行会计处理：一是确认单独所持有的资产，以及按其份额确认共同持有的资产；二是确认单独所承担的负债，以及按其份额确认共同承担的负债；三是确认出售其享有的共同经营产出份额所产生的收入；四是按其份额确认共同经营因出售产出所产生的收入；五是确认单独所发生的费用，以及按其份额确认共同经营发生的费用。

合营方可能将其自有资产用于共同经营，如果合营方保留了对这些资产的全部所有权或控制权，则这些资产的会计处理与合营方自有资产的会计处理并无差别。

合营方也可能与其他合营方共同购买资产来投入共同经营，并共同承担共同经营的负债，此时,合营方应当按照企业会计准则相关规定确认在这些资产和负债中的利益份额。如按照《企业会计准则第4号——固定资产》来确认在相关固定资产中的利益份额,按照金融工具确认和计量准则来确认在相关金融资产和金融负债中的份额。

共同经营通过单独主体达成时,合营方应确认按照上述原则单独所承担的负债,以及按本企业的份额确认共同承担的负债。但合营方对于因其他股东未按约定向合营安排提供资金,按照我国相关法律或相关合同约定等规定而承担连带责任的,从其规定,在会计处理上应遵循《企业会计准则第13号——或有事项》。

如【例39-23】中,A公司和B公司应当根据其约定的参与份额在各自的财务报表中确认该安排的资产(例如,固定资产以及应收账款等)的份额,以及由该安排产生的负债(例如,对第三方的应付账款)的份额。A公司和B公司也应当确认通过主体C向政府提供建造服务产生的收入的份额,以及费用的份额。

【例39-33】共同经营中合营方的一般会计处理1

A公司、B公司通过单独主体的形式共同达成了一项合营安排C公司,A公司和B公司享有C公司中资产的权利并承担其负债的义务,C公司属于共同经营。因此,A公司和B公司应当根据相关会计准则规定对与C公司相关的资产和负债的权利与义务进行会计处理。根据合营安排C公司的合同条款规定,A公司享有C公司资产中厂房相关的所有权利,并承担向第三方偿还与厂房相关负债的义务;A公司和B公司根据各自所占权益的比例(各50%)对C公司的所有其他资产享有权利,并对所有其他负债承担义务。C公司的简化资产负债表如表39-3所示。

表39-3 C公司的简化资产负债表 单位:万元

项目	金额	项目	金额
资产:		负债和权益:	
货币资金	10	负债——与厂房相关的第三方负债	100
固定资产——厂房	100	其他负债	110
其他资产	180	权益	80
资产总额	290	负债和权益总额	290

A公司应当在其财务报表中记录下述与C公司中资产和负债相关的信息,如表39-4所示。

表39-4 A公司的简化资产负债表 单位:万元

项目	金额	项目	金额
资产:		负债和权益:	
货币资金	5	负债——与厂房相关的第三方负债	100
固定资产——厂房	100	其他负债	55
其他资产	90	权益	40
资产总额	195	负债和权益总额	195

注:(1)由于A公司享有与C公司的厂房相关的所有权利,所以A公司应记录该厂房的总金额;
(2)合同规定,A公司承担向第三方偿还C公司与厂房相关的第三方负债的义务。

合同安排通常描述了该安排所从事活动的性质，以及各参与方打算共同开展这些活动的方式。例如，合营安排各参与方可能同意共同生产产品，每一参与方负责特定的任务，使用各自的资产，承担各自的负债。合同安排也可能规定了各参与方分享共同收入和分担共同费用的方式。在这种情况下，每一个合营方在其资产负债表上确认其用于完成特定任务的资产和负债，并根据相关约定确认相关的收入和费用份额。

当合营安排各参与方可能同意共同拥有和经营一项资产时，相关约定规定了各参与方对共同经营资产的权利，以及来自该项资产的收入或产出和相应的经营成本在各参与方之间分配的方式。每一个合营方对其在共同资产中的份额、同意承担的负债份额进行会计处理，并按照相关约定确认其在产出、收入和费用中的份额。

【例39-34】共同经营中合营方的一般会计处理2

2×13年1月1日，A公司和B公司共同出资购买一栋写字楼，各自拥有该写字楼50%的产权，用于出租收取租金。合同约定，该写字楼相关活动的决策需要A公司和B公司一致同意方可做出；A公司和B公司的出资比例、收入分享比例和费用分担比例均为50%。该写字楼购买价款为8 000万元，由A公司和B公司以银行存款支付，预计使用寿命20年，预计净残值为320万元，采用年限平均法按月计提折旧。该写字楼的租赁合同约定，租赁期限为10年，每年租金为480万元，按月交付。该写字楼每月支付维修费2万元。另外，A公司和B公司约定，该写字楼的后续维护和维修支出（包括再装修支出和任何其他的大修支出）以及与该写字楼相关的任何资金需求，均由A公司和B公司按比例承担。假设A公司和B公司均采用成本法对投资性房地产进行后续计量，不考虑税费等其他因素影响。

本例中，由于关于该写字楼相关活动的决策需要A公司和B公司一致同意方可做出，所以A公司和B公司共同控制该写字楼，购买并出租该写字楼为一项合营安排。由于该合营安排并未通过一个单独主体来架构，并明确约定了A公司和B公司享有该安排中资产的权利、获得该安排相应收入的权利、承担相应费用的责任等，因此该合营安排是共同经营。

A公司的相关会计处理如下：

（1）出资购买写字楼时。

借：投资性房地产（80 000 000×50%） 40 000 000
　　贷：银行存款等 40 000 000

（2）每月确认租金收入时。

借：银行存款等（4 800 000×50%÷12） 200 000
　　贷：其他业务收入 200 000

（3）每月计提写字楼折旧时。

借：其他业务成本 160 000
　　贷：投资性房地产累计折旧 160 000
　　　（80 000 000 - 3 200 000）÷20÷12×50% = 160 000

（4）支付维修费时。

借：其他业务成本（20 000×50%） 10 000

贷：银行存款　　　　　　　　　　　　　　　　　　　　　　　　　10 000

2. 合营方向共同经营投出或者出售不构成业务的资产的会计处理。

合营方向共同经营投出或出售资产等（该资产构成业务的除外），在共同经营将相关资产出售给第三方或相关资产消耗之前（即未实现内部利润仍包括在共同经营持有的资产账面价值中时），应当仅确认归属于共同经营其他参与方的利得或损失。交易表明投出或出售的资产发生符合《企业会计准则第8号——资产减值》（以下简称"资产减值损失准则"）等规定的资产减值损失的，合营方应当全额确认该损失。

3. 合营方自共同经营购买不构成业务的资产的会计处理。

合营方自共同经营购买资产等（该资产构成业务的除外），在将该资产等出售给第三方之前（即未实现内部利润仍包括在合营方持有的资产账面价值中时），不应当确认因该交易产生的损益中该合营方应享有的部分。即此时应当仅确认因该交易产生的损益中归属于共同经营其他参与方的部分。

【例39-35】合营方自共同经营购买不构成业务的资产的会计处理

A公司和B公司共同设立一项安排C，假定该安排被划分为共同经营，A公司和B公司对于安排C的资产、负债及损益分别享有50%的份额。2×13年12月31日，A公司支付采购价款（不含增值税）100万元，购入安排C的一批产品，A公司将该批产品作为存货入账，尚未对外出售。该项产品在安排C中的账面价值为60万元。

本例中，安排C因上述交易确认了收益40万元。A公司对该收益按份额应享有20（40×50%）万元。

但由于在资产负债表日，该项存货仍未出售给第三方，因此该未实现内部损益20万元应当被抵销，相应减少存货的账面价值。但B公司对该收益应享有20（40×50%）万元，应当予以确认，B公司享有的20万元收益反映在A公司存货的期末账面价值中。

当这类交易提供证据表明购入的资产发生符合资产减值损失准则等规定的资产减值损失的，合营方应当按其承担的份额确认该部分损失。

4. 合营方取得构成业务的共同经营的利益份额的会计处理。

合营方取得共同经营中的利益份额，且该共同经营构成业务时，应当按照企业合并准则等相关准则进行相应的会计处理，但其他相关准则的规定不能与本准则的规定相冲突。企业应当按照企业合并准则的相关规定判断该共同经营是否构成业务。该处理原则不仅适用于收购现有的构成业务的共同经营中的利益份额，也适用于与其他参与方一起设立共同经营，且由于有其他参与方注入既存业务，使共同经营设立时即构成业务。

【例39-36】合营方取得构成业务的共同经营的利益份额的会计处理

B公司和C公司共同设立一项安排D，假定该安排构成一项业务，且属于共同经营。B公司和C公司对于安排D的资产、负债及损益分别享有50%的份额。A公司（非关联方）于2×13年12月31日购买了B公司持有的全部安排D的利益份额，购买对价为200万元，交易费用为10万元。A公司所取得的单独持有的资产及共同持有的资产份额以及所单独承担的负债及共同承担的负债份额的公允价值如表39-5所示。

表 39-5 B 公司的简化资产负债表 单位:万元

项目	金额	项目	金额
资产:		负债:	
货币资金	20	流动负债	30
固定资产	100	非流动负债	10
其他资产	80		
资产总额	200	负债总额	40

假定不考虑所得税,A 公司取得的该共同经营利益份额中可辨认净资产的公允价值为 160 万元,A 公司支付的对价为 200 万元,A 公司应相应确认商誉 40 万元。

合营方增加其持有的一项构成业务的共同经营的利益份额时,如果合营方对该共同经营仍然是共同控制,则合营方之前持有的共同经营的利益份额不应按照新增投资日的公允价值重新计量。

(二)对共同经营不享有共同控制的参与方的会计处理原则。

对共同经营不享有共同控制的参与方(非合营方),如果享有该共同经营相关资产且承担该共同经营相关负债的,比照合营方进行会计处理。即共同经营的参与方,不论其是否具有共同控制,只要能够享有共同经营相关资产的权利并承担共同经营相关负债的义务,对在共同经营中的利益份额采用与合营方相同的会计处理。否则,应当按照相关企业会计准则的规定对其利益份额进行会计处理。例如,如果该参与方对于合营安排的净资产享有权利并且具有重大影响,则按照长期股权投资准则等相关规定进行会计处理;如果该参与方对于合营安排的净资产享有权利并且无重大影响,则按照金融工具确认和计量准则等相关规定进行会计处理;向共同经营投出构成业务的资产的,以及取得共同经营的利益份额的,则按照合并财务报表及企业合并等相关准则进行会计处理。

【例 39-37】对共同经营不享有共同控制的参与方的会计处理原则

A 公司、B 公司、C 公司共同设立合营安排 D 公司,表决权比例分别为 45%、45% 及 10%。假设根据协议,A 公司、B 公司共同控制 D 公司,且该合营安排为共同经营,除上述外无其他需考虑的因素。

在本例中,A 公司、B 公司对合营安排具有共同控制权而 C 公司仅仅是该项合营安排的参与方。假设 C 公司对于 D 公司的净资产享有权利,那么 C 公司应当判断其持有的 10% 的表决权比例是否使其对合营安排具有重大影响,进而按照长期股权投资准则或金融工具确认和计量准则进行会计处理。

39.2.8 关于合营企业参与方的会计处理

合营企业中,合营方应当按照《企业会计准则第 2 号——长期股权投资》的规定核算其对合营企业的投资。

对合营企业不享有共同控制的参与方(非合营方)应当根据其对该合营企业的影响程度进行相关会计处理:对该合营企业具有重大影响的,应当按照长期股权投资准则的规定核算其对该合营企业的投资;对该合营企业不具有重大影响的,应当按照金融工具确认和计量准则的规定核算其对该合营企业的投资。

39.2.9 关于衔接规定

（一）与企业会计准则讲解中原有分类的比较和衔接。

在本准则发布之前，企业会计准则讲解（2010）中，对共同控制资产、共同控制经营和合营企业进行了讲解。

原共同控制经营，是指企业使用本企业的资产或其他经济资源与其他合营方共同进行某项经济活动，并且按照合同或协议约定对该经济活动实施共同控制。通过共同控制经营获取收益是共同控制经营的显著特征，每一合营方负担合营活动中本企业发生的费用，并按照合同约定确认本企业在合营产品销售收入中享有的份额。

共同控制经营的情况下，并不单独成立一个区别于各合营方的企业、合伙组织等单独主体，为了共同生产一项产品，各合营方分别运用自己的资产并且相应发生自身的费用。例如飞机的生产过程中，一个合营方可能负责生产机体，另一个合营方负责安装发动机，其他的合营方可能分别负责组装飞机的某一组成部分，作为参与飞机生产的每一个合营方，其责任仅限于完成整个经济活动中的某一个组成部分，之后各合营方按照合同或协议的规定分享飞机销售所产生的收入。

原共同控制资产，是指企业与其他合营方共同投入或出资购买一项或多项资产，按照合同或协议约定对有关的资产实施共同控制的情况。通过控制的资产获取收益是共同控制资产的显著特征，每一合营方按照合同约定享有共同控制资产中的一定份额并据此确认本企业的资产，享有该部分资产带来的未来经济利益。

各合营方一起共同使用一项或若干项资产、分享资产为企业带来的经济利益，如各合营方共同使用一条输油管线、一个通信网络或是在一个特定的时期内或特定的时间段内共同使用有关的资产。共同控制资产也不需要单独设立区别于各合营方的单独主体，仅仅是有关各方共同分享一项或多项资产的情况。

本准则与企业会计准则讲解的原相关规定相比，一是正式引入了"合营安排"的概念；二是将原先的共同控制经营、共同控制资产、合营企业这种三分类重新划分为共同经营和合营安排两类；三是通过对合营方在合营安排中的相关权利和义务的分析，来判断该合营安排应当被分类为共同经营还是合营企业，而不是像之前将通过设立被投资单位而构建的共同控制一律划分为合营企业。因此，首次采用本准则时，企业应当根据本准则关于合营安排的定义及分类认定的规定对其合营安排进行重新评估，确定其分类。实务中原先被认定为共同控制资产或共同控制经营的，如符合本准则合营安排的定义，应当被归为共同合营安排。原先被认定为合营企业的，应分析合营方是否对合营安排中的相关资产和负债分别享有权利和承担义务，从而判断该合营安排应当被分类为共同经营还是合营企业。

（二）原合营企业重新分类为共同经营时的衔接处理。

经过评估，企业可能发现之前被认定为合营企业的实际上符合共同经营的定义。合营企业重新分类为共同经营的，合营方应当在比较财务报表最早期间期初终止确认以前采用权益法核算的长期股权投资以及其他实质上构成对合营企业净投资的长期权益；同时根据比较财务报表最早期间期初采用权益法核算时使用的相关信息确认本企业在共同经营中的利益份额所产生的各项资产（包括商誉）和负债，所确认资产和负债的账面价值与其计税基础之间存在暂时性差异的，应当按照《企业会计准则第 18 号——所得税》的规定进行会计处理。也就是说，合营方应当在资产负债表上对相关资产和负债按其享有的份额进行还原，即将构成比较期间期初投资账面价值组成部分的资产与负债进行分拆，用来作为这些资产和负债初始计量的账面价值。这些组成部分的计量应当基于企业之前用于比较期间期初权益法核算时的信息，包括原购买时所产生的任何商誉。

一般而言，确认的各项资产和负债的净额与终止确认的长期股权投资以及其他实质上构成对合营企业净投资的长期权益的账面金额之间应当不存在差额。存在差额的，应当按照下列规定处理：如果前者大于后者的，其差额应当首先调减与该投资相关的商誉，仍有余额的，再调增比较财务报表最早期间的期初留存收益；如果前者小于后者的，其差额应当冲减比较财务报表最早期间的期初留存收益。

按享有份额确认的各项资产和负债的净额与终止确认的长期股权投资以及其他实质上构成对合营企业净投资的长期权益的账面金额之间存在差额的原因包括但不限于：一是长期股权投资发生过减值（此时资产与负债的净值可能较高）；二是合营方对单独主体中个别资产的权利份额与对长期股权投资进行权益法核算时的份额不同，如合营方可能拥有单独主体表决权股份的 45%，但是对单独主体中某一资产的权利份额仅为 40%（此时资产与负债的净值可能较低）。

合营方从权益法转为对资产和负债进行会计处理，应当在报表附注中说明在比较财务报表最早期间的期初，终止确认的投资、已确认资产和负债以及调整计入的期初留存收益的剩余差额之间的勾稽关系。

【例 39-38】 衔接规定

A 公司 2×10 年 12 月 31 日以 1 000 万元的价格向 B 公司购买了其持有的甲公司 50% 的股权，交易完成后，A 公司与 B 公司对甲公司实施共同控制，A 公司将其对甲公司的长期股权投资作为合营企业，采用权益法核算。投资日甲公司可辨认净资产公允价值为 1 400 万元，A 公司的初始投资成本 1 000 万元，应享有的甲公司可辨认净资产公允价值份额为 700 万元，商誉 300 万元包含在初始投资成本中。

从投资日至 2×11 年 12 月 31 日，甲公司发生持续亏损（未发生其他综合收益和其他所有者权益变动）A 公司按照权益法累计确认了 100 万元的投资损失，在对该项长期股权投资进行减值测试之后，A 公司计提了 100 万元减值准备。2×12 年、2×13 年、2×14 年 1~6 月（假定），A 公司按照权益法分别确认了对甲公司的投资损失 80 万元、50 万元、30 万元。未进一步计提减值准备。A 公司没有其他实质上构成对甲公司净投资的长期权益。

A 公司 2×14 年 7 月 1 日开始执行合营安排准则并对其合营安排进行了重新评估，认为甲公司属于共同经营，A 公司对甲公司各项资产、负债、收入、成本、费用的分享比例均为 50%。

公司编制 2×14 年年度财务报告时，应于比较报表最早期间期初，即 2×13 年 1 月 1 日终止确认对甲公司的长期股权投资账面余额820万元,减值准备100万元,同时根据2×13年1月1日采用权益法核算时使用的相关信息,确认A公司在甲公司的利益份额所产生的固定资产440万元,其他资产120万元,商誉300万元,递延所得税负债40万元。所需确认的资产负债净额为820万元,大于需终止确认的长期股权投资账面价值720万元,其差额100万元冲减需确认的商誉,故于

2×13年1月1日确认的商誉金额为200万元。

借：固定资产 4 400 000
　　其他资产 1 200 000
　　商誉 2 000 000
　贷：递延所得税负债 400 000
　　　长期股权投资 7 200 000

另外,对于共同经营参与方取得构成业务的共同经营中利益份额的,会计处理采用未来适用法,不需要进行追溯调整,但企业应当披露相关信息。

第40章 在其他主体中权益的披露

40.1 企业会计准则第41号——在其他主体中权益的披露

为了适应社会主义市场经济发展需要,规范企业在其他主体中权益的披露,提高会计信息质量,根据《企业会计准则——基本准则》,财政部制定了《企业会计准则第41号——在其他主体中权益的披露》(以下简称"本准则"),现予印发,自2014年7月1日起在所有执行企业会计准则的企业范围内施行,鼓励在境外上市的企业提前执行。

40.1.1 总则

第一条 为了规范在其他主体中权益的披露,根据《企业会计准则——基本准则》,制定本准则。

第二条 企业披露的在其他主体中权益的信息,应当有助于财务报表使用者评估企业在其他主体中权益的性质和相关风险,以及该权益对企业财务状况、经营成果和现金流量的影响。

第三条 本准则所指的在其他主体中的权益,是指通过合同或其他形式能够使企业参与其他主体的相关活动并因此享有可变回报的权益。参与方式包括持有其他主体的股权、债权,或向其他主体提供资金、流动性支持、信用增级和担保等。企业通过这些参与方式实现对其他主体的控制、共同控制或重大影响。

其他主体包括企业的子公司、合营安排(包括共同经营和合营企业)、联营企业以及未纳入合并财务报表范围的结构化主体等。

结构化主体,是指在确定其控制方时没有将表决权或类似权利作为决定因素而设计的主体。

第四条 本准则适用于企业在子公司、合营安排、联营企业和未纳入合并财务报表范围的结构化主体中权益的披露。

企业同时提供合并财务报表和母公司个别财务报表的,应当在合并财务报表附注中披露本准则要求的信息,不需要在母公司个别财务报表附注中重复披露相关信息。

第五条 下列各项的披露适用其他相关会计准则。

(一)离职后福利计划或其他长期职工福利计划,适用《企业会计准则第9号——职工薪酬》。

(二)企业在其参与的但不享有共同控制的合营安排中的权益,适用《企业会计准则第37号——金融工具列报》。但是,企业对该合营安排具有重大影响或该合营安排是结构化主体的,适用本准则。

(三)企业持有的由《企业会计准则第22号——金融工具确认和计量》规范的在其他主

体中的权益,适用《企业会计准则第 37 号——金融工具列报》。但是,企业在未纳入合并财务报表范围的结构化主体中的权益,以及根据其他相关会计准则以公允价值计量且其变动计入当期损益的在联营企业或合营企业中的权益,适用本准则。

40.1.2 重大判断和假设的披露

第六条 企业应当披露对其他主体实施控制、共同控制或重大影响的重大判断和假设,以及这些判断和假设变更的情况,包括但不限于下列各项。

(一)企业持有其他主体半数或以下的表决权但仍控制该主体的判断和假设,或者持有其他主体半数以上的表决权但并不控制该主体的判断和假设。

(二)企业持有其他主体 20% 以下的表决权但对该主体具有重大影响的判断和假设,或者持有其他主体 20% 或以上的表决权但对该主体不具有重大影响的判断和假设。

(三)企业通过单独主体达成合营安排的,确定该合营安排是共同经营还是合营企业的判断和假设。

(四)确定企业是代理人还是委托人的判断和假设。

第七条 企业应当披露按照《企业会计准则第 33 号——合并财务报表》被确定为投资性主体的重大判断和假设,以及虽然不符合《企业会计准则第 33 号——合并财务报表》有关投资性主体的一项或多项特征但仍被确定为投资性主体的原因。

企业(母公司)由非投资性主体转变为投资性主体的,应当披露该变化及其原因,并披露该变化对财务报表的影响,包括对变化当日不再纳入合并财务报表范围子公司的投资的公允价值、按照公允价值重新计量产生的利得或损失以及相应的列报项目。

企业(母公司)由投资性主体转变为非投资性主体的,应当披露该变化及其原因。

40.1.3 在子公司中权益的披露

第八条 企业应当在合并财务报表附注中披露企业集团的构成,包括子公司的名称、主要经营地及注册地、业务性质、企业的持股比例(或类似权益比例,下同)等。

子公司少数股东持有的权益对企业集团重要的,企业还应当在合并财务报表附注中披露下列信息。

(一)子公司少数股东的持股比例。子公司少数股东的持股比例不同于其持有的表决权比例的,企业还应当披露该表决权比例。

(二)当期归属于子公司少数股东的损益以及向少数股东支付的股利。

(三)子公司在当期期末累计的少数股东权益余额。

(四)子公司的主要财务信息。

第九条 使用企业集团资产和清偿企业集团债务存在重大限制的,企业应当在合并财务报表附注中披露下列信息。

(一)该限制的内容,包括对母公司或其子公司与企业集团内其他主体相互转移现金或其他资产的限制,以及对企业集团内主体之间发放股利或进行利润分配、发放或收回贷款或垫款等的限制。

(二)子公司少数股东享有保护性权利,并且该保护性权利对企业使用企业集团资产或清偿企业集团负债的能力存在重大限制的，该限制的性质和程度。

（三）该限制涉及的资产和负债在合并财务报表中的金额。

第十条 企业存在纳入合并财务报表范围的结构化主体的，应当在合并财务报表附注中披露下列信息。

（一）合同约定企业或其子公司向该结构化主体提供财务支持的，应当披露提供财务支持的合同条款，包括可能导致企业承担损失的事项或情况。

（二）在没有合同约定的情况下，企业或其子公司当期向该结构化主体提供了财务支持或其他支持，应当披露所提供支持的类型、金额及原因，包括帮助该结构化主体获得财务支持的情况。其中，企业或其子公司当期对以前未纳入合并财务报表范围的结构化主体提供了财务支持或其他支持并且该支持导致企业控制了该结构化主体的，还应当披露决定提供支持的相关因素。

（三）企业存在向该结构化主体提供财务支持或其他支持的意图的，应当披露该意图，包括帮助该结构化主体获得财务支持的意图。

第十一条 企业在其子公司所有者权益份额发生变化且该变化未导致企业丧失对子公司控制权的，应当在合并财务报表附注中披露该变化对本企业所有者权益的影响。

企业丧失对子公司控制权的，应当在合并财务报表附注中披露按照《企业会计准则第33号——合并财务报表》计算的下列信息。

（一）由于丧失控制权而产生的利得或损失以及相应的列报项目。

（二）剩余股权在丧失控制权日按照公允价值重新计量而产生的利得或损失。

第十二条 企业是投资性主体且存在未纳入合并财务报表范围的子公司并对该子公司权益按照公允价值计量且其变动计入当期损益的，应当在财务报表附注中对该情况予以说明。同时，对于未纳入合并财务报表范围的子公司，企业应当披露下列信息。

（一）子公司的名称、主要经营地及注册地。

（二）企业对子公司的持股比例。持股比例不同于企业持有的表决权比例的，企业还应当披露该表决权比例。

企业的子公司也是投资性主体且该子公司存在未纳入合并财务报表范围的下属子公司的，企业应当按照上述要求披露该下属子公司的相关信息。

第十三条 企业是投资性主体的，对其在未纳入合并财务报表范围的子公司中的权益，应当披露与该权益相关的风险信息。

（一）该未纳入合并财务报表范围的子公司以发放现金股利、归还贷款或垫款等形式向企业转移资金的能力存在重大限制的，企业应当披露该限制的性质和程度。

（二）企业存在向未纳入合并财务报表范围的子公司提供财务支持或其他支持的承诺或意图的，企业应当披露该承诺或意图，包括帮助该子公司获得财务支持的承诺或意图。

在没有合同约定的情况下，企业或其子公司当期向未纳入合并财务报表范围的子公司提供财务支持或其他支持的，企业应当披露提供支持的类型、金额及原因。

（三）合同约定企业或其未纳入合并财务报表范围的子公司向未纳入合并财务报表范围，但受企业控制的结构化主体提供财务支持的，企业应当披露相关合同条款，以及可能导致企业承担损失的事项或情况。

在没有合同约定的情况下，企业或其未纳入合并财务报表范围的子公司当期向原先不受企业控制且未纳入合并财务报表范围的结构化主体提供财务支持或其他支持，并且所提供的支持导致企业控制该结构化主体的，企业应当披露决定提供上述支持的相关因素。

40.1.4 在合营安排或联营企业中权益的披露

第十四条 存在重要的合营安排或联营企业的，企业应当披露下列信息：

（一）合营安排或联营企业的名称、主要经营地及注册地。

（二）企业与合营安排或联营企业的关系的性质，包括合营安排或联营企业活动的性质，以及合营安排或联营企业对企业活动是否具有战略性等。

（三）企业的持股比例。持股比例不同于企业持有的表决权比例的，企业还应当披露该表决权比例。

第十五条 对于重要的合营企业或联营企业，企业除了应当按照本准则第十四条披露相关信息外，还应当披露对合营企业或联营企业投资的会计处理方法，从合营企业或联营企业收到的股利，以及合营企业或联营企业在其自身财务报表中的主要财务信息。

企业对上述合营企业或联营企业投资采用权益法进行会计处理的，上述主要财务信息应当是按照权益法对合营企业或联营企业相关财务信息调整后的金额；同时，企业应当披露将上述主要财务信息按照权益法调整至企业对合营企业或联营企业投资账面价值的调节过程。

企业对上述合营企业或联营企业投资采用权益法进行会计处理但该投资存在公开报价的，还应当披露其公允价值。

第十六条 企业在单个合营企业或联营企业中的权益不重要的，应当分别就合营企业和联营企业两类披露下列信息。

（一）按照权益法进行会计处理的对合营企业或联营企业投资的账面价值合计数。

（二）对合营企业或联营企业的净利润、终止经营的净利润、其他综合收益、综合收益等项目，企业按照其持股比例计算的金额的合计数。

第十七条 合营企业或联营企业以发放现金股利、归还贷款或垫款等形式向企业转移资金的能力存在重大限制的，企业应当披露该限制的性质和程度。

第十八条 企业对合营企业或联营企业投资采用权益法进行会计处理，被投资方发生超额亏损且投资方不再确认其应分担合营企业或联营企业损失份额的，应当披露未确认的合营企业或联营企业损失份额，包括当期份额和累积份额。

第十九条 企业应当单独披露与其对合营企业投资相关的未确认承诺，以及与其对合营企业或联营企业投资相关的或有负债。

第二十条 企业是投资性主体的，不需要披露本准则第十五条和第十六条规定的信息。

40.1.5 在未纳入合并财务报表范围的结构化主体中权益的披露

第二十一条 对于未纳入合并财务报表范围的结构化主体，企业应当披露下列信息。

（一）未纳入合并财务报表范围的结构化主体的性质、目的、规模、活动及融资方式。

（二）在财务报表中确认的与企业在未纳入合并财务报表范围的结构化主体中权益相关

的资产和负债的账面价值及其在资产负债表中的列报项目。

（三）在未纳入合并财务报表范围的结构化主体中权益的最大损失敞口及其确定方法。企业不能量化最大损失敞口的，应当披露这一事实及其原因。

（四）在财务报表中确认的与企业在未纳入合并财务报表范围的结构化主体中权益相关的资产和负债的账面价值与其最大损失敞口的比较。企业发起设立未纳入合并财务报表范围的结构化主体，但资产负债表日在该结构化主体中没有权益的，企业不需要披露上述（二）至（四）项要求的信息，但应当披露企业作为该结构化主体发起人的认定依据，并分类披露企业当期从该结构化主体获得的收益、收益类型，以及转移至该结构化主体的所有资产在转移时的账面价值。

第二十二条　企业应当披露其向未纳入合并财务报表范围的结构化主体提供财务支持或其他支持的意图，包括帮助该结构化主体获得财务支持的意图。在没有合同约定的情况下，企业当期向结构化主体（包括企业前期或当期持有权益的结构化主体）提供财务支持或其他支持的，还应当披露提供支持的类型、金额及原因，包括帮助该结构化主体获得财务支持的情况。

第二十三条　企业是投资性主体的，对受其控制但未纳入合并财务报表范围的结构化主体，应当按照本准则第十二条和第十三条的规定进行披露，不需要按照本章规定进行披露。

40.1.6　衔接规定

第二十四条　企业比较财务报表中披露的本准则施行日之前的信息与本准则要求不一致的，应当按照本准则的规定进行调整，但有关未纳入合并财务报表范围的结构化主体的披露要求除外。

40.1.7　附则

第二十五条　本准则自 2014 年 7 月 1 日起施行。

40.2　《企业会计准则第 41 号——在其他主体中权益的披露》应用指南

40.2.1　总体要求

《企业会计准则第 41 号——在其他主体中权益的披露》对企业在其他主体中权益的披露要求进行了规定。企业应当按照本准则的要求在财务报表附注中对其在子公司、合营安排、联营企业，以及未纳入合并财务报表范围的结构化主体中的权益进行信息披露。

企业披露的在其他主体中权益的信息，应当有助于财务报表使用者评估企业在其他主体中权益的性质和相关风险，以及该权益对企业财务状况、经营成果和现金流量的影响。

按照本准则要求披露的信息，应当能够使财务报表使用者更好地了解下列内容：企业在确定能够对其他主体实施控制、共同控制或重大影响时所作的重大判断和假设；企业集团的少数股东权益对企业集团业务活动和现金流量的影响。

同时，按照本准则要求披露的信息也有助于财务报表使用者对下列情形进行评估：使用企业集团资产和清偿企业集团债务存在重大限制的，该重大限制的性质和程度；企业存在纳入合并财务报表范围的结构化主体的，与企业在该主体中的权益相关的风险；企业在未纳入合并财务报表范围的结构化主体中有权益的,该权益的性质和风险;企业在合营安排或联营企业中的权益的性质和风险;企业在其子公司所有者权益份额发生变化的,该变化的财务影响。

企业应当应用重要性原则,从定性和定量两方面综合考虑各项权益的风险特征和回报特征,判断各项信息披露的详细程度。对企业或企业集团而言重要的权益,需要单独且详尽地披露;对企业或企业集团而言重要性程度不足以单独披露的权益,可以汇总披露。对汇总披露的信息,企业需要明确分类汇总的依据,例如,按照其他主体的业务性质、所在行业,以及所在国家和地区等进行分类。

40.2.2 关于适用范围

本准则适用于企业在子公司、合营安排、联营企业和未纳入合并财务报表范围的结构化主体中权益的披露。其中,合营安排包括共同经营和合营企业。需要说明的是,企业同时提供合并财务报表和母公司个别财务报表的,应当在合并财务报表附注中披露本准则要求的信息,不需要在母公司个别财务报表附注中重复披露相关信息。

对于离职后福利计划或其他长期职工福利计划,其信息披露适用《企业会计准则第9号——职工薪酬》。即使有些离职后福利计划通过结构化主体开展相关活动,其信息披露也不适用本准则,而适用《企业会计准则第9号——职工薪酬》。

对于企业在其参与的但不享有共同控制的合营安排中的权益,适用《企业会计准则第37号——金融工具列报》(以下简称"金融工具列报准则")。但是,企业对该合营安排具有重大影响或该合营安排是结构化主体的,适用本准则。企业作为对合营安排不享有共同控制的参与方,对其在合营安排中的权益的披露,分以下几种情况:①企业对合营安排不享有共同控制,但具有重大影响的,应当适用本准则;②企业对合营安排不享有共同控制也不具有重大影响,但合营安排是结构化主体的,在遵循金融工具列报准则相关要求的同时,还应当遵循本准则关于未纳入合并财务报表范围的结构化主体的披露要求;③企业对合营安排不享有共同控制也不具有重大影响,且合营安排不是结构化主体的,应当适用金融工具列报准则。

对于企业持有的由《企业会计准则第22号——金融工具确认和计量》规范的在其他主体中的权益,适用金融工具列报准则。但是,企业在未纳入合并财务报表范围的结构化主体中的权益,以及根据其他相关会计准则以公允价值计量且其变动计入当期损益的在联营企业或合营企业中的权益,适用本准则。根据《企业会计准则第2号——长期股权投资》等准则,部分股权投资可以按照《企业会计准则第22号——金融工具确认和计量》进行会计处理。由于会计处理方法的选择权并不改变权益的性质,所以对于这部分权益(包括在未纳入合并财务报表范围的结构化主体中的权益,以及以公允价值计量且其变动计入当期损益的在联营企业或合营企业中的权益),应当在遵循金融工具列报准则相关要求的同时,遵循本准则的相关披露要求。

40.2.3 关于在其他主体中权益的定义

(一)在其他主体中的权益。

本准则所指的在其他主体中的权益,是指通过合同或其他形式能够使企业参与其他主体的相关活动并因此享有可变回报的权益。

在本准则中,其他主体包括企业的子公司、合营安排(包括共同经营和合营企业)、联营企业以及未纳入合并财务报表范围的结构化主体等。

企业在其他主体中的权益能够使其参与其他主体的相关活动,并因此享有可变回报。《企业会计准则第33号——合并财务报表》(以下简称"合并财务报表准则")对"相关活动"和"可变回报"进行了界定。相关活动是指对被投资方的回报产生重大影响的活动。可变回报是指投资方自被投资方取得的回报可能会随着被投资方业务而变动。根据上述定义,企业因其在其他主体中的权益承受了其他主体经营业绩变动的风险。企业的参与方式不仅包括持有其他主体的股权,还包括持有其他主体的债权,或向其他主体提供资金、流动性支持、信用增级和担保等。企业通过这些参与方式实现对其他主体的控制、共同控制或重大影响。

(二)结构化主体。

结构化主体,是指在确定其控制方时没有将表决权或类似权利作为决定因素而设计的主体。通常情况下,结构化主体在合同约定的范围内开展业务活动,表决权或类似权利仅与行政性管理事务相关。

在判断某一主体是否为结构化主体,以及判断该主体与企业的关系时,应当综合考虑结构化主体的定义和特征。结构化主体通常具有下列特征中的多项或全部特征。

1. 业务活动范围受限。通常情况下,结构化主体在合同约定的范围内开展业务活动,业务活动范围受到了限制。例如,从事信贷资产证券化业务的结构化主体,在发行资产支持证券募集资金和购买信贷资产后,根据相关合同,其业务活动是将来源于信贷资产的现金向资产支持证券投资者分配收益。

2. 有具体明确的目的,而且目的比较单一。结构化主体通常是为了特殊目的而设立的主体。例如,有的企业发起结构化主体是为了将企业的资产转让给结构化主体以迅速回收资金,并改变资产结构来满足资产负债管理的需要;有的企业发起结构化主体是为了满足客户特定的投资需求,吸引更多的客户;还有的企业发起结构化主体是为了专门从事研究开发活动,或开展租赁业务等。

3. 股本(如有)不足以支撑其业务活动,必须依靠其他次级财务支持。次级财务支持是指承受结构化主体部分或全部预计损失的可变权益,其中的"次级"代表受偿顺序在后。股本本身就是一种次级财务支持,其他次级财务支持包括次级债权、对承担损失作出的承诺或担保义务等。通常情况下,结构化主体的股本占资产规模的份额较小,甚至没有股本。当股本很少或没有股本,不足以支撑结构化主体的业务活动时,通常需要依靠其他次级财务支持来为结构化主体注入资金,支撑结构化主体的业务活动。

4. 通过向投资者发行不同等级的证券(如分级产品)等金融工具进行融资,不同等级的证券,信用风险及其他风险的集中程度也不同。例如,以发行分级产品的方式融资是对各级产品的受益权进行了分层配置。购买优先级的投资者享有优先受益权,购买次级的投资者享有次级受益权。投资期满后,投资收益在逐级保证受益人本金、预期收益及相关费用后的余额归购买次级的投资者,如果出现投资损失,先由购买次级的投资者承担。由于不同等级的证券具有不同的信用风险、利率风险或流动性风险,发行分级产品可以满足不同风险偏好投资者的投资需求。

【例40-1】关于在其他主体中权益的定义

甲银行（发起人）委托某信托公司设立乙信托（结构化主体）。甲银行将其信贷资产转让给乙主体，以满足甲银行自身资产负债管理的需要，这是一种结构化设计。乙主体以信贷资产产生的现金流为基础通过承销商向投资者发行不同等级的资产支持证券筹集资金，并向甲银行支付信贷资产转让对价。信贷资产产生的现金流是资产支持证券投资者的收益来源，本例中，资产支持证券分为优先级和次级，其中优先级还分为优先A档、优先B档和优先C档，不同等级的证券对应着不同等级的受益权，这也是一种结构化设计。根据约定，甲银行持有乙主体发行的次级档资产支持证券，其持有规模为资产支持证券发行总规模的5%。甲银行同时向乙主体提供资产管理服务，乙主体因此向甲银行支付服务费。本例中，乙主体在信托合同等相关合同或协议约定的范围内开展业务活动，由于权益结构比较分散，表决权或类似权力不作为确定乙主体的控制方的决定性因素。该信贷资产证券化的交易结构见图40-1，资金流见图40-2。

图40-1 信贷资产证券化交易结构

图40-2 信贷资产证券化资金流

40.2.4 关于重大判断和假设的披露

（一）对控制、共同控制、重大影响的判断。

企业应当披露对其他主体实施控制、共同控制或重大影响的重大判断和假设，以及这些判断和假设变更的情况。

企业在其他主体中持有权益的，应当判断通过持有该权益企业能否对其他主体实施控制、共同控制或重大影响，并在财务报表附注中披露对控制、共同控制和重大影响的总体判断依据，针对某些具体情况作出的重大判断和假设，以及权益性质改变导致企业得出与原先不同的结论时所作的重大判断和假设。具体情况包括但不限于下列各项。

1. 企业持有其他主体半数或以下的表决权但仍控制该主体的判断和假设，或者持有其他主体半数以上的表决权但并不控制该主体的判断和假设。

2. 企业持有其他主体20%以下的表决权但对该主体具有重大影响的判断和假设，或者持有其他主体20%或以上的表决权但对该主体不具有重大影响的判断和假设。

3. 企业通过单独主体达成合营安排的，确定该合营安排是共同经营还是合营企业的判断和假设。

4. 确定企业是代理人还是委托人的判断和假设。企业应当根据合并财务报表准则的规定，判断企业是代理人还是委托人。

【例40-2】关于重大判断和假设的披露1

甲企业集团持有乙公司40%的股份，但甲集团认为其能够控制乙公司。甲集团在其2×14年报的合并财务报表附注中作出如下披露：

本集团持有乙公司40%的股权，对乙公司的表决权比例亦为40%。虽然本集团持有乙公司的表决权比例未达到半数以上，但本集团能够控制乙公司，理由如下：（1）乙公司的其他股东的表决权比例均不超过1%，且没有迹象表明其他股东会集体表决；（2）近5年来其他股东出席或通过代理人出席股东大会、行使表决权的比例未超过乙公司总表决权的20%；（3）本集团有权任免乙公司董事会中的多数成员；（4）本集团有权主导乙公司的经营活动并享有可变回报。

【例40-3】关于重大判断和假设的披露2

甲企业集团持有乙公司17%的股份，但甲集团认为其能够对乙公司实施重大影响。甲集团在其2×14年报的合并财务报表附注中作出如下披露：

本集团持有乙公司17%的股权，对乙公司的表决权比例也为17%。虽然该比例低于20%，但由于本集团在乙公司董事会中派有代表并参与对乙公司财务和经营政策的决策，所以本集团能够对乙公司施加重大影响。

（二）对投资性主体的判断及主体身份的转换。

企业应当披露按照合并财务报表准则被确定为投资性主体的重大判断和假设，以及虽然不符合合并财务报表准则有关投资性主体的一项或多项特征但仍被确定为投资性主体的原因。合并财务报表准则规定了投资性主体的判断依据。企业被确定为投资性主体时，根据本准则，企业应当披露与这一认定相关的重大判断和假设。如果企业不具备合并财务报表准则中所列举的投资性主体特征中的一项或多项特征，但仍被确定为投资性主体的，企业应当披露作出这一认定的原因。

企业（母公司）由非投资性主体转变为投资性主体的，应当披露该变化及其原因，并披露该变化对财务报表的影响。企业被认定为投资性主体，根据合并财务报表准则，企业应当仅将为其投资活动提供相关服务的子公司（如有）纳入合并范围并编制合并财务报表；其他子公司不应当予以合并，母公司对其他子公司的投资应当按照公允价值计量且其变动计入当期损益。对停止纳入合并财务报表范围的子公司，相关权益的会计处理方法由成本法转为以公允价值计量且其变动计入当期损益，会计处理方法的转变会对企业的财务报表产生影响。针对这项变化，企业应当在变化当期的财务报表附注中披露下列信息：①对其主体身份变化这一情况及其原因予以说明；②对变化当日不再纳入合并财务报表范围子公司的投资的公允价值，以及按照公允价值重新计量产生的利得或损失以及相应的列报项目。

企业（母公司）由投资性主体转变为非投资性主体的，应当披露该变化及其原因。

40.2.5 关于在子公司中权益的披露

（一）企业集团的构成情况。

企业应当在合并财务报表附注中披露企业集团的构成，包括子公司的名称、主要经营地及注册地（一般指国家或地区）、业务性质、企业的持股比例（或类似权益比例，下同）等。企业对子公司的持股比例不同于企业持有的表决权比例的，还应当披露该表决权比例。企业可以采用表 40-1 的格式来反映企业集团的构成情况。

表 40-1 企业集团构成情况

子公司名称	主要经营地	注册地	业务性质	持股比例

（二）重要的非全资子公司的相关信息。

子公司少数股东持有的权益对企业集团重要的，企业还应当在合并财务报表附注中披露下列信息：①子公司少数股东的持股比例。子公司少数股东的持股比例不同于其持有的表决权比例的，企业还应当披露该表决权比例。②当期归属于子公司少数股东的损益以及向少数股东支付的股利。③子公司在当期期末累计的少数股东权益余额。④子公司的主要财务信息。如果单个非全资子公司的少数股东权益对企业集团而言并不重要，则不需要披露上述信息。

除子公司的主要财务信息外，企业可以采用表 40-2 的格式来披露上述①至③项要求的信息。

表 40-2 子公司少数股东权益情况

子公司名称	少数股东的持股比例	当期归属于少数股东的损益	当期向少数股东支付的股利	期末累计少数股东权益

本准则要求企业披露重要非全资子公司的主要财务信息，以帮助财务报表使用者了解重要的少数股东权益对整个企业集团的业务活动和现金流量的影响。重要非全资子公司的主要财务信息包括：流动资产、非流动资产、流动负债、非流动负债、营业收入、净利润、综合收益等。企业可以采用表 40-3 的格式来披露重要非全资子公司的主要财务信息。

表 40-3 重要非全资子公司的主要财务信息

	本期数			上期数		
	A 公司	B 公司	……	A 公司	B 公司	……
流动资产						
非流动资产						
资产合计						
流动负债						
非流动负债						
负债合计						
营业收入						
净利润						
综合收益总额						
经营活动现金流量						

本表数据来源于重要非全资子公司的财务报表，不是根据少数股东的持股比例计算出来的金额。本表数据还需要经过一定调整，包括以合并日子公司可辨认资产和负债的公允价值为基础进行的调整，以及因母公司与子公司会计政策不一致而按照母公司会计政策对子公司财务报表进行的调整等，但不需要抵销企业集团成员企业之间的内部交易。

企业在子公司中的权益（或权益的一部分）按照《企业会计准则第 30 号——财务报表列报》划分为持有待售资产的，不需要披露该子公司的上述主要财务信息。

（三）对使用企业集团资产和清偿企业集团债务的重大限制。

使用企业集团资产和清偿企业集团债务存在重大限制的，企业应当在合并财务报表附注中披露下列信息：①该限制的内容，包括对母公司或其子公司与企业集团内其他主体相互转移现金或其他资产的限制，以及对企业集团内主体之间发放股利或进行利润分配、发放或收回贷款或垫款等的限制；②子公司少数股东享有保护性权利，并且该保护性权利对企业使用企业集团资产或清偿企业集团负债的能力存在重大限制的，该限制的性质和程度；③该限制涉及的资产和负债在合并财务报表中的金额。

企业集团成员企业使用企业集团资产和清偿企业集团债务可能因法律、行政法规的规定以及合同协议的约定而受到重大限制。本准则要求企业根据重要性原则判断限制是否重大，并在合并财务报表附注中披露对使用企业集团资产和清偿企业集团债务存在的重大限制。

此外，子公司的少数股东可能享有保护性权利。根据合并财务报表准则，保护性权利是指仅为了保护权利持有人利益却没有赋予持有人对相关活动决策权的一项权利。例如，根据协议，母公司动用子公司资产、清偿子公司债务必须经过子公司少数股东的批准。保护性权利对企业使用企业集团资产或清偿企业集团负债的能力存在重大限制的，企业应当披露该限制的性质和程度。

上述重大限制对企业集团的资产和负债产生一定影响，企业应当在合并财务报表附注中披露该限制涉及的资产和负债在合并财务报表中的金额。

【例40-4】对使用企业集团资产和清偿企业集团债务的重大限制

甲企业集团主要从事金融业务，总部设在中国，并在多个国家设立了子公司。甲集团在其2×15年报的合并财务报表附注中就集团成员企业使用企业集团资产和清偿企业集团债务受到的重大限制作出如下披露：

本集团在欧洲的子公司乙公司因当地法律中有关银行资本充足率的规定使乙公司向母公司转移现金或其他资产的能力受到重大限制，该项限制涉及的资产在合并财务报表中的金额为73亿元（2×14年的金额为71亿元）。

本集团在欧洲的子公司丙公司需要遵循当地政府有关金融企业保持流动性的要求，根据该要求，丙公司不能使用已确认但未实现的收益进行利润分配。该限制涉及的金额为350万元（2×14年的金额为400万元）。

本集团有多家投资基金，这些投资基金是纳入合并财务报表范围的结构化主体。投资基金持有的资产具有专门用途，按照相关合同约定，对这部分资产不得擅自改变用途并转移至本集团的其他成员企业。该限制涉及的资产在合并财务报表中的金额为4.8亿元（2×14年的金额为4.5亿元）。

本集团在非洲的子公司丁公司需要遵循当地外汇管理政策，根据该政策，丁公司必须经过当地外汇管理局的批准才能向母公司及其他投资者支付现金股利。丁公司2×15年12月31日现金及现金等价物的金额为500万元。

（四）纳入合并财务报表范围的结构化主体的相关信息。

企业存在纳入合并财务报表范围的结构化主体的，应当在合并财务报表附注中披露与该结构化主体相关的风险信息。与结构化主体相关的风险主要是指企业或其子公司需要依合同约定或因其他原因向结构化主体提供财务支持或其他支持，包括帮助结构化主体取得财务支持。

本准则所指的支持不属于企业日常的经营活动，通常是由特定事项触发的交易。例如，当纳入合并财务报表范围的结构化主体流动性紧张或资产信用评级被降低时，企业作为母公司可能需要向结构化主体提供流动性支持，或通过与结构化主体进行资产置换来提高结构化主体的资产信用评级，使结构化主体恢复到正常的经营状态。本准则所指的"财务支持"（即直接或间接地向结构化主体提供经济资源）通常包括：向结构化主体无偿提供资金；增加对结构化主体的权益投资；向结构化主体提供长期贷款；豁免结构化主体所欠的债务；从结构化主体购入资产，或购买结构化主体发行的证券；按照偏离市场公允价值的价格与结构化主体进行交易，造成企业资源的净流出；企业就结构化主体的经营业绩向第三方提供保证或承诺；其他情形。本准则所指的"其他支持"通常是非财务方面的支持，例如提供人力资源管理或其他管理服务等。

1. 有合同约定的情况。

本准则规定，对纳入合并财务报表范围的结构化主体，合同约定企业或其子公司向该结构化主体提供财务支持的，应当披露提供财务支持的合同条款，包括可能导致企业承担损失的事项或情况。

【例40-5】有合同约定的情况

甲公司是乙结构化主体的发起人，能够控制乙主体并将其纳入合并财务报表范围。甲公司在其2×15年报的合并财务报表附注中对有关事项披露如下：甲公司与乙主体以合同方式约定，如果乙主体资产的信用评级降至AAA级以下，甲公司将同乙主体进行资产交换，甲公司用信用评级为AAA级资产换取乙主体相同公允价值但信用评级低于AAA级的资产，用于交换的资产的公允价值上限为1 000万元。

2. 没有合同约定的情况。

本准则规定，对纳入合并财务报表范围的结构化主体，在没有合同约定的情况下，企业或其子公司当期向该结构化主体提供了财务支持或其他支持，企业应当披露所提供支持的类型、金额及原因，包括帮助该结构化主体获得财务支持的情况。其中，企业或其子公司当期对以前未纳入合并财务报表范围的结构化主体提供了财务支持或其他支持并且该支持导致企业控制了该结构化主体的，企业还应当披露决定提供支持的相关因素。

【例40-6】没有合同约定的情况

甲公司是乙结构化主体的发起人，能够控制乙主体并将其纳入合并财务报表范围。甲公司在其2×15年报的合并财务报表附注中对有关事项披露如下：2×15年7月，乙主体所持有的资产信用评级下降，由原先的AAA级下降至AA级，很有可能被迫回购其发行的中长期债券。为此，本公司在没有合同约定的情况下，仍将信用评级为AAA的资产按照该资产的公允价值2 000万元换取乙主体相同公允价值但信用评级为AA级的资产，使乙主体资产的信用评级维持在AAA级。

3. 向结构化主体提供支持的意图。

本准则规定，对纳入合并财务报表范围的结构化主体，企业存在向该结构化主体提供财务支持或其他支持的意图的，应当披露该意图，包括帮助该结构化主体获得财务支持的意图。本准则所指的"意图"是指企业基本决定将在未来期间向结构化主体提供财务支持或其他支持,具体表现为适当级别的企业高管批准了企业向结构化主体提供支持的计划或者方案。如果计划或者方案仅处于酝酿阶段,尚未获得企业高管批准,则不属于本准则所称的意图,也不需要进行披露。

(五)企业在其子公司的所有者权益份额发生变化的情况。

1. 不丧失控制权的情况。

企业在其子公司所有者权益份额发生变化且该变化未导致企业丧失对子公司控制权的,应当在合并财务报表附注中披露该变化对本企业所有者权益的影响。在不丧失控制权的情况下,子公司仍纳入合并财务报表范围,但这一交易会影响合并财务报表中少数股东权益等金额,对本企业所有者权益产生影响,本准则要求企业在合并财务报表附注中披露该变化对本企业所有者权益的影响。

【例40-7】不丧失控制权的情况

甲公司持有乙公司80%的股权,能够对乙公司实施控制。2×14年1月,甲公司将其持有的乙公司的部分股份对外出售(占乙公司股份的20%),该项交易未导致甲公司丧失对乙公司的控制权。

甲公司在2×14年报的合并财务报表附注中对该项交易的披露如下:甲公司于2×14年1月处置部分对乙公司的投资(占乙公司股份的20%),但未丧失对乙公司的控制权。处置股权取得的对价为2 600万元,该项交易导致少数股东权益增加2 400万元,资本公积增加200万元。

2. 丧失控制权的情况。

企业丧失对子公司控制权的,如果企业还有其他子公司需要编制合并财务报表,应当在合并财务报表附注中披露按照合并财务报表准则计算的下列信息:①由于丧失控制权而产生的利得或损失以及相应的列报项目;②剩余股权在丧失控制权日按照公允价值重新计算而产生的利得或损失。

【例40-8】丧失控制权的情况

甲公司持有乙公司60%的股权,能够对乙公司实施控制。2×14年6月,甲公司将其持有的乙公司的部分股份对外出售(占乙公司股份的40%),该项交易导致甲公司丧失了对乙公司的控制权,但仍对乙公司具有重大影响。

甲公司在2×14年报的合并财务报表附注中对该项交易的披露如下:甲公司2×14年6月处置部分对乙公司的投资(占乙公司股份的40%),丧失了对乙公司的控制权。处置股权取得的对价为6 000万元,该项交易的收益为720万元,列示在合并财务报表的"投资收益"项目中。处置当日剩余股权的公允价值为3 000万元,剩余股权按照公允价值计量而产生的利得为200万元。

(六)投资性主体的相关信息。

企业按照合并财务报表准则被确定为投资性主体,且存在未纳入合并财务报表范围的子公司,并对该子公司权益按照公允价值计量且其变动计入当期损益的,应当在财务报表附注中对该情况予以说明。同时,应当披露该子公司的基础信息和与权益相关的风险信息。

1. 未纳入合并财务报表范围的子公司的基础信息。

企业（母公司）是投资性主体的，对未纳入合并财务报表范围的子公司，企业应当披露下列基础信息：

（1）子公司的名称、主要经营地及注册地（一般指国家或地区）；

（2）企业对子公司的持股比例。持股比例不同于企业持有的表决权比例的，企业还应当披露该表决权比例。

企业的子公司也是投资性主体且该子公司存在未纳入合并财务报表范围的下属子公司的，企业应当按照上述要求披露该下属子公司的相关信息。

2. 与权益相关的风险信息。

企业是投资性主体的，对其在未纳入合并财务报表范围的子公司中的权益，应当披露与该权益相关的风险信息。

（1）该未纳入合并财务报表范围的子公司以发放现金股利、归还贷款或垫款等形式向企业转移资金的能力存在重大限制的，企业应当披露该限制的性质和程度。

（2）企业存在向未纳入合并财务报表范围的子公司提供财务支持或其他支持的承诺或意图的，企业应当披露该承诺或意图，包括帮助该子公司获得财务支持的承诺或意图。在没有合同约定的情况下，企业或其子公司当期向未纳入合并财务报表范围的子公司提供财务支持或其他支持的，企业应当披露提供支持的类型、金额及原因。

（3）合同约定企业或未纳入合并财务报表范围的子公司向未纳入合并财务报表范围，但受企业控制的结构化主体提供财务支持的，企业应当披露相关合同条款，以及可能导致企业承担损失的事项或情况。在没有合同约定的情况下，企业或其未纳入合并财务报表范围的子公司当期向原先不受企业控制且未纳入合并财务报表范围的结构化主体提供财务支持或其他支持，并且所提供的支持导致企业控制该结构化主体的，企业应当披露决定提供上述支持的相关因素。

40.2.6 关于在合营安排或联营企业中权益的披露

（一）合营安排和联营企业的基础信息。

存在重要的合营安排或联营企业的，企业应当披露下列信息：①合营安排或联营企业的名称、主要经营地及注册地。②企业与合营安排或联营企业的关系的性质，包括合营安排或联营企业活动的性质，以及合营安排或联营企业对企业活动是否具有战略性等。③企业的持股比例。持股比例不同于企业持有的表决权比例的，企业还应当披露该表决权比例。

对于重要的合营安排或联营企业，企业可以采用表40-4的格式披露合营安排或联营企业的基础信息。

表40-4 重要合营安排或联营企业的基础信息

企业名称	主要经营地	注册地	持股比例	业务性质	对企业活动是否具有战略性

(二) 重要的合营企业和联营企业的主要财务信息。

对于重要的合营企业或联营企业,企业除了应当披露基础信息外,还应当披露对合营企业或联营企业投资的会计处理方法、从合营企业或联营企业收到的股利,以及合营企业或联营企业在其自身财务报表中的主要财务信息。合营企业或联营企业的主要财务信息,包括流动资产、非流动资产、流动负债、非流动负债、营业收入、净利润、终止经营的净利润、其他综合收益、综合收益总额等。由于企业对合营企业相关活动的参与程度更高,对于重要的合营企业,除披露上述信息外,还需要披露的信息有:现金和现金等价物、财务费用(能够区分利息收入和利息费用的,分别披露利息收入和利息费用)、所得税费用。

企业对重要的合营企业或联营企业投资采用权益法进行会计处理的,上述主要财务信息应当是按照权益法对合营企业或联营企业相关财务信息调整后的金额。同时,企业应当披露将上述主要财务信息按照权益法调整至企业对合营企业或联营企业投资账面价值的调节过程。企业对上述合营企业或联营企业投资采用权益法进行会计处理但该投资存在公开报价的,还应当披露其公允价值。

对于重要的合营企业,企业对其投资按照权益法进行会计处理的,可以采用表40-5的格式披露合营企业的主要财务信息和相关信息。

表40-5 重要合营企业的主要财务信息

	本期数			上期数		
	A公司	B公司	……	A公司	B公司	……
流动资产						
其中:现金和现金等价物						
非流动资产						
资产合计						
流动负债						
非流动负债						
负债合计						
净资产						
按持股比例计算的净资产份额						
调整事项						
对合营企业权益投资的账面价值						
存在公开报价的权益投资的公允价值						
营业收入						
财务费用						
所得税费用						

续表

	本期数			上期数		
	A公司	B公司	……	A公司	B公司	……
净利润						
其他综合收益						
综合收益总额						
企业本期收到的来自合营企业的股利						

注：存在终止经营的净利润的，还应当在本表中单列项目披露。

表40-5的数据来源于重要合营企业的财务报表，不是根据持股比例计算出来的金额。来源于合营企业财务报表的数据还需要经过一定调整，例如，以取得投资时被投资方可辨认资产和负债的公允价值为基础进行的调整，或者因被投资方与企业的会计政策不一致而对被投资方财务信息进行的调整等，但不需要抵销企业与合营企业之间的内部交易。假设甲公司是对乙企业享有共同控制的合营方，在取得对乙企业的投资时，乙企业一项固定资产的账面价值为500万元，公允价值为600万元，剩余摊销年限为10年。在编制上表时，甲公司应当以600万元为基础调整乙企业财务报表的金额，按调整后的金额填列"非流动资产"项目、"净利润"项目，以及"综合收益"项目等。

表40-5还包括企业当期从合营企业收到的股利、存在公开报价的投资的公允价值等信息，以及按照权益法调整至企业对合营企业投资账面价值的调节过程。本表中的"调整事项"包括取得投资时形成的商誉，即取得投资时企业的初始投资成本大于投资时应享有合营企业可辨认净资产公允价值份额的金额，还包括抵销企业与合营企业之间的内部交易、减值准备等其他事项。

对于重要的联营企业，企业对其投资按照权益法进行会计处理的，可以采用表40-6的格式披露联营企业的主要财务信息。除了在披露项目上简化外，表40-6的内容和编制方法与表40-5一致。

表40-6　重要联营企业的主要财务信息

	本期数			上期数		
	A公司	B公司	……	A公司	B公司	……
流动资产						
非流动资产						
资产合计						
流动负债						
非流动负债						
负债合计						
净资产						

续表

	本期数			上期数		
	A公司	B公司	……	A公司	B公司	……
按持股比例计算的净资产份额						
调整事项						
对联营企业权益投资的账面价值						
存在公开报价的权益投资的公允价值						
营业收入						
净利润						
其他综合收益						
综合收益总额						
企业本期收到的来自联营企业的股利						

注：存在终止经营的净利润的，还应当在本表中单列项目披露。

企业根据其他相关会计准则，对重要的合营企业或联营企业投资采用权益法以外的其他方法进行会计处理的，需要区分两种情况：①企业是投资性主体的，不需要披露合营企业或联营企业的主要财务信息。②企业不是投资性主体的，在财务报表附注中所披露的合营企业或联营企业的主要财务信息直接来源于合营企业或联营企业的财务报表，不需要经过调整，也不包括调节过程。

企业在合营企业或联营企业中的权益（或权益的一部分）按照《企业会计准则第30号——财务报表列报》划分为持有待售资产的，不需要披露合营企业或联营企业的上述主要财务信息。

（三）不重要的合营企业和联营企业的汇总财务信息。

企业在单个合营企业或联营企业中的权益不重要的，应当分别就合营企业和联营企业两类披露下列信息：①按照权益法进行会计处理的对合营企业或联营企业投资的账面价值合计数。②对合营企业或联营企业的净利润、终止经营的净利润、其他综合收益、综合收益等项目，企业按照其持股比例计算的金额的合计数。企业是投资性主体的，不需要披露上述信息。

对于不重要的合营企业或联营企业，企业可以采用表40-7的格式披露汇总财务信息。

表40-7 不重要合营企业和联营企业的汇总信息

项目	本期数	上期数
合营企业：		
投资账面价值合计		
下列各项按持股比例计算的合计数		
净利润		
其他综合收益		
综合收益总额		

续表

项目	本期数	上期数
联营企业：		
投资账面价值合计		
下列各项按持股比例计算的合计数		
净利润		
其他综合收益		
综合收益总额		

注：存在终止经营的净利润的，还应当在本表中单列项目披露。

（四）与企业在合营企业和联营企业中权益相关的风险信息。

1. 对转移资金能力的重大限制。

合营企业或联营企业以发放现金股利、归还贷款或垫款等形式向企业转移资金的能力存在重大限制的，企业应当披露该限制的性质和程度。例如，某联营企业与银行（银行是独立第三方，不是联营企业的投资方）签订借款合同，合同约定：如果联营企业未能清偿到期债务，就不能向其投资方支付股利。在这种情况下，联营企业向企业（投资方）转移资金的能力就受到了限制，如果该项限制属于重大限制，企业应当在其财务报表附注中披露该项限制的性质和程度。

2. 超额亏损。

企业对合营企业或联营企业投资采用权益法进行会计处理，被投资方发生超额亏损且投资方不再确认其应分担合营企业或联营企业损失份额的，应当披露未确认的合营企业或联营企业损失份额，包括当期份额和累积份额。在合营企业或联营企业发生超额亏损的情况下，企业可以采用表40-8的格式披露企业应分担的超额亏损，也可以用文字形式披露相关信息。

表40-8 企业对合营企业或联营企业发生超额亏损的分担额

被投资单位名称	前期累积未确认的损失份额	本期未确认的损失份额（或本期实现净利润的分享额）	本期期末累积未确认的损失份额
合营企业			
（1）			
……			
小计			
联营企业			
（1）			
……			
小计			
合计			

【例40-9】超额亏损

甲公司持有乙公司40%的股权,能够对乙公司实施重大影响。2×14年度,乙公司发生巨额亏损。甲公司在其2×14年报的财务报表附注中对该事项披露如下:2×14年度乙公司亏损10 000万元,本公司按照持股比例应分担损失4 000万元,但本公司对乙公司权益投资的账面价值仅为3 500万元,本公司不存在长期应收款等其他实质上构成对乙公司净投资的权益项目,本公司确认了3 500万元的投资损失,当期未确认的对乙公司投资的损失份额为500万元,本期末累积未确认的对乙公司投资的损失份额为500万元。

甲公司也可以采用表格的形式披露见表40-9。

表40-9 甲公司因持有乙公司股份所确认投资损失

2×14年 单位:万元

项目	前期累计未确认的损失份额	本期未确认的损失份额	本期末累计未确认的损失份额
联营企业:			
乙公司	0	500	500
合计	0	500	500

3. 与对合营企业投资相关的未确认承诺。

企业应当单独披露与其对合营企业投资相关的未确认承诺。未确认承诺是指企业已作出但未确认的各项承诺,既包括企业单独作出的未确认承诺,又包括企业与其他参与方共同作出的未确认承诺中企业所承担的份额。

未确认承诺的具体内容包括但不限于:①企业因下列事项而作出的提供资金或资源的未确认承诺。例如,企业对合营企业的出资承诺,对于合营企业承担的资本性支出企业将提供支持的承诺,企业承诺从合营企业购买或代表合营企业购买设备、存货或服务等无条件购买义务,企业向合营企业承诺提供贷款或其他财务支持,以及企业作出的与对合营企业投资相关的其他不可撤销的承诺。②企业购买合营企业其他参与方在合营企业的全部或部分权益的未确认承诺。企业是否需要履行这一承诺通常取决于特定事件是否在未来期间发生。

【例40-10】与对合营企业投资相关的未确认承诺

2×14年7月1日,甲公司、乙公司和丙公司共同出资设立丁企业,出资比例分别为50%、40%及10%,各参与方的表决权比例与其出资比例相同。假设根据协议,甲公司和乙公司对丁企业具有共同控制,且该合营安排为合营企业。协议约定,乙公司承诺丙公司在丁企业成立届满3年后,丙公司可以选择将其在丁企业中的财产份额全部转让给乙公司,由乙公司一次性全额向丙公司支付丙公司初始投资成本的120%。丙公司的初始投资成本为150万元,乙公司承担的未确认承诺为180万元。

乙公司在其2×14年报的财务报表附注中对该项未确认承诺披露如下:本公司对丁企业(2×14年7月成立)享有共同控制,表决权比例为40%。根据协议,如果丁企业的参与方丙公司选择在丁企业成立届满3年后将其在丁企业中财产份额转让给本公司,本公司需要一次性全额向丙公司支付180万元。

4. 或有负债。

企业应当单独披露与其对合营企业或联营企业投资相关的或有负债，但不包括极小可能导致经济利益流出企业的或有负债。企业应当按照《企业会计准则第13号——或有事项》来判断某一事项是否属于或有负债。如果企业与合营企业的其他参与方、联营企业的其他投资方共同承担某项或有负债，企业应当在财务报表附注中披露在该项或有负债中企业所承担的份额。在或有负债较多的情况下，企业可以按照或有负债的类别进行汇总披露。

【例40-11】或有负债

甲公司在其2×15年报的财务报表附注中对与联营企业相关的或有负债单独披露如下：2×15年12月31日，本公司为联营企业提供财务担保的金额为4 625万元（2×14年的金额为4 519万元），半数以上的财务担保将在一年内到期。上述金额代表联营企业违约将给本公司造成的最大损失。由于不符合预计负债确认条件，上述财务担保属于未确认或有负债。

40.2.7 关于在未纳入合并财务报表范围的结构化主体中权益的披露

（一）未纳入合并财务报表范围的结构化主体的基础信息。

对于未纳入合并财务报表范围的结构化主体，企业应当披露该结构化主体的性质、目的、规模、活动及融资方式，包括与之相关的定性信息和定量信息。其中，结构化主体的规模通常以资产总额或者所发行证券的规模来表示，融资方式包括股权融资、债权融资以及其他融资方式。本准则不要求逐个披露结构化主体的信息，企业应当按照重要性原则来确定信息披露的详细程度，只要不影响财务报表使用者评价企业与结构化主体之间的关系及企业因涉入结构化主体业务活动而面临的风险，企业可以根据需要汇总披露相关信息。

【例40-12】未纳入合并财务报表范围的结构化主体的基础信息

甲企业集团在其2×15年报中就未纳入合并财务报表范围的结构化主体的基础信息披露如下：2×15年12月31日，与本集团相关联、但未纳入本集团合并财务报表范围的结构化主体主要从事信贷资产证券化业务，从本集团成员企业购买信贷资产，以信贷资产产生的现金流为基础发行资产支持证券融资。这类结构化主体2×15年12月31日的资产总额为5亿元（2×14年的金额为4.8亿元）。

（二）与权益相关资产负债的账面价值和最大损失敞口。

企业在未纳入合并财务报表范围的结构化主体中有权益的，还应当披露下列信息：①在财务报表中确认的与企业在未纳入合并财务报表范围的结构化主体中权益相关的资产和负债的账面价值及其在资产负债表中的列报项目。②在未纳入合并财务报表范围的结构化主体中权益的最大损失敞口及其确定方法。最大损失敞口应当是企业因在结构化主体中持有权益而可能发生的最大损失。在确定最大损失敞口时，不需要考虑损失发生的可能性，因为最大损失敞口并不是企业的预计损失。企业不能量化最大损失敞口的，应当披露这一事实及其原因。③在财务报表中确认的与企业在未纳入合并财务报表范围的结构化主体中权益相关的资产和负债的账面价值与其最大损失敞口的比较。

【例40-13】与权益相关资产负债的账面价值和最大损失敞口

甲企业集团2×15年报中，与在未纳入合并财务报表范围的结构化主体中权益相关的资产负债账面价值和最大损失敞口的信息披露如表40-10所示。

表40-10　甲企业集团与权益资产负债的账面价值和最大损失敞口

2×15年　　　　　　　　　　　　　　　　　　　　　　　　单位：万元

项目	账面价值	最大损失敞口	账面价值	最大损失敞口
	2×15年	2×15年	2×14年	2×14年
优先级债券	430	430	400	400
次级债券	200	200	220	220
信用违约互换（负债）	(100)	(1 600)	(90)	(1 500)

优先级债券列示在财务报表的"可供出售金融资产"项目中。最大损失敞口为优先级债券在资产负债表日的账面价值（公允价值）。次级债券列示在财务报表的"持有至到期投资"项目中。最大损失敞口为次级债券在资产负债表日的账面价值（摊余成本）。

信用违约互换列示在财务报表的"衍生金融负债"项目中。最大损失敞口为相关贷款全部违约情况下企业需要偿付的本金和利息之和。

（三）企业是结构化主体的发起人但在结构化主体中没有权益的情况。

企业发起设立未纳入合并财务报表范围的结构化主体，资产负债表日在该结构化主体中没有权益的，企业不披露与权益相关的资产负债的账面价值及最大损失敞口。但作为发起人，企业通常与其发起的结构化主体之间保持着业务联系，仍可能通过涉入结构化主体的相关活动而承担风险。本准则要求此类企业披露下列信息。

1. 企业作为该结构化主体发起人的认定依据，即如何判断企业是该结构化主体的发起人。企业的发起人身份可能给企业带来一定风险。例如，当结构化主体的经营遇到困难时，企业作为发起人很可能向结构化主体提供财务支持或其他支持，在帮助结构化主体渡过难关的同时维护企业的声誉。存在下列情况的，可能说明企业是结构化主体的发起人：①企业单独创建了结构化主体；②企业参与创建结构化主体，并参与结构化设计的过程；③企业是结构化主体的最主要的服务对象，例如，结构化主体为企业提供资金，或者结构化主体所从事的业务活动是企业主要业务活动的组成部分，企业即使没有发起结构化主体，自身也要开展这些业务活动；④企业的名称出现在结构化主体的名称或结构化主体发行的证券的名称中；⑤其他能够说明企业是结构化主体发起人的情形。

【例40-14】企业作为该结构化主体发起人的认定依据

甲企业集团在其2×14年报的合并财务报表附注中披露结构化主体发起人的认定依据。本集团作为结构化主体发起人的认定依据为：在发起设立结构化主体的过程中，或者组织其他有关各方共同设立结构化主体过程中发挥了重要作用，而且该结构化主体是本集团主要业务活动的延伸，在结构化主体设立后，仍与本集团保持密切的业务往来。

2. 分类披露企业当期从该结构化主体获得的收益及收益类型。企业作为发起人，即使在结构化主体中没有权益,也可能取得来自结构化主体的收益。例如,向结构化主体提供管理或咨询服务并收取服务费;向结构化主体转移资产而取得收益;以及原先在结构化主体中持有权益,当期处置了相关权益,虽然资产负债表日企业不再持有权益,但当期取得了处置收益。对当期从结构化主体获得的收益及其类型,企业应当分类披露。

3. 当期转移至该结构化主体的所有资产在转移时的账面价值。

【例40-15】当期转移至该结构化主体的所有资产在转移时的账面价值

甲公司发起多个结构化主体,但在结构化主体中均不持有权益。2×14年,甲公司从其发起的结构化主体获得收益的情况以及当期向结构化主体转移资产的情况,如表40-11所示。

表40-11 甲公司当期从结构化主体获得的收益及转移资产的情况

2×14年　　　　　　　　　　　　　　　　　　　　　　　　　　　　单位:万元

结构化主体类型	当期从结构化主体获得的收益			当期向结构化主体转移资产账面价值
	服务收费	向结构化主体出售资产的利得(损失)	合计	
信用资产证券化	10	8	18	258
投资基金	5	—	5	—
合计	15	8	23	258

(四)向未纳入合并财务报表范围的结构化主体提供支持的情况。

企业应当披露其向未纳入合并财务报表范围的结构化主体提供财务支持或其他支持的意图,包括帮助该结构化主体获得财务支持的意图。

在没有合同约定的情况下,企业当期向结构化主体(包括企业前期或当期持有权益的结构化主体)提供财务支持或其他支持的,还应当披露提供支持的类型、金额及原因,包括帮助该结构化主体获得财务支持的情况。

(五)未纳入合并财务报表范围结构化主体的额外信息披露。

如果企业按照本准则要求披露的有关未纳入合并财务报表范围的结构化主体的信息,仍不能充分反映相关风险及其对企业的影响,企业还应当额外披露信息。

1. 合同约定企业在特定情况下需要向未纳入合并财务报表范围的结构化主体提供财务支持或其他支持的,企业应当披露相关的合同条款及有关信息,有关信息包括在何种情况下企业需要向结构化提供支持并可能因此遭受损失,是否存在其他约定对企业向结构化主体履行支持义务产生约束,在多方向结构化主体提供支持的情况下各方提供支持的先后顺序等。

2. 企业因在未纳入合并财务报表范围的结构化主体中持有权益而当期遭受损失的,企业应当披露损失的金额,包括计入当期损益的金额和计入其他综合收益的金额。

3. 企业在未纳入合并财务报表范围的结构化主体中持有权益,如果企业当期取得与该权益相关的收益,企业应当披露收益的类型。收益类型主要包括:服务收费、利息收入、利润分配收入、处置债权或股权的收益,以及企业向结构化主体转移资产取得的收益等。

4. 在合同约定企业和其他主体需要承担未纳入合并财务报表范围结构化主体的损失的情况下，企业应当披露企业和其他主体需要承担损失的最大限额以及承担损失的先后顺序。

5. 企业应当披露第三方提供的、对企业在未纳入合并财务报表范围的结构化主体中权益的公允价值或风险可能产生影响的流动性支持、担保、承诺等。

6. 企业应当披露当期未纳入合并财务报表范围的结构化主体在融资活动中遇到的困难，主要是指债务融资或股权融资遇到的困难。

7. 企业应当披露与未纳入合并财务报表范围的结构化主体融资业务有关的信息，包括融资形式（例如商业票据、中长期票据）及其加权平均期限。特别是当结构化主体投资长期资产但资金来源于短期负债时，企业需要分析该结构化主体资产和负债的期限结构，并披露这一情况。

40.2.8 关于衔接规定

本准则规定，企业比较财务报表中披露的本准则施行日之前的信息与本准则要求不一致的，应当按照本准则的规定进行调整，但有关未纳入合并财务报表范围的结构化主体的披露要求除外。

为了确保企业比较财务信息具有可比性，在本准则施行日当年的年报中，企业应当按照本准则的规定对以前年度的相关信息进行调整，将调整后的信息作为比较信息披露在年报中。但是，由于对企业在未纳入合并财务报表范围的结构化主体中权益的披露要求是本准则新增的披露要求，企业对这部分权益只需要提供本准则施行日当年的信息，不需要提供以前年度的比较信息。

第41章 持有待售的非流动资产、处置组和终止经营

41.1 企业会计准则第42号——持有待售的非流动资产、处置组和终止经营

为了适应社会主义市场经济发展需要,规范持有待售的非流动资产、处置组和终止经营的会计处理,提高会计信息质量,根据《企业会计准则第42号——持有待售的非流动资产、处置组和终止经营》(以下简称"本准则"),现予印发,在所有执行企业会计准则的企业范围内执行。财政部此前发布的有关持有待售的非流动资产、处置组和终止经营的会计处理规定与本准则不一致的,以本准则为准。

41.1.1 总则

第一条 为了规范企业持有待售的非流动资产或处置组的分类、计量和列报,以及终止经营的列报,根据《企业会计准则——基本准则》,制定本准则。

第二条 本准则的分类和列报规定适用于所有非流动资产和处置组。

处置组,是指在一项交易中作为整体通过出售或其他方式一并处置的一组资产,以及在该交易中转让的与这些资产直接相关的负债。处置组所属的资产组或资产组组合按照《企业会计准则第8号——资产减值》分摊了企业合并中取得的商誉的,该处置组应当包含分摊至处置组的商誉。

第三条 本准则的计量规定适用于所有非流动资产,但下列各项的计量适用其他相关会计准则:

(一)采用公允价值模式进行后续计量的投资性房地产,适用《企业会计准则第3号——投资性房地产》;

(二)采用公允价值减去出售费用后的净额计量的生物资产,适用《企业会计准则第5号——生物资产》;

(三)职工薪酬形成的资产,适用《企业会计准则第9号——职工薪酬》;

(四)递延所得税资产,适用《企业会计准则第18号——所得税》;

(五)由金融工具相关会计准则规范的金融资产,适用金融工具相关会计准则;

(六)由保险合同相关会计准则规范的保险合同所产生的权利,适用保险合同相关会计准则。

处置组包含适用本准则计量规定的非流动资产的,本准则的计量规定适用于整个处置组。处置组中负债的计量适用相关会计准则。

第四条 终止经营,是指企业满足下列条件之一的、能够单独区分的组成部分,且该组成部分已经处置或划分为持有待售类别:

(一)该组成部分代表一项独立的主要业务或一个单独的主要经营地区;

（二）该组成部分是拟对一项独立的主要业务或一个单独的主要经营地区进行处置的一项相关联计划的一部分；

（三）该组成部分是专为转售而取得的子公司。

41.1.2 持有待售的非流动资产或处置组的分类

第五条 企业主要通过出售（包括具有商业实质的非货币性资产交换，下同）而非持续使用一项非流动资产或处置组收回其账面价值的，应当将其划分为持有待售类别。

第六条 非流动资产或处置组划分为持有待售类别，应当同时满足下列条件：

（一）根据类似交易中出售此类资产或处置组的惯例，在当前状况下即可立即出售；

（二）出售极可能发生，即企业已经就一项出售计划作出决议且获得确定的购买承诺，预计出售将在一年内完成。有关规定要求企业相关权力机构或者监管部门批准后方可出售的，应当已经获得批准。

确定的购买承诺，是指企业与其他方签订的具有法律约束力的购买协议，该协议包含交易价格、时间和足够严厉的违约惩罚等重要条款，使协议出现重大调整或者撤销的可能性极小。

第七条 企业专为转售而取得的非流动资产或处置组，在取得日满足"预计出售将在一年内完成"的规定条件，且短期（通常为3个月）内很可能满足持有待售类别的其他划分条件的，企业应当在取得日将其划分为持有待售类别。

第八条 因企业无法控制的下列原因之一，导致非关联方之间的交易未能在一年内完成，且有充分证据表明企业仍然承诺出售非流动资产或处置组的，企业应当继续将非流动资产或处置组划分为持有待售类别：

（一）买方或其他方意外设定导致出售延期的条件，企业针对这些条件已经及时采取行动，且预计能够自设定导致出售延期的条件起一年内顺利化解延期因素；

（二）因发生罕见情况，导致持有待售的非流动资产或处置组未能在一年内完成出售，企业在最初一年内已经针对这些新情况采取必要措施且重新满足了持有待售类别的划分条件。

第九条 持有待售的非流动资产或处置组不再满足持有待售类别划分条件的，企业不应当继续将其划分为持有待售类别。

部分资产或负债从持有待售的处置组中移除后，处置组中剩余资产或负债新组成的处置组仍然满足持有待售类别划分条件的，企业应当将新组成的处置组划分为持有待售类别，否则应当将满足持有待售类别划分条件的非流动资产单独划分为持有待售类别。

第十条 企业因出售对子公司的投资等原因导致其丧失对子公司控制权的，无论出售后企业是否保留部分权益性投资，应当在拟出售的对子公司投资满足持有待售类别划分条件时，在母公司个别财务报表中将对子公司投资整体划分为持有待售类别，在合并财务报表中将子公司所有资产和负债划分为持有待售类别。

第十一条 企业不应当将拟结束使用而非出售的非流动资产或处置组划分为持有待售类别。

41.1.3 持有待售的非流动资产或处置组的计量

第十二条 企业将非流动资产或处置组首次划分为持有待售类别前，应当按照相关会计准则规定计量非流动资产或处置组中各项资产和负债的账面价值。

第十三条 企业初始计量或在资产负债表日重新计量持有待售的非流动资产或处置组时,其账面价值高于公允价值减去出售费用后的净额的,应当将账面价值减记至公允价值减去出售费用后的净额,减记的金额确认为资产减值损失,计入当期损益,同时计提持有待售资产减值准备。(参见【例41-17】)

第十四条 对于取得日划分为持有待售类别的非流动资产或处置组,企业应当在初始计量时比较假定其不划分为持有待售类别情况下的初始计量金额和公允价值减去出售费用后的净额,以两者孰低计量。除企业合并中取得的非流动资产或处置组外,由非流动资产或处置组以公允价值减去出售费用后的净额作为初始计量金额而产生的差额,应当计入当期损益。

第十五条 企业在资产负债表日重新计量持有待售的处置组时,应当首先按照相关会计准则规定计量处置组中不适用本准则计量规定的资产和负债的账面价值,然后按照本准则第十三条的规定进行会计处理。

第十六条 对于持有待售的处置组确认的资产减值损失金额,应当先抵减处置组中商誉的账面价值,再根据处置组中适用本准则计量规定的各项非流动资产账面价值所占比重,按比例抵减其账面价值。

第十七条 后续资产负债表日持有待售的非流动资产公允价值减去出售费用后的净额增加的,以前减记的金额应当予以恢复,并在划分为持有待售类别后确认的资产减值损失金额内转回,转回金额计入当期损益。划分为持有待售类别前确认的资产减值损失不得转回。

第十八条 后续资产负债表日持有待售的处置组公允价值减去出售费用后的净额增加的,以前减记的金额应当予以恢复,并在划分为持有待售类别后适用本准则计量规定的非流动资产确认的资产减值损失金额内转回,转回金额计入当期损益。已抵减的商誉账面价值,以及适用本准则计量规定的非流动资产在划分为持有待售类别前确认的资产减值损失不得转回。

第十九条 持有待售的处置组确认的资产减值损失后续转回金额,应当根据处置组中除商誉外适用本准则计量规定的各项非流动资产账面价值所占比重,按比例增加其账面价值。

第二十条 持有待售的非流动资产或处置组中的非流动资产不应计提折旧或摊销,持有待售的处置组中负债的利息和其他费用应当继续予以确认。

第二十一条 非流动资产或处置组因不再满足持有待售类别的划分条件而不再继续划分为持有待售类别或非流动资产从持有待售的处置组中移除时,应当按照以下两者孰低计量:

(一)划分为持有待售类别前的账面价值,按照假定不划分为持有待售类别情况下本应确认的折旧、摊销或减值等进行调整后的金额;

(二)可收回金额。

第二十二条 企业终止确认持有待售的非流动资产或处置组时,应当将尚未确认的利得或损失计入当期损益。

41.1.4 列报

第二十三条 企业应当在资产负债表中区别于其他资产单独列示持有待售的非流动资产或持有待售的处置组中的资产,区别于其他负债单独列示持有待售的处置组中的负债。持有待售的非流动资产或持有待售的处置组中的资产与持有待售的处置组中的负债不应当相互抵销，应当分别作为流动资产和流动负债列示。

第二十四条 企业应当在利润表中分别列示持续经营损益和终止经营损益。不符合终止经营定义的持有待售的非流动资产或处置组，其减值损失和转回金额及处置损益应当作为持续经营损益列报。终止经营的减值损失和转回金额等经营损益及处置损益应当作为终止经营损益列报。

第二十五条 企业应当在附注中披露下列信息：

（一）持有待售的非流动资产或处置组的出售费用和主要类别，以及每个类别的账面价值和公允价值；

（二）持有待售的非流动资产或处置组的出售原因、方式和时间安排；

（三）列报持有待售的非流动资产或处置组的分部；

（四）持有待售的非流动资产或持有待售的处置组中的资产确认的减值损失及其转回金额；

（五）与持有待售的非流动资产或处置组有关的其他综合收益累计金额；

（六）终止经营的收入、费用、利润总额、所得税费用（收益）和净利润；

（七）终止经营的资产或处置组确认的减值损失及其转回金额；

（八）终止经营的处置损益总额、所得税费用（收益）和处置净损益；

（九）终止经营的经营活动、投资活动和筹资活动现金流量净额；

（十）归属于母公司所有者的持续经营损益和终止经营损益。

非流动资产或处置组在资产负债表日至财务报告批准报出日之间满足持有待售类别划分条件的，应当作为资产负债表日后非调整事项进行会计处理，并按照本条（一）至（三）的规定进行披露。

企业专为转售而取得的持有待售的子公司，应当按照本条（二）至（五）和（十）的规定进行披露。

第二十六条 对于当期首次满足持有待售类别划分条件的非流动资产或处置组，不应当调整可比会计期间资产负债表。

第二十七条 对于当期列报的终止经营，企业应当在当期财务报表中，将原来作为持续经营损益列报的信息重新作为可比会计期间的终止经营损益列报，并按照本准则第二十五条（六）、（七）、（九）、（十）的规定披露可比会计期间的信息。

第二十八条 拟结束使用而非出售的处置组满足终止经营定义中有关组成部分的条件的，应当自停止使用日起作为终止经营列报。

第二十九条 企业因出售对子公司的投资等原因导致其丧失对子公司控制权，且该子公司符合终止经营定义的，应当在合并利润表中列报相关终止经营损益，并按照本准则第二十五条（六）至（十）的规定进行披露。

第三十条 企业应当在利润表中将终止经营处置损益的调整金额作为终止经营损益列报，并在附注中披露调整的性质和金额。可能引起调整的情形包括：

（一）最终确定处置条款，如与买方商定交易价格调整额和补偿金；

（二）消除与处置相关的不确定因素，如确定卖方保留的环保义务或产品质量保证义务；

（三）履行与处置相关的职工薪酬支付义务。

第三十一条 非流动资产或处置组不再继续划分为持有待售类别或非流动资产从持有待售的处置组中移除的，企业应当在当期利润表中将非流动资产或处置组的账面价值调整金额作为持续经营损益列报。企业的子公司、共同经营、合营企业、联营企业以及部分对合营企业或联营企业的投资不再继续划分为持有待售类别或从持有待售的处置组中移除的，企业应当在当期财务报表中相应调整各个划分为持有待售类别后可比会计期间的比较数据。企业应当在附注中披露下列信息：

（一）企业改变非流动资产或处置组出售计划的原因；

（二）可比会计期间财务报表中受影响的项目名称和影响金额。

第三十二条 终止经营不再满足持有待售类别划分条件的，企业应当在当期财务报表中，将原来作为终止经营损益列报的信息重新作为可比会计期间的持续经营损益列报，并在附注中说明这一事实。

41.1.5 附则

第三十三条 本准则自2017年5月28日起施行。对于本准则施行日存在的持有待售的非流动资产、处置组和终止经营，应当采用未来适用法处理。

41.2 《企业会计准则第42号——持有待售的非流动资产、处置组和终止经营》应用指南

41.2.1 总体要求

《企业会计准则第42号——持有待售的非流动资产、处置组和终止经营》（以下简称"本准则"）规范了持有待售的非流动资产或处置组的分类、计量和列报，以及终止经营的列报。

本准则明确了持有待售类别的基本划分原则，即如果企业主要通过出售而非持续使用一项非流动资产或处置组收回其账面价值，应当将其划分为持有待售类别。

本准则规定，持有待售的非流动资产或处置组的账面价值高于公允价值减去出售费用后的净额的，应当将账面价值减记至公允价值减去出售费用后的净额，同时确认资产减值损失和计提持有待售资产减值准备。公允价值减去出售费用后的净额后续增加的，以前减记的金额应当予以恢复，但已抵减的商誉账面价值和适用本准则计量规定的非流动资产在划分为持有待售类别前确认的资产减值损失不得转回。持有待售的非流动资产或处置组中的非流动资产不应计提折旧或摊销。

本准则规定，企业应当在资产负债表中单独列示持有待售资产和持有待售负债，两者不能抵销；在利润表中分别列示持续经营损益和终止经营损益；在附注中进一步披露有关持有待售的非流动资产、处置组和终止经营的详尽信息。

企业应当设置以下科目，正确记录和反映持有待售的非流动资产和处置组的相关交易或

事项。

(一)"1481 持有待售资产"科目。

本科目核算持有待售的非流动资产和持有待售的处置组中的资产。本科目按照资产类别进行明细核算。企业将相关非流动资产或处置组划分为持有待售类别时,按各类资产的账面价值或账面余额,借记本科目,按已计提的累计折旧、累计摊销等,借记"累计折旧""累计摊销"等科目,按各项资产账面余额,贷记"固定资产""无形资产""长期股权投资""应收账款""商誉"等科目,适用本准则计量规定的非流动资产已计提减值准备的,还应同时结转已计提的减值准备。本科目期末借方余额,反映企业持有待售的非流动资产和持有待售的处置组中资产的账面余额。

(二)"1482 持有待售资产减值准备"科目。

本科目核算适用本准则计量规定的持有待售的非流动资产和持有待售的处置组计提的允许转回的资产减值准备和商誉的减值准备。本科目按照资产类别进行明细核算。初始计量或资产负债表日,持有待售的非流动资产或处置组中的资产发生减值的,按应减记的金额,借记"资产减值损失"科目,贷记本科目。后续资产负债表日持有待售的非流动资产或处置组中的资产减值转回的,按允许转回的金额,借记本科目,贷记"资产减值损失"科目。本科目期末贷方余额,反映企业已计提但尚未转销的持有待售资产减值准备。

(三)"2245 持有待售负债"科目。

本科目核算持有待售的处置组中的负债。本科目按照负债类别进行明细核算。企业将相关处置组划分为持有待售类别时,按相关负债的账面余额,借记"应付账款""应付职工薪酬"等科目,贷记本科目。本科目期末贷方余额,反映企业持有待售的处置组中负债的账面余额。

(四)"6115 资产处置损益"科目。

本科目核算企业出售划分为持有待售的非流动资产(金融工具、长期股权投资和投资性房地产除外)或处置组(子公司和业务除外)时确认的处置利得或损失,以及处置未划分为持有待售的固定资产、在建工程、生产性生物资产及无形资产而产生的处置利得或损失。本科目按照处置的资产类别或处置组进行明细核算。债务重组中因处置非流动资产产生的利得或损失和非货币性资产交换中换出非流动资产产生的利得或损失也在本科目核算。企业处置持有待售的非流动资产或处置组时,按处置过程中收到的价款,借记"银行存款"等科目,按相关负债的账面余额,借记"持有待售负债"科目,按相关资产的账面余额,贷记"持有待售资产"科目,按其差额借记或贷记本科目,已计提减值准备的,还应同时结转已计提的减值准备;按处置过程中发生的相关税费,借记本科目,贷记"银行存款""应交税费"等科目。期末,应将本科目余额转入"本年利润"科目,本科目结转后应无余额。

41.2.2 关于适用范围

本准则规范了持有待售的非流动资产或处置组的分类、计量和列报,以及终止经营的列报。除特别说明外,本准则有关持有待售非流动资产或处置组分类、计量和列报的规定同样适用于持有待分配给所有者的非流动资产或处置组。

（一）持有待售的非流动资产或处置组的分类、计量和列报。

1. 持有待售的非流动资产的分类、计量和列报。

非流动资产是流动资产以外的资产。按照《企业会计准则第30号——财务报表列报》的规定，流动资产是指满足下列条件之一的资产：①预计在一个正常营业周期中变现、出售或耗用；②主要为交易目的而持有；③预计在资产负债表日起一年内变现；④自资产负债表日起一年内，交换其他资产或清偿负债的能力不受限制的现金或现金等价物。

对于持有待售的非流动资产的分类和列报，应当按照本准则规定进行会计处理。对于持有待售的非流动资产（包括处置组中的非流动资产）的计量，应当区分不同情况：①采用公允价值模式进行后续计量的投资性房地产，适用《企业会计准则第3号——投资性房地产》；②采用公允价值减去出售费用后的净额计量的生物资产，适用《企业会计准则第5号——生物资产》；③职工薪酬形成的资产，适用《企业会计准则第9号——职工薪酬》；④递延所得税资产，适用《企业会计准则第18号——所得税》；⑤由金融工具相关会计准则规范的金融资产，适用金融工具相关会计准则；⑥由保险合同相关会计准则规范的保险合同所产生的权利，适用保险合同相关会计准则；⑦除上述各项外的其他持有待售的非流动资产，适用本准则。

2. 持有待售的处置组的分类、计量和列报。

处置组，是指在一项交易中作为整体通过出售或其他方式一并处置的一组资产，以及在该交易中转让的与这些资产直接相关的负债。处置组中可能包含企业的任何资产和负债，如流动资产，流动负债，适用本准则计量规定的固定资产、无形资产等非流动资产，不适用本准则计量规定的采用公允价值模式进行后续计量的投资性房地产，采用公允价值减去出售费用后的净额计量的生物资产、金融工具等非流动资产，以及非流动负债。按照《企业会计准则第8号——资产减值》的规定，企业合并中取得的商誉应当按照合理的方法分摊至相关的资产组或资产组组合，如果处置组即为该资产组或者包括在该资产组或资产组组合中，处置组也应当包含分摊的商誉。

按照《企业会计准则第8号——资产减值》的规定，资产组，是指企业可以认定的最小资产组合，其产生的现金流入应当基本上独立于其他资产或者资产组产生的现金流入。处置组可能是一组资产组组合、一个资产组或某个资产组的一部分。如果企业在决定对某处置组进行处置前，该处置组的相关资产或负债本属于某资产组的一部分，在作为处置组后，由于该处置组将主要通过出售而非持续使用产生现金流入，对原资产组内其他资产产生现金流入的依赖减小，此时该处置组重新成为可以认定的最小资产组合，应当作为单独的资产组看待。

对于持有待售的处置组的分类和列报，应当按照本准则规定进行会计处理。对于持有待售的处置组的计量，只要处置组中包含了适用本准则计量规定的非流动资产，本准则的计量规定就适用于整个处置组。处置组中的流动资产、不适用本准则计量规定的非流动资产和所有负债的计量适用相关会计准则。

（二）终止经营的列报。

本准则规定，终止经营，是指企业满足下列条件之一的、能够单独区分的组成部分，且该组成部分已经处置或划分为持有待售类别：①该组成部分代表一项独立的主要业务或一个单独的主要经营地区；②该组成部分是拟对一项独立的主要业务或一个单独的主要经营地区进行处置的一项相关联计划的一部分；③该组成部分是专为转售而取得的子公司。

终止经营的定义包含以下三方面含义。

1. 终止经营应当是企业能够单独区分的组成部分。该组成部分的经营和现金流量在企业经营和编制财务报表时是能够与企业的其他部分清楚区分的。企业组成部分可能是一个资产组，也可能是一组资产组组合，通常是企业的一个子公司、一个事业部或事业群。

2. 终止经营应当具有一定的规模。终止经营应当代表一项独立的主要业务或一个单独的主要经营地区，或者是拟对一项独立的主要业务或一个单独的主要经营地区进行处置的一项相关联计划的一部分。并非所有处置组都符合终止经营定义中的规模条件，企业需要运用职业判断加以确定。当然，如果企业主要经营一项业务或主要在一个地理区域内开展经营，企业的一个主要产品或服务线就可能满足终止经营定义中的规模条件。对于专为转售而取得的子公司，本准则对其规模不做要求，只要是单独区分的组成部分且满足时点要求，即构成终止经营。有些专为转售而取得的重要的合营企业或联营企业，也可能因为符合终止经营定义中的规模等条件而构成终止经营。

【例41-1】终止经营应当具有一定的规模

某快餐A企业在全国拥有500家零售门店，A决定将其位于Z市的8家零售门店中的一家门店C出售，并于2×17年8月13日与B企业正式签订了转让协议，假设该门店C符合持有待售类别的划分条件。判断C是否构成A的终止经营。

分析：尽管门店C是一个处置组，也符合持有待售类别的划分条件，但由于它只是一个零售点，不能代表一项独立的主要业务或一个单独的主要经营地区，也不构成拟对一项独立的主要业务或一个单独的主要经营地区进行处置的一项相关联计划的一部分，因此该处置组并不构成企业的终止经营。

3. 终止经营应当满足一定的时点要求。符合终止经营定义的组成部分应当属于以下两种情况之一。

（1）该组成部分在资产负债表日之前已经处置，包括已经出售和结束使用（如关停或报废等）。多数情况下，如果组成部分的所有资产和负债均已处置，产生收入和发生成本的来源消失，这时确定组成部分"处置"的时点是较为容易的。但在有些情况下，组成部分的资产仍处于出售或报废过程中，仍可能发生清理费用，企业需要根据实际情况判断组成部分是否已经处置从而符合终止经营的定义。

【例41-2】终止经营独立主要业务应当满足一定的时点要求

C企业集团拥有一家经营药品批发业务的子公司H公司，药品批发构成C的一项独立的主要业务，且H在全国多个城市设立了营业网点。由于经营不善，C决定停止H的所有业务。截至2×17年10月13日，已处置了该子公司所有存货并辞退了所有员工，但仍有一些债权等待收回，部分营业网点门店的租约尚未到期，仍需支付租金费用。判断H是否构成C的终止经营。

分析：由于H子公司原药品批发业务已经停止，收回债权、处置租约等尚未结算的未来交易并不构成上述业务的延续，因此该子公司的经营已经终止，应当认为2×17年10月13日后该子公司符合终止经营的定义。

【例41-3】终止经营子公司应当满足一定的时点要求

D企业集团正在关闭其主要从事放贷业务的L子公司，自2×17年2月1日起，L公司不再贷出新的款项，但仍会继续收回未结贷款的本金和利息，直到原设定的贷款期结束。判断L是否构成D的终止经营。

分析：由于L子公司仍在从事收回贷款本金和利息的日常经营收入创造活动，直至最后一期本金和利息被收回之前，该子公司不能被认为已被处置，也不符合终止经营的定义。虽然【例41-2】中也存在H子公司收回债权的活动，但该活动仅仅是收回现金的过程，并不继续创造日常经营活动收入，不构成H子公司重大的收入创造活动，因此不影响将H子公司作为终止经营处理。

【例41-4】终止经营应当满足一定的时点要求

M企业决定关闭从事工程承包业务的分部P，要求分部P在完成现有承包合同后不再承接新的承包合同。判断P是否构成M的终止经营。

分析：在完成现有合同的期间，分部P仍在继续开展收入创造活动，无论工程承包是否是M的独立的主要业务，在此期间P都不符合终止经营的定义。

（2）该组成部分在资产负债表日之前已经划分为持有待售类别。有些情况下，企业对一项独立的主要业务或一个单独的主要经营地区进行处置的一项相关联计划持续数年，组成部分中的资产组或资产组组合无法同时满足持有待售类别的划分条件。随着处置计划的进行，组成部分中的一些资产组或资产组组合可能先满足持有待售类别划分条件且构成企业的终止经营，其他资产组或资产组组合可能在未来满足持有待售类别的划分条件，应当适时将其作为终止经营处理。

【例41-5】该组成部分在资产负债表日之前已经划分为持有待售类别

F企业集团决定出售其专门从事酒店管理的下属子公司R公司，酒店管理构成F的一项主要业务。R子公司管理一个酒店集团和一个连锁健身中心。为获取最大收益，F决定允许将酒店集团和连锁健身中心出售给不同买家，但酒店集团和连锁健身中心的转让是相互关联的，即两者或者均出售，或者均不出售。F于2×17年12月6日与S企业就转让连锁健身中心正式签订了协议，假设此时连锁健身中心符合了持有待售类别的划分条件，但酒店集团尚不符合持有待售类别的划分条件。判断酒店集团和连锁健身中心是否构成F的终止经营。

分析：处置酒店集团和连锁健身中心构成一项相关联的计划，虽然酒店集团和连锁健身中心可能出售给不同买家，但分别属于对一项独立的主要业务进行处置的一项相关联计划的一部分，因此连锁健身中心符合终止经营的定义，酒店集团在未来符合持有待售类别划分条件时也符合终止经营的定义。

不是所有划分为持有待售类别的处置组都符合终止经营的定义，因为有些处置组可能不是"能够单独区分的组成部分"或不符合终止经营定义中的规模条件；也不是所有终止经营都划分为持有待售类别，因为有些终止经营在资产负债表日前已经处置。

41.2.3 关于持有待售类别的分类

（一）持有待售类别分类的基本要求。

1. 分类原则。

本准则规定，企业主要通过出售而非持续使用一项非流动资产或处置组收回其账面价值的，应当将其划分为持有待售类别。根据这一原则判断，企业不应当因持有待售的非流动资产或处置组仍在产生零星收入而不将其划分为持有待售类别。因为在这种情况下，通过该资产或处置组的使用收回的价值相对于通过出售收回的价值是微不足道的，资产的账面价值仍然主要通过出售收回。

本准则规定，非流动资产或处置组划分为持有待售类别，应当同时满足两个条件。

（1）可立即出售。

根据类似交易中出售此类资产或处置组的惯例，在当前状况下即可立即出售。为满足该条件，企业应当具有在当前状态下出售该非流动资产或处置组的意图和能力。为了符合类似交易中出售此类资产或处置组的惯例，企业应当在出售前做好相关准备。例如，按照惯例允许买方在报价和签署合同前对资产进行尽职调查等。

需要特别指出的是，上文所述"出售"包括具有商业实质的非货币性资产交换。如果企业以非货币性资产交换形式换出非流动资产或处置组，且该交易具有商业实质，那么企业应当考虑相关非流动资产或处置组是否符合划分为持有待售类别的条件。同样地，如果企业以非流动资产或处置组作为换出资产进行债务重组，也可能符合划分为持有待售类别的条件。

【例41-6】可立即出售1

G企业在X市区繁华地段拥有一栋办公大楼，企业的主要业务部门均在该大楼内办公。由于发展战略发生改变，G企业计划整体搬迁至Y市。G企业与H企业签订了办公大楼转让合同，附带约定条款。

情形一：G企业将在腾空办公大楼后将其交付给H企业，且腾空办公大楼所需时间是正常且符合交易惯例的。

情形二：G企业将在Y市兴建的新办公大楼竣工并装修完成前继续使用现有办公大楼，竣工并装修完成后将X市大楼交付H企业。

分析：情形一，在出售建筑物前将其腾空属于出售此类资产的惯例，且腾空只占用常规所需时间，因此，即使G企业的办公大楼当前尚未腾空，并不影响其满足在当前状况下即可立即出售的条件。

情形二，"在Y市兴建的新办公大楼竣工并装修完成前继续使用现有办公大楼"的条件不属于类似交易中出售此类资产的惯例，使得办公大楼在当前状况下不能立即出售，在新办公大楼竣工并装修完成前G企业虽然已取得确定的购买承诺，办公大楼仍然不符合持有待售类别的划分条件。

【例41-7】可立即出售2

由于F企业经营范围发生改变，企业计划将生产D产品的全套生产线出售，F企业尚有一批积压的未完成客户订单。情形一：F企业决定在出售生产线的同时，将尚未完成的客户订单一并移交给买方。情形二：F企业决定在完成所积压的客户订单后再将生产线转让给买方。

分析：情形一，由于在出售日移交未完成客户订单不会影响对该生产线的转让时间，可以认为该生产线符合了在当前状况下即可立即出售的条件。

情形二，由于生产线在完成积压订单后方可出售，在完成所有积压的客户订单前，该生产线在当前状态下不能立即出售，不符合划分为持有待售类别的条件。

（2）出售极可能发生。

本准则规定，出售极可能发生，即企业已经就一项出售计划作出决议且获得确定的购买承诺，预计出售将在一年内完成。有关规定要求企业相关权力机构或者监管部门批准后方可出售的，应当已经获得批准。具体来说，"出售极可能发生"应当包含以下几层含义：一是企业出售非流动资产或处置组的决议一般需要企业相应级别的管理层作出，如果有关规定要求企业相关权力机构或者监管部门批准后方可出售，应当已经获得批准。二是企业已经获得确定的购买承诺，确定的购买承诺是企业与其他方签订的具有法律约束力的购买协议，该协议包含交易价格、时间和足够严厉的违约惩罚等重要条款，使协议出现重大调整或者撤销的可能性极小。三是预计自划分为持有待售类别起一年内，出售交易能够完成。

非流动资产或处置组划分为持有待分配给所有者类别，应当同时满足下列条件：①在当前状况下即可立即分配；②分配很可能发生，即企业已经开展与分配相关的工作，分配出现重大调整或撤销的可能性极小，预计分配将在一年内完成。有关规定要求企业相关权力机构或者监管部门批准后方可分配的，应当已经获得批准。

2. 延长一年期限的例外条款。

有些情况下，可能由于发生一些企业无法控制的原因导致出售未能在一年内完成。如果涉及的出售是关联方交易，本准则不允许放松一年期限条件。如果涉及的出售不是关联方交易，且有充分证据表明企业仍然承诺出售非流动资产或处置组，本准则允许放松一年期限条件，企业可以继续将非流动资产或处置组划分为持有待售类别。企业无法控制的原因包括以下各项。

（1）意外设定条件。

买方或其他方意外设定导致出售延期的条件，企业针对这些条件已经及时采取行动，且预计能够自设定导致出售延期的条件起一年内顺利化解延期因素。即企业在初始对非流动资产或处置组进行分类时，能够满足划分为持有待售类别的所有条件，但此后买方或其他方提出一些意料之外的条件，且企业已经采取措施加以应对，预计能够自设定这些条件起一年内满足条件并完成出售，那么即使出售无法在最初一年内完成，企业仍然可以维持原持有待售类别的分类。

【例41-8】意外设定条件

E企业计划将整套钢铁生产厂房和设备出售给F企业，E和F不存在关联关系，双方已于2×17年9月16日签订了转让合同。因该厂区的污水排放系统存在缺陷，对周边环境造成污染。

情形一：E企业不知晓土地污染情况，2×17年11月6日，F企业在对生产厂房和设备进行检查过程中发现污染，并要求E企业进行补救。E企业立即着手采取措施，预计至2×18年10月底环境污染问题能够得到成功整治。

情形二：E企业知晓土地污染情况，在转让合同中附带条款，承诺将自2×17年10月1日起开展污染清除工作，清除工作预计将持续8个月。

情形三：E企业知晓土地污染情况，在协议中标明E企业不承担清除污染义务，并在确定转让价格时考虑了该污染因素，预计转让将于9个月内完成。

分析：情形一，在签订转让合同前，买卖双方并不知晓影响交易进度的环境污染问题，属于符合延长一年期限的例外事项，在2×17年11月6日发现延期事项后，E企业预计将在一年内消除延期因素，因此仍然可以将处置组划分为持有待售类别。

情形二，虽然买卖双方已经签订协议，但在污染得到整治前，该处置组在当前状态下不可立即出售，不符合划分为持有待售类别的条件。

情形三，由于卖方不承担清除污染义务，转让价格已将污染因素考虑在内，该处置组于协议签署日即符合划分为持有待售类别的条件。

（2）发生罕见情况。

因发生罕见情况，导致持有待售的非流动资产或处置组未能在一年内完成出售，企业在最初一年内已经针对这些新情况采取必要措施且重新满足了持有待售类别的划分条件。即非流动资产或处置组在初始分类时满足了持有待售类别的所有条件，但在最初一年内，出现罕见情况导致出售将被延迟至一年之后。如果企业针对这些新情况在最初一年内已经采取必要措施，而且该非流动资产或处置组重新满足了持有待售类别的划分条件，也就是在当前状况下可立即出售且出售极可能发生，那么即使原定的出售计划无法在最初一年内完成，企业仍然可以维持原持有待售类别的分类。这里的"罕见情况"主要指因不可抗力引发的情况、宏观经济形势发生急剧变化等不可控情况。

【例41-9】发生罕见情况

A企业拟将一栋原自用的写字楼转让，于2×07年12月6日与B企业签订了房产转让协议，预计将于10个月内完成转让，假定该写字楼于签订协议当日符合划分为持有待售类别的条件。2×08年发生全球金融危机，市场状况迅速恶化，房地产价格大跌，B企业认为原协议价格过高，决定放弃购买，并于2×08年9月21日按照协议约定缴纳了违约金。A企业决定在考虑市场状况变化的基础上降低写字楼售价，并积极开展市场营销，于2×08年12月1日与C企业重新签订了房产转让协议，预计将于9个月内完成转让，A和B不存在关联关系。

分析：A企业与B企业之间的房产转让交易未能在一年内完成，原因是发生市场恶化、买方违约的罕见事件。在将写字楼划分为持有待售类别的最初一年内，A企业已经重新签署转让协议，并预计将在2×08年12月1日开始的一年内完成，使写字楼重新符合了持有待售类别的划分条件。因此，A企业仍然可以将该资产继续划分为持有待售类别。

3. 不再继续满足划分条件的处理。

持有待售的非流动资产或处置组不再继续满足持有待售类别划分条件的，企业不应当继续将其划分为持有待售类别。部分资产或负债从持有待售的处置组中移除后,如果处置组中剩余资产或负债新组成的处置组仍然满足持有待售类别划分条件,企业应当将新组成的处置组划分为持有待售类别,否则应当将满足持有待售类别划分条件的非流动资产单独划分为持有待售类别。

【例41-10】不再继续满足划分条件的处理

假设在【例41-9】中,A企业尽管降低了写字楼售价并积极开展市场营销,但在2×08年12月6日前始终没有找到合适买家,企业也没有将该写字楼用于经营出租的计划。

分析:写字楼不再满足持有待售类别的划分条件,企业A应当根据实际情况,重新将该写字楼作为固定资产。

(二)某些特定持有待售类别分类的具体应用。

1. 专为转售而取得的非流动资产或处置组。

对于企业专为转售而新取得的非流动资产或处置组,如果在取得日满足"预计出售将在一年内完成"的规定条件,且短期(通常为三个月)内很可能满足划分为持有待售类别的其他条件,企业应当在取得日将其划分为持有待售类别。这些"其他条件"包括:根据类似交易中出售此类资产或处置组的惯例,在当前状况下即可立即出售;企业已经就一项出售计划作出决议且获得确定的购买承诺。有关规定要求企业相关权力机构或者监管部门批准后方可出售的,应当已经获得批准。

2. 持有待售的长期股权投资。

有些情况下,企业出售对子公司投资但并不丧失对其的控制权,企业不应当将拟出售的部分对子公司投资或对子公司投资整体划分为持有待售类别。

有些情况下,企业因出售对子公司的投资等原因导致其丧失对子公司的控制权,出售后企业可能保留对原子公司的部分权益性投资,也可能丧失全部权益,企业应当在拟出售的部分对子公司投资满足持有待售类别划分条件时,在母公司个别财务报表中将对子公司投资整体划分为持有待售类别,而不是仅将拟处置的部分投资划分为持有待售类别;在合并财务报表中将子公司所有资产和负债划分为持有待售类别,而不是仅将拟处置的部分投资对应的资产和负债划分为持有待售类别。但是,无论对子公司的投资是否划分为持有待售类别,企业始终应当按照《企业会计准则第33号——合并财务报表》的规定确定合并范围、编制合并财务报表。

企业出售对子公司投资后保留的部分权益性投资,应当区分以下情况处理:①如果企业对被投资单位施加共同控制或重大影响,在编制母公司个别财务报表时,应当按照《企业会计准则第2号——长期股权投资》有关成本法转权益法的规定进行会计处理,在编制合并财务报表时,应当按照《企业会计准则第33号——合并财务报表》的有关规定进行会计处理;②如果企业对被投资单位不具有控制、共同控制或重大影响,在编制母公司个别财务报表时,应当按照《企业会计准则第22号——金融工具确认和计量》进行会计处理,在编制合并财务报表时,应当按照《企业会计准则第33号——合并财务报表》的有关规定进行会计处理。

按照《企业会计准则第2号——长期股权投资》规定,对联营企业或合营企业的权益性投资全部或部分分类为持有待售资产的,应当停止权益法核算;对于未划分为持有待售类别的剩余权益性投资,应当在划分为持有待售的那部分权益性投资出售前继续采用权益法进行会计处理。原权益法核算的相关其他综合收益等应当在持有待售资产终止确认时,按照《企业会计准则第2号——长期股权投资》有关处置长期股权投资的规定进行会计处理。

【例41-11】持有待售的长期股权投资

G企业集团拟出售持有的部分长期股权投资。

情形一:G企业集团拥有子公司100%的股权,拟出售全部股权。

情形二:G企业集团拥有子公司100%的股权,拟出售55%的股权,出售后将丧失对子公司的控制权,但对其具有重大影响。

情形三:G企业集团拥有子公司100%的股权,拟出售25%的股权,出售后仍然拥有对子公司的控制权。

情形四:G企业集团拥有子公司55%的股权,拟出售6%的股权,出售后将丧失对子公司的控制权,但对其具有重大影响。

情形五:G企业集团拥有联营企业35%的股权,拟出售30%的股权,G持有剩余的5%股权,且对被投资方不具有重大影响。

情形六:G企业集团拥有合营企业50%的股权,拟出售35%的股权,G持有剩余的15%股权,且对被投资方不具有共同控制或重大影响。

分析:情形一,G企业集团应当在母公司个别财务报表中将拥有的子公司全部股权对应的长期股权投资划分为持有待售类别,在合并财务报表中将子公司所有资产和负债划分为持有待售类别。

情形二,G企业集团应当在母公司个别财务报表中将拥有的子公司全部股权对应的长期股权投资划分为持有待售类别,在合并财务报表中将子公司所有资产和负债划分为持有待售类别。

情形三,由于G企业集团仍然拥有对子公司的控制权,该长期股权投资并不是"主要通过出售而非持续使用收回其账面价值"的,因此不应当将拟处置的部分股权划分为持有待售类别。

情形四与情形二类似,G企业集团应当在母公司个别财务报表中将拥有的子公司55%的股权划分为持有待售类别,在合并财务报表中将子公司所有资产和负债划分为持有待售类别。

情形五,G企业集团应当将拟出售的30%股权划分为持有待售类别,不再按权益法核算,而按照本准则规定进行后续计量,剩余5%的股权在前述30%的股权处置前,应当继续采用权益法进行会计处理,在前述30%的股权处置后,应当按照《企业会计准则第22号——金融工具确认和计量》有关规定进行会计处理。

情形六与情形五类似,G企业集团应当将拟出售的35%股权划分为持有待售类别,不再按权益法核算,而按照本准则规定进行后续计量,剩余15%的股权在前述35%的股权处置前,应当继续采用权益法进行会计处理,在前述35%的股权处置后,应当按照《企业会计准则第22号——金融工具确认和计量》有关规定进行会计处理。

3. 拟结束使用而非出售的非流动资产或处置组。

企业不应当将拟结束使用而非出售的非流动资产或处置组划分为持有待售类别。原因是企业对该非流动资产或处置组的使用实质上几乎贯穿了其整个经济使用寿命期，其账面价值并非主要通过出售收回，而是主要通过持续使用收回。例如，因已经使用至经济寿命期结束而将某机器设备报废，并收回少量残值。对于暂时停止使用的非流动资产，企业不应当认为其拟结束使用，也不应当将其划分为持有待售类别。

对于拟结束使用而非出售的处置组，在停止使用前不应当划分为持有待售类别，也不应当作为终止经营列报；在停止使用后，不应当划分为持有待售类别，如果该处置组满足终止经营中有关单独区分的组成部分的条件，应当作为终止经营列报。对于拟结束使用而非出售的非流动资产，无论在停止使用之前或之后，均不应当划分为持有待售类别，也不应当作为终止经营列报。

【例41-12】拟结束使用而非出售的非流动资产或处置组

某H纺织企业拥有一条生产某类布料的生产线，由于市场需求变化，该类布料的销量锐减，H企业决定暂停该生产线的生产，但仍然对其进行定期维护，待市场转好时重启生产。

分析：由于生产线属于暂停使用，H企业不应当将其划分为持有待售类别。

41.2.4 关于持有待售类别的计量

（一）初始计量。

企业将非流动资产或处置组首次划分为持有待售类别前，应当按照相关会计准则规定计量非流动资产或处置组中各项资产和负债的账面价值。例如，按照《企业会计准则第4号——固定资产》的规定，对固定资产计提折旧；按照《企业会计准则第6号——无形资产》的规定，对无形资产进行摊销。按照《企业会计准则第8号——资产减值》的规定，企业应当判断资产是否存在可能发生减值的迹象，如果资产已经或者将被闲置、终止使用或者计划提前处置，表明资产可能发生了减值。对于拟出售的非流动资产或处置组，企业应当在划分为持有待售类别前考虑进行减值测试。

【例41-13】固定资产转入持有待售类别的初始计量

A企业拥有一座仓库，原价为120万元，年折旧额为12万元，截至2×16年12月31日已计提折旧60万元。2×17年1月31日，A企业与B企业签署不动产转让协议，拟在6个月内将该仓库转让，假定该不动产满足划分为持有待售类别的其他条件，且不动产价值未发生减值。

分析：2×17年1月31日，A企业应当将仓库资产划分为持有待售类别，并按照《企业会计准则第4号——固定资产》对该固定资产计提1月折旧1万元。2×17年1月31日，该仓库在划分为持有待售类别前的账面价值为59万元，此后不再计提折旧。

企业初始计量持有待售的非流动资产或处置组时，如果其账面价值低于其公允价值减去出售费用后的净额，企业不需要对账面价值进行调整；如果账面价值高于其公允价值减去出售费用后的净额，企业应当将账面价值减记至公允价值减去出售费用后的净额，减记的金额确认为资产减值损失，计入当期损益，同时计提持有待售资产减值准备，但不应当重复确认不适用本准则计量规定的资产和负债按照相关准则规定已经确认的损失。

企业应当按照《企业会计准则第39号——公允价值计量》的有关规定确定非流动资产或处置组的公允价值。具体来说,如果企业已经获得确定的购买承诺,应当参考交易价格确定持有待售的非流动资产或处置组的公允价值,交易价格应当考虑可变对价、非现金对价、应付客户对价等因素的影响。如果企业尚未获得确定的购买承诺,例如对于专为转售而取得的非流动资产或处置组,企业应当对其公允价值作出估计,优先使用市场报价等可观察输入值。

出售费用是企业发生的可以直接归属于出售资产或处置组的增量费用,出售费用直接由出售引起,并且是企业进行出售所必需的,如果企业不出售资产或处置组,该费用将不会产生。出售费用包括为出售发生的特定法律服务、评估咨询等中介费用,也包括相关的消费税、城市维护建设税、土地增值税和印花税等,但不包括财务费用和所得税费用。有些情况下,公允价值减去出售费用后的净额可能为负值,持有待售的非流动资产或处置组中资产的账面价值应当以减记至零为限。是否需要确认相关预计负债,应当按照《企业会计准则第13号——或有事项》的规定进行会计处理。

【例41-14】长期股权投资转入持有待售类别的初始计量1

P企业拟将下属子公司Q公司出售给R企业,双方已签订了转让协议,预计将在5个月内完成转让,Q子公司满足划分为持有待售类别的条件。Q与T银行之间存在未决诉讼,Q可能败诉。由于不符合预计负债的确认条件,P企业仅在报表附注中披露了或有负债。转让协议约定,Q的转让价格将根据最终判决结果作出调整。

分析:在合并报表中确定Q子公司的公允价值减去出售费用后的净额时,需要考虑尚未确认的或有负债的公允价值,Q的账面价值未确认该项或有负债,因此Q子公司的公允价值减去出售费用后的净额低于其账面价值,应当确认持有待售资产减值损失,计入当期损益。

对于取得日划分为持有待售类别的非流动资产或处置组,企业应当在初始计量时比较假定其不划分为持有待售类别情况下的初始计量金额和公允价值减去出售费用后的净额,以两者孰低计量。按照上述原则,在合并报表中,非同一控制下的企业合并中新取得的非流动资产或处置组划分为持有待售类别的,应当按照公允价值减去出售费用后的净额计量;同一控制下的企业合并中非流动资产或处置组划分为持有待售类别的,应当按照合并日在被合并方的账面价值与公允价值减去出售费用后的净额孰低计量。除企业合并中取得的非流动资产或处置组外,由以公允价值减去出售费用后的净额作为非流动资产或处置组初始计量金额而产生的差额,应当计入当期损益。

【例41-15】长期股权投资转入持有待售类别的初始计量2

2×17年3月1日,L公司购入非关联的M公司的全部股权,支付价款1 600万元。购入该股权之前,L公司的管理层已经作出决议,一旦购入M公司,将在一年内将其出售给N公司,M公司当前状况下即可立即出售。预计L公司还将为出售该子公司支付12万元的出售费用。L公司与N公司计划于2×17年3月31日签署股权转让合同。情形一:L公司与N公司初步议定股权转让价格为1 620万元。情形二:L公司尚未与N公司议定转让价格,3月1

日股权公允价值与支付价款 1 600 万元一致。

情形一：M 公司是专为转售而取得的子公司，其不划分为持有待售类别情况下的初始计量金额应当为 1 600 万元，当日公允价值减去出售费用后的净额为 1 608 万元，按照两者孰低计量。L 公司 2×17 年 3 月 1 日的账务处理如下：

借：持有待售资产——长期股权投资　　　　　　　　　　16 000 000
　　贷：银行存款　　　　　　　　　　　　　　　　　　16 000 000

情形二：M 公司是专为转售而取得的子公司，其不划分为持有待售类别情况下的初始计量金额为 1 600 万元，当日公允价值减去出售费用后的净额为 1 588 万元，按照两者孰低计量。L 公司 2×17 年 3 月 1 日的账务处理如下：

借：持有待售资产——长期股权投资　　　　　　　　　　15 880 000
　　资产减值损失　　　　　　　　　　　　　　　　　　　　120 000
　　贷：银行存款　　　　　　　　　　　　　　　　　　16 000 000

持有待分配给所有者的非流动资产或处置组发生的分配费用，是可以直接归属于分配资产或处置组的增量费用，但不包括财务费用和所得税费用。除此之外，持有待分配给所有者类别的计量要求与持有待售类别相类似。

（二）后续计量。

1. 持有待售的非流动资产的后续计量。

企业在资产负债表日重新计量持有待售的非流动资产时，如果其账面价值高于公允价值减去出售费用后的净额，应当将账面价值减记至公允价值减去出售费用后的净额，减记的金额确认为资产减值损失，计入当期损益，同时计提持有待售资产减值准备。

如果后续资产负债表日持有待售的非流动资产公允价值减去出售费用后的净额增加，以前减记的金额应当予以恢复，并在划分为持有待售类别后非流动资产确认的资产减值损失金额内转回，转回金额计入当期损益，划分为持有待售类别前确认的资产减值损失不得转回。

持有待售的非流动资产不应计提折旧或摊销。

【例 41-16】持有待售资产减值准备的计量

承【例 41-15】，2×17 年 3 月 31 日，L 公司与 N 公司签订合同，转让所持有 M 公司的全部股权，转让价格为 1 607 万元，L 公司预计还将支付 8 万元的出售费用。

情形一：2×17 年 3 月 31 日，L 公司持有的 M 公司的股权公允价值减去出售费用后的净额为 1 599 万元，账面价值为 1 600 万元，以两者孰低计量，L 公司 2×17 年 3 月 31 日的账务处理如下：

借：资产减值损失　　　　　　　　　　　　　　　　　　　10 000
　　贷：持有待售资产减值准备——长期股权投资　　　　　10 000

情形二：2×17 年 3 月 31 日，L 公司持有的 M 公司的股权公允价值减去出售费用后的净额为 1 599 万元，账面价值为 1 588 万元，以两者孰低计量，L 公司不需要进行账务处理。

2. 持有待售的处置组的后续计量。

企业在资产负债表日重新计量持有待售的处置组时，应当按照相关会计准则规定计量处置组中不适用本准则计量规定的资产和负债的账面价值，这些资产和负债可能包括采用公允价值模式进行后续计量的投资性房地产、采用公允价值减去出售费用后的净额计量的生物资产、金融工具等不适用本准则计量规定的非流动资产，也可能包括流动资产、流动负债和非流动负债。例如，处置组中的金融工具，应当按照《企业会计准则第22号——金融工具确认和计量》的规定计量。

在进行上述计量后，企业应当比较持有待售的处置组整体账面价值与公允价值减去出售费用后的净额，如果账面价值高于其公允价值减去出售费用后的净额，应当将账面价值减记至公允价值减去出售费用后的净额，减记的金额确认为资产减值损失，计入当期损益，同时计提持有待售资产减值准备，但不应当重复确认不适用本准则计量规定的资产和负债按照相关准则规定已经确认的损失。

对于持有待售的处置组确认的资产减值损失金额，如果该处置组包含商誉，应当先抵减商誉的账面价值，再根据处置组中适用本准则计量规定的各项非流动资产账面价值所占比重，按比例抵减其账面价值。确认的资产减值损失金额应当以适用本准则计量规定的各项资产的账面价值为限，不应分摊至处置组中不适用本准则计量规定的其他资产。

如果后续资产负债表日持有待售的处置组公允价值减去出售费用后的净额增加，以前减记的金额应当予以恢复，并在划分为持有待售类别后适用本准则计量规定的非流动资产确认的资产减值损失金额内转回，转回金额计入当期损益，且不应当重复确认不适用本准则计量规定的资产和负债按照相关准则规定已经确认的利得。已抵减的商誉账面价值，以及适用本准则计量规定的非流动资产在划分为持有待售类别前确认的资产减值损失不得转回。对于持有待售的处置组确认的资产减值损失后续转回金额，应当根据处置组中除商誉外适用本准则计量规定的各项非流动资产账面价值所占比重，按比例增加其账面价值。

【例41-17】持有待售的处置组的后续计量

A企业拥有一个销售门店，2×17年6月15日，该门店的部分科目余额表如表41-1所示。

表41-1　2×17年6月15日门店调整前的部分科目余额表　　　　单位：元

科目名称	借方余额	贷方余额
库存现金	310 000	
应收账款	270 000	
坏账准备		10 000
库存商品	300 000	
存货跌价准备		100 000
其他债权投资	380 000	
固定资产	1 100 000	
累计折旧		30 000
固定资产减值准备		15 000

续表

科目名称	借方余额	贷方余额
无形资产	950 000	
累计摊销		14 000
无形资产减值准备		5 000
商誉	200 000	
应付账款		310 000
其他应付款		560 000
预计负债		250 000

当日，A企业与B企业签订转让协议，将该门店资产和相关负债整体转让，但保留员工，假设该处置组不构成一项业务，转让初定价格为1 900 000元。转让协议同时约定，对于门店2×17年6月10日购买的一项分类为以公允价值计量且其变动计入其他综合收益的其他债权投资（其购入成本即为380 000元），转让价格以转让完成当日市场报价为准。假设该门店满足划分为持有待售类别的条件，但不符合终止经营的定义。

截至2×17年6月15日，固定资产还应当计提折旧5 000元，无形资产还应当计提摊销1 000元，固定资产和无形资产均用于管理用途。2×17年6月15日，其他债权投资公允价值降至360 000元，固定资产可收回金额降至1 020 000元，其他资产、负债价值没有发生变化。2×17年6月15日，该门店的公允价值为1 900 000元，A企业预计为转让门店还需支付律师和注册会计师专业咨询费共计70 000元。假设A企业不存在其他持有待售的非流动资产或处置组，不考虑税收影响。

2×17年6月30日，该门店尚未完成转让，A企业作为其他债权投资核算的债券投资市场报价上升至370 000元，假设其他资产、负债价值没有变化。B企业在对门店进行检查时发现一些资产轻微破损，A企业同意修理，预计修理费用为5 000元，A企业还将律师和注册会计师咨询费预计金额调整至40 000元。当日，门店处置组整体的公允价值为1 910 000元。

分析：(1) 2×17年6月15日，A企业首次将该处置组划分为持有待售类别前，应当按照适用的企业会计准则计量各项资产和负债的账面价值。其账务处理如下：

借：管理费用　　　　　　　　　　　　　　　　　　　　6 000
　　贷：累计折旧　　　　　　　　　　　　　　　　　　5 000
　　　　累计摊销　　　　　　　　　　　　　　　　　　1 000
借：其他综合收益　　　　　　　　　　　　　　　　　　20 000
　　贷：其他债权投资　　　　　　　　　　　　　　　　20 000
借：资产减值损失　　　　　　　　　　　　　　　　　　30 000
　　贷：固定资产减值准备　　　　　　　　　　　　　　30 000

经上述调整后，2×17年6月15日该门店各资产和负债的账面价值见表41-2。

表41-2　2×17年6月15日门店资产和负债调整后账面价值　　　　　单位：元

报表项目	账面价值
持有待售资产：	
库存现金	310 000
应收账款	260 000
库存商品	200 000
其他债权投资	360 000
固定资产	1 020 000
无形资产	930 000
商誉	200 000
持有待售资产小计	3 280 000
持有待售负债：	
应付账款	(310 000)
其他应付款	(560 000)
预计负债	(250 000)
持有待售负债小计	(1 120 000)
合计	2 160 000

(2) 2×17年6月15日，A企业将该门店处置组划分为持有待售类别时，其账务处理如下：

借：持有待售资产——库存现金　　　　　　　　　　　　　310 000
　　　　　　　　——应收账款　　　　　　　　　　　　　270 000
　　　　　　　　——库存商品　　　　　　　　　　　　　300 000
　　　　　　　　——其他债权投资　　　　　　　　　　　360 000
　　　　　　　　——固定资产　　　　　　　　　　　　1 020 000
　　　　　　　　——无形资产　　　　　　　　　　　　　930 000
　　　　　　　　——商誉　　　　　　　　　　　　　　　200 000
　　坏账准备　　　　　　　　　　　　　　　　　　　　　 10 000
　　存货跌价准备　　　　　　　　　　　　　　　　　　　100 000
　　固定资产减值准备　　　　　　　　　　　　　　　　　 45 000
　　累计折旧　　　　　　　　　　　　　　　　　　　　　 35 000
　　累计摊销　　　　　　　　　　　　　　　　　　　　　 15 000
　　无形资产减值准备　　　　　　　　　　　　　　　　　 5 000
　贷：持有待售资产减值准备——坏账准备　　　　　　　　 10 000
　　　　　　　　　　　　　——存货跌价准备　　　　　　100 000
　　　库存现金　　　　　　　　　　　　　　　　　　　　310 000

应收账款		270 000
库存商品		300 000
其他债权投资		360 000
固定资产		1 100 000
无形资产		950 000
商誉		200 000
借：应付账款		310 000
其他应付款		560 000
预计负债		250 000
贷：持有待售负债——应付账款		310 000
——其他应付款		560 000
——预计负债		250 000

（3）2×17年6月15日，由于该处置组的账面价值2 160 000元高于公允价值减去出售费用后的净额1 830 000（1 900 000－70 000）元，A企业应当以1 830 000元计量处置组，并计提持有待售资产减值准备330 000（2 160 000－1 830 000）元，计入当期损益。

持有待售资产的减值损失应当分配至适用本准则计量规定的非流动资产的账面价值。具体来说，应当先抵减处置组中商誉的账面价值200 000元，剩余金额130 000元再根据固定资产、无形资产账面价值所占比重，按比例抵减其账面价值。2×17年6月15日，各项资产和负债分摊持有待售资产减值损失及抵减减值损失后的账面价值见表41-3。

表41-3 2×17年6月15日门店资产和负债抵减减值损失后的账面价值　　　单位：元

报表项目	2×17年6月15日抵减减值损失前账面价值	减值损失分摊	2×17年6月15日抵减减值损失后账面价值
持有待售资产：			
库存现金	310 000		310 000
应收账款	260 000		260 000
库存商品	200 000		200 000
其他债权投资	360 000		360 000
固定资产	1 020 000	－68 000*	952 000
无形资产	930 000	－62 000**	868 000
商誉	200 000	－200 000	0
持有待售资产小计	3 280 000		2 950 000
持有待售负债：			
应付账款	(310 000)		(310 000)
其他应付款	(560 000)		(560 000)

续表

报表项目	2×17年6月15日抵减减值损失前账面价值	减值损失分摊	2×17年6月15日抵减减值损失后账面价值
预计负债	(250 000)		(250 000)
持有待售负债小计	(1 120 000)		(1 120 000)
合计	2 160 000	-330 000	1 830 000

注：* 130 000÷(1 020 000+930 000)×1 020 000；

** 130 000÷(1 020 000+930 000)×930 000。

A企业的账务处理如下：

借：资产减值损失　　　　　　　　　　　　　　　　330 000
　　贷：持有待售资产减值准备——固定资产　　　　　68 000
　　　　　　　　　　　　　　　——无形资产　　　　62 000
　　　　　　　　　　　　　　　——商誉　　　　　　200 000

（4）2×17年6月30日，A企业按照适用的会计准则计量其他债权投资，账务处理如下：

借：持有待售资产——其他债权投资　　　　　　　　10 000
　　贷：其他综合收益　　　　　　　　　　　　　　10 000

当日，该处置组的账面价值为1 840 000元（包含其他债权投资已经确认的利得10 000元），预计出售费用为45 000（5 000+40 000）元，公允价值减去出售费用后的净额为1 865 000（1 910 000-45 000）元，高于账面价值。

处置组的公允价值减去出售费用后的净额后续增加的，应当在原已确认的持有待售资产减值损失范围内转回，但已抵减的商誉账面价值200 000元和划分为持有待售类别前适用本准则计量规定的非流动资产已计提的资产减值准备不得转回，因此，转回金额应当以130 000（68 000+62 000）元为限。根据上述分析，A企业可转回已经确认的持有待售资产减值损失25 000（1 865 000-1 840 000）元，根据固定资产、无形资产账面价值所占比重，按比例转回其账面价值。资产减值损失转回金额的分摊见表41-4。

表41-4　2×17年6月30日门店资产和负债减值损失转回后的账面价值　　　单位：元

报表项目	2×17年6月15日抵减减值后账面价值	2×17年6月30日按照其他适用准则重新计量	2×17年6月30日重新计量后的账面价值	减值损失转回的分摊	2×17年6月30日减值损失转回后账面价值
持有待售资产：					
货币资金	310 000		310 000		310 000
应收账款	260 000		260 000		260 000
存货	200 000		200 000		200 000
其他债权投资	360 000	10 000	370 000		370 000

续表

报表项目	2×17年6月15日抵减减值后账面价值	2×17年6月30日按照其他适用准则重新计量	2×17年6月30日重新计量后的账面价值	减值损失转回的分摊	2×17年6月30日减值损失转回后账面价值
固定资产	952 000		952 000	13 077*	965 077
无形资产	868 000		868 000	11 923**	879 923
商誉	0		0		0
持有待售资产小计	2 950 000				2 985 000
持有待售负债：					
应付账款	(310 000)		(310 000)		(310 000)
其他应付款	(560 000)		(560 000)		(560 000)
预计负债	(250 000)		(250 000)		(250 000)
持有待售负债小计	(1 120 000)				(1 120 000)
合计	1 830 000	10 000	1 840 000	25 000	1 865 000

注：* 13 077=25 000÷(952 000+868 000)×952 000；
** 11 923=25 000÷(952 000+868 000)×868 000。

借：持有待售资产减值准备——固定资产　　　　　　　　　　　13 077
　　　　　　　　　　　　　——无形资产　　　　　　　　　　　11 923
　　贷：资产减值损失　　　　　　　　　　　　　　　　　　　　25 000

A企业在2×17年6月30日的资产负债表中应当分别以"持有待售资产"和"持有待售负债"列示2 985 000元和1 120 000元。由于处置组不符合终止经营定义，持有待售资产确认的资产减值损失应当在利润表中以持续经营损益列示。企业同时应当在附注中进一步披露该持有待售处置组的相关信息。

持有待售的处置组中的非流动资产不应计提折旧或摊销，持有待售的处置组中的负债和不适用本准则计量规定的金融资产、以公允价值计量的投资性房地产等的利息或租金收入、支出以及其他费用应当继续予以确认。

【例41-18】存在弃置费用的持有待售的处置组的后续计量

F企业拟将拥有的核电站转让给H企业，双方已签订了转让协议。由于核电站主体设备核反应堆将对当地生态环境产生一定影响，在核电站最初建造完成并交付使用时，F企业考虑到设备使用期满后将其拆除并整治污染的弃置费用，确认了38.55万元的预计负债，并按照每年10%的实际利率对该弃置费用逐期确认利息费用。

分析：F企业将核电站划分为持有待售类别后，该预计负债应当作为持有待售负债，且该资产弃置义务产生的利息费用应当继续确认。

（三）不再继续划分为持有待售类别的计量。

非流动资产或处置组因不再满足持有待售类别划分条件而不再继续划分为持有待售类别或非流动资产从持有待售的处置组中移除时，应当按照以下两者孰低计量：①划分为持有待售类别前的账面价值,按照假定不划分为持有待售类别情况下本应确认的折旧、摊销或减值等进行调整后的金额。②可收回金额。由此产生的差额计入当期损益,可以通过"资产减值损失"科目进行会计处理。这样处理的结果是,原来划分为持有待售的非流动资产或处置组重新分类后的账面价值,与其从未划分为持有待售类别情况下的账面价值相一致。

企业将非流动资产或处置组由持有待售类别重分类为持有待分配给所有者类别,或者由持有待分配给所有者类别重分类为持有待售类别,原处置计划没有发生本质改变,不应当按照上述不再继续划分为持有待售类别的计量要求处理,而应当按照重分类后所属类别的计量要求处理。分类为持有待售类别或持有待分配给所有者类别的日期不因重分类而发生改变,在适用延长一年期的例外条款时,应当以该最初分类日期为准。

(四)终止确认。

企业终止确认持有待售的非流动资产或处置组,应当将尚未确认的利得或损失计入当期损益。

按照《企业会计准则第19号——外币折算》的规定,企业在处置持有待售的境外经营时,应当将与该境外经营相关的外币财务报表折算差额,自其他综合收益转入处置当期损益,部分处置境外经营的,应当按处置的比例计算处置部分的外币财务报表折算差额,转入处置当期损益。

【例41-19】持有待售资产的终止确认

承【例41-16】,2×17年6月25日,L公司为转让N公司的股权支付律师费5万元。6月29日,L公司完成对N公司的股权转让,收到价款1607万元。

情形一:L公司2×17年6月25日支付出售费用的账务处理如下:

借:投资收益	50 000
贷:银行存款	50 000

L公司2×17年6月29日的账务处理如下:

借:持有待售资产减值准备——长期股权投资	10 000
银行存款	16 070 000
贷:持有待售资产——长期股权投资	16 000 000
投资收益	80 000

情形二:L公司2×17年6月25日支付出售费用的账务处理如下:

借:投资收益	50 000
贷:银行存款	50 000

L公司2×17年6月29日的账务处理如下:

借:银行存款	16 070 000
贷:持有待售资产——长期股权投资	15 880 000
投资收益	190 000

【例41-20】持有待售处置组的终止确认

承【例41-17】,2×17年9月1日,A企业收到B企业以银行存款支付的部分价款

1 000 000 元。2×17 年 9 月 19 日，该门店完成转让，A 企业以银行存款分别支付维修费用 5 000 元和律师、注册会计师专业咨询费 37 000 元。当日 A 企业作为其他债权投资核算的债券投资市场报价为 374 000 元，B 企业以银行存款支付剩余转让价款 914 000 元。

分析：

9 月 1 日，A 企业账务处理如下：

借：银行存款	1 000 000
贷：预收账款	1 000 000

9 月 19 日，A 企业账务处理如下：

借：资产处置损益	5 000
贷：银行存款	5 000
借：资产处置损益	37 000
贷：银行存款	37 000
借：银行存款	914 000
预收账款	1 000 000
持有待售资产减值准备——坏账准备	10 000
——存货跌价准备	100 000
——固定资产	54 923
——无形资产	50 077
——商誉	200 000
持有待售负债——应付账款	310 000
——其他应付款	560 000
——预计负债	250 000
贷：持有待售资产——现金	310 000
——应收账款	270 000
——库存商品	300 000
——其他债权投资	370 000
——固定资产	1 020 000
——无形资产	930 000
——商誉	200 000
资产处置损益	49 000
借：资产处置损益	10 000
贷：其他综合收益	10 000

同时或资产负债表日，账务处理如下：

借：本年利润	3 000
贷：资产处置损益	3 000

41.2.5 关于持有待售类别和终止经营的列报

（一）资产负债表列示。

1. 持有待售的非流动资产或处置组的列示。

持有待售资产和负债不应当相互抵销。"持有待售资产"和"持有待售负债"应当分别作为流动资产和流动负债列示。具体来说，企业应当在资产负债表资产项下"一年内到期的非流动资产"项目之上增设"持有待售资产"项目，反映资产负债表日划分为持有待售类别的非流动资产及划分为持有待售类别的处置组中的流动资产和非流动资产的期末账面价值。"持有待售资产"项目应当根据"持有待售资产"科目的期末余额，减去"持有待售资产减值准备"科目的期末余额后的金额填列。企业应当在资产负债表负债项下"一年内到期的非流动负债"项目之上增设"持有待售负债"项目，反映资产负债表日处置组中与划分为持有待售类别的资产直接相关的负债的期末账面价值。"持有待售负债"项目应当根据"持有待售负债"科目的期末余额填列。

持有待售资产和持有待售负债在资产负债表中的格式见表41-5。

表41-5　资产负债表

会企01表

编制单位：　　　　　　　　　　　年　月　日　　　　　　　　　　　单位：元

资产	期末余额	上年年初余额	负债和所有者权益（或股东权益）	期末余额	上年年初余额
流动资产：			流动负债：		
……			……		
持有待售资产			持有待售负债		
一年内到期的非流动资产			一年内到期的非流动负债		

对于当期首次满足持有待售类别划分条件的非流动资产或划分为持有待售类别的处置组中的资产和负债，不应当调整可比会计期间资产负债表，即不对其符合持有待售类别划分条件前各个会计期间的资产负债表进行项目的分类调整或重新列报。因此，在可比会计期间资产负债表中列报的持有待售资产和持有待售负债都是在可比会计期末即符合持有待售类别划分条件的非流动资产或处置组。

2. 终止经营的列示。

如果终止经营划分为持有待售类别，应当按照上述持有待售类别的列报要求处理。如果终止经营没有划分为持有待售类别，而是被处置，无论是当期还是可比会计期间的资产负债表中都不应当列报与之相关的持有待售资产或负债。

（二）利润表列示。

企业应当在利润表中"营业利润"项目之上单设"资产处置收益"项目，反映企业出售划分为持有待售的非流动资产（金融工具、长期股权投资和投资性房地产除外）或处置组（子公司和业务除外）时确认的处置利得或损失。"资产处置收益"项目应根据"资产处置损益"科目的发生额分析填列；如为处置损失，以"-"号填列。

企业应当分别列示持续经营损益和终止经营损益，在利润表"净利润"项下增设"持续经营净利润"和"终止经营净利润"项目，以税后净额分别反映持续经营相关损益和终止经营相关损益。合并利润表的部分格式见表41-6。

表41-6 合并利润表（简表）

会企02表

编制单位：　　　　　　　　　　　年度　　　　　　　　　　　　　　单位：元

项目	本期金额	上期金额
一、营业收入		
……		
资产处置收益（损失以"-"号填列）		
二、营业利润（亏损以"-"号填列）		
……		
四、净利润（净亏损以"-"号填列）		
（一）按经营持续性分类：		
1. 持续经营净利润（净亏损以"-"号填列）		
2. 终止经营净利润（净亏损以"-"号填列）		
……		

1. 持有待售的非流动资产或处置组的列示。

不符合终止经营定义的持有待售的非流动资产或处置组所产生的下列相关损益，应当在利润表中作为持续经营损益列报：①企业初始计量或在资产负债表日重新计量持有待售的非流动资产或处置组时，因账面价值高于其公允价值减去出售费用后的净额而确认的资产减值损失。②后续资产负债表日持有待售的非流动资产或处置组公允价值减去出售费用后的净额增加，因恢复以前减记的金额而转回的资产减值损失。③持有待售的非流动资产或处置组的处置损益。

2. 终止经营的列示。

终止经营的相关损益应当作为终止经营损益列报，列报的终止经营损益应当包含整个报告期间，而不仅包含认定为终止经营后的报告期间。相关损益具体包括以下几点。①终止经营的经营活动损益，如销售商品、提供服务的收入、相关成本和费用等。②企业初始计量或在资产负债表日重新计量符合终止经营定义的持有待售的处置组时，因账面价值高于其公允价值减去出售费用后的净额而确认的资产减值损失。③后续资产负债表日符合终止经营定义的持有待售处置组的公允价值减去出售费用后的净额增加，因恢复以前减记的金额而转回的资产减值损失。④终止经营的处置损益。⑤终止经营处置损益的调整金额，可能引起调整的情形包括：最终确定处置条款，如与买方商定交易价格调整额和补偿金；消除与处置相关的不确定因素，如确定卖方保留的环保义务或产品质量保证义务；履行与处置相关的职工薪酬支付义务等。

企业在处置终止经营的过程中可能附带产生一些增量费用,如果不进行该项处置就不会产生这些费用,企业应当将这些增量费用作为终止经营损益列报。

【例41-21】终止经营的列示

A企业集团拥有子公司B公司,并为其专门租入一栋写字楼作为办公场所,现A决定将B子公司转让给F企业,转让完成后,B将整体搬迁至F的写字楼。由于B目前办公所在地的租期未满,A必须承担将办公楼低于原租金转租或者提前终止租赁合同的损失。假设B子公司符合持有待售类别的划分条件和终止经营的定义。

分析:尽管如果不出售B子公司,与租赁办公楼相关的损失就不会发生,但对于出售B子公司本身而言,该损失并不是必不可少的,不是与出售B子公司直接相关的增量成本。因此,在对B子公司以账面价值与公允价值减去出售费用后的净额孰低计量时,不应当将办公楼低于原租金转租或者提前终止租赁合同的损失作为出售费用处理,但应当在利润表中将其列示在"终止经营净利润"项目中,并在附注中作为终止经营费用的一部分披露。

拟结束使用而非出售的处置组满足终止经营定义中有关组成部分的条件的,应当自停止使用日起作为终止经营列报。列报的终止经营损益应当包含整个报告期间,而不仅包含认定为终止经营后的报告期间。如果因出售对子公司的投资等原因导致企业丧失对子公司的控制权,且该子公司符合终止经营定义的,应当在合并利润表中列报相关终止经营损益。

从财务报表可比性出发,对于当期列报的终止经营,企业应当在当期财务报表中,将原来作为持续经营损益列报的信息重新作为可比会计期间的终止经营损益列报。这意味着对于可比会计期间的利润表,作为终止经营列报的不仅包括在可比会计期间即符合终止经营定义的处置组,还包括在当期首次符合终止经营定义的处置组。由于后者的存在,处置组在可比会计期间销售商品、提供服务的收入和相关成本、费用,以及相关资产按照《企业会计准则第8号——资产减值》的规定确认的资产减值损失等也应当作为终止经营损益列报。

(三)附注披露。

1. 持有待售的非流动资产或处置组的披露。

企业应当在附注中披露有关持有待售的非流动资产或处置组的下列信息:①持有待售的非流动资产或处置组的出售费用和主要类别,以及每个类别的账面价值和公允价值;②持有待售的非流动资产或处置组的出售原因、方式和时间安排;③列报持有待售的非流动资产或处置组的分部;④持有待售的非流动资产或持有待售的处置组中资产确认的减值损失及其转回金额;⑤与持有待售的非流动资产或处置组有关的其他综合收益累计金额,例如,与境外经营相关的外币财务报表折算差额等。

如果处置组中包含不适用本准则计量规定的资产或负债,且有关这些资产或负债的披露已经包括在附注的其他部分,企业不需要在有关持有待售的非流动资产或处置组的附注部分重复披露,除非企业认为这样披露有助于报表使用者评估相关信息。

非流动资产或处置组在资产负债表日至财务报告批准报出日之间满足持有待售类别划分条件的,应当作为资产负债表日后非调整事项进行会计处理,并在附注中披露下列信息:①资产负债表日后划分为持有待售类别的非流动资产或处置组的出售费用和主要类别,以及每个类别的账面价值和公允价值;②持有待售的非流动资产或处置组的出售原因、方式和时间安排;③列报持有待售的非流动资产或处置组的分部。

2. 终止经营的披露。

企业应当在附注中披露有关终止经营的下列信息:①终止经营的收入、费用、利润总额、所得税费用(收益)和净利润,即利润表中"终止经营净利润"项目信息的进一步分解;②终止经营的资产或处置组确认的减值损失及其转回金额;③终止经营的处置损益总额、所得税费用(收益)和处置净损益;④终止经营的经营活动、投资活动和筹资活动现金流量净额;⑤归属于母公司所有者的持续经营损益和终止经营损益;⑥终止经营处置损益调整的性质和金额。

如果企业因出售对子公司的投资等原因导致其丧失对子公司的控制权,且该子公司符合终止经营定义,应当在附注中披露上述信息。

对于当期首次列报的终止经营,企业应当在附注中披露可比会计期间与该终止经营有关的下列信息:①终止经营的收入、费用、利润总额、所得税费用(收益)和净利润;②终止经营的资产或处置组确认的减值损失及其转回金额;③终止经营的经营活动、投资活动和筹资活动现金流量净额;④归属于母公司所有者的持续经营损益和终止经营损益。

(四)特殊事项的列报。

1. 企业专为转售而取得的持有待售子公司的列报。

本准则规定,如果企业专为转售而取得的子公司符合持有待售类别的划分条件,应当按照持有待售的处置组和终止经营的有关规定进行列报,相对于不符合持有待售类别划分条件的子公司,其资产负债表列示和附注披露都得到适当简化。但是,除非企业是投资性主体并将该子公司按照公允价值计量且其变动计入当期损益,否则仍然应当按照《企业会计准则第33号——合并财务报表》的规定,将该子公司纳入合并范围。

在合并资产负债表中,企业专为转售而取得的持有待售子公司的全部资产和负债应当分别作为持有待售资产和持有待售负债项目列示。

在合并利润表中,符合终止经营定义的专为转售而取得的持有待售子公司的净利润与其他终止经营净利润应当合并列示在"终止经营净利润"项目中。

在附注中,企业应当披露下列信息:①企业专为转售而取得的持有待售子公司的出售原因、方式和时间安排;②列报该子公司的分部;③该子公司确认的减值损失及其转回金额;④与该子公司有关的其他综合收益累计金额;⑤归属于母公司所有者的持续经营损益和终止经营损益。

【例41-22】**特殊事项的列报**

2×17年11月9日,A企业收购了一家H控股企业,H企业持有S1和S2两个子公司,其中子公司S2公司是专为转售而取得的,且满足持有待售类别划分条件。收购日S2子公司的公允价值减去出售费用后的净额为135万元,可辨认负债公允价值为40万元。2×17年12月31日,S2子公司的公允价值减去出售费用后的净额为130万元,负债按照相关会计准则重新计量后的账面价值为35万元。假设除S2子公司外,A企业没有其他持有待售的非流动资产或处置组。

分析:A企业收购H企业时,S2子公司满足持有待售类别的划分条件,且符合终止经营的定义,取得日S2资产的入账价值为175(135+40)万元。2×17年12月31日,S2资产的账面价值为165(130+35)万元。在合并资产负债表中,A企业应当单列项目"持有待售资产"和"持有待售负债",金额分别为165万元和35万元。在合并利润表中,A企业应当在"终止经营净利润"项目中列示与该子公司有关的税后净利润,其中包括因重新计量确认的资产减值损失金额5(135-130)万元。

2. 不再继续划分为持有待售类别的列报。

对于非流动资产或处置组,如果其不再继续划分为持有待售类别或非流动资产从持有待售的处置组中移除,在资产负债表中,企业应当将原来分类为持有待售类别的非流动资产或处置组重新作为固定资产、无形资产等列报,并调整其账面价值。在当期利润表中,企业应当将账面价值调整金额作为持续经营损益列报。在附注中,企业应当披露下列信息:①企业改变非流动资产或处置组出售计划的原因;②可比会计期间财务报表中受影响的项目名称和影响金额。

对于企业的子公司、共同经营、合营企业、联营企业以及部分对合营企业或联营企业的投资,按照《企业会计准则第2号——长期股权投资》的规定,持有待售的对联营企业或合营企业的权益性投资不再符合持有待售类别划分条件的,应当自划分为持有待售类别日起采用权益法进行追溯调整。持有待售的对子公司、共同经营的权益性投资不再符合持有待售类别划分条件的,同样应当自划分为持有待售类别日起追溯调整。上述情况下,划分为持有待售类别期间的财务报表应当作相应调整。

终止经营不再满足持有待售类别划分条件的,企业应当在当期财务报表中,将原来作为终止经营损益列报的信息重新作为可比会计期间的持续经营损益列报,并在附注中说明这一事实。

41.2.6 衔接规定

本准则规定,对于本准则施行日存在的持有待售的非流动资产、处置组和终止经营,应当采用未来适用法处理。本准则施行日之后符合终止经营定义的,应当按照本准则规定,对可比会计期间的比较数据进行调整,在财务报表中列示和披露该终止经营当期和可比会计期间的有关信息。